Lutz Röhrich

Lexikon der sprichwörtlichen Redensarten

Das Buch

„Dieses Lexikon hat längst den Rang eines Standardwerkes errungen ... Zahlreiche Leser werden aus dieser für den deutschen Sprachgebrauch umfangreichsten Sammlung Freude und Gewinn ziehen" (Hessischer Rundfunk). „Ich habe selten ein solches Buch gelesen, das mir von Anfang an so viel Spaß gemacht hat und aus dem ich zugleich so viel gelernt habe" (Südwestfunk).

Ebenso kurzweilig wie umfassend, ebenso lehrreich wie informativ, das sind die Ingredienzien, die das Lexikon der sprichwörtlichen Redensarten auszeichnen und es zu einem der beliebtesten Nachschlagewerke des deutschen Sprachraums werden ließen. Rund 15 000 Redensarten werden in ihrer Bedeutung, Herkunft und Anwendung leichtverständlich und wissenschaftlich fundiert erklärt. Etwa 1000 Abbildungen aus zeitgenössischen Quellen illustrieren den Ursprung vieler sprichwörtlicher Redensarten. Kurzum: Ein Werk, über das noch lange kein Gras wachsen wird.

Der Autor

Lutz Röhrich, geb. 1922, em. ordentlicher Professor für Volkskunde und Germanische Philologie an der Universität Freiburg i. Br., bis 1991 Direktor des Instituts für Volkskunde und des Deutschen Volksliedarchivs. Mehrere Aufenthalte als Gastprofessor in den USA. Mitglied der Österr. Akad. d. Wiss. und der Königl. Gustaf-Adolfs-Akad. in Uppsala. Mehrfacher Preisträger: 1. Chicago Folklore Prize (1974); Oberrheinischer Kulturpreis, Univ. Basel (1984); Brüder-Grimm-Preis, Univ. Marburg (1985); Internationaler Preis Pitré (Sigilo d'oro), Palermo (1985); Europäischer Märchenpreis, Wetzlar (1991).

Zahlreiche Publikationen auf dem Gebiet der Volksprosa (Märchen, Sage, Witz, Sprichwort) und des Volksliedes sowie weitere wissenschaftliche Publikationen. Herausgeber von: Motive. Freiburger Folkloristische Forschungen (München 1971 ff.); Artes Populares. Studia Ethnographica et Folkloristica (Bern 1976 ff.). Mitherausgeber von: Handbuch des Volksliedes (München 1973 und 1975); Enzyklopädie des Märchens (Berlin/New York 1977 ff.)

Lutz Röhrich

Lexikon der sprichwörtlichen Redensarten

Band 2
Hanau–Saite

HERDER

FREIBURG · BASEL · WIEN

2. Auflage

Gedruckt auf umweltfreundlichem,
chlorfrei gebleichtem Papier

Alle Rechte vorbehalten – Printed in Germany

© Verlag Herder, Freiburg im Breisgau 2003

Herstellung: fgb · freiburger graphische betriebe 2010

Umschlagmotiv: Peter Breugel d. Ä.,
Niederländische Sprichwörter, Ausschnitt, 1559

ISBN 978-3-9811483-8-1

H

Hanau. *Es abwarten wie die Hanauer.* Der rdal. Vergleich bezieht sich wahrscheinl. auf den bayr. General Wrede, der Napoleon nach der Völkerschlacht bei Leipzig mit 40 000 Mann in der Nähe von Hanau auflauerte und ihm den Weg zum Rhein verlegen wollte, aber am 30. und 31. Oktober 1813 von dem überlegenen Heere der Franzosen geschlagen wurde.

Hand. Die Hand ist das wichtigste Arbeits- und Greifinstrument des Menschen, das ursprünglichste und umfassendste Werkzeug, das er besitzt. Sie greift, nimmt, gibt, streichelt oder schlägt. Sie deutet an, weist, befiehlt oder drückt Empfindungen aus. Mit der Haltung der Hände im Alltag sind daher viele unterschiedliche Bedeutungsebenen verknüpft. Aus ihr lassen sich Tun und Handeln, aber auch Absicht und Vollzug ablesen. So gilt die Hand von jeher auch als Symbol der Gewalt (Macht), des Besitzes und des Schutzes. Sie steht oft für den ganzen Menschen, ja für Gott selbst. In bibl. Texten erscheint die ‚Hand Gottes' vor allem als Symbol der höchsten Macht. Sie kennzeichnet die herrschende, rettende, helfende oder auch strafende Gewalt: „Alle deine Feinde trifft deine Hand, deine Rechte erschlägt deine Hasser" (Ps. 21,9); „Tag und Nacht lastet die Hand Gottes auf dem Sünder…" (Ps. 32,4).
Die Hände symbolisieren präzise Handlungen und Aussagen, sowohl im kultischen wie auch im profanen Bereich. Während die kultischen Gesten zumeist an bestimmte, dem jeweiligen Kulturkreis entsprechende Vorschriften und Riten gebunden sind – z. B. beim Gebets-, Segens-, Opfer-, Trauer- oder Klagegestus –, drükken die profanen Gebärden spontane motorische Reaktionen aus, die zur Grundlage für z. T. sehr präzise ‚Handsprachen' wurden. Man denke nur an die ⟋ Handzei-

chen der Polizisten oder die Zeichensprache der Taubstummen.
Die Wndg. *mit erhobenen Händen* und die Rda. *seine Hände erheben* (zum Gebet, Schwur, Jubel etc.) begegnen im kultischen wie im profanen Bereich. Sie gehen zurück auf Gebärden mit bloßen Händen, doch gibt es auch brauchmäßig geregelte Fälle, in denen die Hände durch Handschuhe verhüllt sein müssen, wie z. B. in der Liturgie (⟋ Handschuh). Das ‚Hände erheben' ist als Gebetsstellung des Priesters geläufig, des weiteren als rituelle Opfergebärde, als Bitte um Erhörung, Danksagung und Segensgruß und begegnet als sprachliche Wndg. in vielen Schriftstellen des A.T. und N.T.
Im profanen Bereich war das Erheben der Hände vor allem als Schwurgestus schon seit der Antike bekannt. Er hat sich auch in Dtl. lange erhalten und kommt u. a. bei Walther von der Vogelweide (104,20) vor:
ich swer mit beiden handen
daz si sich nicht erkanden.
Sehr alt ist auch die Wndg. *die Hände hochnehmen* bzw. *die Hände hochhalten* i. S. v.: ‚die Oberhand haben', überlegen sein. Sie begegnet schon im A.T. bei der Landnahme nach dem Auszug aus Ägypten. In der Schlacht der Amalekiter gegen die Israeliten steigt Moses mit Aaron und Hur auf die Höhe eines benachbarten Hügels: „Solange Moses nun seine Hände erhob, obsiegte Israel; sobald er aber seine Hände sinken ließ, waren die Amalekiter überlegen. Doch Moses' Hände ermatteten; deshalb nahm man einen Stein und schob ihn unter ihn. Er setzte sich darauf. Aaron und Hur aber stützten seine Hände, einer von dieser Seite, der andere von jener, so blieben denn seine Hände unbeweglich, bis die Sonne unterging. So besiegte Josua Amalek und sein Kriegsvolk …" (2. Mos. 17,11–12).
Das Erheben der (waffenlosen) Hände ist aber auch als Unterwerfungsgeste be-

Teutſche

Hilff dir ſelbſ ſo hilfſt dir Gott.

Gott läſt ſich nit Teuſchen

Was Gott an einem nimpt gibt Er am andren wider.

Der lähre hafen thonet am meiſter

Ein Schwert behaldt das ander in der ſcheyden

Wild jedem ſagen wer er iſt ſo muſt auch horen waß dir briſt.

Der Haaß ſteckt ihm im büſen.

Ein jeder hatt ſeinen eygnen narren

Wirff das haſen panner auff

Sprichwörter.

Würde.   bürde.   Keiner ohne mangel.

Haus habet Onus

Ein vngezogen kindt
ist bey fremden wie ein Rindt

Rein vnglück allein.

Nulla
Calamitas
sola

Der ein schert die Schaafft
Der ander die Schwein.

Vil geschreys vnd wenig woll.

Er ist haaß   vnd fuchs zugleich.   Lang geborgt ist nicht geschenckt.

kannt. Es signalisiert bei einem Kampf, daß der Betroffene den Widerstand aufgibt und den Gegner um Gnade bittet. Die erhobenen Hände des Unterlegenen gehören zu den spontanen Gesten des Lebens, sei es als Reaktion auf den Befehl *Hände hoch* oder als Zeichen der freiwilligen Aufgabe. Doch drückt das Hochnehmen der Hände auch Huldigung, Begeisterung und Jubel aus, vor allem nach gewonnenem Kampf (z. B. einem Wahlkampf oder einem sportlichen Sieg), Freude über die wiedergewonnene Freiheit oder Freude am Leben allg. (wie im Tanz).

Mit der Wndg. *die Hände falten* wird die Gebärde der Andacht, des Betens sprachl. ausgedrückt. Sie ist in allen Religionen bekannt. Im profanen Bereich begegnet das Händefalten vor allem im MA. als Form der Kommendation, d. h. Unterwerfung unter die Gewalt eines anderen, als Geste des Anbietens und Empfangens der Kommendation beim Lehensvertrag. Der Vasall reicht seine gefalteten Hände (mit aneinandergelegten Flächen) seinem Dienstherrn. Dieser umschließt sie mit den seinigen. Daher wohl auch die Rda. *sich in jem. Hand begeben* bzw. *sein Schicksal in jem. Hand legen.* Urspr. bezog sich der Kommendationsritus auf die Unterwerfung eines an den Händen Gebundenen oder zu Bindenden, später allg. auf jede Art der Ergebung in fremde Hand. Anklänge an den Urspr. zeigt die Rda. *jem. sind die Hände gebunden.* Doch schon in fränk. Zeit bezog sich der Kommendationsritus mit gefalteten Händen nicht mehr ausschließlich auf den Vasallitätsvertrag. Bekannt sind die gefalteten Hände auch beim Gehorsamsgelöbnis des knienden Ritters, der seiner Dame als Ausdr. des Minnedienstes seine gefalteten Hände entgegenstreckt. Auch bei Vermählungsbildern begegnen sie, und zwar bei der Braut, die ihre gefalteten Hände dem Bräutigam hinhält, damit dieser sie mit den seinigen umschließt. Hierbei handelt es sich um das Anbieten und die Annahme einer Unterwerfung unter die eheliche Schirmherrschaft.

Auf eine Schutzfunktion weist auch die Rda. *Die Hand über jem. halten:* ihn beschützen, ihm Beistand leisten, helfen, zur

Seite stehen. Die Rda. meint urspr. eine Rechtsgebärde: Wem das Begnadigungsrecht zustand, konnte die Hand über Angeklagte oder Verurteilte halten und sie so außer Verfolgung setzen. Auch im Zweikampf genügte es, wenn der Sekundant die Hand über seinen Paukanten hielt, um den Kampf zu unterbrechen oder zu beenden und den Kämpfer vor weiteren Angriffen zu schonen (so noch heute im Boxkampf). Dagegen: *Die Hand von jem. abziehen:* die bislang gewährte Hilfe ihm nicht ferner zuteil werden lassen.

Hand bedeutet als Rechtswort sogar: beherrschende Gewalt. *In jemandes Hand stehen:* in seiner Gewalt sein, früher auch von Personen gesagt, zunächst von Unmündigen: sie stehen in der Gewalt des Vaters oder von Verwandten, denen sie unterworfen sind. In der ‚Limburger Chronik‘ heißt es: „Wer in eines hand gehet, ist ihm unterworfen, wer einen in der hand hält, handhabt, schirmt und verwaltet ihn“. Daher vielleicht auch: *Etw. unter die Hände bekommen:* in seine Gewalt bekommen.

Die Hand gilt als Symbol der Obrigkeit – in Anlehnung an die Wndg. *in Gottes Hand stehen:* dem Schutz, der Verantwortung, aber auch dem Gericht des Allerhöchsten unterworfen sein. Ähnl. symbolisiert die ‚Hohe Hand‘ den Träger der obersten Gerichtsbarkeit. So heißt es z. B. bei Shakespeare (‚King Henry IV‘, 2, 5, 2): „that would deliver up his greatness so into the hands of justice“. Entsprechend symbolisiert die ‚böse Hand‘ den Übeltäter, die ‚gute Hand‘ den Schuldlosen. Daher auch die Rda.: *In sicheren (guten) Händen sein:* bei zuverlässigen Leuten, bei einem tüchtigen Arzt. Vgl. frz. ‚être en bonnes mains‘ (wörtl.: in guten Händen stehen): gut geschützt, geführt, aufgehoben sein.

Jem. (ein Kind, ein geliebter Angehöriger, ein Freund) stirbt einem unter den Händen: trotz aller erdenklichen Fürsorge kommt jede Hilfe zu spät, man steht dem raschen Verfall der Lebenskräfte ohnmächtig gegenüber.

In der Rda. *das Geld schwindet unter seinen Händen* wird auf den eigenen Verantwortungsbereich hingewiesen: es geschieht in seinem Zuständigkeitsbereich.

Etw. zu treuen Händen geben: eine Sache der Obhut einer ‚treuen Hand‘ übergeben, einem ‚Treuhandverwalter‘, der sie ‚treuhänderisch‘ verwaltet. Solche auf Treue basierenden Rechtsverhältnisse stehen auch im Zshg. mit der alten Rechtsformel: ‚Hand muß Hand wahren‘, d. h. der urspr. Empfänger haftet selbst für die Rückgabe. Von einem Rechtsverhältnis ‚zur gesamten Hand‘ spricht man, wenn mehrere Personen gemeinsam handeln. Zur Betonung der Gemeinsamkeit werden nicht selten verstärkende Begriffe hinzugefügt, so nach dem Zeugnis alter Rechtsquellen: „mit einem munde und mit gesamenter hand“ (1288); „mit hande unde mit mone mit ghezamender hand“ (1389) (Grimm: RA. I, 196 f.).

Auch in anderen Wndgn. wird die Hand mit der Eigenschaft der Treue in Verbindung gebracht, so z. B. auf Todesanzeigen in Versen wie:

Schlicht und einfach war dein Leben,
    treu und fleißig deine Hand.

In der Rda. *Jem. um die Hand seiner Tochter bitten* (vgl. frz. ‚demander à quelqu’un la main de sa fille‘) steht die Hand pars pro toto für den ganzen Menschen. Sie enthält mit der Bitte zugleich ein Schutzangebot, ebenso wie die Wndg. *jem. die Hand seiner Tochter geben:* die Tochter an der Hand dem Manne zuführen (vgl. frz. ‚donner à quelqu’un la main de sa fille‘), den Wechsel von einer Schirmherrschaft in die andere andeutet.

‚Jemand die Hand seiner Tochter geben‘

Aus den Illustrationen zum Sachsenspiegel und aus anderen Darstellungen von Vermählungsszenen ist ersichtlich, daß im MA. eine Veränderung in der Trauungszeremonie stattgefunden hat. Man gab die Braut in eheherrliche Vormundschaft. Vgl. lat.: ‚in matrimonium ducere‘: die Braut an der Hand dem Manne zuführen. An diesen Vorgang erinnert auch die sonst nur noch in bezug auf kleine Kinder gebrauchte Rda.: *Jem. an die Hand nehmen:* ihn leiten, führen. Während des Trauungsaktes ergriff der Vormund (später der Priester) die Hände der Brautleute und legte sie ineinander (vgl. ↗ Handschlag). In späteren Darstellungen faßt der Priester die Braut nur am Unterarm, während der Bräutigam ihre Hand ergreift. Die Rda. *jem. seine Hand (zur Ehe) reichen (geben):* heiraten, drückt eine weitere Veränderung dahingehend aus, daß nur noch das Einverständnis von Braut und Bräutigam maßgebend ist. Sie begegnet auch in Mozarts Oper ‚Don Juan‘: „Reich mir die Hand, mein Leben, komm auf mein Schloß mit mir …“. *Jem. seine Hand versagen:* ihn nicht heiraten; *Jem. Hand ist vergeben:* sie ist gebunden bzw. verheiratet, während die Hand der Ledigen noch frei ist. Im MA. wurde die durch Tod gelöste Ehe als ‚gebrochene Hand‘ bezeichnet. *Die Hand verbrechen* bedeutete daher: sich wiederverheiraten.

Im MA. stand der Mann als Haupt der Familie zur Rechten, die Frau zu seiner Linken. Stammten beide aus verschiedenen Schichten, so folgten die Kinder dieser Ehe der ‚besseren Hand‘, wenn sie Namen, Würde und Rechte des Vaters erhielten, der ‚ärgeren Hand‘, wenn sie nur die der Mutter zustehenden Rechte erhielten (↗ Ehe). Eine ‚Ehe zur linken Hand‘ ist daher die Bez. für eine morganatische, d. h. unstandesgemäße Ehe, bei der Ehefrau und Kinder nicht die Standesrechte des – höherbürtigen – Vaters erhielten.

Die linke Hand gilt von jeher als weniger bedeutend. Daher ist in den Rdaa. allg. die rechte Hand gemeint, wenn die linke Hand nicht ausdrücklich bez. ist, wie beispielsweise in der Wndg.: ‚Linke Hand, halbe Hand‘. Die linke Hand gilt als ungeschickt; in der Kindersprache heißt sie ‚die schlechte Hand‘, die beim Begrüßen

643

nicht gereicht werden soll. Wird die linke Hand doch einmal gereicht – aus Versehen oder im Krankheitsfall, wenn die rechte Hand nicht gegeben werden kann – so geschieht das zumeist mit der Entschuldigung: ,die Linke (linke Hand) kommt von Herzen'. Auch die Rda. *Etw. mit der linken Hand abtun* hat abwertenden Charakter. Sie wird oft gebraucht i. S. v.: etw. als geringfügig betrachten.

Dagegen wird die rechte Hand aufgrund ihrer meist größeren Geschicklichkeit und Kraft als die ,schöne, bessere Hand' bez., weil sie in der Lage ist, eine Feder zu halten. *Eine schöne Hand haben (schreiben)* wird daher für den gebraucht, der eine gute ↗ Handschrift hat.

Jem. rechte Hand sein: sein tätigster Helfer sein. Die Bdtg. der rechten Hand ist früh rdal. verwendet worden. Schon Wolfram von Eschenbach nennt im ,Willehalm' (452, 20) den verlorenen Rennwart „mîn zeswiu (rechte) hant". In Goethes ,Götz von Berlichingen' (I, 1) wird Weislingen als „des Bischofs rechte Hand" bez.

Entsprechend dem Vorzug der rechten vor der linken Hand ist der Platz zur Rechten stets der Ehrenplatz: „und der Herr ... sitzet zur rechten Hand Gottes" (Mark. 16, 19), so wie der Platz linker Hand die Bedeutung eines bösen Platzes annehmen kann: „... wird die Schafe zu seiner Rechten stellen und die Böcke zu seiner Linken" (Matth. 25, 33).

Wenn von beiden Händen die Rede ist, handelt es sich zumeist um einen Ausdr. verstärkter Kraftanwendung oder eine Betonung, sowohl in positiver als auch in negativer Hinsicht. Beispiele: *Mit beiden Händen fassen (halten); mit beiden Händen zugreifen; sein ↗ Herz in beide Hände nehmen; das ↗ Schwert mit beiden Händen fassen.*

Wer *beide Hände voll zu tun* hat, braucht sich über mangelnde Arbeit nicht zu beklagen. In scherzhafter Abwandlung begegnet die Wndg. auch in der Rda.: ,Hei sollte sik sulwest bei der Nasen kreigen, denn hedde e beede Hännen vull' (↗ Nase).

Die Wndg. *Quark in den Händen haben* wird gebraucht für den Schwächling, der die Dinge *nicht mehr in der Hand hat,* der

alles *den Händen entgleiten, unter den Händen zerrinnen, von fremden Händen erledigen* oder *in fremde Hände übergeben* läßt.

In älterer Zeit standen die Hände auch für eine bestimmte Anzahl von Menschen. Das geht u. a. hervor aus den Sprww.: ,Viele Hände machen der Arbeit bald ein Ende' und ,Durch 72 Hände geht der Flachs, ehe er als Hemd getragen wird'. Überhaupt dient die Hand als ein ,natürliches Maß' als Maßstab für Länge, Breite, Höhe, Menge usw. So heißt es z. B. in alten Gesetzen von Wales: „a rod as long as the tallest man in the village, with his hands raised above his head". Eine andere Wndg. lautet: ,mit den Armen höher greifen als die Hände reichen' (↗ Arm). Ähnl.: ,Es geht ihm *handhoch* über dem Herzen weg' (↗ Herz).

Für Mengenangaben steht die Wndg. *eine Handvoll,* so z. B. in alten Rechtsvorschriften: „tantum farinae, quantum ter potest simul capere utraque manu": soviel man auf einmal mit Händen greifen kann; oder in den Bremer Statuten: „... groot, so man up ener hant möchte halden".

Die Breite wird mit *eine Handbreit* angegeben. Die Wndg. begegnet schon bei Homer in der ,Ilias' (4, 109): „Sechzehn Handbreit ragten empor am Haupte die Hörner", desgl. bei Luther (Deutsche Schriften 4, 44): „wie die natur thut, wenn man ir eine handbreit lesset, das sie eine gantze ellen nimmt." ,Keine Handbreit' ist eine neuere Wndg., die zumeist gebr. wird i. S. v. ,keinen Millimeter'.

Nicht selten dient die Hand als Maßstab für Zeit und Zeitdauer. Die Hand ist leicht beweglich, daher ndd. ,as man de Hand umkihrt', im Nu; hd. *im Handumdrehen,* ,eh man die hand umdreht' (Caesarius von Heisterbach, 4, 96: ,qua quis manum posset vertere'): schnell, unversehens. Ähnl.: *Einen kurzerhand abfertigen;* ebenso lat. ,brevi manu'. Dagegen *etw. von langer Hand vorbereiten,* auch frz. ,de longue main'. *Vorderhand:* zunächst, einstweilen, meint eigentl. nur den Teil einer Angelegenheit, der sich wirklich unmittelbar ,vor der Hand' befindet und darum am besten zuerst anzugreifen ist. *Überhandnehmen* ist eine Betonungsveränderung aus älterem ,(die) Überhand nehmen', mhd. ‚überhant gewinnen', den Sieg erringen, heute vorwiegend gebräuchlich i.S.v.: zuviel, ausufern, zuviel Gewicht bekommen.

Verstärkende Bedeutung haben auch Zwillingsformeln wie ‚Hand und Fuß', ‚Hände und Füße', ‚Hand und Herz', ‚Hand und Mund', d.h. die Handgebärden werden noch durch andere Gesten unterstützt. Wenn z.B. jem. seine Worte mit vielerlei Gebärden unterstreicht, heißt es: *mit Händen und Füßen reden*. In Dtl. ist es verpönt, viel ‚mit den Händen zu reden'. Daher die mahnenden Rdaa.: ‚Ei gebard dich nit so' oder ‚Red't nit so mit de Händ'.

Hand und Fuß haben (bildl. auch von Sachen, Gedanken, Vorschlägen, Plänen gesagt): gut durchdacht, vernünftig begründet sein: Wenn eine Sache ‚Hand und Fuß' hat, so fehlt ihr nichts Wesentliches; sie ist so, wie sie sein soll. Vgl. frz. ‚Cela n'a ni queue ni tête' (wörtl.: Das hat weder Schwanz noch Kopf).

Vermutlich spielen ältere rechtliche Vorstellungen mit in die Bedeutungsentwicklung hinein: Die rechte Hand und der linke Fuß waren von besonderer Bdtg., denn mit der rechten Hand wurde das Schwert geführt, und den linken Fuß setzte der Mann zuerst in den Steigbügel. Das Abhauen der rechten Hand und des linken Fußes war im MA. eine bes. schwere Strafe.

In Reutters ‚Kriegsordnung' heißt es: „ich verbanne und verbiete die bank, das mir keiner in das recht sprechen soll bei verbußung der rechten hand und des linken fuß" (Grimm: RA. II, 292). In dem Gedicht vom ‚Meier Helmbrecht' wird dem Sohne des Meiers, dem der Henker nach einem ihm zustehenden Rechte unter zehn Übeltätern das Leben schenkt, eine Hand und ein Fuß abgehauen. Der Zwergkönig Laurin fordert ebenfalls Hand und Fuß von jedem, der seinen Rosengarten zertritt, aber ganz bestimmt den linken Fuß und die rechte Hand. Die rechte Hand und den linken Fuß noch haben bedeutete demnach zunächst: ein kriegstüchtiger Mann sein. Später wurde ‚Hand und Fuß haben' auf jede Art von Tüchtigkeit übertragen.

Hand und Fuß regen als Ausdr. größten Fleißes begegnet u.a. in einem Lied von R. Reinick:

In der Stadt verworrnen Gassen
regt sich emsig Fusz und Hand.

Im Plural verwendete der Volksprediger Marcus von Weida schon 1502: „rege ich nicht hende unnd fussze".

Mit Händen und Füßen ist eine feste Verbindung geworden in Wndgn. wie: ‚sich mit Händen und Füßen wehren (sträuben)'; danach z.B. Moscherosch: „Man wird nicht zu allen Zeiten mit Händen und Füßen angehalten", d.h. inständig gebeten. Die Wndg. begegnet in bibl. Texten und hat ihren Urspr. in der bereits im A.T. erwähnten Strafe der Bindung und Fesselung von Händen und Füßen, die auch in der Rda.: *Er liegt gebunden an Händen und Füßen* zum Ausdr. kommt. Darauf bezieht sich auch die bei Luther zitierte Textstelle:

Deine Hende sind nicht gebunden,
Deine Füsze sind nicht in Fessel gesetzt.

Häufig wurden die Hände und Füße auch stellvertretend für den ganzen Körper gebraucht, d.h. mit den Händen und Füßen gehen wesentliche Teile verloren, die Sache ist nicht mehr vollkommen. *Hände und Füße haben* bedeutet daher: in Ordnung sein.

„Es hat hende vnd fuesse was der man redet" (Namenlose Sammlung von 1532, Nr. 510). Ausführlich erklärt Joh. Agricola 1529 die Rda. (Nr. 445): „Ein gerader, vngestummelter leib hat sein art an henden vnd an fuessen. Mit den henden richtet er aus, was er zu schaffen vnd zu handeln hat, die fuesse tragen den leib vnd hende, wo der leib hyn wil, daß hende vnd fuesse souil geldte bey uns Deutschen, als wolgestalt, wolgeziert, wolgethan, volkommen, vnd da kein mangel an ist. Also brauchen wir nun diß wort zum lobe vnd zur schande, zum lobe, Es hat hende vnd fuesse, was der thut vnd redet, das ist, es ist rechtschaffen, es hat einen bestand, es ist wolgestalt vnd wolgethan, zur schande, Es hat weder hende noch fuesse, es ist vnvollkommen, es hat kein art noch bestandt, es ist flickwerck vnd gestummelt ding". Ähnl. Ausdrücke finden sich schon im klassischen Altertum, z.B. bei Plautus, Cicero, Livius. „Ein

Brief, der Hände und Füße hat", heißt es in ‚Wallensteins Tod' (I, 5). ‚Was ihr fehlt, wird mit Händ' und Füß' an den Tag kommen' sagt man rheinhess. von einer Schwangeren.

Hand aufs Herz! rufen wir heute jem. zu, wenn wir ihn ermahnen wollen, ehrlich seine Meinung, seine Überzeugung auszusprechen. Die Rda. hat sich auch noch im Kinderbrauch als Form der eidesstattlichen Versicherung erhalten; hier liegt auch ihr Urspr.: Im MA. war es eine symbolische, eigentl. die innersten Kräfte aufrufende und herbeiziehende Handlung bei der Eidesablegung mittels Handanlegung (↗ Eid). Nach altem Ritus hielten die Schwörenden etw. in der Hand, legten ihre Hand an oder auf etw. oder berührten es – Männer im Heidentum den Schwertgriff, im Christentum Reliquien, Frauen nach altem Volksglauben die linke Brust und den Haarzopf. Selbst Geistliche und Fürsten legten ihre Rechte auf Brust und Herz. Daher auch die Wndg. ‚mit ↗ Herz und Hand', wie sie u. a. in dem Gedicht ‚Mein Vaterland' von Hoffmann v. Fallersleben vorkommt:

Treue Liebe bis zum Grabe

schwör ich dir mit Herz und Hand.

Vgl. frz. ‚mettre la main sur son cœur.

Zur Bekräftigung von Gelübden, denen die Sitte kein feierliches Symbol vorschrieb, genügte der ↗ Handschlag, wobei der eine in die hingehaltene Hand des anderen einschlug.

Etw. mit Hand und Kuß annehmen, gewöhnlich zusammengezogen *mit Kußhand,* volkstümlich auch *mit geschmatzten Händen:* es äußerst gern annehmen, eigentl. indem man dem Geber dafür die

‚Etwas mit Kußhand annehmen'

Hand oder beide Hände küßt, dann auch indem man die innere Seite der eigenen Finger küßt und diesen Kuß dem andern gleichsam zuwirft (Kußhand).

Die ‚Kußhand' ist nicht zu verwechseln mit dem ‚Handkuß', der in der Rda. ‚küß die Hand' weiterlebt (↗ Handkuß). Die Wndg. ‚mit Kußhand' geht zurück auf das alte Lehnsrecht, in dem die Formel ‚mit Hand und Mund belehnen' in den Urkunden verwendet wird. Eine andere Version lautet ‚mit Hand und Halm'. In einer zu Körbecke unweit Warburg ausgestellten Urkunde Heinrichs von Imshusen werden beide Versionen zusammen genannt:

mit hand und mund,

halme und twige.

Bei dem feierlichen Belehnungsakt steht der Mund als Symbol für den Kuß: „Lîhen mit gevalden henden, mit gekostem munde, als man lêhen zu rechte lîhen sol" (Grimm: RA. I, 197).

Die Wndg. ‚mit Hand und Mund' kommt auch noch in anderer Bedeutung vor, so z. B. 1560 bei Agricola in ‚Sprichwörter': „er hat mirs mit der Hand und mund gesagt, das ist, er hat mir seinn glauben und trew zu pfand gesetzt". Auch dankt man mit Hand und Mund wie in dem bekannten Kirchenlied von M. Rinkhart:

Nun danket alle Gott

mit Herzen, Mund und Händen.

Auf der Hand liegen: offensichtlich sein. Die Wndg. ist genauso wie die Rda. *etw. ist mit Händen zu greifen* wörtl. und bildl. zu verstehen. Eine im wörtl. Sinn gebrauchte Wndg. für das Greifbare ist z. B. *Geld auf der Hand haben, etw. auf die Hand bekommen,* d. h. eine Anzahlung, ein ↗ Handgeld erhalten (vgl. auch ↗ Flöte).

Von Bedeutung ist auch, wer als erster eine Sache in der Hand hat. Entsprechend auch die Rdaa.: *etw. aus erster Hand haben:* die Sache ist brandneu, die Information aus zuverlässiger Quelle, bzw. *aus zweiter Hand:* die Sache ist nicht mehr neu, die Information nicht unbedingt authentisch. *Etw. aus sicherer Hand wissen:* aus zuverlässiger Quelle.

Eine *Politik der starken Hand* (eigentl. Politik der bewehrten Hände) weist auf große Durchsetzungskraft hin. mit *öffentlicher Hand* wird der öffentl. Haushalt, der Staatshaushalt bez., die Hand die alle öffentl. Mittel hält.

Was man *in der Hand hält* hat man fest (↗Spatz, ↗Spiel), was man *aus der Hand geben* muß, ist nicht mehr zu kontrollieren, „weil man sagt, der wurff (im Würfelspiel) wan er ausz der hand gangen, seye des teuffels" (Grimmelshausen: ‚Simplicissimus‘ 4, 41, Kurz). Darum läßt sich der Weise und Tüchtige nichts *aus der Hand nehmen* oder gar *aus der Hand reißen.* Er behält alles in eigener Hand, z. B. den ↗Hut, die Handhabe, und nimmt zuweilen etw. in die Hand oder Hände (die ↗Augen, ↗Beine, das ↗Herz, die ↗Türe). Ein guter Kartenspieler ist der, dem es gelingt, *alle Trümpfe in der Hand* zu haben. Auf das Kartenspiel zurückzuführen sind auch andere Rdaa., z. B. ‚Etw. in der Hinterhand haben‘: noch einen Trumpf ausspielen können; ferner: *Die Hände dabei im Spiel haben:* heimlich dabei mitwirken. *Einem etw. in die Hand spielen:* ihm die Erwerbung einer Sache leicht machen. *Unter der Hand:* heimlich, im verborgenen; hergeleitet vom betrügerischen Kartenspieler, der unter seiner Hand die Karten vertauscht (belegt seit dem 17. Jh.); vgl. frz. ‚En sous-main‘.

‚Hinter vorgehaltener Hand‘

Auf Heimlichkeiten deutet auch die Rda.: *hinter vorgehaltener Hand* etw. sagen, d. h. für Dritte nicht hörbar, auf Dunkelheit die Rda.: *die Hand vor den Augen nicht sehen* können.

Die Rda.: *die Macht in der Hand (in Händen) haben* geht zurück auf den Gottesstab des Moses (2. Mos. 17,9) und auf den Stab, den Könige, Fürsten und Richter als Zeichen der höchsten Gewalt in der Hand hielten (↗Stab). Viele Urkunden beginnen mit der Formel: „da ich den stul besaß u.

den stab in der hand hielt . . ." (Grimm: RA. I, 186). Die Wndg. *etw. in der Hand haben* (halten) deutet daher zunächst auf diesen Stab der Macht in der Hand des hohen Herrn hin, dann aber auch auf wichtige Urkunden, z. B. Urkunden, die jem. als Beweismittel in der Hand hält. Vgl. (‚einem ↗Brief u. Siegel geben).

Die (durch den Stab verlängerte) mächtige Hand kehrt rdal. auch im Symbol der langen Hand wieder: *Er hat eine lange Hand* (oder ‚einen langen Arm‘): er vermag viel, hat große Gewalt; dazu der Gegensatz: *er hat eine kurze Hand.* Seb. Brant schreibt im ‚Narrenschiff‘ (19,76): „Dann herren hant gar lange hend"; Seb. Franck 1541: „Fürsten vnd herren habend lang hend"; in gleichem Sinne bei dem röm. Dichter Ovid: „An nescis longas regibus esse manus?" (Weißt du nicht, daß die Könige lange Hände haben?).

In einer Reihe von Rdaa. steht die Hand auch für Ohnmacht oder Machtentzug, z. B. *Einem die Hände binden:* seine Macht beschränken; vgl. frz. ‚lier les mains à quelqu'un‘ sowie ‚Pieds et poings liés‘ (wörtl.: mit gebundenen Füßen und Händen): machtlos.

Wer dagegen ungebundene Hände hat, d. h. frei von Fesseln ist, hat *freie Hand* und kann ungehindert Entscheidungen treffen. Die Selbständigkeit eines Menschen wird angesprochen in den Rdaa.: *Sich in der Hand haben:* Gewalt über sich selbst haben, sich beherrschen; *sein Schicksal bzw. eine Sache selbst in die Hand nehmen:* es nicht anderen überlassen, selbst die Verantwortung dafür übernehmen, zuständig sein. Ähnl.: *eine stille Hand in etw. haben:* stiller Teilhaber sein; *die Hände überall drin haben:* an vielen Unternehmen beteiligt sein; *eine Hand dazwischen haben:* an einem Geschäft beteiligt sein.

In andere Hände übergehen: Ausdr. von Besitzwechsel; *von Hand zu Hand gehen* reihum gehen; ähnl.: *durch mehrere Hände gehen* (auch für Personen gebraucht): etw. (jem.) wird herumgereicht. Die Wndg. geht zurück auf das ma. Ritual der Freilassung (Manumission) und hat ihren Urspr. in der symbol. Handlung, den Knecht oder Freizulassenden mit der Hand zu fassen und wieder aus der Hand zu lassen. Nach langobard. Recht mußte der Loszusprechende durch die Hände mehrerer Freier (Liberi) gehen. Erst durch die wiederholte Freilassung wurde er selbst ein Freier.

Die Rda. *seine Hand auftun:* geben, schenken, begegnet schon im A.T. in dem Gebot: „daß du deine Hand auftust deinem Bruder" (5. Mos. 15,11). In Ps. 145,16 heißt es von Gott: „Du tust deine Hand auf . . ." Andere Wndgn. für Schenken sind: *eine offene Hand haben:* großzügig sein; *mit vollen Händen geben:* freizügig schenken; *jem. etw. in die Hand drücken:* heimlich eine Spende zustecken; ein Sprw. sagt: ‚Besser offene Hand als geballte Faust'.

Die Hand gibt und nimmt; daher auch übertr. *nicht mit leeren Händen kommen;* vgl. frz. ‚ne pas venir les mains vides'; westf. ‚de Hand in der Taske hewwen', zum Geldausgeben bereit sein. Dagegen bedeutet: *die Hand auf der Tasche haben:* sparsam, geizig sein. Für Geiz steht auch die *geschlossene Hand.* Dazu das alte Seitenstück in einer Klage über die Leipziger Universitätslehrer längst vergangener Zeit: „(Welcher Student) nicht eynen yden in sünderheyt grüst mit zugeschlossener hant, der muß in eynem guten zeychen geporn seyn".

Auch für die Art und Weise des Schenkens haben sich Rdaa. erhalten, die z.T. auf ma. Rechtsvorstellungen zurückgehen. So bedeutet: *mit warmer Hand schenken:* noch zu Lebzeiten verschenken, während *mit kalter Hand* schenken auf eine testamentarische Vererbung hinweist. *Aus freier Hand verkaufen:* nach eigener Preisschätzung.

Handverlesen: mit eigener Hand ausgesucht, i.S.v. besonderer Qualität, in bezug auf Personen: bes. zuverlässig.

Mit der einen Hand geben, mit der anderen Hand nehmen illustriert das Bibelwort (Matth. 6,3): „Laß deine linke Hand nicht wissen, was die rechte tut". Dieser Vorgang erscheint häufig auf Abbildungen in den Bilderhandschriften des Sachsenspiegels, in denen die rechte Hand als die gebende und die linke als die nehmende dargestellt ist. In manchen Darstellungen findet man zusätzliche Hände zur Verdeutlichung von zusätzl. Handlungen

(↗Handlung). Viele Rdaa. gehen jedoch davon aus, daß man nur zwei Hände hat, so in einem auf einen Geizhals gemünzten Sprw.: „Er hat nur zwei Hände, eine zum Nehmen, eine zum Behalten, die zum Geben fehlt ihm" oder „Viel Leut seynd der Meynung, sie sollen u. dörffen nichts hinweg geben, weil sie nur zwo Händ haben, dass sie mit der einen einnehmen, mit der anderen behalten, die dritt damit sie geben sollen, ist ihnen nicht gewachsen". Schwäb. heißt es von einem Geizigen ‚Dear hot d'Händ scho zua g'hött, wia 'r uf d'Welt kumma isch'. ‚Dear hot bloaß zwoi Händ: oina zom Neahma und oina zom B'halta; dia zom Geaba fehlt 'm'.

Die Rda. *mit beiden Händen zugreifen* gilt für den, der sich selbst großzügig bedient. Das Gegenteil besagt die Rda.: *An der ausgestreckten Hand verhungern lassen.* Die Wndg. wird als Drohung gebraucht.

Für Bestechung steht die Rda.: *mit der krummen Hand kommen,* d.h. Bestechung anbieten, während *die Hand aufhalten* für den Bestechlichen oder den Bettler gilt. *Jem. die Hände schmieren, ihm die Hände versilbern:* ihn bestechen; vgl. frz.: ‚graisser la main à quelqu'un'. Von einem Bestechlichen sagt man auch: *Er hat eine hohle Hand. Nicht in die hohle Hand:* auf keinen Fall, ausgeschlossen! Die Rda. gehört wohl zur hohlen Hand des Bestechlichen. Sie will besagen, daß der Betreffende keinem Bestechungsversuch zugänglich ist. Mit den Worten *Nicht in die Hand!* lehnt man ein Anerbieten ab, eigentl. ein Kaufangebot, von dem man auch bei augenblicklicher Barzahlung nichts wissen will.

‚Die rechte Hand nicht wissen lassen, was die linke tut'

Modern vulgärsprachl. ist *besser als in die hohle Hand geschissen:* besser als nichts. *Einem die Hand im Sack erwischen:* ihn auf frischer Tat ertappen; eigentl.: den Dieb bei der Hand ergreifen, die eben aus dem Sack (der Tasche) stehlen will; seit dem 16. Jh. belegt, aber schon ganz abgeblaßt in Grimmelshausens ‚Simplicissimus‘ (IV, 77): „ruckte sie aus ihrem Hinderhalt hervor und erwischte der so schmerzlich weynenden Mademoisellen die Hand im Sack, als sie weder den Lauff ihrer Seuftzer, noch den Fluß ihrer übermächtigen Zähren hemmen konnte“. Vgl. frz. ‚prendre quelqu'un la main dans le sac‘.

In Holstein ist von einem Dieb gebräuchl. *klebrige Hände haben,* d. h. solche, an denen leicht etw. kleben bleibt (↗ Finger); das Gegenteil *reine Hände haben* ist allg. verbreitet.

Die Wndg. *die Hände kreuzen* bedeutet Geld für eine Gegenleistung geben.

Von der Hand in den Mund leben: das eben verdiente Geld immer wieder gleich für das tägliche Brot ausgeben müssen, nichts zurücklegen können, ↗ Mund. Vgl. engl.: ‚They have but from hand to mouth‘ und frz.: ‚Vivre au jour le jour‘ sowie ‚gagner sa vie au jour le jour‘. In scherzhafter Abwandlung wird die Wndg. für einen Zahnarzt gebraucht, der davon lebt, daß er anderen mit der Hand in den Mund fährt.

Dagegen bedeutet: *aus der Hand essen:* ohne Besteck, z. B. an einem Stand auf dem (Jahr-)Markt, in scherzhafter Abwandlung: ‚aus der bloßen Lamäng‘, ↗ Lamäng. Aber: *Jem. aus der Hand fressen:* ihm hörig, treu ergeben sein.

Hand auf jem. legen: ihn verhaften. Urspr. war mit dem Auflegen der Hand die Vorstellung von segnen, heilen verbunden: „Und sie brachten zu ihm einen Tauben der stumm war, und sie baten ihn, daß er die Hand auf ihn legte“ (Mark. 7, 32); „Darnach legte er abermals die Hände auf seine Augen“ (Mark. 8, 25). Später kehrt die Handauflegung im ma. Recht wieder. So wurde z. B. bei Vormundschaftsangelegenheiten vor Gericht dem Unmündigen zum Zeichen der Schirmherrschaft die Hand aufgelegt. Auch die Rda. *Die Hand auf etw. legen* bez. sinnbildlich die Besitzergreifung und geht zurück auf ma.

Rechtsvorschriften, nach denen der Eigentümer zum Zeichen des Rechtsanspruchs an einer Sache beim Schwur seine Hand auf das Eigentum legen mußte. Vergl. franz. ‚mettre la main sur quelque chose‘.

Bei Anlässen, die eine Eidesleistung erforderlich machten, wurde die Hand auf ein Heiligtum gelegt: „... u. sal die rechten hant uf die heiligen legen u. sal schwören“ (Mainzer Waldpodenrecht bei Gudemus 2, 498). Daher auch die Rda.: ‚hoch und heilig schwören‘, d. h. die eine Hand erhoben, die andere auf den Reliquien. Mit der Handauflegung war stets ein Recht oder eine Macht verbunden. Von daher auch die Rda.: *Jem. eine schwere Hand auflegen:* seine Macht fühlen lassen.

Die Hände davon lassen: etw. nicht anrühren, i. S. v.: sich nicht mit einer Sache befassen. Die Wndgn. *Hände weg* und ‚Hands off‘ drücken drastische Verbote aus, um zu verhindern, daß ein Unbefugter Hand auf etw. legt, das ihm nicht gehört und auf das er kein Anrecht hat. Auch in Shakespeares ‚Hamlet‘ (I, 4) begegnet die Wndg.: „Hold off your hands“. Eine entspr. scherzhafter Spruch lautet: ‚Das Berühren der Figuren mit den ↗ Pfoten ist verboten‘, ↗ berühren.

Hand von der Butte!: Rühre nicht daran! Laß die Finger davon! Gewöhnlich von einer heiklen Angelegenheit gesagt, bei der man sich leicht die Finger verbrennen kann. Das Bild der seit dem 18. Jh. bezeugten Rda. geht zurück auf die Weinbutte, in der die Trauben gesammelt werden; die Rda. wird eigentl. dem zugerufen, der naschen will: „Die Hand von der Butte! Es sind Weinbeeren drin“ (so bei Abraham a Sancta Clara, ‚Totenkapelle‘, 1710, Ndr. S. 94); in dieser vollständigen Form findet sich die Rda. noch bair.: ‚d' Hand von de Buttn, es san Weibeerln drinn!‘ In Gegenden, in denen man den Ausdr. ‚Butte‘ für das hölzerne Traggefäß nicht kennt, ist die Rda. mißverständlich entstellt worden zu *Hand von der Butter!* Verwandte Rdaa. sind nordostdt.: ‚Hand vom Sack!‘, oder ‚Et sönd Fösch drin‘; auch ‚Hand vom Sack! Der Haber ist verkauft!‘ Lat. entspricht: ‚Manum de tabula!‘ (die Hand von der Tafel!), hergenommen von Schü-

lern, die in Abwesenheit des Lehrers allerlei auf die Tafel malen.

Hand an jem. legen: ihm Gewalt antun,
und *Hand an sich legen:* sich selbst Gewalt
antun i. S. v.: Selbstmord verüben.

Auch im Arbeitsleben spielt die Hand
eine Rolle, so in der Rda. ‚tüchtig Hand
anlegen': fleißig arbeiten. Desgl. in *die
letzte Hand anlegen:* die Sache zum letz-
tenmal vornehmen, um ihr den letzten
Schliff zu geben (vgl. Feile); schon lat. ‚ul-
timam manum addere'. *Zur* (oder *an die*)
Hand gehen: freiwillig zu Gebote stehen;
vgl. frz. ‚donner la main à quelqu'un'.

Die Hand ist geschickt zu allerlei ‚Handwerk', je nachdem, was man *in die Hand
nimmt;* einer hat manchmal *alle Hände
voll zu tun;* vgl. frz. ‚avoir du travail plein
les bras' (wörtl.: alle Arme voll zu tun haben); aber wenn *die Arbeit von der Hand
geht,* kann man *sich von seiner Hände Arbeit nähren:* vom eigenen Verdienst leben.
Die Wndg. *alle Hände voll* begegnet schon
früh bei Agricola (‚Sprichwörter' [1560],
285): „ein jeder hat einen standt oder be-
rüf, des warte er, so wird er alle hend voll
zu thûn haben". Bei Goethe (12, 172) heißt
es: „den ganzen Tag hat man die Hände
voll!" und bei Schiller (‚Fiesko' 2, 15) in
scherzhafter Abwandlung: „meine Füße
haben alle Hände voll zu tun". Hans
Sachs (3, 1, 237) beklagt sich über den trägen Fortgang der Arbeit mit den Worten:
richt ahn, das dich potz marter schent!
wil dir denn nichts gehn aus der hendt?

Mit beiden Händen zupacken: fleißig sein.
In die Hände spucken (↗ spucken): sich an
die Arbeit machen. Die Wndg. begegnet
auch in einem neuzeitl. Schlager, in dem
es heißt:

Jetzt wird wieder in die Hände ge-
spuckt,
wir steigern das Bruttosozialprodukt.

Ein Händchen für etw. haben: geschickt
dafür sein; ndl. ‚een handje van iets hebben', frz. ‚avoir le tour de main (l'habitude) de quelque chose'; ‚etw. im Griff
haben'; engl. ‚to have the knack of a
thing'. Im Rheinhess. kennt man die rdal.
Vergleiche: ‚Hände wie ein Apotheker',
‚wie ein Nähmädchen'. *Eine grüne Hand
haben:* Glück bei der Blumenpflege haben; ↗ Daumen.

Etw. unter den Händen haben: in Arbeit

haben, ist eine verbreitete Wndg., und von
einer gewandten Arbeiterin heißt es: *ihre
Hände machen, was ihre Augen sehen.*

Jem. auf (in) die Hände sehen: ihm bei der
Arbeit zuschauen, von ihm lernen, aber
auch: sehr genau zusehen, was jem. in den
Händen hat oder mit seinen Händen
macht. Die Rda. ist schon in bibl. Texten
erwähnt: „Sieh, wie die Augen der
Knechte auf die Hände ihrer Herren sehen, wie die Augen der Magd auf die
Hände ihrer Frauen …" (Ps. 123, 2). Und
bei Luther heißt es: „darumb dasz ich will,
sie (Luthers Frau) müsse nicht den Kindern, sondern die Kinder ihr in die Hände
sehen".

Von einem Ungeschickten und Faulen
sagt man *er hat zwei linke Hände;* vgl. frz.
‚Il est gaucher des deux mains' (wörtl.: Er
ist auf beiden Händen Linkshänder);
oder (z. B. obersächs.) *ihm sind die Hände
bei der Arbeit im Wege.*

Jem. in die Hände arbeiten: ihm zuarbei-
ten. Dagegen gilt für den, der die Arbeit
gerne anderen überläßt: ‚er will die
Schlange mit fremden Händen aus der
Höhle ziehen'. Manche sind auch *mit Ausreden rasch zur Hand:* sie drücken sich
gerne vor der Arbeit. *Keine Hand rühren*
will der Faule („he rögt ni Hand noch
Foot"). *Keine Hand dafür umdrehen* (frz.:
personne n'en tournera pas la main) wird
meist im übertr. Sinn gebraucht: keiner
kümmert sich darum. *Die Hände sinken
lassen:* sich ausruhen, auch: mutlos sein,
resignieren. Ähnl.: *Die Hände in den
Schoß legen:* untätig sein; ist zunächst
wörtl. gemeint; vgl. frz. ‚se croiser les bras'
(wörtl.: mit verschränkten Armen dabei-
stehen), ↗ Arm. Von einem Faulenzer sagt
man rheinhess. ‚Er ist kitzlich um die
Hand. Eine Hamburger Begründung für
Nichtstun lautet: ‚Jek heff jo beide Hann
in de Dasch'.

Auch als Beweis von Schuld und Unschuld spielen die Hände in vielen Rdaa.
eine Rolle: *Für einen die Hand ins Feuer
legen:* für ihn bürgen, gutstehen. Vgl. ins
Negative gewendet im Frz. ‚Je n'y mettrais
pas ma main au feu' (dafür würde ich
nicht die Hand ins Feuer legen). Das Bild
der Rda. stammt von den ma. Gottesur-
teilen, bei denen der Beschuldigte die Hand
ins Feuer zu legen hatte; blieb sie unver-

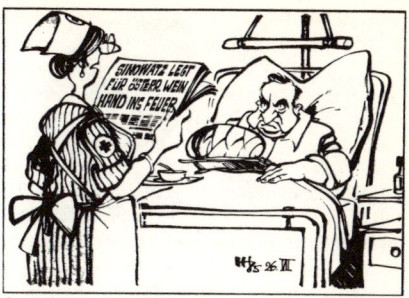

2

1/2 ‚Für einen die Hand ins Feuer legen‘

sehrt oder heilte sie rasch, dann galt seine Unschuld als erwiesen. Stellvertretend konnte sich auch ein anderer dieser Probe für den Angeklagten unterziehen, wenn er von dessen Unschuld überzeugt war. In denselben Zusammenhang verweist die Rda. *Deshalb verbrenne ich mir die Hände nicht:* ich lasse die Finger davon. Die

Wndg. beruht wahrscheinl. auf dem ‚Kesselfang‘ (Greifen in kochendes Wasser) oder auf der ‚Eisenprobe‘ (vgl. ‚ein heißes ↗ Eisen anfassen‘).

Seine Hände in Unschuld waschen: jede Schuld von sich weisen. Die Rda. ist bibl. Ursprungs und darum auch in paralleler Weise in den anderen europ. Sprachen in gleicher Weise vorhanden (frz. ‚Je m'en lave les mains‘; ital. ‚Me ne lavo le mani‘). Die Rda. geht auf einen Brauch und ein altes Sühneopfer zurück, das schon im mosaischen Gesetz eine Rolle spielt: 5. Mos. 21, 1–9 wird angeordnet, es sollen, wo ein von unbekannter Hand Erschlagener liege, die Ältesten der nächsten Stadt über einer jungen Kuh, der der Hals abgehauen ist, ihre Hände waschen und dabei

‚Seine Hände in Unschuld waschen‘

‚Seine Hände in Unschuld waschen'

sagen: „Unsere Hände haben dies Blut nicht vergossen, so haben's auch unsere Augen nicht gesehen; sei gnädig deinem Volke Israel, das du, Herr, erlöst hast, lege nicht das unschuldige Blut auf dein Volk Israel usw." Ps. 26, 6 singt David: „Ich wasche meine Hände in Unschuld". Matth. 27, 24 wäscht sich Pilatus vor der Verurteilung Christi die Hände, um dadurch anzuzeigen, daß er an dem Blute des Verurteilten unschuldig sei.
Das Händewaschen war auch bei den Urchristen eine symbol. Handlung zur Befreiung von Schuld. Nur wer saubere Hände hatte, konnte auf Vergebung hoffen. Das kommt auch in Ps. 18, 21 z. Ausdr.: „Der Herr tat wohl an mir nach meiner Gerechtigkeit, er vergibt mir nach der Reinigkeit meiner Hände". In neuerer Zeit wird die Rda. auch in parodierter Erweiterung gehört: ‚Ich wasche meine Hände in Unschuld und Schmierseife'.
‚Eine Hand wäscht die andere' – in vielen Sprachen geläufig (lat.: ‚manus manum lavat'; russ.: ‚ruki ruka mojet') – eine Gefälligkeit gegen eine andere, auch: unerlaubte Handlungen bleiben unbestraft, weil sich die Täter nicht gegenseitig verraten oder weil um des Vorteils willen geschwiegen wird.
Ans Meer gehen, um seine Hände zu waschen: wegen einer Kleinigkeit Umstände machen. *Ungewaschene Hände* hat ein Skatspieler, der beim Geben schlechte Karten verteilt. *Schmutzige Hände haben:* schuldig geworden sein; *sich die Hände nicht schmutzig machen:* nichts Verbotenes tun. *Dreck an den Händen haben:* in unsaubere Machenschaften verwickelt sein; ↗ Dreck. *Blutige Hände haben* bezieht sich auf den Mörder und Totschläger (↗ Blut); *klebrige Hände haben* auf den Bestechlichen und den Dieb.

Die Hand gegen jem. erheben (die Hand zum Schlag erheben) steht für die Absicht, jem. zu schlagen. Das Erheben der Hand gegen die Eltern wurde als besonders schweres Vergehen betrachtet. Nach altem Volksglauben wächst die Hand, die sich an den Eltern vergreift, aus dem Grabe heraus: „daß euch die Hand nicht aus dem Grabe wachse, weil ihr euch an der Mutter vergreift!" (G. A. Bürger, Gedichte [1776]), und die Hand, die einen Frevel begeht, verdorrt: „und es verdorre die Hand meines Geschlechts, die den Tod schickt auf die Deinen mit Blei, und Schlingen stellt und Netze". (E. M. Arndt, Erinnerungen aus dem äußeren Leben [1840]). Die ‚verdorrende Hand' als Verwünschung begegnet auch bei Gottfried Keller nach Vollendung seiner Umarbeitung des ‚Grünen Heinrich' (1879–80) in dem Satz: „Die Hand möge verdorren, welche je die alte Fassung wieder zum Abdruck bringt". Am 12. Mai 1919 gebrauchte sie Philipp Scheidemann in der Nationalversammlung im Zusammenhang mit dem Friedensvertrag von Versailles: „Wer kann als ehrlicher Mann, ich will gar nicht sagen als Deutscher, nur als ehrlicher, vertragstreuer Mann solche Bedingungen eingehen? Welche Hand müßte nicht verdorren, die sich und uns in solche Fesseln legt?" Konsequenterweise trat er dann vor Unterzeichnung des Vertrages als Reichsministerpräsident zurück. Seitdem ist Scheidemanns ‚verdorrende Hand' zum geflügelten Wort geworden.
Die Wndg. ‚die Hand erheben' bzw. mit ‚erhobener Hand' hat ihren Urspr. im kultischen und liturgischen Sinnbezirk und begegnet schon in frühester Zeit zur Bezeichnung von Segens- und Schwurgebärden. Meist wird sie durch einen Zusatz ergänzt, z. B. *die Hand zum Schwur erheben.* Schon bei den Völkern der Antike, die auch den Schwur mit beiden Händen kannten, wurde im allg. die rechte Hand zum Schwur erhoben – so ferner bei den Juden. Als Abraham dem König von Sodom schwor, nichts von seinem Eigentum nehmen zu wollen, begann er mit den Worten: „Zum Herrn, dem höchsten Gott und Schöpfer erhebe ich meine Hand" (1. Mos. 14, 22). Der Herr selbst schwört

bei seiner Rechten (Is. 62,8; 5. Mos. 32,40). Die Christen haben diesen Brauch übernommen. Vgl. Offbg. 10,5f.: „Der Engel, den ich auf dem Meer und auf dem Land stehen sah, hob seine Rechte zum Himmel empor und schwor bei dem, der in alle Ewigkeit lebt". Auch sonst läßt sich die Wndg. nachweisen, so vor allem bei einzelnen Formen der Rechtsgebärden, vornehmlich der Zustimmungs-, Gelöbnis- und jüngeren Schwurgebärde. In den Bilderhandschriften des ‚Sachsenspiegels' werden mehrere Formen der Handerhebung ill., die noch in heutigen Redewndgn. nachwirken. So ist z. B. die Wndg. *mit aufgehobener Hand* z. T. noch als Redegestus bekannt. Sie geht zurück auf ma. Rechtspraxis. Beim prozessualen Vortrag war das Handaufheben das allg. Zeichen dafür, daß der Prozeßvormund oder eine beteiligte Partei etw. zu sagen hatte. Auch heute wird die Wndg. *die Hand heben* noch gebraucht, wenn zur Wortmeldung aufgerufen wird. Außerdem bedeutet sie Zustimmung und ist vor allem auch bei Abstimmungen geläufig. „Er hed alle hend" bedeutet daher: er ist einstimmig gewählt. Ferner spielt die Handerhebung eine Rolle beim Handgelöbnis, bei dem jeder Kontrahent seine Hand wie zum Redegestus – bisweilen bis zur Kopfhöhe – erhob und sie mit der Innenfläche an die Hand des Vertragspartners legte.

Als Ausdr. der Verweigerung ist die Rda. *jem. etw. in die Hand blasen* (abgekürzt: ‚ich blas dir was') zu betrachten. Die Wndg. hat ihren Urspr. im Volksglauben, in dem die Vorstellung herrschte, daß Hexen und Zauberer durch das Blasen in die Hand oder in den Hut andern viel Ungemach bereiten können. Sie begegnet schon bei Luther: „Gott hat mancher Obrigkeit in die Hand geblasen, dass ihr die Pfennige wie Federn verfliegen und verstieben".

Dagegen bedeutet *jem. die Hand reichen:* ihm entgegenkommen, Versöhnung anbieten. *Jem. die Hand geben:* ihn begrüßen, in der Wndg. ‚wir können uns die Hand geben (reichen)', aber auch: wir sind einer Meinung (frz.: donne moi la main), ↗Gruß.

Jem. per ↗Handschlag begrüßen: auf besonders freundschaftliche Art. *Jem. die Hand drücken:* voller Herzlichkeit (Anteilnahme) begrüßen. *Jem. die Hände schütteln:* freudig begrüßen, meist bei einem Wiedersehen nach langer Zeit: „da war ein Grüszen und ein Händeschlag, ein Austausch, ein lebendiger Verkehr!" (L. Uhland: ‚Ernst von Schwaben'; „… ein solch handgebens, hendeschlagens, hendtruckens" (Fischart: ‚Gargantua' [1594]).

Jem. bei der Hand nehmen: mit ihm zusammengehen. Zwei, die sich an der Hand gefaßt haben, gehen *Hand in Hand,* doch können bildl. übertr. auch zwei Bestrebungen ‚Hand in Hand gehen', d. h. sich vertragen und ergänzen, nebeneinander her gehen; vgl. frz. ‚La main dans la main'.

Hände geben übers Kreuz bedeutet Unglück oder einfach ein Mißgeschick, z. B. Streit beim Abschied. Bei Hochzeiten wird die Rda. zumeist verknüpft mit der Vorstellung: eine böse Schwiegermutter bekommen o. ä.

Jem. die Hand halten: ihn trösten. *Jem. die Hand bieten:* ihm helfen wollen; auch: zur Versöhnung bereit sein. Mit der Wndg. *die Hand ausstrecken* ist heute allgemein eine ähnl. Bedeutung verknüpft. Urspr. galt sie als Ausdr. einer Schutzgebärde, wie sie in 3. Mos. 9,22 beschrieben wird: „Dann streckte Aaron die Hand über das Volk und segnete es". Sie stand aber auch für die Wohltaten spendende Macht: „Gott streckte seine Hand aus und schlug mit seinen Wundertaten die Ägypter" (2. Mos. 3,20). In der Version: *die Hand nach jem. ausstrecken* drückt die Hand menschl. Nähe und Verständnis sowie das Verlangen danach aus. In einem Gedicht von C. F. Meyer heißt es z. B.:

Die Rechte streck' ich oft
in Harmesnächten
Und fühlt gedrückt sie unverhofft
von einer Rechten.

Auch für das Heranwinken von Personen wird die Hand ausgestreckt, meist mit nach oben geöffneten Handflächen als anbietende Geste. Eine solche Gebärde der Fürsorge ist auch enthalten in der Rda. *Einen auf (den) Händen tragen:* ihn aufs liebevollste behandeln; vgl. Ps. 91,12, Matth. 4,6 und Luk. 4,11.

Die Rda. *in die Hände klatschen* drückt Begeisterung und Beifall aus, kann aber auch als Ruf oder als ruhegebietendes Signal verstanden werden. Das Heben und Schlagen der Hände war im MA. ein Zeichen für den wirksamen Abschluß eines Vertrages, der mit Einwilligung des Volkes zustande gekommen war, vor allem bei Königswahlen geläufig. Das Volk schlug in die Hände als Zeichen seiner Zustimmung zur Wahl (cum clamore valido), wie schon Widukind von Corvey über die Königswahl Ottos I. berichtet.

Das Gegenteil finden wir ausgedrückt in der neueren Rda.: *Auf den Händen sitzen:* keinen Beifall spenden. Sie stammt aus der Theatersprache und ist seit der 2. H. des 19. Jh. belegt.

Dagegen gilt *sich die Hände reiben* als Ausdruck der Schadenfreude. In der Antike wurde die Gebärde des Händereibens allerdings den Betrübten zugeschrieben.

Mit den Händen winken: Abschied nehmen. Oft für Kinder gebraucht. Aber auch als Geste des Jubels bekannt.

Jem. in die Hände fallen: an jem. geraten, der böse Absichten hat; den Feinden (oder Wegelagerern) in die Hände fallen.

Handgreiflich werden: zur Prügelei übergehen. *Vorderhand:* zunächst, einstweilen, meint eigentl. nur den Teil einer Angelegenheit, der sich wirklich unmittelbar ,vor der Hand' befindet und darum am besten zuerst anzugreifen ist. *Überhandnehmen* ist eine Betonungsveränderung aus älterem ,(die) Überhand nehmen', mhd. ,überhant gewinnen', den Sieg erringen.

Die Hände über dem Kopf zusammenschlagen: sich höchlich verwundern. Die Rda. verweist auf eine alte Gebärde, als Zeichen höchsten Staunens und Erschreckens. Vgl. frz. ,lever les bras au ciel' (wörtl.: die Arme zum Himmel erheben). Auf alten Darstellungen z. B. des Jüngsten Gerichts, wie in Dürers ,Apokalypse', finden sich Menschen mit dieser Gebärde, die wohl urspr. den Kopf nach oben hin schützen sollte. Die Gebärde ist heute zur bloßen Rda. abgeblaßt. Dies gilt auch für andere Handgebärden. Alte Trauer- und Klagegebärden, z. B. das Raufen des Haares oder das Ringen der Hände, als Gebärden der Totenklage aus antiken Schrift-stellern und Darstellungen ganz geläufig, sind auch in Mitteleuropa noch bis in die beginnende Neuzeit in Trauerbräuchen geübt worden. Das zeigt z. B. ein Holzschnitt aus dem Anfang des 16. Jh.

Das ,Händeringen' ist vor allem auch aus dem alten Volksrecht als selbständiger Klagegestus vor Gericht bekannt, ebenso wie das Winden der Hände während des Klagevortrags: „... sie klaget jämmerlich mit schwachem handewinden" (G. Neumark: ,Poetisch u. musikalisches Lustwäldchen' [1652]). Heute aber sind Ausdrücke wie *händeringend* usw. nur noch

,Händeringend'

rdal. erhalten, z. B. in der Rda.: ,Sich das ↗ Bast von den Händen ringen'.

Die Reichhaltigkeit des Redensartenfeldes Hand zeigt die folgende Kurzgeschichte (Krüger-Lorenzen, S. 122 f.): „Willy Winter hielt um Sophie Sommers

,Die Hände über dem Kopf zusammenschlagen'

Hand bei ihrem Vater an. Der aber schlug die Hände über dem Kopf zusammen und sagte: ‚Hand aufs Herz! Sie leben doch von der Hand in den Mund, darum kann ich Ihnen meine Sophie nicht in die Hand geben'. ‚Das stimmt nicht', antwortete der Freier, ‚ich werde nicht mit leeren Händen kommen, denn ich habe alle Hände voll zu tun. Ich bin nämlich die rechte Hand meines Chefs. Wir legen nicht die Hände in den Schoß, sondern wir arbeiten fabelhaft Hand in Hand. Wir sind keine Leute, die zwei linke Hände haben, im Gegenteil: uns geht das Tagespensum leicht von der Hand. Ich werde Ihre Sophie buchstäblich auf Händen tragen!' ‚Das sagen sie alle!' entgegnete der Vater. ‚Diese Heiratsanträge nehmen wirklich überhand. Alle wollen sie Sophie mit Handkuß nehmen. Mir sind übrigens die Hände gebunden. Ein anderer hat die Hand im Spiele. Sophies Verlobung mit Friedrich Frühling ist von langer Hand vorbereitet. Er hat mir unter der Hand mitgeteilt, daß er sie kurzerhand heiraten werde.' ‚Hand von der Butter!' rief nun Willy Winter empört, ‚sonst werde ich handgreiflich! Ich lege meine Hand dafür ins Feuer, daß keiner außer mir Sophie freien wird!' ‚Nun denn!' kapitulierte der Vater. ‚Mit hohler Hand stehe ich vor Ihnen und lasse mich bestechen: eine Hand wäscht die andere. Hier mein Handschlag! Aber wenn ihr nicht glücklich werdet, wasche ich meine Hände in Unschuld!' "

Lit.: *J. Grimm:* Deutsche Rechtsaltertümer, 2 Bde. (Leipzig ⁴1899, Nachdr. Darmstadt 1974) (abgek. RA. I u. II); *K. Sittl:* Die Gebärden der Griechen und Römer (Leipzig 1890); *J. Behm:* Die Handauflegung im Urchristentum nach Verwendung, Herkunft und Bedeutung in religionsgeschichtlichem Zusammenhang untersucht (Leipzig 1901); *K. v. Amira:* Die Handgebärden in den Bilderhandschriften des Sachsenspiegels (München 1905); *R. Lasch:* Der Eid (Stuttgart 1908); *W. Schmidt:* Die Hand in Sprache u. Recht, in: Zs. des Allg. Dt. Sprachver. 36 (1921) S. 163–167; *H. Bächtold-Stäubli:* Art. ‚Hand', in: HdA. III, Sp. 1379–1398; *K. Frölich:* Arbeiten zur rechtlichen Volkskunde, Heft 1 (Tübingen 1938), S. 31–33; *W. Funk:* Alte deutsche Rechtsmale (Bremen 1940); Art. ‚Hand' in Ciba-Zs. 7 (Basel 1940) Nr. 76; *E. v. Künßberg:* Schwurgebärde u. Schwurfingerdeutung (Freiburg 1941); *Th. Ohm:* Die Gebetsgebärden der Völker und das Christentum (Leiden 1948); *H. Mangin:* Die Hand, ein Sinnbild des Menschen (Zürich 1952); *O. Moser:* Zur Geschichte u. Kenntnis der religiösen Gebärden. Sonderdr. aus: Carinthia I, Mitt. des Geschichtsvereins f. Kärnten, 144 (1954) Heft 1–3; *J. Rüger:* Vom Kopf bis Fuß. Der menschl. Körper in volkstüml. Rdaa., in: Sprachpflege 12 (1963) S. 244–245; *H. G. Adler:* Die Hand. Eine Sprachbetrachtung, in: Muttersprache 74 (1964) S. 150–152; *L. Röhrich:* Gebärde – Metapher – Parodie (Düsseldorf 1967); *L. Röhrich* u. *G. Meinel:* Reste ma. Gottesurteile in sprw. Rdaa., S. 345 f.; *M. Kohler:* Art. ‚Hand', in: HRG. I (1971) Sp. 1927–1928; *M. Desmond:* Der Mensch, mit dem wir leben (München 1978); Strafjustiz in alter Zeit (Rothenburg o. d. T. 1980); *H. Demisch:* Erhobene Hände. Geschichte einer Gebärde in der bildenden Kunst (Stuttgart 1984); *M. A. van den Broek:* Sprichwort und Redensart in den Werken des Leipziger Volkspredigers Marcus von Weida, in: Beiträge zur Erforschung der dt. Sprache, Bd. VII (Leipzig 1987), S. 168–181; *Ch. Daxelmüller:* Art. ‚Hand', in: EM. VI, Sp. 436–447.

Handel. *Handel treiben:* Geschäfte machen. Der Begriff ‚Handel' wurde erst im MA. nach ‚handeln' gebildet. Dieses findet sich schon früh als ‚hantolôn': mit Händen fassen, dann ‚tun, betreiben, verrichten'. Erst seit dem 15. Jh. auch üblich für den Warenverkehr.

Sich auf den Handel verstehen: geschäftstüchtig sein. *Den Handel wagen:* ein Geschäft riskieren. *Handel und Wandel:* das geschäftliche Leben und Treiben einer Gesellschaft (veraltete Zwillingsformel). *In einem schlimmen Handel stecken:* Geschäfte machen, die sich an der Grenze oder sogar außerhalb der Legalität bewegen; *Nicht mit sich handeln lassen:* nicht auf Kompromisse eingehen; *Keinen (Kuh-)Handel aus etw. machen:* nicht zum Feilschen bereit sein.

Lit.: *W. Müller-Bergström:* Art. ‚Kauf, Verkauf (Handel)', in: HdA. IV, Sp. 1134–1187.

Händel. *Händel haben, mit jem. händeln:* mit jem. im Streit liegen.

handfest. *Einen handfest machen:* einfangen, ↗ dingfest.

Als Adj. gebraucht, dient ‚handfest' zur Verstärkung, wie z. B. in den Wndgn.: *ein handfester Spaß:* ein derber Spaß oder: *ein handfester Krach:* eine heftige Auseinandersetzung.

Handgeld. *Handgeld genommen haben:* nicht mehr zurückkönnen. ‚Handgeld' ist seit dem 17. Jh. bezeugt als in die Hand gegebenes bares Geld, speziell bei Vertragsabschluß, als eine Art Anzahlung. Der Ausdr. spielte vor allem im militärischen Bereich bei der Anwerbung von Söldnern eine Rolle, die bleiben mußten, sobald sie (oft in trunkenem Zustand) vom Werber das verlockende ‚Handgeld‘ angenommen hatten. Heute meint die Rda. *Jem. ein gutes Handgeld geben:* Gefälligkeiten großzügig belohnen, Bares in die Hand drücken.

Handgelenk. *Ein lockeres Handgelenk haben:* zum schnellen Zuschlagen geneigt sein *Etw. aus dem Handgelenk beherrschen:* souverän meistern, in einer Angelegenheit ‚zuhause‘ sein. *Etw. aus dem Handgelenk schütteln:* mit Leichtigkeit beibringen, wie der Zauberer aus dem Nichts. Scherzhaft auch: ‚aus der la main‘ wobei die frz. Wndg. in umg. dt. Aussprache wie ‚Lameng‘ klingt.

Handhabe. *Keine Handhabe finden:* nicht wissen, wo und wie man eine Sache anfassen oder beginnen soll; eigentl. keinen Griff, keine Haltevorrichtung haben, womit man etw. heben oder bewegen kann.
Als Antwort auf die neugierige Frage: ‚Was machst du?‘ heißt es mdal. im Obd. ‚e Handhebe an e Mehlsack‘ und ähnl. im Schweiz. ‚e Handhebi a-n-e-n alten Mehlsack‘. Vom Antwortgeber ist damit eigentl. eine unsinnige Antwort beabsichtigt, doch gab es dieses Gerät in den alten Mühlen tatsächlich zum Transport schwerer Mehlsäcke.

Handikap. *Ein Handikap haben:* eine Behinderung, einen Nachteil erfahren. Der sondersprachl. Ausdr. ist im 20. Jh. entlehnt aus neuengl. ‚handicap (race)‘: Rennen, bei dem Gewichtsvorteile durch Benachteiligung ausgeglichen werden. Die etymol. Herkunft ist nicht geklärt, man vermutet eine Zusammenrückung aus engl. ‚hand in the cap‘ und den Urspr. in einem Wettspiel (Ziehungen aus einer Mütze). Entscheidend für die Weiterentwicklung des Begriffes ist dabei der von einem Schiedsrichter vorgenommene Ausgleich, der eine Erschwernis bzw. Behinderung eines Beteiligten bedeutet. Dies führt zu der heutigen Bdtg. ‚Nachteil‘ oft auch in der Form ‚gehandikapt sein‘.

Handkuß. *Jem. mit Handkuß begrüßen* bez. eine selten gewordene Geste der Ehrerbietung gegenüber Damen, die gelegentlich noch bei älteren Kavalieren – vor allem in den Ländern der alten Donaumonarchie – zu beobachten ist. Im allg. wird der Handkuß heute nur noch als gehauchter Kuß in das Begrüßungs- und Abschiedszeremoniell miteinbezogen.
Der Handkuß hat als bes. Form der Devotion gegenüber Herrschern, Päpsten und Heiligen eine lange Geschichte und ist vermutlich, ebenso wie etwa auch die Umarmung zwischen Männern, aus der Antike zu uns gekommen: Ärmere Griechen, die nicht vermögend genug waren, den Göttern kostbare Opfer zu bringen, küßten nach Lukian deren Statuen die Hand. Auch bei den Römern war es üblich, beim

‚Handhebe‘

‚E Handhebe an e Mehlsack‘

‚Handkuß‘

lungsgehilfe‘. Heute wird der Begriff zumeist nur noch i.S.v. Tätigkeit, Tun verwendet. Im MA. wurde eine Handlung durch die Abbildung einer Hand versinnbildlicht. So sind in einer Darstellung der Heidelberger Bilderhandschrift zum Sachsenspiegel z.B. fünf Hände abgebildet, die auf fünf verschiedene Handlungen hinweisen.

Lit.: *K. v. Amira:* Die Handgebärden in den Bilderhandschriften des Sachsenspiegels (München 1905).

Vorbeigehen an einer Bildsäule ihr die Hand zu küssen. Später wurde diese Geste der Devotion in das kirchliche Zeremoniell übernommen. Untergebene küßten die Hand (den Ring) bestimmter kirchlicher Würdenträger (Papst, Bischof etc.).
In den rom. Ländern finden sich diese Gebärden noch heute bei bes. festlichen Anlässen, wie bei Ordensverleihungen, Staatsbesuchen usw. Sie leben auf dem Weg über das span. Hofzeremoniell noch in bestimmten Bräuchen aristokratischer oder diplomatischer Etikette, haben sich aber sonst ins Gebiet der bloßen Rda. verflüchtigt, wo sie meist nur noch als verbale Grußform ohne Gebärde weiterleben, wie z.B. in der Wndg. ‚Küß die Hand (gnäd’ge Frau)‘, ↗ Hand (Kußhand), ↗ Gruß.

Handlung. *Sich zu einer unbedachten Handlung hinreißen lassen:* etw. Unvernünftiges tun; *Für seine Handlungen einstehen müssen:* für sein Tun zur Verantwortung gezogen werden.
Der Begriff ‚Handlung‘ wurde früher gebraucht zur Bez. eines Handelsgeschäftes wie z.B. einer ‚Kolonialwarenhandlung‘ oder ‚Gemischtwarenhandlung‘; daher dann auch die Berufsbezeichnung ‚Hand-

Handschlag. Der schon seit der Antike bekannte und heute alltäglich zur Begrüßung vollzogene Handschlag (in Schwaben ↗ ‚handstreich‘ bzw. ‚handstroach‘) war urspr. auch eine rechtlich verpflichtende Gebärde zur Bekräftigung von Gelübden und Verträgen. Dabei schlug der eine in die dargebotene Hand des anderen. Schon im ‚Iwein‘ von Hartmann von Aue heißt es: „des enphâhe mîne hantslac“.
Eine Abart des Handschlags liegt vor, wenn die Hände zweier Vertragspartner von einem Dritten zusammengefügt werden (wie z.B. bei der Trauung oder im ma. Lehnsrecht), oder wenn die vereinigten Hände zur Bezeugung des Geschäftsabschlusses von einem Dritten durchgeschlagen werden, wie vielfach noch im Viehhandel üblich. Vor dem Aufkommen des Schriftverkehrs war diese Art der Bekräftigung und Bezeugung die einzige Garantie. In ndd. Ausdr. für Kaufen und Handeln wie ‚koopslagen‘ lebt diese Form fort. Rdal. ist sie auch sonst noch vorhanden in Wndgn. wie *durch Handschlag bekräftigen* und ‚die Hand darauf geben‘. Insbes. Kinder pflegen noch diese Art der Versicherung.
In alter Zeit wurde der Handschlag bei allen vertraglichen Verpflichtungen vorgenommen, so beim Verlöbnis in der Kirche, beim Kauf, beim Schuldgelöbnis, bei der Wette, beim Versprechen (‚in die Hand versprechen‘) sowie bei staatlichen Verträgen: „Sie strakten den fride mit ir handen“ heißt es im ‚Kudrun‘-Epos. Auch in künstlerischen und handwerklichen Darstellungen begegnen ineinandergelegte Hände, so auf der sog. ‚Handtreuebrosche‘ (handtriuwepratze) oder in einem sog. ‚Verlobungszeichen‘ über dem Wirts-

haustisch, bei dem zwei ineinandergreifende Hände mit einem Auge darüber versinnbildlichen, daß das durch Handschlag gegebene Versprechen unter den Augen Gottes gegeben wurde und also gültig ist. Im mittleren Lahntal hieß die Verlobung geradezu: ‚Handschlag halten‘. In der Stille der Nacht begab sich der heiratslustige Jüngling in Begleitung des Brautwerbers, eines älteren Anverwandten seiner Auserwählten, zu dieser, um sich das Jawort zu holen, nachdem er schon vorher mit den Eltern übereingekommen war. Willigte die Schöne ein, so überreichte der Jüngling ihr Gold- und Silbermünzen als ↗ Handgeld. Dann erfolgte der Handschlag, und die Verlobung war vollzogen (↗ Hand).

Lit.: *W. Schmidt:* Die Hand in Sprache u. Recht, in: Zs. des Allg. Dt. Sprachvereins 36 (1921) S.163–167; *W. Müller-Bergström:* Art. ‚Handschlag‘ in: HdA. III, Sp. 1401–1404; *L. Röhrich:* Gebärde, Metapher, Parodie (Düsseldorf 1967); *A. Erler:* Art. ‚Handschlag‘, in: HRG. I, Sp. 1974–1975.

Handschrift. *Eine kräftige Handschrift haben:* tüchtige Ohrfeigen austeilen (können). Bei dem Spiel ‚Schinkenklopfen‘ (↗ Schinken) darf z. B. jeder der Anwesenden einem erlosten Opfer einen kräftigen Schlag auf das Hinterteil geben, wobei der Leidtragende an der ‚Handschrift‘ den Urheber seiner Schmerzen erraten muß.

Handschuh. *Den Handschuh hinwerfen, aufnehmen* ↗ Fehdehandschuh.
Einen Handschuh bekommen: das Markt- bzw. Stadtrecht erhalten. Der Handschuh steht in ma. Rechtsquellen stellvertretend für die gewalthabende und schützende Hand. Er war das Wahrzeichen des Königs, der das Marktrecht verlieh und den Marktfrieden setzte. Wenn sich ein Ort das Marktrecht vom Kaiser erbat, sandte dieser ihm zum Zeichen der Gewährung einen Handschuh, der an das Marktkreuz gehängt wurde. Im ‚Sachsenspiegel‘ heißt es: „wo man Städte bauet, muß man ein Kreuz setzen auf einen Markt und des Königs Handschuh daran hängen, daß man sehe, daß es des Königs Wille sei“.
Die Überreichung des Handschuhs galt allg. als Symbol der Übertragung von Macht an einen Untergebenen. Boten erhielten ihn als Botenzeichen, und dieses

wurde dem Empfänger einer Botschaft übergeben. Auf dem Altar niedergelegt, war er das Zeichen für die symbolische Investitur. Als Zeichen von Schutzgewährung galt er, wenn er dem Herrn übergeben und von diesem angenommen wurde.
Das ist meine Handschuhnummer: das sagt mir zu, das entspricht meinen Wünschen, meinem Können (Gegenwartssprache).
Jem. mit (Samt-)Handschuhen anfassen: ihn schonend, behutsam behandeln. Der Handschuh dämpft den Zugriff der Hand; vgl. engl. ‚to handle with gloves‘ und frz. ‚prendre quelqu'un avec des gants‘.

Lit.: *J. A. Kement:* Der Handschuh u. seine Geschichte (Wien 1890); *G. Jungbauer:* Art. ‚Handschuh‘, in: HdA. III, Sp. 1404–1412; *A. Erler:* Art. ‚Handschuh‘, in: HRG. I, Sp. 1975–1976, Strafjustiz in alter Zeit (Rothenburg o. d. T. 1980), S. 314; *B. Schwinekörper:* Der Handschuh im Recht, Ämterwesen, Brauch u. Volksglauben (Sigmaringen 1981).

Handstreich. *Etw. im Handstreich nehmen:* etw. rasch (mühelos) erobern. Ausdr. für ein militärisches Unternehmen, das den Gegner unvorbereitet trifft, der daher keine Gegenwehr einsetzen kann.
Das Wort ‚Handstreich‘ ist im Dt. seit dem 16. Jh. bezeugt, urspr. in der Bdtg. von ↗ ‚Handschlag‘, z. B. bei einem Kaufabschluß oder einem Verlöbnis. Das gleichlautende Wort für ‚Überraschungsangriff‘ ist erst zur Zeit der Freiheitskriege als eine Übers. aus frz. ‚coup de main‘ aufgekommen.

Handtuch. *Das Handtuch werfen:* sich geschlagen geben, aufgeben. Die Rda. stammt aus dem Boxsport. Dem Unterliegenden wird von seinem Trainer das Handtuch zugeworfen als Zeichen für die Beendigung des Kampfes. In neuerer Zeit wird die Rda. häufig auf Politiker angewendet, die in den Strudel der Kritik geraten und vom Amt zurücktreten. Weitere Bedeutungen: sich für überwunden erklären, die Waffen strecken.
Der Vergleich: *wie ein nasses Handtuch* wird mit Vorliebe auf denjenigen angewendet, der völlig kraft- und willenlos ist. Als *schmales Handtuch* wird der über-

‚Das Handtuch werfen‘

schlanke Mensch bez., der zudem noch eine beachtliche Länge aufzuweisen hat, auch ein schmales Stück Land.

Handwerk. *Das Handwerk grüßen,* urspr. ein Ausdr. der auf der Wanderschaft befindlichen Handwerksgesellen, später auch der Fachgenossen, die auf der Reise Meister, Berufskameraden oder Innungsherbergen aufsuchten.
Sein Handwerk verstehen: sich gut in seinem Beruf auskennen, tüchtig sein.
Sich seines Handwerks nicht schämen müssen ist eine Wndg., die auf das Ehrenwerte eines jeden Handwerksberufes hinweist, vor allem wenn es im Vergleich mit geistigen Tätigkeiten ins Hintertreffen gerät.
Einem ins Handwerk pfuschen: mit ungeschickter Hand, unbefugt in jem. Tätigkeitsgebiet eindringen; vgl. frz. ,bousiller le travail de quelqu‘un‘. ‚Pfuschen‘ bezeichnete urspr. die Ausübung eines Handwerks von einem, der nicht der Zunft zugehörte; älter auch (so bei Grimmelshausen) *einem ins Handwerk stehen.*
Einem das Handwerk legen: ihn an der Ausübung einer Beschäftigung oder an einer Handlungsweise hindern, bes. ihm die unerlaubten Machenschaften unterbinden. Wer sich gegen gewisse Vorschriften der alten Innungsordnungen verging, dem konnte für immer oder auf eine gewisse Zeit ‚das Handwerk gelegt‘ (früher auch: niedergelegt) werden, d.h. die Innung konnte ihm die Ausübung des Handwerks verbieten. Eine alte Handwerksformel ist es auch, wenn Goethe in ‚Dichtung und Wahrheit‘ (5. Buch) sagt: „Sieht es doch aus, als wolltet ihr mir ins

Handwerk greifen und mir die Kundschaft entziehen".

Lit.: *R. Wissell:* Des alten Handwerks Recht und Gewohnheit, 2 Bde. (Berlin 1929); *Jungwirth:* Art. ‚Handwerker‘, in: HdA. III, Sp. 1413–1435; *H. Lentze:* Art. ‚Handwerk (rechtlich)‘, in: HRG. I, Sp. 1976–1984; *K.-S. Kramer:* Art. ‚Handwerk, Handwerksgesellen (volkskundlich)‘, in: HRG. I, Sp. 1984–1988; *L. Röhrich* u. *G. Meinel:* Rdaa. aus dem Bereich von Handwerk und Gewerbe, in: Alemannisches Jahrbuch (Bühl/Baden 1973); *E. Moser-Rath:* Art. ‚Handwerker‘, in: EM. VI, Sp. 472–481.

Hanf. *Im Hanf sitzen:* sich’s wohl sein lassen, nämlich wie ein Vogel im Hanffeld. Sprw. ist wohl auch in Goethes ‚Götz von Berlichingen‘: „Du kannst mehr als Hanf spinnen". Hanf heißt nicht nur die Pflanze, sondern auch das daraus hergestellte Gespinst: *sich nicht aus dem Hanfe finden können:* nicht klug werden aus etw., auch: verworren reden (schon im 17. Jh. bezeugt): „Ohne das Französische wird man sich schwerlich aus dem Hanfe finden" (Lessing, ‚Hamburg. Dramaturgie‘).
Durch den Hanf gucken: sich erhängt haben (obersächs.); ähnl. els. *im Hanf erstikken;* noch heute heißt es schwäb.: ‚Der isch em Hanf verstickt‘, wenn sich jem. umgebracht hat. ‚Hänfners Fenster‘, ‚Hänfners Halsband‘, ‚Hänfnerkragen‘ sind Ausdrücke für die Schlinge beim Erhängen, ↗ Seiler.
Wer gestohlen hat, ‚der verdient eine gute Krawatte aus Hanf‘, frz. ,Il mérite une bonne cravate de chanvre‘ (veraltet), d.h. daß ihm die Schlinge um den Hals gelegt werden soll. Von einem, der henkenswert ist, sagt man *Er geht nicht gerne an einem Hanffelde vorbei.* Ähnl. das Sprw.: ‚Besser den Hanf in den Händen als am Halse‘. Manchem Übeltäter steht der Galgen schon von früher Jugend an bevor, er muß seinem Lebenswandel nach *für den Hanf gewachsen sein.*

Lit.: *H. Marzell:* Art. ‚Hanf‘, in: HdA. III, Sp. 1435–1438.

Hangen, Hängen. Die Formel *Hangen und Bangen* ist ein verballhorntes Zitat aus Clärchens Lied in Goethes ‚Egmont‘ (III, 2). Im richtigen Zusammenhang heißt es dort:
  Freudvoll
  Und leidvoll,
  Gedankenvoll sein;

Langen
Und bangen
In schwebender Pein,
Himmelhoch jauchzend,
Zum Tode betrübt,
Glücklich allein
Ist die Seele, die liebt.

‚Langen‘, das hier die Bdtg. von ‚Verlangen tragen‘ hat, wurde oft in ‚Hangen‘ verändert.

Mit Hängen und Würgen: mit großer Mühe, mit knapper Not. Das Bild bezieht sich auf das Ersticken des Gehängten am Galgen (19. Jh.).

Im Zusammenhang damit steht auch das ‚Hängen spielen‘ (↗pfeifen).

Sich hängen lassen: keinen Lebensmut mehr zeigen, kraftlos sein, eigentl.: Die Schultern hängen lassen, keine aufrechte Haltung zeigen.

Einen hängen haben: betrunken sein; verkürzt aus der Vollform: ‚einen ↗ Haarbeutel oder ↗ Zopf hängen haben‘.

‚In der Luft hängen‘ (↗Luft): keine Sicherheit haben; ‚(in der Kneipe) herumhängen‘; *hängenbleiben:* eine Schulklasse wiederholen müssen; *sich an jem. hängen:* ihm lästig fallen; ‚sein Herz an etw. hängen‘: es sich sehr wünschen oder wie seinen Augapfel hüten, ↗ Herz; ‚etw. an den Nagel hängen‘: aufgeben (↗ Nagel); ‚etw. an die große Glocke hängen‘: herumposaunen (↗ Glocke); ‚den Mantel nach dem Wind hängen‘: flatterhaft sein, sich Vorteile verschaffen (↗ Mantel); ‚den Brotkorb höher hängen‘: unerreichbar machen, d. h., mit weniger auskommen müssen (↗ Brotkorb); ‚den Kopf hängen lassen‘: pessimistisch, deprimiert, niedergeschlagen sein (↗ Kopf).

Lit.: *D. Marschall:* Art. ‚Hängen‘, in: HRG. I, Sp. 1988–1990.

Hannemann. *Hannemann, geh du voran!:* eine Aufforderung zum Vorangehen; sie stammt aus dem Schwank von den sieben ↗Schwaben, der seit dem Anfang des 16. Jh. bekannt ist. Angesichts eines furchterregenden unbekannten Tieres, das aber in Wirklichkeit ein gewöhnlicher Hase ist, wird der eine der sieben Schwaben, der bald ‚Gelbfüßler‘, bald ‚Jockele‘, ‚Hansele‘ oder ‚Veitli‘, auch ‚Hahnemann‘ heißt, aufgefordert:

Hannemann geh du voran!
Du hast die größten Stiefel an,
Daß dich das Tier nicht beißen kann.

Lit.: *M. Radlkofer:* Die sieben Schwaben und ihr hervorragendster Historiograph Ludwig Aurbacher (Hamburg 1895); *A. Keller:* Die Schwaben in der Gesch. des Volkshumors (Freiburg 1907).

Hannes. *So kommt Hannes in et Wammes:* immer mit der Ruhe; nach und nach bringt einer doch etwas fertig; allmählich wird er begüterter. Die Wndg. warnt vor Übereilung und ist wohl auch iron. gemeint, wenn sich jem. gar nicht aus der Ruhe bringen läßt. Sie ist mdal. verbreitet. In Osnabrück und der Altmark lautet sie z. B. ‚Allna groade kummt Hans int Wams‘. Liselotte von der Pfalz gebraucht in ihren Briefen als eines ihrer Lieblingsspprww.: „Mit der Zeit kam Jean ins wames, er zog aber 7 jahr ahn eine mau“. Vgl. auch ndl. ‚Al doende kwam wambuis in Harmen, en hij mouw de zeven jaar over eene trok‘. Simrock (7261) verzeichnet die hd. Wndg. *Nachgerade kommt Hans ins Wams,* die aber nicht sehr gebräuchl. ist.

Die bekannte Hauptperson des Kölner Figurentheaters erhielt den dort gebräuchlichsten männlichen Vornamen ‚Hänneske(n)‘, wonach das ganze Theater bez. wurde.

Lit.: *R. Lochmann:* Volkskundliche Belege in den Briefen der Liselotte von der Pfalz; masch.-schriftl. Staatsexamensarbeit (Freiburg 1969). *M. L. Schwering:* Das Kölner ‚Hännesken‘-Theater. Geschichte u. Deutung (Köln 1982).

Hans als Kurzform von Johannes (Hannes) war früher, namentlich vom 14. bis zum 17. Jh., der verbreitetste aller dt. Vornamen. So kommt es, daß Hans, ähnl. wie Peter, Matz (Matthias), Barthel (Bartholomäus), Grete, Liese in Ausdrücken wie ‚Heulpeter‘, ‚Hemdenmatz‘, ‚Dreckbarthel‘, ‚faule Grete‘, ‚dumme Liese‘ u. a. als Gattungsname gebraucht wurde: ‚Große Hansen‘ (= große Herren), ‚Faselhans‘, ‚Plapperhans‘, ‚Gaffhans‘, ‚Knapphans‘ (für einen Sparer) und ‚Prahlhans‘. *Da war (ist)* ↗ *Schmalhans Küchenmeister;* die Rda. ist schon seit dem 17. Jh. bezeugt; bei Schupp heißt es: „Wo man Holz umb Weihnachten, Korn umb Pfingsten und Wein umb Bartholomäi kauft, da wird

Schmalhans endlich Küchenmeister". Nach der Schlacht von Breitenfeld wurde Tilly verspottet:

> Ein anders mal
> Bleib Hannes Schmal
> Und nit so gierig schaue;
> Denn wer zu voll
> Das Maul nimmt wol,
> Hat übel zu verdauen.

Gern verwendet Goethe solche Ausdrücke: „Du sprichst ja wie Hans Liederlich" (‚Faust' I, V. 2628), „Hans Ohnesorge" (‚Erste Epistel'), „Hans Adam" (‚West-östlicher Divan'). ‚Hans Urian' (oder Musche Urian) ist eine volkstümliche Bez. des Teufels, ‚Meister Hans' wird der Scharfrichter genannt, ‚Hans im Glück' (nach KHM. 83) ist ein mit allem Zufriedener, ein Glückspilz. Daher auch die Rda.: ‚sich fühlen wie Hans im Glück'. Den ‚blanken Hans' nennt man das Meer, vor allem die Nordsee. Wegen ihrer Unberechenbarkeit, z.B. bei Sturmflut, die allen Widerstand herausfordert, wird ihr ‚Trutz blanker Hans' entgegengerufen. Hans wird auch zum Typus der Dummheit: ‚Hans Dumm', ‚Hansnarr', ‚Hansaff(e)', ‚Hans Affenschwanz' (älter: ‚Affenzagel'). *Hans* (*Dampf:* dieser Zusatz erst seit dem Anfang des 19. Jh.) *in allen Gassen* führt Joh. Agricola 1529 an (Nr. 257): „Er ist Hans ynn allen Gassen, Ein Steyn, den man hyn vnd wider waltzet, bewechst selten, also lernet nichts redliches, er gebe sich denn auff eines allein, vnd lerne das wol, Denn der yrn allen gassen wonet, der wonet vbel".

‚Hans Dampf in allen Gassen' ist schließlich der Titel einer Erzählung von Heinrich Zschokke (1771–1848). In Gotha wird behauptet, ein Hans Dampf sei dort im 19. Jh. eine leibhaftige, stadtbekannte Persönlichkeit gewesen, und man beruft sich dabei auf die 1846 anonym in Gotha erschienene Dichtung: ‚Die Wirkung des Dampfes oder das Leben auf der Thüringer Eisenbahn ...', wo es in der 10. Strophe heißt:

> Nun kommt auch Hans George, genannt der Hans Dampf,
> Hat Abschied genommen, überstanden den Kampf,
> Er will gern mit fahren in die höllische Fremd',

> Mit seinen sieben Sachen, zwei Strümpf und ein Hemd;
> Das Entree bezahlet das Mütterchen fein,
> Und nun fährt der Schlingel über den Rhein.

‚Hans Dampf' heißt noch heute eine bekannte Gaststätte in Gotha. Ein Lied aus ‚Des Knaben Wunderhorn' trägt den Titel ‚Hans in allen Gassen'; es stammt von einem Fliegenden Blatt von 1636.

‚Hans Dampf in allen Gassen'

In Holstein nennt man einen, der alles aufschiebt, ‚Hans Namiddag' und einen, der alles aufwühlt, ‚Hans Röhrup'. *Hänschen im Keller* wird im Scherz ein zu erwartendes Kind genannt (seit dem 18. Jh. belegt); vor allem in dem Trinkspruch: ‚Hänschen im Keller soll leben!' Ähnl. engl. ‚Jack in the cellar'. Am bekanntesten ist *Hanswurst,* zuerst 1519 belegt, eine ndd., danach obersächs. Schelte des unbeholfenen Dicken, dessen Gestalt einer Wurst gleicht. Der Name erinnert an den frz. „Jean potage' (heute fast unbekannt), den ‚Maccaroni' in Italien, den ‚Jack Pudding' in England, den ‚Pikkelhering' in Holland. Deutlich sind diese Namen nach den Lieblingsgerichten der unteren Volksklassen der verschiedenen Völker gegeben worden. Der Name Hanswurst erscheint zuerst in der ndd. Bearbeitung des ‚Narrenschiffs' (Brant selbst hat dafür „Hans myst"). Dann findet sich der Name in einer gegen den Herzog von Braunschweig-Wolfenbüttel gerichteten Schrift Luthers: ‚Widder Hannsworst'

1

‚Den Segen Gottes bring' ich hier / damit nicht zwenig ist gleich vier / Doch ist ein Segen eigner Art / weil man dabei gar nichts erwart / Je mehr so Segen kommt ins Haus / Desto eher geht das Geld hinaus'

2

1–3 ‚Hanswurst'

(Wittenberg 1541); darin heißt es: „Wohl meinen etliche, ihr haltet meinen gnädigen Herrn darum für Hannsworst, daß er von Gottes Gnaden stark, fett und Völligs Leibes ist". Bei Luther ist die Bdtg. also auf ‚Tölpel' erweitert. Die heute übliche Form ‚Hans Wurst' steht erst in Fischarts ‚Gargantua' 1575 (Kap. 8, Bl. K 6 b): „Trink allzeit for dem durst, so tringt dich kein durst Mein Hans Wurst". In der zweiten H. des 16. Jh. wird der Hans Wurst zur Gestalt des Narren im Lustspiel, von da aus zur Bez. jedes närrischen, albernen Menschen. Daher die Rda. *den Hanswurst (für jem.) spielen (machen):* sich zum Narren halten lassen; vgl. frz. ‚faire le guignol', nur i. S. v.: sich absichtlich wie ein Hanswurst aufführen und die anderen dadurch zum Lachen bringen; *ich bin doch nicht dein Hanswurst:* ich lasse mich von dir nicht zum Narren halten; vgl. auch *mit jem. das Hänschen machen:* ihn veralbern, als dumm behandeln. Ähnl. auch: ‚Mit jem. das Hansele machen'. Hansele-Figuren als Narren u. Spaßmacher spielen in der alem. Fasnet eine große Rolle.

Im Elsaß ist der ‚Hans im Schnokeloch' eine Art Symbolfigur geworden. Er steht für den ewig Unzufriedenen, dessen Lieblingsausdr. ‚Hätt-ich' (↗ Hättich) ist und der doch nicht bekommt, was er will:

Un was er hett, / das will er nit,
und was er will, / das hett er nit.
Darüber hinaus begegnet er auch als Titel
einer humoristischen Zs., hrsg. von Karl
Bernhard (1860–62), sowie eines Gedichtes von Alph. Heitz. Eine andere, bes. bei
Kindern beliebte Hansfigur ist der aus
dem Struwwelpeter bekannte ,Hansguck-
indieluft', der Träumer, dessen Blick immer himmelwärts gerichtet ist u. der daher
fortwährend über Stock u. Stein stolpert.
Einen Hinweis auf die Allerweltsbdtg. des
Namens Hans gibt auch das Märchen
,Hänsel u. Gretel' (KHM. 15).
↗ haben, ↗ Schmalhans, ↗ Wurst.

Lit.: *F. v. Radler:* Der wienerische Hanswurst (Wien
1894); *F. Heyck:* Hanswurst (1928); *W. Meyer:* Wer-
den und Wesen des Wiener Hanswurstes (Diss. Leipzig 1932); *H. Hohenemser:* Pulcinella, Harlekin,
Hanswurst (Diss. München 1940); *O. Rommel:* Die
Altwiener Volkskomödie (Wien 1952). *A. Bach:* Dt.
Namenkunde, 3 Bde. (Heidelberg 1952–56), bes.
Bd. 1: Die dt. Personennamen; *G. Schiedlausky:* ,Han-
sel im Keller', in: Der weiße Turm 10 (1967), S. 23–25;
L. Schmidt: Hanswurst u. verwandte Gestalten in der
Volkskunst, in: Werke der alten Volkskunst (Rosen-
heim 1979), S. 43–48; *W. Mieder:* ,Was Hänschen
nicht lernt, lernt Hans nimmermehr'. Zur Überlieferung eines Luther-Sprichwortes, in: Sprachspiegel 39
(1983), S. 131–138; *H.-J. Uther:* Art. ,Hans im Glück',
in: EM. VI, Sp. 487–494. *R. Böhm:* Hänsel und Gretel.
Eine Fallstudie (Bern – Frankfurt a.M. – New York
1991).

hänseln. *Jem. hänseln:* ihn necken, zum
besten haben. „Das Wort hänseln (auch
hansen, verhansen) bez. urspr. die Auf-
nahme in eine Schar (ahd. und got.
,hansa' = Schar) u. ist möglicherweise im
Zusammenhang mit der Entwicklung der
Hanse entstanden. Der früheste Beleg für
das Wort stammt aus dem Jahre 1259.
Später verflachte die Bdtg. zu ,jem. zum
Narren haben', aufzwicken, frozzeln etc.
Bestimmte Gruppen beanspruchten ein
Hänselrecht u. machten vom Vollzug des
Hänselns den Genuß ihrer Privilegien abhängig. So ist laut der ,Borßbandts Or-
tung' von 1627 in St. Goar das Verhansen
Vorbedingung für das Feilhalten von Wa-
ren auf dem dortigen Markt. Es wird in
St. Goar jedoch um diese Zeit bereits
auch scherzhaft an durchreisenden Fremden vollzogen. Eine große Rolle spielte
das Hänseln auch bei den Studenten, bei
denen sich in Nachahmung kirchlicher
Gebräuche – z. B. Eintritt in einen

Mönchsorden – ein derbes Necken u.
Hänseln herausbildete. A. Beier schildert
das Hänseln als ,Ceremonia bei der Aufnahme eines künftigen Mitgliedes in eine
Gemeinschaft, fast wie das Deponieren
der jungen Studenten auf etzlichen Universitäten bräuchlich'. Dieses Hänseln ist
in allen Volkskreisen üblich gewesen u.
hatte letzten Endes nur den Zweck, von
den Gehänselten ein Lösegeld zum Vertrinken zu erpressen. In anderer Form hat
sich das Hänseln z. B. bei den Zimmerern
bis auf die heutige Zeit erhalten. „Wer un-
gerufen auf den Arbeitsplatz kommt,
kann gewärtig sein, daß die Zimmerer von
ihrem ,Platzrecht' Gebrauch machen u.
ihn unversehens mit ihrer Schnurleine
umbinden. Dann heißt es: ,Zahlen!'"
(R. Wissell, S. 29–30).
Um eine andere Art des Hänselns handelt
es sich bei der Äquatortaufe der Seeleute,
bei der jeder, der zum erstenmal den
Äquator passiert, sich einer besonderen
Taufe unterziehen muß. Doch ist dieser
Brauch – wie viele andere Hänseleien
auch – eher den scherzhaften Hänseleien
zuzurechnen. Für die jüngere Zeit ist eine
Zwischenstellung zwischen Ernst u.
Scherz typisch. Sie führte zu der neuen
verflachten Bdtg. des Begriffs.

Lit.: *R. Wissell:* Des alten Handwerks Recht u. Gewohnheit (Berlin 1929); *F. Rauers:* Hänselbuch,
Schleif-Vexier-Deponier-Tauf- und Zeremonien-
Buch (Essen 1936); *A. Wacke:* Nachlese zum Volksbrauch, in: Österr. Zs. f. Vkde. 82 (1979), S. 151–166
passim; *K.-S. Kramer:* Art. ,Hänseln', in: HRG. I.
Sp. 2003–2004.

Harakiri. *Harakiri machen:* sich selbst
den Garaus machen (wirtschaftlich, politisch u. gesellschaftlich). Eigentl.: auf
grausame Weise Selbstmord begehen. Japan. ,Harakiri' bedeutet ,Bauchaufschnei-
den'.
Es war die unter dem Kriegerstand gebräuchl. Art des Selbstmordes zur Wahrung der Ehre, die er durch eine drohende
Gefangenschaft oder Strafe sonst verloren hätte. Unter Einhaltung zeremonieller
Regeln schnitt sich der Harakiri-Bege-
hende von links nach rechts den Bauch
auf, während ihm im gleichen Augenblick
ein Freund den Kopf abschlug. Nach
1868 wurde der Harakiri-Zwang aufgehoben. Freiwillig wurde diese Art des Selbst-

,Harakiri

(Von dem Bauch-aufschneiden: A. Ist die Person selbsten, die ihren Bauch aufschneidt / B. Ist sein Nothhelfer, wofern ihn einige Schwachheit oder Ohnmacht überfassen möchte / C. Ist derjenige, welcher ihm den kleinen Säibel überreicht und zubringt, damit er ihm selbst den Bauch aufschneiden soll / D. Ist der Tempel, auf dessen Vorhof diese Bauch-aufschneidung gewöhnlich vorgeht / E. Sind sechs Priester, die Sorge für das Begräbtniß des Leichnams und die Seele des Patienten tragen / F. Sind zwölf von der nechsten Freundschaft und beste Bekanten des Bauchschneiders / G. Sind eitel Zuseher, als denen (in Wahrheit) kein Spiel zu groß ist)

mords nur noch selten verübt. In Europa meist in übertr. Bdtg. verwendet.

Lit.: *C. Redesdale:* Tales of Old Japan (mit A.B. Ford) (London 1910); *H. Matsubara:* Blick aus Mandelaugen (Kevelaer 1983), S. 38–39.

Harfe. *Die Harfe spielen in der Mühlen:* ältere Rda. für: etw. Vergebliches tun. Ähnl. wird es schon von Neidhart von Reuental (um 1190–1246) in seinen Liedern (69, 38) ausgedrückt: „swaz ich ir gesinge deist gehärpfet in der Mül, si verstêt es minder wort".

K. Simrock (335) führt auf: ,In der Mühle ist übel harfen' (wegen des dort alles übertönenden Geräusches).

Im MA. war die Harfe vor allem als Begleitinstrument zum Gesang bekannt, wurde darüber hinaus aber auch ohne Gesang zum Tanz gespielt. Später wurde sie von der Geige verdrängt, zur Liedbegleitung jedoch auch weiterhin verwendet. Das Bild von der Harfe begegnet schon an zahlreichen Stellen in der Bibel (Hiob 21,12; 30,31; Ps. 98,5 etc.) u.a. in der Übers. Luthers. Luther (Briefe, 2,62) kennt auch den sprw. Vergleich *geschickt als der Esel zur Harfe;* es ist vergebliche

Mühe, dem Esel das Harfenspiel beizubringen. Schon mhd. „Ein man mac sich wol selben touben (betouben = betören), der ein esel wil harpfen lêren". Statt des Esels erscheint auch der Bär als Schüler: „Sô mac man einen wilden bern noch sanfter herpfen lêren". Dazu gehört das warnende Sprw.: ,Wer die Harfe nicht spielen kann, greife nicht hinein' (↗ Esel). Nachdem die Harfe im 16./17. Jh. entspr. ihres selteneren Gebrauchs auch im Sprachgebrauch kaum noch begegnete, lebte ihr Bild durch die allgemeine Hinwendung zur Antike im 18. Jh. wieder auf, jetzt freilich in der gehobenen Sprache, hochstilisiert zur Äolsharfe, Wind- u. Geisterharfe in Verbindung mit hochpoetischen Zitaten wie: „Der Wind harft in den Bäumen". Klassische und romantische Autoren äußerten sich überschwenglich über die Harfe:

Wie Harfentöne ineinander spielen
zu der himmelvollen Harmonie
(Schiller: ,Räuber' 3,1); Noch bei E. M. Arndt heißt es:

Auch klingt es oft wie Harfenton,
wie Geisterflüstern drein
(Gedichte, 1840, 173).

‚Harfenjule‘

Lit.: *M. Willberg:* Die Musik im Sprachgebrauch, in: Die Muttersprache (1963), S. 201–221.

Harfenjule. Sprw. Bekanntheit erlangte die Berliner ‚Harfenjule‘ (mit bürgerlichem Namen Luise Northmann), die um 1900 in den Höfen der Berliner Arbeiterviertel Lieder sang und sich dabei selbst begleitete. In ihrer Jugend war Frau Northmann blind gewesen; nach einer Operation konnte sie mit einem Auge Dinge wie durch einen leichten Nebel erkennen. 1969 spendete ihr der Steinmetzmeister Frank Merk einen Grabstein auf dem Kirchhof der Luthergemeinde in Berlin-Lankwitz. Hier hatte sie 1911 ein Armengrab erhalten. Mit der sozialen Seite ihrer Existenz befaßten sich H. Zille in seiner Graphik von der Harfenjule wie auch Klabund (Pseudonym für Alfred Henschke) in einem in der Zs. ‚Pan‘ erschienenen Gedicht:

Emsig dreht sich meine Spule,
Immer zur Musik bereit,
Denn ich bin die Harfenjule
Schon seit meiner Kinderzeit.

Lit.: *B. Kalusche:* Harfenbedeutungen (Frankfurt/M. – Bern – New York 1986), S. 205.

Harke. *Einem zeigen, was eine Harke ist* (‚Ick wer dir zeigen, wat ’ne Harke is!‘): es ihm begreiflich machen in einer Weise, daß er daran denken soll; jem. gründlich die Meinung, die Wahrheit sagen; den Standpunkt klarmachen, ihn derb und handgreiflich belehren. ‚He kennt de Hark nig!‘ (er kennt die Harke nicht) sagt man in Holstein von jem., der zu Hause so tut, als ob er fremd sei. Die Rda. ist schon im 16. Jh. bezeugt: ‚Itzt weistu, was ein harke heist‘ (J. Ackermann: ‚Der ungera-

thene Sohn‘, 1540, S. 116). Obwohl das Wort Harke = Rechen auf den Norden Dtl.s beschränkt ist, bezieht sich die Rda. deutlich auf einen weitverbreiteten Schwank von dem aus der Fremde heimkehrenden Sohn, der die Sprache seiner Angehörigen nicht mehr verstehen will und in fremden Zungen redet: Ein Bauernsohn stellt sich bei seiner Rückkehr aus der Stadt (aus dem Ausland, aus der Lateinschule) so, als ob er nicht mehr wisse, was eine Harke ist. Als er aber aus Versehen auf die Zinken tritt und die Harke ihm mit dem Stiel an den Kopf schlägt, ruft er aus: ‚I du verflökte Hark!‘ (z. B. Firmenich: ‚Germaniens Völkerstimmen‘ I, 76 f.). Ausführlich in dieser Form erzählt den Schwank zuerst Montanus in seiner ‚Gartengesellschaft‘; doch ist er bereits 1512 in Murners ‚Narrenbeschwörung‘ erwähnt: „Wa doch dyn vatter bzale das, Do soltu nit vil darnach fragen. Wolt er denn darüber clagen, So mach dir selber ein latinum: Mistelinum gebelinum!“ Die Heimkehr des jungen Helmbrecht beweist (‚Meier Helmbrecht‘ V. 697 ff.), daß der Schwank auch im MA. bereits bekannt und volkstümlich gewesen sein muß. Vgl. die obersächs. Rda.: ‚Er kennt die Harke nicht mehr‘, er hat seine Muttersprache verloren.

Vgl. frz. ‚Je lui montrerai comment je m’appelle‘ (wörtl.: Ich will ihm zeigen, wie ich heiße).

Lit.: *G. Polívka:* Eine alte Schulanekdote und ähnliche Volksgeschichten, in: Zs. f. Oesterr. Vkde. 11, S. 158–165; dazu Nachträge von *J. Bolte,* in: Zs. d. Ver. f. Vkde. 16 (1906), S. 298; *F. Panzer,* Zum Meier Helmbrecht, in: PBB. 33 (1908), S. 391–398; *Wander* II, Sp. 361 (‚Harke‘ 4); *Müller-Fraureuth* I, 477; *E. Moser-Rath:* Art. ‚Der gelehrte Bauernsohn‘, in: EM. I, Sp. 1350–1353.

Harnisch. *Einen in Harnisch bringen:* ihn zornig machen; die Wndg. ist schon 1626 bei Julius Wilhelm Zincgref belegt. *In Harnisch geraten:* zornig werden. Eigentl. ist, wer im Harnisch ist, gerüstet und bereit zum Waffenkampf, dann übertr.: bereit, mit Worten zu kämpfen. Im wörtl. Sinne noch z. B. im 15. Jh. in Behaims ‚Buch von den Wienern‘ (S. 185, V. 8):

All weg warn wir peraitet,
man anslug und sturm lautet do,
jm harnusch waren wir das meist.

Schon halb übertr. und doch auch real vorstellbar z. B. in einem Volkslied von 1688 gegen die Verwüstung der Pfalz durch die Franzosen:

Kaiser, kannst die Not du sehen,
Und ihr Fürsten in dem Reich,
Daß solch Schandthat kann geschehen,
Und fahrt nicht in Harnisch gleich?

„Im Harnisch sein" bucht als sprichwörtlich 1561 Agricola, ebenso 1649 Gerlingius (Nr. 121): „Er fert leicht daher, wie ein zerbrochen Schiff. Er ist wenig zu heiß gebadet. Er ist bald im Harnisch" (ebenda Nr. 129: „In den harnisch jagen" für: zornig machen). Das wörtl. Gegenteil dazu ist eigentl. ‚entrüsten' = die Rüstung ausziehen. Über die abgeschwächte Bdtg. ‚aus seinem geordneten Zustand bringen' entwickelt dies dann aber, vor allem reflexiv gebraucht, den Sinn: aus der Fassung kommen, aufgebracht sein.

‚Jem. einen geharnischten Brief schreiben': ihm schonungslos seine Meinung über etw. darlegen, seinen Zorn brieflich zum Ausdr. bringen.

hart, hartnäckig. *Hart im Nehmen sein:* unempfindlich sein, eine Portion Schläge vertragen können – im wörtl. wie im übertr. Sinne. Mit ‚Härte' ist eine bestimmte (rücksichtslose) Angriffs- u. Verteidigungshaltung umschrieben, die sowohl Schläge austeilen als auch einstekken kann. Sie findet auch in anderen Wndgn. ihren Niederschlag, z. B.: *hart wie Eisen* oder *(Krupp-)Stahl, hart wie Stein,* womit im übertr. Sinne auch Halsstarrigkeit oder Unnachgiebigkeit gemeint sein kann. Andere Rdaa. zu diesem Umfeld sind: *ein hartgesottener Bursche sein, einen harten Schädel haben, mit harten Bandagen kämpfen,* u. Ausdrücke wie: ‚hartherzig' u. ‚knochenhart'. *Etw. ist ein harter Brocken:* eine größere Sache, an der man lange kaut, die viel Unannehmlichkeiten bringt, ↗ Bandagen, ↗ Bissen, ↗ Brocken. *Es geht hart auf hart:* es geht um eine entscheidende Sache, in der mit allen zur Verfügung stehenden Mitteln gekämpft wird. *Etw. geht hart am Ziel vorbei:* man trifft den Kern der Sache nicht ganz, ist aber nahe dran. *Einen harten Kurs einschlagen:* häufig politisch gebraucht, z. B. für die Ahndung von Straftaten. Nicht selten ist

auch die Rede von einer ‚harten Erziehung', die gegen die Wechselfälle abhärtet u. stark macht i. S. des (heute iron. gebrauchten) geflügelten Wortes von Fr. Nietzsche aus dem ‚Zarathustra' (Ges.-Ausg. Bd. 6, S. 224, 3. Tl.): „Gelobt sei, was hart macht".

Etw. hat sich hartnäckig gehalten: es ist nicht auszurotten. So hat sich auch der Begriff ‚hartnäckig' sowohl in adj. wie auch in adv. Form ‚hartnäckig' gehalten u. sprw. Bdtg. erlangt, da er eine Verkürzung der Wndg. ‚einen harten Nacken haben' darstellt.

Die Härte des Nackens ist andererseits aber auch Ausdr. der Kraft, die den Menschen befähigt, eine Last zu tragen, Widerstand entgegenzusetzen – im Gegensatz zum geschmeidigen Nacken, der leicht gebeugt werden kann u. zu Unterwürfigkeit neigt: „harter nacke dient für manchen klugen man". Darüber hinaus ist der harte Nacken auch als Ausdr. einer schlechten Eigenschaft i. S. v. Trotz u. Widerstandsgeist bekannt u. schon in der Bibel erwähnt: „denn ich weiß, daß du hart bist, u. dein Nacken ist eine eiserne Ader" (Jes. 48,4), u. an anderer Stelle: „so gehorchten sie nicht, sondern härteten ihren Nacken gleich dem Nacken ihrer Väter" (2. Kön. 17,14).

Heute wird der Begriff ‚hartnäckig' vorwiegend i. S. v. standhaft, beharrlich, nicht nachlassend gebraucht, oder aber in bestimmten Zusammensetzungen wie: ein hartnäckiges Fieber, hartnäckiges Gerücht etc., d. h., er wird auf etw. bezogen, das sich lange hält u. eigenen Gesetzen zu gehorchen scheint.

Landgraf werde hart ↗ Landgraf.

haschen. *Hasch' mich, ich bin der Frühling.* Die Wndg. wird von Männern gebraucht, die sich über Frauen amüsieren, die durch lächerlich jugendliche Kleidung auffallen. Die Vermutung liegt nahe, daß die Wndg. ihren Ursprung im Fangspiel hat, wobei sich die Betroffene fortwährend entzieht und daher so wenig gefangen werden kann wie der Frühling, de› stets nur vorüberzieht.

‚Haschen' wird heute auch zur Bez. des Rauschmittelkonsums in der Jugendsprache verwendet.

Hase. *Ich dachte, es hätte mich ein (der) Hase geleckt:* ich meinte, mir wäre ein bes. Glück zuteil geworden. Eine seit dem 17. Jh. bekannte Rda., die auch heute noch mdal. verbreitet ist. Obersächs.: ,Daar hat a Gesicht gemacht, als wenn'n der Hos gelackt hett', er schmunzelte.

Wissen, wie der Hase läuft: gut Bescheid wissen; sehen, wie eine Sache läuft, vgl. frz. ,connaître la musique', ↗ Musik.

Der Hase ist bekannt wegen seines Hakenschlagens, wenn er vom Hund aufgestöbert wird. Der erfahrene Jäger läßt sich von den einzelnen Haken nicht beeindrucken und achtet nur auf die Hauptrichtung seiner Flucht. Auf dieser Beobachtung beruht schon die folgende Stelle in der ,Hildesheimer Chronik' von Oldecop aus dem 16. Jh.: „Tom lesten (zulctzt) dede de markgraf einen hemelichen afsprunk, also de hase deit, und vorlor sie". Bei einer Sache mit zweifelhaftem Ausgang wartet ein Kluger ab, *wohin der Hase läuft,* in welche Richtung sie sich entwikkelt; engl. sagt man im gleichen Sinne: ,to see how the cat jumps' (sehen, wie die Katze springt). Goethe gebraucht in ,Dichtung und Wahrheit' die Wndg. „einen Hasen nach dem andern laufen lassen" u. bemerkt: „Dies war unsre sprichwörtliche Redensart, wenn ein Gespräch sollte unterbrochen und auf einen anderen Gegenstand gelenkt werden".

Den Hasen laufen lassen: das Geld mit vollen Händen ausgeben. Bereits Grimmelshausen schreibt im ,Simplicissimus' (III, Kap. 11): „Ich war aber ein schröcklich junger Narr, daß ich den Hasen so lauffen ließ", d. h., daß ich die Sache so begann, mein Geld so verschwendete. Bei Wander (II, 375, Nr. 187) wird die Rda. jedoch mit ,verliebt sein' übersetzt.

Merken, wo der Hase liegt: genau Bescheid wissen, den Kern der Sache erfassen, nämlich urspr. wo sich der Hase versteckt hält. „Ha, ha, nun merk ich wo der hase liegt", sagt A. Gryphius (1698). Nur scheinbar eine Erweiterung ist die Rda. *da liegt der Hase im Pfeffer:* das ist der Punkt, auf den es ankommt; da ist die Schwierigkeit, da hakt es (vgl. ,da liegt der ↗ Hund begraben'). Hier dreht es sich nicht um den lebenden, sondern um den toten und sogar schon fertig zubereiteten

,Wissen, wie der Hase läuft'

Hasen. Unter Pfeffer muß man eine früher allg. beliebte und oft bereitete Brühe oder Soße verstehen, die mit Pfeffer und anderen Gewürzen abgeschmeckt wurde und in der man Fische, Hasen und anderes Fleisch anrichtete (,Hasenpfeffer'). Die Rda. ist seit dem 13. Jh. schriftlich belegt. Bei Philander heißt es: „Keiner aber weiß, wo der Has im Pfeffer liegt, als der ihn angerichtet oder helfe essen". „Da liegt der Haas im Pfeffer" heißt es bei Schiller (,Kabale u. Liebe' 1, 1). Geiler von Kaysersberg (gest. 1510) betitelt sinnbildl. einen Predigtzyklus: „Ain geistliche bedeutung des häßlins, wie man das in den pfeffer bereyten soll", und in Seb. Brants ,Narrenschiff' (71, 12 ff.) wird von streit- und prozeßsüchtigen Leuten gesagt, sie verließen sich darauf, das Recht zu ihren Gunsten zu drehen:

Nit denckend, das sy sint der has,
der ynn der schriber pfeffer kumt.

Der urspr. Sinn der Rda. ist wahrscheinl.: da sitzt der Unglückliche in der Patsche, und ihm ist nicht mehr zu helfen. Ähnl. ist das Bild von der eingebrockten Suppe, die ausgelöffelt werden muß. Deutlich geht dieser Sinn hervor aus der ,Zimmerischen Chronik' (Bd. 4, S. 165): „Den (König) fieng erst an sein fürnemen zu rewen, jedoch so war der has im pfeffer, er kem gleich darauß, wie er welte". Möglich ist auch, daß die Rda. ,Der Hase liegt in jem. Pfeffer' (d. h. Der Gegenstand oder die Person ist einem andern zur Beute, zum Gegenstand des Genusses geworden) vermischt worden ist mit der oben genannten: ‚Er weiß, wo der Hase liegt' (d. h. wie die Sache zu machen ist, worauf es ankommt). Die heutige Form der Rda. ist seit dem 17. Jh. oft bezeugt. Vgl. frz. ‚Voilà le hic': Da liegt die Schwierigkeit.

Mir ist ein Hase über den Weg gelaufen: ich bin heute vom Pech verfolgt und überzeugt, daß mir nichts gelingen wird. Bes. im ‚Angang' (erste Begegnung am Morgen) bedeutet ein Hase Unglück im Volksglauben. Dieses Vorurteil ist so stark, daß es noch heute den Jäger zur Umkehr bewegt. Nicht anders ist es, wenn einem eine Katze, bes. im Dunkeln, über den Weg läuft, und ebenso ist das Zusammentreffen mit Hinkenden und Einäugigen bedenklich, auch mit alten Weibern und Priestern; Bär, Wolf und Eber dagegen bedeuteten einstens Glück. Man sah die Begegnung mit kampflustigen Tieren als gute Vorbedeutung für den Ausgang eines bevorstehenden Kampfes an, die mit unkriegerischen dagegen als schlechtes Zeichen. Außerdem gelten Hase und Katze als Verwandlungsgestalten der Hexe. Lit. Belege berichten von diesem Volksglauben oder verurteilen ihn, z. B. heißt es: „1289 verloren die wider die Dithmarschen kriegenden Grafen von Holstein eine Schlacht, weil ihrem Heer ein Hase entgegenlief" (Ber. im Schriftst. d. 17. Jh. – Wander II, Sp. 372); in Albertinis ‚narrenhatz' (München 1617) wird gespottet: „abergläubig stocknarren erschricken, wenn ein haas über den weg, darüber sie gehen oder reiten müssen, laufet, denn sie vermeinen, daß sie an selbigem tag ein unglück ausstehen müssen". 1646 heißt es: „Item, wann einer morgens ausgeht, und ihm zum ersten ein weyb begegnet, oder ein haas über den weg läuft ... dass ihm etwas widerwärtiges desselben tages zuhanden stossen werde". Auch die Rokkenphilosophie warnt: „Es ist nicht gut, wenn man über Land reist, und läufft einem ein Haase übern Weg". Noch im Kinderlied klingt dies an:

Läuft ein Häslein übern Steg
Fahren wir nen andern Weg.

Die Furchtsamkeit des Hasen war Grund zu mehreren Rdaa., wie etwa *einen Hasen im Busen haben:* sich fürchten; *hasenschreckig sein:* Angst haben. „Ich bin nicht hasenschreckig" heißt es bei Seb. Franck um 1570. Bair. meint ‚derhasen' furchtsam werden, den Mut sinken lassen; vgl. engl. ‚to hare' (in Angst geraten). In der ‚Zimmerischen Chronik' (Bd. 1, S. 200) findet sich: „Do überkamen sie ainsmals den hasen im busen, wie man sprücht, und berathschlagten, das in der nacht sie haimlich mit allem kriegsvolk abziehen und in iren vorteil sich legern wolten". ‚Den Hasen im Busen haben' hatte im 16. und 17. Jh. auch die Bdtg. von ‚närrisch sein', so wie oftmals der Hase als närrisches, dummes Tier in den Rdaa. auftaucht. Hase nannte man im 16. Jh. einen albernen Gecken; im Siegerland sagt man von einem, der eitel und eingebildet ist: ‚Er hat einen Hasenfuß in der Tasche'; ebenso in Westf.

Um eine ernste Angelegenheit handelt es sich bei der Wndg. ‚eine Hasenscharte haben', d. h., eine Mißbildung der Oberlippe haben, die im Aussehen an die Spaltung der Oberlippe des Hasen erinnert. Sie begegnet als Erzählmotiv in verschiedenen Sagen (Mot. A 2211.2); darüber hinaus aber auch im Zusammenhang mit der sprichwörtl. Ängstlichkeit des Hasen in einer Fabel (AaTh. 20), die seit der Spätantike in vielen Variationen tradiert ist. Es ist darin die Rede von einer Versammlung von Hasen, die aus Verzweiflung darüber, daß sie von Menschen u. Tieren verfolgt werden u. in ständiger Furcht leben müssen, sich ertränken wollen bzw. in ein anderes Land ziehen. Ihr Weg führt sie an einem Teich vorbei, an dessen Ufer Frösche sitzen. Vom Lärm der heranziehenden Hasenschar aufgeschreckt stürzen sie sich ins Wasser. Ein alter, weiser Hase ermahnt daraufhin die übrigen zur Umkehr, da es offensichtlich noch andere Tiere gebe, denen es schlechter als ihnen ginge, u. es wohl kein Land gäbe, in dem man ohne Furcht leben könne. In einigen jüngeren Variationen hat das Thema eine Erweiterung erfahren: Die Hasen müssen am Ende über ihre eigene Torheit so lachen, daß sich ihre Oberlippe spaltet u. sie seither eine Hasenscharte haben. R. W. Brednich nimmt an, es könnte aus der verbreiteten Tiererzählung vom ‚Fuchs am Pferdeschwanz' (AaTh. 47) seinen Weg in die Fabel AaTh. 20 gefunden haben.

,Hasenfuß'

,Angsthase'

Auch könnte die Rda. *ein alter Hase sein* (viel Erfahrung haben) hier ihren Urspr. haben.

Die Ausdrücke *Hasenfuß* und *hasenfüßig* enthalten ebenfalls oft den Begriff des Närrischen, Albernen und Geckenhaften. Bei Goethe (,Mitschuldige') sagt der Wirt seinem Schwiegersohn eine Menge schlimmer Dinge nach und faßt das zusammen mit dem Wort: „Der König Hasenfuß". Vor dem 14. Jh. galt der ,Hasenfuß' (mhd. hasen vûz) als rascher Läufer, erst später verschob sich die Bdtg. zur Bez. eines Furchtsamen. Engl. ,hare-foot' meint heute noch lediglich den guten Sportler. Bei Schiller heißt es: „Hat ers Kourage nicht, so ist er ein Hasenfuß" (,Kabale und Liebe' 1, 2).

Das Hasenpanier ergreifen: davonlaufen, fliehen. Das Panier des Hasen (auch *Hasenbanner* ist bezeugt) ist sein Schwänz-

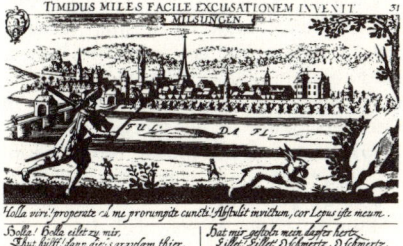

,Das Hasenpanier ergreifen'

chen, das er bei der Flucht in die Höhe reckt. Daher sagte man von Ausreißern auch: ,Sie werfen das Hasenpanier auf' (so schon 1564 belegt) oder ,der hasen paner aufstecken' (1548 in der Fabelsammlung ,Esopus' von Burkard Waldis). Die Form ,das Hasenpanier ergreifen' steht seit Luther fest. ,Ergreifen' wurde wahrscheinl. aus ,die Flucht ergreifen' übernommen. Im Bilderbogen von Paul Fürst um 1650/60, ,speculum bestialitatis', heißt es:

Der haß der ist ein forchtsam thier,
Gar bald wirfft er auff sein panier.

Neben ,Hasenfuß' und ,Banghase' ist ein *Angsthase sein* eine seit 1500 gemeindt. Rda. – Andere Rdaa. für ,fliehen' sind: *den Hasenkurs nehmen; sich auf seine Stärke verlassen wie die Hasen; einen Hasen machen; standhalten wie der Hase bei der Trommel; den Hasen bauen; Hasenschuhe anziehen.*

Hasenherz nennt man den Feigling. So etwa heißt es in Schillers ,Räubern' (1,2): „und das schreckt dich, Hasenherz?" und Grillparzer spricht vom „hasenherzgen Schuft". Hase ist schon in der ,lex salica' ein zu büßendes Schimpfwort: „si quis alterum leporem clamaverit…" (wenn einer einen anderen einen Hasen gescholten hat …). Im ,Armen Heinrich' des Hartmann von Aue (um 1200) steht: „ir sint eines hasen genôz".

,Hasenherz' – Der ängstliche Liebhaber

Er ist kein heuriger Hase mehr sagt man von einem nicht mehr jungen, aber auch von einem erwachsenen, erfahrenen, kampferprobten Menschen. Der *alte Hase,* der schlau und rasch genug war, dem Jäger immer wieder zu entwischen, weiß sich zu helfen.
Hasenbrot wird allg. ein Butterbrot genannt, das man unberührt von einer Reise oder vom Gang zur Arbeit wieder mit nach Hause bringt, wo man es den Kindern mit den Worten gibt, man habe es einem Hasen abgenommen. Meist fügt man hinzu, man habe vorher *dem Hasen Salz auf den Schwanz gestreut,* wodurch er nicht mehr habe fliehen können. Diese Art, einen Hasen zu fangen, wird den Kindern allg. angegeben. Vgl. frz. ,mettre du sel sur la queue des petits oiseaux' (den Vögeln Salz auf den Schwanz streuen), ↗ Vogel.
Dem habe ich einen Hasen in die Küche gejagt sagt man im Rhein. für ,einen Gefallen getan'. Mit dem Satz: ,Ich erwarte nicht, daß Sie mir die Hasen in die Küche treiben' wird zum Ausdr. gebracht, daß man nichts Unangemessenes erwartet. Wem der Hase von allein in die Küche

läuft, der muß ihn nicht mühsam erjagen. Denn Hasen zu fangen ist nicht einfach. *Ich bin dem Hasen nachgelaufen* sagt, wer tüchtig gearbeitet hat. *Das ist doch keine Hasenjagd!* ruft man einem ungestüm Davoneilenden nach, und von einem, der immer alles zugleich tun will, sagt man *er läuft zwei Hasen nach;* vgl. frz. ,Il court deux lièvres à la fois'. Aber: *wer zwei Hasen will, kriegt keinen.* Von jem., der gut hört, sagt man, er habe *Hasenohren,* denn die langen Ohren des Hasen legen den Gedanken nahe, er müsse bes. gut hören. Der Hase hat große hervorstehende Augen und kleine Augenlider, so daß er gewöhnlich beim Schlafen die Augen nicht ganz schließt. Man glaubte daher, das furchtsame Tier wolle nur den Anschein erwecken, als ob es schlafe, in Wahrheit aber sei es stets auf der Hut. Daher die alte Rda. *den Hasenschlaf schlafen* (oder *haben),* gebucht in lat. Form seit 1508 bei H. Bebel (Nr. 547), in dt. 1541 bei Seb. Franck (11,73): „Er schläfft den Hasenschlaff. Er schläfft mit offnen augen wie ein Hase", ↗ Auge.
Sich um den Hasenbalg zanken: sich um Kleinigkeiten streiten, die des Zankens nicht wert sind; früher wurde nur wenig für das Fell eines Hasen gezahlt.
Arbeit und Schulden sind keine Hasen: sie laufen nicht davon, man kann sie auch später noch erledigen. In ,Sprichwörtlich' reimt Goethe:
Lief das Brot, wie die Hasen laufen,
Es kostete viel Schweiß, es zu kaufen.
Hasenrein ist der Jagdhund, der für die Hühnerjagd abgerichtet wurde und keinen Hasen angreift. ,Er ist nicht ganz hasenrein' sagt man heute im Sinne von: nicht einwandfrei, politisch nicht ganz unverdächtig. Ein *blinder Hase* ist ein in der Pfanne gebratener Hackfleischkloß. Vielerorts kennt man dafür nur ,falscher Hase', weitverbreitet (sogar in Italien, Frankreich u. den Niederlanden) ,Frikadelle', in Berlin das frz. ,Boulette' und in Ostdeutschland (Königsberger) ,Klops'. Die Katze ist als ,Dachhase' bekannt und in Notzeiten auch wohl öfter ,in den Kochtopf gewandert'.
Daran denkt das Karnevalslied:
Bi Lehmanns hebbt se 'n Has im Pott,
den Häwelmann sin Katt is fott, …

Angeblich sollen findige Gastwirte früher ihren Gästen statt des gewünschten Hasenbratens eine Katze zubereitet haben. Goethe schließt sein parabolisches Gedicht ‚Katzenpastete' mit den Worten:

Die Katze, die der Jäger schoß,
Macht nie der Koch zum Hasen.

An einem entlegenen Ort *sagen sich die Hasen* (auch: Fuchs und Hase) *gute Nacht,* ↗ Fuchs.

Der gespickte Hase war ehedem ein gefürchtetes Folterinstrument. *Bönhasen* hießen im Spott Handwerker, die ohne Vollmacht der Zunft heimlich in oberen Kammern arbeiteten. Urspr. hieß es ‚Bodenhase' oder ‚Bühnenhase' (für Bühne ‚Dachboden'); hierhin mußten sich nämlich die nicht anerkannten Handwerker flüchten, um nicht entdeckt zu werden. Da solche Leute oft schlechte Arbeit lieferten, bedeutet ‚Bönhase' soviel wie ↗ ‚Stümper', ↗ ‚Pfuscher'.

Die Rda. *mein Name ist Hase, ich weiß von nichts* wird auf den Heidelberger Studenten Viktor Hase zurückgeführt, der einem Kommilitonen, nachdem dieser einen andern im Duell erschossen hatte, durch absichtliches Verlieren seines Studentenausweises zur Flucht nach Frankreich verhalf. Seine Antwort auf die Generalfragen des Universitätsgerichts (1854/55) machte bald die Runde durch die Universitäten und ging von da in den allg. Sprachgebrauch über.

Den Hasen suchen (alem. ‚dr Has suche') sagen die Eltern an Ostern, dann finden die Kinder zwar keinen Hasen, wohl aber die vom ↗ Osterhasen versteckten Ostereier.

Dem Has läuten meint einen Osterbrauch in Hessen: Am Morgen des ersten Ostertages setzt sich ein Bursche an die Tür der Kirche und fängt an zu rufen: ‚bomm, bomm', worauf es in allen Höfen, erst in der Nähe, dann in der Ferne ‚bomm, bomm' ertönt. Daran schließt sich ein Umtrunk an. Der Brauch beruht auf der legendären Überlieferung, daß die Glocken an den drei letzten Tagen der Karwoche in Rom sind und dort neu geweiht werden. Man ersetzt also die Glocken durch die menschliche Stimme, ↗ Karfreitagsratsche.

Viele andere magische Vorstellungen sind

‚Mein Name ist Hase'

mit dem Hasen verbunden. Sie haben ihren Niederschlag u. a. auch im Märchen oder in bestimmten Redewendungen gefunden. So gilt der Hase z. B. auch als Liebessymbol, wie es auch zum Ausdr. kommt in der Wiener Rda.: ‚Schickt der Herr die Haserln, so gibt er auch die Graserln', die bei reichem Kindersegen Verwendung findet. Ähnl. auch der Spruch ‚... bescheret Gott ein Häsigen, so beschert er auch ein Gräsigen' (J. Praetorius: ‚Geschichten ... von ... dem Rübezahl', Neuausg. von P. Ernst, 1908, S. 85 (vgl. L. Schmidt: Sprw. dt. Rdaa., in: Österr. Zs. f. Vkde., 28 (1974), S. 98–99). Anspielungen ähnl. Art finden sich auch in den neuzeitlichen Häschen-Witzen (H. Venske: ‚Hattu Möhren!' – Über Häschen-Witze, in: Der Spiegel 6, 1977, S. 142–143).

Häufig wird der Hase auch in Verbindung mit Regen u. Nebel genannt. Das zeigt sich auch in der Rda. ‚Die Hasen rauchen', die beim Aufziehen von Nebel gebraucht wird, oder in der Wndg. ‚die Hasen bachen (backen) Küchlein (Brot)', was soviel bedeutet wie: wir bekommen Regen.

Aus dem Grimmschen Märchen vom Hasen und Igel (KHM. 187) sind die Worte des Igels ‚Ick bün all hier' sprw. geworden. Das Märchen dient heute zur Charakterisierung von Konkurrenzen zwischen ungleich Großen, vor allem wenn ein Kleiner über den Großen siegt; oder auch Intelligenz über bloße Körperkraft.

Lit.: *C. E. v. Thüngen:* Der Hase ... dessen Naturgeschichte, Jagd und Hege (Berlin 1879): *J. A. Walz:* ‚Einen Hasen laufen lassen' in Goethes ‚Dichtung u. Wahrheit', in: Modern Language Notes 23 (1908), S. 211–212; *O. Keller:* Die antike Tierwelt, I (Leipzig 1909), S. 210–216; *W. Lindenstruth:* Dem Has läuten, in: Hess. Bl. f. Vkde., Bd. VIII, S. 187–190 (mit mehreren hist. Belegen aus der Pfarrchronik von Beuren/ Hessen); *H. Hepding:* Ostereier und Osterhase, in: Hess. Bl. f. Vkde., 26 (1927), S. 127–141; *Riegler:* Art. ‚Hase', in: HdA. III, Sp. 1504–1526; insbes. 1512 f.; *W. Jesse:* Beiträge zur Volkskunde und Ikonographie des Hasen, in: Volkskunde-Arbeit.Festschrift Otto Lauffer (Berlin–Leipzig 1934), S. 158–175; *A. Becker:* Osterei und Osterhase (Jena 1937); *L. Röhrich* u. *G. Meinel:* Rdaa. aus dem Bereich der Jagd und der Vogelstellerei, S. 319f., 321; *V. B. Dröscher:* Mit den Wölfen heulen (Reinbek 1978), S. 69–72; *B. M. Henke:* ‚Sie liessen einen Hasen nach dem anderen laufen ...' (Frankfurt/M. 1983); *A. Schnapp:* Eros auf der Jagd, in: Cl. Bérard u.a.: Die Bilderwelt der Griechen (Mainz 1984), S. 101–125; *R. W. Brednich:* Art. ‚Hasen u. Frösche', in: EM.VI, Sp. 555–558, hier insbes. 557; *R. Schenda:* Art. ‚Hase', in: EM. VI, Sp. 542–555.

Hasel. *In die Haseln (Haselnüsse) gehen:* sein Liebchen aufsuchen, heimlichen Umgang pflegen, verbotene Liebe genießen. Der Haselstrauch und die Haselnuß besitzen erotische Bdtg. Sie gelten als Symbole der Lebenskraft und der Fruchtbarkeit, wahrscheinl. deshalb, weil der Strauch zäh und kräftig ist, bereits im Vorfrühling blüht und sehr viele Früchte hervorbringt, die sich oft gepaart vorfinden. Das Haseldickicht wird außerdem als ein geheimnisvoller Ort der Kinderherkunft angesehen, die Haselstaude selbst spielt im Volksglauben als Kinderbaum eine Rolle. Die seit dem 16. Jh. bezeugte Rda. ist als metaphorische Anspielung auf unerlaubte voreheliche Geschlechtsverbindung zu verstehen, denn in der Umgangssprache werden direkte Bez. für sexuelle Vorgänge und Schwangerschaft meistens

vermieden. Man umschreibt sie durch verhüllende sprachl. Bilder, wie dies vorzugsweise im Volkslied und ganz bes. häufig im Liebeslied zu beobachten ist. Die Rda. ist also gleichbedeutend wie die im Lied bevorzugten Metaphern: ‚Brombeeren pflücken', vgl. frz. ‚aller aux fraises' (in die Erdbeeren gehen), in derselben Bdtg., ‚Gras (Korn) schneiden', ‚ins Heu fahren' und ‚Rosen brechen'. Sie begegnet selbst auch im Lied, z. B. als Aufforderung an das Mädchen:

Ei, du lewi Dordee-Lies,
Geh in die Haselniß

oder es heißt von einem Mädchen, das sich heimlich mit dem Geliebten treffen will:

Es geht ein Mädel Haselnuß klaub'n
Frühmorgens in dem Taue.

Noch versteckter ist die Anspielung in einem Volkslied (Nr. 74 B, Str. 8) aus Uhlands Sammlung:

Sein Pferdlein das tet im strauchen
Wol über ein Haselstauden.

Auch andere Wndgn. mit der Haselnuß besitzen eine übertr. Bdtg., so meint z. B. die einfache Feststellung: *Es gibt in diesem Jahr viele Haselnüsse,* daß viele uneheliche Kinder geboren werden, und die bair. Rda. ‚Die Haselnüsse sind heuer geraten' bedeutet ebenfalls: in diesem Jahr gibt es viele schwangere Mädchen. Wander (II, Sp. 378 f.) vermutet, daß die Rdaa. auf den verbotenen Umgang anspielen wollen, der hinter den schützenden Büschen unbeobachtet stattfindet, oder daß die heranwachsenden unehelichen Kinder mit den wild wachsenden Früchten der Haselnußsträucher verglichen werden sollen. Wahrscheinlicher ist jedoch der Bezug zur allg. Fruchtbarkeit und zur frühen Blüte der Hasel, womit die vorzeitige und unerlaubte sexuelle Beziehung und die voreheliche Schwangerschaft verglichen werden. Auch das Sprw. ‚Wenn es über die kahlen Haselstauden donnert, gibt es viele gefallene Jungfrauen' gehört in diesen Sinnzusammenhang, wobei noch eine Verstärkung durch die Vorstellung vom fruchtbarmachenden Gewitter hinzukommt. Außerdem wurden die Haselstauden zum Liebes- und Eheorakel benutzt, sie wurden z. B. in der Mettennacht geschüttelt. Vgl. auch die (veraltete) frz. Wndg. ,année de noisettes, année d'enfants' und den alten und weitverbreiteten Hochzeitsbrauch, den Neuvermählten Haselnüsse zu schenken als Zeichen guter Vorbedeutung für Liebe und große Nachkommenschaft. Allg. galten auch Haselnüsse als Geschenk zu Weihnachten und Neujahr als Zeichen der Liebe. Voraussetzung für die Entwicklung zum erotischen Symbol ist wohl auch die hodenähnl. Gestalt der paarigen Haselnüsse. Die Wndg. *aus einer Haselstaude entsprungen sein* diente zum Vorwurf unehelicher und niedriger Geburt. Sie wurde als große Beleidigung aufgefaßt, gegen die man sich zu verwahren hatte. so heißt es z. B. in Christian Reuters ,Schelmuffsky' (1, 50): „ich müste noch weit was Vornehmers sein, denn meine Augen die hätten mich schon verrathen, dasz ich aus keiner Haselstaude entsprungen wäre". Die erotische Bdtg. der Hasel erklärt auch ihre Funktion als warnender Baum in der Volksballade. In Volksliedern begegnen Zwiegespräche eines Mädchens mit der ,Frau Hasel (Haselin)', die mit den folgenden Versen eröffnet werden:

Nun grüß dich Gott, Frau Haselin!
Von was bist du so grüne?

(E. B. I, Nr. 174ª).
Der Haselstrauch warnt vor dem Verlust der Ehre. Dies geschieht bes. ausführlich in einer Variante des Liedes ,Mädchen und Hasel' aus Schlesien (vgl. E. B. I, Nr. 1746).
Offenbar wurde die Schande eines gefallenen Mädchens beim Maibrauch, wenn ihr die Burschen Haselnußzweige vor das Fenster oder die Türe setzten, was sie dem allg. Spott preisgab.
Die Wndg. *mit Haselruten ist gut schlagen* weist auf eine Zauberpraktik, denn die Hasel spielt auch sonst als Zauberpflanze im Volksglauben und -brauch eine wichtige Rolle. So gelten die Haselruten als Lebens- und Wünschelruten, sie werden zum Schlagen beim Fruchtbarkeitszauber benutzt, z. B. bei einer bisher kinderlos gebliebenen Frau (Anhalt) oder auch beim ersten Viehaustrieb. Die zu Pulver verbrannte Haselrinde diente bereits im 15. Jh. als Aphrodisiakum. Haselstöcke und -ruten besaßen aber auch apotropäische Eigenschaften, sie schützten z. B. vor

Geistern, Hexen, Vampiren, vor Schlangen und Ungeziefer, aber auch bei Gefahren auf einer langen Wanderung und im Kriege und selbst vor Blitzschlag. Eine in Süddtl. verbreitete Legende erzählt, daß Maria mit ihrem Kind Schutz bei einem Gewitter unter der Hasel gefunden habe. Tatsächlich wird die Hasel nie von einem Blitz getroffen, da sie anscheinend wegen ihrer glatten Rinde ein guter Elektrizitätsleiter ist. Auch im Märchen ist die Hasel Zauberpflanze und Grabesbaum (KHM. 21: Aschenputtel), sie bietet Zuflucht, Hilfe und Zaubergaben; oft sind unter ihr Schätze verborgen.
Verschiedene Rdaa. verwenden die Haselnuß als Bild des Kleinen, Wertlosen und Nichtigen: *etw. ist keine gelöcherte (hohle) Haselnuß wert; es bringt nur taube Haselnüsse; jem. ist eine hohle (taube)* ↗*Nuß.* Geiler von Kaysersberg braucht die Wndg. noch ohne den heute üblichen und steigernden Zusatz ,hohl' oder ,taub': „ich geb dir nitt ein bon oder ein haselnusz umb ein sentenz und umb ein urteil" (,Marie Himelfahrt', 3ª). Schiller dagegen schreibt in ,Kabale und Liebe' (I, 2): „einem Liebhaber, der den Vater zu Hülfe ruft, trau' ich – erlauben Sie – keine hohle Haselnuß zu".
Euphemist. Umschreibungen für tüchtige Prügel sind bis heute in den Wndgn.: *einen mit Haselsaft erquicken; jem. mit Haselöl (Haselsalbe) einschmieren* und bes. im Obersächs. ,ein häselnes Frühstück kriegen', gebräuchlich.

Lit.: *K. Weinhold:* Über die Bedeutung des Haselstrauches im altgermanischen Kultus u. Zauberwesen, in: Zs. d. Ver. f. Vkde., 11 (1901); *E. M. Kronfeld:* Die Zauberhasel, in: Mitt. d. Dt. Dendrolog. Ges., 31 (1921), S. 249–271; HdA. III, Sp. 1527ff., Art. Hasel v. *H. Marzell: L. Röhrich:* Gebärde- Metapher- Parodie (Düsseldorf 1967), S. 66; *L. Röhrich:* Liebesmetaphorik im Volkslied, in: Folklore International … in honor of Wayland Debs Hand, ed. by D. K. Wilgus u. Carol Sommer (Hatboro/Pennsylvania 1967), S. 187–200; *W. Danckert:* Symbol, Metapher, Allegorie im Lied der Völker, Bd. III (Bonn–Bad Godesberg 1978), S. 992–1006.

häßlich ↗Ente.

Hättich. Die Konjunktivform (Optativ oder Irrealis) des Verbums ,haben': ,hätte ich' ist in Sprww. und Rdaa. gelegentlich personifiziert und zu einer Figur namens

‚Hättich' konkretisiert worden. Z. B. ‚Hettich ist ein böser Vogel, Habich ist ein guter' (Seb. Francks ‚Sprichwörter', 1541, 2, 120); ‚Wenn ‚Hätt'ich' kommt, ist ‚hab' ich' weg'. ‚Der Hättich und der Wöttich (wollte ich) sind Geschwister'. Es sind Formeln, die Wünsche, Bedauern, Reue signalisieren.

Zum volkstümlichen Zitat geworden sind auch die Worte ‚hätt ich dich, so wollt ich dich!' aus dem Grimmschen Märchen von der Blutwurst und der Leberwurst (‚Die wunderliche Gasterei', KHM. 43 der ersten Ausgabe 1812 und 1819). Sie signalisieren das Bedrohliche des Gefressenwerdens.

Lit.: *W. Scherf:* Die Herausforderung des Dämons. Form und Funktion grausiger Kindermärchen (München–New York u. a. 1987); *H. Rölleke:* Rdaa. des Volkes, auf die ich immer horche (Bern–Frankfurt/M.–New York–Paris 1988), S. 198.

Hau. *Einen Hau (mit der Wichsbürst') (weg)haben:* geistig beschränkt, nicht ganz gescheit sein. Geistesverwirrung wird rdal. häufig mit einem Schlag in Zusammenhang gebracht im Sinne einer Gehirnerschütterung; vgl. ‚bekloppt'.

In einem Beleg vom Anfang des 19. Jh. begegnet die Wndg. auch im Zusammenhang mit einem Zustand der Erheiterung: „Wir waren also sehr muthig, und Kraus und ich hatten eben beide einen fröhlichen Hau" (‚Feiertage im Julius 1807' von J. J. Bischoff, mitgeteilt von Paul Meyer, in: Basler Jahrbuch 1929, S. 22–97, 54 f.).

Haube. Von der Haube als Kopfbedeckung des Kriegers (‚Sturmhaube', ‚Pickelhaube') leiten sich zahlreiche Rdaa. her: *einem auf die Haube greifen* (auch *klopfen, fassen, kommen):* einen kämpfend angreifen, ihn heftig verfolgen, ihm auf den Leib rücken. Schon Luther benutzt diese Rda. im übertr. Sinne: „darumb soll die obrigkeit solchen auf die hauben greifen, das sie das maul zuhalten und merken, dasz es ernst sei".

Einem auf der Haube sitzen (oder *hocken):* genau auf ihn achthaben, ihn scharf beobachten, ihm durch allzu große Nähe lästig werden; eine bes. im 16. und 17. Jh. gebräuchl., heute wohl verschollene Rda. Rhein. sagt man für jem. schlagen: ‚ihm

die Haube bügeln', und vom schlecht Gelaunten heißt es: ‚es ist ihm nicht gut in der Haube'. Ein Nachklang dieser Rdaa. ist mdal. Haube für ‚Ohrfeige', ähnl. wie ‚einem etw. auf die Kappe geben', ihn schlagen.

In neuerer Sprache versteht man unter Haube gewöhnlich die früher übliche weibl. Kopfbedeckung, vorzüglich die der verheirateten Frau; daher *eine unter die Haube bringen:* verheiraten. Am Hochzeitstage setzte die Braut zum erstenmal die Haube auf; *unter die Haube kommen:* einen Mann bekommen, geheiratet werden. Schon bei den Römern war die Verhüllung des Haars ein Zeichen der verheirateten Frau. Nach germ. Sitte durfte die verheiratete Frau das Haar nicht mehr lose tragen, sondern mußte das ‚gebende' anlegen. Daher sprach man auch von einer ‚gehaubten Braut' (1691 von Stieler gebucht). Bei Rückert heißt es:

Und wenn ich mit Scherzen raube
Ihren Kranz der Schäferin,
Bring ich ihr dafür die Haube,
Hält sie es noch für Gewinn.

Mit Haube werden oft die Frauen bez. Hier steht das Kleidungsstück für die Trägerin, wie es auch bei ‚Schürze' der Fall ist. ‚Er läuft den Hauben nach' sagt man im Rhein. *Haubenlerche* nennt man allg. eine Nonne oder Krankenschwester; der Name des Vogels mit spitzer Federhaube wird auf die Haubenträgerin übertr. ‚Alte Haubenlerche' sagt man schles. von einem alten, verhutzelten Weiblein.

Haubenstock steht oft bildl. für einen dummen, hohlköpfigen Menschen, wie etwa bei Platen: „Die Staatsperücke der Manierlichkeit bedeckt gewöhnlich einen Haubenstock statt eines witzigen Gehirns" (‚Schatz des Rhampsinit'). Der Haubenstock ist ein rundlicher Klotz, auf den man die Haube setzte, damit ihre Form erhalten blieb.

Im techn. Zeitalter wird der Begriff ‚Haube' dagegen in erster Linie mit der Autohaube verbunden. Das kommt auch zum Ausdr. in der Wndg. ‚... PS unter der Haube haben', womit durch Hinzufügung der PS-Zahl die Stärke des Motors angegeben wird.

Lit.: *R. Meringer:* Die Haubung, in: Wörter und Sachen 5 (1913), S. 170f.; *W. Danckert:* Symbol, Metapher, Allegorie im Lied der Völker, Bd. II (Bonn–Bad Godesberg 1977), S. 814–815; weitere Lit. ↗ Hut.

Haubitze. *Voll wie eine Haubitze:* schwer betrunken; vgl. ‚voll wie eine ↗ Kanone‘, ‚kanonenhagelvoll‘. Haubitze im Sinne einer Kanone dient als Steigerung, insbes. wenn es heißt: ‚voll wie eine Strandhaubitze‘.

hauen. *Das haut (hin),* auch mit dem Zusatz *in die Äpfel:* das kommt erwünscht, trifft sich gut, es paßt; vgl. frz. ‚Ça colle‘ (wörtl.: Es klebt), i.S.v.: Das paßt zusammen. ‚Das hat nicht hingehauen‘ sagt man umg. für: es ist nicht geglückt. Sehr häufig ist: *das haut einen hin!* (auch *das haut einen in sämtliche Winkel* oder *vom Stuhl, das haut den stärksten Neger von der Palme*) als Ausdruck starken Erstaunens, aus der Studenten- und Soldatensprache in die Umgangssprache übergegangen. Hauen bedeutete in der Soldatensprache einen schneidenden Hieb. Ein *Haudegen* war daher im Gegensatz zum Stoßdegen ein zum Hauen benutzter Degen. Der Ausdr. wurde übertr. auf den Mann, der ihn zu führen verstand, und heute hat die Wndg. ‚ein alter Haudegen‘ die Bdtg.: alter, kampferprobter Krieger. *Das ist weder gehauen noch gestochen:* nichts Ordentliches, Entschiedenes; das tadelnde Urteil stammt aus der Fechtersprache und bedeutete eigentl.: Die Waffe ist so ungeschickt geführt, daß man nicht weiß, ob es Hieb oder Stich sein soll. Man hat die Rda. von den verschiedensten Seiten herzuleiten versucht; so etwa sollte sie aus der Zeit der Erfindung des Schießpulvers herrühren, wo man bei den durch die Schußwaffen verursachten Wunden gesagt haben soll, sie seien weder durch Hieb noch durch Stich verursacht worden. Nach anderer Meinung soll sie sich auf ungeschickte Metzger bezogen haben, die das Vieh nicht kunstgerecht zu schlachten wußten. Fr. Seiler (Dt. Sprichwörterkunde, S. 234) äußert die Vermutung, die Rda. sei zuerst von plastischen Holz- oder Metallarbeiten gebraucht worden, die so ungeschickt angefertigt waren, daß sie ohne die üblichen Werkzeuge zum Hauen und Stechen gemacht zu sein schienen. Am

Ich haue dir gleich in deine Volksküche, Daß deine Zähne obdachlos werden.

‚Hauen‘

einleuchtendsten scheint jedoch die Herleitung aus der Fechtersprache zu sein. So steht in der ‚Zimmerischen Chronik‘ Bd. 4, S. 203); „Der groß hauptman Lumplin, der gern gehawen oder gestochen het, ward wol darob verspottet und verlacht“, was sich hier zweifellos aufs Fechten bezieht. Älter ist die Verbindung von ‚hauen‘ und ‚schlagen‘, so in Brants ‚Narrenschiff‘ (67, 56): „Es sy gehowen oder geschlagen“. Der früheste Beleg für die Rda. im übertr. Sinne steht wohl bei Grimmelshausen im ‚Simplicissimus‘ (3. Bd., S. 50): „Und damit heulete sie immer forth, also daß ich mich in ihre Rede nicht mischen noch begreifen konnte, ob es gehauen oder gestochen, gebrant oder gebort wäre“. Eine ähnl. Rda. findet sich in Siebenb.: ‚Ich wiß net, ben ich gekocht awer gebroden‘, ich weiß nicht, woran ich bin. In Kleists ‚Zerbrochenem Krug‘ (9. Auftr.) ruft der Gerichtsrat Walter dem Dorfrichter Adam zu:

Wenn Ihr doch Eure Reden lassen
wolltet.
Geschwätz, gehauen nicht und nicht
gestochen.

‚Dat es gehaue wie gestoche‘, das kommt auf eins heraus, ist ganz gleich, sagt man im Rheinland. Ebenfalls aus der Fechtersprache übernommen ist die Rda. *einen übers Ohr*

hauen: übervorteilen (↗ Ohr). Wer Pfuscharbeit leistet, *haut die Arbeit übers Ohr.*
Zahlreiche andere Rdaa. unserer Zeit
seien hier nur kurz angeführt: *sich hin-
hauen, in die Falle, in die Klappe hauen:*
sich schlafen legen. *Jem. anhauen:* ihn um
etw. ansprechen; vgl. französ. ‚taper
quelqu'un': einen um Geld bitten; *sein
Geld auf den Kopf hauen:* es restlos und
verschwenderisch ausgeben; *daneben-
hauen:* sich irren, z. B. beim Beantworten
einer Examensfrage.
„Laszt uns das Gesindel völlig *in die
Pfanne hauen*" heißt es schon bei Kleist
(‚Käthchen von Heilbronn' 4, 1), und
Hans Sachs sagt:

durch ire arglistige duck,
vil schendlich schelmenstuck
durch nachred in den kessel hawen.

Zu Kochstücken oder *zu Kraute hauen*
führt das Dt. Wb. 4,2 als allg. Rdaa. an.
Der Gaunersprache entstammt *in den
Sack hauen:* davonlaufen, die Arbeit im
Stich lassen.
Wer sich davonmacht, *haut ab. Hau ab!*
sagt man zu einem Unerwünschten. Ein
leicht Verrückter *hat einen Hau,* ↗ Hau.
Eine flüchtige Arbeit ist *zusammenge-
hauen,* und was man lieblos zusam-
menschreibt, ist *hingehauen.*
Sich eine ins Gesicht hauen: sich eine Zigarette anzünden. Ein beliebter Aprilscherz
ist es, *Haumichblau* in der Apotheke holen
zu lassen; ↗ Pfanne, ↗ Schlag.

Lit.: *J. G. Pascha:* Verschiedene Fechtbücher
(1659–66); *G. Hergesell:* Die Fechtkunst im 15. u.
16. Jh. (Prag 1896); *L. Günther:* Von Wörtern und Namen (Berlin 1926), S. 33; *H. Helwig:* Die dt. Fechtbücher, in: Börsenbl. f. d. dt. Buchhandel, Frankfurter
Ausg., 55 (1966); *W. Hävernick:* „Schläge" als Strafe
(Hamburg ⁴1970).

Haufen. *Über den Haufen werfen* (auch:
schießen, stoßen, fallen) geht zurück auf
die Bdtg. von Haufen als etw. regellos
übereinander Liegendem, so daß die Rda.
meint: übereinanderwerfen, daß alles wie
ein unförmiger Haufen aussieht. Am
4. 11. 1499 lautete eine Mahnung des
Mainzer Domkapitels an die Bewohner
der Kurien: daß die „Herrenhoiffe und
Vikariehusen nit über den hufen fallen"
(A. L. Veit, Mainzer Domherren, Mainz
1924, S. 98). „ ... darumb müssen sie fallen über einen Haufen", heißt es Jer. 6, 15.

Obersächs. ist 1727 belegt: „Alles fället
über einen Haufen". Zunächst auf Personen angewendet, gebrauchte man die
Wndg. dann auch für Abstraktes, wie etwa
Schiller (‚Fiesko' 1, 3): „Wenn die itzige
Verfassung nicht übern Haufen fällt".
Kant spricht von „sein System über den
Haufen fallen sehen", und bei Goethe
heißt es: „Wenn er endlich nach verschiedenen Jahren seinen Schaden einsah, so
fiel das Werk mit einmal über den Haufen". Die Rda. bedeutet ‚zunichte machen, vereiteln'; heute geläufig in der
Form *Pläne über den Haufen werfen.*
Ein Häufchen Unglück nennt man einen
verängstigt dahockenden Menschen,
nordostdt. ‚e Hupke Onglöck', ein elender, betrübter Mensch.
In der älteren Soldatensprache bedeutete
Haufen soviel wie ‚Kämpferschar'. *Der
verlorene Haufen* war der Trupp der
Landsknechte, der den Kampf eröffnete
und von denen der Großteil im Angriff
fiel. Ihm folgte der *helle* oder *gewaltige
Haufen,* der Haupttrupp; heller Haufen
ist der ‚hele (ganze) hope' des Ndd. Die
noch heute benutzte Wndg. ‚in hellen
Haufen', in großen Scharen, ist für uns
losgelöst vom Begriff der taktischen Einheit. In Uhlands ‚Schenk von Limburg'
heißt es:

Nun hielt auf Hohenstaufen
Der deutsche Kaiser Haus,
Der zog mit hellen Haufen
Einstmals zu jagen aus.

Vgl. die Bdtg. des frz. Wortes ‚tas' (Haufen) in den Ausdr.: ‚un tas de gens' (allerlei, viele Leute), ‚des tas et des tas' (große
Mengen), ‚dans le tas' (in oder bei dieser
Menge).
Wieder beim Haufen (auch: bei der
Bande) *sein:* bei der Truppe sein, wird bes.
von Verwundeten gesagt, die nach ihrer
Genesung wieder zur Truppe zurückkehren; vgl. frz. ‚avoir rejoint le gros de la
troupe'.
Ebenfalls aus der Soldatensprache übernommen ist der Ausdr. *zum alten Haufen
fahren:* sterben. Mit ‚Haufe' verband sich
der Nebensinn ‚Streitbarkeit, Kraft'. Hieraus erklärt sich wohl die in Halle übliche
Rda. *da bin ich nicht der Haufe dazu:* das
kann ich nicht. Haufen als unbestimmte
Maßeinheit, gleichzusetzen etwa mit ‚eine

Menge', erscheint in zahlreichen Rdaa.
„Wir werden glücks den haufen han"
heißt es in einem Berner Fastnachtsspiel
von 1522, und Grimmelshausen läßt seinen Simplicissimus „noch einen haufen
dings darzu" lügen. Man spricht von
einem ‚Haufen Geld, Schulden oder Arbeit'. „Verzage nicht, du Häuflein klein"
beginnt ein Kirchenlied des Jakob Fabricius (1593–1654), und bei der Einweihung
der Schloßkirche zu Torgau bezeichnete
Luther die Gläubigen als den „christlichen Hauff".
Eine entspr. Zeile in einem Kirchenlied
lautet daher auch: „Kommet zu Hauf"
(1. Strophe des Liedes ‚Lobe den Herren'
von Joachim Neander [1650–80]).
In scherzhafter Abwandlung heißt es im
Volksmund häufig: ‚Immer alles auf den
großen Haufen'. Damit wird angedeutet,
daß dort, wo schon etw. ist, stets Neues
hinzukommt, vor allem bei den Wohlhabenden. Wenn sie etw. dazubekommen –
entweder durch Geschäftsglück oder
durch Heirat u. ä. – wird das oft kommentiert mit der derb-spöttischen Rda.: ‚Der
↗Teufel scheißt immer auf den größten
Haufen' (vgl. ‚Wer hat, dem wird gegeben').

Lit.: *M. A. van den Broek:* Sprw. u. Rda. in den Werken des Leipziger Volkspredigers Marcus von Weida,
in: Beiträge zur Erforschung der dt. Sprache, 7 (1987),
S. 168–181 (AVU 46,9: Auslegung des Vater Unßers'
1502); *R. Sprenger:* ‚Mit hellen Haufen', in: Zs. des
allg. dt. Sprachver. 6 (1891), S. 70–71.

Haupt. *Jem. eins aufs Haupt geben:*
scherzh. Wndg. für ‚bestrafen', auch mit
Worten. Haupt ist die ältere Bez. für Kopf.
Gemessen an der Fülle der Redensarten,
die zum Begriff *Kopf* gehören, gibt es nur
wenige feste Fügungen mit dem Wort
Haupt. Lebendig ist noch die Wendung
ein graues Haupt. Gewiß kann man auch
von einem grauen Kopf sprechen, aber
ohne daß jener Ausdr. von Ehrfurcht vermittelt würde, der in der Fügung mit
‚Haupt' mitschwingt. Aus der Studentensprache früherer Zeiten kennen die Älteren von uns noch die Wndg. *ein bemoostes
Haupt* für einen ‚ewigen' Studenten. Mit
dem Verschwinden solcher Erscheinungen aus unseren Hochschulen wird allmählich auch die Rda. unbekannt oder
gelegentlich im Scherz zu einem älteren

Menschen gesagt. Ähnlich die feierliche
Bez. *ein gekröntes Haupt* für einen Monarchen.
Aus Schmerz oder Scham kann man ‚sein
Haupt verhüllen' oder ‚sein greises Haupt
schütteln'. In feierlicher Rede spricht man
davon, daß jem. sein *Haupt* erhebt, während er – weniger feierlich – nur den *Kopf
hebt*. In einem ähnl. Verhältnis zueinander stehen die Redewendungen *jem. um
Hauteslänge überragen* und *einen Kopf
größer sein*. Man steht entblößten Hauptes, gesenkten oder geneigten Hauptes an
einer Bahre oder einem Grabe.
In Märchen und Sagen lesen wir öfter,
daß einem Ungeheuer das Haupt abgeschlagen wurde; heute verwenden wir
meist die Fügung *jem. den Kopf abschlagen*. Juristisch ist noch *enthaupten* üblich;
in der Umgangssprache ist dafür *köpfen*
verbreitet.
Zu nennen ist ferner die alte Zwillingsformel *Haupt und Glieder*.
Eine Reformation der Kirche an ‚Haupt
und Gliedern', d. h., eine völlige Erneuerung der Kirche, forderten schon vor der
Reformationszeit die sog. Reformkonzile.
Sprw. Bdtg. erlangte ein Vers aus Schillers
‚Lied von der Glocke', in dem es heißt:
„Er zählt die Häupter seiner Lieben. Und
sieh! ihm fehlt kein teures Haupt". Im
Volksmund wurde er parodistisch abgewandelt zu: ‚Er zählt die Häupter seiner
Lieben. Und sieh! statt sechse sind es sie-
ben!' In dieser Version ist er fast bekann-
ter als in der Originalfassung. ‚Feurige
Kohlen auf sein Haupt sammeln' ↗ Kopf.

Lit.: *Ch. M.:* „Kopf' u. ‚Haupt' in Redensarten", in:
Sprachpflege 15 (1966), S. 212–213.

Haupt- und Staatsaktion. *Eine Haupt-
und Staatsaktion aus etw. machen,* auch
verkürzt zu: *eine Staatsaktion daraus machen wollen:* etw. künstlich hochspielen
und dramatisieren, eine unwichtige Angelegenheit als brennendes Problem darstellen, seine persönlichen Belange überbe-
werten, etw. zu wichtig nehmen; vgl. frz.
‚En faire une affaire d'Etat'. Die Wndg.
begegnet auch häufig in negierter Form
als Warnung: *Nun mach nicht gleich
(keine) eine Haupt- und Staatsaktion daraus!* Der Ausdr. wurde als kritischer Terminus für die Stücke der dt. Wander-

Einer Hochlöblichen

In. Oest. Regierung
Und
Hoff-Cammer
Wird
Zur Allerunterthänigsten Pflicht und Schuld-Bezeigung
eine Schau-Würdige und vortreffliche Haupt-Action
Betitult:
Die Siegende
Unschuld
In der Persohn der Asiatischen
BANISE
Von
Johann Heinrich Brunius/ Churfürstlich-
Pfältzischen Hof-Commœdianten-Principalen
Mit bey sich habender Hoch-Teutscher Compagnie.
Unterthänigst-Gehorsambst offerirt und dedicirt.
Grätz/ gedruckt bey den Widmanstätterischen Erben/ 1722.

‚Eine Haupt- und Staatsaktion aus etwas machen‘

bühne durch die polemischen Auseinandersetzungen Gottscheds und seiner Zeitgenossen geprägt. Er bez. das unliterarische Schauspiel und stellt es in den Gegensatz zum Kunstdrama der Hofbühne. Die Schauspieler mußten sich um die Wende des 17. Jh. mit ihrem Repertoire ganz nach dem Geschmack des Publikums richten, der noch wenig entwickelt war. Sie nannten die Stücke ernsten Inhalts ‚Haupt-Aktionen‘, denen dann die burlesken Nachspiele folgten. Wegen ihres politisch-historischen Inhalts wurden solche Spiele auch als ‚Staatsaktionen‘ bez., oder beide Begriffe erschienen in einer Verbindung, die später zum literaturgeschichtlichen Terminus wurde. Im Zeitalter des Absolutismus wollte auch das Kleinbürgertum am höfischen Glanz etw. teilhaben, deshalb ließ es sich mit Vorliebe von den Wanderbühnen etw. vom Leben am Hof, von Festpomp und Kriegslärm, von Leidenschaft, Intrigen und Schicksalsschlägen der Großen in effektvoller Übersteigerung vorspielen. Stoffe aus Ereignisdramen waren für diesen Zweck am besten geeignet, aber auch ital. Opernstoffe wurden für die Wanderbühne umgestaltet, d. h. gekürzt, um die Handlung krasser zu gestalten und Gegensätze und Konflikte stärker hervorzu-

heben. Dem Schaubedürfnis kamen Effektszenen entgegen wie Triumphzüge, Siegesfeste, Krönungen, prunkvolle Hochzeiten und weihevolle Totenfeiern, das Schauerbedürfnis dagegen befriedigte man durch Szenen von Gericht, Hinrichtung, Mord und Selbstmord und durch die Darstellung von wilden Leidenschaften, Wahnsinn und Geisterspuk. Die Stoffe wurden also vom Kunstdrama übernommen: das eigentl. Unterscheidende und Trennende ist der Stil der Haupt- und Staatsaktion: die Prosa erscheint durch Floskeln, Wndgn. in Kanzleideutsch, geblümten Ausdr., aufdringliche Umschreibungen und Vergleiche, aber auch durch Fremdwörter, Witze, Zoten und resümierende Sprww. wirkungsvoll, doch für den Geschmack der Gebildeten unfein und übersteigert.

Lit.: *W. Flemming:* Art. ‚Haupt- und Staatsaktion‘, in: Reallexikon der dt. Literaturgeschichte, Bd. 1 (Berlin 1958), S. 619–621.

Haus, Häuschen. Haus steht rdal. oft für einen Menschen, wie in den Ausdrücken *altes Haus:* alter Freund; *fideles Haus:* lustiger Mensch; *gelehrtes Haus:* kluger Mensch; *tolles Haus:* überspannter Mensch.
Auf jem. Häuser bauen: ihm vollkommen vertrauen (oft in der irrealen Form gebraucht: ‚Auf den hätte ich Häuser gebaut‘), ist eine seit dem 17. Jh. belegte Rda. Wahrscheinl. geht sie zurück auf Matth. 16, 18: „Du bist Petrus, und auf diesem Felsen will ich bauen meine Gemeinde". Wer sich in seinem Vertrauen getäuscht sah, der hatte, auf Sand gebaut‘ (s. Matth. 7, 26). Nach Jes. 38, 1 „Bestelle dein Haus, denn du mußt sterben" sagen wir für ‚sein Testament machen‘: *sein Haus bestellen.* Volkstümlich geworden ist diese Rda. wahrscheinl. erst durch das Kirchenlied ‚Wer weiß, wie nahe mir mein Ende‘ (1688), in dem es heißt: „Laß mich beizeit‘ mein Haus bestellen".
Haus steht für seine Bewohner, für die Familie, das Geschlecht, vor allem bei adligen, fürstlichen Familien, wie etwa ‚das Haus Habsburg‘. Daneben spricht man vom ‚Haus Rothschild‘, ‚Haus Krupp‘ usw., und bei Luther heißt es „so wirstu und dein haus selig". „Junge Leute von

gutem Hause und sorgfältiger Erziehung"
sagt Goethe. Hier bedeutet Haus soviel
wie Herkunft, Abstammung, ebenso wie
2. Mos. 2, 1: „ein Mann vom Hause Levi".

So schreiten keine ird'schen Weiber,
Die zeugete kein sterblich Haus
heißt es bei Schiller (‚Kraniche des Ibi-
kus'). Auch das frz. Wort ‚maison' bez. das
Geschlecht und das Gefolge der fürstlichen Familien.

Im Parlament spricht man vom Ober- und
Unterhaus, vom Hohen Haus. Ein *volles
Haus* hat das Theater, wenn es ausver-
kauft ist.

Die Kirche nennt man *Gottes Haus* oder
Haus des Herrn; vgl. frz. ‚La maison du
Seigneur'.

Als *irdisches Haus* bez. man den Leib des
Menschen, wahrscheinl. zurückgehend
auf 2. Kor. 5, 1: „Wir wissen aber, so unser
irdisch Haus dieser Hütte zerbrochen
wird …"

Auch den Sarg nennt man Haus oder *letztes Haus* des Menschen. Man verwahrte
früher die Asche verbrannter Leichenteile
in Hausurnen, und das Grab wurde wie
ein Haus gebaut und ausgestattet. „Ruhig
schläft sich's in dem engen Haus" sagt
Schiller in seiner ‚Elegie auf den Tod eines
Jünglings' (V. 50). Vgl. frz. ‚sa dernière de-
meure' (seine letzte Wohnstätte).

Aus der Studentensprache wurden die
Rdaa. wie *altes Haus, braves Haus* usw.
allg. übernommen. Bei A. Kopisch (‚Als
Noah aus dem Kasten war') heißt es:

Derweil du so ein frommes Haus,
So bitt dir eine Gnade aus.

Der Ausdr. ‚haushalten', klug und sparsam wirtschaften, wird in der bildl. Darstellung ganz wörtlich genommen.

‚Der Mann hält Haus, die Frau geht aus'

‚Ans Haus gebunden sein'

Zu Hause sein: heimisch sein; so spricht
man übertr. davon, man sei in einer Wissenschaft zu Hause, wenn man ausdrükken will: ich weiß gut Bescheid, verstehe
mich von Grund auf darauf. Eine Erweiterung dieser Rda. ist: ‚Er ist dort zu Hause
wie die Laus im Grind'.

Mit etw. zu Hause bleiben: zurückhalten,
z. B. mit einer Meinung, mit Weisheiten
oder Ratschlägen, die falsch am Platze
sind. Meist angewandt wie bei Lenz: „Mit
euren Einsichten solltet ihr doch zu Hause
bleiben".

Die Rdaa. *Er ist nicht recht zu Hause* oder
Er ist aus dem Häuschen gehen wahrscheinl. auf den menschlichen Körper als
Haus des Verstandes und der Seele zurück.

Warum bist du gleich außerm Haus,
Warum gleich aus dem Häuschen,
Wenn einer mit dir mit Brillen spricht?
heißt es bei Goethe (‚Feindseliger Blick',
um 1825).

Müller-Fraureuth (Bd. 1, S. 486 f.) erklärt
die Rda. daher, daß es früher in den Städten kleine Narrenhäuschen, Tollhäus-
chen gab, die kurz ‚Häuschen' genannt
wurden, wie auch frz. ‚Petites Maisons'
der Name eines ehemaligen Irrenhauses
in Paris ist und ‚échappé des Petites-Mai-
sons' ein entsprungener Tollhäusler. Als
ältester dt. Beleg ist 1776 bezeugt: „Der
Narr ist aus dem Häusel kommen, welches von einem ausgelassenen Menschen
pfleget gesaget zu werden".

Es kommt (geht, führt) zu bösen Häusern:
es gibt ein Unglück, geht schlecht aus,
eine Rda., die sich wohl auf die früheren
Strafanstalten, wie die Spinnhäuser, bezog. Sehr häufig von J. P. Hebel gebraucht.

Fürstliche Diener *von Haus aus* waren früher jene Diener, die nicht am Hofe, son-

dern daheim in ihren Schlössern lebten. Im modernen Sprachsinn verstehen wir darunter etw. Eigenes, Angeborenes, Überkommenes: „Du scheinest mir ein künftiger Sponsirer, / so recht von Haus aus ein Verführer" (Goethe).

Einfälle haben wie ein altes Haus ist ein seit Theodor Gottlieb v. Hippel (1741–96) belegtes Wortspiel.

Haus und Hof ist eine alliterierende Formel für den gesamten Besitz, die in der Aarauer Urkunde von 1301 zuerst lit. nachweisbar ist: „ze hüse und ze hove".

Zahlreiche Synonyma für ‚sich betrinken' oder ‚seinen Besitz vertrinken' sind mit ‚Haus und Hof' verbunden, so z. B. *Haus und Hof ist ihm im Wein ertrunken* oder *Er hat Haus und Hof durch die Gurgel gejagt.* Ähnl. benutzt werden die Formeln ‚Haus und Heim' und ‚Herdstatt und Habe'.

Zu Haus und Hof kommt, was einem zugute kommt.

Mit der Tür ins Haus fallen ↗ Tür.

Hausbacken war das im Hause gebackene Brot, das im Gegensatz zu dem vom Bäkker gebackenen grober und dunkler war. Der Ausdr. wird seit Goethe und Niebuhr übertr. für ‚alltäglich, nüchtern, schwunglos' gebraucht. Vgl. die frz. Adverbialbildung ‚maison' i. S. v.: ‚nach Art des Hauses' (z. B.: ‚Tarte maison': Torte nach Art des Hauses).

Ein ‚hausbackenes' Mädchen ist nicht bes. hübsch, aber lieb, geschickt, fleißig, treu, ein ‚Hausmütterchen'.

‚Vor dem Haus im Kübel stehen' war eine altsl. Rda. für verachtet sein, eigentl. so wie der Unrat, den man in einen Kübel vor dem Haus warf. Murner gebraucht diese Wndg. lit. in seiner ‚Schelmenzunft' und wünscht allen Verleumdern zur Strafe:

Vor dem huß im Kübel ston
Und dorvon weichen nit eyn drit,
Bis daß man sy mit dreck beschmit.

Auch mdal. Wndgn. sind bezeugt, die nicht in der Hochsprache geläufig sind. Der Niederdeutsche sagt z. B. ‚He ward di dat to Hus bringen', er wird sich rächen, wird es dir heimzahlen, und der Sachse meint mit der Feststellung: ‚Der kann Heiser feel tragen', er ist ein großer, kräftiger Mensch. ‚Das Haus verliert nichts' wird häufig zur Beruhigung gesagt, wenn jem.

etw. verloren hat bzw. etw. nicht finden kann. ‚Auf dem Häuschen sein', auf der Toilette sein. Die Toilette befand sich früher häufig in einem vom Hauptgebäude getrennten Häuschen.

‚Der Haussegen hängt schief': in der Familie, Ehe gibt es Streit, ‚Ehekrach'.

Lit.: *R. Becker:* ‚Aus dem Häuschen sein', in: Zs. f. d. U. 6 (1892), S. 698–702; *C. Ranck:* Kulturgesch. des dt. Bauernhauses (Leipzig – Berlin ³1921); *A. Taylor:* ‚No House is Big Enough for Two Women', in: Western Folklore XVI (1957), S. 121–124; *R. Weiss:* Häuser und Landschaften der Schweiz (Erlenbach-Zürich und Stuttgart 1959); *B. Schier:* Hauslandschaften und Kulturbewegungen im östl. Mitteleuropa (Göttingen ²1966); *K.-S. Kramer:* Das Haus als geistiges Kraftfeld im Gefüge der alten Volkskultur, in: Rhein.-Westf. Zs. f. Vkde. 11 (1964) S. 30–43; *K. Bedal:* Hist. Hausforschung (Münster 1978); *E. Moser-Rath:* Art. ‚Haus', in: EM. VI, Sp. 581–588.

Haut. *Haut und Haar* ist eine stabreimende Zwillingsformel, die in dieser Form ein hohes Alter hat und auf einen Rechtsbrauch zurückgeht: ‚einem Haut und Haar abschlagen', ihn mit Rutenstreichen strafen, daß es über Haut und Haar geht (Jac. Grimm: ‚Dt. Rechtsaltertümer' 2, 287). Die Abb. aus der Heidelberger Sachsenspiegels. zeigt: Eine Frau in guter Hoffnung darf nicht höher gestraft werden als zu Haut und Haar. Sie steht am Pranger und wird gestäupt und geschoren. Das Haupthaar fällt zu Boden; der Oberkörper ist blutig geschlagen. Noch an drei weiteren Stellen begegnet die Wndg. im ‚Sachsenspiegel'. Dabei steht in einem anderen Zusammenhang ‚hût unde hâr' als Variation für lîf, womit im MA. sowohl Leib als auch Leben gemeint sein kann: Kämpfer (d. h. Berufskämpfer), Spielleute, unehelich Geborene, ‚die ir lîf oder hut unde har ledeget', sind alle rechtlos. Jetzt bedeutet *mit Haut und Haaren:* alles in allem, ganz und gar, mit allem, was drum und dran hängt. Ähnl. spricht Luther einmal von einem Wiedertäufer, „der den heiligen Geist mit Federn und mit allem gefressen" habe, wobei er an die Taube denkt. Die Rda. ist auch in den Mdaa. lebendig, z. B. schweiz. ‚Eine vo Hut und Haar nüd kenne'; ‚vo Hut und Haar nüd ha'; ‚vo Hut und Haar nüd chönne'. Die Wndg. ‚Mit Haut und Haar' begegnet häufig in den Grimmschen Märchen (z. B. KHM. 5, 23, 119 u. 134). In einem Gedicht von Gisela Steineckert

‚Mit Haut und Haaren'

(‚Nun leb mit mir. Weibergedichte', Berlin 1976, S. 52) wird die Formel erweitert:
Haut und Haar
ganz und gar,
und in der letzten Strophe wörtl. genommen:
Er ging davon
hat Haut und Haar
nicht mehr gewollt.
In der Haut, in die Haut hinein: durch und durch; z. B. ‚ein Schelm sein in der Haut, bis in die Haut hinein'.
Nichts als Haut und Knochen sein: sehr mager sein; vgl. Klagelieder Jer. 4,8: „Ihre Haut hängt an den Gebeinen, und sind so dürr wie ein Scheit"; vgl. frz. ‚N'avoir que les os et la peau'. Wenn solch ein Magerer auch noch kraftlos ist, dann sagt man ndd. von ihm ‚He kann kum in de Hut hangen'.
Die Haut gilt als letzter Besitz, daher *Ich kann mir das doch nicht aus der Haut schneiden:* ich habe wirklich kein Geld dafür. Hierher gehört auch das Sprw. ‚Aus andrer Leute Haut ist gut Riemen schneiden'. *Etw. mit der (eigenen) Haut bezahlen müssen* ↗ zeitlich; vgl. frz. ‚payer de sa peau': für etw. sterben; *seine Haut dransetzen; seine Haut für etw. aufs Spiel setzen,* oder wie in einem Schwank von Hans Sachs der Storch dem Frosch droht:
Ich will dir heimzahlen
Dein untreu und die falsche dück
Vberflüssig auf deinem rück,
Vnd mußt mir gelten mit der Haut.
Ähnl. auch schon mhd.: ‚Er muoz sîn hout darumbe geben" (Heinrich von Neustadt,

‚Gottes Zukunft', V. 1448). Den gleichen Sinn hat *seine Haut zu Markte tragen.* Eine altmärkische Lehre sagt: „Du mußt die Hut sulvst to market draogn un so dür verkopn as't gaon will". L. Günther (‚Dt. Rechtsaltertümer in unserer heutigen dt. Sprache', S. 53) knüpft zur Erklärung dieser Rda. an die ‚Germania' des Tacitus (Kap. 12) an: Vieh oder Viehhäute galten als Bußgeld; dann sei das Wort Haut in dieser Bdtg. nicht mehr verstanden und auf die menschliche Haut übertr. worden. Dies ist jedoch wenig wahrscheinl. Häute sind ja tatsächlich zum Markt getragene Ware. Die ironische Übertreibung mit der eigenen Haut meint eben: noch das allerletzte Eigentum einsetzen. In der Umgangssprache der Ggwt. meint die Rda. auch: aus Erwerbsgründen sich nackt produzieren, prostituieren, Call-Girl, Striptease-Tänzerin sein; ähnl. *die Haut in großen Stücken zu Markte tragen:* tief dekolletiert sein.
Einem auf die Haut kommen: ihn angreifen, ihm zu nahe kommen, vgl. ndd. ‚Rück mir nicht so nah auf die Pelle'; vgl. frz. ‚rentrer à quelqu'un dans le lard' (wörtl.: einem auf den Speck kommen), umg.; *ihn auf die Haut legen;* ihn ums Leben bringen; so altbair.; ähnl. schon in Behaims ‚Buch von den Wienern' (S. 75, V. 25):
Derselben ungetreuen leut
Sy gar vil warffen auff die heut.
Statt ‚das ↗ Fell über die Ohren ziehen' hieß es früher bisweilen auch *einem die Haut über die Ohren ziehen:* ihn übervorteilen, ausnützen.

In keiner guten Haut stecken: immer zu Krankheiten neigen, oder übertr.: sich immer in mißlichen Umständen befinden. So schon bei Abraham a Sancta Clara („Judas' II, 195): „Er steckt in keiner guten Haut"; anders in ‚Reim dich' (313): „Ob etwas Guts in seiner Haut abgestecke".

Aus der Haut fahren: sich sehr ärgern, wütend sein: ‚Es ist zum Ausderhautfahren'. Ausdr. der Verzweiflung; nach dem Bild der sich häutenden Schlange.

Vgl. das Lied:

> Wenn dich einmal der Hafer sticht,
> aus deiner Haut zu fahren,
> so bleib nur drin, es lohnt sich nicht,
> du kannst das Fahrgeld sparen!

mit dem Refrain:

> Bleib du nur in deiner alten Haut!

Mdal. wird die Rda. noch durch Zusätze verstärkt, wie z. B. obersächs. ‚Da mechte mer glei aus der Haut fahrn, wemmer nur wißte, wohin' oder ‚Da mechte mer aus der Haut fahrn un sich dernaam setzen'. Vgl. frz. ‚sortir de ses gonds' (wörtl.: wie die Tür aus den Angeln springen).

Entspr. *in die Haut fahren:* sich nach einem Zornesausbruch wieder beruhigen; erst neuerdings aufgekommen.

Ähnl. auch die Wunschformel: *am liebsten in eine andere Haut (in die Haut eines anderen) schlüpfen wollen,* konkretisiert in einem Gedicht (‚Wenn Dann') von Ulla Hahn:

> Wenn du wo dir der Kopf steht
> nicht mehr weißt
> du aus der Haut fährst und
> hinein in meine
> dann …

(‚Herz über Kopf'. Gedichte, Stuttgart 1981, S. 35).

Nicht aus seiner Haut können: seinen Standpunkt nicht aufgeben, sich eben nur innerhalb seiner charakterlichen Veranlagung verhalten können. Die Wndg. ist verwandt mit dem bibelsprachl. ‚den alten Adam ausziehen', ‚den neuen Adam anziehen' (↗ Adam).

Ich möchte nicht in seiner Haut stecken: nicht an seiner Stelle, in seiner Lage sein; vgl. frz. ‚Je ne voudrais pas être dans sa peau'.

In derselben Haut stecken: sich in derselben (üblen) Lage befinden. Haut steht in dieser und anderen Rdaa. pars pro toto

‚Aus der Haut fahren'

für den ganzen Menschen, ebenso wie in den Ausdrücken *anständige Haut:* zuverlässiger, charaktervoller Mensch; *arme Haut:* bedauernswerter Mensch; *brave Haut:* redlicher Mensch; *ehrliche Haut:* ehrlicher Mensch; *lustige Haut:* gutmütiger, umgänglicher Mensch. Grimmelshausen macht den Wortwitz: „Ich weiß, ihr seyd eine alte gute Haut, der Balck aber taugt nicht viel".

Die Haut (das Fell, den Bast) versaufen: Bez. für den Leichenschmaus, ↗ Fell.

Mit heiler (oder *ganzer*) *Haut davonkommen;* eigentl.: unversehrt aus dem Kampfe kommen; abgeschwächt: ohne nachteilige Folgen aus einer mißlichen Lage hervorgehen. *Aus heiler Haut* (bair. ‚von heiler Haut') bedeutet: aus freien Stücken; dann auch: unversehens; eigentl.: ohne daß einem die Haut geritzt worden wäre. Von einem Zählebigen heißt es *er hat neun Häute.* Wenn dem körperlichen oder sonstigen Wohlbefinden eines Menschen ein dauernder Schaden zugefügt worden ist, heißt es, es sei ihm *eine Haut abgezogen.* Hans Sachs hat danach den Schwank ‚Von den neunerlei häut eines pösen weibs' gedichtet. Einer seiner Gesellen erzählt ihm, er sei abends vom Weintrunk nach Hause gekommen, und seine Frau habe ihm nicht geantwortet.

> Da dacht ich pei mir selbest eben:
> Ich hab oft ghört von alten Leuten:
> Etlich weiber sind von neun heuten.

Also ergrimmt er und bleut ihr die Stockfischhaut, dann die Bärenhaut, worauf sie brummt, dann die Gänsehaut, daß sie schnattert, dann die Hundshaut, wo sie zu bellen anfängt.

Jem. die Haut vom Leibe ziehen wird zumeist im übertr. Sinne gebraucht, z. B. wenn man von einem mehr verlangt, als er geben (zahlen) kann, ↗ schinden.

Auf der Bärenhaut liegen, ebenso *auf der faulen Haut liegen:* müßig gehen, faulenzen; nichts tun, ↗ Bär.

Moderne umg. Wndgn. sind: *auf die Haut gearbeitet:* räumlich eng, z. B. von einer Wohnung gesagt; *auf die Haut gespritzte Hosen:* hauteng anliegende Hosen; *nur mit der Haut kostümiert sein:* scherzhafte Umschreibung für: nackt sein.

Nur die nackte Haut retten: bei einem Unglücksfall (Brand, Unfall) alles verlieren. *Sich auf die faule Haut legen:* sich dem Müßiggang ergeben (vgl. KHM. 60).

Etw. geht unter die Haut: es geht nahe, löst starke Gefühle aus, es hinterläßt (seelische) Narben.

Lit.: *R. Köhler:* ‚Die Haut (das Fell, den Bast) versaufen‘, in: Kleinere Schriften zur Neueren Lit. gesch., Vkde. u. Wortf. (Berlin 1900), S. 611–615; *A. Webinger:* Vom Faulpelz u. der armen Haut, in: Muttersprache 55 (1940), S. 151–152; *H. J. Schoeps:* Ungeflügelte Worte. Was nicht im Büchmann stehen kann (Berlin 1971), S. 119–120; *A. Erler:* Art. ‚Leibesstrafe‘, in: HRG. II, Sp. 1777–1790; *S. Oettermann:* Zeichen auf der Haut (Frankfurt a. M. 1979); *A. Soons:* Art. ‚Haut‘, in: EM. VI, Sp. 624–628.

Havas. *Das ist ein Havas:* das ist eine Lüge, Unsinn oder Schmarren. Diese Rda. ist vor allem in der Schweiz gebräuchl. Die frühere frz. Nachrichtenagentur Havas lebt noch heute in vieler Munde wegen ihrer Falschmeldungen während des ersten Weltkrieges unrühmlich fort. Vgl. dem Sinn nach die Wndg. ‚lügen wie gedruckt‘.
Die Unzuverlässigkeit der früheren frz. Nachrichtenagentur ‚Havas‘ scheint heute in Frankreich nicht mehr bekannt zu sein.

Lit.: *W. Heim:* Neuere Zeitungsfabeln, in: Schweiz. Vkde., Korrespondenzblatt 44. Jg. (1954), S. 68 ff.

HB-Männchen. *HB-Männchen machen:* sich stark erregen, sein cholerisches Temperament zeigen, ‚in die ↗ Luft gehen‘. Die moderne Wndg. bezieht sich auf die Ziga-

retten-Werbung: ‚Wer wird denn gleich in die Luft gehen‘ mit der Abb. eines solchen Männchens, das durch das Rauchen seine Gelassenheit sogleich wiederfindet.

Hebel. *Den Hebel (an der richtigen Stelle) ansetzen:* den richtigen Weg, das richtige Mittel finden. *Alle Hebel in Bewegung setzen:* alles aufbieten, um etw. zu erreichen, eigentl.: um eine schwere Last in die Höhe zu bringen. Vor dem 18. Jh. scheint die Rda. im Dt. nicht gebräuchl. gewesen zu sein. Es entspricht ihr jedoch die schon lat., bei Cicero stehende Wndg.: „omnes adhibere machinas“.; vgl. frz. ‚mettre tout en œuvre‘ (wörtl.: alles ans Werk setzen). Els. ‚Heb de Hewl am dickn Teil!‘, fasse die Sache am richtigen Ende an.
Alle diese Wndgn. sind bildl. aus der Mechanik übernommen. Ähnl. auch: *Am längeren Hebel sitzen:* eine günstigere Machtposition als der Gegner einnehmen.

heben. *Einen heben:* ein Glas Alkohol (bes. Schnaps) trinken. Man hebt das Glas, um es zu leeren oder um jem. zuzuprosten. *Er hat einen zuviel gehoben:* er ist betrunken; stud. seit der Mitte des 19. Jh. ‚Heb di, Schöberl, sunst bleibst a Dålken!‘ Aufforderung zum Aufstehen, wenn jem. die Absicht hat zu gehen, im Gespräch aber noch verweilt und nun scherzhaft an seinen Aufbruch gemahnt werden muß. Stammt aus der Küchensprache: Ein ‚Schöberl‘, das sich in der Küche nicht ‚heben‘ würde, bliebe ein Dalken, d. h. eine ungegangene Teigmasse. In Wien noch heute gebräuchl. und in lit. Quellen seit der 1. Hälfte des 18. Jh. belegt.

Lit.: *L. Schmidt:* Wiener Rdaa. VI, in: Das dt. Volkslied 46 (1944), S. 17 f.

hebräisch. *Das ist hebräisch für mich:* das ist zu hoch für mich, ich verstehe es nicht, ↗ spanisch; entspr. *Er spricht hebräisch wie eine Kuh französisch:* er hat miserable Sprachkenntnisse.
Er (sie, es) lernt hebräisch: er ist im Pfandhaus versetzt; z. B. ‚Mein Rock lernt hebräisch‘; so schon bei Abraham a Sancta Clara: „Ihre Kleinodien und Silbergeschirr zu den Juden schicken, Hebräisch zu lernen“ (‚Mercurialis‘, 153); stud. noch im 19. Jh.

Hechel, hecheln. *Einen durch die Hechel ziehen (ihn durchhecheln):* in seiner Abwesenheit seine schlechten Eigenschaften bereden, ihn ‚durch den ↗ Kakao ziehen'; verstärkt: ‚ihn durch eine belgische Hechel ziehen' (so bei Jeremias Gotthelf), in älterer Sprache auch: ‚einen über die Hechel laufen lassen'. Ndl. ‚Iemand over de hekel halen'; engl. ‚to heckle'; frz. ‚déchirer quelqu'un à belles dents'.

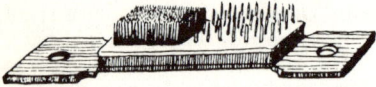

Hechel

Die Hechel ist ein kammartiges Werkzeug mit Drahtspitzen zur Flachsbearbeitung, durch das die verwirrten Fäden geglättet und geradegezogen und vom kürzeren und gröberen Werg gesondert werden. Lit. schon bei Luther: „Das wörtlein mein will ich durch der schwermer hechel ziehen auf das ja kein bein an dem text ganz und ungemartert bleibe", und in seinen ‚Tischreden' heißt es: „er sei denn wol versucht vnd durch die hechel gezogen". Grimmelshausens ‚Simplicissimus' berichtet von alten Weibern, die „allerlei leut, ledige und verheirathe ... durch die hechel zogen". Im Sinne von ‚scharf ta-

‚Durchhecheln' (Flachshecheln)

deln, verurteilen' heißt es bei Logau: „der nun mehr ist als ein Mensch, mag mich durch die Hechel ziehen".

Heute spricht man meist nur noch von *hecheln* oder *durchhecheln*, so wie es etwa Keller in seinen ‚Leuten von Seldwyla' (1856) benutzt: „Obgleich sie sattsam durchgehechelt wurde in der Stadt, so flößte sie doch Achtung ein, wo sie erschien". Das Durchhecheln ist also ein Klatschen über andere in deren Abwesenheit, oft zum Schaden des guten Rufes der ‚Durchgehechelten'. In diesem Sinne prägte der Nationalsozialismus für den alten Reichstag das Wort ‚Hechelmaschine'.

Seit 1910 gebucht ist *Hechelkränzchen* für die Lehrerkonferenz; vorher wurde dieser Ausdr. schon für die Tee- und Kaffeekränzchen der Frauen benutzt.

Das ‚Hecheln' ist auch bekannt als Rügebrauch zur Fastnacht, vor allem im südd. Raum. So wird der Ausdr. in Donaueschingen z. B. als Bez. für das sonst übliche ‚Schnurren' und ‚Strählen' gebraucht. Außerdem wird es hin und wieder zur Illustration von Übereile verwendet, wenn es z. B. heißt: *Er hechelte wie ein Hund,* oder *Er hechelte an:* er kam mit hängender Zunge an.

Alte oder *böse Hechel* nennt man eine unverträgliche, zänkische Frau, die unaufhörlich über andere herzieht.

Sächs. wird ‚durchhecheln' zu einer auch positiven Aussage im Sinne von: etw. genau nehmen, z. B. ‚die alte Scharteke müssen mer mal durchhecheln', ganz genau durchlesen.

Der Ausdr. *ein gehechelter Mensch* entsprach um 1600 der heutigen Wndg. ‚geschniegelt und gebügelt'.

Bair. sagt man, wenn einem etw. wenig Angenehmes begegnet im rdal. Vergleich: ‚Das freut mich wie den Hund das Hechellecken'.

Thür. ‚aufpassen wie ein Hechelmann (Heftelsmann)' beruht wohl auf einer Verwechslung mit ↗ Heftelmacher.

Wie auf Hecheln sitzen: wie auf glühenden ↗ Kohlen sitzen. Eine Realisierung erfährt das rdal. Bild in Hans Sachsens Gestaltung des Märchenstoffes von den drei Wünschen ‚Die wuenschent pewrin mit der hechel', worin der Bauer seiner unvernünftigen Frau die Hechel in das Hinterteil wünscht:

Ich wolt, das dir die hechel doch
Zw hinterst steck in dem arsloch!
Die hechel, weil er redet noch,
Ir in der kerben stacke.

Hechel hieß auch ein oben tellerförmig mit Eisen- und Drahtstiften versehener Kirchenkerzenstock, der angeblich zur Bestrafung böser Kinder benutzt wurde. ‚Wart, du kommst auf die Hechel‘ oder ‚Man setzt dich auf die Hechel‘ sagte man daher in Schwaben, wenn ein Bube unartig war oder zur Beichte ging.

In der älteren Sprache heißt die Hechel auch ‚Riffel‘; daher auch: ‚ihn durch die Riffel ziehen‘. Von dem Verbum ‚rüffeln‘ ist dann im 19. Jh. das neue Subst. ‚Rüffel‘ = scharfer Verweis abgeleitet worden. Dem gleichen Vorstellungskreis ist die 1639 bei Lehmann S. 81 (‚Beschwerden‘ 24) vermerkte Rda. entsprungen: „Wer mit Beschwernissen geplagt wird, von dem wird gesagt: ‚Man hat ihn wüst abgestrelt‘ “.

Lit.: *H. Siuts:* Bäuerliche u. handwerkliche Arbeitsgeräte in Westfalen (Münster 1982).

Hecht. *Der Hecht im Karpfenteich sein:* eine aufrüttelnde, führende Rolle in einer trägen Masse spielen.

Der Hecht jagt die Karpfen hin und her und läßt sie nicht fett werden. Das sprw. Bild stellt den lebhaften Fisch inmitten anderer, langsam und träge sich bewegender Fische dar. Der Hamburger erweitert und variiert das Bild: ‚Wenn de Hekt in de frei Elw schwärmt, denn bitt he un fritt, wat em in de Quer kummt, wenn he awer bi'n Amtsfischer in Kasten sitt, denn lat he Karpen un Karuschen herankomen und deit ju nix‘.

Schon mhd. wird Hecht in bildl. Sinne gebraucht: „Pei dem hecht verstēn ich alle wütreich, die arm läut frezzent und auch ir aigen mäg (‚Verwandte‘) und freunt verderbent“, schreibt 1350 Konrad von Megenberg in seinem ‚Buch der Natur‘ (hg. von Pfeiffer, S. 254).

Die Rda. vom ‚Hecht im Karpfenteich‘ ist vielleicht alt, lit. aber erst nachweisbar seit 1787: „Er war in Vetter Kornelius' Hause der Hecht im Karpfenteiche, der die trä-

gen friedlichen Haustiere der Handelsbedienten und des Gesindes immer aufstörte und in Schreck setzte“ (Musäus, ‚Straußfedern‘ Bd. 1, S. 147). Jean Paul (1763–1825) schreibt im ‚Titan‘: „So trifft meine Bemerkung hier ein, dasz ein guter filou immer der motivierende Hecht wird, der den frommen Karpfensatz der Stillen im Teiche zum Schwimmen bringt“. Jos. v. Görres wandte die Rda. 1804 ins Politische. In den sechziger Jahren des 19. Jh. wurde Napoleon III. der ‚Hecht im europ. Karpfenteiche‘ genannt. 1867 bildete der ‚Kladderadatsch‘ auch Bismarck in der Karikatur als Hecht ab, und Bismarck selbst nahm in seiner Reichstagsrede vom 6. Februar 1889 das Bild auf, um die Stellung Dtl.s zwischen Frankreich und Rußland zu kennzeichnen: „Die Hechte im europ. Karpfenteich (Franzosen und Russen) hindern uns (Deutsche), Karpfen zu werden. Wir müssen dieser Bestimmung der Vorsehung aber auch entsprechen, indem wir uns so stark machen, daß die Hechte uns nicht mehr tun als uns ermuntern“ (Reden XII, 456).

Hecht übertr. auf den Menschen bedeutete zuerst soviel wie ‚räuberischer Mensch‘, blaßte dann später zu ‚Kerl, Bursche‘ ab. „Gesperrt zu einem solchen

1

2

1/2 ‚Hecht (bzw. zwei Hechte) im Karpfenteich sein‘

Hechte", sagt Wieland. Man spricht von ‚armen‘, ‚dürren‘, ‚langen‘, ‚drolligen‘ Hechten. ‚Ein doller (toller) Hecht‘ ist ein Draufgänger, Lebemann, Weiberheld. ‚Krummer Hecht‘ wird allg. als Schimpfwort gebraucht. ‚Ein gelungener Hecht‘ ist im Rhein. ein Bursche, der Witze und Streiche macht. „Verbrennt diesen Brief, damit es nicht dermaleinst offenbar werde, was für drollige Hechte wir sind" schrieb Bürger am 1.3.1789 an F.L.W. Meyer. In den Ausdrücken ‚’n netter Hecht‘ (berl.) oder ‚ein gemütlicher Hecht‘ (thür.) ist der eigentl. Charakter des Raubfisches ganz vergessen. Hecht in der Bdtg. ‚dicker Tabaksqualm im Zimmer‘ stammt aus der Studentensprache. Der Ausdr. ist vielleicht substantiviert aus dem ndd. Adj. ‚hecht‘ = dicht zur Kennzeichnung der dicht lagernden Tabakswolken oder fußt auf dem Adj. ‚hechtgrau‘.

Unklar ist der Urspr. der Rda. *Hier zieht es wie Hechtsuppe,* vom Luftzug gesagt. Vielleicht beruht sie auf einem Wortspiel: Fischsuppe muß lange ziehen, um schmackhaft zu werden. Eine andere Erklärung leitet ‚Hechtsuppe‘ von jidd. ‚hech supha‘ = wie eine Windsbraut, ein Orkan, ein Sturm her. Diese Rda. ist wahrscheinl. erst seit dem 19. Jh. im Gebrauch, ↗ Fisch.

Lit.: O. Keller: Die antike Tierwelt 2 (Leipzig 1913), S. 371; S. A. Wolf: ‚Es zieht wie Hechtsuppe‘, in: Muttersprache 66 (1956), S. 27–28; Anon: ‚So ein Hecht. Es zieht wie Hechtsuppe‘, in: Sprachpflege 18 (1969) ‚S. 124; V. B. Dröscher: Mit den Wölfen heulen (Düsseldorf – Wien 1978), S. 109–112.

Hecke. *(Schnell) bei der Hecke sein:* gleich bereit, gleich zur Stelle sein, gerüstet, vorbereitet sein; so auch in den Mdaa., z.B. köl. ‚Hä es glich bei der Heck‘; hess. ‚hä wor rasch bei d’r Hecke‘, er war rasch bei der Hand, als es etw. zu sehen, zu gewinnen oder auch zu helfen gab. Nach der Rda. will man bei der Hecke nicht etwa Schutz suchen. Es scheint aber doch dies der urspr. Sinn gewesen zu sein. Die Eile, mit der man davon und hinter eine Hecke lief, wurde auf die Eile übertragen, mit der man herbeikam.

Auf die Hecke klopfen: auf den ↗ Busch klopfen; entspr. schweiz. ‚Er isch em uff der Hegg‘, er ist ihm auf der Spur.

‚Hinter den Hecken jung geworden‘: Rda. für Uneheliche, bes. in Franken geläufig. ↗ aushecken.

Heckmeck. *So ein Heckmeck!:* (westf.) Ausdr. für Gedöns, Getue. Der Wndg. liegt wohl das alte Wort ‚Hackemack‘ zugrunde, das – ähnl. wie das schon in früherer Zeit gebräuchl. ‚Hack und Mack‘ – als Bez. für Gehacktes und Durcheinandergemengtes geläufig war. So heißt es schon bei Joh. Eck (‚schutzred kindlicher unschuld wider den catechisten André Hosander‘, 1540): „haggamagga als durcheinander". Darüber hinaus war der Begriff aber auch als Bez. für verwirrte Rede, Gewäsch usw. bekannt. In diesem Sinne ist er u. a. belegt bei Andr. Calagius (‚Susanna‘, 1604): „verhütt dasz nicht machst hackgemach"; ferner im ‚Simplicissimus‘ (4, 463, Ausg. Kurz): „mancher guter ehrlicher alter teutscher mann … höret mit verwunderung die heutigen gespräch u. tischreden an u. weisz oft die hälfte nicht was die leute reden, ob es rotwelsch, hochoder niederteutsch, und was für ein hak und mak sie untereinander machen". Und bei Veroander aus Wahrburg (‚des neunhäutigen und haimbüchenen schlimmen bauwrenstands und wandels entdeckte ubelsitten- und lasterprob …‘, 1684) heißt es: „was ist anders der bauren gerechtigkeit als ein confusum chaos oder zusammengeschmolzenes hack und mack". Während sich der Ausdr. im südd. Raum nicht weiterverfolgen läßt, hat er in Westfalen zu dem bekannten ‚Heckmeck‘ geführt, mit dem ein übertriebenes oder unsinniges Gehabe verächtlich abgetan und ad absurdum geführt wird.

Heer. Der rdal. Vergleich mit dem sagenhaften *Wilden Heer* zur Bez. eines starken Lärms kommt in fast allen Mdaa. vor; z. B. schweiz. (Kt. Glarus, Kt. St. Gallen) ‚Tuen wie’s Wüetiher‘, wild lärmen, sich jagen, ausgelassen sein; ungebärdigen Kindern ruft man zu: ‚Tüent doch nit so wild, me meint jo ’s Wuetisher chömm!‘; schwäb. ‚fahren wie das Muotisheer (heilige Heer)‘; Allgäu: ‚Ihr thond bi Gott wie’s Wuetas!‘; rhein. ‚do küt da wel Jag!‘, da kommt die wilde Jagd; ebenfalls für lärmendes Heranstürmen gesagt.

Ins alte Heer gehen: sterben, ↗zeitlich.
Die Rda. geht zurück auf den Glauben an die Existenz eines Geisterheeres, das sich in der Nacht erbitterte Kämpfe liefert. Geisterschlachten spielen vor allem auf den Schlachtfeldern großer Kämpfe der Weltgeschichte eine Rolle, z. B. auf dem Schlachtfeld von Marathon, auf den katalaunischen Feldern, wo sich die Geisterheere der gefallenen Römer und Hunnen der Legende nach drei Tage lang bekämpften, bei Karl dem Großen am Fuß des hessischen Gudinsberg, bei Ludwig dem Frommen auf dem Lügenfeld bei Colmar usw. bis hin zur Franzosenschlacht (1806) auf dem Schlachtfeld von Jena, wo nach dem Volksglauben jede Nacht Preußen und Franzosen aus den Gräbern steigen und als Geisterheer jeweils von 24 bis 1 Uhr in aller Erbitterung kämpfen bis zum Jüngsten Tag.

Lit.: *Ch. Mengis:* Art. ‚Geisterschlacht', in: HdA. III, Sp. 546–549; *K. Meisen:* Die Sagen vom wütenden Heer und vom wilden Jäger (Münster 1935), S. 144. .

Hefe. *Auf die Hefe(n) kommen:* aufs äußerste herunterkommen, mit seinem Vermögen fertig werden. Die Hefe, eigentl. ‚das Hebende', weil sie bewirkt, daß der Stoff, dem sie beigemischt wird, sich hebt, sich aufbläht, bleibt doch selbst am Boden des Gefäßes sitzen und ist dann eben als Bodensatz eines Getränkes ungenießbar und deshalb verachtet.
Den Kelch (Becher) bis auf die Hefe leeren: alle Widerwärtigkeiten bis zum bitteren Ende auskosten müssen, ist eine Rda. bibl. Ursprungs (Ps. 75, 9), vgl. ‚Der Rest ist für die Gottlosen' (↗gottlos). Vgl. frz. ‚vider le calice (la coupe) jusqu'à la lie' (gehobene Sprache). *Es geht auf die Hefen:* es geht zu Ende.
Die Hefe als Treibmittel in der Bäckerei ist gemeint in der in mdt. Mdaa. bezeugten Rda. *auf der Hefe* (oder Plur. *auf den Hefen*) *sitzen bleiben:* nicht vorwärtskommen, keinen Erfolg haben, eigentl. wie ein nicht aufgegangener Teig; auch von einem kleinen Menschen gesagt; vgl. Jer. 48, 11 in Luthers Bibelübers.: „Moab ist von seiner Jugend auf sicher gewesen und auf seinen Hefen still gelegen ...".
Er hat Hefe in den Schuhen wird von einem Aufgeblähten, Hochmütigen gesagt. *Sich mit Hefen waschen:* beim Waschen noch schmutziger werden, als man vorher war.
Der ist aber auch net auf der Hefe: er ist schwerfällig und reagiert kaum oder gar nicht. *Auf der Hefe sein:* mit allen Wassern gewaschen sein.
Hefe des Volkes: Bez. für die unterste Gesellschaftsschicht, in der es zuweilen gärt. In früherer Zeit waren es zumeist die Landstreicher und unzufriedenen Arbeiter, daher auch die Verwendung der Rda. i. S. v. ‚Abschaum' bzw. ‚die unzufriedenen Elemente eines Volkes'. Als Urheber der Rda. gilt Cicero. Er gebrauchte in seiner Rede ‚Pro Flacco' (59 v. Chr.) 8, 18 den Ausdr. ‚faex civitatis'. In der Übers. wird er mit ‚Hefe des Volkes' wiedergegeben.

Lit.: *F. Eckstein:* Art. ‚Hefe', in: HdA. III, Sp. 1626–1628.

Heft. *Das Heft in der Hand haben:* so viel Gewalt besitzen, daß der andere schwerlich etw. dagegen ausrichten kann.
Die Wndg. bezieht sich urspr. auf den Waffenträger, der das Heft seines Schwertes fest in der Hand hat und die Waffe gut zu führen versteht. Er ist den Waffenlosen, den schlecht Bewaffneten, den Unsicheren und Ungeschickten dadurch überlegen. Vgl. auch die ähnl. fremdsprachl. Wndgn.: ndl. ‚Het heft (hecht) in handen hebben'; frz. ‚tenir la queue de la poêle'; ‚tenir les rênes' (wörtl.: die Zügel in der Hand festhalten) und engl. ‚to hold the reins'.
Das Heft als Haltegriff des Schwertes oder eines Messers ist auch in den folgenden Rdaa. gemeint: *einem das Heft in die Hand spielen:* ihm Hilfe leisten, ihm das Mittel zur Verteidigung geben; vgl. frz. ‚prêter la main à quelqu'un' (wörtl.: einem seine Hand leihen); *das Heft nicht aus der Hand geben wollen:* sich die Herrschaft, die Befehlsgewalt nicht nehmen lassen; *einem das Heft aus den Händen winden:* ihm mit Gewalt die Mittel zu seiner Verteidigung nehmen. Vgl. die lat. Wndg. bei Plautus „eximere e manu manubrium".

Heftelmacher. *Aufpassen wie ein Heftelmacher:* scharf achtgeben; eine bes. thür. und obersächs., aber auch im Steirischen bezeugte Rda., der die rasche und dabei

Der Heftelmacher.

‚Aufpassen wie ein Heftelmacher‘

sorgfältige Arbeit des Herstellens von ‚Hefteln‘, d. h. kleiner Häkchen und Ösen zum Zusammenhalten von Kleidern zugrunde liegt. Das Auge vermag den raschen Bewegungen geübter Finger kaum zu folgen. Der Schnelligkeit des Fabrikationsvorgangs entspricht auch der rdal. Vergleich *Das geht wie's Heftelmachen:* sehr rasch; im gleichen Sinne ‚wie's Brezelbacken‘, ↗ Brezel.
‚Er hat Augen wie-r-a Haftelmacher‘ (österr.): er paßt gut auf, er hat seine Augen überall und sieht alles.

Lit.: *L. Schmidt:* Sprw. dt. Rdaa., in: Österr. Zs. f. Vkde. 77 (1974), S. 99.

Hehmann. Umhertollenden und lärmenden Kindern wird im bair.-österr. Raum oft von den Müttern zugerufen: ‚Douts niet sue wie d'Hehmanner und schreits niet sue wie a Zohnbrecher‘, womit auf die regionale Sagengestalt des Hehmanns angespielt wird.

Lit.: *E. Rath:* Der Hehmann. Herkunft und Bdtg. einer Sagengestalt (Wien 1953); *U. Benzel:* Sudetendt. Volkserzählungen (Marburg 1962).

Heide. Gemäß dem lat. ‚paganus‘ ist der Heide der Landbewohner. Daraus hat sich vielleicht erst die Bdtg. ‚Nichtchrist‘

entwickelt, weil die Christen zumeist in Städten wohnten. Wahrscheinl. ist Heide keine Übers., sondern germ. Ursprungs und bedeutet ‚wild‘, ‚niedrigstehend‘, erst später ‚Nichtchrist‘. Heide wurde dann zu einem Sammelwort für alle Erscheinungen, die außerhalb des Rahmens der Christenheit in räuml. und zeitl. Hinsicht stehen.

Einen Heiden zu einem Christen machen: ein Kind aus der Taufe heben. ‚En‘ Heiden han w'r fortgetroen, en Christen bringen w'r wieder‘ sagen ndd. die Paten, wenn sie mit dem Täufling aus der Kirche zurückkommen. ‚Die Heiden sint inebrooken‘ sagte man früher im Kreis Iserlohn, was bedeutete: Die Frau ist ins Wochenbett gekommen. Diese Rda. bezieht sich auf die kirchliche Aussegnung der Wöchnerin.

Eine Heidenangst haben: große Angst haben wie die Christen vor den Ungläubigen, z. B. vor den Türken; Heiden ist ein objektiver Genetiv, wie ‚Gottes‘ in ‚Gottesfurcht‘. In mehreren Wortzusammensetzungen bedeutet ‚Heiden-‘ eine Verstärkung, wie in den Ausdrücken ‚Heidenarbeit‘ (mühsame, umfangreiche Arbeit), ‚Heidenbammel‘ (große Angst), ‚Heidengeld‘ (sehr große Geldsumme), ‚Heidenkrach‘, ‚Heidenlärm‘, ‚Heidenspektakel‘ (großer Lärm, heftige Auseinandersetzung), ‚Heidenspaß‘ (großer Spaß), ‚heidenmäßig‘ (sehr groß, sehr viel). Ähnl. auch in der Rda. ‚das möcht einen Heiden erbarmen‘, d. h. sogar einen Menschen, der nicht unter dem christlichen Gebot der Nächstenliebe steht. ‚Heidenei‘ ist ein schwäb. Ausdr. der Verwunderung.

Lit.: *Hoops:* Die Heiden, in: Aufsätze zur Sprach- u. Lit.-Gesch. Wilh. Braune dargebracht (Dortmund 1920); *Winkler:* Art. ‚Heiden‘, in: HdA. III, Sp. 1634–1653; *C. G. Diehl:* Art. ‚Heidentum‘, in: RGG. III, Sp. 141–143; *H. Conzelmann:* Art. ‚Heidenchristentum‘, in: RGG. III, Sp. 128–141; *R. Beitl:* Kinderbaum. Brauchtum und Glauben um Mutter und Kind (Berlin 1942); *Chr. Daxelmüller:* Art. ‚Heiden‘, in: EM. VI, Sp. 645–654.

Heidelberg. *So groß wie das Heidelberger Faß sein:* ein unvorstellbar großes Fassungsvermögen besitzen, riesengroß sein. Der rdal. Vergleich bezieht sich auf die bestaunenswerte Sehenswürdigkeit im Heidelberger Schloß, die noch heute Touri-

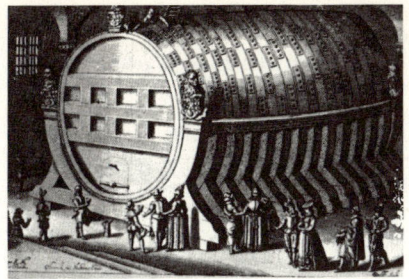

Heidelberger Faß (1589–91)

sten anlockt. Das erste ‚Große Faß' ließ 1589–91 Pfalzgraf Kurfürst Friedrich IV. bauen, wie Merian berichtet: „Zu dem erwehnten Faß ist ein Stiege von 27 Staffeln und alsdann ein kleines Brücklein, hinauf zu gehen. Es sollen zu den 24 großen eisernen Reiffen, die herumb seyn, 122 Centner Eisen seyn gebraucht worden. Und fasset solches 132 Fuder, 3 Ohmen und 3 Viertel und hält 1 Fuder, 10 Öhmen, 1 Ohm aber 48 Maß, so sich fast mit den Oesterreichischen Maßen vergleichen. Das Wahrzeichen ist eine Nachteule, ein Aff und ein Löw ohne Zungen. Und ist solches so hoch, daß einer mit einem Rennspieß auffrecht darinn stehen könte" (Matthäus Merian: Topographia Germaniae. Beschreibung der Untern-Pfalz am Rhein. Faksimile der vermutlich 1672 erschienenen vermehrten 2. Ausg. Neue Ausg. Kassel und Basel 1963, S. 42, Sp. 1).

Liselotte von der Pfalz, die das berühmte Faß in ihren Briefen erwähnt, kannte das zweite Faß. Es wurde 1648–80 von ihrem Vater Karl Ludwig aufgestellt, nachdem das erste während des Dreißigjähr. Krieges baufällig geworden war. Zu ihrer Zeit enthielt es noch Wein, denn sie schreibt: „Im großen Faß hatt man nie keinen Rheinwein gethan, nur lautter Neckerwein" (A 3, S. 347). Sie erinnert sich auch noch an den Spruch, der auf dem Faß stand und der sich auf die Darstellung an der alten Neckarbrücke bezieht:

Waß thust du mich hir ahngaffen?
Hast du nicht gesehen den alten affen
Zu Heydelberg? Sich hin undt her,
So findstu woll meines gleichen mehr.
(C 1, S. 342, 383)

Ironisch erwähnt H. Heine das Heidelberger Faß im ‚Buch der Lieder' (Lyrisches Intermezzo, 1822–1823, Nr. 65):

Holt einen großen Sarg,
Hinein leg' ich gar Manches,
Doch sag' ich noch nicht, was;
Der Sarg muß sein noch größer,
Wie's Heidelberger Faß.

Bis zu den Niederlanden reichte die Kenntnis von diesem Faß, was die Wndg. ‚het heidelberger wijnvat' beweist.

Eine phantastische Übersteigerung enthält die Feststellung *Das Heidelberger Faß ist ein Fingerhut dagegen,* denn das heutige (dritte) Faß, das 1751 von Karl Theodor aufgestellt wurde, könnte immerhin 221 726 l in sich aufnehmen.

Vor dem Heidelberger Fasse knien: keinen höheren Genuß als das Trinken kennen, den Wein als seinen Gott verehren.

Doch ist der Ruhm Heidelbergs auch noch durch zahlreiche Studenten- u. Trinklieder, insbes. durch das Versepos ‚Der Trompeter von Säckingen', ein Sang vom Oberrhein' (Stuttgart 1854) von J. Viktor v. Scheffel (1826–1886), verbreitet worden, in dem die Stadt als „Alt-Heidelberg, du feine" besungen wird.

Lit.: *K. Christ:* Das erste Heidelberger Faß. Eine Jubiläums-Studie (Heidelberg 1886); Die Kunstdenkmäler des Großherzogtums Baden (Tübingen 1913), Bd. 8, S. 97 u. 466f.; *R. Lochmann:* Volkskundliche Belege in den Briefen der Liselotte von der Pfalz, masch.-schriftl. Staatsexamensarbeit (Freiburg 1969).

Heidelerche. *Singen wie eine Heidelerche:* laut, hell oder ausdauernd singen; vgl. frz. ‚gai comme un pinson' (wörtl.: froh wie ein Fink). Die dt. Rda. läßt sich bis um 1700 zurückverfolgen, bes. in obersächs. Mda. Der Name der Heidelerche (Lullula arborea) ist dabei vielleicht in Verbindung gebracht mit dem Jubelruf ‚heidi, heida!'. Die Mda. kennt die Aussprache ‚Heetel-

Heidelerche

lerche', d. i. ,Häutel-, Haubenlerche' (Galerida cristata). Die Heidelerche ist selbst in den Gegenden noch zu finden, in denen sonst alles Tierleben erstorben scheint und überall wegen ihres vortrefflichen Gesanges geschätzt. Auch als Stubenvogel ist sie sehr beliebt.

heidi. *Im heidi:* im Handumdrehen, sehr schnell; eine Interjektion, die schnelle Bewegung, aber Jubel und beschwingte Freude ausdrückt. *Heidi gehen:* verlorengehen, davongehen; seit dem 18. Jh. belegt; ähnl. *heidi sein:* verloren sein, eigentl. aus achtloser Lust dahinsein.

heilig, Heiliger. *Ein wunderlicher (komischer, seltsamer) Heiliger* ist ein Sonderling, ein Mensch mit unüblichen Gewohnheiten; vgl. ndl. ,een rare, vreemde, ruwe Apostel'. Der Ausdr. beruht auf Ps. 4, 4: „Erkennet doch, daß der Herr seine Heiligen wunderbar führet". ,Wunderlich' meint ,wunderbar', d. h. auf wunderbare Weise, dann auch ,wundertätig' und schließlich ,absonderlich'. Die Rda. ist seit dem 17. Jh. bezeugt, z. B. bei Abraham a Sancta Clara (,Judas' III, 174): „Für einen selzamen Heiligen halten", vgl. ebd.: (IV, 157): „Es gehet ihm nichts ab, als der Schein, wann es wäre er Heilig". Die Rda. spielt darauf an, daß im volkstümlichen Denken das Hauptinteresse gern auf äußere und sinnfällige Tatsachen, mehr auf die Wunder eines Heiligen, als auf sein asketisches Leben und heroisches Sterben gelegt wird. Eine ähnl. Wndg. findet sich bei Luther im ,Sendbrief vom Dolmetschen': „Es ist dolmetzschen ja nicht eines iglichen kunst, wie die tollen Heiligen meinen"; vgl. die Wndg. ,ein toller (wunderlicher) ↗Christ'.
Er ist ein ganz besonderer Heiliger: Er ist ein scheinheiliger Frömmler.
Er ist kein Heiliger: er führt ein lockeres Leben; vgl. frz. ,Ce n'est pas un saint'; ähnl. ,Er ist nicht gar so heilig, wie er tut'. Iron. ,Er ist heilig wie eine Wolfsklaue', ,er ist nicht so heilig wie jener Einsiedler, der den Hintern von Hornissen fressen ließ'. ,Er will noch heilig werden bei lebendigem Leib' ist ein Spott auf einen Frömmler und Scheinheiligen. ,Er ist so

heilig, daß man ihm ein Kreuz vorträgt', er wird begraben.
Die Heiligen vom Himmel herunterschwören: sehr viel schwören (vgl. ,das Blaue vom Himmel herunterlügen', ↗blau).
Seine Heiligen aufgezählt kriegen: in der Schule durchgeprügelt werden (z. B. in Gotthelfs ,Bauernspiegel'), geht ebenso wie bair. ,seinen Heiligen kriegen' (einen Verweis erhalten) darauf zurück, daß Priester und Lehrer den Kindern die Bilder ihrer Namenspatrone mit einer pädagogischen Ermahnung zu schenken pflegen. ,Dir geht's noch mal wie den Heiligen Drei Königen' ist eine lokale Kölner Verspottung und Drohung.
,Etw. hoch u. heilig versprechen' ↗hoch.
,Heiliger Bürokratius', ,heiliger Bimbam', ,heiliger Strohsack', ,heilig's Blechle' sind scherzhafte Anrufe nur fiktiver Heiliger. Ähnl. wie die Wndg. ,liebes Herrgöttle' drücken sie Erstaunen, Erschrecken, Verwunderung oder Unwillen aus u. enthalten dabei zumeist einen spöttischen Tadel. Häufig hört man auch lat. Formeln wie ,Sancta Simplicitas' (heilige Einfalt), ein Ausruf, der nach Zincgref-Weidners „Apophthegmata" (Amsterdam 1653) 3, 383 Johann Hus (1369–1415) auf dem Scheiterhaufen ausgerufen haben soll, als er sah, wie ein Bauer in blindem Glaubenseifer sein Stück Holz zu den Flammen herbeitrug.
Bekannt ist auch die rdal. Erweiterung einer Heiligenanrufung: ,Heiliger Sankt Benedikt, ich bin schon wieder eingenickt', die in Abwandlung einer Gebetslitanei als scherzhafte Selbstermahnung zu verstehen ist.

Lit.: *F. Pfister:* Art. ,heilig', in: HdA. III, Sp. 1655–1668; *ders.:* Art. ,Heilige', in: HdA. III, Sp. 1668–1673; *H. Schauerte:* Die volkstümliche Heiligenverehrung (Münster 1948); *K. Kunze:* Art. ,Heilige', in: EM. VI, Sp. 666–677.

heim. *Einen(m) heimgeigen:* ihn derb abfertigen, ihm eine Abfuhr erteilen. *Du kannst dich (dir) heimgeigen lassen:* mach, daß du fortkommst! In früherer Zeit ließen sich angesehene Leute, die ihren Reichtum zeigen wollten, von spielenden Musikanten nach Hause begleiten. Aus Bayern kennen wir die Sitte der Bauernburschen, sich nach Tanzbelustigungen mit Musik nach Hause bringen zu lassen. Erst später verband man mit der Rda. den Sinn der derben Abfertigung und Zurechtweisung, denn auch zum Spott wurde einem kläglich Abziehenden eine Musik dargebracht. Als Wallenstein vergeblich Nürnberg belagert hatte und unverrichteter Dinge abzog, jubilierten und musizierten die Nürnberger und sangen und spotteten:

Du kannst den Göcker (Hahn) nit
　　　　　　　krähen hören,
Und willst der Nürnberger Stadt
　　　　　　　verstören?
Geh, laß dich geigen heim!

‚Heimleuchten‘

Auf einen ähnl. Urspr. ist die Rda. zurückzuführen: *einem heimleuchten:* ihn zurechtweisen, nachdrücklich abweisen, hinauswerfen, verprügeln. Früher wurde einem späten Besucher ein Diener mit einer Laterne mitgegeben, um ihn nach Hause zu begleiten, da es keine Straßenbeleuchtung gab. Aus dieser friedlichbürgerlichen Sitte ist die Wndg. wohl hervorgegangen, und der höhnische Sinn ist erst später hineingelegt worden. Immerhin ist die Wndg. im 16. Jh. schon ein Spottausdr. Nach der Chronik von Wigand Lauze haben Fritzlarer Bürger Fakkeln und Strohwische angezündet und

dem vergeblichen Belagerer, dem Landgrafen Konrad von Thüringen, „zum Abzug geleuchtet“ (Lange: Alte Geschichten aus dem Lande Hessen, 1899).
Einem etw. heimzahlen wurde zunächst im Sinne von ‚zurückzahlen‘ gebraucht, dann aber zu der heutigen Bdtg. von ‚rächend vergelten‘ umgeändert; vgl. bair. ‚’s kimmt der Greis wider ham‘, es wird dir vergolten. ↗daheim.

Lit.: *Fr. Seiler:* Dt. Sprww.kunde (München 1922), S. 234; *H. Rölleke* (Hg.): „Rdaa. des Volkes, auf die ich immer horche“ (Bern u.a. 1988), S. 17.

Heimat. *Unrasiert und fern der Heimat,* Landserwort und Volkslied, schon aus dem 1. Weltkrieg, wahrscheinlich zurückgehend auf Platens Gedicht: ‚Das Grab im Busento‘ (um 1830): „Allzufrüh und fern der Heimat mußten hier sie ihn begraben“.
‚Heimathirsch‘: scherzhafte Bez. für jem., der einen übertriebenen Lokalpatriotismus an den Tag legt u. obendrein meist auffällig korrekt in der regionalen Tracht gekleidet auftritt.
In die heimatlichen Gefilde zurückkehren: nach Hause gehen. Die Rda. ist als ironische Reaktion auf geschwollen-sentimentale Formulierungen zu verstehen.
‚Heimatschuß‘ nannte man sold. im 2. Weltkrieg eine leichte Verletzung, die jedoch genügte, in ein Lazarett in der Heimat verlegt zu werden.

Lit.: *I.-M. Greverus:* Der territoriale Mensch. Ein literaturanthropologischer Versuch zum Heimatphänomen (Frankfurt/M. 1972); *K. Köstlin* und *H. Bausinger (Hg.):* Heimat und Identität. Probleme regionaler Kultur (Neumünster 1980).

Heimchen. *Heimchen am Herde,* so heißt ein glücksbringender Hausgeist – nach Ch. Dickens’ Weihnachtserzählung ‚Crikket on the hearth‘ (1846). Dickens hat darin den Glauben an die Grille (dt. auch Heimchen) als Personifikation des Hausgeistes poetisch verwertet. Viele Volksglaubens-Vorstellungen sind mit dem Heimchen am Herd verbunden u. teilweise noch heute lebendig, ↗Herd.
Heute bez. man damit scherzhaft die treusorgende Hausfrau, die keine anderen Interessen als ihre Familie kennt.

Lit.: *R. Riegler:* Art. ‚Grille‘, in: HdA. III, Sp. 1160–1169.

heimlich. *Heimlich, still und leise:* völlig unbemerkt (vor allem in Beziehung zu unerlaubten Tätigkeiten wie Diebstahl usw.). Die Wndg. stammt aus der Operette ‚Frau Luna' von Paul Lincke (1899): „Heimlich, still und leise kommt die Liebe über Nacht" (Text: Alfred Schröder). Strukturell handelt es sich um eine dreigliedrige Formel (Drillingsformel), wie sie bes. in alliterierender Form in Buchtiteln u. Untertiteln beliebt sind (z. B. C. W. Ceram: ‚Götter, Gräber und Gelehrte'; H. Fallada: ‚Bauern, Bonzen und Bomben'; ‚Titel, Thesen, Temperamente').

Lit.: *L. F. Boethe:* Art. ‚heimlich', in: HdA. III, Sp. 1686–1687; *W. Mieder:* Sprichwort, Redensart, Zitat (Bern u. a. 1985), S. 131–139.

Heimsuchung. *Das war die reinste Heimsuchung:* das war der reinste Überfall, das war wie eine Strafe. Der Begriff ‚Heimsuchung' ist aus der Bibel bekannt als Bez. für das Strafgericht Gottes (Jes. 10,3; Jer. 23,12; 46,21; 50,31; Hes. 9,1), aber auch aus lit. Zeugnissen, z. B. I. Kant: „die fürchterlichen Werkzeuge der Heimsuchung des menschlichen Geschlechts" (Werke, 1838). Darüberhinaus ist der Begriff ‚Heimsuchung' aber auch eine alte Bez. für den Hausfriedensbruch (wenn die Friedensbrecher mit Gewalt auf Haus u. Bewohner eindringen). Sie wird in älteren Rechtsquellen immer eigens angeführt. Im ‚Schwabenspiegel' heißt es dazu: „Die heymsuchung ist daz: wer mit gewaffenter handt y eynes mannes hauß lauffet und eynen darynn iaget oder er eynen darinn findet, dem er will schaden oder schadet, das heyßet heymsuchung". Im Bereich der Rügebräuche ist mit der Heimsuchung bzw. dem Hauslaufen meist eine Ausplünderung des Hauses verbunden. Bei der heutigen, scherzhaft verwendeten Rda. handelt es sich wohl um eine Verbindung der beiden älteren Bdtgn.

Lit.: *K. Kroeschell:* Art. ‚Hausfrieden', in: HRG. I, Sp. 2022–2024; *K.-S.- Kramer:* Grundriß einer rechtl. Vkde. (Göttingen 1974), S. 33.

Heimweh. *Ich hab so Heimweh nach'm Kurfürstendamm* wird oft sprw. zitiert, wobei der Kurfürstendamm pars pro toto für Berlin steht. Die Zeile ist der Anfang eines Schlagers, der – aus unterschiedlichen politischen Anlässen – immer wieder aktualisiert worden ist:

Ich hab so Heimweh nach 'm Kurfürstendamm,
hab so 'ne Sehnsucht nach meinem Berlin!
Und seh ich auch in Frankfurt, München,
Hamburg oder Wien
die Leute sich bemühn,
Berlin bleibt doch Berlin!

(Rudolf Eberhard (Hg.): Fritze Bollmann wollte angeln [Berlin 1980], S. 83–84). ‚Heimweh' wurde im 16. Jh. zunächst als typische Eigenschaft der Schweizer Söldner angesehen, die ihnen den Aufenthalt in der Fremde erschwerte. Ihre oft übermäßige Sehnsucht nach der Heimat war so bekannt, daß man ‚Heimweh' – 1569 erstmals in Luzern belegt – lange Zeit als Schweizer Dialektwort betrachtete und auch als ‚Schweizerkrankheit' bezeichnete. Von dem Mülhauser Arzt Johann Hofer stammt die erste Untersuchung, eine ‚Dissertatio de Nostalgia' von 1688, zu diesem psychologischen Phänomen. Im Zedlerschen Universal-Lexikon von 1735 wird versichert, das Heimweh oder die Heimsucht komme den Schweizersoldaten, weil sie die unreine, stickige Luft flacher Gegenden nicht ertragen mögen; sie seien die reine Luft hoher Berge gewohnt.

Lit.: *Boette:* Art. ‚Heimweh', in: HdA. III, Sp. 1687–1692; *F. Ernst:* Vom Heimweh (Zürich 1949); *I.-M. Greverus:* Heimweh und Tradition, in: Schweiz. Arch. f. Vkde. 61 (1965), S. 1–31; *E. Moser-Rath:* ‚Lustige Gesellschaft' (Stuttgart 1984), S. 228–229. Weitere Lit. ↗ Heimat.

Hein, Heinrich. Hein ist wie Heinz und Hinz eine Kurzform von Heinrich. Da dieser Name ungemein häufig vorkam, hat er seine Bdtg. als Eigenname verloren und ist z. T. ganz allg. zur Bez. männlicher Personen angewendet worden, deren eigentl. Namen man nicht kennt oder nicht nennen will (↗ Hinz und Kunz), z. B. ‚ein fauler Heinz'. ‚Heinz Narr' ist die Inschrift eines Bildes in Seb. Brants ‚Narrenschiff', womit eben die Jedermanns- oder Allerweltstorheit bez. wird. Hagedorn nennt (schon vor Claudius) einen x-belie-

1/2 Freund Hein

bigen Bauern ‚Gevatter Hein'. Ndd. ist
‚isern Hinnerk' ein starker, mutiger
Mensch, ‚holten Hinrek' ein klotziger,
vierschrötiger Mensch, ein ‚sanfter Heinrich' ein gutmütiger, schüchterner oder
überhöflicher Mensch. Die Soldatensprache kennt ‚blauer Heinrich' (Graupen),
‚stolzer Heinrich' (Reisbrei). In allen ndd.
Moorgebieten kennt man ‚Baukweeten-
Jan-Hinnerk', Buchweizenpfannkuchen,
früher eine Volksnahrung. – Heinrich und
die Nebenformen dieses Namens treten
auch als Namen für solche gefürchtete
Wesen ein, deren eigentl. Namen man zu
nennen sich scheut. ‚Heinzel', ‚Heinzel-
mann', ↗ Heinzelmännchen sind Kobold-
namen. Schon Luther nennt einen Hausgeist ‚Heinzlein'. Vgl. auch KHM. 1: ‚Der
Froschkönig und der eiserne Heinrich' u.
die darin erscheinende Wndg.: „Heinrich,
der Wagen bricht". Von sprw. Bdtg. ist der
heute oft scherzhaft verwendete Satz:
„Heinrich! Mir graut vor dir!" Gretchen
sagt dies in der Kerkerszene zu Faust
(Faust I, 1808).
Weniger streng klingt der Name in der abgewandelten Koseform ‚Heinerle'. Sie
wurde weithin bekannt durch die Worte:
„Heinerle, Heinerle, hab' kein Geld" aus

der Operette ‚Der fidele Bauer' von Leo
Fall (1873–1925).
Freund Hein als Bez. für den Tod ist durch
M. Claudius und Lessing weithin bekanntgeworden. Allerdings ist sie mindestens ein Jh. älter, denn sie findet sich
bereits auf einem Flugblatt kurz nach
1650. Dort heißt es: „Freund Hain läßt
sich abwenden nit Mit Gewalt, mit Güt,
mit Treu und Bitt". In Theobalds ‚Hussitenkrieg' (1623) heißt es: „Mancher höret
ein solches Vöglein, oder wie sie reden
Heintzlic singen, daß er den Vor-Reigen
am Todtentantz springen muß". Hein ist
ein schon ma. bezeugter Übername für
den ↗ Teufel: „Er siehet eben als hab er
holzöpfel gessen ... wie Henn der Teufel".
Auch die obd. Mdaa. kennen verwandte
Versionen. So heißt der Tod schweiz. gelegentlich ‚Beinheinrich', was dem ndd.
‚knökern Hinrik' entspricht. Heinz und
Hein sind vermutlich also schon vor Claudius volkstümliche ndd. Tabubez. Dennoch hielten die Zeitgenossen Claudius
für den Erfinder des Wortes. Wenn Lessing den Ausdr. schon im Jahre 1778 in
einem Brief an Claudius braucht („Bei
Gott, lieber Claudius, Freund Hein fängt
auch unter meinen Freunden an, die

Oberstelle zu gewinnen"), so will er dem Einführer dieses Wortes in die Schriftsprache nur andeuten, welchen Gefallen auch er daran hatte. Die Wndg. ist dann schnell populär geworden. Heinr. Heine dichtet:

Da flucht ich den Weibern und reichen
Halunken, ·
Und mischte mir Teufelskraut in den
Wein,
Und hab mit dem Tode schmollis
getrunken,
Der sprach: fiducit, ich heiße
Freund Hein!

Daß der seit M. Claudius lit. bekanntgewordene ‚Freund Hein' als Kurzform zu ‚Heinrich' gehöre, wird freilich z.T. bestritten. Andere Erklärer führen das Wort auf ein altes Wort für ‚Tod' und ‚Toter' zurück: Hunne, Hinne, Heune, Hein (vgl. Hünengrab, das Hühnerloch im Volkslied). Alle Deutungen aus der Mythologie scheinen indessen zu weit hergeholt. Es ist viel wahrscheinlicher, daß für den Tod ein Hüllwort gebildet wurde, das durch die Verwendung eines sehr häufigen Vornamens das Ungeheure des Todes in den Bereich des Geheuren und Vertrauten ziehen sollte. Durch die Verbindung mit ‚Freund' wird dies in unserem Ausdr. noch besser erreicht als in den mdal. Verbindungen. Wenn sich auch hierfür bis jetzt kein eindeutiger Beweis erbringen läßt, so wird diese Erklärung doch gestützt durch zahlreiche ähnl. Hüllwörter und Euphemismen in den verschiedenen Sprachen. Im Engl. kommt z.B. in gleicher Bdtg. ‚Old Henry' vor. Vgl. auch ‚das Zeitliche segnen', ↗zeitlich.

Der beliebt gewordene Ausdr. ‚Freund Hein' begegnet u.a. auch als Titel eines Versepos' von K. A. Musäus (1735–1787): ‚Freund Heins Erscheinungen in Holbeins Manier' u. in neuerer Zeit als Titel des Romans ‚Freund Hein' (1902) von Emil Strauß.

Lit.: *J. Grimm:* Dt. Mythologie (4. Ausg. Gütersloh 1876) Bd. II, S. 710; *Th. Siebs:* Von Henne, Tod und Teufel, in: Zs. f. Vkde. 40 (1930), S. 49–61; *G. Barbarin:* Der Tod als Freund (Übers. Kuno Renatus) (Stuttgart – Berlin 1938); *P. Geiger:* Art. ‚Hein, Freund', in: HdA. III, Sp. 1694–1695; ‚Wie die Alten den Tod gebildet' (= Kasseler Studien zur Sepulkralkultur 1) (Mainz 1979); ‚Freund Hein und der Bücherfreund' (Ausstellungskatalog) (Kassel 1982).

Heinzelmännchen. Die Rda. *Das haben die Heinzelmännchen getan,* wenn man eine Arbeit schon vollbracht vorfindet, hat sich wohl erst im Anschluß an August Kopischs Gedicht von den ‚Heinzelmännchen zu Köln' herausgebildet. Volkstümlicher ist der rdal. Vergleich *wie die Heinzelmännchen leben:* allein leben (bes. rhein.) oder die Drohung *Du wirst (noch) die Heinzelmännchen singen hören,* sowie *Dich mach ich zum Heinzelmännchen:* ich schlage dich ebenso klein.

Lit.: *M. Rumpf:* Wie war zu Cölln es doch vordem / mit Heinzelmännchen so bequem, in: Fabula 7 (1976), S. 45–74; *E. Lindig:* Hausgeister (= Artes Populares. Studia Ethnographica et Folkloristica 14) (Frankfurt/M. – Bern – New York 1987).

heiß. *Du bist wohl (als Kind) zu heiß gebadet worden* oder *dich haben sie (als Kind) wohl zu heiß gebadet:* du bist verrückt, ↗Bad. Die Rda. ist erst im 20. Jh. aufgekommen und spielt auch im Schlager eine Rolle:

Du bist als Kind zu heiß gebadet
worden,
Dabei ist dir bestimmt geschadet
worden.

Ein heißes Eisen anfassen ↗Eisen.
Manche mögen's heiß: Filmtitel eines erfolgreichen Films von Billy Wilder mit Marilyn Monroe, der sprw. Bdtg. erlangt hat.
Es läuft einem heiß u. kalt den Rücken herunter ↗Rücken.
Heiß (warm) u. kalt aus einem Mund blasen ↗Mund.
Jem. heiß machen: ihn in Aufregung versetzen, wild machen. *Das macht mich nicht heiß:* das hat keine Bdtg. für mich, das ist mir gleichgültig.
Heißes Blut haben (heißblütig sein): schnell in Aufruhr geraten. Die Wndg. wird vorwiegend für Südländer gebraucht.
Es geht heiß her: es geht turbulent zu (bei der Arbeit, bei einer Auseinandersetzung), alle legen sich mächtig ins Zeug.

heißen. Mit der rdal. Formel ‚Da heißt's' werden oftmals Sprww. zitiert; z.B. ‚Da heißt's: Augen auf!'; ‚Da heißt's: Vogel friß oder stirb!' (weitere Beispiele: Wander II, Sp. 484). *Ich will Hans (Meier* etc.)

heißen, wenn das nicht wahr ist, in älterer Sprache *ich will ein Schelm heißen,* scherzhafte Form der Selbstverfluchung, ähnl. wie ,ich will tot umfallen', ,ich laß mich hängen', vergleiche engl. ,I'm a Dutchman if', frz. ,je veux être pendu, si', ndl. ,ik ben een boon(tje), als't niet waar is' etc. Daß der Schwörende sich dabei selbst die Strafe setzt, gehört zur Tradition dieser Formeln, die älterem Rechtsbrauch entsprechen.

Diese Formeln der Selbstverfluchung sind auch heute noch gang u. gäbe, nur kennt man zumeist ihren urspr. Sinn nicht mehr. Dasselbe gilt für die Beteuerungsformeln, die sich über die Zeiten hinweg erhalten haben, wie sich aus lit. Belegen erkennen läßt. Gottfr. Aug. Bürger sagt von seiner ,Lenore': „Wenns bei der Ballade nicht jedem eiskalt über die Haut laufen muß, so will ich mein Leben lang Hans Caspar heißen" (Briefe, I, 111). An bestimmte Namen sind bestimmte Vorstellungen geknüpft. Das kommt auch z. Ausdr. am Anfang von Chr. Morgensterns ,Möwenlied' (zit. nach der Ausg. ,Alle Galgenlieder', Berlin 1932):

Die Möwen sehen alle aus,
Als ob sie Emma hießen.

Schiller gebraucht das Verb in seinem Schauspiel ,Die Räuber' am Anfang der 2. Szene des 1. Aktes in der berühmten Frage: „Franz heißt die Canaille?" Und in Goethes ,Faust' gibt es gleich mehrere Stellen dieser Art. So sagt Faust zu Wagner:

Was ihr den Geist der Zeiten heißt,
Das ist im Grund der Herren eigner
Geist,

und fährt dann meditierend fort:

Ja, was man so erkennen heißt!
Wer darf das Kind beim rechten Namen nennen?

Matthias Claudius schließlich benutzt das Wort, um seine Idealvorstellungen zum Ausdr. zu bringen:

Und jeder echte deutsche Mann
soll Freund und Bruder heißen.

Im Volksmund ist das Verb heißen freilich eher im negativen Sinne bekannt aus Wndgn. wie ,jem. einen Esel heißen' o. ä. (d. h. ihm einen verächtlichen Namen geben) oder aus den erwähnten Selbstverfluchungs- u. Beteuerungsformeln, ↗ Hans.

Lit.: *H. Fehr:* Art. ,Eid', in: HdA. II, Sp. 659–672; *ders.:* Art. ,Meineid', in: HdA. VI, Sp. 111–123.

Heißsporn. *Ein richtiger Heißsporn sein:* heißblütig, übermütig, aufbrausend. Der Begriff stammt aus dem 1. Teil von Shakespeares Schauspiel ,König Heinrich IV.' u. bezieht sich auf Henry Percy, der den Beinamen ,Hotspur' (Heißsporn) erhielt.

Hekuba. *Bei mir Hekuba!:* ich hab' kein Interesse, weiß von nichts. Die Rda. hat ihren Urspr. in Shakespeares Hamlet. Dort heißt es (II, 2): „Was ist ihm Hekuba, / was ist er ihr, / Daß er um sie soll weinen". Hekuba war die Mutter Hektors, der in Homers ,Ilias' (VI, 450 ff.) zu Andromache sagt, ihn bekümmere das Leid der Trojaner, des Priamus und selbst seiner Mutter Hekuba weniger als das ihre. Die Anregung zu diesem berühmt gewordenen Satz erhielt Shakespeare von Plutarch. Dieser berichtet im ,Leben des Pelopidas', Kap. 29, der grausame Tyrann Alexander von Phera († 359) in Thessalien sei von einer Aufführung der ,Trojanerinnen' des Euripides so gerührt gewesen, daß er vorzeitig das Theater verließ, vorher aber dem Darsteller der Hekuba sagen ließ, er ginge nicht seinetwegen, sondern weil er sich vor seinen Untertanen schäme, wenn sie ihn über das Unglück der Hekuba und Andromache weinen sähen, da er sich durch das Schicksal keines seiner vielen Untertanen, die er habe umbringen lassen, jemals zu Mitleid u. Erbarmen habe bewegen lassen. Es ist anzunehmen, daß Shakespeare bei der Formulierung des Satzes diese Episode vor Augen hatte. Die weiteste Verbreitung fand die Wndg. ,Was ist ihm Hekuba?' durch Bismarck, der sie in seiner Reichstagsrede vom 11. Januar 1887 auf Deutschlands Verhältnis zu Bulgarien anwandte. Heute begegnet sie fast nur noch in der Version ,Bei mir Hekuba', durch die man mit einer gewissen Selbstironie seine Ahnungs- und Interesselosigkeit bekundet.

helfen. *Helf dir Gott:* Höflichkeitsformel beim Niesen, nur noch selten zu hören. Anlaß zu dieser Formel soll eine Pestepidemie gewesen sein, die unter Papst Pela-

gius II. in Italien gewütet und unter
seinem Nachfolger Gregor d. Großen erfolgreich bekämpft worden sei. Aber
schon bei den Griechen sagte man: ‚Zeus
helfe'. Der Brauch, dem Niesenden mit
Gesundheitswünschen zu begegnen, ist
demnach schon recht alt. Er beruht u. a.
auch auf dem Aberglauben, Niesen sei
etw. Göttliches u. ein Fingerzeig auf ein
künftiges Ereignis. Man glaubte, daß ein
Mensch niese, wenn seine Rede voller Ahnungen sei. Im Volksglauben gilt Niesen
als Vorbedeutung von guten wie bösen
Geschehnissen. Die Formel ‚Gott helfe'
oder ‚helf dir Gott' wird möglicherweise
gebraucht, damit eine glückliche Bedeutung noch mehr bestätigt, eine unglückliche, wenn möglich, vereitelt wird. Sie
könnte aber auch als Wunschformel verstanden werden bei einer Krankheit, die
sich durch Niesen ankündigt u. nach altem Volksglauben schlecht ausgeht, wenn
Gott nicht hilft, ↗ Gott, ↗ niesen.

Lit.: *H. M. G. Grellmann:* Geschichte der Gesund-
heitswünsche beim Niesen, in: Historische Kleinigkeiten (Göttingen 1794), S. 53–84.

hell. *Helle sein:* aufgeweckt sein, ein kluges Köpfchen haben, eine rasche Auffas-
sungsgabe besitzen, pfiffig sein. Die
Wndg. bez. in salopper Weise die Klarheit
des Verstandes, die bereits von Th. G.
Hippel als „Biegsamkeit der Gedanken,
Helle im Ausdruck" lit. gebraucht wird
(‚Lebensläufe nach aufsteigender Linie
nebst Beylagen A, B, C' [Berlin
1778–1781], 6, 191).
Die Aufforderung: *Mensch, sei helle!*
meint heute: Paß auf! Bedenke alles
recht! Sei auf der Hut! Laß dich zu keiner
Unbesonnenheit verleiten!

Heller. Die Münze Heller trägt ihren Namen nach der Stadt Schwäbisch Hall, wo
der ‚Haller pfenninc' wohl schon im
12. Jh. geprägt worden ist. Ähnl. wie
↗ Deut und in neuerer Zeit ↗ Dreier wird
auch Heller oft als Bez. eines geringen
Wertes in Rdaa. gebraucht: *auf Heller und
Pfennig bezahlen:* genau bis auf den kleinsten Rest bezahlen (schon bei dem Straßburger Prediger Geiler von Kaysersberg
im 15. Jh.); *keinen roten Heller bezahlen
(wert sein):* nichts bezahlen (wert sein),

Heller

schon 1632 in der Form ‚keinen Heller
wert sein'; ‚rot' bezieht sich auf die Kup-
ferfarbe. Vgl. frz. ‚pas un rouge liard' (veraltet), heute heißt es umg. ‚N'avoir pas un
sou', ,... radis' (Radieschen).
Seine drei (fünf) Heller überall dazugeben:
überall hineinreden; in der ‚Leipziger
Landkutsche' von 1724: „er gab seine fünf
Heller auch dazu", d. h. er äußerte auch
seine (unbedeutende) Meinung. Obersächs. ‚Vun eich is enner an Haller un der
anner an weißen Pfenk wart', ihr taugt alle
beide nicht viel.
‚Heller und Batzen' werden in einem bekannten Lied als Gegensätze genannt,
dessen 1. Str. lautet:
  Ein Heller und ein Batzen,
  die waren beide mein.
  Der Heller ward zu Wasser,
  der Batzen ward zu Wein.
Dagegen heißt es in einem alten Sprw.
‚Wer zum Heller gemünzt ist, der kommt
zu keinem Batzen': wer als Armer geboren
ist, kommt zu nichts, ↗ Batzen.

Lit.: *F. v. Schrötter:* Wb. der Münzkunde (Berlin –
Leipzig 1930); *F. Wieland:* Der Heller am Oberrhein,
in: Hamburger Beiträge zur Numismatik 5 (1951),
S. 32–61; *ders.:* Probleme der Hellerforschung, Wis-
senschaftliche Abhandlungen des Dt. Numismatiker-
tages in Göttingen (1951), hg. v. *E. Böhringer* (Göttin-
gen 1959); *L. Veit:* Das liebe Geld (München 1969);
G. Hatz: Münze und Volk, in: Beiträge zur Volks- und
Altertumskunde 16 (1972–73), S. 11–32; Münzen in
Brauch u. Aberglauben, Hg. German. Nat. Mus.
Nürnberg (Mainz 1982), S. 231.

Hemd steht in zahlreichen Rdaa. für einen
letzten, elementarsten und lebensnotwendigen Minimalbesitz: *jem. bis aufs Hemd
ausziehen:* ihn arm machen, ihm alles
(oder fast alles) wegnehmen; urspr. von
Räubern gesagt, die ihren Opfern nur das
Hemd auf dem Leib ließen. Im Wiener
Stadtrecht von 1434 als Recht demjenigen
zugestanden, bei dem der andere Spiel-
schulden hat. *Sich bis aufs Hemd auszie-*

hen: seine letzten Ersparnisse hergeben; vgl. frz. ‚laisser dans une affaire jusqu'à sa dernière chemise'.

Das zieht einem das Hemd aus: das ist unerträglich, urspr. ganz konkret gemeint. Eine Ill. des Hausbuchmeisters zeigt, wie dem Bauern das Hemd über den Kopf gezogen wird, wenn die Ritter durch seine Felder reiten. Ebenso *sich von jem. das Hemd ausziehen lassen:* sich von jem. übertölpeln, ausnutzen lassen; *kein ganzes Hemd mehr haben:* sehr ärmlich sein; *kein Hemd vor dem Arsch haben:* sich nur sehr ärmlich kleiden können, sehr arm sein; dagegen frz.: ‚être comme cul et che-

1

2

1/2 ‚Einen bis aufs Hemd ausziehen'

mise' (wörtl.: wie Arsch und Hemd sein): einander Hand in Hand gehen.
Das Hemd auf dem Leibe dransetzen: das Äußerste und Letzte wagen; *das Hemd*

auf dem Leibe ist nicht sein: er hat eigentl. überhaupt nichts eigenes; *das Hemd vom Leibe verschenken:* sehr freigebig sein; ähnl. sein letztes Hemd hergeben, vgl. KHM. 153: ‚Sterntaler'. Der Verzicht des opferbereiten Mädchens auf all seine Habe, sogar auf das Hemd, wird vom Himmel reichlich belohnt.

Im bloßen Hemd dastehen: fast nackt dastehen, nur noch das Unentbehrliche besitzen. Außerdem war das Bußhemd ein Zeichen der Demütigung u. Beschämung.
Einem aufs Hemd knien: ihn aufs äußerste bedrängen; *einem das Hemd vom Leibe herunterfragen:* ihn gänzlich ausfragen; *und wenn's das letzte Hemd kostet:* selbst wenn der letzte und höchste Einsatz gewagt werden muß.

In andere Zusammenhänge verweisen die Rdaa.: *ein zu kurzes Hemd anhaben:* leicht beleidigt sein, keine nervlichen Reserven haben, *ihm flattert das Hemd:* er hat Angst, sowie die Drohrede: *Ein Schlag, und du stehst im Hemd da!'* Die Wndg. soll 1898 in Berlin von der Schwerathletin Kätchen Brumbach (‚Sandwina' genannt) geprägt worden sein.

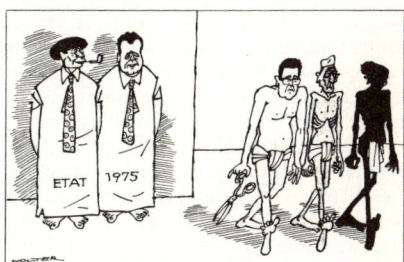

‚Jem. ist das eigene Hemd näher'

Das Hemd ist (mir) näher als der Rock. Die sprw. Wndg. ist schon röm. bezeugt. Im ‚Trinummus' (V, 2, 30) des Plautus heißt es: „Tunica propior pallio". Die lit. Belege finden sich bis in die Neuzeit. So sagte z. B. Bismarck in der Sitzung des Preuß. Abgeordnetenhauses am 22. Januar 1864: „Kommt es zum Äußersten, so ist mir das Hemd näher als der Rock".

Lit.: *A. Junker u. E. Stille:* Die zweite Haut. Zur Gesch. d. Unterwäsche 1700–1760 (Frankfurt/M. 1988); *E. Moser-Rath:* Art. ‚Hemd', in: EM. VI, Sp. 802–806.

Hempel. *Hier siehts aus wie bei Hempels unterm Bett (hinterm Sofa):* schmutzig, unordentlich, unaufgeräumt. Die Wndg. wird in übertragener Bdtg. erst seit 1991 gebraucht; ihre Herkunft ist (noch) ungeklärt. Sie hat sich rasch im polit. Jargon durchgesetzt u. spielt auch in der Sprache der Medien eine Rolle. Selbst der Schlager hat die Rda. bereits aufgegriffen u. sie in einem Refrain verarbeitet, wodurch sie weitere Verbreitung erfuhr:

Ach wie schön,
ach wie nett!
Doch wie sieht's aus
bei Hempels unterm Bett?

Henker. *Der Henker wird auf seiner Hochzeit tanzen:* er wird gehängt werden, wird von Henkershand sterben, eine euphemist. Umschreibung für die Todesstrafe, ↗Seiler. *Jem. zum Henker wünschen:* ihn zum Teufel wünschen. Henker steht in zahlreichen Rdaa. und Flüchen für das tabuierte Wort ↗Teufel, z. B.: ‚zum Henker‘, ‚beim Henker‘, ‚der Henker‘, ‚was Henker!‘, ‚daß dich der Henker!‘, ‚das mag der Henker glauben!‘, ‚geh zum Henker und lern das Hexen!‘, ‚der Henker soll ihm die Augen ausstechen!‘, ‚des Henkers Großmutter ein Bein abschwören‘, ‚der Henker schlägt seine Großmutter‘ (= es regnet und gleichzeitig scheint die Sonne), ‚dem Henker beichten‘, ‚der Henker ist los‘. ‚In 's Henkers Namen‘: rdal. Wdng. aus KHM. 59: ‚Der Frieder und das Catherlieschen‘, in dem der Frieder – von den Torheiten seiner Frau entnervt – voller Verzweiflung ausruft: „Nun, so tu's in's Henkers Namen“, d. h., ‚meinetwegen, mach‘, was du willst!‘

Lit.: *A. Keller:* Der Scharfrichter in der Kulturgesch., in: Bücherei der Kultur, 21 (o. O. 1921); *E. Angstmann:* Der Henker in der Volksmeinung, seine Namen u. sein Vorkommen in der mdl. Überlieferung, in: Teuthonista, Zs. f. Dialektforschung u. Sprachgesch., Beiheft 1 (Bonn 1928); *A. Steinegger:* Handwerker, Henker u. Galgen im alten Schaffhausen, in: Schweiz. Arch. f. Vkde. 44 (1947); *Chr. Daxelmüller:* Art. ‚Henker, Scharfrichter‘, in: EM. VI, Sp. 813–818.

Henkersmahlzeit. Der Brauch, daß einem zum Tode Verurteilten vor der Hinrichtung noch ein gutes Mahl nach seinen Wünschen bereitet wurde, ist seit dem 15. Jh. bezeugt; der Ausdr. ‚Henckermol‘ findet sich seit 1575 bei Joh. Fischart, ‚Henkersmahlzeit‘ seit 1691. Im Scherz sagt man *seine Henkersmahlzeit halten* für jede letzte Mahlzeit vor einem Abschied; entspr. ndl. ‚iemands galgemaal‘.

Der Brauch einer letzten Mahlzeit vor der Hinrichtung läßt sich bis heute bei vielen Kultur- und Naturvölkern nachweisen. Den Delinquenten steht die uneingeschränkte Wahl der Speisen und Getränke zu. Die hauptsächlich gewählten Speisen sind Huhn, Fisch, Fleisch, Obst, Süßigkeiten, aber auch Rauschmittel, Alkohol und Nikotin. Das letzte Mahl erhalten alle Hinzurichtenden, gleichgültig, ob sie durch das Schwert oder den Strang umgebracht, ob sie lebendig vergraben, eingemauert oder ausgesetzt werden. Diese Sitte gilt auch für andere Arten der Tötung: Menschenopfer, die ausgesetzten alten Leute, der Sündenbock usw.; sie alle erhalten ein letztes Mahl oder ein Viaticum, bevor sie in den Tod gehen. Und nicht nur das Mahl gilt als letzte Gunst. Ganz generell wird die letzte Bitte des Todeskandidaten erfüllt: das letzte Wort wird bewilligt, ebenso die letzte sexuelle Befriedigung, die gut ausgestattete letzte Zelle, die festliche Kleidung zum letzten Gang, die gelöste Fessel. All diese Vergünstigungen dienen dazu, die bedrohliche Macht des Sterbenden, die er mit ins Jenseits nehmen kann, zu entschärfen, den Sterbenden also mit seinem gewaltsamen Schicksal zu versöhnen und ihm den Gedanken der Rache zu nehmen. Dahinter steht die Grundidee der jäh unterbrochenen, also nicht voll ausgelebten und aufgebrauchten Lebenskraft der vorzeitig Getöteten, die es noch vor deren Ableben zu beruhigen gilt. Auch die Gewalttat, die am Hinzurichtenden begangen wird, kann den Toten zu bedrohlichem Tun reizen. Die Furcht vor dem Groll des Sterbenden provoziert diese und andere Maßnahmen. Die Ergebung in Gottes und des irdischen Gerichtes Willen, die Bereitschaft zu einem wirklich sühnenden Tod soll herbeigeführt werden. Es ist bedenklich, wenn der Delinquent obstinat ist. Er soll willig, unter Verzicht auf Rache und Vergeltung, aus dem Leben scheiden. Deshalb wurden Verbrecher, die alle letzten Gunsterweise ausschlugen, in älterer

Zeit oft von der erregten Menge befreit. Der Fluch des Sterbenden, die Vorladung seiner Gegner vor Gottes Gericht, der letzte grollende Blick, das alles war eine unzweifelhafte Gefahr. Statt dessen hat man es gern, wenn der Sterbende allen Prozeßteilnehmern verzeiht, wenn er dem Henker die Hand reicht, den Richter umarmt, daß er die Menge der Zuschauer segnet usw. Die Grundlage des Henkersmahls liegt also ganz eindeutig im Willen der Lebenden, den sterbenden Verbrecher zu versöhnen, ihm den Groll zu nehmen, ihm sein Ende in der wahrsten Bdtg. des Wortes ‚schmackhaft‘ zu machen.

Lit.: *L. Mackensen:* ‚Henkersmahl u. Johannisminne‘, in: Zs. d. Savigny-Stiftung für Rechtsgesch. (germanist. Abt.), 44 (1924), S. 318–328; *ders.:* Art. ‚Henkersmahl‘, in: HdA. III, Sp. 1746–1748; *H. v. Hentig:* Vom Ursprung der Henkersmahlzeit (Tübingen 1958); vgl. die Rez. dieses Buches von *K. Ranke* in: Zs. f. Vkde. 55 (1959), S. 136–142; *A. Gittée:* ‚Galgenmaal‘, in: Volkskunde, 1 (1988), S. 191–192.

Henne. *Da wird keine Henne danach krähen:* es wird sich niemand darum kümmern (↗Hahn); *sie ist eine Henne mit Sporen:* sie ist ein durchtriebenes, verschmitztes Frauenzimmer (vgl. ndl. ‚het is eene hen met sporen‘); *die Henne legt nicht mehr:* die Einnahmequelle ist versiegt, übertr.: die Frau hat aufgehört, Kinder zu bekommen; *die Henne samt den Küchlein essen (genießen):* Mutter und Tochter zugleich lieben; ‚Die Henne, die goldene Eier legt, schlachten‘, eine sichere Einkommensquelle zunichte machen; vgl. frz. ‚tuer la poule aux œufs d'or‘.

Die Henne töten, um ein Ei zu gewinnen; vgl. frz. ‚tuer la poule pour avoir l'œuf‘ (veraltet) sagte man von einem großen Aufwand für geringfügige Dinge; *eine Henne melken wollen* von einem unmöglichen Beginnen; *er wird seine Henne nicht bei Regenwetter verkaufen:* er versteht seinen Handel. *Er ist ein Hans Henne;* durch diese witzige Zusammenstellung eines männlichen mit einem weiblichen Namen bez. man eine männliche Person, die sich mit Dingen beschäftigt, die sonst in den Bereich weiblicher Tätigkeit gehören. *Laß die Henne erst auf ihre Eier kommen:* warte die Zeit ab. *Der Henne den Schwanz hinaufbinden* ist ein rdal. Bild für eine

gänzlich überflüssige Anstrengung, denn die Henne trägt den Schwanz von Natur aus oben.

Unlösbar ist die Frage: ‚Wer war älter (was war zuerst da), die Henne oder das Ei?‘ In vielen Sprww. wird die Henne gleichgestellt mit der Frau. So heißt es z. B.: ‚Wenn die Henne kräht vor dem Hahn, und das Weib redet vor dem Mann, so soll man die Henne braten, und das Weib mit Prügeln beraten‘. Diesem Vers entspricht auch das bekannte Sprw. ‚Mädchen, die pfeifen, und Hühnern (Hennen), die krähn, denen soll man beizeiten die

‚Das Küken will klüger sein als die Henne‘

Hälse umdrehn‘. Das Sprw. ‚Das Küken will klüger sein als die Henne‘ wird vor allem auf Jugendliche angewendet, die alles besser wissen wollen.

Lit.: *A. Wesselski:* ‚Vergessene Fabeln‘, 1: So lang scharrt die Henne (die Ziege), bis sie das Messer findet, das sie tötet, in: *ders.:* Erlesenes (Prag 1928), S. 98–100; *A. Dundes:* ‚The Crowing Hen and the Easter Bunny‘. Male Chauvinism in American Folklore, in: *ders.:* Interpreting Folklore (Bloomington 1980), S. 160–175.

Hennengreifer, Hennentaster. *Er ist ein rechter Hennengreifer:* er ist ein Schürzenjäger. Die Rda. vom ‚Hennengreifer‘, die in der fläm.-ndl. Rdaa.-Malerei des öfteren dargestellt worden ist, hängt zusammen mit älteren Sprww. wie: ‚Dem Hennengreifer ist eine rechte Frau nicht hold‘. Die Rda. bezieht sich urspr. auf einen Mann, der die Hennen abtastet, ob sie ein Ei tragen, d. h., auf einen kleinlichen Menschen; übertr. auf einen ‚Weiberhelden‘, der gern fremde Frauen unsittlich berührt (vgl. ‚Busengrapscher‘). Das Dt. Wb. erklärt das ndl. Wort ‚Hennentaster‘ noch anders: „es ist angewendet worden auf

‚Er ist ein rechter Hennengreifer‘

einen nichtswerten Mann, der sich namentlich eheliche Unbill gefallen läßt". Dem Hennentaster entspricht der schwäb. ‚Entenklemmer‘, über den es auch ein Theaterstück gleichen Titels gibt.

Hep Hep! ist ein Spottruf aus den Zeiten der Judenverfolgungen, zusammengesetzt aus den Anfangsbuchstaben des lat. Satzes: **H**ierosolyma **e**st **p**erdita = Jerusalem ist verloren.

herangehen. Der rdal. Vergleich *(he)rangehen wie Hektor an die Buletten:* schwungvoll, bedenkenlos, unverzagt vorgehen, bezieht sich eigentl. auf einen Hund namens Hektor, der die Buletten ohne Zögern frißt. Berlin. seit dem ausgehenden 19. Jh.; vgl. ‚ran wie Blücher‘, ‚ran wie Ferkes Jan‘, ↗ran.

heraus. *Heraus damit, daß dir's keinen Kropf drückt* sagt man, wenn jem. mit der Sprache nicht heraus will. *Heraus mit der wilden Katze,* auch mdal. ‚raus mit d'r welle Katz‘, heraus mit dem Trumpf, eine Rda. beim Kartenspiel, aber auch allg. ‚Heraus muß es, und wenn's ihm zum Arsch naus pfupferte‘ sagt man schwäb. von einem, der nichts verschweigen kann. *Schön* (oder *fein) heraus sein:* aller Schwie-

rigkeiten enthoben sein; vgl. frz. ‚S'en être bien sorti‘.
Das ist noch nicht 'raus: es ist noch nicht abgemacht, noch nicht sicher, vielleicht vom Kartenspiel stammend wie: *mit dem Einsatz 'raus sein, 'rauskommen* beim Lotteriespiel. *Etw. 'raus haben:* die Rechenaufgabe gelöst haben, übertr.: etw. gut verstehen, wohl verkürzt aus: herausgefunden haben, wie man am geschicktesten verfährt. *Sich (gut) herausmachen:* sich gut entwickeln; z.B. ‚er hat sich nach seiner Erkrankung wieder gut herausgemacht‘; auch *sich wieder herauskrabbeln:* wieder genesen; der Genesende krabbelt langsam und mühsam aus seinem Krankenbett.
Das gleiche unbestimmte heraus liegt auch anderen Rdaa. zugrunde: *sich etw. herausnehmen:* sich eine Freiheit nehmen, die einem nicht zusteht, seit dem 17. Jh. belegt; urspr. ist wohl an dreistes Zulangen beim Essen aus gemeinsamer Schüssel zu denken (↗Gurke). *Einen herausstreichen:* ihn sehr loben; vielleicht von dem ‚Herausstreichen‘ oder ‚Anstreichen‘, d.h. Kolorieren, von Holzschnitten und Federzeichnungen hergeleitet; bei Wilwolt von Schaumburg (95): ‚pfeifern, trumenschlagern und ander zuegehörung, alles einer farb herausgestrichen" = bunt zugeputzt; bei Martin Opitz im ‚Buch von der deutschen Poeterey‘ (1624, S. 50): „wann sie (alexandrinische Verse) nicht ihren Mann finden, der sie mit lebendigen Farben herauszustreichen weiß".
Herausrücken: etw. widerstrebend hergeben. ‚Rücken‘ drückt dabei die langsame und widerstrebende Bewegung aus, mit der z.B. Geld hergegeben wird. *Geld bei etw. herausschlagen:* bei einer Sache viel Geld verdienen. Die Wndg. hängt mit dem Prägen von Münzen zusammen: Die Münzen wurden aus dem Metall herausgeschlagen; je dünner das Metall gewalzt war, um so mehr Münzen ließen sich herausschlagen.

Herbst steht in den Rdaa. allg. für ‚Ernte‘, insbes. für den Ertrag der Traubenlese: *einen vollen (halben, schlechten, armen, mageren* usw.) *Herbst machen.* ‚Dat gift en neidijen Herest‘ (das gibt einen neidischen Herbst) sagt man an der Mosel bei ungleichmäßigem Ertrag, der je nach dem Spritzen in einem Wingert gut, im Nachbarwingert aber schlecht ausfällt. Herbst steht aber auch übertr. für ‚Erfolg‘: *Ihm ist schon der Herbst verfroren:* er hat schon den Mut verloren, ehe er die Sache angreift. *Sein Herbst wird ihm schon kommen, worin er zeitig wird:* seine Strafe wird nicht ausbleiben.

Lit.: *H. Honold:* Arbeit u. Leben der Winzer an der Mosel (1941), bes. S. 82 u. 98.

Herculanum. *Herculanum (und Pompeji)* ist eine rdal. Fluchformel, bei der der durch das bibl. Gebot ‚Du sollst nicht fluchen‘ tabuierte Gottesname (‚Herrgott‘) in einen anklingenden Namen umgeprägt wurde, ähnl. wie in den Formeln ‚Potz Blitz‘ statt Gottes Blitz, ‚Potz Sapperment‘ statt Gottes Sakrament, ‚O Jemine!‘ statt Jesus Domine, und ähnl.: Jekus, Jegerl, Jerum, Jessas, Jesses, oder ‚Mein!‘ (bair.: ja mei!), wobei einfach Gott ausgelassen wird, ‚Herrjeh‘ statt Herr Jesus, ‚Herrschaft nochmal!‘ statt Herrgott nochmal! ‚Verflixt (und zugenäht)!‘ statt verflucht, oder ‚Kruzitürken!‘ statt Kruzifix, ‚Heiliger Bimbam‘ oder ‚Heiliger Strohsack!‘ statt des Namens eines Heiligen, ↗ auch ‚Bockshorn‘.

Lit.: *K. Beth:* Art. ‚Fluch‘, in HdA. II, Sp. 1636–52, RGG. V, Sp. 1648–52, Art. ‚Segen u. Fluch‘; *J. Schabert:* ‚Fluchen‘ und ‚Segnen‘ im A. T., in: Biblica 39 (1958), S. 1–26.

Herd. ‚Am heimischen (häuslichen) Herd‘ ist eine Wndg., die auf die Untrennbarkeit von Haus u. Herd hinweist. Der Herd bzw. die Feuerstatt als ältere Form der häuslichen Feuerstelle ist seit alters als Symbol des eigenen Hauswesens bekannt u. daher sozial- u. rechtsgeschichtlich bedeutsam. Dies kommt auch z. Ausdr. in dem Sprw. ‚Eigener Herd ist Goldes wert‘ (parod. ‚... ist aller Laster Anfang‘ oder: ‚Fremder Herd ist Goldes wert‘).
Häufig tritt in Brauch, Glaube u. Recht an die Stelle des Herdes pars pro toto auch ein Herdgerät, wie z. B. der Kesselhaken, der Feuerbock etc. Das ‚Heimchen am Herd‘, ↗ Heimchen.

Lit.: *V. v. Geramb:* Art. ‚Herd‘, in: HdA. III, Sp. 1758–1776; *K.-S. Kramer:* Art. ‚Herd‘, ‚Herdgerät‘, in: HRG. II, Sp. 84–87.

‚Herdentrieb‘

Herdentrieb. *Dem Herdentrieb folgen:* ein Mitläufer sein, wie die große Masse reagieren, nichts allein unternehmen, kein Individualist sein, ↗ Schaf.

herein ↗ Schneider.

hereinlassen. ‚Solle mir se (den) roilosse?‘ Dieser berühmt gewordene Satz des Vorsitzenden der Mainzer Fastnachtsveranstaltungen, mit dem die verschiedenen Darbietungen eines oder mehrerer Vortragenden angekündigt werden, ist weit über Mainz hinaus bekannt u. hat sprw. Charakter angenommen, da er scherzh. auch bei anderen Gelegenheiten verwendet wird. Er erweist sich als stets wirksames Mittel zur Auslösung u. Verbreitung von unvermittelter Heiterkeit.

Lit.: *H. Schwedt (Hg.):* Analyse eines Stadtfestes. Die Mainzer Fastnacht (= Mainzer Studien zur Sprach- und Volksforschung 1) (Wiesbaden 1977).

Hering steht in Rdaa. öfters als Bild des Geringwertigen und Kleinen, z. B. *er brät den Hering um den Rogen:* er bemüht sich um wenig oder nichts. Die Rda. stammt aus der Fischersprache und ist im Ndl. als ‚den haring om de kuit braden‘ weit verbreitet u. bereits auf dem Sprichwörterbild v. P. Bruegel dargestellt. *Er ist ein schmaler Hering:* er ist mager, dürr; vgl. frz. ,Il est maigre comme un hareng'; ähnl. *er ist wie ein ausgeweideter (ausgenommener) Hering:* so hohl, so hungrig vom Fasten. *Hier wird er keinen Hering braten:* hier wird er nicht zum Zug, Erfolg kommen.

Er ist ein Hering vor Johannis, ndl. ,Haring voor Sint Jan'. Gesetzlich durfte in Holland der Heringsfang erst am 24. Juni, dem Tage Johannes' des Täufers beginnen. Man kann sich also vor Johanni, d. i. bevor man den Hering im Netz hat, über den Fang nicht freuen.

Der rdal. Vergleich *aufeinandergepfercht wie Heringe:* dicht gedrängt wie die gelagerten Heringe im Faß, findet sich schon bei Abraham a Sancta Clara (,Judas' IV, 390): „Gleich den Häringen aufeinander liegen"; ähnl. ,wie die Ölsardinen'; vgl. frz. ,être serrés comme des sardines en boîte' (wörtl.: so dicht nebeneinander stehen oder liegen wie die Sardinen in der Dose). Hering ist auch ein Verweis; wohl entstellt aus frz. ,harangue' = Ansprache, heftige Rügerede, mit Einfluß von frz. ,hareng' = Hering. Bei Friedrich II. meint ,harangue' soviel wie aufmunternde Worte; vgl. frz. ,haranguer' = abkanzeln.

Lit.: *Leendertz, P.:* ,Den haring om de kuit braden', in: TNTL. 38 (1919), S. 316–320.

Herkules. *Ein wahrer Herkules sein:* Übermächtiges leisten, ,herkulische Kraft' haben.

Etw. ist eine Herkulesarbeit: ein ungeheures Pensum, das aufgearbeitet werden muß. Als Urspr. der Rda. gilt eine Erzählung von Diodor (um die Mitte des 1. Jh. v.Chr.) in IV, 13,3, in der – ebenso wie in Apollodors ,Bibliothek' (II,55) – von einer Kraftleistung des Herkules berichtet wird, die darin bestand, daß er des Augias, Königs von Elis, seit vielen Jahren nicht gesäuberten Rinderstall in einem Tage vom Dung befreite, indem er zwei Flüsse hindurchleitete. ↗ Augiasstall.

Mit der Wndg. ,Herkules am Scheidewege' wird dagegen auf einen Gewissenskonflikt hingewiesen, den zu lösen jem. schwerfällt. In einer zu den aesopischen Fabeln gehörenden Erzählung in den ,Horen' des Sophisten Prodikos von Keos

(um 430 v.Chr.) – die in Xenophons ,Denkwürdigkeiten' (II,1,21) durch den Mund des Sokrates überliefert ist – wird berichtet, wie Herkules als Jüngling in der Einöde zwei Wege vor sich sah – den zum freien, sinnlichen Lebensgenuß und den zur Tugend – und lange schwankte, welchen er einschlagen sollte (vgl. Cicero ,De officiis' I, 32, 118). Wenn jem. auf seinem Lebensweg an eine Gabelung kommt, die ihm zwei entgegengesetzte Wege eröffnet, wird daher die sprw. gewordene Wndg. ,Herkules am Scheidewege' gern zitiert.

Lit.: *J. Alpers:* Hercules in bivio (Diss. Göttingen 1912); *E. Panofsky:* ,Herkules am Scheidewege' u. andere antike Bildstoffe in der neueren Kunst (Leipzig 1930).

Herodes. *Das dankt dir der Herodes:* d. h. niemand oder der Teufel. Es bedeutet soviel wie: darauf lege ich keinen Wert, das ist mir völlig einerlei.

Die Wndg. ist auch lit. dokumentiert in dem Roman ,Vor Jahr u. Tag' von Wilh. Holzamer, in ,Daheim', Nr. 12 vom 21. Dez. 1907, S. 14: In einem rheinhess. Dorf sagt eine Tochter schnippisch zu ihrem Vater: „Die (Verlobung) könnt Ihr Euch spar'n, die dankt Euch der Herodes".

Lit.: *Ph. Keiper:* ,Herodes im dt. Sprw.', in: Zs. f. d. U. 23 (1909), S. 194–195.

Herr. Die Rda. *Herr im eignen Haus sein* gehört zu den weitverbreiteten Rechtsformeln: ,Jeder ist Herr in seinem Haus'. „Wir wellen auch, daz einem ieglichen purger sein haus sein veste sei" steht bereits im Haimburger Stadtrecht von 1244. Es handelt sich um ein Rechtssprw., das durch verschiedene Länder verbreitet ist. ,Cascun est roy en sa maison' heißt es im Altfrz.; frz. ,être maître chez soi'; engl. ,a man is king in his own house' und ,a man's house is his castle' (vgl. Singer I, 10).

Beliebt sind auch Sprww. wie: ,Niemand kann zwei Herren dienen' oder ,wie der Herr – so's Gescherr'.

Der Herr steckt ihm schon im Kopfe: er will sich nicht unterordnen, er will hoch hinaus. *Er ist der Herr von Habenichts (und Kuhdreck ist sein Wappen):* er ist arm. ,O Herr im Hemd, die Frau ist (ganz) nackt', ist schles. ein Ausdr. des Staunens, der Verwunderung.

Er ist im Herrn entschlafen: er ist gestorben; vgl. frz. ‚Il s'est endormi dans le Seigneur' (gehobene Sprache); vgl. ‚das Zeitliche segnen', ↗zeitlich.
Das Sprw. *Des Herren Auge macht das Pferd (Vieh) fett* (↗Auge) findet sich in den verschiedensten Sprachbereichen, z. B. ndl. ‚de beste mesting is des heeren oog'; lat. ‚oculus domini saginat equum'; frz. ‚l'œil du maître engraisse le cheval' (weitere Varianten s. Wander II, Sp. 541 f.).
Den Herrn auf den Bettler setzen: nach einem einfachen Essen noch etw. Feineres genießen; auch umgekehrt, els. *Einer Sache Herr werden* (vgl. obersächs. ‚etw. herrekriegen'); etw. in seine Gewalt, Geschicklichkeit bekommen. Im Mhd. gab es das Sprw. ‚Zwêne sint eines her' = einer ist gegen zwei verloren, er wird von ihnen überwältigt. Vgl. lat. ‚duo sunt exercitus uni'.

Lit.: E. Nestle: ‚No man can serve two masters' (Matth. 6,24, Luk. 16,13), in: Expository Times 19 (1907-1908), S. 284; H. Gangner: Zur Bdtg. des Substantivs ‚Herr' in der dt. Sprache der Gegenwart, in: Sprachpflege 9 (1960), S. 225–229; I. Weber-Kellermann: ‚Wie der Herr, so's Gescherr', in: Dienstboten in Stadt u. Land (Berlin 1982), S. 42–58.

Herrgott. *Unser Herrgott hat mancherlei Kostgänger* oder *Herrgott, wie groß ist dein Tiergarten!* Ähnl.: ‚Es gibt sonne wecke und sonne, und unser Herrgott hat se mit und ohne Glatze …!': was soll's?; vgl. ndl. ‚onze lieve Heer heeft rare kostgangers'; scherzhafter Ausdr. für: es gibt wunderliche Menschen auf der Welt. ‚Laut se man, use Herrgott weet woll, wo se wuant', ndd. tröstlicher Zuspruch, wenn sich Schuldige ihrer Bestrafung durch die Flucht entzogen haben.
In aller Herrgottsfrühe: sehr früh.
Den Herrgott einen guten Mann sein lassen, eine beliebte Rda., die Gottfr. Keller im ‚Landvogt von Greifensee' verwendet, die bei ihm aber auch schon früher ähnl. begegnet, z. B. im ‚Grünen Heinrich', der ‚den lieben Gott einen guten Mann sein läßt', ↗Gott.
Dem ist unser Herrgott auch schon in Zivil begegnet, d. i. strafend, rheinhess. Einige spezifisch schwäb. Rdaa. sind: ‚Herrgott von Bentheim, got's do zua', es geht sehr laut und ungeordnet zu'. Das berühmte Steinbild „Herrgott von Bentheim", ein

kulturhistorisches Kleinod, stammt aus dem 11. Jahrhundert. Der „Herrgott von Bentheim" ist vielerorts zu einem Ausruf der Bewunderung, der Verwunderung, der Überraschung und der Bekräftigung geworden. ‚Dear schtiehlt unserm Herrgott da Tag a', er ist den ganzen Tag untätig und faul; gleichbedeutend: ‚dear ischt unsers Herrgotts Tagdieb'; ‚Unser Herrgott wurd doch net grad dahoim gwea sei, wo da des gsait hoscht', was du sagst, ist gelogen.
‚Herrgott nochmal!' Ausruf des Unwillens, der zu den schweren Flüchen gehört, die normalerweise vermieden werden. Dagegen die schwäb. Variante: ‚Du liebes Herrgöttle' (von Biberach) als Ausdr. des Erstaunens. Schwäb. ‚Des Mensch möcht i in unseres Herrgotts Montur seha', d. h. ‚nackt u. ohne alles'.

Lit.: W. Unseld: Der Herrgott in schwäb. Sprww., in: Alemannia 20 (1892), S. 290–93; L. Schmidt:Sprw. dt. Rdaa., in: Österr. Zs. f. Vkde. 77 (1974) (N. S. Bd. 28), S. 100.

herrlich. *Herrlich und in Freuden leben:* sorglos, unbekümmert leben. Beruht auf dem Gleichnis vom reichen Mann und dem armen Lazarus, Luk. 16,19: „Es war aber ein reicher Mann, der kleidete sich mit Purpur und köstlicher Leinwand und lebte alle Tage herrlich und in Freuden …"
Wir haben es herrlich weit gebracht: wir haben viel geleistet, besitzen eine bewundernswürdige Kultur etc.; nach Goethes Faust I, 19; meist iron. gebraucht.

Herrscher. *Sich als Herrscher aller Reußen (Russen) fühlen:* wie ‚Gott in Frankreich' oder ‚wie ein Zar' – machtvoll, souverän, omnipotent; vgl. ‚Zar und Zimmermann'.

herumreiten. *Auf etw. herumreiten:* immer wieder auf dieselbe Sache zurückkommen. Leitet sich her vom ↗Steckenpferd, auf dem die Kinder reiten, und das – in übertr. Bdtg. – den Erwachsenen zur Lieblingsbeschäftigung in der dienstfreien Zeit wird; vgl. engl. ‚hobby'; frz. ‚être à cheval sur ses principes' oder: ‚enfourcher son dada': auf sein Lieblingsthema zurückkommen; ‚Prinzipienreiter', aufgekommen durch einen Erlaß von Heinrich,

Fürst von Reuss-Lobenstein-Ebersdorf, am 18.9.1845, worin der Ausdr. vorkommt: „seit 20 Jahren reite ich auf einem Prinzip herum" (Küpper).

Herz. Zahlreiche Rdaa. beruhen auf der alten Auffassung des Herzens als dem Sitz der Empfindung, auch des Mutes: *einem ans Herz gewachsen sein;* ihn sehr lieb haben; vgl. frz. ‚tenir à cœur à quelqu'un; ähnl.: *jem. im (am) Herzen liegen;* vgl. das Volkslied:
> Du, du liegst mir im Herzen,
> Du, du liegst mir im Sinn ...

Auch: *jem. im Herzen tragen;* vgl. frz. ‚porter quelqu'un dans son cœur'. Dagegen: *Ein Kind unter dem Herzen tragen:* schwanger sein, ↗ Kind.
Das Herz entzünden: Liebe und Leidenschaft entfachen.
Das Herz ist entflammt: es entbrennt in Liebe für jem., ↗ Liebe.
Einem sein Herz schenken: ihm seine Zuneigung und Liebe geben; vgl. frz. ‚donner son cœur à quelqu'un'.
Sein Herz für jem. (etw.) entdecken: sich der Liebe, des Interesses bewußt werden; ähnl.: *sein ganzes Herz an jem. (etw.) hängen:* nur noch dafür dasein, seine ganze Begeisterungsfähigkeit jem. (einer Aufgabe, Sache) zuwenden.
Jem. an sein Herz drücken: ihn zärtlich, voller Freude umarmen. *Viel Herz haben,* auch: *ein großes Herz haben:* für die Sorgen anderer offen, hilfsbereit sein, seinen Mitmenschen (Notleidenden) Unterstützung u. Zuwendung geben; vgl. auch: *ein Herz für Kinder haben* und den modernen Slogan ‚ein Herz für Tiere'.
Die Rda. *ein weites Herz besitzen* und die scherzhaft gemeinte Wndg. *einmal an Herzerweiterung sterben* zielen auf den Liebling der Frauen, der in der Lage ist, seine Liebe gleich mehreren zu schenken.
Das Herz verstricken: unlösbar gebunden, in Liebe, Leidenschaft, auch: Schuld oder Haß gefangen werden. *Sich etwas zu Herzen nehmen:* etw. sehr ernst nehmen; vgl. frz. ‚prendre quelque chose à cœur'. Dagegen hört man oft den Rat, jem. solle *sich nicht alles so (zu sehr) zu Herzen nehmen:* sich nicht zu viele Sorgen machen, ein Mißgeschick leichter, einen Tadel nicht

allzu ernst nehmen u. nicht gleich alles schwarz sehen.
Etw. nicht übers Herz bringen: sich nicht dazu durchringen können, zuviel Mitleid haben; *Es drückt ihm fast das Herz ab; nicht an Herzdrücken sterben:* offen heraussagen, was man denkt, was einen wurmt; ähnl. *seinem Herzen Luft machen:* seine Enttäuschung (Wut) äußern, sich erleichtern.

‚Das Herz abdrücken'

Seinem Herzen einen Stoß geben: die ängstliche oder vorsichtige Natur in sich durch einen plötzlichen Entschluß überwinden; *das Herz in die Hand* (oder *in beide Hände*) *nehmen:* sich zusammennehmen (ebenso frz. ‚prendre son cœur à deux mains; auch: ‚prendre son courage à deux mains'); *sich ein Herz fassen:* Mut zeigen; auch: *Das Herz zu etw. haben:* mutig sein, etw. wagen.
Jem. (niemand) ins Herz sehen können: seine wahren Gefühle (nicht) erkennen; vgl. hierzu die Strophe aus dem Lied ‚Kein Feuer, keine Kohle', in der es heißt:
> Setze du mir einen Spiegel
> ins Herze hinein,
> damit du kannst sehen,
> wie so treu ich es mein'.

Dagegen *das Herz in der Hand tragen:* „offenherzig' sein; dafür gewöhnlich *das Herz auf der Zunge tragen:* alles verraten, was in einem vorgeht. So heißt es schon lat. in der Bibel (Prediger 21,29): „in ore fatuorum cor illorum, et in corde sapientium os illorum". In der Übers. bei Luther: „Die Narren haben ihr Herz im

‚Jemanden im Herzen tragen'

‚Ob sie (wohl) ein Herz hat?'

‚Das Herz entzünden'

‚Einem sein Herz schenken'

Maul, aber die Weisen haben ihren Mund im Herzen".

Ganz ähnl. meint schon um 1300 Hugo von Trimberg im Lehrgedicht ‚Renner':

Tôren herze lît im munde,
der wîsen munt im herzen grunde.

Goethe dichtet:

Die Lust zu reden kommt zu rechter Stunde,
Und wahrhaft fließt das Wort aus Herz und Munde.

Mit doppeltem Tadel sagt 1639 Lehmann S. 719 („Schwätzer' 8): „Mancher hat sein Hertz im Maul, mancher hat sein Maul im Hertzen". Vgl. frz. ‚avoir le cœur sur les lèvres'.

Das Herz auf dem rechten Fleck haben: ein tüchtiger, braver, uneigennütziger und hilfsbereiter Mensch sein; vgl. frz. ‚avoir le cœur bien placé'.

Dem Feigling *fällt (rutscht) das Herz in die Hosen* (oder *in die Stiefel*); ähnl. schon lat.: ‚animus in pedes decidit'. Als die Studenten auf der Wartburg eine Ulanenfigur nebst Korporalstock, Haarzopf und Schnürleib, den Zeichen teils der Unfreiheit, teils welscher Sitte ins Feuer warfen, sangen sie dazu die Verse:

Es hat der Held- und Kraftulan
Sich einen Schnürleib angetan.
Damit das Herz dem guten Mann
Nicht in die Hosen fallen kann.

Die Hose als Richtungsangabe, wohin der Mut sinkt, hängt mit der umg. Gleichsetzung von Mutlosigkeit (Angst, Feigheit) mit Durchfall oder beschmutzter Hose zusammen; vgl. frz. ‚Il en fait dans son froc' (Er macht dabei in die Hose). *Ihm fällt das Herz in die Schuhe:* er wird mutlos; die Rda. ist eine im 19. Jh. (1856 bei

Wilh. Heinrich Riehl) aufgekommene steigernde Parallelbildung zu dem vorigen Ausdr. Der Mut ist noch tiefer gesunken als im vorhergehenden Fall.

Sein Herz ausschütten: sich aussprechen, alles heraussagen, was man auf dem Herzen hat; vgl. frz. ‚ouvrir son cœur à quelqu'un. Hier ist das Herz als ein Gefäß gedacht, wie man ja auch von einem ‚überquellenden Herzen‘ redet und wie es Matth. 12,34 heißt: „Wes das Herz voll ist, des gehet der Mund über". Ähnl. schon 1. Sam. 1,15: „Nein, mein Herr, ich bin ein betrübtes Weib. Wein und starkes Getränk habe ich nicht getrunken, sondern habe mein Herz vor dem Herrn ausgeschüttet"; u. in Ps. 42,5: „Wenn ich denn des innewerde, so schütte ich mein Herz aus bei mir selbst ..."

Aus seinem Herzen keine Mördergrube machen: offenherzig sein; vgl. Matth. 21,13: „Mein Haus soll ein Bethaus heißen; ihr aber habt eine Mördergrube daraus gemacht" (ähnl. schon Jer. 7,11: „Haltet ihr dies Haus, das nach meinem Namen genannt ist, für eine Mördergrube?"; vgl. Goethes ‚Götz von Berlichingen‘ I, Bischofszene.

Auch *am Herzen, auf dem Herzen* (frz. ‚sur le cœur‘) liegen und lasten die Gedanken; schon der griech. Dichter Äschylus (525–456 v. Chr.) hat die Sorgen „Nachbarn des Herzens" genannt, und Wolfram von Eschenbach beginnt seinen ‚Parzival‘ mit den Worten:

Ist zwîvel herzen nâchgebûr,
daz muoz der sêle werden sûr.

Viel auf dem Herzen haben: gleich mehrere Anliegen oder Kümmernisse haben.

Jem. eine Sache ans Herz legen: ihn bitten, sich bes. darum zu kümmern.

Jem. das Herz schwer machen: ihm großen Kummer zufügen. Vgl. Gretchens Lied am Spinnrade mit der Sehnsucht nach dem Geliebten im Herzen:

Meine Ruh ist hin,
Mein Herz ist schwer;
Ich finde sie nimmer
Und nimmermehr.

(‚Faust‘ I, Gretchens Stube).

Jem. das Herz brechen: ihn todunglücklich machen; dagegen: *nicht an gebrochenem Herzen sterben:* etw. leicht nehmen, nicht lange einer vergangenen Liebe nach-

‚Das Herz wiegen‘

trauern. *Schon viele Herzen gebrochen haben:* viele Frauen geliebt, betrogen, verlassen und unglücklich gemacht haben. Die Rda. *das Herz im Leibe will zerspringen* begegnet mehrfach im Grimmschen Märchen (KHM. 6, KHM. 56, KHM. 89 u. KHM. 166).

Jem. blutet das Herz: er ist schmerzlich betroffen, auch: er gibt etw. nur ungern her, was ihm bes. teuer war.

Sich etw. (jem.) aus dem Herzen reißen: die Erinnerung (Liebe) gewaltsam verdrängen.

Von ganzem Herzen und von ganzer Seele steht zum ersten Male 5. Mos. 4,29. Bei Matth. 23,37 finden wir den Ausdr. dann in der noch volleren und vielleicht häufiger zitierten Form: „Von ganzem Herzen, von ganzer Seele und von ganzem Gemüte". Vgl. frz. ‚De tout son cœur et de toute son âme‘.

Wenig, aber von Herzen sagt man nach Tobias 4,9: „Hast du viel, so gib reichlich; hast du wenig, so gib doch das Wenige mit treuem Herzen"; ähnl.: ‚wenig, aber mit Liebe‘.

Einen ins Herz schließen. Der Vergleich des Herzens mit einem Schrein und das dazugehörige Bild vom Herzensschlüssel spielt in Volkslied, Märchen und Rda. eine große Rolle. Eines der ältesten dt. Liebeslieder (aus einer Tegernseer Hs.) lautet:

Dû bist mîn, ich bin dîn:
des solt dû gewis sîn,
Dû bist beslozzen
in mînem herzen;

verlorn ist daz sluzzelin:
Dû muost immer drinne sîn.

Nach 2. Sam. 12, 5 sagen wir *jem. das Herz stehlen* und nennen den, der es tut, *Herzensdieb*. Vgl. frz. ,voler le cœur de quelqu'un'.

Jem. geht das Herz auf, auch: *jem. lacht das Herz im Leibe:* er ist voller Freude, ist überglücklich.

Auch die Frage des Glücklichen: *Herz, was begehrst du nun?* wird formelhaft im Märchen verwendet, z. B. in KHM. 46, KHM. 83, KHM. 85 u. KHM. 110.

Jem. aus dem Herzen gesprochen sein: ganz in seinem Sinne sein. *Die Herzen (aller) schlagen jem. entgegen (fliegen ihm zu):* er versteht es, Begeisterung u. Sympathie zu erregen.

Aller Herzen schlagen höher: sie sind voll freudiger Erwartung.

Ein Herz und eine Seele sein: von gleicher Gesinnung und Meinung sein, beruht auf Apostelg. 4, 32.

,Sie hat ihr Herz entdeckt' ist der Titel eines Lustspiels (1865) von Wolfgang Müller von Königswinter (1816–73).

Einen auf Herz und Nieren prüfen: von Grund aus prüfen; die Rda. ist bibl. Ursprungs und beruht auf Ps. 7, 10 (vgl. auch Jer. 11, 20 u. ö. sowie Offenb. 2, 23); *das Herz wiegen:* die Gesinnung prüfen (vgl. Schillers Soldatenlied aus ,Wallensteins Lager', wo es heißt: „Da wird das Herz noch gewogen").

Häufig ist auch Herz in rdal. Vergleichen: ,ein Herz wie ein Stein', so schwer, ,wie eine Drossel', so leicht, so beschwingt, ,wie ein Schnebersbrot', ,wie eine kalte Wassersuppe', ,wie ein Taubenhaus', ,wie ein Lämmerschwanz'.

Ein Herz von Stein haben: sich nicht rühren lassen, empfindungslos für Schmerz oder Freude sein, keinerlei Mitleid zeigen, vgl. ,hartherzig sein'.

Lit. hat dies W. Hauff in seinem Märchen ,Das kalte Herz' (1828) bes. einprägsam konkretisiert.

Jem. ist ein (schwerer) ↗ Stein vom Herzen gefallen: er ist eine drückende Sorge los, vgl. auch KHM. 31 u. KHM. 97.

Es geht ihm handhoch (eine Handbreit) über dem Herzen weg: der Mund spricht das Gegenteil von dem, was das Herz fühlt.

,Das Herz reinmachen'

,Mit den Herzen nur ein Spiel treiben'

Ndd. ,Rüm Hart, klor Kimmung!', weites Herz, klare Sicht!; stammt aus der Seemannsprache.

Etw. im Herzen bewegen: etw. immer wieder bedenken und in Erinnerung bewahren, bezieht sich auf Luthers Bibelübers. (Mark. 2, 19): „Maria aber behielt alle diese Worte und bewegte sie in ihrem Herzen". Die ,moderne' und korrektere Übers. „... bedachte sie in ihrem Herzen" ist viel schwächer.

Die Wndgn. ,Das Herz zwingen': jem. bezwingen, und ,Herz zu Herzen schaffen': jem. (in Liebe, Freundschaft, auch: Begeisterung) vermitteln, übereinstimmende

Gefühle erwecken, lit. bei Goethe (Faust I, Szene mit Wagner):

Wenn ihr's nicht fühlt, ihr werdet's
nicht erjagen,
Wenn es nicht aus der Seele dringt
Und mit urkräftigem Behagen
Die Herzen aller Hörer zwingt ...

Und ebd.:

Doch werdet ihr nie Herz zu Herzen
schaffen,
Wenn es euch nicht von Herzen geht.

Lit.: *A. Hermann:* Das steinharte Herz. Zur Geschichte einer Metapher, in: Jb. f. Antike u. Christentum 4 (1961), S. 77–107; *H. Niedermeier:* Die Herzsymbolik in der Volksfrömmigkeit des MA. in: Bayer. Jb. f. Vkde. (1968). S. 58–64; *E. Boehringer (Hg.):* Das Herz – im Umkreis des Glaubens – Im Umkreis der Kunst – im Umkreis des Denkens, 3 Bde. (Biberach o. J.); *G. Bauer:* Claustrum Animae. Untersuchungen zur Geschichte der Metapher vom Herzen als Kloster, Bd. I: Entstehungsgeschichte (o. O. 1973); *G. Bott:* Von ganzem Herzen. Kleine Kulturgeschichte des Herzens (Nürnberg 1984); *K. Düwel:* Art. ‚Herz‘, in: EM. VI., Sp. 923–929; Zur Symbolik des Herzens u. des Raumes. Akten des. 6. u. 7. Symposions der Gesellschaft für Symbolforschung. Bern 1988, Zürich 1989, hg. v. A. Zweig im Namen der Gesellschaft für Symbolforschung (= Schriften zur Symbolforschung, Bd. 6) (Bern u. a. 1991).

Hesse. *Ein blinder Hesse,* altes Scheltwort für einen (geistig) Kurzsichtigen. Die Rda., von der sich wahrscheinl. das Sprw. ableitet: ‚die Hessen können vor neun nicht sehen‘, geht schwerlich weit über das 16. Jh. zurück. Grimm und ihm folgend Vilmar fassen diese spöttische Bez. als letzten Nachklang einer sonst unbezeugten Stammessage auf, wonach der Stammesahnherr für das blindgeborene Junge eines Hundes oder einer Katze ausgegeben worden sei (vermutl. aus dem lautlichen Anklang von ‚Chatten‘ und ‚Katzen‘). Daher habe man wohl auch die Hessen blinde Hunde oder *blinde Hundehessen* genannt, wie man (im 16. Jh.) den hess. Wappenlöwen eine Katze schalt. 1584 sagt Leonhard Thurneisser, ein Arzt, Alchimist, Astrolog und Verleger zugleich, von der „schwebischen art“: „welche geschlecht der menschen nach der geburt, wie man vermeint, neun tage als die hunde blind ligen sollen“. Vielleicht bezieht sich hierauf die Vorstellung, der Hesse könne vor neun nicht sehen. Der Ruf geistiger Verblendung und zäher Störrigkeit haftet unter den dt. Stämmen

vor allem den Hessen und Schwaben an, daher heißen auch die Schwaben ‚blind‘, namentlich bei den Thüringern, die die Hessen öfter ‚taub‘ als ‚blind‘ nennen. Schon 1541 ist die Rda. von Seb. Franck (Sprww. 2,49b) gebucht worden: „‚Du bist ein blinder Hesse!‘ wolt einen groben dölpel und fantasten damit anzeigen. Wir brauchen ‚ein grober Algewer bauer, ein blinder Schwab, ein rechter dummer Jan, der teutsch Michel, ein teutscher baccalaureus‘“. J.-B. Rousseau meint: „Die Hessen heißen deshalb blind, weil sie stets kühn und unverrückt in die Schlacht gingen. Und ihre Tapferkeit hat sich auch bei verschiedenen Gelegenheiten bewährt. Oder vielleicht auch deshalb, weil sie nicht fragen, wofür sie in den Kampf gehen, ob als verkaufte Söldner oder als Kämpfer für die höchsten Güter eines Volkes". *Drauflos, wie ein blinder Hesse* ist daher zur allg. Rda. geworden.

Rhein. sagt man von einem leicht zornig werdenden Menschen: ‚der hät en Hessekopf‘.

In Pommern, Preußen und wohl auch anderswo ruft man jem., der einen auf der Straße anrennt, zu: ‚Blinn‘ Heß, kannst nich sehn?‘

‚Laufen wie die Hessen‘: luxemb. Rda., die sich auf die Ereignisse des Jahres 1814 bezieht u. im Gegensatz zu den anderen Rdaa. den Hessen Feigheit nachsagt.

Lit.: *F. Wiesenbach:* Die blinden Hessen (1891); *Ch. Oberfeld (Hg.):* Hessen, Märchenland der Brüder Grimm (Kassel 1984), S. 8.

Heu dient sprw. zur Bez. einer großen Menge: *Er hat Geld wie Heu* (Lessing, ‚Minna von Barnhelm‘ III, 5): *sein Heu herein* (auch *im Trockenen*) *haben:* sein Geschäft gemacht, viel Geld verdient haben. In einigen anderen Rdaa. kommt Heu in Beziehung zu unsinnigem Tun und in Bildern für eine ‚verkehrte Welt‘ vor, z. B. ‚as 't Hoi blöit‘ (wenn das Heu blüht), d. h. niemals, am St. Nimmerleinstag; *das Heu zwischen die Hörner legen:* etwa. Unsinniges tun; ebenso *das Heu läuft dem Pferd nach. Da wird kein Heu dürr:* man gibt sich vergebliche Mühe; *das Heu auf dem Ofen trocknen.*
Er weiß das Heu auf seine Gabel zu bringen: er nutzt seine Vorteile aus. *Er ist bes-*

‚Das Heu läuft dem Pferd nach'

ser als lang Heu zu laden: er läßt sich leicht überreden, für einen Zweck gebrauchen. *Heu und Stroh im Kopf haben:* sehr dumm sein.

Er hat Heu an den Hörnern: nimm dich vor ihm in acht! Ähnl. in Fischarts ‚Gargantua' (153a): „du hast uns recht das heu zwischen das horn gelegt". Eigentl. von einem bösen Ochsen gesagt, dem der Treiber, um die Vorübergehenden zu warnen, ein Bündel Heu an den Hörnern befestigt hat. Ebenso schon lat. ‚foenum habet in cornu'.

Wenn jem. gähnt, sagt man iron. übertreibend: ‚Hu, da kann doch ein Heuwagen 'reinfahren!'

Heu (verdorrtes Gras) gilt als Symbol des Nichts, des Leeren, Unfruchtbaren, der Vanitas. Auf dem ‚Heuwagen-Diptychon' von Hieronymus Bosch versucht jeder, einen Teil des Heus an sich zu raffen, wobei das so offenbar Erstrebenswerte, das flüchtige Glück, der weltliche Genuß seine Nichtigkeit erweist: ‚Die Welt ist ein Heuwagen'. Vgl. die südtirol. Wndg. ‚Die Welt isch a Haistock: wer mear roaderfrißt, hat mear'.

Der Bezug zu dem bibl. Vergleich in Psalm 90,6 u. Psalm 103,15: „Ein Mensch ist in seinem Leben wie Gras ..." ist in der bildl. Darstellung deutlich. Ähnl. kann der Vers: „Ze hewe wart sin grüenez gras" bei Hartmann v. Aue im ‚Armen Heinrich' als Vergänglichkeitsmetapher in Zusammenhang mit den genannten Stellen

in den Psalmen gedeutet oder auch als Bild für den Aussatz verstanden werden.

Ins Heu fahren: zu erotischen Abenteuern unterwegs sein, ist eine beliebte Metapher zur Umschreibung des Ehebruchs in der Schwankballade (vgl. E. B. 150).

Das Bett der Liebenden auf dem Heuwagen hat bereits Hieronymus Bosch dargestellt. Bei Gottfried Keller hat in ‚Romeo und Julia auf dem Dorfe' das Heuschiff als Bett der Liebenden, von dem sie ins Wasser gleiten, eine ähnl. Funktion. Ein Gedicht von Christoph Meckel erscheint als lyrische Gottfried-Keller-Reminiszenz – wie W. Mieder gezeigt hat –, in dem es heißt: „Oben im Heu die Liebenden schlafen".

Lit.: *H. Rosenfeld:* ‚Ze hewe wart sîn gruenez gras'. Zu Hartmanns ‚Armen Heinrich' E. 70–75 und dem Sinnbereich dieser Metapher, in: Zs f.d.A. 101 (1972), S. 133–142; *V. Mertens:* Noch einmal: Das Heu im ‚Armen Heinrich' (E 73/B 143), in: Zs. f.d.A. 104 (1975), S. 293–306; *K. Roth:* Ehebruchschwänke in Liedform (Motive. Freiburger folkloristische Forschungen 9) (München 1977), Typ D 24 u. 25; *W. Danckert:* Symbol, Metapher, Allegorie im Lied der Völker, Teil III: Pflanzen (Bonn-Bad Godesberg 1978), S. 878–901; *W. Mieder:* „Oben im Heu die Liebenden schlafen". Christoph Meckels lyrische Gottfried-Keller-Reminiszenz, in: Sprachspiegel 4 (1985), S. 108–112.

Heuchel. *Ohne Heuchel und Schmeichel:* etw. geradeheraus und ohne Verstellung sagen. Die Zwillingsformel ist in gleicher Zusammenstellung schon bei Hans Sachs zu finden (‚Der Affenkönig mit den zwei Gesellen'):

Deshalb wil die welt, das man auch
Ir heuchel, schmeichel, lob' und
schmir (= besteche).

Heulen. Die Zwillingsformel *Heulen und Zähneklappen* (nicht klappern, wie vielfach angenommen wird) bezieht sich auf das Heulen u. Zähneklappen, das (nach Matth. 8,12 u. Luk. 13,28) die Sünder in der Hölle erwartet. Es handelt sich hierbei um eine Paarformel, die der Betonung u. Verstärkung dient.

Etw. ist zum Heulen: es ist so schlimm, daß man nicht wie ein Mensch weinen, sondern wie ein Tier (auf-)heulen muß, wobei die Stärke der Klage einen Rückschluß auf die Größe des Übels zuläßt. ‚Weinen' (für Tränenvergießen) gehört eher der gehobenen Umgangssprache an.

Volkssprache u. Mdaa. bevorzugen statt dessen das kräftigere ‚Heulen‘, was sonst eher auf Tiere bezogen wird: *Heulen wie ein Schloßhund, mit den Wölfen heulen* ↗ Wolf.

‚Heuler‘ werden die Seehundbabies genannt. Andere verbale Ausdrücke sind: flennen, brüllen, plärren, greinen, jammern, schluchzen, wimmern, plinseln, Tränen vergießen oder in Tränen zerfließen, sich in Tränen auflösen, die Augen aus dem Kopf weinen, Rotz u. Wasser heulen. Oder das Klagen wird umschrieben mit Nölen, Quengeln, Jaulen, Maulen, Lamentieren, Winseln. Wem zum Weinen ist, der ‚stellt‘ oder ‚dreht die Wasserleitung‘ oder den ‚Wasserhahn‘ an, hat ‚nahe am Wasser gebaut‘. Solche Leute nennt man Jammerlappen, Waschlappen, Heulsuse, Nölpott, oder man sagt: ‚Der ist nicht ganz dicht‘. ‚Heulboje‘ nennt man einen Menschen, der bei jedem kleinsten Anlaß in Tränen ausbricht. Hier handelt es sich um den Vergleich mit einem technischen Gerät, mit der Heulboje auf See, deren eingebaute Sirene durch Wind und Seegang zum Tönen gebracht wird. Anlässe zum Heulen (Weinen) sind mannigfaltig: Man weint aus Schmerz, Verlassenheit, Einsamkeit, Verlust, Schwäche, Angst, Trauer, Ohnmacht, Kummer, Verzweiflung, Hoffnungslosigkeit, Unglück, Sehnsucht, Heimweh, Enttäuschung, Kränkung, Gram, Not, Erschütterung, Schreck, Wut, Zorn, Trotz, Reue, Scham, Zerknirschung, Rührung, Glück, Freude, Ergriffenheit. Vor allem ist Heulen Ausdrucksform des Leids bei Trennung, Abschied, Verlust von Personen oder Dingen. Man bekommt das ‚heulende Elend‘. Es gibt von Volk zu Volk unterschiedliche Scham- und Peinlichkeitsgrenzen des Weinens. In südlichen Ländern, in denen sich Menschen ihren Gefühlen ungenierter hingeben, wird schneller geweint, geklagt, eher geheult. Bei uns wird relativ wenig geweint. Es gibt ferner Unterschiede des Alters: Kleinkinder heulen viel. Lange bevor das Kind sprechen lernt, benutzt es das Weinen und Heulen als Ausdruck seines Nicht-Wohlbefindens. Auch im Alter hat man oft ‚nahe am Wasser gebaut‘; schnell stellen sich Tränen der Rührung ein. Außerdem gibt es eine

erlernte Geschlechtsspezifik: laut der Zeitschrift ‚Brigitte‘ weinen Frauen viermal so viel als Männer. Männer sind vermeintlich härter und durch den kulturspezifischen Zivilisationsprozeß dazu erzogen, ihre Gefühle zu unterdrücken. Sie ‚trotzen lachend allen Stürmen‘ und sind dazu erzogen, Stärke und Härte zu zeigen. Sie weinen nicht bei Gelegenheiten, bei denen Frauen ihre Gefühle zeigen dürfen, z. B. Abschiedstränen. Der Volksmund versichert andererseits die Überflüssigkeit von Tränen und spendet nicht immer wirksamen Trost und Aufmunterung mit formelhaften Sätzen wie: ‚Nun heul mal nicht, das nützt auch nichts!‘, ‚Du hast gar keinen Grund zum Weinen‘, ‚Blarren helpt nix‘ etc.; oder Tränen werden ironisiert mit der Wendung: ‚Mit einer Träne im Knopfloch‘. In anderen Kulturen hat sich ein anderes Weinverhalten entwickelt. Es gibt Länder – vor allem in Ost-, Süd- und Südosteuropa, in denen bei der rituellen Totenklage lange und ausgiebig geheult wird – auch hier vorzugsweise von Frauen, sog. ‚Klageweibern‘, von denen schon die Bibel berichtet. In anderen Epochen unserer Kulturgeschichte wurde unterschiedlich oft und intensiv geweint, häufiger z. B. im 18. Jahrhundert und in der Romantik. Goethes ‚Faust‘: „Die Träne quillt, die Erde hat mich wieder“. „Aschenputtel ging zu seiner Mutter Grab, pflanzte das Reis darauf und weinte so sehr, daß die Tränen darauf niederfielen und es begossen“, heißt es in KHM. 21.

Im Zeitalter der modernen ‚neuen Innerlichkeit‘ gibt es bis zu einem gewissen Grad eine Renaissance der Tränenkultur, ↗ Tränen, ↗ weinen.

Lit.: *E. Mahler:* Die russische Totenklage (Leipzig 1935); *H. Plessner:* Lachen und Weinen (Bern ³1961); *L. Honko:* Balto-Finnic Lament Poetry, in: Studia Fennica 17 (1974) S. 9–61 (im selben Band noch weitere Aufsätze zum Problemkreis der Totenklage, ‚Language of Laments‘); *G. Berkenbusch:* Zum Heulen. Kulturgesch. unserer Tränen (Berlin 1985).

Heureka. ‚Heureka‘ (= ich hab's gefunden), rief nach Vitruvius (‚De architectura‘ IX,3) Archimedes aus, als er bei der Untersuchung des Goldgehaltes einer für den König Hieron II. von Syrakus (reg. 269–215) angefertigten Krone das Gesetz des spezif. Gewichtes entdeckte. Nach der Legende soll er das sog. ‚hydrostat. Grundgesetz‘ im Bade entdeckt haben u. mit dem Ruf ‚Heureka‘, mit dem seither alle glücklichen Finder u. Erfinder ihrer Freude Ausdr. geben, splitternackt nach Hause gelaufen sein (Büchmann).

Heuschrecke. *Sie kamen wie ein Heuschreckenschwarm:* d. h. in furchterregender Anzahl u. Schnelligkeit. Der rdal. Vergleich ‚wie ein Heuschreckenschwarm‘ bzw. ‚wie Heuschreckenschwärme‘ oder auch ‚wie die Heuschrecken‘ umschreibt ein ganzes Bündel von Aussagen: das schnelle Heranziehen der Gefahr, die Gewalt der Gefahr sowie die Masse der Einzelwesen, die in geballter Formation heranströmt u. Schrecken verbreitet, weil Heuschrecken sehr gefräßig sind u. in kürzester Zeit ganze Saatfelder vernichten. Das sprachl. Bild von der Heuschrecke begegnet schon in der Bibel (Jer. 46,23; 5. Mos. 28,38; 2. Chron. 7,13). Auch Geiler von Kaysersberg benutzt es - freilich nicht als Vergleich, sondern als reales Beispiel für eine verheerende Heuschreckenplage: „was bliben war, aszen die heuschrecken fol ab, die singen nymmer weder in dem summer" (‚Das Buch der Sünden des Munds‘, 1518, 33).
Wenn auch die Heuschreckenplage in unseren Breiten keine Rolle mehr spielt, so ist die Rda. im Sprachgebrauch doch weiterhin erhalten geblieben.

Lit.: O. Keller: Die antike Tierwelt 2 (Leipzig 1913), S. 455–458; *M. Lurker:* Wb. bibl. Bilder u. Symbole (München 1973), S. 141–142. *H.-J. Uther:* Art. ‚Heuschrecke‘, in: EM. VI, Sp. 954–960.

Heute. ‚Heute mir - morgen dir‘ ist eine Mahnung an die letzte Stunde, ein ‚memento mori‘, wie es als Grabinschrift - u. a. auch schon in den frühen Kirchen in England - oder als warnendes Motto im Bereich der Totentanztexte häufig zu finden ist. Der gereimte dt. Text entspricht dem älteren lat. ‚hodie mihi, cras tibi‘, der als Unterschrift zur Illustration eines Totenschädels mit Sanduhr, Kerze u. Jüngling u. a. auch im Emblembuch des G. Rollenhagen (1583, II, Br. 50) belegt ist.

Die Formel wird schon beim hl. Chrysostomos erwähnt. Als Franz I. nach der Schlacht von Pavia von Kaiser Karl V. gefangengenommen u. in Madrid eingekerkert war (1525), bemerkte er auf der Wand seines Gefängnisses das Motto des Kaisers „Plus ultra" u. schrieb darunter: „Hodie mihi, cras tibi". Der Kaiser, den man inständig gebeten hatte, nach dem gefangenen König zu sehen, war keinesfalls ärgerlich über diesen Zusatz, sondern setzte seinerseits die Worte darunter: ‚Homo sum humani nihil a me alienum puto", u. bekundete damit seine Bereitschaft, ihn aus der Gefangenschaft zu entlassen. Auch später erregte der Spruch noch einmal besondere Aufmerksamkeit - im königl. Gefängnis ‚Martyn Tower‘, in dem die gefangene Lady Jane Grey ihn auf der Gefängniswand verewigte, freilich in etwas abgewandelter Fassung. Der Gegensatz ‚heute - morgen‘ spielt im strukturellen Aufbau vieler Sprww. u. Rdaa. eine Rolle; z. B. in den Wndgn.: ‚Was du heute kannst besorgen, das verschiebe nicht auf morgen‘ - ‚Morgen, morgen, nur nicht heute, sagen alle faulen Leute‘ - ‚Heute rot - morgen tot‘ - ‚Kommt er heut‘ nicht, kommt er morgen‘ etc.
Im Witz wird der Unterschied von Konsequenz und Inkonsequenz nur durch eine unterschiedliche Betonung erreicht. Konsequent ist: Heúte so - mórgen so. Inkonsequent ist: Heute só - morgen só.

Lit.: H. Rosenfeld: Der mittelalterliche Totentanz (Münster u. Köln 1954); *W. Rotzler:* Die Begegnung der drei Lebenden und der drei Toten (Winterthur 1961); *R. Hammerstein:* Tanz und Musik des Todes (Bern u. München 1980); *S. Metken (Hg.):* Die letzte Reise. Sterben, Tod und Trauersitten in Oberbayern (München 1984); *G. Condrau:* Der Mensch und sein Tod (Zürich 1984).

Hexe. Unter den Rdaa., die aus Volkssagen herausgewachsen sind, stehen solche zum Hexenglauben zahlenmäßig an der Spitze. *Nicht hexen können:* Unmögliches nicht vollbringen können; nicht noch schneller arbeiten können (‚ich kann doch nicht hexen!‘). Die Rda. ist im 18. Jh. im Geiste der Aufklärung aufgekommen. Meckl. sagt man von einem Schläfrigen: ‚Dee is wol mit de Hexen nah'n Blocksberg wäst!‘; vgl. die abweisende Antwort: ‚Geh zum Blocksberg!‘, ‚Daß du auf dem

Blocksberg wärest'. Von der stumpfen Sense heißt es meckl. ‚Dor kann 'n up nah'n Blocksbarg riden!'; ähnl. schlesw.-holst. ‚Das Meß is so stump, dor kannst mit'n bloten Ars op na'n Blocksbarg rieden', oder ‚Op sien Mess kann en Hex ahn Ünnerbüx up na'n Blocksbarg rieden'; hess. ‚Auf dem Messer kannst du von hier bis Paris (auch: nach Rom, Köln) reiten'. Dieser Messerritt ist unverkennbar ein Hexenritt und bezieht sich auf den Volksglauben: man darf sein Messer nicht mit der Schneide nach oben legen, weil sonst die Hexen darauf nach dem ⟋ Blocksberg reiten.

Die ⟋ Katze als Verwandlungsgestalt der Hexe und als Hexentier der Sage kommt in einigen Rdaa. vor. Wenn eine Katze Brot frißt, sagt man schweiz. (Kt. Uri): ‚Das isch ämel kei Häx', denn Brot ist heilig, an Brot würde eine Hexe nicht gehen. Ostfries. ‚Dan is Kat 'n Heks' bedeutet: dann tritt die größte Verlegenheit ein. Nach der Hexensage wird eine zwanzigjährige Katze zur Hexe und eine hundertjährige Hexe wieder zur Katze.

Die Teufelsbuhlschaft der Hexe begegnet in Volksglauben und Sage nicht mehr, aber die sprachliche rdal. Wndg. zeigt noch den Zusammenhang von Hexe und Teufel, z. B. ‚Was sich hext, deiwelt sich', was sich liebt, das neckt sich. ‚Verklage die Hexe beim Teufel', du bekommst dein Recht doch nicht, weil eine Krähe der andern kein Auge aushackt.

‚Aussehen wie die Hexe von Binzen' ist eine Basler Rda. für eine Frau mit zerzausten Haaren. Die Hexe von Binzen war die Frau eines Knechtes von Graf Dietrich auf Schloß Rötteln. Eines Tages krepierte der Lieblingshund des Grafen vermeintlich infolge ungenügender Pflege durch den Knecht. Der Graf war darüber so erbost, daß er den Knecht von seinen Hunden zerfleischen ließ. Hierauf verfluchte dessen Frau das Schloß und seine Bewohner, und die Folge dieses Fluches war, daß der Bräutigam des Schloßfräuleins beim Schloß zu Tode fiel.

‚D' Hex gronet' sagt man schwäb. bei rekonvaleszenten Frauen. Schwäb. ist ferner der rdal. Fluch: ‚Kotz Mahra und a Hex!' sowie das Sprw.: ‚Es tut keine Hex mehr, als sie kann'.

Es ist eine Hexe im Feuer sagt man, wenn es im Feuer knistert. In Sagen und Märchen erscheint die Hexe öfters in irgendeiner Weise mit dem Feuer verbunden.

Lit.: *L. Weiser-Aall:* Art. ‚Hexe', in: HdA. III, Sp. 1827–1920, insbes. 1919; *A. Wittmann:* Die Gestalt der Hexe in der dt. Sage (Diss. Heidelberg 1933); *J. Kruse:* Hexen unter uns? (Hamburg 1951); *L. Berthold:* Sprachliche Niederschläge absinkenden Hexenglaubens, in: Volkskundliche Ernte (Gießen 1938), S. 32–39; *E. Hoffmann-Krayer:* Die Hexe von Binzen, in: Schweiz. Arch. f. Vkde. 14 (1910), S. 170: *W. E. Peuckert:* Der Blocksberg, in: Zs. f. d. Ph. 75 (1956), S. 347 ff.; *L. Röhrich:* Sprww. und sprw. Rdaa. aus Volkserzählungen, S. 260 f.; *L. Honko:* Krankheitsprojektile. Untersuchungen über eine urtümliche Krankheitserklärung, FCC. 178 (Helsinki 1967); *H. Gerlach:* Art. ‚Hexe', in: EM. VI, Sp. 960–992.

Hexeneinmaleins. *Das Hexeneinmaleins deklamieren (murmeln, aufsagen):* etw. Unverständliches sprechen, eine Argumentation mit Zahlen führen, die keiner versteht. Die bekannte Wndg. bezieht sich auf Goethes ‚Faust' (I, ‚Hexenküche'), worin das ‚Hexeneinmaleins' folgenden Wortlaut besitzt:

> Du mußt versteh'n!
> Aus Eins mach Zehn,
> Und Zwei laß gehn,
> Und Drei mach gleich,
> So bist du reich.
> Verlier die Vier!
> Aus Fünf und Sechs –
> So sagt die Hex' –
> Mach Sieben und Acht,
> So ists vollbracht:
> Und Neun ist Eins,
> Und Zehn ist keins.
> Das ist das Hexen-Einmaleins!

Dabei handelt es sich vermutlich um die Beschreibung eines sog. Magischen Quadrates.

Schreibt man nämlich die Zahlen 1–9 in Dreierreihen (Quadrat 1), dann erhält man ein einfaches magisches Quadrat. Die Mittel- und Schrägreihen ergeben 15. Richtig „magisch" wird es aber natürlich erst, wenn alle möglichen Reihen dieselbe Summe ergeben (Quadrat 2). Die „Hexerei" geht bei Quadrat 3 im Vergleich zu Quadrat 1 los: „Du mußt versteh'n: aus 1 mach 10, und 2 laß geh'n. Und 3 mach gleich. Verlier die 4 (= mach 0 daraus). Aus 5 und 6 mach 7 und 8. So ist's vollbracht." Dieses Kunststück würde nun tatsächlich in jeder Reihe 15 ergeben. Nur

1	2	3
4	5	6
7	8	9

1

4	9	2
3	5	7
8	1	6

2

10	2	3
0	7	8
5	6	4

3

¹⁰04	2	3
0	7	8
5	6	¹ ¹⁰04

4

‚Hexeneinmaleins'

die Schrägreihe von links oben nach rechts unten macht nicht mit. Deshalb spricht die Hex' weiter: „Und 9 ist 1, und 10 ist keins"; also: die Zahl im neunten Feld (4) wird auch im ersten Feld eingesetzt, wo die dort bisher gewesene 10 „keins" (also Null) wird – wenn auch nur als Austauschzahl für die eine Reihe (Quadrat 4)!

Lit.: ↗ Hexe.

Hexenjagd. *Eine Hexenjagd veranstalten:* jem. aufspüren, hetzen u. jagen, ihn mit peinigenden Methoden terrorisieren. Die Rda. wird häufig gebraucht als sprachl. Bild einer übertriebenen u. ungerechtfertigten Verfolgung.

Hexenschuß. *Einen Hexenschuß haben:* plötzliche und starke Schmerzen im Rücken empfinden. Die Rda. bewahrt die Vorstellung, daß Krankheiten mit Pfeilen auf die Menschen von übernatürlichen Wesen abgeschossen werden, wie z. B. auch die Pest, ↗ Bilwis.

Lit.: *L. Weiser-Aall:* Art. ‚verhexen', in: HdA. VIII, Sp. 1570–1585, hier insbes. 1576–1578; *L. Honko:* Krankheitsprojektile. Untersuchungen über eine urtümliche Krankheitserklärung, FCC. 178 (Helsinki 1967).

Hic. *Hic et nunc:* ‚hier u. jetzt'. Die beliebte Zwillingsformel beweist, daß solche Paarformeln schon in röm. Zeit geläufig waren.

‚Hic Rhodus, hic salta': Hier ist Rhodus,

hier springe, d. h.: gib den Beweis für deine Behauptung hier und jetzt, zitieren wir nach einer ungenauen Übers. von Aesops Fabel 203 ‚Der Prahler', die durch lat. Schulbücher Verbreitung gefunden hat. Ein prahlerischer Fünfkämpfer rühmt sich, in Rhodus einen gewaltigen Sprung getan zu haben u. beruft sich auf Zeugen. Doch einer der Umstehenden meint: „Freund, wenn's wahr ist, brauchst du keine Zeugen. Hier ist Rhodus, hier springe" (Büchmann).

Hieb. *Einen Hieb haben* (auch: ‚einen ↗ Hau haben'): nicht ganz richtig im Kopf sein, einen Rausch haben, eine wunderliche Angewohnheit (Charaktereigentümlichkeit) haben. Ein ‚Hieb' ist seit der Mitte des 19. Jh. auch ein Schluck Alkohol; daher *einen Hieb vertragen:* viel trinken. Diesen Rdaa. liegt der Vergleich der

1

2

1/2 ‚Hexenschuß'

Trunkenheit mit einem erhaltenen Schlag zugrunde. Auch im Frz. hat das Wort ‚Hieb‘ (coup) die Bdtg. von einem Schluck Alkohol, z.B. ‚boire un coup‘ (einen Schluck trinken).

Die Zwillingsformel *hieb- und stichfest* (= unangreifbar, einwandfrei, absolut sicher und nachprüfbar) gehört zum zauberischen Brauch des ‚Festmachens‘, einer magischen Handlung, die Unverwundbarkeit gegen Hieb, Stich und Schuß verleiht. „Die Welt pflegt zu sagen, wenn einer schußfrei, stichfrei, hiebfrei, und weder Gabel noch Säbel eingeht, er sei gefroren" (Abraham a Sancta Clara, ‚Reim dich‘, 1684, 10). Wundsegen, wie sie noch bis in den 2. Weltkrieg hinein gebräuchl. waren, sollten ihre Träger ‚hieb- und stichfest‘ machen. Wer ‚festgemacht‘ oder ‚gefroren‘ ist, ist unverwundbar durch gewöhnliche Kugeln, feuerfest, gefeit gegen Stich und Hieb, er schneidet sich nicht, selbst wenn er auf Schwertschneiden tanzen müßte, ↗ Stich.

Lit.: O. Berthold: Die Unverwundbarkeit in Sage und Aberglauben, RVV. XI, 1 (Gießen 1911); W. E. Peukkert: Art. ‚festmachen‘, in: HdA. II, Sp. 1353ff.; A. Spamer: Romanusbüchlein. Hist.-Phil. Kommentar zu einem dt. Zauberbuch (Berlin 1958); E. Wagner: Hieb- und Stichwaffen (Prag 1966); Chr. Daxelmüller: Art. ‚hieb- u. stichfest‘, in: EM. VI, Sp. 994–997.

hier, hierher. *Ein bißchen hier sein:* geistig beschränkt, verrückt sein. Die Rda. wird mit einer Gebärde verbunden, indem man bei ‚hier‘ Schläfen oder Stirn berührt, um anzudeuten, daß es dem Betreffenden ‚hier‘ gebricht; vgl. frz. ‚Il s’en va de là‘ (wörtl.: Hier gebricht es ihm).

Die Sache steht mir bis hier: ich will nichts mehr davon wissen, ich habe genug davon. Die Rda. ist ebenfalls mit einer Gebärde verbunden, wobei die Hand, sozusagen als ein Zeichen der übermäßigen Sättigung, quer an den Mund gelegt wird; vgl. frz. ‚J’en ai jusque là‘.

Bis hierher und nicht weiter: das ist die äußerste Grenze, mehr ist nicht möglich, zulässig. Diese Rda. bezieht sich auf die Worte Gottes an das Meer bei Hiob 38, 11:
Bis hierher sollst du kommen und nicht
weiter,
hier sollen sich legen deine stolzen
Wellen!

Gewöhnlich wird, wie in Schillers ‚Räubern‘ (II, 1), verkürzt zitiert:
Bis hierher und nicht weiter!
Bei Dante heißt es in der ‚Divina commedia‘ (‚Inferno‘ 26, V. 107–109): „Quando venimmo aquella foce stretta ov‘ Ercole segnò li suvi riguardi, Acciò che l’uom più oltre non si metta". („... Da war mein Schiff am engen Schlunde dort, wo Herkuls Säulenpaar gebeut: Nicht weiter!") Dante bezieht sich auf das „non plus ultra" der griech. Schriftsteller. Der thebanische Dichter Pindaros (518–442 v.Chr.) schrieb in seinem 3. ‚Nemeischen Siegeslied‘: „οὐκέτι, πρόσω ἀβάταν ἄλα κιόνων ὑπὲρ Ἡρακλέος περᾶν εὐμαρές" = Nicht weiter als über die Säulen des Herkules hinaus darf man das unwegsame Meer befahren.

‚Ick bün all (schon) hier‘, sagt der Zuerstgekommene zum zweiten in Anlehnung an das Märchen vom Wettlauf zwischen dem Hasen u. dem Igel (KHM. 187). ‚Hier oder nirgends‘ (engl. ‚here or nowhere‘): Zwillingsformel, die der Verstärkung dient.

Himmel. Die Rda. *den Himmel offen sehen* stammt aus dem N. T. (Joh. 1, 51), wo es heißt: „Und er sprach zu ihm: Wahrlich, wahrlich, ich sage euch, ihr werdet den Himmel offen sehen"; ähnl. Apostelg. 7, 56. Darum sagt man von einem glücklichen Menschen: Er sieht den Himmel offen‘; in profanem Sinne z.B. bei Schiller (‚Glocke‘):
Das Auge sieht den Himmel offen,
Es schwelgt das Herz in Seligkeit;
vgl. auch Uhland, ‚Schäfers Sonntagslied‘, Str. 3.
Daß das vollkommene Glück im Himmel seinen ganzen Sitz haben müsse, zeigt die Rda. *im Himmel sein,* die man auf jem. bezieht, der sich in einem solch glücklichen Zustand befindet, der auf Erden kaum erreichbar erscheint. Diese Wndg. ist bereits bei Cicero in einem Brief an Attilus (2, 19, 2) belegt: „Bibulus in caelo est, nec quare scio, sed ita laudatur" (auch Cic. ad Att. 2, 20, 4). In Lothringen sagt man ‚Er mänt, er wär bim Herrgott im Himmel‘; vgl. frz. ‚Il est au paradis‘ (Er ist im Paradies).
Mit der aus jüd. Tradition stammenden Vorstellung von den verschiedenen Him-

melssphären, die auch im N. T. ihren Niederschlag gefunden hat (2. Kor. 12,2): „Ich weiß einen Menschen in Christus, der ... entrückt wurde bis in den dritten Himmel", hängt auch die Rda. *jem. in den Himmel heben:* ihn übermäßig loben, zusammen, vgl. lat. ‚aliquem in coelum efferre' bzw. ‚aliquem ad astra tollere'.

‚Im siebenten Himmel sein'

Der oberste, siebente Himmel war als Sitz Gottes gedacht, *im siebenten Himmel sein* ist daher gleichbedeutend mit: in höchster Wonne schweben. Die Rda. wird vor allem als Ausdr. der Liebesseligkeit gebraucht (vgl. den Schlager: „Ich tanze mit dir in den Himmel hinein ... in den siebenten Himmel der Liebe") und ist auch französisch (‚être au septième ciel') und englisch (‚to be in the seventh heaven') bekannt.

Erste nachweisbare Erwähnung fanden die sieben Himmel in dem zwischen 70 u. 135 n. Chr. entstandenen apokryphen ‚Testament der 12 Patriarchen' Levi, Kap. 3: „Höre nun von den sieben Himmeln". Die Lehre von den sieben Himmeln entspricht rabbinischer Anschauung u. wird im Talmud beschrieben. Von dort ging sie in den Koran über u. fand durch ihn weite Verbreitung. Nach dem Talmud ist der siebente Himmel der oberste Himmel u. heißt ‚Araboth'. Es ist der Ort des Rechts, des Gerichts u. der Gerechtigkeit. Dort befindet sich der Schatz des Lebens, des Friedens u. des Segens. Dort weilt Gott selber mit den ihm dienenden Engeln. Die christl. Vorstellung vom Himmel als

Aufenthalt seliger und erhabener Geister hat auch zu der Rda. geführt: *Der hat seinen Himmel hier,* oder häufiger: *den Himmel auf Erden haben:* ein angenehmes Leben führen; ndl. ‚hij geniet eenen hemel op arde' u. frz. ‚C'est le paradis sur terre', ↗ Paradies. Für die Wndg. ‚Himmel auf Erden' bietet „a heaven on earth" in Miltons ‚Paradise lost' (1667) den ältesten nachweisbaren lit. Beleg. 1706 erschien in Amsterdam in dt. Übers. ein Buch des ndl. Predigers Fredericus van Leenhof mit dem dt. Titel ‚Der Himmel auff Erden oder eine Kurze und Klahre Beschreibung der wahren und beständigen Freude ...' Ebenso kennt das Frz. eine Wndg. in diesem Sinne: ‚Ils font leur Paradis en ce monde'.

Shakespeare verwendet die Formel ‚Himmel und Erde' im ‚Hamlet' (I,5):

Es gibt mehr Ding' im Himmel und auf Erden
Als eure (unsere) Schulweisheit sich träumt (träumen läßt).

Otto Ludwig benutzte sie im Titel der Erzählung ‚Zwischen Himmel u. Erde' (1857). Sie erinnert an die Rda. ‚Zwischen Himmel u. Erde schweben', die auf 2. Sam. 18,9 zurückgeht.

Einen Rest der alten Vorstellung von dem festen Himmelsgewölbe zeigt die Rda. *Ich hätte eher des Himmels Einsturz erwartet,* mit der man das Eintreten eines für unmöglich gehaltenen Ereignisses begleitet. Die ältere Form ist: „Ich hätte mich ehe des hymelfalls versehen" (so 1529 bei Joh. Agricola Nr. 436 u.a.). In der ‚Namenlosen Sammlung' von 1532 steht dabei die Erklärung: „Dieses Worts brauchen wir zu den dingen, die jemandt widerfahren, on all seine vordanken, und die er für unmöglich geachtet hette, das sie geschehen solten". Schon im alten Rom war sprw.: „Quid, si nunc coelum ruat?", was, wenn jetzt der Himmel einstürzte? (Terenz), dasselbe auch bei dem Humanisten Erasmus von Rotterdam (‚Adagia' 1, 5.64). Als es im Herbst 1806 in Weimar infolge der Aufregung über Napoleons Anrücken keine Lerchen zu essen gab, rief Goethe: „Nun, wenn der Himmel einfällt, so werden viele gefangen werden"; in einem späteren Vers (‚Sprichwörtlich', um 1810) tröstet er:

Laß nur die Sorge sein,
Das gibt sich alles schon;
Und fällt der Himmel ein,
Kommt doch eine Lerche davon.

Die erstere Wndg. ist auch mdal. bezeugt.
So heißt es im Rheinl. ‚Wenn der Himmel
enfällt, bliwen alle Mösche (Spatzen) dot‘
und im Saarland: ‚Wenn der Himmel einfällt, han die Spatze all die Kränk‘. Da
man es für unmöglich hält, daß der Himmel einstürzt, wird die Rda. ‚wenn der
Himmel einfällt‘ als volkstümliche Umschreibung für ‚niemals‘ gebraucht.
Jes. 13,13 heißt es: „Darum will ich den
Himmel bewegen, daß die Erde beben soll
von ihrer Stätte durch den Grimm des
Herrn Zebaoth", und der Prophet Haggai
verkündet: „Denn so spricht der Herr Zebaoth: Es ist noch ein kleines dahin, daß
ich Himmel und Erde, das Meer und das
Trockene bewegen werde" (2, 7). Danach
sprechen wir von *Himmel und Erde in Bewegung setzen:* sich intensiv um etw. bemühen, alles mögliche versuchen; vgl. frz.
‚remuer ciel et terre‘. Stabreimend spricht
man auch von *Himmel und Hölle in Bewegung setzen:* alles aufbieten, um etw. zu erreichen; vgl. engl. ‚to move heaven and
earth‘; frz. ‚remuer ciel et terre‘. Bei Vergil
(‚Aeneis‘ VII, 312) heißt es „flectere si ne-
queo superos, Acheronta movebo" =
Wenn ich die Himmlischen nicht bewege,
ruf‘ ich den Acheron zu Hilfe.
Wie aus dem Himmel (auch *aus allen Himmeln, aus allen Wolken) gefallen sein:* sehr
überrascht, auch stark enttäuscht sein;
vgl. frz. ‚tomber des nues‘ (wörtl.: aus allen Wolken fallen), ↗ Wolke.
*Es ist noch kein Meister vom Himmel gefal-
len* sagt man tröstend, wenn ein Versuch
nicht gleich gelingt. Rhein. ‚Et is noch ken
Gelihrter vom Himmel gefalle‘; meckl. als
Sagwort ‚dor is noch kein Meister von‘n
Himmel fallen, säd der Schusterjung‘.
*Das Blaue (die Sterne) vom Himmel herun-
terlügen:* dauernd lügen, stark übertreiben; ‚’s Blaue vom Himmel ’rab schaffen‘
(auch: sparen, lernen, singen, stricken, lügen u. ä.); ↗ blau.
Vom Himmel fällt dem Menschen das
Gute zu, die *Himmelsgabe,* vgl. Goethe,
‚Faust‘:

Es ist eine der größten Himmelsgaben,
So ein lieb Ding im Arm zu haben.

Der Gedanke, daß Wertvolles vom Himmel herabfällt, findet sich schon im Lat.
(Cicero, ‚de fin.‘, 1, 19, 63): „Tum ... illa,
quae quasi delapsa de caelo est ad cogni-
tionem omnium regula"; vgl. auch Livius,
10, 8, 10 u. Lactantius, ‚Institutiones‘, 1,
11, 55).
Eine ähnl. Vorstellung findet sich in den
Mythen des Alten Orients, in denen das
geschriebene u. verbriefte Recht als vom
Himmel herabgefallen oder herabge-
bracht gilt. So wurden z. B. dem altmeso-
potamischen König bei seiner Himmelfahrt von der Gottheit die Täfelchen oder
das himmlische Buch der Ordnung von
oben herabgereicht. Auch die Ägypter
hatten die ersten Gesetze durch ihren
Mercurius Trismegistus erhalten. Nach
alten ägypt. Traditionen gilt vor allem der
(Horus-)Falke als Bringer der Gesetze
vom Himmel.
Der Himmel ist nach bibl. Vorstellung
auch der Sitz des Weltgerichts. *Es schreit
zum Himmel* sagt man deshalb von einer
schrecklichen Tat, für die das menschliche Gefühl so dringend nach einer Sühne
verlangt, daß die Sache gleichsam selbst
den Himmel um Rache anruft (vgl.
1. Mos. 4,10 nach dem Brudermord
Kains: „Die Stimme des Bluts deines Bru-
ders schreit zu mir von der Erde"). Im gleichen Sinne sprechen wir von *himmel-
schreiendem Unrecht.* Die alte Dogmatik
hat hiernach den Begriff der ‚schreienden
Sünden‘, der ‚peccata clamantia‘ gebildet
und diese in folgendem Vers aufgezählt:

clamitat ad caelum vox sanguinis et
                                        Sodomorum,
vox oppressorum, viduae, pretium
                                        famulorum.

Dem Sprw. *Der Himmel ist hoch, und ich
kann sich nicht dran halten* liegt die resi-
gnierende Vorstellung zugrunde, das
Recht habe seinen Sitz im Himmel und es
sei manchmal schwer zu erreichen. In
Burkard Waldis‘ Werk ‚Der verlorene
Sohn‘ heißt es:

Mannich gudt geselle dorch die Lande
                                        ferth:
Wann ohm de suke bosteydt szo bolde,
Kan he sick nicht amm himmel holden.

Hierher gehört auch die Rda. *seine Rechnung mit dem Himmel machen:* sich auf
sein Ende vorbereiten, die meist im impe-

rativischen Sinne gebraucht wird; entspr.
den Zitaten:

Mach deine Rechnung mit dem Himmel, Vogt ...
(Schiller, ‚Wilhelm Tell‘)
und
Schließt Eure Rechnung mit dem Himmel ab
(Schiller, ‚Maria Stuart‘).

Vgl. frz. ‚faire ses comptes avec le ciel‘.
Eine weithin bekannte Rda. heißt *Der
Himmel hängt voller Geigen*. Belege finden sich vor allem in der Barockdichtung.
So heißt es bei Abraham a Sancta Clara
(1644–1709) „Wann der Himmel, wie man
sagt, voller Geigen hänget ...“ (‚Reimb
dich‘ 18). An anderer Stelle (‚Abrahamische Lauberhütt‘ III, 10) gibt er auch eine
Erklärung: „Es ist ein gemeines Sprichwort, wann einige Welt-Menschen die
große Himmels Freuden wollen zu erkennen geben, so pflegen sie zu sagen: Der
Himmel ist voller Geigen“. In einem
Weihnachtsspiel aus Kärnten singen die
Hirten, wenn sie den Gesang der Engel
hören:

Potz tausend, Bue! was spricht so toll,
Was hör i nit für Klang!
Der Himmel hängt mit Geigen voll,
Es ist a Engelsgsang.

Ebenfalls mit der bibl. Erzählung von der
Verkündigung an die Hirten auf dem
Felde verbindet Casper von Lohenstein
(1635–83) die Wndg.:

Der Himmel tut sich auf und hänget
voller Geigen,
Die Cherubinen mühen sich die Geburt
zu zeigen
Den armen Hirten an.

Auch Luther kennt das Bild, das schon im
15. Jh. vorkommt: „Und weil ihr so gerne
an diesem Reigen tanzt, dunkt euch, der
Himmel hänge voller Geigen“. Später hat
die Rda. zu scherzhaften Umformungen
Anlaß gegeben: „Mancher meinet, der
Himmel hang voller Geigen, so seynds
kaum Nußschalen“ (Lehmann, 1639,
S. 161). In Grimmelshausens ‚Abenteuer-
lichem Simplicissimus‘ (1669) findet sich
bei der Beschreibung seiner zweiten
Hochzeit die folgende Stelle: „Ich ließ
trefflich zur Hochzeit zurüsten, denn der
Himmel hing mir voller Geigen“. In demselben Werk findet sich die Rda. im

‚Den Himmel für ’ne Baßgeige ansehen‘

schwankhaften Vergleich gebraucht, als
Simplicissimus in ein Pfarrhaus einbricht,
um Schinken und Würste zu stehlen: „Als
er das Nachtschloß aufmachte, da sahe
ich, daß der schwartze Himmel auch
schwartz voller Lauten, Flöten und Geigen hieng; ich vermeyne aber die Schinken, Knackwürste und Speckseiten, die
sich im Kamin befanden“.
Noch in der Neuzeit hat die Wndg. nichts
von ihrer Beliebtheit eingebüßt. Das zeigt
ein bair. Volkslied, das im ‚Wunderhorn‘
den Titel ‚Der Himmel hängt voller Geigen‘ trägt. Gustav Mahler vertonte 1892
den Wunderhorn-Text, den er an einigen
Stellen leicht veränderte, als vierte der
‚Fünf Humoresken‘ für Gesang u. Orche-
ster. Und Paula Modersohn-Becker
schenkte ihrem Mann zur Verlobung gar
ein Bild mit dem Titel : ‚Du und ich und
der Himmel voller Geigen‘.
Wahrscheinl. geht die Vorstellung der
Rda. auf die Malerei der späten Gotik
bzw. Frührenaissance zurück, als man
den Himmel mit musizierenden Engeln
belebt darstellte. So schmückt die Fest-
tagsseite des Isenheimer Altars von
Matth. Grünewald ein farbenprächtiges
Engelskonzert. Auch Raffaels Bild ‚Krönung Mariens‘ zeigt den Himmel mit gei-
genspielenden Engeln erfüllt. Ebenso
könnte die Rda. *alle Engel im Himmel singen hören,* durch die die Größe eines
Schmerzes ausgedrückt werden soll, auf
diese Vorstellung zurückgehen. In der
Volkssprache wird die Rda. schließlich
drastisch verändert und aus der Geige
eine Baßgeige. So heißt es els. ‚Ich schlag
dir uf d’Ohren, daß d’meinst, der Himmel
ist e Baßgig‘; ‚er sieht den Himmel für ’ne
Baßgeige (auch: ‚’nen Dudelsack‘) an‘, er
ist besinnungslos betrunken (berl.). Vgl.

auch die Drohung ‚Ich hau dich auf den Kopf, daß du den Himmel für eine Baßgeige (einen Dudelsack) ansiehst‘. Meckl.

sagt man von einem Hoffnungsfrohen, der noch keine Enttäuschung erfahren hat: ‚dem hängt der Himmel noch vull Fideln: paß up, wenn dei Brummbaß man ierst kümmt‘. Obersächs. kennt man als Ausruf bei einer unangenehmen Überraschung die Rda. ‚Ei Himmel, hast du keine Geigen!‘

Das Wort Himmel steht schließlich oft verhüllend für ‚Gott‘, wie in zahlreichen anderen Ausrufen, Bitten und Fragen oder auch Flüchen, die zwar an den Himmel gerichtet sind, im Grunde jedoch Gott meinen: So sagt man *um Himmels willen* oder *du lieber Himmel, das möge der Himmel verhüten* und *das weiß der Himmel, Himmel nochmal!* Die Ähnlichkeit mit dem Schreckensruf ‚um Gottes willen‘ ist unverkennbar, ↗ Gott. Andere Wndgn., die Emotionen ausdrücken oder auf bestimmte Verhaltensweisen deuten, sind: ‚weiß der (liebe) Himmel‘, ‚da sei der Himmel vor‘, ‚o Himmel!‘, ‚barmherziger Himmel!‘, ‚Himmel hilf!‘

Auch im Frz. steht das Wort ‚Himmel‘ in zahlreichen Ausrufen, Bitten und Fragen, dafür aber weniger in Flüchen. Vgl. frz. ‚Ciel!‘ (oder ‚Cieux!‘), i. S. v.: Du lieber Himmel!, ‚Juste ciel!‘ (Du gerechter Himmel), ‚pour l'amour du ciel‘ (um des Himmels willen), ‚Plût au ciel‘ (was der Himmel gebe).

In den folgenden Fluch- und Ausrufeformeln dient Himmel als superlativische Verstärkung für Begriffe, die das Weite und Hohe, das Laute und Große, auch das Unflätige und elementar Eindrucksvolle bezeichnen: ‚Himmel, Arsch und Zwirn‘, auch in der ‚verschönerten‘ Version ‚Himmel, Gesäß u. Nähgarn‘ bekannt, regte Gerh. Jung zu dem alem. Mundartstück ‚Jumelage u. Zwirn‘ an, ‚Himmel, Arsch und Wolkenbruch‘, bei Hans Erich Blaich (Dr. Owlglass) erweitert zu den Versen:

O Himmel, Arsch u. Wolkenbruch,
hier klafft ein inn'rer Widerspruch!
Wie läßt sich selbiger beheben?

Geduld, wir werden's schon erleben, ‚Himmel und Donner nochmal!‘, ‚Himmeldonnerwetter!‘, ‚Himmelherrgottsakrament‘, auch ‚Himmelherrgottsapper-

ment!‘ oder Himmelkreuzbombendonnerwetter‘, ‚Himmel-Kreuz-Millionen-Bomben-Element!‘.

Zum Himmel stinken: Ausdr. der echten Entrüstung über unhaltbare Zustände, bisweilen sogar in der Schriftsprache anzutreffen.

In anderen Rdaa. tritt Himmel tabuierend für ‚Hölle‘ ein, z. B. ‚Du kommst in den Himmel, wo die Engel wauwau schreien‘; ‚einen in den Himmel schicken (wünschen), wo die Äpfel auf den Simsen braten‘ (Geiler von Kaysersberg, ‚Narrenschiff‘).

‚Aus heiterem Himmel‘: bildhafter Ausdr. für das plötzliche Hereinbrechen eines unerwarteten Ereignisses, ist auch lit. belegt als Titel der bekannten Epigramme von Oskar Blumenthal (1880).

Eine andere stereotype Formel lautet: ‚Weder Himmel noch Hölle ...‘ Meist wird sie ergänzt durch die Feststellung: ‚können der beistehen‘.

In Volkserzählungen und Volksliedern begegnet die formelhafte Wndg. ‚Und wenn der Himmel wär Papier‘ häufig. R. Köhler konnte sie sogar im Talmud, in griech. u. lat. Lit. u. in ital., frz., engl. u. dt. lit. Texten nachweisen.

Schließlich sei noch auf Goethes Scherzgedicht ‚An Uranius‘ hingewiesen, das er 1807 in Karlsbad schrieb. In den ersten beiden Strophen flocht Goethe mehrere Rdaa. in Verbindung mit Himmel ein, da das Gedicht dem Berliner Komponisten Himmel gewidmet war:

Himmel ach, so ruft man aus,
Wenn's uns schlecht geworden.
Himmel will verdienen sich
Pfaff- und Ritterorden.

Ihren Himmel finden viel
In dem Weltgetümmel;
Jugend unter Tanz und Spiel
Meint, sie sei im Himmel.

Lit.: *R. Köhler:* ‚Und wenn der Himmel wär Papier‘, in: Orient und Occident, 2 (1863). Auch in: Kleinere Schriften zur neueren Literaturgesch., Vkde. u. Wortforsch. von Reinh. Köhler. Ed. Johannes Bolte (Berlin 1900), III, S. 293–318; *L. Schmidt:* Wiener Rdaa. IV, in: Das dt. Volkslied, 44 Jahrg. (1942), S. 108–111; *H. Fischer:* ‚Das Recht fällt vom Himmel‘, in: Antaios, 9 (1968), S. 306–318; *H. Halpert and V. M. Halpert:* Neither Heaven nor Hell. Memorial University of New Foundland, Repr. Series Nr. 5, 1979; *A. Brückner:* Art. ‚Himmel‘, in: EM. VI, Sp. 1036–1047.

Himmelsbesen. *Der Himmelsbesen fegt:* eine bei den Seefahrern bekannte Wndg. für den Nordwind, der den Himmel von den Wolken rein kehrt.

Lit.: *K. Reich u. M. Pagel:* Himmelsbesen über weißen Hunden (Hamburg 1981).

himmelhoch. *Himmelhoch erhaben sein:* weit über etw. stehen. *Himmelhoch jauchzend:* bekannt aus dem Goethe-Zitat: „Himmelhoch jauchzend – zu Tode betrübt" (‚Egmont' III, 2). Es hat sprw. Bdtg. erlangt als treffende Bez. für Verliebte, die leicht entflammbar sind, deren Hochstimmung sich aber im Nu – oft aus geringem Anlaß – in Depression verwandeln kann.

hin. *Hinsein:* entzwei, verloren sein; in salopper Redeweise auch: tot sein, so z. B. auch auf einer iron. Grabinschrift:
Hin ist hin.
Anna Maria Fiedlerin.
Die Wndg. findet sich schon 1519 in Murners ‚Geuchmatt':
Ja, sprach sie, lieber tiltap
(‚Hanstapps') min,
din trüw zu mir ist gar do hin.
Luther: „Hin ist hin, laß laufen, was läuft". Häufig auch in rdal. Vergleichen, z. B. ‚Es ist hin, als in den Rhein geworfen'.
In dem Wanderlied von Rudolf Baumbach ‚Bin ein fahrender Gesell' nach der Melodie von Ludwig Keller (1894) findet sich die Wndg. in erweiterter Form in dem Kehrreim: „Lustig Blut u. leichter Sinn, hin ist hin, hin ist hin, Amen, Amen". Gewöhnlich wird er umg. verändert in: ‚futsch ist futsch, hin ist hin' oder ‚hin ist hin' u. einfach ‚futschikato (perdutto)'.
Umg.: *(in ein Mädchen) ganz hinsein:* ganz verliebt, verschossen sein.
Das ist hin wie her: eines wie's andere; *es ist so lang hin wie her:* so lang wie breit.
Nicht hin- und nicht herreichen: beim besten Willen nicht genügend sein.
Wo denkst du hin: was hast du für komische Gedanken, das ist doch ganz anders. Hin drückt in dieser u. a. Wndgn. die Richtung auf ein unbekanntes Ziel aus (↗ hinaus). *Das haut hin:* das geht, wie es soll, das paßt gut, ist sehr erfreulich; auch: das ist erstaunlich, unglaublich; vgl. frz. ‚Ça colle' (wörtl.: Es haftet zusammen): es paßt gut.

Es hätte mich beinahe hingesetzt: ich war völlig überrascht. *Da schlag einer lang hin:* (oft mit dem Zusatz: ‚und steh kurz wieder auf'): das ist einfach toll, ganz unglaublich.
‚Wenn der hinschlägt, ist er gleich zu Hause', sagt man berl., aber auch sonst für einen bes. großen Menschen.

hinaus. *Wo will das hinaus?:* was soll daraus werden? Die Rda. begegnet bereits in der Lutherischen Bibelübers., z. B. Ruth 3, 18: „sei still, meine Tochter, bis du erfährst, wo es hinaus will" („quem res exitum habeat" in der Vulgata), und Matth. 26, 58: „auf daß er sehe, wo es hinaus wollte". Goethe spinnt die Rda. weiter:
Was fragst du viel: wo will's hinaus?
Wo oder wie kann's enden?
Ich dächte, Freund, du bliebst zu Haus
Und sprächst mit deinen Wänden.

Hinkel, mdal. für ↗ Huhn.

hinken wird oft in übertr., bildl. Sinne gebraucht auch von Sachen oder von Gedanken; z. B. *ein Vergleich hinkt,* vgl. frz. ‚une comparaison boiteuse', *er hinkt am Gehirn, er hinkt auf beiden Seiten* (d. h., er hält es mit allen Parteien), wörtl. dagegen ndd. ‚Ick heff dat Hinken in de Schinken', ich kann nicht gut gehen. *Der hinkende Bote kommt nach* ↗ Bote.
Wie alles, was vom ‚Normalen' abweicht, ist auch das Hinken mit einem negativen Stereotyp belastet: ‚Vor Hinkern, Schielern und roten Haaren möge mich der Herr bewahren'.

Lit.: *S. Sas:* Der Hinkende als Symbol (Zürich 1964); *H.-J. Uther:* Art. ‚Hinken, Hinkender', in: EM. VI, Sp. 1047–1053.

hinten. *(Von) hinten und vorn:* in allen Einzelheiten, durch und durch, überall. *Von hinten bis vorn:* ganz und gar, von Anfang bis Ende. „Wenn die Frau nicht hinten und vorne ist, so kommt doch nichts zustande" (Goethe, ‚Was wir bringen', 1807, 1. Auftr.). Obersächs. ‚'s is ihm hinten und vorne nicht recht', es gefällt ihm gar nicht. *Hinten und vorn nichts haben:* völlig mittellos, arm sein, nichts besitzen. *Jem. von hinten ansehen:* ihm den Rücken zukehren, ihm Nichtachtung, Verachtung zeigen. *Hinten ein paar drauf kriegen:* Schläge auf das Gesäß erhalten. *Jem. hinten hineinkriechen:* ihm würdelos schmeicheln (↗ Hintern). *Es jem. vorn und hinten reinstecken:* ihn mit Geschenken verwöhnen, überhäufen. ,Hinten schenkt man Weißbier' ist in der Niederlausitz ein Scherzwort, wenn einem Kind das Hemd hinten herausguckt. *Hinten Augen haben:* alles sehen, sehr aufmerksam sein, alles schnell bemerken. Umgekehrt: *hinten keine Augen haben:* nicht alles bemerken (beobachten) können, jem. unabsichtlich treten, der hinter einem steht. *Etw. hinten(he)rum besorgen:* auf Umwegen, heimlich, illegal, bes. während der Nachkriegsjahre: ohne Lebensmittelmarken, ohne Bezugsschein, im Schwarz- oder Schleichhandel.

Hinterbänkler. *Ein Hinterbänkler sein:* einer, der im Parlament in einer der hintersten Bänke sitzt u. kaum jemals das Wort ergreift. Der Ausdr. wird spött.-scherzh. gebraucht u. oft auch allg. auf den erfolglosen Parlamentarier übertragen.

Hinterbeine. *Sich auf die Hinterbeine (Hinterfüße) stellen (setzen):* sich sträuben, sich weigern, sich wehren. Die Rda. ist von dem sich bäumenden Pferd des Reiters auf den Menschen übertr.; vgl. frz. ,se cabrer' (sich aufbäumen). Auch der Bär stellt sich auf die Hinterbeine, wenn er sich wehrt. 1775 bucht Adelung (Versuch eines grammatisch-kritischen Wb. II, Sp. 1191) die Rda. in der Form: „Auf die Hinterbeine treten". Bei Goethe ist belegt: „Nun aber hat er sich auf einmal auf die Hinterbeine gesetzt"; bei Langbein: „Halt ihn beim Wort, ehe er wieder – mit Re-

,Den nackten Hintern versohlen'

spekt zu sagen – auf die Hinterbeine tritt". Auch ndd. ,sik up de Achterpoten setten'.

Hinterhand. *In der Hinterhand sein:* der letzte sein, sich zu äußern oder zu handeln; vom Kartenspiel übertr., wo der, der zuletzt ausspielt, in der Hinterhand ist. „Wenn man nun in der Hinterhand sitzt und der Feind bekömmt die Matadore" (Ludwig Tieck, Schriften, 1828f.; Bd. 5, S. 17). „Es ist außerordentlich bequem, die Regierung immer sozusagen herauskommen zu lassen, sich in die Hinterhand zu setzen und alles anzugreifen" (Bismarck, Reden IX, 410).
,Hinterhand' wird als Reiterausdr. fachsprachl. auch vom Pferd gesagt: „Es stieg und hat auf der Hinterhand pariert": Es gehorchte dem Reiter so abrupt, daß es auf der Stelle drehte (,Hohe Schule').

Hinterkopf. *Etw. im Hinterkopf haben:* eine bestimmte Ahnung haben, ohne genau zu wissen, was es ist. Hierbei ist der Hinterkopf i. S. v. Gedächtnis oder Unterbewußtsein gemeint. *Einen musikalischen Hinterkopf haben:* eine angeborene Musikalität haben, die sich angeblich auch äußerlich manifestiert; meist jedoch iron. gebraucht für jem. mit einem häßlichen oder nicht vorhandenen Hinterkopf oder für einen Unmusikalischen.

hinterlistig. *Etw. zu hinterlistigen Zwecken verwenden:* sich mit etw. das Gesäß reinigen. Hinterlistig ist hier scherzhaftes Adj. zu ↗ Hintern, ↗ Arsch.

Hintermeier. Die bair. Rda. *sich bekehren wie Hintermeiers Kuh:* sich nicht bessern, beruht auf einem Wortspiel mit der Doppeldeutigkeit des Wortes ,bekehren'. Sie bezieht sich iron. auf die Tatsache, daß die Kuh des kleinen Bauern, für den stellvertretend der Name Hintermeier steht, hinten nicht am reinlichsten abgekehrt zu sein pflegt.

Hintern. *Einem in den Hintern kriechen* (oft mit dem Zusatz: ,und den Eingang verteidigen'): ihm schmeicheln. *Jem. in den Hintern beißen:* ihn heimtückisch überfallen. *Ich könnte mich (mir) vor Wut selber in den Hintern beißen,* umg. Übertreibung für: ich ärgere mich sehr. *Du hast wohl Hummeln im Hintern?* sagt man zu einem, der nicht ruhig sitzen bleiben kann.

Den Hintern betrügen (schonen): sich erbrechen.

Alles an den Hintern hängen: sein Geld für Kleidung ausgeben, ↗ Arsch.

,Nicht wissen, wie einem der Hintern anhängt': wienerische Rda. für einen unentschlossenen Menschen. Eine mdal. Wndg. aus dem alem. Raum lautet: ,Am Hintere kratzt, isch au net g'feiert'.

Lit.: *L. Schmidt:* Sprw. dt. Rdaa., in: Österr. Zs. f. Vkde., 77 (1974), S. 102.

Hintertreffen. *Ins Hintertreffen kommen (geraten):* hintangesetzt werden, in Nachteil geraten, übertroffen, zurückgesetzt werden. Hintertreffen ist die Reservetruppe, die nicht am Kampf beteiligt war und im Fall des Sieges keinen Anteil an der Beute hatte; in dieser Bdtg. seit der 2. H. des 18. Jh. belegt.

Hintertupfing(en). *Von Hintertupfing(en) sein:* ein rechter Hinterwäldler sein, in einem Ort wohnen, der fernab von jeglicher Zivilisation liegt, eben ,hinter … was weiß ich'; ähnlich wie die Wndg. ,da, wo sich Fuchs u. Has gute Nacht sagen'. ↗ Fuchs, ↗ Hinterwäldler.

Hintertür. *Sich eine Hintertür (ein Hintertürchen) offen lassen:* sich die Möglichkeit des Rückzugs offenhalten.

Durch die Hintertür wieder hereinkommen: sich nicht abweisen lassen und auf unüblichem Weg wieder vorsprechen. *Etw. durch die Hintertür (ein Hintertürchen) versuchen:* versuchen, etw. unbemerkt, illegal zu bekommen; ähnl. ndl. ,een achterdeur(tje) openhouden'; frz. ,se ménager une porte de sortie'; engl. ,to keep (oneself) a backdoor open'; ↗ hinten. In Österreich wird das sprw. ,Hintertürl' scherzhaft-iron. auch als ,Porta Austriaca' bez. Eine große Rolle spielt die ,Hintertür' u. a. in China. Dort ist es die übl. Ausdrucksweise für die Möglichkeit, sich Dinge zu beschaffen, die für den Normalbürger unerreichbar sind. ,Durch die Hintertür gehen' bedeutet, in dem betr. Haus einen Freund haben, der einem helfen kann.

Im heutigen Peking gibt es für alles ,Hintertüren' – für einen Arzt ebenso wie für eine gute Schule oder einen guten Posten oder gar für einen Reisepaß. Wenn die Korruption in Mitteleuropa auch nicht solche Ausmaße annimmt, so hat doch auch hier niemand Verständnisschwierigkeiten, wenn es heißt: *sich der Hintertür bedienen* (durch Beziehungen oder Geschenke etw. zu erreichen versuchen).

Hinterwäldler. *Ein rechter Hinterwäldler sein:* einer, der im hintersten Wald sehr abgelegen wohnt und daher rückständig geblieben ist. ↗ Hintertupfing.

Hinz und Kunz: alle möglichen x-beliebigen Leute; jeder beliebige; jedermann. *Hinz und Kunz* als Bez. der großen Menge des Durchschnitts stammt aus dem MA., wo diese Namen sehr verbreitet waren; Hinz = Heinrich, Kunz = Konrad. Die Reihe der Heinriche und Konrade auf dt. Herrscherstühlen hat wesentlich zur Beliebtheit dieser Taufnamen beigetragen. Schon um 1300 ist die Wndg. formelhaft und nimmt im 15. Jh. spöttischen oder geringschätzigen Charakter an. Bei Joh. Fischart (,Praktik', 1572, S. 7) lautet sie: „Es sey Heintz oder Bentz"; ähnl. noch heute els. ,Kunz und Benz'. Wenn Matthias Claudius in einer Fabel zwei Bauern miteinander streiten läßt, heißen sie immer Hinz und Kunz. Zwei seiner Geschichten sind sogar mit diesen Namen überschrieben; die bekannteste beginnt:

Was meinst du, Kunz, wie groß die Sonne sei? –

Wie groß, Hinz? Als ein Straußenei. Goethe schreibt in den ,Noten und Abhandlungen zu besserem Verständnis des Westöstlichen Divans': „Diese beiden Namen (Seidon und Amran) stehen aber hier zu allgemeiner Andeutung von Gegnern, wie die Deutschen sagen: Hinz oder Kunz".

Weitere bekannte Namen-Paare sind: Hein und Fietje (Hamburg), Tünnes und Schäl (Köln), Antek und Frantek (Schlesien), Dick und Doof, Pat und Patachon im Film. Es handelt sich um den ,Jedermann', für den jede Volkssprache ihre eigenen Namen hat; vgl. ndl. ,Jan Alleman', Jack ende Toon'; engl. ,every man Jack',

‚Brown, Jones and Robinson', ‚all the world and his wife'; frz. ‚monsieur tout le monde', ‚Pierre et Paul' oder ‚Dupont et Durand', dt. Müller und Schulze.

Lit.: O. Meisinger: Hinz und Kunz (Dortmund 1924).

Hiob. *Eine Hiobsbotschaft* (älter *Hiobspost) bringen:* eine traurige oder unangenehme Nachricht überbringen, nach Hiob 1, 14–19; engl. ‚Job's news'. Goethe verbesserte in seinem Brief an Zelter vom 21. Nov. 1830 „Hiobspost" in „Hiobsbotschaft" (Weim. Ausg. Abt. 4, Bd. 48, S. 20). Die alttestamentarische Hiobgestalt spielt verschiedentlich in den dt. Redensartenschatz hinein: *Er ist ein zweiter Hiob:* er hat viel Pech, Unglück. *Eine wahre Hiobsgeduld haben:* außerordentlich geduldig, langmütig sein; vgl. frz. ‚la patience de Job'; engl. ‚the patience of Job'; ndl. ‚Jobsgeduld'. *Arm wie Hiob (Job):* arm wie eine Kirchenmaus, frz. ‚pauvre comme Job'; engl. ‚as poor as Job' (Büchmann), ↗ Uriasbrief.

Lit.: L. Kretzenbacher: Hiobs-Erinnerungen zwischen Donau u. Adria (München 1972); B. Schaller: Art. ‚Hiob', in: EM. VI, Sp. 1060–1064.

Hipphipphurra: ein in Großbritannien seit dem 17. Jh. belegter Hurraruf der Seeleute, Soldaten, Sportler etc.

Hippie. *Ein Hippie sein:* ein jugendlicher ‚Aussteiger' sein. Der Begriff stammt aus dem Amerikanischen. Er bez. einen jungen Menschen, der seine ablehnende Haltung gegenüber Staat, Gesellschaft u. bürgerlichen Normen durch ein unbürgerliches Äußeres zum Ausdr. bringt. ‚Sich im Hippie-Look kleiden': blumengeschmückt u. langhaarig auftreten. Blumen, Frohsinn, Friedensbereitschaft u. Heiterkeit waren die Ideale der Hippies, mit denen sie sich absetzten von der Welt des Geschäftssinns u. Machtstrebens. Die Bewegung machte hauptsächlich in den Jahren nach den Studentenrevolten (1968) von sich reden.

Hirn. *Sich das Hirn zermartern:* äußerst angestrengt nachdenken; vgl. frz. ‚se creusser la cervelle', wobei das Wort ‚cervelle' das Hirn der Tiere und nicht das des Menschen bez.

Nicht seinem Hirn entsprungen sein: es kann nicht seine Idee sein. *Ein weiches Hirn haben:* bescheuert, verrückt sein. *Dem hat der Teufel (Affe) ins Hirn geschissen* (oft mit dem iron. Zusatz: ‚und umzurühren vergessen'): er ist verrückt. Schwäb. ‚Mr sot em im Hirn vergante', man sollte sein Hirn wegen geistiger Pleite versteigern.

Nicht aufs Hirn gefallen sein: nicht dumm sein; ‚schreib dir's aufs Hirn' sagt man oberoesterr. zum Vergeßlichen. ‚Hirnverbrannt sein': unsinnige Anschauungen haben. Ähnl.: ‚hirnverbrannte Ansichten haben'.

Dem hat es ins Hirn geregnet: er hat einen Rausch.

Hirsch. Die Schnelligkeit des Hirsches kommt in verschiedenen rdal. Vergleichen zum Ausdr., wie z.B. *frisch, flink, munter wie ein Hirsch; laufen, springen, tanzen wie ein Hirsch.* „Ich spring und tanze wie ein Hirsch" heißt es bei Hölty.

Vgl. frz. ‚sauter et danser comme un cabri' (wörtl.: springen und tanzen wie eine junge Geiß).

Seit 1900 wurde Hirsch auch auf das Fahrrad, später das Motorrad (‚schneller Hirsch') übertr., doch hängt dies wohl nicht so sehr mit der Geschwindigkeit zusammen, sondern eher mit der Gabelform der Lenkstange. In weiterer Übertr. nennt man dann den Motorradfahrer selbst ‚Hirsch'. Ebenfalls um 1900 aufgekommen ist Hirsch für den jungen Mann. Das Schwergewicht liegt in Bayern, doch ist der Ausdr. in ganz Dtl. und auch in Österr. verbreitet. Ein *flotter Hirsch* ist ein Draufgänger, ein Mann, der seine Geliebte häufig wechselt (für Berlin seit 1920 bezeugt). Die Bez. Hirsch für den jungen Mann entspricht dem engl. ‚stag' (Hirsch) für ‚lediger junger Mann'.

Alter Hirsch nennt man den altgedienten Soldaten, den im Dienst Ergrauten und seit dem ausgehenden 19. Jh. auch den erfahrenen Flugzeugführer. Der Ausdr. ist der Jägersprache entnommen, wo er das überständige Tier bez. – Auch einen Predigt, einen Vortrag, die schon vor Jahren gehalten worden sind und aus Verlegenheit noch einmal dargeboten werden, nennt man einen alten Hirsch (für Hannover seit 1900 belegt). Als Hirsch bez. man auch den betrogenen Ehemann, wohl wegen des Geweihs, das ja als Symbol des ↗ Hahnreis gilt (↗ Horn).

Eine langwierige, aber dennoch erfolglose Verfolgung nennt man *den weißen Hirsch jagen*, wohl nach der Sage vom weißen Hirsch, der den Jäger immer tiefer in den Wald lockt, ohne sich erjagen zu lassen.

Von einem entlegenen Ort sagt man *wo die Hirsche ihre Geweihe abwerfen*.

Das Sprw. *Wenn Hirsche nicht kommen, sind Hasen auch gut*, hat die Bdtg.: etw. ist besser als nichts. Es ist belegt bei Jeremias Gotthelf ('Käthi', I, 130). Aber auch die Neger in Surinam sagen: „Kannst du keinen Hirsch erlegen, und du erlegst ein Kaninchen, so ist's auch gut".

Von jem., der sich streckt und die Arme spreizt, sagt man *er mißt dem Hirschen seine Hörner* (bair.). *Dem Hirschen auf die Hörner binden:* eine Person oder Sache der gewissesten Gefahr des Verderbens aussetzen (vielleicht nach einer alten Wildererstrafe?), ist eine vor allem bair. Rda.

,'s gebt Mensche, 's gebt auch Hersch': rheinpfälz. Rda. mit der Bdtg.: es gibt vernünftige Menschen u. andere, die es weniger sind (Esel, Kamele usw.). 'Hirsch' war nach Ph. Keiper in der Studentensprache des 19. Jh. u.a. eine geringschätzige Bez. für einen Studenten, der keiner Verbindung angehörte. Für die Verbindungsstudenten galten die Nichtverbindungsstudenten als unklug u. 'nicht recht gescheit'. Von daher wird auch die bair. Wndg. 'so a Hirsch' verständlich. Eine andere Bdtg. hat dagegen die Rda. 'Du bist mir ein schöner Hirsch'. Sie bezieht sich auf die Stärke u. Potenz der Hirsche u. ist als spöttischer Vergleich gedacht, der auf das Fehlende hinweist, auf die Tatsache, daß es bis zu einem echten Hirschen (Kraftprotzen) noch recht weit ist.

Als spöttische Bez. ist der Ausdr. außerdem aus der Wndg. 'Heimathirsch' bekannt, ↗ Heimat.

Lit.: *Ph. Keiper:*'s gebt Mensche, 's gebt auch Hersch', in: Zs. f. d. U. 23 (1909), S. 72–74; *L. Röhrich* u. *G. Meinel:* Redensarten aus dem Bereich der Jagd und der Vogelstellerei, S. 315, 318; *W. Danckert:* Symbol, Metapher, Allegorie im Lied der Völker, Bd. IV (Bonn – Bad Godesberg 1978), S. 1434–1440; *L. Bluhm:* Art. 'Hirsch, Hirschkuh', in: EM. VI, Sp. 1067–1072.

Hirsebrei. 'Wenn's Hirsebrei regnet, habe ich keinen Löffel' (KHM. 176 'Die Lebenszeit'). Das Sprw. begegnet sonst auch in der Form 'Wenn's Brei regnet, hab' ich keinen Löffel' (W. Körte). Auch Goethe verwandte es (Werke II, 261) in den Versen: „Daß Glück ihm günstig sei/Was hilft's dem Stöffel?/Denn regnet's Brei/fehlt ihm der Löffel", d.h., er kann selbst günstige Umstände nicht nutzen; er ist ein notorischer Pechvogel.

Lit.: *H. Rölleke:* Redensarten des Volks, auf die ich immer horche. Das Sprw. in den KHM. der Brüder Grimm, S. 171–174.

historisch. *Historisch werden:* jem. seine kleinen Verfehlungen und Unterlassungen aus früherer Zeit vorhalten; etwa seit 1910.

Hitze. *In der Hitze des Gefechts* ist eine Wndg., die meist durch einen Nachsatz vervollständigt wird, z.B. 'ist (mir) dieses oder jenes passiert' oder 'hat es einige Pannen gegeben'. Ein altes Sprw. lautet:

Hitz im Rat, Eil' in der Tat,
bringt nichts als Schad.

Ähnl. auch die Wndg. 'in der ersten Hitze', d.h. im ersten Aufwallen der Gefühle, die sich meist bei unangenehmen oder unerwarteten Problemen einzustellen pflegen, bei Themen, die 'mit hitzigem Kopf' diskutiert werden.

Dagegen ist ein 'Hitzkopf' derjenige, der alles zu schnell u. unüberlegt angeht u. seine Erregung nicht zügeln kann.

Bei der 'fliegenden Hitze' wiederum handelt es sich um ein plötzliches Gefühl des Unwohlseins, das sich in Hitzewallungen äußert u. mit einem hochroten Kopf verbunden ist. Sie tritt häufig im Gefolge von Kreislaufstörungen oder bei Frauen als Begleiterscheinung der Menopause auf.

Hobel. *Jem. den Hobel ausblasen (blasen):* ihn derb, rücksichtslos behandeln. Dazu: 'Du kannst mir den Hobel ausblasen', 'du kannst mir am Hobel blasen', 'blas mir den Hobel aus!', was alles eine derbe Abfertigung bedeutet. Dabei werden die Seitenteile des Hobels mit den Gesäßbacken verglichen; vgl. jidd. 'hoibel' = Afterkerbe. Auch meint Hobel zuweilen die Vulva. Die Rda. ist in den meisten Mdaa.

,Hobeln' (,Ungehobelter Mensch')

,Wo gehobelt wird ...'

bekannt, zuerst 1850 für Berlin gebucht. *Dem Hobel zuviel Eisen geben:* eine Sache rauh, grob behandeln; wenn man dem Hobel zuviel Eisen gibt, macht er zu große Späne. *Er hat den Hobel im Kopf:* er ist närrisch; *er kommt unter den Hobel:* verliert durch leichtsinniges oder verkehrtes Verhalten sein Vermögen.
Er ist ein ungehobelter Mensch: er ist ungeschliffen, schlecht erzogen. Die Rda. wird erstmals bei Hans Sachs auf einen rohen, ungesitteten Menschen übertr. In ,Äsop der Fabeldichter' heißt es (327): „ein ungehobelt grober püffel".
Gleiche Bdtg. haben in Hochsprache und Mdaa.: ungeschliffen, unbehauen, ungeglättet, ungekämmt, ungekocht, ungeschoren, ungestriegelt, ungewaschen und zahlreiche Synonyme. Die bildl. Vergleiche gehen auf die Handwerkssprache zurück, und es liegt nahe, eine Gleichsetzung des Menschen mit dem Material des Handwerkers als Urspr. der Wndgn. anzunehmen. Tatsächlich war es in früheren Jhh. Brauch, bei der Aufnahme in Zünfte

und sonstige Organisationen den Anwärter, der zum vollberechtigten Mitglied aufsteigen wollte, einer besonderen Zeremonie, der ,Taufe' oder ,Deposition' zu unterziehen. Durch verschiedene, teils scherzhafte Handlungen, wie wir sie heute noch bei den Druckern als ,Gautschen', bei der ,Äquatortaufe' und bei student. Korporationen finden, sollte er symbolisch von Untugenden befreit werden. Hier wurde häufig der Ausdr. ,schleifen' angewendet. ,Ein ungeschliffener Kerl' war folglich derjenige, der die Zeremonie noch nicht überstanden hatte. 1578 werden für eine student. Aufnahmezeremonie an der Universität Erfurt „Säge, Brechaxt, Knüttel, Schere, Kamm, Bohrer, Meißel, Feile, Hammer und Zange" benutzt (W. Fabricius, Schochs ,Comoedia' vom Studentenleben, 1658, 106). Aus dem Jahre 1713 stammt die Schilderung des Hobelns eines Studenten mit bildl. Darstellungen. Schon früh wurden die Vergleiche, oft als Scheltworte, auf das Benehmen ungesitteter Menschen übertr. Häufig finden sich auch Belege in der Lit., wie bei Schiller (Anthologie 1782, ,Rache der Musen' 21):
Pfeift wohl gar – wie ungeschliffen!
Andre Schläfer wach.
Mit dem großen Hobel darüberfahren: oberflächlich glätten, grob verfahren. Ähnl.: *Wo gehobelt wird, da fallen Späne.*

Lit.: *R. Wissell:* Des alten Handwerks Recht und Gewohnheit, 2 Bde. (Berlin 1929) II, S. 32 ff., bes. S. 37; *L. Röhrich* u. *G. Meinel:* Rdaa. aus dem Bereich von Handwerk und Gewerbe, in: Alemannisches Jahrbuch (Bühl/Baden 1973); *J. M. Greber:* Die Geschichte des Hobels (Hannover 1987).

hoch. *Das ist mir zu hoch:* das übersteigt mein Auffassungsvermögen, das kann ich nicht begreifen. Die Rda. ist wahrscheinl. der Bibelsprache entlehnt; Hiob 42,3: „Darum bekenne ich, daß ich habe unweise geredet, was mir zu hoch ist und ich nicht verstehe", sowie Ps. 139,6: „Solche Erkenntnis ist mir zu wunderbar und zu hoch; ich kann sie nicht begreifen". Aber auch die äsopische Fabel vom Fuchs mit den ↗ Trauben mag in die Tradition mit eingegriffen haben. Lit. noch im bibl. ernsten, eigentl. Sinne bei Paul Gerhardt:
Das ist mir kund, und bleibet doch
Mir solch' Erkenntnis viel zu hoch.

Heute wird die Rda. meist in iron. Sinne verwendet.

Da geht es hoch her: da herrscht lebhaftes Treiben, ein verschwenderischer Lebenswandel. In diesem reichen in Schillers ‚Wallensteins Lager‘ (8. Sz.). ‚Hoch‘ meint hier ebenso wie in ‚Hochzeit‘ die Festzeit als eine ‚hohe Zeit‘.

Hoch hinauswollen: ehrgeizig, anspruchsvoll sein, hochmütig auftreten. ‚Hoch hinaus‘ meint entweder das hochgesteckte Ziel oder das Hochrichten der Nase, oder die Absicht, ‚hoch zu Roß‘ hinauszuwollen. Ähnl. *hochgeschoren sein:* eingebildet sein, urspr. nur von kath. Geistlichen wegen ihrer bes. Haartracht gesagt (Tonsur). Von den Pfaffen heißt es schon in Hartmanns von Aue ‚Erec‘ (V. 6631 f.):

swie hôhe er waer beschorn
er wart dô lützel ûz erkorn,
ez waere abt oder bischof.

Wenig später wird die Rda. als Geringschätzung gegen die Polen mit ihrem kurzen Haarschnitt angewendet, z. B. in Ottokars ‚Oesterreichischer Reimchronik‘ (V. 16 207 f.):

die da als die torn
waren hôch beschorn,
die man Polan nant,
mit den tungten sie daz lant.

Etw. hoch und heilig versprechen: etw. fest versprechen. Hoch bezieht sich hier auf das Erheben der Schwurfinger.

Einen hochgehen lassen: ihn verhaften, anzeigen, verraten. Die Rda. kommt aus der Gaunersprache.

Einen hochnehmen: ihn übervorteilen (von ‚hohen Preisen‘ abgeleitet), sold.: jem. bei der Ausbildung stramm herannehmen, dann allg.: ihn scharf zurechtsetzen, ihn auszanken, auch: verhaften.

Jem. hochleben lassen: ihm zubilden mit dem dreimal wiederholten Satz ‚hoch soll er leben, dreimal hoch‘ oder ihm ‚ein dreifaches Hoch‘ zurufen – aus Anlaß seines Geburtstages oder einer anderen Jubelfeier, wie z. B. Silber- oder Goldhochzeit u. ä.

Zuweilen wird der Spruch auch erweitert zu einem Vers, der vor allem in Studentenbzw. Soldatenkreisen geläufig ist: ‚ein dreifach Hoch dem Sanitätsgefreiten Neumann‘.

Höherer Blödsinn ↗ Blödsinn.

Hochform. *In Hochform sein:* in bester gesundheitlicher Verfassung, die zu Höchstleistungen befähigt, durchtrainiert sein. Die Wndg. kommt aus der Sportsprache.

hochkommen. *Etw. kommt (wieder) hoch:* es kommt als unangenehmes Erlebnis ins Gedächtnis zurück. Anders die Wndg. *es kommt mir hoch:* ich gerate (bei dem Gedanken daran) in unliebsame Erregung, so daß man sich aus Ekel erbrechen möchte.

Wenn es hoch kommt bedeutet dagegen: alles eingerechnet, im äußersten Fall, darüber hinaus ganz bestimmt nicht. Die Wndg. wird meist bei einer kurzen Überschlagsrechnung gebraucht, ↗ Ulrich.

Beide Wndgn. werden gelegentlich auf eine Ebene gebracht. So sagt man zu einem, der sich übergeben muß: ‚Du wirst alt‘ und verweist dann iron. auf Psalm 90, 10, in dem es heißt: „Unser Leben währet siebzig Jahr, und wenn's hoch kommt, so sind's achtzig Jahre …“

‚Hochmut kommt vor dem Fall‘

Hochmut. Der Ausdr. wurde urspr. für gehobene Stimmung u. edle Gesinnung gebraucht (mhd. hochgemuote), später jedoch in erster Linie abwertend für Stolz, Dünkel, übermäßig hohe Selbsteinschätzung; auch in dem Sprw. ‚Hochmut kommt vor dem Fall', das schon in der Bibel begegnet (Spr. 16, 18), desgl. in dem volkstüml. Spruch:

Hochmut u. Stolz
wachsen auf einem Holz.

hochstapeln, Hochstapler. Die Worte bedeuten: in betrügerischer Absicht (u. mit falschem Namen) eine hohe gesellschaftl. Stellung o. ä. vortäuschen u. das Vertrauen der Getäuschten durch Betrügereien mißbrauchen. Aber auch: nicht vorhandenes Wissen u. nicht erbrachte Leistungen vortäuschen u. damit prahlen bzw. aufschneiden, ↗ Aufschneider. ‚Stapeln‘ meint primär das Aufschichten z. B. von Holz. Wenn zu hoch gestapelt wird, bricht die Holzbeuge zusammen. In der Mitte des vorigen Jh. mußte die übertr. Bdtg. noch erklärt werden. So lieferte die Zeitung ‚Der Publizist‘ von 1858 (Nr. 27) folgende Erklärung: „unter dem polizeilichen Namen Hochstappler versteht man einen Menschen, der entweder wirklich der gebildeten Gesellschaft angehörend oder unter der Behauptung ihr anzugehören wiederum nur die Mitglieder dieser Gesellschaft unter allerhand Vorspiegelungen in Contribution setzt". Das Blatt ‚Dorfzeitung‘ (1855, Nr. 206) kommt mit seinem etwas abweichenden Bericht der heutigen Bdtg. am nächsten: „die Berliner polizei hat einen hochstapler entlarvt, der sich für einen von Rußland vertriebenen armenischen Fürsten ausgab!"

Hochtour. *Jem. auf Hochtouren bringen:* ihn antreiben, zu intensiver Arbeit veranlassen, auch: ihn wütend machen. Entspr. *auf Hochtouren kommen, auf Hochtouren sein:* anfangen, intensiv zu arbeiten, wütend werden. Das rdal. Bild ist erst im 20. Jh. vom Automotor auf den Menschen übertr. worden.

Hochwasser. *Hochwasser haben:* die Hosenbeine zu hoch gezogen haben, zu kurze Hosenbeine haben. Sie erinnern an aufgekrempelte Hosenbeine beim Waten durch Hochwasser; ausgehendes 19. Jh.

Hochzeit. *Auf zwei Hochzeiten tanzen:* zwei verschiedene, sich im Grunde ausschließende Dinge gleichzeitig tun wollen; *auf allen Hochzeiten tanzen:* überall dabeisein wollen; *auf der falschen Hochzeit tanzen:* aufs falsche Pferd setzen; *auf einer fremden Hochzeit tanzen:* sich in Dinge mischen, die einen nichts angehen. *Ich werde auf deiner Hochzeit tanzen* ist eine Entschuldigung, wenn man einem anderen auf den Fuß tritt.
Eine große Hochzeit haben: mit vielen Eingeladenen feiern. Gegensatz: die ‚stille Hochzeit‘, die im engsten Familienkreis stattfindet. Ganz ohne Schmaus wurde im 18. u. 19. Jh. die ‚blinde Hochzeit‘ der armen Leute begangen, d. h. ohne Feier. *Das ist eine schöne Hochzeit* bez. einen großen Lärm. *Er schreit vor der Hochzeit Juch!:* er nimmt die Hoffnung für die Wirklichkeit, ist voreilig; ebenso *er hat zu früh Hochzeit gemacht. Die Hochzeit hat ein Loch:* sie ist zu Ende. Jüd. *Es ist Hochzeit und Beschneidung zugleich:* eine Überfülle von Freude. *Er macht Hochzeit mit des Seilers Tochter in einem Haus mit vier Säulen:* er stirbt am Galgen.

Lit.: *B. Deneke:* Hochzeit (München 1971); Liebe und Hochzeit. Aspekte des Volkslebens in Europa (Antwerpen 1975); *G. Völger u. K. v. Welck* (Hg.): Die Braut, 2 Bde. (Köln 1985); *L. Dégh:* Art. ‚Hochzeit‘, in: EM. VI, Sp. 1107–1121.

Hochzeitslader. ‚Er wackelt wie a Hochzeitslader‘ bezieht sich auf eine betrunkene Person. Da es ein weitverbreiteter

‚Hochzeitsbitter‘

Brauch war, den Hochzeitslader (oder ‚Hochzeitsbitter') mit Wein u. Schnaps zu traktieren, manchmal sogar bewußt in der Absicht, ihn betrunken zu machen, ist es nicht verwunderlich, daß es zur Prägung dieser Rda. kam, denn bei aller Trinkfestigkeit, die ein Hochzeitslader haben mußte, konnte es durchaus geschehen, daß es hin u. wieder des Guten zuviel wurde. So wurden die Hochzeitsbitter bereits in einer Frankfurter Verordnung von 1653 zur Nüchternheit im Dienst ermahnt.

Lit.: *G. Buschau:* Die Sitten der Völker, Bd. 4: Das dt. Volk in Sitte u. Brauch (Stuttgart o.J.), S. 150; *H. Dettmer:* Die Figur des Hochzeitsbitters (Frankfurt a.M. 1976), S. 225.

Hochzeitsstrumpf. Das Schenken von Hochzeitsstrümpfen ist in der Schweiz schon im 17. und 18. Jh. bezeugt und in einer bes. Weise rdal. geworden: ‚Da häscht no öppis in Hosstigsstrumpf' sagt man im Schweiz. noch heute bes. häufig, wenn der Gast der Bedienung ein Trinkgeld gibt, eben ‚öppis in Hosstigsstrumpf'. Fragt man nun den Gast oder die Bedienung, ob sie je einen Hochzeitsstrumpf gesehen hätten, so verneinen sie dies in den meisten Fällen. Die meisten denken an einen überlieferten Scherz, weshalb auch die gelegentliche Antwort der Bedienung zu verstehen ist: ‚Min Hosstigsstrumpf hät ä Loch', oder ‚I tu's i d'Scheidekasse'. Zahlreiche Belege für die Rda. ‚einem näbis in'n Hochzitsstrumpf gen' finden sich im Schweiz. Idiotikon II, 2282. Von einem Patengeschenk sagt Jeremias Gotthelf: „Im Papier waren zwei Fünffrankenstücke gewesen, eine große Summe für die arme Frau ... Die beiden Stücke wanderten alsbald in den Hochzeitsstrumpf". Der Hochzeitsstrumpf ist – wie der Sparstrumpf – eine Art Sparbüchse.

Lit.: *W. Seeger:* ‚Öppis in Hosstigsstrumpf gee', in: Schweiz. Vkde., 53 (1963), S. 98.

Hocker. *Das haut mich vom Hocker!:* Ausruf des Erstaunens, vor allem in der Jugendsprache bekannt. Eine andere Wndg. mit Binnenreim lautet: ‚locker vom Hocker' u. bedeutet soviel wie ‚spielend', mit Leichtigkeit.

Hof. *Jem. den Hof machen:* sich um seine Gunst bewerben, sich zum Verehrer machen. Die Rda. ist eine wörtl. Übers. von frz. ‚faire la cour à quelqu'un' und entstammt dem Zeitalter, in dem das frz. Hofleben die Sitten der Gesellschaft bestimmte. Unter Hof verstand man früher, auf einen Fürsten bezogen, seine ganze Umgebung; was ihm diente, machte seinen Hof aus, machte ihm den Hof. So schreibt Goethe im 5. Buch von ‚Dichtung und Wahrheit' bei der Schilderung der Krönung Josephs II.: „Und wie der Nachtisch aufgetragen wurde, da die Gesandten um ihren Hof zu machen, wieder hereintraten, suchte ich das Freie". Von der diensteifrigen Artigkeit der Höflinge gegenüber ihrem Herrn wurde die Wndg. dann bald übertr. auf die werbende Huldigung um die Gunst der geliebten Dame. Auch mit Beibehaltung des Fremdworts ‚cour' kommt die Wndg. seit dem 18. Jh. vor: ‚die Cour machen (auch: schneiden)'. Sebastian Brant braucht in seinem ‚Narrenschiff' (32, 25 ff.) die ähnl. Wndg. *Hofworte treiben:* jem. verbindliche Worte sagen:

Ir ougen schlagen zu der erd
Und mit hoffwort mit yederman
Tryben vnd yeden gaefflen an.

Lit.: *E. Moser-Rath:* Lustige Gesellschaft, Kap.: Herrscher u. Hofstaat (Stuttgart 1984), S. 144–145; *O. Ehrismann:* Art. ‚Höfisches Leben', in: EM. VI, Sp. 1154–1165.

hoffen. ‚Hoffen wir das Beste, liebe Leser': eine Wndg., die in billigen Romanen des 19. Jh. häufig zu lesen war, heute aber als rdal. Floskel verwendet wird, wenn man einer Sache nicht so recht traut.

Hoffnung. *Seine Hoffnung ist in den Brunnen gefallen:* seine Pläne sind mißglückt, vereitelt worden; vgl. ndl. ‚daar ligt nu al mijne hoop in de asch'; ‚de hoop ligt in het zand' u. frz. ‚Ses espoirs sont tombés à l'eau' (ins Wasser gefallen). Veraltet sind die Rdaa. ‚Hoffnung nicht vmb Geldt kauffen' (Eyering I, 308) und ‚Hoffnung vmb Geldt kauffen' (Eyering III, 32 u. 214). Aus dem Buche ‚Die Weisheit Salomos' 12, 19 stammt der Ausdr. ‚Guter Hoffnung sein', heute i. S. v. ‚schwanger

‚Hoffen heißt Wolken fangen wollen‘

sein‘ gebräuchlich. Vgl. die Schlagerzeilen:

Wenn die Hoffnung nicht wär,
wär’ der Kinderwagen leer
und der Storch müßt’ stempeln gehn.

Vergils ‚Aeneis‘ bietet ‚Zwischen Furcht und Hoffnung schwebend‘ („Spemque metumque inter dubii“). ‚Er lebt am Kap der Guten Hoffnung‘ sagt man scherzweise von einem, der sich begründeter oder unbegründeter Hoffnung überläßt. Ein Holzschnitt von Hans Weiditz gehört vermutlich in diesen Zusammenhang: Dargestellt ist ein Mann in Handwerkertracht, der am Meeresufer steht. Er hat Taue um seine Arme gebunden und möchte gerne Wolken und Wogen an sich ziehen. Dem Sturm, der ihn anbläst, schleudert er selbst aus dem Munde Feuerbrände entgegen. Wahrscheinl. handelt es sich um folgende Sprww.: ‚Die Hoffnung ist ein langes Seil, darin sich viele zu Tode ziehen‘, sowie vor allem: ‚Hoffen heißt Wolken fangen wollen‘.

Hoffnungsanker. *Einen Hoffnungsanker haben* oder *auswerfen:* in einer Notlage einen festen Halt haben oder nach ihm suchen. Der Schiffs-Anker ist schon früh in bildl. übertr. Sinne des geistig-seelischen Rettungsankers verwendet worden. Ein

Frühbeleg findet sich z. B. bei J. Rompler von Löwenhalt (Erstes gebüsch Reim-getichte, Straßb. 1647,72): „stürmische schifffahrt mänschlichen lebens: er zweifelt, ob auch noch der hoffnungsanker raich, indem er solchen wirft“.

Hoftrauer. *Er hat Hoftrauer:* witzige Wndg. für jem., der schwarzumrandete, schmutzige Fingernägel hat. Scherzh. heißt es auch: ‚Er hat seine Großmutter aus der Erde gekratzt‘.

Höhe. *Das ist (ja) die Höhe!:* das ist unerhört, kaum noch zu überbieten, ganz unverständlich. Die Rda. ist wohl verkürzt aus älterem ‚Das ist die rechte Höhe‘ (so noch bei Schiller ‚Kabale und Liebe‘ I, 1) und bezieht sich auf das Messen und Einpassen, wobei das rechte Maß verfehlt wurde; vgl. frz. ‚C’est le comble‘ (wörtl.: Das ist das Höchste). Heute meist iron. gebraucht; studentensprachlich, mit einem Wortspiel ins Mathematische, auch *Das ist die Höhe h.*
Auf der Höhe sein: mit den neuesten Errungenschaften (wissenschaftlichen Erkenntnissen usw.) vertraut sein; mit den anderen mithalten können. *Nicht auf der Höhe sein:* abgespannt, mißgestimmt, nicht voll leistungsfähig sein, kränkeln,

heute statt dessen meist: ‚(nicht) in Form sein‘.

Lit.: *E. Damköhler:* ‚Das ist die rechte Höhe‘, in: Zs. f. d. U. 11 (1897), S. 740–742; *H. Menges:* ‚Das ist die rechte Höhe‘, in: Zs. f. d. U. 12 (1898), S. 424–425.

Höhenflug. *Einen Höhenflug unternehmen:* seinen Geist (seine Seele) aufschwingen, sich gedanklich in höhere Gebiete vorwagen, im Gefühlsüberschwang über sich selbst hinauswachsen. Das Bild der Rda. vergleicht die menschlichen Gedanken mit einem Höhenflug der Vögel, der sich weit aufschwingt.

‚Höhenflug‘: Vergeblicher Versuch einer beflügelten Muse, ihren Dichter zu einem Höhenflug zu überreden.

Höhle. *Sich in seiner Höhle verkriechen:* sich in sein Zimmer (seine Wohnung) zurückziehen und dort bleiben, ähnl. wie ein Tier in seiner Höhle. Der bildl. Vergleich mit einem Löwen ist schon früh belegt:
ja wie ein löw, unwillig schier
in eine hölin sich verbirget.
(R. Weckerlin: ‚Geistl. u. weltl. Gedichte‘, 1648, 37).
Sich in die Höhle des Löwen wagen ↗ Löwe.

Lit.: *R. Bendix:* Art. ‚Höhle‘, in: EM. VI, Sp. 1168–1173.

Hokuspokus. *Hokuspokus machen:* unnötige Umschweife, überflüssiges Blendwerk, Trickspiel, Gaukelei machen. Unsinn treiben. Man bez. damit vor allem die Handgriffe und Rdaa. der Taschenspieler, womit sie die Aufmerksamkeit der Zuschauer von der Hauptsache abzulenken suchen. Der älteste Beleg des Wortes stammt von 1624 aus England, 1634 erscheint es im Titel eines in London erschienenen Lehrbuches der Taschenspielerkunst: ‚Hocus Pocus junior the anatomie of legerdemain‘, das 1667 ins Dt. übers. wurde. Das Wort hat sich seit dem Anfang des 17. Jh. von Engl. über Holland auf dem Kontinent ausgebreitet. Es bez. den Taschenspieler, begegnet aber bereits 1632 auch als Zauberformel. In diesem Sinn steht es z. B. in Bekkers ‚Die bezauberte Welt‘ von 1693: „Denn sehet, sie (die Besessenen) sind daselbst (im Pabstthumb) nötig, den Geistlichen Materie zu Mirakuln zu geben und zu zeigen, welche Krafft ihr Okusbokus auff den Teuffel habe“. Einige Forscher (Dt. Wb. und Weigand) nehmen an, daß das Wort auf einen Taschenspielernamen – unter Jakob I. nannte sich ein Hoftaschenspieler Hocus Pocus – zurückgehe. Die frühere Erklärung, es sei Entstellung der Konsekrationsformel „Hoc est corpus meum“ wird heute meist abgelehnt. Die Herkunft aus der Transsubstantiationsformel „Hoc est corpus meum‘ ist schon deshalb unwahrscheinlich, weil im Gegensatz zur schnellen Aussprache der Zauberformel der Messetext sehr langsam und verständlich gesprochen zu werden pflegte u. daher ein lautliches Mißverständnis kaum denkbar gewesen wäre. Kluge nimmt an, der Urspr. des Wortes sei dunkel. Wahrscheinl. handelt es sich um die bekannte Formel „Hax pax max“, Zauberworte, die in mancherlei Varianten oft begegnen und schon seit dem 14. Jh. vorkommen, z. B. in einem Blutsegen „+ pax nax + pax + tecum… + max + nax + pax“. Es handelt sich um das ‚pax tecum (vobiscum)‘, das durch Klangworte erweitert ist. Dabei mag die Vorliebe für solche auf x ausgehende Worte und Namen im Zauber, die sich seit alters nachweisen läßt, miteingewirkt haben. In ‚Hax pax‘ wird das a verdumpft, nach engl. Art ausgesprochen, zu o geworden sein; vgl. 1625 die Form ‚Oxbox‘. Da diese Formel, auf Hostien geschrieben, gegen Fieber und andere Schäden gebraucht wurde, so ist die Möglichkeit einer Verstümmelung aus ‚Hax Pax Max‘ nicht ausgeschlossen.

Lit.: Art. ‚Hocus Pocus‘, in: Notes and Queries 2.6. (1858), S. 117, 179, 217, 259, 280, 338; *A. Jacoby:* Art ‚Hax pax max‘, in: HdA. III, Sp. 1586f.; *ders.,* Art. „Hokuspokus‘, in: HdA. IV, Sp. 183–184; *M. Ginsburger:* Art. ‚Hokuspokus‘, in: Jüd. Lexikon, 1651; *I. Hampp:* Beschwörung. Segen. Gebet (Stuttgart 1961).

Holland. *(Da ist) Holland in Not* (oder *in Nöten*): es ist große Not, es herrscht arge Bedrängnis, große Ratlosigkeit, meist iron. gebraucht gegenüber nur vermeintlichen oder unnötig hochgespielten Dingen; auch ndl. ,Holland is in last'. Der Urspr. der Rda. ist nicht mit Sicherheit bekannt. Sie könnte aus den Zeiten der span. Herrschaft in den Niederlanden stammen, wo viele Holländer auswanderten, oder aus der Zeit des Krieges von 1672–79, als Ludwig XIV. mit seinem überlegenen Heer in die Niederlande eingefallen war und die Holländer, um sich zu retten, die Dämme durchstachen und das Land unter Wasser setzten. Stoett widerspricht mit dem Hinweis auf den ersten ndl. Beleg bei Sartorius (III, 4, 82), der von 1561 stammt und auch noch vor der Überschwemmungskatastrophe von 1562 liegt: „Bijt hem een vloo, soo is Holland in last: in eos, qui quamtum libet levi de re graviter perturbantur, perinde ut in maxima".

Durchgehen (auch *losgehen*) *wie ein Holländer:* rücksichtslos vorgehen, aber auch: in feiger Weise fliehen. *Den Holländer machen:* sich davonmachen, durchbrennen, sich nicht erwischen lassen, denn Holländer waren bes. geschickte Seefahrer; auch in den Mdaa., z. B. preuß. ,De geiht dörch wie e Holländer', er arbeitet sich aus einer verwickelten Sache ohne Schaden heraus (Frischbier, Sprw. 1, 673). Die Rda., die schon bei Grimmelshausen (,Simplicissimus' II, 7, S. 123) belegt ist, bezieht sich vermutlich auf holländische Söldner in fremden Heeren (Stoett I, S. 350, Nr. 916).

Lit.: *A. Taylor:* „Dutch in Proverbial and Conventional Use", in: Western Folklore 11 (1952), S. 219.

Holle. Frau Holle ist eine im östl. Mitteldtl. verbreitete Sagen- u. Brauchgestalt, die rdal. in verschiedenen meteorologischen Metaphern weiterlebt. *Frau Holle schüttelt das Bett* (oder *die Betten, die Kissen) aus,* auch *schüttelt die Federn herunter* sagt man, wenn es schneit. Wenn weiße Schäfchenwolken am Himmel stehen, heißt es: ,Heute treibt Frau Holle die Schafe aus'. Wenn es während eines großen Teils der Woche geregnet hat, so erwartet man am Ende schönes Wetter; denn ,Frau Holle muß zum Sonntag ihren Schleier trocknen'; ,sie hängt ihn auf Rosensträucher, und darum blühen die Rosen so schön'. Entspr. sagt man: ,Frau Holle hält Kirmes', es regnet. Ist ein Berg von Nebel umwölkt, so ,macht Frau Holle darin Feuer'. Alle diese, bes. in Mitteldtl. heimischen Rdaa. gehen auf den Volksglauben von Frau Holle zurück. Frau Holle, Holda, Hollefrau usw. ist eine dämonische Überwacherin der Spinnstubenruhe sowie die Anführerin der Hollen oder Huldren, einer Schar von Nachtdämonen. ,Die ist mit der Holda gefahren' sagt man für das zerzauste Aussehen einer Frau. Am frühesten ist sie bei Burchard von Worms (um 1000) erwähnt. Nur im Grimmschen Märchen (KHM. 24) hat sich die zuerst angeführte meteorologische Rda. zu einer Erzählung konkretisiert. Frau Holle gehört aber nicht als konstitutives Motiv zu diesem Erzählkreis und fehlt in vielen Varianten desselben Typs (AaTh. 480). In einigen Landschaften werden meteorologische Erscheinungen mit anderen übernatürlichen Wesen verknüpft, z. B. els. ,d'Engele hans Bed gemacht, d'Federe fliege runder'; aus dem Osnabrückischen meldet schon ein Beleg von 1752: „De aule Wijvers schüddet den Pels ut: es schneyet".

Lit.: *V. Waschnitius:* Percht, Holda und verwandte Gestalten, Sitzungsber. d. Akademie d. Wiss. zu Wien 174 (Wien 1913), S. 173 ff.; *W. E. Roberts:* The Tale of the Kind and the Unkind Girls, Fabula, Suppl. B 1 (Berlin 1958); *K. Paetow:* Volkssagen u. Märchen um Frau Holle (Hannover 1962); *L. Röhrich:* Märchen und Wirklichkeit (Wiesbaden ⁴1974); *M. Rumpf:* Art. ,Frau Holle', in: EM. V, Sp. 159–168.

Hölle. *Einem die Hölle heiß machen:* ihn durch Drohungen in Angst versetzen. Die Rda. geht auf die grellen Schilderungen der höllischen Folterqualen zurück, durch die früher die Geistlichkeit auf ihre Zuhörer, namentlich auf solche, die dem Tode nahe waren, einzuwirken suchte. Die Wndg. begegnet schon bei Luther: „Wie man jetzt spricht, sie machen uns die hellen heis und den teufel schwarz" (Jenaer Ausg. 3, 228), während mhd. nur das Adj. ,helleheiz' bei Walther von der Vogelweide vorkommt. In Karl Simrocks Gedicht ,Eichelsaat' heißt es:

Man schürt' ihm von der Kanzel die
　　　　　Hölle so heiß;
Er dacht': Ich will bezahlen das
　　　　　Lügengeschmeiß.

Man hat zur Erklärung der Rda. auch auf
den Namen ‚Hölle‘ für den Winkel zwischen Ofen und Wand im alten dt.
Bauernhaus hingewiesen, wo die ‚Hellbank, Höllbank‘ stand. Wurde nun kräftig
eingeheizt, so wurde dem dort Ruhenden
die Hölle zu heiß. R. Neubauer hält diese
Deutung für wahrscheinlich, zumal es in
der älteren Lit. einen Beleg gibt, der auf
einen solchen Zusammenhang schließen
läßt: „Der ander lag noch hinder dem
Ofen in der Hell und mocht vor Faulheit
nit aufstohn (G. Wickram, Rollwagenbüchlein, 1555, Nr. 22). Auch die Tatsache, daß in den Hüttenwerken der dem
Gebläse gegenüber liegende Raum, in
dem sich beim Einheizen die größte Hitze
entfaltet, Hölle genannt wird, scheint
diese Annahme zu bestätigen. Doch denkt
bereits Luther, wie die oben angeführte
Stelle zeigt, an die Hölle des Fegfeuerglaubens. Ebenso die folgenden Rdaa.:
Aus der Hölle ins Fegfeuer: vom Regen in
die Traufe (↗ Regen). ‚Dem brennt die
Hölle aus dem Kopf‘ sagt man bair. von
einem Rothaarigen. ‚Der ist aus der Hölle
auf Urlaub gekommen‘ heißt es oberoester. von einem schlimmen Gast. *Er
hat die Hölle zu Hause* sagt man von
einem Mann, der mit einer bösen und
schlimmen Frau verheiratet ist; vgl. frz.
‚C'est l'enfer chez lui‘. Von der entspr.
Frau heißt es *Sie ist aus der Hölle entlaufen, als der Teufel schlief* (↗ Teufel). *In der
Hölle ist Kirmes* ↗ Kirmes.

‚Der Weg zur Hölle ist mit guten Vorsätzen gepflastert‘. Das von Samuel Johnson
i. J. 1775 gebrauchte u. von seinem Biographen Boswell in seinem ‚Life of Johnson‘
(ed. by George Birkbeck Hill, 1887, II,
360) mitgeteilte ‚Hell is paved with good
intentions‘ (‚Die Hölle ist mit guten Vorsätzen gepflastert‘) führt Walter Scott in
seinem Roman ‚The bride of Lammermoor‘ (1819, B. 1, Kap. 7) auf einen engl.
Theologen zurück. Wahrscheinl. meint er
George Herbert († 1632), der in ‚Iacula
prudentum‘ (Ausg. v. 1651, 11) denselben
Gedanken ausspricht: ‚Hell is full of good
meanings and wishings‘. Doch findet sich

das Sprw. schon wesentlich früher in Spanien in der Fassung: ‚El infierno es bleno
de buenas intenciones‘. Es hat wohl die
Bdtg., daß es keinen Sünder gibt – auch
wenn er noch so schlecht wäre –, der nicht
den Wunsch zur Besserung hätte. Bei
Franz von Sales findet sich der Hinweis,
daß das Sprw. schon vom hl. Bernhard
verwendet wurde (Büchmann).

Jem. zur Hölle wünschen: ihn weit weg
wünschen; *Jem. das Leben zur Hölle machen:* schlecht mit ihm umgehen, ihm arg
zusetzen.

Die Hölle ist los!: es herrscht ein Höllenspektakel (Höllenlärm), es geht drunter
und drüber.

Lit.: Art. ‚Hell is paved with good intentions‘, in: Notes and Queries, 1.2 (1850), S. 140—141; 1.6 (1852),
S. 520; 2.10 (1860), S. 240; 4.9 (1872), S. 260; 8.5 (1894),
8. S. 89–90; 8.6 (1894), S. 136; *R. Neubauer:* Einem die
Hölle heiß machen, in: Zs. f. Vkde. 17 (1907),
S. 325–328; *M. Landau:* Hölle und Fegfeuer in Volksglaube, Dichtung und Kirchenlehre (Heidelberg
1909); RGG³ III, Sp. 402 ff. Art. ‚Hölle‘; *G. Heid:* Die
Darstellung der Hölle in der dt. Lit. des ausgehenden
MA. (Diss. Wien 1957); *K. Schnitzer:* Die Darstellung
der Hölle in der erzählenden Dichtung der Barockzeit
(Diss. Wien 1961); *L. Röhrich:* Teufelsmärchen und
Teufelssagen, in: Sagen und ihre Deutung (Göttingen
1965); *J. Le Goff:* Die Geburt des Fegefeuers (Stuttgart 1984); *I. Grübel u. D.-R. Moser:* Art. ‚Hölle‘, in:
EM. VI, Sp. 1178–1191.

‚Höllenqualen erleiden‘

Höllenqualen. *Höllenqualen leiden (ausstehen):* körperliche u. seelische Schmerzen haben, die an Intensität u. Stärke den als Qualen der Hölle (s. o.) beschriebenen ähneln.

Holz. *Holz auf sich hacken lassen:* sich alles gefallen lassen, gutmütig sein. Die Rda. hat bereits Luther in seiner Sprww.-Sammlung angeführt.

Holz vor'm Haus (vor der Hütte, vor der Tür, vor der Herberge, bei der Wand) haben: vollbusig sein. Das sprachl. Bild ist von den an der Außenwand der Bauernhäuser aufgestapelten Holzvorräten hergenommen; mdal. nordostdt. ‚se häft god Holt vor de Dör‘; ‚Holz in der Butten haben‘ sagt man bair. von einem Mädchen, das ‚gut bepackt‘ ist; meckl. ‚sei hett wat vör sick bröcht‘.

Holz sägen: schnarchen (↗ Ast).

Holz in den Wald tragen ↗ Eulen nach Athen tragen: etw. Überflüssiges tun; so schon in Joh. Fischarts ‚Ehezuchtbüchlein‘ (S. 123–126): „Holz inn Wald tragen“.

Aus demselben (dem gleichen) Holz (geschnitzt) sein: von derselben Art sein, denselben Charakter usw. haben. Holz steht in dieser und mehreren anderen Rdaa. für den Menschen, z. B. ‚aus gutem Holz (geschnitzt) sein‘, von guter Art, gutem Charakter sein; ‚aus anderem Holz (geschnitzt) sein‘, ein Mensch von anderem Charakter (besseren Nerven usw.) sein; (vgl. engl.: ‚A mercury may not be made of every wood‘: einen Merkur kann man nicht aus jedem Holz schnitzen); ‚ich bin nicht aus Holz‘, auch ich bin ein fühlender Mensch aus Fleisch und Blut mit allen seinen Wünschen und Trieben usw.; ‚aus hartem Holz (geschnitzt) sein‘, ein hartes, unnachgiebiges, unfreundliches Wesen haben. ‚Aus dem Holz sein, aus dem man die Minister macht‘, sich zum Minister eignen. Auch im Frz. begegnet das Wort ‚Holz‘ (bois) in zahlreichen Rdaa., z. B.: ‚Je vais lui montrer de quel bois je me chauffe‘ (wörtl.: Ich will ihm zeigen, mit welchem Holz ich heize): ‚Ich will ihm zeigen, was eine Harke ist‘, oder: ‚être du bois dont on fait des flûtes‘ (wörtl.: aus dem Holz sein, woraus man Flöten schnitzt): friedfertig, versöhnlich sein;

‚Dasitzen wie ein Stück Holz‘, stumm und steif dasitzen; ähnl. ‚sich hölzern benehmen‘, ungeschickt und steif wie ein Klotz sein. ‚Es ist, als wenn man zu einem Stück Holz redete‘, man kann überhaupt nichts erreichen bei ihm, er läßt sich nichts einreden, ↗ hölzern.

‚N'être pas de bois‘ (wörtl.: nicht aus Holz sein): der Sinnlichkeit zugetan sein; oder ‚J'ai la gueule de bois‘: Ich habe einen Kater.

Holzhauen besitzt auch erotische Bdtg.: ‚Nix verhackt, an ander Holz her!‘ ist ein österr. Ausruf, wenn eine Liebschaft in die Brüche geht (‚Carinthia‘ 143, S. 137). Ebenso zu verstehen ist das Sprw. ‚Angebrannt Holz geht bald wieder an‘. ‚Drög Holt in de Eck smieten‘ ist schlesw.-holst. eine scherzhafte Umschreibung für ‚kegeln‘.

Das ist Holz ins Feuer, vgl. Öl ins Feuer gießen, bei Hans Sachs von einer Klatschbase gesagt: „sie dregt nur Holcz zum Fewer“, sie schürt die Zwietracht.

Das ist viel Holz: das ist viel Geld (um einen teuren Preis zu bezeichnen).

Kein hart Holz bohren: sich nicht bes. anstrengen wollen (↗ Brett). *Er hat hartes Holz zu hobeln (bohren):* er hat harte Arbeit zu verrichten.

‚Wenn das am grünen Holz geschieht …‘ ist eine Rda., die nicht vollendet wird, weil der Nachsatz als bekannt vorausgesetzt wird. Es handelt sich um eine Ableitung aus Luk. 23,31: „Denn so man das tut (häufig verändert: so das geschieht) am grünen Holz, was will am dürren werden?“ Die gekürzte Rda. wird gerne als Warnung verwendet, wenn man die Dinge nicht beim Namen nennen will.

Lit.: Art. ‚Holz hacken‘, ‚Holzkauf‘, ‚Holzladung‘, in: EM. VI, Sp. 1201–1205.

Holzbock, Holzklotz, Holzkopf, Holzschlegel, Holzwurm. Bei all diesen Ausdrücken handelt es sich um mehr oder minder abfällige Bez. für körperlich störrische u. geistig unbewegliche Menschen. Lediglich die Bez. Holzwurm ist wohlwollend gemeint für jem. der sich unermüdlich im Holz durcharbeitet, also für denjenigen, der fast ausschließlich mit Holz arbeitet. Bei dem Wort ‚Holzbock‘ handelt es sich dagegen um eine ältere tadelnde Bez. für einen steifen u. sehr unbeweglichen Menschen. Mit dem Ausdr. ‚Holzkopf' wird derjenige belegt, der einen harten Schädel hat u. unbeweglich ist, weil er nicht nachdenkt u. daher viel Dummes von sich gibt oder bewirkt. Auch das Wort ‚Holzschlegel' klingt nicht bes. freundlich, wenn es auf eine Person bezogen wird.

Hölzchen. *Vom Hölzchen aufs Stöckchen kommen:* vom Hundertsten ins Tausendste kommen, zu ausführlich werden, vom Thema dauernd abschweifen; bes. rhein., auch mdal., z. B. westf. ‚hei kümt vom Höltken upt Stöcksken', d. h. von einem aufs andere. Dagegen bair. ‚ein Hölzlein im Maul haben', undeutlich sprechen. ‚Grobe Hölzlin' ist bair. 1577 für den Bauernlümmel bezeugt; damit hängt zusammen els. (Geiler von Kaysersberg) ‚einen übers Helzel werfen', ihn betrügen, eigentl. ihn als einen ungebildeten Kerl behandeln, den man übertölpeln darf. *Einen zum Hölzchen machen:* zum Spielzeug, zur Zielscheibe des Witzes, zum Narren halten; köl. ‚hä läuf mem Hölzche', er ist verrückt.
Hölzchen ziehen: ein Losverfahren, bei dem jem. eine den Losteilnehmern entsprechende Anzahl von Streichhölzern in der Hand hält, die auf verschiedene Länge gekürzt worden sind, aber gleich weit aus der geschlossenen Hand herausschauen. Am bekanntesten ist diese Art zu losen noch bei Kindern.

holzen. *Tüchtig holzen:* bei einem unfairen Fußballspiel den Gegnern bewußt Verletzungen zufügen, um sie zu Fall zu bringen und so ihren Angriff zu stoppen.

hölzern. *Jem. ist hölzern wie ein Nudelbrett:* er ist unbeholfen und linkisch, steif u. unbiegsam wie ein Stück Holz. Der Vergleich mit dem Nudelbrett dient dabei als scherzh. Verstärkung. Als Ausdr. für ungelenkes Benehmen ist das Wort schon im 17. Jh. belegt: „…sie werden so einen hölzernen Peter nicht zum Ratsherren machen" (Chr. Weise, ‚Die drei ärgsten Erznarren', 1672); „hölzern ist sonst sein Verstand" (Fr. v. Logau, ‚Salomons von Golaw deutscher sinngetichte dreitau-

send', 1654, 3, 170,90). Bes. aufschlußreich sind auch die Verse von Fr. v. Logau (a. a. O. 2, 13):

> (jungfern) die nicht wie stumme götzen
> sind in die kirche nur, nicht an den
>   tisch, zu setzen,
> und die man billich heist ein hölzern
>   frauenbild,
> das nur zum schauen taug, und nicht
>   zum brauchen gilt.

‚Der is gar net so hölzern wi'r rappelt' (wolgadt.): er ist nicht so spröde, wie er tut. *Ein hölzern Röcklein anhaben* sagt man vom Faßwein; vgl. das altdt. Trinklied:

> Den liebsten bulen, den ich han,
> der leit beim wirt im keller,
> er hat ein hölzens röcklein an
> und heist der Muscateller.

(Röhrich–Brednich: Deutsche Volkslieder II, 463 f.).

‚Hölzerner Rock'

‚Hölzerner Johannes' ist in einigen ndd. Varianten des Schwanks von der ‚Matrone von Ephesus' (AaTh. 1510) die Bez. einer aus Holz geschnitzten männlichen Figur, die im Bett einer Witwe als Ersatzmann, sozusagen als ‚Witwentröster', fungiert, ↗ Johannes.
Aus Westfalen (Bodelschwingh bei Mengede) dokumentiert Sartori den Brauch,

daß kinderlose Ehepaare eine ‚hölzerne Taufe' begehen, bei der sich alles genau so abspielt wie bei einer richtigen; nur das Kind fehlt. Kinderlosigkeit wurde als Unglück betrachtet, und Scheinbräuche suchten den Mangel zu ersetzen.

Lit.: *P. Sartori:* Westf. Vkde. (Leipzig 1922), S. 81; *K. Ranke:* Der ‚Hölzerne Johannes', in: Rhein. Jb. v. Vkde. 4 (1953), S. 90–114.

Holzhammer. *Auf jem. mit dem Holzhammen"*, sagt 1495 Geiler von Kaysersberg in einer Sittenpredigt. Luther verzeichnet etwa seit 1900 ein rdal. Bild für plumpes, rücksichtsloses Vorgehen. *Eins mit dem Holzhammer (ab)gekriegt haben:* nicht recht bei Verstand, beschränkt sein. Der Holzhammer gilt auch sonst als Bild gewaltsamer Einbleuung einer Ansicht. Wollen in der Schule gar keine didaktischen Methoden mehr fruchten, um den Schülern den Stoff beizubringen, ist der Lehrer genötigt, zum allerletzten Hilfsmittel Zuflucht zu nehmen: *man muß die Holzhammermethode anwenden.* In zahlreichen Karikaturen und Witzzeichnungen wird seit Mitte des 20. Jh. die *Holzhammernarkose* dargestellt; sie bedeutet im heutigen Sprachgebrauch auch eine Gesinnungsbeeinflussung mit primitivrohen Mitteln.

Holzmann. *Mit dem Holzmann (Strohmann) spielen:* spielen mit einem Spieler, der nicht tatsächlich vorhanden ist, sondern nur markiert wird. Dem Holzmann werden Karten gegeben, wie jedem der beiden übrigen Spieler, und diese Karten dienen dann demjenigen Spieler als ‚Aide', der sie (den Holzmann) nimmt.

Holzpferd, i. S. v. Liebhaberei, Hobby ↗Steckenpferd. ‚Dat is 'n hölten Perd (Kerl)!' sagt man von jem., der sich sehr ungeschickt anstellt, der ‚zwei linke Hände hat'.

Holzweg. *Auf dem Holzweg sein:* im Irrtum sein, fehlgehen. Holzwege heißen schon mhd. die schmalen Wege im Walde, die nur zur Beförderung des Holzes angelegt sind, aber zu keinem Ziel führen, wie es der Wanderer im Auge hat. So bekommt Holzweg bald die Bdtg. ‚Abweg', ‚Irrweg': „Man findt under tausent nicht einen, der dem rechten weg nachtrachtet, sondern sie gehn alle dem holzweg nach und eilen heftig, biß sie zu der hellen kommen", sagt 1495 Geiler von Kaysersberg in einer Sittenpredigt. Luther verzeichnet die Rda. in seiner Sprww.-Sammlung; 1639 heißt es bei Lehmann S. 418 (‚Irren'

1–3 ‚Die Holzhammermethode anwenden'

42): „Wer jrret, der ist im Lerchenfeld, im Holtzweg, von der Landstraße, vom rechten Weg kommen: Er hat die Rechnung ohne den Wirt gemacht". Die Rda. ist heute in Umgangssprache und Mdaa. allg. geläufig; schlesw.-holst. sagt man von Eheleuten, die sich nicht vertragen können: ‚Wenn de een de Holtweg geit un de anner de Soltweg (d. h. die dem Salzhandel dienende Straße), denn kümmt dar nix na'. Dies ist allerdings sicher nicht die urspr. Gegenüberstellung von ‚Holzweg' und ‚Salzweg'; ostpreuß. heißt es: ‚Jener geit den Holtweg, de andre den Soltweg'. Im Unterschied zum Holzweg, der zu nichts führt, wurde früher z. Zt. des Salzhandels auf den Salzstraßen viel Geld verdient.

Lit.: M. Heidegger: Holzwege (Frankfurt a. M. 1950).

Homer. *Ein homerisches Gelächter loslassen:* schallend und lange lachen. In Homers ‚Ilias' (I, 599) und in der ‚Odyssee' (VIII, 326 u. XX, 346) steht der Ausdr. „Ἄσβεστος γέλως" = unauslöschliches Gelächter. Daraus wurde „Homerisches Gelächter", das sich vielleicht als ‚rire homérique' zuerst in Frankreich findet. Zum Beispiel heißt es in den achtziger Jahren des 18. Jh. in den ‚Mémoires de la Baronne d'Oberkirch' (Paris 1853, chap. 29): „On partit d'un éclat de rire homérique" = man brach schallend in ein homerisches Gelächter aus.
Vgl. auch ndl. ‚een Homerisch gelach' und engl. ‚a Homeric laughter' (Büchmann). Von sprw. Bekanntheit ist auch das lit. Zitat: „Und die Sonne Homers, siehe! Sie lächelt auch uns".
Es stammt aus Schillers Elegie, die später den Titel ‚Der Spaziergang' erhielt (zuerst abgedruckt in Schillers Monatsschrift ‚Die Horen', Tübingen: Cotta 1795, 4, 10, S. 72).
Darüber hinaus ist auch ein Satz von Horaz beliebt als Entschuldigung für eine nicht ganz gelungene Arbeit: „Indignor, quandoque bonus dormitat Homerus" (Vers 359). Danach wird abgekürzt zitiert: „Quandoque bonus dormitat Homerus." Dann und wann schläft sogar der gute Homer", d. h., auch der beste Schriftsteller, Redner, Künstler hat hin und wieder schwache Momente.

Lit.: H. Bergson: Le Rire (Das Lachen) (Paris 1900, dt. Übers. Meisenheim 1948); H. Plessner: Lachen u. Weinen (Bern ³1961); M. S. Jensen: Art. ‚Homer', in: EM. VI, Sp. 1205–1218.

Honig. *Einem Honig ums Maul* (oder *um den Bart*) *schmieren:* ihm schmeicheln; schon mhd. ‚honic in den munt strîchen'. Im ‚Tristan' Heinrichs von Freiberg z. B. klagt Curvenal (V. 6626) die Welt an:
du strîchest in honic in den munt,
den alten und den jungen:
swan sie dan mit den zungen
dar nach grîfende sîn,
so träufest du in galle dar în.
Ähnl. schreibt um 1600 Ritter Hans von Schweinichen in seinen ‚Denkwürdigkeiten': „... schmierte ihm derowegen honig ins maul, und gab ihm galle zu trinken". Und 1639 heißt es bei Chr. Lehmann 775 (‚Vberreden' 8): „Mancher streicht einem Honig vmbs Maul, vnnd ein Dreck darein". Vielleicht beruht die Rda. auf einem chinesischen Brauch, der durch Seefahrer bekanntgeworden ist: Seit ältesten Zeiten wird in China, gewiß in Anlehnung an den noch älteren Feuerdienst, der Herdgeist verehrt, der zum Küchengott geworden ist. Gerade dieser Gott war bis in die neueste Zeit beim Volke eine der populärsten Gottheiten Chinas. Es wurden ihm reichliche Opfer dargebracht. Und diese Opfer nahmen bes. am 25. des letzten Monats ein erhebliches Ausmaß an. An diesem Tage sollte nach dem Volksglauben der Küchengott in den Himmel hinaufsteigen, um dort über die Hausbewohner Bericht abzustatten. Zu diesem Zwecke wurde, um ihn günstig zu stimmen, besonders eifrig geopfert und ihm Honig auf die Lippen gestrichen, damit er freundlich aussage (s. auch *Abb.* bei Federlesen).
Aus Honig eitel Essig machen (z. B. in Luthers ‚Tischreden'): einem eine Sache vergällen. Schon in Hartmanns von Aue ‚Armem Heinrich' (V. 152) heißt es: „sîn honec wart ze gallen", ↗Galle.
Dem Honig verkaufen, der Bienen hat, ebenso *Den Honig mit Zucker bestreuen* ↗Eulen nach Athen tragen. *Honig im Maul und ein Schermesser in der Hand:* freundschaftliche Gesinnungen nur heucheln. Bei Gottfried von Straßburg heißt es im ‚Tristan' (V. 15061): „Wan der treit alle stunde daz honec in dem munde".

Vgl. frz. ‚être tout sucre et tout miel‘ (wörtl.: ganz Zucker und Honig sein): zweifelhafte freundschaftliche Gesinnungen an den Tag legen.

‚Honigschlecker‘

‚Das ist kein Honiglecken‘

Das ist kein (reines) Honiglecken (Honigschlecken), ebenso *Das ist nicht der reine Bienenhonig:* das ist keine reine Freude, kein ungetrübter Genuß, keine bes. angenehme Beschäftigung, mit der man befaßt ist. Auch: eine Angelegenheit bringt Unannehmlichkeiten. Man läßt also besser die Finger davon.
Grinsen (strahlen) wie ein Honigkuchenpferd (mit Korinthen darauf): über das ganze Gesicht strahlen, grinsen. Ein ‚Honigkuchenpferd‘ ist eigentl. ein Backerzeugnis aus Honigkuchen in Pferdeform; auf den Menschen übertragen: ein energieloser, auch: dummer, einfältiger Mensch.

‚Zuviel Honig verdirbt den Magen‘: bekanntes Sprw., das auch im Engl. vorkommt: ‚Too much honey cloys the stomach‘. Es erinnert an die Wndg. ‚des Guten zuviel tun‘, ↗ gut.
Wenn jem. z. B. eine Rede zu sehr mit angenehmen Floskeln versüßt, spricht man auch von ‚honigsüßer Rede‘. Die Wndg. ist entstanden in Anlehnung an Nestor, den ältesten und weisesten Griechen, von dessen Rede es heißt (Ilias, I, 249):

Dem von der Zunge die Rede noch süßer als Honig daherfloß.

Doch was für ihn eine Belobigung darstellte, gilt heute mehr als spöttischer Kommentar.

Lit.: *F. Eckstein:* Art. ‚Honig‘, in: HdA. IV, Sp. 289–310; *Fr. Th. Otto:* Das Honigbuch (Leipzig 1941); *A. A. Mackintosh:* „Note on Proverbs 25: 27 (Too much honey cloys the stomach)“, in: Vetus Testamentum, 20 (1970), S. 112–114; *Cl. Levy-Strauss:* Mythologica II. Vom Honig zur Asche (Paris 1966, dt. Ausg. Frankfurt/M. 1972), S. 13 ff.; *F. Lerner:* „Blüten, Nektar, Bienenfleiß“. Die Geschichte des Honigs (München 1984). Süßhunger. Zur Kulturgeschichte des Süßens (Ausstellungskatalog; Bremen 1990); *J. Rißmann:* Art. ‚Honig‘, in: EM. VI, Sp. 1233–1236.

Hopfen. *An (bei) ihm ist Hopfen und Malz verloren:* er ist unverbesserlich; da ist alle Mühe vergeblich. Hopfen und Malz als Hauptbestandteile des Bieres erscheinen schon im 9. Jh. in fester Verbindung. In einer Urkunde des Abtes Adelhard von Corvey aus dem Jahre 822 und in einem altsächs. Glossar des 10. Jh. werden Hopfen und Malz nebeneinander erwähnt. Dennoch ist die Rda. in der heute üblichen Form erst seit Beginn der Neuzeit belegt. In einem Gesellschaftslied des 16. Jh. lautet ein Vers:

Ist einer ohn sehen ein Bruder
　　　　　　　　Lüderlich,
Der in der Schmauserey allein nur
　　　　　　　　hält den Stich,
So spricht man: an ihm ist so Hopp
　　　　　　　　als Schmaltz vertorben.

Auch Burkart Waldis kleidet die Rda. in Zusammenhang mit anderem unmöglichem Tun in dichterische Worte:

Wer einen Zigel will wäschen,
Das leere Stroh in Tenne dreschen,
Dem Wind das Wehen will verbieten,
Vnd einer vnkeuschen Frawen bitten,
Ein fliessend Wasser wil verstopffen,
Deshalb verleusst beid Maltz vnd
Hopffen.

Von Goethe stammen die Verse:
Denn oft ist Malz und Hopfen,
An so viel armen Tropfen,
So viel verkehrten Toren,
Und alle Müh verloren.

In einer Komödie August Kotzebues
heißt es:
Doch Männer sind ganz unverbesserlich geboren,
An ihnen ist der Hopfen wie das Malz
verloren.

Die Zwillingsformel reicht bis in die volkstümliche Gebrauchspoesie der Ggwt. Auf den Maßkrügen in Bayern findet sich z. B. häufig der Spruch: ‚Hopfen und Malz, Gott erhalt's!'
Über den ganzen dt. Sprachraum hinweg führt die Rda. auch in den Mdaa. ein reiches Leben, z. B. schles. ‚Bei dam is Huppe und Malz verturben.'; ndd. ‚Dar is Hoppen und Molt bî verlaren'. Die weite Verbreitung erklärt sich daraus, daß früher die Bierbrauerei kein selbständiges Gewerbe war, sondern jede Hausfrau für den Bedarf ihres Hauses selbst braute. Wenn der Trank trotz aller Mühe nicht gelang, dann war Hopfen und Malz wirklich verloren. In einzelnen kath. Gegenden Dtl.s ist im selben Sinne gebräuchl.: ‚Da ist Chrisam (Salböl) und Taufe verloren', was sich schon 1512 in Murners ‚Schelmenzunft' (26, 17) findet:
Douff vnd Crisam ist verloren,
Sy bleyben in den alten ioren,
Wie sy in iungen sindt erzogen.
Später begegnet die Rda. auch im Märchen der Gebrüder Grimm: ‚Von einem der auszog, das Fürchten zu lernen' (KHM. 4). Dort sagt der Vater zu seinem dümmlichen Sohn: „an dir ist Hopfen und Malz verloren". Den rdal. Vergleich *dürr wie eine Hopfenstange* gebraucht man von einem langen hageren Menschen.

Lit.: *F. Huber:* Bier und Bierbereitung (Berlin 1926); *L. Hermann:* Das Bier im Volksmund (Berlin 1930); *Lüers:* Die wissenschaftl. Grundlagen von Mälzerei und Brauerei (Nürnberg 1950); *M. Hoffmann:* 5000 Jahre Bier (Frankfurt a. M. u. Berlin 1956); *W. Danckert:* Symbol, Metapher, Allegorie im Lied der Völker, Bd. 3 (Bonn–Bad Godesberg 1978), S. 922–925.

Hops. *Hops* oder *hopp* ist eine Interjektion, eigentl. die Befehlsform zu ‚hopsen' bzw. ‚hoppen', was lustiges Springen oder Hüpfen bez. Lit. z. B. in G. A. Bürgers ‚Lenore':
Und hurre, hurre, hop, hop, hop!
Gings fort in sausendem Galopp!
Von diesem Ausdr. wurden in jüngerer Zeit zahlreiche Wortbildungen und sprw. Rdaa. abgeleitet: *hops gehen:* verloren-, entzwei gehen; auch: bankrott gehen. ‚Das Geld ist hops'. In der Tragikomödie ‚Traumulus' von Arno Holz und Oskar Jerschke heißt es: „... daß mein Alter rettungslos hopps geht, wenn das rauskommt". Schon im ‚Deutschen Gilblas' wird die Rda. in diesem Sinne gebraucht: „Ich setzte einen Taler: husch war er weg! Noch einen, auch der ging hopps!" In der Soldatensprache ist ‚hops gehen' eine Umschreibung für ‚sterben', in der Gaunersprache für ‚verhaftet werden'; entspr. ‚hops nehmen', verhaften. Obd. sagt man von einem Betrunkenen: ‚der ist hops!' Dazu gehört auch bair. Hops = Rausch. Wenn jem. beim Kartenspiel unterliegt, ‚ist er hops' (bes. els. u. rhein.). Der ganze dt. Sprachgebrauch kennt ferner die Rda. im Sinne von: geistig nicht normal, nicht recht bei Verstand sein. Schwäb. u. bair. bedeutet ‚eine Frau hops machen', sie schwängern, ‚sie ist hops', sie erwartet ein Kind. Ostpreuß. kennt man dafür die Umschreibung: ‚sei hewwt Hoffmannsdröppe gedrunke'. Der Elsässer schließlich kennt ‚Jo hops!', ‚jo hopsa!', ‚jo hopsasneiel!' als rdal. Verneinung.
Mit einem Hops: mit einem kleinen Sprung. Die Wndg. wird meist auf Kinder bezogen, die noch nicht weit springen, sondern allenfalls ein Stückchen hopsen können.

Eng verwandt damit ist die Wndg. ‚Das ist gehopst (gehupft) wie gesprungen': es ist einerlei, beides dasselbe, ↗hüpfen.

hören. *Das läßt sich hören:* das klingt durchaus annehmbar, das ist gut.
Jem. vergeht Hören und Sehen: er weiß nicht mehr, was los ist; er ist äußerst über-

rascht, sehr betroffen, eigentl.: gleichsam betäubt. Oldecop (S. 458): „Do sint de splitteren dem konige to Frankrichen in dat vorhovet gewischert, dat ome beide san und horen vergen was".

Vgl. frz. ‚Cela vous coupe le souffle' (wörtl.: Das verschlägt einem den Atem).

Zu einem Schwerhörigen sagt man: ‚Du hörst wohl heute mit dem linken Bein nicht gut', von einem Unfolgsamen oder Vergeßlichen: ‚er hört gut, aber behält schlecht'.

Da muß man ‚Hören Sie' sagen: das ist nicht so einfach, bedarf eigentl. einer gefälligen Anrede als Einleitung; bes. obersächs. ‚Große Leite mußmer Heernse heeßen', d.h. vorsichtig behandeln. Auch auf Sachen angewendet: ‚Da mußmer Heernse sagen', damit muß man behutsam umgehen, das muß man mit ↗ Glacéhandschuhen anfassen. Auch ndd. ist die Rda. bezeugt: ‚Dat ös man nich so, dat ös hörn se'.

Etw. vom Hörensagen wissen (weitergeben): es nicht selbst gesehen oder gehört haben, sondern aus dem, was ein anderer über die Sache gesagt hat. Die Paarformel stammt aus der Rechtssprache und spielt als Prinzip der Wahrheitsfindung eine Rolle. Vom Zeugen wird verlangt, nur das zu behandeln, was er wirklich selbst gesehen u. gehört hat.

In einem Urteil des Ingelheimer Oberhofes von 1450 wird einem Kläger der Beweis mit Zeugen auferlegt, die aussagen müssen, daß „sie dabi und nahe gewest sin und daz sie das gesinne und gehort haben".

Ähnl. heißt es auch im St. Gallener Weisthum (5, 152 von 1466): „item welher och kuntschaft uber den andren sagen will vor recht, der sol sagen ... was im von der sach ze wissen si und uf in bezügt sie, och darbi und mit gewesen, das gesehen und gehört hab, dann man sol nieman daz sin abkennen uf hörensagen, sonder sol man es wissen". Wie wenig das Zeugnis vom Hörensagen gilt, ergibt sich aus zahlreichen lit. Belegen und Sprww.: „was man hört, ist nicht so gewisz, als das mann sihet, und wenn einer sagt, er habs vom hören sagen, so stelt ers in einen zweifel, und wil es nicht für eine ganze warheit nachsagen" (Agricola, ‚Sprichwörter', 1570, 87); „vom

hörensagen kommen die lügen ins land, vom hörensagen leugt man viel" (Simrock, Dt. Sprichwörter, 1846, 261); vgl. engl. ‚I speak on hearsay'.

„Ich hab es nicht von hören sagen" (habe es selbst gesehen) (H. W. Kirchhoff, ‚militaria disciplina', 1602, 185).

‚Wer nicht hören will, muß fühlen'. Das pädagogische Sprw. stammt aus den Zeiten der Prügelstrafe. Wer ungehorsam war, bekam mit dem Stock oder mit der Hand einige fühlbare Hiebe. Aber in erweitertem Sinne versteht sich das Sprw. als schadenfrohe Genugtuung gegenüber jedem wider besseres Wissen selbst verschuldetem Unglück. Heute kennt man diesen Satz eher in parodistischer Umwandlung, z.B. ‚Wer nicht hören will (Hörfunk), muß fernsehen'.

Lit.: *O. Dilcher:* Paarformeln in der Rechtssprache des frühen MA. (Diss. Frankfurt/M. 1961, Darmstadt 1961); *E. Erler:* Art. ‚Hörensagen', in: HRG. II, Sp. 238–241; *M. Schäfer:* Klang u. Krach. Eine Kulturgesch. des Hörens (Frankfurt/M. 1988); *D. Green:* Hören u. Lesen: Zur Geschichte einer mittelalterlichen Formel, in: *W. Raible (Hg.):* Erscheinungsformen kultureller Prozesse (= ScriptOralia 13) (Tübingen 1990), S. 23–44.

Horizont. *Das geht über seinen Horizont:* das übersteigt sein Auffassungsvermögen. Die Rda. ist seit dem 17. Jh. vom räumlichen auf den geistigen Gesichtskreis übertr. worden; vgl. frz. ‚Cela dépasse son horizon'.

Einen Horizont wie ein Wagenrad haben: ganz geringes Interesse oder gar kein Verständnis besitzen; ähnl.: *einen (eng) begrenzten Horizont besitzen:* wenig Wissen u. Erfahrung erworben haben, keinen Weitblick besitzen; vgl. ‚Tellerrand'.

Horn. Von einer Frau, die die eheliche Treue bricht, sagt man: *Sie setzt (pflanzt) ihrem Manne Hörner auf;* der betrogene, ‚Hörner tragende' Ehemann heißt ↗ ‚Hahnrei'. Zur Erklärung dieser Rdaa. sind mancherlei Vermutungen aufgestellt worden, ohne daß eine völlig befriedigende Lösung gefunden worden wäre. Die Rda. kommt im Dt. in verschiedenen Fassungen vor. Man sagt: *Hörner setzen, aufsetzen, ansetzen, aufpflanzen, geben, machen* oder *mit Hörnern krönen;* auch ein Zeitwort *hornen* oder *hörnen* kommt in

1–5 ‚Einem Hörner aufsetzen‘

dieser Bdtg. vor. Neben der Mehrzahl begegnet auch die Einzahl: *ein Horn aufsetzen* oder *aufpflanzen;* Abraham a Sancta Clara sagt dafür: „einem Manne ein lateinisches Y aufsetzen“. Der hintergangene Gatte ‚trägt Hörner‘, ‚kriegt Hörner von seiner Frau‘, ‚wird mit einem Hörnerschmuck beehrt‘ (Goethe), ‚ihm wächst ein Horn auf seinem Haupt‘; man nennt ihn ‚Hörnerträger, Hornträger, Hornhans, Hornbock'. Entspr. heißt es frz. ‚porter des cornes', ‚avoir des cornes', ‚avoir des bois sur la tête'. Von der treulosen Frau sagt man ‚planter des cornes', ‚mettre des cornes à qu'. Der hintergangene Ehemann heißt cornard, Hörnerträger. Molière nennt ihn im Scherze ‚Seigneur Cornelius' mit Benutzung eines früher häufig angewendeten Wortspieles. Engl. ‚to horn', ‚to hornify', ‚to cornute' heißt: jem. Hörner aufsetzen. Es kommt auch die Rda. vor: ‚to bestow a pair of horns upon one's husband'. Der betrogene Gatte heißt ‚cornuto', Hörnerträger; ‚he wears horns'. Der, der ihn zum Hahnrei macht, heißt ‚cornutor'. Im Ndl. sagt man wie im Dt. ‚Hoornen op zeten' oder ‚horendrager'. Ital. heißt es ‚avere le corna', ‚far le corna', ‚porre le corna'; für Hahnrei: ‚cornaro' und ‚cornuto'; ebenso span. ‚cornudo'; das Hörnersetzen heißt hier ‚cornudar', ‚encornudar', ‚poner cuernos'. Den Hahnrei verspottet man, indem man zwei Finger der Hand, meist wohl den zweiten und fünften, in Form von zwei Hörnern gegen ihn ausstreckt, oder man hält zwei Finger an die Stirn. Die Gebärde heißt ebenso ‚den Esel bohren' oder

‚Gehörnte Hand'

‚den Gecken stechen'. Dieselbe Handgebärde wird bei den Italienern auch zur Abwehr des bösen Blicks und andern Unheils gebraucht. Ein solcher stummer Vorwurf gilt als ausgemachte Ehrenkränkung.

In früherer Zeit dachte man bei der Erklärung dieser Rdaa. an die Erzählung von Aktaion, der von Artemis in einen Hirsch verwandelt wurde, als er die Göttin im Bade überraschte. Daher wird zuweilen von dem Aufsetzen eines Geweihs anstatt der Hörner gesprochen, wie in Kleists ‚Zerbrochenem Krug': „Noch wachsen dir die Hirschgeweihe nicht", oder bei Christ. Günther: „An diesem wächst der Hirsch durch jeden Ritz heraus". Dieser Deutungsversuch ist ganz verfehlt, denn die jungfräuliche Göttin ist nicht die Gemahlin des Aktaion, sie kann ihn also auch nicht hintergehen; sie setzt ihm auch nicht nur Hörner auf, sondern verwandelt ihn völlig in einen Hirsch. Im Grimmschen Wb. hat Moritz Heyne die Rda. vom gehörnten Mann auf eine ma. Legende zurückführen wollen. Doch wissen wir heute, daß Gebärde und sprw. Rda. schon im Altertum existierten, z. B. auf einem Wandbild in Pompeji, das vermutlich eine Komödienszene darstellt; es gibt ebenfalls schon antike Amulette dieser Art. Einen gehörnten Sprachmeister (γραμματικὸν κερασφόρον) verspottet schon der unter Nero lebende griech. Dichter Lukillios in einem Epigramm der ‚Anthologia Palatina' (11, 278):

Draußen lehrest des Paris und
  Menelaos Verdruß du,
Deiner Helena drin dienen der Parise
    viel –.

Um das Jahr 1000 erscheint dafür die Bez. κερατίας; nach der dem Kodinos zugeschriebenen Schilderung der Bauwerke von Konstantinopel stand dort nahe der Werft eine Statue mit vier Hörnern, die sich wunderbarerweise dreimal um sich selbst drehte, wenn ihr ein Hahnrei nahte. Von dem 1185 ermordeten Kaiser Andronikos I. Komnenos erzählt sein Biograph, daß er die Geweihe der von ihm erlegten Hirsche an den Eingängen zum Marktplatz zu Konstantinopel aufhängte, um damit die Ehemänner leichtfertiger Frauen zu verspotten.

Nach Sittl (‚Die Gebärden der Griechen und Römer', Ndr., S. 103) sollen die zwei ausgestreckten Finger auf zwei Männer der einen Frau hinweisen, und erst aus diesem Sinnbilde der Bigamie hätte sich die Vorstellung von Hörnern entwickelt. Glaubhafter ist ein direkter Vergleich des Ehemannes mit einem gehörnten Tier, etw. dem Ochsen oder dem Ziegenbock. Beim Ochsen wäre das tertium comparationis seine Dummheit, die indes im Alter-

tum seltener betont wird als bei uns. Für den Ziegenbock ließe sich die spätere ital. Bez. ‚becco cornuto' (gehörnter Bock) des Hahnreis anführen; obwohl nun die hervorstechende Eigenschaft des Bockes, die Geilheit, vielmehr auf den Ehebrecher zu passen scheint als auf den Ehemann. Eine Bestätigung für diese Ableitung sieht Joh. Bolte in einer Stelle des lat. Sittenromans von Petronius. Bei dem Gastmahl des Trimalchio nämlich hält der Gastgeber einen Vortrag über die Bilder des Tierkreises und ihren Einfluß auf die in jedem Zeichen geborenen Menschen und rechnet den Steinbock unter die unglückbringenden Sternbilder, unter denen geplagte Leute geboren werden, denen vor lauter Kummer Hörner wachsen („In capticorno aerumnosi, quibus prae mala sua cornua nascuntur"). Dazu stimmt die Angabe der Clementinischen Recognitiones, daß auch die unter dem Zeichen des Steinbocks geborenen Frauen von der Liebesgöttin zu Üblem verleitet werden.
Beziehen sich nun die zwei Hörner auf die Zweiheit der Männer, oder liegt ein phallisches Zeichen vor? Bedeuten die Hörner einen Vergleich des betrogenen Ehemanns mit einem gehörnten Tier, also soviel wie: ‚du bist ein Rindvieh!', ‚Hornochse' etc., oder bedeuten sie, daß der Gehörnte unter dem Sternzeichen des Steinbockes geboren und zu ehelichem Unglück bestimmt ist? Es ist auch gesagt worden, die Rda. sei aus einer Volksglaubensvorstellung erwachsen, wonach die Untreue der Frau sich durch ein Horn zeige, das ihrem Mann aus der Stirn wachse. Im ‚Kolmarer Meisterleben' aus dem 14. Jh. (55,14) heißt es:

swelch frouwe ir ê zebrach, als bald
    ez was geschehen,
wie schier daz an irs mannes stirne
    wart ersehen!
im wuohs ein horn, das wil ich in der
    wârheit jehen.

In einer anderen poetischen Bearbeitung der Sage (‚Germania' 4, 237), ebenfalls aus dem 14. Jh., ist es eine Kaiserin, die ihren Mann betrügt:

alsâ zehant man an dem Keiser
    wachsen sach,
ûz sînem houbt ein horn, das muot in
    sêre (V. 19 ff.).

Aber für alle diese Deutungsversuche fehlen wirklich überzeugende hist. Belege. Wichtiger als die fast unlösbar erscheinende Ursprungsfrage der gehörnten Hand erscheint zunächst die Tatsache der Mehrdeutigkeit der Gebärde. Sie kann sowohl eine Ehrenkränkung mit erotischem Sinn meinen wie auch als magisches Abwehrzeichen gegen den bösen Blick gelten. Es erscheint zweifelhaft, ob die Gebärde der gehörnten Hand überhaupt eine Art ‚Entwicklung' von einer zauberischen Abwehrgebärde zur Spottgeste durchgemacht hat, denn 1. hat diese Gebärde z. T. bis heute noch den magischen Abwehrsinn zum Schutz gegen den bösen Blick, 2. scheint die gehörnte Hand andererseits z. B. schon auf etruskischen Grabmalereien des 6. vorchristl. Jh. eine profane, aufs Erotische zielende Bdtg. gehabt zu haben. Abwehr- und Spottgesten schließen sich nicht aus, sondern erweisen immer wieder ihre innere Verwandtschaft. Vielfach haben Spottgebärden noch eine geschlechtliche Nebenbdtg. Die sexuelle Komponente gehört aber keineswegs nur zum spöttischen Teilsinn der Gebärde. Vielleicht beruhte gerade auf ihr urspr. auch ein Teil der magischen Abwehrkraft, und vielleicht wollte man urspr. die magische Abwehrkraft der Gebärde gerade durch ihre geschlechtliche Bdtg. hervorrufen. Von der Abwehr zum Spott ist also nur ein kleiner Schritt, und die Doppelbdtg. wird dann beibehalten. Eine Zeichnung des ndl. Malers Georg Hoefnaghel (1569) zeigt einen Hahnrei, wie er mit einem mächtigen Hirschgeweih mit Glöckchen auf dem Nacken, die Hände gebunden, auf einem Esel sitzt, den seine Frau, bis zum Gürtel entblößt, auf einem zweiten Esel reitend, mit einem Pflanzenstengel zu schnellerem Laufe antreibt; dabei ein Herold mit einer Trompete. Ein solcher Eselritt, und zwar meist ‚verkehrt, statt des Zaumes den Schwanz in der Hand', wie es in Bürgers Ballade heißt, war schon im griech. Altertum und bei den Indern eine Strafe für Ehebrecher und Ehebrecherinnen und ist auch im MA. und später häufig vorgekommen. In Neapel ließ der span. Statthalter Herzog von Ossuna einen vorsätzlichen Hahnrei „auf einen Esel rückwärts setzen, zwei grosse Hörner auf das Haupt binden und in der Stadt herumb führen und durch den Diener sein Vergehen ausruffen" (Harsdörffer: ,Schauplatz lustreicher Geschichte', 1660). In die Lit. haben den Hahnrei erst der Braunschweiger Herzog Heinrich Julius und der brandenburgische Pfarrer Ringwald (,Lautere Wahrheit', 1586) eingeführt. Durch die Schauspiele des Herzogs, der engl. Komödianten und die Hamburger Posse ,Hanenreyerey' vom Jahre 1618 war der Hahnrei eine wirksame, allgemeines Gelächter erregende Bühnenfigur geworden. Die Etymologie ist umstritten. Ausgangsbdtg. ist ,verschnittener Hahn', ,Kapaun', ↗ Hahnrei. Die Volksetymologie freilich verbindet den Hahnrei mit dem Hahnenreiter, wie er in der volkstümlichen Ikonographie häufig vorkommt. (s. *Abb.* bei Hahnrei).

Das Problem, warum betrogene Ehemänner in europ. Gesellschaften spöttisch als ,Gehörnte' bez. werden, hat A. Blok aufgegriffen. Demnach gehört die Symbolik der Hörner vorzugsweise der Gebärdensprache des Mittelmeerraumes an, und zwar geht es nur um die Hörner des Ziegenbocks. In Italien, Spanien und Portugal wird der betrogene Ehemann mit dem Bock identifiziert (becco, cabrón, cabrão). Der ital. Begriff becco ist synonym mit cornuto, d. h. Gehörnter, womit der Ehemann einer untreuen Frau bez. wird. Auch in Spanien bezeichnen cornudo und cabrón einen Mann, der sich der Untreue seiner Frau fügt. Der portugiesische Begriff cabrão ist ebenfalls gleichbedeutend mit cornudo in der doppelten Bedeutung von Bock und betrogenem Ehemann beziehungsweise Liebhaber. Die symbolische Bedeutung von Böcken und Widdern hat etwas mit den realen Verhaltensweisen dieser Tiere zu tun. Böcke dulden nämlich, ebenso wie betrogene Ehemänner, daß andere männliche Artgenossen über die Weibchen in ihrem Bereich sexuell verfügen. Ziegenhirten bestätigen, daß, wenn zwei Böcke um ein Weibchen kämpfen, der Sieger zuerst das Weibchen deckt und dann dem Verlierer dasselbe zugesteht. Einen Mann einen Bock (cabrón) zu nennen, ist darum die schlimmste Beleidigung, die überhaupt möglich ist, denn

hiermit wird angedeutet, daß er die Untreue seiner Frau hinnimmt.

Anders als der Ziegenbock duldet dagegen der Widder keine Rivalen. Während zwei Ziegenböcke nötig sind, um fünfzig Ziegen zu decken, genügt schon ein Widder für dieselbe Anzahl Schafe. Seit dem klassischen Altertum ist der Widder bekannt für sexuelle Stärke und Ungestüm. In verschiedenen europäischen Sprachen deutet das Verb „rammen" noch immer die auffälligsten Merkmale dieses Tieres an. In der mediterranen Gesellschaft bilden Widder und Böcke eine binäre Opposition. Als Symbol der Ehre und Macht stellt der Widder das Gegenstück zum Ziegenbock dar, der ein Symbol der Scham ist: Dieser Gegensatz ist homolog zu den komplementären Oppositionen zwischen Schafen und Ziegen, rechts und links, gut und schlecht (vgl. Matth. 25; ↗ Schaf).

Der betrogene Ehemann ist ehrlos und zwar in mehr als einer Hinsicht. Die Untreue seiner Frau gibt Anlaß zum Zweifel nicht nur an seinen sexuellen Kapazitäten, sondern auch an seiner Fähigkeit, sie vor den Annäherungsversuchen anderer Männer zu beschützen, das heißt, der Fähigkeit, seine Frau zu kontrollieren und sein Alleinrecht auf sie geltend zu machen, ihre Keuschheit zu gewährleisten und damit auch die Immunität seiner Domäne. Die Ansprüche auf seine Frau erfolgreich zu behaupten bedeutet, andere Männer zu dominieren – dies sowohl aus der Sicht des Ehemannes, der seine Frau eifersüchtig bewacht, als auch aus der des Ehebrechers, der sich dem Ehemann an Macht überlegen zeigt. Daraus folgt die „Domestizierung" von Frauen, die so oft als eines der auffallendsten Merkmale aller mediterranen Gebiete betrachtet worden ist. Da sie sich zu anthropomorphem Symbolismus eignen, wurden die Verhaltensunterschiede zwischen Widdern und Böcken aufgegriffen, um Unterschiede zum Ausdruck zu bringen zwischen starken, potenten, mutigen Männern und Schwächlingen, die den Erfordernissen des Hirtenlebens nicht entsprechen. Es geht also nicht um die Symbolik des Hornes als solche. Diese reicht nicht aus, um auf die Analogie zwischen dem Bock und dem betrogenen Ehemann hinzuweisen, weil die Bedeutung des Symbols nur im Vergleich zum Symbol des Gegenstücks, des Widders, deutlich wird. In diesem Sinne versucht A. Blok darzulegen, daß die symbolische Bedeutung der Hörner des betrogenen Ehemanns oder des Gehörnten als ein integraler Bestandteil eines urspr. von Hirtenvölkern stammenden Ehrencodex, der Männlichkeit und körperliche Stärke betont, verstanden werden muß. Er beruht auf dem Gegensatz von Widdern und Böcken.

Sich die Hörner noch nicht abgelaufen (auch *abgestoßen*) *haben:* noch im Jugendübermut stecken, noch keine Erfahrungen (bes. in der Liebe) gesammelt haben. Die Rda. stammt aus dem student. Brauch und bezieht sich auf die während des 16. und 17. Jh. auf allen dt. Universitäten an den neu eintretenden Studenten vollzogene, oft recht rohe Aufnahmefeier. Bei dieser ‚Deposition‘ spielten Hörner eine Rolle: Der Neuling, der Bacchant oder Beanus (Bec jaune), wurde als ein Bock, eine ‚bestia cornuta‘, mit Hörnern, Zähnen und Bart verkleidet, und dann wurden ihm unter besonderen Zeremonien die Hörner abgesägt, die Zähne ausgezogen und der Bart abgeschnitten. Hier bedeutete also der Hörnerschmuck des angehenden Studenten, den Eselsohren der Narrenkappen vergleichbar, die tierische Vorstufe seines Daseins, der er durch jenen symbolischen Weiheakt entrückt werden sollte. „Wenn sie die Hörner abgeworfen haben, werden sie schon von sich selbsten geschmeidig" (Joh. G. Schoch: ‚Comedia vom Studentenleben‘, 1657). Christ. Weise schreibt 1673 in dem Roman ‚Drei Erznarren‘ (Neudruck S. 79): „Es würde sich auch mit diesen jungen Liebhabern schicken, wenn sie die Hörner etw. würden abgelauffen haben". Zum Teil war dieser Brauch der student. ‚Deposition‘ noch bis spät ins 18. Jh. in Geltung. Das Gesicht der Kandidaten wurde z. T. geschwärzt, auf dem Hut trugen sie Hörner, die Ohren wurden künstlich verlängert. Bei der Initiation mußten sie sich dann die Hörner abstoßen, indem sie mit dem Kopf gegen eine Türe oder Säule rannten. Aus dem Jahre 1713 stammt eine Schilderung des Deponie-

rens eines Studenten mit bildl. Darstellungen. Zu einem Detail daraus gehört folgende Strophe:

> Mit dem Bacchantengeist
> Solls jetzund seyn schabab,
> Deßwegen schläget man
> Die stolzen Hörner ab.

In anderen Rdaa. ist das Horn einfach ein Zeichen der (tierischen) Kraft, z. B. *einem die Hörner zeigen:* ihm kräftig entgegentreten (vgl. ‚die Zähne zeigen‘), wie Stier oder Hirsch, wenn sie gereizt werden, den Kopf senken, als ob sie dem Gegner zunächst ihre Waffe zeigen wollten. Oft bei Luther. Ebenso lat. ‚cornua obvertere alicui‘ = einem die Hörner zuwenden (Plautus).

Vgl. frz. ‚montrer les cornes à quelqu'un‘, nur im S. v. verspotten, wobei man beide Hände in Hörnerform an die Schläfen setzt.

Sich mit Hörnern und Klauen zur Wehr setzen: sich hartnäckig bis zum Äußersten verteidigen.

Einem die Hörner schaben: seine Waffen unbrauchbar machen. So bei Luther (‚Tischreden‘ 4,277 b): „Aber es sollen ihm die hörner geschabt werden, da er nicht wirt aufhören".

Er steckt die Hörner auf: er fängt an zu drohen.

Die engl. Wndg. ‚to be on the horns of a dilemma‘ hingegen deutet darauf hin, daß jem. sehr wohl auf die Hörner eines Tieres, z. B. eines wilden, ‚stößigen‘ Bockes geraten kann.

Den Stier bei den Hörnern fassen (oder *packen*): eine Sache mutig bei ihrer gefährlichsten, schwierigsten Seite anpakken; seit der zweiten H. des 19. Jh. bezeugt. *Etw. auf seine Hörner nehmen:*

‚Auf die Hörner nehmen‘

die Folgen einer Sache auf sich nehmen (heute dafür meist: ‚etw. auf seine ↗Kappe nehmen‘); schon im 17. Jh. in übertr. Sinne belegt; eigentl. vom Zugvieh.

Zu viel auf seine Hörner nehmen: sich mit Arbeit überhäufen.

Horn steht auch als pars pro toto für ‚Rind‘, wie ‚Huf‘ für ‚Pferd‘ steht. So heißt es bei Uhland: „In eure Stadt soll kommen kein Huf und auch kein Horn“. Schwäb. sagt man von einem Vielfraß: ‚er frißt einen Ochsen bis an die Hörner‘, und ‚horndumm‘ ist eine Steigerung von ‚dumm‘.

Das Horn als Blasinstrument ist gemeint in der Rda. *in jemandes Horn blasen:* genau reden wie er, ihm beistimmen; richtiger ist eigentl. die Form *ins gleiche Horn blasen* (in der Frühentwicklung unserer Blasinstrumente hatte jedes Horn nur eine Tonart); gemeint ist also kein ‚Ventilhorn‘, sondern ein Horn wie das des Nachtwächters, das nur einen einzigen Ton von sich gibt. Das zeigt sich bes. gut an der siebenbürg.-sächs. Rda. ‚Se blôsen än î Loch‘, sie halten zusammen, haben dieselbe Meinung. Schon Luther gebraucht die Wndg.: „Nicht mit ihnen heulen und in ein Horn blasen“, und 1649 steht in ‚Augenmerk und Rebellionsspiegel‘ (13): „Allen particulir Haß und Nutz sollen die Potentaten itzo billich auff eine Seit setzen, Friede machen, und in ein Horn blasen (wie man zu sagen pflegt) zum Verderb dieser Sectierer und Unchristen“.

Im Ndd. sagt man: ‚Ins gleiche Horn tuten‘. Dies läßt noch eine andere Deutung zu: Schon in der Bronzezeit gab es im Norden Blasinstrumente aus Bronze, die – gut erhalten – wieder aufgefunden wurden (Luren). Die Mehrzahl aller Funde war paarig, und das Paar war jeweils auf den gleichen Grundton gestimmt. So konnten die Bläser ‚ins gleiche Horn tuten‘.

Auf (Treib-)Jagden über größere Reviere werden auch heute noch (Jagd-)Signale weitergegeben, indem die Bläser ‚ins gleiche Horn tuten‘.

Lit.: *H. Dunger:* ‚Hörner aufsetzen‘ und ‚Hahnrei‘, in: Germania, Vierteljahrsschrift für Dt. Altertumskunde 29 (1884), S. 59–70; *Flögel-Bauer:* Gesch. des Grotesk-Komischen, Bd. II, S. 186 ff.; *Joh. Bolte:* Der Hahnrei, Bilderbogen des 16. und 17. Jh., in: Zs. d. Vereins f. Vkde. 19 (1909), S. 63–82; HdA. III, Sp. 332; *L. Röhrich:* Gebärdensprache und Sprachgebärde, S. 129 ff.; *P. Falk:* Le couvre-chef comme symbole du mari trompé, in: Studia Neophilologica, 33, Nr. 1 (1961), S. 39–68; *M. Lurker:* Art. ‚Horn‘, in: ders.: Wb. bibl. Bilder u. Symbole (München 1973), S. 158–160; *A. Blok:* Widder und Böcke – ein Schlüssel zum mediterranen Ehrkodex, in: H. Nixdorff und Th. Hauschild (Hg.): Europäische Ethnologie (Berlin 1982), S. 165–183; *S. de Rachewiltz:* Art. ‚Horn‘, in: EM. VI, Sp. 1249–1256.

Hornberg. *Ausgehen wie’s Hornberger Schießen* sagt man von einer Sache, aus der nach vielem Lärm nichts wird; wenn ein großer Aufwand aufgeboten wurde, ohne eine Wirkung zu erzielen, oder wenn man von einer Sache, die lange in aller Munde war, plötzlich nichts mehr hört. Die Rda. bezieht sich auf eine volkstümliche Schildbürgergeschichte, die sich an das Schwarzwaldstädtchen Hornberg im Gutachtal anschließt. Der Schwank wird auf verschiedene Weise erzählt. Zwei sich widersprechende Aufzeichnungen seien deshalb hier wiedergegeben:

Einstens, als die Hornberger noch gut schwäbisch waren, sagte der Herzog einmal seinen Besuch an. Das gab eine nette Aufregung im Städtchen, und alles bereitete sich vor, den Landesvater würdig zu empfangen. Vor allem aber wurde ein Faß Pulver gekauft und die alten Kanonen aus Vätertagen wurden auf den Schloßberg geschleppt, damit sie mit donnerndem Gruß den Fürsten empfingen. Als der große Tag anbrach, war schon seit dem frühen Morgen alles in Bewegung. In der hellen Morgensonne blinkten die blanken Bronzerohre, und die Schützengilde stand

‚Ausgehen wie’s Hornberger Schießen‘

Die Sage vom Hornberger Schießen.

Nach der Überlieferung haben die Einwohner des Schwarzwaldstädtchens *Hornberg*, als sie im Jahre 1564 fürstlichen Besuch erwarteten, solange Böllerschüsse erprobt, bis ihnen das Pulver ausging.
Als nun der Fürst eintraf, mußten sie das Böllern durch Brüllen ersetzen. Diese Sage soll der Ursprung der Redensart sein: "Es geht aus wie das Hornberger Schießen!–"

Jedwedes Kind auf der weiten Erd v. Hornberger Schiessen schon hat gehört, das Pulver ging aus zur schönsten Stund, so dass man nicht mehr schiessen kunnt! Anno 1564

,Ausgehen wie's Hornberger Schießen'

dabei und wartete auf den großen Augenblick. Sorgsam hatten die Feuerwerker das Pulver eingefüllt und ordentlich Papier nachgestopft, die glimmende Lunte war auch parat, aber es zeigte und zeigte sich nichts im Tal. Die Sonne stieg höher und höher, zu der brennenden Ungeduld kam der noch brennendere Durst, aber da gab's kein Weichen und Wanken, galt es doch den Herzog würdig zu empfangen, und nachher, ha, da wollte man sich schon gütlich tun in den kühlen Schenken. Endlich war die schwere Arbeit getan, das letzte Pulver verschossen und der Wagenzug drunten ins Städtchen eingerückt. Stolz zogen sie hinab im freudigen Gefühl der erfüllten Pflicht. Doch, o weh, der Herzog hatte nur sein Gefolge vorausgeschickt, er selbst rückte einige Zeit später sang- und klanglos in Hornberg ein. Drum sagt man seit jener Zeit, wenn eine mit viel Lärm angekündigte Unternehmung leer ausgeht: ,Das geht aus wie's Hornberger Schießen' (Schwarzwald-Sagen, hg. v. Joh. Künzig, Ndr. 1965, S. 290). Eine zweite, mdl. Überlieferung stellt die Geschehnisse anders dar: Das kleine Dorf Hornberg im Schwarzwald wollte einstmals ein großes Schießen halten und machte gewaltige Zurüstungen und lud alle Welt zu diesem Feste ein. Wirklich hatten die Hornberger auch für alles, was bei einem solchen Schießen erforderlich ist, wohl gesorgt; nur eins hatten sie vergessen – das Pulver (Ernst Meier: Dt. Sagen, Sitten und Gebräuche aus Schwaben, Stuttgart 1852, Nr. 406, S. 364).

Nur relativ wenige solcher lokalen Schildbürgerstreiche haben eine allg. Bekanntheit erlangt. Um so auffallender ist die große Resonanz, die die Erzählung vom Hornberger Schießen gefunden hat. Die vom Hornberger Schießen aufgezeichneten Schwanksagen sind rein ätiologischer Art und machen einen relativ jungen Eindruck. Es scheint fast so, als ob die Rda., nachdem sie sich einmal durchgesetzt hat, ihrerseits wieder neue Sproßsagen gezeitigt habe. Denn ein alljährlich vom Historischen Verein Hornberg aufgeführtes Volksschauspiel (Historisches Heimatspiel in 4 Aufzügen von Erwin Leisinger), bei dem das von der Ortsfeuerwehr inszenierte Böller-Schießen das Hauptspektakel bildet, dient nicht nur zur Hebung des Fremdenverkehrs (Sonderzüge kommen

‚Ausgehen wie's Hornberger Schießen'

von Mannheim, Karlsruhe, Freiburg), sondern trägt noch heute ständig zur weiteren Verbreitung von Sage und Rda. bei. Lit. kommt die Rda. z. B. in Schillers ‚Räubern' (I, 2) vor. Dort erzählt nämlich Spiegelberg, wie Karl Moor zur Vergeltung für seinen erschossenen Hund der Stadt ein unfreiwilliges Fasten auferlegt. „Magistrat und Bürgerschaft", heißt es weiter, „düsselten Rache. Wir Bursche frisch heraus zu siebzehnhundert, und du an der Spitze, und Metzger und Schneider und Krämer hinterher, und Wirt und Barbierer und alle Zünfte, und fluchen, Sturm zu laufen wider die Stadt, wenn man den Burschen ein Haar krümmen wollte. Da ging's aus, wie's Schiessen zu Hornberg, und mußten abziehen mit langer Nase". Ausführlich behandelt Pfarrer Konrad Kaltenbach in den Nummern 3, 4 und 5 der ‚Heimatklänge aus alter und neuer Zeit' (Beilage zur ‚Freiburger Tagespost', 1915) die Rda. Sein Erklärungsversuch verweist auf einen Feldzug von 1000 Bürgern der Stadt Villingen gegen Hornberg im Jahre 1519, der in Heinrich Hugs ‚Villinger Chronik' (1495–1533, Bibliothek des Lit. Ver. Stuttgart, Bd. 164) ausführlich geschildert wird. Die Villinger verhandelten mit den Bürgern und den Besatzungen des vorderen und hinteren Schlosses der Stadt. Die Verteidiger des hinteren Schlosses verweigerten die Übergabe und begannen ein mörderisches Schießen, daß die Äste von den Bäumen spritzten, doch schoß er (der Haufen) nicht über zwei Schüsse gefährlich. Die anderen gingen alle über die Berge hinaus, über die hundert Schüsse. Danach kapitulierte auch die Besatzung des hinteren Schlosses am Montag nach Palmsonntag, und die Villinger besetzten die Stadt und beide Schlösser, weil wohl der vorhandene Schießvorrat verbraucht war. Ob aus diesem hist. Anlaß die Entstehung der Rda. herzuleiten ist, bleibt freilich nach wie vor unsicher.

Lit.: *Büchmann; L. Röhrich:*Sprw.-Rdaa. aus Volkserzählungen, S. 256; *H. Berndt:* Unterwegs zu deutschen Sagen. Ein phantastisches Reise- und Lesebuch (Düsseldorf, Wien ²1985).

Hose. *Die Hosen anhaben:* der Herr im Haus sein, das häusliche Regiment führen; gesagt aber meist von einer Frau, die sich das anmaßt, was nach Sitte und Herkommen dem Mann zusteht; sie trägt

1/2 ‚Die Hosen anhaben'

1

3

2

4

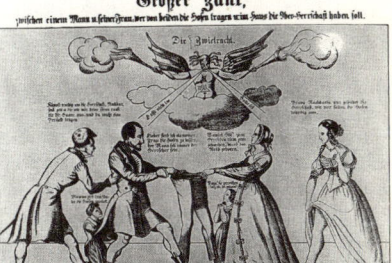

Großer Zank,

5

1–5 ,Der Streit um die Männerhose'

bildl. die Hose, d. h. das vorzugsweise männliche Kleidungsstück. Entspr. engl. ,she wears the breeches'; frz. ,porter les chausses (heute nicht mehr gebräuchlich), les culottes', ,Madame a la culotte'; ital. ,portare le brache'; ndl. ,de broek aan hebben'. Das vermutlich älteste Zeugnis für diese Rda. findet sich im ,Ring' des Heinrich von Wittenwiler (V. 50 77 ff.):

Daz sag ich dir vil recht her aus:
Bis du herr in deinem haus!
Wiss, und trait dein weib die pruoch
                    (Hose)
Sei wirt dein hagel und dein fluoch
Wider got und sein gepott!

Hier zuo wirst der leuten spott.
Dar umb so sitz ir auf dem nak
Und halt sei sam den fuchs im sak!
Im Volkslied heißt es:
Weiber lieben Kommandieren,
haben an die Hosen gern.

747

In dem Fastnachtsspiel ‚Der böß Rauch‘ (d. h. das böse Weib im Hause) von Hans Sachs rät der Nachbar dem geplagten Ehemann (V. 50 ff.):

Beut ein kampff an deinem weyb,
du wölst dich weidlich mit jr schlagen,
weliches söll die Bruch (Hosen) tragen.

Grimmelshausens ‚Landstörtzerin Courage‘ (Kap. 7) „schreitet zur dritten Ehe und wird aus einer Hauptmännin eine Leutnantin, triffts aber nicht so wol als vorhero, schlägt sich mit ihrem Leutenant umb die Hosen mit Prügeln, und gewinnet solche durch ihre tapffere Resolution und Courasche; darauf sich ihr Mann unsichtbar macht und sie sitzen lässt“.

In der fläm.-ndl. Tradition der Rdaa.-Darstellung kommt sehr häufig das Thema der Frau vor, die die Hosen anhat, während der Mann in Weiberkleidern daneben steht, als satirische Anspielung auf die Familien, in denen die Frau die Herrin ist: ‚Kwaeye Griet heeft de broek aen, haer man heeft de rock aen‘. In gleicher Weise findet sich in den Rdaa.-Darstellungen die Szene des Kampfes der Frauen, die sich um die Hose eines Mannes streiten: ‚hier vechten seven vrouwen om een mans broeck‘. Der überaus populäre ‚Kampf um die Hose‘ wird in der Graphik und an Miserikordien ma. Chorgestühle dargestellt. Er geht auf ein picardisches Fabliau von Huon Piucele aus der ersten H. des 13. Jh. zurück. Es ist dies ein spaßhafter Schwank eines Ehepaares, das einen Faustkampf um das Regiment und um die Hosen führt, wobei über die widersetzliche Frau der gutmütige Mann siegt, nach dessen Vorbild zu verfahren allen Ehemännern geraten wird. Eine Miserikordie in der Kathedrale von Hoogstraeten (16. Jh.) zeigt diese Szene.

Über einen ‚Pantoffelhelden‘, der ‚pünktlich‘ aus dem Wirtshaus aufbricht, ist zu hören: ‚Der muß nach Haus, er muß seine Hose abgeben!‘

Der Stand der geflickten Hosen: der Ehestand, in dem der Mann nicht mehr mit ungeflickten Hosen zu gehen braucht wie vorher als Junggeselle. So lit. in ‚Schlampampes Tod‘: „Dass wirs versuchen, wie es im Stande der geflickten Hosen zugehet“.

Von einer Frau, die sehr leicht ‚fängt‘

(schwanger wird), sagt man: ‚Die sitzt schon dran, wenn sie bloß eine (Männer-)Hose anguckt!‘

Die Hosen stramm ziehen: Schläge auf das Gesäß geben.

Sich auf die Hosen setzen: fleißig lernen.

Der sollte in meinen Hosen sitzen: der sollte in meiner Lage sein.

Die Hosen liegen ihm hart an: er kann sich nicht rühren; er lebt in sehr beengten Verhältnissen, in bedrückter Lage.

Die Hosen werden ihm zu eng: es wird ihm angst; die Sache wird ernst.

Ein paar Hosen aushängen; von einem Witwer, der sich bemüht, eine Frau zu bekommen. *Er hat seine Hosen lassen müssen:* er hat sein Leben lassen müssen.

Etw. ist in die Hose(n) gegangen: es ist daneben (schief) gegangen.

Die Hosen runterlassen: Farbe bekennen, seine Absichten deutlich zu erkennen geben. Ähnl. auch die norddt. Wndg.: ‚Rünner mit de Büx‘: Aufforderung, zur Sache zu kommen. *Die Hosen (gestrichen) vollhaben:* Angst haben; dazu ‚Hosenscheißer‘ (17. Jh.). Entspr. auch die Mahnung: ‚Mach dir bloß nicht in die Hose‘ (sei nicht so ein Angsthase).

Kurz vorm Lokus in die Hose: kurz vor dem Ziel ging die Sache schief.

Bei ihm ist tote Hose: er ist impotent, bei ihm regt sich nichts mehr (meist auf altersbedingte Ausfälle bezogen). Die Wndg. wird aber auch über ihren eigentl. Sinn hinaus gebraucht in der allg. Bdtg. von Stillstand, Flaute, Leblosigkeit wie z. B. in einer Zeitungsnotiz, in der die Wndg. auf eine Wirtschaftsflaute gemünzt ist u. als Frage in einer Schlagzeile erscheint: ‚Tote Hose in der City?‘

Ihm geht die Hose mit Grundeis: er ist sehr ängstlich, beklommen; gemilderte Parallelbildung zu: ‚ihm geht der ↗Arsch mit Grundeis‘.

Modern umg. sind: *Ein Benehmen haben wie eine offene Hose:* sich sehr schlecht benehmen; die nicht geschlossene Männerhose gilt als unanständig und sittenwidrig. *Nicht aus der Hose kommen können:* an Verstopfung leiden. *Machen wir die Hose wieder zu!:* Ausdr. der Verzichtleistung nach Abweisung; spielt urspr. wohl auf Abweisung durch den Partner an. *Das kannst du einem erzählen, der die Hose mit der Kneifzange (Beißzange) zumacht (anzieht):* das kannst du einem Dummen erzählen, aber nicht mir.

Das ist wie eine geflickte Hose, d. h., wenig haltbar. Die Rda. wird meist auf notdürftig gekittete Ehe- oder Partnerschaftsverhältnisse bezogen, u. a. aber auch auf den Gesundheitszustand nach einer Krankheit (Operation), d. h., es wird nie wieder so, wie es vorher war.

Das zieht einem die Hosen aus: das haut einen um, ist ein starkes Stück, geht zu weit.

Das Herz fällt einem in die Hosen ↗ Herz.

Das ist Jacke wie Hose ↗ Jacke; vgl. auch ‚Spendierhosen‘.

Lit.: *A. Schultz:* Dt. Leben im 14. u. 15. Jh., 2 Bde. (Wien 1892) II, S. 196f.; *G. Jungbauer:* Art. ‚Hose‘, in: HdA. IV, Sp. 401–411; Art. ‚Eifersucht‘, in: Reallexikon der Dt. Kunstgesch. IV, S. 954–963; *G. Wolter:* Die Verpackung des männlichen Geschlechts (Marburg 1988); *D. Friedmann:* Das Jeans-Buch (Berlin 1988).

Hosenträger. *Ihm platzen die Hosenträger:* er braust auf. Grotesk-übertreibendes Bild für den Umfang der Wut, die nach volkstümlicher Auffassung ihren Sitz im Leib hat; rhein. Mitte des 20. Jh.

Von ‚Hosenträgerbreite‘ ist die Rede, wenn durch ständige Erbteilung die Äkker sehr schmal geworden sind.

Lit.: *G. Jungbauer:* Art. ‚Hosenträger‘, in: HdA. IV, Sp. 411.

Hosianna. *Heute heißt es Hosianna, morgen kreuzige ihn* sagt man bei einem raschen Meinungswechsel und Stimmungsumschwung (vgl. ndl. ‚vandaag Hosanna, morgen kruist hem‘).

Die Rda. ist eine scherzh. Abwandlung des hebr. ‚Hosianna‘ (Vulgata: „Hosanna, Osanna“), das als Willkommensgruß beim Einzug Jesu in Jerusalem gerufen wurde (Mk. 11, 9; Matth. 21, 9) u. aus dem synagogalen Gottesdienst in den christl. liturg. u. musikal. Gebrauch übernommen wurde. Daher auch die Wndg. *Hosianna rufen:* öffentl. Beifall spenden u. ähnl.: *In Hosiannarufe ausbrechen:* (einem Prominenten) durch laute Zurufe seine Sympathie bekunden.

Hotzenblitz. *Das war der Hotzenblitz:* das ist Brandstiftung. Unter einem ‚Hotzen-

blitz‘ versteht man einen Blitz, von dem der Hausbesitzer schon vorher weiß, daß er sicher einschlagen werde. Es ist eine euphemist. Umschreibung für Brandstiftung u. Versicherungsbetrug, die in manchen Gegenden als Kavaliersdelikte galten u. sich durch ‚Ansteckung‘ ausbreiten, ja sogar über ganze Generationen fortschleppen konnten. Als ‚Hotzenblitz‘ ist dieses Phänomen in die Fachlit. eingegangen. Denn aus dem Hotzenwald, dem südlichsten Teil des Schwarzwaldes, ist ein Spruch überliefert, mit dem der Sohn früher bei aufziehendem Gewitter den Herrn des Hauses auf die gute Gelegenheit aufmerksam gemacht haben soll: „Vater, gang, hol d’ Zündhölzli, ’s dunneret“. Frieda Mayer kommentierte das so (‚Nimm mi mit, wenn d’ lache wit‘, Gedichte, Konstanz 1912):

Drum hörscht zentume au de Witz
vum allbekannte Hotzeblitz.

Die Thematik behandelt auch ein vielgespieltes alem. Mundartstück von K. Wittlinger ‚De Hotzeblitz‘. Im Bair. nennt man das analoge Phänomen der selbstinszenierten Brandstiftung einen ‚Floriansblitz‘, ↗ Florian.

hü. *Etw. ist nicht hü und nicht hott:* es ist unbestimmt, unklar. Die Rda. ist bes. nordd. verbreitet und leitet sich von den alten Fuhrmannsrufen an die Zugpferde her (‚hü‘ bedeutet links: ‚hott‘ rechts): „Denn is es auch man immer so so, nich hü un nich hott“ (Fontane: ‚Irrungen Wirrungen‘, 1888, 3. Kap.); schlesw.-holst. ‚dat geit ümmer hü und hott‘, durcheinan-

Zieht Eines „Wist“, das Andere „Hott“,
So bleibt der Wagen stecken im Koth.

‚Hü und Hott‘

der; ‚nicht hott und nicht har wissen', gar nichts wissen; nicht wissen, was man beginnen soll. In anderer Form („hothin – schwothin") bildl. schon bei Luther. Auch: ‚er weiß weder Hott noch Hist'; vgl. ndl. ‚van hot noch haar weten'; engl. ‚not know chalk from cheese' oder ‚a hawk from a handsaw' u. frz. ‚tirer à hue et à dia' (wörtl.: hü und hott ziehen): an einer Sache hin- und herzerren, um etw. zu erreichen.

Hucke. *Jem. die Hucke vollhauen:* ihn heftig verprügeln. Ähnl. *Die Hucke vollschlagen* (vgl. KHM. 54, Anh. 6, Anh. 23) und: *Die Hucke voll bekommen:* mächtig verprügelt werden. Hucke ist eigentl. die auf dem Rücken getragene Last, der Rückentragkorb, dann auch der Rücken selbst. *Sich die Hucke vollachen:* übermäßig lachen (↗ Buckel). *Jem. die Hucke vollügen:* ihn gründlich belügen; *sich die Hucke vollsaufen:* sich betrinken, eigentl. so viel trinken, wie man eben tragen kann, 19. Jh.

‚Die Hucke voll haben!'

Huckepack. *Jem. huckepack tragen (nehmen):* ihn auf seinem Rücken tragen, umgekehrt: *huckepack getragen werden:* auf dem Rücken eines anderen getragen werden, sich die Kräfte anderer zunutze machen. Z. B. wurden Kinder, Kranke, Alte auf diese Weise über lange Wegstrecken, die sie allein nicht bewältigen konnten, transportiert. Der ‚Huckepackreiter' war urspr. jedoch der Sieger, der Überlegene. Denn schon seit alter Zeit gilt das Huckepacktragen als Spielstrafe, bei der der Unterlegene den Gewinner huckepack nehmen muß. Ein griech. Wörterbuch des Julius Pollox aus dem 2. Jh. n. Chr. enthält

im 9. Buch einen zusammenhängenden Katalog von Spielen, in denen das Spielmotiv des Aufhuckens als Ephedrismos (auch Enkotyle) beschrieben wird. Dieser Beschreibung entsprechen auch bildl. Darstellungen auf Vasen, Gemmen usw.. Sie zeigen, wie bekannt das Huckepack-Motiv im Spielgut der Antike vom 5. vorchristl. Jh. bis weit in den Hellenismus hinein war. Es galt als körperl. Schandstrafe, wobei der Träger der Erniedrigte u. Verhöhnte u. der Getragene der Sieger war.

Lit.: *U. Schier-Oberdorffer:* Das Huckepack-Tragen als Spielstrafe, in: Dona Ethnologica Monacensia. Leopold Kretzenbacher zum 70. Geburtstag. (= Münchener Beiträge zur Vkde. 1), München 1983, S. 67–81.

hudle. ‚No net hudle': schwäb.-alem. Rda. in der Bdtg.: nur nicht vorschnell handeln oder rasch etwas ‚zusammenhauen', nur nicht zu hastig u. unordentlich arbeiten. ‚Hudle' ist die mdal. Variation des Verbs ‚hudeln', das neben vielen anderen Bdtgn. als Handwerkerausdr. auch den Sinn von schlampiger Arbeit hatte u. schon in frühen lit. Belegen begegnet, so u. a. bei J. L. Frisch, Teutsch-Lat. Wb., 1, 1741, 471, wo es heißt: „die Arbeit geschwind weghudeln".

Hufeisen. *Schmunzeln wie ein Bauer, wenn er ein altes Hufeisen gefunden hat:* ohne Grund fortwährend lächeln. Hinter der Rda. steht der Volksglaube, daß der Glück – und eben Anlaß zum Schmunzeln – hat, der ein Hufeisen findet. Schles. und siebenb. sagt man von einem Sterbenden, daß ihm ‚die Hufeisen bald abgerissen' werden, und im Frankenwald vergleicht man die Beichte des Todkranken mit dem Abreißen der Hufeisen von toten Pferden.
Ein Hufeisen verloren haben: ein uneheliches Kind haben (von einem Mädchen). Es handelt sich hierbei um eine scherzhafte Übertr. von dem nach Verlust eines Hufeisens lahmenden Pferde auf die ledige Wöchnerin.

Lit.: *J. C. Barnham:* „Ein Mädchen, das ein Hufeisen verloren hat", in: Notes and Queries, 2nd, 5 (1858), S. 391; *F. Liebrecht:* Das verlorene Hufeisen, in: Zur Volkskunde. Alte u. neue Aufsätze (Heilbronn 1879), S. 490–493; *Lawrence:* The magic of the horseshoe (Boston – New York 1898); *H. Freudenthal:* Art. ‚Hufeisen', in: HdA. IV, Sp. 437–446; *G. Carnat:* Das Hufeisen in seiner Bdtg. für Kultur u. Zivilisation (Zürich 1953); *V. v. Geramb:* Zum Sagenmotiv vom Hufbeschlag, in: Beiträge zur sprachl. Volksüberlieferung (Berlin 1953), S. 78ff., bes. S. 82; *H. Hamkens:* „Ein Hufeisen verloren", in: Die Heimat, 65 (1958), S. 314–316.

Hufschlag. ‚Gank em Hoffschlag, dann begähnt dir nü's Kotts', gehe im Hufschlag, dann begegnet dir nichts Böses. Diese Jülicher Rda. bezieht sich auf einen alten Brauch der Hufschmiede. In früheren Zeiten war es üblich, den Pferden und Ochsen, ebenso den Kühen, soweit sie als Zugtiere in Frage kamen, vor dem ersten Beschlag ein Kreuz in den Huf zu brennen; fortan waren die Tiere dem Schutze Gottes unterstellt. Wo sie nun gingen, da war der Weg gleichsam gesegnet.
Die Jülicher Rda. stimmt inhaltlich mit der Warnung überein, die auch von dem Warner des Wilden Heeres in einer Sage ausgesprochen wird:
Metzem em Wäg
geht et dir net schläch.
Wo Köh on Päed dir begähnt (begegnen) do ös et gesähnt.

Lit.: *G. Henssen:* Rhein. Volksüberlieferung in Sage, Märchen und Schwank (= Rhein. Volkstum, Heft 2), S. 18f.

Hüfte. *Aus der Hüfte schießen:* blitzartig reagieren, seinem Feind zuvorkommen, ohne ihn durch eine Bewegung der Waffe zu warnen und trotzdem treffsicher sein. Diese Art zu schießen wird oft von geübten Western-Helden im Film praktiziert, denen dafür Bewunderung sicher ist.
Die Rda. wird auf unvermutetes, erfolgreiches Handeln übertragen.
Verächtlich heißt es manchmal auch: ‚aus der Hüfte ballern' drauflos feuern, ohne Ziel, Sinn und Zweck.

Hugo. *Jem. zum Hugo machen,* schwäb. ‚mit jem. Hugoles machen': ihn zum Narren halten, ihn veralbern. ‚Das walte Hugo (und die sieben Zwerge)': Iron. Bekräftigungs- u. Wunschformel in parodist. Abwandlung von ‚Das walte Gott'.

Huhn, Hühnchen. Huhn ist eine beliebte, harmlose Schelte, z.B. *ein armes, blindes, krankes, dummes, verrücktes Huhn,* auch einfach Bez. für einen Menschen: *ein fideles, gemütliches, gelehrtes Huhn.*
Das Huhn rupfen, ohne daß es schreit: mit Geschicklichkeit erpressen und ohne Klagen zu erregen.

‚Das Huhn, das goldene Eier legt, schlachten'

Das Huhn, das goldene Eier legt, schlachten: sich seiner eigenen Lebensgrundlage begeben; sich selbst den Ast absägen, auf dem man sitzt; vgl. dazu das Märchen KHM. 60 sowie die ndl. Rda. ‚de kip met de gouden eieren slachten'; frz. ‚il en fait comme de la poule œufs d'or'. Jean de La Fontaine (1621–95) erzählt dazu folgende Fabel über ‚Die Henne mit den goldenen Eiern':
Wer alles haben möcht', muß alles oft
verlieren.
Euch ein Exempel statuieren
Will ich an jenem Mann nun aus
dem Fabelreich.
Dem täglich hat sein Huhn ein
goldenes Ei gelegt.
Er glaubt, daß einen Schatz in sich
die Henne trägt.
Und schlachtet sie, doch sieht, daß
innen sie ganz gleich
Ist jedem Huhn, von dem wertlose Eier
kommen.
So hatte er sich selbst sein schönstes
Gut genommen.

Für Knicker eine gute Lehre!

Wie hat in letzter Zeit man doch so
          oft erlebt,
Daß über Nacht verarmt so mancher,
          der gestrebt,
Daß sich zu schnell sein Reichtum
          mehre.

Grüße die Hühner: scherzhafte Bemerkung bei der Verabschiedung (seit dem 18. Jh. belegt).

Alle Hühner und Gänse von jem. wissen: seine Verhältnisse genau kennen, bes. obersächs., seit dem Anfang des 19. Jh. bezeugt.

Meiner Hühner wegen können meine Gänse barfuß gehen: rdal. Umschreibung von meinetwegen (vgl. ‚Gänse beschlagen‘).

Er sitzt da, als ob ihm die Hühner das Brot gefressen hätten: niedergeschlagen und ratlos.

Mit den Hühnern (Hinkel) zu Bett gehen: sich zeitig, mit Sonnenuntergang, schlafen legen; vgl. frz. ‚aller se coucher comme les poules‘; dazu das Sprw. ‚Wer mit den Hühnern zu Bette geht, kann mit dem Hahn aufstehen‘; auch in gereimter Form:

   Früh mit den Hühnern zu Bette,
   Auf mit dem Hahn um die Wette.

Da(rüber) lachen ja alle Hühner (oder: *die ältesten Hühner, Suppenhühner*): das ist ja töricht, lächerlich. Die Wndg. ist erst in neuerer Zeit aufgekommen.

‚Der muess bald em Mesner sei Hühner hiete‘ sagt man schwäb. von einem Sterbenden; ähnl. im Kt. Wallis: ‚Willst du St. Michaels Hennen hüten?‘ Die Rda. geht davon aus, daß früher die Hühner des Mesners ihren Auslauf auf dem Friedhof hatten (vgl. das ↗Zeitliche segnen).

Die Hühner melken wollen: etw. Vergebliches unternehmen wollen. Die Rdaa. von der ‚Hühnermilch‘ (auch: Bocksmilch) sind weit verbreitet und gehen bis auf die Antike zurück (Singer I, 173). Ndl. ‚de hennen melken‘; sowie das vlämische Sprw.: ‚Dat hy dan ook de hanen melken ga‘. Luther schreibt „Ein ander von blaw enten, ein ander von hünermilch“ im Anschluß an das antike lac gallinarum (Plinius: nat. hist. praef. 24; Petron, cap. 38), entspr. griech. γάλα ὀρνίθων; ‚Gänsemilch‘ schon 1478 bei Hans Folz in dem Spiel von einem griech. Arzt: „Zwen

drünck aus einr leren krawsen Gemischt mit aller gens milch“ (‚Fastnachtsspiele‘ S. 1201).

Mit jem. ein Hühnchen zu rupfen (auch *zu pflücken) haben:* noch etw. mit ihm auszutragen haben, ihn noch wegen einer Sache, die nicht so hingehen soll, zur Rede stellen wollen. Die Rda. ist seit den dreißiger Jahren des 19. Jh. belegt, doch kommen verwandte Wndgn. schon wesentlich früher vor, z. B. bei dem Dichter Christian Weise (1642–1708; ‚Böse Catharine‘): „Hilf mir Lerchen pflocken. Wer dich nicht zufrieden läßt, dem schmeiß die Federn in die Augen“. Gleichbedeutend sind die Rdaa.: ‚ich habe mit ihm noch ein Ei zu schälen‘, ‚eine Rübe zu schaben‘, ‚ich habe einen Apfel mit ihm zu schälen‘; ähnl. frz. ‚nous avons une pomme à peler ensemble‘ (veraltet), dafür: ‚avoir un compte à régler avec quelqu’un‘ (wörtl.: mit einem abrechnen müssen); engl. ‚to have a crow to pluck with someone‘, 1460 bei Towneley Myst. XVIII 311: „Na, na abide, we haue a craw to pull“; 1590 bei Shakespeare Com. Err. III.i. 83: „If a crow help us in, sirra, wee’l plucke a crow together“; ‚ich habe eine Krähe mit ihm zu pflücken‘; rhein. ‚ich han mit dem noch e Nößche zu krachen‘, „Doch nächstens pflücken wir ein Sträußchen“ (Hebbel), und, allerdings mit abweichender Bdtg., „wie … sie sich zu beth fügten und mit anander das genßlein ropfften“ (Montanus, ‚Schwankbücher‘, hg. von Bolte, 80).

Den Anlaß zum bildl. Gebrauch aller dieser Rdaa. hat die gemeinsam geübte scharfe, verletzende Tätigkeit gegeben (pflücken, schälen, schaben, knacken). Bei der Erklärung der Rda. ist auch davon auszugehen, daß das Wort rupfen in früherer Zeit häufig im Sinne von tadeln, schelten, schmähen (carpere) gebraucht wurde. „Lass mich ungerupft“ ruft bei Hans Sachs die Hausmagd der Wochenwärterin zu. Bei solcher Bdtg. des „rupfen mot worten und wercken“ (H. Sachs: ‚Heinz Widerborst‘, 92) mußte der Gedanke an das Huhn naheliegen.

Er sieht aus wie ein krankes Hühnchen: kümmerlich; *er nährt sich wie Müllers Hühnchen:* er lebt auf Kosten anderer (wie die Hühner des Müllers, die angeblich von fremdem Korn leben), ↗Fuchs.

Herumlaufen wie ein Huhn, das ein Ei legen will und weiß nicht wo, ist vor allem dann gebräuchlich, wenn jem. planlos umherläuft, um etw. zu suchen. Ähnl.: *sie laufen herum wie aufgescheuchte Hühner (Hinkel, Dollhinkel).* Aus dem Hühnerhof stammt auch ein weiterer rdal. Vergleich, der heute noch gerne verwendet wird, wenn man mehrere Personen nebeneinander sieht, die aussehen *wie die Hühner auf der Stange,* z. B. wenn sie auf einem Holzstamm sitzen.

Lit.: *J. Franck:* Die dt. Sprww. und sprw. Rdaa. über das Geflügel seit den ältesten Zeiten, in: Tauben- und Hühner-Zeitung (Berlin 1861); *A. Hausenblas:* Zur Erklärung der Rda. ‚Mit jem. ein Hühnchen rupfen‘, in: Zs. f. d. U. 7 (1893), S. 765–767; *A. Götze:* Alte Rdaa. neu erklärt, in: Zs. f. dt. Worf. 4 (1903), S. 331 f.; *H. Willert:* ‚Über bildl. Ausdrücke‘, in: Zs. f. d. U. 18 (1904), S. 506–508; *A. Haas:* Huhn und Hahn im pommerschen Sprw., in: Pommerscher Heimatkalender (Greifswald 1924), S. 59 ff.; *O. K. Hoffmann:* ‚Zwei Redewendungen aus dem german. Rechtsleben: Es kräht kein Huhn u. kein Hahn danach, Er ist auf den Hund gekommen‘, in: Zs. f. dt. Bildung 12 (1936), S. 192–195; *K. Rodin:* Art. ‚Hahn, Huhn‘, in: EM. VI, Sp. 370–376.

Hühnerauge. *Jem. auf die Hühneraugen treten:* ihm allzu nahe treten, ihn beleidigen. Die Rda. ist eine vergröbernde Parallelbildung zu ‚jem. auf den Fuß, auf den dicken Zeh treten‘ usw. (vgl. frz. ‚marcher à quelqu'un sur les pieds‘; engl. ‚to tread on a person's toes‘; ndl. ‚op zijn tenen getrapt zijn‘).
Einem die Hühneraugen operieren: einem herbe Wahrheiten sagen, ihm den Standpunkt klarmachen.
Er hat Hühneraugen am Hintern: er ist überempfindlich.

Hühnerleiter. *Das Leben ist eine Hühnerleiter: kurz und beschissen* (o. ähnl.) *von oben her unten;* ebenso *das Leben gleicht einer Hühnerleiter: man kann vor lauter Mist nicht weiter; das Leben ist eine Hühnerleiter: man macht viel durch* (wobei ‚durchmachen‘ doppeldeutig zu verstehen ist). Diese Wndgn., mit denen man die Unerquicklichkeiten des Alltags, Mißstände und Schwierigkeiten meint, sind frühestens seit der zweiten H. des 19. Jh. aufgekommen; ↗ Kinderhemd.

Lit.: *A. Dundes:* Life is Like a Chicken Coop Ladder. A Study of German National Character Through Folklore (New York 1981).

Hülle. *Etw. in Hülle und Fülle haben:* etw. im Überfluß haben. Die Zwillingsformel ‚Hülle und Fülle‘, die urspr. ‚Kleidung (Obdach) und Nahrung‘ bedeutete und dem lat. ‚victus et amictus‘ entspricht, wird über die Bdtg. ‚notwendiger Lebensunterhalt‘ zum Inbegriff des Überflusses, wobei sich die gewöhnliche Bdtg. von ‚Fülle‘ durchsetzt und auf Hülle überträgt. Die Wndg. ist (nach Grimms RA. II, S. 242–243) auf eine schon in der Edda erwähnte Praxis der Lösegeldforderung zurückzuführen. Um sie zu erfüllen, wurde der Balg des getöteten Tieres innen mit rotem Gold ausgefüllt, danach zugenäht u. aufgerichtet und außen mit Gold umhüllt. So erklärt sich, warum in den frühen lit. Belegen es zuweilen noch heißt: ‚in Fülle u. Hülle‘. Später wurde ‚Hülle u. Fülle‘ daraus.

Früher sagte man auch wohl anstelle der reimenden Formel: ‚Futter und Hülle haben‘. Sebastian Franck verbindet z. B. noch: „Gott hat futer und deck, hüll und füll", und bei Luther findet sich: „da er keinen Lohn verdient hatte, denn Hülle und Fülle‘, d. h. er bekam kein Geld, sondern nur Kleidung (Obdach) und Nahrung. Das kommt auch z. Ausdr. in einem Sinnspruch aus dem 16. Jh. (in: Petri, ‚Der Teutschen weiszheit‘, 1605), in dem es heißt:

hülle und fülle,
rock und kropf
juppe und suppe
kleider und nahrung
ist zu diesem leben genug.

Paul Gerhard dichtet:
Darum so gib mir Füll und Hüll,
Nicht zu wenig, nicht zu viel.
Bald aber verstand man Hülle nicht mehr, sondern verband mit der Formel lediglich den Begriff des Überflusses. So bucht 1691 Stieler: „Hülle und Fülle haben, victu et amictu abundare", d. h. an Nahrung und Kleidung Überfluß haben. 1779 heißt es bei Bürger in ‚Des Pfarrers Tochter von Taubenhain‘ (Str. 5):
Da trieb es der Junker von Falkenstein
In Hüll' und Füll' und in Freude.
Die Bdtg. des Wortes Hülle trat schließlich ganz zurück, so z. B. bei Th. Fontane in ‚Mathilde Möhring‘ (Inselausg. S. 33): „Bücher seien ja da die Hülle und Fülle";

man kann heute sogar die mißverstandene Form hören: ‚Er hat Geld in Hülle‘, im Überfluß.

Die Hülle ehelichen: eine Frau wegen ihres guten Aussehens oder wegen ihrer günstigen Vermögenslage heiraten (etwa seit 1930 üblich).

Die ‚sterbliche Hülle‘ ist ein euphemist. Ausdr. für Leiche.

Hummel. *Eine wilde Hummel* nennt man ein ausgelassen umherschwärmendes Mädchen; lit. schon 1729 in Orestes ‚Der Dreßdnische Mägde-Schlendrian‘: „solche junge wilden wüsten Hummeln“. Bei dem schwäb. Dichter Wilhelm Hauff heißt es: „Das Haar, das … der wilden Hummel in unordentlichen Strähnen und Locken um den Kopf flog“ (Werke, hg. v. Mendheim, 1825, Bd. 3, S. 13).

Hummeln im Kopf haben: unruhig sein (↗ Grille); einen solchen Menschen nennt 1565 Hans Wilhelm Kirchhoff ein „Hummelhirn“. Derber sind die Wndgn.: *Hummeln im Gesäß, im Hintern, im Steiß, im Hosenboden haben:* nicht ruhig sitzen bleiben können; schon in Luthers ‚Sprichwörtersammlung‘ ist verzeichnet: „Er hat humel ym arse“. Von einem Musikstück von Richard Strauss sagte dessen Vater, es sei ihm beim Anhören, als wenn er die Hosen voll Hummeln hätte.

Hummel, Hummel. Der Hamburger ‚Schlachtruf‘: *Hummel, Hummel! – Mors, Mors!*, mit dem sich gebürtige Hamburger gerne identifizieren und identifizieren lassen, knüpft an eine reale Persönlichkeit der hamburgischen Stadtgeschichte an. Es handelt sich um den Wasserträger (Wasserhändler) Wilhelm Benz, geb. 1786, angeblich als unehelicher Sohn der Anna Maria Toaspern, später verehelichten Benz, gest. am 15. März 1854. Seinen Spottnamen ‚Hummel‘ übernahm er von einem ausgedienten alten Stadtsoldaten namens Daniel Christian Hummel, der nach seiner Verabschiedung im Hofe des Hauses Drehbahn 36 wohnte und der bereits ein stadtbekanntes Original gewesen sein muß. Wilhelm Benz zog später in dessen Wohnung, übernahm die Tätigkeit des Wasserhändlers und ‚erbte‘ somit

auch dessen Namen, wenngleich auch nur als Übernamen. Auch Benz war eine auffällige Erscheinung: lang und dürr, schweigsam und leicht reizbar, dazu in enganliegendem Zeug, das allerdings für seinen Beruf zweckmäßig war. Der hohe Hut und die durch die geschulterte Last immer gleichbleibende, gestraffte Haltung trugen wesentlich dazu bei, ihn als eine komische Figur anzusehen. Das galt vor allem für die Straßenjungen, die ihm ihre besondere Aufmerksamkeit widmeten und ihn mit dem Spitznamen „Hummel, Hummel‘ provozierten. Benz ärgerte sich darüber. Da er den Spöttern nicht nachlaufen konnte, blieb ihm nur sein Mundwerk, und er gebrauchte es, wie jeder Hafenarbeiter, Lastenträger, Kutscher oder Speicherarbeiter. Auch nach dem Tode von Wilhelm Benz lebten doch der Hummelruf und seine Antwort weiter. Sie wurden zum Hamburger Allgemeingut. Wenn Hamburger in die Fremde zogen, nahmen sie ihn mit; er gehörte zum Bild der Heimat wie die Fleete, die Speicher, der Jungfernstieg und der Dom. Zahlreiche Anekdoten legen dafür Zeugnis ab; so z. B. auch die Erzählung von dem Auftreten des Schauspielers Rethwisch in New York. Rethwisch (Thaliatheater) gab drüben ein Gastspiel. Als das Stück zu Ende war und rauschender Beifall einsetzte, mischten sich einige Hummel-Hummel-Rufe in die begeister-

‚Hummel‘

ten Äußerungen, die alsbald von allen Hamburgern und schließlich, weil so etwas ansteckend wirkt, von allen Anwesenden aufgenommen wurden. Mit jedem Aufgehen des Vorhangs wurde der Ruf stärker, bis der ganze Zuschauerraum von dem tosenden Hummel-Hummel erfüllt war. Damals hing der gebührenden Antwort wohl doch noch der Makel der Unanständigkeit an, und Rethwisch konnte es nicht wagen, die erwarteten Worte in den Saal zu schmettern. Aber er wußte sich glänzend aus der Verlegenheit zu ziehen. Als schon der eiserne Vorhang langsam herunterglitt, trat er ein letztes Mal an die Rampe, drehte sich um, so daß er dem Publikum den Rücken zukehrte, zog die Rockschöße auseinander und machte eine tiefe Verbeugung. Die kleine Plastik am Memelhaus im ehemaligen Gängeviertel wiederholt, auf einen Straßenjungen übertragen, diese sprechende Geste. In Hamburger Theatern gab es vielgespielte Stücke, die die Gestalt Hummels in den Mittelpunkt stellten. Solche Stücke brachten auch den Hummelruf immer wieder unter die Leute. Er wurde gleichsam zu einem Ausweis jedes Hamburgers. Zu seiner Verbreitung über ganz Deutschland trug auch wesentlich das HH in der Kennummer der Hamburger Automobile (= Hansestadt Hamburg) bei.

Die Gestalt Hummels wird auch in einem Denkmal der Nachwelt vermittelt. Es wurde am 18. September 1938 an der Ecke Rademacher- und Breitergang mitten im ehemaligen Gängeviertel enthüllt. Das Hummeldenkmal hat den Zweiten Weltkrieg unbeschädigt überstanden.

Lit.: *J. Sass:* Hamburger Originale und originelle Hamburger (Hamburg o. J. [1963]).

Humpenstoß. ‚Einen Humpenstoß geben': ein Prosit ausbringen. Die Rda. bezieht sich auf den ‚Humpen', ein großes, weites Trinkgefäß. ‚Humpe' ist zunächst wohl ein aus den obd. Mdaa. aufgegriffener Studentenausdr., der sich von dort her weiter ausgebreitet hat. Lit. belegt ist das Zutrinken und Anstoßen mit dem Humpen bei Chr. Weise (‚Die drei ärgsten Erznarren', 1672, 148): „also dasz Herr Storax dem Florinde eine humpe zutrank".

Hund. Der Hund ist im rdal. Ausdr. ebensosehr das Bild des Elenden, Niederträchtigen und Untermenschlichen wie auch das Symbol der Treue, Wachsamkeit usw. Mit Recht sagt M. Kuusi, daß eine vergleichende Erforschung der überlieferten Rollenverteilung in der Tiersymbolik gerade im Bereich der Sprww. und Rdaa. äußerst interessante Probleme aufweisen würde. Die Rdaa. mit Hund bieten dafür gute Beispiele.

Am häufigsten ist Hund in Schimpfwörtern: *Lumpenhund, Himmelhund, blöder Hund, feiger Hund, frecher Hund, falscher Hund, scharfer Hund* (strenger Vorgesetzter, strenger Richter), *kalter Hund. Alter Hund* bedeutet eine grobe Abfertigung; ferner: alte Sache, alter Prozeß; *einen alten Hund totmachen:* die Sache erledigen (aus der Leipziger Juristensprache bezeugt). ‚Alter Hund' ferner in der Bdtg.: alter Wertgegenstand; altbair. ‚in dem Hause steckt noch ein alter Hund', es ist noch Geld von den Voreltern da.

Blinder Hund: eine Wassersuppe, aus der kein (Fett-)Auge herausguckt, auch: Kaffee ohne Milch.

Da wird der Hund in der Pfanne verrückt ist ein Ausdr. ratloser Verwunderung. Es handelt sich um eine sog. Nonsens-Äußerung, die meist gebraucht wird i. S. v.: Das ist eine unglaubliche Geschichte. Sie erinnert an einen bekannten Eulenspiegel-Schwank. Darin wird berichtet, wie Eulenspiegel als Brauknecht in Einbeck seine Possen trieb: Eines Tages erhielt Till von seinem Braumeister die Weisung, ‚mit Sorgfalt Hopfen zu sieden'. Till kam die Idee, seinem Herrn einen tollen Streich zu spielen. Sein Meister hatte nämlich einen Hund, der auf den Namen ‚Hopf' hörte. Dieses arme Tier warf Eulenspiegel in die siedende Würze. Als man den Sud abgelassen hatte, fand der erboste Braumeister die Überreste seines Hundes in der Braupfanne.

Das jammert einen (toten) Hund: das findet schärfste Mißbilligung. Ebenso *das ist unter dem (unter allem) Hund:* das ist höchst minderwertig, unter aller Kritik.

Dicker Hund: grober grammatikalischer oder orthographischer Fehler (so in der Schülersprache), sonst allgemeiner: große Frechheit, eindrucksvolle, schwierige Sache, schlimmes Vergehen, starkes Stück, auch: unglaubwürdiger Vorgang. *Einen dicken Hund ausbrüten:* eine völlig verfehlte Maßnahme mit entspr. bösen Folgen treffen; einen schweren Irrtum begehen. *Einen dicken Hund haben:* beim Skat ein gutes Spiel in der Hand haben. *Mach keinen dicken Hund los:* reg dich nicht auf! *Einen ganz dicken Hund am Schwanz packen:* eine sehr heikle Sache erörtern. All diese Rdaa. sind erst in der Umgangssprache des 20. Jh. bezeugt, doch mag dabei daran erinnert werden, daß es im MA. als schwere Beleidigung galt, einem als Gabe einen fetten Hund hinzuwerfen (Grimm, Dt. Wb. III, 1570).

Wie man sagt ‚vom Pferd auf den Esel kommen', so auch *auf den Hund kommen:* herunterkommen, in schlechte Verhältnisse geraten, wobei die Tierrangfolge noch weiter nach unten fortgesetzt – vom Pferde- zum Esel- und schließlich zum Hundefuhrwerk – oder der Hund einfach als etw. Verächtliches im Vergleich zum Menschen gebraucht ist. Im Jahre 1664 riefen die siegreichen dt. Soldaten dem bei St. Gotthard an der Raab geschlagenen Türken zu: „Komst aufn Hund und nit aufn Gaul!", und in einem neueren Volkslied, 1867 auf den unglücklichen Habsburger Maximilian in Mexiko gedichtet, heißt es:

Von dem Tag an und der Stunde
War der Kaiser auf dem Hunde.

Eine Erklärung liefert P. Abl. Er weist darauf hin, daß in früherer Zeit zur Abschreckung von Dieben am Boden größerer Geldkassetten ein bissiger Hund abgebildet war (entspr. Beispiele sind vor allem noch in Österreich anzutreffen). In anderen Berichten ist dagegen die Rede von städt. Geldtruhen, die einen ähnl. Bilderschmuck am Boden aufwiesen u. eher als Mahnung zur Sparsamkeit zu verstehen waren, denn wer zu schnell auf den Hund (den Boden) kam, hatte alles andere als sparsam gewirtschaftet: er hatte kein Geld mehr, war am Ende. E. Zeller berichtet in ihrem Roman ‚Lampenfieber' (1974) von einer Truhe in einem pommerschen Dorf, auf deren Boden ein Hund gemalt war: wenn die Truhe keine Vorräte mehr barg, war man ‚auf den Hund gekommen'.

S. Colditz wiederum führt die Bez. für einen verarmten Menschen auf die Tatsache zurück, daß verarmte Bauern früher anstatt eines Pferdes einen Hund als Zugtier benutzten. In diesem Sinne kann man auch sagen: ‚Vom Pferd auf den Esel, vom Esel auf den Hund, vom Hund auf den Bettelsack kommen', d. h., völlig verarmen, sozial immer weiter absteigen.

Auf die Bdtg. der Verarmung bezieht sich auch eine Erklärung von P. Abl im Zusammenhang mit dem Sprw.: ‚Kommste übern Hund, so kommste übern Schwanz', das meist ermunternd gebraucht wird i. S. v.: wenn du dies bewältigst, schaffst du auch das Ganze. Sie ist vorwiegend im norddt. Raum geläufig, obwohl der Urspr. in einem Würfelspiel zu suchen ist, das im 15. Jh. auch in Wien bekannt war u. bereits von den alten Römern gespielt wurde. Die Spieler benutzten dabei 4 Astralagi (= Knochenstücke aus der Fußwurzel von Schaf oder Ziege). Diese hatten vier Flächen mit je 1, 3, 4, 6 Augen. Als schlechtesten Wurf bezeichnete man den sog. ‚Hundswurf' (canis – benannt nach dem Sternbild des Hundes), d. h., wenn alle vier Astralagi die Einerseite (die Seite mit dem Hund) zeigten. Wer einen ‚canis' geworfen hatte, verlor seinen ganzen Einsatz. Bei manchen Spielen galt auch der Wurf von vier Sechsern als verloren. Zum Trost hatte man ein Sprüchlein: ‚Komme ich über den Hund (= über die Vier), so komme ich auch über den Schwanz' (= über die Siebenzahl des großen Hundes – gemeint sind die drei neben dem eigentlichen Sternbild stehenden Sterne). Der Prediger Johann von Capistran wandte das Wortspiel auf jene an, die zügelloser Spielwut frönten u. dadurch Hab u. Gut verloren.

(Völlig) auf dem Hund sein: gesundheitlich am Ende, sich ausgemergelt u. am Ende der Kräfte fühlen.

Die scherzhafte Frage: ‚Seid ihr auch auf den Hund gekommen?' meint heute mitunter: Habt ihr euch auch einen Hund ‚angeschafft'?

Aus der verächtlichen Bdtg., die an dem Hunde haftet, erklären sich die vielen geringschätzigen Zusammensetzungen wie *hundsgemein, hundeschlecht, Hundeleben* (frz. ‚vie de chien'), *Hundewetter* (frz.

‚temps de chien'), *hundemüde,* auch das *hunzen* (aus-, herunter-, verhunzen), das nach seiner Herkunft eigentl. ‚hundsen' geschrieben werden müßte. Auf das ‚Hundeleben' spielt auch Goethe im Faust an: „Es möchte kein Hund so länger leben". Desgleichen Günter Grass, der als Titel eines Romans den Begriff ‚Hundejahre' wählte.

Ein Mensch muß sehr verachtet sein, wenn man von ihm sagen kann: *Es nimmt kein Hund einen Bissen Brot von ihm.* Schon bei Hans Sachs klagt einer über seine Frau als seinen Fegteufel:

Der rennt mir nach offt ins wirtshaus vnd hollüpt (lästert) mich mit worten auß:
Ein hund ein brot kaum von mir nem.

Der große Hund ist ein ähnl. rdal. Bild wie ‚das große (hohe) Tier', worunter man einen vornehmen Mann von hohem Rang versteht. Von einem Eingebildeten sagt man obersächs.: ‚Er denkt, daß der große Hund sein Pate wäre, derweile ist es Bettelmanns Spitz'; auch: ‚wie dem großen Hund sein Bruder auftreten', anmaßend auftreten; ndd. ‚ok de gröttste Hund (Rüe) mot sek schämen' u. dgl. – ‚De grote Hund' ist für den Seemann eine Verkörperung des Meeres. Mit diesem Bild wird die Raffgier der See gekennzeichnet; wenn der Koch Speisereste über Bord schüttet, spricht er dazu: ‚Dat is wat för'n groten Hund'. Aus gleicher Anschauung heraus werden gischtende Brandungsseen ‚weiße Hunde' genannt (Stammler, Aufriß Sp. 1876).

‚Die Hunde bellen, die Karawane zieht weiter': ist eine neuerlich in der Politik des öfteren zu hörende Wndg., meist i. S. v.: wir lassen uns nicht beirren, wir halten an unserer Linie fest. Sie soll auf ein arab. Sprw. zurückgehen, ↗ Karawane.

Brot im Hundestall suchen oder *den Hund nach den Bratwürsten schicken:* einen verkehrten Weg bei einer Handlung einschlagen, etw. Törichtes tun.

Bekannt wie ein bunter (oder *scheckiger*) *Hund* wird von einem gesagt, der allenthalben, aber nicht gerade rühmlich bekannt ist; auch von Frauenzimmern, die sich gemein machen. Der Leipziger Amaranthes (Corvinus) sagt 1711 von einer Frau:

Die es mit keinem redlich meint,
Die man, es weiß es jedes Kind,
Pflegt einen bunten Hund zu nennen,
Den man auf allen Straßen findt.

wie ein bunter Hund ist die alte Weisheit, daß eingelegte Gurken über den Winter hinaus knackfest bleiben durch Alba-Gurkendoktor und daß die Gurken *der echte* besonders delikat schmecken mit Alba · Einmach · Gewürz

GEHRING & NEIWEISER · BIELEFELD

‚Bekannt wie ein bunter Hund'

Die meisten Hunde sind einfarbig; ein Hund in mehreren Farben fällt darum auf. Die Rda. findet sich in der allg. Umgangssprache ebenso wie in den Mdaa., z. B. holst. ‚Se is so bekannt as de bunte Hund'; ostfries. freilich heißt es: ‚Dar sünt mehr bunte Hunne as een', einzelne Kennzeichen reichen nicht aus, Personen oder Sachen genau zu bestimmen. Vgl. frz. ‚connu comme le loup blanc' (wörtl.: bekannt wie der weiße Wolf), ↗ Wolf.

Nach dem auffälligen Zittern neugeborener Hunde heißt es: *frieren wie ein junger (nasser) Hund.*

Junge Hunde und Schoten ist in Sachsen eine der rdal. Antworten auf die Frage neugieriger Kinder, was es zum Mittagessen gebe, wohl mit Anspielung auf das ungeduldige Zappeln der Fragenden; doch in Oberbayern heißt eine Mehlspeise tatsächlich ‚nackte Hündlein'.

Damit lockt man keinen Hund vom (unter, hinter, aus dem) Ofen (vor): um Erfolg zu haben, muß man mehr Klugheit, gewichtigere Gründe aufbieten. Die Rda. ist seit

‚Den Hund hinter dem Ofen vorlocken‘

Luther öfters belegt; in der Ballade ‚Der Kaiser und der Abt‘ läßt G. A. Bürger den unwissenden, aber schlauen Schäfer Hans Bendix sagen:

Versteh' ich gleich nichts von
      lateinischen Brocken,
So weiß ich den Hund doch vom Ofen
      zu locken.

Urspr. hieß es ‚den Hund aus dem Ofen locken‘, was seine Erklärung in der alten Bauart der Öfen findet: Der Ofen stand auf Beinen, zwischen denen sich der Hund zu Hause gern lagerte; oder es ist auch das Ofenloch, die ‚Hölle‘ gemeint, in die der Hund nach dem Ausgehen des Feuers hineinkroch.

Auf das gereimte Sprw. *Zwei Hunde an einem Bein kommen selten überein* beziehen sich sowohl das Detail aus P. Bruegels Rdaa.-Bild wie auch plastische Darstellungen an Kirchengestühlen.

Meist lebt der Hund in Feindschaft mit der Katze, so daß *wie Hund und Katze leben* sprw. für fortwährendes Gezänk

‚Zwei Hunde an einem Bein kommen selten überein‘

zweier aufeinander Angewiesener ist. So schon mhd. in Freidanks Lehrgedicht ‚Bescheidenheit‘ (138, 15):

Bî hunden und bî katzen
was bîzen ie und kratzen.

Ähnl. heißt es im Liederbuch der Hätzlerin (S. LXXII, 36):

Sy liebt sich mir zu aller stund,
Als by dem tische katz vnd hund.

Anders 1639 bei Lehmann S. 881 (‚Vneinigkeit‘ 23): „Vneinige sind in gutem Vernehmen wie der Fuchs vnd Han, Katz vnd Mauß“.

Vgl. frz. ‚être comme chien et chat‘.

Nach der Meinung von Zoologen und Verhaltensforschern beruht die oft zu beobachtende Unverträglichkeit zwischen Hund u. Katze nicht auf einer ‚Erbfeind-

‚Wie Hund und Katze leben‘

‚Hundeflöhen‘

Ec dicit dns. Popu
lus gentiu qui am   sideria sobri
                          pie viuam

,Mit allen Hunden gehetzt'

schaft', sondern auf dem gegenseitigen Mißverstehen ihrer Gebärdensprache. Was bei dem einen Tier eine Gebärde zur freundschaftlichen Annäherung ist, wird vom anderen als feindselige Haltung gedeutet. (KHM. 222; Bolte-Polívka III, S. 542–555; vgl. Vitus B. Dröscher: ,Mit den Wölfen heulen', 1978, 73–76). Die unangenehme Eigenschaft eines ungepflegten Hundes sind seine vielen Flöhe; daher der rdal. Vergleich: *Er steckt voller Unarten wie der Hund voll Flöhe. Er ist voller Freude wie der Hund voller Flöhe* ist eine sehr geläufige Rda., der etw. Ironisches anhaftet und die durchaus nicht jung ist, sondern bereits vorgebildet erscheint in den Satiren gegen Murner (,Sendbrief von der Meßkrankheit'): „Ich mein", sagt Frümesser, „ir seyt völler fantasten (wunderlicher, krauser Sinn), denn ein zotteter Hund flöch im Augsten (August)". Daß man auch ebenso voll von freudloser Stimmung sein konnte, beweist Hans Sachs' Fastnachtspiel vom Pfarrer mit den ehebrecherischen Bauern (2):

Ich steck unmuts und angst so vol
Und ge gleich in den sinnen umb,
Wie der hund in den flöhen krumb.

Eine sehr lästige Beschäftigung vergleicht man mit *Hundeflöhen.*
Von der Jagd stammt: *mit allen Hunden gehetzt sein:* so schlau, so erfahren sein,

,Den Hund bös machen'

daß man sich allen Gefahren zu entziehen weiß.
Den Hund bös (wütend) machen: jem. reizen, aufstacheln; ndl. ,Zij maekt den hond boes'; dazu die Abb. des 18. Jh., die sich satirisch gegen diejenigen Frauen wendet, die ihre sanftmütigeren Männer aufreizen; ähnl. *schlafende Hunde wecken:* die Gefahr selbst herbeiführen; auf sich aufmerksam machen, unvorsichtig sein, ein kontroverses, schwieriges oder tabuiertes Problem aufgreifen, das man besser auf sich beruhen lassen sollte; vgl. frz. ,Il ne faut pas réveiller le chat qui dort' (wörtl.: Man darf die schlafende Katze nicht wecken), ↗ Katze.
Ebenfalls auf die Jagd bezieht sich der rdal. Vergleich, den Carl Zuckmayer

(‚Schinderhannes‘, 4. Akt) bringt: „Die Kerl sinn ihr nachgemacht wie die Hund hinnerm Schweiß".

Wenn der Hund zum Springen und zum Laufen unlustig ist, rutscht er auf dem Hintern; daher *den Hund hinken lassen:* faul, falsch, unzuverlässig sein; die Rda. ist bereits im 16. Jh. ganz geläufig (z. B. ‚Zimmerische Chronik‘ I, 287 und bei Luther).

Das ist so echt wie Hundehinken: wenn ein Hund einem größeren begegnet und sich von ihm bedroht glaubt, fängt er an zu hinken, um sich seiner Gnade zu versichern, indem er seine eigene Ungefährlichkeit manifestiert.

Vor die Hunde gehen: verkommen, entzweigehen, zuschanden werden; die Rda. ist vielleicht hergeleitet von krankem und schwachem Wild, das leicht den Jagdhunden zum Opfer fällt (seit dem 17. Jh.). Wahrscheinlicher als diese Herleitung aus der Jägersprache ist aber wohl die Geringwertigkeit des Hundes, die für die Wahl der Metapher ausschlaggebend gewesen ist (vgl. ‚das ist für die Katz‘, ‚in die Wicken gehen‘, ‚flöten gehen‘ und verwandte Rdaa.).

Einer breiteren Erklärung bedarf die Rda. *Hunde tragen* (oder *führen*), landschaftlich mit verschiedenen Zusätzen, z. B. in Sachsen: ‚bis Bautzen‘, im Elsaß: ‚nach Lenkenbach‘, in Gießen: ‚nach Endebach‘, in Franken: ‚nach Buschendorf‘, in Schwaben: ‚bis Ulm‘, Ortsbez., die heute alle nur noch bedeuten: sehr weit. Der Sinn der Rda. ist: eine unangenehme, beschwerliche, langwierige, nicht einträgliche Arbeit ausführen. Man hat zur Erklärung an verschiedene alte Rechtsbräuche erinnert: ‚Hunde tragen‘ war eine Strafe, zu der Edelleute, die geraubt oder den Landfrieden gebrochen hatten, verurteilt wurden; damit sollte ausgedrückt werden, daß sie eigentl. verdient hätten, aufgehängt zu werden wie ein Hund. Die Rda. ‚Hunde führen‘ dagegen wird zurückgehen auf eine alte Untertanenpflicht, dem Herrn, zumal dem Gerichtsherrn, Hunde zu halten: eine sicherlich als beschwerlich empfundene Aufgabe. Möglicherweise haben die genannten Orte dabei eine bestimmte Bdtg. als Grenzangabe; so war Bautzen der Grenzort zwischen Meißen und der Lausitz; auch für Ulm an der Donau gilt eine solche Grenzlage.

In dem Bannteiding von Podersdorf (Neusiedel am See) findet sich aus dem 16. Jh. folgende Bestimmung: Wenn einer nach Podersdorf kommt und niemals früher hier gewesen ist, so soll man den größten alten Hund in dem Gemeindegebiet nehmen, ihn in einen Sack gut einbinden, daß er nicht beißen kann, und soll ihn dann dem Ankömmling auf die Achsel legen. Dieser soll ihn von des Richters Haus bis zu einem Kreuz tragen. Dort kann er rasten. Dann hat er den Hund ungesäumt wieder bis zu des Richters Haus zurückzutragen ... Wer aber den Hund nicht tragen will, kann sich mit einem Eimer Wein freikaufen. Mit der Strafe des Hundetragens hängt möglicherweise die Rda. ‚auf den Hund kommen‘ zusammen, wenn hier nicht doch an den Hund als Zugtier der Ärmsten oder auch an den Hund als Nahrungsmittel ärmerer Leute zu denken ist (s. o.).

Jem. einen Hund antun: einen bitteren, kränkenden Spott zufügen (vor allem in Niederoesterr.). In dieser Rda. lebt die Erinnerung an alte Rechtsbräuche fort: an das Mithängen eines Hundes am Galgen als bes. schimpfliche Hinrichtungsart oder an die Strafe des Hundetragens. Die Rechtsstrafe lebt als Hänselbrauch weiter und ist verschiedentlich durch Weistümer belegt. Wie sehr die alten Rechtsbräuche fortwirkten, zeigt eine Kabinettsordre Friedrich Wilhelms I. von Preußen vom 5. November 1739, die aus dem Widerwillen gegen die Wiederaufnahme überlebter Sachen entstand: „Von morgen über acht Tage ab, wenn ein Advokat oder Prokurator oder anderer dergleichen Mensch seiner Königlichen Majestät Memorialien in abgetanen und abgedroschenen Prozeß- oder Gnadensachen einreichen zu lassen sich unterstehen wird, als dann seine Königliche Majestät einen solchen ohne Gerede aufhängen lassen wird und neben ihn einen Hund".

Hunde aus- (oder *ein-*)*läuten* nennt man es, wenn unruhige Kinder beim Sitzen den einen oder den anderen Fuß beständig vor- oder rückwärts bewegen, auch: *den Hunden Schiedung (Scheidung) läu-*

,Da liegt der Hund begraben'

ten; die heilige Glocke darf nur einem Menschen beim Tode ausläuten, nicht aber einem Tier; bei einem Tier wird sozusagen stumm geläutet, wie die Bewegung der Kinderbeine zeichenhaft andeutet. L. Schmidt meint dazu: „Die Beziehung auf den Hund, der offenbar unter dem Tisch liegend gedacht war, hat sich wohl im 16. Jh. eingestellt. Hans Sachs hat sie 1534 verwendet (Zwölf Fastnachtsspiele aus den Jahren 1518–1539, in: Neudrucke dt. Literaturwerke des XVI. u. XVII. Jh., Nr. 26 und 27, Halle 1880)", ↗ Esel. Schmidt erwähnt des weiteren auch das Sprw.: ,Wenn man einen Hund schlagen will, findet man einen Stecken', das bei Johannes Fischart 1575 in seiner Verdeutschung eines frz. Originals begegnet:

Wann man kurtzum einen tot will haben,
Kan man bald ein ursach von Nägeln schaben,
Und welcher schlagen will ein Hund,
Bald ein Stecken fund.

Die Rda. ist im 19. u. 20. Jh. von Ostpreußen bis nach Österreich gewandert. Dort ist sie auch heute noch anzutreffen.
Hunde hinten haben: einen heimlichen Schatz besitzen. Dazu wohl auch die Rda.

Da liegt der Hund begraben: das ist's, worauf es ankommt; das ist die Ursache der Schwierigkeiten, des Übels; vgl. frz. ,voilà le chien', heute ungebräuchlich. Dafür: ,C'est là qu'est le lièvre' (wörtl.: Da liegt der Hase), ↗ Hase; ndl. ,daar ligt de hond begraven'. Wander (II, Sp. 879 f.) bringt gleich mehrere, allerdings ganz verschiedene und sich widersprechende Erzählungen, die die Entstehung dieser Rda. zu erklären versuchen; sie alle sind aber erst sekundäre ätiologische Deutungsversuche, denen keinerlei Wahrscheinlichkeit zukommt. Wieder eine andere, aber vermutlich auch nur ätiologische Erklärung gibt Büchmann. Er erinnert an das Grabmal eines treuen Hundes, das sich in der Nähe der Schloßruine von Winterstein in Thüringen, zwischen Friedrichroda und Eisenach gelegen, befindet. Die beinahe 1 m hohe Steinplatte trägt die Inschrift:

Ano 1630 Jar dr
19 Marci ward
Ein Hund hieher
Begrawen das in nicht fressen die
Rawen war sein Name Stuczel genant
Fürsten üd Hern wol bekät geschah
Ob seiner grossē Treulichkeit die er
Seinē Her üd Frauen beweist.

Die Rda. bezieht sich aber wahrscheinl. auf den in der Erdentiefe verborgenen Schatzhüterhund der Volkssage. Oft ist es der Geizige selbst, der nach seinem Tode als Hund die Schatzgräber abschreckt. Mephistopheles spottet in Goethes ,Faust' (II, 1, V. 4977 ff.) über die Menge, die an seinem Schatzgräbertum zweifelt:

Da stehen sie umher und staunen,
Vertrauen nicht dem hohen Fund;
Der eine faselt von Alraunen,
Der andre von dem schwarzen Hund.

Hans Sachs läßt einmal einen jungen Menschen, der Geld in der Tasche zu haben glaubt, daran klopfen und sprechen: „Da ligt der hunt". Bei Abraham a Sancta Clara (,Mercurialis', 82) heißt es: „Vermerkte gar bald, wo der faule Hund vergraben lag". Christian Weise (1642–1708) sagt in der Komödie ,Tobias und die Schwalbe' (I, 15): „Es ist ein verständiger Hund, ich halte immer, es ist einmal ein Schatzgräber darein verbannt worden". Offenbar hat man also den schwarzen Hund, der den verborgenen Schatz urspr. hütete, mit dem Schatz selbst gleichgesetzt. In dem ‚Carmen de Brunsbergo' stehen die Verse:

Horrendus canis est tenebrosum
cinctus ad antrum
Thesauri custos, qui latet imus ibi,
Igneus est visus, color atque
nigerrimus illi
Os patulum et cunctis halitus, usque
gravis.

Der schwarze Hund der Schatzsage steht vielfach anstelle des Teufels als Schatzwächter, wie der Teufel ja auch sonst vielfach in Hundegestalt auftritt. Um den Namen des Teufels zu verhüllen, sind dann wohl auch andere Ausdrücke eingesetzt worden, z. B.: ‚Da liegt ein Musikant begraben' oder, wie in der angeführten Stelle aus dem ‚Faust': „Da liegt der Spielmann, liegt der Schatz". Goethe schreibt auch in einem Brief vom 6.6.1809 an Charlotte von Stein: „Ist doch alles, was mich in Jena umgibt, so trümmerhaft gegen vorige Zeiten, und ehe man sich's versieht, stolpert man über einen Erdhöcker, wo, wie man zu sagen pflegt, der Spielmann oder der Hund begraben liegt (deren Gedudel oder Gebell gleichsam in die darüber schreitenden Füße fährt)"; vgl. ferner das Liedchen ‚Hier liegt ein Spielmann' aus ‚Des Knaben Wunderhorn', wo es in der 9. Str. heißt:

Da laufen die Schwaben
Und fallen in Graben,
Liegt ein Spielmann begraben
Mit der kleinen Killekeia,
Mit der großen Kum, Kum.

E. Hermann deutet die Rda. völlig anders. Für ihn ist sie kein Hinweis auf einen Schatz, sondern vielmehr auf ein Geheimnis bzw. ein verborgenes Übel. Er geht von der entspr. frz. Wndg.: ‚c'est là que gît de lièvre' aus u. folgert, daß es sich um ähnliche Prämissen handelt: so wie der Hase seinen Lagerplatz an einem schwer zu findenden Ort aufschlägt, bleibt auch die Stelle, an der ein Hund begraben wird, für die Allgemeinheit meist unbekannt. Wußte man, wo er begraben lag, war man hinter ein Geheimnis gekommen. Da im Engl. das Aufspüren eines unbekannten Übels wiedergegeben wird mit der Wndg. ‚There is the rub' (die ärgerliche Schleifstelle, die Quelle allen Übels), ist nach Hermann der Weg vom Geheimnis zum Übel auch bei der dt. Rda. nicht weit. *Der Hund hat das Leder gefressen:* wenn man jem. etw. anhaben will, findet man leicht einen Grund. Diese Rda. reicht in das Altertum zurück bis auf Theokrit (Id. 10, 11): „χαλεπὸν χορίῳ κύνα γεῦσαι" (es ist schlimm, den Hund vom χόριον kosten zu lassen); χόριον ist die feine Haut um die Eingeweide, die von den Griechen samt den Eingeweiden getrocknet, mit Milch gefüllt ans Feuer gesetzt, geröstet und so gegessen wurde. Χόριον bedeutet aber auch die Hülle, die die Frucht im Mutterleibe umschließt und ihr bei der Geburt als Nachgeburt folgt. Diese Nachgeburt nun wird von Hunden, Schweinen und anderen Tieren gern gefressen. Wenn man Hunde zähmen wollte, hielt man ihnen dieses χόριον vor. Man soll also keinen Hund davon kosten lassen, er kann dann nicht mehr davon lassen. Im weiteren Sinne muß aber χόριον auch Haut bedeutet haben. Da Häute zu Leder verarbeitet werden, ergab sich die Bdtg. Leder von selbst. Sie drang nun auch in die Rda. ein. Hier beginnt das Mißverständnis, das über Lukian z. B. auf Horaz überging (Sat. II, 5, 83): „Ut canis a corio nunquam absterrebitur uncto" (Wie der Hund nie vom gefetteten Leder abzubringen ist). Von Horaz aus hat sich die Rda. weiter verbreitet. Z. B. bei Notker Labeo (952–1022): „Fone démo limble so beginnit tir hunt leder ezzen" (Angefangen mit einem Riemen beginnt der Hund Leder zu fressen): Kleine Übertretungen führen mit der Zeit zu größeren Vergehen. Genauso haben wir den Spruch noch bei Luther: „An den lappen lern der hund ledder fressen". Er versteht es aber in dem Sinn: „Wem das kleine verschmaht, wird das großer nicht". – Dieses Sprw. erfuhr später noch einmal eine Umdeutung: Der Hund darf kein Leder fressen, tut er es doch, wird er gestraft. Hier beginnt nun wieder im Anschluß an Stellen wie Theokrit und Horaz die spätere Fassung ihre Bestätigung zu bekommen: ‚Canis assuetus corio' und ‚σκύτους ἕνεκα δέρεται κύων, ἐκεῖνος δὲ σκυτοτομεῖ' (Wenn man einen Hund prügeln will und will einen Grund haben, so muß er das Leder gefressen haben). Gemeint ist mit dem Leder fressenden Hund das Sichlosmachen von eingegangenen Verpflichtungen; das Tertium comparationis dürfte der lederne Riemen sein, an den der Hund gebunden war und den er nun zerbeißt. So z. B. in Freidanks ‚Bescheidenheit‘ (138,17):

Der hunt hat leder gezzen
Dô man dienstes vil vergezzen.

Im ‚Renner‘ heißt es (V. 18365):

swer triuwen und dienstes wil vergezzen
der spricht sîn hunt hab ledei gezzen.

Bei Luther findet sich die Rda. wiederholt: „Aber es geht, wie man sagt, wenn man dem Hund zu will, so hat der Leder gefressen“. G. T. Pistorius bucht in seinem ‚Thesaurus paroemiarum‘ von 1715/25 „An Riemennagen lernen die Hunde Leder fressen“. Und J. H. Voß dichtet: „Hans, der Hund, den hängen man will, hat Leder gefressen“. Vgl. frz. ‚Qui veut noyer son chien l'accuse de la rage‘ (wörtl.: Wer seinen Hund ertränken will, behauptet, er sei tollwütig). Dagegen sagt das Sprw.: ‚Von geschmiertem Leder scheiden Hunde nicht gern‘, d. h. wer in einer günstigen oder scheinbar günstigen Abhängigkeit ist, wird sich nicht frei machen wollen.

Den Hund vor dem Löwen schlagen: einen Schwächeren in Ggwt. eines Mächtigeren bestrafen, damit dieser sich eine Lehre daraus ziehe; später und sekundär: etw. Unsinniges tun. Varianten: ‚Wenn man dem Löwen eine Lehre geben will, schlägt man den Hund auf die Schnauze‘ (Wander II, Sp. 883, Nr. 1464 und III, Sp. 242, Nr. 108); frz. ‚battre le chien devant le lion‘; ndl. ‚Om den leeuw te bedwingen, slaat men het hondje klein‘. Auf die Rda. bezieht sich auch eine Darstellung vom Brunnen auf dem Domplatz zu Perugia, von Niccolò von Pisa und seinem Sohne Giovanni 1277–1280 errichtet. Die Wndg. scheint zuerst bei dem hl. Ambrosius (‚de Cain et Abel‘ I, 13) vorzukommen: „caeditur canis, ut pavescat leo“. Von hier aus hat sich die Rda. in alle Sprachen Europas verbreitet. – Frühe Belege finden sich ferner in der ‚Fecunda ratis‘ des Egbert von Lüttich (um 1023): „Ceditur, ut feritas paveat, canis ante leonem“; bei Thomasin von Zerclâre (1216) (‚Der wälsche Gast‘, ed. Rückert 1852, V. 12385):

Der lewe der hât einen site,
daz man im vüert einn hunt mite.
Wan ob er ze deheiner stunt
unreht tuot, man sleht den hunt;
dâmit ist er gezühtigt wol,
daz er tuot, daz er sol.

In Freidanks ‚Bescheidenheit‘ heißt es: „Vohrhte machet lewen zam, êren beseme daz ist scham“; in Lassbergs ‚Liedersaal‘ (III, 493, V. 37):

Ir zürnen fircht ich alle tag,
alsam der lew des hundez slag.

Der andere Morolf (v. d. Hagen-Büsching: Dt. Gedichte des MA. 1, 5, 46) schreibt:

Der hunt wirt czu wilen geschlan
umb daz der lebe hat getan.

Suchensinn, ein bair. fahrender Sänger gegen Ende des 14. Jh., schildert den Vorgang:

Ein edler lewe ân missetât
die natûre in hertzen hât,
wan sîn meister vor im stât
und slecht ein hündlîn sêre,
zehant der lewe im vorchten tuot,
dacz im betrüebet wirt sîn muot

(E. Pflug, Suchensinn, Breslau 1908, S. 78, Nr. 6).

Das in einer Karlsruher Hs. des 15. Jh. erhaltene Gedicht ‚Von der Treu und Untreu‘ faßt die vielen Schädigungen, die ehrenhafte Leute durch die Untreue erleiden, als eine Warnung auf, die Gott der ganzen Welt vorhält:

Man slecht den hund dem lewen vor.
Das geschicht durch dro:
Got slecht also die werlt,
Die mit mangen sachen
Die do ginnent swachen

(A. v. Keller: Erzählungen aus altdt. Hss. 1855, S. 631, 16).

Auch in Luthers ‚Sprichwörtersammlung‘ ist die Wndg. ‚Hund fur dem lewen schlahen‘ verzeichnet.

Shakespeare (‚Othello‘ II, 3) schreibt: „Ihr seid jetzt nur in seiner Heftigkeit kassiert; eine Strafe mehr aus Politik als aus Erbitterung, just als wenn einer seinen harmlosen Hund schlüge, um einen dräuenden Löwen zu schrecken“ und Chaucer (‚Canterbury Tales‘): „Um durch mein Beispiel andere zu bewahren, so wie den Löwen einst gewarnt der Hund“.

Wo die Rda. in der neueren Lit. bezeugt ist

1–3 ‚Den Hund vor dem Löwen schlagen‘

(z. B. bei Fischart u. a.), hat sie meist schon den Sinn eines unnützen Tuns angenommen, aber urspr. handelte es sich um einen tatsächlichen Realvorgang. Es gibt eine Abb. des 13. Jh. aus dem Skizzenbuch des frz. Baumeisters Villard (Album de Villard de Honnecourt, architecte du XIII⁰ siècle, Paris 1906, Blatt 24), die zeigt, wie man damals wilde Tiere domestiziert hat: Der Tierwärter schlägt angesichts des Löwen die beiden Hunde, um den noch wilden Löwen zur Raison zu bringen. Dressuren von wilden Tieren durch Hundege-

heul hat es sogar schon in der röm. Kaiserzeit gegeben; dieser Vorgang ist dann in die christl.-theologische Lit. übergegangen als rdal. Bild zur Warnung der Pflegebefohlenen durch das Beisp. bestrafter Sünder. Diese geistliche Auslegung verschaffte dem urspr. konkreten Vorgang eine bis ins 19. Jh. reichende Popularität in den sprw. Rdaa. verschiedener europ. Völker. Aber zunächst hatte auch diese Rda. deutlich einen realen Vorgang als Ausgangspunkt.

Die Rda. hat möglicherweise Parallelen

im noch lebendigen Jagdgebrauch von Beduinen. Der Beduine nimmt, wenn er auf die Jagd geht, den Jagdleopard vor sich auf sein Kamel u. zusätzlich noch einen in einem Korb sorgfältig verborgenen kleinen Hund. Das hat seinen ganz besonderen Grund. Denn nicht immer läßt sich das Raubtier nach einem Beutezug willig zurück auf das Kamel nehmen, z. B. wenn es noch blutrünstig ist u. wütend um sich schlägt. Dann nimmt der Jäger den Hund aus dem Korb, packt ihn am Fell u. gibt ihm fürchterliche Stockprügel, so daß das Tier vor Schmerzen aufheult. Beim Vernehmen dieser Schmerzensschreie wird das Raubtier ruhig u. schmeichelnd u. läßt sich vom Beduinen gefügig wieder auf das Kamel nehmen. Wenngleich auch kein direkter Zusammenhang mit der Rda. nachgewiesen werden kann, so ist doch anzunehmen, daß der Beduinenbrauch auf die Sitte der Tierbändiger der röm. Kaiserzeit bzw. auf die damit verbundene Kenntnis vom Verhalten bestimmter Raubtiere zurückzuführen ist. Schon bei Plinius ist nachzulesen, daß ein Jagdlöwe gezähmt werden kann, wenn er sieht, wie ein Hund geschlagen wird.
Wenn die Hunde mit dem Schwanze bellen: nie, niemals, ↗ Buxtehude. Eine Fülle speziell schles. Sprww. und Rdaa. hat K. Rother zusammengetragen, die nicht im einzelnen erörtert werden können. Nur eine kleine Auswahl soll hier ihren Platz finden: ‚A bleder Hund werd salda fett'; ‚a fragt an tuten Hund dernooch'; ‚a frisst nei wie der Hund 's Gespeite'; ‚das kann ihm bekommen wie dem Hund das Grasfressen'; ‚das mag der Hund nicht, und wenns mit Butter beschmiert ist'; ‚Dr Hund werd dir was scheissa (niessa)'; ‚Ich bien doch kee Hund, soo ichs riecha kennde'; ‚ich bin em gram, wie anem Hund'; ‚ich kann nicht allen Hunden Schuhe machen'.
Ferner ↗ Hundshaare, Hundeschnauze.
Daherkommen wie das Hündle von Bretten: erfolglos u. geschlagen, ‚wie ein begossener Pudel' oder ‚mit eingeklemmtem Schwanz'. Wenn einer den kürzeren gezogen hat, wird das häufig kommentiert mit den Worten: ‚Er kommt daher wie's Hündle von Bretten.' Die Rda. bezieht sich auf ein bekanntes Denkmal in Bret-

ten, worauf ein Hund mit abgehacktem Schwanz dargestellt ist. Dazu gibt es eine Vielzahl von Sagen, die als Erklärung des merkwürdigen Wahrzeichens Verbreitung gefunden haben. So heißt es in einer Sagenfassung: Eine Brettener Kaufmannsfamilie habe ihr Hündchen so abgerichtet, daß es ein Körbchen um den Hals gehängt bekam, worin ein Zettel und Geld lag, wenn es beim Metzger u. Bäcker einkaufen ging. Als es an einem Freitag mit einer Wurstbestellung zum Metzger geschickt wurde, hieb ihm dieser aus Ärger darüber, daß das Fastengebot nicht eingehalten wurde (in einer 2. Fassung: aus Wut über nicht beigefügtes Geld) den Schwanz ab u. legte diesen anstelle der Wurst in den Korb. In einer anderen Version wird von einer Belagerung berichtet, bei der von der hungernden Bevölkerung zur Vortäuschung von Wohlhabenheit ein Hündchen dick u. fett gemästet u. dann zum Stadttor zu den Feinden hinausgelassen wurde. Diese hackten ihm enttäuscht den Schwanz ab u. schickten den verstümmelten Hund zurück als Zeichen dafür, wie es ihnen selbst ergehen würde. Doch dann besannen sie sich u. traten den Rückzug an mitsamt dem abgehackten Schwanz. Das Hündchen soll als bleibendes Denkmal für die Errettung der Stadt aus großer Not auf ein Stadttor gesetzt worden sein. Tatsächlich befindet sich das Original des ‚Brettener Hundle' in Stein gehauen an der evangelischen Stiftskirche (früher St. Laurentiuskirche) in Bretten, ein späteres Steindenkmal des Hundle dagegen auf dem sogenannten ‚Hundlesbrunnen' an der Melanchthonstraße von Bretten (vgl. Grimm: Dt. Sagen Nr. 96; E. Meier: Dt. Sagen, Sitten u. Gebräuche aus Schwaben, Stuttgart 1852, Nr. 395, S. 356 f.).
Den Hund zum Jagen tragen müssen: wird auf eine Person bezogen, die überaus bequem u. träge ist u. sich buchstäblich nicht von der Stelle rührt.

Lit.: R. Röhricht: ‚Löwe und Hund', in: Zs. f. dt. Philologie, 9 (1878), S. 473–474; F. Brinkmann: Der Hund in den roman. Sprachen und im Englischen, in: Herrigs Arch. Nr. 46, S. 425–464; F. A. Stoett: Het haar van den hond, in: Tijdschrift voor Nederlandse Taalen Letterkunde 12 (1893), S. 251–267; D. Sanders: Zu der sprw. Rda.: ‚Hunde nach Bautzen tragen', in: Zs. f. dt. Sprache 10 (1896–1897), S. 25–28; O. Weise: In die

Wicken gehen, flöten gehen und Verwandtes, in: Zs. f. hd. Mdaa., 3 (1902), S. 211–217; *J. Bolte:* Den Hund vor dem Löwen schlagen, in: Zs. f. Vkde. 16 (1906), S. 77–81; 32 (1922), S. 145; 37/38 (1927/1928), S. 19; *O. Keller:* Die antike Tierwelt, Bd. 1 (Leipzig 1909), S. 91–151, bes. 136–147; *A. Koskenjaakko:* Koira suomalaisissa ynnä virolaisissa sanalaskuissa = Der Hund in den finn. und estnischen Sprww. (Helsinki 1909); *F. Pfaff:* ,Das Hündchen von Bretten', in: Alemannia, Zs. des Vereins f. Vkde., ländl. Wohlfahrtspflege u. Heimatschutz Badische Heimat, III. Folge, Bd. 5 (1913) S. 44–46; *J. S. Tatlock:* ,To beat the dog before the lion', in: Modern Language Notes 38 (1923), S. 506–507; *K. Rother:* Hund, Katze und Maus im schles. Sprw., in: Mitteilungen d. schles. Gesellschaft f. Vkde. 26 (1926), S. 247–251; *A. Pfleger:* Die alte ,Harneschar' oder das Hundetragen, in: Elsaß-Land-Lothringer Heimat, 9. Jahrg., April 1929, 4. Heft, S. 109–112; *Dr. Avabzini:* ,Der große Hund', in: Oberdt. Zs. f. Vkde. 7 (1933), S. 155; *O. K. Hoffmann:* ,Zwei Redewendungen aus dem german. Rechtsleben', in: Zs. f. dt. Bildung 12 (1936), S. 192–195; Singer III, 21, 99; *W. Dickertmann:* ,Wieso ist man auf den Hund gekommen?', in: Muttersprache 66 (1956), S. 478–481; *ders.:* ,Auf den Hund gekommen', in: Muttersprache 69 (1959), S. 287–288; *M. Kuusi:* Parömiolog. Betrachtungen, FFC 172 (Helsinki 1957), S. 7 ff.; *B. Allen Woods:* The devil in dog form, Folklore Studies 11 (Berkeley – Los Angeles 1959); *M. Leach:* God had a Dog. Folklore of the Dog (New Brunswick/N. J. 1961); *P. Abl:* ,Nochmals auf den Hund gekommen', in: Muttersprache 73 (1963), S. 182; *S. Colditz:* ,Nochmals auf den Hund kommen', in: Muttersprache 73 (1963), 54–55; *G. Krothoff:* ,Auf den Hund kommen', Etymology and Ideology, in: Modern Language Notes 78 (1963), S. 532–535; *E. Hermann:* ,Da liegt der Hund begraben. Reflexionen über eine Rda.', in: F.A.Z. v. 14. Aug. 1971; *L. Röhrich* u. *G. Meinel:* Rdaa. aus dem Bereich der Jagd u. der Vogelstellerei, S. 315, 317 f.; *R. Thalmann:* Der Hund im Volksleben, in: Schweiz. Arch. f. Vkde. 73 (1977) S. 224–230; *R. Schenda:* Art. ,Hund', in: EM. VI, Sp. 1317–1340; *R. Bergler:* Mensch u. Hund. Psychologie einer Beziehung (Köln 1986); *F. Héran:* Comme chiens et chats. Structures d'un conflit culturel et genèse, in: Ethnologie française 18 (1988) S. 325–337.

hundert. *Vom Hundertsten ins Tausendste kommen* sagt man, wenn jem. bei einer Erzählung von seinem Stoff abspringt und abschweift und auch den neuen Faden wieder fallen läßt, um von etw. Drittem zu reden, was ihm gerade durch den Kopf geht, bis er nicht mehr weiß, wovon er eigentl. hatte sprechen wollen; als ob er nicht nur auf hundert, sondern schließlich gar auf tausend Dinge zu reden gekommen wäre. In Wirklichkeit ist etw. anderes mit den Worten gemeint, nämlich ein Irrtum beim Rechnen mit der vom Ende des 15. bis ins 17. Jh. viel benutzten Rechenbank, auf der waagrechte Linien gezogen waren, die den aufgelegten Marken (Re-

chenpfennigen) einen um je eine Dezimalstelle steigenden Wert gaben (,Rechnung auf den Linien'). Die Rda. lautet eigentl.: ,das Hundert in das Tausend werfen'. In dieser Form verzeichnet sie 1529 Joh. Agricola (Nr. 429): „Er wirfft das hundert in tausent. Er mengt es in einander, Hundert sind das zehend teyl von tausent, vnd tausent ist ein größere zal denn hundert. Wer nun hundert zu tausent wirfft, vnd rechnet nicht darzwischen die andern hundert, als zwey, drey, vier, funff, sechsß, sieben, acht, neun hundert vnd ab denn tausent, der macht es also, daß niemand weyß, was er rechnet oder redet. Darumb wirt diß wort gebrauchet widder die, so vil gewesch machen, vnd sagen vil, sie aber selbs wissen nicht, wo es hat angefangen, oder wo sichs endet, die es hören, auch nicht". So gebraucht die Rda. auch Luther und bucht sie 1663 Schottel. Erst als man das Bild nicht mehr verstand, kam die heutige Form auf: „Da fieng er wieder an zu wüten und das tausendste ins hundertste zu werffen" (Grimmelshausen, ,Simplicissimus' I, 336); oder: „weil ich auch sonst in meinem Diskurs das Tausend ins Hundertste warf" (ebd. II, Kap. 19, S. 154). „Doch lassen sie uns nicht das Hundertste ins Tausendste schwatzen" (Lessing).

Hundertfältige Frucht tragen beruht auf Matth. 13, 8.

Auf hundert sein: sehr erbost sein; ähnl. *auf hundertzehn sein;* hergenommen aus der Kraftfahrt: 100 bzw. 110 km Stundengeschwindigkeit entwickeln.

Ähnl. *Auf hundertachtzig sein:* kurz vor der Explosion; *jem. auf hundertachtzig bringen:* ihn bis zum Äußersten reizen. Es kann damit aber auch ein Blutdruckwert von 180 gemeint sein, der weit über den Normalwert hinausgeht.

Er ist ein Hundertfünfundsiebziger: Homosexueller; bezieht sich auf den § 175 des Strafgesetzbuches.

Lit.: *H. Mané* u. *L. Veit:* Münzen in Brauch u. Aberglauben, hg. v. German. Nat.-Mus. (Nürnberg 1982), S. 234–235.

Hundeschnauze. *Er ist kalt (kühl, gleichgültig) wie eine Hundeschnauze* ist eine erst in neuerer Zeit aufgekommene bildl. Rda.

Eine Schichttorte aus Keks, Palmin und Schokolade heißt ‚kalte Hundeschnauze' oder auch nur ‚kalter Hund'.

Hundshaare. *Hundshaare auflegen:* einen Katzenjammer durch neues Trinken bekämpfen. Die Rda. entspricht urspr. tatsächlicher Volksmedizin: gegen den Biß eines tollwütigen Hundes soll das Auflegen des Hundehaares helfen, und zwar zunächst von demselben Hund, der gebissen hat. Nach dem Sympathieheilverfahren wird Gleiches durch Gleiches geheilt. Schon Plinius erwähnt: ‚Aliqui ... intus ipsius caudae pilos combustos insuere vulneri'. Die Anwendung dieses Heilmittels, das bereits in der Edda empfohlen wird (Hundehaar heilt Hundebiß), ist heute noch allg. verbreitet. Der Unterpfälzer Pfarrer Johannes Rhode aus Bischleben schreibt in seinem ‚Neidhard' (1582), nachdem er ausgeführt hat, wie der Neidhard manchen unschuldigen Menschen mit seinen Hundszähnen beißt: „Etliche, damit sie iren Schaden heilen mögen, zausen sie dem neidischen Hunde den Beltz widerumb redlich, und nemmen seiner Haar, drücken sie in ire Wunden, das sol auch helffen, dass die Wunde desto ehe heile. Ich habe solcher Hundeshaar, die den beissenden Hunden aussgerauft sind, viel gesehen, aber zu Franckfurt auff der Messen sind ir viel zu verkäuffen". Man hielt also damals Hundshaare feil. So scheint auch Luther den Heilvorgang aufzufassen, der in der Auslegung des 3. Kap. Joh. sagt (WA. XLVII, 67): „Wen man von einem tollen Hunde gebissen wird, so muss man Hundshaar wider aufbinden, so wird der Biss geheilet"; und ebenso steht in Christoph Lehmanns ‚Florilegium Politicum' (430): „Wer von Hunden wird gebissen, der heilts mit Hundsharen". Noch im 19. Jh. schreibt Sachse (‚Der deutsche Gilblas', 1822, S. 163): „Ich fand, daß mich der Hund blutig gebissen hatte. Zum Glück fand sich unter den Gästen ein Balsamhändler, welcher mir seine Hülfe anbot, mir die Wunde auswusch, und nachdem er Hundshaare mit Balsam darauf gelegt hatte, verband". Die Rda. erhielt ihre heutige Bdtg. durch den Vergleich der Folgen unmäßigen Alkoholgenusses mit dem Biß eines tollen Hundes. Eine nette Schnurre erzählt Melchor de Santa Cruz de Duennas in seiner zum ersten Mal 1574 erschienenen ‚Floresta española': Ein Stadtschreiber von Toledo besuchte einen Kranken, der in dem Rufe stand, viel zu trinken. Er fragte, was zu seiner Heilung geschehe, und ihm wurde geantwortet, man habe ihm ein Pflaster von Weinlaub aufgelegt; da antwortete er: „Recht so; das ist das Haar von dem Hunde, der ihn gebissen hat". Hier haben wir die Verwendung der Rda. in dem übertr. Sinne, den wir ihr auch heute noch geben. Aber schon bei Hans Sachs heißt es in seinem 1554 vollendeten Fastnachtspiel ‚Sant Peter leczet sich mit sein Freunden ...' (V. 63 ff.):

O wie war ich nechten so vol!
Drumb thut mir hewt der Kopff nit wol.
Kan mich schir weder puckn noch regen.
Wil gleich des Hars heint überlegen
Vom Hund, welcher mich nechten pais.
Kain pessre Erzeney ich wais,
Den ein Füll mit der andern vertreiben.

Auch J. F. Jünger schreibt 1807 (‚Fritz', Bd. 3, S. 23): „Weißt du nicht, daß das den Hundsbiß kuriert, wenn man von dem Hunde, der einen gebissen hat, Haare auf die Wunde legt? Mit dem Weine muß mans auch so machen". Die Rda. ist im Dt. bes. stark verbreitet, und eher sonderbar mutet an, daß Clemens Brentano in der ‚Gründung Prags' (1815) erklären zu müssen glaubt: „Von neuem trinken, um den Katzenjammer zu überteufeln, heißt in derselben Sprache (nämlich in der der vollen Brüder) Hundshaare auflegen". Hermann Kurz freilich scheint den Kontrast zwischen Hundshaaren und Katzenjammer zu fühlen, indem er dichtet (‚Genzianen', 1837, 225 ff.):

Ein Haar von der Katze,
Die dich gebissen hat,
Eine Kralle von der Tatze,
Die dich gerissen hat,
Das nimm am frühen Morgen,
Zu stillen deine Sorgen,
Sei es nun Bier, Schnaps oder Wein,
Nimm es zum Morgenessen ein.

Vgl. auch ndl. ‚Het haar van den hond op iets leggen' u. engl. ‚Take a hair of the dog that bit you'.

*Hundshaare einmengen, einem Hunds-
haare unter die Wolle schlagen:* ihn betrügen; eigentl. den Stoff, den man für reine
Wolle verkauft, durch Einmischung von
Hundshaaren schlechter machen. Luther
braucht in seinen ‚Tischreden‘ (479[a]) die
Wndg. „Allerley Hundshaare mit hinein-
hacken" in der Bdtg. etw. verderben, ver-
schlimmern. Die mdal. ndd. Rdaa. ‚Doar
sünd Hunn'nhoar mank hackt‘ und ‚he
hät Hunnehôr tortwisken hackt‘ (Lippe)
meinen: es ist Unfriede gebracht, Streit
und Händel sind verursacht worden. Wie
man am besten auf diese Weise Zwistig-
keiten erregen zu können glaubte, wird in
einer Hs. des Germ. Museums (Nr. 3015[a])
aus der Zeit um 1600 beschrieben, wobei
die Verwendung von Katzen- und Hunde-
haaren empfohlen wird: „Recipe katzen-
haar, die langen, die vmb den mundt sind,
vnd hundshaar desselbigengleichen, vnd
wüerff sie zwyeschen die zwey wan sie essen oder mit eynander trincken vnd sprich
darneben: ich beschwere euch bey alle
den hellischen Geistern, das ihr seit gute
Freunde als katz vnd hundt".

Lit.: *J. Verdam:* „Het haar van den hond", in:
Tijdschrift voor Nederlandse Taal- en Letterkunde 12
(1893), S. 140–149; *O. v. Hovorka* u. *A. Kronfeld:* Vergleichende Volksmedizin (Stuttgart 1909), II, S. 425 f.;
A. Englert u. *J. Bolte:* „Hundshaare heilen den Hundebiß", in: Zs. d. Ver. f. Vkde. 29 (1919), S. 44; *A. Wesselski:* Hundshaare und Katzenjammer, in: Erlesenes
(Prag 1928), S. 13–17; *H. Hepding:* „Hundshaare", in:
Hess. Bl. f. Vkde. 30–31 (1931–1932), S. 288.

Hundshafer. *Einem den Hundshafer aus-
dreschen:* ihm seine Grobheit durch eine
entspr. derbe Behandlung austreiben.
Urspr. war der ‚Hundshafer‘ die Bez.
einer bes. Getreideabgabe, die zur Unterhaltung der herrschaftlichen Jagdhunde
diente, für die Brot daraus gebacken
wurde (Campe, Wb., II, 804[b]). In der Rda.
haben sich verschiedene Vorstellungen
gemischt: das Pferd und den Übermütigen ‚sticht der Hafer‘; bes. Grobheit wird
nun auf den Genuß von Hundshafer zurückgeführt. Das Dreschen des Getreides
erhält die übertr. Bdtg. von derber Züchtigung, wie z. B. bei Hans Sachs, der dem
Furchtsamen sagen läßt: „Das nicht dein
Man kom in das Hauss vnd dresch mir
den hundshabern auss" (‚Fabeln und gut
Schwenck‘, IV, XVIII, 1).

Hundsloden. *Hundsloden bekommen
(kriegen):* grobe Vorwürfe, Scheltworte zu
hören kriegen, derb ausgescholten, gedemütigt werden. Die vor allem ostmdt.
Rda. ist seit dem Ausgang des 16. Jh. belegt und zuerst als ‚Loden eintragen‘ bezeugt. Unter Loden sind bereits Grobhei-
ten, böse Worte, die man einem anhängt,
zu verstehen. Die Übertr. erfolgte vom
groben Stoff, der aus Hundshaaren gefertigt ist, auf die Rede. In Konrad Vetters
Übers. von Campianus’ ‚Schräckengast‘
(B. C 3 b) kommt schon Loden allein in
verächtlichem Sinne vor: „so bald jhr auß
solcher Gesellen eigner Bekandtnus jhre
Practigen höret rauschen, vnd ver-
mercket, wie sie disen gantzen Loden
vnnd witzlosen gespunst, zu ewerm selbs
eignen Verderben geworcken, wurdet jhr
als hertz- vnd gewissenhafte Männer,
Haspel vnd Streu, Loden vnd Weber, Lehr
vnd Lauren zusammen nemmen, vnnd
jhnen das Ofenloch fürderlich zeigen vnd
weisen lassen".
Bei Hayneccius erfolgt dann zuerst die
Steigerung zu ‚Hundsloden‘.

Lit.: *A. Götze* in: Mitteilungen des Vereins für sächs.
Vkde. (1898), Nr. 6 (einige Belege); *ders.:* Alte Rdaa.
neu erklärt, in: Zs. f. dt. Wortf. 4 (1903), S. 332.

Hundswut. *Eine Hundswut haben:* einen
Mordszorn haben. Urspr. ist mit ‚Hundswut‘ die Tollwut gemeint.

Lit.: *F. Hartmann:* ‚Hundswut‘, in: Zs. f. vergl. Sprachforschung 54 (1926–1927), S. 287–290.

Hunger, hungrig. Zur Kennzeichnung
eines starken Hungergefühls gibt es in
Umgangssprache und Mdaa. eine Fülle
von rdal. Vergleichen, von denen hier nur
eine Auswahl geboten werden kann:
‚Hunger haben wie ein Löwe‘, ‚Bär‘,
‚Wolf‘ (vgl. frz. ‚avoir une faim de loup‘),
‚Werwolf‘. ‚Hungrig wie ein Oderwolf,
Werwolf, Roggenwolf, Heidewolf, wie
sieben Wölfe, wie zehn wilde Löwen‘, ‚wie
eine Kirchenmaus‘, ‚wie ein Geißhirt‘;
‚Hunger ausstehen, daß einem die
Schwarten krachen‘ (Abraham a Sancta
Clara); ‚er hat Hunger wie ein Offizier
und Tractament wie ein Gemeiner‘, ‚Hun-
ger wie ein Star‘; ‚er könnte sich selber vor
Hunger auffressen‘; ‚das ist ein Hunger,
der einen Panzer (Harnisch) bricht‘; ‚der

Hunger guckt ihm zu den Fenstern (Augen) heraus'; ,der Hunger treibt ihn aus dem Bett'; ,er hat Hunger für zehn'; ,er kann vor Hunger nicht kacken'; ,Hunger bis unter beide Arme'; ,Hunger bis in den dicken Zeh'. Das Sprw. ,Hunger ist der beste Koch' läßt sich schon in Freidanks ,Bescheidenheit' (124,17) nachweisen. Vgl. ndl.: ,Honger maakt rauwe boonen zoet'. ,Der Hunger treibt's rein!' sagt man iron. bei gutem Essen. Eine ndd. Erweiterung lautet: „„Hunger drifft derin!" harr de Jung seggt, do harr he Botter up't Spekk smeert'.

Lit.: Z. W.: ,Honger maakt rauwe boonen zoet', in: Volkskunde 17 (1905), S. 74; G. Grober-Glück: Motive und Motivationen in Rdaa. u. Meinungen (Marburg 1974), § 78 f., S. 108–114; H. Büld: Niederdt. Schwanksprüche zwischen Ems u. Issel (Münster 1981), S. 116; R. Schenda: Art. ,Hunger, Hungersnot', in: EM. VI, Sp. 1380–1395.

Hungerpfote. *An den Hungerpfoten saugen:* Hunger leiden; zuerst 1775 von Adelung gebucht (,Versuch eines grammatisch-kritischen Wörterbuches', II, 1329) mit der Erklärung: „eine vermuthlich von dem Bär entlehnte Figur, der im Winter seine Nahrung aus seinen Tatzen sauget". In Seb. Brants ,Narrenschiff' (70,21) wird von einem, der den Sommer über faul gewesen ist, gesagt, daß er sich den Winter hindurch schlecht behelfen müsse:

und an dem doppen (,Tappen') sugen hert,
  biß er des Hungers sich erwert.

Hans Sachs verwendet das Bild: „die berenklewen saugen" (,sich etw. aus den ⟋ Pfoten saugen').

Lit.: H.-J. Paproth: Art. ,Bär', in: EM. I, Sp. 1194–1203.

Hungertuch. *Am Hungertuch nagen:* hungern, darben, ärmlich leben, sich kümmerlich behelfen. Das Wortbild geht auf das ma. Fastenbrauchtum der Altarverhüllung durch ein Fastenvelum zurück, das sich später zum Symbol des Fastens und der Buße wandelte. Wenn am Mittwoch der Karwoche das Wort aus der Passion erklang: ,et velum templi scissum est medium' – und der Vorhang des Tempels riß mitten durch –, wurde das Hungertuch – ein blauer oder schwarzer Vorhang – herabgelassen. In einer alten Beschreibung dieses Brauches aus Augsburg (,Germania' 17, S. 79 f.) heißt es: „Darin (in der Fastenzeit) eszen sie 40 tag kein fleisch, auch nit milch, kesz, ayr, schmalz, dann vom remischen stuel erkaufft. Da verhüllt man die altar und hayligen mit einem tuech und last ein hungertuech herab, daz die syndige leut die götz nit ansehen". In den Predigten Geilers von Kaysersberg über das ,Narrenschiff' heißt es: „Dich

Hungertuch (,Am Hungertuch nagen')

soll leren das Hungertuch, so man uf-
spannt, Abstinenz und Fasten!" Der liturgische Brauch, während der Fastenzeit in
den Pfarr- und Klosterkirchen des Abendlandes große, oft mit Passionsbildern ge-
schmückte Tücher urspr. vor, später über
den Hauptaltar zu hängen, ist bis auf das
Jahr 1000 zurück nachweisbar. Das Volk
nannte diese Velen ‚Hungertücher‘, ndd.
‚Smachtlappen‘, weil sie am Aschermittwoch den Beginn der Fastenzeit, die früher tatsächlich eine Hungerszeit war,
anzeigten. 1472 stiftet der Zittauer Ge-
würzkrämer Jakob Gürtler zum Andenken an die jüngst verflossene Hungersnot
der Johanniskirche ein Tuch, das gleichfalls den Namen ‚Hungertuch‘ erhält.
Im 16. Jh. treten die Wndgn. auf: ‚am
Hungertuch flicken‘ oder ‚nähen‘. In einer
Schrift über die Geldnöte in Dtl. nach
dem Dreißigjährigen Krieg steht: „So hab
ich auch ehrliche Freund, die wol ein
stuck Brod zehren vnd anderen mittheilen
können, wann jhnen anderwerts mit der
Schuldigkeit auch beygehalten wurde, in
deren verbleibung müssen Sie an dem
hungertuch nähen". Auch bei der heutigen Form: ‚am Hungertuch nagen‘, die
schon Hans Sachs und Fischart brauchen,
ist ‚nagen‘ wohl aus ‚näjen‘ = nähen verdreht. Der Gedanke an die urspr. kirchliche Verwendung des Hungertuchs geht
dann verloren: „denen an dem Hunger-
und Kummertuche nagenden creditori-
bus" (Eisenachische wöchentliche Nachrichten, 1753, Stück 25) und in Freilig-
raths Gedicht ‚Aus dem Schlesischen
Gebirge‘ von 1844:

Dann trät' ich (der Weberssohn) froh
    ins kleine Zimmer
Und riefe: Vater, Geld genug!
Dann flucht' er nicht, dann sagt' er
      nimmer:
Ich web' euch nur ein Hungertuch.

Während das kirchliche Fastenbrauchtum nach der Reformation in allen dt.
Landschaften allmählich einging, hielt
man in Westfalen zäh an der Überlieferung fest, ja im Münsterland und am benachbarten Niederrhein begann noch
Ende des 16. und Anfang des 17. Jh. eine
neue Blütezeit der Hungertücher. Sie sind
ein charakteristischer Beitrag Westfalens
zur dt. Volkskunst. Das Wort ‚Hunger-
doek‘ wird in Münster erstmals bereits im
Jahre 1306 erwähnt. Der westf. Volksmund sagt ‚dat Hongerdoek ist fallen‘, die
Fastenzeit ist beendet.
Bei der Rda. ‚Am Hungertuch nagen‘ wird
freilich kaum noch an ihre urspr. Herkunft gedacht. Doch ist sie bis in die Neuzeit hinein als sprachl. Wndg. erhalten
geblieben und sowohl im Märchen
(KHM. 85) als auch im Roman (G. Graß:
Der Butt, 1977, 416) lit. belegt.

Lit.: *K. Brunner:* Das Hungertuch in Telgte in Westfa-
len, in: Zs. f. Vkde. 21 (1911), S. 321–332; *O. Urbach:*
‚Am Hungertuch nagen‘, in: Muttersprache 52 (1937),
S. 329–330; *J. Emminghaus:* Die westf. Hungertücher
aus nachmittelalterlicher Zeit und ihre liturgische
Herkunft (Diss. Münster 1949); *F. Kollreider:* Das
Virgener Fastentuch im Osttiroler Heimatmuseum
Schloß Bruck, in: Tir. Heimatblätter 34 (1959),
S. 98–101; *P. Engelmeier:* Westf. Hungertücher vom
14. bis 19. Jh. (Münster 1961).

hüpfen. *Das ist gehupft wie gesprungen:* da
ist kein großer Unterschied, das bleibt
sich gleich, eins wie's andere; meist in
mdal. Formen, z. B. ndd. ‚Das ist gehuppt
wie gesprungen‘, schwäb. ‚des isch ghopft
wie gsprunge‘.
Unter ‚springen‘ versteht man im Ndd.
u.a. das Begatten bei Tieren (Hengst,
Bulle, Bock ...). Im Sächsischen sagt man

‚Gehupft wie gesprungen‘

‚huppen' dazu. So ist ‚gehuppt wie gesprungen'! – Alles gleich …

Bei dem „Dreimalheilig" im Gebete Keduscha wird nach rabbinischer Vorschrift ein wenig in die Höhe gehüpft. Der Magen Awraham § 125 schreibt im Namen des Tanchuma: „Es heißt (Jesaja 6,2): ‚Mit zweien schwebt er' (der Seraph): Daher haben die Weisen vorgeschrieben, daß man, während man kadôsch (heilig) sagt, auf den Füßen sich schwebend halten soll, aber nicht wie die tun, welche hüpfen und springen". Der Volkswitz benutzte dieses, und um zu sagen, daß es einerlei sei, ob etw. so oder so geschehe: ‚Kodausch gehuppt, kodausch gesprungen!' (hüpfen und springen ist so ziemlich einerlei).

L. Schmidt hält die Rda. für ein reines Sprachspiel, aber *Draufhuppen* gebraucht der Volksmund für das Annehmen eines betrügerischen Vorschlags, wobei urspr. wohl an einen Vogel gedacht ist, der auf die Leimstange hüpft und daran kleben bleibt (↗Leim).

Auch andere Rdaa. drücken aus, daß zwei Wege zur Erlangung eines Zieles gleich gut oder gleich schlecht sind: ‚Das ist Jacke wie Hose' (↗Jacke), ‚das ist Wurst wie Schale' (↗Wurst).

Vgl. frz. ‚C'est blanc bonnet ou bonnet blanc' (wörtl.: Das ist in beiden Fällen ‚weiße Mütze', wobei die Stellung des Adjektivs, ob vor oder nach dem Substant., an der Bdtg. des frz. Ausdr. nichts ändert).

Lit.: *Eiselein:* Die Sprww. und Sinnreden des dt. Volkes (Freiburg 1840); *L. Schmidt:* Sprw. dt. Rdaa., in: Österr. Zs. f. Vkde., NS. Bd. 28, Ges. Serie Bd. 77 (1974), S. 103.

Hürde. *Eine Hürde nehmen:* eine schwierige Angelegenheit bewältigen, einen ge-

‚Eine Hürde nehmen'

wagten Sprung tun, im bildl. wie im übertr. Sinne, ähnl. wie das Pferd, das beim Pferderennen ein Hindernis überspringt. In diesem wörtl. Sinne wird die Wndg. auch beim Hürdenlauf gebraucht. In der Rda. begegnet sie jedoch in erster Linie als sprachliches Bild mit der Bdtg.: eine Schwierigkeit meistern, über ein Hindernis hinwegkommen, z. B. in einer Wahl ‚die Fünf-Prozent-Hürde schaffen'.

husten. *Auf etw. husten:* etw. verachten, mit Gleichgültigkeit behandeln; die Wndg. findet sich schon bei Luther. *Einem etw. husten:* ein Verlangen abweisen; „Hust ihm was; pfeif ihm was, pfui ihm was" (Lenz: ‚Der Hofmeister', 1774, V, 6). *Man darf nicht einmal husten:* man muß sich äußerst vorsichtig, ruhig verhalten.

Eine schweiz. Rda. lautet: ‚do gits nüt z hueschte!' Sie bedeutet soviel wie: Keine Widerrede!

Lit.: *E. Strübin:* Zur dt.-schweizer. Umgangssprache, in: Schweiz. Arch. f. Vkde. 72 (1976), S. 142.

Hut. Kulturgeschichtlich bedeutsam sind die Funktionen der Kopfbedeckung und die Bdtg., die man ihr beimißt, sowie auch die Werte und Glaubensvorstellungen, die sich mit ihr verbinden. Mit der Kopfbedeckung kann vieles ausgedrückt werden: die soziale Stellung, das Amt, das Alter, das Geschlecht, die Religionszugehörigkeit, ja sogar die Gefühle von Freude und Schmerz (Wildhaber).

Aus diesem unbewiesnen Grunde
Hat alle Zeit und jedes Land
Witz, Vorrecht, Herrschaft, Ruhm und
Freiheit
Allein dem Hute zuerkannt.

(Joh. Christian Günther, 1695–1723).

Der Hut vertritt gewissermaßen die ganze Person, wie z. B. in den Sprww. und Rdaa.: ‚Sieh dir den Hut an, den ich trage, ehe du um meinen alten bittest', d. h., was soll ich dir geben, da ich selbst nichts habe. *Einen geborgten Hut tragen:* in Schulden stecken. *Der Hut gehört nicht auf einen solchen Kopf:* was er sich anmaßt, steht ihm nicht zu.

Jem. eins auf den Hut geben, derber *einem auf den Hut spucken:* ihn zurechtweisen; *eins auf den Hut kriegen:* getadelt werden.

Hut steht in diesen Wndgn. bildl. für ‚Kopf‘, wie auch Lehmann S. 201 anführt: „Man schlägt den Hut und meint den Kopf"; vgl. ‚eins auf den Deckel kriegen‘; ‚einem auf den Deckel spucken‘ usw.

Nicht richtig unterm Hut sein: geistesgestört, verrückt, nicht recht bei Verstand sein; vgl. frz. ‚travailler du chapeau‘. Ähnl.: ‚Er hat e Naturfehler unterm Hut‘.

Ein alter Hut: eine altbekannte Tatsache, Langgewohntes; Bekanntes, als Neuigkeit vorgebracht; ein veralteter Witz. *Etw. aus dem Hut machen:* etw. improvisieren. ‚Das kannst du einem erzählen, der den Hut mit der Gabel aufsetzt‘, das erzähle einem Dummen, aber nicht mir.

Im Rechtsbrauchtum hat der Hut eine wichtige Stellung. Er ist ein Wahrzeichen der Herrschaft, ist Feld- und Hoheitszeichen. Daß der Hut schon in früher Zeit das Zeichen und Vorrecht des freien Mannes war, wissen wir. Es trugen ihn die Könige, die Adeligen und die Priester, und so war er zunächst ein Rang- und Standesabzeichen. Für den Hut als Symbol der Herrschaft ist der Geßlerhut das kennzeichnendste Beispiel geworden. In seinem ‚Chronicon Helveticum‘ berichtet der Schweizer Geschichtsschreiber Aegidius Tschudi (1505–72): Der Landvogt Gessler „ließ umb S. Jacobstag zu Altdorff am

‚Dem Hute Reverenz erweisen‘ (‚Tellshut‘)

Platz bi den Linden / da mengklich für gon mußt / ein Stangen uffrichten / und ein Hut oben druff legen / und ließ gebieten mengklichen / im Land wonhafft / bi Verlierung des Guts und einer Lib-Straff / daß jeder so da fürgienge / sölte mit Neigen und Paret abziehen Eer und Reverentz bewisen / als ob der Künig selbs / oder Er an siner statt persönlich da wäre / und hat dabi ein stäten Wächter und Hüter bi Tag Zit sitzende / uffzesehen / und die anzegeben / die dem Gebott nit statt tättind".

Das Hutabnehmen gilt nach alter Auffassung als Zeichen der Lehenshuldigung. Der Hutgruß ist also urspr. Demütigung des Untergebenen. Es gilt als besonderes Vorrecht, den Hut in Gegenwart des Herrschers aufbehalten zu dürfen.

Schiller in ‚Piccolomini‘ (IV, 5):

> Des Menschen Zierat ist der Hut,
> denn wer
> Den Hut nicht sitzen lassen darf vor
> Kaiser
> Und Königen, der ist kein Mann der
> Freiheit.

Schiller denkt hier an das wohlverbriefte Recht ma. Adliger, bedeckten Hauptes vor ihren Fürsten zu erscheinen. Die Sitte des Hutabnehmens beim Gruß blickt auf ein relativ junges Alter zurück. Der älteste Beleg scheint eine Stelle im ‚Wigalois‘ des Wirnt von Grafenberg aus dem Jahre 1204 zu sein, in der es von der Begegnung zwischen einem Edelknaben und einem Junker heißt (41, 12):

> Und als er im sô nâhen quam,
> sînen huot er abe nam;
> hie mit êret er in alsô
> der junkherre gruozt in dô.

R. Hildebrand hat das Aufkommen dieser Grußsitte aus dem höfischen Brauchtum des MA. abgeleitet, wonach der Lehensmann bei seinem Lehensherrn die Rüstung und Wehr, also auch den Helm, abzulegen hatte. In der bürgerlichen Kultur des ausgehenden MA. wurde diese urspr. kriegerische Helmsitte auf den friedlichen Filzhut übertragen. Mit diesem höfisch-ritterlichen Brauchtumselement verband sich aber doch wohl noch eine religiös-kultische Forderung, die bereits bibl. vom Apostel Paulus folgendermaßen formuliert worden war (1. Kor.

11,4): „Ein jeglicher Mann, der da betet oder weissagt und hat etwas auf dem Haupt, der schändet sein Haupt" und (1. Kor. 11,7): „Der Mann aber soll das Haupt beim Beten nicht bedecken, sintemal er ist Gottes Bild und Ehre". Das Ablegen von Hut, Handschuhen u. Mantel wird schon um 1270 von Konrad von Haslau in seinem ‚Jüngling' als Höflichkeit empfohlen; von einem jungen Mann ohne Bildung heißt es dort:

Handschuoh, swert, mantel, huot
treit er bî den gesten und bî kunden ...
ez waer im êrsam unde guot,
züg er abe mantel unde huot.

‚Unter einem Hut ...‘

Das Abnehmen des Hutes schwächte sich im Laufe der Jahrhunderte zu einer reinen Höflichkeitsbezeigung ab. Durch Ziehen des Hutes grüßte man bald nicht nur den Vorgesetzten, sondern auch den Gleichgestellten, und schließlich dankt man auf diese Weise sogar für den Gruß des Untergebenen, ↗Gruß. Das Sprw. rühmt den stets Grußbereiten: ‚Hut in der Hand, hilft durchs ganze Land'; ‚Mit dem Hut in der Hand kommt man weiter als mit dem Hut auf dem Kopf'. Joh. Balthasar Schuppius faßt die Volksmeinung bereits 1684 in die Worte zusammen: „Gute Worte im Mund und den Hut in der Hand, das kostet kein Geld und bringet einen ehrlichen Kerl oft sehr weit". Wie bereits im 17. Jh., so rät auch heute noch das Sprw. ‚Greif geschwind zum Hut und langsam zum Beutel'. *Er hat Vögel unterm Hut* sagt man spöttisch von einem, der zu faul oder zu tölpelhaft ist, durch Abnehmen des Hutes zu grüßen; öfter noch: *Er hat Spatzen, Sperlinge, Schwalben unterm Hut* (erst aus dem 17. Jh. belegt).

Man muß den Hut vor ihm abnehmen, ebenso *Hut ab!:* man muß Respekt, Achtung vor ihm haben; vgl. frz. ‚On peut lui tirer son chapeau' u. ‚Chapeau bas!' oder umg. ‚Chapeau!'

Vor dem nehm' ich den Hut nicht ab!: ich habe keine Achtung vor ihm. Andererseits warnt die sprw. Rda., *den Hut vor jedem Laternenpfahl abzunehmen:* allzu unterwürfig zu sein.

(Alles) unter einen Hut bringen (wollen): alle Meinungen und verschiedene Ansichten zu vereinigen suchen; *unter einen Hut kommen:* einig werden. Man braucht

hier Hut nicht als bildl. Bez. für ‚Herrschaft' aufzufassen (wie es der von Geßler im ‚Tell' aufgesteckte Hut ist und wie dies von hier aus wohl auch in den Sprachgebrauch des 19. Jh. eingegangen ist; z. B. H. v. Treitschke: ‚Dt. Geschichte im 19. Jh.', II, 376: „Die bigotten Kurtrierer kam es hart an, dass sie mit den protestantischen Katzenellenbogern unter einen Hut gerieten"). Hut ist hier ein Bild für die gemeinsame Zusammenfassung vieler Köpfe; ähnl. wie es schon in Wolframs von Eschenbach ‚Willehalm' (29, 10) zur Bez. einer geringen Anzahl von Streitern heißt:

die der marcgrâfe fuorte,
die möht ein huot verdecken.

Wie im öffentl. Leben, so war der Hut auch in der Ehe ein Wahrzeichen der Herrschaft. Im älteren Hochzeitsbrauchtum bekam die Braut gelegentlich den Hut des Mannes aufgesetzt zum Zeichen, daß sie in seine Gewalt überging, oder die Braut gab dem Bräutigam bei der Hochzeit einen Hut zum Zeichen, daß der Mann in der Ehe den Vorrang haben solle. In Schwaben trug an einigen Orten der Bräutigam am Hochzeitstag einen hohen Hut, den er den ganzen Tag aufbehielt, außer wenn er in die Kirche ging. In den Rdaa. wird dieser Zustand mit der Feststellung umrissen: *Die Frau hat den Hut auf:* sie hat die ↗Hosen an, d. h., sie verfügt über die Herrschaft in der Ehe. Der Dichter Friedrich Hagedorn (1708–54) berichtet darüber:

Der Mann ward, wie es sich gebührt,
Von seiner lieben Frau regiert,
Trotz seiner stolzen Männlichkeit!
Die Fromme herrschte nur gelinder!
Ihr blieb der Hut und ihm die Kinder.

Jedenfalls gilt der Hut auch im privaten Leben als ein Zeichen sozialen Prestiges und der Männlichkeit. Das Sprw. sagt ‚Ein Hut ist mehr als hundert Hauben', oder ebenso: ‚Hut geht vor Haube'. Eine alte Form der Einsprache gegen die Ehe war das Werfen des Hutes oder der Mütze. Wenn im Hanauischen bei einer Eheverkündigung von der Kanzel eine Frau Einsprache erheben wollte, mußte sie ihre Mütze abnehmen und in die Kirche werfen. Die Rda. ‚'s Hüetl eini werfen' bedeutet: die Heirat rückgängig machen. Eines Hütchens (etwa wie man es noch als Würfelbecher benutzt finden kann) bedienten sich einst die Taschenspieler bei der Ausführung ihrer Kunststücke, weshalb sie Johann Fischart „blindmeuß und hütlinspiler" nennt. Das ‚mit eim huetlin decken' von betrügerischen Kunstgriffen der Gaukler und Spielleute findet sich schon bei Walther von der Vogelweide (37, 34):

‚Unterm Hütlein spielen'

genuoge hêrren sind gelîch den
           gouglaeren,
die behendeclîche kunnen triegen
           unde vaeren,
der spricht: ‚sich her, waz ist under
           disem huote?'
nu zucke in ûf, da stêt ein wilder valke
           in sînem muote.
Zuck ûf den huot, so stêt ein stolzer
           pfâwe drunder,
nu zucke in ûf, dâ stêt ein merwunder;
swie dicke daz geschicht, so ist ez ze
           jungest wan ein krâ.

Das Wort begegnet auch bei Luther und bes. in Murners ‚Narrenbeschwörung' (55,3): „Sy kynnent under dem hütlin spilen"; und (55,19):

Der Herren untrüw ist zu vil,
Die nennent sy des hütlin spil.
Ach gott, wer der im pfeffer landt,
Der das spil zuerst erfand.

Daß diese ‚Spieler' die zur Täuschung bestimmten Sachen mit dem Hute, der ja auch bei heutigen ‚Zauberern' noch seine Rolle spielt, zudeckten, erhellt aus Murners ‚Narrenbeschwörung' (67,17):

Wie wol sy es alles anders nenten
Und kynnts mit eim hütlin decken
Das nit die wucher zen (Zähne)
           erblecken (sichtbar werden).

Die im 16. Jh. sehr gebräuchl. Rda. *un-*

term Hütlein spielen: betrügen, findet sich auch bei Luther. Abraham a Sancta Clara schreibt („Judas' I, 45): „Du wirst zu Hof sehen lauter Huter, aber nur solche, die unter dem Hütel wissen meisterlich zu spielen". Ähnl. altbair.: „ein Richter, der das recht verkürzt und ein hütlein darüber stürzt"; etw. abweichend: „wenn man einen armen das recht verquent und im ein hütlein für die augen went". Eine andere Deutung versucht G. Jungbauer im HdA.: Danach war der Hut auch ein Sinnbild der Übertragung von Gut und Lehen. Der Übertragende oder an seiner Statt der Richter pflegte den Hut zu halten, der Erwerbende hineinzugreifen oder einen Halm hineinzuwerfen. Das ‚Greifen in den Hut' scheint aber noch früher auch den Sinn des Verschwörens gehabt zu haben. Die miteinander ‚in den Hut griffen', verschworen sich zusammen. Daher entspricht auch die Rda. ‚unter dem Hütlein spielen' dem lat. ‚conspirare inter se'.

Sich etw. an den Hut stecken können: etw. aufgeben müssen; auf etw. keinen Wert legen.

Das kannst du dir auf den Hut stecken!: das kannst du behalten, Ausdr. einer groben Abweisung. Die erst seit dem letzten Drittel des 19. Jh. aufgekommene Rda. kommt vermutlich von der Sitte der zum Militärdienst ausgemusterten jungen Leute, sich Papierblumen auf den Hut zu stecken.

Andererseits spielt der mit Bändern, Liebeszeichen, Trophäen, Erinnerungsstükken besteckte Hut im älteren Festbrauchtum schon eine weiter zurückreichende Rolle, wofür lit. Zeugnisse sprechen:

Wilhelm Hauff (1802–1827) erzählt:

Als ich zur Fahne fortgemüßt,
Hat sie so herzlich mich geküßt,
Mit Bändern meinen Hut geschmückt.

Ähnl. schon bei Joh. Heinrich Voss
(1751–1826):

Mit Eichenlaub den Hut bekränzt!
Wohlauf und trinkt den Wein!

Ebenso auch bei Ludwig Uhland:

Wohl jauchzen die andern und
schwingen die Hüt',
Viel Bänder darauf und viel edle Blüt'.

Bezeichnend ist auch, wie einer den Hut
aufsitzen hat. Daraus, wie ein Hut getragen wird, kann man auf die Gesinnung
des Trägers schließen: „Wie einem der
Hut stehet, so stehet ihm auch der Kopff"
(Lehmann, 429, 10). Wer ein schlechtes
Gewissen hat u. sich nicht sehen lassen
will, *zieht den Hut tief ins Gesicht;* vgl. frz.
‚Il rabat son chapeau sur ses yeux'.

Den Hut nach dem Wind rücken: den
↗ Mantel nach dem Wind kehren; vgl. frz.
‚retourner sa veste' (wörtl.: seine Jacke
umkrempeln): seine Meinung den Verhältnissen anpassen; *den Hut nicht recht
aufgesetzt haben:* einen kleinen Formfeh-
ler begangen haben. *Den Hut auf elf (halb
acht, halb zwölf, halb dreizehn) setzen (aufhaben):* etw. getrunken haben. ‚Dem steit
de Haut op halwer achte' sagt man in
Westf. von einem Betrunkenen; in gleicher Bdtg. obersächs. ‚Den Hut schief aufhaben, auf dem Ohre, auf der Dammich-
seite sitzen haben'.

Da geht einem der Hut hoch ist eine junge
Rda. zur Bez. großen Erstaunens (in ähnl.
Sinne wie: ‚Da platzt einem der Kragen').
Die Rda. ‚Da geht einem der Hut hoch'
mag ihren Urspr. in den Charly-Chaplin-
Filmen haben. Dem Hauptdarsteller ging
immer der Hut hoch, wenn sich ihm die
Haare sträubten, wenn sie ihm zu Berge
standen. Sie nährt sich aber auch von dem
Doppelsinn (Hut = Kopf) im Erotischen.
Beim Erblicken eines hübschen, anzie-
henden Mädchens: „Da geht einem ja der
Hut hoch". Vgl. den bekannten Schlager
(Ilse Werner):

Wir machen Musik,
Da geht uns der Hut hoch.

In einem Lobgesang auf die Kunst der
Leineweber aus dem 17./18. Jh. findet
sich die Aufforderung:

‚Etw. an den Hut stecken'

Setzt den Hut frei nach der Seiten!
Fragt, wo ist das beste Bier?

Ein Böhmerwälder Volkslied bringt diese
verschiedenen Möglichkeiten, den Hut
aufzusetzen, in anschauliche Verse:

Und wann i mai Hüaterl grad aufsitzen
hab,
Da woas ’s schon a jeder ganz gwiß:
Da bin i net freundli, da bin i net
grob,
Grad daß mir halt alles oans is.

Und wann i mai Hüaterl am Ohr sitzen
han
Und juchez hellauf über d'Höh:
Da wissen’s die Deandla weit und
broat schon,
Dass i heut no fensterlen geh'.

Aber hab i mai Hüaterl ins Gsicht
einizogen,
Gottswilln fangts mit mir nix an!
I tua’s a mit zwoa Dutzat Buama glei
wagn
Und hauat in Teufl davon.

Doch wann i amol stirb, gelts, dös
oani tuats ma no,
Dös Hüaterl, dös grabts aa mit ein!

Dann halt i's in Händn und klopf
        halt drobn an,
Liaba Petrus, mach auf, lass mi ein.
Ferner ↗ Haube, ↗ Kopf.
Mit jem. etw. am Hut haben: mit ihm planen, zusammen mit ihm etw. vorhaben.
Dagegen: *Mit jem. nichts am Hut haben:* ihn nicht mögen, ihm aus dem Wege gehen.
Seinen Hut in den Ring werfen: jem. herausfordern.
Seinen Hut an den Nagel hängen: seinen Beruf aufgeben.

‚Den Hut nehmen'

Den Hut nehmen: von seinem Amt zurücktreten. Auch bei dieser Rda. handelt es sich um ein altbekanntes Bild: wer den Hut nimmt, kündigt seinen Abschied an. ‚Etw. nicht aus dem Hut hervorzaubern können': es nicht aus dem Nichts herholen können. Die Wndg. läßt an die bekannten Kunststückchen der Zauberer denken, die einen Vogel oder ein Kaninchen aus dem Hut zaubern. ↗ Zylinder.

Lit.: *O. Timidior:* Der Hut und seine Gesch. (Wien – Leipzig o. J.); HdA. IV, Sp. 513–543 Art. ‚Hut' von *G. Jungbauer;* Ciba–Rundschau Nr. 31 (1938): Der Hut; *R. Hadwich:* Die rechtssymbolische Bdtg. von Hut und Krone (Diss. Mainz 1952); *B. Schier:* Der Hut als Spiegel der sozialen Stellung u. seelischen Haltung seines Trägers, in: Zs. f. Vkde. 50 (1953), S. 261–270; *M. Harrison:* The history of the hat (London 1960); *R. Wildhaber:* Kopfbedeckungen aus Europa, Führer durch d. Museum f. Völkerkde. u. Schweiz. Mus. f. Vkde. (Basel 1964); *W. Danckert:* Symbol, Metapher, Allegorie im Lied der Völker, Bd. I (Bonn–Bad Godesberg 1976), S. 795–808; Strafjustiz in alter Zeit (Rothenburg 1980), S. 315; *G. Schubert:* Art. ‚Hut', in: EM. VI, Sp. 1412–1415.

Hut. *Die* Hut bedeutet u. a. die Soldatenwache im Felde außerhalb des Heeres; ↗ Vorhut. Dazu eigentl.: *auf der Hut sein,* und weiter verschoben: *Auf seiner Hut sein:* vorsichtig handeln; vgl. frz. ‚être sur ses gardes'. *Einem Hut und Weide aufsagen:* einem kündigen.

Hutnummer. *Er (sie) ist nicht meine Hutnummer:* Er (sie) paßt nicht zu mir. Ähnl.: ‚Er (sie) ist nicht meine Kragenweite', ↗ Kragen.

Hutschnur. *Das geht über die Hutschnur:* das ist zu arg, das geht zu weit, ist zu toll; das geht über das erträgliche Maß hinaus; z. B. (thür.) ‚bis über die Hutschnur in Schulden stecken'. Die sinngleiche Wndg. ‚bis über die ↗ Ohren in Schulden stecken' weist auf die Vorstellung, daß man in einem Sumpf versinkt. Frühere Erklärer faßten dementsprechend auch ‚über die Hutschnur' auf als komische Steigerung von ‚es geht bis an den Hals'. Gemeint sei wohl eigentl. die unter dem Kinn herumlaufende, den Hut am Kopf festhaltende Schnur. Inzwischen ist aber zu dieser Rda. ein interessanter alter, allerdings bis jetzt vereinzelter Beleg aufgefunden worden: Eine Urkunde aus Eger vom Jahre 1356 enthält einen Vertrag über die gemeinsame Benutzung einer Wasserleitung, die durch mehrere Grundstücke geht. Die ersten Anlieger, so heißt es dort, sollen nicht mehr Wasser nehmen, als sie zum Trinken und Kochen nötig haben „vnd des selben wazzers schol in niht mer noch dicker auz den roeren gen, danne ein hutsnur". Die Hutschnur ist hier also ein Dicke-Maß: Die Stärke einer Hutschnur dient als Maß für fließendes Wasser, und wenn es ‚über die Hutschnur geht', so handelt der Nutznießer gegen die Vereinbarung, also unrecht. ‚Über die Hutschnur' meint schon in dieser alten Urkunde: über das Rechtmäßige hinaus. Die heutige Auffassung denkt bei der Rda. freilich an eine wirkliche Hutschnur; das beweist die abgeleitete Nebenform ‚das geht über den Hutrand‘; vgl. ‚das geht über den ↗Span‘.

Lit.: K. Gleissner: Das geht über die Hutschnur, in: PBB. 58 (Halle 1934), S. 296 f.

Hütte. *Hütten bauen:* sich niederlassen; verkürzt aus der längeren Wndg.: *Hier ist gut sein, hier laßt uns Hütten bauen.* Es handelt sich hierbei um ein volkstümlich vereinfachtes, d. h. verballhorntes Zitat nach Matth. 17, 4: „Herr, hier ist gut sein; willst du, so wollen wir hier drei Hütten machen; dir eine, Mose eine und Elia eine".

Er hat seine Hütte niedergebrannt, damit ihn die Flöhe nicht beißen: er hat das Kind mit dem Bade ausgeschüttet.

Die ndl. Wndg. ‚he heft alle Hött on Pött voll‘ bedeutet: er hat Hütte, Haus und alle Räume voll besetzt.

IJ

i. Der i-Laut kann in der Volkssprache verschiedene Stimmungen ausdrücken. In der ndd. Rda. ‚dat is nich i un nich fi‘ (d. h. nichts Entschiedenes) meint i Freude und fi Abscheu.
Die Erweiterung ‚igitt(igitt)‘ ist dagegen eindeutig als Ausdr. des Ekels u. der Ablehnung zu werten (ähnl. wie die zugrunde liegende Wndg. ‚Gottogott‘ Erschrecken u. Bestürzung ausdrückt, vgl. ↗Gott).
Die verkürzte Verbindung ‚i–wo‘ wiederum ist bekannt geworden als Ausdr. des Widerspruchs, dem aber selten ein Kommentar folgt.
Da fehlt auch nicht das Pünktchen auf dem i: es ist alles vollkommen und vollständig. Ebenso bez. das ‚Tüpfelchen auf dem i‘ einen hohen Grad von Genauigkeit; vgl. frz. ‚mettre à quelqu'un les points sur les i‘ (wörtl.: einem das Pünktchen auf das i setzen).: einem alles ausführlich, bis ins kleinste Detail hinein erklären, auch: einem klaren Wein einschenken. *Bis aufs letzte i-Tüpfelchen:* bis auf das letzte, sorgfältig, genau; ähnl.: ‚kein Jota‘ oder: ‚nicht ein Jota‘. Die Wndg. beruht auf Matth. 5,18: „Denn ich sage euch wahrlich: Bis daß Himmel und Erde zergehe, wird nicht zergehen der kleinste Buchstabe noch ein Tüttel (= Strichlein) vom Gesetz, bis daß es alles geschehe“ (griech.: „ἰῶτα ἓν ἢ μία κεραία“; Vulgata: „iota unum aut unus apex“).
In diesen Zusammenhang gehört auch der rhein. Ausdr. ‚I-Dotz‘ oder ‚I-Dötzchen‘ als Bez. für den Schulanfänger, der mit dem sauberen Aufsetzen von I-Pünktchen seine Schullaufbahn beginnt.

Ibo. *Zum Stamm der Ibo gehören,* zu denen, die stets ‚ich und die anderen‘ sagen u. ‚hoppla, jetzt komm ich‘ meinen. Es handelt sich um die scherzhafte Auflösung der englischen Wendung ‚I before others‘; ↗ich.

ich. *Das liebe Ich* wird iron. der Urheber egoistischer Bedürfnisse und Wünsche genannt. Einen engen Freund nennen wir lat. unser ‚Alter ego‘ = *das zweite Ich.* Nach der ‚Vita Pythagorae‘ von Porphyrius ist der antike Philosoph, Mathematiker und Physiker Pythagoras aus Samos (580–500 v. Chr.) der Schöpfer des Wortes (weitere antike Belege bei Büchmann). Davon wieder abgeleitet ist *das bessere Ich* (mein besseres Ich, häufiger: ‚meine bessere Hälfte‘).
Doch sind beide Wndgn. nicht recht volkstümlich geworden; in dem Lied (1725)
Sind wir geschieden
Und leb' ich sonder dich,
Gib dich zufrieden,
Du bleibst mein ander Ich
ist die letzte Strophe volkstümlich umgesungen worden zu:
Du bist mein einz'ges Ich.
Im Volksmund bekannter sind freilich die Wndgn., die das Ich als Kennzeichen des Egoismus an die erste Stelle setzen wie z. B. in der Berliner Rda. ‚Ick nich – wer noch?‘ oder in dem Kinderreim: ‚Ich und du, Müllers Kuh, Müllers Esel, das bist du‘. Ähnl. Spott liegt auch in der Rda.: ‚Graf Ego (Ich) hört, sieht u. tut alles am besten‘, ↗Ibo; ‚Ich denke‘ ↗cogito.

Lit.: *J. G. Rosa:* Limites Proverbii: Proximus sum egomet mihi. Vulgo: Ich bin mir mir der nächste (Jena 1717); *I. Abrahams:* „Ego sum, ergo omnia sunt", in: Notes & Queries, 6.11 (1885), S. 157; *V. Meyer-Matheis:* Die Vorstellung eines Alter Ego in Volkserzählungen (Diss. Freiburg 1974).

Idee. *Keine Idee!:* durchaus nicht! Starke Ablehnung wie: ‚kein ↗Gedanke!‘, seit der zweiten H. des 19. Jh.; verstärkt: *keine Idee von einer Idee!* ausgeschlossen. *Eine Idee:* eine Kleinigkeit, ein wenig; z. B. ‚eine Idee weiter‘. *Keine Idee von einer Ahnung haben:* nichts wissen. „Diese Menschen haben keine Spur von der Idee eines Gedankens“ (D. Kalisch, ‚Die orientalische Frage', 1853, S. 6). Vgl. frz. ‚Je n'en ai pas la moindre idée': Davon habe ich nicht die geringste Ahnung.

Das frz. Wort ‚idée' wird niemals i. S. v. ‚Kleinigkeit' gebraucht.

Das ist eine Idee von ↗ Schiller: das ist ein guter Einfall. Scherzhaft-burschikose Profanierung des Schillerschen Ideenbegriffs; Erweiterung der Rda.: *das ist eine Idee!. Ideen wie ein alter Eimer haben:* wunderliche Einfälle haben; Parallelbildung zu ‚Einfälle wie ein alter ↗ Eimer'.

Igel. *Das paßt wie der Igel zum Taschentuch* (oder *zum Handtuch):* das eignet sich sehr schlecht zu einem bestimmten Zweck; die Rda. ist die höflichere Form für einen weit derberen Vergleich, der schon im 17. Jh. bezeugt ist: *Passen wie der Igel zum Arschwisch:* durchaus nicht passen; ebenso: *passen wie der Igel zur Türklinke* (20. Jh.). Höchstens landschaftlich noch gebräuchl. ist die im 17. Jh. bezeugte Rda. *Was hast du wieder für Igel zu bürsten?:* was hast du für eine Beschäftigung vor?; rhein. ‚Hast du all din Igel gebörstelt?', hast du deine kleinen Obliegenheiten geregelt?

Saufen wie ein Igel, wohl mißverstanden aus: ‚wie ein (Blut-)Egel', doch schon bei Joh. Fischart (1546–90): „Ich hab ein igel im bauch: der muß geschwummen haben" (‚Gargantua' 85 a). *Er hat einen Igel im Magen* (der will immer schwimmen und stachelt, wenn es trocken ist): er ist immer durstig; frz. ‚il a un 'hérisson dans le ventre, s'il ne boit, il le pique' (veraltet).

Aus einem Igel ein Stachelschwein machen: eine Kleinigkeit aufbauschen; viel Aufhebens machen.

Lit.: *O. Keller:* Die antike Tierwelt I (Leipzig 1909); S. 17–19; *R. Goerge:* Art. ‚Igel', in: EM. VII (in Vorbereitung).

Imme, mdal. Bez. für ↗ Biene, die in zahlreichen Rdaa. begegnet. *He stickt as'n Imm:* er hat eine böse Zunge. ‚Es alts Imbi' ist für den Baselbieter eine Frau, mit der schwer auszukommen ist. Heißt es von einem Weibe, ‚se hett'n Immenstich kregen': sie ist guter Hoffnung, so muß ihr Mann ‚den Immen hüten': bei seiner hochschwangeren Frau zu Hause bleiben. An die im Märchen gerühmte Entschlos-

senheit und Tapferkeit der Bienen gemahnt die pfälz. Rda. beim Kartenspiel ‚Ich stech hinne wie die Imme'. Aus der Fachsprache des Imkers stammt ‚dat is'n Immenjahr': es gibt viel Honig. Roh und barbarisch klingt ‚Immen afslachten' oder ‚Immen afsmöken': unrentabel gewordene Völker durch Schwefeldämpfe und andere Mittel vernichten. Man spricht von Klugheit, wobei noch im Spott die Achtung hindurchklingt, ‚de is so klook as'n Imm, kann bloots keen Honni schieten (maken)'. Zu einer höchst ehrenvollen, realen Einschätzung des Tieres gehören auch folgende Rdaa.: *He dräht (trägt) we'n Imme:* trägt zusammen, spart. Wer viel und mühevoll arbeitet, der ‚brasselt wie en Imme'. *Se sit dor as de Immen um'n Rump* (Korb): dicht zusammen. *He stellt'n Gesicht op as'n Immenrump:* macht ein grämliches Gesicht.

in flagranti. *Jem. in flagranti ertappen:* jem. auf frischer Tat ertappen; die aus dem Lat. übernommene Rda. (eigentl. in flagranti crimine = in brennendem Verbrechen) bezeichnet die Zeugenschaft bei einem Verstoß gegen Gesetze oder gültige Normen.

‚In flagranti ertappen'

Innung. *Die Innung blamieren:* als einzelner durch schlechte Arbeit oder Verhalten die Kollegen bloßstellen. Die Innung, ei-

gentl. der Zusammenschluß der Angehörigen eines bestimmten Handwerks, meint hier in übertr. Bdtg. auch die kleinere Arbeits- und Berufsgemeinschaft; vgl. frz. ‚compromettre la corporation‘.
Darüber hinaus wird die Rda. aber auch allg. gebraucht für jem., der sich in einem bestimmten Kreis (Verwandte, Bekannte, Kollegen etc.) auffällig benimmt oder in irgendeiner anderen Weise sich negativ hervortut.

intus. *Etw. intus haben:* etw. im Magen haben; verstanden haben. Dem lat. ‚intus‘ = innen, drinnen entlehnt; meint hier das, was einer im Magen oder Gehirn hat. Die Rda. ist wohl student. Herkunft und durch Berliner Vermittlung seit dem Ende des 19. Jh. (lit. bei Fontane) volkstümlich geworden. *Zuviel intus haben:* zuviel getrunken haben.

Ironie. ‚Das ist Ironie des Schicksals‘ wird vor allem dann gesagt, wenn etw. überraschend anders kommt, als es geplant war, oder wenn genau das Gegenteil von dem eintritt, was man erhofft hatte, oder wenn das Schicksal seine eigenen, von keinem eingeplanten, Pointen ins Spiel bringt.

Irre(r), Irrenhaus. *Herumlaufen wie ein Irrer:* desorientiert sein u. nicht wissen wohin. In dieser Rda. ist eine Verwirrung des Geistes angesprochen, wie sie auch in der Wndg. *das ist ja irre,* d. h. verrückt, völlig konfus z. Ausdr. kommt. Auf geistige Desorientierung weisen ferner die Rdaa. *Er ist reif fürs Irrenhaus:* er redet und macht nur Unsinn, *er ist dem Irrenhaus entsprungen, er ist irrer als eine Eidechse. An jem. irre werden:* an jem. zweifeln, sein widersprüchliches Benehmen nicht verstehen. Hektisches u. unkontrolliertes Verhalten wird mit Vorliebe auch im Irrenwitz parodiert.

Lit.: *U. H. Peters u. J. Peters:* Irre und Psychiater (München 1974); S. 68–69.

Itsch. *Sich freuen wie ein Itsch:* sich übermäßig freuen. Die Rda. ist vor allem in Norddtl. gebräuchlich, wo Itsch als Ausdr. für Kröte bekannt ist. Vgl. ↗ Stint.

Lit.: *G. Schoppe:* ‚Sich freuen wie ein Itsch‘, in: Germ.-Rom. Monatsschrift 22 (1938), S. 73.

Ius primae noctis ↗ Recht.

ja. *Zu allem ja und amen sagen:* mit allem einverstanden sein. Die Rda. ist ein abgewandeltes Bibelzitat aus 2. Kor. 1, 20, wo es heißt: „Denn alle Gottesverheißungen sind Ja in ihm und sind Amen in ihm, Gott zu Lobe durch uns“; vgl. auch Matth. 5, 37 und Offenb. 22, 20; vgl. frz. ‚dire Amen à tout‘. Menschen, die zu allem ja u. amen sagen, werden im modernen Sprachgebrauch auch kurz nur ‚Jasager‘ genannt.
Ja und Nein an einem Spieße braten: ständig wechselnden Sinnes sein, was man heute verspricht, morgen zurücknehmen. Vgl. frz. ‚Il a son dit et son dédit‘. Die frz. Rda. geht auf normannisches Rechtsbrauchtum zurück und bezieht sich auf die sprw. gewordene Unentschlossenheit des normannischen Volksstammes.
In jüngster Zeit hat sich für das gleichzeitige ja und nein die Antwort ‚j-ein‘ durchgesetzt. Sie wird freilich eher zur Differenzierung gebraucht u. ist daher nicht als Ausdr. des Wankelmutes zu werten.
Das Wörtchen ‚ja‘ kann fragende, zustimmende oder relativierende Bdtg. haben, je nachdem in welcher Verbindung es auftritt: ‚ja, ja‘, ‚ach ja‘, ‚na ja‘, ‚nun ja‘, ‚ei ja‘ oder ‚a ja‘; (nur) ja nicht‘ u. a.. Als Satzanfang hat es schon mancher Wndg. zu sprw. Bekanntheit verholfen, wie z. B. dem Liedrefrain ‚Ja, so sans, die alten Rittersleut‘. Oft dient es nur zur Verstärkung der Aussage, so u. a. in den stereotypen Wndgn.: ‚Ja, so ist’s‘; ‚Ja, worauf du dich verlassen kannst‘ oder ‚Ja, ja und nochmals ja‘.

Jacke. *Das ist Jacke wie Hose:* eins wie’s andre; das macht keinen Unterschied. Die Wndg. ist schon im 17. Jh. belegt: „Erbar und Tugendhofft wird wul Jacke wie Hose seen“ (E. Herrmann: ‚Goldenes Fließ‘, 1676, S. 72). Die Mdaa. kennen z. T. abweichende Varianten, z. B. ostpreuß. ‚Jack wie Pigg(Wams)‘; dort auch: ‚een Jack, een Pack‘, gleiche Brüder, gleiche Kappen; schles. ‚’s ist Jacke wie Hose und Strumpf wie Niederschuh‘, ↗ eins, ↗ Hose.
Einem die Jacke vollhauen (auch *ausklopfen, auswaschen):* ihn verprügeln; ebenso auch *Jackenfett kriegen;* ↗ Wams.

‚Jacke wie Hose'

Sich die Jacke begossen (oder *vollgesoffen) haben:* sich betrunken haben. Ebenso: *einen unter das Jackett brausen:* trinken. *Es ist eine alte Jacke:* eine alte, bekannte, veraltete Geschichte, abgedroschene Rede. Gemeint ist wohl, daß eine tagaus, tagein getragene Jacke schließlich eine gewohnte Erscheinung wird; ähnl. sagt man neuerdings ‚das ist Harzer Käse', stinkt von allen Seiten.
Aus der Jacke gehen: sich aufregen; aufbrausen; Parallelbildung zu: ‚aus dem Anzug gehen'.

Jaffa. *In Jaffa liegen:* ohnmächtig, krank oder tot sein. Die Rda. scheint in Dtl. auf Ostfriesland beschränkt zu sein (‚he ligt in Jaffa'; vgl. aber ndl. ‚hij gaat naar Jaffa'; ‚hij is al in Jaffa'). Vermutlich liegt ein Wortspiel vor, wobei einerseits die Hafenstadt dieses Namens gemeint ist, in der viele dt. Orientfahrer früherer Zeiten gestorben sind; andererseits ein Wortanklang an ‚jappen' = nach Luft schnappen.
Lt. Wander stammt die Rda. aus der Zeit der Kreuzzüge, als man in Jaffa landete u. viele dort starben. Wenn man nach dem Schicksal eines Kreuzfahrers fragte, hieß es: „Wo wird er sein? Er liegt in Jaffa". Jaffa (griech. Joppe, hebr. Japho) besaß als Hafen für Jerusalem schon in frühester Zeit eine große Bedeutung.
Lit.: *S. Tolkowsky:* The gateway of Palestine. A history of Jaffa (London 1924).

Jagd. *Auf die Jagd gehen (ziehen):* Rda., die sich auf das Jagen des Wildes bezieht,

ebenso wie die Wndg. *Jagd machen auf etw. (jem.),* die freilich auch auf andere begehrte Objekte bzw. Menschen gemünzt sein kann. So kann z.B. die Jagd auf Frauen gemeint sein, wie sie u. a. auch im Volkslied beschrieben wird u. als ‚Liebesjagd' bekannt geworden ist. Die Wndg. ‚Eine Hetz-(Treib-)jagd veranstalten' bezieht sich dagegen eher auf Politiker oder andere Personen des öffentlichen Lebens, die von der Presse in die Enge getrieben werden, wenn sie sich etw. zuschulden kommen ließen u. sich dem Licht der Öffentlichkeit zu entziehen versuchen. Allg. bekannt ist auch ‚Lützows wilde verwegene Jagd' aus dem Gedicht ‚Lützows wilde Jagd' von Theodor Körner (24.4.1813), das durch seine Vertonung weite Verbreitung fand.
Lit.: *Jungwirth:* Art. ‚Jagd, Jäger', in: HdA. IV, Sp. 575–593; *L. Röhrich:* Die Frauenjagdsage (Mot. E 501.5.1 Wild hunter pursues a Woman), in: IV. International Congress for Folk-Narrative Research in Athens, hg. v. G. A. Megas, in: Laographia 22 (Athen 1965), S. 408–423; *ders.,* Die Frauenjagd (Mot. E 501.5.1), in: Erzählungen des späten Mittelalters, II. (Bern u. München 1967), S. 5–52 u. 393–407; *L. Röhrich u. G. Meinel:* Rdaa. aus dem Bereich der Jagd u. der Vogelstellerei, in: Et multum et multa. Festgabe f. Kurt Lindner (Berlin u. New York 1971), S. 313–323; *W. Danckert:* Symbol, Metapher, Allegorie im Lied der Völker, Bd. III (Bonn – Bad Godesberg 1978), S. 887; *A. Schnapp:* Eros auf der Jagd, in: Cl. Bérard u. a.: Die Bilderwelt der Griechen (Mainz 1984), S. 101–125.

Jagdschein. *Den Jagdschein 51 machen:* umschreibend-verhüllende Rda. für ‚verrückt erklären lassen'. Die Zahl 51 weist dabei auf den Paragraphen 51 hin, in dem die entsprechenden Regelungen enthalten sind. Meist handelt es sich um den Versuch, für unzurechnungsfähig erklärt zu werden, um bei einer Straftat mildernde Umstände zugebilligt zu bekommen.

Jäger. *Das ist ein gewaltiger Jäger vor dem Herrn* heißt es von demjenigen, der für seine Jagdleidenschaft bekannt ist u. ihr auch, sooft er kann, nachgibt. Im übertr. Sinne wird die Wndg. auch gebraucht für den ↗‚Schürzenjäger'; ↗Nimrod.
Lit.: *J. Schmidt:* Ist die Kugel aus dem Lauf, hält kein Teufel sie mehr auf. Spruchweisheiten des Jägers (München 1975); *W. Danckert:* Symbol, Metapher, Allegorie im Lied der Völker, Bd. III (Bonn – Bad Godesberg 1978), S. 887.

Jägerlatein. *Das ist ja (pures, reines) Jäger-latein* heißt es, wenn jem. die unwahr-scheinlichsten Dinge von sich gibt. Der Ausdr. „Jägerlatein" steht allg. für Wind-beutelei u. Aufschneiderei, wie sie die Jä-ger lieben, um das Ungewöhnliche zum Abenteuerlichen zu erheben, und z. B. von einer Büchse erzählen, mit der man um die Ecke schießen kann, ohne zu fehlen, ↗ Latein, ↗ Münchhausen.

Lit.: *O. Keck:* „Jägerlatein", in: Muttersprache, 1954, S. 414–420; EM., Art. „Jägerlatein" (in Vorbereitung).

Jägermeister. *Ich trinke Jägermeister, weil* ... Die Benutzung von Sprww. und Rdaa. in der Werbung läßt sich bes. gut in der Jägermeister-Reklame verfolgen, mit der die Wolfenbüttler Firma Mast (über 3000 Varianten) für ihren gleichnamigen Kräuterlikör warb.

Z. T. wird dabei parömiologisches Mate-rial wörtl. übernommen, z. T. mehr oder weniger leicht verfremdet.

Die Sprww. und Rdaa. erscheinen in einem kausalen Nebensatz; z. B. Ich trinke Jägermeister, weil Übung den Mei-ster macht. Oder weil

ein Gläschen in Ehren niemand ver-wehren kann;
Durst der schlimmste Feind ist;
ich kein Wässerchen trüben kann;
ich für Schnapsideen immer etwas üb-rig habe;
ich eine Pechsträhne zu überwinden habe;
er im Augenblick das einzige flüssige Mittel in unserem Unternehmen ist;
ich beim fünften Mal den Nagel noch nicht auf den Kopf getroffen habe;
ich dann zu Hopfen und Malz noch 56 Kräuter habe;
dann vieles nicht so auf den Magen schlägt;
gut gekaut ist halb verdaut, aber eben nur halb;
wenigstens die Frau aufgeräumt sein soll, wenn der Mann nach Hause kommt;
vorbeugen besser ist als Hustensaft;
ich einen irrsinnigen Brand habe;
nicht nur trocken Brot Wangen rot macht;
er der einzige ist, von dem ich mich aufs Kreuz legen lasse.

Der Nebensatz gibt keine logische Be-gründung für den Likörgenuß, sondern bietet nur ein formales Strukturgerüst.

Die Jägermeister-Reklame bietet ein kon-struktives Beispiel dafür, wie leicht und effektiv sich Sprww. u. Rdaa. in Werbe-texte einbauen lassen. Immer geht es da-bei um sprachliche Déjà-vu-Erlebnisse.

Jahr. *Jahraus, jahrein:* dauernd, immer; eigentl.: vom Ende des einen, des laufen-den Jahres und weiter vom Anfang des folgenden Jahres an; vgl. frz. ‚D'année in année'. Ähnl. *Jahr für Jahr. Nach Jahr und Tag* wird jetzt meist in dem allg. Sinn: nach geraumer Zeit, ziemlich lange da-nach gebraucht (Knut Hamsun hat einen Romantitel daraus gemacht), ist aber urspr. eine ma. Rechtsformel, die eine Frist von einem Jahr, sechs Wochen und drei Tagen festlegte, die verflossen sein mußte, um in den unangefochtenen Besitz einer durch Erbe oder Kauf erworbenen Sache zu gelangen. Es war eigentl. die Jah-resfrist, innerhalb deren ein Recht ver-jährte, wenn nicht Klage erhoben worden war. Da das ordentliche Landgericht (Echteding) seit der Zeit Karls d. Gr. alle 6 Wochen stattfand und jedesmal drei Tage dauerte, konnte die Klage längstens in einem Jahr, sechs Wochen und drei Ta-gen nach Entstehung des Anspruchs noch rechtzeitig erhoben werden. Daher auch das alte Rechtssprw.: ‚Jahr und Tag soll ewig gelten'. ‚Jahr und Tag' war auch die Verjährungsfrist für der Herrschaft zu lei-stende Dienste. Der alte Rechtsspruch lautet: ‚Versäumt die Herrschaft Jahr und Tag, so ist ihre Gerechtigkeit aus'. Solche Zugabefristen stecken auch in Wndgn. wie ‚über acht Tage' = in einer Woche (7 + 1 Tag); frz. ‚quinze jours' = zwei Wo-chen (14 + 1 Tag). Dreißig Jahre und ein Tag überschritten die Dauer der Vollkraft der Mannesjahre, daher in Freidanks ‚Be-scheidenheit':

nieman ritter wesen mac
drîzec jâr und einen tac,
im gebreste muotes,
lîbes und guotes.

Erst wer fünfzig Jahre und einen Tag ge-lebt hat, ohne gefreit zu haben, galt als Ha-gestolz; ‚hundert Jahre und ein Tag' bedeutete soviel wie ewig; auf derselben

Vorsicht, durch eine Zugabe das eigentl. Maß zu gewährleisten, beruht die Ehrensalve von 101 Schüssen, vgl. auch *ewig und drei Tage* (↗ Ewigkeit); ‚Tausend und eine Nacht‘.

Zu (seinen) Jahren kommen: alt werden; die Wndg. ist urspr. ebenfalls eine Rechtsformel, die ‚mündig werden‘ bedeutete; so schon im ‚Sachsenspiegel‘. Die altdt. Rechtssprache, genauer als die der Dichter, unterscheidet zuweilen und nimmt ‚ze sînen jaren komen‘ für das geringere, ‚ze sînen tagen komen‘ für das volle Mündigwerden. ‚Sie kommt in die Jahre‘, d. h. ins Klimakterium (oder auch: in die Pubertät).

Von den ‚sieben fetten Jahren und den sieben mageren Jahren‘ spricht man rdal. im Anschluß an den Traum Pharaos von ‚sieben schönen fetten Kühen‘ und von ‚sieben häßlichen und mageren Kühen‘, der von Joseph im Sinne der Rda. gedeutet wird (1. Mos. 41); vgl. engl. ‚the fat years and the lean years‘; frz. ‚les bonnes et les mauvaises années‘; ndl. ‚vette en magere jaren‘.

Jem. das neue Jahr abgewinnen: ihm mit den Glückwünschen zum Jahreswechsel zuvorkommen. Die im 19. Jh. aufgekommene Rda. fußt auf der Volksglaubensregel, daß man am 1. Januar etwaigen Unheilsanwünschungen zuvorkommen muß, damit man im neuen Jahr Glück hat. Diese Grundvorstellung ist bis zur Unkenntlichkeit überlagert von dem dörflichen Brauch, am Neujahrstag die Glückwünsche so rasch anzubringen, damit man das dem ersten Glückwünscher zustehende kleine Geschenk erhält.

Zwischen den Jahren: Im alten Rom begann das Jahr mit dem 1. März, weil da die höchsten Beamten ihr Amt antraten. Im Jahre 153 v. Chr. geschah das zum erstenmal am 1. Januar, und dieser Tag wurde damit für die ganze Welt zum Jahresbeginn. Später geriet das röm. Amtsjahr in Konflikt mit dem christlichen Kirchenjahr. Seit der Mitte des 4. Jh. feierte das Christentum den 25. Dezember nicht nur als Geburtstag Jesu, sondern zugleich als Jahresanfang. Während der ersten drei nachchristlichen Jahrhunderte kannte die Christenheit allerdings noch kein Geburtsfest Jesu. Man feierte zunächst die Taufe, die man auf den 6. Januar legte, als den Epiphaniastag. Erst im Jahre 354 setzte Papst Liberius den 25. Dezember als Geburtstag Jesu fest. Und im 9. Jh. entschloß sich dann die Kirche, den Jahresanfang auf den 25. Dezember zu verlegen, um dadurch das ganze Festleben auf Weihnachten zu konzentrieren. Im MA. wechselte der Neujahrstermin dann noch mehrmals, bis ihn Papst Innozenz XII. endgültig auf dem 1. Januar beließ. Das geschah aber erst im Jahre 1691. So liegen Neujahrsbräuche zwischen Weihnachten und dem 6. Januar. Im bäuerlichen Kalender gilt noch immer der 6. Januar als eigentl. Neujahrstag. ‚Zwischen den Jahren‘ nennt man die Zeit zwischen Weihnachten und dem Dreikönigsfest, die sog. ‚Zwölften‘, das ‚Dodekahemeron‘ der griech. Kirche. Die Synode von Tours erkannte im Jahre 567 diese Festzeit an, die den alten und den neuen Geburtstag Jesu, das alte und das neue Neujahrsfest miteinander verband.

Lit.: *J. Grimm*: Dt. Rechtsaltertümer I, 306 f.; *Ebel*, S. 7; *G. Jungbauer*: Art. ‚Jahr‘ ‚Jahresanfang‘ u. ‚Jahresfrist‘, in: HdA. IV, Sp. 593–608. *P. Sartori*: Art. ‚Zwölften‘, in: HdA. IX, Sp. 979–992. *H. Maier*: Die christliche Zeitrechnung (1991).

Jahrmarkt. Als ‚Jahrmarkt der Eitelkeiten‘ bez. man eine Veranstaltung, bei der sich viele Leute nur einfinden, um gesehen zu werden oder durch auffallende Kleidung von sich reden zu machen. Die Rda. ist wohl entstanden in Anlehnung an die ältere Wndg. ‚Jahrmarkt des Lebens‘. Diese geht zurück auf Sal. 15, 12: „Sie halten auch das menschliche Leben für einen Scherz und menschlichen Wandel für einen Jahrmarkt".

Lit.: *G. Jungbauer*: Art. ‚Jahrmarkt‘, in: HdA. IV, Sp. 616–617.

Jakob. *Das ist der wahre Jakob:* das ist der richtige Mann, das einzig Richtige, Gesuchte, das rechte Mittel. Die Rda. geht möglicherweise zurück auf den Apostel Jakobus, den Schutzpatron Spaniens, dessen Grab in Santiago de Compostela verehrt wird, eine der größten Wallfahrten vom MA. bis zur Ggwt. Die Spanienpilger mögen mit Geringschätzung auf diejenigen herabgesehen haben, die zu den Gräbern anderer gleichnamiger Heiligen pilgerten (es gab auch falsche Jakobsgräber), weil sie die beschwerliche Wallfahrt bis nach Spanien scheuten. Straubinger weist darauf hin, daß auch andere Kirchen fälschlich behaupten, sie seien im Besitz der Gebeine des Heiligen (so 1395 die Kirche in Monte Grigiano in Italien). Möglich ist aber auch der Bezug auf den als Esau verkleideten Jakob, der sich nach 1. Mos. 27,6ff. das Erstgeburtsrecht und den Segen seines blinden Vaters erschlichen hat. Iron. prägte man später die Rda. um: *Du bist mir der wahre Jakob!* Belegt ist die Rda. freilich erst seit dem 18. Jh.; Jacob Michael Reinhold Lenz (1751–92) sagt von sich selbst in einem Epigramm:

Ich bin ihr wahrer Jakob nicht
Und auch ihr deutscher Michel nicht,
So rein und hold nicht wie der Lenz,
Ich: Jacob Michael Reinhold Lenz,

und Gottfried Keller schreibt in der Novelle ‚Pankraz, der Schmoller‘ 1856: „Man dachte unverweilt, diese (Lydia) wäre der wahre Jakob unter den Weibern und keine bessere gäbe es in der Welt". Bekannt geworden ist die Wndg. dann auch dadurch, daß sich Jahrmarktsverkäufer als ‚wahren (oder: billigen) Jakob‘ bezeichneten. Den Redeschwall ihrer Anpreisungen beschreibt anschaulich Georg Queri 1912 in ‚Kraftbayrisch‘ (S. 164ff.). *Den billigen Jakob abgeben:* sich als bequeme, unverdächtige Begründung darbieten.
Bisweilen wird Jakob auch für ‚Kopf‘ gebraucht, so obersächs. ‚eins auf den Jakob kriegen‘. In Hamburg ist eine bekannte Rda.: ‚dat is der nee Jakob mit der nee Mütz‘; auch: ‚dat is de ole Jakob met de nee Mütz‘. Die Rda. hat ihren Urspr. darin, daß die alte Jakobskirche um das Jahr 1820 mit einem neuen Turm versehen wurde. Die Rda. meint Neuerungen oder Änderungen, die doch keine durchgreifende Verbesserung bedeuten. In Sachsen hört man auf die Frage: ‚Jakob, wo bist du?‘ die Antwort: ‚Hinterm Ofen und flick‘ Schuh!‘.
Der ‚wahre Jakob‘ war auch der Titel eines der wenigen prinzipiell systemkritischen satir. Blätter des 19. Jh. Er erschien – oft polizeilich beschlagnahmt – von 1879 bis 1933, in Stuttgart. 1933 wurde die Publikation verboten.

Lit.: *A. Wrede:* Art. ‚Jakobus d.Ä.‘, in: HdA. IV, Sp. 619ff; RGG³ III, Sp. 517ff. Art. ‚Jakob‘ *v. A. Weiser* (mit weiterführender Lit.); *Richter-Weise* Nr. 47, S. 50f.; *O. P. Straubinger:* ‚Der wahre Jakob‘, in: Names, 1 (1953), S. 112–114; *J. Hüffer:* Sant Jago. Entwicklung und Bdtg. des Jacobuskultes in Spanien und dem Röm.-Dt. Reich (München 1957); Sachen zum Lachen. Populärer Humor im 19. Jh. (Tübingen 1973), S. 15; Der wahre Jakob. Ein halbes Jahrhundert in Faksimiles. Hg. H. J. Schütz, o. O. 1977.

Jan. Die ndd. Form für Johann hat sich in der Zusammensetzung Janhagel im 18. Jh. von Hamburg aus über Dtl. verbreitet. ‚Janhagel‘ ist seit dem 17. Jh. in Niederdtl. nachzuweisen, anfangs noch in zwei Wörtern geschrieben, auch der Hans Hagel, unter anderm mit der besonderen Bdtg.: ‚gemein Bootsvolk‘; der zweite Wortteil spielt auf das Fluchen der einfachen Leute an (Hagel!). Schon im 16. Jh. hat sich *dummer Jan* verbreitet, und bis ins 15. Jh. geht ‚Schlendrianus‘ zurück (Seb. Brant: ‚Narrenschiff‘ (110ᵃ, 163), ein humanistischer Wortscherz, zunächst abstrakt gemeint; vgl. ‚einen Schlendrian einreißen lassen‘, bummelnde Gewohnheiten dulden, wobei aber doch auch wohl Jan schon Gevatter gestanden hat und woran sich bald Grobian, Stolprian, Urian, Dummrian usw. anschlossen.

Jedermann. *Jedermannsfreund sein:* ältere, abwertende Wndg. für denjenigen, der es mit allen hält. Jedermann steht für jeden Menschen, für den einzelnen und für die Gesamtheit. Im 14./15. Jh. war die Schreibweise noch getrennt: ‚yeder man‘, ‚jeder mann‘. Jedermann ist eine allg. Bez. für ‚Hinz u. Kunz‘, ‚Du und Ich‘, ‚alle Welt‘, ‚Man-Jack‘ oder ‚Jan Alleman‘. Seine große Bekanntheit verdankt der Ausdr. dem Schauspiel ‚Jedermann‘ (1911) von Hugo von Hofmannsthal, das seit 1920 im Mittelpunkt der Salzburger Festspiele steht.

Lit.: *R. R.:* ‚Every man – Jack of 'em‘, in: Notes & Queries, 6.2 (1880), S. 245.

jenseits. *Jenseits von Gut und Böse sein:* nicht (mehr) verführbar sein. Die Rda. wird meist nur für ältere Frauen und alte Männer gebraucht, die bereits mit ihrem Leben abgeschlossen haben. Es handelt sich bei dieser Wndg. um eine scherzhafte Abwandlung des Werktitels ‚Jenseits von

Gut und Böse' (1886) von Friedrich Nietzsche.

Noch längst nicht jenseits von Gut und Böse sein: noch jung genug für alle möglichen Abenteuer sein, am Leben (an der Erotik) voll teilnehmen wollen.

Jerusalem. *Die Reise nach Jerusalem* ist ein Kinderspiel, bei dem alle um einen Kreis von Stühlen laufen, der einen Stuhl weniger enthält als die Teilnehmerzahl ausmacht. Auf Kommando bleiben alle stehen u. suchen sich einen Stuhl. Wer keinen Platz bekommen hat, scheidet aus. Rdal. wird der Begriff gerne gebraucht, wenn nicht genug Sitzgelegenheiten vorhanden sind.

Lit.: *F. M. Böhme:* Dt. Kinderlied u. Kinderspiel (Leipzig 1897), S. 675, Nr. 621.

Joch. *Im Joche sein:* seiner gewohnten, festen Tätigkeit nachgehen; im Gegensatz zu freien Tagen und Ferien gesagt. Das Bild ist vom Zugvieh, dem Joch der Ochsen entlehnt. Ebenso auch: *ins Joch der Arbeit eingespannt sein. An demselben Joch ziehen:* dasselbe Schicksal mit jem. teilen; Gegensatz: *das Joch abschütteln;* vgl. frz. ,secouer le joug'. Im selben Sinne spricht man auch vom ,Joch der Minne' und vom ,Ehejoch' (vgl. den lat. Ausdr. für Ehe: ,coniugium', d. h. wörtl.: Zusam-

,Sein Joch auf sich nehmen'

menjochung, die Vereinigung zu einem Paare); entspr.: ,sich ins Ehejoch, ins Joch der Ehe spannen lassen'.

Nach Matth. 11,30 „Mein Joch ist sanft und meine Last ist leicht" spricht man rdal. auch von einem ,sanften Joch'; Gegensatz: ,ein schweres Joch'.

Jokele geh du voran,
Du haft Sporen und Stiefel an,
Daß dich der Haas nicht beißen kann.

,Jockele'

Jockel. *Aus jem. den Jockel machen:* seine Gutmütigkeit u. Einfalt ausnutzen u. sich über ihn lustig machen. *Für jem. den Jokkel machen:* sich ausnutzen lassen. Die schwäb. Aufforderung: ,Jockele, gang du voran' stammt aus dem Schwank von den sieben Schwaben. Diese machen sich damit Mut angesichts eines Hasen, den sie für ein Untier ansehen.

,Jockele sperr!', traditioneller Spottruf der Tübinger Studenten an die Neckarflößer.

Lit.: *M. Radlkofer:* Die sieben Schwaben und ihr hervorragendster Historiograph L. Aurbacher (1895); *A. Keller:* Die Schwaben in der Geschichte des Volkshumors (Freiburg 1907); *Bolte-Polívka* II, S. 555–560 (zu KHM. 119: ,Die sieben Schwaben').

Johannes. *Dastehen wie ein hölzerner Johannes:* steif, plump und unbeholfen dastehen. Die heute nicht mehr geläufige Rda. bezieht sich auf die Holzbilder von Johannes dem Täufer, die in früheren Jhh. am 24. Juni in Stuben und auf Straßen gezeigt wurden und dem Volk bekannte Erscheinungen waren, auch, z. B. in Leipzig, ,Johannismännchen' genannt wurden. Es ist allerdings auch nicht völlig ausgeschlossen, daß die Rda. in Beziehung zu dem weitverbreiteten Schwank vom ,hölzernen Johannes' (AaTh. 1510) zu bringen ist, einer westeurop. Redaktion der ,Matrone von Ephesus', worin eine Frau den Körper ihres verstorbenen Mannes in Holz nachschnitzen läßt, um sich daran zu wärmen, wobei in den einzelnen Varianten der Name Johannes überwiegt. In denselben Zusammenhang gehört auch der volkstümliche Spruch: ‚Wie die Nase des Mannes, so ist auch sein Johannes', wobei ‚Johannes' hier das männliche Glied meint.

Der erneut entflammte Geschlechtstrieb alternder Männer wird scherzhaft mit dem erneuten Pflanzenwuchs verglichen und als ‚Johannestrieb' bezeichnet. Da der Johannistag durch die an ihm veranstalteten umfangreichen Feiern bes. für Kinder ein erlebnisreicher Tag war, kam in Sachsen die Rda. auf: *lang wie ein Johannistag*, zumal der 24. Juni ohnehin zu den Tagen mit der längsten Tageslichtdauer gehört. Diese Rda. wurde dann von der zeitlichen Ausdehnung bildl. auch auf die räumliche übertr.: ‚er machte e Gesichte so lange wie der Johannistag'.

Er ist immer Johannes in eodem ↗ Matthäus.

Hölzerner Johannes ↗ hölzern.

Lit.: K. *Ranke:*Der ‚hölzerne Johannes', in: Rhein. Jb. f. Vkde. 4 (1953), Ndr. in: 90–114.

Jordan. *Über den Jordan gehen* (verhüllend: sterben), sein Leben bei etw. verlieren. In der relig. Lit. bes. des Pietismus wurde der Übergang der Israeliten über den Fluß Jordan oft als Eintritt ins Himmelreich aufgefaßt u. damit zum Symbol des Sterbens. Das den Israeliten versprochene Land wird mit dem Himmelreich verglichen. *Noch nicht über den Jordan gehen wollen:* noch nicht sterben wollen, ↗ zeitlich.

Joseph. *Eine Josephsehe eingehen (führen):* eine Ehe, die auf Keuschheit beruht, d. h. im juristischen und kirchlichen Sinne keine Ehe ist, ↗ Tobias. Die Figur des hl. Joseph, des Nährvaters Jesu, erfuhr in der Zeit der Gegenreformation eine enorme Aufwertung. Er wurde zum Idealbild des Gatten und Vaters erhoben, weil er mit Maria in einer Ehe gelebt haben soll, die durch geschlechtliche Enthaltsamkeit gekennzeichnet war. Diese Enthaltsamkeit fügte sich gut dem christl.

Eheverständnis ein, wonach der Geschlechtsakt Sünde sei und deshalb der eheliche Geschlechtsverkehr auf das für die Fortpflanzung unumgängliche Mindestmaß reduziert bleiben sollte. Wie sehr der hl. Joseph als exemplarische Gestalt gedacht wurde, zeigt der Rat, den die Linzer Jesuiten im Jahre 1672 einem Mann gaben, „der dauernd seinen fleischlichen Begierden erlegen war". „Er wurde auf das Vorbild des hl. Joseph verwiesen und bezähmte dann auch tatsächlich mit dessen Hilfe seine Triebe". Die Vorbildhaftigkeit des hl. Joseph in diesem Bereich wurde auch in zahlreichen Andachts- und Lobliedern vor allem der 2. Hälfte des 18. Jh. besungen.

Der Ausdr. ‚keuscher Joseph' dagegen bezieht sich auf den Joseph des A. T. (1. Mos. 39), der sich den Verlockungen von Potiphars Weib entzog. Der Lieblingssohn Jakobs wird von seinen neidischen Brüdern in die Sklaverei verkauft. Er kommt nach Ägypten in das Haus Potiphars und erregt wegen seiner Schönheit das Wohlgefallen von dessen Frau. Als er ihren Verführungskünsten widersteht, wird er von ihr eines Vergewaltigungsversuchs angeklagt und ins Gefängnis geworfen. Diese Geschichte gehört in den weitverbreiteten Erzählungskreis über vergebliche Verführungen einer zumeist höher gestellten Frau.

Der Stoff ist vom MA. bis in unser Jh. (Thomas Mann) Gegenstand von Dramen und Romanen gewesen und auch vom Volksschauspiel aufgenommen worden.

Lit.: H. *Priebatsch:* Die Josephsgeschichte in der Weltlit. (1937); M. *Nabholz-Oberlin:* Der Josephsroman in der dt. Lit. (Diss. Basel 1950); L. *Kretzenbacher:* Der Ägyptische Joseph, in: Lebendiges Volksschauspiel in Steiermark (Wien 1951), S. 285 – 311; D.-R. *Moser:* Verkündigung durch Volksgesang (Berlin 1981), S. 132 ff.; Chr. *Reents:* Art. ‚Der keusche Joseph', in: EM. VII (in Vorbereitung).

Jott we de ↗ J. w. d.

Jubel. Mit der dreigliedrigen Wortverbindung *Jubel, Trubel, Heiterkeit* wird oft eine ausgelassene Stimmung charakterisiert. Es handelt sich um den Titel einer jährlich wiederkehrenden Fernsehsendung, bei der bestimmte ‚Evergreens' von der Mainzer Fasenacht oder dem Kölner

Karneval erwartet werden. Die Textanfänge der Schlager oder ihrer Kehrreime sind so populär, daß sie in der Umgangssprache wie Sprichwörter oder Redensarten gebraucht werden können, wie z. B. ‚So ein Tag, so wunderschön wie heute‘, ‚Heute blau und morgen blau‘, ‚Wer soll das bezahlen?‘ ‚Humba, humba, täterä‘, ‚Wir kommen alle, alle in den Himmel‘, ‚Du kannst nicht treu sein‘, ‚Nach Hause gehn wir nicht‘, ‚Wir versaufen unsrer Oma ihr klein Häuschen‘, ‚Bier her, Bier her‘, ‚Schnaps, das war sein letztes Wort‘, ‚Wir hab'n den Kanal noch lange nicht voll‘, ‚Mer losse d'r Dom in Kölle‘, ‚O wie bist du schön‘, ‚Heidewitzka, Herr Kapitän‘, ‚O du wunderschöner deutscher Rhein‘, Trink, trink, Brüderlein trink‘, ‚Am Aschermittwoch ist alles vorbei‘. (Vgl. Langspielplatten. Gemeinschaftskatalog. Bundesverband der Phonographischen Wirtschaft, 14. Jahrg. 1985, S. 566).

Jubeljahr. *Alle(r) Jubeljahre einmal:* in großen Zeitabständen; sehr selten. Das Jubeljahr oder ‚Halljahr‘ kehrte bei den Israeliten alle fünfzig Jahre wieder; es wurde durch Posaunenschall (hebr. jōbēl = Widderhorn, dann: Freudenschall) dem ganzen Lande angekündigt (3. Mos. 25,8 ff.). Es hatte den Zweck, gänzliche Verarmung zu verhüten, denn es stellte durch den Erlaß aller Schulden die annähernde Gleichmäßigkeit des Grundbesitzes sicher. Im Jahre 1300 stiftete Papst Bonifatius VIII. in Anlehnung an den alttestamentlichen Brauch ein Gnaden- oder Jubeljahr (‚jubilaeus annus‘ nach dem hebr. Namen mit Anlehnung an lat. iubilum = Jauchzen, Jodeln, wovon mittellat. jubilare = jubilieren stammt), das einen bes. hohen Ablaß brachte. Urspr. sollte sich dieses alle 100 Jahre wiederholen, doch verkürzte sich dieser Zeitraum bald auf 50, dann auf 33 und schließlich auf 25 Jahre. Später wurde der Ausdr., der auch die Bildung des Wortes ‚Jubiläum‘ mitbestimmte, auf andere Feiern übertr., die in größeren Zeitabständen wiederkehrten, und volkstümlich entstand die Rda. ‚alle(r) Jubeljahre einmal‘: „Ich sitze alle Jubeljahr hier, laßt mich nur sitzen; künftiges Jubeljahr will ich euch nicht mehr hindern" (zum Jubelfest

der Leipziger Universität 1609; ‚Taubmanniana‘ 133).

Lit.: *E. Kutsch:* Art. ‚Jobeljahr‘, in: RGG³ III, Sp. 799 f., v. *ders.:* Das Herbstfest in Israel (Diss. Mainz 1955).

Judas. Der bibl. Judas Iskarioth aus der Leidensgeschichte Jesu (Matth. 26,25; 48 f.) ist mit den Begriffen ‚Judaskuß‘ und ‚Judaslohn‘ sprw. geworden. Einen Judas nennt man danach einen falschen, verräterischen Menschen. Der ‚Judaskuß‘ ist schon früh lit. belegt. In Wolframs ‚Parzival‘ heißt es (321,10):

ime gruoz er mînen herren sluoc
ein kus den Judas teilte,
im solhen willen veilte

und in der ‚Zimmerischen Chronik‘ (IV, 326): „Sie gab mir zu letst ain Judaskuß, als die frawen sein gewon", d. h. sie verriet ihren Gatten an mich, ihren Liebsten, indem sie mich küßte.
Ein Brauch ist das ‚Judasjagen‘, die lärmende Jagd der Gassenbuben in der Osternacht, eigentl. hinter dem Judas des Passionsspiels herjagen; daher die Rda.: ‚wie's Judasjagen; vgl. ‚wie's Teufelhaschen‘. Ähnl. das ‚Judasverbrennen‘: ‚Der Judas wurde verbrannt‘ sagt man els. beim Verbrennen alter Meßgewänder, Chorröcke und dgl.
Die vor allem im Schrifttum des 16. und 17. Jh. sehr häufige sprw. Rda. *den armen Judas singen* (auch *einem den Judas singen)* bedeutet soviel wie: einen höhnisch schelten, verspotten, jem. die Hölle heiß machen. *Den armen Judas singen müssen:* in Armut, Not, Elend, in einen Zustand geraten, in dem man Klagelieder anstimmt. Zwei Belege enthält allein das Faustbuch von 1587: „Es ist hie zu sehen des Gottlosen Fausti Hertz und Opinion, da der Teufel jhm, wie man sagt, den armen Judas sang, wie er in der Hell seyn muste"; und: „Als nu der Geist Fausto den armen Judas genugsam gesungen, ist er wiederum verschwunden, und den Faustum allein gantz melancholisch und verwirrt gelassen". Die Wndg. ‚den armen Judas singen‘ bezieht sich auf ein einst wirklich gesungenes Lied:

O du armer Judas,
Was hast du getan,
Dass du deinen herren

also verraten hast?
Darumb so mustu leiden
Hellische pein,
Lucifers geselle
Mustu ewig sein. Kyrieeleison.

Es handelt sich um die Übers. der Schlußstr. eines lat. Osterhymnus:

O tu miser Juda, quid fecisti,
quod tu nostrum dominum tradidisti?
ideo in inferno cruciaberis,
Lucifero cum socius sociaberis.

Die dt. Übers. und parodistische Umbildungen des Liedes zu satirischen Zwecken erfreuten sich seit dem Ende des 15. Jh. mehrere Jhh. lang größter Beliebtheit. Der ‚arme Judas‘ (wobei ‚arm‘ ebenso gebraucht wird wie in ‚armer Teufel‘, ‚armer Sünder‘) kommt zwar schon in verschiedenen hochma. Belegen vor, aber noch ohne Bezug zu einem Lied. Den frühesten Beleg für das Lied bietet ein hist. Anlaß: Als Kaiser Maximilian am 26. Mai 1490 zu Schiff auf der Donau an der mit Zuschauern dichtbesetzten Mauer der widerspenstigen Stadt Regensburg vorbeifuhr, verhöhnte er die Regensburger wegen ihres Abfalls vom Kaiser dadurch, daß er seine Musiker das Lied ‚O du armer Judas, was hast du getan‘, ‚carmen illud maledictionis‘, aufspielen ließ. Schon dieser Beleg bezeugt das Judaslied als eine Satire. In der Reformationszeit wurde es dann vorwiegend in parodistisch-satiri-

scher Absicht häufig wiederholt und oft auch auf andere Personen umgedichtet, z. B. ‚Ach du armer MURNarr, Was hastu getan …‘, und zu zahlreichen politischen Liedern bis in die Zeit des Dreißigjährigen Krieges diente diese urspr. geistliche Str., so daß bald ‚einem den Judas singen‘ den Sinn erhielt: ihm seine Treulosigkeit höhnend vorhalten. In einem Spottgedicht auf Friedrich von der Pfalz als (Winter-)König von Böhmen heißt es: „Den armen Judas mußt du singen gar bald, mein lieber Fritz". Das Judaslied hat sich im Kinderbrauch regional noch bis zur Ggwt. erhalten (z. B. als Drohvers im Heischebrauch). Vgl. ‚einem den Görgen singen‘, ‚Placebo singen‘.

Lit.: *Creizenach:* Judas Iscariot in Sage und Legende des MA., in: PBB. 2 (1876), S. 185 f.; *Erk-Böhme* III, 670, Nr. 1963 f.; *R. Hildebrand:* Materialien zur Gesch. des dt. Volksliedes I, in: Zs. f. d. U., Ergänzungsheft 5 zu Bd. 14 (1900), S. 63 ff.; *A. Taylor:* ‚O du armer Judas‘, in: The Journal of English and Germanic Philology 19 (1920), S. 318–339; *A. Wrede:* Art. „Judas Ischarioth", in: HdA. IV, Sp. 800–808; *K. Lüthi:* Judas Iskarioth in der Gesch. der Auslegung von der Reformation bis zur Ggwt. (1955); RGG³ III, Sp. 965 f., Art. „Judas" v. *E. Fascher; G. Grober-Glück:* Motive u. Motivationen in Rdaa. u. Meinungen (Marburg 1974), § 73 ff., bes. S. 102; *P. Dinzelbacher:* Judastraditionen (= Raabser Märchen-Reihe 2) (Wien 1977), bes. S. 12 ff. (Judas in der Sprache); *W. Puchner:* Feldforschungsnotiz zum Judasbrennen, in: Österr. Zs. f. Vkde. 80 (1977), S. 229–231; *E. Harvolk:* Judaskuß und Judaslohn, in: Bayer. Jahrb. f. Vkde. (1985), S. 89.

jung. *So jung kommen wir nicht wieder zusammen,* Rda., mit der man zur Verlängerung eines gemütlichen Zusammenseins auffordert. Sie begegnet zuerst in dem Lied ‚Dem Gott der Raben‘ (um 1790) von Chr. A. Vulpius u. wird seither häufig zitiert.

Er ist noch jung, er hat noch den ersten Kopf sagt man scherzweise, wenn alte Leute behaupten, sie seien noch gar nicht sehr alt.

Jungbrunnen. *Etw. ist ein wahrer Jungbrunnen:* ein Bad in ihm schenkt neue Kraft u. macht die Menschen wieder jung. In Lit. u. Kunst ist der Jungbrunnen ein beliebtes Thema gewesen. In der Rda. wird der Begriff freilich mehr scherzhaft u. im übertr. Sinne verwendet.

Lit.: *E. Marshall:* ‚Fountain of perpetual youth‘, in: Notes & Queries, 8.10 (1896), S. 162–163; *I. Taylor:* ‚Fountain of perpetual youth‘, ebd. 8.10 (1896), S. 163;

‚Jungbrunnen‘

E. *Walford*: ‚*Fountain of perpetual youth*‘, ebd. 8.10 (1896), S. 163; *G. F. Hartlaub:* Lucas Cranach: Der Jungbrunnen (Stuttgart 1958); *A. Rapp:* Der Jungbrunnen in Lit. u. bildender Kunst des MA. (Zürich 1977); *N. A. Bringéus:* Bildlore (Dödertälje 1981), S. 139–160; *W. Mezger:* Narrenidee und Fastnachtsbrauch. Studien zum Fortleben des Mittelalters in der europ. Festkultur (= Konstanzer Bibliothek, 15) (Konstanz 1991).

Junge. *Aussehen wie der dumme Junge von Meißen:* ein sehr dummes Gesicht machen. Dieser rdal. Vergleich wird zurückgeführt auf eine große Porzellanfigur, die bis gegen 1840 am Eingang des Formhauses der Meißner Porzellanmanufaktur aufgestellt war und mit ihrer lakaienhaften Tracht und ihrem dummen Gesicht den Besuchern sofort in die Augen fiel. Müller-Fraureuth (I, 573) lehnt diese Erklärung freilich ab. Er hält die Wndg. für eine Entstellung aus: ‚der dumme Jude von Meißen‘ und bezieht sie auf den Judenkopf mit dem einer Narrenkappe ähnl. spitzen Hut, der sich im Wappen der Markgrafen von Meißen seit der Erwerbung Thüringens durch Heinrich den Erlauchten als Zeichen der Belehnung mit der Schutzgerechtigkeit über die Juden befindet. Die Rda. begegnet obersächs. auch in den Formen: ‚wie der dumme Junge von Dresden, von Mutzschen, vom Neumarchte‘.
‚*Junge, Junge*‘: saloppe Wndg., die Erstaunen oder Bewunderung ausdrückt, aber auch einen Tadel enthalten kann.
Denken wie Goldschmieds Junge ↗ Goldschmied.

Jungfernkranz ↗ Kranz.

Jungfrau. *Zu etw. kommen wie die Jungfrau zum Kind,* d. h. auf völlig unerklärliche, wunderbare Weise; ironische Anspielung auf die unbefleckte Empfängnis der Jungfrau Maria. *Er ist in die elftausend Jungfrauen verliebt:* er verliebt sich in jedes Mädchen. Die Rda. bezieht sich auf die Legende der heiligen Ursula und ihre elftausend Jungfrauen. Rheinhess. ‚Du streckst ja de Nabel vor wie die schwangere Jungfrau von ↗ Buxtehude‘; lit. bei Zuckmayer, ‚Schinderhannes‘ (3. Akt).

Lit.: O. *Schade:* Die Sage von der Heiligen Ursula und den Elftausend Jungfrauen (Hannover 1854).

Junggeselle ↗ eingefleischt.

Jürgen ↗ Georg.

Jux. *Aus Jux und Dollerei etw. tun:* aus Übermut u. zum reinen Spaß. Bei dem Wort ‚Jux‘ handelt es sich um ein altes Lehnwort aus dem Lat. (jocus), das wahrsch. aus der Sprache der fahrenden Kleriker übernommen wurde u. von dort in die Dialekte eingegangen ist. Die Wndg. ‚Jux und Dollerei‘ hat als verstärkende Zwillingsformel den Zweck, das Scherzhafte einer Handlung zu verdeutlichen. Ähnl. auch die Rda. *sich einen Jux aus etw. machen:* aus Spaß etw. anstellen, um andere zu foppen u. an der Nase herumzuführen.

J. w. d. ist eine recht junge, aus Berlin stammende Abk. für ‚janz (ganz) weit draußen‘, d. h. weit entfernt, außerhalb der Stadt. Der Ausdr. taucht vornehmlich stud. in Wndgn. auf wie: ‚er wohnt j. w. d. im Norden (Süden usw.)‘, heute z. T. schon unverstanden gebraucht: ‚er wohnt j. w. d. da draußen‘, oft erweitert durch den Zusatz: ‚am Ende der Welt‘, ↗ Ende.

K

Kachel. *Eine Kachel einsetzen:* sich bei einem in Gunst setzen, einschmeicheln; umgekehrt: *einem eine böse Kachel einsetzen:* ihn anschwärzen, verleumden; so lit. bei Franck (,German. Chronik', 1538, 19 b): „Sie (die Höflinge) setzten aus böswilligem Gemüt Seneca dem theuren man bös Kacheln (bei Nero) ein".
Eine ,Kachel' – auch die Ofenkachel – ist primär eine Hohlform. In den obd. Mdaa. kann man z.B. ,eine Kachel (i.S. von Tasse) Tee' einschenken. Aus demselben Grund steht Kachel in mehreren Rdaa. umschreibend für ,Frau'. *Er ist in derselben Kachel gebacken:* er hat die gleiche Herkunft. Bes. *alte Kachel* steht als Schimpfwort für eine alte Frau: ,Du olle Kachel!' und wurde auch lit. verwendet, z.B. „Meine alte Kachel starb in Kindesnöthen" (Weise, Erzählungen); „Abraham, der Sara, die alte Kachel, zum Weibe gehabt" (Luther), Fischart (,Geschichtklitterung'): „Ein Kachel für ein baslerische köchin ansehen".

Lit.: *R. Meringer:* Beiträge zur Gesch. der Öfen, in: Wörter und Sachen 3 (1912); *R. Franz:* Der Kachelofen (Graz 1969).

Kachelofen. Der Kachelofen steht in Rdaa., ebenso wie ↗ Ofen und ↗ Herd für die Häuslichkeit, das Hauswesen selbst. *Er ist nicht weit vom Kachelofen weggekommen:* er hat keine Erfahrungen in der Welt gesammelt. Schuppius: „Ich habe nicht allezeit hinter dem Kachelofen gesessen, sondern bin unter Leuten gewesen". Ndd. ,achtern Kachelofen liggen', faulenzen, oder: Arbeit in der Kälte scheuen. *Einen Kachelofen für ein Bierglas ansehen:* betrunken sein, zu viel getrunken haben.

Lit.: *R. Franz:* Der Kachelofen (Graz 1969).

Kacke. *In die Kacke greifen:* Mißerfolg haben, ein schlechtes Geschäft machen. Kacke ist Kot (zu lat. cacare).

Alles Kacke, Deine Elli: sehr große Unannehmlichkeiten, zur Rda. gewordene Schlußformel eines fiktiven derb-vulgärsprachl. Briefes; ähnl. wie ,Aus, Dein treuer Vater'. Ndd. ,De kacken alle op einen Häup', sie stecken miteinander unter einer Decke; vgl. auch ndl. ,twee schijten door een gat' ↗ scheißen.

Kadi. *Zum Kadi rennen (laufen):* vor Gericht gehen, einen Prozeß anstrengen. ,Wir treffen uns beim Kadi'. *Jem. vor den Kadi bringen (schleppen):* ihn vor Gericht bringen, ihn anklagen. Kadi ist eine arab. Bez. für den Richter.

Käfer. *Einen Käfer haben:* eine Schrulle, eine fixe Idee haben; ähnl. wie ,Mücken (↗ Hummeln usw.) im Kopf haben', ↗ Grille; auch: einen Schwips haben, betrunken sein; so schon bei Seb. Franck 1528 in seiner Schrift ,Von dem Laster der Trunkenheit' (Cb): „Daher ich vestilich glaub das der zehent (Säufer) kains rechten tods sterb, wann sie gleich nit all in der fülle voll weins sterben, so haben sie doch die Natur verderbt und die Käfer bei dem wein verschluckt". Aus dem Trunkenen redet also der Käfer, den er verschluckt hat.
In der Teenagersprache der Ggwt. ist ein Käfer ein Mädchen: ,flotter, kesser, süßer Käfer' usw. Der Ausdr. ist immer anerkennend gemeint und bezieht sich auf Aussehen und Kleidung. Im Elsaß ist ,Käferle' neben ,Herzkäfer' ein allg. beliebtes Kosewort.

Kaffee. *Das ist (ja) (alles) kalter Kaffee:* das ist dummes, abgestandenes, veraltetes Zeug, das interessiert niemanden. *Jem. kommt der (kalte) Kaffee hoch:* ihm wird übel. *Da kommt einem (ja) der (kalte) Kaffee (wieder) hoch!:* das ist widerlich, abscheulich. Alle genannten umg. Rdaa. sind erst im 20. Jh. aufgekommen. Älter

,Aus dem Kaffeesatz lesen'

,Kaffeetante'

sind: *Das geht über schwarzen Kaffee:* das ist die Höhe; lit. bei Jer. Gotthelf (,Bauernspiegel'); ähnl.: *Das ist starker Kaffee (Tobak)!:* das ist des Guten zuviel; frz.: ,c'est un peu fort de café'.
Von einem sehr schwachen, dünnen Kaffee sagt man ndd.: ,Tau den Koffee hett Simson dat Water edragen un Lazarus de Bohnen ebrocht' Im Ndl. ist von ,flauwe Koffie' die Rede, vgl. ↗ Blümchenkaffee. Dagegen heißt es von einer sehr reichen Gegend: ,Wo se den Kaffee möt Läpels ête ...'
Nicht die Kaffeebohne: überhaupt nicht, nicht im geringsten, ↗ Bohne. Um den Kaffee versammelten sich die ,Kaffeeschwestern' zum ,Kaffeekränzchen', auch zum ,Kaffeeklatsch', wo dann alles in einer vergnügten Runde ,durchgehechelt' wurde.
Eine Kaffeetante sein: eine leidenschaftliche Kaffeetrinkerin sein. Die im 20. Jh. auch lit. bezeugte Wndg. ist sogar auf Männer anwendbar; sie hat den seit dem 18. Jh. üblichen Ausdr. ,Kaffeeschwestern', der analog zu ,Betschwester' gebildet worden ist, heute fast verdrängt.

Aus dem Kaffeesatz lesen: die Zukunft erfahren wollen, Hellseherei betreiben. Bereits 1742 erschien in Leipzig ,Die Wahrsagerin aus dem Coffee-Schälgen', 1756 in Raab ,Das oraculum astronomico-geomanticum oder die Kunst und Weisheit im Kaffee und allen anderen Gießungen das Schicksal zu sehen'. In seinem 1744 zuerst erschienenen scherzhaften Heldengedicht ,Der Renomist' singt F. W. Zachariä (III, 47):

In Leipzig war damals die nun verlohrne Kunst,
Aus dickem Caffeesatz, durch schwarzer Geister Gunst,
die Zukunft auszuspähn; und die geheimsten Thaten,
Geschehn, und künftig noch, prophetisch zu errathen.

In Hamburg wandten sich um die Mitte des 18. Jh. bes. werdende Mütter an die ,Kümkenkiekersch', um das Geschlecht des Kindes zu erfahren. Mit der Bez. ,Caffeemantia' hängte man dieser Kunst sogar ein wiss. Mäntelchen um (HdA. IV, Sp. 909 f.).

Lit.: *L. D. V.:* ,Flauwe koffie', in: Biekorf 59 (1958). S. 235; *H. Bächtold-Stäubli:* Art. ,Kaffee', in HdA. IV, Sp. 909–912; *H. E. Jacob:* Sage und Siegeszug des Kaffees (Hamburg ³1964); *P. Albrecht:* Kaffee. Zur Sozialgeschichte eines Getränks (Braunschweig 1980); *H. J. Teuteberg:* Die Eingliederung des Kaffees in den täglichen Getränkekonsum, in: *H. J Teuteberg* u. *G. Wiegelmann:* Unsere tägliche Kost (Münster 1986), S. 185–201.

Kahn kann in der Umgangssprache der Ggwt. Schiff, Auto, Flugzeug, Schuhe, Bett, Gefängnis u. a. bedeuten (Küpper), aber auch Kopf oder im weiteren Sinne den menschlichen Körper: *Jem. eine vor den Kahn hauen (knallen):* ihn auf den

Kopf schlagen; ↗ Hals, ↗ Latz. *Einen im Kahn haben:* betrunken sein. Ndd. ‚got im Kahne stan', bei Frauen beliebt sein; ähnl.: ‚Der kann im Kahn stehen'. In diesem Sinne ist Kahn auch in den Sprww. fast immer doppeldeutig: ‚Es hat mancher einen Kahn, aber er weiß ihn nicht zu lenken'; ‚jeder Kahn will seinen Mann'; ‚jeder Kahn führt ins Meer, aber nicht jeder wieder her'; ‚wer in zwei Kähnen zugleich fährt, kann leicht Schiffbruch erleiden'; ‚zu einem kleinen Kahn braucht man nur kleine Ruder' (Wander II, Sp. 1092); ↗ Boot, ↗ Schiff.

Kaib, Chaib, schwäb.-alemannisch verächtliche Schelte für Menschen und Tiere: böser Mensch, elender Kerl, Lump, Frechdachs, Schlingel, auch: ungeschickter Mensch, urspr. Bdtg.: Aas, z. B. ‚Du Chaib, du verreckda', auch: Rausch, entspr.: ‚kaibendumm', ‚kaibendurst', auch einfach als Steigerungsform: ‚kaibengern', (sehr gern), ‚kaibenglatt': sehr gelungen, ‚Kaibenkaib': Erzspitzbube, ‚kaibenreich': sehr reich (Bad. Wb. III, 48 f.).

Kainsmal. *Ein Kainsmal tragen:* als Mörder gekennzeichnet sein. *Jem. ein Kainsmal aufdrücken:* ihn als Mörder stempeln, als Schuldigen kenntlich machen. Die Rda. ist entstanden in Anlehnung an 1. Mos. 4, 15: Kain bittet Gott um seinen Schutz, weil er Angst hat, als Brudermörder erschlagen zu werden. Gott erhört seine Bitte und gewährt ihm den erbetenen Schutz: „Wer immer Kain totschlägt, an dem wird es siebenfältig gerächt". Er drückt Kain ein Wahrzeichen auf, „damit ihn niemand erschlüge, der mit ihm zusammenträfe".

Lit.: *P. Satrori:* Art. ‚Kain', in: HdA. IV, Sp. 913–14; *R. Mallinkoff:* Cain and the Jews, in: Journal of Jewish Art 66 (1979), S. 16–38.

Kaiser. *Um des Kaisers Bart streiten:* um Nichtigkeiten streiten, ↗ Bart. *Auf den alten Kaiser dahinleben:* unbesorgt darauf losleben; eine im 17. u. 18. Jh. bezeugte Rda., die wohl aus den Zeiten der Schwäche des Röm. Reiches Deutscher Nation stammt, wo zwischen dem Tode des alten und der Wahl des neuen Kaisers manchmal eine lange Zeit verfloß und vieles zu Unrecht im Namen des alten Kaisers geschehen konnte. Denkbar wäre auch eine Zurückführung der Rda. auf den Volksglauben an die Wiederkehr des schlafenden Kaisers Friedrich, von der man eine neue Ordnung der Dinge erhoffte. Grimmelshausen schreibt im ‚Simplicissimus' (I. Buch): „Jetzt glaub' ich erst recht, daß er ein kühnes Soldatenherz habe, sein Leben wacker dranzuwagen, weil er gleichsam ohne Religion und Gottesdienst auf den alten Kaiser hinein dahinleben und seine Seligkeit in die Schanz schlagen darf". Ähnl. auch: ‚Auf den alten Kaiser hinein!', ‚auf den alten Kaiser heiraten, stehlen, warten, sündigen, borgen, beten' usw. (lit. Belege bei Wander II, Sp. 1093 ff.). *Dem Kaiser geben, was des Kaisers ist:* der Obrigkeit gegenüber seine Pflichten erfül-

‚Das Kainsmal aufdrücken'

‚Dem Kaiser geben, was des Kaisers ist'

len, nach Matth. 22,21: „So gebet dem Kaiser, was des Kaisers ist, und Gott, was Gottes ist". Engl. ‚render unto Caesar the things which are Caesar's'; frz. ‚il faut rendre à César ce qui est à César'; ndl. ‚geeft de keizer wat des keizers en Gode wat Gods is'. Noch ganz wörtl. genommen, veranschaulicht die Sachsenspiegel-Illustration das Jesuswort. Daraus abgeleitet erscheint das Sprw.: ‚Wo nichts ist, hat der Kaiser sein Recht verloren'; scherzhaft parodiert zu: ‚Wo nichts ist, hat's der Kaiser recht verloren'.
Es handelt sich bei dieser Rda. wohl um eine Anspielung auf die Tatsache, daß im MA. alles weltl. Recht vom Kaiser ausging (so wie das kanon. Recht vom Papst). Die kaiserlichen Rechtsetzungen wurden mit dem Begriff ‚Kaiserrecht' umschrieben. Es fand nicht nur Eingang in die Rechtskodifikationen, sondern auch in die profane Literatur. So heißt es z. B. bei G. A. Bürger:

dennoch hegst du Kaiserrecht
über deinen treuen Knecht,
Kaiserrecht in deinem Herzen,
bald zu Wonne, bald zu Schmerzen.
Tod und Leben, Kaiserrecht,
nimmt von dir der treue Knecht.

Wo selbst der Kaiser zu Fuß hingeht ..., Umschreibung der tabuierten Worte Abort, Toilette, Lokus usw. Entspr. setzt man kleine Kinder ‚aufs Thrönchen', und von einem, der darauf sitzt, heißt es: ‚er regiert gerade'.

Lit.: *H. Eyben:* Dissertatio de origine brocardi: Ein jeder (Fürst, Graff, etc.) ist Kaiser in seinem Lande (1661); *E. E. Stengel:* Den Kaiser macht das Heer (1910); *D. Munzel:* Art. ‚Kaiserrecht', in: HRG. II, Sp. 563–565; *F. Graus:* Barbarossa und der Kyffhäuser, in: Lebendige Vergangenheit. Überlieferung im MA. u. in den Vorstellungen vom MA. (Köln–Wien 1975), S. 338–354.

Kaiserwetter. *Es ist (mal wieder so ein richtiges) Kaiserwetter,* d.h. strahlender Sonnenschein, wie er beim Erscheinen der hohen Majestät den Festlichkeiten erst ihren ‚kaiserlichen Glanz' gab.

Kakao. In mehreren Rdaa. steht das scheinbar kindertümlich-harmlose Wort Kakao verhüllend für das gleichanlautende tabuierte Wort ↗ Kacke. *In den Kakao fahren:* in den Straßengraben, d. h. in

den Dreck fahren; *Kakao in der Hose haben:* vor Angst die Hosen vollgeschissen haben; *im Kakao sitzen:* in Not, Verlegenheit stecken; vgl. frz. ‚être dans la panade' (wörtl.: in der Brotsuppe sitzen).
Jem. durch den Kakao ziehen: über einen Abwesenden abwertend, kritisierend, spöttisch sprechen, jem. verhöhnen, veralbern, über jem. lästern. Das Wort ‚ziehen' ist der älteren Rda. ‚durch die ↗ Hechel (oder: den Dreck) ziehen' entnommen. Die Rda. ist etwa um die Jahrhundertwende aufgekommen. Um 1930 dichtete Erich Kästner:

Nie dürft ihr so tief sinken,
Von dem Kakao, durch den man euch
Zieht, auch noch zu trinken.

Kaktus wird in einigen Rdaa. verhüllend für ‚Kot' gebraucht, was bei dem Gleichklang von Kaktus und ↗ Kacke, ↗ Kakao naheliegt, ↗ Scheiße.
Einen Kaktus pflanzen (setzen): (im Freien) Kot ausscheiden; die Rda. ist seit Beginn des 20. Jh. bekannt und entstammt dem großstädtischen Wortschatz, wahrscheinl. aus Berlin. Gelegentlich findet sich auch die Version *einen Kaktus drehen,* wobei an die spiralförmige Aufschichtung des Kotstranges gedacht ist. *(Aussehen) wie ein Kaktus* ist ein rdal. Vergleich für den Unrasierten.

Kalb. *Mit fremdem Kalbe pflügen:* andere für sich etw. tun lassen, sich zunutze machen, was ein anderer gefunden hat, sich mit fremden ↗ Federn schmücken. Die Rda. ist bibl. Urspr. Im Buch der Richter wird in Kap. 14 Simsons Rätsel durch eine List gelöst, worauf Simson in V. 18 sagt: „Wenn ihr nicht hättet mit meinem Kalb gepflügt, ihr hättet mein Rätsel nicht getroffen". Entspr. entl. ‚to plough with another man's heifer'; frz. ‚labourer avec la génisse d'autrui' (veraltet); ndl. ‚met een ander mans kalf ploegen'. Ebenfalls bibl. ist *das goldene Kalb anbeten:* nur auf Reichtum aussein, geldgierig sein; entspr. frz. ‚adorer le veau d'or'; engl. ‚to worship the molten (golden) calf'; ndl. ‚het gouden kalf aanbidden'. *Der Tanz ums goldene Kalb:* alles, was der Mensch um des Reichtums willen tut (oder auch: infolge seines Reichtums). 2. Mos. 32 wird berich-

1/2 ‚Der Tanz um das Goldene Kalb‘

tet von dem goldenen Kalb, das die Juden am Fuß des Berges Sinai anbeteten. Die Hauptsache dieses Kultes war nicht das Gold, sondern das Tier. In den sprw. Rdaa. liegt die Hauptbetonung auf ‚golden‘ mit der Bdtg. der abgöttischen Liebe zu Geld und Gut. Ein ‚goldenes Kalb‘ kann in der gegenwärtigen Umgangssprache auch die heiratsfähige Tochter aus reichem Hause meinen.

Kalb Moses: ungeschickter, dummer Mensch; wieder unter Bezug auf 2. Mos. 32 ff.; aber auch auf 4. Mos. 12,3: „Mose war sehr sanftmütig“.

Das fette Kalb schlachten: bei einer festlichen Gelegenheit einen besonderen Leckerbissen bereitstellen. Die Rda. kommt vom bibl. Gleichnis vom verlorenen Sohn, Luk. 15,23–27; entspr. frz.: ‚tuer le veau gras‘; engl. ‚to kill the fatted calf‘; ndl. ‚het gemeste kalf slachten‘.

Das Kalb ins Auge schlagen: Unwillen, Anstoß erregen. Die Rda. ist schon seit dem 16. Jh. bezeugt, z. B. bei Hans Sachs: „Wer hat das kalb ins aug geschlagen?“ 1629 erschien eine Streitschrift unter dem Titel ‚Wer hat das Kalb ins Aug geschlagen d. i. ob die Augsburgischen Convessionsverwandten Prediger oder die Jesuiten den Religionsfrieden umbstürzen‘. 1672 bei Grimmelshausen in dem Novellenzyklus ‚Vogelnest‘ (hg. v. Scholte, S. 33): „Soltest du dich nun auch unterste-

hen, diesen wie die vorige Freier zu verhindern, so wirst du das Kalb ins Aug schlagen“. Rudolf Hildebrand meint im Dt. Wb. der Brüder Grimm (Bd. 5, Sp. 52), der Ausdr. stamme „wohl von bes. ungebärdigem Tun des Kalbs in diesem Falle“. Vielleicht ist aber auch an den Metzger gedacht, der das Kalb mit einem ungeschickten Schlag ins Auge trifft, statt es gleich zu töten. Die Rda. ist auch in den Mdaa. weit verbreitet, z. B. obersächs. ‚das Kalb ins Auge treffen‘, einen wunden Punkt treffen; meckl. ‚dat Kalw int Og steken (stechen)‘; schlesw.-holst. ‚he sloog dat Kalf dat Oog ut‘, er verdarb die Sache, die Stimmung; schwäb. ‚’s Kälble ins Aug schlage‘; els. ‚im Kälwel ins Aug schaun‘, ohne Absicht etw. sagen, das jem. beleidigen kann.

Augen machen (glotzen, gucken, stieren) wie ein (ab-)gestochenes Kalb: vor Verwunderung große, blöde Augen machen. Schon 1588 bei Joh. Fischart in der Satire ‚Bienenkorb‘ (174 a): „Warumb der Pfaff alsdan (wenn er während der Messe aufs Knie fällt) so jämerlich und barmherzig anfangt auszusehen wie ein gestochen kalb“.

Ein Kalb anbinden (abbinden, machen, setzen): sich erbrechen. Die Rda. meint entweder, daß Kälber übermäßig trinken, bis ihnen der Trank aus Maul und Nase läuft, oder sie beruht auf der Schallnachahmung der Würgelaute beim Erbrechen. *Das Kalb beim Schwanze nehmen:* eine Sache verkehrt anfangen; ähnl.: ,Den Brunnen zudecken, nachdem das Kalb darin ertrunken ist‘, eine Rda., die P. Bruegel d. Ä. in seinem Rdaa.-Bild realisiert hat und die auch im Ndl. noch heute lebendig ist: ,as het kalf verdronken is, dempt men de put‘; ↗Brunnen. In anderen Sprachen braucht man hierzu andere Bilder, z. B. lat. ,clipeum post vulnera sumere‘ (zum Schild greifen, nachdem man bereits verwundet ist); engl. ,when the steed is stolen, the stable door is locked‘; frz. ,fermer l'écurie quand les chevaux se sont échappés‘.

Das Kalb (Kälbchen) austreiben: ausgelassen sein, sich austoben, wie ein Kalb, das man auf die Weide treibt, wo es seine Sprünge machen kann. Els. ,s Kalb ablosse‘, lärmen, Zoten reißen. Der Schlesier Wenzel Scherffer schreibt 1640 in seiner Dichtung ,Der Grobianer‘ (S. 105):

Es sol doch allezeit der Lust
ein Merkmal bleiben
zu sehn, wie gestern aus das Kalb
man konnte treiben.

In neuerer Sprache heißt es dafür auch einfach *(herum-)kälbern, kalbern:* sich albern, mutwillig, kindisch benehmen, wie ein junger, unerfahrener Mensch auch als Kalb bez. wird. Obersächs. ,Er ist noch Kalbfleisch‘, er ist noch unerfahren, kindisch; ähnl. schon bei Luther: „Ihr habt noch viel Kalbfleisch“; westf. ,et is noch en hopen Kalfflusk darann‘. Picander (Christian Friedrich Henrici) sagt 1737 zu einem Freunde:

Du weißt, wo wir beysammen saßen,
Wie wir dasselbe mal gehaust
Da wir noch liebes Kalbfleisch aßen
Und manches Gläschen Wein
geschmaust.

Bei Seb. Brant (,Narrenschiff‘, Einleitung): „uf kalbsfüß gehen“ = Narreteien treiben.

,Dem kälbert der Sägbock auf der Bühne‘ sagt man schwäb. von einem, der stets unverdientes Glück hat, ohne daß er viel dazu tut, also von einem Glückspilz. Der drastische Vergleich enthält eine mehrfache Hyperbolik: Der Sägbock kann aus mehreren Gründen nicht kälbern, d. h. Junge bekommen: 1. ist er ein Ding aus Holz, und 2. könnte das männliche Tier, der Bock, ohnehin keine Jungen zur Welt bringen, und 3., ein Ziegenbock auch keine Kälber. Dazu steht 4. das Ding noch auf der ,Bühne‘, d. h. auf dem Dachboden, den man normalerweise gar nicht im Blick hat. Varianten sind bes. im schwäb.-alem. Raum häufig: ,De riche Litt kelbret d'Holzschlegel hinderm Ofe‘ – ,Wem's Glück will, dem kälwert d'r Holzschläjel (Dreschflegel) uf d'r Biehn‘ – ,Wer's Glück hat, dem kelbert am End no der Ochs‘ – ,Bei de Richa kelbret de Misthufe, be de Noatega (Notleidenden) verrecket d' Kelber‘ – ,Dem kälbert noch der Spaltstock‘.

Das Kalb verkaufen, ehe es geboren ist: etw. Voreiliges tun. *Einem ein Kalb aufbinden:* einen ↗Bären aufbinden.

Das Kalb durchs Wasser ziehen: sein Glück machen, seinen Wohlstand begründen, lit. bei Gottfried Keller im ,Grünen Heinrich‘ (IV. Teil, 16. Kap.): „Als aber das Kalb durch den Bach gezogen, das Gedeihen begründet …“

,Unschuldig wie ein neugeborenes Kalb‘: rdal. Vergleich, der auf die Naivität eines (jungen) Menschen anspielt.

,Wer als Kalb in d'Fremde gaht, kommt als Rind hei‘. Mit diesem Sprw. wird verdeutlicht, daß ein junger Mensch trotz einer Reise nichts dazugelernt hat, der sich in seinem Wesen nicht verändern konnte, daß er seiner Art treugeblieben ist.

Lit.: *A. Wirth:* Art. ,Kalb‘, in: HdA. IV, Sp. 914–921; *J. Hahn* Das ,Goldene Kalb‘. Die Jahwe-Verehrung bei Stierbildern in der Gesch. Israels (Frankfurt/M./ Bern 1981); *H. Ries:* Zwischen Hausse und Baisse. Börse und Geld in der Karikatur, hg. H. Guratzsch (Stuttgart 1987), S. 230, 235.

Kalbfell. *Dem Kalbfell folgen (nachlaufen, nachgehen); zum Kalbfell schwören:* Soldat sein, werden. Kalbfell steht hier pars pro toto für die (Werbe-)Trommel, die mit Kalbfell bespannt ist. Lit. Zeugnisse gehen bis ins 17. Jh. zurück: „Es giengen die Werbungen stark fort. Wer Vater und Mutter nicht hat folgen wollen, der nahm einen Ducaten und folgete einem Kalbsfelle“ (Schuppius ,Lehrreiche Schriften‘, 1663, S. 335); aber die Belege reichen noch bis in die Ggwt.; z. B. heißt es bei Thomas Mann (,Zauberberg‘, Kap. 3

‚Frühstück'): „Na, will er denn auch zum Kalbfell schwören?" sagt der Arzt zu Hans Castorp. Entspr. ndl. ‚het kalfsvel folgen'; engl. ‚to have taken the queen's (king's) shilling', ‚to follow the drum'; frz. ‚suivre le tambour'.

Kaldaunen sind eigentl. die Eingeweide der Tiere; vom Menschen nur in derben Rdaa. gebraucht, z. B. bei großem Schmerz: ‚ich denke, 's reißt mr de Kaldaunen raus'; sächs. ‚einen bei den Kaldaunen kriegen', ihn bei der Kehle packen. Ferner: *da möchte man aus der Kaldaune fahren:* aus der Haut fahren; *die Kaldaunen aus dem Leibe speien:* sich sehr stark erbrechen; *die Kaldaunen ausspülen:* stark trinken; *es ist ihm in die Kaldaunen gefahren, sich die Kaldaunen vollärgern; sich die Kaldaunen voll fressen (schlagen):* sehr viel essen; dementspr. das Schimpfwort *du vollgestopfter Kaldaunensack (Kaldaunenfresser), kaldaunenvoll:* übersatt, schwerbezecht.

Kalendas Graecas. *Ad Kalendas Graecas:* etw. wird bis zum St.-Nimmerleins-Tag verschoben, es geschieht niemals, ↗ Pfingsten; vgl. frz. ‚repousser aux calendes grecques'.

Kalender. *Kalender machen* (auch *kalendern):* grübeln, seinen Gedanken nachhängen, in sich versunken über etw. nachsinnen, Grillen fangen. Die Rda. ist seit dem 17. Jh. belegt. Einst war der Kalender neben der Bibel und dem Gebetbuch das einzig Gedruckte für das einfache Volk. Er gab Auskunft über das Wetter, Ratschläge für Haus, Feld und Wald und war Nachschlagebuch für Festtage, Messen u. a. Der Kalendermacher mußte also viel und tief nachdenken. Die alten Kalender enthielten außer den Tagesangaben noch astrologische Hinweise auf angeblich glückliche und unglückliche Tage, Ratschläge über Aderlassen, Kindbadtage, Haar- und Nagelabschneiden sowie Wetterprophezeiungen für das ganze Jahr. Durch deren Unzuverlässigkeit kam die „Kalenderei", die Goethe im ‚Faust' II, 1 (V. 4974) neben „Chymisterei" nennt, sehr bald in Mißkredit. „Drum haben unsre lieben Alten gesagt:

‚Du leugest wie ein Kalendermacher' ", sagt Andreas Gryphius. Und Grimmelshausen im ‚Simplicissimus' (II, Kap. 21): „Daraus urteilte ich …, daß er Kalender machte, wie er ihm ein Bein vorsetzen und zu Fall bringen möchte". J. G. Schnabel schreibt in dem Roman ‚Insel Felsenburg' (1731 ff., Bd. 5, S. 335): „Was sitzt Ihr so traurig da? Es scheint, Ihr wollet Kalender machen oder auspunktieren, ob wir auch guten Wind und Wetter auf unserer Reise haben werden". *Kalender machen für das abgelaufene Jahr:* nachdem eine Sache vorbei ist, wissen, wie man es hätte besser machen können; vgl. engl. ‚to make almanachs for the last year'. *Den Kalender verbessern wollen:* klügere Leute tadeln und zurechtweisen. *Ich will seinen Kalender nicht:* ich will auf seinen Rat nicht achten, mich nicht nach ihm richten. *In seinem Kalender ist immer Quatember:* er hat immer Fasttag, lebt in großer Dürftigkeit; ebenso *in seinem Kalender ist nur ein Fasttag* (mit dem Hintergedanken: aber der dauert das ganze Jahr): sein Tisch ist nur kärglich besetzt. *In seinem Kalender ist nichts als Vollmond:* er lebt herrlich und in Freuden. Schweiz. ‚s Kalendermache nüd erdenkt ha', das Pulver nicht erfunden haben. *Im Kalender rot anstreichen;* vgl. frz. ‚marquer en rouge au calendrier', ↗ rot.

Lit.: *G. Jungbauer:* Art. ‚Kalender', in: HdA. IV, Sp. 921–934; *F. Bork:* Kalender-, Mythen- und Weltbildstudien, Heft 1 u. 2 (Leipzig 1942); *F. H. Burmester:* Calender erzählen (Bielefeld 1966); *L. Röhrich:* Joh. P. Hebels Kalendergeschichten (Lörrach 1972); *H. Trümpy:* Ein Beitrag zur Erforschung der Kalender, in: Sandoz-Bulletin 17 (Basel 1981), Nr. 59; *K. Eder:* Kalender-Geschichten (Frauenfeld u. Stuttgart 1982); *H. Maier:* Die christliche Zeitrechnung (Freiburg 1991).

Kalmäuser, kalmäusern (klamüsern). Die Feststellung *Er ist ein Kalmäuser* kann mehrere Bdtgn. besitzen. Sie dient zur Charakterisierung eines Vielwissers, eines pedantischen Gelehrten, eines lichtscheuen Grüblers und Grillenfängers, kann aber auch den verschlagenen Schulmeister, einen verkommenen bettelnden Studenten in der Nebenbdtg. eines pfiffigen Schlaukopfes, einen Schmarotzer und den Geizhals meinen. Der Ausdr. ist im 16. Jh. aufgekommen und bis heute in verschiedenen Schreibweisen gebräuchl. Neben ‚Kalmauser‘, ‚Kalmeiser‘, ‚Kahlmäuser‘, ‚Calmäuser‘ und ‚Kalmüser‘ steht das ndd. ‚Klamüser‘. Über die Herkunft des Wortes sind die Meinungen geteilt: Nach Adelung und Heyse soll es eine Zusammensetzung aus ‚kalm‘ (= stille, ruhig) und ‚Mäusen‘ sein und einen Menschen bezeichnen, ‚der im stillen mause‘, der in Einsamkeit und im verborgenen fruchtlosen Grübeleien nachhänge. Kluge führt den 2. Wortbestandteil auf mhd. ‚mûsen‘ (= in diebischer Absicht schleichen) zurück und vergleicht mit der Wortbildung von ‚Duckmäuser‘. Grimm (Dt. Wb. V, 72) vermutet hinter ‚Kalmäuser‘ den ‚kahlen Duckmäuser‘, im Sinne von armem Schlucker, Schmarotzer u. Stubenhocker. Im ‚Preuß. Hausfreund‘ (Berlin 1810, S. 427) stand sogar folgende Erklärung: „Das Wort Kalmäuser ist aus dem alten Scholmester (Schulmeister) mit Umwandlung des Schol in Kol und Kal, wie des Meister in Mäuser entstanden, ähnl. wie Duckmäuser aus Tücke und Meister“. Da sich die Rda. vor allem auf einen Menschen bezieht, der Schwieriges herauszubringen sucht, der grübelt und über Zusammenhänge nachsinnt, der bes. geistige Fähigkeiten besitzt, ist auch an den Einfluß von lat. calamus (= Schreibrohr) zu denken. Das Schreibgerät wurde dann stellvertretend für den Schreiber genannt und schließlich zu einer Art Spottname für ihn. Joh. Fischart brauchte den Ausdr. in solcher Weise in seinem ‚Gargantua‘ (S. 255), wo es heißt: „solch Ding lehrnet man ohn den einörigen Dorfkalmäuser“. Er meinte damit den Dorfschulmeister, der oft der einzige im Dorfe war, der lesen und schreiben konnte. Da die Mißtrauischen glaubten, daß er dieses Wissen zu eigenem Vorteil anwende und manchmal zum Nachteile anderer mißbrauche, erhielt das Wort ‚Kalmäuser‘ bald den Sinn von einem listenreichen, verschlagenen Mann, der immer einen Ausweg finden konnte. Ebenfalls in Fischarts ‚Gargantua‘ (S. 31) ist das Wort in dieser Bdtg. überliefert: „Sind nicht ein gut theil Päpst Kalmäuser?“ Fischart bez. aber auch den Schmarotzer damit: „Wappenbrief usw. müssen Esellerisch jedem Kalmeuser, der das Grass durch den Zaun isst, für eine

Löwenhaut dienen“ (‚Aller Praktik Großmutter‘, Kloster, VIII, 580). Daß ein Zusammenhang zw. Kalmäuser und lat. calamus (= Kalmus) bestehen kann, zeigt eine berl. Rda.: ‚An den Kalmus piepen wir nich!‘, darauf fallen wir nicht herein, die das in Dtl. angebaute Schilfrohr Kalmus in übertr. Bdtg. für Schwindel verwendet. Möglich wäre aber auch die Herkunft des Wortes aus der Gaunersprache, wo es bis heute lebendig ist. Von der jidd. Wurzel ‚komaz‘ = nehmen und ‚kamzon‘ = ein mit voller Hand Nehmender, Einsammler, Bettler, Schmarotzer, Geizhals wurde im Rotw. das Wort ‚Kammesierer‘ = gelehrter Bettler, verkommener und verschlagener Student abgeleitet und wahrscheinl. unter lat. Einfluß von ‚calamus‘ ‚Kalmäuser‘ gebildet. In Berlin und Mitteldt. ist noch im 20. Jh. ‚calmüsern‘ = umhersuchen und ‚ausklamüsern‘ = ausfindig machen in der Kundensprache üblich und in die Umgangssprache eingedrungen.

Etw. ist eitel Kalmäuserei: es ist Pedanterie, Stubengelehrsamkeit, unbrauchbares Wissen, auch: Knauserei, Geiz.
Er kalmausert: er ist ein einsamer Stubenhocker, ein Stubengelehrter und Federfuchser. Im Mansfeldischen meint die Wndg. *jem. kalmüsert,* daß er eifrig nachforscht. Hier zeigt sich eine deutliche Übereinstimmung mit der Gaunersprache (calmüsern = umhersuchen).
Etw. ausklamüsern (herausklamiesern): etw. schwer zu Entdeckendes durch Pfiffigkeit und Nachdenken herausfinden, etw. Verborgenes nach langen Bemühungen ausfindig machen, vgl. oldenb. ‚ûtkalmüseren‘.

Lit.: Dt. Wb. V, 70f.; *Wander* II, Sp. 1117; *S. A. Wolf:* Wb. d. Rotwelschen (Mannheim 1956), S. 150, Nr. 2435.

kalt. *Jem. kaltmachen:* verhüllend für: ihn töten, umbringen, ermorden; hergeleitet vom Erkalten der Leiche. Von der Wirkung wird euphemist. auf die Tat geschlossen.
Jem. kaltstellen: ihn um seinen Einfluß bringen, ihm seine Stellung nehmen, ihn in eine Lage bringen, in der er nicht wirken kann; zuerst von Speisen gesagt, die

man vom Feuer nimmt und auf Eis setzt, damit sie nicht verderben; seit dem 19. Jh. bildl. mit negativer Bdtg.; z. B. Bismarck in einem Brief an seine Schwester von 1858 über seinen Petersburger Gesandtschaftsposten: „kalt gestellt an der Newa". Und Bismarcks Gemahlin schreibt am 4.2.1862: „Aber wir rühren uns nicht von Petersburg, wo wir so angenehm kalt und weit weg stehen". Vgl. frz. ‚mettre quelqu'un en veilleuse'. Daneben besteht auch ein mdal. ‚kalt stellen' für frisch erhalten, z. B. sagt man els. zu einem ängstlich um seine Gesundheit für den nächsten Tag Besorgten: ‚Stand in dr Keller, daß de frisch blibst bis morn!'

Jem. kaltlassen: nicht erregen, aufregen, interessieren, keinen Eindruck machen; bezieht sich auf das Fehlen der Gemütswärme (‚kaltes Blut', ‚kühler Verstand'); vergleiche französisch ‚laisser quelqu'un froid'.

Halb so kalt!: halb so schlimm! Die Rda. ist abgeleitet von dem Sprw. ‚Es wird nichts so heiß gegessen, wie es gekocht wird'.

Auf kaltem Wege: ohne Umstände, unauffällig; ohne den vorgeschriebenen Weg streng einzuhalten. Die Rda. leitet sich wohl her von chemischen Verfahren, bei denen Extrakte ohne Erhitzung hergestellt werden.

Jem. kalt ablaufen lassen: ihn schroff abweisen.

Kalt und warm aus einem Munde ↗ blasen: zwiespältig, doppelzüngig sein. Im rdal. Vergleich sagt man: ‚kalt wie Eis', ‚hundekalt', ‚kalt wie ein Schneider' (Fisch, Frosch, in einem Hundestall, Hundeschnauze usw.).

‚Jem. läuft es kalt den Rücken herunter': er bekommt eine Gänsehaut vor Grausen. Ähnl.: ‚er bekommt das kalte Grausen', ↗ Gänsehaut. Zu feststehenden Begriffen wurden auch die Wortverbindungen ‚kalter Kaffee' (Nichtssagendes, alter Quark), ‚kalte Ente' (alkohol. Getränkemischung aus Wein u. Sekt), ‚kalte Herberge', ‚kalte Mamsell' (steht für ‚kaltes Buffet'), ‚kalte Platte' (Aufschnittplatte), ‚kalte Pracht' (prachtvolle Architektur oder Innenausstattung, der jede Verbindung zum Menschen fehlt), ‚kalte Dusche' (unangenehmes Schockerlebnis).

Kamel ↗ Nadel.

Kamillen, Kamellen. *Alte Kamillen,* ndd. ‚Dat sünd olle Kamellen' (oft mit dem Zusatz: ‚de rükt nich mehr'): alte, längst bekannte Sachen, abgenützte Phrasen; ein vorwiegend in Norddtl. gebräuchl. Ausdr.; er ist seit der zweiten H. des 18. Jh. in Pommern nachgewiesen. Bei langem Lagern büßen die Kamillen ihren würzigen Geruch und auch ihre Heilkraft ein. Fritz Reuter erläutert seinen Buchtitel ‚Olle Kamellen' 1863 brieflich so: „dat heit so vel ungefihr, as ‚Meidinger' (Anekdoten), de halw vergeten sünd, un stammt sick von de Kamellenbleumen her, dei ock nich recht mihr för bukweihdag (Leibschmerzen) helpen will, wenn sei äwerjährig worden sünd".

Im Liede aus Jütland/Dänemark ‚Gut'n Abend, euch allen hier beisamm' heißt es in der letzten Strophe:

Ei, Steffen, ei Steffen,
die Polka kann ich nicht.
Da sitz ich viel lieber
und tu mir vertellen
mit mein'n lieben Schwestern
'n paar olle Kamellen.

Die ndd. Form ‚Kamellen' hat sich gegenüber der hd. durchgesetzt. Dabei ist interessant zu beobachten, daß den Menschen, die nicht dem ndd. Sprachraum angehören oder ihm entstammen, die Verwandtschaft von Kamellen und Kamillen zum weit überwiegenden Teil unbekannt ist. Diese Tatsache erklärt sich im Rheinl. daher, daß dort das Wort ‚Karamell' = Bonbon in der Mda. ‚Karmelle' heißt, das ‚r' aber nur ganz vereinzelt ausgesprochen wird. Die so entstandene Homonymie hat bewirkt, daß unser Ausdr. sich rhein. an die Karamellbonbons angeschlossen hat: ‚dat es en al Ka(r)mell', bzw. ‚dat sen ale Ka(r)melle'.

Bei der entspr. Rda. *olle Kamellen aufwärmen:* erledigte, abgetane Dinge wieder zur Sprache bringen, wird der alte Sachzusammenhang nicht mehr recht eingesehen; sie ist eher an die Rda. ‚alten Kohl aufwärmen' angelehnt. Schließlich ist in der bedeutungsgleichen Rda. *alte Kamellen ausgraben* das Wort Kamellen bereits Synonym für ‚Sachen', ‚Dinge' oder ‚Geschichten'.

Kamin. *Etw. in den Kamin schreiben:* etw. verlorengeben; mit Rückzahlung einer Geldschuld nicht mehr rechnen; 19. Jh. ↗ Schornstein.

Jem. in den Kamin hängen: ihn loswerden. Es handelt sich um eine neuere Rda., die u. a. als Titel eines zeitkrit. Buches begegnet: ‚Hängt doch die Kinder in den Kamin‘ von S. Gräfin Schönfeldt.

Kamm. *Alles über einen Kamm scheren:* alle(s) gleichmäßig, nach einem und demselben Schema behandeln; seit dem 16. Jh. bezeugt, so 1579 in Fischarts Satire ‚Bienenkorb‘ (S. 248 a): „welchen allen zugleich über einen Kamm geschoren würd". Die Rda., die auch in anderen Sprachen vorkommt (z. B. schwed. ‚skära alla öfver en kam‘), geht wohl auf die Praxis der früheren Baderstuben zurück, wo der Bader für alle Kunden denselben Kamm benutzte, und nicht davon aus, daß ein Schafzüchter grobe und feine Wolle über denselben Kamm schert. Obersächs. ‚etw. mit seinem Kamm streichen‘, es durchnehmen, besprechen, ↗ Hechel.

Bei jem. (dort) liegt der Kamm neben (auf, bei) der Butter: bei jem. (dort) geht es schmutzig, unordentlich zu; dort herrscht ein unsauberes Durcheinander.

Jem. schwillt der Kamm (auch *ihm geht der Kamm hoch):* er gerät in Zorn, er wird wütend; aber auch: er wird eingebildet, übermütig, herausfordernd; vom Hahn hergeleitet, dessen Kamm tatsächlich anschwillt und sich tiefer rot färbt, wenn er in Zorn gerät: „Die Lippe bebt, schon fängt der Kamm sich an zu röten" (Wieland, ‚Pervonte‘, 3. Teil, V. 435). Vgl. frz. ‚Le rouge lui monte à la tête‘ (Die Röte steigt ihm in den Kopf). Auch lat. ‚cristae alicui surgunt‘ wird in übertr. Sinne gebraucht. Ähnl. ndd. ‚he sett en Kamm up‘, er wird böse.

Den Gegensatz drückt aus: *Einem den Kamm stutzen (beschneiden):* seinen Übermut zügeln, ihn dämpfen; jem. die Geilheit austreiben; beruht auf dem Volksglauben, daß der Haushahn unfruchtbar wird, wenn man ihm den Kamm abschneidet. *Einen auf den Kamm treten* und: *ihn über den Kamm beißen:* ihm gehörig zusetzen, eigentl. wie es der Hahn mit der Henne tut. *Einen über den Kamm hauen:* ihn hart anfahren, eigentl.: ihm einen Schlag über den Nacken geben. ↗ Kanthaken.

Lit.: *P. Sartori:* Art. ‚Kamm‘ u. ‚kämmen‘, in: HdA. IV, Sp. 942–952; *E. Schrock:* ‚Comb's getting red‘, in: Western Folklore 31 (1972), S. 26; weitere Lit.: ↗ Haar.

‚Alles über einen Kamm scheren‘

Kamuffel. *Du bist doch ein Kamuffel* oder *das ist doch ein Kamuffel* wird von einem dummen, tolpatschigen Menschen gesagt, der gerade etwas Törichtes angestellt hat. Der Begriff geht zurück auf spätlatein. ‚camuflare‘ (betrügen, täuschen), das auch in dem frz. Wort ‚camouflage‘ enthalten ist. In der heutigen Bdtg. hat das (nur noch in manchen Gegenden erhaltene) leicht spöttische Schimpfwort keine Beziehung mehr zum Urspr.; es ist vielmehr als gutwilliger Tadel für linkisches Verhalten zu werten, ↗ Camouflage.

Kanal. *Den Kanal voll haben:* genug haben, einer Sache überdrüssig, angewidert sein. Kanal bezieht sich dabei auf den Magen-Darm-Trakt; sold. seit dem 1. Weltkrieg. Entspr. *sich den Kanal vollaufen lassen:* sich betrinken.

Kandare. *Einen an (in) die (bei der) Kandare nehmen (kriegen, legen):* ihn streng(er) behandeln, straff halten; eigentl.: ihn schärfer zügeln. Kandare ist die Gebißstange am Zaumzeug des Pferdes, die ein scharfes Zügeln ermöglicht, da sie über der Zunge des Pferdes liegt. Diese Zaumtechnik wurde zuerst von den Ungarn (magyarisch kantár = Zaum) zusätzlich zur einfachen Zäumung, der Trense, benutzt. Im 18. Jh. wurde die Kandare in Dtl. eingeführt; ihr Gebrauch im übertr. Sinne entstammt aber erst dem ausgehenden 19. Jh. In Gerhart Hauptmanns ‚Biberpelz' II heißt es: „Dem (Gastwirt Fiebig) woll'n wir mal bißchen Kandare anlegen". Zuweilen lautet die Rda. auch im gleichen Sinne, aber deutlicher: *jem. auf Kandare reiten,* d. h. mittels einer Kandare zügeln. *Jem. bei der Kandare halten:* ihm enge Zügel anlegen, ihm keinen Freiraum lassen. Entspr. auch: *einen Ruck an die Kandare kriegen:* zur Ordnung gerufen werden; *sich an die Kandare nehmen:* Selbstbeherrschung üben (sold.); vgl. frz. ‚serrer la bride à quelqu'un'; ndl. ‚iemand op de stang rijden', wobei mit ‚stang' die Gebißstange, d. i. die Kandare, gemeint ist.

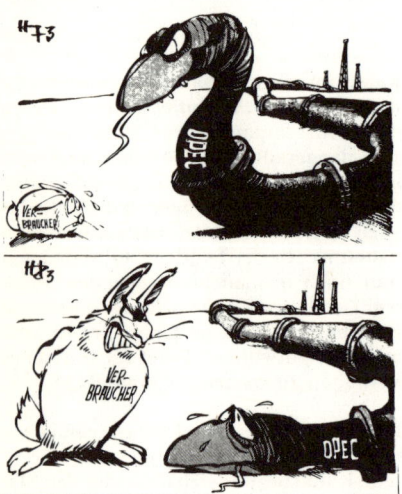

,Wie das Kaninchen auf die Schlange starren'

Kaninchen. *Wie das Kaninchen auf die Schlange starren:* eine Gefahr erkennen und vor Schreck nichts dagegen unternehmen können. Verhaltensforscher haben darauf hingewiesen, daß nicht nur Kaninchen, sondern auch Ratten, Mäuse, Eidechsen u. Vögel beim Anblick einer Schlange zur Bewegungsunfähigkeit erstarren. Dies diene freilich ihrer Rettung. Denn oft sieht die Schlange ihr Opfer nicht mehr, wenn es sich nicht bewegt, und kriecht lustlos davon. *Sich vermehren wie die Kaninchen (Karnikkel):* zahllose Junge zur Welt bringen. Die

Rda. spielt auf die Fruchtbarkeit der Kaninchen an, die sich in großen Würfen fortpflanzen, ↗ Karnickel. ‚Das Kaninchen aus dem Zylinder holen': zaubern, ↗ Zylinder.

Lit.: *R. Riegler:* Art. ‚Kaninchen', in: HdA. IV, Sp. 959–962; *V. B. Dröscher:* Mit den Wölfen heulen (Düsseldorf 1978), S. 13–16, 49–52.

Kanne. *Zu tief in die Kanne gucken (blikken, schauen);* synonym zu: ‚zu tief ins Glas schauen', sich betrinken; schon im 16. Jh. bei Joh. Fischart (,Geschichtklitterung' S. 212). Entspr. *die Kanne nicht lange leer stehen lassen:* gerne und häufig trinken.
Kannegießer nennt man einen Bierbankpolitiker, Stammtischstrategen, d. h. eine Person, die in Gasthäusern ohne den gehörigen Sachverstand politisiert; dazu das Verb ‚kannegießern'. Kannegießen war einst die wichtigste Arbeit im Handwerk der Zinngießer, die deshalb auch Kannengießer genannt wurden. Zu sprw. Gebrauch kam das Wort durch lit. Einfluß. 1722 wurde in Kopenhagen Ludwig v. Holbergs Lustspiel ‚Der politische Kannegießer' (‚politiske kandestøber') aufgeführt. Das Stück wurde nach der Übers. von Delharding 1742 auch in Dtl. sehr beliebt, und die Verbreitung der Rda. zeigt, welchen Eindruck es damals gemacht hat. Fortan hieß ein Stammtischpolitiker, ein leidenschaftlicher, aber beschränkter Zeitungsleser ein politischer Kannengießer. Man übertrug das Wort später auch auf leeres oder gemütliches Geschwätz in anderen Dingen und sprach von ästhetischen, theologischen u. a. Kannengießern. Seit der 2. H. des 18. Jh. sind diese Begriffe im Dt. geläufig.

Kanone. *Das ist unter aller Kanone:* unter aller Kritik, schlecht, wertlos, unter dem Strich, unter aller Sau, spottet jeder Beschreibung. Während Kanone = Geschütz aus ital. cannone, d. i. die Vergrößerungsform von canna = Rohr, abgeleitet ist, kommt unsere Rda. vom lat. Schulausdr. Kanon = Maßstab, Richtschnur (,sic satis; male; pessime'). Was unterhalb dieses Kanons (des Maßstabes zur Bewertung von Schülerarbeiten) lag, war sehr schlecht: ‚sub omni canone'. Die erst im 19. Jh. bezeugte Rda. ist wohl eine aus Schülerkreisen stammende scherzhafte Übers. dieser Wndg. Sie wird mdal. noch weiter verdreht zu: ‚unter aller Kanallje' (Gerhart Hauptmann: ‚Rose Bernd').

Der Urspr. dieser Rda. soll nach einer Anekdote in Sachsen zu suchen sein. Dort habe ein Oberlehrer, der mit den Leistungen seiner Schüler nicht zufrieden war, an den Schulrat einst folgende Zeilen geschrieben: „... meine Zensurstaffel ist ein canon zu fünf Zensuren; leider liegen die Arbeiten der meisten Schüler sub omni canone ..." Damit ein jeder es verstand, habe er die Erklärung der Wndg. ‚unter aller Kanone' hinzugefügt.

In neuerer Zeit hat sich ein weiterer Begriff herausgebildet: die ‚Sportskanone'. Damit ist ein Spitzensportler gemeint, der herausragende Leistungen erbringt.

Von der Kanone leitet sich dagegen her: *mit Kanonen auf Spatzen schießen:* großen Aufwand um einer geringfügigen Sache willen treiben; *besoffen wie eine Kanone:* wie ein schwer geladenes Geschütz (dazu: ‚Kanonenrausch'), ⚡Strandkanone. *Die Kanonen sprechen lassen,* verhüllend für: den Krieg beginnen; vgl. frz. ‚donner la parole aux armes' (gehobene Sprache): die Waffen sprechen lassen.

„food for powder" (Futter für Pulver bzw. Kanonenfutter) gebraucht.

(Ach du) heiliges Kanonenrohr ist ein Ausruf komischer Verzweiflung, der Verwunderung, des Erstaunens und Erschreckens; scherzhafte Umbildung eines Heiligennamens, der nicht mißbräuchlich oder im Fluch verwendet werden soll, ähnl. wie ‚Heiliger Strohsack', ‚Heiliger Bimbam', ‚Heiligs Blechle'.

Lit.: *E. Schwabe,* in: Zs. f. d. U. 19 (1905), S. 528 f.; *H. M. Kaulbach:* Bombe u. Kanone in der Karikatur. Eine kunsthistorische Untersuchung zur Metaphorik der Vernichtungsdrohung (Marburg 1988).

Kante. *Etw. (Geld) auf die hohe Kante legen:* sparen, beiseite legen, zurücklegen. Entspr. *etw. auf der hohen Kante haben:* Ersparnisse zurückgelegt haben. Die Rda. wird meist so erklärt, daß Geld in größeren Mengen in Rollen verpackt wird und die einzelnen Geldstücke dann auf die Kante zu stehen kommen, also ‚hochkant' stehen. Doch könnte mit der ‚hohen Kante' auch ein Wandbrett, Sims, Schrank usw. gemeint sein, auf die man das Geld zur Aufbewahrung legte. Auch mit einer ätiologischen und vermutlich erst sekundär entstandenen Anekdote wird die Rda. in Zusammenhang gebracht. Von dem Kutscher Pfund Fried-

‚Mit Kanonen auf Spatzen schießen'

Als Kanonenfutter dienen: an die Front geschickt und sinnlos geopfert werden. Diese Rda. entsprang der Ohnmacht des einzelnen Soldaten im Krieg, wenn klar war, daß es keinen Sieg mehr geben konnte. Erstmals begegnet der Ausdr. in Shakespeares Schauspiel ‚König Heinrich IV.' (IV, 2), in dem Falstaff die Worte

‚Etwas auf die hohe Kante legen'

richs des Großen, der auch als ‚Pfunds-kerl‘ rdal. weiterlebt, wird folgende Gesch. erzählt: Als der König überraschend Stallrevision hielt, fand er auf der Kante eines Brettes lauter Talerstücke. Das Geld lag, zu silbernen Säulchen gehäuft, so arglos da, als wäre dieser Platz der rechte für ein kleines Vermögen in bar. Also rief Friedrich seinen Kutscher mit Namen Pfund und examinierte ihn: „Kerl, was hat Er da?“
„Lauter Talers, Majestät!“
„Sehe ich selber. Aber was tun die hier?“
„Ick hab se uff die hohe Kante jelegt, für wenn ick mal vor die Tür jesetzt werden sollte!“
„Aber Pfund, traut er mir das zu –?“
„Majestät, neulich wäre et bald soweit jewesen …“
Hier schüttelte Friedrich den Kopf, ritt zum Stall hinaus und dachte daheim über des Mannes Worte ausgiebig nach. Schickte am nächsten Morgen den Leibdiener Fredersdorff mit zehn blanken Talern los, zu des Kutschers Wohnung hin, muß man wissen, und gab dem Gelde noch einen lakonischen Zettel bei: „Lege Er es ebenfalls auf die hohe Kante. Aber mache Er sich keine unnützen Flausen“.
Nach allen Kanten (z. B. loben) bedeutet dasselbe wie: nach allen Seiten, in jeder Beziehung. *An allen Ecken und Kanten:* an allen Ecken und Enden, überall. Ndd. ‚dat stet so up de Kante‘, es kann leicht herunterfallen; ‚es ist mit ihm up de Kant‘, es steht kritisch mit ihm, es geht mit ihm zu Ende; ‚gah an de Kante‘, geh deiner Wege; ‚einen an die scharfe Kante kriegen‘, ihn zur Entscheidung zwingen.

Kanthaken ist der eiserne Haken, mit dem beim Verladen der Schiffe im Hafen die Fässer und Kisten angefaßt, auf die Kante gestellt und gehoben werden. Daher die seit dem Ausgang des 17. Jh. bezeugte Rda. *einen beim Kanthaken packen (nehmen, kriegen):* ihn am Genick, beim Kragen, am ↗ Schlafittchen nehmen. Vielleicht ist die Rda. aus der Seemannssprache in die Umgangssprache übergegangen. Dann müßte es aber eigentl. und logisch heißen: ‚jem. mit dem Kanthaken fassen‘. Diese Formulierung ist jedoch nicht gebräuchl. Nun hält bereits Adelung

1775 in seinem ‚Versuch eines grammatisch-kritischen Wörterbuches‘ (Bd. 2, Sp. 1497) das Wort Kanthaken, dessen Bdtg. ja sehr wenig zu ‚Genick‘ paßt, für eine Entstellung aus ‚Kammhaken‘, das er in der Bdtg. ‚Genick‘ anführt. Und in der Tat ist die ältere, seit dem 16. Jh. bezeugte Form der Rda.: ‚einen beim Kamm nehmen‘, wobei ‚Kamm‘ urspr. den Teil des Halses von Pferden usw. bez., auf dem die Mähne wächst, dann auch den Nacken, Schopf von Menschen; ↗ Kamm.

Lit.: *R. Block:* ‚Einen beim Kanthaken kriegen‘, in: Zs. f. d. U. 26 (1912), S. 900–902; *O. Hauschild:* ‚Einen beim Kanthaken kriegen‘, in: Korrespondenzblatt des Vereins für ndd. Sprachforschung 41 (1928), S. 57–59.

Kantonist. *Ein unsicherer (fragwürdiger) Kantonist sein:* ein Mensch sein, auf den man sich nicht verlassen kann, ein Mensch von zweifelhaftem Charakter, demgegenüber Vorsicht geboten ist. Unter dem Soldatenkönig Friedrich Wilhelm I. wurde Preußen durch ein Reglement vom Jahre 1733 in Aushebungsbezirke, sog. Kantone, eingeteilt. Nach der bis 1841 geltenden Regelung ist ein Kantonist dementsprechend ein Dienstpflichtiger, Angehöriger eines Kantons. Ein ‚unsicherer Kantonist‘ ist ein Dienstpflichtiger, der sich der Aushebung zu entziehen sucht, dann verallgemeinert: ein unzuverlässiger Mensch. Der Ausdr. wurde dann auf andere Berufe und Verhältnisse übertr.: „obgleich Doktoren wegen ihrer Praxis ziemlich unsichere Kantonisten sind“ (Stinde, ‚Familie Buchholz‘, 1885, Bd. 2, S. 72).

Kanzel. *Ein Brautpaar von der Kanzel werfen (herunterschmeißen, springen lassen):* es kirchlich aufbieten; eine schon seit dem 17. Jh. bezeugte Rda., die sich davon herleitet, daß die Namen der Verlobten drei Sonntage hintereinander von der Kanzel aus verkündigt wurden. Lit. z. B. in Grimmelshausens ‚Simplicissimus‘ (II): „Dass sie umb acht Tag ehender als sonsten dorften Hochzeit halten, weiln sie in acht Tagen dreimal nach einander über die Canzel geworfen werden konnten“. Entspr. *von der Kanzel fallen:* in der Kirche aufgeboten werden; auch in den Mdaa., z. B. schwäb. ‚von der Kanzel ra schmeisse'; pomm. ‚se sind all van de Kanzel fallen'.

Schweiz. ‚d Chanzla n'ufstella', bei der Besetzung einer Pfarrstelle die freie Bewerbung eröffnen, so daß der Bewerber eine Probepredigt halten kann.

Einen von der Kanzel auswaschen; z. B. bei Burkard Waldis: „Mit solchen Worten ungelaschen, uns von der Kanzel auszuwaschen"; ↗ abkanzeln.

Kapee. *Schwer von Kapee sein:* schlecht begreifen, eine lange Leitung haben; zu ‚kapieren' (vgl. lat. capere) = begreifen, verstehen, gebildetes französisierendes Subst., seit etwa 1900, rhein. und sold. Ähnl. frz. comprendre und davon (Participe passé) ‚compris'; Rdal.: „Du bist wohl schwer von ‚compris'?" Auch hier wäre eine ‚Wandlung' zum ‚kapiert' denkbar.

Verballhornungen solcher Art sind nicht selten. Dafür ein anekdotisches Beispiel: Als Napoleon in Osnabrück einziehen wollte, da sollte die Bevölkerung ihn ‚begrüßen'. Wie aber diesen einfachen Leuten, die nur ihr ‚Platt' sprachen, ‚Französisch' beibringen, wenigstens ‚Vive l'empereur!'? ... Denkt an: ‚Aule Wiewer, lange Piepenröhre' (Alte Weiber, langes Pfeifenrohr – die lange Pfeife wurde damals gern geraucht). Und so scholl es dem Kaiser der Franzosen entgegen: ‚Aule Wiewer, lange Piepenröhre' – ‚Vive l'empereur!'

Kapital. *Aus etw. Kapital schlagen:* aus einer Sache für sich Vorteile, Gewinn herausholen. Die Wndg. ist eine moderne Steigerung von ‚Geld (heraus)schlagen', ↗ Geld; vgl. engl. ‚to make capital out of a thing'; frz. ‚battre monnaie avec quelque chose' (heute nur noch in der gehobenen Sprache gebräuchlich); ndl. ‚geld (munt) uit iets slaan'.

Er schlägt aus allem Kapital: er ist ein sehr geschäftstüchtiger Mensch, er weiß sich alles nutzbar zu machen.

Lit.: Münzen in Brauch u. Aberglauben (Mainz 1982), S. 220. *K. Horn:* Art. ‚Gold, Geld', in: EM. V, Sp. 1357–1372.

Kapitel. *Das ist ein Kapitel für sich:* darüber läßt sich viel (Merkwürdiges, Unerfreuliches, Ungünstiges) sagen. Die Rda.

geht von der Einteilung der bibl. Schriften in Kap. aus. Entspr. *Das ist ein ganz anderes Kapitel:* das steht auf einem anderen Blatt; rhein. ‚Dat es en ander Kapitel', eine andere Sache; nun verstehe ich dich; ‚loss mer en aner Kapitel ufänken', ‚um auf ein anderes Kapitel zu kommen', von etw. anderem reden; ‚das ist ein dunkles (trauriges usw.) Kapitel'; vgl. frz. ‚C'est une toute autre histoire' (Geschichte); *Einem die Kapitel lesen* oder *ihn abkapiteln:* ihm Vorwürfe machen, ihn ↗ abkanzeln, die ↗ Leviten lesen, ihn ins ↗ Gebet nehmen.

kapores. *Kapores gehen (machen):* sterben, entzweigehen, bankrott gehen, vernichtet sein, stud. seit dem Ende des 18. Jh. Das Wort stammt aus hebr. ‚kappôreth', das Sühneopfer, Sühnung, Versöhnung, Genugtuung bedeutet. Am Vorabend des Versöhnungsfestes wurden Hühner ‚kapores' geschlagen, nämlich als Sühneopfer um den Kopf geschwungen; ↗ Sündenbock.

Kappe. *Etw. auf seine (die eigene) Kappe nehmen:* die Verantwortung (auch: die Unkosten, die Folgen) für etw. übernehmen. *Etw. auf eigene Kappe machen:* etw. ohne Auftrag auf eigene Verantwortung machen. *Es kommt auf seine Kappe:* dafür trifft ihn die Verantwortung, es geht auf seine Rechnung. Die Kappe ist an die Stelle des Kopfes getreten, der die Verantwortung übernommen hat; ↗ Hut. Diese erst seit Heinrich v. Kleist belegte Rda. geht vielleicht auf die Bdtg. der Kappe als Teil der Amtstracht (z. B. eines Richters, eines Beamten) zurück, sagt man doch rhein. ähnl.: ‚Se schuwen alles op seng Kapp', sie machen ihn für alles verantwortlich. Entspr. *Das kann ihm die Kappe kosten:* das kann ihn sein Amt, seine Stellung kosten. Doch könnte Kappe auch den Mantel (engl. cape) bedeuten, auf den einer Prügel bekommt, denn *einem etw. auf die Kappe geben* (ähnl.: auf die Mütze) heißt: ihn verprügeln, und mit gleicher Übertr. ist zu ‚Wams' das Verb ‚verwamsen' = verprügeln gebildet. In älterer Sprache bedeutete ‚Kappen' geradezu ‚Prügel', so *Kappen geben* bei Grimmelshausen; dann gemildert: ‚es wird Kappen setzen', es wird Vorwürfe geben. *Die Kappen aufklauben:* die Vorwürfe ruhig hinnehmen, einstecken. Lit. bei Seb. Franck (,Chronik' 1501, B. 449b): „Wer ein Christ will sein, muß Verfolgung leiden, herhalten, die Kappen aufklauben". Schon bei Luther ist belegt: *eine Kappe schneiden (kaufen):* ein Unglück bereiten; auch mdal. ndd. ,di is ene Kappe tosneden', dir ist etw. Schlimmes zugedacht. *Einem die Kappe aufsetzen:* ihn zum Mönch machen; entspr. das Sprw. ,Gleiche Brüder, gleiche Kappen' mit der auf die Narrenkappe gemünzten Fortsetzung: ,gleiche Narren, gleiche Lappen'. *Er hat die Kappe an den Zaun gehängt:* er ist aus dem geistlichen in den weltlichen Stand getreten; vgl. frz. ,Il a jeté le (oder: son) froc aux orties' (wörtl.: Er hat die Mönchskutte in die Brennesseln geworfen). *Einem eine Kappe kaufen:* ihm hart zusetzen, bezieht sich in der Sprache des 16. Jh. auf die Narrenkappe. Bei Hans Sachs sagt ein zorniger Mann, der seine Frau geschlagen hat:

Dann ist die Gall mir überlauffen,
Das ich ihr thu ein Kappen kauffen.

Dazu: ,Er könnte sich die Kappe sparen', man hält ihn so schon für einen Narren. *Das wäre mit der Kappe geschlagen:* zu grobschlächtig.
„Jem. isch neben der Kapp' (Karlsruhe): er hat seine Gedanken nicht beisammen.
,Jedem Narren (Lappen) gefällt seine Kappe': Jeder so wie er's mag; ↗Kopf.

Lit.: *W. Mezger:* Narrenidee und Fastnachtsbrauch. Studien zum Fortleben des Mittelalters in der europäischen Festkultur (Konstanz 1991) (s. Register u. ,Kappe' und ,Narrenkappe').

Kapriolen. Ital. ,capriola' = Bocksprung (von lat. caper = Bock) ist in der zweiten H. des 16. Jh. als Name der kunstvollen Sprünge ital. Tänzer ins Dt. gedrungen. Dazu die Rda. *Kapriolen machen:* tolle Stückchen machen, Unsinn, Narreteien treiben, aber auch: Seitensprünge machen. Im 17. Jh. statt dessen auch *Kapriolen schneiden:* Faxen machen. In einem hist. Volkslied auf die Erwerbung der poln. Königskrone durch den sächs. Kurfürsten heißt es:

Nämlich Conti, dieser Franze,
So ganz listig capriolt,
Daß er, gleich als wie zum Danze,
Vor sich eine Krone holt.

Hierher gehört auch der Beleg in Grimmelshausens ,Simplicissimus' (IV, 462): „Ohne was die Lateinischen Handwerks-Gesellen, mit ihrem Vestra Dominatio, recommando me und permaneo für Capern daher schneiden" i. S. v.: Fratzen schneiden. Durch den Schlager der dreißiger Jahre „So was nennt man Kapriolen…" hat die Rda. in unserem Jh. wieder neues Leben erhalten.
Die ital. Form ,Capriccio' (= launischer Einfall) ist in der musikalischen Terminologie häufig (z. B. Rich. Strauss ,Capriccio').

kaputt, entzwei, erschöpft, tot, bankrott. *Kaputt gehen:* zugrunde gehen, entzweigehen, zerbrechen, sterben, bankrott gehen. Entspr. *kaputt machen (hauen, sein),* aber auch sich *kaputt lachen:* heftig lachen, sich tot lachen, sich vor Lachen ausschütten; sich *kaputt arbeiten:* sich bei der Arbeit überanstrengen: *Was ist kaputt?:* Was ist los? Was ist geschehen? *Bei dir ist wohl etw. kaputt!:* du bist wohl nicht recht bei Verstand. *Rasen wie ein kaputter D-Zug* ist ein anschaulicher, aber hinkender rdal. Vergleich. Kaputt ist urspr. ein frz. Fachausdr. des Pikett(karten)spiels, wo man ,être, faire capot' (von capoter = kentern, zu lat. caput = Vorderteil des Schiffes) sagte, wenn ein Spieler alle Stiche, die übrigen keinen gemacht hatten. Im 17. Jh. drang das Wort ins Dt.; während des Dreißigjährigen Krieges nahm ,kaputt spielen' die übertr. Bdtg. ,einem alles abnehmen' an (Grimmelshausen), in der Soldatensprache wurde ,kaputt machen' sogar ein übersteigernder Ausdr. für ,erschlagen'. Schließlich wurde kaputt ein Allerweltswort der Umgangssprache für ,zerstört', ,entzwei'. ,Mensch, ich bin heute vielleicht kaputt!' (= zerschlagen, ,am Boden zerstört'…).
Das dt. Wort ,kaputt' wird im Frz. seit der II. Besatzungszeit in II. Weltkrieg und mit deutlichem Hinweis auf die Unannehmlichkeiten, die die Gegenwart fremder Truppen auf frz. Boden zur Folge

hatte, i. S. v. ‚zerstört‘ und ‚erschlagen‘ gebraucht.

Nicht verwandt mit kaputt ist das seit dem 18. Jh. in gleicher Bdtg. gebrauchte Wort ↗ kapores.

Die Häufung der Explosionslaute in ‚kaputt‘ führte wohl zu folgendem kindlichen Neck- (und Kitzel-)Spiel: ‚Kaputt, kapitt, ka padde wadde watz‘ od. auch ‚kapätt, kapott, ka ...‘ (u. ähnl. Var.).

Kapuziner. *Er ist zu keinem Kapuziner zu gebrauchen:* er ist ein gründlicher Taugenichts.

Einen Kapuziner (samt der Kutte) geschluckt haben: heiser sein. Diese bair.-österr. Rda. geht vielleicht auf die rauhhaarige Tracht des Kapuzinerordens zurück, wahrscheinlicher aber auf die derben Bußpredigten, die dessen Angehörige hielten; vgl. die Kapuzinerpredigt in Schillers ‚Wallensteins Lager‘ (8. Auftr.). Daher auch die Rda.: ‚Jem. eine Kapuzinerpredigt halten‘; ihn eindringlich zur Reue u. Buße ermahnen.

Rhein. ‚sone kleine Kapuziner met na Hus brenge‘, einen kleinen Rausch mitbringen. Bair. ist ein ‚Kapuzinerrausch‘ ein tüchtiger Rausch, wobei einen, wie man sagt (vgl. Schmeller-Frommann, I, 1270), ‚zwei an der rechten, zwei an der linken Seite führen und ein fünfter hinten nachschieben muß‘. Das Bild ist wohl von den Umzügen der Kapuzinermönche genommen, ↗ trinken.

Lit.: *W. Müller-Bergström:* Art. ‚Kapuziner‘, in: HdA. IV, Sp. 980–983; *Ph. Hofmeister:* Art. ‚Kapuziner und Kapuzinerinnen‘, in: RGG. III, Sp. 1143–1144.

Karat. ‚Hochkarätig‘ nennt man hochgestellte Persönlichkeiten, die so wertvoll sind wie ein hochkarätiger Brillant; vgl. V. I. P. (very important personalities).

Karawane. *Die Hunde bellen, die Karawane zieht weiter:* sich nicht um das ‚Gekläff‘ von Kritikern kümmern und unbeirrt seine Ziele weiterverfolgen. Es handelt sich um ein international verbreitetes Sprw. (span., ind., kurdisch) und wird in den Sammlungen meist engl. zitiert als: ‚The dogs bark, but the caravan passes‘. In der polit. Sprache Dtls. wurde es bekannt, weil Bundeskanzler Helmut Kohl es in seinen Reden mehrfach gebraucht hat. Dementsprechend häufig taucht es in polit. Karikaturen auf.

‚Die Karawane zieht weiter‘   MURSCHETZ

Karbol. *Du hast wohl lange nicht mehr Karbol gerochen?* ist eine Drohfrage, sold. seit dem 1. Weltkrieg bezeugt. Der Fragende droht dem damit Befragten, ihn krankenhausreif zu schlagen, weil dort Karbol als Desinfektionsmittel benutzt wird; vgl. auch die Ausdrücke *Karbolmäuschen:* Krankenschwester, medizinisch-technische Assistentin; *Karbolkaserne:* Lazarett, *Karbolfähnrich:* Sanitätsoberfeldwebel (Küpper).

Karfreitagsratsche. *Sein (ihr) Mundwerk geht wie eine Karfreitagsratsche* sagt man von einem gern und viel redenden Menschen, insbes. von Frauen. Eine Ratsche ist ein hölzernes Instrument, an dem sich um einen Stiel eine Klapper dreht, die ein

‚Karfreitagsratsche‘

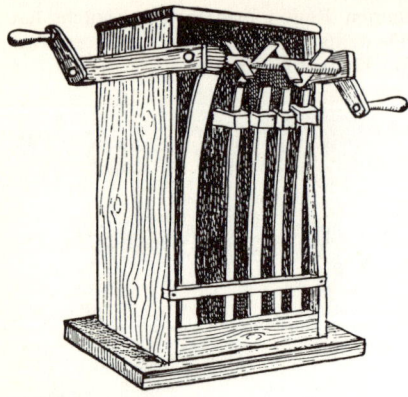

‚Karfreitagsratsche‘

starkes Geräusch verursacht. Die Ratsche wird gebraucht als Lärminstrument im Weinberg, um die Vögel zu verjagen, als Kinderspielzeug, aber auch als Brauchgerät in kath. Gegenden, um während der Karwoche, in der die Kirchenglocken schweigen, den Beginn des Gottesdienstes anzuzeigen. Auch in Frankreich wurden die Karfreitagsratschen noch vor dem ‚Zweiten Vatikanum‘ in der Karwoche gebraucht.

Lit.: *R. Andree:* Ratschen, Klappern und das Verstummen der Karfreitagsglocken, in: Zs. f. Vkde. 20 (1910), S. 250–264.

Karfunkel. *Das glänzt (blitzt) wie ein Karfunkel vorm (im) Ofenloch* sagt man obersächs. spöttisch von unechten Schmucksachen u. dgl. Bisweilen, so els., bedeutet die Rda. auch: gar nicht glänzen. Im übrigen spielt bei der seit dem 17. Jh. bezeugten Wndg. wohl auch der Anklang des Edelsteinnamens ‚Karfunkel‘ (von lat. carbunculus = kleine glühende Kohle) an ‚funkeln‘ mit herein. In dem obersächs. Witzwort ‚Er hat einen Karfunkel unter der Zunge, wenn er das Maul auftut, so leucht (lügt) er‘, ist ebenfalls der Edelstein gemeint, wobei der Witz auf die mdal. Aussprache beruht, so daß leuchten und lügen gemeint sein kann.

Im Ndd. ist Karbunkel als Geschwür bekannt, auch als Gruppe von Furunkeln.

Lit.: *K. Olbrich:* Art. ‚Karfunkel‘, in: HdA. IV, Sp. 1004–1006.

Karnickel, der Verantwortliche, eigentl. Urheber, der Schuldige; Reststück der urspr. berl. Rda. *(der) Karnickel hat angefangen.* Mit diesen Worten wird in einer Streitsache der unterliegende Schwächere vom Stärkeren auch noch ins Unrecht gesetzt; vgl. auch *wer ist das Karnickel?:* wer hat die Veranlassung (zu einem Streit) gegeben? Die vor allem berl. noch viel gebrauchte Rda. ist nicht ohne weiteres verständlich, denn die Rolle des Friedensstörers paßt eigentl. schlecht zur Wesensart des Kaninchens. Die iron. gemeinte Wndg. bringt die Pointe einer ziemlich jungen Berliner Lokal-Erzählung, die sich als sprw. Rda. verselbständigt hat. Den frühesten greifbaren Beleg enthält ein Gedicht von Friedrich Förster, dem Freund Theodor Körners, das im Berliner Konversationsblatt für Poesie, Literatur und Kritik 1827 unter der Überschrift ‚Karnikkeltod‘ erschien: Ein junger Maler schlendert mit seinem Windspiel Presto über den Markt. Der Hund bleibt bei einem Gärtner stehen, der unter einem Grünkohl ein ‚Karnickel‘ mitgebracht hat, und fängt an, diesem ‚den Pelz zu befühlen‘.

Karnickel denkt: er will
‚backe Kuchen‘ spielen,
Macht ein Männchen und in allem
Spaß
Tatscht es dem Hund so auf die Nas.
Kaum aber tut Presto so was spüren,
Er gleich darauf los, ohne
Parlementieren,
Treibt den (!) Karnickel zwischen die
Körbe zurück
Und bricht ihm erbärmlich das Genick.
Auf das Geschrei des Gärtners kommt die
Polizei und nimmt den Herrn fest.
Ein Refrendarius tritt herfür,
Ruft: ‚quadrupes pauperiem‘ heißt es
hier.
Die Weiber mit Fisch und Gemüse
schrein,
Alle Welt stürmt auf den Maler ein.
Und ein Schusterjunge, schmutzig und
keck,
Steht eben auch mit auf dem Fleck.
Der spricht: hier gilt kein
Bangemachen.
Lieber Herr, Sie können dreist lachen,
Nur immer mit auf die Polizei
gegangen,

1/2 ,Karnickel hat angefangen'

Ich hab' es gesehen: Karnickel hat
                        angefangen.
Guter Ibrahim, so ist es dir ergangen,
Es wird heißen: Karnickel hat
                        angefangen.

Der Schluß des Gedichtes nimmt Bezug
auf die Seeschlacht von Navarino: Als die
Engländer unter Codington am 20. Oktober 1827 die türkisch-ägyptische Flotte
unter Ibrahim Pascha in den Grund bohr-
ten, gaben sie vor, die Türken hätten den
ersten Schuß getan. Es war aber nur ein
Salutschuß gewesen. In der Ausg. seiner
Gedichte (1838) gab Förster dem Gedicht
den Titel ,Karnikkel hat angefangen', weil
die Wndg. inzwischen schon zur sprw.
Rda. geworden war, wie überhaupt dieses
Gedicht eine große Wirkung gehabt hat;
auf ihm beruhen auch einige künstlerische Darstellungen der Erzählung. Es ist
allerdings auch möglich, daß die Geschichte schon vorher Volkserzählung
war, ehe sie Förster bearbeitete und sie
auf ein damals viel diskutiertes weltge-
schichtliches Ereignis bezog. Die Erzählung ist jedenfalls auch Wandergut geworden, und andere mdl. Versionen verlegen
den Schauplatz der Geschichte nach
Magdeburg oder auch nach Braunschweig. Wenn auch der Franzose sagte
,Le lapin a commencé' (heute ungebräuchlich), so stammt das aus dem Dt.
Die Erzählung von der angeblichen
Schuld des schwachen Kaninchens liegt

ja im allg. Gedankengut der Fabel und ist
im Grunde ein Analogiefall zur Fabel
vom Wolf, der das Lamm frißt, und diesem die Schuld an seinem Untergang zu-
schreibt. Das plattdt. Sprw. sagt: ,Ick
ward keen Narr sin, sä de Wulf, un lat mi
vont Schap biten' oder auch: ,Ick kann'r
nich vör, sä de Wulf, da drog he dat Schap
weg'.

*Sich vermehren wie die Karnickel (Kanin-
chen):* zahlreichen Nachwuchs haben; ↗
Hase, ↗ Kaninchen.

Lit.: *O. Pniower:* Das Karnickel hat angefangen, in:
Mitteilungen des Vereins für die Gesch. Berlins 42

(1925), S. 110–112; *Chr. Rogge:* Karnickel hat ange-fangen, in: Zs f.d.Ph. 53 (1928), S. 189–191; *H. Krüg-ler:* Zu ‚Karnickel hat angefangen‘, in: Zs f.d.Ph. 57 (1932), S. 178–180.

Karre(n). *Den Karren (die Karre) aus dem Dreck ziehen:* eine verfahrene Sache wie-der in Ordnung bringen; seit dem 17. Jh. bezeugt, doch spricht vom „Karren im Schlamm" als von einer ‚verfahrenen An-gelegenheit" schon Luther. Zu Anfang des Dreißigjährigen Krieges ließ prote-stantischer Siegesübermut in einem Spott-lied die kath. Geistlichkeit ausrufen:

Thu dich (o Papst) hortig besinnen
Und schick uns Hülf in kurzer Zeit,
Denn der Karn in der Pfitze leit,
Niemand kann ihn herausschleppen.

‚Den Karren aus dem Dreck ziehen‘

Die Wndg. ist auch mdal. verbreitet, z.B. heißt es westf. ‚de Kar ut'm Dreck trek-ken‘, sich aus widerwärtigen Verhältnis-sen befreien. Das Bild vom Karren wird oft übertr. gebraucht für eine Sache, die vorangetrieben wird oder werden soll. Geiler von Kaysersberg redet sogar von der ‚Karr Gottes‘ und sagt sprw.: ‚man kan niemandts helfen den Karren ziehen, der nit selbst auch ziehet". Die gegensätz-liche Wndg. ist: *Den Karren in den Dreck (Kot) schieben (führen):* eine Sache gründ-lich verderben. Gleiche Bdtg. hat die Rda. *den Karren verfahren,* meist als Feststel-lung gebraucht, wenn das Unglück ge-schehen ist: *die Karre (der Karren) ist (gründlich) verfahren.* Ähnl. *den Karren ins Dickicht gezogen (gefahren) haben:* sich selbst in Verlegenheit gebracht haben. Holtei braucht diese Wndg. im ‚Eselsfres-ser‘ (I, 82): „Wird nicht jeder Kritiker aus-rufen: Er hat sich verrannt, hat die Karre in das Dickicht gezogen, und nun läßt er sie stehen".

Den Karren stehen lassen (im Kot stecken lassen): sich nicht weiter um eine uner-freuliche Angelegenheit kümmern, eine anstrengende Beschäftigung, ein mühe-volles Amt aufgeben, kein Interesse mehr am Fortgang oder Gelingen von etw. ha-ben, das wahrscheinl. doch zu nichts füh-ren wird. Die Wndg. ist mehrfach lit. bezeugt, z.B. sagt in Schillers ‚Kabale und Liebe‘ (III, 2) der Präsident frostig zum Hofmarschall: „Sie haben vollkommen recht. Ich bin es auch müde. Ich lasse den Karren stehen".
Die Karre einfach laufenlassen: in eine Entwicklung nicht eingreifen, tatenlos zu-sehen, gleichgültig und leichtsinnig han-deln, resignieren.
An einem Karren mit jem. ziehen: gemein-same Interessen, Ziele haben, das gleiche Schicksal erdulden müssen. Vgl. lat. ‚idem iugum trahere‘ u. frz. ‚être dans le même bateau‘ (wörtl.: im selben Boot sitzen), ↗ Boot, oder ‚être logé à la même enseigne‘ (wörtl.: in derselben Wirtschaft unterge-bracht sein), beides i.S.v.: dasselbe Schicksal erleiden. In Leipzig kennt man einen Reim mit der gleichen Bdtg.

Sie ziehen beide an einem Karren,
Der eine tut keuchen, der andere
                          schnarren.

Alle vor den gleichen Karren spannen: seine Mitarbeiter und Helfer für eine große Aufgabe einsetzen, mit den Kräften anderer ein Ziel zu erreichen suchen.
Jem. vor seinen Karren (Wagen) spannen: ihn für seine eigenen Zwecke ausnutzen.
Den Karren schmieren: eine Sache för-dern, wenn nötig durch Bestechung; an seinem eigenen Verderben oder an dem anderer arbeiten. Murner braucht in der ‚Narrenbeschwörung‘ (42, Kloster, IV, 750) die Rda. in der 2. Bdtg.: „Wo Einer yetz verderben will, so hilft man in fols (vollends) zu dem zil, vnd schmiert am karren jedermann".
Von dem Karren gefallen sein: unehelich geboren sein. Die Wndg. ist bereits bei Se-bastian Franck (II, 62ª) bezeugt und bis heute mdal. verbreitet, z.B. sagt man westf. ‚Hei is van de Kâr fallen‘. Vgl. auch ndl. ‚hij is achter van de kar gevallen‘.
Unter den Karren (Schlitten, unter die Rä-der) kommen: einen Mißerfolg haben, un-tergehen, verkommen.

‚Mit dem Kärrlin fahren‘

Aus der Karre in den Wagen gespannt werden: in eine üblere Lage kommen, eine größere Bürde bekommen, eigentl. statt eines leichteren zweirädrigen Karrens einen schweren vierrädrigen Wagen ziehen müssen. Murner braucht diese Wndg. mehrmals, z. B. im ‚Narrenschiff‘ (47, Kloster I, 482) und im ‚Lutherischen Narren‘ (Kloster, X, 13), wo es heißt: „Ich mag wol erst vom vnfal sagen, daß ich in meinen alten tagen von dem karren kum erst in den wagen“.

Jem. an den Karren fahren (kommen): ihm zu nahe treten, ihn belangen, zurechtweisen; gleichbedeutend in der Gegenwartssprache auch: ‚jem. an die Karre pinkeln‘; ‚er kann mir nicht an den Karren pissen‘ usw.
Unerklärt ist die vom 16. bis 18. Jh. bezeugte Rda. *einen Karren machen* (oder *anlegen):* einen heimlichen Plan schmieden; *ein angelegter Karren:* ein abgekartetes Spiel. *Seinen Karren ins trockene schieben:* sein Schäfchen ins trockene bringen, ↗ Schaf.
Mit dem Kärrlin fahren bedeutet in älterer Sprache: gepfändet werden.
Den Karren vor den Ochsen spannen: etw. verkehrt anfangen. Die Rda. gehört zur Metaphern-Sprache der verkehrten ↗ Welt. Vgl. frz. ‚Mettre la charrue avant les bœufs‘. Ähnl.: ‚Den Karren vor die Pferde anschirren‘.

Lit.: Schweiz: Vkde., Korr.-Bl. 42 (1952), S. 73.

Kartause. *Jem. bei der Kartause kriegen:* ihn an der Gurgel (oder: im Genick) pakken; eine seit dem 16. Jh. belegte, noch heute mdal. verbreitete Rda.: wahrscheinl. nach der herabhängenden Kapuze, wie sie zuerst die Kartäusermönche trugen, gebildet. Wander (II, Sp. 1149) gibt noch eine andere Erklärung für die Entstehung der Rda.: Die Schlacht bei Pavia zwischen Karl V. und Franz I. wütete 1525 bes. in der Nähe einer berühmten Kartause, einem Kartäuserkloster, wo Franz gefangengenommen wurde. Die Rda. bedeutet demnach, daß man einen angreift und überwältigt, wie dies bei der Kartause geschehen ist.

Kartäuser. *Ein Kartäuserleben führen:* ein entbehrungsreiches Leben haben, weltliche Vergnügen meiden. Die Rda. bezieht sich auf die strengen Ordensregeln. Vgl. auch ndl. ‚hij heeft een Carthuizers leven‘.
Nach der Kartäuserregel leben: kein Wort miteinander reden, da den Kartäusermönchen ständiges Stillschweigen vorgeschrieben war. Die Rda. wird meist auf Eheleute angewendet, die nach einem Streit längere Zeit nicht miteinander sprechen. Hans Sachs verwendete die Rda. auch lit. (I, 476[b]): „Wir halten auch carthauserregl, sie munkt und redt denn nichts mit mir, so meul ich mich und spräch nichts zu ir“.

Lit.: *S. Hilpisch:* Art. ‚Kartäuser‘, in: RGG. III, Sp. 1160.

Karte. Der Urspr. des Kartenspiels liegt im dunkeln. Wahrscheinl. stammt es aus China, denn dort lassen sich um 1200 die ersten Spielkarten überhaupt feststellen. Sie verbreiteten sich von da aus über ganz Asien; im 16. Jh. finden wir sie auch in Indien. Nach Europa müssen die Spielkarten mit den zurückkehrenden Kreuzfahrern gekommen sein. Seit dem Ende des

14. Jh. finden wir sie überall in Europa und auch bald schon die Zunft der Kartenmacher. 1463 erließ England ein Einfuhrverbot für Spielkarten, um seine Kartenmacher vor der ausländischen Konkurrenz zu schützen. Wenn auch das Kartenspiel vor allem die Lieblingsbeschäftigung der Landsknechte wurde, so scheint es doch auch sonst sich großer Beliebtheit erfreut zu haben. Der Bischof von Würzburg sah sich 1329 genötigt, den Klerikern das Kartenspiel zu untersagen, weil die geistlichen Herren allzu eifrig der Spielleidenschaft gefrönt hatten. Die Stadt Basel erließ 1367 sogar ein generelles Spielverbot. Kein Wunder, daß der bei den Männern so beliebte Zeitvertreib seinen Niederschlag auch bald in Sprww. und sprw. Rdaa. fand. Wir finden sie seit dem 15./16. Jh., und bald wurden sie auch in übertr. Bdtg. gebraucht.
Die Karten mischen (mengen): die Ereignisse im eigenen Sinne beeinflussen, herbeiführen, die Angelegenheit in Gang bringen; vgl. frz. ‚brouiller les cartes‘. *Die Karten gut mischen:* ‚mitmischen‘; Ereignisse geschickt mitgestalten, ohne selbst

in den Vordergrund treten zu müssen. „Ich will die Karten besser mischen", d. h. einen neuen, besseren Plan entwerfen, findet sich bei Ulrich v. Hutten um 1500. Eine heute nicht mehr gebräuchl. Rda. steht bei Grimmelshausen: „Ich warff meine Karten mit unter" (‚Simplicissimus‘ III, 160), was bedeutet: ich mischte mich in das Gespräch. Vor allzu starkem Mischen warnt eine oldenb. Rda.: ‚Du schürst de Korten ja de Ogen aus‘. Im Volkslied heißt es:
    Die Karten habt ihr zwar gemischt,
    Doch ist das Stichblatt euch entwischt!
Einem die besten (schönsten) Karten geben: einem allen Vorteil zukommen lassen; umgekehrt *eine böse (falsche) Karte geben (auswerfen).* ‚Sie haben die Karten miteinander gemischt‘, d. h. etw. miteinander verabredet, bzw. in der gereimten Form des Sprw.:
    Wie sie die Karten mischen,
    Mich soll'n sie nicht erwischen
sind gleichfalls Rdaa., die vom unredlichen Kartenmischen herkommen. „Die Karten sind noch nicht ganz vergeben", es ist noch nicht alles entschieden, findet mit Schiller Eingang in die Lit. (‚Kabale u. Liebe‘ III, I). Wenn aber ‚die Karten vergeben sind‘, dann ist nichts mehr zu ändern. *Wilde Karten auswerfen:* wild oder zornig werden, gebraucht schon 1530 Seb. Franck. Joh. Schütz spricht 1580 von „unnützen Karten auswerfen".
Er hat gute Karten, vgl. engl. ‚he has good cards to show‘, ndl. ‚hij heeft eene schoone kaart‘, schweiz. ‚er cha de Charte rûeme‘, frz. ‚avoir beau jeu‘. Im übertr. Sinne wollen diese Rdaa. sagen, daß einer in einer günstigen Lage ist und bei seinem Unternehmen Glück hat. Im gleichen Sinne werden auch *es paßt in meine Karte* oder *Karten jeder Farbe haben* gebraucht.
Seine Karten aufdecken: seine Absichten zu erkennen geben. *Die Karten offenlegen:* bisher verheimlichte Gedanken und Absichten äußern; vgl. ndl. ‚met open kaarten spelen‘, frz. ‚jouer cartes sur tables‘. Ferner: *Die Karten auf den Tisch legen* oder *seine Karten über den Tisch halten:* nichts verhehlen.
Mit verdeckten Karten spielen: vorsichtig sein, seine Pläne nicht offenbaren. Bismarck gebraucht dieses rdal. Bild gern,

wenn auch teilweise in frz. Form (,Reden'
X, 190): „Sie können von einem auswärti-
gen Minister nicht verlangen, daß er über
alle schwebenden Verhandlungen mit Ihnen cartes sur table spielt" (d. h. ouvert);
ein andermal: „Spielen Sie die deutsche
Karte aus, werfen Sie sie auf den Tisch –
und jeder weiß, wie er sich danach einzurichten oder sie zu umgehen hat", und
schließlich: „Ich kann der göttlichen Vorsehung nicht so in die Karten sehen, daß
ich das vorher wüßte".

Wer mit offenen Karten spielt, dem kann
man *in die Karten sehen (gucken):* seine
Pläne erfahren, seine geheimen Absichten
erkennen; vgl. frz. ,voir dans le jeu de
quelqu'un'; ndl. ,iemand in de kaart kij-
ken'. Bei Goethe (,Wilhelm Meisters
Lehrjahre' 4, 15): „Der Schluß der Darstellung läßt uns noch etwas tiefer in die
Karten sehen", oder: „ehe wir zugeben,
daß sie uns in die Karten sehen".

Sich nicht in die Karten gucken lassen:
seine Absichten (seine Lage) geheimhal-
ten; vgl. frz. ,ne pas révèler ...' oder ,ne
pas dévoiler son jeu'. Geiler von Kaysersberg 1508: ,sieh in dein eigen Kartenspiel". Ebenso imperativisch ist auch die
els. Rda. bebraucht: ,Lug dir in dein Kartenspiel'. Von einem, der alles voraussehen möchte, sagt man rhein.: ,de well osen
Herrgott in de Karte kike'.

„Er kendt die Karten" findet sich in der
Sprw.-Sammlung von Joh. Agricola aus
dem Jahre 1548 im Sinne von: er weiß Bescheid. *Er weiß zu karten,* d. h. so zu spielen, daß alles nach seinem Wunsch läuft;
schwäb. ,er weiß seine Karte z'stecke'.
Eine Karte sticht: eine Maßnahme ist erfolgreich, im 19. Jh. allg. in Dtl. belegt.
Umgekehrt *diese Karte sticht (diese Karten stechen) heute nicht mehr:* diese Argumente überzeugen nicht mehr. *Die Karte
nicht verlieren:* sich nicht irremachen lassen, seinen Vorteil wahrnehmen. *Alle Karten* (Trümpfe) *in der Hand behalten:* sich
den entscheidenden Entschluß bis zuletzt
aufsparen, die Macht, Leitung erhalten;
vgl. frz. ,garder tous les atouts en main'
(wörtl.: alle Trümpfe in der Hand behalten). Beim Kartenspiel endigt möglicherweise das Glück, und *die Karte wechsell
sich.* So schreibt G. Rollenhagen 1591 im
,Froschmeuseler': „Wo wir aber in diesen

Sachen noch lange vollen Anstand machen, so wird sich bald wechseln die Karten". Oder ähnl. *die Karte hat sich
gewendet (↗ Blatt).* Der Wechsel im Glück
ist damit verbunden, *wie die Karten fallen,*
eine Rda., die sich auch bei Goethe findet:
„Der arme Landmann harrt das ganze
Jahr, wie etwa die Karten fallen über den
Wolken".

*Das Kartenspiel nicht mehr in der Hand
haben:* in einer Sache keine freie Entscheidung mehr haben, schon bei Luther.

Die letzte Karte ausspielen: zur letzten
Möglichkeit greifen; vgl. frz. ,jouer sa dernière carte'.

Auf die falsche Karte setzen: ein Mittel
wählen, das sich als nicht erfolgreich her-
ausstellt; vgl. frz. ,miser sur une fausse
carte'.

Schon früh müssen allenthalben Betrügereien beim Kartenspiel aufgekommen
sein, denn bezeichnenderweise sind die
am frühesten bezeugten Rdaa. über das
Kartenspiel solche, die von betrügerischem Spiel reden. So bei Geiler von Kaysersberg 1508: „In seinem Kartenspiel
sind viel böser Stein", 1566 im ,Theatrum
Diabolorum': „Er wirft bös Kart mit unter", 1576: „Bös Karten auswerfen", bös
oder übel reden, oder „Da ist die ganze
Karte falsch". Noch heute allg. verbreitet
ist *jem. die Karte in die Hand spielen:* jem.
helfen; vgl. ndl. ,in de Kaart von de Ge-
genparty spelen', engl. ,to play into a person's hand'; frz. ,donner beau jeu à
quelqu'un'. *Es einem karten:* einen anführen. *Es sind viel böse Karten im Spiel:* es
sind Leute beteiligt, die es bös meinen. *Es
ist eine angelegte Karte:* ein fein gesponne-
ner Plan. Mit der Rda. *ein abgekartetes
Spiel treiben* wird der Vorwurf ausgedrückt, jem. habe die Karten zu seinen
Gunsten gemischt, d. h. auf betrügerische
Weise Tatsachen geschaffen, die dem
Mitspieler zum Nachteil gereichen. Im
,Simplicissimus' (IV, 27) schreibt Grimmelshausen: „Möchte das Glück diß
Spiel karten, wie es wollte".

Alles auf eine Karte setzen: mit einem kühnen Schlage etw. entscheiden wollen, alles
riskieren, um etw. Bestimmtes zu erreichen, das Letzte wagen, einsetzen; auch in
den Mdaa., z. B. köl. ,alles op ein Kaat
setze'; engl. ,I would cheat my own father

at cards', ,to have all one's eggs in the same basket'; frz. ,risquer sa dernière carte'; ndl. ,alles op een kaart zetten'.

Sehr zahlreich sind die rdal. Vergleiche, bes. in den Mdaa.; z. B. schwäb. ,dünn wie ein Kartenspiel'. ,Er blättert mehr in den Karten als im Brevier' sagt man von einem pflichtvergessenen Geistlichen.

Die Karten werden sogar als ,des ↗Teufels Gebetbuch' bezeichnet, weil man das Spiel für sündhaft hielt (s. Abb. S. 810). ,Hat man keine Karte, so spielt man ein Scheit Holz aus'; entspr. die mdal. Rdaa. ,ne Kart oder ne Klob Holz', ,e Kart oder e Stück Holz' (els.), ,e Kaart oder e Schtigg Holz' (pfälz.); ähnl. auch ,en Kart oder en Beischt Stroh' (Eifel). ↗Spiel, ↗Trumpf.

Sich die Karten nicht aus der Hand nehmen lassen: selber die Entscheidungen treffen; scherzh. auch: *die Karten dicht an die Brust halten; die Karte ist abgebissen:* die Sache ist erledigt.

Mit gezinkten Karten spielen: falsch spielen, auch übertr. verwendet i. S. v. unehrlich u. hinterhältig sein.

Jem. die gelbe Karte zeigen: Rda. aus dem Fußballsport mit der Bdtg.: ihn verwarnen. Ähnl. *jem. die rote Karte zeigen:* der Schiedsrichter weist den Spieler (meist nach einem Foul) vom Spielfeld.

Lit.: *Tylor:* History of Playing Cards (London 1865); *Breitkopf:* Versuch über den Ursprung der Spielkarte (Leipzig 1874); *Bierdimpfl:* Die Sammlung der Spielkarten des bayr. Nationalmuseums (München 1884); *M. Lehrs:* Die ältesten dt. Spiele des königlichen Kupferstichkabinetts zu Dresden (1885); *L. Herold:* Art. ,Kartenspiel', in: HdA. IV, Sp. 1014–1023; *K. Bachmann:* Die Spielkarte (1932); *ders.* in: Forschungen und Fortschritte 26 (1950), S. 63–68 (mit Lit.-Verz.); *ders.* in: Beiträge zur Sprachwissenschaft u. Vkde., Festschrift f. E. Ochs (Lahr 1951), S. 308–373; *F. Rumpf,* in: Jb. f. Hist. Vkde. 3/4 (1934); *O. Reisig:* Dt. Spielkarten (Leipzig 1935); *A. I. Norrer:* Was die Kartenspieler quatschen (Redewendungen), in: Atlantis 1936, S. 543–545; *W. L. Schreiber:* Die ältesten Spielkarten (Leipzig 1935); *K. Wehrhan:* Zum Aberglauben der Kartenspieler. Mitteilungen d. Schles. Gesellschaft f. Vkde. 37 (1938), S. 148–158; *H. Appel:* Die Skatsprache (1950); *L. V. V. Hermansen:* Spillekort 1350–1950 (Kopenhagen 1950); *H. Rosenfeld:* Münchener Spielkarten um 1500 (München 1958); *ders.:* Das Alter der Spielkarten in Europa und im Orient, in: Arch. f. Gesch. d. Buchwesens 2 (1960), S. 778–86; *ders.* u. *E. Kohlmann:* Die schönsten dt. Spielkarten (Insel-Bücherei Nr. 755); *P. G. Brewster,* in: Southern Folklore Quarterly 23 (1959), S. 196–202; *K. Weigel:* Kartenspielfragmente. Libri 14 (1964), S. 40–43; *D. Hoffmann:* Die Welt der Spielkarte – Eine Kulturgeschichte (Leipzig 1972); *ders.:* Spielkarten des Hist. Museums Frankfurt am Main (Frankfurt/M. 1972).

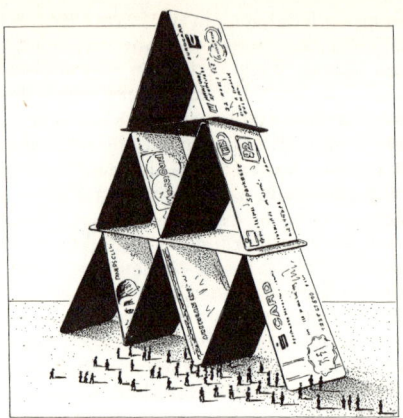

,Kartenhaus'

Kartenhaus. *Wie ein Kartenhaus zusammenfallen (zusammenstürzen):* sich als Phantasie erweisen, zu einem Nichts werden. *Kartenhäuser bauen:* Spielereien treiben, Luftschlösser bauen; entspr. *es ist nichts als ein Kartenhaus;* vgl. frz. ,c'est un vrai château de cartes'. Der rdal. Ausdr. stammt aus der Spielerei, aus Karten Häuser zu bauen, die beim geringsten Luftzug einfallen. Daher wird der Ausdr. Kartenhaus zur bildl. Bez. einer Phantasterei, eines Wahngebildes, ähnl. wie ↗Luftschloß. Lehmann meint (S. 204, ,Freund' 43): „Ein Hauß von Kartenblättern, vnnd ein Pferd von Krautstiel, und ein Freund mit dem Maul, seynd so viel werth als ein Mückenfraß".

Kartoffel. *Rin in die Kartoffeln, raus aus den (die) Kartoffeln:* mal soll es so gemacht werden, mal anders, ist ein Ausruf der Verärgerung über Unentschlossenheit, bes. wenn eine bisher gültige Arbeitsanweisung durch eine völlig entgegengesetzte abgelöst wird. Die seit 1881 bezeugte Rda. geht auf militärische Kreise zurück: Im Manöver wurde nicht selten angeordnet, daß eine Truppe in einen Kartoffelacker einrücken sollte, während bald darauf der Befehl kam, daß der Kartoffelacker zur Vermeidung von Flurschäden wieder geräumt werden müsse. Lit. bei Friedrich Wülfing 1881 (,Fliegende Blätter' Nr. 1885), zunächst in der Umgangssprache der Großstädte, berl. u. köl., später allg. umg.

Eine Kartoffel im Strumpf haben: ein Loch im Strumpf haben: auch in der Form einer scherzhaften Frage: ‚hast du Kartoffeln gepflanzt?' oder: ‚die Kartoffeln sind reif', ‚die Kartoffeln blühen', ‚die Kartoffel guckt heraus'; vgl. engl. ‚potato-hole'. ‚Du grote Kartoffel, wan du man nich barstest' sagt man ndd. von Prahlern und Großsprechern.

Es sind kleine Kartoffeln: kleine ↗ Fische. ‚Die dümmsten Bauern ernten die dicksten (größten) Kartoffeln' ist ein spöttisches Sprw., das als Feststellung gebraucht wird, in dem aber gleichwohl eine Spur von Verwunderung mitschwingt.

Jem. fallen lassen wie eine heiße Kartoffel: freundschaftliche Beziehungen plötzlich u. ohne Skrupel abbrechen.

Lit.: *R. N. Salaman:* The History and Social Influence of the Potato (London 1949); *H. J. Teuteberg* u. *G. Wiegelmann:* Einführung und Nutzung der Kartoffel in Deutschland, in: Unsere tägliche Kost (Münster 1986), S. 93–134.

Karton. *Wie aus dem Karton:* wie aus dem Schächtelchen, wie aus dem Ei gepellt, d. h. sehr sauber, wie neu gekleidet. Gemeint ist, daß der Betreffende so sauber und tadellos gekleidet aussieht, als käme er mitsamt seiner Kleidung aus der Pappschachtel, in die man neugekaufte Kleidungsstücke verpackt (Küpper).

Karussell. *Mit jem. Karussell fahren:* ihn um den Exerzierplatz jagen, sowie allg.: ihn heftig rügen. Sold. in beiden Weltkriegen, wohl schon seit dem ausgehenden 19. Jh.

Käse. *(Kaum) drei Käse hoch sein:* (noch) ganz klein sein, spöttisch vor allem von einem kleinen Gernegroß gesagt, einem *(Drei-)Käsehoch;* schon 1767 im ‚Versuch eines bremisch-niedersächsischen Wörterbuchs' (Bd. 2, S. 762): „Een Junge twe Kese hoog: ein kleiner kurzer Junge"; im ndd. Raum machte man früher auf allen Höfen Käse nach Art der (Holländer) Kugeln oder Wagenräder … Sie gaben das Maß „drei Käse hoch". Mit Quark kann man nicht messen. Aber auch ‚drei Käse hoch' ist noch klein … ; vgl. frz. „a peine

haut comme trois pommes' (wörtl.: kaum drei Äpfel hoch), ↗ Apfel; ähnl. im Pariser Argot: ‚gros comme deux liards (veraltet) de beurre (et ça pense déja aux femmes)'. Käse gilt, vor allem auf dem Land, als ein billiges, leicht selbst zuzubereitendes Nahrungsmittel, besonders in Form von ↗ Quark, allg. für Wertlosigkeit, übertr. für Geschwätz, Unsinn, dummes Zeug, Wertloses, Nichtigkeit. *So ein Käse!:* solch ein Unsinn; *das ist alles Käse:* das ist alles unbrauchbar; vgl. engl.: ‚That's the Cheese'; *Käse machen:* Unsinniges tun; *mach doch nicht solchen Käse!:* mach keine lange Rederei; *das geht dich einen Käse an:* das geht dich überhaupt nichts an: *erzähle (quatsch) doch keinen solchen Käse:* rede keinen solchen Unsinn; *sich über jeden Käse aufregen:* sich über jede Kleinigkeit aufregen. *Alter Käse:* altbekannte Sache; *großer (harter) Käse:* großer Unsinn; *das ist mir Käse:* das ist mir gleichgültig. *Er hat davon keinen Käse gegessen:* er weiß nichts von der Angelegenheit; vgl. ndl. ‚hij heeft er keene Kaas van gegeten'. Andererseits spielt Käse in verschiedenen Rdaa. als Grundnahrungsmittel und Brotbelag eine Rolle: *Den Käse ohne Brot essen:* sich das Beste nehmen; *sich den Käse (die Butter) nicht vom Brot nehmen lassen:* sich zur Wehr setzen, sich nicht alles gefallen lassen; seinen Standpunkt verteidigen. *Er hat den Käse zu dick geschnitten:* er hat verschwendet, ist mit seinem Vermögen am Ende. *Mit Käs und Brot fürlieb nehmen:* mit einfacher Bewirtung zufrieden sein; vgl. ↗ abspeisen. *Zum Käse (recht) kommen:* zu spät, weil der Käse erst am Schluß der Mahlzeit gereicht wird. ‚Käsewochen' ist in Kärnten die Bez. für die ‚Flitterwochen', in Bayern für die ersten Tage eines neuen Dienstes. *Muß man Käse und Brot auch anbeten?* sagte man früher, wenn man sich das Tischgebet ersparen wollte, wo es sich bloß um Butterbrot und Käse handelte. *Krümelkäse machen:* Ausreden gebrauchen; sächs. *In die Käse fliegen:* Schlimmes erleben, Unglück haben; obersächs.: ‚Da hammern'n Käse!', d. h. die schlimme Bescherung. Rhein. ‚sich Kees gewe', sich wichtig machen; ↗ Flötekies.

‚Wer hat den Käse zum Bahnhof gerollt?': scherzh. Frage, wenn man einen Schuldi-

,Für einen anderen die Kastanien aus dem Feuer holen' – ,sich die Pfoten verbrennen'

gen sucht. Die Wndg. stammt aus einem beliebten Schlager.

Lit.: *A. Gittée:* ,De kaas in de spreekwoorden', in: Volkskunde 5 (1892), S. 61–64; *F. Eckstein:* Art. ,Käse', in: HdA. IV, Sp. 1029–1066; *G. Ränk:* Från mjölk till ost (Stockholm 1966); *ders.:* Zur Kulturgesch. des Käses im griech.-röm. Altertum, in: Schweiz. Archiv. f. Vkde 68/69 (1972–73), S. 551–556.

Kassel. *Ab nach Kassel* ↗ ab.

Kastanie. *Die Kastanien (für jem.) aus dem Feuer holen:* einem anderen zuliebe etw. Gefährliches ausführen, sich für einen anderen die Finger verbrennen; vgl. frz. ,tirer les marrons du feu'; engl. ,to make a cat's paw of'. Die Rda. stammt aus einer Tierfabel, die bes. durch La Fontaines Gestaltung bekannt geworden ist. Der früheste Beleg der Fabel findet sich in dem zuerst 1584 erschienenen ersten Buche der Serées von Guillaume Bouchet. Der Verfasser läßt einen Teilnehmer der 8. Serée so herzlich lachen, daß er daran zu sterben fürchtet „aussi bien que le Cardinalin, voyant un Singe qui s'aidait de la patte d'un chat pour tirer des chastaignes du feu" (,Les Serées', éd. C. E. Roybet, Paris, 1873 f., II, 108). Woher Bouchet Kenntnis von dieser so kurz ausgezogenen Schnurre gehabt hat, ist nicht festzu-

stellen; vielleicht hat er sie nur erzählen hören. Vier Jahre später aber sind die ,Dies caniculares' von Simon Majoli erschienen, und darin ist sie ausführlich berichtet (Ausg. Frankfurt 1642, S. 100): Die Kämmerlinge von Papst Julius II. pflegten sich in der Wartezeit, bis ihr Gebieter zu Bette ging, Kastanien zu braten. Als sie nun einmal aus irgendeinen Grunde weggegangen waren, wollte sich ein Affe, der am Hofe gehalten wurde, an den Kastanien gütlich tun. Eingedenk aber, daß die Hofleute die Kastanien mit einem Eisen oder einem Holz aus der Asche nahmen, dachte er bei sich, da ihm kein solches Werkzeug zur Verfügung stand, einen bewundernswerten Rat aus. Mit der einen Hand nahm er eine Katze und preßte sie an seine Brust, mit der andern nahm er ihre rechte Pfote und benützte den Teil vom Ellbogen bis herunter zu den Krallen, um damit anstatt des Holzes die Kastanien herauszuscharren. Auf das Geschrei der Katze eilten die Diener herbei, und jeder gab dem Affen von seinem Anteil. Schon drei Jahre nach dem Erscheinen von Majolis Buch verzeichnet John Florio als sprw. die Wndg. ,Fare come la nostra cimia, che levava le castagne dal fuoco con la zampa del gatto'. In der dt.

Sprache taucht die Fabel zum erstenmal auf in einem sehr seltenen Buch, dem ‚Theatrum morum‘, das der berühmte Kupferstecher Aegidius Sadeler 1608 in Prag hat erscheinen lassen. Unter der Nr. 218 heißt es unter der Überschrift ‚Vom Affen und der Katz‘:

Ein Weib im Asschen Kesten bradt,
Welche ein Aff geschmecket hadt;
Gedacht: Wie thet ich diesen Dingen
Die Kesten aus dem Fewr zubringen?
Nimpt gleich darauff ein junge Katzen,
Greifft in die Asch mit ihren Tatzen.
Sie schrie, biß er sie springen lies,
Weil die Glüt brennet ihre Füß.
Also schickt manch starker Man
Ein schwachen in Gefahr voran.
Es muß mancher gepeinigt sein,
Nur daß die andern frölich sein.

Als nächste dt. Niederschrift ist Christoph Lehmanns ‚Florilegium‘ zu nennen: „Es tragen sich offt Händel zu, daß mans muß machen wie jener Aff, der gern Kesten auß der Pfann überm fewr hett gessen; der erwischt ein Katz, und mit derselben Pfoten bracht er die Kesten herauß". Neben dieser Tradition läuft noch eine zweite, jüngere Überlieferung, wo an die Stelle der Gewalt die Klugheit und List tritt. Höhepunkt dieser Überlieferung ist La Fontaines Fabel (IX. 17): ‚Le Singe et le Chat‘: Durch Überredung gelingt es dem schlauen Bertrand, den fast ebenso schlauen Raton dazu zu bringen, daß er ihm die Kastanien mit vorsichtigen Pfoten aus der Asche spielt, und als die Magd kommt, da ist es Raton, der keinen Grund mehr hat, zufrieden zu sein. Er wird das Opfer des durchtriebenen Gesellen. Diese Auffassung, wo der Affe nicht zwingt, sondern schmeichelt, überlistet, befiehlt, findet sich lange vor La Fontaine aber auch schon in Lehmanns ‚Florilegium‘: ‚Herren stellen offt ein Diener an, wie der Aff die Katz, daß sie mit der Pfoden die gebratene Keste außm Fewer muß scharren; drumb mag der Diener wol auff Vortel gedencken". In einem Volkslied, wohl noch aus der zweiten H. des 18. Jh. (v. Ditfurth, Hist. Volkslieder, 1877, S. 309) heißt es:

aus dem Feuer, dir aufzuwarten,
die Kastanien gar noch hol.

Lessing, der den Diener seines ‚Jungen

Gelehrten‘ zu Lisette sagen läßt: „Ja, ja mein Äffchen, ich merk’ es schon; du willst die Kastanien aus der Asche haben, und brauchst Katzenpfoten dazu" (III, 1), hat sowohl Lehmann als auch Molière und La Fontaine gekannt. Goethe, bei dem Faust zu Mephistopheles sagt:

Behandelst mich, daß ich, wie jene
Katze,
Dir die Kastanien aus dem Feuer
kratze,

hat wohl nur von La Fontaine und Molière gewußt. Bismarck sagt einmal: „Wenn aber andere Leute sich dazu hergeben, die Kastanien für Sie aus dem Feuer zu holen, warum soll man ihnen das nicht gern überlassen?" Daß man in Dtl. schon im hohen MA. Kastanien im Feuer briet, lehrt ein rdal. Vergleich Wolframs von Eschenbach im ‚Parzival‘ (378, 15 ff.):

dâ erhal (erscholl) manc rîchiu tjoste
guot (kräftiger Zusammenstoß),
als (als ob) der würfe in grôze gluot
ganze castâne.

Lit.: *A. Wesselski:* Der Affe, die Katze und die Kastanien, in: Erlesenes (Prag 1928), S. 108–114; *L. Röhrich:* Sprw. Rdaa. aus Volkserzählungen, S. 269 f.

Kasten. *Etw. auf dem Kasten haben:* gescheit sein, viel können; *nicht alle auf dem Kasten haben:* nicht ganz bei Verstand sein; *wenig auf dem Kasten haben:* wenig können, ein Versager sein; diese Rdaa. spielen auf den Kopf als Verstandeskasten (‚Hirnkasten‘) an; spätestens seit 1900, zunächst in den Großstädten.
Im Kasten hängen (sein): als Heiratswillige öffentl. angekündigt sein; hergenommen vom Aushängekasten, in dem der Standesbeamte das Aufgebot anbringt; 2. H. 19. Jh. (Küpper). ↗ Kanzel.
Im Ndd. meint die Wndg. ‚im Kasten sitzen‘ im Gefängnis sein.
Etw. im Kasten haben: eine gute Fotoserie gemacht haben, ein Bild (eine Bilderserie), auf dem Film im Apparat haben.
Um einen Spruch aus der Zeit der Reformation handelt es sich bei dem bekannten Satz: ‚Sobald das Geld im Kasten klingt, die Seele (aus dem Fegfeuer) in den Himmel springt‘. Er bezieht sich auf den Ablaßhandel der damaligen Zeit u. wurde von Hans Sachs in seinem Sang ‚Die Wit-

tenbergisch Nachtigall, Die man yetzt höret uberall' (1523) erstmals so formuliert:

Legt ein, gebt euwer hilff und stewr
Und lößt die seel aus dem Fegfewr!
Bald der guldin im Kasten klinget,
Die Seel sich auff gen hymel schwinget.

Heute verbindet man mit dem Wort ‚Kasten' eher die Vorstellung von klotziger Größe, so z. B. in der Wndg. ‚ein alter Kasten' für ein abbruchreifes Haus.

Kasus Knacktus. *Das ist der Kasus Knacktus:* scherzh. Rda. für: das ist der springende Punkt, der Fall, um den es sich handelt.

Kater. *Einen Kater haben:* unter den Nachwirkungen eines Rausches leiden, ‚Katzenjammer' haben. Das Wort ‚Kater' kommt in mehreren Rdaa. vor. Es stammt aus der Leipziger Studentensprache und war dort bes. beliebt in der Wndg. *seinen Kater spazieren führen; einen Kater ausführen:* an den Folgen eines Rausches leiden. Daher auch der Scherz unter Studenten: ‚Immer wieder ein (zoolog.) Wunder, wie sich ein Affe über Nacht in einen Kater verwandelt'.

Wie ‚Kneipe' und ‚kneipen' hat das Wort Kater, das in Sachsen schon seit der Mitte des 19. Jh. bekannt war, aus der Studentensprache den Weg ins bürgerliche Leben gefunden. Das Wort selbst gilt als die vulgäre sächs. Aussprecheform des Wortes Katarrh, das in der Volkssprache soviel wie Schnupfen, allg. Unwohlsein und Kopfweh bedeutet. Anfänglich sollte also dieser Kater mit der männlichen Katze oder mit *Katzenjammer* in der übertr. Bdtg. nicht den mindesten Zusammenhang haben, sondern dürfte erst später als eine scherzhafte Verwendung des Tiernamens aufgefaßt worden sein, was in den Gegenden bes. nahe lag, wo die erwähnte volkstümliche Aussprache nicht gebräuchl. oder verständlich war. Aber diese Erklärung, die von Friedrich Kluge herrührt, überzeugt nicht vollkommen. Denn schon in Laukhards Lebensbeschreibung, also in den Jahren zwischen 1780 und 1790 kommt der rdal. Vergleich *besoffen wie ein Kater* vor; offenkundig bedeutet Kater in dieser Wndg. das Katzenmännchen. Die Ausdrucksweise selbst

erinnert an die schwed. Rda.: ‚full som en kaja', ‚full som en alika' = betrunken wie eine Dohle. Nun kann man sich gewiß über den Vergleich wundern: warum gerade wie ein Kater? Aber dieselbe Frage gilt für die erwähnten schwed. Ausdrücke: sie gilt ebenso für die Rda. ‚besoffen wie ein Besenstiel' und viele andere dieser Art, z. B. ‚saufen wie ein Bürstenbinder'. „Tatsächlich gebrauchen wir in der Rede derartige Vergleiche mit Vorliebe rein mechanisch und in Zusammenhängen, wo sie eigentl. sinnlos und in wo sie einzig der Verstärkung und Auslösung unseres Gefühls dienen. Die Rda. ‚besoffen wie ein Kater' kann daher durch mechanische Nachbildung des Ausdr. ‚verliebt' oder ‚geil wie ein Kater' zustande gekommen sein. Sobald es einmal die Rda. ‚besoffen wie ein Kater' gab, begünstigte das den Gebraucht von Kater = Katarrh in der Bdtg. ‚Katzenjammer". Katzenjammer tauchte seinerseits zu Beginn des 19. Jh. in den akademischen Kreisen Heidelbergs mit dieser Bdtg. auf. Zuerst ist es aus der Sprache der baltischen Studenten bekannt. Görres, Brentano, Eichendorff und andere gleichzeitige Romantiker haben den Ausdr. ins Schrifttum eingeführt, ↗ Katze, ↗ trinken.

Katharine. *Die schnelle Kath(e)rin(e) haben:* Durchfall haben; bair. ‚…'s laffend Kattel'; lausitzisch ‚das hurtige Kätchen'. Die Rda. beruht auf einem alten Schulwitz, der den medizinischen Fachausdr. griech. κάθαρμα = Reinigung. Auswurf verhüllend umgestaltet hat. Schon in Grimmelshausens ‚Simplicissimus' (2. Buch, 9. Kap.): „Ist er (ihr Leib) nicht so zart, schmal und anmutig, als wan sie acht gantzer Wochen die schnelle Catharine gehabt hätte!"

katholisch. *Es ist zum Katholisch-Werden:* es ist zum Verzweifeln; Rda. in ev. Landschaften, wie bes. in Sachsen und Thüringen, wo man früher in gleichem Sinne auch sagte: ‚Das ist zum Preußischwerden'. Vgl. frz. ‚Il y a de quoi devenir chèvre' (wörtl.: Es ist zum Ziegewerden). In protestantischen Kreisen ferner: *katholisch gucken:* hinterhältig, mißtrauisch blicken; *katholisch lachen:* hämisch, vol ler Heimtücke grinsen; *katholisch sein:* nicht aufs Wort glaubwürdig, unaufrichtig sein; *er wird noch katholisch:* er weiß sich vor Ärger nicht mehr zu helfen. Mit katholisch bez. man in protestantischen Gegenden auch etw. Unverständliches, z. B. *katholisch daherreden,* während umgekehrt in Bayern und Oesterr. *da geht's nicht katholisch zu* bedeutet: da geht es nicht recht geheuer zu; vgl. frz. ,Ce n'est pas très catholique': Das sieht unzuverlässig aus.

Lit.: *Chr. Köhle-Hezinger:* Evangelisch – Katholisch. Untersuchungen zu konfessionellem Vorurteil und Konflikt im 19. und 20. Jh. (Tübingen 1976) (mit weiterführender Bibliographie).

Kattun. *Kattun kriegen:* Schelte, Prügel beziehen (bes. ostdt.), sold.: Beschuß kriegen. Wie der Name des Baumwollstoffes zu dieser Übertr. gekommen ist, bleibt ungeklärt. Vgl. ndl. ,em van katoen geven', einem gehörig die Meinung sagen, und ,(van) katoen geven', etw. in vollem Maße tun, flink bei der Arbeit sein, sich tüchtig anstrengen, sein Bestes geben. Kattun als wichtiger engl. Handelsartikel stand lange auch für engl. Politik: „Sie (die Engländer) sagen Freiheit (Politik, ,England') und meinen Kattun". Das Zitat stammt aus der Zeit, da die Briten nahezu das Baumwollmonopol hatten. „Es geht um Kattun" ... – „Kattun, Kattun, ick gew di Kattun!"

Katze. Ebenso wie der Hund kommt auch die Katze in zahlreichen bildl. Rdaa. vor, so daß Hans Sachs im Schwank vom Katzenkrämer dichten konnte: „Der hat fünf Katzen feil, eine Schmeichelkatze, eine nasse Katze, eine Haderkatze, eine Naschkatze und eine faule Katze". Wanders ,Sprichwörterlexikon' zählt sogar über 1000 Sprww. und Rdaa. auf, in denen die Katze vorkommt. *Die Katze im Sack kaufen:* unbesehen kaufen (ebenso frz. ,acheter le chat en poche' und ital. ,comprare la gatta in sacco'; ndl. ,een kat in de zak kopen'). In der Umgangssprache der Ggwt. wird die Rda. vielfach in Beziehung auf die sog. ,Probenächte' und zur Rechtfertigung vorehelichen Geschlechtsverkehrs angewandt (,Man kauft doch keine Katze im Sack!');

,Die Katze im Sack kaufen'

so auch in den Mdaa., z. B. els. ,i will kei Katz im Sack käufe'; ndd. ,ik köp keen Katt in Sack'.
Das Volksbuch von ,Till Eulenspiegel' bringt zum ersten Mal den Schwank von der Katze im Sacke, die als Hase verkauft wurde. Hans Sachs hat denselben Eulenspiegelschwank zu einem Standesspott auf die Kürschner umgestaltet (,Ewlenspiegel mit der kaczen', I. 354f.):
Seit her thuet mon noch faczen
Die kuersner mit der kaczen.
Die frühesten schon im MA. geläufigen Formen der Rda. sprechen nur vom ,Kaufen in einem Sack', z. B.:
Man koufet daz vil selten
In dem sacke und ungesehen
Des man ze gewinne müge jehen
(Stricker, ,Kleinere Gedichte');
„Wir koufen in dem sacke niht" (Winsbeke 63,6);
Swer in dem sacke koufet
Und sich mit tôren roufet
Und borget ungewisser diet,
Der singet dicke klageliet
(Freidank, ,Bescheidenheit' 85,5).
Auch Luther gebrauchte noch die ma. Form der Rda. ,im sacke keuffen'; ,im sacke verkeuffen'.
Die Katze ,im' bzw. ,aus' dem Sack gehört jedoch erst dem Eulenspiegelschwank an, und das Zusammentreffen von Schwank und Rda. ist hier nicht verwunderlich, weil in den Eulenspiegelschwänken

(ebenso wie etwa im Redensartenbild Bruegels) die sprachl. Ausdrücke wörtl. genommen werden. Die urspr. Rda. ist dann erweitert worden zu der Form, die sich bei Fischart findet: „Ir werd mir kei katz im sack verkaufen". Beide Wndgn. kombiniert finden sich noch bei Thomas Mann (‚Die Entwicklung des Dr. Faustus', Frankfurt a. M. 1949, S. 16): „Ist es leichtsinnig, ‚die Katze im Sack zu kaufen', so ist, sie darin zu verkaufen, noch weniger empfehlenswert". Dazu das schwäb. Sprw.: ‚Narren und alte Weiber kauft man in einem Sack'.

‚Die Katze aus dem Sack lassen'

Verwandt ist die Rda. *die Katze aus dem Sack lassen:* die Wahrheit, die bisher verheimlichte wahre Meinung aussprechen. Wer die Katze aus dem Sack läßt, kann niemanden mehr einreden, daß sie ein Hase ist. Die Erklärung der Rda. braucht sich aber nicht unbedingt auf den oben erwähnten Eulenspiegelschwank zu beziehen. Man steckt die Katze in einen Sack, um sie zu ersäufen. Läßt sie der Träger aus Unvorsichtigkeit vorher aus dem Sack, ist damit die Absicht, weshalb er sie eingeschlossen hatte, vereitelt, und er weiß auch nicht, was die losgekommene Katze noch alles anstellen kann. Vgl. frz. ‚laisser passer ...' oder ‚montrer le bout de l'oreille' (wörtl.: die Ohrenspitze zeigen).

Die Anwendung der Rda. reicht noch bis in die politische Karikatur der Ggwt. ‚Raus mit der Katze aus dem Sack' heißt es bair. und schwäb. statt bloßem: ‚Heraus damit!' ‚Heraus mit der Sprache!' Dafür els. ‚Erus mit de wilde Katze!' Holst. ‚Nu kümmt der Kater to'n Sack rut', nun zeigt es sich, wird es offenbar; und ‚Nu mutt de Katt to'n Sack rut', nun muß die Wahrheit ans Licht kommen; rhein. ‚Loss mol de Katz aus em Sack', zeige, was du verbirgst; schwäb. ‚Der glotzt, wie we ma d' Katz vom Sack 'rausläßt', er macht erstaunte Augen. Daneben: ‚Schwätz mir kei Katz in Sack', versuche nicht, mir etw. einzureden, und ‚die Katz im Sack haben', das Schäfchen im trockenen haben.

Das ist für die Katz(e)!, auch *das ist der Katze:* das ist vergeblich, wertlos, zwecklos. Ndd. ‚dat ös för de Katt to Böxe', rhein. ‚dat war för de Katz jedon', ‚för de Katt sin' (vgl. ndl. ‚voor de poes zijn'; frz. ‚c'est de la bouillie pour chat(s)': es ist wertlos.

Alles für die Katz!: alles vergebens, umsonst. In einem Klagelied, das Burkard Waldis in seinen Streitgedichten gegen Herzog Heinrich von Braunschweig dem Herzog in den Mund legt, jammert dieser, daß er vergebens auf sein Schloß Wolfenbüttel gebaut habe, vergebens auf sein Roß:

Dahinder ich zu fuß mus gahn,
Die Schwerter hants zerhauwen,
Die Katz frist jizt davon.

Derselbe Burkard Waldis verwendet die Rda. 1548 in seiner Fabelsammlung ‚Esopus' (IV, 62) zu der Erzählung ‚Vom Schmied und seiner Katze': Ein Schmied nahm sich vor, von seinen Kunden nichts für seine Arbeit zu verlangen, sondern die Bezahlung ihrem eigenen Willen anheimzustellen; sie begnügten sich aber mit einem bloßen Danke. Nun band der Schmied eine fette Katze in der Werkstatt an, und wenn ihn die Kunden mit bloßen Dankesworten verließen, sagte er: ‚Katz, das geb ich dir!' Die Katze verhungerte, und der Schmied beschloß, es zu machen wie die andern Handwerker, d. h. seine Bezahlung selbst festzusetzen. Die Geschichte ist z. T. auch in die mdl. Volkserzählung übergegangen und findet sich in rdal. Anspielung auch in den Mdaa. z. B.

schlesw.-holst. ‚A Tak, däh döj ä Smej sin Kat a' (= Von Dank, davon starb die Katze des Schmiedes). – Ähnliches findet sich u. a. bei · dem Prediger Abraham a Sancta Clara (1644–1709): Einer, der vom Fürsten bloße Versprechungen erhält, gibt seiner eingesperrten Katze nichts zu fressen, so daß sie Hungers stirbt; als ihn der Fürst wieder seiner Gnade versichert, sagt er, seine Katze sei daran gestorben. In denselben Zusammenhang gehört ein schlesw.-holst. Sprw.: ‚Was einer spart mit dem Mund, das ist für Katze und Hund': gemeint ist eine nur unbedeutende Ersparnis, aus der sich der Begriff ‚vergeblich' leicht entwickeln konnte. ‚Für die Katz' ist auch der Titel einer Bauernkomödie des Oldenb. Heimatdichters August Hinrichs. Meckl. ‚Da, Katt, hest ok en Fisch!'; diese Worte begleiten ein Gegengeschenk, aber auch einen Gegenhieb. Wenn etw. verschwunden ist, seien es Lebensmittel oder irgendwelche Gegenstände, so gebraucht man häufig die scherzhafte Entschuldigung: ‚Die Katz hat es gefressen'; ‚die Katz hat es getan'. Man bedient sich dieses Satzes aber auch, wenn man keine Auskunft über den Verbleib einer Sache geben will, entweder weil man keine Lust für weitschweifige Erklärungen hat, oder weil sie von jem. verlangt wird, den sie nichts angeht. Meistens dient er aber dazu, Kindern klarzumachen, daß sie etw. nicht haben können. Im Elsaß sagt ein naschhaftes Kind, das wegen des Verschwindens eines Leckerbissens zur Rede gestellt wird: ‚D' Katz hat's gfressn!', worauf es zu hören bekommt: ‚Ja, die wu zween Füeß hatt'. So schon bei dem Volksprediger Geiler von Kaysersberg (15. Jh.) von einer naschhaften Magd und den verschwundenen ‚Gastbißlen': „So ist es von der Katzen mit zweyen Beinen gefressen und verschlukket". Die Rda. spielt deutlich an auf den damals sehr bekannten Schwank von der naschhaften Köchin (AaTh. 1741; Mot. 2137; ebenso KHM. 77; vgl. L. Röhrich: Erzählungen des späten MA. I, S. 192 ff., 291 ff.). ‚Die Katze hat vom Käse genascht!'; ‚sie hat die Katze über den Käs kommen lassen'; ‚sie hat die Katze drüber gelassen'; ‚der is och de Katz an de Käs gewest'. Mit diesen

Wndgn. deutet man an, daß ein Mädchen sich hat verführen lassen.

Tut jem. so, als wenn er seine Lieblingsspeise nicht mehr möge, sagt man ‚Die Katze mag die Fische nicht'. Außer Fischen, Mäusen und Vögeln gehören Käse, Speck und Schmer zu den Lieblingsspeisen der Katze; wer ihr etw. davon zum Bewachen gibt, macht den ‚Bock zum Gärtner'. Diesen Sinn haben auch die folgenden Beisp. der zahlreichen mdal. Belege: ‚Die Katze anstellen, um die Milch zu bewachen'; ‚die Katze in die Milchkammer treiben'; ‚die Katze nach dem Speck schikken'; ‚das heißt der Katze den Hering anvertraut'; ‚das heißt die Katze zum Speck gesetzt' (vgl. ndl. ‚Dat is de Kat bij het spek gezet'); ‚der Katze die Maus zu hüten geben'; ‚do hammer de Katz be et Fleesch gesatt'; ‚das heißt der Katze den Käs anvertraut'; frz. ‚laisser le chat au fromage'; (veraltet) schwäb. ‚der setzt die Katze zum Schmer und den Wolf zum Schaf'; schweiz. ‚d' Chatz über's Schmer setzen'. ‚Das soll mir keine Katze fressen' sagt man, wenn man einen guten Bissen für sich selbst aufhebt. In Norddtl. heißt es von einem, der gut gegessen hat: ‚Dem wird auch die Katze den Magen nicht verschleppen' (‚de Katz ward de Mag nich wegtrecken'; ‚dem geht de Katz m'em Magen net lofen'). Bair. ‚der woaß, wo d' Katz in Toag langt' bez. einen bes. listigen Menschen, der die Schliche der anderen genau kennt.

Auf etw. Unmögliches weist die Wndg. ‚Die Katze im Fischladen bringt auch keine Heringe zur Welt', d. h. das ist zuviel verlangt.

Und wenn es Katzen hagelt: beim schlechtesten Wetter (engl.: ‚when it is. raining cats and dogs'.). ‚Aussehen wie's Kätzle am Bauch' (schwäb.): schneeweiß, blaß.

Katzen bürsten: etw. heiml. tun. ‚De Katz isch de Baum 'nauf' (alem.): es ist schon vorbei, daran läßt sich nichts ändern.

Der Katze den Schmer abkaufen: einen unvorteilhaften Handel abschließen, übervorteilt werden; speziell auch: etw. beim letzten Händler kaufen, also da, wo es am teuersten ist; kaufen oder etw. kaufen wollen, was gar nicht angeboten ist. Der Grundgedanke ist wohl der, daß der Schmer der Katze nicht feil ist. Den

Urspr. dieser schweiz. Rda. hat Gottfried Keller in der Erzählung ‚Spiegel, das Kätzchen‘ auf eine angebliche Seldwylaer Sage zurückgeführt. Goethe reimt unter ‚Sprichwörtlich‘ (um 1810):

Freigebig ist der mit seinen Schritten,
Der kommt, von der Katze Speck zu
erbitten.

Dazu das Sprw.: ‚Der Katze ist nicht gut Schmer abkaufen‘, mit geizigen Leuten ist nicht gut handeln.

‚Wie die Katze um den heißen Brei schleichen‘

Um etw. herumgehen wie die Katze um den heißen Brei: Ausflüchte machen, ein Problem umgehen, das Wesentliche nur mit vielen Umschweifen berichten. Das anschauliche Bild leitet sich von der Vorsicht und dem Mißtrauen her, mit dem die Katzen den dampfenden Freßnapf umkreisen. So auch mdal. holst. ‚he slickt us ümbi as de Katt üm de Mehlbrie‘; ‚üm de Semp‘; schweiz. ‚tapen (bedächtig vorgehen) wie die Katze um ein frisches Mus‘; frz. heißt es: ‚tourner autour du pot‘. Lat. gilt in gleichem Sinne: ‚Lupus circa puteum saltat‘ = der Wolf tanzt um den Brunnen. Im Dt. findet sich die Rda. bei Luther: „Drumb geht er umbher wie die katz um den heißen brey“.

‚Dat ös Katt un Hund vergäve!‘ Mit diesem Ausruf gibt man seiner Unzufriedenheit über schlechtes Essen Ausdr. Der Sinn ist klar: Dieser Schlangenfraß würde sogar Hund und Katze, die doch das Schlechteste gewohnt sind, vergiften.

Wie Katz(e) und Hund zusammen leben: verfeindet sein, sich nicht vertragen, sich nicht leiden können (vgl. engl. ‚to fight like cats and dogs‘; frz. ‚ils s'accordent comme chiens et chats‘). Nach weitverbreiteter Ansicht können Katze und Hund nicht friedlich zusammenleben.

Die Wirklichkeit widerspricht dieser rdal. Meinung oft, denn früh aneinander gewöhnte Hunde und Katzen kommen meistens sehr gut miteinander aus.

Die Rda. *wie Katz' und Hund miteinander stehen* wird durch zahlreiche und ganz verschiedenartige Erzählungen begründet (AaTh. 200). Darin allerdings gleichen sich fast alle diese ätiologischen Erzählungen, daß sie von einem ehemaligen guten Einvernehmen zwischen Katze und Hund sprechen (Kontrakt, gemeinsame Wirtschaft, gemeinsame Jagd, Verwandtschaftsverhältnis usw.), das durch ein einmaliges Ereignis sich ins Gegenteil verkehrte.

Wie ‚Hund und Katze‘ rdal. Gegensätze sind, so auch ‚Katze und Maus‘. Am häufigsten ist die Rda. *spielen wie die Katze mit der Maus.* Das Spiel der Katze mit der Maus gründet sich durchaus auf reale Naturbeobachtung: Katzen spielen tatsächlich mit der gefangenen Maus, bevor sie sie fressen. Die bildl. Anwendung der Rda. hat sich vermutlich in Frankr. zuerst ausgebildet; vgl. frz. ‚jouer au chat et à la souris‘: einander nachlaufen. Auf frz. Boden ist die Rda. auch schon früh in lat. Sprache bezeugt: ‚Sic alacer cattus, dum prenso mure iocatur, raptum deponuit depositumque rapit‘. Dt. zuerst: „Als die katze mit der mus spilten die Oselère“ (‚Livländische Reimchronik‘ 1230); „Dy spelen mittenander alzo dy katze mit der mauß“ (Prov. Fridanci 112); „Und mit inen als ein katz mit einer mauß spylen“ (Geiler von Kaysersberg); „Vnd die magd mit den schüsseln spilt als ein katz mit der mauß“ (Seb. Franck, Sprww. 209). Bis zur Ggwt. ist die Rda. *Katz u. Maus mit jem. spielen* in zahlreichen, vorwiegend ndd. Varianten lebendig, z.B. ‚hei springt'r midde umme as de Katt mit'r Mus‘; ‚de spellt grad med dem we de Katz met der Maus‘.

Es geht ihm wie der Katz mit der Maus sagt man von jem., der mit langweiligen Menschen nichts zu tun haben will. Goethe erweiterte die Rda. zu folgendem Zweizeiler:

Es geht ihm wie der Katz mit der Maus,
Für einen Leichnam ist er nicht zu
Haus.

Es ist jedoch zweifelhaft, ob der Zusatz

‚Katz und Maus spielen‘

wirklich den urspr. Zusammenhang zum Ausdr. bringt. Wahrscheinlicher ist, daß sich die Rda. auf die Beobachtung gründet, daß eine unbewegte Maus der Räuberin viel weniger ins Auge springt als eine laufende.

Da greifen zehn Katzen nicht eine Maus; ‚dau findet siebe Katze kä Maus‘; ‚Sieben Katzen können da keine Maus fangen‘ bezieht sich auf ein heilloses Durcheinander, in dem es schwer ist, Ordnung zu schaffen. ‚Neun Katzen können nicht eine Maus drin fangen‘, sagt man von einem gänzlich durchlöcherten Kleidungsstück, wo die Mäuse zu viele Wege zum Herausschlüpfen fänden, wenn die Katze dort Jagd auf sie machen müßte. Die Rda. ist hauptsächlich im Norden verbreitet (vgl. auch Wilh. Buschs ‚Katze und Maus‘).

Setz die Katzen an und jag die Mäus voraus!: mach schnell! Die Rda. geht auf einen Spruch aus dem Beginn der Neuzeit zurück:

Wer mit Katzen ackern will,
Der spann die Mäus voraus,
So geht es alles wie der Wind,
So jagt die Katz die Maus.

Auch das Sprw. ‚Wer mit Katzen ackern will, der eggt mit Mäusen zu‘ hängt damit zusammen.

Er will andern Katzen fangen und kann sich selbst keine Maus fangen heißt es von einem, der anderen in wichtigen Angelegenheiten Ratschläge erteilen will, obwohl er selbst schon bei kleineren Aufgaben versagt.

Mit den Worten ‚Wenn die Katz satt es, schmecke de Müs bitter‘ weist man einen zurecht, der über das Essen nörgelt. Die-

selbe Bdtg. hat auch das Sprw.: ‚Wenn die Maus satt ist, schmeckt das Mehl bitter‘. Aus der Tierfabel (AaTh. 110) stammt die Rda. *der Katze die Schelle nicht umhängen wollen.* Die Mäuse beschließen, der Katze, um von ihr nicht beschlichen zu werden, eine Schelle umzuhängen. Als es aber an die Ausführung des trefflichen Beschlusses geht, findet sich keine Maus, die das heikle Geschäft übernehmen will. Die Fabel kommt im Dt. schon 1350 in Ulrich Boners ‚Edelstein‘ vor. Dort heißt es (V. 19 ff.) von den Mäusen:

si rieten alle ûf einen sin,
wi sie wol möchtin komen hin,
und vor der katzen zorn genesen.
sie muosten alle in sorgen wesen;
grôz was der katzen gewalt.
der miusen rât was manigvalt.
ze jungest kâmens über ein
mit gemeinem râte, daz ir ein
sölt der katzen henken an
ein schallen, die si sölte hân
und tragen, einzeklîch dur daz,
daz si sich möchtin deste baz
gehüeten vor der katzen list.
dô antwurt in der selben vrist
ein altiu mûs, und sprach alsô
„des râtes sîn wir alle vrô!
der rât mag uns wol troestlich wesen;
wil got, wir mugen al genesen.

‚Die Katze läßt das Mausen nicht‘

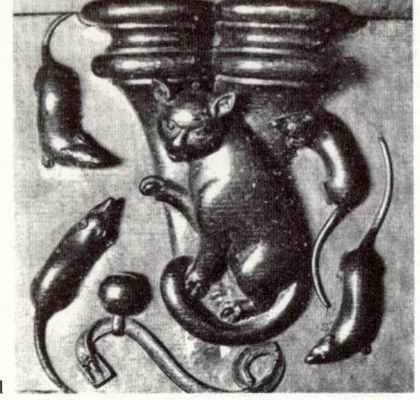

1

2

3

1–3 ‚Der Katze die Schelle umhängen'

sô wirt gevrîget unser muot,
und mugen âne sorge leben".
enkein mûs wolt sich selber geben
an den tôt, ân ende stât
und âne nutz der miusen rât ...

Boners Quelle war Odos 26. Fabel ‚de muribus et cato'; aus dieser ist vermutl. auch ein lat. Gedicht einer Pariser Hs. des 14. Jh. abgeleitet. Im 16. Jh. kehrt die Fabel bei Arlotto, Joh. Pauli und Hans Sachs wieder und reicht von hier bis in die Volksüberlieferung des 19. und 20. Jh. La Fontaine hat im Frz. die klassische Form gegeben. Entspr. häufig finden sich rdal. und sprw. Anspielungen auf die Fabel. In Hans Rosenplüts ‚Klugem Narren' heißt es:

Der der katzen die schellen anpunde
Vnd frohlich die warheit getorst
gesprechen.

Seb. Franck verzeichnet in seiner Sprww.-Sammlung: „Wer will der katzen die schellen anhencken?" Anders Lehmann S. 32 (‚Anschläg' 13): „Wenn die Katzen mausen, hengen sie keine Schellen an". Der junge Goethe übernahm die Rda. in die erste Fassung seines ‚Götz': „So ist doch jetzt, da es zur Sache kommt, niemand als der getreue Gottfried von Berlichingen, der der Katze die Schelle anhängen mag". Bismarck sagte in einer Rede (Reden VIII, 387): „Gerade in der Stellung, in der ich bin, halte ich es für meine Pflicht, der Katze die Schellen anzuhängen, die Sache offen zu besprechen". Vgl. mittellat. ‚feli tintinnabulum annectere'; engl. ‚who shall hang the bell about the cat's neck?', ndl. ‚de kat de bel aanbinden'; frz. ‚attacher le grelot (au chat)'; ähnl. ital. und span. Eine weitere dt. Variante ist: *Die Katze hängt sich auch keine Schelle um, wenn sie auf Mäusejagd geht:* ich muß doch nicht alles verkünden, was ich vorhabe. Rda. bzw. Fabel sind – als Sinnbild für den Kampf der Tugend gegen das Laster – oft bildl. dargestellt worden, insbes. in der ndl.-fläm. Tradition. Die Miserikordien-Skulptur von Kempen am Niederrhein zeigt genau die Fabel: vier Mäuse gruppiert um eine Katze; ein Schellenhalsband liegt am Boden, und man ersieht aus dem diffusen Verhalten der Mäuse, daß es offenbar unmöglich ist, der Katze die Schelle umzu-

rât ent, und koment über ein,
wel under uns diu sî allein,
diu daz getürre wol bestân,
daz si der katzen henken an
welle die schallen (daz dunkt mich
guot);

hängen. Dem Sinn der Fabel entspricht zunächst auch die Bdtg. der Rda. ‚Der Katze die Schelle nicht umhängen wollen'. Sie meint zunächst eben: ein gefährliches Unterfangen nicht übernehmen wollen, entspr. noch im modernen engl. Sprachgebrauch: ‚it is well said, but who will bell the cat?' In späteren Darstellungen wird der Katze tatsächlich die Schelle umgehängt, aber es ist nicht eine Maus, die dies besorgt, sondern entspr. der bildl. Übertr. ein Mensch. In dieser Weise vermenschlicht findet sich die Rda. ebenso auf P. Bruegels Rdaa.-Bild wie in den späteren ndl. Bilderbogen. Die Übertr. aus der Welt der Tierfabel in die Welt menschlichen Tuns hat notwendigerweise auch eine Sinn- und Funktionsveränderung mit sich gebracht. ‚Der Katze die Schelle umhängen' wird jetzt zu einem rdal. Bild der üblen Nachrede. Positiv gewendet, bedeutet ‚der Katze die Schelle umhängen' nun: ein Gerücht über jem. ausstreuen, böse Nachrede über jem. führen, jem. bemäkeln, eine Heimlichkeit offenbaren. Dadurch, daß diese Rda. nun nicht mehr zwischen Maus und Katze, sondern zwischen Mensch und Katze spielt, hat sie ihre urspr. Realwelt der Fabel verlassen und ist außerdem auch zum Bild unsinnigen Tuns geworden; d. h. es kommt noch eine dritte Bdtg. hinzu. Folgerichtig ist es nur noch der Narr, der so etw. tut, was in Seb. Brants ‚Narrenschiff' auch seine bildl. Demonstration gefunden hat. Der dazu gehörige ‚Narrenschiff'-Text lautet:
Manch narr der richt vß yederman
Vnd henckt der katzen die schellen an
Vnd will sin doch keyn wort nit han.
So können uns die Bilder helfen, den Bedeutungswandel von Rdaa. zu erläutern; zugleich entwickelt sich die Darstellungsabsicht von der abgebildeten Fabel zur abgebildeten Rda..
Mdt. *(die) Katze (aus-)halten:* stillhalten, auch: sich Übles gefallen lassen müssen; ähnl.: *der muß die Katz halten, die Katze heben; die Katze in die Sonne halten müssen.* Der älteste Beleg für die Rda. stammt aus dem Jahre 1525. Aber noch in Lessings ‚Minna von Barnhelm' (III, 10) sagt Franziska: „Ja, ja; im Wagen muß der Herr Major Katz aushalten; da kann er uns nicht entwischen". ‚Die Katze aushal-

ten' bedeutet auch: er muß zu Hause bleiben, oder: er muß für den anderen die Strafe auf sich nehmen. In der Leipziger Gegend sagt man: ‚Du mußt die Katz' aushalten', du mußt dich in dein Schicksal fügen. Möglicherweise geht die Rda. auf einen älteren Rechtsbrauch zurück (vgl. ‚Hundetragen'). Das gleiche gilt auch für die Rda. *die Katze durch den Bach ziehen;* ‚der muß die Katz durch'n Bach schleiffn'; ‚es geht mit der Katz durch den Bach'; ‚er muß die Katze übers Wasser tragen'. Die Rda. ist schon für die Reformationszeit belegt. In Joh. Fischarts ‚Flöhhatz' heißt es: „... und wer da ist am meisten schwach, der zieh die Katz dann durch den Bach". Aus der gleichen Zeit stammt folgende Stelle: ‚Wenn in Verbundnussen der fürnembsten einer noth leidet, müssen die geringeren hernach, jedermann fallt auff sie und müssen die Katz durch den Bach ziehen'. Die Rda. ist im Südwesten Dtls., bes. längs des Rheins, verbreitet. Sie bedeutet im allg.: für jem. anderen die Suppe auslöffeln, entweder indem man für einen Schaden, den man nicht selbst verursacht hat, bezahlen muß, oder indem man eine gemeinsame Rechnung allein zu begleichen hat. In denselben Zusammenhang gehört auch schwäb. ‚mit der Katz durch de Bach!', mach schnell, sowie ‚d' Katz isch scho de Bach na(b)', die Sache ist schon schief gelaufen. Die seit dem 16. Jh. bezeugte Wndg. *mit einem die Strebekatze* (mdal. auch: die Strangkatze, die Strabelkatze) *ziehen:* in Zank mit ihm leben, hat ihren Urspr. entweder ebenfalls in einer alten Ehrenstrafe, wo zwei sich vor der Menge um eine Katze reißen mußten, oder im Spiel des ‚Katzenstriegels', einem ma. Kraftstück, ähnl. dem Tauziehen: zwei Spieler um deren Hälse eine Seilschlinge gelegt ist, hocken sich gegenüber und haben die Hände auf dem Boden aufgestützt. Beide versuchen, durch Zurückbiegen des Kopfes, den Gegner zu sich herüberzuziehen. Ähnl. heißt engl. ‚to tear the cat' = wüten, toben, z. B. in Shakespeares ‚Sommernachtstraum' (I, 2). Bei Christian Weise: „Ich habe noch mit niemand gezankt, nur mit meinem Mann ziehe ich manchmal die Strebekatze; aber solch ein Ding gehört zum Haushalten". Auch *miteinander im Katzenbalg liegen, sich katzbalgen:* sich streiten, gehört hierher. So steht bereits bei Aventin: „und hat Julianus vier jar an einander sich mit den Teutschen gekatzbalgt".

Von falschen Menschen (,falschen Katzen') sagt man auch, daß sie *wie die Katzen vorn lecken und hinten kratzen* ↗ lekken, so auch z.T. in den Mdaa., z.B. schles. ,daar ies wie de Kotza, die vorna lecka un hinda krotza'. Schon Luther kennt das Sprw. „Das sind böse Katzen, die vorne lecken und hinten kratzen". Hans Sachs bringt das Sprw. mit dem Judaskuß zusammen; es gibt dazu eine sehr eindrucksvolle Ill. von Hans Weiditz. Thür. bedeutet ,mir war, als hätt' mich das Kätzchen geleckt', ich war ganz vergnügt, ich wiegte mich in behaglicher Sicherheit; dagegen schlesw.-holst. ,dat lickt di de Katt nich af', das bleibt auf dir sitzen, bes. von Prügeln, die einer bezogen hat. Aus dem Erzgebirge ist bezeugt: ,Do muß mer de Katz Miezel häßen', gute Miene zum bösen Spiel machen.

Die Katze ist im Aberglauben Begleiter von Teufel und Hexe. Sie kann fast lautlos schleichen und sieht auch nachts mit phosphoreszierenden, grünen Augen. Das machte sie den Menschen unheimlich. Da sie mit dem Teufel im Bunde ist, bedeutet ihr Erscheinen etw. Schlechtes; sie ist der Bote drohenden Unheils. Bes. die schwarze Katze war gefürchtet. Will eine Sache gar nicht gedeihen, so sagt man deshalb: *Da ist die schwarze Katze zwischen gekommen.* In allen Mdaa. finden wir entspr. Wndgn. Ndl. heißt es: ,Daar is eene zwarte kat tusschen gekomen'.

Mit der Rda. *sieht doch die Katz den Kaiser an* pflegt sich jem. zu entschuldigen, der wegen seiner Dreistigkeit getadelt wird. 1513 bucht Tunnicius unter Nr. 86 „It süt wol eine katte up einen konnink (Adspicit et felis magna corpora regum)". Zur Entstehung der Rda. wird eine geschichtl. Sage oder Anekdote überliefert. Die Erzählung sucht den Urspr. der Rda. in einem Besuch Kaiser Maximilians in der Werkstatt des Holzschneiders Hieronymus Resch, wo eine sehr zahme, anhängliche Katze fast stets auf dem Arbeitstisch des Meisters zu finden war. Diese Katze soll nun trotz des Kaisers An-

wesenheit ihren Platz behauptet und den Kaiser beständig mißtrauisch angesehen haben. Daher, so sagt man, stamme die Rda.. Aus den Kreisen der Hofleute wäre sie dann allmählich in den Volksmund übergegangen. Doch handelt es sich sicher hierbei um eine nachträglich erfundene ätiologische Anekdote. Das Datum des Kaiserbesuches ist für 1517 genau fixierbar; doch spricht gegen die traditionelle Erklärung der Rda. aus dem hist. Anlaß die Tatsache, daß die Rda. schon 1514 in Niederdtl. gedruckt erscheint. Auch in Engl. findet sich schon um die Mitte des 16. Jh. die Wndg. ,A cat may look on a king'. Noch ein anderes Moment spricht gegen die Anekdote als Ursache der Rda.: Neben der ,Kaiser'-Redaktion erscheint in den Belegen schon früh die ,Bischofs'-Version (vgl. auch frz. ,un chien regarde bien un évêque'), z.B. schon in einem Fastnachtsspiel von Hans Rufold Manuel von 1548:

Ä, wilt dich dann nit bschowen lan,
Sicht doch ein katz ein Bischoff an!

In der gleichen Form kennt man die sogar durch einen Reim gestützte Rda. noch im heutigen Wien; vor allem auf die Frage: ,Was schaust mi denn an?': ,Schaut die Katz den Bischof an, und dös is a geweichter Mann!'
James Joyce wandelte die Rda. ab u. bezog sie auf das Oberhaupt einer Stadt: „... die Katze schaute hinauf zum Bürgermeister, denn im Städtchen Beaugency war es wohl erlaubt, daß eine Katze einen Bürgermeister ansah" (,Die Katze u. der Teufel').

Die Rda. ist in mancherlei obd. und ndd. Versionen noch heute geläufig, z.B. schwäb. ,Ma wurd de därfe au no angucke, därf jo d'Katz de Kaiser au angucke', oder holst. ,De Katt sätt doch wohl den Kaiser an, un seggt nich erst: ,Gnädiger Herr''. Die Abwehr des starren Anschauens hängt wohl mit der Furcht vor dem bösen Blick zusammen; zumal die Katze als Hexentier galt. Man nahm sich also auch vor dem Angeschautwerden durch die Katze in acht. Daraus erklärt sich der Grundgedanke der Rda., wenn der Ermahnte meint: Mein Anschauen ist harmlos, sieht doch die hexenartige Katze vermessenerweise sogar so bedeutende Personen wie Kaiser oder Bischof an, und doch schadet es ihnen nichts. Nicht auf einen bestimmten Kaiser oder Bischof bezieht sich also die Rda., wie die geschichtl. Sage glauben lassen möchte, sondern auf den geweihten Herrscher als solchen.

Wenn einer *seine Katze schickt,* so kümmert er sich nicht selbst um eine Angelegenheit, sondern läßt sie von einem unbedeutenden Untergebenen erledigen.

Bevor die Katze Junge wirft, verliert sie Haare; die mdal. reich belegte Rda. *Jetzt geht der Katz das Haar aus* bedeutet: jetzt geht es hart her, jetzt wird es ernst. „Erst da gieng der katzen 's har uss; forcht, schrecken, zittern mängen grus empfiengend wir on underloss", schreibt R. Schmid 1579.

Das kostet der Katze den Schwanz; das kostet der Katze das Fell: nun ist's aber genug!

Die Katze am Schwanz haben: eine Sache fest im Griff haben (↗ Katzenschwanz).

Da beißt sich die Katz in' Schwanz: das ist ein circulus vitiosus, eine sich im Kreis drehende Kausalität.

Er kann die Katze am Arsch lecken: Ausdr. derber Abweisung; gemildert durch die Einfügung der Katze. Vgl. die dazu gehörigen Verse:

Wer nie die Katze am Arsch geleckt,
Weiß nicht, wie Katzenscheiße (auch: Affenscheiße) schmeckt.

Immer noch besser als der Katze am Arsch geleckt: besser als nichts; ↗ Arsch, ↗ lekken.

Bei überraschenden Ereignissen kann man den Ausruf hören: *Da möchte doch die Katze Kaviar scheißen!*

Da ist der Katze gleich gestreut; so auch in den Mdaa., z. B. schwäb. „Jetz isch dr Katz gstreut', der Übelstand ist beseitigt, die Sache ist zur Zufriedenheit erledigt. Die Rda. bezieht sich urspr. wohl auf die geschwinde Beseitigung von Katzendreck durch Bestreuen mit Sand.

Nur ein Katzensprung: es ist nicht weit.

Um die Geringfügigkeit einer Angelegenheit darzutun, sagt man: *darum bekommt die Katze keinen Klaps.* Dieselbe Bdtg. hat auch die Wndg. *davon wird keine Katze den Schwanz verlieren.*

Das macht der Katze keinen Buckel: das ändert nichts an der Sache, das tut der Liebe keinen Abbruch. Das macht der Jungfer kein Kind. Mdal. ‚das macht der Chatz kei Buggel': ‚dat micht der Katz kän Bockel, wann se käner hot'.

Kein Katzendreck: keine Kleinigkeit.

Wenn man einen Besuch machen will und trifft niemand an, so sagt man wohl *es war keine Katze da* und drückt damit aus, daß nicht einmal das geringste, aber notwendig zum Haus gehörende Lebewesen daheim war.

Um etw. Unwahrscheinliches auszudrükken, sagt man: das geschieht, *wenn die Katze ein Ei legt. Wenn die Katze kräht:* es ist sehr spät. Belegt ist diese Wndg. schon 1650: „Ein solches Schreien und Lüejen (der Zechbrüder) währet oft bis gar spät in die Nacht, bis die Katzen, wie das Sprw. lautet, kräjen!"

Ehe die Katze ein Ei legt: schnell; und *ehe die Katze vom Backofen kommt* (auf dem sie die Nacht über geschlafen hat): sehr früh. *Wo die Katzen Eier legen* ist eine Umschreibung für nirgends.

Das mach einer Katz weis! (ndd. ‚Dat mak der Katte im Drome nit wis!') ruft man aus, wenn einer etw. völlig Unglaubwürdiges erzählt.

Mehrfach kommt Katze vor in scherzhaften Antworten auf die vorlaute Frage: ‚Was?'; z. B. schwäb. ‚Katz' isch dei Bas, Hund isch dei Vetter, morgen wird gut Wetter'; oder ndd. ‚Wat?' ‚Swart Katt, bunt Hund, slap gesund!'

Nur regional notierte Wndgn. sind: schles. ‚das wird keine lahme Katze anlokken'. Rheinhess. sagt man von einem, der Heimweh hat: ‚er will seines Vaters Katz noch einmal sehen'; vor allem in Österr. ist verbreitet: ‚die Katze putzt sich, wir kriegen Gäste'. ‚Merke, wo Chatz im Strau hockt' sagt man schweiz. für: ‚wo der Hase im Pfeffer liegt'. ‚De Katt öss em möt dem End weggerennt' heißt es ndd., wenn ein Redner mitten in seinem Vortrag stekkenbleibt. ‚Dat is de erste Katt, die mi van Dage die Poten gift', sagt man in Norddtl., wenn man von unerwarteter Seite gegrüßt wird, und drückt damit aus, daß man von der freundlichen Gesinnung des Grüßenden etwa so viel hält wie von dem Schnurren der falschen Katze.

Gebräuchl. rdal. Vergleiche sind: ‚Er fällt

immer wieder auf die Füße wie eine Katze'. Mdal. finden sich reiche Belege dieser Rda., so schweiz. ,er fallt allwil uf d'Füess wie d'Chatze'; rhein. ,er fällt wie de Katz op de Föss'. Dagegen: ,Wann et Onglöck sin sall, fällt de Katz van Stuhl un brecht de Start'.

Es geht wie das Katzenficken (Katzenmachen): es geht sehr schnell (19. Jh.). Von einem übertrieben unterwürfigen Menschen sagt man *er krummbuckelt wie eine Katze; er katzbuckelt.* Der gekrümmte Rücken nach Katzenart gilt als Zeichen von Dienstfertigkeit und Schmeichelei. Lessing verwendete das sprachl. Bild vom ,Katzenbuckel' zuerst 1767 lit. in seiner ,Minna von Barnhelm' (3, 1). Rheinhess. ,ein Buckel wie e Katz, wenns dunnert'; rheinhess. ,nass wie e Katz'!

,Katzbuckeln'

Rhein. ,de mach en Gesich wie en Katz, wann et donnert', ,wann et bletz', ,wann et wederlöch', ,wann se Donnerwedder sieht', ,die möm Arsch Nöss krach', ,die en hete Wotzel in de Mond hot', ,die Destele kaut', ,die Bretzele friß'; ,wie en Katz no Fastelovend', ,wie en Katz om Schleifstein', ,wie en Katz, die se op de Sterz getrodde hant', ,wie en Katz em Kellerloch', ,wie en Katz, wo Heu roppt', ,wie en Katz, die en de Brei hät geseck', ,wie en besäch Katz', ,de mach en Gesich, als wenn alle Katze Köh möte werde'.

Schlesw.-Holst. ,en Stemm, as wenn mer de Katz op de Start tritt'; ,en Stemm wie en Katz, der de Schwanz geklemp wird'. Holst. ,he geit as de Katt in Dau', ,wie der Storch im Salat'; schles. ,a hood a zäh Laba wie de Kotza'; ,a war verschwunda wie a schwatze Kotz'; ,heimkommen wie eine gebrühte Katze'; ,er schleicht davon wie die Katze vom Taubenschlag'. Schon Joh. Fischart (1546–90) gebraucht die iron.-satirische Wndg.: „Daselben ziehen wir mit Ehren ab wie die Katze aus dem Taubhauß".

Ndd. und rhein. gibt es den rdal. Vergleich: ,er ist so klug as Salomon sin Katt'; ,su klok äs Salomons Katz, de geng drei Dag fürm Regn heim un word doch nat (weil sie in einen Bach fiel)'; ,su klok äs Salomons Katz, de vor Wisegheit de Trapp affel'. Die Zusätze lassen auf eine Herkunft aus einer zusammenhängenden Erzählung schließen. Wir finden sie z. B. in der Sprww.-Sammlung Joh. Agricolas unter der Überschrift ,Art lest von art nicht, die Katze leßt yhres mausens nicht' (Nr. 131): „Man sagt, daß Marcolfus mit dem weisen Salomon disputiert habe, vnd gefragt, ob art vnd eingepflantzte naturliche neygung mehr sey denn gewonheyt, die durch fleiß der menschen vber die natur eingefueret wirt, vnd da Salomon schloß: Wes einer auffs newe gewonet, das hange yhm gleich so hart an, als daß er von natur empfangen hatt. Nun ließ konig Salomon Marcolfus diß nicht gut sein, sonder wolte, wie es auch war ist, art gieng fur gewonheyt. Vnnd dieweil Salomon eyne Katzen hette, die ym nach gewonheyt das liecht hielte bey nacht, brachte Marcolfus etliche meuse zuwegen, vnd kam des abends zu Salomon, vnnd ließ erstlich eyn mauß lauffen, vnnd als bald die katz der mause gewar ward, tapt eyn wenig mit der pfoten, vnd ließ doch das liecht nicht fallen. Do aber die ander vnnd dritte maus furüber lieffen, ließ sie das liecht fallen vnd lieff den meusen nach. Darauß hernach Marcolfus beweisete, Art gieng fur alle gewonheyt".

Die sog. ,Klugheit' der Salomonischen Katze ist also nur angelernt, ist nur Dressur.

Jem. als Katzenpfote gebrauchen: jem. ,die ↗ Kastanien aus dem Feuer holen lassen'.

Auf Katzenpfoten daherkommen: d. h. sehr

behutsam, vorsichtig, leise, auch: sanft wie eine Schmeichelkatze. Der Seemann nennt die bei Windstärke 5–6 auftretenden stärkeren Wellen, die weiß schäumend überschwappen: ‚Katzenpfoten' ... „Der ‚blanke Hans' zeigt ‚Katzenpfoten'." Die Katze gilt von alters her als Symboltier der Frau, wie auch aus den Kosenamen ‚Muschi', frz. ‚minette', engl. ‚pussy' hervorgeht. Als sexuelle Metapher begegnet sie u. a. auch im Volkslied (vgl. Grimm, Volkslieder, S. 543), ferner im Schwank, wie auch im neuzeitl. Fastnachtgedicht – ähnl. wie der Kater für den Mann. Als verhüllende Bez. für die Vulva spielt sie außerdem in der alem. Fasenacht eine Rolle, so u. a. in dem Reim:

Horig, horig, horig ischt die Katz,
und wenn die Katz it horig ischt,
dann fängt sie keine Mäuse nicht,
horig, horig, horig ischt die Katz.

Katzenmusik: mißtönende Musik; wird hergeleitet vom nächtlichen Geheul der verliebten Katzen. Man versteht darunter vor allem Aufzüge von Burschen mit Lärminstrumenten, ↗ Charivari.

‚Katzenmusik'

Am Katzentisch essen müssen: an einem kleineren Tisch, getrennt von den anderen – meist als Strafe gedacht. Der Katzentisch war ein abseits stehender Tisch für die Kinder oder verspätete Gäste; eigentl. der Fußboden in der Stube; in der heutigen Bdtg. nach 1750. Vom Katzentisch übertr. auf die Schulverhältnisse ist die *Katzenbank:* die Sitzbank für die Klassenschlechtesten; spätestens seit 1900.

Katzenjammer ↗ Kater, ↗ Klosterkatze.

‚Die Katze hat neun Leben': altes Sprw., das auf die Langlebigkeit u. Zähigkeit der Katze anspielt.

Im Ndd. nennt man den ‚Strumpf', in dem Geld aufbewahrt wurde, das spätere ‚Portemonnaie': ‚Geldkatze'.

Lit.: *A. de Cock:* ‚Volksuitdrukkingen betreffende de ketelmuziek', in: Volkskunde 12 (1899–1900), S. 1–21; 16 (1904), S. 128–136; *R. Sprenger:* ‚Die Katze im Sack kaufen', in: Zs. des allg. dt. Sprachvereins 18 (1903), S. 336–337; *A. Wesselski:* Die Schwänke und Schnurren des Pfarrers Arlotto, Bd. 2 (Berlin 1910), S. 64f., 226–228; *O. Dähnhardt:* Natursagen IV, 2 (Leipzig – Berlin 1912), S. 145ff., 299f., *Joh. Bolte* in seiner Ausg. von Johannes Pauli: Schimpf und Ernst, 2 Bde. (Berlin 1924), Bd. 2, S. 393f. (Nachweise für: ‚Der Katze die Schelle umhängen'); *L. Berthold:* ‚Wenn die Katze kräht', in: Nassauische Bl. 5 (1925), S. 132–133, 199–200; *K. Rother:* Hund, Katze und Maus im schles. Sprw., in: Mitteilungen d. Schles. Gesellschaft f. Vkde. 16 (1925), S. 247–251; *A. Wesselski:* Hundshaare u. Katzenjammer, in: A. W.: Erlesenes (Prag 1928), S. 13–17; *A. Perkmann:* Art. ‚Katzenmusik', in: HdA, IV, Sp. 1125–1132; *D. Lämke:* Ma. Tierfabeln und ihre Beziehungen zur bildenden Kunst in Dtl. (Diss. Greifswald 1937); *L. Schmidt:* Die Katze und der Bischof, in: Das dt. Volkslied, 42 (1940), S. 73f.; *L. Röhrich:* Sprw. Rdaa. in bildl. Zeugnissen, S. 269f.; *ders.:* Sprw. Rdaa. aus Volkserzählungen, S. 74f.; *U. M. Meisser:* Tiersprww. und Verhaltensforschung, in: Studium Generale 22 (1969), S. 861–889; *U. Förster:* Die Strebkatze ziehen, in: Sprachdienst 18 (1974), S. 166; *G. Grober-Glück:* Motive u. Motivationen in Rdaa. u. Meinungen (Marburg 1974), § 117ff.; *G. Waeger:* Die Katze hat neun Leben. Katzennärrische Ausdrücke, Redewendungen u. Sprichwörter (Bern 1976); *V. B. Dröscher:* Mit den Wölfen heulen (Düsseldorf 1978), S. 25–28; *M. Berghaus:* Von der Tischgemeinschaft zur Konsumgesellschaft, in: Matreier Gespräche. Otto Koenig 70 Jahre (Wien, Heidelberg 1984), S. 243–259; *L. Röhrich:* Zur Deutung u. Be-Deutung von Folklore-Texten, in: Fabula 26 (1985), S. 3–28, hier S. 11; *Chr. Ammer:* It's raining cats and dogs and other beastially expressions; *Chr. Ammer:* Drawings by Cathy Boback (New York 1989); *R. Bergler:* Mensch u. Katze (Köln 1989).

Katzenschwanz. *Den Katzenschwanz streichen:* schmeicheln. Das Sprw. ‚Wenn man den Kater streichelt, so reckt er den Schwanz aus' (ndd. ‚je mer man de Katte striket, je höher hilt se den Swans') ist in der ‚Zimmerischen Chronik' (III, 66 f.) als obszöner Schwank eingeflochten.

Das trägt die Katze auf dem Schwanz weg

(fort): das ist nur eine Kleinigkeit. Auf dem Katzenschwanz ist kein Platz für große Mengen. Oberösterr. ‚streiten um da Katz san Schwaf‘, sich um eine Kleinigkeit streiten. „He hyndert my nicht eynen kattensterd" (‚Reinke de Vos‘, Lübecker Ausgabe v. 1498, Str. 2978). Goethe (‚Reineke Fuchs‘, 6, 267 f.): „... das kann mich keinen Katzenschwanz hindern!"

Hau der Katz den Schwanz ab!: mach's kurz. Ndd. ‚hei fot de katt bei den Stärt‘, er weiß eine Sache recht anzufangen.

Es geht der Katze um den Schweif (‚jetzt gehen dem Katzenschwanz d' Haar aus‘; ‚jez got der Chatz de Stil us‘): es steht auf Spitz und Knopf.

Schlesw.-holst. ‚he löppt as'n Katt, de keen Stert hett‘, so schnell wie möglich (die schwanzlose Katze schämt sich ihrer Häßlichkeit); schlesw. ‚hinkommen, wo de Katt den Stert opstickt‘, Hans Dampf in allen Gassen sein. Rdal. hört man als Antwort auf die Frage: ‚Wo wohnst du?‘ schles.-holst. ‚Wo de Katt mit'n Stert Kantüffeln schellt‘ (‚mit 'm Stert slappt‘).

An einen Halbwüchsigen, der gerne rauchen möchte, richtet sich der Rat: ‚Rauch der Katz ihrn Schwanz!‘

Lit.: *G. Lauffs-Ruf:*'s Kätzle hat e Schwänzle, in: Zs. f. Vkde. N.F. 7 (1935/37), S. 230–268; *E. Eyck:* Kattestaart (Spreekworden en gezegden met Kat), in: Tijdschrift van de Touring Club van Belgie 63 (1957), S. 97; *G. P.:* ‚Konings katte‘, in: Biekorf 60 (1959), S. 41.

‚Katzenwäsche machen‘

Katzenwäsche. *Du machst wohl Katzenwäsche?* fragt man, wenn sich jem. zu wenig oder gar nicht gewaschen hat. Katzen scheuen das Wasser und können nicht wie Hunde gebadet werden; sie lecken sich nur das Fell ab; vgl. frz. ‚Tu fais la toilette du chat‘.

Lit.: *V. B. Dröscher:* Mich laust der Affe (1981), S. 57 ff.

Kauderwelsch. *Kauderwelsch reden:* Unverständliches von sich geben, bez. sowohl eine durch schlechte Aussprache, verkehrte und falsche Formen, Vermengung mit fremden Ausdrücken unverständlich gewordene Sprache als auch verworrene, unlogische Sätze. Bislang ist der Ausdr. zuerst bei Hieronymus Emser (1521, ‚Quadruplica‘ Cb.) nachgewiesen, dann bei Mathesius (1566, ‚Historien, Von des Ehrwirdigen ... Manns Gottes, Doctoris Martini Luthers anfang, lehr, leben und sterben‘, 177b): „Gott behüt unsere nachkommen vor der kauderwelschen, oder Churwallen kalen glosen vnd Theologey". Mathesius will das Wort aus Luthers eigenem Munde gehört haben. Demnach bedeutet also Kauderwelsch urspr. churwelsch; Fischart (1572 ‚Aller Practick Großmutter‘ 11) versteht unter den „kuderwelschen" einen Handelsmann, er nennt sie im Zusammenhang mit Taglöhnern „hundsentwenern, landzetlern, kettlern, melkäuflern, kornscheuflern". Das Wort kann entstellt sein aus churwelsch entweder mit Anklang an kaudern = undeutlich reden, plappern, ein Wort, das auch Schiller einmal verwendet:

albern wie ein Stutzer plaudern,
wie ein Waschweib wirst du kaudern,

oder aber es wird in Verbindung gebracht sein mit kaudern = Zwischenhandel treiben. Kauderwelsch ist dann also die Sprache der fremdländischen Hausierer und Händler. Denn im MA. zogen die Churwelschen, d. h. die Italiener, vielfach als Hausierer durch das Reich; ihre Sprache war den Deutschen oft unverständlich. Eine andere Erklärung deutet Kauderwelsch als die unverständliche Sprache, den fremden Dialekt oder auch die Geheimsprache der Kauderer, der Wanderhechler. Kauder (Kuder) ist der Abfall (das Abwerg) vom Hanf (vgl. tschech. koudel).

Kauf, kaufen. *Etw. (mit) in (den) Kauf nehmen:* Unangenehmes (wegen Vorteils

oder aus Rücksicht) hinnehmen (oder ertragen), als ob das Schicksal ein Händler wäre, der beides nur zusammen abgeben will. Seltener ist die umgekehrte Wndg. *etw. mit in (den) Kauf* (oder: ‚in Tausch‘) *geben,* abgekürzt: *dreingeben.* Der Ausdr. bez. eine Zugabe des Verkäufers über das Gekaufte hinaus; zu vergleichen ist frz. ‚donner pardessus le marché‘ und engl. ‚to give into the bargain‘. Der übertr. Gebrauch beider Wndgn. ist im Dt. seit dem 18. Jh. belegt. *Leichten Kaufs davonkommen:* mit geringem Schaden, ohne hohe Strafe davonkommen.
Heute kaum mehr üblich ist die Wndg. *nicht jedermanns Kauf sein:* nicht jedermanns Sache; so schon bei dem bayr. Geschichtsschreiber Aventinus (Turmair, 16. Jh.): „Dic wahrheit ist nicht jedermanns kauf".
Jem. kaufen: ihn durch Bestechung für sich gewinnen; seit dem 17. Jh. *sich jem. kaufen:* ihn ernstlich vornehmen, um ihm den Standpunkt klarzumachen; urspr.: ihn durch Bezahlung, Bestechung für die eigene Meinung gewinnen; so 1561 bei Maaler (241 b): „einen mit gaben an sich kaufen". Heute meist in der Formulierung *Den werd ich mir mal* (oder *schon noch*) *kaufen:* ich werde ihn zur Rechenschaft ziehen, ich werde ihm gehörig die Meinung sagen.
Jünger ist die Wndg. *sich einen (Affen, Spitz) kaufen:* sich betrinken, ↗trinken.
Dafür kann ich mir nichts kaufen: davon habe ich keinen Nutzen, das bringt mich nicht weiter; auch: *Was ich mir dafür kaufe!;* berl. ‚Wat ick mir dafor koofe!‘, Was ich mir daraus mache! Erstmals genannt wurde diese Rda. in der Posse ‚Berlin, wie es weint u. lacht‘ (1858) von David Kalisch.
Das kauft dir niemand ab (schweiz.: ‚das chauft dr niemer ab‘): die Behauptungen geben Anlaß zu Zweifeln, sie sind nicht haltbar, das glaubt kein Mensch.
Auf unvernünftiges Kaufen bezieht sich der ndd. Spruch: ‚De kööft, wat nich nötig is, de verköfft bald, wat nödig is‘, d. h. er verliert durch sinnloses Kaufen seine ganze Habe. Ähnl.: ‚Köpen ahn Not, nimmt de Botter vun't Brot!‘
Kaufen, wenn niemand im Laden ist, euphemist. für: Ladendiebstahl begehen;

Hehlerausdr.; Berl. um 1890; bes. in der Form: ‚Das hast du wohl gekauft, als keiner im Laden war‘, das hast du wohl gestohlen. Ähnl. die ältere Wndg.: ‚das ist nicht auf der Leipziger Messe gekauft‘, es ist gestohlen.
Von unverhältnismäßig teurem oder unvorteilhaftem Einkauf handeln die folgenden Rdaa.: ‚bei reichen Jungfern Seide kaufen‘, ‚das Brot im Laden kaufen‘ (d. h. dort, wo es am teuersten ist), ‚eine Krähe für eine Nachtigall kaufen‘, ‚in der Apotheke kaufen‘.

Lit.: G. Steinhausen: Der Kaufmann in der dt. Vergangenheit (Leipzig 1899); W. Müller-Bergström: Art. ‚Kauf, Verkauf (Handel)‘, in: HdA. IV, Sp. 1134–1187; *W. Hansmann:* Kontor und Kaufmann in alter Zeit (1962); *E. Strübin:* Zur dt.-schweizer. Umgangssprache, in: Schweiz. Arch. f. Vkde. 72 (1976), S. 118; *K. O. Scherner:* Art. ‚Kauf‘, in: HRG. II, Sp. 675–686.

Kauz. *Ein komischer Kauz sein:* als merkwürdiger Außenseiter, als harmloser Sonderling gelten, der mitleidig belächelt und geduldet wird. Erst seit dem 15. Jh. wurde in Dtl. die Bez. (stein) kûz(e) für eine bestimmte Eulenart gebräuchl., die sich von mhd. kûze = Schreihals herleitet. Dieser Nachtvogel, der gern gegen das Licht der Krankenstuben fliegt, wurde im Volksglauben zum Unglücks- und Totenvogel, den man ängstlich meidet. Im 16. Jh. entwickelte sich der Name lichtscheuen und bei Tage unsicheren Vogels zur Schelte für den menschenscheuen Sonderling und diente gleichzeitig zur treffenden Kennzeichnung seines ungewöhnlichen Verhaltens, seiner andersgearteten Beschäftigungen und Liebhabereien. Die Verbindung der Rda. mit dem Adj. ‚komisch‘ ist heute wohl am gebräuchlichsten, es kann dafür aber auch drollig, kurios, merkwürdig, närrisch, schnurrig, sonderbar, wunderlich u. a. eintreten (vgl. KHM 81).
Die Wndg. *ein philosophischer (gelehrter) Kauz sein* dient der bes. Charakterisierung des nachdenklichen Grüblers und weltabgewandten Stubengelehrten. Grandville hat in seiner Ill. dabei den Ausdr. ‚Kauz‘ ganz wörtl. genommen, und bereits Fischart braucht in seiner ‚Geschichtklitterung‘ die Wndg. lit.: „Es wird ein gelehrter Kautz werden, wenn er unter die Stossvögel kompt". Goethe läßt

‚Ein philosophischer Kauz'

Faust (Szene in Frau Marthens Garten) feststellen: „Es muß auch solche Käuze geben". *Den Kauzen streichen,* auch: *ein Kauzenstreicher sein:* jem. schmeicheln, bes. im 15. bis 17. Jh. beliebte Rdaa., die bei Sebastian Brant und Geiler von Kaysersberg bezeugt sind und die wahrscheinl. auf das Verhalten des Voglers zu seinen Jagdvögeln zurückzuführen sind, die er beruhigend streichelt. Der Ruf des Kauzes wird gewöhnlich als ‚Komm mit', ‚Kiwit' (zieh mit), ‚Gu gu, komm mit zur Ruh!', ‚Huhuhu, mi grugt' (graut), ‚Wit, wit, wit, morche kümst aufs Totebritt' usw. verstanden. ↗ Eule, ↗ Uhu.

Lit.: *O. Keller:* Die antike Tierwelt 2 (1913), S. 39–44; *W.-E. Peuckert:* Art. ‚Kauz', in: HdA. IV, Sp. 1188–1197.

Kaviar. *Kaviar sein für jem.:* ein nicht zu erreichendes Gut, ein zu teurer Genuß für jem. sein, zu hoch für ihn sein, über seinen Horizont gehen, so daß er es nicht zu würdigen weiß. Kaviar ist bekanntlich eine teure Delikatesse. *Das ist Kaviar fürs Volk* ist ein Zitat aus Shakespeares ‚Hamlet' (II. 2): „'t was caviare to the general"; auch in anderen Sprachen sprw. geworden, z. B. ndl. ‚Kaviar voor het volk'.

Kegel ↗ Kind.

Kehle. Die Kehle spielt eine Rolle in mehreren Rdaa., die sich auf trinken und sich betrinken beziehen, z. B. *sich die Kehle anfeuchten:* trinken, zechen; vgl. frz. ‚se rincer (spülen) la gorge'; *eine trockene Kehle haben:* viel Durst haben; *(alles) durch die Kehle jagen:* sein Gut vertrinken (↗ Gurgel); *die Kehle schmieren:* zechen; *die Kehle waschen (ausspülen):* viel trinken, ↗ trinken.
Einem das Messer an die Kehle setzen: einen zu etw. zwingen, indem man ihm droht; vgl. frz. ‚mettre à quelqu'un le couteau sous la gorge'.

Kehraus. *Den Kehraus machen:* gründlich ausfegen, in rdal. Übertragung: Schluß machen, bei den letzten sein, die gehen. Der Kehraus (auch ‚Kehrab') ist urspr. der Schlußtanz bei einem Fest; eigentl. handelt es sich um eine imperativische Bildung: ‚Kehr, d. h. feg, den Tanzsaal aus!' Sächs. auch ‚wir haben ausgekehrt', d. h. den letzten Tanz gemacht.
J. H. Voss (Idyllen 1,99): „Bald wird der Hochzeitreigen getanzt und der lustige Kehraus unter Geschrei und Jauchzen der lang hinschwärmenden Jugend …"
Eine ähnl. Bildung ist ↗ Garaus (ähnl. Hupfauf, Reißaus, Saufaus). Als letzter Tanz ist der Kehraus freilich erst 1734 von dem Schlesier Steinbach verzeichnet: „den Kehraus machen, finem choreis facere". Häufig findet sich die Wndg. bei Abraham a Sancta Clara: „Wenn bereits all sein Glück den Kehraus tanzen will" (‚Reim dich', 257) – „Biß der tobende Wind den Köhraus pfeiffe" (‚Gemisch-Gemasch', 11) – „Laß sie nur zum Tantz gehen, du wirst einen seltzamen Köhraus erleben" (ebd. 31) und an vielen anderen Stellen. Im 16. Jh. bez. Kehraus den letzten kräftigen Trunk, der dem Zecher ‚den Rest gibt'. In übertr. Anwendung begegnet die Rda. seit der 2. H. des 18. Jh.; so heißt es in einem Volkslied von 1792 (F. W. Ditfurth, Hist. Volkslieder, 1877, S. 87):
Wir woll'n dir's zeigen,
Dir einen Kehraus geigen.
In der Bauernkriegsszene in Goethes ‚Götz von Berlichingen' (V, 1) antwortet Link auf Metzlers Frage: „Wie geht's Euch, Link?" mit den Worten: „Drunter

und drüber, siehst du, du kommst zum Kehraus", d.h. eigentl. zum Schluß des Festes, denn als solches betrachtet Link den Kampf der Bauern gegen den Adel. An das urspr. Auskehren aber hat Arndt gedacht in seinem Lied auf den Feldmarschall Blücher:

Da ist er's gewesen, der Kehraus
      gemacht,
mit eisernem Besen das Land rein
      gemacht.

Den allerletzten Kehraus macht der Tod; er wird in den Totentänzen des ausgehenden MA. dargestellt als Tänzer, der den Menschen aus dem Tanzsaal des Lebens hinaustanzt. Deshalb *den Kehraus tanzen* auch euphemist., z.B. schwäb., für sterben. Auf den Totentanz spielt Platen an: „Fiedler Tod, o spiel uns doch den Kehraus".

Kehricht. *Das geht dich einen (feuchten) Kehricht an:* das geht dich nichts an. Feuchter Kehricht ist eine beschönigende Umschreibung für ↗ Dreck. Ähnl. *das interessiert mich einen feuchten Kehricht:* das interessiert mich überhaupt nicht.

Keller. *Sich das Kellerrecht ausbehalten:* das Recht, in einem Keller den eigenen Wein zu lagern; dazu das Sprw.: ,Dreifach Trunk ist Kellerrecht'. Kellerrecht ist das (frühere) Recht der Küfer, bei einem Weinkauf vom Weinhändler eine bestimmte Menge Wein zu verlangen. ,De Kellertür is Bürg' sagt man an der Mosel, d.h. der Wein geht nur gegen Barzahlung aus dem Keller. Die Rda. schließt eine Reihe von Bedingungen ein, die den Winzer beim Weinverkauf schützen. *Die Preise (Zinsen) sind im Keller,* d.h. tief unten, niedriger geht's kaum noch.

Lit.: *F. v. Bassermann-Jordan:* Geschichte des Weinbaus, 3 Bde. (Frankfurt a.M. 1923, Reprint 1975); *H. Honold:* Arbeit und Leben der Winzer an der Mosel (1941), S. 86.

Kellertreppe. *Eingemachte Kellertreppen (eingelegte Kellerstufen), alte Neugierde mit Butter gebraten* usw. gehört zu den häufigsten scherzhaft rdal. Antworten auf die neugierige Frage von Kindern: ,Was gibt's heute zu essen?' Im Obersächs. sagt man dafür auch: ,einen Topf im anderen

und Topflappen dazwischen, damit nichts anbrennt'.

Kerbe. *In dieselbe* (oder *gleiche*) *Kerbe hauen (schlagen) wie jem.:* dieselbe Ansicht vertreten wie jem., dasselbe Ziel erreichen wollen, ihn bei seiner Arbeit oder in seinen Anschauungen kräftig unterstützen, auf dasselbe Ziel hinarbeiten. Die Rda. ist vom Baumfällen übertr., wobei die Holzfäller am schnellsten zum Ziel kommen, wenn sie immer in dieselbe Kerbe hauen. Eine Variante bringt Bismarck in seinen Reden (XI. 38): „Ich würde an Herrn Rikers Stelle den Reichskanzler erst in die Lage gesetzt haben, noch einmal in dieselbe Kerbe die Axt einzusetzen".

Ich will dir eine Kerbe ins Ohr machen; rhein. ,mach der en Kerb en't Ohr!': das Merkzeichen, das sonst ins ↗ Kerbholz geschnitten wird, soll dem Vergeßlichen ins Fleisch geschnitten werden. Auch an das Kennzeichen der Rinder oder Schafe durch Einschnitte am Ohr hat man zur Erklärung erinnert.

Jem. auf die Kerbe einladen: ihn einladen, ihn am ↗ Arsch zu lecken. Die Rda. spielt mit dem Gleichklang von Kerbe, Kirbe = Kirchweih und der Gesäßkerbe. Im 17. Jahrhundert scheute selbst eine hochgeborene Gräfin von Leiningen sich nicht, „auf die schmutzige Kirwe" einzuladen; ↗ Kirchweih, ↗ Kirmes.

Kerbelsuppe. Rhein. ,He het Kerbelsuppe gegessen', er sieht nicht richtig. ,Kerbelsuppe gegessen haben' ist ein Wortspiel und meint im rhein. einen schwachsichtigen, dummen Menschen. Die Rda. spielt mit dem Wort ,Kerbel' = schwacher, untauglicher Mensch, während Kerbelsuppe sonst eine mit Körbelkraut (Anthriscus cerefolium) angemachte Suppe ist, nach deren Genuß man alles doppelt sehen soll.

Kerbholz. Das Kerbholz oder der ,Kerbstock' war vor der Einführung schriftlicher Rechnungslegung das wichtigste Gerät zur Aufzeichnung von Lieferungen und Arbeitsleistungen. Aus dem modernen Wirtschaftsleben ist der Gebrauch von Kerbhölzern freilich verschwunden.

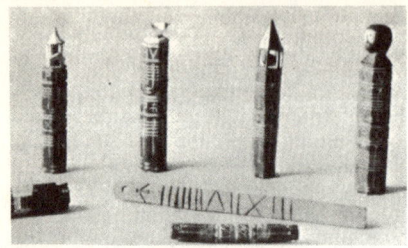

‚Kerbhölzer' (Walliser Tesseln)

Wenn auch das Wort ‚kerb' für Kerbholz oder Kerbstock und ‚kerben' erst im Mhd. nachweisbar ist, so kann doch an dem hohen Alter des Kerbholzgebrauchs nicht gezweifelt werden. Das Kerben aufs Kerbholz ist ein Rest ältester Buchführung. Es ist seit vorgeschichtl. Zeit in Europa bezeugt und noch heute bei vielen Naturvölkern verbreitet. Ein Kerbholz bestand in der Regel aus zwei Teilen, die man durch Längsspalten eines Holzstabes gewann. Der größere Teil mit dem Griff hieß im Dt. ‚Stock' und der kürzere abgespaltene Teil ‚Einsatz'. In die beiden genau aneinandergehaltenen Teile wurden Kerben, die je nach ihrer Form bestimmte Mengen oder Leistungen ausdrückten, eingeschnitten. Den einen Teil des Kerbholzes erhielt der Gläubiger, den anderen der Schuldner (bzw. der Tagelöhner und der Arbeitgeber). Bei jeder Abrechnung wurden die beiden Teile schließend aneinandergelegt, wobei sich die Kerbschnitte genau entsprechen mußten. Die Kerben wurden eingeritzt, eingeschnitten, eingefeilt, eingesägt oder auch eingebrannt, sooft der Gebrauchsfall eintrat, und von Zeit zu Zeit durch gemeinsame Abrechnung und Bezahlung erledigt. Alsdann wurde das Holz ‚abgekerbt", d. h. mit Messer, Hobel oder Feile wurden die Striche beseitigt. Justus Möser spendet 1778 in seinen ‚Patriotischen Phantasien' (Bd. 2, S. 144) dieser einfachen, aber altbewährten Einrichtung hohes Lob. Im Geschäftsverkehr zwischen Bauern und Handwerkern, z. B. dem Schmied, war sie auf dem Lande bis ins 19. Jh. hinein noch vielfach im Gebrauch. Zur Berechnung von Leistungen und Verpflichtungen im Sennereiwesen, etwa über den Milchertrag, ist sie z. T. noch bis ins 20. Jh. in Be-

nützung gewesen. – Neben dem doppelten Kerbholz gab es auch das einfache Kerbholz, einfach ein Stab, in den jedesmal eine Kerbe gemacht wird, wenn eine Leistung usw. vollzogen ist.

An die Verwendung des Kerbholzes zur Abrechnung von Schulden erinnern Wndgn. wie: *einem etw. an ein Kerbholz schneiden;* es ihm zur Schuld anrechnen; *es ihm ankerben:* einem etw. ankreiden (↗ Kreide); *sein Kerbholz ist voll:* sein Sündenregister, das Maß seiner Schuld(en) ist voll; *bei jem. auf dem Kerbholz stehen:* ihm etw. schuldig sein. Bei Hans Sachs heißt es: „Borgen und schneiden und kerben, des möcht ein reicher Wirt verderben". Die weitaus am häufigsten bezeugte Rda. ist *etw. (viel, allerhand usw.) auf dem Kerbholz haben:* große Schulden haben, übertr.: ein Vergehen begangen, etw. ausgefressen haben, nicht schuldlos sein. Ähnl. in den Mdaa., z. B. rhein. ‚he hät noch jet bei mir om Kerwholz (stohn)'; schlesw.-holst. ‚he steit bi em op'n Karfstock', wobei der Ausgangspunkt wohl der Gebrauch des Kerbholzes durch den Kredit gewährenden Gastwirt gewesen ist, was durch Wndgn. wie *an ein Kerbholz*

trinken: auf Rechnung trinken, bestätigt wird. Vgl. alem. ,uf de Bengel sufe', im Wirtshaus auf Kredit trinken.

Jem. auf dem Kerbholz haben: jem. auf dem Gewissen haben, aber auch im Sinne von: jem. auf dem ↗ Kieker haben. Nicht mehr üblich ist die aus dem 16. Jh. bezeugte Rda. *aufs Kerbholz reden:* etw. versprechen, ohne ernstlich an die Erfüllung zu denken; auch: blind darauf losreden. In Th. Murners ,Schelmenzunft' von 1512 handelt das 7. Kap. von solchen ,Kerbrednern', die namentlich beim Adel, bei Kaufleuten und Kriegsknechten häufig seien, und bringt auch eine Abbildung dazu. Auch Wndgn. wie *aufs Kerbholz losleben, aufs Kerbholz lossündigen* sind aus früherer Zeit bezeugt, d. h. die Wndgn. sind von einer urspr. Vielheit erst allmählich zur heutigen Form der Rda. erstarrt.

Lit.: *K. Brunner:* Kerbhölzer und Kaveln, in: Zs. f. Vkde. 22 (1912), S. 337–352; *R. Weiss:* Das Alpwesen Graubündens (Erlenbach-Zürich 1941), S. 230 ff.; *K. Weule:* Vom Kerbholz zum Alphabet (20. Aufl. 1920); *E. v. Künssberg;* Rechtliche Volkskunde (Halle 1936); *W. Gaerte:* ,Etw. auf dem Kerbholz haben', in: Alt-Preußen 2 (1936), S. 38–39; *K. Beitl:* Das Klausenholz. Untersuchung der Gebetszählhölzer im vorweihnachtl. Kinderbrauch, in: Rhein. Jb. f. Vkde. 20 (1969), S 7–92; *R. Schmidt-Wiegand:* Art. ,Kerbholz', in: HRG. II, Sp. 701–703; *H. Schempf:* Holzurkunden. Von der Verwendung von Kerbhölzern, Rowischen u. Spänen, in: Volkskunst 12 (1989), H. 3, S. 19–22.

Kerl. *Das ist ein Kerl:* das ist ein tüchtiger Mann, ein ganzer Mann. Kerl wird gern in volkstümlichen Verbindungen gebraucht: ,ein ganzer Kerl', ,ein guter Kerl', ,ein fixer Kerl', ,ein patenter Kerl'. Im Studentenlied ,Ein Heller und ein Batzen' heißt es am Schluß:

> War das 'ne große Freude,
> als ihn der Herrgott schuf –
> ein Kerl wie Sammt und Seide,
> nur schade, daß er suff!

Die bewundernde Feststellung an der Ostseeküste: ,ein Kerl auf Deck' ist urspr. ein Ausdr. der Schiffersprache, doch heißt es auch geringschätzig, z. B. obersächs. ,e Kerl wie e Quärl', ,ein Kerl wie gar keiner'; ,ein Kerl wie durch ein Wursthörnchen gedrückt' sowie ,ein Kerl wie ein Pfund Wurst'; schwäb. ,ein Kerl wie e Häslaus', d. h. man wird ihn nicht mehr los, ,ein Kerl wie der Antichrist', d. h. ein

arger Wildfang; ,du bischt e Kerl wie David, nu kannscht net Harpfa schla', d. h. im Grunde zu nichts nutz; ,einen solchen Kerl freß ich im Sauerkraut', d. h. ich kann ihn nicht leiden ,Das ist ein Pfundskerl': ein bewundernswerter, patenter Mensch (zahlreiche weitere rdal. Vergleiche s. Wander II. Sp. 1245 ff.).

,Bei brennender Kerze'

Kerze. *Die Kerze an beiden Enden anzünden:* seine Lebenskraft zu sehr einsetzen, Raubbau treiben.

,Bei brennender Kerze': ma. Rechtsbegriff. Im fränk. Rechtskreis wurde die Kerze als Zeituhr verwendet, insbes. bei Wahlen, Testamentsbestellungen u. Versteigerungen. So bedeutet das Erlöschen der Kerze z. B. das Ende einer Versteigerung, ↗ Licht.

Es ist eine Kerze, die einen bösen Gestank zurückläßt: es ist eine Angelegenheit, die unangenehme Folgen haben wird.

Wie eine Kerze (im Wind) erlöschen: keine Lebenskraft mehr besitzen, sterben, ↗ zeitlich.

,Kerzen tunken' nennt man in Oberösterr. das Einnicken eines Schläfrigen, dessen Kopf von Zeit zu Zeit herabsinkt.

Kerzen am Mittag brennen: Vergeudung treiben, Unnützes tun.

,Er ist ein Kerzenbrenner' heißt es in Oberösterr. von einem Priester, der zur Messe mehr Zeit benötigt als andere, so daß er mehr Kerzen verbraucht.

Lit.: *H. Freudenthal:* Art. ,Kerze', in: HdA. IV, Sp. 1243–1255; *R. Schmidt-Weigand:* Art. ,Kerze', in: HRG. II, Sp. 703–707.

Kesselflicker. *Sich hauen (zanken) wie die Kesselflicker:* sehr grob miteinander verfahren, sich über Gebühr erregen, wegen einer Kleinigkeit schon in Streit geraten; vgl. frz. ‚se battre comme des chiffonniers‘ (wörtl.: sich zanken wie Lumpensammler), ↗ wie.

Kette. *Über die Kette springen:* sich verheiraten. Die Metapher wird u. a. im Schweizer Kanton Waadt gebraucht, wo der Bräutigam z. B. in Leysin über die vor der Kirchentüre ausgespannte Kette springen mußte. Er überreichte danach den Burschen Geld oder auch Wein, damit sie die Kette in die Höhe hoben und die Braut passieren ließen.

Der Sprung über die Kette ist als symbolische Handlung Zeichen des Übergangs vom Stand der Ledigen in den Stand der Verheirateten u. hat auch in der Sprache seinen Niederschlag gefunden.

An die Kette gelegt werden: in der Ehe von der Frau unter Kontrolle gehalten werden, in seiner Bewegungsfreiheit äußerst eingeschränkt sein, sich unterordnen müssen.

Lit.: *D. Dünninger:* Wegsperre und Lösung. Formen und Motive eines dörflichen Hochzeitsbrauches. Ein Beitrag zur rechtlich-volkskundlichen Brauchtumsforschung (Berlin 1967), S. 294.

keusch, Keuschheit. *Sie ist keusch wie eine Braut:* sie ist rein, noch unberührt. Das heute unzeitgemäße u. altertümlich klingende Wort ‚keusch‘ geht auf ahd. ‚küski‘ u. mhd. ‚kiusche‘ zurück in den Bdtgn.: sittlich, züchtig, schamhaft, enthaltsam, maßvoll in sinnlicher Beziehung u. in allgemeinerem Sinne: sanftmütig, tugendhaft, vernünftig handelnd, seine Triebe zähmend, der sittlichen Normen u. der christl. Lehre bewußt. Durch die Auslegung „Was ist das?“ zum 6. Gebot in Luthers ‚Kathechismus‘ (1529), die noch immer den Konfirmanden vermittelt wird, nach der wir „keusch und züchtig leben“ sollen, tradiert sich der Ausdr. weiterhin. Er wird jedoch gern in Frage gestellt, denn es heißt auch spottend u. verächtlich: *Sie ist sehr keusch, denn es begehrt sie keiner,* vgl. schon lat. ‚Casta quam nemo rogavit‘.

Die rdal. Vergleiche: *So keusch wie* ↗ *Joseph* u. *eine keusche* ↗ *Susanna sein* sind bibl. Herkunft. Keuschheit i. S. v. Rein-

heit, Unberührtheit, Sittsamkeit u. sexueller Enthaltsamkeit galt in vergangenen Jhh. als höchste Tugend eines Mädchens u. einer Frau. Vgl. die Sprww.: ‚Keuschheit ist die schönste Tugend‘, ‚... ist des Weibes Kron‘, ‚... geht über Schönheit‘. Häufig trifft die Feststellung zu: ‚Keuschheit und Schönheit wohnen selten beieinander. Trotzdem hieß es sprw.:

Keuschheit zu aller Frist
Die beste Morgengabe ist.

Angelus Silesius preist die Keuschheit sogar mehrfach in seiner Dichtung u. findet folgenden Vergleich:

Die Keuschheit ist bei Gott
so kräftig, wert und rein,
als tausend Lilien
für eine Tulpe sein

(‚Cherubinischer Wandermann‘, II: Gott liebt die Keuschheit sehr).

Von einer Frau mit lockerem Lebenswandel sagt man: *Sie hat die Keuschheit an den Nagel gehängt;* vgl. frz. ‚C'est une Vestale de marais‘ oder: *Sie will Keuschheit von den Huren lernen.*

Einen Keuschheitsgürtel tragen (müssen): gewaltsam am Geschlechtsverkehr gehindert werden. Ein von den Frauen um den Unterleib getragener Metallgürtel, auch ‚Florentiner-Gürtel‘ oder ‚Venus-Gürtel‘

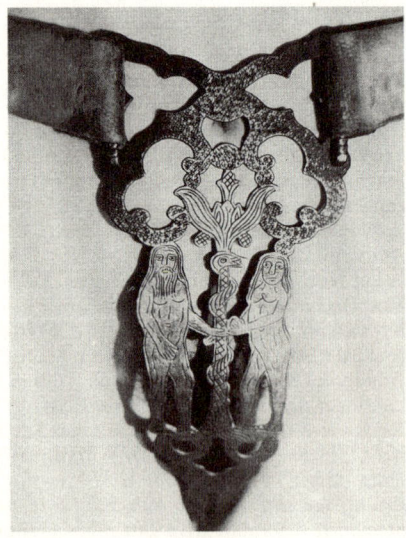

‚Keuschheitsgürtel‘

genannt, der ein Schloß besaß, sollte während der Abwesenheit des Ehemannes, der den Schlüssel mitnahm, einen Ehebruch unmöglich werden lassen. Solche Gürtel sollen angeblich seit den Kreuzzügen in Gebrauch gewesen sein, vor allem bei den Florentinerinnen. Sie wurden seit dem 15. Jh. beschrieben u. in Holzschnitten u. Kupferstichen später auch dargestellt. Originale befinden sich in Privatsammlungen u. Museen, z. B. im German. Nationalmuseum in Nürnberg u. im Bayer. Nationalmuseum in München.

Lit.: *G. Jungbauer:* Art. ‚Gürtel‘, in: HdA. III, Sp. 1217; *E. J. Dingwall:* The girdle of chastity: a medico-historical study (London 1931); RGG. III, Sp. 1257–1261; *A. Rousselle:* Der Ursprung der Keuschheit (Stuttgart 1989).

Kieker. *Jem. auf dem Kieker haben:* sein Augenmerk auf jem. richten, jem. beobachten, überwachen, ihn verdächtigen u. alles tun, um ihm etw. Negatives nachweisen zu können. In der Schülersprache üblich, um jem. zu bez., den der Lehrer nicht leiden kann u. daher Schikanen aussetzt. Kieker gehört zu ndd. ‚kieken‘ = sehen und bez. ein Fernrohr, Fernglas oder auch eine Lupe. Die Rda. ist also eine Parallelbildung zu ‚jem. auf dem Korn haben‘ (↗ Korn) und ‚jem. unter die Lupe nehmen‘, ‚unter der Lupe haben‘ (↗ Lupe); sie ist seit dem 18. Jh. vor allem im ndd. Sprachbereich zu Hause.

Kielwasser. *In jem. Kielwasser fahren* (oder *laufen*): jem. nachfolgen, jem. nachahmen, von jem. abhängig sein. Der Ausdr. entstammt der Seemannssprache und bezieht sich auf den Vorgang, daß ein Schiff der Spur aufgewirbelten Wassers folgt, die die Schraubendrehungen eines vorausfahrenden Schiffes verursacht haben. Das größere, stärkere Schiff bahnt (bes. im vereisten Wasser) dem kleineren den Weg und schützt es dadurch vor möglicher Gefahr (vgl. ndl. ‚in iemands kielzog varen‘). Die Rda. ist etwa seit Beginn des 17. Jh. bekannt. Vgl. frz. ‚être dans le sillage de quelqu'un‘.

Auch die kleinen Entlein folgen Mutter (oder Vater) auf dem See ‚im Kielwasser‘, in Kiellinie, ‚im Gänsemarsch‘! – *Die hat aber ein Kielwasser!* sagt man von einer Frau, die starken Parfümduft verströmt.

Lit.: *O. G. Sverrisdottir:* Land in Sicht (Frankfurt/M. etc. 1987), S. 172–173.

Kien. *Auf dem Kien sein, höllisch auf den Kien passen:* scharf aufpassen, sehr vorsichtig sein; berl. vielleicht zu ‚Kien‘, ‚Kienholz‘ gehörig, das als Feuerholz verkauft wurde. Möglich ist auch die Herkunft aus jidd. ‚kiwen‘ = aufmerksam, beflissen, geschäftig, oder aus engl. ‚keen‘ = scharf von Blick, Verstand, oder auch frz. ‚quine‘ (heute ungebräuchlich) = unverhofftes Glück, Treffer. Obersächs. ‚Rede doch nicht solchen Kien!‘, d. h. solchen Unsinn.

Lit.: *A. S. Wolff:* ‚Auf dem Kien sein‘, in: Muttersprache 65 (1955), S. 385–386.

Kies. *Kies haben:* reich sein (hebr. Kis ↗ der Beutel) bedeutet dasselbe wie Geld haben, reich sein. Ähnl. Kröten, Moneten, Moos (hebr. Maos = Kleingeld), Pinke, Pinkepinke (hebr. Wurzel Pinka = Geldbeutel), Penunzen, das der poln. Sprache entlehnt wurde, oder Zaster, das aus der Zigeunersprache stammt.

Über ‚Geld‘ spricht man nicht; daher die zahllosen umschreibenden Begriffe.

Lit.: ↗ Geld.

Kind. *Das Kind beim (rechten) Namen nennen:* eine Sache unverblümt bezeichnen, seine Meinung unbeschönigt äußern; ähnl. die frz. Rda. ‚appeler un chat un chat‘ (Boileau, Satiren I, 52); ebenso ital. ‚chiamare la gatta gatta‘ (= die Katze eine Katze nennen). Im Dt. taucht die Rda. erst im 17. Jh. auf, so 1643 bei Moscherosch in den ‚Gesichten Philanders von Sittewald‘ (1. Teil, 8. Gesicht): „Nimmermehr aber kann etwas Redliches sein, wo man sogar hinder dem Berge haldet, wann man Brei im Mund hat und dem Kind nicht will den rechten Namen geben“. Recht geläufig wurde die Rda. erst durch Goethes ‚Faust‘ (I, V. 589): „Wer darf das Kind beim rechten Namen nennen?“ Eine genaue Erklärung des Urspr. dieser Rda. fehlt noch.

Lieb Kind bei jem. sein: in großer Gunst bei ihm stehen; schon in mhd. Zeit und bei Luther geläufig; früher auch: *gut Kind sein* und, von einem allg. Beliebten: *jedermanns Kind sein.* Dazu ferner: *sich bei jem. lieb Kind machen:* sich bei ihm einschmeicheln; eigentl.: es erreichen, daß man mit ‚liebes Kind' angeredet wird.

Ein Kind des Todes sein: dem Tod verfallen sein. Die Rda. ist bibl. Urspr.; 1. Sam. 26,16 heißt es: „So wahr der Herr lebt, ihr seid Kinder des Todes, daß ihr euren Herrn, den Gesalbten des Herrn, nicht behütet habt" (vgl. 2. Sam. 12,5).

Nach Luk. 9,55 „Welches Geistes Kinder ihr seid?" sagt man *wes Geistes Kind.*

Kind Gottes ist eine freundliche Anrede, die gern auch auf die Einfältigkeit des Angeredeten gemünzt wird; sie betrifft eigentl. die Vaterschaft Gottes und die Gotteskindschaft aller Christen. Die Wndg. wird seit dem 19. Jh. in verweltlichter Bdtg. gebraucht; modern oft erweitert zu ‚Kind Gottes in der Hutschachtel'.

Mit Kind und Kegel: mit der ganzen Familie; vgl. frz. ‚avec armes et bagages' (mit Waffen und Gepäck). Eigentl. meint die stabreimende Formel: mit ehelichen und unehelichen Kindern, denn ‚Kegel' wird in einem Vokabular von 1482 als ‚uneheliches Kind' erklärt. Die Formel ‚kint und kekel' ist am frühesten in Breslau 1422 bezeugt, dagegen kommt ‚kindes kegel' schon im 13. Jh. vor:

> irdenke, wie ich bî kome,
> dîns kindes kekel sal iz vrome

(‚nutzen').

Noch nicht sicher erklärt ist aber die Bdtg. ‚uneheliches Kind' für ‚Kegel', das zunächst ‚Pfahl', ‚Pflock', dann den Kegel im Spiel bedeutet; denn um das gleiche Wort Kegel handelt es sich in der Rda. wohl sicher. Rudolf Much hat darauf hingewiesen, daß Kegel auch ‚Knüppel', ‚Stock' bedeute (els. wird ein Taugenichts ein ‚grober, fauler Kegel' genannt, und einen ähnl. Bedeutungswandel erlebten ‚Bengel' und ‚Stift'). Kegel sei also zunächst eine verächtliche Bez. für ‚Kind', woraus eine für ‚uneheliches Kind' hervorgegangen sei. Alfred Götze knüpft an die mhd. Bdtg. ‚Eiszapfen' für Kegel an; in dem altschwäb. Schwank ‚Modus Liebinc' erzählt die untreue Frau, sie habe, während ihr Mann verreist war, Schnee gegessen und davon sei ihr das Kind gewachsen; so sei aus ‚Eiszapfen' die Bdtg. ‚Bastard' entstanden. Diese zweite Erklärung hat aber weniger Wahrscheinlichkeit für sich, vgl. ndl. ‚kind noch kraai heb-

ben', keine Blutsverwandten haben, für niemand zu sorgen haben; frz. ‚n'avoir ni enfants ni suivants' (veraltet); engl. ‚to have nor chick nor child'.

Von Berlin ist die umg. Rda. ausgegangen: *Wir werden das Kind schon (richtig) schaukeln:* wir werden die Sache schon fertigbringen. Die Rda. ist urspr. wohl als ermunternde Redewendung an eine Mutter gerichtet, die mit dem Hinweis auf ihr Wiegenkind das Haus nicht verlassen mag (20. Jh.). Gleichbedeutend sind die Rdaa. ‚wir werden den Zaun schon pinseln', ‚wir werden das Schwein schon töten', wiewohl es im bildl. Gebrauch weder um Zaun noch um Kind, noch um Schwein geht.

Das Kind im Manne sagt man, wenn ein Mann zu spielen anfängt. Die Rda. beruht auf einem Zitat aus Friedrich Nietzsches ‚Also sprach Zarathustra' (Leipzig 1883):

> Im ächten Manne ist ein Kind versteckt: das will spielen,
> Auf, ihr Frauen, so entdeckt mir doch das Kind im Manne!

Unter Berufung auf das Nietzsche-Wort widmete auch Christian Morgenstern (1871–1914) seine ‚Galgenlieder' „dem Kinde im Manne" (Büchmann).

Ein gebranntes Kind sein: schon einmal schlechte Erfahrungen gemacht haben; vgl. das Sprw. ‚Gebranntes Kind scheut das Feuer': aus Schaden wird man klug.

Das Kind muß einen Namen haben: die Sache muß irgendeine Bez., ein Firmenschild, Etikett usw. haben, wenn auch nur in verhüllender oder entstellter Absicht; die Rda. bezieht sich auf die Notwendigkeit der Namengebung, weil ohne einen Namen das Kind bürgerlich-rechtlich undenkbar ist.

Du bist verrückt, mein Kind stammt aus der Operette ‚Fatinitza' von Franz von Suppé (1820–95), wo es heißt:

> Du bist verrückt, mein Kind,
> Du mußt nach Berlin.

Wie sag' ich's meinem Kinde?: wie sage ich es am geschicktesten, insbes. bei peinlichen Nachrichten. Die Rda. bezieht sich urspr. auf die geschlechtliche Aufklärung, dann übertr. auf jede Mitteilung einer heiklen oder unangenehmen Sache (20. Jh.), ↗ Klapperstorch.

‚Was is mich das das mit dich ‚mein Kind?'

(Stettin); sehr häufig und vielseitig angewandte Rda. ganz oder halb scherzhafter Verwunderung, Warnung, Besorgnis. *Wie das* ndd. ‚mi‘, ‚di’ Akkusativ und Dativ ist, so hat die Mda. der pomm. Städte, bes. Stettins, für beide Fälle nur mich und dich. Die Rda. ist eigentl. nur der Anfang eines Neckspruchs, mit dem z. B. ein Betrübter gehänselt wird: „Was is mich das mit dich, mein Kind? Du ißt mich nich, du trinkst mich nich, du stippst mich in den Kaffee nich; du bist mich doch nicht krank?“ *Das Kind an die Brust nehmen:* aus der Flasche trinken; sold. seit dem 1. Weltkrieg. *Ein Kind von Lumpen* (Puppenlappen) *kriegen:* sich sehr wundern; sich sehr ärgern. Mit der Rda. war urspr. wohl eine aus Lumpen hergestellte Schandpuppe gemeint, die vor das Haus oder Fenster einer liederlichen weibl. Person gestellt wurde. *Dasitzen wie das Kind vorm (beim) Dreck:* hilflos sein. Gemeint ist der Gesichtsausdruck eines Kindes, dem bei der Verrichtung der Notdurft ein Mißgeschick unterlaufen ist (um 1900). Ähnl.: *Drankommen wie’s Kind an den Dreck:* im Handumdrehen, ohne zu wissen, wie. *Das Kind mit dem Bade ausschütten ↗* Bad. Die Rda. wurde bereits im I. Band dieses Lexikons (S. 132 f.) abgehandelt. Doch liegt mittlerweile eine Monographie von W. Mieder vor, deren hauptsächliche Ergebnisse referiert werden sollen. Mieder weist zahlreiche weitere Belege nach, außer Murner und Luther noch Seb. Franck, Ehr. Egenolf, Jörg Wickram, Joh. Nas. Sowohl durch das polemische Schrifttum der Reformation und Gegenreformation wie durch die Aufnahme in die Sprichwörterlexikographie des 16. Jh. kam die Rda. in aller Munde. Im 17. Jh. wird die Reihe der Belege durch Eucharius Eyering, Friedr. Petri, Georg Henisch, Christoph Lehmann, Justus Georg Schottelius, Joh. Gg. Seybold fortgesetzt. Mieder beweist anhand dieser gehäuften Belege, daß die Rda. und nicht davon abgeleitete Sprww. (‚Man soll das Kind nicht mit dem Bade ausschütten‘) die ausschlaggebende Grundform darstellt. Er zeigt, daß neben dem Verb ‚ausgießen‘ auch ‚ausschütten‘ sehr gebräuchlich war.

Gottfr. Aug. Bürger liefert mit seinem Gedicht ‚An Gökingk‘ (1778) die erste Variante mit dem Verb ‚verschütten‘:

Nun, nun! Verschütt’ Er nur nicht gar
Das Kindlein sammt dem Bade!
Das arme Kindlein das! Fürwahr!
Es wär’ ja jammerschade.

An weiteren Belegautoren seien genannt: Goethe, Schiller, Lessing, Lenz, Gotthelf, Bismarck, Fontane, Thomas Mann. Günter Grass in der ‚Blechtrommel‘: „Mama konnte sehr lustig sein. Mama konnte sehr ängstlich sein. Mama konnte schnell vergessen. Mama hatte dennoch ein gutes Gedächtnis. Mama schüttete mich aus und saß dennoch mit mir in einem Bade. Mama ging mir manchmal verloren, aber ihr Finder ging mit ihr …“ Weiter weist W. Mieder den mehr oder weniger abgewandelten oder erweiterten Gebrauch der Rda. in deutschen Sprichwortgedichten der Gegenwart nach sowie auch in Aphorismen und Sponti-Sprüchen: „Moral ist die Tendenz, das Bad mit dem Kinde auszuschütten“ Karl Kraus, 1912). „Die mit dem Bade ausgeschütteten Kinder haben die Erde bevölkert“ (Erwin Chargaff, 1952). „Man soll die Kastanien nicht mit dem Feuer im Bade ausgießen‘, sagte Tante Klärchen, als sie meiner Mutter mein Zeugnis zeigte“ (Curt Goetz 1964). „Ich habe das Kind mit dem Bade ausgeschüttet – da war der Ausguß verstopft, und ich mußte wieder mal auf die Handwerker warten“ (Henning Venske 1972). „Man soll auch das Kind im Manne nicht mit dem Bade ausschütten“ (Gerh. Uhlenbruck 1977). „Es ist nicht zu glauben, wieviel Kinder mit einer einzigen Badewanne ausgeschüttet werden“ (Rob. Lembke, 1978). „Bevor du das Kind mit dem Bade ausschüttest, sieh nach, ob überhaupt eins drin ist“ (anonym). Diese satirischen Texte lassen alle sprachspielerische Tendenzen erkennen. Die Rda. wird variiert, verdreht, entstellt, ironisiert, parodiert oder einfach in Frage gestellt. So wird sich das Sprachbild ‚das Kind mit dem Bade ausschütten‘ zu immer neuen Funktionen im modernen Sprachgebrauch verwenden lassen. *Das macht der Liebe noch kein Kind:* so weit ist es (sind wir) noch lange nicht; schwäb. ‚Des macht dr Liab no lang koi

Kind', ↗ Liebe. ‚Kinder und Narren sagen die Wahrheit' ↗ Narr.

Lit.: *O. v. Reinsberg-Düringsfeld:* Das Kind im Sprw. (Leipzig 1864); *F. Holthausen:* ‚Kegel u. Verwandtes', in: Archiv f.d. Studium d. neueren Sprachen u. Lit. 105 (1900), S. 365–366; *A. de Cock:* ‚Spreekwoorden en Zegswijzen, afkomstig van oude gebruiken en volkszeden: Vrijen en Trouwen, Kinderen en begraven', in: Vkde., 13 (1900–1901), S. 151–160, 183–186, 231–237; *R. Much:* Holz und Mensch, Wörter und Sachen Bd. 1 (1909), S. 39 ff.; *H. Ploß:* Das Kind in Brauch und Sitte der Völker, 2 Bde. (Leipzig ³1911, 1912); *H. Boesch:* Kinderleben in der dt. Vergangenheit, in: Die dt. Stände in Einzeldarstellungen, Bd. 5 (Jena ²1924); *N. Dane:* ‚The childhood shows the man', in: Classical Journal 42 (1946–1947), S. 281; *H. Kügler:* Berliner Kind – Spandauer Wind u. die ‚gute alte Zeit', in: Märk. Wandergruß, Beiträge zur Landesgesch. zum 60. Geb. von Martin Henning (Berlin 1951), S. 2–5; *L. Röhrich:* Erzählungen des späten MA., 1 (1962), S. 204–221, 294–299; *L. Schmidt:* Sprw. dt. Rdaa., in: Österr. Zs. f. Vkde. N.S. (1974), S. 103–104; *W. Mieder:* ‚Das Kind mit dem Bade ausschütten'. Ursprung, Überlieferung u. Verwendung einer dt. Redensart (Ms. 1991); *ders.:* Das Kind mit dem Bade ausschütten, in: Muttersprache 102 (1992); *ders.:* To throw the Baby out with the Bathwater, in: Western Folklore 51 (1992).

Kinderschuhe. *Noch in den Kinderschuhen stecken:* sich noch recht kindlich verhalten, im Kleinkindalter sein, noch wenig Erfahrung besitzen und daher auch keine Verantwortung übernehmen können, unreif sein, aber auch auf Dinge u. Entwicklungen übertr.; noch ganz in den Anfängen stecken.

Die Kinderschuhe ausgezogen haben: alle kindlichen und kindischen Gewohnheiten abgelegt haben, herangewachsen sein. Die Rda. ist schon im 16. Jh. bezeugt. 1639 führt Lehmann S. 10 (‚Alt' 91) an: „Mancher ist alt von Jahren vnd steckt doch in der Buben-Haut, vnd gehet sein Lebtag in Kinderschuhen"; S. 64 (‚Begierd' 20) ist die Rede von alten Leuten, die „ob sie

‚Keine (gute) Kinderstube gehabt haben'

schon die Kinderschuhe und -Röck abgelegt, doch ihr Lebtag in der Kinderhaut stecken bleiben". Die Rda. steht sicher in Zusammenhang mit altem Brauchtum. Bes. bei rom. Völkern werden z.T. noch heute vor der Trauung die alten Schuhe ausgezogen, was der Bräutigam in der Regel selbst tut. Im lothringischen Berry z.B. versuchen es alle Eingeladenen, jedoch nur dem Bräutigam gelingt es.

Kinderspiel. *Das ist kein Kinderspiel:* das ist nichts Leichtes, sondern schwere Männerarbeit. Auch herabsetzend: *Das war ja Kinderspiel:* das war ja gar nichts! So schon in Wolframs von Eschenbach ‚Parzival' (557, 12 f.):

swaz ie gestreit iwer hant,
daz was noch gar ein kindes spil.

Und ganz ähnl. ruft der alte Kämpe Ludwig in der ‚Kudrun' (Str. 858, V. 2):

ez was gar ein kintspil swes ich ir
    began;
nu muoz ich aller êrste mit guoten
    helden strîten.

Noch drastischer drückt sich Michel Behaim im ‚Buch von den Wienern' (S. 301, V. 5 f.) aus:

Mit schüssen, schlegen, stichen groß
was gar ain überlauter toß (Lärm),
si spilten mit der tocken (Puppe):
ain zager war erschrocken.

Nach der Schlacht bei Lützen 1632 sangen die Soldaten Gustav Adolfs:

Keine solche Schlacht ist in hundert
    Jahren geschehn,
Die vorm Jahr (bei Breitenfeld) ist
    Kinderspiel gewesen.

Joh. Agricola erweitert die Rda.: „Es ist keyn kynderspill, wenn eyn alts weib tanzet ... das ist wol zweyerley torheyt, das die alten thun, was den jungen gebueret, das ist, es ist nichts denn torheyt, vnd spot, vnd luegen". Auch holst. ist die Rda. in erweiterter Form bezeugt: ‚Dat is keen Kinnerspel, wenn Vadder op'n Stock ritt (oder: wenn ole Wiewer danst)'.

Lit.: *F. M. Böhme:* Deutsches Kinderlied und Kinderspiel (Leipzig 1897).

Kinderstube. *Eine gute Kinderstube haben:* eine gute Erziehung genossen haben. Die Wndg. stammt aus dem 19. Jh., als es noch fest umrissene Bürgertugenden gab u. mit der Rda. vor allem die Vorstellungen von artig, folgsam, gehorsam, höflich u. schweigsam verbunden wurden. Da diese Tugenden nach heutiger Anschauung nicht mehr zeitgemäß sind, hat auch die Rda. entsprechend an Bdtg. verloren. Weithin noch geläufig ist dagegen die verneinende Form: *Er hat keine gute Kinderstube* d. h. er benimmt sich ausgesprochen schlecht.

Lit.: *P. Sartori:* Art. ,Kind', in: HdA. IV, Sp.1310–1342; *Ph. Ariès:* Geschichte der Kindheit (München–Wien 1975); *I. Weber-Kellermann:* Die Kindheit (Frankfurt/Main 1979); *K. Köstlin (Hg.):* Kinderkultur (Bremen 1987); weitere Lit. ↗Kind.

Kinken. *Aus dem Kinken treten:* sich aus der Gefahrenzone begeben; Kinken ist eine Schlaufe in der Schiffstrosse, die sich bei einer Bewegung des Schiffes zusammenziehen kann, wobei derjenige, der darin steht, schwer verletzt wird.

Kinkerlitzchen. *Kinkerlitzchen machen:* dummes Zeug machen; meist in imperativischer Form: ,Mach doch keine Kinkerlitzchen', ziere dich nicht, weigere dich nicht, z. B. schlesw.-holst. ,Maak mi man keen Kinkerlitzchen vör!'. Kinkerlitzchen sind nicht ernst zu nehmende Nichtigkeiten, unnötige Dinge, Verkehrtheiten. Das Wort begegnet in der Form ,Ginkerlitzgen' zuerst 1775 im Dt.; es ist aus frz. ,quincaille' = Kurzwaren unter Anhängung der beiden Verkleinerungssilben -litz und -chen gebildet (sog. doppelte Verkleinerungssilbe wie bei ,Sächelchen', ,Frettchen'). Auch ein Einfluß von ,kunkeln' = blenden, täuschen ist denkbar.

Lit.: *W. Seibicke:* „,Kinkerlitzchen' und ,verkraften'. Zwei Beiträge zur Wortgeschichte", in: Muttersprache 85 (1975), S. 213–233.

Kippe. *Auf der Kippe stehen:* in der Schwebe sein, schwankend, unsicher, unentschieden sein, gefährdet sein, kurz vor der Entlassung stehen, sich in einer Krise befinden, nahe vor dem ↗Bankrott stehen, gefährlich erkrankt sein, im Sterben liegen. Die Rda. ist seit der 1. H. d. 18. Jh. bezügt und geht auf ,Kippe' (zu ,kippen' = das Übergewicht bekommen) in der Bdtg. Spitze, Kante, Ausschlagspunkt der Waage zurück, d. h. auf den Punkt, an dem etw. aus dem Gleichgewicht kommt.

Ndd. heißt Kippe die Wippe. In wörtl. Sinne begegnet mdal., z. B. erzgeb. ,dos liegt of der Kepp', es kann jeden Augenblick herunterfallen; vgl. frz. ,balancé' (schwankend); dieses Verb ist mit dem Substantiv ,balance' (Waage) verwandt. *Kippe machen:* (bei Handel oder Spiel) gemeinsame Sache machen; bes. in den Mdaa. des Südwestens verbreitet, auch in die Umgangssprache eingedrungen, stammt dagegen über das Rotw. aus dem neuhebr. ,kib' oh' = Bestimmtes. In schweiz. Mda. heißt es auch: ,er hat d Kippi gemacht' für jem., der verstorben ist, ↗zeitlich.

Kippe, frühnhd. ,Kipfe', ist auch das Endstück der Zigarette; vor allem sold. seit dem 1. Weltkrieg. Entspr. ,Kippen quälen', Zigaretten so weit zu Ende rauchen, daß nicht einmal ein kurzes Stück übrigbleibt.

Lit.: *E. Strübin:* Zur dt.-schweiz. Umgangssprache, in: Schweiz. Arch. f. Vkde. 72 (1976), S. 124.

Kipper. Von Kippe in der Bdtg. ↗Goldwaage stammt der 1619–1622 („Kipperjahre') vielgebrauchte Ausdr. *Kipper und Wipper:* Münzverschlechterer, Münzbetrüger. Gustav Freytag hat dies in seinen ,Bildern aus der deutschen Vergangenheit' (II, 134) ausführlich dargestellt. ,Wipper' bezieht sich auch auf die bei der Aussonderung und Umschmelzung der Münzen benutzte Goldwaage, die ,Wippe'. Die betrügerischen Münzherren ,kippten' die Münzen, d. h. sie schnitten sie ab und ,wippten' sie, d. h. sie warfen sie mit Schwung auf die Waagschale, damit diese rascher sank und man nicht merkte, daß noch etw. am Gewicht fehlte. Dieses Münzunwesen herrschte bes. im Dreißigjährigen Krieg und zur Zeit der Kriege gegen Frankreich und die Türken zwischen 1676 und 1690. Die geringhaltigen, zu leichten Münzen nannte man ,Kippergeld'.

In der Flugschrift ,Jedermannes jammerklage über der falschen wippr wage' von 1621 heißt es in einem Gedicht:

fraget jemand wer dieser ist ...

sein name heiszet münzenwippr,

sein diener wird genannt ein kippr ...

Demnach wurden die Kipper u. Wipper zu Anfang noch unterschieden: der Wip-

Der hochschädlichen Wipperer vnd Kipperer/als Gelt/Land
vnd Leuts verderber Lehrmayster.

‚Kipper und Wipper‘

per war die Hauptperson, der Münzmeister, der Kipper dagegen nur ein Gehilfe. Später verschmolzen die beiden Begriffe jedoch zu einer Einheit u. dienten als Zwillingsformel für alle Münzbeschneider schlechthin.

Lit.: *O. Lauffer:* Zwei Lieder des 17. Jh. gegen die Kipper und Wipper zu Hamburg, in: Mitteilungen des Vereins f. Hamburg. Gesch. Bd. 11 (1914), S. 82–92; *L. Veit:* Das liebe Geld – zwei Jahrtausende Geld- und Münzgesch. (München 1969), S. 137 ff.; *H. Ertel:* Die Münzen der dt. Kipperzeit (1924); *E. Rahnenführer* Die kursächs. Kippermünzen (1963); *B. Bauer:* Luther. Obrigkeitskritik in der Publizistik der Kipper- und Wipperzeit (1620–1623), in: Literatur und Volk, hg. v. W. Brückner, P. Blickle u. D. Breuer, Tl. II (Wiesbaden 1985), S. 649–677; *W. Leiser:* Art. ‚Kipper u. Wipper‘, in: HRG. II, Sp. 743–744; *G. Hooffacker:* Avaritia radix omnium malorum. Barocke Bildlichkeit um Geld u. Eigennutz in Flugschriften, Flugblättern u. benachbarter Lit. der Kipper- u. Wipperzeit (1620–1625) (= Mikrokosmos 29) (Frankfurt a. M. – Bern 1988).

Kirche. *Die Kirche im Dorf lassen:* sich an das Gegebene halten, an Gebräuchen nichts ändern, nichts übertreiben. Wie die Kirche ihren rechten Platz mitten im Dorf hat, so soll man auch mit seinen Ansichten (Preisen u. Forderungen) im Rahmen blei-

ben. Welch große Ordnungsfunktion die Kirche besaß, spiegeln vor allem die zahlreichen mdal. Wndgn., z.B. luxemb. ‚maach, daß d'Kürche am Duerf blift‘; westf. ‚mâken, dat de kerk im dorpe blitt‘; meckl. ‚blif man mit de Kirch int Dörp‘; schweiz. ‚luegen, daß d'Chilche (z'mitzt) im Dorf blibt‘. Obersächs. oft: ‚Ich wer'sch schon machen, daß de Kärche in Durfe bleibt‘, ich werde dafür sorgen, daß alles zur Zufriedenheit geregelt, daß niemand übervorteilt wird. Vgl. ndl. ‚de kerk in't midden (van het dorp) laten‘.

Auch lit. ist die Rda. bezeugt, u. a. bei H. Böll im Titel seiner Erzählung: ‚Die Kirche im Dorf‘ (1965). Darüber hinaus hat sie aber auch in der Parodie ihren Platz gefunden. So heißt es z.B. in einer neuzeitl. Erweiterung: ‚Man muß die Kirche im Dorf lassen. Nur die Steuern gehen nach Rom‘.

Im Volksmund heißt es auch scherzhaft:
Die Kirche hat einen guten Magen,
kann ungerechtes Gut vertragen.
Mephisto erklärt dies ausführlicher in den Worten des Pfaffen (‚Faust‘ I, Spaziergang):
Die Kirche hat einen guten Magen,
Hat ganze Länder aufgefressen,
Und doch noch nie sich übergessen;
Die Kirch allein, meine lieben Frauen,
Kann ungerechtes Gut verdauen.
Mit der Kirche ums Dorf gehen: verkehrt, umständlich handeln. Nach Wander (II, Sp. 1345) ist hierbei unter Kirche die Kirchengemeinde zu verstehen, die bei ihren Prozessionen einen langen Weg um das Dorf wählt. Daraus habe sich dann die Bdtg., einen Zweck auf dem umständlichsten Weg erreichen, entwickelt. Die Rda.

‚Die Kirche im Dorf lassen‘

ist mdal. im Vorarlbergischen, im Schwäb. und in der Schweiz verbreitet, wo es heißt: ‚Mit der Chilche um's Dorf ummeⁿ‘ gaⁿ'.

*Die Kirche ums Dorf tragen:*unnötige Umwege und Umstände machen; els. sprw. ‚De Kirch is ka Frosch, die huppt net wack'; rhein. ‚Wann de den Weg gehscht, drägscht die Kirch um's Dorf erum'. Seltener ist die gleichbedeutende Wndg. *ums Dorf in die Kirche gehen.*

Die Formeln *Kirche und Straße* und *Kirche und Markt* umfassen den ganzen Bereich der Öffentlichkeit und gründen sich auf alte Rechtsbräuche. Wenn sich Mann und Frau zusammen sehen lassen, erweisen sie sich damit als rechtlich zusammengehörig, als Eheleute. Neuvermählte machten nach der Trauuung einen feierlichen Gang durchs Dorf. An diesen Brauch war im 14. Jh. im Stadtrecht von Orlamünde sogar das Erbrecht gebunden. Die ndd. Rda. ‚eine Frau to Kark un Markt führen' bedeutet heiraten. Schlesw.-Holst. ‚he geit nich to Kark no to Mark', er lebt völlig zurückgezogen. Die Wndg. *zu Kirchen gehn* meint auch die Einsegnung der Wöchnerin. Schweiz. sagt man dazu: ‚z'Chinds z'Chirchen gaⁿ', wenn die Wöchnerinnen 6 Wochen nach der Niederkunft den ersten Kirchgang tun. Dieser Brauch geht auf die im 3. Mos. 12 beschriebene jüd. Reinigungsvorschrift zurück, die in der röm. Kirche in ähnl. Form als löbliche Sitte zur bes. Segnung beibehalten wurde, teilweise sogar in den reformierten Kirchen. In der Lüneburger Heide sagt man dazu: ‚se hult Karkgang' und in Schlesien ‚ter Kerchen goehn'.

‚Solang mr sengt, ist de Kerch net aus': Auch länger Verheiratete können noch einen Nachkömmling bekommen. *In die Kirche läuten und dann schlafen gehen:* andere zur Frömmigkeit auffordern, selbst aber zu bequem sein. Daß der sonntägliche Kirchgang vielfach nur als Pflichtübung betrachtet wurde, erweist die Feststellung: *Der kann die Kirche auch zu Gevatter nehmen,* wobei der seltene Kirchenbesuch mit einem pflichtgemäßen Verwandtenbesuch verglichen wird. *In die Kirche gehen, wo mit Gläsern zusammengeläutet wird:* euphemist. für: ins Wirtshaus gehen, ⊅ Magen.

Lit.: *Fuß:* ‚Machen daß die Kirch mitten im Dorf bleibt', in: Monatsschrift für die Gesch. Westdeutschlands 5 (1880), S. 650; *J. Künzig:* Art. ‚Kirche', in: HdA. IV, Sp. 1396–1410; RGG³ III, Sp. 1296–1327, Art. ‚Kirche'; Lexikon f. Theologie u. Kirche V, Sp. 968ff., Art. ‚Kirche'.

Kirchenlicht ⊅ Licht.

Kirchenmaus. *Arm wie eine Kirchenmaus:* sehr arm; in der Kirche gibt es keine Vorräte, deshalb ist die Kirchenmaus die allerärmste; ⊅ arm, ⊅ wie. Die Wndg. ist seit dem 18. Jh. bezeugt. Vgl. frz. ‚gueux comme un rat d'église'.

Im Märchen (KHM. 85) ist die Rda. erweitert zu: ‚arm u. kahl wie eine Kirchenmaus'.

Lit.: *V. B. Dröscher:* Mich laust der Affe (1981), S. 133–136. Weitere Lit. ⊅ Maus.

‚Kirchenmaus'

Kirchweih. *Jem. auf die Kirchweih laden:* jem. seine Mißachtung dadurch bezeugen, daß man ihn mit ‚leck mich am Arsch' oder ähnl. Ausdrücken bedenkt; der Sinn der Rda. besteht also in einer groben Ablehnung. Die verhüllende Metapher dürfte mindestens bis ins 17. Jh. zurückgehen. In Ludwig Aurbachers ‚Volksbüchlein' (1827) lädt eine Bauerntochter in den ‚Abenteuern der sieben Schwaben' den aufdringlichen Blitzschwaben ‚auf die Kirbe'. Die Rda. ist vornehmlich im süd- und südostdt. Sprachbereich zu Hause, in Bayern und der Oberpfalz, in Franken und Schwaben, aber auch im Egerland und in Sachsen; so etw. bair. ‚Du kimm fei in Kirta!'. Im Bad. lautet die iron. Aufforderung ‚Kanscht mr uf d'Kirbe kumme!'. Anstelle einer Beleidigung setzt der Spötter euphemist. eine Ehrung. Mancherorts ist es dem so Angeredeten erlaubt, die Einladung – bes. wenn sie eindeutig spaßhaft und nicht im Zorn vorgebracht wurde – ernst zu nehmen und sich als Gast auf dem kommenden Kirchweihfest zu betrachten. Jedoch dürfte dieser (z. B. aus Schwaben bekannte) Brauch erst neueren Datums sein, denn er ist offensichtlich eine Schutzmaßnahme gegen das unbedachte ‚Kirchweihladen', ↗ Kirmes, ↗ Kerbe, ↗ Arsch.

Er tanzt auf jeder Kirchweih: er ist überall zu finden, ↗ Hochzeit.

Lit.: *A. Birlinger:* Zum alem. und schwäb. Wortschatz, in: Alemannia 10 (1882), S. 168–216; *R. Kubitschek:* ‚Auf die Kirchweih laden', in: Suddt. Zs. f. Vkde. 3 (1930), S. 113–114; *Anonym:* ‚De laatste kermis van Vlaanderen', in: Volkskunde 39 (1934–1935), S. 133.

Kirmes. Eine große Zahl von sprw. Rdaa. bez. den Sonnenregen. Man sagt, wenn es regnet und die Sonne scheint: ‚Dann ist in der Hölle ein Festtag' (Oldenb.), ‚Hochtid' (Friesl.), ‚Kirmes' (Westf., Rheinl.). Diese Version bestätigt auch der älteste seither bekannte hist. Beleg: „Wenn die Sonn scheinet vnnd zugleich regnet, so ist in der Hölle Kirchweih' (Christ. Lehmann: ‚Florilegium Politicum', 1630, 334: 32; J. M. Sailer; ‚Die Weisheit auf der Gasse', 1810, 179). Andere Versionen sind: ‚Man backt in der Hölle', ‚De Düwel backt Pannkok' (Oldenb.), ‚Der Düwel hält Schottelplakken feil' (Rheinl.), ‚Frau Holle hat Kirmes' (Niederrhein), ‚Die Heiden haben Hochzeit' (Schweiz), ‚De Düwel danzt mit sin Grotmudder' (Kreis Winsen), ‚De Düwel hat Hochtied' (Der Teufel hat Hochzeit; Schlesw.-Holst.), ‚Der Teufel stattet seine Töchter aus' (Mecklenb.). Den Sonnenregen hat man vielfach als ein Ringen zwischen Regen und Sonnenschein gedeutet, und in verschiedenen Gegenden sind verschiedene Bilder zur Illustrierung dieses Kampfes entstanden; in Dtl.: ‚Der Teufel prügelt sein Weib, seine Großmutter, Schwiegermutter' (Bayern, Österr.). „... s kriegt d'Teufelin Schläg' (Die Teufelin kriegt

Schläge; Egerland). ‚Der Düwel stikt sin Wif mit'n Dägen' (Der Teufel sticht sein Weib mit einem Degen; Celle), ‚Der Teufel hat seine Mutter erhenkt' (Mosel), ‚De Düwel kloppt sin Grossmudder' (Lüneburg). Das geschlagene Objekt war urspr. die Frau des Teufels (nicht die Großmutter; ↗ Teufel). Sie erscheint in dieser Stellung in der Überlieferung von 26 Völkern, wobei es für die Tradition aufschlußreich ist, daß es sich gerade um einen Ehestreit handelt. Schon Joh. Praetorius kennt die Wndg. „Donnerts und die Sonne scheint dazu: der Teufel schlägt seine Mutter, daß sie öl (= Bier) gibt" (J. Praetorius: ‚Blokkes Berges Verrichtung', Leipzig 1668, 2, 113). Die Redaktion ‚Der Teufel schlägt seine Frau', schon im 17. Jh. sowohl in Frankr. (‚le diable bat sa femme'), Holland (‚de duivel slaat zijn wijf') als auch in Dtl. feststellbar, dominiert heute in der ganzen engl.-sprechenden Welt (‚the devil is beating his wife'), ebenso im Gebiet des alten Österr.-Ungarn; dennoch ist es nur eine späte, allerdings außergewöhnlich expansive Redaktion der Teufelshochzeits-Tradition.

In Schlesw.-Holst. und in Oldenb. hat sich (ebenso wie in Dänemark) anscheinend auf der Grundlage der scherzhaften Rda. ‚He is dem Düvel ût der Bleke lopen', die eine braune Gesichtsfarbe meint, die örtliche Redaktion ‚Der Teufel bleicht seine Großmutter' herausgebildet. (‚De Düvel bleket sin Möm', ‚De Düvel hett sîn Grôtmûder up de Blêk'). Zum Bleichen von Wäsche gehört wiederholtes Anfeuchten im Sonnenschein, so daß dieses Bild gut zu der Naturerscheinung paßt.

Andere Rdaa. bringen den Sonnenregen in Beziehung zu einer Hexe: ‚Die Hexen tanzen', ‚De ool Hex backt Pannkoken' (Die alte Hexe backt Pfannkuchen; Schlesw.-Holst.), ‚Die Hexen buttern' (Schlesien), ‚Die Hexen werden am Ende der Welt begraben' (Nordfriesl.). Man könnte glauben, daß die Wndgn. von Teufelshochzeit und Hexentanz mit den Vorstellungen vom drastischen Hochzeitsritual des Teufels und der Hexen, d. h. mit dem sog. Hexensabbat, verflochten seien. Aber es ist bemerkenswert, daß, obwohl Hexe wie Teufel äußerst häufige Subjekte in der Sonnenregentradition des europ.

Festlandes sind, keine einzige Variante auf eine Buhlschaft zwischen ihnen hindeutet. Vielleicht darf man daraus folgern, daß die Dämonenredaktionen der Sonnenregentradition bereits entstanden und in der Hauptsache herausgebildet waren, bevor die Vorstellung von der Teufelsbuhlschaft eine zentrale Stellung in der christl. und volkstüml. Dämonologie erlangt hatte.

In Mecklenb. sagt man ‚Nu ward 'n Hurkind makt oder süss ward en döfft' (Nun wurde ein Hurenkind gemacht oder getauft). In Westfinnl. heißt es, daß eine Hure Hochzeit feiert. Die Hurenhochzeit- oder Hurenkindredaktionen beschränken sich auf den Ostseeraum. Humoristisch ist die rhein. Version: ‚Ene Leutenant bezahlt seng Scholde' (Ein Leutnant bezahlt seine Schulden); ähnl. in Lüneburg: ‚s kummt 'n Edelmann in 'n Himmel' (Ein Reicher kommt nach der Bibel bekanntlich schwerer in den Himmel); ‚Nu kümmt 'n Snider in 'n Himmel' (Es kommt ein Schneider in den Himmel; Schlesw.-Holst., Sachsen); ‚De Düwel kriggt 'n Advokatenseel' (Oldenb.).

In völlig andere Anschauungen verweist: ‚Der Wolf hat das Fieber', ‚Nu deiht den Wulf de Buk weih' (Nun tut dem Wolf der Bauch weh), ‚Nu pissen de Wülw' (Mecklenb.).

Ähnliche an die Situation des Sonnenregens gebundene Paraphrasen gibt es in den verschiedenen Erdteilen in erstaunlicher Gleichheit des Strukturschemas und doch mit großer Variabilität innerhalb eines und desselben Landes: In Japan, Brasilien und Finnland heißt es, daß bei Sonnenregen der Fuchs Hochzeit feiert. In der Türkei sowie in Mexiko und Estland spricht man vom Gebären der Wölfin. Auf den Philippinen sowie in Chile und Rumänien sagt man, daß der Teufel schlägt oder sich prügelt. In Polen, Irland und Schweden buttern die Hexen. In der Türkei spricht man vom Schakalregen, in Finnland vom Fuchsregen, in der Ukraine und in Oesterr. vom Sauregen, in Dtl. vom Hasenregen, in Japan vom Hochzeitszug der Füchse. Die Spanier nennen den Sonnenregen ‚Zigeunersonne', die Weißrussen und die Finnlandschweden ‚Zigeunerregen'. Kulturhist. bes. interessant

sind die rdal. Paraphrasen bei den skandinavischen Völkern; man sagt: ‚Die im Wasser Ertrunkenen trocknen ihre Kleider' (Dänemark, Norwegen, ebenso Polen), ‚Im Totenreich trinkt man bei der Hochzeit' (Finnland), ‚Die Mäuse feiern Hochzeit' (Südfinnland). Auch in Nordeuropa findet sich vielfach eine Dämonisierung der Tradition: ‚Die Trolle tanzen, waschen, baden, buttern usw.' (Schweden), ‚Der Fuchs badet' (Finnland), ‚Die alten Jungfern werden geheiratet' (werden begraben, schlagen sich, werden gebadet, verjüngt, baden auf dem Blocksberg, südl. Finnland). Diese Redaktionen darf man wohl mit dem Brauch der ‚Totenhochzeit', d.h. den Bräuchen bei der Bestattung von Ledigen, in Verbindung bringen.

Der finn. Forscher M. Kuusi hat etwa dreitausend Varianten von Rdaa. gesammelt, die alle die seltsame scheinbare Naturwidrigkeit illustrieren, in einer weltweit verbreiteten Widerspruchssymbolik. Es ist die Frage: Was ist in diesem reichen Material primär, was sekundär? Woher kommt diese merkwürdige Einheitlichkeit und zugleich Unterschiedlichkeit? Handelt es sich um eine genetisch zusammengehörige Tradition, oder ist Polygenese zu vermuten, d.h. daß die gleiche Menschennatur überall gleiche Vorstellungen schafft? Die Chronologie der hist. Belege ergibt keine Verbreitungshinweise, da die Streuung der Sonnenregentradition schon zu Beginn der Neuzeit fast ebensoweit entwickelt war wie im 20. Jh., und daß somit hinter den ältesten europ. Aufzeichnungen höchstwahrscheinl. ein tausendjähriger, vielleicht vieltausendjähriger Weg der Ausbreitung und Wandlung der Überlieferung steht. Kuusi hat erstmals die „Weltgeschichte einer Redensart" versucht, da offensichtlich die große Mehrzahl der Varianten einen gemeinsamen Stammbaum hat. Außergewöhnliche Naturerscheinungen (so auch Wirbelwind, Hagel, Regenbogen, Nordlicht, Sternschnuppen) werden rdal. mit seltsamen Situationen zusammengebracht. Neben bloßen Scherzfiktionen, wie dem Schuldenbezahlen eines Leutnants und anderen neckenden Kommentaren zu unglaublichen Ereignissen, gruppieren sich bestimmte Motive, die die Idee einer paradoxen Verbindung illustrieren, wie sie dem Sonnenregen als einer Kombination entgegengesetzter Naturelemente eigen ist: Streit und Kampf, gleichzeitiges Verheiraten der Tochter und Schlagen der Frau, Hungersnot eines Königs, gemeinsames Bad von Teufeln und Engeln, Heirat ungleicher Partner, wie zwischen Fuchs und Nachtigall, Lächeln durch Tränen mit verschiedenen Anpassungen an regionalen Volksglauben (Frau Holle, Trolle, Hexen usw.). Die theriomorphen Redaktionen dominieren in Asien und Afrika, außerdem aber im Mittelmeerraum und nordwestl. der Ostsee. Und zwar dominieren die Tierhochzeitsredaktionen zahlenmäßig und verbreitungsmäßig: Fuchs- und Schakalhochzeit, Bären- und Wolfshochzeit. Zu den altertümlichsten Versionen gehören die Fuchshochzeit- und Totenhochzeitredaktionen. M. Kuusi versucht den Nachweis der urspr. Zusammengehörigkeit aller Sonnenregen-Paraphrasen, von denen sich eine aus der anderen entwickelt hat, wobei die Vorstellung von der Fuchshochzeit zum ursprünglichsten Bestand gehört. Kuusi vermutet, daß Indien das erste Gebiet war, wo der Sonnenregen als Fuchshochzeit gedeutet worden ist. Daß der Ausdr. *Kirmes in der Hölle* in Dtl. noch im anderen Sinnzusammenhang gebräuchl. gewesen sein muß, beweist seine Verwendung in einem Brief Martin Luthers (Dr. M. Luthers Briefe, hrsg. v. De Welte u. Seidemann, Bd. IV, S. 618): „Oder wird etwa Kirmes in der Hölle sein, daß der Teufel so lüstern ist mit larven?"

Lit.: *J. Grimm:* Dt. Mythologie, Nachdruck der 4. Ausg. (Tübingen 1953), Bd. II, 842f., III. 297; *M. Kuusi:* Regen bei Sonnenschein. Zur Weltgesch. einer Rda., FFC. 171 (Helsinki 1957).

Kirsche. *Mit ihm ist nicht gut Kirschen essen:* mit ihm ist nicht gut auszukommen; er ist ein unbequemer, unverträglicher, wohl auch: hochmütiger Mensch. Das der Rda. zugrunde liegende Bild ist z. T. so abgeblaßt und unverständlich geworden, daß es auch auf Dinge übertr. werden kann (z. B. ‚mit dem kranken Knie ist nicht gut Kirschen essen'). Die vollständige Form der warnenden Rda., die heute aber weitgehend abhanden gekommen ist und

die man nur selten noch hört, wäre: ‚Mit großen (hohen) Herren ist nicht gut Kirschen essen: sie schmeißen (spucken) einem die Kerne (Steine) ins Gesicht'. Im Volksmund ist im allg. nur die Kurzform der Warnung geläufig. Der Urspr. der Rda. fällt in eine Zeit, wo der Anbau der Kirsche noch auf die Klostergärten und die Baumgärten der vornehmen Herren beschränkt war; und so warnt die Rda. vor dem vertraulichen Verkehr mit den übermütigen, launenhaften Herren.

In Steinbachs Wb. von 1734 lautet die Wndg.: „Es ist nicht gut mit großen Herren Kirschen essen, sie werfen einem die Kerne ins Gesichte".

In den älteren Belegen überwiegt jedoch das Werfen der Stiele (vielleicht weil man einst die Steine auch ohne weiteres mitgeschluckt hat). So heißt es schon in Ulrich Boners ‚Edelstein' (um 1350):

und ist nicht gût
Mit herren kriesin essin,
Sie hant sich des vermessen:
Der sich da nicht hûten wil,
Sie werfen im der kriesin stil
In diu ougen.

Der gleiche Reim wil: stil findet sich auch noch in einem Fastnachtsspiel des 15. und in einem Volkslied des 16. Jh.; die Belege sind sämtlich obd. Herkunft. Wo aber der Reim aufgegeben wurde, konnte ein Mißverständnis aufkommen; wie bei Eucharius Eyering in seiner großen Sprww.-Sammlung ‚Copia proverbiorum' von 1604 (III, S. 552), der, indem er ‚die stil' als ‚diestil' verlas, nun druckte:

Grosser Herrn ist gut müssig gehen
(d. i. aus dem Wege gehn),
Dann sie werffen eim Distel unter
Augen.

Der Beleg beweist zugleich, daß dem koburgischen Verfasser die Wndg. offenbar noch nicht in mdl. Überlieferung geläufig war, die sich vom Obd. offenbar erst langsam ausgebreitet hat. Bei G. A. Bürger heißt es:

Mit Urian und grossen Herrn
Ess' ich wohl keine Kirschen gern;
Sie werfen einem, wie man spricht,
Die Stiel' und Stein' ins Angesicht.

„Wie man spricht" bedeutet, daß Bürger noch die Vollform des Sprw. gekannt hat.

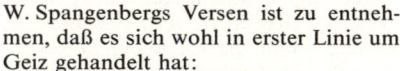

1/2 ‚Mit großen Herren ist nicht gut Kirschen essen'

W. Spangenbergs Versen ist zu entnehmen, daß es sich wohl in erster Linie um Geiz gehandelt hat:

mit herren ist bös kirschen essen
wann sie die besten hand gefressen
so werfen sie mit stielen dich.
viel lieber will sie kaufen ich.

(Mylii lustgarten, Straßburg 1621, 412). Ähnliches ist auch einer weiteren Belegstelle zu entnehmen: „Er wusste nicht, dass auch hier das Sprichwort gilt, es sei bös mit grossen Herren Kirschen essen, weil sie den Mitessern gerne Steine und Stiele ins Gesicht würfen, das Fleisch aber behielten" (J. Gotthelf, ‚Uli der Knecht', (1850), c. 6, 2, 51). Auf einen (zwangsläufigen) Verzicht deutet dagegen eine andere Rda., die im Märchen ihren Niederschlag gefunden hat: *Die Kirschen hängen mir zu hoch* (KHM. 107), ↗Trauben. Am verlockendsten waren und sind aber wohl immer die *Kirschen in Nachbars Garten*, wie sie auch in der Operette besungen werden. Dabei ist in erster Linie die Symbolbdtg. der Kirsche innerhalb der Sexualmetapher angesprochen. Früher war das Kirschenpflükken ein beliebtes Gesellschaftsspiel, bei dem ein Hölzchen (Gras- od. Strohhalm) mit den Lippen weitergegeben und bei jeder nächsten Runde etwas verkürzt erschien. War der Geschmack ‚sauer', ging's weiter – ‚süß' konnte den Nächsten „erlösen".

Lit.: *W. Sieben:* Die Kirsche im Volksmund, in: Zs. f. rhein. u. westf. Vkde 9 (1912), S. 230–231; *E. Schröder:* Aus der Gesch. einer sprw. Rda., in: Hess. Bl. f. Vkde. 32 (1933), S. 94–97; *W. Danckert:* Symbol, Metapher, Allegorie im Lied der Völker, Bd. III (Bonn-Bad Godesberg 1978), S. 1049–1053; *B. Toelken:* Zum Begriff d. Performanz im dynam. Kontext d. Volksüberlieferung, in: Zs f. Vkde. 77 (1981), S. 45–47.

Kissen. *Den Teufel aufs Kissen binden,* ↗Teufel.

Kiste. *Fertig ist die Kiste:* die Sache ist erledigt, durchgeführt; ähnl. wie ‚fertig ist die ↗Laube'. Eine *faule Kiste* ist eine unsaubere, unredliche Unternehmung. *Eine Kiste bauen:* eine Amüsierreise unternehmen, in gegenwärtiger Umgangssprache auch: mit dem Fahrrad stürzen; Kiste kann ein (älteres) Modell jeglichen Fahrzeugs meinen (Fahrrad, Auto, Flugzeug) und wird auch sonst vielfach, bes. berl., in übertr. Sinne gebraucht, so für Bett (‚Flohkiste'), Gefängnis (wie ‚Kasten'), Fußballtor (‚den Ball in die Kiste kriegen'). Obersächs. nennt man ein starkes, kräftiges Mädchen ‚eine stramme Kiste'. *Den Sprung in die Kiste tun:* sterben, ↗zeitlich. ‚Eine Beziehungskiste haben': saloppe, neuzeitl. Wndg. für ein Liebesverhältnis. Abgewandelt wird dafür auch der Begriff ‚Psychokiste' verwendet, wenn eine solche Beziehung zum Problem wird u. deshalb die Hilfe eines Psychotherapeuten notwendig wird. Viel von *Kisten (und Kasten)* ist die Rede auch in den Märchen der Brüder Grimm, die viele zu ihrer Zeit bekannten Rdaa. in ihre Märchentexte eingefügt haben (vgl. KHM. 31, KHM. 92, KHM. 181).

Kitt. *Der ganze Kitt:* die ganze Menge, alles; z. B. ‚den ganzen Kitt bezahlen', die gesamten Kosten, die ganze Zeche bezahlen. Die Wndg. ist erst in neuerer Zeit bezeugt; vielleicht als eine Weiterentwicklung aus: ‚alles, was da zusammenklebt'. Doch hat man auch einen Nachklang von mhd. kötte, kitte = Haufen, Schar vermutet; zugehörig ist: eine ‚Kette‘ Rebhühner.

Klammerbeutel. *Dich hat man wohl mit dem Klammerbeutel gepudert:* du bist wohl nicht ganz bei Verstand; die Rda. ist erst zu Beginn dieses Jh. aufgekommen. Ihr liegt die Vorstellung zugrunde, daß jem., der statt mit der Puderquaste mit einem Beutel für Wäscheklammern gepudert ist, durch die Schläge auf den Kopf einen geistigen Defekt davongetragen haben muß.

klammheimlich. *Etw. klammheimlich tun:* unter größter Verschwiegenheit, meist auch ‚aus dem Hinterhalt‘, d. h. versteckt etw. vorbereiten. Es handelt sich um eine tautologische Bildung aus dem lat. ‚clam‘ = heimlich in Verbindg. mit dem dt. Ausdr. ‚heimlich‘. Eine Überbetonung des Heimlichen liegt auch in der Wndg.: mit ‚klammheimlicher Freude‘, d. h. mit diebischer, versteckter Freude.

Klappe, klappen. Klappe wird in mdt. und nordd. Mdaa. vielfach für ‚Mund‘ gebraucht. Daher Wndgn. wie *Halt die Klappe!:* sei still; vgl. engl.: ‚keep your trap closed‘, vulgärsprachl. frz. ‚Ferme ta gueule!‘ (Halt’s Maul!); *die große Klappe haben* (auch *schwingen, riskieren*): das große Wort führen; vgl. frz. ‚Il a une grande gueule‘; *die Klappe einrasten lassen:* den Mund schließen; *die Klappe aufmachen:* sich äußern; vgl. frz. ‚ouvrir sa gueule‘; *die Klappe aufreißen:* anmaßend, prahlerisch reden. Ähnl.: ‚Große Klappe, nichts dahinter‘.
Klappe kann aber auch das Bett meinen. Dann bezieht sich der Ausdr. wohl auf das in Haftanstalten übliche Bett, das tagsüber an die Wand geklappt wird. *In die Klappe kriechen, sich in die Klappe hauen:* zu Bett gehen; *die Klappe bauen:* das Bett richten, machen. An der Ausbreitung dieser Rdaa. ist bes. das Berl. beteiligt gewesen.
Zum Klappen kommen: zu gutem Abschluß, zur Entscheidung kommen; *eine Sache zum Klappen bringen:* zum Erfolg führen. Diese Wndgn. gehen von dem ndd. Verb ‚klappen‘ aus, das lautmalend das Geräusch beim Schließen eines Deckels u. dgl. wiedergibt.
Etw. klappt (nicht): das geht (nicht) gut; scherzhaft erweitert: ‚Hier klappt nichts, nur die Tür‘.

Klapper. Hat jem. ein unheilbares Leiden, so sagt man z. B. im Taunus *Er hat die Klapper.* Die Rda. hängt vermutl. nicht mit ‚klapprig‘ (= hinfällig) und ‚zusammenklappen‘ (= zusammenbrechen), sondern mit der Klapper des Aussätzigen zusammen. Die Aussätzigen durften die Stadt, wenn überhaupt, nur betreten, wenn sie sich durch ein Zeichen ankündigten, damit die Gesunden ihnen aus dem Wege gehen konnten. In den ‚Sieben weisen Meistern‘ macht sich der Aussätzige heimlich auf „mit synem stabe vnd klepperlyn“ (1471). Geiler von Kaysersberg läßt die zehn Aussätzigen, die sich Christus nahen, nach dem Bericht zwar rufen, bemerkt aber, daß sie „villichter ire kleppern zuo hilff genummen, ... den ein maltz (Aussätziger) kan nit vast schryen“. Die Klapper wurde zum Attribut der Aussätzigen. ‚Mit Klappern gehen‘ hieß: als Aussätziger wandern. Die Rda. für einen unheilbar Kranken ‚Er hat die Klapper‘ meinte also urspr.: er ist aussätzig, und im weiteren Sinne: er hat ein schweres Leiden.

‚Mit der Klapper gehen‘

„Klappern gehört zum Handwerk“ = Reklame muß sein, früher auf Märkten (marktschreierisch) ausgerufen, heute in der Werbung.

Lit.: *A. Martin:* Die Aussätzigenklapper im heutigen Volksmund, in: Zs. f. Vkde. 37/38 (1927/28), S. 117.

Klapperstorch. ‚Die kleinen Kinder bringt der Klapperstorch‘, ‚der Storch holt die

Babies aus dem Teich' etc. Von den zahlreichen Kinderbringern, die elterliche Phantasie zur Befriedigung kindlicher Fragelust erfand, ist der Klapperstorch am weitesten bekannt. Am häufigsten trifft man ihn in der Kinder-Folklore selbst, bes. in zahlreichen Kinderreimen, wie z. B.:

Storch, Storch, guter,
bring mir einen Bruder!
Storch, Storch, bester,
bring mir eine Schwester!

Dem norddt. Schwerpunkt des Klapperstorchs entspricht die Häufigkeit ndd. Verse wie

Adebar to Neste,
bring mi ne lütje Swester.
Adebar, oder
bring mi n lütjen Broder!

Oder

Stork, Stork, Steene,
mit de lange Beene,
Hest 'de en rotes Röcksken an,
de mi und die en Brörken bringen sall.

Wünscht man keine Kinder mehr, dann ruft man:

Heilebart, du Langbein,
lat dik nu nich weder sein.

Aber auch im oberdt. Sprachgebiet findet man gelegentlich solche Storchenliedchen, wie z. B. schweiz.:

Storch, Storch, heini,
bring mer au e Chleini!

Wie der Klapperstorch die Kinder bringen soll, dafür gibt es mancherlei Variationen: Häufig reagiert er auf ein Zuckerstückchen, das die Kinder vor's Fenster legen, um ihm den Wunsch nach weiteren Geschwistern kundzutun. Meist erzählt man den Kindern, daß der Storch die Kinder aus dem Brunnen oder einem nahen Gewässer fische und die Mutter ins Bein beiße. Auch unter einem großen Felsen holt er die Kinder hervor. Die artigen Knaben bringt er auf dem Rücken, die bösen im Schnabel.

In der Welt der Erwachsenen wird das Storchenmärchen nur als reine Scherzfiktion oder als anzügliche Anspielung verstanden, spielt als solche aber schon in volkstümlichen Hochzeitsbräuchen des ausgehenden 19. Jh. und ebenso noch in der Gegenwart eine Rolle. Im Erzgebirge schnitzte und bemalte man den ‚Braut-

1/2 ‚Der Klapperstorch hat dich gebracht'

storch' als Hochzeitsgeschenk. Wie bei der Hochzeit die Braut ‚unter die Haube' kam, so setzte man auch dem jungen Ehemann zuweilen scherzhaft eine Bräutigamsmütze mit dem Motiv vom kinderbringenden Storch auf. In den zwanziger Jahren unternahm der ‚Atlas der deutschen Volkskunde' (Fragebogen Nr. 16 und 17) eine Umfrage: ‚Was erzählt man den Kindern über die Herkunft der kleinen Kinder? Wer holt oder bringt die Kinder von dort?' Dabei ergaben sich interessante regionale Verschiedenheiten: Der Storch beherrscht etwa östlich des Weserlaufs ganz Nord- und Mitteldeutschland. Die geographische Verbreitung hängt natürlich auch mit den bevorzugten Nistgebieten des Vogels zusammen, doch wird er selbst in solchen Gegenden als Kinderbringer genannt, wo er gar nicht nistet.

Nächst dem Klapperstorch wird am häufigsten die Hebamme als Kinderbringerin genannt. Seltener gelten Säugetiere, wie der Fuchs (im Erzgebirge) und der (geschenkebringende) Osterhase als Kinderbringer. Häufiger sind schon Wasservögel. Auf der Insel Rügen und in Pommern bringt der Schwan die kleinen Kinder. Oft ist es so, daß der Schwan nur im Winter die Rolle des Storches übernimmt, wenn die Störche weggezogen sind. In Ostpreußen waren Rabe und

Krähe die bevorzugten Kinderbringer. Von den Vögeln, unter denen ganz vereinzelt auch Kuckuck, Kranich und Geier genannt werden, hat das geschlossenste Gebiet die Eule.

Über die Ablösung des Klapperstorchs durch andere Tiere gibt es auch Schwänke. Ein ndd. Gewährsmann berichtete: „Von't Kinnerbringen is de Klapperstorch jetzt afsett, de Kinner bringt de Uhu. As mien groot Swester hüüt Nacht en Kind krigen dee, heff ik achter de Kamerdöör staan un heff höört, wie se ümmer bölken dee: Uhu, uhuuu! Also nehm ich an, dat jetzt de Uhu de Kinner bring'n deit".

Als Kinderbringer gelten weiter religiös-christliche Figuren: Gott und Engel oder die Gestalten des Christkinds, des Nikolaus oder Ruprechts, des Weihnachtsmannes usw. In den meisten Walliser Ortschaften wird der ‚ermite‘ oder ‚Waldbruder‘ als Kinderbringer genannt, was auf den Ermite de Longeborgne bezogen wird. Diesen bekannten Wallfahrtsort pflegen Frauen aufzusuchen, um Kindersegen zu erflehen. In Tirol, Salzburg, Kärnten und Steiermark werden Pate oder Patin als Kinderbringer genannt. Wieder ganz ins Sagenhafte gehen die Berichte aus Schlesien und Sachsen (südlich bis zur Oberpfalz): dort bringt die Kinder vielfach der Wassermann, von dem in diesen Landschaften zahllose Sagen umlaufen. In Oberösterreich, Bayern, im Böhmerwald und Sudetenland, praktisch im ganzen altbayerischen Raum, erzählt man den Kindern von einem ‚Weib‘ oder ‚wilden Weib‘.

Die Frage nach dem Kinderbringer ist nicht zu trennen von der nach dem Aufenthaltsort der Ungeborenen. Besonders in West- und Süddeutschland findet sich die Vorstellung eines Kinderbaumes. Dazu gehört der schwäb. Kinderreim:

Jetzt steig ich auf den Feigenbaum
und schüttel Buben runter.
Es fallen etlich tausend rab;
es ist kein schöner drunter.

In Böhmen läßt man die Knaben von Birn-, die Mädchen von Pflaumenbäumen abstammen. In anderen Ländern wird erzählt, daß die Kinder in Kohlköpfen wachsen (so in England, Belgien und Frankreich). Auch Steine und Höhlen bergen Kinder. In der Schweiz und in Tirol wachsen die Kinder an Felsen, im Steingeröll oder in einem Felsenloch.

Ganz überwiegend wird aber die Kinderherkunft aus dem Wasser bezeugt: aus Flüssen, Teichen, Quellen, Brunnen, Sümpfen, oder aus dem Meer. Im Schwäbischen heißen solche Orte ‚Kindlesbrunnen‘. In vielen Orten Süddeutschlands, aber auch in Oberhessen, im Vogtland und in Niedersachsen sind die Geschlechter auf Buben- und Maidlebrunnen verteilt. Dorfweiher, Mühlen- und Schloßteiche werden anderswo genannt. In den Vierlanden ist die Elbe der Versammlungsort der Ungeborenen. An der Ostseeküste heißt es: ‚Du bist ut de Ostsee fischt‘. Z. T. heißt es auch, daß Kinder von Bächen angeschwemmt werden. Oft sind Hebamme und Storch nur die Botengänger vom Kinderteich zur Menschenwohnung. In Tirol holt die Hebamme die Kinder wie Fische mit der Angel; in Hessen holt man sie aus dem Hollenteich. Die Vorstellung vom urspr. Wasseraufenthalt der präexistenten Kinder ist eine weltweit verbreitete Idee.

Sind die meisten Vorstellungen vom Aufenthaltsort der noch ungeborenen Kinder sehr altertümlich, so gilt dies offenbar nicht für den Klapperstorch als Kinderbringer. Diese Phantasiegestalt ist vielmehr ganz jung. Der Antike und dem Mittelalter war sie unbekannt, und es fehlen sogar über das 19. Jh. zurückgehende Literatur- oder Bildbelege. Lit. Zeugnisse reichen nicht über die Spätromantik zurück. So hat wohl A. v. Chamisso als erster ein ‚Klapperstorch‘-Gedicht verfaßt:

Was klappert im Hause so laut?
  horch, horch!
Ich glaub', ich glaube, das ist
  der Storch.
Das war der Storch. Seid, Kinder,
  nur still,
Und hört, was gern ich erzählen
  euch will.
Er hat auch gebracht ein Brüderlein
Und hat gebissen Mutter ins Bein.
Sie liegt nun krank, doch freudig dabei,
Sie meint, der Schmerz zu ertragen sei.

Bes. durch Hugo Wolfs Vertonung berühmt geworden ist Eduard Mörikes humorvolle ‚Storchenbotschaft', wonach dem erstaunten Schäfer gleich zwei Störche begegnen:

Doch halt! warum stellt ihr
              zu Zweien euch ein?
Es werden doch, hoff ich, nicht
              Zwillinge sein?
Da klappern die Störche im
              lustigsten Ton,
Sie nicken und knixen und fliegen
              davon.

Für den Volksglauben setzen die Nachrichten dann erst sehr allmählich ein. Noch vor 50 Jahren war der Storch als Kinderbringer in Süddtl. nahezu unbekannt. Im bayer. Schwaben galt es als ‚herrische Mode', von ihm zu sprechen. Eine vkdl. Erhebung Ende des 19. Jh. in Württemberg stellt fest: „Der Glaube, daß der Storch die kleinen Kinder bringe, dringt auch in Württemberg durch die gebildeten Kreise mehr und mehr ins niedere Volk ein".

Auch der Atlas der Schweiz. Vkde. führte zwischen 1937 und 1942 eine Umfrage bezüglich Kinderbringer und Kinderherkunft durch. In der Schweiz hat der Storch erst in der jüngsten Vergangenheit die Rolle des Kinderbringers übernommen. Die zeitlichen Angaben fallen überwiegend erst auf die Jahrhundertwende oder in das erste Viertel des 20. Jh.; und zwar wanderte er von Dtl. aus ein.

Kommen lit. Belege erst vereinzelt im 19. Jh. auf, so gibt es genug zeitgenössische Belege im Gebrauchslieder- und Schlagergut. Nach der Melodie von ‚Santa Lucia' wird gesungen:

Kaum hat's Dich angebracht
heißt's auf der Erde:
Dich hätt' der Storch gebracht,
glaub nicht die Märe:
kämst aus dem tiefen Teich,
glaub nicht das närr'sche Zeug!

Neuer und bekannter ist der Schlager:

Auf dem Dach der Welt,
da steht ein Storchennest,
da sitzen hunderttausend kleine
              Babies drin.
Wenn Dir ein's gefällt
und Du mich heiratest,
dann bringt auch Dir der Storch
              ein kleines Babykind.

In moderner Sprichwörterprägung wird ein Zitat aus Schillers ‚Wilhelm Tell' parodistisch abgewandelt: ‚Der Mann im Haus erspart den Zucker auf der Fensterbank'. Solche Zeugnisse ließen sich beliebig vermehren, und so läßt sich also nachweisen, daß der Klapperstorch erst in den letzten Jahrzehnten durch den Einfluß von Operettenschlagern, Redensarten und Witzzeichnungen, insbesondere aber durch Zeitung und Reklame (‚Storch-Moden'), durch den Einfluß von Schulfibel, Kinderbüchern und Geburtsanzeigen, die einen Storch zeigen, der ein Wickelkind im Schnabel trägt, verbreitet worden ist. So merkwürdig es klingt: in einer Zeit fortschreitender Aufklärung und Rationalisierung dringt das Unwirkliche, Niebeobachtete gegen das dem Realen Nähere vor.

Wie haben sich nun aber älteste Glaubensschichten vom Aufenthalt der Ungeborenen mit dem jungen Storch als Kinderbringer verbinden können? Wahrscheinlich hängt e's mit dem alten Glauben an den Wasseraufenthalt der ungeborenen Kinder zusammen, daß ein Sumpfvogel wie der Storch dazu ausersehen wurde, die kleinen Kinder ins Haus zu schaffen. Bereits in der Antike galt Adebar als Symbol der Fruchtbarkeit. Die zärtliche Liebe des Storches zu seinen Jungen wurde schon im Altertum gerühmt, ebenso im Mittelalter. Nach Konrad von Megenbergs ‚Buch der Natur' reißen sich die Störche die eigenen Federn aus und legen sie beim Brüten in das Nest, damit die Jungen nur weich sitzen können.

Vor allem aber spielte der Storch schon immer eine wichtige Rolle in der Mantik. Seine allgemeine Glücksbedeutung ist im Volksglauben vermutlich viel älter als wir sie belegen könnten. Schon in der ‚Rokkenphilosophie' von 1718/1722 steht der Satz: „Wer das Glück hat, daß Störche ihr Nest auf sein Haus oder Schornstein bauen, der wird lange leben und reich werden".

Immer wieder haben sich die Menschen darüber verwundert, daß der Storch Blitz und Donner nicht scheut. Das verdichtete sich in dem Volksglauben, ein nistender Storch schütze vor Blitz und Feuer.

Es werden ferner Analogien und Parallelen gezogen zu dem Storch auf dem Dach des Hauses. Ein Storch bringt eben einfach Glück. Umgekehrt verläßt der Storch das Haus, in dem Unfrieden herrscht.

Ohne daß Adebar unmittelbar als Kinderbringer fungierte, war er doch auch im älteren Volksglauben mit dem Kindersegen verknüpft: Wenn er keine Eier legte, so wurden in dem Hause auch keine Kinder geboren, und wenn seine Jungen starben, so starben auch die Kinder. Wer den Storch verstümmelte, bekam Kinder mit analogen Gebrechen. Nistete der Storch auf dem Haus eines jüngst getrauten Ehepaares, so bekam dieses so viele Kinder, als er Junge hatte. In der Altmark kündete ein fliegender Storch einem Mädchen, daß sie auf den Brautwagen kommen sollte, ein stehender aber, daß sie zur Patin gebeten würde.

In die Nähe der Klapperstorchvorstellungen gehören auch die Volkserzählungen vom sogenannten Storchenland. Besonders in Norddeutschland war im Volksglauben die Meinung verbreitet, daß die Störche verwandelte Menschen seien. Mehrere deutsche und griechische Volksmärchen berichten, daß die Störche im Herbst in ein fernes Land ziehen, wo sie den Winter über als Menschen leben. Im Mittelalter erzählte Gervasius von Tilbury (‚Otia imperialia' III, 73) von einem pferdeköpfigen, im Nilland wohnenden Volk: „hi homines certis temporibus in ciconias transformantur et apud nos quotannis foetum faciunt".

Über das Mittelalter zurück führt eine bemerkenswerte Angabe des Rhetors Aelian in seiner Tiergeschichte (II, 23): „Alexander ab Myndos sagt, daß die Störche, die ein Leben voll Kindesliebe hinter sich haben, in ihrem Alter zu den Inseln der Seligen ziehen. Hier vertauschen sie die Vogelgestalt mit der menschlichen, zum Lohn für ihre Liebe zu den Eltern".

Zusammenfassend läßt sich sagen: die natürliche Herkunft der Kinder von der Mutter kann niemals zweifelhaft gewesen sein. Selbst die primitive Unklarheit über die Erzeugerfunktion des Vaters spielt in Mythologie und Volksglauben keine Rolle. Hier stand also nur die schamhafte oder bequeme Verhüllung oder Umschreibung des Natürlichen vor dem fragenden Kind zur Debatte.

Wenn solche Erzählungen auch keine Rolle im Erwachsenenglauben spielen, so sind sie doch mehr als leere Fabulate vor Kinderohren. Hinter den Antworten, die man auch heute noch dem Kind gelegentlich auf die wißbegierige Frage gibt, woher es gekommen sei, wer es gemacht habe, stecken z. T. Vorstellungen eines alten Weltbildes. Was früher wirklicher Volksglaube war, das hat die Phantasie späterer Geschlechter ausgestaltet und benutzt, um den Wissensdurst der Kinder zu befriedigen.

Auch wenn der Storch als Kinderbringer selbst nicht allzu weit zurückreicht, so ist doch das Bild des Wassers als Inbegriff der Fruchtbarkeit und als Aufenthaltsort der noch ungeborenen Kinder alt. Der Storch seinerseits brachte viel Volksglauben mit, der ihn auch in seine neue Funktion mühelos hineinwachsen ließ. Offenbar mischen sich tatsächlich im Klapperstorchmärchen älteste und jüngste Vorstellungen in einer kaum noch zu trennenden Weise.

Während in früheren Forschungen die entspr. Rdaa. lediglich als ‚Schwundstufen' älterer Mythologien verstanden wurden, ist heute der Aspekt der Sozialpädagogik und Kinderpsychologie in den Vordergrund getreten. Der gesamte Komplex der sexuellen Aufklärung und Erziehung der Kinder ist an gesellschaftliche Bedingungen gebunden. Man weiß seit Sigmund Freud, daß die von Kindern gestellten Fragen nach ihrer Herkunft zugleich die ersten Fragen ihrer eigenen Sexualität sind mit dem Anspruch auf Sexualaufklärung. Die Redensarten hören sich zwar kindgemäß an, und die Kinder mögen sich in einem bestimmten Alter für eine Weile damit zufriedengeben, bis sie merken, daß man ihnen damit in der Beantwortung ausgewichen ist und eine ehrliche Erklärung schuldig blieb. S. Freud hat die These vertreten, daß die Verweigerung der kindlichen Frühaufklärung im Wunsch der Erwachsenen bestehe, die Fähigkeit der Kinder zum selbständigen Denken möglichst früh zugunsten der so hoch geschätzten ‚Bravheit' zu ersticken, und zwar eben durch Irreführung auf sexuellem und durch Einschüchterung auf religiösem Gebiet. Er sieht als Hintergrund der Prüderie das eigene schlechte Gewissen der Erwachsenen in Sachen Sexualität. Wenn Eltern umschreibende Antworten geben, sei anzunehmen, daß sie eigenen Projektionen erliegen. Dies muß kein bewußter Vorgang sein. Die Erwachsenen übernehmen die Rdaa. unkritisch aus dem tradierten Gedankengut. Die Antwort verhüllt die biol. Tatbestände und gibt keine sexuelle Aufklärung. Rdal. Ausflüchte über die Kinderherkunft können sogar eine negative Auswirkung auf die Entwicklung des Kindes haben: die Verhüllung der Antworten verletzt den Erkenntnisweg des Kindes und erschüttert oft auch zum ersten Mal dessen Vertrauen zu seinen Eltern, ↗ Storch.

Lit.: *S. Freud:* Zur sexuellen Aufklärung der Kinder (Frankfurt a. M. 1907); *H. Ploss:* Das Kind in Brauch und Sitte der Völker, 2 Bde. (Leipzig ³1911/1912); *H. Schauerte:* Die Herkunft der Kinder im Volksglauben des kurkölnischen Sauerlandes, in: Zs. für rhein. u. westf. Vkde. 27 (1930), S. 41–45; *B. Kummer:* Art. ‚Kinderherkunft', in: HdA. IV, Sp. 1342–1360; *O. Lauffer:* Kinderherkunft aus Bäumen, in: Zs. f. Vkde. 6 (1934), S. 93–106; *E. Schneeweis:* Art. ‚Storch', in: HdA, VIII, Sp. 498–507; *O. Filitz:* Warum bringt der Storch die Kinder? (Diss. Erlangen 1940); *R. Beitl:* Der Kinderbaum. Brauchtum und Glauben um Mutter und Kind (Berlin 1942); *A. Walzer:* Liebeskutsche, Reitersmann, Nikolaus und Kinderbringer (Stuttgart 1963); *W. Gubalke:* Die Hebamme im Wandel der Zeiten (Hannover 1964); *L. Röhrich:* Der Klapperstorch als Kinderbringer, in: Selecta 7 (1965), H. 8, S. 302–308; *I. Weber-Kellermann:* Die deutsche Familie. Versuch einer Sozialgeschichte (Frankfurt/M. 1974); *I. V. G. Findeisen:* Meinungen und Redensarten der Kinder über die Herkunft der Neugeborenen (Mag.-Arb. Bonn 1976); *E. u. L. Gattiker:* Die Vögel im Volksglauben (Wiesbaden 1989), S. 523–548; *J. Gélis:* Die Geburt. Volksglaube, Rituale und Praktiken von 1500–1900 (München 1989); *M. Simon:* Der Storch als Kinderbringer, in: Rhein.-westf. Zs. f. Vkde. 34/35 (1989/90), S. 25–39.

Klaps. *Einen Klaps haben:* nicht recht bei Verstand sein; Klaps bez. einen leichten Schlag, hier also einen Schlag an den Kopf, wodurch das Gehirn zu Schaden gekommen ist. Die Rda. ist seit dem 19. Jh. geläufig. Das Irrenhaus nennt man *Klapsmühle*, wobei ‚Mühle' auf die intensive Behandlung des Geisteskranken und auf Ausdrücke wie ‚durchgedreht' usw. anspielt.

Lit.: *R. Carstensen:* ‚Er hat einen Klaps', in: Sprachdienst 7 (1963), S. 54–55.

klar. *Klar wie Kloßbrühe:* ganz klar, offensichtlich, unleugbar, deutlich, ist ein rdal. Vergleich, bei welchem klar einmal das Durchsichtige, zum anderen das Einleuchtende meint. Die Rda. ist eigentl. scherzhaft-iron., denn Kloßbrühe ist stets trübe. Ähnl. Vergleiche sind: ‚klar wie dicke Tinte', ‚klar wie Klunkertunke' (schles.), ‚klar wie Sirup', ‚klar wie Zwetschgenbrüh', ‚wie Schuhwichs' (unterfränk.), ‚wie Mehlsuppe' (els.), ‚wie dikker Kaffee' (schlesw.-holst.) usw., oder auch nur wortspielerisch: ‚klar wie Klärchen'. Abzulehnen ist P. Forchheimers Versuch (‚Modern Language Notes', Nov. 1949), Kloßbrühe als Verdrehung von ‚Klosterbrühe' = dünne Klostersuppe zu deuten; ↗ klipp und klar.

Die Sache geht klar: die Sache nimmt den gewünschten Verlauf; entspr. *eine Sache (schon) klarkriegen:* eine Sache meistern, ein Problem bewältigen; klar steht hier in der Bedeutung ‚problemlos', ‚in Ordnung'.

Wie diese, so gehört auch die folgende Rda. dem 20. Jh. an: *Nun rede mal im Klartext:* drücke dich deutlich aus, sprich offen; ein Klartext ist ein dechiffrierter Text, der also jedermann verständlich ist und keine Geheimnisse mehr birgt.

Lit.: *P. Forchheimer:* ‚Klar wie Klössbrüh', in: Modern Language Notes 64 (1949), S. 493.

Klavier. Im Els. sagt man zu jem., der sich eigentl. etw. selbst am besten ausrechnen, die Folgen vorstellen kann: ‚Dis kanns dr vorstelle ohne Klavier', ohne künstlichen Nachweis im einzelnen. Allg. verbreitet ist die sinngleiche Wndg. *sich (etw.) abklavieren:* an den Fingern abzählen. ‚Das kannst du dir an den Fingern abklavieren' (auch: abklafünfern, abklafünfen). Die Übertr. erfolgte von der technischen Bewältigung der Klaviatur, wie bei der Rda. *die Klaviatur beherrschen:* sich die äußere Technik, die notwendigen Fertigkeiten zu einem Amt erworben haben, so daß man sie spielend ausüben kann. *Sich aufklavieren.* Die Studentensprache sagt von einem Mädchen, das sich übermächtig putzt: ‚Es klaviert sich auf'.

kleben. *Jem. eine kleben:* ihm eine Ohrfeige versetzen; in der seit dem vorigen Jahrhundert geläufigen Rda. meint kleben = anheften, so wie man eine Briefmarke aufklebt.

Jem. bleibt kleben, wenn er in der Schule nicht versetzt wird; der schülersprachl. Ausdr. hängt mit der Vorstellung zusammen, daß ein solcher Schüler an seinem Sitzplatz haften bleibt, statt in eine andere Klasse überzuwechseln. Kleben oder ‚kleben bleiben' meint auch: den schicklichen Zeitpunkt zum Weggehen nicht finden, länger als beabsichtigt verweilen.

Klee. *Jem. (etw.) über den grünen Klee loben:* ihn (eine Sache) über Gebühr loben, ihn in übertriebener Weise rühmen und seine guten Eigenschaften bes. herausstellen, eigentl. jem. oder etw. noch höher schätzen als den grünen Klee, der bereits in mhd. Zeit zum Inbegriff des Frischen und Lebensvollen und des kräftig Gedeihenden geworden war. Die mhd. Dichter verwandten den Klee in zahlreichen Vergleichen, z. B. ‚grün wie Klee' und ‚grüner als Klee'. Schon früh wurde der mit Kleeblumen gezierte Rasen im Volksmunde und von den Dichtern kurz als ‚Klee' bez. und gewann in der Liebeslyrik – ebenso wie im Märchen (KHM. 129) – die bes. Bdtg. von Frühlingshaftem, erster Liebe und Schauplatz der Begegnung und des Abschiedes. Unsere Rda. bezieht sich wahrscheinl. auf diesen dichterischen Lobpreis des Klees im MA., der späteren Zeiten bereits als zu übertrieben erschien, so daß etw., was noch darüber hinausging, als groteske Steigerung aufgefaßt werden mußte. Als Walther von der Vogelweide (28, 9) um ein Lehen bittet und sein Wandertum eigenen Besitz beklagt, meint er im Gegensatz dazu von einem, der ein eigenes Haus und ein blühendes Anwesen dabei hat: „Sô mac der wirt wol singen von dem grüenen klê".

Die kräftige grüne Farbe des Klees wurde im Vergleich bes. hervorgehoben, z. B. rühmt Neidhart (36, 7) an einer Frauentracht aus Barchent deren Farbe:

Diu ist von barkâne
grüene also der klê.

Bes. im Volkslied wurde der Klee seit dem 16. Jh. sehr beliebt und erhielt verschiedene symbolische Bdtg. Die Geliebte selbst konnte als „des Herzens Klee" bez. werden, der ‚grüne Klee' wurde wie der Garten oder der Rosengarten zum Ort der Liebesbegegnung, z. B. heißt es in einem Lied aus dem Odenwald (E. B. II, Nr. 530ᵇ, Str. 2):

Komm zu mir in Garten,
Komm zu mir in Klee,

und in einem Abschiedslied aus Westfalen (E. B. II, Nr. 766ᵃ, 3. u. 4) folgt der Wechselgesang:

Von der Lieb zu scheiden,
das thut sehr weh;

Im Rosengarten
Will ich dein warten
Im grünen Klee.

Brauchst meiner nicht zu warten
im grünen Klee;
Frei dir eine Reiche,
Die deines Gleichen,
Laß mir Arme stehn.

Häufiger ist die formelhafte Verbindung mit bestimmten Blumen. Zum Beispiel sind ‚Batenke (Schlüsselblumen) und Klee' im Strauß ein Zeichen verschmähter Liebe. So klagt das verlassene Mädchen im Schwarzwald (E. B. II, Nr. 703, 1):

Batenka muß i breche,
Schön Sträußele d'rauß mache
Aus lauter Batenka und Klee:
I han jo koi Schätzele meh.

Die Wndg. ‚in Veiel und grünen Klee' begegnet bereits 1535 in den ‚Graßliedlein' (15), wo es heißt:

Ich hab mir ein Bulen erworben
In Veiel und grünem Klee.

(E. B. II, Nr. 678ᵃ)

Kränze von Veiel und grünem Klee symbolisieren auch den Abschied (vgl. E. B. II, Nr. 752,4).

Vielleicht wegen des glücklichen Reimes ‚Schnee-Klee und weh' wurden Schnee und Klee zu einem wirksamen Gegensatzpaar verwendet. Der Schnee bedeutet Winter und Leid, der Klee dagegen Sommer, Liebe und Freude. In dem allgemein verbreiteten Lied ‚Ade zur guten Nacht' (E. B. II, Nr. 768,1) heißt es im Kehrreim:

Im Sommer wächst der Klee,
Im Winter schneits den Schnee,
Ich muß dich meiden.

Oft wird ein ähnl. Reimpaar auch verwendet, um den recht ungewissen Zeitpunkt der Rückkehr anzudeuten.

In älteren Liebesliedern und Balladen ist die Formel ‚unter Rosen und Klee‘ sehr beliebt, z. B. will das Mädchen im ‚Nachtjäger‘ unter ‚Rosen und Klee‘ begraben werden, um nicht zu vergehen. Auch bei dem Lied ‚Schöns Meidelein, wie bin ich dir hold‘ (E. B. II, Nr. 500) wünscht sich das sterbende Mädchen ein Grab unter Rosen und Klee. Möglicherweise liegt auch hierin ein Anlaß zur Entstehung unserer Rda. War der Klee früher eine beliebte Grabespflanze wegen seines frischen Grüns, wie heute z. B. Immergrün und Efeu, so liegt es nahe, daß auch Klee und Grab im Sprachgebrauch gleichgesetzt wurden. Lobt man jem. über den grünen Klee, so hieße das auch: man lobt ihn wie einen Verstorbenen. Da die Grabreden fast immer den Toten bes. rühmten und man sich hütete, etw. Nachteiliges von ihm zu sagen, erhielten sie leicht etw. Übertriebenes und Unwahres. Von hier aus könnte die Rda. auch so erklärt werden, daß jem. so gelobt wird, als sei er bereits gestorben.

Lit.: *H. Schrader:* ‚Etw. über den grünen Klee loben‘, in: Zs. f. dt. Sprache (Hamb.) 8 (1894–1895), S. 263–264; *H. Marzell:* Art. ‚Klee‘, in: HdA. IV, Sp. 1447–1458; *B. v. Wulffen:* Der Natureingang in Minnesang u. frühem Volkslied (München 1963); *L. Röhrich:* Liebesmetaphorik im Volkslied, in: Folklore international … in honoring of W. D. Hand (Hatboro/Pa. 1967), S. 187–200; *L. Schmidt:* Sprw. dt. Rdaa., in: Österr. Zs. f., Vkde., N.S. 28 (1974), S. 106; *W. Danckert:* Symbol, Metapher, Allegorie im Lied der Völker, III (Bonn-Bad Godesberg 1978), S. 881–890; *G. Meinel:* Planzenmetaphorik im Volkslied, in: Jahrb. f. Volksliedf. 27/28 (1982/83), S. 162–174 (Festschrift für L. Röhrich).

Kleid. *Etw. aufs Kleid gekriegt haben:* einen Tadel, auch Prügel bekommen haben. *Das ist ihm nicht in den Kleidern (hängen, stecken) geblieben:* das hat ihn innerlich stark mitgenommen, tief getroffen; man vergleiche dazu die sinnverwandte Rda. ‚Das geht unter die ↗Haut‘. Ndd. sagt man ‚Dat is ’m net in de Kleer besitten bleven‘, außerdem: ‚Dat kumt mi nich an min kollen (= kalten) Kleer‘, das berührt mich nicht, geht mir nicht nahe, geht mich nichts an. Die Rda. ist seit dem 18. Jh. mdal. bezeugt.

Aus den Kleidern fallen: abgemagert, her-

untergekommen sein, ist eine groteske Vorstellung, daß nämlich dem Abgemagerten die Kleider so weit geworden sind, daß sie ihm keinen Halt mehr geben. Entspr. *sich tüchtig in die Kleider tun müssen:* reichlich essen müssen. Der Abgemagerte soll so viel essen, bis ihm die Kleider wieder passen.

Sein Kleid ist mit Hasenfell gefüttert: er ist sehr ängstlich und vorsichtig, furchtsam oder gar feige, ↗Hase.

Seine Kleider lernen Hebräisch: sie sind in der Leihanstalt, urspr. sie sind beim Juden verpfändet worden. Die Wndg. brauchte man auch lit., z. B. ist sie im ‚Theatrum Diabolorum‘ (404ᵃ) bezeugt.

‚Kleider machen Leute‘. Scherzhafte Variante: ‚Kleider machen Leute und Lumpen machen Läus‘.

Das Sprw. begegnet auch u. lit. Texten, z. B.: bei Gottfried Keller u. Robert Walser, die es als Titel verwendeten. Aber auch im volkstüml. Erzählgut hat es seinen Niederschlag gefunden, so auch in der Erzählung von einem Gelehrten (AaTh. 1558), der in seinem Alltagsgewand über den Markt geht u. feststellt, daß ihn keiner grüßt. Erst als er im Festornat erscheint, zieht jeder den Hut. Wütend geht er heim, zieht sich aus, tritt auf die Kleider u. fragt: „Bistu dann der Doctor, oder bin ich er?"

Lit.: *G. Jungbauer:* Art. ‚Kleid‘, in: HdA. IV, Sp. 1458–1512; *A. Fink:* Art. ‚Kleid, Kleidung‘, in: HRG. II. Sp. 860–864; *H. Gerndt:* Kleidung als Indikator kultureller Prozesse, in: Schweiz. Arch. f. Vkde. 70 (1974), S. 81–92; *G. Böth:* Kleidungsforschung, in: *R. W. Brednich* (Hg.): Grundriß der Volkskunde (Berlin 1988), S. 153–169; *P. Reinacher:* Die Sprache der Kleider im literarischen Text (Bern u. a. 1988); *H.-J. Uther:* Art. ‚Kleid‘, in EM. VII (in Vorbereitung).

klein. *Klein beigeben:* nachgeben, sich fügen. Die Rda. ist vom Kartenspiel hergenommen und beschreibt urspr. die Situation, in der ein Spieler den hohen Karten seines Gegners, da er sie nicht zu übertrumpfen vermag, nur kleine, d. h. geringwertige beigeben kann.

Etw. (nicht) klein kriegen: es (nicht) verstehen, es (nicht) begründen oder begreifen können; gemeint ist, daß man einen geistigen Sachverhalt (nicht) in seine Bestandteile zu zerlegen versteht. Urspr. ist die Rda. vom Holzhacken entlehnt (vgl. ‚etw.

kurz und klein schlagen', ↗kurz). Dagegen ist die Wndg. *jem. kleinkriegen:* ihn gefügig machen, kaum von dort herzuleiten; eher ist hier schon an einen in einer Auseinandersetzung unterlegenen Kämpfer zu denken, dessen Hochmut durch die Niederlage gedämpft, der also gedemütigt, ,kleingemacht' worden ist (vgl. ndl. ,iemand klein krijgen' oder ,iemand klein maken'); entspr. die Wndg. *Er ist nicht klein zu kriegen.* Eine Rda. des 20. Jh. ist *klein und häßlich werden:* gefügig, unterwürfig werden, zurückstecken. ,Häßlich' bezieht sich hier wohl auf den kläglichen Gesichtsausdr., vielleicht auch auf die ,geknickte' Haltung eines Menschen, der eine energische Vorhaltung über sich ergehen lassen muß.
Klein, aber oho: von kleiner Gestalt, aber sehr leistungsfähig; ,oho' als Ausdr. der Verwunderung ist hier als lobende Äußerung zu werten.
Die Rda. *klein, aber fleißig* beruht auf der Beobachtung, daß, wer klein von Wuchs ist, mit seinen kürzeren Beinen mehr Schritte machen muß, um eine ,gleiche' Strecke hinter sich zu bringen. Es liegt in der Rda. also die gleiche Anerkennung wie in ,oho'! Ähnl. ,Klein, aber fein'.
Klein haben bzw. *nicht klein haben* sind Verkürzungen aus ,Kleingeld haben' bzw. ,kein Kleingeld haben'.
Klein müssen: harnen müssen, ist ebenfalls eine Verkürzung , und zwar steht es statt ,kleine Notdurft' bzw. ,kleiner Wunsch', ,kleines Geschäft' oder ähnl. verhüllender Redewendungen.

Kleinholz. *Kleinholz aus etw. machen:* etw. zertrümmern, zerstören. Der Ausdr. ist vom Holzhacken hergenommen, am geläufigsten ist er in der Form einer Drohung: ,Ich mache Kleinholz aus dir!' oder ,Aus dem mache ich Kleinholz'. Vgl. frz. ,faire de quelqu'un du petit bois': einen verprügeln.
Von *Kleinholz machen* spricht man auch bei der Fliegerei und meint damit, daß jem. beim Landen das Flugzeug zu hart aufsetzt, so daß es zu Bruch geht. Hier ist zunächst an die Segelflugzeuge zu denken, die früher aus Holz (jetzt meist aus Kunststoff) gefertigt sind; später allg. zur Umschreibung von Bruchlandungen.

Auch beim Ski-(Schi-)Laufen kann man ,Kleinholz' machen, ,Ski-Salat' oder ,Spitzensalat'.

Klemme. *In der Klemme sitzen (sein):* sich in einer schwierigen Lage befinden, in Not und (Geld-)Verlegenheit sein; ndd. ,in'e Kniep sitten'. Die Rda. stammt wohl ebenso wie mdt. ,in die Kloppe (d. i. ,Kluppe' = gespaltenes Stück Holz) kriegen' vom Vogelfang, bei dem neben Leimruten auch gespaltene Holzstäbchen benutzt wurden; vgl. Wilhelm Busch 1872 in der ,Frommen Helene':

Schlupp sitzt er (der Frosch) in der
              Butterbemme
Ein kleines Weilchen in der Klemme.

,In die Klemme geraten'

Vgl. ,auf den Leim gehen', ↗Leim. Während für ,Kluppe', ,Kloppe' diese Herleitung gesichert erscheint („Sie worden dutzendweise gehenckt, wie man die Vogel in Kloppen henkt an die Bäume"; Wintzenberger, ,Wahrhaft Geschicht', 1583, S. 22), ließe sich bei Klemme auch an eine Übertr. der Bdtg. ,geklemmter Zustand' denken, vgl. erzgeb. ,Ich stak in der Klemm wie a Schrutsag' (Schrotsäge).
Vgl. frz. ,être dans de beaux draps' (euphemist.: in schönen Bettlaken liegen) oder ,être dans de mauvais ...' oder ,... vilains draps' (wörtl.: in schlechten Bettlaken liegen) oder auch ,être dans le pétrin' (wörtl.: im Teig sitzen). Andere Abwandlungen der Rda. sind: *in die* (oder *eine*) *Klemme*

geraten und *jem. aus der Klemme ziehen;* vgl. ‚jem. aus der ↗ Patsche ziehen'. Vgl. frz. ‚sortir quelqu'un du pétrin' (aus dem Teig ziehen).

Lit.: *L. Röhrich* u. *G. Meinel:* Rdaa. aus dem Bereich der Jagd und der Vogelstellerei, S. 321.

Klette. *Jem. wie eine Klette anhängen, sich wie eine Klette an jem. hängen* sind rdal. Vergleiche, die man auf eine Person anwendet, die durch ihre große Anhänglichkeit belästigend wirkt (vgl. ndl. ‚iemand aanhangen als een klis'; engl. ‚to stick to a person like a bur', ‚to hang on a person like a bur'; frz. ‚être collant comme une teigne'). Die Schwierigkeit, eine Klette abzustreifen, die sich mit ihren hakenförmigen Stachelspitzen in einem Kleidungsstück verfangen hat, ist hier auf einen Menschen bezogen. Ebenso: *aneinanderhängen (zusammenkleben) wie die Kletten:* fest zueinander stehen, unverbrüchlich befreundet sein, zusammenhalten. Vgl. ndl. ‚Zij hongen als klissen aan malkander (elkander)'. Lit. bereits bei Fr. v. Logau: „einer war des andern Klette" (Salomons von Golaw deutscher Sinngetichte drei tausend (Breslau 1654), 3, 6, 10, S. 100). Wenig bekannt ist die Rda. *jem. eine Klette anhängen:* ihm etw. Übles nachsagen, ähnl. *einem eine Klette in den Bart werfen,* lit. bereits bei den Minnesängern:

bezzert er mir niht, ich wirfe im
einen stein in sine garten und
eine klette in den bart

(MSG 3, 104[b]). Ähnl. heißt es im Fastnachtspiel: „beschreit mich, wirft mir kletten an" (Fastnachtsspiele d. 15. Jh., ges. u. hg. v. A. Keller [Stuttgart 1853], 269, 13), oder: „dann wo ich wirf mein kletten an, die hangen fast, das macht mein gelt" (ebd. 262, 19).

Klinge. *Eine gute Klinge schlagen:* gewandt, wendig sein, auch: seinen Mann stehen beim Reden, beim Essen usw.: *eine scharfe Klinge führen* (oder *schlagen*): in Wort und Schrift scharf auftreten; *mit jem. die Klinge kreuzen:* eine Auseinandersetzung mit jem. haben; vgl. frz. ‚croiser le fer avec quelqu'un'.
Bei der Klinge bleiben: bei der Sache bleiben; alle diese Rdaa. entstammen der Fechtersprache. Der Bezug kommt noch

deutlich zum Ausdr. in Lessings ‚Nötiger Antwort' (Schriften, hg. v. Lachmann, Bd. 10, S. 239): „Endlich scheinet der Herr Hauptpastor … nach so langem ärgerlichen Aufheben, welches nur bei der schlechtesten Art von Klopffechtern im Gebrauch ist, zur Klinge kommen und bey der Klinge bleiben zu wollen".
Jem. über die Klinge springen lassen: ihn töten: diese grausam-humorige Umschreibung verwendet das Bild der Hinrichtung durch das Schwert. Strenggenommen ist es nur der Kopf, der über die Klinge springen muß, während der übrige Körper darunter bleibt. Luther trifft den Vorgang des Köpfens noch genauer, wenn er schreibt: „… die ihm den Kopf über eine kalte Klinge hatten hüpfen lassen". Der urspr. Sinn der Rda. wurde offenbar schon zu Beginn des 18. Jh. gelegentlich mißverstanden, denn in einem fröhlichen ‚Feld- und Bauernliedlein' aus dem Span. Erbfolgekrieg heißt es:

Mit der Klingen
Mach ich oft springen
Franzosen gar vil …
Sie stehen nit still.

Vgl. ndl. ‚iemand over de kling jagen'; frz. ‚faire passer quelqu'un au fil de l'épée'; engl. ‚to put a person to the edge of the sword'. Die Rda. ist in gleicher Form und mit gleicher Bdtg. auch für Dänemark und Schweden bezeugt.

klingeln. *Es hat geklingelt:* es hat sich etw. Wichtiges ereignet, man ist gewarnt; auch i. S. v. ‚Bei ihm ist der ↗ Groschen gefallen'. Ähnl. ‚Jetzt hat's geklingelt', jetzt ist die Geduld zu Ende. *Bei ihr hat es geklingelt:* die Frau ist schwanger geworden. Die erst im 20. Jh. aufgekommene Rda. ist eine Variante zu ‚Der Storch hat angerufen'.

Klinke. *Klinken putzen:* betteln (hausieren) gehen. Die Rda. entstammt dem Rotw. des ausgehenden 19. Jh. Die scherzhafte Wndg. besagt, daß durch das häufige Erscheinen der Bettler die Türklinken blankgewetzt werden. Eine Herleitung von urspr. ‚Klingen putzen' im Zusammenhang mit dem ‚Fechten' oder ‚Fechtengehen' der wandernden Handwerksburschen wirkt dagegen zu umständlich. Die schles. Wndg. ‚Klinken schlagen gehen' bedeutet: Geld borgen, aber auch: beschäftigungslos umhergehen, müßig gehen. Damit in Zusammenhang stehen auch die Rdaa. *ein Klinkenputzer, ein Klinkenschlager sein.* Mathesy (357[b]) verurteilt solche Bettler und schreibt: „Klingschlaher, Müssiggänger, die nichts studieret, noch sonst etwas redliches gelernt haben".

klipp. Die stabreimende Zwillingsformel *klipp und klar* ist eine Verstärkung des Wortes ↗klar und bedeutet: ganz klar, sehr deutlich, unmißverständlich. Die Formel ist in der Schriftsprache so jung, daß sie Rud. Hildebrand 1873 im Dt. Wb. der Brüder Grimm noch nicht anführt. Doch ist sie um die gleiche Zeit bei Paul Heyse bezeugt: „Die (Erbfolge) ist doch klipp und klar" (Ges. W., 1873 ff., Bd. 10, S. 298). Schon im Ausgang des 18. Jh. ist sie dagegen in ndd. Mdaa. nachweisbar: 1781 ‚klipp un klaor'. Im Schlesw.-Holst. begegnet neben ‚klipp und klaar' häufiger ‚klapp un klaar', völlig fertig, in Ordnung, das wohl auf den Zuschlag beim Viehhandel zurückgeht, wobei in die Hände geschlagen wird. Die ältere Verbindung von ‚klipp' und ‚klapp', die schon Luther geläufig war, ist heute u. a. noch im Köl. bekannt. Klipp gehört zu ‚klippen', das wiederum eine Ablautform zu ‚klappen' ist; so auch in der Wndg. *Es will nicht klippen und nicht klappen:* es will ganz und gar nicht gelingen; ↗klappen.

Kloß. *Einen Kloß im Hals (stecken) haben:* eine gutturale Singstimme haben, gepreßt singen, schlecht singen, undeutlich sprechen: die Rda. ist seit dem Ende des 19. Jh. theatersprachl. bezeugt. Statt der Rda. gebraucht man jedoch meist das sinngleiche Verb ‚knödeln'; einen Tenor mit gutturalem Akzent nennt man entspr. ‚Knödeltenor'.
Vgl. frz. ‚avoir des chats dans la gorge' (wörtl.: Katzen in der Kehle haben): heiser sein, ↗Frosch. Jem., der ein durch die Erregung verursachtes würgendes Gefühl in der Kehle spürte, kann aber auch sagen: Mir war zumute, als hätte ich *einen Kloß in der Kehle.*

Kloßbrühe ↗klar.

Klosterkatze. Sprww. und Rdaa. von der Klosterkatze sind im 16. Jh. sehr geläufig gewesen, z. B. ‚Die Klosterkatz hat's von den Herren gelernt, sie frißt mit beiden Backen'; ‚Klosterkatzen haben besser zu leben als viele Kinder'; ‚Klosterkatzen sind geil und lassen nicht lange bus, bus rufen'. Schon Seb. Brant hatte in seinem ‚Narrenschiff' von 1494 beißende Kritik am Kirchenwesen seiner Zeit geübt; Kap. 73 heißt es dort ‚vom geystlich werden':

Solch Klosterkatzen sind gar geil,
das schafft, man bindt sie nicht an Seil.

Auch Hans Weiditz hat eine Klosterkatze gezeichnet. Mit riesigem Rosenkranz zwischen den Pfoten schnurrt sie ihre Gebete ab, bewundert vom Mönchlein und von gutgläubigen Frauen. Niemand schenkt der Schlüsselübergabe an Petrus Beachtung, von der doch Papst und Priesterschaft ihren Machtanspruch ableiten.

‚Klosterkatze'

Bei dem Ausdr. ‚Klosterkatze' handelt es sich um eine verhüllende, satir. Bez. für den Mönch, der im Kloster nur das Wohlleben sucht. Im urspr. Sinne ist er u. a. auch belegt in einer Erzählung eines ehemaligen Mönches, der aus seinem Leben im Augustinerkloster in Colmar erzählt (um 1701) u. später zum Protestantismus übertrat: „ich muste bei der nachtmahlzeit statt an der tafel auf der erden im convent sitzend vor allen andern mit weniger suppe und wasser vorlieb nehmen. als (ich) nun selbige in gröster continence asze, kam eine der klosterkatzen ins convent, machte sich bei mir (neben mich), hekelte mit einer lächerlichen art die suppenschnitten aus dem schüsselein, welches ich vor mir hatte, heraus, dorfte ihr aber nicht wehren (darum heiszet es an dem katzentisch speisen)" (Joh. Balthasar Schäfer, ‚Der unter der Mönchskappe ehemals versteckt gewesene Tanzmeister‘, S. 18), ↗ Katze.

Klotz. *Einen Klotz am Bein haben:* stark behindert sein, in der Bewegungsfreiheit gestört sein, auch: verheiratet sein (von einem Mann gesagt), ein uneheliches Kind haben (von einer Frau gesagt); der Klotz oder ‚Block‘ ist ein unförmiges Stück Holz, manchmal sogar eine schwere Eisenkugel, die einem Strafgefangenen an das Bein gekettet wurde, um ihm eine Flucht unmöglich zu machen; vgl. frz,. ‚avoir un boulet (Kanonenkugel) au pied‘. Ein Klotz wurde auch unruhigen Tieren ans Bein gebunden, um sie am Ausbrechen zu hindern u. damit sie sich nicht vom Weideplatz entfernen konnten (vgl. ndl. ‚een blok aan het been hebben‘). Dieses Bild wurde dann auf den Menschen übertragen, ↗ Knüppel.

Kluft. *Sich in Kluft werfen (schmeißen):* sich gut kleiden, sich herausputzen; das Wort Kluft leitet sich aus dem Jidd. ‚Keliphas‘ (= Schale) her und bedeutet rotw. auch ‚Kleidung‘ (vgl. ‚Gala‘ und ‚Schale‘).

Klump. *Etw. (in) zu Klump(en) hauen* (oder *schlagen, schießen* usw.): etw. zerstören, vernichten, völlig unbrauchbar machen; Klump ist ein ndd. Wort und bedeutet ‚Klotz‘ oder ‚Kloß‘. Die Rda. meint also eigentl.: etw. völlig zusammenschlagen, ↗ ‚Kleinholz aus etw. machen‘, ‚etw. kurz und klein schlagen‘; sie ist seit dem 19. Jh. bekannt. Lautmalerisch davon abgeleitet ist das Wort ‚Klumpatsch‘ (wieder der tsch-Laut wie Matsch, Klatsch): ‚Bau doch nicht alles auf einen Klumpatsch, laß doch ein bißchen Luft dazwischen!‘ Negativ: „… er hat alles in'n Klumpatsch gehauen‘.

Knall. Der Ausdr. *Knall und Fall:* augenblicklich, äußerst schnell, plötzlich, unerwartet, entstammt der Jägersprache; gemeint ist: so schnell, wie das vom Jäger getroffene Wild nach dem Knall der Büchse niederfällt. „Es machen wie die Wildschützen, da Knall und Fall ein Ding ist" (Joh. Balth. Schuppius, Schriften, 1663, S. 21). Im urspr. Zusammenhang finden wir die Rda. noch in Grimmelshausens ‚Simplicissimus‘ (Kap. 9): „Aber ehe er sich's versahe, hatte ich die Pfanne offen und wieder angeschlagen, hieß ihn auch dergestalt willkommen sein, daß Knall und Fall eins war". Und an anderer Stelle (Kap. 18): „… da prasselten die Kerl haufenweis herunter, Knall und Fall war eins". Lessing muß der Realursprung der Rda. noch geläufig gewesen sein, wenn er in der ‚Emilia Galotti‘ (IV, 1) schreibt: „Er schoß Knall und Fall den einen nieder". Allerdings finden wir die Rda. in Lessings ‚Nathan‘ (III, 10) bereits in übertr. Bdtg.:

Was hieß denn das, daß Ihr so Knall
und Fall
Euch aus dem Staube machtet?

Der Urspr. der Rda. ist heute allg. in Vergessenheit geraten. Das beweisen Wndgn. wie ‚jem. Knall und Fall entlassen‘ und ‚es kam alles Knall und Fall‘ oder gar ‚Knall auf Fall‘ in Anlehnung an den Ausdr. ‚Schlag auf ↗ Schlag‘. Dabei handelt es sich um eine gedankenlose Weiterbildung, da der Fall dem Knall vorausgeht u. nicht nachfolgt, wie die Rda. anzudeuten scheint.

Einen Knall haben: verrückt sein. Diese Rda. ist bes. in Mittel-, Nord- und Westdtl. gebräuchlich. Berl. ist die Rda. ‚Hast wol 'n Knall?‘, du bist wohl verrückt. Knall als kurzer, lauter Schall meint hier wohl einen kräftigen Schlag gegen den Kopf und den dadurch bewirkten Gehirnschaden; davon abgeleitet ist das Schimpfwort *Knallkopf* für einen dummen, verrückten Menschen.

Lit.: *E. Wülfing:* ‚Knall auf Fall?‘, in: Zs. f. d. U. 18 (1904), S. 68–69; *L. Röhrich* u. *G. Meinel:* Redensarten aus dem Bereich der Jagd und der Vogelstellerei, S. 313–323.

Knalleffekt. *Das ist der Knalleffekt bei der Sache:* das ist das Überraschende, die verblüffende Wirkung, die unerwartete Wndg., der Höhepunkt, das Entscheidende bei der Sache; der Ausdr. ist seit dem frühen 19. Jh. lit. bezeugt, er ist von Feuerwerksvorführungen hergeleitet.

Knie. *Etw. übers Knie brechen:* etw. schnell, gewaltsam erledigen, etw. rasch abtun. Die Rda. beschreibt den Vorgang, daß man dünnes Holz oder Reisig, wenn man es rasch zerkleinern will, über dem gebogenen Knie zerbricht, statt erst nach einer Axt oder Säge zu greifen. Die übertr. Bdtg. der Rda. leuchtet sogleich ein, wenn man bedenkt, daß bei einem solchen Verfahren eine genaue Teilung des Holzes nicht möglich ist. Es entsteht dadurch der Nebensinn: etw. flüchtig bearbeiten. Bei Abraham a Sancta Clara lautet die Rda. noch „alles über die Knye abbrechen" (‚Reim dich' 247), sie ist jedoch wahrscheinl. noch erheblich älter. In seiner ‚Clavis germanico-latina' (173 b) erklärt J. Dentzler 1697 „über ein Knie abbrechen / abrupte facere, praecipitanter agere"; mit ‚abbrechen' führt auch 1796 Adelung die Rda. an, und in bair. Mda. ist sie so noch in neuerer Zeit bezeugt. Dagegen meint die Feststellung *Das läßt sich nicht übers Knie brechen:* es ist nicht so leicht und rasch zu erledigen, Vorbereitungen und Anstrengungen sind nötig.
In die Knie gehen (brechen): schwach werden und zusammensacken, aufgeben, auch: in Ehrfurcht niederknien; in Zuckmayers ‚Schinderhannes' (2. Akt) heißt es rheinhess. „Hebst aus der falsche Schulter, un mußt in die Knie breche".
Vgl. frz. ‚avoir les jambes de laine' (wörtl.: wollene Beine haben): schwach werden. Einem Menschen, der in einer bestimmten Situation einen dummen Vorschlag macht, was zu tun sei, antwortet man: *Du kannst dir auch ein Loch ins Knie bohren und mit Blei zugießen.* Bei dieser Redewndg. an urspr. Foltermethoden zu denken, ist sicher verfehlt; vielmehr soll die phantastische Aufforderung die Unsinnigkeit des gemachten Vorschlags charakterisieren.
Im Obersächs. umschreibt man mit der Wendung ‚jem. ein Loch ins Knie bohren' die bes. Hartnäckigkeit, die man aufwenden muß, um einen anderen zu überzeugen, um ihn zum Kauf, zu einem Vertragsabschluß zu überreden.

Lit.: *H. Bächtold-Stäubli:* Art. ‚Knie', in: HdA. IV, Sp. 1570–1572; *H. Hepding:* Art. ‚Knien', in: HdA. IV, Sp. 1572–1584.

Kniphausen. In Ostfriesland dient der Name eines Schlosses bei Wilhelmshaven zur Charakterisierung eines Geizigen in dem Scherzausdr. ‚He is von Kniphausen und Holtfast". ‚Kniphausen' wird mit dem Adj. ‚kniepig' = geizig, sparsam, um den Preis feilschen in Zusammenhang gebracht. ‚Holtfast' = Haltefest enthält ein Wortspiel mit den vielen ndd. Ortsnamen, die mit ‚Holt' = Holz beginnen.

knistern. *Es knistert im Gebälk:* ein Krach oder der Ausbruch einer Krise steht unmittelbar bevor, eine peinliche Affäre steht kurz vor ihrer Aufdeckung. Bei dieser Rda. wird an das Knistern und Knakken gedacht, das dem Einsturz eines Holzgebäudes unmittelbar vorausgeht. Die Wndg. mutet altertümlich an, da sie sich offensichtlich auf Holzbauten bezieht. Ungeklärt ist jedoch noch, ob nicht vielleicht der Sprache der Bergleute entlehnt ist, denn das Knistern der Holzausbauten in der Grube bedeutet heftigen Gesteinsdruck und signalisiert äußerste Gefahr.
Es beginnt (bereits) zu knistern: ein Liebesverhältnis bahnt sich an; wie Beobachter bemerken, nimmt die Anziehungskraft zwischen zwei Menschen so zu, daß sie sich bald wie eine Hochspannung funkensprühend entladen wird.

Knochen. Mit Knochen bez. man die menschlichen Beine, die Hände und auch allg. das Innerste, den Sitz der Kraft des Menschen. *Bis auf die Knochen:* völlig, durch und durch, so z. B. in der Wndg. ‚bis auf die Knochen naß werden'; vgl. frz. ‚jusqu'aux os'.
Die Knochen zusammenreißen: strammstehen, militärische Haltung annehmen, ist ein sold. Ausdr. ähnl. der Rda. ‚die ↗ Hacken zusammenschlagen'. Eine wüste Drohung ist *jem. die Knochen zusammenschlagen* (oder *entzweischlagen*) *wollen;* vgl. frz. ‚briser les os de quelqu'un'; ebenso jem. verhauen, *daß er die Knochen im Sack nach Hause tragen kann;* ähnl. die Mahnung vor Beginn einer Schlägerei: ‚Laß deine Knochen numerieren!' *Das*

ging mir in die Knochen, das ist mir in die Knochen gefahren: das hat mich tief, im Innersten getroffen, tief beeindruckt; hier liegt eine Parallelbildung zu ,in die ↗ Glieder fahren' vor. *Das liegt mir schon lange in den Knochen* sagt man von einer körperlichen Krankheit oder Beschwerde, bei Rheumabeschwerden heißt es sogar: ,Das Wetter (oder der Wetterumschwung) lag mir schon lange in den Knochen'. Die *Rda. Die alten Knochen wollen nicht mehr* will deutlich machen, daß man nicht mehr auf der Höhe seiner Kraft ist. Hier werden die Knochen gewissermaßen als innerster Sitz der Kraft verstanden, ebenso in der Wndg. *Knochen ansetzen:* Kraft anwenden müssen; vgl. ndd. ,de Knaken angripen', angestrengt arbeiten. Im gleichen Sinne nennt man schwere Arbeit ,Knochenarbeit', sie ist ,knochenfressend'. Daher sagt man im Ndd., wenn eine schwere Arbeit nicht recht ,laufen' (gelingen) will: ,Do man biärten Knoakenfett dobie!'
Im Rheinhess. heißt es von einer Schwangeren scherzhaft: ,Sie hat Knochen im Leib'; von einem seit langem Verstorbenen heißt es dort: ,Mit seinen Knochen kann man (schon) die Äpfel (von den Bäumen) abwerfen'. Eine ähnl. Wndg. gilt als Drohung: *Mit deinen Knochen schmeiße ich noch Birnen vom Baume:* ich werde dich überleben.
Nichts als Haut und Knochen sein ↗ Haut.
Die Knochen nicht mehr spüren: übermüdet, erschöpft u. gerädert sein.
Sich bis auf die Knochen blamieren: umg. Rda. für ein unangenehmes Mißgeschick. ↗ Blamage, blamieren.

Lit.: *Pohl:* ,Mit eines Knochen die Nüsse abwerfen', in: Monatsschrift für die Gesch. Westdeutschlands 5 (1881), S. 648; *H. Bächtold-Stäubli:* Art. ,Knochen', in: HdA. V, Sp. 6–14.

knödeln ↗ Kloß.

Knopf. *Knöpfe auf (vor) den Augen (statt der Augen) haben:* nicht genau hinsehen, nicht gut beobachten, so als ob die Augen zugeknöpft wären, womit sich auch die Aufforderung ,Knöpf deine Augen auf!', paß besser auf, erklärt. Vielleicht ist auch an die Knopfaugen der Stofftiere für Kinder zu denken, die nicht funktionsfähig sind. Die Rda. ist auch mdal. verbreitet,

z. B. heißt es rhein. ,De hätt Knöpp op de Oge'. Ähnl. *Knöpfe in den Ohren haben:* etw. nicht hören (wollen); vgl. frz. ,avoir les portugaises ensablées' (umg.). (Wörtl.: Ihm sind die portugiesischen Austern [= Ohren] voll Sand.)
Knöpfe im Kopf haben: durchtrieben sein, ↗ Grütze.
Sich (einem) einen Knopf in (an) die Nase machen: ein Erinnerungszeichen machen, damit man etw. Wichtiges nicht vergißt. Vgl. die Wndg. ,sich einen ↗ Knoten ins Taschentuch machen'.
Knöpfe haben: viel Geld besitzen, vermögend sein. Die Knöpfe sind ihrer ähnl. Form wegen zur umg. Bez. für Münzen geworden. Vielleicht stammt der Vergleich aber auch von den Silbermünzen, die früher von Wohlhabenden als Knöpfe an der Kleidung (Tracht) getragen wurden.
Etw. für einen Knopf und einen Klicker abgeben: etw. für einen geringen Gegenwert, für nichts abgeben, ist mdal. in Rheinhess. bezeugt (vgl. ,für einen ↗ Apfel und ein Ei'). *Den letzten Knopf springen lassen:* den letzten Pfennig ausgeben. Der Knopf steht oft auch für das Nichtige, Wertlose, daher: *keinen (Hosen-)knopf wert sein:* gar nichts wert sein, bedeutungslos sein. Ähnl. auch: *Keinen Knopf (nicht einmal einen Knopf) erhalten haben:* nichts, rein gar nichts, keinen Pfennig. Die Wndg. bezieht sich auf die früheren Opfergänge bei Kommunionen u. Totenmessen, bei denen Geld gespendet wurde u. nicht selten auch Hosen- oder Wamsknöpfe in den Opferstock gelangten. Wenn gar nichts drin war, hieß es dann: ,nicht einmal ein Knopf'. Später wurde die Rda. auf andere Dinge übertragen und stellvertretend für nichts u. gar nichts gebraucht – ähnlich wie die Wendung ,keinen roten ↗ Heller'.
,Jemandem Geld abknöpfen': ihm Geld abnehmen. *Er läßt sich die Knöpfe vom Rocke herunter stehlen:* er ist ein gutmütiger Kerl, der alles mit sich machen läßt. *Er vertut den letzten Knopf:* er macht sich arm. *Er hat Knöpfe ohne Ösen gemacht:* er hat Falschmünzerei getrieben.
Den Knopf auf dem Beutel haben: die eigene oder auch die fremde Kasse beherrschen, die Mittel besitzen, um sich zu sichern. Ähnl. *einem den Knopf auf den*

Beutel halten: ihn am leichtsinnigen Geld-ausgeben hindern.

Eins hinter die Knöppe gießen: einen hin-ter die ↗Binde gießen, trinken.

Sich etw. an den Knöpfen abzählen: eine Entscheidung, die Bestätigung durch ein Orakel gewinnen. Dieser Brauch hat auch im modernen Schlager seinen Nieder-schlag gefunden:

Ich zähl' mir's an den Knöpfen ab.
Ja – nein, ja – nein, ja.
Ob ich bei dir Chancen hab' ...

Umg. steht Knopf oft für ‚Mensch', ‚Kerl', z. B. ‚ein ulkiger (gediegener etc.) Knopp'. Die obersächs. Beteuerungs- und Ver-wunderungsformel ‚Weeß Kneppchen' ist aber wohl eine Entstellung aus ‚(Das) weiß Göttchen!' Unter Knopf versteht man meistens den kleinen, dicken Kerl, den heranwachsenden Buben. So bedeu-tet die schwäb. Rda. ‚Der Knopf geht auf', der Kleine wächst, wobei Knopf auch an-stelle von Knospe stehen kann. Dies ist der Fall bei der schweiz. Wndg. ‚Er hat der Chnopf uf tho', er fängt plötzlich an zu wachsen, eigentl. die Knospe entfaltet sich.

So heißt es auch von einem jungen Mäd-chen, das sich gut entwickelt hat, *der Knopf ist ihm gesprungen* (Bad. Wb. III, 190) oder wenn es noch unreif ist: *Noch nicht alle Knöpfe dran haben.* Die ober-österr. Rda. ‚Der Knopf is iem afgange' bedeutet dagegen: es ist ihm klargewor-den, er beginnt zu begreifen.

‚Es gibt Knöpfle' bedeutet dagegen im Schwäb.: es gibt handgemachte Spätzle zu essen.

‚Jem. einen Knopf an den Backen nähen wollen' (Köln. mdl.) (meist gebraucht in der abwehrenden Form ‚du willst mir wohl einen Knopf ...?'): jem. anlügen, für dumm verkaufen wollen.

‚De söcht en Knoop un findt en Daler' heißt es ndd. von einem Glückspilz.

Lit.: *P. Beck:* Zu der Entstehung der Rda.: ‚Keinen Knopf', in: Euphorion 7 (1900), S. 585–586; *E. Bra-bandere:* ‚Koben knopt zijn knopen', in: Biekorf 21 (1910), S. 95; *G. Jungbauer:* Art. ‚Knopf', in: HdA. V, Sp. 14–16; Münzen in Brauch u. Aberglauben, hg. v. German. Nat.mus. Nürnberg (Mainz 1982), S. 222.

Knopfloch. *Aus allen Knopflöchern schie-ßen* ist eine scherzhafte Redewndg. aus der Soldatensprache und bedeutet das-selbe wie ‚aus allen Rohren schießen': sie ist spätestens seit dem 1. Weltkrieg geläu-fig. Später wurde *aus allen Knopflöchern* auch in anderem Zusammenhang allg. ge-bräuchl., z.B. ‚vor Faulheit aus allen Knopflöchern stinken', ‚aus allen Knopf-löchern grinsen', ‚aus allen Knopflöchern schwitzen' usw. (↗weinen). ‚Bei ihm blin-zelt der Zaster aus allen Knopflöchern', er ist sehr wohlhabend; ‚ihm guckt die Dummheit aus allen Knopflöchern', er ist sehr dumm; ‚ihm guckt der Kohldampf aus allen Kopflöchern', er ist sehr hung-rig.

Knoten. *Die Sache hat einen Knoten:* ist schwer zu lösen, hat eine Schwierigkeit. Der Ausdr. ist sinnverwandt mit der Rda. ‚Die Sache hat einen ↗Haken'; vgl. frz. ‚L'affaire a un os' (umg., wörtl.: Die Sache hat einen Knochen). Die Wndg. ‚Da liegt der Knoten', d. h. die Hauptschwierigkeit, erscheint bereits in der Erlanger Ausg. (25,66) von Luthers Schriften.

Den (gordischen) Knoten durchhauen (oder *lösen*): eine Schwierigkeit, ein Hin-dernis durch eine energische Handlung beseitigen, ein Problem ‚mit einem Schlag', auf gewaltsame Weise lösen; die Rda. geht auf einen Bericht von den Taten Alexanders des Großen zurück. Ein bes. kunstvoll verschlungener und für unent-wirrbar gehaltener Knoten lag im Jupiter-tempel der Stadt Gordium in Phrygien. Einem Orakel zufolge würde derjenige, der den Knoten zu lösen verstünde, die Herrschaft über Asien erlangen. Diesen Knoten soll Alexander 333 v.Chr. mit dem Schwert zerhauen haben (Curtius, Hist. Alexandri Magni III, 1, 15ff.; vgl. Justin IX, 7, 13ff.). Vgl. engl. ‚to cut the

‚Den gordischen Knoten durchhauen'

Gordian knot'; frz. ,trancher le nœud gordien'; ndl. ,de knoop doorhakken'.

Der Knoten reißt (ist gerissen): die Schwierigkeit löst sich, der Verstand bricht durch, die Hemmung im Wachstum, in der geistigen Entwicklung ist überwunden; das Gegenteil meint die Wndg. *Der Knoten ist noch nicht gerissen.*

Sich einen Knoten ins Taschentuch machen (Schnupftuch binden): sich ein Erinnerungszeichen machen, indem man eine Ecke des Tuches verknotet, um dem Gebrauch sofort an etw. erinnert zu werden, was man nicht vergessen darf. Die Rda. kann heute isoliert von dieser Handlung gebraucht werden und meint dann, daß man sich bestimmt erinnert, daß man etwas Wichtiges auf keinen Fall vergessen wird (soll). Die Wndg. begegnet deshalb zumeist in der imperativischen Form: ,Mach dir einen Knoten ins Taschentuch!' oder als Beruhigung: ,Ich werde mir einen Knoten ins Taschentuch machen'. Vgl. frz. ,faire un nœud à son mouchoir'. Knoten heißt ndd. ,Knüpp'. ,Mach dir'n Knüpp (Knoten) ins Taschentuch'; und daraus wurde: ,Mach dir'n Knüpp ins Ohr!', auch wohl: ,Schreib dir's hinter die Ohren!' Dabei legte man das Ohrläppchen in den Gehörgang … (Wenn's zurücksprang, war auch das Nachgefühl eine Mahnung).

Sich einen Knoten in die Beine machen: die Beine einziehen, oft als scherzhafte Bemerkung von einem gebraucht, dessen lange Beine andere stören, und dann meist in der Negation und in gespielter Verzweiflung: ,Ich kann mir doch keinen Knoten in die Beine machen!'

Lit.: *Aly:* Art. ,Knoten', in: HdA. V, Sp. 16 ff.; *L. Schmidt:* Der gordische Knoten und seine Lösung, in: Antaios Bd. I, 4, S. 305–318. *W. Burkert:* Art. ,Gordischer Knoten', in: EM. V, Sp. 1402–1404.

Knüppel. *Jem. einen Knüppel zwischen die Beine (in den Weg) werfen:* jem. hemmen, ihm Schwierigkeiten machen, jem. (im übertr. Sinne) am Fortkommen hindern. Das Bild dieser Rda. ist deutlich und bedarf keiner weiteren Erklärung. vgl. frz. ,mettre à quelqu'un des bâtons dans les roues' (wörtl.: jem. Knüppel in die Räder werfen).

Der Knüppel (Knüttel) ist an den Hund ge-

bunden: eine Sache geht schlecht voran, ist gehemmt, ,hat einen ↗ Haken'; ähnl. wie dem Vieh auf der Weide, so band man auch dem Hofhund ein grobes Stück Holz mit einer Leine an den Hals, das ihm beim Laufen fortwährend an die Beine schlug und verhinderte, daß er etwa den Hühnern oder der Katze nachstellte, er war ,gebengelt'. Ähnl. zu verstehen ist die Rda. *Der Knüppel liegt beim Hund:* es gibt ein Hindernis, denn eine Sache hat eine notwendige Folge, so wie der Knüppel, der neben ihm liegt, für den Hund eine drohende Strafe darstellt. Luther kennt die Wndg. „Es wird der Knüttel bei den Hund gelegt". Burkard Waldis (gest. 1556) schreibt in einem Streitgedicht gegen Herzog Heinrich den Jüngeren von Braunschweig:

Sein bestes Haus des griff wir an
Vnd des do heißet Wolffenbüttel;
Beim Hunde do lag schon der Knüttel;

und in seiner Fabel vom Wolf und dem Lamm (,Esopus' 2, 35 f.) heißt es sprw.:

Wenn man gern schlagen wolt den Hundt,
Findt sich der Knüppel selb zur Stundt.

Vgl. ,den ↗ Hund vor dem Löwen schlagen'.

Einen Knüppel am Bein haben ist eine Parallelbildung zu ,einen ↗ Klotz am Bein haben', oft scherzhaft für: eine Ehefrau haben und deswegen etw. nicht dürfen.

Den Knüppel aus dem Sack lassen: seine wahren Absichten erkennen lassen, in Anlehnung an KHM. 36: ,Tischchen deck dich, Goldesel und Knüppel aus dem Sack'.

Einen flotten (oder *unerhörten*) *Knüppel schlagen:* das Schlagzeug hervorragend spielen; diese Rda. ist in den fünfziger Jahren dieses Jh. in Teenager-Kreisen bes. beliebt gewesen, ist aber vermutl. älter, denn die Musik der ,Spielmannszüge' (nur aus Trommeln und Pfeifen) nannte man bereits vorher ,Knüppelmusik'.

Knüppel dient als modische Verstärkung in manchen modernen Ausdrücken, wie in ,knüppeldick', knüppelhart', ,knüppelsatt' usw.

Kober. *Zu tief in den Kober greifen:* anmaßend sein, sich zuviel herausnehmen, aufschneiden. Kober ist (nach Umstellung des r) ein altes Wort für Korb, insbes. der Rückentragkorb (↗Hucke), der bildl. auch für den Rücken selbst steht. Mit seiner Ersetzung durch neue Ausdrücke schwand auch die Rda., die heute fast unbekannt ist. In einer Zwickauer Chronik von 1633 steht: „Dieser unverschembte Mönch greift auch alhier zu sehr im Kober, wie man sagt, daß er an der küpfern Tafel sagt, welche doch bleiern gewesen". *Einen Kober auf dem Rücken haben:* euphemist. Umschreibung für bucklig sein. *Einem ein Koberlied singen:* ihn tüchtig verprügeln.

Verallgemeinernd steht Kober auch für Leib. In übertr. Sinne *etw. in den Kober tun:* schwängern. So bei Picander (2, 314):

> Der Großknecht führt die Magd ins Heu
> und legt sich an den Schober.
> Schatz, bist du mir nicht stets getreu,
> tu ich dir was in Kober.

Kobold. *Einen Kobold haben:* einen heimlichen Helfer besitzen, der alle Arbeit rasch und gut vollenden hilft, der für Gedeihen, Wohlstand und Glück im Hause sorgt. Nach dem Volksglauben ist der Kobold ein Hausgeist, der gern einen Schabernack spielt, lärmt und poltert, der aber auch das Haus bewacht, Diebe und Unheil ankündigt, gute Ratschläge erteilt, das Vieh versorgt und gedeihen läßt. Er verrichtet bestimmte Arbeiten im Haus und im Stall und muß für diese Dienste belohnt werden. Von einer Magd, der die Arbeit bes. rasch von der Hand geht, sagt man deshalb noch heute scherzhaft, daß sie einen Kobold haben müsse, ebenso von einem, dessen Wohlstand sichtlich zunimmt.

Aus der volkstüml. Hausgeistüberlieferung sind vor allem die Wesenszüge der Lustigkeit und Neckfreude, beflissenen Hilfe und Wohlstandsmehrung sowie Kleinwüchsigkeit und Kretinhaftigkeit sprw. geworden.

Seit dem 17. Jh. verbreitet ist der rdal. Vergleich *lachen wie ein Kobold'*. Er verweist auf das Gelächter, das die Hausgeister nach gelungenen Streichen und üblen Scherzen an Menschen lauthals ausstoßen sollen.

‚He lacht as 'n Kobbold' war in Mecklen-

burg eine gebräuchliche Charakterisierung.

Ebenfalls auf die Neckfreude der Hausgeister gehen die beiden regionalen Rdaa. ‚jem. 'nen Puuks maken' (= jem. einen Streich spielen; Meckl.) und ‚ein Kerl sein wie der Poppele' zur Umschreibung eines neckischen Menschen (der ‚Poppele' ist ein schwäbischer Hausgeist) zurück.

‚Du Kobold' war in Pommern ein gegen Schalkhafte gerichtetes Schimpf- oder Scheltwort.

Wenn man in seinem Haus etw. verlegt hatte oder etw. nicht wiederfand, so erklärte man das scherzhaft: ‚Dat hett de Puuks haalt' (das hat der Hausgeist geholt; cf. Wossidlo, Mecklenburgische Sagen, 2. 1939, Nr. 819).

Mit ‚Du hest woll 'nen Puuks in 'n Liw' (den Kobold im Leib haben) oder ‚Du hast woll 'ne Brummfleeg in dinen Stäl' (den Kobold im Harkenstiel haben) kommentierten mecklenburgische Tagelöhner ungewöhnliche Arbeitsleistungen oder übereifriges Arbeiten ihrer Kollegen (cf. Wossidlo, Mecklenburgische Sagen, 2. 1939, Nr. 819 u. Nr. 837). *Den Kobold im Leib haben* bedeutet auch: immens viel essen können.

Pejorativ akzentuiert ist die Redensweise ‚Den'n bringt de Puuks watt – dee hett 'n Puuks' (cf. Wossidlo, Mecklenburgische Sagen, 2. 1939, Nr. 819); unredlich erworbener Reichtum wird hier unterstellt. Die Vorstellung vom Güter zutragenden, diebischen Kobold ist dem slawischen Hausdrachenglauben entlehnt und diabolisiert worden; verbreitet war sie vor allem im protestantischen Nord- und Ostdeutschland.

Auffallend kleine Menschen wurden früher als Kobolde paraphrasiert: ‚Dat is so n lütten Puuks' oder ‚Dat is so 'n lütten Kobold' (cf. Wossidlo, Mecklenburgische Sagen, 2. 1939, Nr. 819).

Wenn ein Kind auffallend kleine Fußtapfen hinterließ, so kommentierte man dies im Vogtland sprichwörtlich mit ‚Du bist ja ein Heugütel' (‚Heugütel' war dort der Gattungsname für Hausgeister).

„Hi glüüret üs en Puk" (er schaut wie ein Puk/Kobold; cf. Müllenhoff, Schleswig-Holstein, N. 1921, Anm. 499) war auf Sylt eine anspielend-verhüllende Rda. gegenüber neugierigen Menschen. Nach Auffassung der Sylter habe der Hausgeist (Niß Puk) sehr große Augen, die sinnbildlich für dessen beobachtende Omnipräsenz stehen.

Mit dem Ausklingen der Hausgeisttradition verschwanden auch die Verwendungsmöglichkeiten der o. a. sprw. Rdaa. und Redewendungen. Die fehlenden Referenzbedingungen lassen diese mehr und mehr unverständlich werden und verhindern so eine lebendige Tradition und Kontinuierung dieser sprw. Redeformeln. So kann die Aussage des bei Wander verzeichneten Sprw. ‚Einer ist des andern Kobold und Katermann' nur vermutet werden.

Im heutigen Sprachgebrauch werden mit ‚Hausgeist' Hausangestellte und mit ‚Heinzelmännchen' (oder variiert: ‚Heinzelmädchen') Privatsekretärinnen paraphrasiert.

Lit.: *L. Weiser-Aall:* Art. ‚Kobold', in: HdA. V, Sp. 29–47; *R. Knopf:* Der feurige Hausdrache (Diss. Berlin 1936); *A. Johansons:* Der Schirmherr des Hofes (Stockholm 1964); *E. Lindig:* Hausgeister. Die Vorstellungen übernatürlicher Schützer und Helfer in der dt. Sagenüberlieferung (Artes Populares 14) (Frankfurt/Bern/Las Vegas 1987).

Kobolz. *Kobolz schießen:* einen Purzelbaum schlagen; Kobolz leitet sich von frz. ‚(se) culbuter' = (sich) stürzen, (sich) herabstürzen her. Nachdem die Herkunft des Wortes in Vergessenheit geraten war, wurde in Anlehnung an ‚Bolzen' das Wort ‚schießen' hinzugefügt, ähnl. wie man im Rheinl. einen Fußball ziellos in die Gegend ‚bolzt', d. h. schießt. Mit dem Wort Kobold hat unsere Rda. nichts zu tun. Im Ndd. gibt es die verwandte Wndg. ‚Koppheister gehen': ‚All sein Geld wird schnell Koppheister gehen!' = verschwinden durch dumme Großzügigkeit.

Koch, kochen. *Nicht wissen, wer Koch oder (und) Kellner ist:* nicht wissen, wer die Ordnung im Hause aufrechterhält, urspr.: nicht wissen, wer für die leiblichen Bedürfnisse zu sorgen hat. Die stabende Wndg. ist lit. bezeugt im ‚Eislebischen Ritter' (2138):

... Daß man wisse zu aller frist,
Wer hinfort Koch oder Kelner ist.
Sie ist nicht allg. verbreitet.

Die Rda. *vor Wut kochen,* häufiger *kochen vor Wut:* sehr wütend sein, veranschaulicht treffend die starken Gefühlswallungen eines im Zorn Erregten; vgl. frz. ‚bouillir' (kochen).

Eine grobe Drohung ist *jem. zu Kochstükken zerhacken* (oder *zerhauen*) wollen.

Eher als Spargel kochen: sehr leicht in Zorn geraten, da Spargel eine sehr kurze Kochzeit benötigt.

Für sich kochen: zurückgezogen und einfach leben; *in einem Topf (Hafen) kochen:* gemeinsame Ziele verfolgen, zusammenhalten.

Kohl. *Den (alten) Kohl wieder aufwärmen:* eine schon erledigte Angelegenheit erneut auftischen; entspr. ‚aufgewärmter Kohl', ‚alter Kappes', alte Geschichte, abgedroschenes Zeug; dt. seit etwa 1700 geläufig, aber schon im Altertum sprw. Dies geht aus einem Vers des röm. Satirikers Juvenal (7. Satire, V. 154) hervor, in dem er schreibt: „Occidit miseros crambe repetita magistros", was etwa bedeutet: ‚Immer wieder Kohl (bei den Mahlzeiten zu) wiederholen, das ist euer Tod, ihr armen Lehrer'; vgl. hierzu etwa das Kinderlied, das sinngemäß ähnl. meint:

Die Rüben, die Rüben,
Die haben mich vertrieben,
Hätt' meine Mutter Fleisch gekocht,
So wär ich noch geblieben.

Ital. heißt es: ‚Cavolo riscaldo non fui mai buono'; aus dem Engl. wird eine ähnl. Rda. in Lilys ‚Euphues' (1580) zitiert: „I set before you colewortes twise sodden"; vgl. frz. ‚C'est du réchauffé' (Das ist Aufgewärmtes): Das ist eine alte Geschichte.

Jem. verkohlen: ihm im Scherz eine Unwahrheit erzählen (vgl. ‚einen ↗ Bären aufbinden'; rhein. ‚Kappes reden'). Von einem, der dies tut, sagt man auch einfach: er ‚kohlt'. Dieses ‚kohlen' geht möglicherweise auf jidd. ‚kolen' = reden, erzählen zurück (von hebr. quôl = Stimme). Im Rotw. wird unterschieden zwischen: ‚kolen' = Wahres und ‚bekolen' = Falsches erzählen.

Im Nordd. ist gebräuchl. zu sagen: *Das macht den Kohl (auch) nicht fett:* das nützt nichts, schafft die Sache auch nicht; die Rda. ist schon Luther bekannt, er gebraucht sie mehrfach.

Im Alem. heißt es dagegen: ‚Das macht die ↗ Geiß nicht fett'; vgl. frz. ‚Cela beurre les épinards' (wörtl.: Das macht den Spinat fett).

Wenn man nicht weiß, ob jem. seine Rede ernsthaft oder scherzhaft meint, heißt es ndd.: ‚Me weet nich recht, of me met em in'n Käule of in'n Röwen is'; westf. ‚Wenn wi innen Käule sind, dann is hei in de Strünken'; ↗ Kraut, ↗ Senf.

Lit.: *H. Marzell:* Art. ‚Kohl', in: HdA. V, Sp. 62–74; *M. Höfler:* Der Kohl, in: Hess. Bl. f. Vkde. 9, S. 161–190.

Kohldampf. *Kohldampf schieben:* Hunger haben. Kohldampf ist eine Tautologie, es ist zusammengesetzt aus zwei gleichbedeutenden Wörtern: ‚Kohl' aus rotw. ‚Koll' und rotw. ‚Dampf', die beide Hunger meinen. ‚Schieben' ist eingedeutscht aus rotw. ‚scheffen' = sich befinden, sein, sitzen und fußt auf hebr. ‚jaschab' = sitzen bleiben; seit dem 19. Jh. bei Gaunern, Handwerksburschen und Soldaten verbreitet.

Lit.: *S. A. Wolf:* Rotwelsche Rdaa., ‚Kohldampf schieben' und Verwandtes, in: Muttersprache 64 (1954), S. 363–364.

Kohle. *Feurige (glühende) Kohlen auf jem. Haupt sammeln:* in jem. durch Verzeihen oder Großmut Scham erwecken, ihn beschämen; vgl. engl. ‚to heap coals of fire on a person's head'; ndl. ‚vurige kolen op iemands hoofd hopen (stapelen)' u. frz. ‚accumuler des charbons ardents sur la tête de quelqu'un' (nur gehobene Sprache).

Die Rda. ist bibl. Urspr. In den ‚Sprüchen Salomonis' (25, 21 f.) heißt es: „Hungert deinen Feind, so speise ihn mit Brot, dürstet ihn, so tränke ihn mit Wasser. Denn du wirst feurige Kohlen auf sein Haupt häufen, und der Herr wird dir's vergelten". Indem der Apostel Paulus im Röm. (12, 20) das Wort von den feurigen Kohlen, die der wohltätige Mensch auf das Haupt seines Feindes häufe, aus dem Dunkel eines bloß lit. Daseins im Spruchbuch (25, 22) an das Licht der christl. Lebensöffentlichkeit rückte, hat er dem Bewußtsein des modernen Bibellesers eine antike Merkwürdigkeit einverleibt. Die Kommentatoren des Spruchbuches wie des Röm. heben im allg. nur das Sinn-

bildliche dieser Stelle hervor, daß sie eben Beschämung, Bedauern oder Reue des Betroffenen zum Ausdr. bringe. Es liegt aber urspr. ein kulturgeschichtl. Faktum zugrunde: ‚Feurige Kohlen' sind urspr. nicht bildl., sondern wirklich aufs Haupt gehäuft worden, und wer sie trug, befand sich in einem Ritus der Sinnesänderung, der Reue, Buße oder Beschämung. Ein Hinweis auf den Lebenszusammenhang der Wndg. findet sich z. B. in der demotischen Erzählung vom Seton Chaemwese: Chaemwese ist in das Grab des Noferkaptah eingedrungen und entwendet dem Grabinhaber dessen wirkungskräftiges Zauberbuch, auf dessen Besitz er kein Recht hat. Der Bestohlene unternimmt trotz Betreibens seiner Frau nichts gegen den Dieb. Er sagt, er werde Chaemwese zwingen, das Buch, das ihm nur schaden wird, wiederzubringen, „indem" – so heißt es wörtl. (IV, 35, 6) – „ein gegabelter Stab in seiner Hand und ein Kohlenbekken von Feuer auf seinem Haupte ist". Kaum hat Chaemwese mit dem Buche Oberwelt und Residenz erreicht, als ihn der Pharao, sein Vater, zur schleunigen Rückgabe auffordert, andernfalls ihn der Zauberer zwingen werde, es zurückzubringen. Nach schwerem Unglück begibt sich Chaemwese ritusgemäß mit gegabeltem Stab in der Hand und Kohlenbecken von Feuer auf dem Haupt zu Noferkaptah. Er bringt so das widerrechtlich Angeeignete dem bestohlenen Eigentümer zurück, der ihn lachend empfängt, zugleich der tatsächliche und der moralische Sieger.

Was im Spruchbuch sentenzenhaft und dementspr. abstrakt gesagt ist, geschieht hier wirklich. Ein tatsächlicher brauchtümlich-ritueller Gestus und Ritus der Sinnesänderung hat sich dann erst zur Bildrede und Metapher verflüchtigt.

(Wie) auf (heißen, glühenden) Kohlen sitzen (oder *stehen*): etw. vor Ungeduld kaum erwarten können, sich in einer unangenehmen Lage befinden; diese Rda. geht vermutlich entweder auf ein Gottesurteil oder eine Folterung dieser Art zurück; man denke an eine Wndgn. wie ‚der ↗ Boden brennt ihm unter den Füßen' oder ‚ein heißes ↗ Eisen anfassen' oder ‚wie auf ↗ Nadeln sitzen' usw. Luther weiß

‚Auf glühenden Kohlen sitzen‘

den Trost: „Wenn ihr auch auf feurigen Kohlen ginget, so soll's euch dünken, als ginget ihr auf Rosen". Im 17. Jh. ist unsere Rda. lit. bezeugt, so mehrfach sprw. bei Lehmann: „Auff heißen Kohlen ist böß still sitzen" (837, ‚Unglück‘ 11) und „Wer auff heißen Kohlen sitzt, kan nicht ruhig seyn" (82, ‚Beschwerden‘ 48). Auch Pieter Bruegel d. Ä. hat sie in seinem berühmten Rdaa.-Bild dargestellt. Vgl. ndl. ‚op hete (oder gloeiende) kolen zitten (oder staan)‘ u. frz. ‚être assis sur des charbons ardents‘. *Wie der Hahn über die Kohlen laufen:* sehr flüchtig, eilig, schon seit dem 12. Jh. bezeugt.

Die Kohlen unter der Asche anblasen: alte Leidenschaften neu entfachen, eine vergessen geglaubte Sache wieder ‚aufwärmen‘; erst im 19. Jh. dürfte diese Rda. aufgekommen sein, Bismarck bediente sich ihrer (‚Reden‘ 1,247): „Ich möchte Sie also bitten, alles zu tun, was in Ihrer Macht steht, damit dieser Blasebalg der Demokratie nicht in den Händen verbleibe, um die Kohlen unter der Asche anzublasen". Vgl. frz. ‚ranimer les charbons sous la cendre‘.

Luther kennt noch eine Redewendung (Weimarer Ausg. IV, 673), die uns heute nicht mehr geläufig ist: „Es ist ausz, dasz man speck auf kolen brate". Die Rda. be-

deutet: Es ist kein Geheimnis mehr, man braucht diese Sache nicht mehr zu verheimlichen, denn daß man Speck auf Kohlen brät, ist allg. bekannt.
Die Kohlen stimmen: das Geld reicht.
Keine Kohle(n) haben: kein Geld haben.
Für jem. die Kohlen aus dem Feuer holen ↗ Kastanie.

Lit.: *P. Wüst:* Zu der Rda. ‚feurige Kohlen auf jemandes Haupt häufen‘ oder ‚sammeln‘ in: Germ.-Roman. Monatsschrift 2 (1910), S. 679–681; *O. Jiriczek:* Nochmals zu der Rda. ‚feurige Kohlen auf jemandes Haupt häufen‘, in: Germ.-Roman. Monatsschrift 3 (1911), S. 246–247; *S. Bartstra:* Kolen vuurs hoopen op iemands hoofd, in: Nieuw Theologisch Tijdschrift 23 (1934), S. 61–68; *S. Morenz:* feurige Kohlen auf dem Haupt, in: Theolog. Lit.-Zeitung 78 (1953), S. 187–192.

Köhlerglaube. Der Köhlerglaube ist in den Rdaa. und Sprww. der blinde Glaube, der der eigenen Überzeugung entbehrt, d. h. die Leichtgläubigkeit. Wo der Ausdr. noch gebräuchl. ist, wird er mehr oder weniger abschätzig und verächtlich für einen unterentwickelten, primitiven Menschen gebraucht. Joh. Fischart (‚Geschichtklitterung‘ S. 251) sagt von einem solchen: „Er zeigt des koelers glauben". Die Rda. ist heute wohl kaum mehr gebräuchl., weshalb die letzte Aufl. des Borchardt-Wustmann sie fallengelassen hat. In älteren Aufl. dagegen wird an dieser Stelle eine

Teufelserzählung zur Erklärung wiedergegeben: Der Teufel habe in Bischofstracht einen sterbenden Köhler gefragt, was er glaube. Der Köhler soll geantwortet haben: „Was die Kirche glaubt". Um ihn zu prüfen, habe der Teufel weitergefragt, was denn die christliche Kirche glaube? Die Antwort des Köhlers soll gewesen sein: „Das, was ich glaube". Durch diesen einfältigen Glauben sei der böse Feind überwunden worden. Auch eine Variante dieser Erzählung, mit der Joh. Agricola die Rda. kommentiert, hat noch keinen abschätzigen Sinn. Unter der Überschrift ‚Ich will glauben wie der koler glaubt' schreibt Agricola (Nr. 234): „Diß ist ein gemeyn sprichwort in Deutschen landen: Des kolers glaub ist der beste glaub. Man sagt daß eyn mechtiger Bischoff eynen koler, der im walde weyt von leutten, nicht vil predigen gehöret, hab gefraget, was er doch glawbe? Hatt yhm der koler geantwortet: Er glaube was die Christliche Kirche glaubt. Der Bischoff fragte, was denn die Christliche Kirche glaubt? Der koler antwortet: Daß uns Christus Jesus durch sein blut vom tode erloset hat. Dises kolers glaub ist ja der beste glaub … Diser koler hatt freylich disen Bischoff nit fur eyn stuck der Christlichen kirchen, die inn aller welt ist gehalten, sonst hett er gesagt: Ich glaub wie yhr vnd der Bapst, vnnd wie vns die pfaffen weisen vnd leeren …"

Für Agricola bedeutet der Ausdr. ‚Köhlerglaube' also nur die einfache kindliche Frömmigkeit, namentlich im Gegensatz zu papistischer und geistlicher Überheblichkeit, wie er in einem langen Passus anschließend noch ausführt. Nach neuerer Erklärung (Göhring S. 115) ist Köhlerglaube eine Leichtgläubigkeit, die sich ‚ankohlen' oder ‚verkohlen' läßt; wahrscheinl. in Anlehnung an jidd. ‚kolen' = reden, erzählen, schwätzen. Vgl. auch ndl. ‚Het is een kolenbranders geloof' und frz. ‚Il a la foi du charbonnier'.

Nach Heinr. Heine ist der Köhlerglaube geschwunden.

In seinem Gedicht, Karl I. (Str. 4) heißt es:

> Der alte Köhlerglaube entschwand,
> Es glauben die Köhlerkinder
> Eiapopeia – nicht mehr an Gott,
> Und an den König noch minder.

‚Kokolores machen'

Kokolores. *Kokolores machen:* Unsinn machen, ein unnötiges Getue veranstalten, sinnlose Spielereien treiben. Um sich den Anschein von Gelehrsamkeit zu geben, wurden früher gern pseudo-lat. Wörter gebraucht, so auch im engl. Kontext ‚cockalorum' für den Hahn, dann für das Feuer. Vermutl. ist ein solches Wort in späterer Umgestaltung zur Bdtg. des eitlen Prahlens gelangt u. verallgemeinert worden.

Es ist aber auch die Herkunft von einem in Österr. bekannten Spiel denkbar, das den Namen ‚Kakelorum' trägt. Es handelt sich dabei um ein Glücksspiel, das offenbar für wenig gewinnbringend u. bedenklich gehalten wird. Dies wäre eine Erklärung dafür, daß die Wndg. meist in Form einer Mahnung gebraucht wird: *Mach doch nicht (immer) solchen Kokolores!*

Kolbe. *Einem eine Kolbe schneiden:* sein Haar in eine rund gestutzte Form bringen. *Jem. die Kolbe (den Kolben) lausen:* ihn derb zurechtweisen, ihn tüchtig verprügeln; Kolbe hieß früher eine Haartracht, bei der man das Haar über der Stirn hochkämmte und nach hinten legte. Das Wort erfuhr dann eine Bedeutungserweiterung zu ‚Kopf‘; so gebraucht es Wieland (‚Abderiten‘ 3. Buch, 9. Kap.): „Er gab ihm ein- oder zweimal tüchtig auf die Kolbe“. In diesem Sinne ist auch unsere Rda. zu verstehen.

Einem die (eine) Kolbe scheren: ihn als närrisch oder unfrei kennzeichnen. Seit dem 13. Jh. wurde den Narren, Leibeigenen und Sträflingen das lange Haar, das Zeichen der Freien, geschoren. Auch die Tonsur der Mönche wurde bisweilen Kolbe genannt. Martin Luther gebrauchte die Wendungen in gesteigerter Form (Briefe V, 540): „Es ist ihm aus dieser Schule Verdienst genug geschehen und die Kolbe mit einer schartigen Sichel geschoren“.

Köln. Entsprechend seiner Bdtg. für die gesamten Rheinlande ist Köln mit zahlreichen Rdaa. verbunden: ‚Kölle es net en enem Dag gebaut‘: gut Ding will Weile haben. ‚Et es Kölle, sät den Bur, du stond he för Nüss (Neuss)‘.
‚On we Kölle barscht!‘: unter allen Umständen, selbst wenn es danebengeht.
‚Einem Kind Kölle wise‘ (weisen, zeigen, es Kölle kicke losse) = es am Kopf in die Höhe heben. ‚Ech hauen dech, dat de Kölle sis (siehst)‘.
‚Do moachen se en Kölle ken Finster für op‘: die Sache ist zu unwichtig.
Steht man auf einem Hügel, so ‚kann me sehn, wat en Kölle de Botter kos (kostet)‘; ‚So kromm wie der Weg nach Kölle‘; ‚dat geht we ze Kölle‘: leicht vonstatten.
‚Da 's usgerechnet we de 11 000 Jumpfer ze Kölle‘.
‚Ech hauen dech, dat de ze Kölle lügge (läuten) hürs‘ (Rhein. Wb. IV, Sp. 1137–1143).
Am bekanntesten ist der Ausruf ‚Kölle alaaf!‘ Alaaf (aus All ab): vor allen anderen, vorweg, im Gegensatz zu andern, von denen Schlechtes behauptet wird, hebt man den einen vor diesen hervor, indem man die Lobrede mit alaaf und sofortiger Nennung des zu Lobenden beginnt: ‚Alaaf Jüpp, alaaf Köbes‘, etc. Aber auch zu Sachen: ‚Alaaf Mostert‘: Es geht nichts über Senf. ‚Alaaf ene goue Noeper‘: ich lobe mir einen guten Nachbarn. Aus diesem Gebrauch entwickelte sich der Toastspruch auf Köln (zuerst 1733 bezeugt): ‚Alaaf Kölle!‘ Analog: ‚Alaaf Oche, en wenn et versönk‘ (mit der scherzhaften Fortsetzung: ‚Alaaf de Worem, en wenn se stönk‘).
Neben dem Toastspruch auf Städte ist es Sitte geworden, Personen und Vereine mit Alaaf hoch leben zu lassen. Mehrfach sind scherzhafte Weiterbildungen bezeugt, z. B.: ‚Alaaf, wat jongk es on wann et en Hongk es‘ (Rhein. Wb. I, Sp. 105 f.).

Kompliment ↗ Gruß.

König. Das Kartenspiel nennt man zuweilen auch *das Buch der Könige,* wobei man iron. auf die gleichnamigen Bücher der Bibel anspielt. In Joh. Fischarts ‚Gargantua‘ (S. 258) begegnen wir dem Ausdr. in dem Satz: „… wan es ihm mit dem buch der König nit wolt glücken“, und in ‚Aller Praktik Großmutter‘ heißt es: „… und lesen im buch der Könige vom schellenkönig“.

Nicht königlicher als der König sein, nicht allzu paragraphentreu sein. Der Spruch soll während der Regierungszeit von König Ludwig XVI. (1774–1793) geprägt worden sein, ↗ Papst.
‚Der König rief, und alle, alle kamen‘ sagt man, wenn ein großes Fest auf Einladung einer prominenten Persönlichkeit gefeiert wird, dem sich niemand, der ‚dazu‘ gehören will, entziehen zu können glaubt. Es handelt sich um die erste Zeile eines populär gewordenen Liedes von Heinrich Clauren (Carl Heun, 1771–1845), das 1813/14 entstand und dessen erste Strophe so lautet:
Der König rief, und alle, alle kamen
Mit Waffen mutig in der Hand.
Und jeder Preuß, der stritt in Gottes Namen
Für das geliebte Vaterland.
Ein jeder gab, ein jeder tat gern geben
Kind, Hab und Gut, Gesundheit, Blut und Leben
Mit Gott für König und für Vaterland.
Zu einem weitverbreiteten Volkslied wurde dieser Text im Krieg 1870/71, wobei Claurens Text abgewandelt wurde:

Der König rief, und alle, alle kamen,
Es blieb auch nicht ein einziger zu
Haus.
Nun denn, wohlan, ziehn wir in Gottes
Namen
Zum Kriege gegen Frankreich jetzt hin-
aus.
So sprach der Landwehrmann beim
Scheidegruß,
Gab Frau und Kindern noch den Ab-
schiedskuß.
(E. B. 357c und 1379; vgl. J. Meier:
Kunstlieder im Volksmund, Halle 1906,
Nr. 47).

Königreich. *Ein Königreich für ein Pferd!*
ist ein Zitat aus Shakespeares ‚Richard III.‘ (V, 4). Jedoch wird in seiner
rdal. Anwendung das Wort ‚Pferd‘ durch
den jeweils gewünschten Gegenstand ersetzt, z. B. ‚ein Königreich für ein Bier‘.
Die Sonderform ‚ein Königreich für einen
Mann‘ kam nach dem 2. Weltkrieg auf, als
es einen erheblichen Frauenüberschuß
gab.

Königsweg. *Den Königsweg gehen:* den
einzig richtigen Weg zum Erfolg, zum
Ziel. Die Wndg. wird seit 1990 häufig gebraucht, vor allem in der Sprache der Politik und der Medien, z. B. „Der Königsweg
zur dt. Einheit führt über den Paragraphen 23 des Grundgesetzes“.

können. *Können vor Lachen* oder *ja, aber
erst können vor Lachen:* das ist unmöglich.
Dies sagt man, wenn man gutgemeinte
Ratschläge wohlwollend entgegennimmt,
an ihrer Verwirklichung aber durch ba-
nale Umstände gehindert wird. Auf diese
Weise wird die bittere Ironie der Situation
zum Ausdr. gebracht.
Können muß man (halt) ist eine verächtliche Bemerkung einem Menschen gegenüber, der sich vergeblich mit einer Sache
abmüht. Hier nimmt eine Rda. schon fast
die Form eines Sprw. an.
Du kannst mich (mal) beinhaltet eine
derbe Ablehnung. Die Rda. ist verkürzt
aus ‚Du kannst mich (mal) am ↗ Arsch lekken‘; 1846 bei Moritz von Schwind lit. belegt, aber sicher älter.
Uns (oder *mir*) *kann keiner:* wir (ich) sind
(bin) unübertrefflich. Die Rda. stammt

aus Berlin, sie wird auch außerhalb Berlins häufig im berl. Dialekt gebraucht:
‚Uns kann keener‘. Es handelt sich wohl
um eine Verkürzung aus ‚Uns kann keiner
übertreffen‘ oder ‚uns kann keiner etw.
vormachen‘ (etw. anhaben); der Hamburger kontert: ‚Mie küant se aal!‘
Ich kann Ihnen sagen … (berl. ‚Ick kann
Ihnen sagen‘, auch: ‚Männeken, det kann-
ste mir jloben!‘) wird als Einleitung einer
vermeintlichen Neuigkeit gebraucht und
bedeutet: das Folgende steht zweifelsfrei
fest, Sie können mir glauben.
‚Ich kann nicht anders‘, ein Ausdr., der auf
Luther zurückgeht. Dieser soll nach der
Überlieferung am 18. April 1521 vor dem
Reichstag zu Worms seine Antwort auf
die Frage, ob er widerrufen wolle, mit den
Worten geschlossen haben: „Hier stehe
ich! Ich kann nicht anders. Gott helfe mir!
Amen“.

Kontenance ↗ Contenance.

Konto. *Jem. etw. aufs Konto schreiben:*
ihm etw. anlasten, jem. etw. als Schuld anrechnen; ist eine der Kaufmannssprache
entlehnte Rda., die sich seit dem 18. Jh. lit.
nachweisen läßt. J. Chr. Edelmann
schreibt 1740 in seinem ‚Moses‘ (I, 79):
„Ich werde ihm fort mehr nicht viel auf
sein Conto glauben“. Bismarck (‚Reden‘
14, 148) verwahrt sich gegen Angriffe mit
folgenden Worten: „So komme ich nachgerade darauf hinaus, daß man im In-
lande und Auslande alles, was den Leuten
unangenehm ist, mir aufs Konto
schreibt“. Entspr. bedeutet *etw. (viel) auf
dem Konto haben:* etw. schuldig sein, etw.
Schlimmes begangen haben, Schuld tragen, schuld sein (vgl. ‚etw. auf dem
↗ Kerbholz haben‘); häufiger ist die
Wndg. *Das geht auf dein Konto!* Diese
Rda. ist auch in Mdaa. geläufig: köl. ‚Dat
könnt (kommt) op di Konto‘ oder ‚dat jeht
op di Konto‘, auch ‚de (der) hätt völl (viel)
op 't Konto‘; obersächs. ‚viel of'm Konto
ha'm‘, ein großes Sündenregister haben.
Neueren Datums ist der im übertr. Sinn
gebrauchte Ausdr. aus dem Bankwesen:
sein Konto überzogen haben: die eigenen
Fähigkeiten überschätzt haben.

Kontor ↗ Schlag.

Konzept. *Aus dem Konzept kommen (geraten):* bezieht sich auf jem., der seine Rede schriftlich aufgesetzt (konzipiert) hat, um sich beim Vortrag darauf zu stützen; die Rda., die seit dem 17. Jh. gebräuchl. ist, bedeutet also zunächst ganz konkret: das schriftliche Redekonzept verlieren und deswegen in der Rede steckenbleiben, später dann allg.: ‚den ↗ Faden verlieren‘, verwirrt werden. Wenn dies durch das Verschulden eines anderen Menschen geschieht, dann gebraucht man die Rda. in transitiver Form: *jem. aus dem Konzept bringen* (vgl. ‚jem. aus der Fassung bringen‘) oder *jem. das Konzept verderben (vermasseln)* und auch *jem. ins Konzept pfuschen.* In Schillers ‚Räubern‘ (II, 3) heißt es: „Du verdirbst ihm ja das Konzept er hat seine Predigt so brav auswendig gelernt".

Ähnl. *sich nicht aus dem Konzept bringen lassen:* standfest u. selbstsicher sein; *nicht ins Konzept passen:* untauglich sein – meist gebraucht in der Form ‚das paßt mir (ihm, ihr) nicht ins Konzept‘: das kommt ungelegen, paßt nicht zu den Überlegungen, Planungen, Vorhaben.

Kopf. *Jem. den Kopf waschen:* ihm die Meinung sagen, jem. tadeln, wird meist in übertr. Bdtg. gebraucht (ebenso wie ‚auf einen grindigen Kopf gehört scharfe ↗ Lauge‘). Die Rda. taucht in der zuerst angeführten Form verschiedentlich bei Abraham a Sancta Clara auf (‚Judas‘ IV, 127, 192); auch in der Form „mit einer scharfen Laugen den Kopff waschen" (‚Judas‘ IV, 363) und „auff solche Köpff gehört kein andere Laugen" (‚Judas‘ IV, 231; ‚Kramer-Laden‘ I, 414). In dem Fastnachtsspiel von Hans Sachs ‚Der böß Rauch‘ heißt es (V. 175):

Droll dich! Wilt du das Fewer leschen;
so will ich umb den Kopff dich weschen.

In diesem Zusammenhang kann die Rda. sowohl in ihrem eigentl. als auch im übertr. Sinne verstanden werden.
Vgl. frz. ‚laver la tête à quelqu'un‘.
Aus dem 11. Jh. stammt das Sprw. ‚Wer für die Seife seinen Kopf hergibt, macht ein schlechtes Geschäft‘ (‚Pro sapone dato capite haec carissima merx est‘; Singer 135). Das Sprw. soll aus der Zeit der

Das haubt waschen

Wenn der leib gebadet ist
Mit kratzen schröpffen wa im bilst
Versihe darnach das hopt bestend
Da selbst leit gantz das fundamendt

‚Jemanden den Kopf waschen‘

Kreuzzüge stammen, als die heimkehrenden Kreuzfahrer jerusalemische Seife mitbrachten. Da aber nur wenige zurückkehrten, wurde das Hingehen bald mit Sterben gleichgesetzt und im Volksmund zu der Rda. verkürzt: ‚Er geht nach Seife‘ (Wander IV, Sp. 516, 9), ↗ zeitlich.

Sich etw. in den Kopf setzen: sich etw. vornehmen, was in seiner Ausführung auf große Schwierigkeiten stoßen muß, in der Absicht, es doch durchzusetzen; vgl. frz. ‚se mettre quelque chose dans la tête‘.

Jem. den Kopf zurechtrücken: ihn zu einer anderen, richtigen Meinung bekehren, manchmal auch i. S. v. ‚den Kopf waschen‘ gebraucht.

Mit dem Kopf durch die Wand wollen: trotz unüberwindlicher Schwierigkeiten seine Absicht durchsetzen wollen. Die übertr. Bdtg. kleidet Bismarck in ein falsches Bild: „Ich werde mit meiner Meinung nicht durch die Wand gehen" (‚Reden‘ VII, 185). Zu den welfischen Adligen sagt er: „Sie werden sich den Kopf an der Mauer einrennen", sie werden ihre

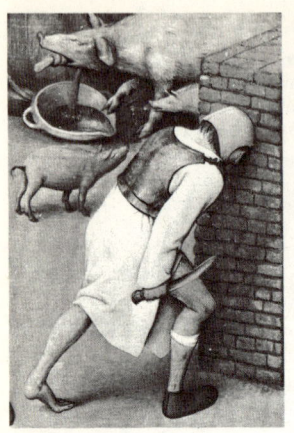

1/2 ‚Mit dem Kopf durch die Wand'

‚Sich auf den Kopf stellen'

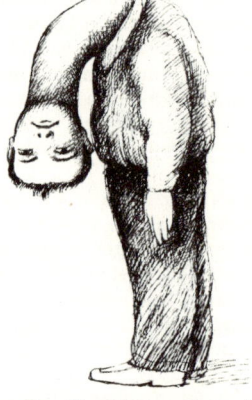

‚Den Kopf hängen lassen'

Pläne und Absichten nicht verwirklichen können.

Vgl. frz. ‚se taper la tête contre les murs': weder aus noch ein wissen.

Wenn man jem. etw. verweigern will, bekräftigt man die Ablehnung oft noch mit der Rda. *und wenn du dich auf den Kopf stellst (du bekommst es trotzdem nicht, was du haben willst).* Vgl. KHM. 168. Luther gebraucht in gleichem Sinne die Rda. *den Kopf aufsetzen. Jem. auf den Kopf spukken:* ihn grob anfassen, anrempeln. Wenn man jem. beleidigt oder brüskiert, hat man ihn *vor den Kopf gestoßen.* Wer in Verlegenheit ist oder Sorgen hat, *sitzt mit einem dicken Kopf da* oder *läßt den Kopf*

hängen. Wer sich in Schwierigkeiten besonnen verhält und die Hoffnung nicht aufgibt, *behält den Kopf oben,* er wird *den Kopf nicht verlieren.* vgl. frz. ‚ne pas perdre la tête'.

Ein schmollendes Kind, das nicht auf gutes Zureden reagiert, *macht einen Dickkopf,* vgl. ndl. ‚koppig zijn'; frz. ‚faire la tête': sich mürrisch verhalten. Wer seinen Vorteil zu wahren oder schlagfertig zu antworten weiß, *ist nicht auf den Kopf gefallen* (vgl. KHM. 104 u. 125); vgl. frz. ‚Il n'est pas tombé sur la tête'.

Nicht wissen, wo einem der Kopf steht sagt man, wenn die Arbeit oder die Sorgen überhandnehmen; vgl. frz. ‚ne pas savoir où l'on a la tête' oder ,... où donner de la tête'; ähnl. heißt es *den Kopf von etw. voll haben. Es geht nicht nach seinem Kopf:* eine Sache entwickelt sich nicht nach seinen Plänen. *Der Kopf steht mir nicht danach:* ich bin dazu nicht aufgelegt. Eine unglaubliche Begebenheit *will jem. nicht in den Kopf,* und ein schwieriges Problem macht ,Kopfzerbrechen'.

Jem. über den Kopf wachsen bedeutet allg.: ihn übertreffen. Wenn jem. die Arbeit *über den Kopf wächst,* fehlen ihm die Kräfte, sie zu bewältigen. Jem. wird ,kopfscheu', d. h. unsicher; ist von scheuenden Pferden übertr., denen man mit der ↗Scheuklappe die Sicht nach den Seiten verwehrt. Ebenso kann man jem. ,kopfscheu machen', indem man ihn mit einem Problem konfrontiert, so daß er unsicher wird. Will man jem. einer Schuld überführen, so muß man es ihm *auf den Kopf zusagen;* vgl. frz. ,lancer ...' oder ,jeter quelque chose à la tête de quelqu'un'; es bleibt ihm aber die Möglichkeit, *den Kopf aus der Schlinge zu ziehen,* indem er sich auf geschickte Weise herausredet. Das Bild stammt aus der Jägersprache. Auch: *Mit dem Kopf in der Schlinge daherkommen:* total erledigt sein.

Die meisten dieser Rdaa. beziehen sich auf den Kopf als Sitz des Verstandes. *Ein kluger (heller) Kopf* wird als pars pro toto für einen klugen Menschen gebraucht, als Werbeslogan für eine Tageszeitung abgewandelt heißt es: ,Dahinter steckt immer ein kluger Kopf'. *Jem. den Kopf verdrehen:* jem. verliebt machen; vgl. frz. ,tourner la tête à quelqu'un'.

Jem., der leichtsinnig handelt, *riskiert seinen Kopf;* vgl. frz. ,risquer sa tête'; oder bringt sich *um Kopf und Kragen.* Die Rda. stammt aus der Rechtssprache bzw. der Praxis der Hinrichtung mit dem Schwert, ebenso wie die Rdaa. *jem. einen Kopf kürzer machen, einem den Kopf vor die Füße legen* und *den Kopf unter dem Arm tragen.* Die Wndg. beruht auf dem Volksglauben, daß Märtyrer ihren abgeschlagenen Kopf auffangen und noch ein Stück vor sich hertragen konnten, um ein sichtbares Zeichen ihrer Unschuld und Heiligkeit zu geben, was z. B. auch bildl. in einer Plastik des hl. Dionysius dargestellt worden ist. Klaus Störtebeckers letzter Wunsch vor

,Den Kopf unterm Arm tragen'

der Enthauptung: Offiziere antreten lassen in Reihe und so weit er ohne Kopf daran vorbeikomme, sollten sie begnadigt werden. – Beim 13. fiel er um. Ein beziehungsreiches Bild in der Rda.: ,kopflos' umherirren.

Scherzhafte Vergleiche u. Umschreibungen für den Kopf sind zahlreich und in einzelnen Landschaften verschieden: ,Birne', ,Kürbis', ,Wirsing' usw. stammen aus dem Bereich der Botanik; an der Küste sagt man: ,Er hat einen Kopf wie eine Boje', in Rheinhessen wird er mit einem Hohlmaß verglichen: ,Er hat einen Kopf wie ein Viernsel'. In Anlehnung an Terenz' „Quot homines, tot sententiae" (,Phormio' II, 4, 14) wurde gebildet: ,Soviel Köpfe, soviel Sinne'. Dieses Sprw.

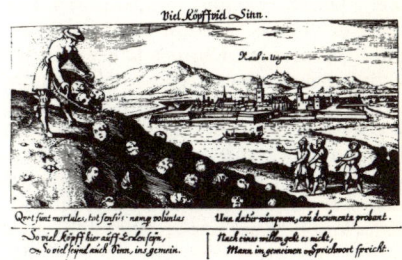

,Viele Köpfe, viele Sinne'

wurde auch schwankhaft zu einem Wellerismus umgebildet: ‚Viel Köpfe, viel Sinne, sagte der Bauer, da rollten ihm die Rüben vom Wagen herab‘. Eine scherzhafte Umschreibung für eine beginnende Glatze ist die Rda. *einem wächst der Kopf durch die Haare.*

Die Köpfe zusammenstecken: sich heimlich unterhalten, miteinander tuscheln.

Köpfchen haben ist eine jüngere, wohl vom Berl. ausgegangene Wndg. für Verstand haben. Ähnl. sagt man als Aufforderung: ‚Immer Köpfchen!‘ nur gut nachgedacht, und derjenige, der sich über einen guten Einfall, eine glückliche Lösung eines Problems freut, sagt selbstgefällig: ‚Köpfchen, Köpfchen!‘.

Etw. auf den Kopf stellen: ins Gegenteil verkehren, durcheinander bringen. *Alles auf den Kopf stellen:* alles peinlich genau durchsuchen, aber auch im übertr. Sinne: alles umdrehen u. verkehren. *Da kannst du dich auf den Kopf stellen* heißt es, wenn Gegenargumente nicht ziehen u. jem. unter keinen Umständen tut, was der andere will. *Den Kopf in den Sand stecken:* eine Vogel-Strauß-Politik betreiben. ‚Geld auf den Kopf hauen‘: es durchbringen bzw. leichtfertig ausgeben.

Aber auch sonst muß der Kopf für die unterschiedlichsten Aussagen herhalten. ‚Jedenfalls ist der Kopf dicker als der Hals‘ als Entgegnung an einen, der alles zu wissen meint, auch wenn es nicht stimmt. ‚Ich werd’ mir doch nicht deinen Kopf zerbrechen!‘ (damit mußt du schon selber fertigwerden). ‚Die Frau wackelt mit dem Kopf‘: sie ist alt, leidend (vielleicht ‚Schüttellähmung‘) – aber: ‚Nach dem Umsturz wackeln die Köpfe‘: sind gefährdet …

‚Kopf hoch!‘ als joviale Ermunterungsformel, zynisch erweitert zu: ‚Kopf hoch! – sagte der Henker – sonst hau i daneben‘ oder ‚Immer den Kopp hoch, wenn der Hals ooch dreckig is‘ (berl.). Von einem ‚Kopf-an-Kopf-Rennen‘ spricht man im Pferde-Rennsport u. ‚von Kopf bis Fuß‘ immer dann, wenn der ganze Körper gemeint ist, wie z. B. in einem bekannten Schlager des 2. Weltkrieges: ‚Ich bin von Kopf bis Fuß auf Liebe eingestellt‘, der durch Marlene Dietrich weiteste Bekanntheit erlangte.

Eins auf den Kopf bekommen: eine Abfuhr erhalten. Siehe auch ↗ Birne, ↗ Dach, ↗ Haupt.

‚Kopf oder Wappen‘: Kurzformel beim Auslosen durch Werfen einer Münze, wobei Kopf für die Oberseite u. Wappen für die Unterseite steht (engl. ‚heads or tails‘).

Lit.: *J. E. Hodgkin:* ‚Heads or tails‘, in: Notes & Queries 2.11 (1861), S. 425; *J. Rüger:* ‚Vom Kopf bis zum Fuß‘. Der menschl. Körper in volkstüml. Rdaa., in; Sprachpflege 12 (1963), S. 244–245; *Ch. M.:* ‚Kopf‘ und ‚Haupt‘ in Rdaa., in; Sprachpflege 15 (1966), S. 212–213); *G. Augst:* ‚Haupt‘ und ‚Kopf‘ – Eine Wortgesch. bis 1550, Diss. Mainz (Gießen 1970); *A. Bargheer:* Art. ‚Kopf‘, in: HdA. V, Sp. 201–214; *U. Jeggle:* Der Kopf des Körpers. Eine volkskundliche Anatomie (Weinheim u. Berlin 1986).

Korb. *Einen Korb bekommen,* auch *sich einen Korb holen:* bei einem Liebes- oder Heiratsantrag abgewiesen werden. Lit. bei C. F. Meyer (‚Der Schuß von der Kanzel‘, 1877): „Das Mädchen also gab Euch einen Korb“. Älter ist die Wndg. ‚durch den Korb fallen‘. In der Bdtg. ‚mit einem Liebesantrag abgewiesen werden‘ erklärt sie sich aus der ma. Sitte, daß ein Mädchen einem ihr nicht genehmen Freier einen Korb, dessen Boden gelockert war, von ihrem Fenster an einem Seil hinunterließ. Wurde er nun in diesem Korb hinaufgezogen, so mußte er zwangsläufig ‚durchfallen‘; ‚durch den Korb fallen‘ kennt auch Martin Luther (Erlanger Ausg. 47,225). Vgl. hierzu den bekannten ma. Schwank von Virgil (GSA. II, 518), den die Tochter des Kaisers dem öffentl. Spott preisgibt, indem sie ihn unter Vorspiegelung eines Liebesabenteuers in einem Korb sitzend zu sich heraufziehen will, ihn jedoch auf halber Höhe bis zum

‚Im Korb hängenlassen‘

1 ‚Durch den Korb fallen‘   2/3 ‚Im Korb hängenlassen‘

Morgen hängen läßt. Auch Thomas Murner erzählt dieses Abenteuer Virgils in der Satire ‚Geuchmatt‘ (V. 4641):

> Virgilius bůlt eine schöne magt,
> Die hat jn vff ein nacht vertagt
> Und jm ein solchen bescheidt gesagt:
> Er solt zů einem fenster gon,
> Da wolt sy ein korb aber lon,
> Daryn solt er sich setzen schon.
> Er thet das selb on allen argwon.

Als sy in halber vff hyn zoh,
Das lüstig wyb von dannen floh
Vnd ließ ihn hangen an der wend,
Das er offlich da wardt geschendt
Vnd yederman das selber seyt,
Das er do hing, vmb wybs bescheid.

Von Studenten auf das Examen übertr., findet sich in den ‚Facetiae facetiarum‘ (1657, 334) vulgärlat. ‚corbissare‘ = durchs Examen fallen (lat. corbis = der Korb). Im Schles. gebrauchte man statt der Rda. ‚einen Korb bekommen‘ das Zeitwort ‚korbisiren‘ (Wencel Scherffer, ‚Gedichte‘ 568, 609). Im 17. und 18. Jh. findet sich die Sitte nur noch mit der Abschwächung, daß das Mädchen dem unbequemen Werber als abweisende Antwort einen bodenlosen Korb ins Haus schickte, was dieser als ‚bodenlose‘ Gemeinheit (Frechheit) auffassen konnte. Es gab auch den Korb-Pranger, den Schandkorb, z. B. bei Bäckern, die zu kleine Brötchen gebacken hatten: sie wurden in einem Korb ins Wasser getunkt. In abgeschwächter Form sagt man auch ‚ein Körbchen flechten‘, wenn man jem. etw. auf zarte Weise abschlagen will (vgl. auch Abraham a Sancta Clara, ‚Reim dich‘ 20, wo es heißt: „Einem ein Körbel geben“).

‚Jemandem einen Korb geben‘

Auch mit einem Tanzbrauch können diese Rdaa. in Verbindung stehen. So gibt es im Ndd. noch zahlreiche Volkstänze, die auf Festlichkeiten gepflegt werden, z. B. Spiegeltanz, Besentanz und Korbtanz. Sie erfreuen sich großer Beliebtheit. Beim ‚Korbtanz‘ hält ein Mädchen, das auf einem Stuhl sitzt – vor allen sichtbar – einen Korb auf dem Schoß. Zwei junge ‚Werber‘ erbitten von ihr den nächsten Tanz. Einem wird Erfüllung, dem anderen reicht sie den Korb und bietet ihm ihren Platz an. Das Spiel geht nun mit vertauschten Rollen weiter. Körbe dienten u. a. zum Einsammeln der Hochzeitsgeschenke; ‚corbeille de marriage‘ bedeutet im Frz. die Gesamtheit der Geschenke. In der Oberpfalz wird dem Zurückgewiesenen ‚ein Korb gesteckt‘, d. h. aufgesteckt, mit einer Strohfigur darin; in der Eifel muß einer, der ein Mädchen sitzenläßt, durch einen alten Korb kriechen, und in verschiedenen Gegenden Dtls. kann man noch heute den Bericht: ‚Ich habe einen Korb gekriegt‘, die Replik hören: ‚Einen Korb kann man schon kriegen, aber einen Boden muß er haben‘. In der Komödie ‚Amantes amentes‘ (I, 5) von 1609 bei Rollenhagen heißt es ähnl.: „dor den korff stiegen“, d. i. durch den Korb (ohne Boden) steigen und durchfallen, einen Korb bekommen. Ebd. I, 5: „Heffe gy de kype (d. i. Korb) gekregen“, habt ihr einen Korb bekommen, und III, 4: „de kype geben“. Hier findet auch der Ausdr. ‚durchfallen‘ seine Erklärung, von einem Prüfling gesagt: wen der prüfende Teil nicht für gut befindet, den läßt er durchfallen wie das Mädchen den unwillkommenen Werber. Schon bei Joh. Pauli: „Also fiel der gut Herr (der Prüfling im Examen) durch den Korb“. In der ‚Historie vom reichen Mann und armen Lazarus‘ (1555) erzählt der Verfasser von seinem Studium:

Da ich nun meint zu promovirn,
Setzt mich in Korb, ließ mir hoffieren,
Platsch, fiel ich durch den Korb hinweg
Und lag hienieden in dem Dreck.

Das Wasser geht über die Körbe ist eine volksetymol. Umdeutung von ‚Korven‘. In den ‚Proverbia communia‘ heißt es: Wenn das Wasser über die Korven geht, soll man das Schiff osen (ausschöpfen). ‚Korven‘ ist ein Lehnwort aus lat. curvus und bezieht sich auf die gekrümmten Spanten im Schiffsboden. Die Rda. stammt aus dem Seewesen und bedeutet, daß man in der Gefahr mit Rettungsmaßnahmen nicht zögern soll. Die übertr. Verwendung der Rda. findet sich bereits bei Geiler von Kaysersberg: „wann ein rad über ein bein gat oder das Wasser über die Körb, so wird man witzig“ (= klug). Auch

Luther kennt sie: „die weil das Wasser will über die Körbe gehen und untugend mit untüchtigen untergehen". Eine andere Erklärung ließe sich aus dem Flechtwerk zum Schutze der Dämme herleiten, das auch als ‚Körbe‘ bez. wird. Für die Bdtg. der Rda. ergibt sich hieraus jedoch keine Änderung, denn die Gefahr ist ebensogroß, wenn das Wasser die Schutzwehr überflutet.

Zu tief in den Korb greifen: sich zuviel herausnehmen, anmaßend sein, aufschneiden; ist heute kaum mehr gebräuchl.; früher hieß es ↗ ‚Kober‘ statt ‚Korb‘.

Ins Körbchen gehen (Husch, husch ins Körbchen!): Zu Bett gehen; die Rda. bezieht sich urspr. wohl auf den Hund, dessen Schlafstelle ein Körbchen ist, oder auf die Hühner, deren ↗ Nest wie ein Korb geflochten war, vgl. ↗ ‚Hahn im Korbe‘.

Lit.: *R. Hildebrand:* Wie die Sprache altes Leben fortführt, in: Zs. f. d. U. 5 (1891), S. 122–123; *Haberlandt:* Art. ‚Korb‘, in: HdA. V, Sp. 241–246; *Röhrich-Brednich:* Dt. Volkslieder I, S. 272 ff.; *W. Danckert:* Symbol, Metapher, Allegorie im Lied der Völker, II (Bonn-Bad Godesberg 1977), S. 550–574, bes. 564 ff.; *Chr. Will:* Die Korbflechterei (München 1978).

Korn. *Etw. aufs Korn nehmen, etw. auf dem Korn haben:* seine Aufmerksamkeit auf etw. richten, etw. scharf beobachten. Die Rdaa. entstammen der Sprache der Jäger oder Schützen, die mit Hilfe von Kimme (Visier) und Korn, die auf dem Gewehrlauf befestigt sind, ihre Waffe genau auf das gewünschte Ziel ausrichten können. Wenn man mit einem Blick über die Kimme hinweg feststellt, daß sich das Ziel mit dem Korn exakt deckt, das Ziel ‚aufs Korn genommen ist‘, dann kann man annehmen, daß der Schuß trifft. Ähnl. Rdaa. sind ndd. und mdt. ‚etw. auf dem Kieker (= im Visier) haben‘, obd. ‚etw. auf die Muck (= Mücke, Visier) nehmen‘, z. B. bei Hermann Kurz in seinem Roman ‚Der Sonnenwirt‘ (1854, S. 18): „Habt ihr mich auf der Muck? Wollt ihr mich ins Gerede bringen?" Alle diese Rdaa. können erst in einer Zeit entstanden sein, in der Schußwaffen schon in Gebrauch waren, sie gehen also höchstens bis ins 15. Jh. zurück. Später wurden sie dann auch auf Menschen bezogen und in ihrer Bdtg. erweitert: *jem. auf dem Korn*

haben, jem. aufs Korn nehmen: sich seine Vergeltung gegen einen mißliebigen Menschen vorbehalten, jem. nicht leiden können, einen Angriff planen.

Von altem Schrot und Korn ↗ Schrot.

Korn i. S. v. Getreide begegnet in zahlreichen Rdaa., die sich meist von selbst erklären, wie z. B. *Das ist so gut wie Korn auf dem Boden:* das ist wie bares Geld; *das Korn essen, ehe es gesät ist:* den Lohn verzehren, bevor die Arbeit gemacht ist, auf zukünftigen Gewinn hin Schulden machen; *das ist Korn auf seine Mühle* (↗ Wasser); *er mißt alles Korn mit seinem Scheffel:* er beurteilt andere Leute nur nach sich; *sein Korn grün essen:* ein schlechter Hauswirt sein, keine Vorräte mehr besitzen; *sein Korn ist reif:* sein Verdienst ist gewiß, sein Einkommen ist gesichert, seine Unternehmung steht vor dem günstigen Abschluß. Die im Volkslied häufige metaphorische Umschreibung der sexuellen Beziehung als ‚Korn schneiden‘ wird rdal. auch noch zum ‚Korn dreschen‘ abgewandelt. Die Wndg. *Er drischt Korn in fremder Scheune* meint daher: er verletzt die eheliche Treue, er begeht Ehebruch ‚er geht fremd‘. Vgl. ndl. ‚Hij dorscht koren in eens anders schuur‘. „Warum hast du das nicht gleich gesagt, ‚dat is ’n anner Köarn‘ (und der Spaßvogel ergänzt: ‚sä de Müller, un do beet he in’n Museköarn‘)": das ist was anderes ...

Lit.: *H. Rausch:* ‚Aufs Korn nehmen‘, in: Sprachfreund 4, No. 3 (1955), S. 4; *L. Röhrich:* Gebärde – Metapher – Parodie (Düsseldorf 1967), S. 65; *L. Röhrich u. G. Meinel:* Rdaa. aus dem Bereich der Jagd u. der Vogelstellerei, S. 320; *W. Danckert:* Symbol, Metapher, Allegorie im Lied der Völker, III (Bonn-Bad Godesberg 1978), S. 890 ff.

Korsett. *Sich nicht in ein Korsett zwängen lassen:* sich in seiner Handlungsfreiheit nicht einengen lassen; die Rda. bezieht sich auf die Gepflogenheit korpulenter Damen, ihrer Figur durch Anlegen eines Korsetts eine ansprechendere Form zu verleihen, wodurch jedoch ihre Bewegungsfreiheit gemindert wird; berl. ‚Nu tu dir man keen moralisches Korsett an‘, sei nicht prüde. Da das Kleidungsstück – bei zu großer Körperfülle oder bei Wirbelsäulenanomalien (‚Stützkorsett‘) – aber auch bei den Herren bekannt war, findet die Rda. auch auf diese Anwendung, i. S. v.:

sich nicht einzwängen lassen, sich in seiner Freiheit nicht beeinträchtigen lassen.

Lit.: *E. Leoty:* Le Corset à travers les ages (Paris 1893); *F. Libron* u. *H. Clouzot:* Le Corset dans l'art et les mœurs du XIIIe au XXe siècles (Paris 1933); *A. Junker* u. *Eva Stille:* Die zweite Haut. Zur Geschichte der Unterwäsche (Frankfurt a. M. 1988).

koscher. *Nicht (ganz) koscher sein:* nicht einwandfrei, nicht unbedenklich, nicht recht geheuer, eigentl. nicht rein, ungenießbar gemäß der Mosaischen Speisegesetze (3. Mose 11, 1–47). Das jidd. Adj. ‚koscher' i. S. v. ohne religiöse Bedenken als Speise geeignet, beruht auf hebr. ‚kāšēr' = rein u. ist seit der 1. Hälfte d. 18. Jh. auch in dt. Texten bezeugt, zunächst in bezug auf Fleisch. Mit der in der Studentensprache übertr. u. erweiterten Bdtg. von sauber, ehrlich, in Ordnung, mit rechten Dingen zugehend erlangte das Wort allg. Bekanntheit.

Kostnitz. *Hier ist nicht Kostnitz (Kostnix):* hier erhält man nichts unentgeltlich. Das Wortspiel deutet scherzhaft an, daß man nicht so ohne weiteres davonkommt, daß man zu bezahlen hat. In Holst. sagt man dagegen von Sachen, die nichts kosten, die man geschenkt erhielt: ‚se sünt vun Kostnitz'.

Kotzebue. *Kotzebues Werke studieren:* sich erbrechen; der lautliche Gleichklang des Wortes ‚kotzen' mit dem Namen des Dichters (1761–1819) hat zu dieser scherzhaften Verhüllung geführt. Die Rda. ist noch zu Kotzebues Lebzeiten aufgekommen; sie wird um 1800 für Berlin bezeugt. Gleiche Bdtg. hat die Wndg. *an Kotzebue schreiben.*

Krach, krachen. *Krach machen (schlagen):* laut, energisch protestieren, sich beschweren, sich erregt äußern, lärmend streiten, schimpfen; *Krach mit einem haben (kriegen):* Zank mit ihm haben (bekommen). Diese Rdaa. dürften neueren Datums sein; der Verweis auf ein älteres ‚Rumor machen' (1. Sam. 5, 11; vgl. Büchmann) überzeugt nicht.

Bei jem. ist Krach im Hinterhaus sagt man, wenn man auf einen Familienstreit in der Nachbarschaft verweist. Der Ausdr. geht auf den Titel eines Bühnenstücks von Ma-

ximilian Böttcher ‚Krach im Hinterhaus' zurück, das 1934 in Berlin uraufgeführt wurde und wenig später auch als Roman erschien.

Von Krach spricht man auch bei einer Krise, so vom ‚Börsenkrach' (frz. ‚le krach de la bourse') oder vom ‚Großen Krach' 1873 in Wien; vgl. engl. ‚crash' = Autozusammenstoß, aber auch finanzieller Zusammenbruch; dazu ‚verkracht', z. B. ‚eine verkrachte Bank', ‚ein verkrachter Student'; *sich mit jem. verkrachen:* sich mit ihm entzweien, Streit mit ihm bekommen. *Jem. kann schon einen Krach aushalten:* einen derben Stoß vertragen. Von ‚krachen' in der Bdtg. ‚gebrechlich sein', ‚kränkeln' leitet sich das rotw. ‚krachen gehen' sterben, her.

Mit Ach und Krach ↗ Ach.

Kragen, Kragenweite. Kragen bedeutet urspr. ‚Hals', ‚Kehle', ‚Nacken'; die meisten Rdaa. mit diesem Wort sind nur von dieser Bdtg. her zu verstehen. Im Ndl. ist der alte Sinn noch ganz offenkundig: ‚een stuk in zijn kraag hebben', betrunken sein. Ähnl. *alles durch den Kragen (die Gurgel) gejagt haben:* sein Vermögen vertrunken haben. *Es geht ihm an den Kragen* meint: er geht seiner Bestrafung entgegen, er befindet sich in großer Gefahr. Gleichbedeutend damit ist *Es kostet seinen Kragen;* lit. schon 1577 in Joh. Fischarts ‚Flöhhatz'. Beide Rdaa. beziehen sich wahrscheinl. auf das Erhängen als Hinrichtungsart; sinnverwandt ist auch die stabreimende Formel *Es geht um Kopf und Kragen* oder *Kopf und Kragen daransetzen. Jem. den Kragen herumdrehen:* ihn töten, wie man einem Vogel den Hals umdreht; vgl. frz. ‚tordre le cou à quelqu'un'; ähnl. *jem. den Kragen strecken. Jem. beim Kragen nehmen (packen):* ihn zur Rede stellen, angreifen; vgl. frz. ‚prendre quelqu'un au collet': einen festnehmen (umg.); *jem. beim Kragen haben:* in der Gewalt haben, in Goethes ‚Faust' (Auerbachs Keller) sagt Mephisto:

Den Teufel spürt das Völkchen nie,
Und wenn er sie beim Kragen hätte,

Wir denken heute dabei an den Rockkragen, obwohl urspr. der Hals gemeint war. *Geizkragen* zur Bez. eines habgierigen Menschen steht als Synonym für ‚Geiz-

‚Jemanden beim Kragen nehmen'

hals', den schon Luther als pars pro toto verwendet; ↗ Hals, ↗ Kopf.

Ihm platzt der Kragen: er ist sehr erregt, wütend, außer sich vor Zorn; hier ist Kragen schon eher in der heute gültigen Bdtg. zu verstehen, dazu ist an die schwellenden Zornesadern am Hals zu denken, die das Gefühl erzeugen, daß einem der Kragen zu eng wird.

Einen Kragenknopf verschluckt haben: einen starken Adamsapfel haben.

Das ist (nicht) meine Kragenweite: das sagt mir (nicht) zu, ist (nicht) mein Geschmack, paßt mir (nicht); der zu enge oder zu weite Kragen gibt das Bild für die Rda. ab. *In der üblichen Kragenweite:* in der gewohnten Weise; *bei der alten Kragenweite bleiben:* den Partner (Freund, Freundin) nicht wechseln; *bei der Kragenweite* ist ein rdal. Ausdr. der Ablehnung.

Krähe. *Die Krähe soll kein Vogel sein* (wenn das geschieht); diese Rda. bez. einen absurden Zweifel an einem unbezweifelbaren Tatbestand. Oft wird sie verwendet als Beteuerungsformel, als Bekräftigung des Gesagten, wie es auch im Sprw. heißt: ‚Die Krähe ist auch ein Vogel'. Finn. sagt man: ‚Auch die Krähe ist da, wo andere Vögel sind'. Die Rda. ist zuerst bei Joh. Fischart (‚Bienenkorb',

1588, 117[a]) bezeugt: „Eigen ist der Zweifel ob die Krähe auch ein Vogel sei: und es musz darbei bleiben und solt' auch die Krähe kein Vogel sein". Vgl. ndl. ,al soude craey gheen voghel zijn'.

Das ist eine weiße Krähe. Man will damit die Seltenheit einer Sache zum Ausdr. bringen. Möglicherweise ist die Rda. aus einem Sprw. verkürzt, das mdal. lautet: ‚Ke Tag i minem Lebe ha ni nüt e so gseh: e schneewysse Kräie und schwarze Schnee'. Vgl. ndl. ,Dat is eene witte kraai'; engl. ,a white crow'. Vgl. Weißer Rabe ↗ Rabe.

Eine Krähe waschen ist Ausdr. für den Widersinn einer Sache, eines Unternehmens, das schon von vornherein zum Scheitern verurteilt ist. Wahrscheinl. kam die Rda. zustande durch Verkürzung des Sprw. ,Die Krähe wird nicht weiß, wenn sie sich auch noch so oft wäscht'. Vgl. engl. ,He is washing the crow', bezeugt bei Bohn (London 1857).

Es wird's keine Krähe auskratzen. Hier ist eine aussichtslose Situation gemeint oder eine abgeschlossene Sache, an der nichts mehr zu ändern ist, die sich auch nicht bereinigen läßt; lit. belegt bei Sutor in ‚Der Hundertaugige blinde argos und zwey gsichtige Janus ...' (Augsburg und München 1740): „es ist dahin geschrieben (d. h. in den Kamin), daß es kein kuh ableckt und kein kro kro auskratzt". In Agricolas Sprww.-Sammlung: „Kein kro wirds auskratzen" (Nr. 339) 1582 für Wittenberg bezeugt.

Das ist keine Krähe von gestern, gebraucht i. S. v.: das ist ein alter Fuchs, ein Schlaukopf, geht von der Schlauheit der Krähe aus. Dieselbe Bdtg. hat auch die Rda. ,Diese Krähe ist gestern nicht mit dem Finger gezäumt und mit Brei gefüttert', er ist ein durchtriebener, gewandter Bursche.

Davon soll die Krähe fett werden. Die Krähe als Aasvogel frißt alles. In diesem Fall ist gemeint, daß man etw. dem Aasvogel überläßt, das nicht viel wert ist. Mit der Rda. ,Davon wird die Krähe auch nicht fett werden' wird eine Situation charakterisiert, in der selbst ein Aasvogel keinen Bissen findet, der fett macht. Schles. heißt es ,die Kroe wat fet wan', die Krähe wird fett werden, hier also im positiven Sinne gebraucht, nämlich: es wird besser werden, es geht bergauf. Die Rda. ist in Drechslers ‚Schlesiens Vogelwelt in der Sprache und im Glauben der Heimat‘ (Mitt. 10, 87, 1908) bezeugt.

Einer Krähe die Augen aushacken, lat. ‚cornicum oculos configere‘ (Cicero). Die Rda. kommt wahrscheinl. von dem älteren Sprw. ‚Eine Krähe hackt der anderen kein Auge aus‘. Mit den Worten: ‚Ich wolt, daß dir die kraen die Augen auspflucken‘ wünscht man jem. den Tod, wobei wieder an die Krähe als Aasfresser gedacht ist; so schon bei Hans Sachs. Nach V. B. Dröscher ist es eine Tatsache, daß die Krähen ihre Feinde u. ihre Beute durch Aushacken der Augen bekämpfen, diesen Trieb aber so ausgezeichnet beherrschen, daß bei Streitigkeiten untereinander niemals eine Krähe der anderen ein Auge aushackt.

Die Krähe will mit dem Adler streiten; damit bringt man ein ungleiches Kräfteverhältnis zum Ausdr., die Aussichtslosigkeit eines Kampfes, den ein Schwächerer mit einem Starken führen will (vgl. lat. ‚Aquilam cornix provocat‘). Den frühesten Nachweis finden wir bei Seybold (‚Lustgarten von auserlesenen Sprww.‘, Nürnberg 1677). Die entspr. Sprww. lauten: ‚Die Krähe darf den Adler nicht herausfordern‘ und ‚Wenn die Krähe mit dem Adler streitet, so verliert sie den Kopf‘.

Die Rdaa. *eine Krähe für eine Nachtigall kaufen* oder *Krähen für Tauben halten* bezeichnen ein krasses Fehlurteil, falsche Einschätzung eines Gegenstandes. Die Krähe als freches Tier wird den sanften Tauben, ihr mißtönendes Geschrei dem wohlklingenden Gesang der Nachtigall gegenübergestellt. Sachlich gemeint ist dabei Tausch oder Kauf einer negativen, minderwertigen Sache für eine positive, wertvolle. Bei A. W. Schlegel (‚Sommernachtstraum‘ 2, 2, Gedichte, Tübingen 1800) in eine rhet. Frage gefaßt: „Wer will die Krähe nicht für die Taube geben?“ Engl. bei Shakespeare: „change a raven for a dove“.

Die Wndg. *eine Krähe mit Pfauenfedern,* beruht auf einer Fabel, vgl. ‚sich mit fremden ↗ Federn schmücken‘; in lat. Form (‚calvus comatus‘) belegt in den ‚Desid. Erasmi Roterdami Adagiorum Epi-

tome …‘ (Leipzig 1678); ndl. ‚Het is eene kraai in paauwen-vederen‘ u. frz. ‚le geai paré des plumes du paon‘ (wörtl.: der Häher, der sich mit Pfauenfedern geschmückt hat).

Mit den Rdaa. *Das sind zwei Krähen auf einen Schuß* und *Er hat zwei Krähen auf einmal geschossen* wird, ähnl. wie durch die Redewndg. ‚zwei Fliegen mit einer Klappe schlagen‘, der glückliche Fall umschrieben, daß mit einer Aktion zwei Ziele gleichzeitig erreicht werden (vgl. ndl. ‚twee kraeyen met een schoot schieten‘). *Eule unter den Krähen* ↗ Eule.

Lit.: *V. B. Dröscher:* Mit den Wölfen heulen (Düsseldorf 1978), S. 65–68; *W. E. Peuckert:* Art. ‚Krähe‘, in: HdA. V, Sp. 352–370; *E.* u. *L. Gattiker:* Die Vögel im Volksglauben (Wiesbaden 1989).

krähen ↗ Hahn.

Krähwinkelei. *Das sind Krähwinkeleien:* engstirnige, beschränkte Ansichten; der Ortsname ‚Krähwinkel‘ wird zuerst von Jean Paul in seiner Satire ‚Das heimliche Klagelied der jetzigen Männer‘ (1801) gebraucht, wenig später (1803) wird er dann in Kotzebues Lustspiel ‚Die deutschen Kleinstädter‘ zur allg. Bez. für räumlich

Wie die Krähwinkler die Brunnen klystieren.

1/2 ‚Krähwinkelei‘

beschränkte Ortsverhältnisse, für kleinstädtische Gesinnung; danach ist jede daraus hervorgehende kleinliche und törichte Streiterei eine Krähwinkelei. Der Ortsname und seine Abarten sind in Bayern, Baden, Württemberg, im Rheinl. und in Thür. häufig anzutreffen, sie beruhen auf dem ahd. ‚chräwinchil‘ = abgelegene Einzelsiedlung, wo Krähen nisten. *Es ist wie in Krähwinkel:* hier herrschen ähnl. verkehrte Ansichten, Engherzigkeit und kleinliches Verhalten wie in einem kleinen Ort aus der Provinz. Die Bewohner von Krähwinkel heißen entspr. ‚Krähwinkler‘ u. gelten allg. als beschränkte, kleinkarierte Kleinstädter. Auf einen Kanton in der Schweiz bezogen findet sich der Ausdr. auch bei G. Keller (‚Der grüne Heinrich‘, 3,79): „unsere Regierung nannte er einen Trupp ungeschickter Krähwinkler".

In den Befreiungskriegen gegen Napoleon (1813–15) entstand ein Spottlied, das den ‚Geist‘ eines Landsturmmannes aus Krähwinkel, der vom Krieg nichts wissen will, spiegelt:

Immer langsam voran,
immer langsam voran,
daß der Krähwinkler Landsturm
mitkommen kann …

Das Lied enthält z. T. oppositionelle Strophen, die sich besonders gegen feige und unfähige Offiziere richten, oder es verspottet generell die Kriegführung, aber in gutmütig-gemütlichem Ton.

Lit.: *Erk-Böhme,* Nr. 1432; *W. Steinitz:* Dt. Volkslieder demokratischen Charakters, I (Berlin 1964), S. 446ff., Nr. 167; *L. Röhrich* u. *R. W. Brednich:* Dt. Volkslieder, Bd. 2, Nr. 32k, S. 327–329.

Kram bez. schon mhd. die Ware eines Händlers, die in einer Bude (ahd. cram = Marktbude) verkauft wird, später dann mit Blick auf die mindere Güte solcher Ware alles Minderwertige schlechthin; so kann Kram in verächtlichem Sinne sogar anstelle des unspezifizierten Wortes ‚Sache‘ gebraucht werden: *der ganze Kram:* das alles; vgl. frz. ‚tout le saint-frusquin‘, hauptsächlich i. S. v. Klamotten. Von einer Sache oder Tat, die weder gut noch schlecht zu nennen ist, spricht man als von *halbem Kram. Alter Kram* sind veraltete Gegenstände. *Das paßt mir (nicht) in den*

Kram: das kommt mir (un-)gelegen, ist also eigentl. aus der Sicht des Kaufmanns gesagt, der dazu Stellung nimmt, ob eine Ware in sein Sortiment aufgenommen werden kann oder nicht (vgl. ndl. ‚in iemands kraam te pas komen‘). Ein Lied des Jahres 1688 verspottet Ludwig XIV. als einen frz. Kaufmann, der spricht:

Das reiche schöne Amsterdam
Sammt ihren Port und Landen
Taugt mir gar wohl in meinen Kram.

Lit. weiterhin belegt bei Lessing (VIII,337): „Die gemeine Meinung hierüber taugte in ihren Kram ganz und gar nicht". Goethe gebraucht die Wndg. in ‚Hans Sachsens poetischer Sendung‘ (V. 100ff.):

Unser Meister dies all ersicht
Und freut sich dessen wundersam
Denn es dient wohl in seinen Kram.

Jünger sind die Rdaa. *Da wird nicht viel Kram gemacht:* nicht viele Umstände, eigentl. wohl: darum wird nicht lange gefeilscht; *den (ganzen) Kram hinschmeißen; jem. den Kram vor die Füße schmeißen:* von einer Verpflichtung zurücktreten; *jem. in den Kram reden:* ihm in seine Geschäfte dreinreden; oberoesterr. warnt man mdal. ‚Dapp ma nöd ön Kram‘, eigentl.: tritt mir nicht auf meine ausgelegte Ware; in übertr. Bdtg.: verwirre meine Angelegenheiten, meine Pläne nicht, mische dich nicht ein. Vgl. auch ndl. ‚kom niet in mijne kraam, voor dat ick uitgepakt ben‘.

Kranich. *Beim Kranich zu Gast sein:* sehr wenig oder nichts zu essen bekommen, schlecht bewirtet werden; die Rda. knüpft an die Äsopsche Fabel von Fuchs und

‚Beim Kranich zu Gast sein‘

Kranich an. Der Fuchs lädt den Kranich zum Essen ein und setzt ihm auf einem flachen Teller das Essen vor, so daß er wegen seines spitzen Schnabels kaum etw. zu sich nehmen kann. Daraufhin revanchiert sich der Kranich, indem er, als der Fuchs bei ihm zu Gast weilt, diesem das Essen in einem Krug mit engem Hals serviert, aus dem nur er, der Kranich, zu essen vermag. Diese Szene ist häufig dargestellt worden, z. B. auch auf einem Fresko des 16. Jh. im Innenhof der Churburg/Vintschgau (Südtirol) und in der frühen Holzschnittkunst.

Den Kranich machen (spielen): lange auf einem Fleck stehen und warten müssen.

Lit.: *O. Keller:* Die antike Tierwelt, 2 (Leipzig 1913), S. 184–192; *W. Maaz:* Art. ‚Fuchs u. Kranich‘ (AaTh. 60), in: EM. V, Sp. 503–511; *E. u. L. Gattiker:* Die Vögel im Volksglauben (Wiesbaden 1989), S. 397–400.

krank, Krankheit. *Das macht mich ganz krank:* das bedrückt mich, beunruhigt mich sehr; dagegen *sich krank lachen:* heftig lachen, ebenso *Das ist zum Kranklachen! Der muß krank sein, der davon stirbt* sagt man scherzhaft von gutem Essen. *Du bist wohl krank:* du bist nicht ganz richtig im Kopf. *Die Krankheit soll ihn (dich) holen!* ist eine ärgerliche Verwünschung, wobei zum Zwecke der Verhüllung statt des genauen Namens der Krankheit nur das anonyme Wort Krankheit selbst benutzt wird (auch mdal. bezeugt), ↗ Kränke.

Krank am Brotschrank sein wird von solchen Menschen gesagt, die sich für krank erklären, dabei aber sehr guten Appetit haben; doch verwendet man es auch in der Bdtg. von: nichts zu essen haben. Als Sentenzverdrehung ist aus Goethes ‚Schatzgräber‘ „Arm am Beutel, krank am Herzen“ geläufig: ‚Krank am Beutel ...‘ u. meint die ‚Schwindsucht‘ des Geldes.

Lit.: *E. Grabner (Hg.):* Volksmedizin (Darmstadt 1967); *G. Barthel (Hg.):* Heilen und Pflegen (Marburg 1986).

Kränke. *Da soll man (nicht) die Kränke kriegen* und *Es ist, um die Kränke zu kriegen:* es ist zum Verzweifeln, zum Verrücktwerden; eigentl.: es ist so arg, daß man vor Ungeduld oder Ärger krank und schwach werden könnte. Die Wndgn. sind auch

mdal. verbreitet, z. B. hess. ‚Ich krieg die Kränk‘ und meckl. ‚sich gegenseitig die Kränk an den Hals ärgern‘. Mit Kränke bez. man bereits im 16. Jh. Schwäche und Krankheit. Luther gebrauchte das Wort (Werke 1, 493ᵇ), und Melanchthon (‚Luthers Leben‘, übers. von Ritter, S. 81) schrieb 1561 über Luther: „am mitwoch den 17 tag des hornungs hat d. Martinus sein gewöhnlich kränk bekommen, nemlich ein flusz im herzgrüblin“. Im 17. Jh. dichtete Friedrich v. Spee im Sinne der mystischen Versenkung in die Leiden des Herrn (‚Trutznachtigall‘ 300):

ich nun denke seiner kränke,
weil ich dich verwundet seh.

Auch mdal., z. B. fränk., schwäb., els., vorarlbergisch und kärntnerisch, aber auch meckl., ist ‚Kränke‘ noch heute die allg. Bez. für Krankheit, speziell meint man damit aber vor allem Epilepsie, Fallsucht und Krämpfe. Früher galt Kränke auch als verhüllender Ausdr. für Pest und andere schwere Seuchen, was sich in den Verwünschungen und Flüchen bis heute bewahrt hat, die bes. im 18. Jh. häufig waren, z. B. *Daß du die Kränke kriegst!* und *Daß dich die Kränke!* In diesen beiden Formen sind die Verwünschungen noch mdal. verbreitet, z. B. meckl. ‚Dat du die Kränk kriggst!‘ oder els.: ‚Daß du die Kränk kriegsch!‘ und allg. im Ndd. ‚Dat du de Krenke!‘ Lit. sind ähnl. Wndgn. aus dem 18. und 19. Jh. belegt. Nicolai gebrauchte die Verwünschung in einem Gedicht: „ei, kriegtest du die Kränke!“ (Verm. Ged. 1792, 1, 159), und Immermann schrieb 1839 in seinem Roman ‚Münchhausen‘ (4, 35 [60]): „ich wills euch allen zuvor thun, daß der Seelenverkäufer die Kränke vor Ärger kriegt“. Noch 1870 reimte W. Kreusler (‚Lieder zu Schutz und Trutz‘):

Haut ihn, daß die Lappen fliegen!
Daß sie All’ die Kränke kriegen
In das klappernde Gebein.

Einige mdal. Wndgn. haben übertr. Bdtg. angenommen, z. B. schles. ‚Die Kränkt haben‘, krank spielen und schwäb. ‚Der hat die Kränke‘, er steckt voller Bosheit, was durch den Ausdr. ‚Höllenkränke‘ noch gesteigert werden kann.

Lit.: *O. v. Hovorka* u. *A. Kronfeld:* Vergleichende Volksmedizin, 2 Bde. (Stuttgart 1908/09).

krankfeiern. *Gern einmal (manchmal) krankfeiern:* eine leichte Unpäßlichkeit zum Vorwand nehmen, um dem Dienst (der Arbeit) fernbleiben zu können, eigentl. um sich zu Hause auszuruhen; auf Kosten anderer ,blau machen'. ,Feiern' bedeutet in diesem speziellen Fall: nicht arbeiten; vgl. ,eine Feierschicht fahren'.

Kranz. *Den Kranz erhalten (gewinnen):* siegen, Ruhm erwerben, für seine Mühe und Leistung belohnt, auserwählt werden, eigentl. als Sieger im sportlichen Wettkampf, bei Turnieren oder auch beim Kranzsingen geehrt werden; vgl. frz. ,remporter la palme'.
Jem. den Kranz reichen: ihm den Sieg zusprechen, ihn belohnen, eine Liebeszusage geben, aber auch: sich selbst geschlagen erklären. Diese Mehrdeutigkeit der Rda. beruht auf verschiedenen Bräuchen, die sich z. T. bis zur Antike und ins MA. zurückverfolgen lassen. So war es bei Wettläufen üblich, daß der Unterlegene dem Sieger einen Kranz reichen mußte, womit er dessen Leistung anerkannte, sich selbst aber als Verlierer kundtat. Bei den ma. Turnieren wurde dem Sieger von einer vornehmen Dame des Hofes, von seiner Herrin, der er durch seinen Mut, seine Kraft und Tapferkeit gedient hatte, oder durch eine Jungfrau der grüne Kranz gereicht. Der Lorbeerkranz galt bereits in der Antike dem Dichter und Sänger als erstrebenswertes höchstes Ziel. Goethe schildert im ,Torquato Tasso' (I, 3) die Bekränzung des Dichters, der soeben seinem Gönner ein gelungenes Werk überreicht hat. Als er bescheiden die ihm zu groß erscheinende Ehrung zurückweisen will, sagt ihm die Prinzessin:
So lern' auch diese Zweige tragen, die
Das Schönste sind, was wir dir geben
              können.
Wem einmal würdig sie das Haupt
              berührt,
Dem schweben sie auf ewig um die
              Stirne.
Sprw. geworden ist das Schillerzitat aus dem Prolog zu ,Wallensteins Lager', wo festgestellt und bedauert wird: „Dem Mimen flicht die Nachwelt keine Kränze". Seit dem MA. ist der Kranz aber auch als Symbol der Gunst einer hochgestellten

,Jemand den Kranz reichen'

Dame und als Liebeszeichen bezeugt, vor allem durch zahlreiche Bildbelege. Das Volkslied bewahrt Erinnerungen an das Kranzsingen, das bereits zur Zeit Nithards zu Anfang des 13. Jh. beliebt war. Es steht in Zusammenhang mit dem Rätselwettkämpfen. In einem Rätsellied (E. B. Nr. 1062), das im 16. und 17. Jh. bes. beliebt war, singen beim Reigen Gesellen verschiedener Handwerke um den Kranz der Jungfrauen, indem sie Rätselfragen lösen oder stellen. In Str. 16 und 17 wird geschildert, wie ein Bursche den Kranz gewinnt:
Jungfrau, sagt mir zu dieser Frist,
Welches die mittelst Blum im Kränz-
              lein ist?
Der Blumen aber gar viel seind,
Die umher in dem Kränzlein stehnd.
Da diese Frage nicht zu beantworten ist, weil der Kranz geschlossen ist und nicht Anfang und Ende und deshalb auch keine Mitte besitzt, gibt der Bursche seine überraschende Lösung:
Ich hör ein großes Schweigen,
Das Kränzlein will mir bleiben.
So merkt mich, liebe Jungfrau mein:
Ihr mögt wol die mittelst Blum im
              Kränzlein sein!

Er versteht hier unter dem Kranz den Kreis der Tanzenden. Auch in vielen Mailiedern erscheint der Brauch, daß der auserwählte Bursche von seinem Mädchen den Kranz, der sie beim Tanz geschmückt hat, als Zeichen ihrer Zuneigung erhält. So heißt es z. B. in einem schweiz. Lied (E. B. Nr. 967):

Der Tanz, der Abedtanz!
Mi Mitli treit e Chranz. (Str. 3)
Den Chranz, den mueß i ha,
Sus blib i en arme Ma. (Str. 4)

Als ihm das Mädchen den Kranz überreicht hat, jubelt der Bursche in Str. 6:

Juhê! nun e Chranz und
's Meitle derzue:
Juhê! was bin i e glückliche Bueb!

Die Rda. *einem ein Kränzlein auflegen (aufsetzen):* gehört deshalb in diesen Brauchzusammenhang. Sie bedeutet die allg. Ehrung eines Mannes, vor allem aber das Einverständnis der Geliebten, die Liebeszusage oder sogar das Eheversprechen des Mädchens. Daß das Kranzaufsetzen tatsächlich einen rechtskräftigen Charakter hatte, ist durch den Brauch des Losbittens eines Verurteilten bezeugt. Der zum Tode Verurteilte oder auch ein Verbrecher, dem die Hand abgeschlagen werden sollte, konnte begnadigt und als straffrei entlassen werden, wenn ihn eine ehrbare Jungfrau vom Henker losbat und ihn zu ihrem Ehemann begehrte. Im Dt. Wb. der Brüder Grimm wird ein solcher Fall geschildert: Im 16. Jh. sollte einem Manne in Stralsund die rechte Hand abgeschlagen werden. Da trat ein Mädchen aus der Menge der Zuschauer und „settete em einen kranz up und dede ein erdfall vor den heren und wollt em losbidden". Das Kranzaufsetzen ist hierbei als Zeichen des öffentl. und rechtmäßigen Verlöbnisses zu verstehen.

Die Rdaa. *den Kranz verlieren* und *ums Kränzlein kommen* sind metaphorische Umschreibungen für den Verlust der jungfräulichen Unschuld und Ehre. Bereits in Wittenweilers ‚Ring' heißt es in übertr. Bdtg.:

Minner werch schol sei nicht kiesen,
Wil sei daz krentzel nicht verliesen.

Die Wndgn. beziehen sich auf das Hochzeitsbrauchtum. Nur die jungfräuliche Braut durfte den grünen Jungfernkranz aus Rosmarin, Myrten oder Rauten tragen. Er galt als Zeichen ihrer Ehre und Würde und war gewissermaßen der allen sichtbare äußere Nachweis ihrer Unschuld, ihrer Standhaftigkeit und ihres Sieges und Triumphes über die Versuchungen zur vorehelichen Geschlechtsverbindung. Das unrechtmäßige Tragen des grünen Kranzes bei der Trauung wurde von der Kirche als frevelhaft verfolgt. In der Ballade von der ‚Rabenmutter' (E. B. Nr. 212[b]), einer Variante aus Schlesien, führt der Teufel selbst die Bestrafung durch. Auf den Vorwurf des geretteten ausgesetzten Kindes fragt die Braut:

Wie kann ich deine Mutter sein?
Ich trag ja von Raut ein Kränzelein.
(Str. 9)

Das Kind antwortet:

Trägst du von Raut ein Kränzelein,
Du kannst gar wohl meine Mutter sein:
Du hast geboren drei Kindelein.
(Str. 10)

Als die Mutter sich verschwört, wird sie vom Teufel geholt:

Ja wenn das wirklich Wahrheit wär,
So wollt ich, daß der Teufel käm
Und mir das grüne Kränzlein nähm!
(Str. 13)

Das Wort war kaum aus ihrem Mund,
Der Teufel in der Thüre stund.
(Str. 14)

Der Kranz als Symbol der Reinheit diente auch zur Grabbeigabe jungfräulich Verstorbener, vgl. die poln. Wndg. ‚mit dem Kranz sterben', als Junggeselle begraben werden.

Der Verlust des Kranzes wird von dem Mädchen im Volkslied häufig reuevoll beklagt, während der Bursch nur leichtfertig die verschlafene Ehre bezahlen will. In einem Lied aus dem Kuhländchen (E. B. Nr. 436[b]) erhält das Mädchen sogar den spöttischen Rat:

Und ist dir hin dein Rautenkranz,
Und den du thatst verlieren:
Am Dienstag ziehn die Krämer ins Land,
Schöns Lieb, kauf dir ein neuen!
(Str. 4)

Sie weiß jedoch, daß dies nutzlos wäre:

Was hilft mir denn der neue Kranz,
Wenn ich ihn nicht darf tragen?

Eine völlig andere Bdtg. ist mit dem ‚grünen Kranz' verbunden, der als Symbol des Wirtshauses bekannt wurde. Er ist – ähnl. wie der ↗ Besen – ein Zeichen für das Schankrecht u. wird dementspr. auch als Aufforderung zur Einkehr betrachtet, wie u. a. auch aus dem Trinklied ‚Bruderschaft' (1821) von Wilh. Müller hervorgeht:

Im Krug zum grünen Kranze,
da kehrt ich durstig ein.

Lit.: *R. Andree:* ‚Der grüne Wirtshauskranz', in: Zs. des Vereins f. Vkde. 17 (1907), S. 195–200; *K. Meschke:* Art. ‚Kranz', in: HdA. V, Sp. 381–428; *A. Walzer:* Liebeskutsche, Reitersmann, Nikolaus und Kinderbringer (Stuttgart 1963), S. 11–16; *Röhrich-Brednich:* Dt. Volkslieder, Bd. I (Düsseldorf 1965), S. 55ff.; Bd. II (Düsseldorf 1967), S. 140f.; Dt. Volkslieder mit ihren Melodien, hg. v. Dt. Volksliedarchiv (Freiburg 1967), V, 2, S. 263f.; *A. Erler:* Art. ‚Kranzgeld', in: HRG. II, Sp. 1177; *W. Dankert:* Symbol, Metapher, Allegorie im Lied der Völker, II (Bonn–Bad Godesberg 1977), S. 815; *M. Widmann:* ‚De coronis (Frankfurt a. M. 1987).

kratzen, Kratzfuß. *Das kratzt mich nicht:* es berührt, betrifft, stört mich nicht; ähnl. ‚das juckt mich nicht', ‚das kann mich nicht kratzen'.
Sich gekratzt fühlen: sich geschmeichelt fühlen (vgl. ‚sich gebauchpinselt fühlen'). Die Rdaa. sind in ganz Dtl. bekannt, reichen aber wohl kaum weiter als ins 19. Jh. zurück.
Kratzen gehen: sich eilig davonmachen; gleichbedeutend *die Kurve kratzen;* i. S. v. ‚sich davonmachen', ‚sterben' gebraucht man *abkratzen.* Vielleicht ist hier zunächst an das Pferd zu denken, das, wenn es sich schnell in Bewegung setzt, den Sand aufwirft, dann an das Auto, das beim raschen Anfahren Staub aufwirbelt und in der Kurve beim Schleudern Bäume oder Häuser zu streifen (kratzen) scheint. Eine heute nicht mehr geläufige Rda. verwendet Thomas Murner (‚Narrenbeschwörung' 1, 10; 58, 11 u. ö.): „Vnd kratzen do mich niendert beisz" i. S. v. durchprügeln.
Kratzfuß(-füße) machen: eine übertriebene Verbeugung machen, sich unterwürfig gegen jem. verhalten; der übertr. Sinn dieser Rda. beruht auf dem realen Vorgang einer früheren Höflichkeitsbezeigung, bei der ein Fuß nach hinten genommen wird und dabei den Boden streift. Vgl. engl. ‚to make a leg'.

kraus. *Ein Krauskopf sein, krause Reden führen:* verworren und eigensinnig reden und denken, es geht kraus, wunderlich zu. Vgl. das Sprw. ‚Krauses Haar, krauser Sinn!' Schon in der Mitte des 14. Jh. lesen wir von ‚krusen Worten' der Rabulisten, im Gegensatz zu ‚schlecht und recht'. Die Rda. *Warte, Krause!* meint wohl eigentl.: nimm dich in acht, du Krauskopf, dich will ich zur Vernunft bringen!

Lit.: *G. Grober-Glück:* Motive u. Motivationen in Rdaa. u. Meinungen (Marburg 1974), § 58ff., S. 83–87.

Kraut. *Ins Kraut schießen:* rasch zunehmen; bes. von Schlechtem, Gefährlichem gesagt. Eine Pflanze, die ins Kraut schießt, vergeudet ihre ganze Kraft in den Blättern, verspricht keine gute Blüte, geschweige denn eine reiche Frucht.
Durcheinander wie Kraut und Rüben sagt man zur Bez. einer argen Verwirrung. Es liegt nahe, dabei an ein gemischtes Gemüsegericht (‚Mischmasch') zu denken, wie in ähnl. Sinne auch der Pole sagt: ‚groch z kapusta' (‚Erbsen und Kohl'). Kraut und Rüben werden aber kaum wirklich zusammen gegessen. Auch der alte Auszählreim
(E. B. III, S. 598)

Eins, zwei, drei, vier, fünf, sechs, sieben,
Sauerkraut und Rüben,
die haben mich vertrieben.
Hätt' meine Mutter Fleisch gekocht,
wär' ich bei ihr geblieben

meint zwei verschiedene Speisen, die freilich immer wiederkehren (vgl. ‚Kohl und Rüben'). Man kann freilich auch an ein Durcheinanderwachsen von Kraut und Rüben auf dem Felde denken. Man hält sie ja auf dem Feld ebenso getrennt wie in der Küche. Dementspr. heißt es auch oft: ‚es steht wie Kraut und Rüben'; vgl. schwäb. ‚Der ist so wenig wert wie die Rübe im Kraut'.
Ins Kraut hinein!: tapfer drauflos (so z. B. in Fischarts ‚Gargantua' 43 b). *Raus aus dem Kraut!:* Hinaus damit! Fort damit! Eigentl. Zuruf der Bauern an die unbefugten Eindringlinge in Krautfeld, dann verallgemeinert. Schwäb. ‚Kräutle zähle', das Wachstum in Feld und Garten besichtigen (vgl. frz. ‚regarder l'herbe'). Nieder-

deutsch ‚Dat ess e Krock, dat wiss net in jidden gaden‘, das ist etw. Besonderes, etw. Seltenes.

Das macht das Kraut (nordd. den ↗ Kohl) *nicht fett:* das hilft nicht viel; schon im 17. Jh. gebräuchl. Zu einem Krautgemüse gehört ein fettes Stück Fleisch. Deshalb sagt in der mhd. Dichtung ‚Seifried Helbling‘ (Ende des 13. Jh.) die Frau von einem schönen Stück Fleisch:

Ez ist sô smalzhaft,
vier krûten gibt ez kraft.

Schwäb. ‚Dem ist auch wieder eine Griebe ins Kraut gefallen‘, er ist sehr sparsam; ‚der muß’s Kraut schmälze‘, er hat nicht genug; ‚zu mager für das Kraut‘, zu arm für diese Heirat. Die Rda. findet sich gelegentl. auch in posit. Wndg.: ‚Das Kraut fett machen‘, Wesentliches leisten, einer Sache die Krone aufsetzen, aber auch in iron. Bdtg.: das hat gerade noch gefehlt.

Ums Kraut reden: das Essen tadeln; dann allgemeiner: Kritik an etw. üben, unzufrieden sein, z. B. bei Ringwald (‚Lautere Wahrheit‘ 108):

und redt umbs Kraut, wenn man nicht gibt,
was ihm an Trank und Speis gebricht.

Zu der ausgestorbenen Rda. ‚Iß auch Kraut mitunter‘ (‚wider die, so das Fleisch verschlingen, aber das Kraut verschmähen‘) erzählt Heinrich Bebel einen ätiologischen, allerdings sehr obszönen Schwank, der den angeblichen Urspr. dieser Rda. beschreibt (Heinrich Bebels Schwänke, hg. von Albert Wesselski, Bd. II, München u. Leipzig 1907, Nr. 135, S. 61 u. 143).

Das Kraut fertig machen: das Maß voll, den Becher überfließen machen. Daß z. B. ein Schuldenmacher noch Wechsel fälscht, ‚macht das Kraut vollends fertig‘. Bair. ‚’s beste Kraut derzue tue‘, nach Kräften alles dazu beitragen. *Das Kraut verschütten:* ‚ins Fettnäpfchen treten‘, d. h. durch eine Unvorsichtigkeit, eine unbedachte Äußerung es bei jem. verdorben haben. *Das Kraut versalzen:* etw. verderben; oft auch als Drohung: ‚Ich will dir das Kraut schon versalzen!‘ (z. B. bei Hans Sachs). *Das Kraut ist angebrannt:* die Sache ist verdorben, es hat einen Haken. Schwäb. ‚Mach mir keine Würmer ins Kraut!‘, reiz mich nicht; schweiz.

‚einem ins Kraut scheißen‘, seine Pläne stören, Verdruß bereiten.

Das Kraut einschneiden: die nötigen Vorbereitungen treffen. *Zu Kraut hacken:* einen verächtlich machen, übel von jem. reden (vgl. , einen in die ↗ Pfanne hauen‘); dazu die schweiz. Beteuerungsformel: ‚Ich will mi lo z’Chrut un z’Fetze verschlo, wenn …‘; ‚sich selber Chrut ins Füdli hacke‘, Übles, das man andern zugedacht hat, an sich selbst erfahren. ‚Das Kraut aus’m Arsche lesen‘, ein Schmeichler und Kriecher sein; ebenso ‚einem Kraut um den Bart schmieren‘, schmeicheln (vgl. ‚jem. ↗ Honig um den Bart schmieren‘); hier bedeutet Kraut soviel wie Mus. Einige Wndgn. mit Kraut beziehen sich eigentl. auf das ‚Unkraut‘, z. B. *ein rechtes Kraut sein:* ein Taugenichts, lästiger, übermütiger Mensch sein; so auch in den Mdaa.; z. B. schwäb. ‚ein frühes (saubres, schönes) Kräutle‘; ‚die zieht sich auch ein schöns Kräutle an dem Bube!‘; obersächs. ‚e schens (e lästig) Kraut‘; ‚dat ös e Kröckche!‘, ein Mädchen, das durch sein vorlautes Wesen auffällt; schweiz. ‚a schlechts (liederliches, böses, süber) Chrütli‘; ‚so einer muß still si, wo’s Füdle no so noh bi de Chrütere hed‘, Abfertigung eines kleinen, naseweisen Menschen. ‚Dich kann man ins Kraut setzen‘, als Vogelscheuche, so häßlich bist du. ‚Herumkrautern‘ (bes. rhein.), langsam und mühsam arbeiten wie beim Ausreißen des Unkrauts. Wer mit der Arbeit nicht recht vorwärts kommt, ist ‚ein (alter) Krauterer‘. In der Operette ‚Der Vogelhändler‘ heißt es in einem Lied:

Als mei Ahnerl siebzig Jahr
Und a alter Krautrer war.

‚Krauter‘ ist auch ein kleiner Unternehmer, ein unbedeutender Handwerksmeister. ‚Krauter‘ nannten die Gesellen früher mitunter ihren Meister, weil er ihnen ‚Kraut‘, d. h. Kost, gab. Kraut bedeutet darum vielfach auch etw. Geringes, Wertloses, Unbedeutendes (↗ Bohne); verstärkt: ‚kaltes Kraut‘ (vgl. ‚kalter ↗ Kaffee‘). Schweiz. (zur Verstärkung der Verneinung) ‚Wir gend um niemand nit ein Kraut‘; ‚es schint wie Chrut und Bölle‘ (Zwiebeln), ist es eitle Pracht und Hoffart; ‚einem verleidet sein wie chalts Chrut‘, wenn man etw. bis zum Ekel satt hat; ‚sich kei chalts Chrut inbilde', sich nicht wenig einbilden; schwäb. ,Kei hundert Kraut is net hi', wenn etw. nicht sehr Wertvolles verlorenging, oder wenn ein Mensch sich in Gefahr begibt, um den es nicht schade ist: ,Für den ist kei hundert Kraut schad!' Auf Kraut im Sinne von ,Heilkraut' beziehen sich folgende Rdaa.: *Dagegen* (oft: *gegen den Tod) ist kein Kraut gewachsen:* da ist nichts zu machen; da ist nicht mehr zu helfen; das ist ein hoffnungsloser Fall (schon bei Hans Sachs belegt); lux. ,It ös kä Krockt für e gewuess', er wird sterben; ebenso ndl. ,Daar is geen kruid voor gewassen'. Die Wndg. ist offenbar eine Übers. entsprechender mlat. sprw. Rdaa., wie ,Contra vim mortis non est medicamen in hortis'; vgl. aber auch schon Ovid (,Metamorphosen' I, 523): „nullis amor est sanabilis herbis" (Liebe ist durch kein Kraut zu heilen); vgl. engl. ,No herb will cure love'. Nur im Märchen gibt es ein ,Kraut des ewigen Lebens' (vgl. KHM. 44).

Das müßte doch mit Kräutern zugehen: auf sonderbare Weise, nicht mit rechten Dingen; eigentl. mit Zauberkräutern; so 1555 in Jörg Wickrams Schwanksammlung ,Rollwagenbüchlein': „Bei dem die Frau abnahm, daß es mit Kräutern zugangen war, wie man spricht"; heute noch mdal., z. B. obersächs. ,Do müßt's doch mit Kreitern zugieh'. *Er hat schon alle Kräuter als Tee getrunken:* er hat alle Mittel angewandt, um seine Ziele zu erreichen (vgl. frz. ,employer toutes les herbes de la Saint-Jean'). *Über böse Kräuter gehen:* Unglück haben; vgl. frz. ,Il a marché sur une mauvaise herbe' und ,Sur quelle herbe avez-vous marché?', was ist Ihnen über die Leber gelaufen? (beides heute veraltet). Ein ,Kräutchen' ist ein empfindsamer, empfindlicher, leicht verletzlicher Mensch, meist gesteigert als ,Kräutchen Rührmichnichtan', was eigentl. der volkstüml. Name der Mimose ist, deren Blätter und Fiederbällchen sich bei geringster Berührung schließen.

In einer letzten Gruppe bedeutet Kraut Schießpulver, vor allem in der Zwillingsformel ,Kraut und Lot' = Pulver und Blei: ,Man ist es ihm mit Kraut und Lot gesegnet', er ist getroffen worden. Lit. bei Grimmelshausen (,Simplicissimus'

I, 414): „daß er ihm mit Kraut und Loth zubringe"; P. Heyse (5, 332): „Du verpuffst bloß das Kraut". Kraut in dieser Bdtg. ist abgeleitet von dem veralteten Verb ,kruten' (grusen) = zermalmen, Kraut ist dann ein gepulverter Körper. Zu erwähnen sind ferner noch die folgenden Ausdrücke aus dem Rotw.: ,Kraut', Flucht; ,Krautsuppe', Fluchthilfsmittel; ,Krautsuppe essen', flüchten; ,Kraut bakken (essen etc.)', fliehen; ,krauten' und ,mitkrauten', fliehen.

Lit.: *W. Danckert:* Symbol, Metapher, Allegorie im Lied der Völker, III (Bonn – Bad Godesberg 1978), S. 1275–1279.

Krawatte. *Einen hinter die Krawatte gießen:* ein Glas Alkohol trinken; die Rda. ist eine Analogiebildung zu ,einen hinter die ↗ Binde gießen'; vgl. frz. ,s'en envoyer un derrière la cravatte' (umg.).
Im Rotw. heißt ein Wucherer *Krawattenmacher,* in gleicher Weise wird der Henker bez.; Krawatte steht hier euphemist. für ,Strick'. Entspr. *jem. an der Krawatte (beim Krawattl) nehmen (packen):* ihn würgen.
Ein Krawattenmuffel sein: nicht gern in seiner Kleidung modische Akzente setzen, Abwechslung vermeiden. Die Wndg. ist durch die Werbung bekannt geworden, die unterstellt, daß keiner ,ein Krawattenmuffel' sein möchte.

Lit.: *E. Angstmann:* Der Henker in der Volksmeinung (Bonn 1928), S. 33.

Krebs. *Die Krebse füttern:* seekrank sein; vgl. frz. ,donner à manger aux poissons' (wörtl.: sich erbrechen und damit die Fische füttern).
Krebse sieden: vor Scham feuerrot werden. *Den Krebsgang gehen* (oder *nehmen):* rückwärts gehen, einen Rückschritt machen, sich verschlechtern, herunterkommen. Schon die Römer sagten: ,Transversus non proversus cedit, quasi cancer solet' = er geht schräg, nicht geradeaus, wie es der Krebs (vermeintlich) tut. Die Rda. ist schon dem späten MA. bekannt. Bei Abraham a Sancta Clara, Seb. Brant, bei Luther, Grimmelshausen usw. ist sie vielfach belegt, z. B. bei Luther: „Das gehet denn sehr fein für sich, wie der Krebsgang". 1639 auch bei Lehmann (S. 858,

,Den Krebsgang gehen'

,Vortgang' 1): „Er gehet für sich, als wenn Krebs am Schlitten ziehen, wie die Hühner scharren, wie die Krebse kriechen, wie Bech von Händen, wenn man mit Katzen wolt Hasen fangen, es geht als hätt es das Podagram, es geht als den Kindern, wenn sie aus Kartenblättern steinern Häuser bawen". Auch im Volkslied wird dieses Bild verwendet: „Und wenn du auch den Krebsgang gehst ..." (E. B. II, Nr. 521,3). Scherzhaft auf das Sternbild des Krebses bezogen ist die Rda. in einem Soldatenlied von 1683, wo der besiegte Türke mit Blick auf den Mond als Sinnbild auf der Fahne klagt:

Mein Mond, sonst toll,
Wird nimmer voll,
Im letzten Viertel stehet;
Verkehrt sein Lauf,
Nimmt ab, nit auf,
Zurück im Krebsen gehet.

Immer liegt hier die Vorstellung zugrunde, daß der Krebs sich nicht vorwärts, sondern rückwärts fortbewegt. Vgl. frz. ,marcher à l'écrevisse'.
Das Sprw. ,Den Krebs straft man nicht mit Ersäufen' bezieht sich auf den Inhalt der bekannten Schildbürgergeschichte.
Jem. hat schwer zu krebsen: er hat Mühe, etw. Bestimmtes zustande zu bringen, um seinen Lebensunterhalt zu kämpfen; es ist nicht leicht zu entscheiden, ob dabei an den mühselig anmutenden Gang des Krebses gedacht wird oder an das beschwerliche Werk des Krebsefangens, wahrscheinl. ist letzteres das Ursprünglichere.
Mit etw. krebsen gehen: durch Berufung auf eine Sache einen Vorteil für sich herauszuschlagen suchen, was ähnl. schwierig wie ,krebsen' (= Krebse fangen) ist.

Lit.: *M. Hoferer:* ,Das ist eine andere Art von Krebsen', in: Zs. f. d. U. 8 (1894), S. 850; *O. Keller:* Die antike Tierwelt, 2 (Leipzig 1913), S. 485–487; *P. Groth:* Art. ,Krebs', in: HdA. V, Sp. 446–455.

Kredit. *Kredit bei jem. haben:* gut angeschrieben sein, Vertrauen genießen; entspr. das Gegenteil: *den Kredit verlieren;* vgl. frz. ,perdre son crédit'. In Dtl. (im Gegensatz zu Frankr.) nicht mehr so bekannt ist die Rda. *Kredit ist tot:* es wird kein Kredit mehr eingeräumt. Wirtshausschilder und -sprüche bringen noch heute gelegentlich die Anzeige vom Tod des Kredits, zuweilen sogar in der Form einer Todesanzeige. Verschiedene Bildfassun-

1/2 ,Kredit ist tot'

gen stellen das Leichenbegängnis des Kredits dar. Diese scherzhaft-satirischen Darstellungen sind jedoch verhältnismäßig jungen Datums, weil sie den allg. Gebrauch ernsthafter Todesanzeigen voraussetzen. Rdaa. wie ,Der Herr Pump (Borg, Schenker) ist gestorben', ,der Onkel Schenker ist tot' und dgl. haben das Wort Kredit und die mit diesem Fremdwort gebildete Rda. zurückgedrängt, und auch das Sagwort ,Kredit ist mausetot, sagte der Fuchs, da wollte ihm der Bauer kein Huhn borgen' dürfte nur noch vereinzelt anzutreffen sein.

Die Formel ,Kredit ist tot' tritt uns in Dtl. erstmals bei Abraham a Sancta Clara entgegen, dagegen ist das Wort ,Credito' obd. schon 1547 bezeugt und wird 1597 durch das aus dem Französischen entlehnte ,crédit' abgelöst. Die Scherzbilder vom Tod des Kredits in unseren heutigen Wirtschaften werden aber wahrscheinl. auf dt. Bildgedichte aus der ersten Hälfte des 17. Jahrhunderts zurückgehen. Zuvor war dieses Motiv in Frankreich verbreitet, von wo uns mit dem neuzeitlichen Geldwesen sowohl das Wort Kredit (von credere) als auch das Bildgut überkommen ist.

Bereits im 16. Jh. finden sich ital. Flugblätter, die neben bildl. Darstellungen auch Verse vom Tod des Kredits bieten; solche Bilderbogen dienten sicherlich als Wandschmuck in Geschäften. Auf der Abb. tritt Credenza (Kredit) als Persönlichkeit dramatisch auf. Schauplatz der Handlung ist der Laden eines wohlhabenden Stoffhändlers, auf dessen Ware Schubladen mit Knöpfen, Spitzen, Atlas, Brokat, Seiden- und Taffetstoffen, mit Leinwand, Netzen und Garn verweisen. Hinter dem mit Stoffstücken und Stoffrollen belegten Verkaufstisch stehen die Kaufherren, vermutl. Vater und Sohn, denen sich von rechts entblößten Hauptes der Kauflustige naht und Kredit haben will. Zwei weithin sichtbare Inschriften über den Schubladen und an dem Verkaufstisch geben diesem Ansinnen die grundsätzliche Antwort:

Chi da in credenza spaza
robba assai
Perde gli amici e denar non
ha mai.

Das ist der gleiche Spruch, der auch heute noch, gedruckt und handschriftlich, in vielen dt. Geschäften, bes. in Fleischerläden, in mannigfachen Abweichungen der Textgestaltung hängt:

Das Borgen ist ein schlecht Geschäft,
Das hab ich oft empfunden.
Zuerst wirst du die Ware los
Und hinterher die Kunden.

Links von der Hauptszene spielt sich das traurige Schicksal der Credenza ab, das eine kurze Inschrift in einer Kartusche umschreibt:

Credenza e morta
il mal pagare l'ucise.

Darunter sieht man im Bild die auf dem Boden liegende Credenza, die der schlechte Zahler an den Haaren festhält, um ihr mit einem Schwert den Kopf abzuschlagen. Dieses Blatt gehört zu den Klagegedichten (lamenti), die von Italien aus in Flugblattform über ganz Westeuropa wanderten und sich bis heute in zahllosen Abwandlungen größter Beliebtheit erfreuen.

,Kredit ist tot'

Im 17. Jh. wird auch in Dtl. und Frankr. das Motiv vom Tod des Kredits allg. Die Stelle der ital. Credenza vertritt jetzt der männliche Kredit (le crédit). Die erweiterte Fassung ,Crédit est mort, les mauvais payeurs l'ont tué' dürfte erst durch die Bilderbogendarstellungen zur geflügelten Redewendung geworden sein. Die Blütezeit des Schlagwortes vom Tod des Kredits war wohl das 17. und 18. Jh., wo sich dieses Motiv bis zu Theaterstücken auswuchs.

Bes. interessant ist das wechselnde Zeitgewand des Motivs und sein Wandern

durch die verschiedenen Gesellschafts-
schichten.

Lit.: *A. Spamer:* Kredit ist tot. Zur Gesch. eines volks-
tümlichen Scherzbildes, in: Volkskundl. Gaben, John
Meier zum 70. Geburtstag dargebracht (Berlin u.
Leipzig 1934), S. 223 ff.; *W. Tobler:* Hier wird nicht ge-
pumpt, in: Schweiz. Vkde. 46 (1956), S. 43–48;
M. Pitsch: Crédit est mort, in: Arts et trad. pop. 6
(1958; parr 1959), S. 264–268; *K. Laukkanen:* ,Giving
is dead', in: Proverbium, 1 (1965), S. 16; *W. Mieder:*
,Kredit ist tot', in: Proverbium, N.F. 1 (1984),
S. 187–189.

Kreide. Mit Kreidestrichen auf einer
schwarzen Tafel werden z.T. noch heute
im Wirtshaus die Schulden der Zecher notiert, daher *in der Kreide stehen:* Schulden
haben, *in die Kreide kommen (geraten):*
zum Schuldner werden; davon abgeleitet
in übertr. Sinne: *jem. etw. ankreiden:* jem.
etw. nachtragen, d.h. wie eine Zechschuld
aufschreiben, damit sie nicht vergessen
wird. Schon in einem Lied aus dem 15. Jh.
heißt es: „Er (der Wirt) nem die kreiden in
die hand und schreib die Orten (Zeche)
an". Zu Beginn des 16. Jh. schreibt Ludwig Hätzer:

… Der dennoch niemand zalen wil,
Der richts als auß mit Kreiden.

Auf Kreide leben: von Kredit leben;
Kreide haben: Kredit haben. Scherzhaft
verwendet die Rda. Viktor v. Scheffel
1854 in seinem Gaudeamuslied ,Der Ich-
thyosaurus' vom Übergang aus der Lias-
in die Kreideformation:

Die (die Saurier) kamen zu tief in die
Kreide,
da war es natürlich vorbei (d.h. sie starben aus).

Mit doppelter Kreide schreiben: Zechschulden doppelt buchen, unlautere
Preise verlangen, betrügen; zunächst vom
Wirt gesagt, der einem Gast eine zu hohe
Rechnung ausstellte, indem er dem Krei-
destück zwei Spitzen gab und statt eines
Striches zwei machte; leicht konnte er
auch, solange man röm. Zahlen schrieb,
eine II in eine III abändern oder aus einer
V (5) eine X (10) machen (vgl. ,ein ↗ X für
ein U vormachen'). Bei Hans Sachs heißt
es (,Der gute und der böse Wirt' 26):

Nichts ist da wolfeil, dan ir kreiden:
Darmit sinds gar fertiger hand.

Schreyben für zwe drey an die Wand.
In der Minne-Allegorie ,Meister Altswert'
(um 1380) finden sich die Worte (248, 4):

Nit schrîb mit zwîfalt krîden,
Sag mir die wahrheit ganz!
Vgl. ndl. ,met dubbel krijt schrijven', ,bij
iemand in het krijt staan'.

Kreide (fressen) gefressen haben: sich den
Anschein der Unschuld oder Harmlosig-
keit geben wie der Wolf im Märchen den
,sieben jungen Geißlein' (KHM. 5),
↗ Kredit.

Kreis. *Ein Ereignis zieht (immer weitere)
Kreise:* es erlangt über den Ort des Ge-
schehens hinaus Bdtg. Das der Rda. zugrunde liegende Bild ist dies, daß ein ins
Wasser geworfener Stein Wellen erzeugt,
die sich konzentrisch ausbreiten. In dem
Werk ,Idea de un principe politico christi-
ano' (1659) von Diego de Saavedra Fa-
jardo findet sich eine Abb., die dieses
Sinnbild verdeutlicht.

,Immer weitere Kreise ziehen'

Vgl. frz. ,Un événement fait du remou'
(wörtl.: Ein Ereignis ruft Wirbel hervor).
Von gesellschaftlichen Gruppen spricht
man als von ,Kreisen' (z.B. von feinen, in-
tellektuellen, politischen usw.), aber auch
von armen, niedrig gestellten Kreisen,
meist jedoch in Wortverknüpfungen wie
z.B. in Wirtschafts-, Fach-, Finanzkreisen

usw.). In der Regel sind es sozial geho- bene Schichten, die so bez. werden; so be- zieht sich etwa die wien. Rda. ‚z' Kroas (Kreis) renna', den Hof machen, eben auf höfische Kreise (Hofkreise).

Die Worte „Störe meine Kreise nicht" (Noli turbare circulos meos) schreibt man Archimedes zu, der sie einem röm. Solda- ten zugerufen haben soll, welcher im Jahre 212 v. Chr. bei der Eroberung von Syrakus in seinen Garten eindrang, wo der Mathematiker gerade damit beschäf- tigt war, Figuren in den Sand zu zeichnen.

Lit.: *Straberger-Schusser:* Art. ‚Kreis', in: HdA. V, Sp. 462–478; *D. Arendt:* Das Karussell in der Kunst u. Li- teratur, in: Studi Germanici 24/26 (1986–1988), S. 347–379.

Kren (Meerrettich) ist eine bes. in Oesterr. beliebte Speisezutat. *Seinen Kren zu etw. (zu allem) geben:* sich in etw. ungebeten einmischen, zu etw. überflüssigerweise seine Meinung äußern; ähnl. in *alles sei- nen Kren reiben.* Diese regional begrenz- ten Rdaa. entsprechen dem sonst geläufi- geren ‚seinen ↗ Senf zu etw. (zu allem) geben'. Mdal. Wndgn. sind ‚en Kren ma- chen', Umstände machen und die in Wien häufig zu hörende Feststellung ‚Der gibt sich an Kren', der macht sich (aber) wich- tig.

Krethi und Plethi. *Es ist Krethi und Plethi beisammen (geladen):* eine bunt zusam- mengewürfelte Volksmenge, Leute ver- schiedenen Standes, heute meist in sozial abwertendem, verächtlichem Sinne: aller- lei Gesindel, Pöbel. Noch ohne abschätzi- gen Sinn begegnet die Wndg. zuerst im A. T. (2. Sam. 8, 18) und ist durch Luthers Bibelübers. bekannt geworden. Es han- delt sich urspr. sogar um die Elitetruppe des Königs David, die in den Berichten von seiner Thronnachfolge mehrfach ge- nannt wird (2. Sam. 15, 18; 20, 7; 1. Kön. 1, 38; 1, 44). Da der Führer der Krether und Plether, Benaja (2. Sam. 8, 18; 20, 23; 1. Chron. 18, 17), auch als Anführer der Leibwache Davids genannt wird (2. Sam. 23, 23), kann man die Krether und Plether mit dieser Leibwache gleichsetzen. Man hielt bisher die beiden Wörter für Namen verschiedener Volksstämme und glaubte, daß ‚Krethi' die Bez. der Südphilister und

‚Plethi' die der Nordphilister gewesen sei. Aus dieser allg. Anschauung erklärt sich die heutige Bdtg. der Rda., die ein Völker- gemisch, eine Volksmenge niederer Schichten oder aus mehreren Ländern Zusammengewürfelte meint, denen man alles mögliche zutraut. Diese bisherige Er- klärung der fremd anmutenden Wörter als Stammesnamen ist jedoch unhaltbar. Vermutl. deuten die Wörter auf die Funk- tionen der Männer in der Umgebung Kö- nig Davids, der sich seine Leibwache kaum aus Fremdlingen zusammengestellt haben wird. Im Hebr. bedeutet ‚krethi' nämlich ausrotten, töten und ‚plethi' ent- fliehen, forteilen. Die Krethi und Plethi waren demnach urspr. die Scharfrichter und Eilboten des Königs, die Todesurteile zu vollstrecken (1. Kön. 2, 34) und königli- che Befehle und Briefe an entfernte Orte zu bringen hatten (vgl. 2. Chron. 30, 6). Als solche Helfer des Königs, die seine Macht festigten, wurden sie gefürchtet und gemieden und wohl als Boten auch als Fremdlinge verachtet, so daß eine Be- deutungsverschlechterung der Bez. für sie eintrat. Seit wann die Wndg. im heutigen Sinne rdal. gebraucht wird, ist jedoch nicht mit Sicherheit festzustellen.

Lit.: *Büchmann; R. Bach,* in: RGG³ IV (1960), Sp. 43.

Kreuz. Das Wort Kreuz wird in vielen Rdaa. und in den verschiedensten Bedeu- tungsgehalten gebraucht.

Sein Kreuz tragen, sein Kreuz auf sich neh- men: seine Last, sein Leiden geduldig tra- gen; vgl. frz. ‚porter sa croix'. Der rdal. Gebrauch dieser Wndgn. geht auf Matth. 10, 38, Luk. 14, 27 und andere Stellen zu- rück: „Und wer nicht sein Kreuz trägt und mir nachfolgt, der kann nicht mein Jünger sein". An der allg. Verbreitung des Wortes war Joh. Schefflers (1624–77) Kirchenlied „Mir nach, spricht Christus, unser Held" weitgehend mitbeteiligt. Aber schon mhd. seit dem 13. Jh. erlangt Kreuz die übertr. Bdtg. Leid, Trübsal, z. B. bei Rud. von Ems (‚Barlaam und Josaphat' 96, 27): „du solt din kriuze han enbor als er dir treit dein schepher vor". Die Rda. verliert je- doch immer mehr ihre urspr. Bdtg. von Gott geschickten Leidens. Kreuz wird allg. zum Ausdr. für Ärger, Sorgen, Pla- gen; z. B. bei Geiler von Kaysersberg (‚Irrig Schaf' 4,65a): „solliche gedenk bringent inen keinen lust, sondern sind inen ein kreuz". Luther setzt deutlich wörtl. und übertr. Bdtg. voneinander ab: „darumb thun uns geringer Kreutze mehr wehe denn Christus Kreutze". Sehr verbreitet (auch in allen Mdaa.) ist die Rda. *sein Kreuz haben:* seine Not, seine Sorgen haben. *Jeder hat sein Kreuz;* mit diesen Worten tröstet man einen in Not Geratenen, d. h. jeder hat seine Sorgen, nicht nur du (vgl. engl. ‚each cross has its inscription'; frz. ‚chacun porte sa croix'; ndl. ‚elk draagt zijn kruis op de wereld'; ital. ‚ognun porta la sua croce'). Schon bei den Römern bedeutete ‚crux' = Plage, Unglück. So auch heute oft noch umg. gebräuchl.: ‚Es ist eine crux mit ihm', ‚es ist ein Kreuz mit ihm', jem. bereitet einem Schwierigkeiten, es ist eine dauernde Not mit ihm, man hat mit ihm ständig eine Last.

Sich ein Kreuz auf den Hals laden: sich selbst Unannehmlichkeiten verschaffen. vgl. frz. ‚se charger d'une croix'.

Dementspr. nennt man in der Volkssprache die Ehe häufig auch ‚ein Kreuz' bzw. ‚das Ehekreuz'; dies findet sich auch in Rdaa., z. B. bair. ‚er ist Kreuzträger geworden', er hat geheiratet. Grimmelshausen (‚Simplicissimus' II,395): „nachdem ich und mein weib ihnen nun mit dieser feinen manier ins creutz geholfen". Daher wohl auch der scherzh. Ausspruch beim Skatspiel, wenn Kreuz u. Trumpf angesagt wird: ‚Ein Kreuz, ein Leid, ein bitterböses Weib'.

Zu erwähnen ist auch die häufig verstärkende Verwendung des Wortes Kreuz in Ausrufen und Flüchen, z. B. ‚Kreuz Bomben-Element nochmal!', ‚Kreuzhimmelbombendonnerwetter!', ‚Kreuzhimmelherrgott!', ‚Kreuzmillionendonnerwetter!', ‚kreuzsakra!', ‚Kreuzschwerenot!'; obersächs. ‚Ei Kreiz!'; ferner Kreuz als Verstärkung in Ausdrücken wie: ‚kreuzbrav', ‚kreuzehrlich', ‚kreuzunglücklich', ‚kreuzfidel', ‚kreuzelend'.

Zu Kreuze kriechen: nachgeben, sich demütigen. Die Kirche des MA. richtete als eine Form strenger Buße ein, am Gründonnerstag oder Karfreitag kniend an das Kruzifix hinzukriechen. Der Brauch ist in England seit 1200 nachweisbar (engl.

‚creep to cross on Good Friday'); vgl. Zs. f. dt. Wortf. XII, 210ff. 1588 schreibt Joh. Fischart im ‚Bienenkorb' (195b): „(Maria hat) befohlen, daß man auff den Karfreytag ... das Creutz stattlich und andächtig, auff der Erden, auff bloßen Knien herzu kriechend, solle anbeten". Bereits in übertr. Sinne z. B. bei Luther: „Zu Augsburg mußte ich mich demütigen, da meinete der Cardinal, ich kröche zu Creutze (mit Widerrufen), und rief schon io Triumph". Auch bei Oldecop (S. 252): „to dem Crutze krupen". In Schillers ‚Räubern' (II,3) kündigt der Pater dem Räuber Moor an: „Höre dann, wie gütig, wie langmütig das Gericht mit dir Bösewicht verfährt: wirst du itzt gleich zum Kreuz kriechen und um Gnade und Schonung flehen, siehe, so wird dir die Strenge selbst Erbarmen, die Gerechtigkeit eine liebende Mutter sein". Im Falle dieser Rda. ging die urspr. Bdtg. der Bußvorschrift völlig verloren und nur die erstarrte übertr. Wndg. blieb.

Das Kreuz über etw. schlagen, eigentl.: sich mit dem Zeichen des Kreuzes segnen, daß man vor Schlimmem bewahrt geblieben oder es losgeworden ist; vgl. frz. ‚faire une croix sur quelque chose': eine Sache für verloren halten; auch *drei Kreuze hinter jem. machen:* froh sein, daß er weggegangen ist. Schon im großen ‚Wolfdietrich', 15. Jh. (1167,3): „da sprang sie von dem Bette ... eines Zaubers sie begann wie balde Wolfdietrich das Kriuz dagegen schreib". Abweichend z. B. in den Mdaa.: rhein. ‚schlag mer es Kreuz druever', die unangenehme Sache ist erledigt, aber auch: gib die Hoffnung auf; schlesw.-holst. ‚e kruz vor em make', er wird bald sterben; ‚ik heft mich krüzt und segent', ich bin in großer Verwunderung; obersächs. ‚sich kreuzigen', sich verwundern; els. ‚es Krutz vor einem machen', ihn verabscheuen. In vielen mdal. Wndgn. beliebt ist der Vergleich mit Christus am Kreuz, wenn man die Armseligkeit oder das schlechte Aussehen einer Person zum Ausdr. bringen will, z. B. rhein. ‚He suht ut wie uesen Herrgott aje Kreiz', er sieht armselig, bedürftig aus; ebenso schwäb. ‚aussehen wie der Heiland am Kreuz'. Kreuz i. S. v. Rückenkreuz ist gemeint in den Redewndgn. *aufs Kreuz fallen:* auf

den Rücken fallen; Chr. Weise (‚Isaaks Opferung‘ 3, 11): „wie bin ich auf mein Kreuze gefallen“; Goethe: „oh weh, oh weh, nun ists vorbei, die Last bricht mir das Kreuz entzwei“.
Es hat ihm das Kreuz gebrochen heißt es immer dann, wenn jem. durch ein Unglück oder einen Schicksalsschlag so getroffen wurde, daß er fortan daran krankt.
Es im Kreuz haben: Rückenschmerzen haben, Ischias haben etc.; *einen Stecken im Kreuz haben:* sich übertrieben gerade halten.
Jem. aufs Kreuz legen: ihn zu Boden werfen, bezwingen. Die Wndg. leitet sich vom Ringkampf her, wo der Ringer seinen Gegner so zu Boden zu werfen sucht, daß beide Schulterblätter gleichzeitig den Boden berühren; rhein. ‚jem. das Kreuz aushenken, brechen‘, ihm eine tüchtige Tracht Prügel verpassen; ‚er hat enen am Kreuz‘, er ist betrunken; schwäb. ‚ebes aus em Kreuz habe‘, etw. los sein, von einer unangenehmen Sache befreit sein; fränk. sagt man von einer Sache, für die man sich nicht anzustrengen gewillt ist: ‚Dafür beiße ich mir kein Kreuz in den Arsch‘.
Jem. etw. aus dem Kreuz leiern: ihm etw. abschwatzen.
Mit jem. übers Kreuz sein: mit ihm verfeindet sein.

Lit.: *A. Jacoby:* Art. ‚Kreuz‘ – ‚Kreuzzeichen‘, in: HdA. V, Sp. 478–562; *G. Grober-Glück:* Motive u. Motivationen in Rdaa. u. Meinungen (Marburg 1974), §§ 25–27, S. 31–37; Strafjustiz in alter Zeit (Rothenburg 1980), S. 315.

kriegen. *Das werden wir schon (hin-)kriegen:* das werden wir geschickt bewerkstelligen, diese Sache werden wir erledigen. *Zuviel kriegen:* sich sehr aufregen, die Beherrschung verlieren; einer Sache überdrüssig werden. *Es mit jem. zu tun kriegen:* mit jem. Schwierigkeiten bekommen, zusammenstoßen. *Ein paar kriegen:* Schläge, Prügel beziehen; *sich kriegen:* ein Paar werden. *Kriegen Sie das öfter?:* Haben Sie solche Anfälle von Dummheit öfter? Alle genannten Rdaa. sind ziemlich jung (Küpper). Desgl. auch die Wndgn.: ‚Ich krieg die ↗ Kränk‘, ‚ich krieg ein Kind von Puppenlappen‘, ‚ich krieg mich nicht mehr ein (vor Lachen)‘, ‚ich krieg kein Bein auf die Erde‘, ‚du kriegst einen Or-

den dafür‘, ‚ich hab’s nicht mitgekriegt‘, ‚den Hals nicht voll kriegen‘, ‚du kriegst die Tür nicht zu‘ (Ausdr. d. Überraschung), ‚die Kiemen nicht auseinander kriegen‘ (sprachlos, wortkarg sein), ‚sein Fett wegkriegen‘, ‚jem. unterkriegen‘, ‚’nen Deckel auf die Nase kriegen‘ (sterben).

Kriegsbeil. *Das Kriegsbeil* (seltener: ‚die Streitaxt‘) *begraben (vergraben):* Frieden schließen, Streitigkeiten beenden. Das Kriegsbeil war unter der Bez. ‚Tomahawk‘ eine Nahkampf- und auch Wurfwaffe der nordamer. Indianer (engl. ‚to bury the tomahawk‘), bekannt geworden durch die Lederstrumpferzählung von J. F. Cooper. Zum Zeichen dafür, daß ein Krieg beendet war, begrub man das Kriegsbeil. Die übertr. Bdtg. schließt sich also an einen realen Vorgang an. Die Rda. ist schon bei dem Grafen Friedrich Leopold v. Stolberg (1750–1819) bezeugt, ebenso wie die umgekehrte Rda. *das Kriegsbeil ausgraben:* einen Krieg oder einen Streit erneut beginnen, ↗ Friedenspfeife.

Lit.: *H. W. R.:* ‚Slinging the hatchet!‘, in: Notes & Queries, 4.4 (1969), S. 254.

Kriegsbemalung. *In voller Kriegsbemalung:* mit allen Orden angetan, geschminkt. Die Rda. beruht auf der Sitte der Eingeborenen und Indianer, sich vor Beginn des Kampfes Gesicht und Brust zu bemalen; vgl. engl. ‚war-paint‘. Die iron. Verwendung für eine übermäßig geschminkte Frau entstammt wohl erst dem 20. Jh.

Kriegskasse. *Der trägt die Kriegskasse auf dem Rücken weg:* der hat einen Buckel. Die Rda. ist wohl von Berlin ausgegangen; danach bedeutet obersächs. ‚Kriegskasse‘ Buckel.
‚Kriegskasse‘ steht manchmal auch für die Gemeinschaftskasse einer ganzen Gruppe, Familie etc.
Scherzhaft fragt man z. B.: *Hast du die Kriegskasse mitgenommen?,* wenn man sich bei einer Wanderung erkundigen möchte, ob genügend Bargeld für eine Einkehr zur Verfügung steht.

Kringel. *Sich einen Kringel lachen:* laut lachen, herzlich lachen. Kringel ist ein ringförmiges Gebäck; der Lachende biegt sich wie ein Kringel; vgl. ‚sich einen ↗ Ast lachen'. *Den letzten Kringel scheißen:* sterben, ↗ zeitlich.

Krippe. *An der Krippe stehen (sitzen):* gut zu leben haben, bes. von Beamten gesagt, denen das Gehalt wichtiger ist als die zu leistende Arbeit; daher auch ‚Futterkrippe' für eine einträgliche und gesicherte Stellung. *Einem die Krippe ausstreichen:* (bes. erzgeb.) ihn um seinen Vorteil bringen; wie man es bei einem Pferd zu tun pflegt, wenn es nicht weiterfressen soll. *Ein Krippenreiter sein:* ein umherschmarotzender Adliger (Junker) sein, der von Hof zu Hof, von Krippe zu Krippe reitet und sich überall als Gast gut versorgen läßt, der aber selbst keinen Besitz hat und die erwiesene Gastfreundschaft nicht erwidern kann. Der Ausdr. hat sich seit dem Dreißigjährigen Kriege verbreitet und ist bes. in Ostdtl. häufig. Bei Schickfuß heißt es 1625 in der ‚Schles. Chronica' (4,39): „Krippenreiter. Stänker und Knoblauchsgäste". Schiller verwendet den Ausdr. in seiner ‚Turandot' (2,1):
Und mancher jüngre Sohn und
Krippenreiter,
Der alle seine Staaten mit sich führt
Im Mantelsack, lebt bloß vom
Körbeholen.
Vgl. frz. ‚Il mange à tous les rateliers' (wörtl.: Bei jeder Krippe hat er etw. zu essen).

Krips. *Jem. beim Krips holen (kriegen, nehmen, packen):* ihn am Hals greifen, ergreifen, dingfest machen. Hergenommen von ‚Grieps' = Kerngehäuse; auf den Kehlkopf übertr., weil nach volkstümlicher Deutung Adam das Kerngehäuse (‚Adamsapfel') des ihm von Eva gereichten Apfels im Kehlkopf steckenblieb.

Lit.: *L. Röhrich:* Adam und Eva (Stuttgart 1968), S. 59.

Krokodilstränen. *Krokodilstränen weinen (vergießen):* Rührung vortäuschen, erheuchelte Tränen vergießen. Die Rda. beruht auf der seit dem MA. weitverbreiteten und in Sagen geäußerten Meinung, wonach das Krokodil wie ein Kind weint und damit Menschen anlockt, um sie zu ver-

1/2 ‚Krokodilstränen weinen'

schlingen. Die Sage ist von den Harpyien, räuberischen Wesen aus der griech. Mythologie, auf das Krokodil übertr. und wohl in den Zeiten der Kreuzzüge, wo derartige Wundererzählungen vielfach verbreitet wurden, in weitere Kreise getragen worden. Konrad v. Megenberg schreibt in seinem ‚Buch der Natur': „ain crocodill hât kain zungen …, … wenn ez aines menschen ertoett, sô waint ez in".
Der Bestiarius des Cod. Hamilton (77 fol. 16[b]) berichtet als erster von dieser letzten Anschauung: Hic dum invenit hominem si poterit eum vincere, comedit. Post et semper plorat eum. Die übertragene Verwendung der Redensart von den K.stränen als falsche, geheuchelte Beileidsbezeugung ist wohl zunächst im Humanistenlatein des 15. Jh. aufgekommen. Erasmus scheint für die Verbreitung der Redensart entscheidende Bedeutung gehabt zu haben; er erklärt in den Adagia (1500) h 3[b]: Crocodili lachrimae: Crocodilus eminus conspecto homine lachrymare dicitur atque eundum mox devorat. Inde proverbii Crocodili lachrymae: in eosque se graviter feru simulant incommodum eorum, quibus ipsi incommodum attulerunt". Dieselbe Bdtg. haben die Megarertränen, von denen Herodot (VI,58)

spricht. Das Sinnbild vom tränenvergie-
ßenden Krokodil erscheint schon in dem
um 1210 verfaßen ‚Bestiaire Divin de
Guillaume' und ist später immer wieder
lit. bezeugt, so in Rollenhagens ‚Frosch-
meuseler' (159):

Wie der Krokodil weinet,
Wenn er einen zu fressen meint.

Aus der listigen Träne ist schon bei Luther
die heuchlerische geworden, ebenso bei
Leonh. Thurneysser 1583 (‚Onomasticon
polyglosson', S. 106): „... wann der Cro-
codil einen Menschen fressen will, weint
er vorhin: also begint man auch von etlichen Leuten Crocodillen Threnen oder
Zehren zu spüren, die einem gute wort geben, als ob sie mitleiden mit jhm haben,
aber darnach (wann sie jhm die Zung aus
dem Hals mit jhren gleißnerischen worten
gezogen) einen verrahten und verkauffen". Gehäuft in einem alten volkstümlichen Zwiegespräch zwischen Tilly, dem
Feldherrn der Kath. Liga im Dreißigjährigen Krieg, und der 1631 von ihm erstürm-
ten Stadt Magdeburg:

Juw (‚Eure') Crocodillen Thränen,
Juw söte Sinons Wort,
Juw Judaskuß und Stehnen
Wird b'kannt werden hier und dort.

Auch die Emblematiker haben sich des
Bildes vom weinenden Krokodil angenommen; so hat es Joachim Camarius
1604 in seinem Buch ‚Symbolorum et em-
blematum ex aquatilibus et reptilibus de-
sumptorum centuria quarta' (Nr. 67) als
Sinnbild heuchlerischer Freundschaft
dargestellt. Im ‚Mariamne'-Trauerspiel
des Barockdramatikers Johann Christian
Hallmann tritt zu dem verzweifelten König Herodes, der seine Verbrechen unter
Tränen beklagt und bereut, der Geist der
Mariamne, die er enthaupten ließ, und
spricht:

Verbluehme wie du wilt das Mord-Beil
unsrer Glieder;
Bau Thuerm auff unser Grab; stimm'
an die Todten Lieder;
Doch hilft/du Crocodil/dich nichts
diss falsche Leid.
Dir wird Gewissens-Angst und
Schimpff und Spott bereit!

Der Ausdr. Krokodilstränen ist auch in
außerdt. Sprachen bekannt (ndl. ‚Kroko-
dilletranen'; engl. ‚crocodile tears'; frz.

‚verser des larmes de crocodile'). Das Krokodil weint weder aus echter, noch aus er-
heuchelter Rührung. Verhaltensforscher
haben jedoch festgestellt: Es sind vielmehr die jungen Krokodile, die kurz vor
dem Ausschlüpfen aus dem Ei eine Art
von Geschrei erheben. Die Krokodilsmut-
ter wird dann sehr aggressiv gegenüber jedem Wesen, das sich ihnen nähert.

Lit.: *Le Bestiaire*. Das Thierbuch des normann. Dichters Guillaume le Clerc, hg. v. *R. Reinsch* (Leipzig
1892), Altfrz. Bibl. 14, S. 294f., V. 1651–1670; *A. de
Cock:* ‚To shed crocodile tears (Krokodillentranen)',
in: Volkskunde 8 (1895–1896), S. 9–13; 22 (1911),
S. 233–234; *O. Keller:* Die antike Tierwelt 2 (Leipzig
1913), S. 260–270; *H. Bächtold-Stäubli:* Art. ‚Kroko-
dil', in: HdA. V, Sp. 598–599; *Schmidt-Nielsen* u.
R. Fange: Salt Glands in Marine Reptiles, in: Nature.
A Weekly Journal of Science, Vol. 182, S. 783–785,
Sept., 20 (1958); *A. Schoene:* Emblematik und Drama
im Zeitalter des Barock (München 1964), S. 69 ff; *V. B.
Dröscher:* Mit den Wölfen heulen (Düsseldorf 1978),
S. 13–16.

Krone. *Das setzt der Sache die Krone auf:*
das ist die Höhe, der Gipfel einer Sache
(Frechheit, Gemeinheit), das ist das letzte,
was geschehen konnte, was geduldet werden darf. Die Wndg. begegnet im ähnl.
Sinne bereits im Griech. ‚κορώνην ἐπι-
τιϑέναι' = den Schluß machen, ist aber
im Dt. als Rda. erst seit dem 18. Jh. bezeugt. Vgl. frz. ‚pour couronner le tout ...'
(um der Sache die Krone aufzusetzen ...).
Die dt. Rda. könnte auch aus der Sprache
der Bauleute und Zimmerer stammen, die
eine Krone als ‚Richtkrone' und höchsten
Schmuck auf den Dachfirst des Hauses
setzen, wenn der Rohbau beendet worden
ist und dies gefeiert werden soll. Die
Wndg. erscheint auch häufig parodiert
durch die Verknüpfung mit den Rdaa.
‚Das schlägt dem ↗Faß den Boden aus'
und ‚Das ist ein ↗Schlag (mitten) ins Gesicht', woraus sich die Rda.-Mischung
*Das schlägt dem Faß die Krone (mitten) ins
Gesicht* gebildet hat, die häufig als Ausruf
der Überraschung und Empörung zu hören ist. Die berl. Rda. ‚Das ist die Krone
von's Janze', das ist der Höhepunkt, kann
auch im positiven Sinne gebraucht werden.

Die Rda. *jem. die Krone abnehmen (rau-
ben)* geht vielleicht auf die Bibelstelle bei
Hiob (19,9) zurück, wo es heißt: „Er
(Gott) hat meine Ehre mir ausgezogen

und die Krone von meinem Haupt genommen". Die Wndg. hat also den Sinn: jem. seines Ansehens, seiner Stellung berauben, ihn demütigen.

Das bricht dir keine(n) Zacke(n) aus der Krone: damit vergibst du dir nichts, das ist nicht unter deiner Würde; auch in imperativischer Form: *Brich dir nur keinen Zakken aus der Krone!* Daraus entstanden die Verkürzungen: ‚Brich dir nur ja keinen Zacken ab‘ und ‚Brich dir keinen (nichts) ab!‘ Diese Rda. mutet alt an, ist es aber ebensowenig wie die Wndg. *Da fällt dir keine Perle (kein Stein) aus der Krone.* Die Herleitung von der mit Perlen geschmückten Brautkrone, bei der das Herausfallen einer Perle ein böses Vorzeichen gewesen wäre, erscheint zweifelhaft; sie kann zumindest nicht lit. gestützt werden.

Er ist wie die Perle in der Krone; er hat eine bevorzugte Stellung. In manchen Wndgn. steht Krone auch für ‚Kopf‘: *Es ist ihm etw. in die Krone gefahren:* das ärgert ihn, das hat er übelgenommen, auch aber: er ist von Sinnen, das hat ihn verwirrt. *Jem. ist etw. in die Krone gestiegen:* er bildet sich etw. darauf ein; *er hat etw. zuviel* (auch: *einen) in der Krone:* er ist betrunken, oft heißt es dafür auch einfach: *Er hat eine Krone.*

Sich in die Krone legen: sich lebhaft verteidigen.

Lit.: *L. Röhrich:* Gebärde – Metapher – Parodie (Düsseldorf 1967), S. 198; *M. Widmann:* ‚De coronis‘ (Frankfurt/M. u. a. 1987).

‚Die Kröte schlucken müssen‘

Kropf. *Sich den Kropf leeren:* deutlich seine Meinung sagen, seinen Ärger herauslassen, alles auspacken, was man Schimpfliches über den anderen weiß. Als Kropf bez. man einen Auswuchs am Hals des Menschen, eine krankhafte Vergrößerung der Schilddrüse. In früherer Zeit herrschte noch weithin Unklarheit über die Entstehung des Kropfes. Man glaubte, er könne durch Anstrengung oder durch Ärger u. damit verbundenem Anhalten des Atems wachsen, wie noch heute aus einigen Rdaa. ersichtlich ist. So heißt es z. B. ‚Sag’s raus, sonst gibt’s en Kropf‘, ‚das gibt kei Kropf‘ (der Ärger wird nicht geschluckt), oder ‚sag’s halt, bevor dir e Chropf wachst‘. Es war also stets auch die Vorstellung von etw. Hinderlichem damit verbunden, wie es auch aus dem rdal. Vergleich *unnötig (überflüssig) wie ein Kropf* hervorgeht. Vielfach galt er auch als Strafe Gottes. Seb. Brant erzählt, wie der hl. Remigius, dessen prophetische Vorhersage einer Hungersnot u. sein vorsorgliches Speichern von Korn von den (betrunkenen) Bauern verlacht u. mit dem Anzünden des Vorrats beantwortet wurde, diese verflucht u. ihren Töchtern Kröpfe angewünscht habe mit den Worten: „das Feuer ist allewege gut zu wermen, aber die es entzündet haben, dieselben u. ire Kinder söllend um die Sünd Strafe leiden und ire Töchter gewinnen all Kröff an den Helsen …“.

Im Schwäb. ist Kropf auch eine Bez. für Hals. Das zeigt sich u. a. auch in der Rda. ‚Den Kropf nicht voll genug bekommen können‘.

Lit.: *H. Bächtold-Stäubli:* Art. ‚Kropf‘, in: HdA. V, Sp. 603–607; *L. Kretzenbacher:* Frühe Wort- u. Bildzeugnisse zum Kropf in den Alpenländern, in: Bayer. Jahrb. f. Vkde. (1983/84), S. 63–83.

Kröte. *Die Kröte schlucken müssen:* Unangenehmes hinnehmen müssen. Die Rda. ist in der Ggwt. ungemein häufig in der polit. Sprache gebraucht und ill. worden.

Krug. *Zu tief in den Krug gesehen haben:* betrunken sein; *den Krug immer am Munde haben:* immer durstig sein, ↗trinken. *Einem auf den Krug klopfen:* ihn prüfen, vgl. ‚einem auf den ↗Zahn fühlen‘. *Krüge und Hafen brechen:* sich unbeherrscht zeigen, ‚einander mit gleicher ↗Münze heimzahlen‘. Seb. Brant schreibt über das schlechte Beispiel der Eltern (‚Narrenschiff‘, 49):

So werdent kynd den eltern glich
Wo man vor jnn nit schamet sich
Und krueg vor jnn/vnd haefen bricht.

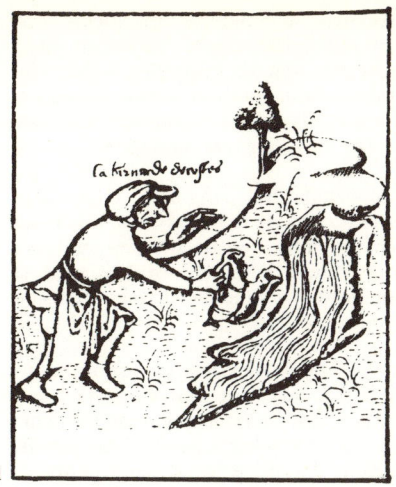

1–3 ‚Der Krug geht so lange zum Brunnen, bis er bricht'

In einem ma. Fastnachtsspiel (Zingerle, 85) heißt es: „Dann ikliches hab am andern genüg, wenn prech ich hafen, so prechst du krüg".

Ohne Krug zum Brunnen gehen: ohne die nötige Ausrüstung sein, einen erfolglosen Gang unternehmen.

Das Sprw. ‚Der Krug geht so lange zum Brunnen (Bach, Wasser), bis er bricht', alles geht einmal zu Ende, jedes Unrecht wird schließlich doch einmal bestraft, ist in vielen Sprachen bekannt (vgl. frz. ‚Tant va la cruche à l'eau qu'à la fin elle se casse') und bereits bei Seb. Franck in seinen ‚Sprichwörtern' (I, 76[b]) verzeichnet. Je nach Anwendung bedeutet es eine direkte Warnung, sich nicht zu sicher zu fühlen, oder es drückt die beruhigende Gewißheit Unbeteiligter aus, daß etw. nicht auf die Dauer gutgehen kann, daß ein plötzlicher Wandel eintreten muß, wenn der rechte Zeitpunkt gekommen ist. ‚Krug' steht vielfach für Frau, der ‚zerbrochene Krug' – so auch in H. v. Kleists Lustspiel ‚Der zerbrochene Krug' – für die fragliche oder verlorene Unbescholtenheit und Jungfräulichkeit eines Mädchens. Analog hierzu frz. ‚un pot filé dure plus qu'un neuf'.

Lit.: *P. J. Vinken:* Some observations on the Symbolism of the broken pot in art and literature, in: American Imago 15 (1958), S. 149–174; *G. Zick:* Der zerbrochene Krug als Bildmotiv des 18. Jh.s, in: Wallraf-Richartz-Jahrbuch 31 (1969), S. 149–204; *W. Mieder:* ‚Der Krieg um den Krug: Ein Sprw.-gefecht. Zum 200. Geb. von Heinrich von Kleist, in: Muttersprache 87 (1977), S. 178–192; *H. E. Körner:* ‚Das Mädchen mit dem zerbrochenen Krug' u. sein Betrachter, in: Empfindung u. Reflexion. Ein Problem des 18. Jahrhunderts (= Münchner Beiträge zur Gesch. u. Theorie der Künste I, hg. v. H. Körner, C. Peres u. a.) (Hildesheim 1986).

krumm. *Etw. krumm nehmen:* etw. übelnehmen; krumm steht hier in den Bdtgn. böse, schlimm, ungünstig, verdreht, verkehrt. So schon bei Luther: „Wer weiß, warumb unser Sachen so krumb gehen", d. h. so schiefgehen. Noch ganz im wörtl. Sinn 1785 in Ifflands ‚Jägern' (I, 1), wo Rudolf zu dem abgehenden Matthes sagt: „Hör er – das muß ich ihm noch sagen –

nehm er's krumm oder gerade". Vgl. frz. ‚prendre quelque chose de travers' (wörtl.: etw. von der schiefen Seite nehmen). Man spricht auch von einer *krummen Sache:* einer bedenklichen, unredlichen Angelegenheit, von einer *krummen Tour:* von unredlicher Art und Weise, die Schleichwege oder sittlich bedenkliche Umwege verfolgt. *Sich krumm und bucklig lachen:* heftig lachen, denn bei heftigem Lachen krümmt man sich; vgl. frz. ‚se tordre de rire' (sich vor Lachen krümmen); ↗ Ast, ↗ Buckel, ↗ Kringel. *Sich krummlegen (müssen):* sich einschränken, auch: schwer arbeiten müssen, ist eine umg. Parallelbildung zu der Rda. ‚sich nach der ↗ Decke strecken'; *sich krummachen:* sich demütigen.

Krummliegen ist stud. seit 1745 in der Bdtg. ohne Geld sein bezeugt. Die Wndg. könnte auf den in Schuldhaft ‚krumm geschlossenen' Häftling zurückgehen. Sie ist heute auch mdal. in der Bdtg. ‚in Schulden stecken', ‚Not leiden' bezeugt, z. B. obersächs.

Das Sprw. ‚Je krümmer, je schlimmer' zielt vor allem gegen ältere Frauen und will besagen: Je älter, desto bösartiger (Bd. Wb. III, 301). Ein derber schwäb. Vergl. lautet: ‚So krumm, wie e Sau brunzt'. Auch er bezieht sich auf Böswilligkeit u. Falschheit. ‚Der krumme Mittwoch' ist dagegen der Unglücksmittwoch, d. h. der Mittwoch in der Karwoche, an dem Judas einst Jesus verraten hat, weswegen nach dem Volksglauben alles mißrät.

krümmen. *Sich krümmen (müssen):* starke Schmerzen haben, heftig lachen müssen, aber auch: sich sehr anstrengen, hart arbeiten, sich unterwürfig und diensteifrig zeigen müssen. Die Rda. ist vielleicht als Verkürzung aus dem Sprw. ‚Man muß sich krümmen, wenn man durch die Welt kommen will' hervorgegangen, das auch mehrmals bildl. dargestellt worden ist. Es erscheint z. B. auch auf Pieter Bruegels Rdaa.-Bild und auf Miserikordiendarstellungen des 16. Jh. Vgl. auch die ndl. Sprw.-Fassung: ‚Ick moet krommen, sou ick door de werelt commen'.

Sich vor jem. krümmen: ein Speichellecker sein, sich demütigen. Verschiedene rdal.

Vergleiche charakterisieren dieses verächtliche kriecherische Verhalten eines Menschen, der als Bittsteller, Lakai, Untertan auftritt, noch treffender: *Er krümmt sich wie eine Bratwurst auf dem Rost, wie ein Ohrwurm, wie ein Sackpfeifer.*

Krummstab. Bei dem Satz ‚Unter dem Krummstab läßt sich gut leben' handelt es sich um ein altes Rechtssprw. mit der Bdtg.: unter Klosteroberhoheit geht es den Dörfern u. Städten wirtschaftlich gut, ↗ Stab.

Küche. Die Küche steht pars pro toto für das Haus und seine Bewohner. *In seiner Küche raucht es immer* sagt man von jem., dem es materiell gut geht. In Grimmelshausens ‚Simplicissimus' heißt es sprw.: „Einen Haufen Freunde hat man, solange die Küche raucht". Dagegen meint die Wndg. *Es raucht in der Küche:* im Hause herrscht Streit; vgl. frz. ‚Le torchon brûle entre eux' (wörtl.: Das Küchentuch brennt zwischen beiden); bezieht sich auf einen Ehezwist, aber auch jeden anderen Streit; ähnl. *Der hat Qualm in der Küche:* er hat Streit mit seiner Ehefrau. *Das bringt was in die Küche:* das ist ein einträgliches Geschäft; *das paßt in seine Küche:* das ist ihm recht, das kommt ihm gelegen. Neben Murner (‚Narrenbeschwörung' 45, 64) kennt auch Fischart (III, 196) diese Rda., die er ins Negative gewendet gebraucht: „die dir nicht dienen in dein Kuchen". *Die Küche gehört ihm zwar, aber ein anderer kocht darin* ist eine euphemist. Umschreibung für den Ehebruch der Frau. Sehr verbreitet ist die Rda. *in des Teufels*

‚Man muß sich krümmen, wenn man durch die Welt kommen will'

(auch *in Henkers) Küche kommen:* in mißliche Lage geraten. Dieser Ausdr. beruht auf der Vorstellung, „dasz ... die teufel ... ausz höll und fegfeuer ein küchin gebauet haben, darinn sie ir seelen nach irem willen sieden, backen und braten" (Fischart, 1588). Burkard Waldis benutzt die Rda. in der Fabelsammlung ‚Esopus' 1548 (4,12):

Begab sich, das derselbig gsell
gschlagen ward und kam in die hell,
ins teufels kuchen.

Vgl. auch das Schimpfwort *Teufelsbraten* für einen bösen Menschen, ↗Teufel. *Küchendragoner* ↗Dragoner.

‚Küchendragoner'

Einen *Küchenfreund* nannte man urspr. einen Topfgucker, später bezeichnete man damit einen Schmarotzer.
Ein Küchenleben führen: in Gefahr sein. Den Begriff ‚Küchenleben', der schwäb. noch heute gebräuchl. ist, finden wir schon bei Hans Sachs belegt: „Er sicht sam sei er unbesinnt, hangflüglet, einem karpfen eben (gleich), der nun hab ein küchenleben" (1612). Der Karpfen, der ein Küchenleben führt, soll bald geschlachtet werden, er führt also ein recht unangenehmes, gefährdetes Leben.
‚Küchenfee' und ‚Küchendragoner' sind scherzhafte Bez. für die Köchin oder die Hausfrau in der Küche.

In Zusammensetzungen wie *Küchenprosa* oder *Küchenlatein* (frz. ‚Latin de cuisine') wird Küche zum Ausdr. des Ungebildetseins, der Minderwertigkeit und Fehlerhaftigkeit. Der erste lit. Beleg findet sich in münsterländ. Glossen um 1500: „loqui illatine ... coquinario more vel culinario/quat latijn oft koken latijn spreken" (Weißbrot in: Zs. f. dt. Wortf., 15 [1914] 290). Seit 1523 erhält das Wort durch Luther allg. Verbreitung.
‚Mr muss wisse, wo's Chuchi-Chästli isch' (schweiz.): man muß die guten Sachen kennen.
In Zusammenstellungen wie ‚warme Küche', ‚französische, bürgerliche Küche' wird ‚Küche' zum Synonym für ‚Essen'.
Ein Küchenhund sein: ein Mensch sein, der Beleidigungen und Demütigungen einsteckt, um Vorteile zu erlangen. Die Wndg. bezieht sich urspr. auf den Hund, der sich alles gefallen läßt, um in der warmen Küche bleiben zu dürfen.
Dort ist Schmalhans Küchenmeister ↗Schmalhans.

Lit.: *R. Pfeifer:* ‚Küchenlatein', in: Philologus, 86 (1931), S. 455–459; *H. Wiswe:* Kulturgeschichte der Kochkunst (München 1970), S. 29–30; *G. Benker:* In alten Küchen. Einrichtung, Gerät, Kochkunst (München 1987).

Kuchen. *Sich den Kuchen teilen:* seine Interessen geltend machen, sich seinen Anteil sichern, den Gewinn restlos aufteilen. Die Wndg. wird gern auf die Politik bezogen; vgl. frz. ‚se partager le gateau'.

‚Den Kuchen teilen'

Das ist ein Kuchen, auch: *Das ist Kuchen von demselben Teig:* es ist eins wie das andere, es gehört zusammen, es gibt keinen Unterschied. Vgl. frz. ‚C'est du gateau':

Das ist bes. gewinnbringend. Von Menschen gesagt, heißt es: *Sie sind ein Kuchen:* sie bilden eine unauflösliche Gemeinschaft, sie verfolgen gleiche Ziele. Schon Luther kennt die Rda. „Das ist ein Kuchen" (Werke VII, 211) und braucht daneben die ähnl. Wndg. „Das ist alles in einen Kuchen geschlagen" (Werke VII, 68).
Einem Küchlein backen gilt seit dem 16. Jh. für: jem. schöntun, ihm Angenehmes erweisen. Die Rda. findet sich auch lit., z. B. bei Thomas Murner. Abraham a Sancta Clara verwendet dafür in seinen Schriften mehrfach den Ausdr. ‚es jem. kücheln‘, jem. etw. Besonderes bereiten, es ihm schmackhaft darbieten, so im ‚Judas der Erzschelm‘ (I, 150): „Er will es gekiechlet haben" und „Man thut ihms nicht kiechlen" (II, 434), in ‚Sterben und Erben‘ (4) stellt er fest: „Keinem thut man Küchlein backen". Noch heute sagt man iron. im Schwäb.: ‚Mer wurd diars küachla‘.
Ja, Kuchen! Das könnte dir so passen! Die höhnische Ablehnung oder energische Verneinung erfolgt hierbei in der Form iron. Zustimmung. Wander (II, Sp. 1659) vermutet, daß in dieser Wndg. ‚Kuchen‘ im Gegensatz zum unentbehrlichen Brot steht und daher das Überflüssige bez. Diese Deutung stützen ähnl. Ausrufe enttäuschter Erwartung oder Feststellungen eines Irrtums wie: *Pustekuchen, Pfeffer-, Kirschkuchen!* Sie sind seit Anfang des 19. Jh. für Berlin bezeugt und wahrscheinl. aus der Wndg. ‚Ja, wenn’s Kuchen wäre!‘ gekürzt worden (vgl. A. Lasch, Berlinisch, S. 189). Eine andere Erklärung beruft sich auf Marie Antoinette. Als sie hörte, daß die Armen kein Brot zu essen hätten, soll sie gerufen haben: „Sie sollen Kuchen essen". Diese Wndg. wird heute in Amerika gerne gebraucht zur Kennzeichnung einer arrogant-dummen u. ignoranten Haltung.
Auf dem Volksglauben beruht die Rda. *den Kuchen anschneiden,* die sich im eigentl. Sinne auf die Person bezieht, die den Kuchen anschneidet u. sieben Jahre auf Heirat warten muß oder Ähnliches zu erwarten hat.
Im Obersächs. werden im gleichen Sinne wie Kuchen die Gebäcknamen: ‚Schnek-

ken‘, ‚Quarkspitzen‘ oder ‚Appelkuchen‘ angewendet. Auch der Ausruf ‚(du) flan!‘ der frz. Umgangssprache, mit dem man eine Weigerung ausdrückt oder einen lästigen Menschen abweist, bedeutet wörtl. ‚Kuchen‘ oder ‚Torte‘ (‚flan‘ ist aus germ. ‚flado‘ = Fladen abgeleitet worden).
Wolf (Wb. des Rotw.) stellt dagegen überzeugend dar, daß die Wndg. „Ja, Kuchen!‘ als eine sinnlos gewordene Verkürzung auf das Jidd. zurückzuführen ist. 1818 ist nämlich bei J. v. Voss berl. ‚Ja Kuchen, nich London‘ bezeugt. Diese Rda. enthält unverstandene jidd. Worte, die man dem Klang nach aufgefaßt und daher volksetymol. umgedeutet wurden. Die entsprechende jidd. Wndg. lautet: ‚Ja chochom, aber nicht lamdon!‘, d. h.: ja, schlau und gerissen, aber (doch) nicht klug, weise (genug). Dieser urspr. Sinn ist tatsächlich noch in der heutigen Rda. vorhanden, denn man will dem Partner, den man abblitzen läßt, damit andeuten, daß er sich etw. zwar sehr gerissen ausgedacht hat, sich dabei aber doch in seiner Überschlauheit verrechnen mußte.

Lit.: *S. A. Wolf:* Ja Kuchen! und Ähnliches, in: Muttersprache 64 (1954), S. 468–469; *ders.,* Wb. des Rotw. (Mannheim 1956), S. 187; *A. Taylor:* „And Marie Antoinette said …", in: Revista de Etnografia 11 (1968), S. 245–260; *G. Grober-Glück:* Motive u. Motivationen in Rdaa. u. Meinungen (Marburg 1974), §§ 157–160, S. 273–277.

Kuckuck. Der Kuckuck (mdal. auch ‚Gauch‘) gilt im Volksglauben als Glücksvogel; auch werden ihm prophetische Kräfte zugeschrieben, vor allem die Fähigkeit, die Dauer des Menschenlebens durch die Zahl seiner Rufe vorherzusagen. Schon um 1300 berichtet Hugo von Trimberg in seinem Lehrgedicht ‚Der Renner‘ (V. 11339 ff.):

Swie lange aber wer sîn fröuden spil,
daz weiz der gouch (‚Kuckuck‘), der im
              vür wâr
hat gegutzet hundert jâr.

Hierher gehört die Rda. *Der hört den Kukkuck nicht mehr rufen:* er wird das nächste Frühjahr nicht mehr erleben; ndl. ‚Hij zol den koekoek niet horen zingen‘. Goethe nennt in seinem Gedicht ‚Frühlingsorakel‘ den Kuckuck den „prophet’schen Vogel". Noch heute richten ledige Mädchen an den Kuckuck die erwartungsvolle

Frage, wie lange sie noch ledig sein werden, und im Volkslied lautet die metaphorische Umschreibung für das Ledigbleiben einer alten Jungfer, daß sich der Kuckuck zu Tode geschrien habe. Die Zahl seiner Rufe soll ja entweder die Zahl der noch folgenden Lebensjahre oder die Zahl der Jahre bedeuten, die ein Mädchen noch bis zur Hochzeit warten muß, wie aus folgenden Versen hervorgeht:

Kuckuck über den Stock!
Wann krieg ich meinen Brautrock?
Kuckuck über dem Hügel!
Wann krieg ich meinen Sterbekittel?

Ebenso heißt es in dem Lied ‚Ein Schäfermädchen weidete …‘:

Sie setzte sich ins grüne Gras
Und sprach gedankenvoll:
Ich will doch einmal seh'n zum Spaß,
Wie lang' ich leben soll.
Wohl bis zu hundert zählte sie,
Indes der Kuckuck immer schrie:
Kuckuck, Kuckuck, Kuckuck,
Kuckuck.

In Schweden durfte man sich etw. wünschen, wenn der Kuckuck rief. Antwortete er, ging's in Erfüllung. Diese ‚Saga‘ hat Julius Sturm in seinem Gedicht ‚Ein kleines Versehen‘ lustig nachgezeichnet: Die Maid Lisa wünschte sich einen Jungen und im Stall statt ihrer einen zwölf Kühe. Als sie dem Kuckuck begegnete: „Ich

wünsch mir zum Mann meinen Schatz und dazu / Zwölf Knäblein und eine kleine Kuh …“ – So geschah's.

Dagegen lehrt ein ndd. Sprw. ‚Wer den Kuckuck taum ersten Mal raupen hürt und hat Geld in de Tasch, denn hat hei't das ganze Johr‘.

Da das Kuckucksweibchen seine Eier in die Nester anderer Vögel legt, besagt die Rda. *Da hat er mir ein Kuckucksei ins Nest gelegt* soviel wie: er hat mir ein zweifelhaftes Geschenk gemacht, er hat mir unnütze Scherereien verursacht. Der Kuckuck zieht also seine Jungen nicht selbst auf. Die Rda. *wie der Kuckuck seine Eier in fremde Nester legen* bedeutet daher: sich vor etw. Unangenehmem drücken.

Ein *Kuckucksei* nennt man auch das Kind eines anderen Vaters, das mit großgezogen werden muß.

Das Kuckucksjunge schlüpft früher als

2

1

3

1–3 ‚Ein Kuckucksei ausbrüten‘

seine ‚Geschwister'. Der junge Kuckuck ist beinahe unersättlich und wächst schneller als die Jungen der Grasmücke, in deren Nest er herangezogen wird. Er wirft die jungen Grasmücken aus dem Nest, er greift manchmal sogar das Grasmückenweibchen an. *Du undankbarer Kuckuck!* sagt man daher zu den Kindern, die ihren Eltern und Erziehern gegenüber undankbar sind. Man spricht von *Kukkucks Dank,* wenn man ‚Undank' meint, so wie schon das lat. Sprw. sagt: ‚Eandem mihi gratiam refers ut cuculus currucae'. Bei einer Pfändung klebt der Gerichtsvollzieher auf die gepfändeten Gegenstände eine Marke, auf der früher der Reichsadler abgebildet war. Das Wappentier nannte man spöttisch Kuckuck, und daher stammt die Rda. *den Kuckuck aufkleben:* pfänden. Die Rda. *Das weiß der Kuckuck* ließe sich leicht an den Volksglauben von der wahrsagerischen Fähigkeit des Vogels anknüpfen. Wahrscheinlicher ist jedoch, daß in dieser und einer großen Anzahl anderer Rdaa. mit dem Namen des scheuen, mehr gehörten als gesehenen Vogels der Teufel gemeint ist. Seit dem 16. Jh. schreibt der Volksglaube dem Kuckuck ein Verhältnis zum Teufel zu, vielerorts sieht man in ihm auch den Teufel selbst.

Kuckuck gehört heute zu den häufigsten Wörtern wie ‚Donner', ‚Geier', ‚Himmel', die als Euphemismen in Flüchen und Verwünschungen für den ↗ Teufel gebraucht werden, z. B.: *Der Kuckuck soll dich holen; zum Kuckuck; alles ist zum Kuckuck; der Kuckuck ist los; in des Kuckucks Namen; scher dich zum Kuckuck, geh zum Kuckuck!* Matthias Claudius singt 1775 im ‚Rheinweinlied' vom Blocksberg:

Drum tanzen auch der Kuckuck und
                     sein Küster
auf ihm die Kreuz und Quer.

Auch im Märchen begegnet der Kuckuck gelegentlich, z. B. in den Wndgn. ‚des Guckgucks sein' (KHM. 61) u. ‚Lohns euch der Guckuck' (KHM. 161).

Der eintönige Ruf des Kuckucks führte zu zahlreichen Rdaa., z. B. *Das ist der alte Kuckucksgesang:* immer wieder dasselbe, immer das alte Lied; ndl. ‚t is altijd koekoek een zang'.

Den Kuckuck singen lehren, „den Gouch

‚Den Kuckuck singen lehren'

lernen singen" (Murner): zu außerehelichem Verkehr verführen.

Kuckuck unter Nachtigallen nennt man einen Laien unter Fachleuten, wohl nach der Gellertschen Fabel, in der der Kuckuck einen Sängerwettstreit mit der Nachtigall wagt; ↗ Eule.

Sich den Kuckuck um etw. scheren, betont ablehnende Rda., ↗ Deut.

Mit seinem satirischen Werk ‚Die Geuchmatt' (1519) wollte Thomas Murner das unmännliche Wesen seiner Zeitgenossen bekämpfen. Er konnte sich bei der Wahl des Buchtitels auf eine schon in mhd. Zeit gebräuchl. Nebenbdtg. des Wortes ‚gouch' berufen; ‚gouch' meint schon früh soviel wie ‚Tor', ‚Narr', ‚Buhler' und wird als Schimpfwort bereits bei Walther von der Vogelweide verwendet. Zweifellos ist die Bez. ‚Gouchmatt' für einen Ort, an dem sich Verliebte treffen, schon vor Murners Satire volkstümlich gewesen.

Ich will nicht der Kuckuck sein, der immer seinen Namen ruft: ich will mich nicht selbst loben.

Lit.: *O. Keller:* Die antike Tierwelt 2 (Leipzig 1913), S. 63–67; *E. Seemann:* Art. ‚Kuckuck', in: HdA. V, Sp. 689–751; *K. Löber:*‚Den Kuckuck holen', in: Hess. Blätter f. Vkde. 42 (1951), S. 71–76; *W. Danckert:* Symbol, Metapher, Allegorie im Lied der Völker, IV (Bonn-Bad Godesberg 1978), S. 1361–1379; *E. u. L. Gattiker:* Die Vögel im Volksglauben (Wiesbaden 1989), S. 277–320.

Kugel, kugeln. *Eine ruhige Kugel schieben:* sich nicht sonderlich anstrengen müssen, leichte Arbeit zu verrichten haben, sorglos leben; die Rda. ist jung und wohl vom Kegelspiel hergenommen, wobei man an die Leichtigkeit zu denken hat, mit der die Kugel auf der glatten Bahn ins Rollen gebracht werden kann. Sie war im 2. Weltkrieg in der Soldatensprache sehr beliebt, vor allem in Verbindung mit den Kameraden hinter der Front, ↗ Etappenhengst. Daher wohl auch die Bdtg.: sich drücken. Vgl. frz. ‚aller son petit bonhomme de chemin' (wörtl.: wie ein genügsamer, sorgloser Mensch seinen Weg gehen).

Mit silbernen (goldenen) Kugeln schießen: durch Geld Einfluß zu nehmen suchen, jem. bestechen; junge polit. Rda., die auf eine Rede Lloyd Georges vom 8. Sept. 1914 zurückgeht. Verwandt ist das Sprw. ‚Eine silberne Kugel nützt mehr als tausend eiserne' u. a.; die ältere Form der Rda. ist: *mit dem goldenen* (oder *silbernen) Spieß stechen* (↗ Spieß).

Sich kugeln vor Lachen: heftig lachen; entspr. *Das ist zum Kugeln;* dies sind Parallelbildungen zu ‚sich krummlachen' (↗ krumm).

Die schwarze Kugel gezogen haben: von einer unglücklichen Entscheidung betroffen worden sein; die Rda. stammt von dem schon im 17. Jh. bezeugten Verfahren der Abstimmung und Wahl durch Kugelung (Ballotage), während sich die Wndg. *die Kugel kommt ins Rollen:* die Entscheidung naht, auf die Kugel im Glücksspiel (Roulette) bezieht.

Die Kugel in ihrem Lauf aufhalten wollen: etw. Unmögliches versuchen.

Kugelfuhr. Die Ausrufe *So eine Kugelfuhr! Was für eine Kugelfuhr!* und die Feststellung *Das war eine schreckliche Kugelfuhr* sind vor allem im Obd. gebräuchl. und mdal. schwäb., bair. und schweiz. bezeugt. In heutiger Anwendung und Bdtg. bezeichnen die Wndgn. einen umständlichen, mühevollen Weg, Verzögerungen, Hindernisse und Umstände, also alles, was nicht reibungslos abläuft, was nicht ‚glattgeht'. Volksetymol. wurde der Ausdr. an ‚Kugel' angelehnt, obwohl er auf ‚Gugel' zurückgeht; ein Transport von

schweren Kanonenkugeln z. B. war ja früher tatsächlich mühevoll und gefährlich und darum der sprachl. Vergleich naheliegend. Auch eine Poststrecke in Baden-Württemberg, auf der man nicht recht vorankam und Hindernisse bei der Reise zu erwarten hatte, soll diese Bez. getragen haben, ↗ Schneckenpost.

Der Ausdr. ist bereits in mhd. Zeit als ‚gogelvuore' i. S. v. mutwilligem Treiben, lärmender Lustbarkeit, Narrenpossen bezeugt, wobei bereits die Bdtgn. von ‚gogel' = Scherz, Posse und ‚gugel' = Narrenkappe, eigentl. Obergewand mit Kapuze, das auf lat. ‚cuculla' zurückgeht, vermischt worden sind. Parallele Ausdrücke dazu wie ‚Gugelfahrt' und ‚Gugelfeuer' wurden später gebildet. Johannes Fischart läßt im ‚Bienenkorb' (237[a]) die häufige Rda. *Gugelfuhr treiben* noch ganz deutlich in dem alten Wortzusammenhang mit Gugel und Kapuze. Es ist gleichsam ein Beweis für die Herleitung der Wndgn., wenn er schreibt: „Und man kan sie dabei underscheiden, dasz sie ein käpplin oder gugelchen auf dem häubtlein haben und daher seltzam gugelfur treiben".

Der Ausdr. begegnet lit. häufig bes. im 16. Jh., z. B. bei Hans Sachs (5, 60, Lit. Ver.): „Was habt ir für ein gugelfur?", und gleich mehrmals in der ‚Zimmerischen Chronik' (1, 455, Barack): „Die herzogin wust nit, wer dise gugelfuer anfieng" und (4, 89, Barack): „Wiewol er (der geist) nit gesehen worden, hat er den mägten die schlüsel ab der gürtel hinweg gerissen und dergleichen gugelfuren getriben". Auch Paracelsus gebraucht ‚Gugelfuhr' als Lieblingswort mehrmals in seinen gelehrten Schriften, jedoch in der wechselnden Bdtg. von Absonderlichkeit, Narrheit und moralisch Verwerflichem. Die Wndgn. *eine Gugelfuhr haben* und *Gugelfuhr anfangen (verführen)* dienen auch zur Kennzeichnung eines derben Liebesabenteuers. In diesem Sinne heißt es auch in der ‚Zimmerischen Chronik' (2, 555, Barack): „Ich waisz aber nit, was der maister mit der magt ... für ain schimpf und gugelfur anfieng. Sie ward schwanger". Ähnl. *mit einem die Gugelfuhr treiben:* ihn zum Narren haben, durch derbe Späße necken, aber auch: geschlechtlich verkehren. Das

Wort ist auch im Rotw. meist als ‚Kugelfuhr' reich bezeugt und bez. auch dort geräuschvolle Späße, provozierte Streitigkeiten und lärmendes Durcheinander bei Zänkereien und Aufläufen, die man geschickt zu seinem Vorteil nutzen konnte. Die heutige abgewandelte Bdtg. der Rda. ist wohl von daher zu verstehen, denn herausfordernde Zänkereien und Narrenpossen verursachen eben für den Betroffenen Umstände, Schwierigkeiten und Verzögerungen.

Kuh. Die Kuh hat zu einer fast unübersehbaren Zahl von Rdaa. Anlaß gegeben; sie ist ebenso sprw. als wertvoller Besitz wie wegen ihrer angeblichen Dummheit.

Die Kuh wird nicht draufgehen; das wird die Kuh nicht kosten: das wird das letzte Vermögen nicht in Anspruch nehmen. Obersächs. *saufen wie eine Häuslerskuh:* unmäßig trinken, wie die Kuh des armen Häuslers, die durch reichliches Wasser für das knappe Futter schadlos gehalten wird. Einen übermäßig großen Schluck nennt man zunächst stud. einen *Kuhschluck.*
In Seb. Brants ‚Narrenschiff' (110ᵃ, 110) heißt es von solchen, die sich zutrinken:

Vnd bringet eym eynn früntlich drunck,
Do mit der becher macht glunck glunck,
Vnd meynen do mit andere eren,
Das sie den becher vor vmb keren,
Ich darff der selben hoffzucht nit,
Das man mir vor das glaß vmb schüt
Oder man mich zů drincken bitt.
Ich drinck mir selbs, keym andern zů,
Wer sich gern fült, der ist eyn ků.

Bei Hans Sachs: „Ist das dein große frewd das du dich füllest wie ein Treberkuh, Den Wein vnmessig in dich schüttest". In Fischarts ‚Gargantua': „Aber als Strosagurgel den kusuf that".
Das ist eine milchende Kuh für ihn: das bringt ihm auf bequeme Weise viel ein; ebenso schwäb. ‚Des isch e neumelkede Kuh'. In Schillers Xenien des Musenalmanachs für das Jahr 1797 heißt es unter dem Stichwort ‚Wissenschaft':

Einem ist sie die hohe, die himmlische
           Göttin, dem andern
Eine tüchtige Kuh, die ihn mit Butter
           versorgt.

Vgl. frz. ‚C'est une vache à lait'.

Etw. ansehen wie die Kuh das neue Tor: es verdutzt betrachten, wie die Kuh, die abends von der Weide ins Dorf zurückkehrt, über das Tor staunt, das der Bauer inzwischen am Hofe aufgerichtet hat, so daß sie nun nicht weiß, ob sie da hineingehört oder nicht. Luther schreibt im ‚Sendbrief vom Dolmetschen': „Welche Buchstaben die Eselsköpfe ansehen wie die Kühe ein neu Tor"; einfacher in den ‚Tischreden': „So steht das arme Volk gleich wie eine Kuh". Bei Abraham a Sancta Clara heißt es (‚Todten-Capelle' 23): „Wann der Ungelehrte eine ungemeine Sache wie eine Kuh ein neues Thor anglotzet"; und im ‚Judas' (IV, 296): „Laß schauen; schaut doch ein Kuh auch ein neues Stadel-Thor an". Anders dagegen in Grimmelshausens ‚Simplicissimus' (I, 5): „Ich sah sie an, wie eine Katze ein neu Scheunthor".
Vgl. frz. ‚regarder quelque chose comme une vache regarde passer un train' (wörtl.: etw. ansehen wie die Kuh den vorbeifahrenden Zug).
Soviel davon verstehen wie die Kuh vom Sonntag: gar nichts.
Einen Geschmack wie eine Kuh haben: schlechten Geschmack haben.
Das glaubt keine Kuh: das glaubt niemand, bezieht sich ebenfalls auf die Dummheit der Kuh; gemeint ist: das glaubt nicht einmal eine Kuh, obwohl sie doch dumm genug ist (vgl. ‚kein Schwein', ‚kein Hund', ‚keine Sau', ‚kein Schwanz' u.ä.).
Was nützt der Kuh Muskate?: das ist zu hoch für einen beschränkten Kopf; ähnl. schon bei Burkard Waldis in seiner Fabelsammlung ‚Esopus' (I, 1, 37):

Das Heiltumb ist nicht für die Hundt,
Perlen seind Schweinen ungesund;
Der Muscat wird die Kuh nicht fro,
Ir schmeckt viel baß grob Haberstro.

1649 bei Gerlingius (Nr. 47): „Was sol der kuhe Muscaten? in einen Bawren gehöret Haberstro"; (Nr. 157): „Was sol einer saw muschaten?" Die Muskatnuß war früher als Würze noch beliebter als heute; man rieb sie sogar ins Bier. Die Deckelknöpfe an alten Bierkrügen sind bisweilen wie kleine Büchsen zum Auf- und Zuschrauben eingerichtet; darin bewahrte man den wertvollen Muskat auf.

1/2 ‚Die schwarze Kuh hat ihn getreten'

Da begreift man die Lächerlichkeit des Gedankens, der Kuh in ihren Sauftrog Muskatnuß zu reiben.

Da müßte ja eine Kuh lachen bedeutet dasselbe wie die Rda. ‚Da lachen ja die Hühner' (↗ Huhn).

Eine Kuh für eine Kanne ansehen: betrunken sein.

Von einer aufgedonnerten Frau sagt man, sie stolziere einher wie eine *bunte Kuh* (vgl. ‚Pfingstochse').

Rheinhess. *Dazu habe ich Lust wie die Kuh zum Messer:* gar keine Lust.

Blinde Kuh mit jem. spielen: ihn irreführen; nach dem beliebten Kinderspiel, ↗ Blindekuh.

Das kann nicht jede Kuh: das kann nicht jede(r).

Der Kuh die Hörner abschneiden: die Hindernisse überwinden.

Die Kuh beim Schwanz fassen: eine Sache verkehrt anfangen.

Eine Kuh schlachten, um zu wissen, wie Kalbfleisch schmeckt: etw. Unsinniges tun.

Er sieht's der Kuh am Arsche an, was die Butter in Mainz gilt: er ist ein Neunmalkluger.

Die Kuh jodelt: es wird ein Heimatfilm vorgeführt (Mitte 20. Jh.).

2

Die Plumpheit der Kuh verspottet die Rda. *das Maul spitzen wie die Kuh auf Erdbeeren.* Von ähnl. Bdtg. ist *die Kuh geht auf Stelzen.* Man sagt dies, wenn jem. Dinge treibt, für die er sich nicht eignet. Belegt ist die Rda. zum erstenmal 1539 (Seb. Franck: „die Kuh geht uff Stelzen"). Lat. bei Erasmus: „camelus saltat".

Von der Kuh gebissen (gekratzt) sein: nicht ganz bei Verstand sein.

Die schwarze Kuh hat ihn getreten sagt man schles. von einem Sterbenden; auch sonst gelegentlich: *die schwarze Kuh hat ihn gedrückt:* er hat viel Ungemach zu erdulden und daher den Mut sinken lassen, bzw. in der Umkehrung: *die schwarze Kuh hat ihn noch nicht getreten:* er hat noch keine schlechten Erfahrungen gemacht. Die Rda. ist sonst fast ausgestorben und heute unverständlich geworden. Sie läßt sich aber in älteren lit. Belegen

Der Tod auf der schwarzen Kuh

über ganz Europa verfolgen. In Nikolaus Hermans Dichtung vom ‚Verlorenen Sohn‘ (1562) finden sich die Verse:

Do jn so tratt die schwartze Kuh,
Kam der alt Reul vnd bisz mit zu

(Wackernagel, Das dt. Kirchenlied, Leipzig 1870, III, 1210, Nr. 1413). Reuel ist der in der Dichtung des 16. Jh. wiederholt auftretende ‚Hund Reue‘, der die Gewissensbisse verkörpert. Eine andere Variante des Verses

In des so trat jn auch die schwartze Kuh,
Kann der alte keil auch darzu

kann infolgedessen als verderbt betrachtet werden. In dem Werk von G. Bartisch: ‚Ophthalmodouleia, Das ist Augendienst‘ (Dresden 1583) heißt es: „Wissens auch nicht, weil ihre augen gut und gesund sein, und keine augenbrechen gehabt noch versucht haben, oder wie man zu sagen pfleget, welche die schwarze kue noch nicht getreten hat“. In Christian Weises ‚Die drei ergsten Erznarren‘ (Kap. 6) steht: „... auf die letzt trat mich zwar die schwarze kuh, aber zu spät“. Die engl. Varianten sind von Archer Taylor ausführlich zusammengestellt und ebenfalls bis ins 16. und 17. Jh. zurückverfolgt worden. Dabei ist meistens statt von einer Kuh von einem Ochsen die Rede (‚the black ox has not trod on his foot‘), wobei z. T. auch wieder andere Sinn-Bdtgn. vorkommen. ‚Der schwarze Ochse ist ihm noch nicht auf den Fuß getreten‘ bedeutet: er hat noch nicht die Bedrängnis der

Ehe erlebt, er ist noch unerfahren, er hat noch nicht Not gelitten u. ä. Die Beziehung der schwarzen Kuh bzw. des schwarzen Ochsen zum Tod, die die schles. Bdtg. der Rda. noch bis zur Ggwt. festgehalten hat, scheint aber die primäre zu sein. Das beweist vor allem die ikonographische Überlieferung, die den Tod in Verbindung mit schwarzen Ochsen oder einer schwarzen Kuh darstellt. Ältere Belege finden wir vor allem in Petrarcas berühmtem ‚Trionfo della morte‘ und in den verwandten Darstellungen der ital. Kunst. Der Tod hält hier einen Triumphzug (pompa triumphalis) ab, wobei der Wagen des Todes von Ochsen gezogen wird. Wer von diesen Ochsen des Todeswagens getreten wird, muß sterben. Konrad Burdach und Helmut Rosenfeld haben im Zusammenhang mit den Todesvorstellungen im ‚Ackermann von Böhmen‘ darüber gehandelt. Aber auch nördlich der Alpen gibt es Todesdarstellungen, die hierhergehören. Der berittene Tod hat seine ikonographische Wurzel in den Apokalyptischen Reitern; nicht aber der Tod, der gerade auf einer Kuh reitet, wie er z. B. in einem Missale des 14. Jh. vorkommt, das in der königlichen Bibliothek in Den Haag aufbewahrt wird. Solche Darstellungen des Todes, dem eine Kuh als Reittier dient, scheinen auf einer heimischen Tradition zu beruhen. Wir sind damit unserer schles. Rda. ‚Die schwarze Kuh hat ihn getreten‘ schon sehr nahe, aber man hat noch nicht gefragt, warum gerade die Kuh oder der Ochse das Zugtier des Todeswagens oder – vermutlich noch ursprünglicher – das Reittier des Todes ist. Dabei ist die Frage, ob die Rda., die ja nicht vom Tode spricht, sondern von der ‚schwarzen Kuh‘, nicht noch eine ältere Glaubensstufe festgehalten hat, in der ein rindergestaltiges dämonisches Wesen als Todbringer gegolten hat. Zu denken wäre in diesem Zusammenhang an eine Reihe von Volksglaubensberichten und Sagen, in denen der Tod in Kuhgestalt erscheint (z. B. K. Müllenhoff, Sagen, Märchen u. Lieder der Herzogtümer Schlesw.-Holst. u. Lauenburg, Kiel 1845, S. 239 f., Nr. 328). In Pestsagen kommt dies mehrfach vor: der schwarze Tod, der in Gestalt einer Kuh aus dem Wasser steigt und das Unheil über eine ganze Gemeinde bringt. Unsere Rda. hat jedenfalls einen tieferen religionsgeschichtl. Hintergrund, und die ältere Todesikonographie kann uns hier den Weg weisen. *Was anders ist des Schulzen Kuh ↗ anders.* Heute ausgestorben ist die ältere Rda. *den Kuhfuß tragen:* Soldat sein. Selten in Sachsen, dafür Kuhbein. In Holst. heißt auch eine dem Kuhbein ähnl. Brechstange ‚Kofot‘. Die spöttische Bez. ‚Kuhfuß‘ für Gewehr erklärt Scheube (‚Aus den Tagen unserer Großväter‘) in dem Kapitel ‚Unter der Fahne‘ (S. 254). ‚Da soll ein alter Kuhschwanz Feuer schlagen!‘ ist sächs. Ausruf des Staunens, Schreckens.

Rheinhess. ‚wackeln wie ein Kuhschwanz‘.

Die Kuh vom Eis bringen: die Lage entschärfen, Schwierigkeiten überwinden.

Heilige Kühe schlachten: alte Gewohnheiten über Bord werfen, mit Tabus brechen. Ähnl.: ‚Jem. heilige Kuh schlachten‘: seine liebgewordene Gewohnheit, seine Privilegien oder tiefsten Überzeugungen antasten.

Eine Kuh kaufen: verhüllende Rda. für eine Brautwerbung, die einem Handel gleicht. Im Volksmund wird das sprachl. Bild der Kuh für vielerlei Vergleiche u. Aussagen verwendet. So gilt sie u. a. auch als Wertmaßstab, wie aus den folgenden Sprww., Rdaa. u. Scherzversen hervorgeht: ‚E Kuh deckt alli Armut zu‘ (bad.); ‚Die Kuh mitsamt dem Kalb kriegen‘: ein schwangeres Mädchen heiraten. ‚Was versteht e Kuh von e-re Muskatnuß, wenn sie no nie in e Apotheke ’neikomme isch‘. ‚Was weiß e Kuh, wenn’s Sonntag isch – ma geit’r ja koi frisches Hemed a‘; ‚Bei de Kühe ka ma dreimal ’s Nest ausnehme‘ (sie liefern Milch, Kälber u. Dung).

Vor allem ist die Kuh natürlich ein Sprachbild für die Frau: ‚Bei Nacht send älle Küah schwarz‘, meint – männlich chauvinistisch – alle Frauen sind gleich. Eine Frau ohne Kind wird mit einer Kuh ohne Schelle verglichen: ‚E Frau ohni Chind ist wi-n-e Chue ohne Schelle‘.

Die alte Frau: ‚A alta Kuah schleckt au no gern Salz‘.

Von einer ungeschickten Frau heißt es: ‚Was hilft’s, wenn d’ Chueh vil Milch git, wenn sie de Chübel wider umstoßt?‘ ‚Was hed mer vonere guete Chue, wenn sie d Milch sälber suuft‘, sagt man von reichen Frauen, die ihre Mitgift für sich selbst aufbrauchen.

Die Entwicklung vom Mädchen zur Frau wird auf dem Bild von Kuh und Kalb gesehen: ‚Wenn a Kalb en d Fremde goht, kommt a Kuah hoim‘. ‚E 20jährigs Chalb git kei gschidi Chue me‘. ‚Es Chalb git non-e Chue, aber en Esel blibt en Esel‘. Ebenso natürlich das Mutter-Tochterverhältnis: ‚E gueti Chue chann au e schlechts Chalb ha‘.

Oder Spekulationen über Erbanlagen: ‚Narrete Küeh hend spinnete Kälble‘.

Doch muß die Tochter nicht unbedingt

1/2 ‚Die Kuh vom Eis bringen‘

‚Die heilige Kuh schlachten müssen‘

nach der Mutter schlagen: ‚Blinde Küh kälbere au‘. ‚Schwarze Küah gebet au weiße Milch‘.

Hat jem. ‚keine Ahnung‘ oder ‚keinen blassen Schimmer‘, dann heißt es oft: ‚Er versteht soviel davon wie die Kuh vom Zähneputzen‘, und für ‚niemals‘ hört man nicht selten auch: ‚wenn die Kuh kann Seide spinnen‘. Selbst aus dem Kinderspiel ist die Kuh nicht mehr wegzudenken. Das zeigt u. a. der Kindervers:

Wunderbar, wunderbar,
ist 'ne Kuh mit Pferdehaar.
Hätt' die Kuh kein Pferdehaar,
wär sie auch nicht wunderbar.

wie der tufel bynder der meß
Die klapperig etlicher frowen uff schleiß/vnd jm Gas Berment zu kurtz watt/vnnd ers mit den zenen vß eynander zoch/

1/2 ‚Das geht auf keine Kuhhaut‘

Lit.: *A. Bernt* u. *K. Burdach* (Hg.): Der Ackermann aus Böhmen (= Vom MA. zur Reformation III, 1) (Berlin 1917), S. 237ff.; *K. Wagenfeld:* Die Kuh im plattdt. Sprw., in: Heimatbl. der roten Erde, 1 (1920), S. 250–252; *A. de Laborde:* La Mort chevauchant un bœuf. Comptes rendus des séances de l'Académie des inscriptions et belles-lettres (Paris 1923), S. 100–113; *R. Riegler:* ‚Zur Redensart: Die schwarze Kuh hat ihn gedrückt (getreten)‘, in: Die neueren Sprachen 33 (1925), S. 368–370; *A. Wirth:* Art. ‚Kuh‘, in: HdA. V, Sp. 768–790; *H. Rosenfeld:* Das Röm. Bild des Todes im ‚Ackermann‘, in: Zs. f. d. A. 72 (1935), S. 241ff.; *A. Taylor:* The Proverb ‚the black ox has not trod on his foot‘ in Renaissance Literature, in: Philological Quarterly, XX (1941), S. 266ff.; *M. Kuusi:* Parömiologische Betrachtungen (Helsinki 1957), FFC. 172, S. 21ff.; *L. Röhrich:* Sprw. Rdaa. in bildl. Zeugnissen, in: Bayer. Jb. f. Vkde. (1959), S. 67–79; *L. L. Hammerich:* Das Röm. Bild des Todes im ‚Ackermann aus Böhmen‘, in: Humaniora ... Honoring Archer Taylor, Locust Valley (New York 1960), S. 17ff.; *R. Ramseyer:* Das altbernische Küherwesen, in: Sprache u. Dichtung, N. F. Bd. 8 (Bern 1961), S. 17–18; *P. Wiepert:* Volkserzählungen von der Insel Fehmarn (Neumünster 1964), S. 21–22; *E. Meier* (Hg.): Dt. Kinderreime u. Kinderspiele aus Schwaben. (Nachdr. d. Ausgabe Tübingen 1851). Mit einem Nachwort von L. Röhrich (Kirchheim/Teck 1981), S. 163; *P. Portmann (Hg.):* Di letschti Chue tuet's Törli zue (Frauenfeld 1983); *Th. Schwarz:* Canzona della morte. Der Todestriumphzug Piero di Cosimos und seine Parallelen im ital. Karneval des 16. Jahrhunderts, in: Freiburger Univ.-Blätter, Heft 90 (1985); *A. B. Rooth:* Döden och den svarta oxen (Uppsala 1985); *B. Hülsewiede:* Indiens heilige Kühe, Bd. 1 (1986); *L. Röhrich:* Die Welt der alemannischen Sprichwörter, in: ‚Einheit in der Vielfalt‘. Festschrift für Peter Lang (Bern u. a. 1988), S. 434–457.

Kuhhaut. *Das geht auf keine Kuhhaut:* es läßt sich gar nicht alles sagen; es ist nicht zu beschreiben; eigentl.: es läßt sich auf kein noch so großes Pergament schreiben, denn gemeint ist hier die Kuhhaut als große Schreibfläche. Die Wndg. ist in den dt. Mdaa. weit verbreitet, vor allem im Südwesten: ‚Der schwätzt e ganze Kühhaut voll‘ (schwäb.); ‚Dat giht nöt op en Kuhhaut‘ (rhein.); ‚s gieht uf keene alte Kihhaut‘ (obersächs.); ‚Dat geht nich upna Bullahut tä schriwen‘ (Pommern). Andere Formulierungen sind: ‚Das hat auf keiner Kuhhaut Platz‘; ‚Er schreibt es auf die große Kuhhaut‘ (merkt es für spätere Abrechnung).

Mit dem Streifen aus Kuhleder, mit dem in der Äneassage die Königin Dido die Landfläche des zu gründenden Stadt Karthago umspannt, hat die Rda. nichts zu tun. Vielmehr stammt sie aus einem ma. Predigtmärlein, dessen Verbreitung zunächst über lat. Exempelsammlungen vor sich ging. Der älteste Beleg für diese Erzählung ist ein Exempel des Jacques de Vitry (vor 1240 gest.); er erzählt in den ‚Sermones vulgares‘ von einem Priester, der während des Gottesdienstes einen Teufel mit den Zähnen an einem Pergament zerren sieht. Auf Befragen gibt der Böse den Bescheid, er habe das unnütze

Kirchenschwatzen aufzuschreiben, und dafür reiche sein Pergament nicht. Der Priester verkündet das der Gemeinde und erweckt Reue, so daß der Teufel seine Aufzeichnungen wieder streichen muß. Die zugrunde liegende Anschauung ist die, daß die Sünden der Menschen von Teufeln auf ein Pergament aufgeschrieben werden, um später, beim Jüngsten Gericht, als Belastungsmaterial zu dienen (vgl. Offenb. 20,12). Normalerweise wurden im Mittelalter ja nicht Kuhhäute zum Schreiben verwendet, sondern Schafs- oder Kalbshäute, aber die Pointe der Erzählungen beruht darauf, daß der Sünden eben so viele sind, daß selbst die Haut des größeren Tieres, die Kuhhaut, nicht ausreicht, um alles notieren zu können. Diese Erzählung ist noch in neuzeitlichen Sagen weit verbreitet (AaTh. *826); sie findet sich auch häufig in bildl. Darstellungen der Kirchenkunst des späten Mittelalters und auch nach 1500. Aus dem 14. Jh. zeigt ein Wandfresko in St. Georg auf der Reichenau (Oberzell) ein großes Tierfell, das von vier Teufeln ausgebreitet gehalten wird; der eine packt es außer mit den Klauen auch mit den Zähnen. Über dem Fell werden die Köpfe zweier Frauen sichtbar, die eifrig miteinander schwatzen. Über ihnen deutet eine Art Hängelampe, von der an Kettchen drei Kreuze herabhängen, an, daß das Gespräch in einer Kirche geführt wird. Auf dem Fell stehen in gotischer Majuskel drei Verspaare, die sich auf das Bla-bla-Gerede

1/2 ‚Das geht auf keine Kuhhaut'

klatschsüchtiger Frauen beziehen, ↗ Bla-bla.

Ein Schrotblatt vom Ende des 15. Jh. zeigt einen Priester, der die Messe zelebriert, andächtige, aber daneben unruhige, schwatzende oder auch schlafende Kirchenbesucher sowie Teufel mit einem Buch und einem aufgespannten großen Fell.

Die Rda. ist erst verhältnismäßig spät bezeugt, im Unterschied zu den Belegen der Legende. Mehrmals nimmt Joh. Fischart darauf Bezug: in der ‚Flöhhatz' von 1573, wo zwei Weiber während der Messe beim Schwatz vom Hundertsten ins Tausendste kommen und sich von Kleidern, Geld und Essen vorreden:

Darzu ich ja nicht der Teufel haiß,
Der hinder der Meß ohn gegaiß
Ain Kühhaut voll schrib solcher Reden,
Die zwei frumb Weiblin zsammen
           hetten.

Ich wolt er het ghabt treck in Zänen,
Da er die Kühhaut mußt außdänen.
Hier ist deutlich noch der Zusammenhang mit der Legende vorhanden. Auch in Fischarts ‚Geschichtklitterung' wirkt das Predigtexempel noch nach: „Der Teuffel hinder S. Martins Mesz mit weissen Rubenzänen das Pergamen, darauff der alten Welschparlirenden Weiber geschnader zu copieren, musz wie der Schuster das Leder ... erstrecken". Dann aber verliert die Rda. schnell die Beziehung zur Teufelsgeschichte und verselbständigt sich. Sie ist bes. in den kath. Landschaften beheimatet und hat sich offenbar erst nach der Reformation von der Erzählung abgelöst, nachdem die Legende kein Eigenleben mehr führte. Herzog Ulrich schreibt 1543: „Ob man gleich einen Brief einer ganzen Kuhhaut gross vol schrieb ..." In Wolfhart Spangenbergs Drama ‚Mammons Sold' von 1614 sagt ein betrügerischer Bauer:

Summa, ich habe so viel getrieben,
Wann es alles solt seyn beschrieben,
Es ging auff keine Kuhhaut nicht.

In weiterer Entfernung von der alten Legende sind an die Stelle der Kuhhaut noch andere Häute getreten: Stier-, Pferde-, Ziegen-, Eselshäute usw., wie in einem Bildergedicht von 1610:

Wenn ich dies Geschlecht beschreiben
solt,
Ein Ochsenhaut ich brauchen wollt.

Hans Jakob Behaim aus Nürnberg schreibt 1644 an seinen Vater: „Mich wundert, daß meine Schwester Susanna, welcher alles, was bey uns verlaufet, bekannt, ihrem Bruder die Mucken aus dem Kopf zu treiben, nicht eine Kuhhaut voll neuer Zeitungen berichtet". Die Schwester antwortet darauf: „Daß ich dir nit eine Flöhhaut voll wüßt". Auch Christian Reuter in Leipzig verwendet 1696/97 zweimal die Rda.: „Wi vielmahl ich mich auch hernach des Jungens halber mit meiner Frau Mutter gezancket und gekiffen, das wäre der Tebel hohl mer auff keine Esels-Haut zu bringen" (‚Schelmuffsky'). J. G. Schnabel steigert in dem Roman ‚Insel Felsenburg' (1731–43) die Wndg. noch: „Er hielt mir die Kuhhaut oder vielmehr Elephantenhaut vor, worauf alle meine Sünden verzeichnet waren".

Manchmal wird die Kuhhaut auch zahlenmäßig noch gesteigert. Ein geistlicher Text aus Nürnberg sagt schon 1568:

Das ist unmöglich auszusagen.
Zwölf ganzer Kuhheut müsten
haben ...

Wir sind uns bei der heutigen Anwendung der Rda. jedenfalls kaum mehr bewußt, daß ihr eine ma. Teufelserzählung zugrunde liegt, d. h. die Rda. hat sich von ihrem Urspr. völlig emanzipiert und läßt sich seither auch in ganz anderer, d. h. in profaner Weise verwenden. Auf ein Mißverständnis oder einen sprachl. Scherz ist die Wndg. zurückzuführen: ‚Das geht auf keinen Kuhhaufen', ↗ Teufel.

Lit.: *J. Bolte:* Der Teufel in der Kirche, in: Zs. f. vgl. Lit.-Gesch., N. F. 11 (1897), S. 249–266; *R. Köhler:* Kleine Schriften, Bd. II (1900), S. 319ff.; *F. Harder:* Sündenregister, in: Zs. d. Ver. f. Vkde. 37/38 (1927/28), S. 111–117; *A. Wirth:* Art. ‚Kuh', in: HdA. V, Sp. 768–790, hier insbes. 786f.; *A. Spanner:* Die dt. Volkskunde, Bd. I (1934), S. 195; *A. Götze:* Das geht auf keine Kuhhaut, in: Zs. f. Mdaforsch., 11 (1935), S. 162–168; *Richter-Weise,* Nr. 118; *R. Wildhaber:* Das Sündenregister auf der Kuhhaut (Helsinki 1955), FFC. 163 (mit weiteren Lit.-Angaben); *L. Röhrich:* Sprw. Rdaa. in bildl. Zeugnissen, in: Bayer. Jb. f. Vkde. (1959), S. 67–79; *E. Murbach:* Zwei gotische Wandbildfragmente und ihre ikonographische Deutung, in: Unsere Kunstdenkmäler, Mitteilungsblatt f. die Mitglieder der Ges. f. Schweiz. Kunstgesch., XVI (1965), H. 1, S. 23ff.; *L. Röhrich:* Erzählungen des späten Mittelalters, Bd. I, S. 113–123; 267–274; *H. Rasmussen:* ‚Der schreibende Teufel in Nordeuropa', in: Festschrift M. Zender, Bd. I (Bonn 1972), S. 455–464; *E. Land:* Der Teufel mit dem Sündenregister in Schöngräbern. Ein Beispiel zum Problemkreis ma. Realitätsauffassung, in: Österr. Zs. f. Kunst u. Denkmalpflege 31 (1977), S. 126–137; *O. Moser:* Der Teufel mit dem Sündenregister am Kircheneingang, in: Carinthia I, 168 (1978), S. 147–167.

Kuhle. *In die Kuhle treten:* hinken, Rda. ndd. Herkunft, wie auch das Wort Kuhle selbst; der Hinkende neigt seinen Körper beim Gehen nach einer Seite mehr als nach der anderen, so als ob er jedesmal in eine Vertiefung träte.

Kuhscheiße. *Wie kommt Kuhscheiße aufs Dach?* sagt man oft rdal., wenn einer etw. Dummes fragt, worauf man keine Antwort geben kann oder will. Zu dieser Frage gibt es eine witzige Antwort:

Hat sich Kuh auf Schwanz geschissen
und mit Schwung hinaufgeschmissen
(oder: aufs Dach geschmissen).

Die witzige Antwort klingt nach Wasserpolakisch, der Sprache, die um 1900 im Kohlenpott und in Oberschlesien häufig anzutreffen war unter den aus Polen zugezogenen Bergarbeitern. Es gibt aber auch eine derbe ndd. Antwort: ,... wenn im Himmel Viehmarkt ist ...' – typisch für die Landschaft, wo es allenthalben die Vieh- und Jahrmärkte gab.

Die modern anmutende Wndg. scheint auf eine alte Tradition zurückzugehen. Ein Fastnachtsgedicht von Georg Hager aus dem Jahre 1625 erzählt von einem Bauernsohn, der als Student in sein Elternhaus zurückkehrt und darüber nachsinnt, wie Kuhmist an die Stubendecke kommen kann. Nun behält ihn der Vater wieder auf dem Hof, da er das Studium des Sohnes für erfolglos hält:

Der vatter sprach mit spott:
,Was hast du mich kost mit deinem
          studieren
Vnd thust so vnnicz deine zeit
          verlieren!
Du hast ein blödes hiren,
Das du nit das aus rechnen kanst
          gewiss.
Das bret lag auf der erden da,
Ehe die kuh dar auf schiss.
Dar nach ist das bret hin nauf kumen
Durch den zimerman ze dach ...'

Dieser heute bei uns ausgestorbene Schwank, der noch in der Eifel als Ortsneckerei erzählt wird, scheint sich sonst nur noch in der rdal. Frage erhalten zu haben. Die Erzählung muß jedoch früher eine weite Verbreitung gehabt haben. Ebenso wundert sich der türkische Narr Nasreddin Hodja, als er an der Spitze einer Stange Kuhmist statt des von ihm dort aufgehängten Geldbeutels findet, darüber, wie die Kuh habe auf die Stange klettern können.

Lit.: *J. H. Schmitz:* Sitten und Bräuche, Lieder, Sprww. und Rätsel des Eifler Volkes, Bd. I (Trier 1856), S. 104, Nr. 3; *J. Bolte:* Märchen- und Schwankstoffe im dt. Meisterliede, in: Zs. f. vgl. Lit.-Gesch., 7 (1894), S. 465 f.

Kulissen. *Hinter die Kulissen sehen:* unerwartete, enttäuschende Entdeckungen machen, etw. durchschauen; diese Redewndg. ist von der Bühne hergenommen, deren rückwärtiger Teil im Vergleich zur schönen Vorderseite oft einen ernüchternden Anblick bietet; vgl. frz. ,regarder derrière les coulisses'.

Etw. spielt sich hinter den Kulissen ab: es geschieht nicht vor der Öffentlichkeit.

Der schiebt die Kulissen oder *er ist ein Kulissenschieber* sagt man von einem Politiker oder Funktionär, dessen Einfluß größer ist, als es nach außen hin den Anschein hat, oder der es versteht, eine ihm genehme Persönlichkeit durch geschickte Manipulationen in den Augen der Öffentlichkeit als Vorbild hinzustellen. Alle diese Rdaa. sind jung, sie reichen nicht weiter als bis ins 19. Jh. zurück.

Kümmel. *Einem den Kümmel reiben:* einem gehörig die Meinung sagen, ,die Leviten lesen'. Kümmel ist ein kleinkörniges Gewürz; *Kümmel spalten* bedeutet dementspr. von pedantischer Kleinlichkeit sein, ,Haare spalten'; einen kleinlichen Kaufmann, eine geizige Person nennt man ,Kümmelspalter': Schon Platon redet im ,Symposion' von einem Menschen, der ein Kümmelkorn spaltet, um die Hälfte sparen zu können, und Aristophanes gebraucht in den ,Wespen' das Wort ,kümmelkressespaltend'. Das schweiz. ,Chümichknüpfer' meint dagegen jem., der eine unnütze, unsinnige Arbeit verrichtet. Ein Schimpfwort ist auch ,Kümmeltürke'; es bezeichnete um 1790 den Studenten im Bereich der Stadt Halle, denn bei Halle wurde Kümmel angebaut, weswegen man die dortige Gegend auch ,Kümmeltürkei' nannte. Nachdem die Grundvorstellung in Vergessenheit geriet, wurde das Wort ein allg. Schelt- und Schimpfwort.

Lit.: *H. Marzell:* Art. ,Kümmel', in: HdA. V, Sp. 805–807.

Kummer. *Ich bin Kummer gewöhnt* sagt man resignierend, wenn einem etw. Unangenehmes widerfährt, wobei die Einsicht zugrunde liegt, daß man eben mit gelegentlichen Rückschlägen im Leben zu rechnen hat. Ob diese Rda. auf ein Sprw. ,Wer Kummer gewöhnt ist, trägt ihn leichter' zurückgeht, wie S. Singer (Sprww. des MA. II, 25) vermutet, muß dahingestellt bleiben.

Kummerspeck ansetzen: aus Verzweiflung mehr, bes. viel Süßes, essen, um seinem

Frust, seinem Alleinsein zu begegnen, um sich eine ‚Ersatzbefriedigung' zu verschaffen, und dabei ungewollt zunehmen. Die Wndg. wird auch scherzhaft gebraucht, um eine plötzliche Gewichtszunahme zu erklären.

Mehrere gereimte Sprüche behandeln die Thematik ‚Alkohol gegen Kummer':

Hast du Kummer mit die Deinen,
trink dich einen,
ist der Kummer dann vorbei,
trink dich zwei!

Von Wilh. Busch stammt:

Es ist ein Spruch von alters her:
Wer Sorgen hat, hat auch Likör.

Kümmernis. *Er ist wie die hl. Kümmernis:* er kümmert sich um alles, er versucht, überall einzugreifen, macht fremde Sorgen zu seinen eigenen. Die im wesentlichen auf das südostdt. Sprachgebiet beschränkte Rda. spielt scherzhaft auf die nicht kanonisierte Volksheilige an, deren volksetymol. gedeuteter Name auf ihre spezielle Hilfe bei Kummer und Not hinzuweisen scheint. Ebenso wortspielerisch ist der rdal. Vergleich *aussehen wie die hl. Kümmernis:* betrübt, bekümmert blicken. Die Wndg. bezieht sich auf ihr qualvolles, mehrere Tage dauerndes Martyrium. Die älteste Legende von dieser hl. Jungfrau, die verschiedene Namen besitzt (Wilgefortis, Liberata, Ontkommer, Hülpe usw.), stammt aus den Niederlanden, wo aus Steenbergen seit dem 15. Jh. Wunder von ihrer Hilfe bei Krankheit und Tod berichtet wurden. Sie gilt als portugiesische Königstochter, die einen Heidenkönig heiraten sollte. Da sie ihrem christl. Glauben treu bleiben wollte, bat sie Christus um einen Bart, der sie völlig entstellte. Ihr wütender Vater ließ sie daraufhin selbst kreuzigen. Im Dt. verbindet sich damit die Sage vom armen Spielmann, dem sie ihren goldenen Schuh zuwarf, als er vor ihrem Bild spielte. Der Urspr. der Legende ist ein mißverstandenes, bekleidetes Kruzifix, der Volto Santo, im Dom zu Lucca. Christus ist noch nicht als der Leidende, sondern als der Triumphierende am Kreuz dargestellt, mit der Krone und einem Faltengewand. Dieses nördlich der Alpen ungewöhnliche Kruzifix regte die Phantasie an und führte zur Erzählung von der gekreuzigten Jungfrau. Bild und Sage von der Kümmernis sind heute noch in Schlesien, Bayern und Österr. verbreitet.

Lit.: HdA. V. Sp. 807 ff., Art. ‚Kümmernis' v. *Wrede;* G. *Schnürer* u. *J. Ritz:* St. Kümmernis und Volto Santo (Düsseldorf 1934); *J. Gessler:* De Vlaamsche Baardheilige Wilgefortis of Ontcommer. Kantteekeningen bij een Standaardwerk (Antwerpen 1937); *O. A. Erich* u. *R. Beitl:* Wb. der dt. Vkde. (Stuttgart 1955), S. 452 f.; *L. Kretzenbacher:* Heimat im Volksbarock. Kulturhistorische Wanderungen in den Südostalpenländern (Klagenfurt 1961).

‚Aussehen wie die hl. Kümmernis'

Kunst. *Die Kunst durch den Trichter saufen:* prahlen, daß man etw. vermöchte, was man in Wirklichkeit nicht kann; die Rda. war schon Geiler von Kaysersberg bekannt, ist aber heute nahezu ausgestorben. Kunst ist von Gunst abhängig, wo sie nichts auszurichten vermag und also eigentl. auch nichts verdient, sagt man: *Hier geht meine Kunst betteln.* Lessing schreibt im ‚Jungen Gelehrten' (I, 6): „Bei dem geht meine Kunst, meine sonst so wohl versuchte Kunst, betteln", in ‚Emilia Galotti' (I, 2) sagt Conti: „Die Kunst geht nach Brot". Diese Rda., die bereits in Luthers Sprww.-Sammlung erscheint, reicht wahrscheinl. ins MA. zurück.

Das ist keine Kunst: das ist leicht, das kann jeder; urspr. wohl auf Akrobatenkunststücke und ähnl. Darbietungen zu beziehen, die für Kunst ausgegeben wurden; vgl. frz. ‚C'est tout un art': das will gelernt sein; in iron. Abk.: *Kunststück! Was macht die Kunst?:* Wie geht es beruflich? Zunächst dachte man bei dieser Frage wohl tatsächlich an eine künstlerische Betätigung, heute meint die Rda. das allg. Können und überhaupt die allg. Lebensumstände im Sinne von ‚Wie geht's?' *Nach allen Regeln der Kunst* ↗ Regel; vgl. frz. ‚Selon toutes les règles de l'art'.

Mit seiner Kunst am Ende sein: nicht mehr zur Lösung eines Problems beitragen können. Es kann sich dabei sowohl um ein handwerkliches als auch um ein geistiges Problem handeln.

Lit.: *A. Jacoby:* Art. ‚Kunst', in: HdA. V, Sp. 817–836.

Kupferstecher. *Mein lieber* (oder *alter*) *Freund und Kupferstecher!:* eine im mittleren und nördl. Dtl., bes. in Berlin und Sachsen, gebräuchl., halb iron., halb vertrauliche Anrede an jem., mit dem man sich irgendwie auseinandersetzt. Lit. z. B. 1892 bei Th. Fontane in ‚Frau Jenny Treibel' (8. Kap.): „Das hat so sein sollen, Freund und Kupferstecher; mitunter fällt Ostern und Pfingsten auf einen Tag". Es ist noch nicht geklärt, warum sich gerade der Beruf des Kupferstechers in dieser Formel erhalten hat. Zweifellos ist in dieser Rda. der Beruf des Kupferstechers gemeint, denn aus dem Obersächs. sind zwei sehr verwandte Ausdrücke bezeugt, die genaue Parallelen zu unserer Wndg. darstellen: ‚Alter Freund und Bildermann!', schon 1803 bei L. Lorenz in ‚Ein Denkmal aus dem Erzgebirge' belegt: „do biste freilich of'n Holzwag, alter Freund und Bildermann". Der Bildermann war ein auf den Jahrmärkten anzutreffender Schausteller, der die Erzeugnisse der Kupferstecherei verkaufte. Eine weitere obersächs. Rda. lautet: ‚Alter Freund und Petschaftsstecher!' An ein Gedicht Rückerts ‚An den Gevatter Kupferstecher Barth' (Ges. poet. Werke, Bd. 7, S. 66) anzuknüpfen, geht deshalb kaum an; dazu ist das unbedeutende Gedicht zu wenig bekanntgeworden.

Lit.: *H. Walther:* ‚Alter Freund u. Kupferstecher', in: Sprachdienst 18 (1974), S. 197–198; *H. Küchler:* ‚Alter Freund u. Kupferstecher', in: Sprachdienst 19 (1975), S. 112; *R. Dietrich:* ‚Alter Freund u. Kupferstecher', in: Sprachdienst 19 (1975), S. 201–205.

Kuppelpelz. *Sich einen Kuppelpelz verdienen:* eine Heirat vermitteln. Rud. Hildebrand bringt im Dt. Wb. eine Reihe von Beisp. für den Ausdr. mit der Bemerkung: „Der Pelz ist längst zur bloßen Redensart geworden, während er einst ein wirklicher gewesen: dieser Pelz war der übliche Kaufpreis für die Überlassung der Mundschaft über die Frau an den Gatten". Bei Abraham a Sancta Clara heißt es (‚Judas der Erzschelm' III, 54): „Es ist schon einen Kuppelpeltz werth". Ein verwandter Ausdr. ist ‚Kappengeld'; so kennt Geiler von Kaysersberg im ‚Brösamlein' (I, 33 a): „mit einem ums cappengeld reden", „ihn zu verführen suchen"; ebenso in der ‚Zimmerischen Chronik' (III, 66): „Er fing an mit der frawen zu sprechen und mit ir umbs cappengeld zu reden".

Kurbaum. *Auf den Kurbaum gehn* (oder *reiten*): unschlüssig sein, wie man wählen (küren) soll. Das Wort wird gern in Gegensatz zu dem ebenfalls bildl. gebrauchten Faulbaum gestellt. Sprw. schon bei Seb. Franck (2, 110[b]): „wer kurbäumen wil, der faulbäumet gern", in Oldenb.: ‚De Körbom söcht, de Fulbom findt', wer lange wählt, trifft wohl immer das Schlechteste; in Meckl.: ‚Se is von'n Körbom upn Fulbom komen', ist alte Jungfer geworden. Der Kurbaum ist eigentl. der beste Stamm, den man aus dem Gemeindewalde behutsam auswählt zum Bau oder zur Ausbesserung des Hauses. Wer aber zu lange wählt, trifft nicht immer den besten.

Kurpfuscher. *Ein Kurpfuscher (Kurschmied) sein,* auch: *Kurpfuscherei betreiben:* kein ausgebildeter Arzt sein und unsachgemäße Heilbehandlungen durchführen, die die Hoffnungen der Patienten auf wirksame Hilfe enttäuschen. Die Rdaa. beziehen sich vor allem auf Personen, die sich umstrittener (volks)medizinischer Methoden bedienen und auch die Berufsbez. Heilpraktiker nicht führen dürfen.

↗ Eisenbarth, ↗ Pfuscher, ↗ Quacksalber.

Kurschatten. *Einen Kurschatten haben,* auch: *sich einen Kurschatten zulegen:*

einen neuen Partner gewinnen, der einem während der kurzen Zeit eines Kuraufenthaltes als ständiger Begleiter ‚wie ein Schatten folgt‘, ein außereheliches Verhältnis während einer Badekur haben, das bei der Heimreise eines Partners meist unproblematisch endet. Eine solche Partnerin auf Zeit wird scherzhaft-iron. auch als ‚Sternschnuppe‘ bez., denn sie ist während des Urlaubs ein ‚Stern‘, danach aber ihrem Liebhaber ‚schnuppe‘.

kurz. *Kurz angebunden sein:* zurückhaltend, wortkarg, abweisend sein; die Rda. kennt schon Luther: „… wäre der Bauer ungeduldig und kurz angebunden"; Goethe verwendet sie im ‚Faust‘ (I, Straße):

Wie sie kurz angebunden war,

Das ist nun zum Entzücken gar!

Urspr. ist dabei wohl an ein Pferd oder ein anderes Tier zu denken, das an einer kurzen Leine gehalten wird und deshalb reizbar ist; jedenfalls hat die Rda. zunächst diesen Sinn (↗ anbinden). Auf dem gleichen realen Hintergrund ruht auch die Rda. *jem. kurzhalten:* jem. in seiner Freiheit beschränken, jem. finanziell einschränken (vgl. ndl. ‚iemand kort houden‘).

Die Zwillingsformel *kurz und gut,* die keiner Erklärung bedarf, ist ebenfalls schon bei Luther bezeugt, z. B.: „Kurz und gut gefällt Jedermann" (Weimarer Ausg. II, 17); überdies verwendet er die Formeln ‚kurz und ganz‘ sowie ‚kurz und schlecht‘. Auch Abraham a Sancta Clara gebraucht den Ausdr. ‚kurz und gut‘ mehrfach (z. B. ‚Judas‘ II, 387). Und im Märchen (KHM. 52) begegnet die erweiterte sprw. Version: ‚Kurz u. dick hat kein Geschick‘.

Als erotische Anspielung auf die körperliche Beschaffenheit eines Mannes: ‚Kurz und dick – der Frauen Glück‘.

In der Redewndg. *kurz und bündig* hat ‚bündig‘ noch die alte Bdtg. festgebunden, verbündet, auch: rechtlich verpflichtend (so vor allem ndl. ‚bondig‘), jedoch ist im heutigen Sprachgebrauch diese Bdtg. zumeist gar nicht mehr bewußt, ‚kurz und bündig‘ hat heute den Sinn ‚auf eine kurze Formel gebracht‘ oder ‚kurz und knapp‘ (vgl. ndl. ‚kort en bondig‘; engl. ‚short and pithy‘).

Kurz und schmerzlos etw. erledigen: sehr rasch, ohne lange Vorbereitungen, ohne viel Aufhebens.

Etw. kurz und klein schlagen (oder *hauen*): etw. entzweischlagen, ist vom Holzhakken hergenommen.

Kurz angerannt: da ist zuwenig Bedenkzeit gelassen, da ist ‚die Pistole auf die Brust gesetzt‘; als ob der Betreffende eigentl. einen langen Anlauf hätte voraussehen und sich darnach hätte einrichten, rüsten können. In dem alten Budenspiel ‚Harlekins Hochzeit‘ (1693) sagt der Richter, als der Harlekin mit seiner Liebsten vor ihn tritt und stracks zur Hochzeit „eingeschrieben" zu werden begehrt: „Es ist kurz angerent. Warumb denn eilt ihr so?"

Die Rda. *kurztreten:* langsam arbeiten, sich zurückhalten, sich mäßigen, entstammt der Soldatensprache; beim Einschlagen einer anderen Richtung müssen die auf der Innenseite einer Kolonne Marschierenden kleinere Schritte machen, damit der Gleichschritt beibehalten wird.

Über kurz oder lang: früher oder später, ist eine Zusammenziehung der längeren Wndg. ‚über einen kürzeren oder längeren Zeitraum‘.

Zu kurz kommen: benachteiligt werden, übervorteilt werden; bezieht sich zunächst wohl auf das Nichterreichen eines räumlichen Ziels. Die Rda. ist lit. seit dem 17. Jh. bezeugt (1650 bei Moscherosch). „… und bist von jeher zu kurz gekommen", sagt Sickingen zu Götz von Berlichingen (vgl. ndl. ‚te kort komen‘; engl. ‚to come short of something‘).

Die gleiche Bdtg. hat die Rda. *den kürzeren ziehen;* sie leitet sich her vom Losen mit Halmen, Stäbchen oder Streifen im Unterschied zum Loswerfen (mit Steinchen, Würfeln usw.). Vgl. frz. ‚tirer à la courte paille‘ (mit Halmen losen) als Bez.

‚Den kürzeren ziehen‘

für diese in Frankreich noch übliche Art des Losens. Das Losen hat seit alters her den Rang eines Gottesurteils; wer den kürzeren Halm zieht, ist im Unrecht, ihm fällt der geringere Anteil zu. Ein altdt. Vers lautet in Josef v. Laßbergs ‚Liedersaal‘ (Bd. I, 1820–25, S. 145):

Ziehen wir zwei gräselin
Ane allen falschen wank,
Das eine kurz, das ander lang;
Weders ouch immer mag ziehen an,
Das länger soll gewunnen han.

Abraham a Sancta Clara verwendet die Rda. mehrfach (z. B. ‚Judas‘ I, 122; II, 280 u. ö.) in der Form „das Kürtzere ziehen", gelegentlich auch in umgekehrtem Sinn, jedoch mit dem gleichen Bild: „das Längere ziehen" (‚Reim dich‘ 77). Der aus dem Rechtsleben stammende Ausdr. konnte im übertr. Sinne in den verschiedensten Zusammenhängen Verwendung finden; so wird er etwa von Julius Wilhelm Zincgref 1626 in seinen ‚Teutscher Nation Apophthegmata‘ (II, 17) auf den Kampf bezogen: „Als er (Albrecht von Brandenburg) mit Kurfürst Moritz von Sachsen den Kürtzern gezogen, floh er nach Hannover".

Daß gerade der Strohhalm beim Losorakel früh eine Rolle spielte, bezeugt auch eine Stelle bei Walther von der Vogelweide (66, 5), die sich jedoch auf das ‚Halmmessen‘ bezieht; dabei zählte man

die Knoten des Halms (wie man heute noch die Blütenblätter einer Blume zählt), um daraus die Zukunft zu erfragen:

Mich hât ein halm gemachet frô,
er giht, ich sül genâde vinden,
ich maz daz selbe kleine strô,
als ich hie vor gesach von kinden.

Kurze Fünfzehn machen ↗ fünfzehn.
Jem. einen Kopf kürzer machen ↗ Kopf.
Einen Kurzen machen (haben): ein Kurzschluß in der Leitung. Mdal.: ‚Der hot 'n Kurze‘: er ist nicht bei Verstand.

Kuß, küssen. *Und wer küßt mich (mir)?* Redewndg. dessen, der sich bei einer Verabredung oder Verteilung übergangen fühlt. Die Rda. stammt aus einem von Hand zu Hand weitergereichten Gedicht mit den Schlußzeilen:

Die Hasen rammeln im Revier,
Kurzum es liebelt jedes Tier,
Und wer küßt mir?

Seit etwa 1850 (Küpper).
Die derbe Aufforderung ‚Leck mich im ↗ Arsch‘ wird in vielen Wndgn. mit Kuß umschrieben: ‚Küß mich, wo der Buckel ein End hat‘; ‚küß mir den Buckel, aber von unten‘; Hans Sachs: „Küß mich, da ich sitz"; ‚köß mi, wo ek gen Ogen heb‘; ‚er kann mich küssen, wo ich keine Nase habe‘; ‚küß mir den Buckel, wo die Haut ein Loch hat‘.
Mit Kußhand: sehr gern (↗ Hand).
Man bekommt einen Kuß sagt man, wenn sich Bläschen auf dem Kaffee bilden. Ndd. wird weiter ‚orakelt‘: ... die Bläschen schwimmen zum Tassenrand, wo sie zerplatzen. Die Richtung ihres Abgangs ist die, aus der der Kuß zu erwarten ist. Dies ist ein Gesellschaftsspiel, auch mit ‚corriger la fortune‘ (durch in eine bestimmte Richtung Pusten ...) Die anderen bei dieser Gelegenheit üblichen Rdaa. wurden durch den Atlas der dt. Vkde. (ADV-Frage 234a) erfaßt, sie lauten: ‚Man bekommt einen Brief‘; ‚man hat Geld zu erwarten‘; ‚das Wetter ändert sich‘. Hat jem. an der Lippe einen Ausschlag, wird er herausfordernd oder scherzhaft gefragt: *Du hast wohl (falsch geküßt) einen falschen Kuß bekommen?* oder: *Hast du einen Pferdekuß gekriegt?* Weithin bekannt sind auch solche formelhaften Floskeln wie ‚Gruß u. Kuß Dein

Die Bedeutung der Bläschen auf dem Kaffee
Überblick über die häufigsten Motive
nach ADV-Frage 234 a

Hauptverbreitungsgebiet von „KUSS"

Entwurf: G. Grober   Zeichnung: J. Zischei

‚Man bekommt einen Kuß ...‘

Julius' oder ‚ein Kuß ohne Bart ist wie eine Suppe ohne Salz', ↗ Bart, ↗ Gruß.

Etw. für einen Kuß u. ein Fünferle tun: aus Gefälligkeit u. Freundschaft sich mit einem symbol. Lohn zufriedengeben.

Scherzh.: ‚Er (sie) ist so dürr, daß er (sie) den ↗ Bock zwischen den Hörnern küssen kann'.

Das Sprw. ‚Ein Küßchen (rhein. ‚ein Bützchen', alem. ‚e Schmützli') in Ehren, kann niemand verwehren' legitimiert einen Kuß zwischen Personen, die sich sonst nicht küssen.

Lit.: *B. Karle:* Art. ‚Kuß, küssen', in: HdA. V, Sp. 841–863; *G. Grober-Glück:* Motive u. Motivationen in Rdaa. u. Meinungen (Marburg 1974), S. 307–308; *D.-R. Moser:* Art. ‚Kuß', in: HRG. II, Sp. 1320–1322; Münzen in Brauch u. Aberglauben (Mainz 1982), S. 231.

Kutscher. *Das kann mein Kutscher auch:* dazu gehört nicht viel, das kann jeder, auch in der Form: *Das kann Lehmanns Kutscher auch.* Der Ausdr. ist wohl von Berlin aus durch die Wilkensche Posse ‚Kläffer' volkstümlich geworden. Anderwärts sagt man auch: ‚Das kann meine Tante auch'. Das Wort Kutscher steht hier in geringschätzigem Sinne, wie man beim Skatspiel eine ganze Handvoll guter Karten, die sich von selbst spielen, als den ‚reinen Kutscher' und einen minderwertigen Wein, der vom Faß geschenkt wird, als

‚Kutscherwein' bez., weil er nur für einen Kutscher gut genug ist.

Sich wie ein Kutscher benehmen: schlechte Manieren haben.

Kuvert. *Offenes Kuvert bei jem. haben:* von jem. jede gewünschte (finanzielle) Unterstützung erhalten; der Ausdr. ist lit. bei Immermann (‚Münchhausen' 6. Buch, Kap. 3) belegt: „... und wurden in ihrer Meinung von einigen Schauspielern, Doktoren der Philosophie und von einem dimittierten Legationssekretär unterstützt, welche Personen bei ihrem Vater offenes Kuvert hatten". Es handelt sich hier wohl um eine lit. Einzelschöpfung, die sich offensichtlich als Rda. in der Volkssprache nicht niedergeschlagen hat.

K-v-Maschine. *Jem. durch die K-v-Maschine drehen:* ihn für kriegsverwendungsfähig erklären. ‚K. v.' ist die militärärztliche Abk. für ‚kriegsverwendungsfähig', d. i. fronttaugl. Als K-v-Maschine wird der Militärarzt bez., der alle ihm vorgestellten Männer rücksichtslos für k. v. erklärt. Von der Soldatensprache ausgegangen, hat sich der Ausdr. auch noch fortgesetzt: eine *K-v-Maschine in Zivil* ist ein Vertrauensarzt der Krankenkasse oder ein Amtsarzt (Küpper).

L

L. Der bloße Buchstabe L kommt in einer Reihe von rdal. Abkürzungen vor, die ausnahmslos erst der gegenwärtigen Umgangssprache angehören, wie *l hoch drei:* schwer von Begriff (↗ Leitung); *l. L:* lange Leitung; *l.l. L:* lausig lange Leitung; In der Schülersprache wurde früher die Formel 1³ weiterentwickelt zu: 1³ mK 1² = (1.1.1.m.K.1.1) *lausig lange Leitung, mit Knoten, leider lädiert.* Da der Inhalt von Formeln ja bekannt ist, genügt das Herunterschnurren: ,1³ mK 1²'.
L wie Lynchjustiz.

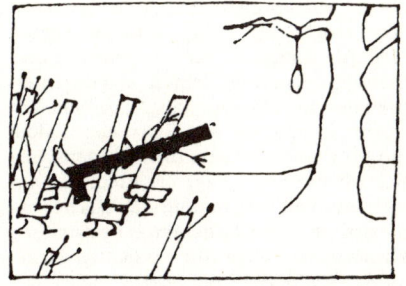

l.m.A.: leck mich im ↗ Arsch; *l.b.:* leicht bekloppt oder leicht bestußt, d.h. etw. dumm.

Laban. *Langer Laban* ist bes. im Rheinl. eine verbreitete Bez. für einen langen, meist schlaffen Kerl; abfällig, aber auch humorig-freundlich gemeint. Die Herkunft des Wortes ist zeitlich und bedeutungsmäßig unklar, denn der bibl. Laban (1. Mos. 29), Sohn Nahors, Schwiegervater Jakobs, wird im A.T. nicht als lang bez. Allerdings mußte Jakob bei ihm sehr lange dienen, nämlich zweimal sieben Jahre, um Labans Tochter Rahel zur Frau zu bekommen. Es entspräche durchaus der oft alogischen Struktur volkstümlicher Redeweise, wenn Labans lange Hinhaltetaktik gegenüber Jakob ihm nun einfach adjektivisch als Eigenschaft beigelegt worden wäre. Zudem entspricht die Bez. eines bestimmten Typus durch einen bibl. Namen dem Bedürfnis volkstümlicher Ausdrucksweise – zumindest bis in die Neuzeit. Daß das Wort bis ins 16./17. Jh. zurückreicht, zeigt die in Schlesien erhaltene Form *Labander.* Es ist aber dennoch nicht sicher, ob der lautliche Anklang im Sinne des bibl. Laban zu verstehen ist oder eine Anlehnung an das schles. Städtchen Laband vorliegt. Auch ist nicht klar, ob die mögliche bibl. Deutung urspr. war oder erst nachträglich vorgenommen wurde. Auch eine volksetymol. Deutung, die der vorigen nicht widersprechen muß, kann zutreffen, nämlich für einen langen Menschen einen Namen zu finden, der an ,lang' anklingt. Es gibt deren viele: Langer Laband (Ostpr.), L. Labommel (Pomm., Ostpr.), Lakeband (Pomm.), Labbatsch (um Elbing), L. Lampe, L. Laster, L. Latte, L. Labbes, L. Lakes, L. Lulatsch. Möglich ist auch die Abhängigkeit von dem Stamm ,lab', der in labberig (gehaltlos, fade) und labbern (schlaff werden) steckt (↗ Laffe, ↗ Lappländer). Diese Deutungen brauchen einander nicht auszuschließen; sie können durchaus gemeinsam den Sinn der Rda. herstellen, ja solche Bez. entstehen oft nur unter der Bedingung der Mehrdeutigkeit.
Neues Licht auf die Entwicklung der Rda. wirft eine Untersuchung von H. Rosenfeld: Die pomm., preuß., schles. und schlesw.-holst. Mda.-Wbb. registrieren seit 1768 das Wort vom langen, schlaksigen, ungeschickten, faulen, flegelhaften, sich herumtreibenden Laban. Dagegen engt sich das Problem der Entstehung und Deutung der Rda. auf Nord- und Ostdeutschland ein, d.h. auf Gebiete, in denen eine Jahrhunderte während Gemeinsamkeit der Auseinandersetzung von dt. und slaw. Siedlern stattfand.
Der bisher älteste lit. Beleg spricht nicht von ,langer Laban', sondern von ,Labóm-

mel' (also mit Zweitsilbenbetonung). Er findet sich bei Bogomil Goltz in ‚Ein Jugendleben, biographische Idylle' (1852), wo Labómmel einen verlotterten Jüngling bez. Der märkische Erzähler Hanns von Zobeltitz (1853–1918), Gutsbesitzersohn aus dem Kreis Sternberg, spricht in seinem Roman ‚Aus märkischer Erde' (1910, S: 14) vom Kantor als „der lange Labammel". Der nächste lit. fixierte Beleg bringt die kunstvolle Wortverbindung ‚langer Labánder'. Er findet sich in den ‚Soldatengeschichten' (Bd. 3, 1853, S. 150) von Friedrich Wilhelm Hackländer (1816–1877). Hier sagt der Feuerwerker Wortmann zu seinem Hauptmann: „Der lange Labander da, er sollte sich schämen, von einem kleinen Kerl Prügel zu erhalten". Im Milieu des preuß. Soldatentums befinden wir uns auch, wenn der Breslauer Karl Holtei (1798–1880) in einem Alterswerk diesen Ausdr. gebraucht. Beim Ausbruch des Bayer. Erbfolgekrieges zwischen Friedrich d. Gr. und Österreich, April 1778, läßt er den Helden seines ‚Christian Lammfell' (Bd. 3, 1853, S. 86) in einem Briefe schreiben, sein Freund wolle unter die Soldaten, „mich nehmen sie nicht, sagt er, ich wäre viel zu klein, … wenn ich so ein recht langer Labander wär, müßte ich vielleicht mit, möcht ich mögen oder auch nicht".

H. Rosenfeld geht sodann der Frage nach, ob die Rda. vom ‚langen Laban' tatsächlich auf den biblischen Laban Bezug nimmt, und bezweifelt zu Recht, ob dieser im deutschen Volk je so bekannt war, daß sein Name in eine Rda. verflochten werden konnte. Man vergißt, daß im MA. niemand die Bibel lesen konnte und daß trotz der immer mehr verbilligten illustrierten Bibeldrucke die Lektüre des Alten Testaments und seiner sehr weitschweifigen Geschichten meist nur sehr begrenzt war. So kam es wohl kaum vor, daß Eltern ihre Kinder auf den Namen des bibl. Laban taufen ließen, und auch nach dem Ausweis des ‚Lexikons der christlichen Ikonographie' ist der bibl. Laban niemals in Abb. populär geworden. Nach alledem muß grundsätzlich die Möglichkeit bestritten werden, daß der bibl. Laban, eine Gestalt im Hintergrund der Geschichte des Erzvaters Jakob, jemals so bekannt und populär war, um in eine Rda. einzugehen. H. Rosenfeld sieht den Urspr. der Rda. eher im Bereich der Übernamen oder des Namenspottes: Im Polnischen steht neben dem Kollektivum lobizie ‚Stengel, Stiel, Stange' das Maskulinum lobuz ‚Schurke, Schlingel'. Im Altpreuß. gibt es labes, labasch ‚Taugenichts, Strolch' und lebas ‚fauler, lascher, träger Mensch', kaschubisch-slovinzisch labas ‚dümmlicher, ungeschickter fauler Mensch', im Russ. labaz, labazka ‚Stengel, Stock', im Pommerischen labes, lebbas, lebbda ‚dürrer, hagerer Mensch' usw. Es muß im MA. in den westslawischen Sprachen ein etwa ‚lobas' lautendes Wort für ‚Stange, Stengel, Stock' gegeben haben, das genau wie die deutschen Wörter Stange, Stengel, Bohnen- oder Hopfenstange zur figürlichen Bez. eines langen dürren Menschen wurde, da in diesen seit dem Hoch-MA. völlig eingedeutschten niederdeutschen Gebieten Deutsche und Slawen in Symbiose lebten. Wo der interpretierende Zusatz ‚lang' beibehalten wurde, konnte die alte figürliche Bedeutung für einen langen, dürren Menschen sich bis in unsere Tage erhalten. Wo das nicht der Fall war, konnte sich aus der humoristisch angehauchten Feststellung körperlicher Länge eine vorsichtige Kritik an der Körperhaltung langer Menschen, eine Schelte als ungeschickt, nachlässig, träge, faul, als Herumtreiber, Strolch und Taugenichts entwickeln. Genauso wie die Bdtg. sich wandelte, konnte die ursprüngliche sprachl. Form bei Vergessen der slawischen Sprachen dieser eingedeutschten Gebiete sich nicht halten. Sie wurde teils den unzähligen, mit dem geläufigsten slawischen Personsuffix gebildeten Wörtern auf -ahn angepaßt wie zu Labáhn oder aber Wörtern mit den slawischen Personalsuffixen -atz; -as, -ak usw. angeglichen oder an geläufige Ortsnamen wie Labénz, Labánd, Lubénz usw. angelehnt. Eine weitere Variation der Lautung dieses Übernamens oder Scheltworts brachte dann das Spiel mit der überlieferten Lautform, die lautmalend, ja lautschwelgend zu Labánner, Labánnes, Labámmel, Labómmel, Labánder, Labáster, Labátscher, labáschig, Labaúdi, Labaúter, Labochórius erweitert wurde. Wo aber sich die deutsche Anfangsbetonung durchsetzte und aus Labáhn einen Lābān oder Lābann machte, konnten durch Konsonanten- oder Vokalvariation sich Lautungen wie Lóban, Lórban, Lórbaß, Laúban usw. durchsetzen.

Dem volkstüml. ‚Langer Laban‘ entspricht bei Cl. v. Brentano im Märchen von dem Witzenspitzel ein Riese Labelang. Daß dieser Name ebenfalls auf volkstüml. Grundlage beruht, schließt R. Sprenger aus Brentanos Märchen vom ‚Schneider Siebentot auf einen Schlag‘, in dem die Schneider von Amsterdam den ‚langen Tag‘ aus der Judenschule holen. Es heißt dort: „Als sie durch die Straßen von Amsterdam den himmelblauen Labelang schleppten, war es helle u. die Mittagssonne trat plötzlich über dem Rathaus hervor".

Lit.: R. *Sprenger:* ‚Labelang = Langer Laban‘, in: Zs. f. d. U. 5 (1891), S. 276–277. *Kuckei u. Hunold* in: Korr.-Bl. d. ndd. Sprache 37 (1919–21). H. *Rosenfeld:* Labáhn, Labásch, Labámmel, Labánder: Von deutsch-slawischen Orts- und Familiennamen, Scherz- und Scheltnamen zur volksläufigen und literarischen Rda. vom langen Laban. Vom lebendigen Wildwuchs der Sprache, in: Aspekte der Germanistik. Festschrift für H. Fr. Rosenfeld (Göppingen 1989), S. 529–549.

Labet (betont auf der 2. Silbe) leitet sich von dem frz. ‚la bête‘ her, das bereits im übertr. Sinne den Spieleinsatz im Kartenspiel bedeutet, den der Verlierer zu bezahlen hat. Es erscheint im 17. Jh. auch in Dtl. Im Frz. leitet sich davon die Redewndg. ‚faire la bête‘ = das Lasttier machen, ausgenutzt werden ab, heute in der Bdtg. ‚sich für dumm ausgeben‘. In Dtl. ist der Ausdr. zunächst auf das Kartenspiel beschränkt und erscheint in der Form *labet sein, labet gehen, labet spielen* und *labeten.* Im übertr. Sinne bedeutet labet dann träge, schlaff, unwohl, mies, lahm. Sehr verbreitet sind umg. *Sei nicht so labet!* und *Es ist mir so labet* (im Magen, Bauch, Kopf). Auch in das student. Kommersbuch ist der Ausdr. in das Lied vom ‚Krambambuli‘ eingegangen: „Das Spiel hat mich labet gemacht", worin man den Ausdr. sowohl als Terminus technicus des Spiels als auch schon im übertr. Sinne verstehen kann.

lachen. Bereits um 1180 ist in Dtl. die Wndg. vom *Sardonischen Lachen* (frz.

‚Rire sardonique‘) bekannt. Als ‚risus Sardonius‘ wird es schon bei Cicero genannt, der es wohl von den Griechen übernahm, denn bei Homer heißt es in der ‚Odyssee‘ (20, 301): „Er lächelt so recht höhnisch" („μείδησε δὲ θυμῷ/σαρδάνιον μάλα τοῖον"). Das homerische Wort σαρδάνιος stammt von σαίρειν = fletschen, grinsen und hat mit Sardinien nichts zu tun, denn Homer kannte diese Insel nicht. Die irrtümliche Zurückführung des ‚Sardonischen Lachens‘ auf die Stelle in Homers ‚Odyssee‘ verdanken wir einer Verwechslung des kleinasiatischen Schriftstellers Pausanias (um 175 n. Chr.), der in seiner ‚Περιήγησις‘ (= Reisebeschreibung) X, 17 meint, auf der Insel Sardo wachse ein Kraut, nach dessen Genuß man unter Lachen sterbe. In der Tat gibt es auf Sardinien eine Giftpflanze (herba Sardonia), deren Genuß schnelle und zahlreiche krampfartige Zuckungen im Gesicht hervorruft. Nach dieser Wirkung dürfte das als herzlos und hämisch verstandene Lachen benannt sein. Schon Sallust hat im 2. Buch seiner ‚Historiae‘ die Wirkung dieses Krautes geschildert.

In der Medizin ist Sardon. Lachen eine von den Kau- u. Gesichtsmuskeln ausgehende Starre des Gesichts (risus sardonicus), wodurch den den Ausdr. eines beginnenden Lächelns annimmt. Sardon. Lachen ist ein typ. Zeichen bei Starrkrampf.

In der Lit. ist vor allem das unbegründete Lachen mehrfach bezeugt: „Er kitzt sich und lacht, wenn er will", so heißt es 1494 in Seb. Brants ‚Narrenschiff‘ iron. für jem., der grundlos lacht, wohl auch nichts zu lachen hat und sich selber zum Lachen kitzeln muß. In Egenolfs ‚Sprichwörter, schöne, weise Klugreden, darinnen Teutscher und anderer Sprachen Höfflichkeit, Zier etc. begriffen …‘ von 1560 wird festgestellt: „Wer sich selber kitzelt, der lacht, wenn er will". Bei Luther findet sich 1530 in seiner Sprww.-Sammlung dieselbe Wndg: „Kützel dich nicht selbst, sonst lachst du dich zu tod".

Jünger sind die Rdaa.: *sich vor Lachen biegen (krümmen):* heftig lachen und den ganzen Körper dabei bewegen, und *sich krank lachen:* bes. ausgiebig lachen, mit Lachen nicht mehr aufhören können; vgl.

frz. ‚en être malade de rire' oder ‚en mourir de rire' (sich tot lachen). Bei Joh. Fischart gibt es hingegen 1575 in der ‚Geschichtklitterung' den ‚Philosophen, der sich gesund lacht". Dazu das Sprw.: *Lachen ist gesund;* vgl. frz. ‚Le rire est bon pour la santé' (auch *Lachen ist die beste Medizin*), was zurückgeht auf die Wndg. *Lachen ist der Leber gesund.* Die ⟋ Leber wurde in früheren Zeiten als der Sitz der Gefühle und Stimmungen angesehen. 1526 ist bei Luther bereits der Ausdr. *das Lachen verbeißen* greifbar (Weimarer Ausg. 20,128).

Der Ausdr. *die lachenden Erben* geht wohl als eine Lehnübers. und Verkürzung auf Publius Syrus (1. Jh. v. Chr.) zurück: „heredis fletus sub persona risus est" = das Weinen des Erben unter der Maske des Lachens. Ähnl., aber jünger ist die Wndg. *der lachende Dritte,* der als der stille Gewinner der Auseinandersetzung zweier anderer hervorgeht. Vom *lachenden Kauf* spricht Joh. Mathesius in ‚Sarepta' 1587: „Par Geld ist lachender Kauf", d. h. wenn man bares Geld hat und bar zahlen kann, kauft man gern und günstig. Die Wndg. *ein homerisches Gelächter* ist eine Lehnübers. des 18. Jh. aus dem frz. ‚rire homérique', vorher ‚rire inextinguible' (s. ‚Mémoire de la Baronne d'Oberkirch', etwa um 1785: „on partit d'un éclat de rire homérique"). Der Ausdr. geht auf Homers ‚Odyssee' (20,346) zurück, wo von unauslöschlichem Gelächter geredet wird.

Jung sind vermutl. folgende Wndgn.: *nichts zu lachen haben;* vgl. frz. ‚ne pas avoir de quoi rire'; *das Lachen wird dir (schon noch) vergehen* (um 1900); *da lachen ja die Hühner* (ganz modern: *die ältesten Suppenhühner*), was soviel heißt wie: dies ist unzumutbar und höchst lächerlich; meist verächtlich gebraucht. Daß solche Ausdr. jedoch ziemlich zeitlos sind, beweist ein Beleg aus Abraham a Sancta Clara ‚Narren-Nest' (I, 97): „Da müßte wohl eine Kuh lachen". Die Absurdität soll hier wohl mit einem absurden Bild ausgedrückt werden. *Das wäre ja gelacht* (seit 1930) i. S. v.: das wollen wir doch einmal sehen; das wäre ja noch schöner. In Manfred Hausmanns ‚Lilofee' (1958) findet sich die Wndg. „Man könnte direkt seinen Hintern verlieren vor

Lachen". *Das kostet mich nur ein (müdes) Lächeln:* das (Argument) ist lächerlich, zu billig, als daß es ernst nehmen könnte. *Sich ins Fäustchen lachen* ⟋ Faust. *Sich einen Ast lachen* ⟋ Ast. Ähnl.: *Sich schütteln vor Lachen* u. *platzen vor Lachen.* Diese Rdaa. kennzeichnen das Lachen als einen Vorgang der Erschütterung. Das wird noch verstärkt in Ausdr. wie ‚Lachkrampf' oder ‚Lachsalve' u. – in abgeschwächter Form – wie ‚Lachtaube' als Bez. für eine Frau, die viel lacht. Von einem Kind sagt man: ‚es hat Lachen u. Heulen in einem Säckel', d. h. es vergißt seinen Kummer sehr schnell.

‚Kitzel mich, daß ich lachen muß' (mdal.: ‚kitzel mi, dass e lache muss!'): ich kann über diesen (schlechten) Witz wirklich nicht lachen. Ähnl. auch die trockene Bemerkung auf einen dummen Scherz: ‚selten so gelacht!'

Lit.: *B. Karle:* Art. ‚Lachen', in: HdA. V, Sp. 868–884; *H. Bergson:* Le Rire (Genf 1945, dt. Übers. Meisenheim 1948); *H. Plessner:* Lachen und Weinen (Bern ³1961); *M. Grotjahn:* Vom Sinn des Lachens (München 1974); *H. Weinrich:* Was heißt: ‚Lachen ist gesund?', in: *W. Preisendanz* u. *R. Warning (Hg.)* Das Komische (München 1976), S. 402–408. *R. Jurzik:* ‚Der Stoff des Lachens', in: Studien über Komik (Frankfurt/Main/New York 1985).

Lachs. Der weiten Verbreitung des hochwertigen Fisches entspricht auch der vielfältige Gebrauch in Redewndgn. und Sprww. Ein einfacher rdal. Vergleich ist der Ausdr. *springen wie ein (junger) Lachs* für einen körperlich wendigen und beweglichen Menschen, wobei, ganz von der Realität ausgehend, an den über Flußhindernisse hinwegspringenden, ziehenden Lachs gedacht ist. *Lachs aus der Tonne* bez. im Rheinl. scherzhaft den Hering. In Ostpr. kannte man einen Wacholderschnaps, den *Danziger Lachs,* wahrscheinl. wegen seiner rötlichen Farbe so benannt; dazu kommt aber die bes. Bekanntschaft mit dem Fisch und die lautliche Affektqualität des Wortes; vgl. Lessings ‚Minna von Barnhelm' 1763 (I, 2): „… gut, sehr gut! Selbst gemacht, Herr Wirt? – Behüte! Veritabler Danziger! Echter, doppelter Lachs". In Schwaben spricht man von den Pommern als ‚Lachspommern', wohl wegen ihres Umgangs mit Fischen.

Nicht mehr direkt verständlich ist die Bez. Lachs = Prügel, Hiebe, die in Ostdtl. und Posen, aber auch im Els. verbreitet ist; so *Lachse kriegen:* Prügel beziehen, und *lachsen:* prügeln. Die Wndg. ‚Fische kriegen' könnte eine Herkunft von Lachs als Fisch nahelegen. Möglich ist aber auch eine Verbindung mit dem ahd. Wort lahan = tadeln.

Häufig ist in Ost- und Mitteldtl. der Ausdr. Lachs = Geld, der im Anschluß an das metallisch-glänzende Aussehen der Fischschuppen geprägt sein könnte. Aber auch ein Vergleich mit dem entspr. Ausdr. Flachs = Geld im Wiener Rotw. ist zu beachten. *Lachse haben:* Geld haben. *Der Lachs ist mitzunehmen:* das ist ein Vorteil, den man wahrnehmen kann. Im Kartenspiel gibt es die Wndg. *einen Lachs fangen* (oder *spielen*); auch *um einen Lachs spielen.* Lachs meint hier soviel wie Gewinn, z. B. ‚Bierlachs', und ist also mit der obigen Bdtg. als Geld und Vorteil zu vergleichen. So werden beim Skatspiel, wenn es um den Lachs geht, nur die schlechten (Minus-)Punkte aufgeschrieben; wer zuerst eine vorher festgesetzte Zahl erreicht hat, muß eine Runde oder dgl. bezahlen. Jul. Stinde erklärt den Ausdr. 1884 in ‚Familie Buchholz' (Teil I, S. 114): „Onkel Fritz hat ihn dort getroffen und sagte mir ‚Lachs fangen' bedeutet soviel als das Bier im Skat ausspielen".

Lit.: *E. Hoffmann-Krayer:* Art. ‚Lachs', in: HdA. V, Sp. 884–885.

Lack. Das Wort Lack wird in Redewndgn. in zwei entgegengesetzten Weisen gebraucht, einmal als äußerlich gutes Aussehen, das andere Mal als schadhaftes Aussehen, etwa als Fleck usw., auch als Schande und Schmach; dazu kommt ein häufiger ambivalenter Gebrauch. Mit der Sache kam das Wort im 14. Jh. nach Dtl.: ital. und mlat. lac(c)a ist urspr. der Name für eine Mückenart, lacca ilicis, die im Altind. lakša (‚hunderttausend') heißt, wegen ihres Auftretens in Schwärmen. Aus Absonderungen dieses Insektes wurde im MA. der nach ihm genannte Lack gewonnen. Mit Lack wurde gesiegelt (seit dem 16. Jh.), ferner gab man Möbeln und Gebrauchsgegenständen – und auch Damen – ein schönes, gefälliges Aussehen. In die-

sem Sinne wird das Wort vom 15. Jh. bis heute mehr oder weniger übertr. gebraucht. So heißt es in einem Gedicht des Barockdichters Daniel Schoppe: „Kein Florentiner Lack bemalte ihr Gesicht", was real gemeint ist. Übertr. ist die schwäb. Wndg.: Frauen, die ihre Kinder selber stillen ‚lassen (vor der Zeit) Lack', werden früher alt und häßlich. Lack als festlicher Putz findet sich in vielen (vor allem rhein.) Rdaa.: *Er ist im Lack:* er ist in festlicher Kleidung; *er schmeißt (wirft) sich in Lack:* er zieht sich festlich an. Dieser Wndg. haftet meist auch etw. Abfälliges an im Sinne des Sprw. ‚Wenn der Lack weg ist, zeigen sich die Wurmstiche' oder der Wndg. *Der Lack ist ab.* In der rdal. Formel *in Frack und Claque* (Klapphut) *und Lack* bez. Lack wohl urspr. die zum Gesellschaftsanzug gehörenden Lackschuhe. Immer haftet diesen Redewndgn., in denen Lack als Putz erscheint, etw. von Tadel an. Deutlich wird das in der Bez. *Lackaffe* für einen eingebildeten, aufgemachten Gecken, ebenso in *Lackel,* der sowohl einen Gecken als auch einen unflätigen Menschen bezeichnen kann. Bei Lackel kann noch die Bez. Lakai als volksetymol. Stütze dienen. Statt vom Lackaffen spricht man auch von einem *lackierten Affen* oder man sagt: *Er hat sich die Schnüß lackiert:* er hat sich geckenhaft zurechtgemacht, den Mund beschmiert, aber auch: sich betrunken.

Fertig ist der Lack (↗ Laube) sagt man beim Abschluß einer wohl meist nicht sehr qualitätsvollen Arbeit, die man durch einen letzten Anstrich noch zu retten sucht. Der Lackanstrich gibt einer minderwertigen Ware ein glänzendes Aussehen. Jem., der auf etw. Derartiges hereinfällt, ist der *Lackierte* oder *Gelackmeierte.* Eine erweiterte Berl. Version lautet: ‚Ich bin der lackierte Europäer'. Das Verb. ‚lackieren' ist hier unlogisch verwandt, weil ja eigentl. nicht der Betrogene, sondern die Sache lackiert wird.

Möglicherweise nicht mehr i. S. v. Lack = Firnis, sondern im Anschluß an ahd. lahan = tadeln sind folgende Wndgn. zu verstehen: *einen Lack haben:* einen Fehler haben, z. B. ‚das Pferd hat einen Lack'. *Der hat Lack an:* er ist nicht ohne Tadel; vgl. frz. ‚Il a du vernis': Er hat ein glänzendes Aussehen, aber der Schein kann trügen.

Einem einen Lack anhängen: jem. etw. Böses nachsagen; ebenso: *Lack auf einen werfen* (Rheinl.); ,er hat Lack am Lif' (Leib), er hat ein körperliches Gebrechen (Rheinl.). Ndd. ,Dai hiät sick en Lack makt, dat kliäwet iän titliäwens an', der hat sich einen Lack gemacht, das klebt ihm zeitlebens an. *Allerhand Lack und Plack ohne Sack* (Rheinl.): viel Mühe und Gebrechen.

Zu der Zeit, als der kleine PKW ,Hanomag', der ,wildgewordene Kohlenkasten', der ,Chausseefloh', der schon auf 100 m Entfernung freundlich Tageszeit nickte, unsere Straßen bevölkerte, war über ihn eine ,freundliche', Beschreibung im Umlauf: ,Zwei Pfund Löcher, zwei Pfund Lack – fertig ist der Hanomag'.

Laden. *Sich an den Laden legen:* sich anstrengen, kräftig und entschlossen zu Werke gehen, etw. auf einem bestimmten Gebiet anstreben (wobei meist eine ambitiöse Absicht mitschwingt). Die Rda. ist aus dem Bereich der Handelssprache genommen und meint urspr.: sich (wie eine zur Schau ausgelegte Ware) sehen lassen, prahlen. Das Wort Laden als Verkaufsstelle ist seit dem 15. Jh. gebräuchl. So heißt es 1445 in einer Augsburger Chronik bei der Schilderung eines ungewöhnlich kalten Winters, die Bäcker „legten gantz kain brot an den laden": 1541 wird dann in der Sprww.-Sammlung von Seb. Franck die ältere Wndg. ,sich an den Laden lassen' zum erstenmal im übertr. Sinne greifbar. 1673 meint Grimmelshausen in der ,Prahlerei mit dem deutschen Michel', „dass es nicht jederzeit rathsamb sey, sich mit seinen frembden Sprachen an den Laden zu legen". Goethe schreibt an seinen Sohn August (Brief vom 6. Aug. 1816): „Lege dich nicht an Laden, aber sey nicht unthätig". In Gottfr. Kellers ,Grünem Heinrich' (4. Teil, 5. Kap.) heißt es: „Ich hab' es (meinen Lohn) vom Stück, da kann man sich an den Laden legen und dem Patron die Nase lang machen". – Verwandt ist die ebenfalls alte Rda. *sich zu weit an den Laden legen:* zu offen sein, auch: sich zuviel herausnehmen. Hartmann Creidius mahnt in seinen ,Nuptia-

lia' (Augsburg 1652) zur Zurückhaltung: „… wollen die Männer aber selber kurzum Narren sein, und so weit an Laden sich herfürlegen, daß jeder Mann in der ganzen Stadt davon weiß zu sagen". *Im Laden liegen:* sehnsüchtig (nach einem Freier) Ausschau halten. In einem Volkslied heißt es ähnl.:

Das Megdlein an dem Laden stund,
fing kleglich an zu weinen
(Ambras. Ldb. 13,13).

Doch kann auch mit dieser Rda. die negative Bdtg. ,sich zur Schau stellen wie feilgebotene Ware' verbunden sein.

Vom alten ,Kramladen' her haftet dem Wort Laden heute ein verächtlicher, wertmindernder Sinn an. Das wird vor allem in jüngeren Rdaa. deutlich: *der ganze Laden:* das alles, das Ganze (geringschätzig); vgl. frz. ,toute la boutique'. *Den Laden schmeißen:* die Sache überlegen meistern; *der Laden klappt:* die Sache nimmt einen günstigen Verlauf, das Beabsichtigte ist erreicht; *den Laden in Ordnung bringen:* die Sache regeln; *er kann seinen Laden zumachen:* er ist erledigt, er muß seine Sache aufgeben (auch in anderer als in geschäftlicher Hinsicht gebraucht); vgl. frz. ,Il peut fermer sa boutique'.

Mach keinen Laden auf!: Rede nicht so lange!

Keinen Laden machen: Keinen Lärm, Aufruhr, Terror, kein Aufsehen verursachen.

Jem. an den Laden (an den Karren, an den Wagen) fahren: ihn rügen, ihm zu nahe treten; 20. Jh.

Den Laden vollhaben: schwer betrunken sein (wobei Laden offenbar für Magen steht); ↗ trinken.

Im falschen Laden sein: sich gröblich irren.

Lit.: *An:* ,Sich an den Laden legen': in: Muttersprache 40 (1925), Nr. 2, S. 61–62.

laden. *Auf einen geladen sein:* wütend auf ihn sein, auf jem. zornig sein. *Er ist geladen:* schwer gereizt. Das Bild ist von der geladenen Schußwaffe genommen; vgl. ,jem. auf dem Korn haben' und ähnl. Wndgn., ↗ Korn.

Schwer (schief, krumm) geladen haben: betrunken sein. Das Bild ist vom Beladen eines Fahrzeuges oder Schiffes genommen: unter der Last der Alkoholmenge kommt der Bezechte ins Taumeln.

Einen auf den Besen laden ↗ Besen. ‚Sich etw. aufladen': eine Last, Bürde (z. B. Schulden) auf sich nehmen.

Ladenhüter. *Es ist ein Ladenhüter* sagt man von einer nicht verkauften, wegen mangelnden Käuferinteresses liegenbleibenden Ware; schweiz. heißt sie ‚Ladengaumer'; frz. (noch vor dem Dt.) ‚garde-boutique'; heute: ‚rossignol'.

Bereits 1660 ist der Ausdr. Ladenhüter bei Corvinus in der ‚Fons latina' belegt. 1673 in Christian Weises ‚Erznarr', wo ein schlecht gemaltes Bild als Ladenhüter bez. wird. Bei J. Savary (‚Der vollkommene Kauf- und Handelsmann', 1676) heißt es: „(Waren), die geringer als andere, und die entlichen wie man spricht zu Ladenhütern werden". In Kaspar Stielers ‚Der deutschen Sprache Stammbaum und Fortwachs' von 1691 wird definiert: „Ladenhüter ... merces aegre vendibilis, die man nicht an den Mann bringen kann / merces obsoletae". 1781 wird der Ausdr. in Kindlebens Studentenlexikon von Büchern gebraucht: „Ladenhüter, so nennen die Buchhändler ein Buch, welches nicht abgeht und endlich Makulatur wird". Jean Paul gebraucht im ‚Hesperus' 1795 Ladenhüter in einem weiter übertr. Sinne und spricht von „soviel Witz und Scharfsinn, (die) ganz unnütz als Ladenhüter liegenbleiben". In Ost- und Mitteldtl. ist das Sagte-Sprw. (Wellerismus) bekannt: ‚Ich mache keine Ladenhüter, sagte die Frau Pastor, die sechs Töchter hatte, als ein Freier die jüngste begehrte'.

Ladenschwengel. *Ladenschwengel* ist eine Berufsschelte, die auf einen Ladendiener oder Ladenjungen angewandt wird. Sie ist kaum vor 1792 belegt. 1809 wird der Ausdr. in Campes Wb. d. dt. Sprache, ‚pöbelhaft' genannt. Er dürfte vermutlich eine Schöpfung der Studentensprache sein, die analog zu dem bereits um 1300 bekannten ‚Galgenschwengel' gebildet wurde. Die frühere Annahme, daß es sich um eine sexuelle Pars-pro-toto-Bez. handelt (W. Porzig, Wunder der Sprache), wie

Stift, Stöpsel u. a., dürfte demnach nicht die primäre Deutung sein.

Schwengel kommt von schwingen, so in Pumpenschwengel, Glockenschwengel (= Klöppel). Auch an jedem Wagen, der zweispännig fuhr, mußte ein Schwengel die Ortscheite aufnehmen, die die Zugseile zogen. Der Schwengel glich die unterschiedlichen Anzugskräfte der Pferde aus, also auch: ... schwingen, hin und her ... Ladenschwengel ist also der junge Mann, der dienstbeflissen hin- und herrennt, um den Kunden durch reiche Angebote zufriedenzustellen. Weitere Bez. der Ladendiener, die meist auf die Sticheleien zwischen Studenten und Ladenpersonal zurückgehen, sind ‚Ladenhengst' (vgl. heute auch ähnl. Bildungen wie ‚Bürohengst' usw.), dann ‚Ladenschwung' und ‚Ladenschwanz'.

Auch ‚Ladenhupfer', ‚Ladenhupser' u. ‚Ladengumper' (nördl. Freiburgs) sind gelegentlich zu hören.

Lit.: *G. Grober-Glück:* Motive u. Motivationen in Rdaa. u. Meinungen (Marburg 1974), S. 413–416.

Ladestock. *Er hat wohl einen Ladestock verschluckt* und *Er hat wohl einen Ladestock im Kreuz* sagt man von einem Menschen, der sich so steif hält, als könne er sich nicht bücken. Der Ausdr. – ein eindrucksvolles Beisp. für die groteske physiologische Vorstellungswelt der Umgangssprache – geht ins 19. Jh. zurück und stammt wohl aus der Soldatensprache, von wo er sich allg. verbreitet hat. Vgl. auch die Wndgn. ‚einen Besenstiel im Rücken haben' (↗ Besen) oder ‚ein Lineal verschluckt haben'. Schon 1471 gibt es ein ähnl. Bild für steife Haltung in dem Liederbuch der Klara Hätzlerin:

Tregt ainer den leib uffgestrackt, man
seyt:
Im steckt ain scheytt ymm ruck,
wo er get oder reit.

Laffe. *Ein Laffe sein:* eine einfältige Person, ein verachteter junger Mann sein, dem man nichts Vernünftiges zutraut. Das seit frühnhd. Zeit bezeugte Wort ‚laffe' = Hängelippe, Maul steht pars pro toto für den untätigen Gaffer, der mit hängender Lippe oder offenem Mund (↗ Maulaffe) dabeisteht und zusieht, wie sich andere plagen. Das Wort ist verwandt mit nhd. ‚laff‘ = schlaff, matt und dem ndd. ‚laps‘ = läppischer, dummer Kerl, auch das Wort ↗‚Affe‘ kann auf die Bildung dieses Scheltwortes eingewirkt haben.

Lager. *Etw. auf Lager haben:* vorrätig oder parat haben, stammt aus der Sprache des Kaufmanns, der sein Warenlager hat. vgl. frz. ‚avoir quelque chose en réserve‘. Übertr. findet sich die Rda. bei Bismarck, der in einer Parlamentsrede feststellt, „daß wir einen Finanzminister nicht fertig auf Lager haben“. Bei Gustav Freytag heißt es in ‚Der verlorenen Handschrift‘: „Da sprach aus ihnen der letzte Rest des guten Genius, den sie noch auf Lager hatten“. Eine Stadt, überhaupt jede Art von Gemeinschaft, kann *in verschiedene Lager gespalten sein;* vgl. frz. ‚être divisé en plusieurs camps‘.
Eine Person kann ‚in ein anderes Lager überwechseln‘. Das Lager bez. hier meist nicht mehr bloß den Ort einer Partei, sondern die Partei selbst, so wie bei Luther 1. Sam 13, 23 „der Philister Lager herauszog“, womit also das Heer selbst gemeint ist. Freiligrath teilt die Welt in zwei Lager:
Von heute an – die Republik!
Zwei Lager nur auf Erden:
Die Freien mit dem kühnen Blick,
Die Sklaven, um den Hals den Strick.
‚Das westliche und das östliche Lager‘ oder ‚das neutrale Lager‘ sind bekannte Begriffe der politischen Ggwt. – Die Wndg. ‚Er ist ins große Lager gerückt‘ gebraucht man von einem Verstorbenen, der im großen Reich der Toten ist (↗zeitlich). Die Rda. *Er hat sein Lager bei Kandelberg aufgeschlagen* ist mdal. verbreitet. Lit. findet sie sich z.B. bei Abraham a Sancta Clara und bez. einen, der oft im Bier- und Weinhaus sitzt. Der fiktive Ortsname Kandelberg ist scheinbar eine Anspielung auf eine bestimmte Lokalität und eine anekdotische Reminiszenz, bezieht sich aber nur auf die Kanne mit dem Getränk.

Laib. *Die gleichen Laibe zurückgeben:* im Bösen Gleiches mit Gleichem vergelten. Die Rda. geht wohl auf die Sitte des Brotleihens zurück: War jem. das Brot ausgegangen, so lieh man sich einige Laibe

beim Nachbarn, die man nicht bezahlte, sondern am nächsten eigenen Backtag wieder zurückgab. Hatte einem der Nachbar minderwertige Brote gegeben, so konnte man es ihm nun mit den gleichen Laiben zurückgeben. Davon leitet sich auch ab: *Der gibt ihm die Laibe heim:* der wird es ihm schon zeigen; und als Drohung auf etwaige Angriffe: *Ich will dir die Laibe schon heimgeben.*

Lit.: Das Brot im Spiegel schweizerdeutscher Volkssprache und Sitte (Leipzig 1868); *M. Bringemeier:* Vom Brotbacken in füherer Zeit (Münster 1961); weitere Lit. ↗Brot.

Lameng. *Aus der Lameng:* direkt aus der Hand, ohne Besteck, ohne Anstrengung, unvorbereitet, aus dem Ärmel geschüttelt etw. verrichten oder sagen können, ohne langes Nachdenken, z.B. ‚mit der linken Hand‘ etw. tun. Der Ausdr. bezieht sich auf das frz. ‚la main‘ = die Hand. Bekannt wurde er im u. nach dem 1. Weltkrieg, als viele solche fremdsprachlichen Wndgn. in die Umgangssprache gelangten u. mit dt. Wörtern versetzt wurden. Die phonet. Schreibweise ist typisch für das Zustandekommen derartiger Sprachanleihen, ↗Hand.

Lametta. *Lametta tragen:* Orden und Ehrenzeichen sichtbar auf der Uniform tragen. Die Rda. ist eine Weiterentwicklung der schon im 1. Weltkrieg gebräuchl., iron. Wndg. ‚Christbaumschmuck tragen‘, die den gleichen Sachverhalt bez. Die Rda. blieb nicht auf die Soldatensprache beschränkt, sie wird heute vielfach analog der Rda. ‚Gala tragen‘ gebraucht (↗Gala).

Lamm. *Sich wie ein Lamm zur Schlachtbank führen lassen:* alles geduldig mit sich geschehen lassen, die höchste Strafe erleiden, ohne den Versuch einer Rechtfertigung oder Verteidigung zu unternehmen (vgl. frz. ‚se laisser conduire comme un agneau à l'abattoir‘). Diese Rda. bezieht sich auf das ‚Lamm Gottes‘, also auf Jesus während der Passion. Bereits Jes. 53,7 steht der prophetische Hinweis auf den Tod Jesu, der die Sünde der Welt und das Leiden dafür willig auf sich genommen hat: „Da er gestraft und gemartert ward,

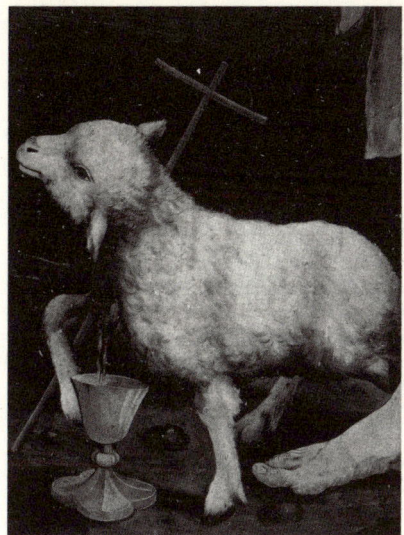

,Lamm Gottes' – ,Opferlamm'

tat er seinen Mund nicht auf wie ein Lamm, das zur Schlachtbank geführt wird, und wie ein Schaf, das verstummt vor seinem Scherer und seinen Mund nicht auftut". Auch die Rdaa. *eine Lammsgeduld besitzen (haben)* und *lammfromm sein* stehen mit der Vorstellung vom ,Gotteslamm' (Joh. 1,29) in Zusammenhang, die auch in der kath. Messe und in ev. Kirchenliedern begegnet. Die Wndg. *das Lamm den Wölfen befehlen:* jem. seinen ärgsten Feinden, also dem sicheren Verderben, preisgeben, geht auf eine antike Tierfabel zurück und ist bereits bei Terenz sprw. gebraucht worden: „ovem lupo committere". Vgl. die dt. Rda. gleicher Bdtg.: ,den ↗ Bock zum Gärtner machen'.
Die Rda. *die Lämmer für (vor) die Hunde werfen:* Friedfertige und Unschuldige den Verleumdern und Lästerern preisgeben, stammt ebenfalls aus der Antike. Vgl. lat. ,agnos canibus obicientes'. Auf der weitverbreiteten Fabel Äsops vom ,Wolf und Lamm' beruhen die Rdaa. *Das Lamm hat dem Wolf das Wasser getrübt:* der Schwache wird beschuldigt, einen Starken beleidigt oder geschädigt zu haben, und *Das Lamm will mit dem Wolfe streiten:* der Schwache unternimmt den von vornher-

ein nutzlosen Versuch, gegen einen in jeder Hinsicht überlegenen Gegner vorzugehen und sein Recht zu behaupten. Vgl. die lat. Wndg. ,Ne capra contra leonem!', die den gleichen Sachverhalt umschreibt, und die dt. Rda. ,kein Wässerchen trüben können', ↗ Wasser.
Als Bild der Geduld steht das Lamm vor allem auch für das unschuldige junge Mädchen, wie es z. B. in Schillers Drama ,Kabale u. Liebe' (2,5) begegnet: „Vergeb's Ihnen Gott, Baron! Was hat dieses Lamm getan, daß Sie es würgen?" ,Das Lämmle hängt raus' sagt man scherzhaft in Schwaben, wenn einem Mann das Hemd aus der Hose hängt.

Lit.: *L. Herold:* Art. ,Lamm', in: HdA. V, Sp. 890–894; *M. Lurker:* Wb. bibl. Bilder u. Symbole (München 1973), S. 183–187: ,Lamm u. Widder'.

Lämmerschnee, Lämmerstag. Von *Lämmerschnee* spricht man, wenn es zugleich regnet und schneit. Solche ambivalenten Naturereignisse finden oft auch mythologische und sagenhafte Ausdeutung wie etwa der Regen bei Sonnenschein (↗ Kirmes). *Lämmerstag* und *Lämmerchestag* werden (vor allem in Hessen) i. S. v. St.-Nimmerleins-Tag, also als Bez. von „nie und nimmer", gebraucht (↗ Pfingsten). Der Ausdr. könnte auf eine Verkürzung der gleichbedeutenden Wndg. ,wenn die Böcke lammen' zurückgehen.
Ähnl. auch die südwestdt. Rda. ,zahle am Lämmerlestag, wenn die Eulen bocken', d. h. niemals.

Lämmerschwänzchen. *Gebratene Lämmerschwänzchen* (,mit eingelegten Kellertreppen') ist die scherzhafte Antwort auf die neugierige Frage, was es zu essen gebe; vor allem in Ost- und Mitteldtl. verbreitet. In Schwaben heißt es ,Pastetle und Lämmerschwänzle'. In Ostfriesland sagt man: ,De Tung geit em as 'n Lämmerstert', ihm geht die Zunge sehr schnell, er ist ein Schwätzer.
Das Herz hüpft (klopft) wie ein Lämmerschwänzchen: das Herz klopft schnell und unruhig vor Erwartung oder Freude. Rachel hat in seinen ,Satirischen Gedichten' (VI, 425) die Rda. bis auf die fehlende Verkleinerung genauso: „das Herz klopft wie ein Lämmerschwanz", während Abel

(‚Satirische Gedichte‘, S. 212) ein Kälberschwänzlein einsetzt, das sich ebenfalls durch unablässiges Wippen auszeichnet, und auch Simplicissimus (II, 6) sagt: „das Herz hüpfte mir gleichsam vor Freuden wie ein Kälberschwänzlein“, ↗ Schwanz. Im Grimmschen Märchen ‚Das tapfere Schneiderlein‘ (KHM. 20) heißt es: „Und sein Herz wackelte ihm vor Freude wie ein Lämmerschwänzchen“.

H. Rölleke fand heraus, daß sich in den ‚Erznarren‘ von Christian Weise (1673) eine fast wörtl. Vorlage für diese sprw. Rda. findet: „dem guten mensch wackelte das herz vor freuden wie ein lämmerschwänzchen“.

Auch vor Angst und Aufregung kann jem. *zittern wie ein Lämmerschwänzchen.* Der Feigling und Unentschlossene wird denn auch einfach ‚Lämmerschwanz(chen)‘ genannt, das auch an ‚Schlapp- oder Lappschwanz‘ anklingen mag. In Hessen sagt man von einem sehr vergeßlichen Menschen: ‚Der hat Gedanken wie ein Lämmerschwanz‘, d.h. die Gedanken wechseln bei ihm so schnell wie das Wackeln des Lämmerschwanzes, oder sie sind so kurz wie der Lämmerschwanz. Von einem reglosen Menschen oder Tier sagt man iron.: *Der regt sich wie ein toter Lämmerschwanz.*

Eine bair.-österr. Wndg. lautet: ‚Zittern wie a Lampelschwaf‘. Sie begegnet schon Anf. des 18. Jh. in den ‚Teutschen Arien‘, Bd. 1, S. 320:

Es wimmelt wie ein Ameiß-Häufl,
Es zittert wie ein Lämpfl-Schweifl.

Lit.: *L. Schmidt:* Sprw. dt. Redensarten, in: Österr. Zs. f. Vkde., N.S. 28 (1974), S. 108; *H. Rölleke (Hg.):* ‚Rdaa. des Volks, auf die ich immer horche‘. (Sprichwörterforschung Bd. 11, hg. v. W. Mieder), (Bern, Frankfurt/Main, N.Y., Paris 1988).

Lampe. *Einen auf die Lampe gießen (schütten):* ein Glas Alkohol (Schnaps) trinken; auch in den Mdaa., z. B. rhein. ‚änen of de Laterne schidden‘. vgl. frz. ‚s’en mettre plein la lampe‘: unmäßig trinken und essen. Das Bild stammt nicht von der Öllampe, sondern geht auf frz. ‚lamper‘ = übermäßig, in kräftigen Zügen trinken, zurück. Den Säufer kennzeichnet oft eine dicke (glüh)rote Nase, ein ‚Lötkolben‘, ‚eine rote Lampe‘. Sie muß – und der Ge-

danke mag zur Entstehung der Rda. beigetragen haben – wie die ‚ewigen Lampen‘ in der Kirche von Zeit zu Zeit ‚Öl‘ erhalten, nachgefüllt werden.

Das Lebenslicht erscheint auch als Lampe, entspr. dem Schlagerlied:

Freut Euch des Lebens,
Weil noch das Lämpchen glüht.

(Gesellschaftslied v. M. Usteri, 1796). Durch Alkohol verlängert man die Brenndauer. Entspr. *zuviel auf die Lampe gegossen haben* und *einen auf der Lampe haben:* betrunken sein. Das Bild findet sich schon im 12. Jh. in der Beichte des Archipoeta: „Poculis accenditur animi lucerna“, was G. A. Bürger 1777 übersetzt mit: „Echter Wein ist echtes Öl zur Verstandeslampe“.

Die Arbeit riecht nach der Lampe: sie verrät durch ihre anmutlose Form das nächtliche Studium, d. h., sie zeugt mehr von Fleiß und verbissenem Ehrgeiz als von wirklicher Begabung und genialem Schwung. Die Rda., die man heute meist auf lit. Arbeiten bezieht, wurde zuerst von dem griech. Redner Pythéas (um 330 v. Chr.) auf die Reden des ihm verhaßten Demosthenes (384–322 v. Chr.) angewendet, von denen er behauptete, daß sie „nach den Lampendochten röchen“, bei denen er gearbeitet hätte (Büchmann), ↗ Docht, ↗ Licht, ↗ Lebenslicht.

Lit.: *A. Haberlandt:* Art. ‚Lampe‘, in: HdA. V, Sp. 894–895; *J. Jeremias:* ‚Die Lampe unter dem Scheffel‘, in: Zs. f. Neutestamentl. Wissenschaft u. die Kunde der älteren Kirche 39 (1940), S. 237–240; *P. H. Niebyl:* ‚Old Age, Fever, and the Lamp Metaphor‘, in: Journal of the History of Medicine and Allied Sciences 26 (1971), S. 351–368; *M. Lurker:* Wb. bibl. Bilder u. Symbole, Art. ‚Lampe u. Leuchter‘ (München 1973), S. 187–189.

Lampenfieber. *Lampenfieber haben (bekommen):* sich in Aufregung vor einem Bühnenauftritt befinden u. dabei voller Erwartung des möglichen Erfolgs oder Mißerfolgs sein. Die Bdtg. der Rda. hat sich erweitert auf: Angst vor dem (ersten) öffentlichen Auftreten, vor einer Prüfung, einer Klassenarbeit, einem Vorstellungsgespräch usw. Der Ausdr. ‚Lampenfieber‘ ist seit dem 19. Jh. belegt u. entstammt dem Bühnenjargon. Er bezieht sich auf die an der ↗ Rampe angebrachte Bühnenbeleuchtung, das Rampenlicht. Vgl. frz. ‚fièvre de la rampe‘ (Rampenfieber), das vielleicht auf unseren Ausdr. eingewirkt hat. Älter ist der Begriff ‚Kanonenfieber' für die Erregung des Soldaten vor dem ersten Fronteinsatz, vor einer alles entscheidenden Schlacht.

Lit.: ↗ Angst.

Land. *Land sehen:* dem Ziele nahe sein, Aussicht haben, mit einer Sache zu Ende zu kommen. Die Rda. stammt von der Seefahrt. Klaus Groth (1819–99) schreibt in seiner Gedichtsammlung ‚Quickborn' (Ges. W. I, 48): „Geld muss sin Vetter em gebn, sunst kunn he op Scholen keen Land sehn".

Land gewinnen: festen Grund unter seinen Füßen spüren, Zeit gewinnen und neue Kraft schöpfen können, größeren Raum und damit günstigere Bedingungen zu seiner Verteidigung erhalten. Die Rda. wird häufig als Drohrede angewandt: ‚Sieh zu, daß du Land gewinnst!', mach schnell, daß du wegkommst'.

Etw. an(s) Land ziehen: eine Eroberung machen, einen Vorteil bei Handel oder Spiel gewinnen, auch: sich etw. unrechtmäßig unter dem Schein des Rechts aneignen. Die Rda. steht in Zusammenhang mit dem Strandrecht. Nach ihm standen alle Güter, die nach einem Schiffbruch vom Meer ans Land gespült wurden, den Strandbewohnern zu. Diese halfen dem Zufall oft noch etw. nach und zogen vorbeitreibende Gegenstände an Land. In einigen Strandkirchen wurde Gott sogar um einen ‚gesegneten' Strand angefleht, d. h. er wurde wegen der zu erwartenden Beute um den Untergang recht vieler Schiffe gebeten.

Das kann das Land (auch *die Welt*) *nicht kosten:* es wird nicht so teuer zu stehen kommen. vgl. frz. ‚Cela ne coûtera pas un monde' (Das wird die Welt nicht kosten). In Holst. sagt man iron. von einem, der übel ankommt: ‚He kumt int gelobte Land', vielleicht in Erinnerung an den oft üblen Ausgang der Kreuzzüge. Entspr. heißt es in einem Gedicht von Fr. Rückert: „Bleibet im Lande und nähret euch redlich", das vor der Auswanderung nach Amerika zu warnen versucht u. auf Psalm 37,3 beruht. Die Wndg. von Amerika, als dem ‚Land der unbegrenzten Möglichkeiten' geht zurück auf den Bankier Ludwig Max Goldberger, der sie erstmals 1902 in der populären Zeitschrift ‚Die Woche' verwendete.

Aus der Seemannssprache stammen Wndgn. wie ‚Land in Sicht' oder ‚Land unter'.

Land u. Leute kennen lernen (wollen) wird meist gebraucht als Erweiterung zu Rdaa. wie ‚verreisen', ‚in die Fremde gehen'. Es handelt sich um eine Zwillingsformel, die bereits seit dem 12. Jh. in der Formel ‚liute unde lant' bezeugt ist u. seit dem späten MA. aus der Sprache des Rechts nicht mehr wegzudenken ist. „In dem Maße, wie mit der entstehenden Landesherrschaft die Bez. ‚lant' auch die Bdtg. von Territorium erlangen konnte, wurde die Formel ‚liute unde lant' mit dem Begriff ‚Herrschaft' über ein Land verbunden." Das kommt auch z. Ausdr. im alten Rechtsspr.: ‚Mit Recht u. Gericht erhält man Land u. Leute. Wo Recht u. Sitte wenden, da wendet auch der Herr mit Land u. Leuten'.

Lit.: *J. Cornelissen:* ‚Vreemde Landen en Volken in den Volkshumor en de Spreekwoordentaal', in: Volkskunde 32 (1927), S. 25–35, 73–89, 126–148; 33 (1928), S. 3–26, 76–91; *A. Höch:* ‚Land u. Leute', in: Schweiz. Volkskunde 60 (1970), S. 11–13; *R. Schmidt-Wiegand:* Art. ‚Land u. Leute', in: HRG. II, Sp. 1361–1363; *O. G. Sverrisdottir:* Land in Sicht (Frankfurt/M. 1987), S. 189–191.

Landesvater. *Den Landesvater singen:* das rituelle Singen des feierlichen Liedes ‚Alles schweige, jeder neige ernsten Tönen nun sein Ohr' wird als Studentenlied bei festlichen Kommersen gesungen, wobei die Mützen der Studenten mit dem Schläger durchbohrt wurden. Die Löcher werden später von den Couleurdamen bestickt. Das ‚Stechen eines Landesvaters' ist ein waffenstudentischer Brauch. Aus der Ehrung des Seniors der Verbindung entwickelte sich eine Huldigung an den Landesfürsten.

Sowohl dieser Brauch selbst wie auch das Lied wird ‚Landesvater' genannt, weil es zur Melodie eines älteren Liedes gedichtet wurde, das mit den Worten begann: ‚Landesvater, Schutz und Rater'.

Lit.: *Th. Gantner (Hg.):* Couleurstudenten in der Schweiz. Ausstellung des Schweiz. Museums für Vkde. (Basel 1979/80).

Landfrieden. *Dem (Land)frieden nicht trauen:* einen Zustand nicht für ganz sicher, nicht für gefahrlos halten, obwohl es so scheint. Im späten Mittelalter war der Friede oft durch Fehden bedroht oder gestört. Die Kaiser erließen dagegen seit dem 11. Jh. ,Gottesfrieden' für bestimmte Tage der Woche, später meist ,Landfrieden' für größere Teile des Reiches. Aber Heer und Polizei waren nicht genügend ausgebildet, um für diesen Landfrieden völlig sichere Gewähr zu leisten; daher die Rda., die freilich in übertr. Sinne erst im 18. Jh. belegt ist. Älter bezeugt ist die Wndg. ,dem Geleit nicht trauen': zum Schutz gegen Überfälle bedienten sich reisende Kauf- und Privatleute des Geleites, einer Art berittener Polizei. In Rollenhagens ,Froschmeuseler', einem episch-didaktischen Gedicht von 1595 (Aa 8 b), warnt der alte Sperling seine Jungen:

Spür ich an einem dicken Strauch,
Daß sich herauswindet der Rauch,
Als wenn ein Feur darunter wär,
So trau ich dem Geleit nicht mehr.

Lit.: *E. Kaufmann:* Art. ,Landfrieden' (I), in: HRG. II, Sp. 1451–1465.

Landgraf. Die Aufforderung *Landgraf, werde hart!* gilt als Ermahnung an einen allzu milden Vorgesetzten oder an eine Regierung, strenger gegen Unrecht und Mißstände vorzugehen. Sie geht zurück auf eine von Joh. Rothe 1683 in der ,Düringischen Chronik' berichtete Sage, nach welcher der Landgraf Ludwig von Thüringen (1140–72) anfänglich so milde geherrscht haben soll, daß die Mächtigen im Lande übermütig wurden und das Volk ausbeuteten und in jeder Weise quälten. Auf einer Jagd habe sich der Landgraf verirrt und schließlich bei dem Schmied von Ruhla im Thüringer Wald Unterkunft gefunden. Der Schmied, der ihn nicht erkannte, habe, während er nachts emsig auf den Amboß schlug, auf die Lässigkeit des Grafen geflucht und gerufen: „Nun werde hart". Unter dem Eindruck dieses Erlebnisses soll Ludwig alsbald für Zucht und Ordnung im Lande gesorgt haben. Die heute übliche Form ,Landgraf, werde hart!' stammt aus Wilhelm Gerhards (1780–1858) Gedicht ,Der Edelacker'

(,Gedichte', 1826, II, 24), das zum ersten Male 1817 unter dem Titel ,Der Acker der Edlen' erschien. Die Brüder Grimm haben die Sage von Rothe übernommen und in ihren ,Deutschen Sagen' unter der Nr. 556 veröffentlicht. Sagen ähnl. Inhalts gibt es mehrfach, so z. B. von Gauffredus und dem Köhler (Joannis monachi Historia Gauffredi, Paris 1610, S. 26–29).

ländlich. *Ländlich, sittlich:* urspr.: was in einem guten Lande üblich ist, gehört zur guten Sitte; als sprw. Wndg. am frühesten im 16. Jh. in Schwaben bezeugt und seit dem Ende des 17. Jh. von den Wbb. verzeichnet; in neuerer Zeit meist scherzhaft gesagt von dörflichen Zuständen, wobei ,ländlich' im Gegensatz zu ,städtisch' steht; deshalb auch in der iron. Reimform ,ländlich, schändlich'.

Landluft. *Landluft genießen:* iron. für: sich schminken (gegenwärtige Umgangssprache). Entspr. wird Schminke, Sonnenbräune vortäuschende Kosmetik bez. als ,Landluft aus dem Döschen'. Geschminkt sieht man so aus, als käme man aus der Sommerfrische (Küpper.). Mit der Wndg. ,Es riecht nach gesunder Landluft' ironisiert man oft penetranten Stall-, Jauche- oder Güllengeruch.

Landplage. *Sich zur Landplage entwickeln:* sich zu einem Unheil auswachsen, das alle ohne Unterschied trifft. Die Rda. bezieht sich auf 2. Mos. Kap. 7–12, wo von den 10 Plagen über Ägyptenland berichtet wird. Es sind die Strafen Gottes, weil der Pharao die Israeliten nicht aus Ägypten ziehen lassen will. Die durch Moses und Aaron angekündigten und bei einem Sinneswandel des Pharao noch abwendbaren Plagen sind: 1. Verwandlung des Wassers in Blut, 2. Die Frösche, 3. Stechmücken, 4. Ungeziefer, 5. Pestilenz unter dem Vieh, 6. Schwarze Blattern, 7. Hagel, 8. Heuschrecken, 9. Finsternis u. 10. Erwürgung der Erstgeburt. Erst nach der letzten und schwersten Plage drängt das leidgeprüfte ägyptische Volk selbst die Israeliten zum Auszug. In übertr. Bdtg. heißt es auch: *Jem. (etw.) ist eine (wahre) Landplage:* er (es) ist beinahe unerträglich (verheerend).

Landsknecht. *Fluchen wie ein Landsknecht:* tüchtig, unaufhörlich fluchen; vgl. frz. ‚jurer comme un charretier‘ (fluchen wie ein Kutscher).
Der Begriff ‚Landsknecht‘ ist seit dem ausgehenden 15. Jh. bezeugt. Er steht für den vom Kaiser (urspr. Kaiser Maximilian I.) im kaiserl. Land angeworbenen Söldner (im Gegensatz zu den Schweizern, mit denen die Landsknechte in sprw. Feindschaft standen, wie es u. a. auch in der ‚Zimmerischen Chronik‘ (3, 35, 3) bezeugt ist.
Später ist der Ausdr. zu ‚Lanzknecht‘ umgedeutet worden, was fälschlicherweise auf die Bewaffnung der Söldner zurückgeführt wird. Daß es sich hierbei freilich um eine andere Herkunft handeln muß, geht sowohl aus der Schreibweise der ‚Zimmerischen Chronik‘ als auch der in anderen lit. Zeugnissen hervor, so u. a. aus einem Beleg von Joh. Lenz (ab 1494 Schulmeister in Freiburg/Üchtland), der in seinem ‚Schwabenkrieg‘ (hg. v. H. v. Dieszbach, Zürich 1848, S. 26) folgendes berichtet:

das ein nam ist uff komen,
der heist lantzknecht zu land,
als Maximilian lag im Nyderland,
kriegt umb die land so verlorn
er hett ee er kung was erkorn,
da wurden all kriegslut slecht
genant die fryen landsknecht,
us genomen die eidgenossen
solt man Swytzer bliben lassen,
wolten kein Swytzer haben
by in dieselben kriegsknaben,
meinten besser zu sin zur zit,
dann die eidgenossen zum strit.

Die Landsknechte wurden zwar häufig als ‚fromme Landsknechte‘ bez., doch bedeutet dieses Beiwort hier soviel wie: tüchtig, tapfer. Aber schon Seb. Franck klagte: „Gots lestern, huoren, spilen, mörden, brennen, rauben, witwen und weisen machen, ist ir gemein handwerk und höchste kurzweil. Wer hierin küen und keck ist, der ist der best und ein freier landsknecht“.
Hans Sachs erzählt in seinem Schwank von ‚Sankt Peter mit den Landsknechten‘ von neun Landsknechten, die an die Himmelspforte kommen und vergebens Einlaß begehren, so daß sie anfangen zu

fluchen: „Marter, Leiden und Sacrament“, was St. Peter für geistliche Reden hält. Als Rda. bucht die Wndg. „Er flucht als ein Lands-Knecht“ 1741 J. L. Frisch (Teutsch-Lateinisches Wörterb. I, 572 a); er verzeichnet auch den Ausdr.: „Von einer allzufreyen Weibs-Persohn sagt man: Sie ist ein rechter Lands-Knecht“. In B. v. Münchhausens Ballade ‚Alte Landsknechte im Himmel‘ (1900) heißt es von den wenigen in die ewige Seligkeit aufgenommenen Landsknechten:

Und wenn gar einer mal fluchen will:
„Potz Tod und Teufel und Frundsberger Drill!“
Geht's ihm nicht aus dem Mund heraus,
Wird gleich ein Halleluja draus!

Lanze. *Mit jem. eine Lanze brechen:* sich mit jem. in einen Streit einlassen, streiten; vgl. frz. ‚rompre une lance avec quelqu'un‘.
Für jem. (etw.) eine Lanze einlegen (brechen): für jem. (etw.) sich mit Wort oder Tat einsetzen, ihn (es) verteidigen (ebenso: ‚ein gutes Wort einlegen‘); vgl. frz. ‚rompre une lance pour quelqu'un‘ oder besser: ‚... pour quelque chose‘. Der Ausdr. knüpft an Realvorstellungen aus dem ma. Turnierwesen an. Das Wort Lanze kommt aber erst um 1200 als Lehnwort aus dem Frz. ins Dt. Erst bei Fischart ist der Ausdr. ‚eine Lanze einlegen‘ bezeugt, und im übertr. Sinne ist die Redewndg. erst seit der 2. H. des 18. Jh. gebräuchl. Bei dem Ostfranken Wirnt von Grafenberg heißt es zwar schon 1204 im ‚Wigalois‘: „(er) valte (brach) da sîn lanze“; und im ‚Titurel‘ Wolframs wird vom ‚lanzenkrach‘ gesprochen. Sonst aber heißt es im Mhd. stets ‚sper‘ oder ‚spiesse brechen‘, und ‚diu sper under die arme slahen‘, der Technik des Speerhaltens beim Turnier entspr.: die Lanze wurde zwischen den rechten Oberarm und die rechte Brust eingelegt; am Brustpanzer war mitunter sogar ein besonderer Haken befestigt, der die Waffe tragen half.
Die Wndg. *die ersten Lanzen werfen,* die in lat. Form bei Erasmus von Rotterdam belegt ist (‚primas iactare hastas‘), ist eine Art Terminus technicus der antiken Rhe-

torik und meint die ersten schlagkräftigen und gezielten Pointen und Argumente, die der Redner erst nach gemäßigtem Beginn anbringt.

Mit silbernen Lanzen zu fechten wird Philipp von Mazedonien von dem Orakel des pythischen Apoll auf die Frage nach seinen Siegeschancen geraten, d. h. dem König wird im Bilde nahegelegt, das Mittel der Bestechung und des Verrates anzuwenden. So ist auch für die korrupte Rechtspflege des 17. Jh. das Sprw. gebräuchl.: ‚Mit goldener Lanze hebt man den Stärksten aus dem Sattel‘.

Lit.: *A. Erler:* Art. ‚Lanze‘, in: HRG. II, Sp. 1620–1622.

Lappen. *Durch die Lappen gehen:* entwischen, entgehen, entkommen; eigentl.: die Absperrung durchbrechen. Diese Rda. stammt aus der Jägersprache, aus der so manche Rdaa. hergeleitet werden können (vgl. Busch, Garn, Latein, Leim; etwa auch ‚durch die Latten gehen‘). Um das Wild am Ausbrechen aus dem Jagdrevier zu hindern, wurden auf Treibjagden bunte Zeuglappen zwischen den Bäumen aufgehängt, vor denen die Tiere zurückscheuten. Dennoch brach das Wild gelegentlich aus und ging dann ‚durch die Lappen‘. Lappen als Schrecktücher zum Umstellen des Wildes erwähnt bereits 1579 M. Sebiz (‚Feldbau‘ S. 563): „Zum Betrug (des Wildes) gehören Garn und Netze, und die man zum Gewild gebraucht, nendt man auf weidmännisch Wildseil, Wildgarn … Wehrtücher oder Lappen“. Im Jagdbuch von H. F. v. Göchhausen 1741 werden die Vorkehrungen beschrieben, um „sich das Wild zuzulappen“. Im übertr., auf Menschen bezogenen Sinne wird die Rda. erst seit dem

‚Durch die Lappen gehen‘

18. Jh. gebraucht. Bei Wilhelm Raabe findet sie sich z. B. in ‚Prinzessin Fisch‘ (Kap. 11): „… als ich Eltern, Geschwistern … durch die Lappen ging“.

Ein neues Kleid mit einem alten Lappen flicken (und umgekehrt) sagt man, wenn zwei nicht zusammenpassende Dinge unsinnigerweise miteinander verbunden werden. Die Rda. bezieht sich auf das bibl. Gleichnis bei Luk. 5, 36: „Niemand flickt einen Lappen von einem neuen Kleid auf ein altes Kleid; sonst zerreißt auch das neue, und der Lappen von dem neuen paßt nicht zu dem alten“.

Den Lappen neben das Loch setzen: etw. ungeschickt anfassen. *Am Lappen halten* ist seit 1554 belegt und heißt soviel wie sparen, sogar an minderwertigen Lappen festhalten.

Sich auf die Lappen machen: sich auf den Weg machen, sich entfernen (ebenso ‚sich auf die Socken machen‘). Mit den Lappen sind hier die Fußlappen gemeint, mit denen man den Fuß umwickelte.

Aus den Lappen in die Plunnen: vom ↗ Regen in die Traufe (Braunschweig).

Lappen als Schelte ist sehr früh gebräuchl. Abraham a Sancta Clara weiß folgendes zu erzählen: „Ein Frauenzimmer … hat dem guten Alten etlichmal eine Labetkarten ums Maul geschlagen, und ist wohl viel, daß dem armen Lappen die Nasen nit geblutet“. Im 16. Jh. wurde in Basel sündhaften Männern und Frauen der ‚Schandlappen‘ umgehängt. So wird bei Hans Sachs die Wndg. *jem. einen Schandlappen* ↗ *anhängen* gebraucht i. S. v.: jem. die Ehre abschneiden. Mdal. sind im Rheinl. die Schelten ‚Trauerlappen‘ und ‚Schmachtlappen‘ bekannt. Die mdal. verschieden gebrauchte Wndg. ‚Lappländer‘ soll einen bald liederlichen, auch wunderlich gekleideten, bald auch einen ungeschickten Menschen bezeichnen (vgl. Lappsack, Lappschwanz, Lapphannes, Laban usw.). Es handelt sich hier wohl um einen geographischen Wortwitz, in dem die Tendenz sichtbar wird, für einen bestimmten Typ die Festlegung in der Nation zu finden. Dabei dienen der lautliche Anklang und die Struktur des Wortes als Länder- und Herkunftsname zur Herstellung des Ausdr. Ähnl. sagt man von einem läppischen Menschen: *Er ist von Lappenhausen.* Schon 1453 wird im ‚Ring‘ des Heinrich Wittenweiler das Dorf Lappenhausen genannt, und auch Hans Sachs schließt an diese sprechende Ortsbez. an:

Pey Rappersweil im Schweizerland
Da ligt ein Dorff gar weit erkand,
Das man zu Lappenhausen nennt,
Darin gar leppisch Pauern sent.

Lappen kann auch für ‚Ohrlappen‘ stehen; daher *einem ein paar hinter die Lappen geben:* ihm ein paar Ohrfeigen versetzen (ndd. ‚up de Lappen geben‘).
‚Die paar Lappen‘ heißt es am Niederrh. verächtlich für einige wenige Geldscheine von geringem Wert.
‚Jedem Lappen gefällt sein Kappen‘: Das Sprw. ist schon Anf. 18. Jh. in den ‚Teutschen Arien‘ (S. 304) bezeugt.
Eine österr. Rda. bezieht sich dagegen auf einen einfältigen harmlosen Menschen: ‚Armer Lapp, b’halt nur dei närrische Kapp‘. Ähnl. auch die jüngere Bez. ‚Jammerlappen‘ für jem., der sich oft u. laut beklagt.

Lit.: *G. Jungbauer:* Art. ‚Lappen‘, in: HdA. V, Sp. 905–908; *H. Rausch:* ‚Durch die Lappen gehen‘, in: Der Sprachfreund 4 (1955), Nr. 4; *L. Röhrich* u. *G. Meinel:* Rdaa. aus dem Bereich der Jagd und der Vogelstellerei, S. 319; *L. Schmidt:* Sprw. dt. Rdaa., in: Oesterr. Zs. f. Vkde., N.S. 28 (1974), S. 108–109.

läppern. *Es läppert sich zusammen:* aus vielen kleinen Beträgen ergibt sich eine beachtliche Summe; bei der Rda. ist an ↗ Lappen, also an kleine Stoffstückchen, zu denken, aus denen etw. Größeres zusammengeflickt werden kann. Das Wort ‚Lappen‘ nimmt spätestens im 18. Jh. die Bdtg. einer wertlosen Kleinigkeit an, in Dtl. wurde es bes. z. Zt. der Inflation auch zur Bez. des Papiergeldes gebraucht.

Larifari. Leeres Gerede (meist auch in der Absicht, jem. etw. vorzumachen). Das Wort steht in Wndgn. wie *Das ist doch Larifari,* oder *mach kein Larifari.* Im Schwäb. kennt man die Rda. ‚Es ist Larifari wie des Weberwiblis Habermus‘. Solche lautmalenden Wortbildungen sind im Bereich des Spielerisch-Sinnlosen durchaus geläufig (vgl. lirum-larum, Brimborium, Klimbim, papperlapapp, Schlendrian usw.). Wahrscheinlicher ist aber die Herkunft aus der musikalischen Technik.

In der ital. Solmisation sind la-re-fa Tonbez. Trällernde Gesangstöne werden in alten Volksliedaufzeichnungen mit lōri fā angedeutet, eine Messe im 15. Jh. mit La re fa re. Hier ist schon die Form erreicht, die in Wien 1719 als ‚leeres Geschwätz‘ fest geworden erscheint. Abraham a Sancta Clara reimt: „Ein Wax ist die Welt, man truck darein, was man will, so ists doch nichts als Lari fari und Kinderspiel“. Seit dem Ende des 18. Jh. trägt der Hanswurst in Wien auch den Namen Larifari. ‚Eine Larifari-Einstellung haben‘: mangelndes Interesse an den Tag legen, die Dinge recht oberflächlich betrachten.

Lit.: Zs. f. dt. Wortf. 2, S. 23; *Göhring,* Nr. 219, S. 124; *Schulz-Basler:* Fremdwb. (1942), 2,9; *Kluge:* Etymol. Wb., S. 423.

Lärm. *Lärm schlagen:* die Leute auf etw. aufmerksam machen (oft mit einer abwertenden Note i. S. v.: künstlich aufregen). Die Wndg. geht auf einen militärischen Terminus technicus zurück und bewahrt die urspr. Bdtg. von Lärm, womit eigentl. ‚Alarm‘, d. h. der Ruf zu den Waffen, ital. all’arma, frz. à l’arme, gemeint ist (frühnhd. larman, lerman). Es war vor allem in den Kriegen des 16. und 17. Jh. die Wndg., mit der man zu den Waffen rief. Hans Sachs dichtet:

Josua kompt mit sein Volk und schreyn:
Lerman, Lerman, dran, dran, dran!
In Gottes Namen greif wir an.

1558 heißt es bei Lindener im ‚Katzipori‘ schon im übertr. Sinn: „Und hebt der Pfaff noch den selbigen Tag ein Lerman an“.
Bes. häufig sind rdal. Vergleiche mit Lärm, z. B. ‚ein Lärm wie auf dem poln. Reichstag‘, ‚lärmen wie die Gänse auf dem Kapitol‘, ‚wie die Berserker‘, ‚wie die Wilden‘, ‚er macht mehr Lärm als ein Kesselschmied‘. Der rdal. Vergleich ‚lärmen wie die Schweidnitzer Büchse‘ geht auf einen chronikalischen Bericht von 1488 über eine Schweidnitzer Kanone zurück, die von 43 Pferden gezogen worden sein und 3 Zentner schwere Kugeln verschossen haben soll.
Im Sinne des Nichterfülltwerdens bedeutender Ankündigungen oder der Unangemessenheit zwischen Aufwand und

Ergebnis werden folgende Redewndgn. gebraucht: ‚Viel Lärm um nichts' (Shakespeares Komödientitel; vgl. Plautus: ‚verba sine penu et pecunia' = Worte ohne Nährwert und Geld). In der Oberlausitz sagt man: ‚Viel Lärm und keine Hochzeit' (vgl. ‚viel ↗ Geschrei und wenig Wolle'). ‚Sie macht einen Lärm wie die Henne vor Tage'; ‚er lärmt wie die Frösche im Winter' (nämlich gar nicht); ähnl.: ‚er lärmt wie ein Dieb im Pferdestall', ‚als wenn die Katze ein Ei legt'. ‚Lärmmühle' oder ‚Lärmkulisse' sind neue Bez. eines sehr lauten Motorrades oder einer ohrenbetäubenden Veranstaltung.

Lit.: *A. Perkmann:* Art. ‚Lärm', in: HdA. V, Sp. 914–917.

Larve. *Einem die Larve (Maske) abreißen (abziehen)* oder *vom Gesicht reißen:* ihn in seiner wahren Gestalt zeigen, ‚entlarven', seine Absichten enthüllen; vgl. frz. ‚arracher le masque à quelqu'un'. Eine ähnl. Wndg. findet sich schon bei Luther: „Habe ich wollen die Larven anzeigen, die Herzog George aufgesetzt hat, damit sie die Mummerei kennen". Schon die Römer haben diese Wndg. in übertr. Sinne gebraucht: ‚personam detrahere capiti' (Martial 3, 43, 4). Joh. Georg Forster verwendet 1791 in seinen ‚Ansichten vom Niederrhein' die Ausdr. „hinter der Larve der Demokratie versteckt" und „hinter der bedeutsamen Larve ein Schafsgesicht verstecken", was an die lat. Wndg. ‚pulchra larva cerebrum non habens' (= ein schönes Gesicht ohne Verstand) erinnert. Schiller sagt in der ‚Macht des Gesanges': „Des Jubels nichtiges Getöse verstummt und jede Maske fällt", in den ‚Räubern' heißt es: „Er ist's trutz seiner Larv". Grillparzer schreibt: „Ich würde unbedachtsam kühn die schöne Larve vom Gesichte reißen". Hölderlin spricht im ‚Hyperion' von „dem Kriege, den man unter der Larve des Friedens führt". Im 17. Jh. schon wandelt sich Larve auch zur Bez. des Trägers; in Schwaben sagt man: ‚Die hat eine schöne Larv', und meint damit das Gesicht eines Mädchens; das Mädchen bez. man auch pars pro toto als Lärvchen. Im Rheinl. sagt man: ‚Schlag ihm eine an die Larv' (ins Ge-

sicht). Larve steht für Gesicht auch im Schweiz., wo ‚eine Larve machen' ein Gesicht schneiden heißt. Ein schweiz. Spruch warnt: ‚I schön G'sichtli vergaff di nit, 's chönnt au e Larvli si'. Ebenso häufig ist die entspr. Wndg. *die Larve (Maske) fallen lassen (ablegen):* sein wahres Gesicht zeigen, seine Tarnung preisgeben, seinen wahren Charakter zu erkennen geben, seine Absichten enthüllen; vgl. frz. ‚jeter …' oder ‚lever le masque' oder ‚ôter son masque'. ↗ Maske.

Last. *Einem etw. zur Last legen:* jem. etw. als Schuld anrechnen; *einem zur Last fallen.* Diese und ähnl. Wndgn. können im wörtl. und übertr. Sinne eine ‚Belastung' meinen, aber auch auf die Kaufmannssprache zurückgehen, in der ‚Last' und ‚Belastung' die ‚Debetseite eines Kontos', d. h. eine Zahlungsverpflichtung, bedeuten. Sicher zur Kaufmannssprache gehören die Rdaa. *einem etw. zu Lasten schreiben* und *jem. mit soundso viel belasten.* ‚Die Last des Daseins' ist ein bekannter rdal. Topos. Das Wort Last wird spätestens seit frühnhd. Zeit als reale wie übertr. Bez. für alle möglichen Formen von Belastung verwendet (vgl. das lutherisch-neutestamentliche „Einer trage des anderen Last"). In Mdaa. und Sondersprachen wird das Wort neben der allg. Bdtg. noch für spezielle Bez. gebraucht, vor allem für verschiedene Gewichts- und Mengenbez. So ist das ins Grastuch eingebundene Viehfutter, das die Bäuerin auf dem Kopf trägt, eine Last. Von hier rührt dann der drohende Kraftausdr. ‚Ich trete dir en Bruch wie'n Last Klee', der im Rheinl. verbreitet ist. Allg. sagt man: ‚Man hot sei Last', d. h., man hat es nicht leicht im Leben. ‚Mit dem kriegste noch (dein) Last', prophezeit man vor allem Eltern bzgl. ihrer mißratenen Kinder; es kann sich auch auf kommende Krankheiten richten. Bereits im 16. Jh. ist im Schweiz. gebucht ‚in ein groß Last kommen/difficultatem incurrere', in schwere Händel geraten. *Die Last zur Bürde nehmen:* eine kleine Belastung abschütteln, dafür aber eine um so größere aufnehmen müssen. Auch rdal. Vergleiche, die meist iron. Sinn haben und

Ungewöhnliches verbinden, sind mdal. sehr verbreitet: ‚Er hat ne Last wie en Zinngießer'; ‚er hat seine Last wie Kimmels Hund'; ‚er hat seine Last wie ein Reffträger'. Im Sprw. heißt es: ‚Das Ende trägt die Last', was soviel bedeutet wie: ‚Das dicke ↗ Ende kommt nach' und ‚Man soll den ↗ Tag nicht vor dem Abend loben'.

lästig. *Jem. lästig sein,* auch: *etw. als lästig empfinden:* beschwerlich, unangenehm sein. Das spätmhd. Adj. ist eine Ableitung zu ‚Last' u. hat später die Bdtg. von unbequem, störend u. zudringlich angenommen.
Nicht lästig fallen wollen (werden): keine Mühe machen wollen, z.B. als Gast, oft als Formel bescheidener Ablehnung eines Angebots zu hören. Häufig sind die rdal. Vergleiche: *lästig wie die Fliegen (Schmeißfliegen, Mücken)* u. *lästig wie Fußpilz,* die auch übertr. Bdtg. besitzen.
Etw. als lästige Pflicht betrachten: etw. ohne jede Begeisterung tun, ähnl.: *eine lästige Aufgabe erledigen müssen.* Auch ein Kind, das als bes. unruhig u. störend empfunden wird, kann als ‚lästig' bez. werden.

Latein. *Mit seinem Latein am Ende sein:* nicht mehr weiterwissen, keinen Rat mehr wissen, sich festgefahren haben, aber auch: des bloßen Geredes überführt sein; vgl. frz. ‚en être au bout de son latin'. Im selben Sinne ist die Rda. *Dem geht das Latein aus* zu verstehen; vgl. frz. ‚Il y perd son latin': Er weiß sich keinen Rat mehr.
Anstoßend für den rdal. Gebrauch des Wortes Latein war die Funktion des Lat. im ma. Gelehrten- und Bildungsbetrieb. So steht Latein in den genannten verbreiteten Rdaa. in übertr. Sinne ganz allg. für Wissen und Wissenschaft.
Die Wndg. *Latein reden* bez. ‚hohe Kunstfertigkeit'; vgl. das Sprw.: ‚Wer Latein kann, kommt durch die ganze Welt', d.h., Latein als Sprache der Kirchenmänner u. Rechtsgelehrten hatte Weltgeltung u. entspr. Autorität.
Die Bdtg. kann allerdings auch ins Gegenteil umschlagen; Latein bedeutet dann das Verkehrte, Verzwackte, Umständliche, bis zum bloßen Gerede: *Sag dein Latein auf:* sag, was du weißt, es wird nicht

viel sein, es ist doch bloß äußerlich einstudiert. *Das ist kein gut Latein:* das ist nicht gut gemeint, nicht gut gesprochen. Im Sinne von dummem und schlechtem Gerede bringt Seb. Franck (1541) folgende Sprww.: ‚Wein redt vil, aber bös Latein' und ‚Wein – spricht man – redt Latein'. In Gutzkows ‚Ritter vom Geiste' 1850/51 heißt es: „das kommt mir lateinisch vor", das ist mir unklar (↗ spanisch).
Jem. das Latein sagen: ihm etw. sehr deutlich, grob sagen. In der ‚Zimmerischen Chronik' (16. Jh.) finden sich z.B. folgende Wndgn.: „Daß mich der Mann nicht ergreif und mir die Vesper auf Latein pfeif"; „ . . . sondern ihm ein Latein sagen, daß er ihn ein andermal zufrieden wird lassen". In den heutigen Mdaa. hat sich diese Bdtg. z.T. noch rdal. erhalten. Im Rheinl. z.B. sagt man für deutlich werden auch: ‚Von Jesus up Latein sprechen'.
Der Ausdr. *Küchenlatein* (frz. ‚Latin de cuisine') für schlechtes Latein mag aus dem Munde gelehrter Humanisten stammen, die sich auf ihr klassisches Latein etw. einbildeten gegenüber dem Latein, das in Klosterküchen gesprochen wurde. So erscheint die Wndg. 1521 bei Joh. Eberlin von Günsberg und 1523 bei Luther. *Jägerlatein* bez. zunächst die Sondersprache des Jägers, dann aber auch die beliebten Aufschneidereien erzählfreudiger Waidmänner. *Krämerlatein* ist die scherzhafte oder verächtliche Bez. der Kaufmannssprache als Sondersprache.

‚Jägerlatein'

Auf lat. Zehrung gehen: sich selbst zu Gaste laden, was schweiz. vor allem Studenten und Geistlichen nachgesagt wird.

Ebenso schwäb. ‚auf lat. Zehrung gehen‘, betteln; vgl. die altels. Rda. ‚ufm latinische Tappe reise‘, d. h. als fahrender Schüler Geistliche und Klöster aufsuchen und sich so durchs Ländchen essen und betteln.

Zu vermerken sind ferner folgende rdal. Vergleiche: ‚Der spricht Latein wie Wasser‘; so sagt man in Aachen von einem Schwätzer und Angeber. Allg. ist im Rheinl. verbreitet: ‚Der spricht Französisch wie die Kuh Latein‘ (vgl. frz. ‚Il parle français comme une vache espagnole‘); ‚das versteht er wie die Katze Latein‘, nämlich gar nicht.

Lit.: *D. Liebs:* Latein. Rechtsregeln u. Rechtssprww. (München 1983); *R. Schmidt-Wiegand:* Art. ‚Rechtssprache‘, in: HRG. III, Sp. 344–360, hier insbes. 352 f.

Laterne. *Etw. mit der Laterne suchen:* etw. mühsam suchen; dagegen: *etw. mit der Laterne am Tage suchen:* etw. Unsinniges, Selbstverständliches tun, etw. Längstbekanntes als Neuigkeit preisen, ‚offene Türen einrennen‘; älter in der Form: ‚die Laterne bei Tage anzünden‘. Brant im ‚Narrenschiff‘ (28, 1) verspottet solche Verkehrtheit:

Der ist eyn narr, der macht eyn für
(Feuer),
Das er dem sunnen schyn geb stür
(Unterstützung),
Oder wer fackeln zündet an
Vnd will der sunnen glast zu stan
(unterstützen).

Diogenes, der griech. Zyniker (gest. 323 v. Chr.), verachtete die Menschen so sehr, daß er am hellichten Tage einen Menschen mit der Laterne suchen zu müssen vorgab. Daher Spiegelberg in Schillers ‚Räubern‘ (II, 3): „Lösch deine Laterne aus, schlauer Diogenes! – du hast deinen Mann gefunden". Dagegen der Kapuziner in ‚Wallensteins Lager‘ (8. Auftr.):

Aber wer bei den Soldaten sucht
Die Furcht Gottes und die gute Zucht
Und die Scham, der wird nicht viel finden,
Tät’ er auch hundert Laternen anzünden.

In rhein. Mda. heißt es: ‚So findschte käne, un wenn de om helle Dag met der Laterne rumgehscht‘.

Wem der *Kopf wie eine Laterne* ist, dem ist es heiß im Kopf. Els. bedeutet ‚eine Laterne haben‘ im Rausch scharf sehen. Rhein. ‚er hot de Laterne un‘ (an), er hat Rotz aus der Nase hängen.

Ihm geht eine Laterne (Stallaterne) auf: ihm geht ein ⁊ Licht auf, er beginnt zu begreifen.

Laternenpfahl. *Mit dem Laternenpfahl winken:* mit dem ⁊ Zaunpfahl winken. Die Rda. kann natürlich erst in der 2. H. des 18. Jh. mit der Einführung der Straßenbeleuchtung aufgekommen sein. Sie findet sich z. B. in dem Briefwechsel zwischen Adalbert v. Chamisso und Helmine v. Chézy (hg. v. Petersen und Rogge, Berlin 1923, S. 44): „Die Staël ... winkt mir schmeichlerisch mit einem Laternenpfahl". Zunächst war es wohl der Wirt, der allzu seßhaften Gästen diesen Wink gab. ‚Die Laterne is angebrannt‘ sagt obersächs. der Wirt zu seinen Gästen, um sie zu veranlassen, nach Hause zu gehen, ⁊ heim.

Sich hinter einem Laternenpfahl ausziehen können: sehr dünn und schlank sein.

Latsche. *Sie passen zusammen wie ein Paar alte Latschen* (d. h. Pantoffeln, Hausschuhe) sagt man obersächs. von einem alten Ehepaar, das sich gut miteinander eingelebt hat, doch auch von anderen gut harmonierenden Personen.

Aus den Latschen kippen: umfallen, ohnmächtig werden, aber auch: sprachlos sein, ähnl. wie ‚von den ⁊ Socken sein‘.

Latte. *Mit der Latte laufen:* ein Narr sein, in engerer Bdtg.: toll sein vor Liebe. Belegt ist der Ausdr. z. B. 1728 bei Daniel Stoppe (‚Gedichte‘ Bd. 2, S. 199): „Wer mit der Latte läuft und sich als ein Narr stellt". Der Sinn der Rda. wird kulturgeschichtlich klar, wenn man sich unter Latte die Leimstange oder Leimrute des Vogelfängers vorstellt. Gestützt wird diese Gleichsetzung dadurch, daß im 16. Jh. die Rda. auch in der Form ‚mit der Leimstange laufen‘ im selben Sinne ganz gebräuchl. war. Diese Form wird im 17. Jh. bei Heinrich Julius von Braunschweig lit.: „Barmherziger Gott, wie leuft der Kerl mit der Leimstangen", d. h., ist er doch für ein Narr. Der ‚Leimstängler' war in der Komödie des 16. und 17. Jh. die typische Figur des verliebten Gecken, der in närrischem Aufzug mit Leimrute oder -stange als Mädchenjäger umherlief, um sie wie Vögel einzufangen. ↗ Leim.

Einen auf der Latte haben: betrunken sein, mag sich scherzhaft auch noch auf die Leimstange beziehen, mit der man einen Vogel fängt. Die Rda. bedeutet aber auch: es auf einen abgesehen haben, einen nicht leiden können, jem. scharf beobachten. Hier dürfte vielleicht an die Fixier- und Visierlatte des Landmessers oder des Artilleristen als tertium comparationis gedacht sein. Latte kann hier aber auch im Sinne des ↗ Kerbholzes verstanden werden, auf dem man noch jem. als Schuldner hat. So heißt ,etw. auf der Latte haben' auch: Schulden haben. Latte wird ferner als Mengenbez. für Geld gebraucht: ,eine Latte Geld', eine Stange Geld. Im Bair. ist im Sinne des Kerbholzes bekannt: ,einem eine Latte zahlen', einem die Zeche zahlen. Man sagt dort auch: ,Er hat eine lange Latte', er hat viele Zechschulden, oder: ,rechnen Sie die Latte zusammen', machen Sie die Rechnung. Im Rheinl. sind ,Lattenschulden' Borgschulden. ,Man schlägt einen an die Latte', wenn man über den Durst und auf Pump trinkt, wobei der letztere Sinn in der Rda. heute meist verlorengegangen ist, so daß sie nur noch als ein flottes Kraftwort gebraucht wird.

Er hat eine Latte zuviel: er ist verrückt. Verständlich wird diese Rda., wenn man an die verwandte Form denkt: ,Der hat einen Dachsparren zuviel', wobei Kopf und Verstand mit dem Dach verglichen werden. *Der hat sie nicht alle auf der Latte* besagt dasselbe. *Latten schneiden:* schnarchen; vgl. auch ,sägen' in der gleichen Bdtg.

Lange Latte nennt man einen langen, hageren Menschen; *eine tapezierte Latte* ist ein geckisch aufgeputzter hagerer Mensch.

Einen auf die Latten legen: einen ins Gefängnis stecken. Die Rda. knüpft an den älteren Ausdr. ,Lattenarrest' an, der so nach der mit Latten ausgelegten, primitiven Gefängniszelle genannt ist; vgl. ,an die Latten kommen', von der Polizei erwischt werden. Im Schwäb. ist ,August

mit der Latte' der Landjäger, wobei Latte als ironisierender Ausdr. für jede Art von Waffe, hier für das Gewehr, fungiert. Im Rheinl. nannte man den Degen des Feldwebels ,Lättchen'.

Durch die Latten gehen: entwischen, ist wohl eine lautliche Analogiebildung zu ,durch ↗ Lappen gehen', wobei hier nun aber Latten als Lattenzaun verstanden werden.

,Über den Latten gehen' besagt in Augsburg: die Grenzen des Anstandes überschreiten; vgl. schweiz. ,aus der Latten springen', aus der Rolle fallen, wobei eine Anknüpfung an die ma. Turnierschranken (↗ Schranke) denkbar wäre, aber nicht gesichert ist.

Lit.: *L. Röhrich* u. *G. Meinel:* Rdaa. aus dem Bereich der Jagd und der Vogelstellerei, S. 323.

Latz. *Jem. eine vor den Latz knallen* (oder *donnern, hauen*): auf die Brust schlagen, ihn ohrfeigen. Latz meint hier das Bruststück der Männer- oder Frauentracht; etwa seit 1920 belegt. Entspr. *sich innerlich vor den Latz geknallt fühlen:* sich beleidigt fühlen, sich Selbstvorwürfe machen (Küpper); vgl. ,jem. eine vor den Hals hauen'; ,jem. eine vor den Kahn hauen', ihn tätlich angreifen.

Laube. *Fertig ist die Laube* (oder auch: *Kiste*): die Sache ist fertig, abgemacht, eigentl.: rasch erledigt, ebenso schnell, wie eine Gartenlaube aus wenigen Brettern gezimmert wird. Diese berl. Rda. hat allg. Verbreitung gefunden und wird meist am Schluß eines Berichtes gebraucht, um anzudeuten, daß alles glatt geht (auch mit dem Akzent minderer Qualität des Erledigten oder Hergestellten), oft mit einem scherzhaften Zusatz: ,aber jrün is se (noch) nich'. Obersächs. auch in erweiterter Form: ,Da packen mer'sch in 'ne Kiste, un fertig is de Laube'; ↗ Lack, ↗ Laden.

laufen. *Sich auf dem laufenden (er-)halten,* auch *auf dem laufenden sein:* sich immer über alle Neuigkeiten und Fortschritte unterrichten. Die Rda. verdankt ihre Entstehung einem Übersetzungsfehler: sie soll das frz. ,au courant' wiedergeben, wobei hier ,courant' = Strömung, Lauf der Welt bedeutet.

,Den Sozialismus in seinem Lauf
hält weder Ochs' noch Esel auf'

Auf etw. zu laufen wissen: sich mit etw. beschäftigen u. daraus seinen Lebensunterhalt gewinnen, wie der Seiltänzer, der auf
dem Seile läuft, d. h. eine schwierige u. ge-
fahrvolle Aufgabe meistert.
Nach etw. lange laufen müssen, auch *von
Pontius zu Pilatus laufen müssen:* viele (erfolglose) Wege (Anstrengungen) unternehmen müssen. *Etw. läuft:* eine Angelegenheit ist in Angriff genommen worden,
es geht etw. vor, eine Arbeit geht ohne
Hindernisse voran. Die Frage *Was läuft?:*
was geht vor? ist im Halbwüchsigendt. der
Ggwt. üblich und vermutlich dem Roulet-
tespielerjargon entnommen, in dem die
Frage bedeutet, welche Chance im Augenblick günstig sei. Die Wndg. kann aber
auch mit dem Ablauf einer Filmspule in
Verbindung gebracht werden, so daß ihr
Urspr. nicht gesichert erscheint. *Alles laufen lassen:* tatenlos zusehen, sich nicht um
eine wichtige Angelegenheit kümmern,
nichts unternehmen, um einer Sache Einhalt zu gebieten, um eine drohende Gefahr abzuwenden; eigentl. einen ins Rollen gekommenen Wagen nicht bremsen;
vgl. frz. ,laisser courir'.
Zahlreich sind die rdal. Vergleiche, von
denen Wander (II, Sp. 1813 ff.) sehr viele
anführt, z. B. *Er läuft darüber hin wie der
Hahn über die Kohlen:* sehr schnell und
vorsichtig; *er läuft davon wie der Teufel vor
dem Kreuz:* er flieht voller Abscheu und
Entsetzen; *er läuft wie ein Faßbinder*
(↗Bürstenbinder): er muß sich wie ein
Faßbinder beeilen, der den rollenden
Faß die Reifen antreibt. Die schweiz. Rda.
,Er laufft uff dütsche Sohle' meint: er hat
die Schuhsohlen durchgelaufen.

Schieflaufen ↗schief.
Ferner: ,laufen wie auf Eiern', ,wie der
Bettelmann', ,wie ein Huhn im Regen',
,wie ein Krämersgaul', ,wie ein Salz-
männle', ,wie ein Storch im Salat'. ,Laufen
wie ein Döpken' (Kreisel, d. h. ebenso reibungslos); ,laufen wie ein Hamster im
Rad', d. h. vergeblich, ohne Effizienz.
,Wissen, wie der Hase läuft': Bescheid
wissen, ↗Hase. ,Nachtigall, ich hör dir
laufen': du bist durchschaut, ↗Nachtigall.

Laufenburg. *Von Laufenburg sein:* rasch
davonlaufen, es bes. gut verstehen, sich
etw. Unangenehmem, Gefährlichem zu
entziehen. Die schweiz. Rda. ,Er het nach
Laufeburg appelliert' meint: er ist heimlich durchgegangen, geflohen. Die
Wndgn. haben den Namen der Stadt Laufenburg am Hochrhein zu einem Wortspiel verwendet, in der scherzhaften Annahme, daß die Einwohner dieses Ortes
bes. gut zu laufen verstehen müßten.

Lauffeuer. *Sich wie ein Lauffeuer verbreiten:* sehr schnell, bes. von Nachrichten,
Gerüchten gesagt; vgl. frz. ,se répande
comme une trainée de poudre'. Lauffeuer
sind eigentl. bei Fernzündungen und
Feuerwerken gebräuchl.: in àneinander-
gehängten Röhren, in die Pulver geschüt-
tet ist, verbreitet sich das Feuer sehr rasch;
urspr. wurde das Pulver auch als Strich
auf den Boden ausgestreut (so seit 1617
bezeugt). Nicht als Urspr. der Rda.
kommt in Betracht die im 18. Jh. als Lauffeuer bez. Art des Gefechtsschießens, bei
dem ein Mann nach dem andern vom Flügel aus sein Gewehr abfeuerte. In übertr.
Sinne ist die Wndg. seit dem Ausgang des
18. Jh. belegt.
W. Heinse verwendet die Rda. im ,Ar-
dinghello', (1794, 1, 84) bereits im übertr.
Sinne, doch immer noch in enger Anlehnung an ihren Ursprung: „alles dies u.
mehr ging aus meinem Munde wie ein
Lauffeuer, leis, aber mächtig in ihr Ohr".
Ähnl. auch ein Beleg bei Jean Paul: „eine
Nachricht fliegt wie ein Lauffeuer durch
die Stadt" (,Der Komet', 1820–22, 2,41).
Später, als man den Urspr. der Rda. nicht
mehr verstand, ist sie mdal. hier und
verdreht worden, z. B. schweiz. ,es god
umme wie nes Laubfür' (wobei man an

einen Waldbrand denkt), obersächs. ,dergleichen Sachen liefen wie ein Lohfeuer in der Stadt herum'.

Laufmasche. *Du hast wohl eine Laufmasche im Auge* (oder *im Gehirn*): du kannst wohl nicht richtig sehen, bzw. du bist wohl nicht recht bei Verstand, Mitte 20. Jh.

Laufpaß. *Einem den Laufpaß geben:* ihn wegschicken, entlassen, abweisen; vgl. frz. ,donner à quelqu'un son congé'. Der Laufpaß, früher auch ,Laufzettel', war der Paß, der den Soldaten bei der Entlassung ausgestellt wurde und der ihnen bei der Suche nach Arbeit als Ausweis diente (18. Jh.). In übertr. Sinne ist die Wndg. seit dem Ausgang des 18. Jh. bezeugt. Ähnl. lauten die Worte des Ministerialangestellten La Roche in Schillers ,Parasit' (I, 2): „Mein Platz ist vergeben. Seit gestern abend hab' ich meinen Laufpaß erhalten". Die Rda. hat einen negativen Beiklang; sie wird heute meistens dann gebraucht, wenn ein Mädchen einen Mann abweist oder wenn ein Ehepartner den andern verläßt.

Lauge. *Einen mit scharfer Lauge waschen:* ihn scharf tadeln, ihn tüchtig ,herunterputzen', ,jem. den ⁊ Kopf waschen'; ähnl. *einem scharfe Lauge aufgießen; einen mit Lauge taufen.* Der Ausdr. Lauge in diesen Wndgn. geht auf die Badegepflogenheiten des 16. Jh. zurück. So sagt die Heldin in Paul Rebhuhns Drama ,Susanna' (1536), was neben Seife, Öl und reinem Tuch zum Baden gehöre:
Eine reine laug,
Die zu meinem haubte taug.
Doch wird der Ausdr. schon in derselben Zeit in übertr. Bdtg. rdal. gebraucht. Bei Joh. Fischart findet sich in der ,Geschichtklitterung': „Das ist Laug für seinen Kopf", d.h., so muß man ihn behandeln; das wird bei ihm wirken. Burkard Waldis sagt 1527 in seinen Äsopischen Fabeln: „Sie sind alle mit der Lauge begossen", i. S. v. sie sind alle hereingefallen (vgl. ,wie ein begossener Pudel'). In einem Stuttgarter Kodex aus dem 16./17. Jh. heißt es von der Stadt Ulm: „Es seye dieser Ketzerstatt schon etlichmal ein Laug übergossen worden, sie müsse einmal aus-

gerieben werden". Bei Abraham a Sancta Clara findet sich: „mit der gleichen Lauge gewaschen werden" = gleiches Schicksal mit jem. erdulden müssen. Das heute verbreitete Sprw. ,Auf einen grindigen Kopf gehört scharfe Lauge' ist in ähnl. drastischer Form schon bei Chr. Lehmann im ,Florilegium politicum oder politischen Blumengarten' (Lübeck 1639) verzeichnet: „Offt ist zum unsinnigen Kopff kein besser Recept, als ein rot Laug". Auf ital. heißt es jedoch resignierend: ,Chi lava la testa all'asino, perde il ranno ed il sapone' = ,Wer dem Esel den Kopf wäscht, vergeudet die Lauge und die Seife'.
Die Lauge seines Spottes über jem. ausschütten: ihn scharf verspotten. Der humanistische schwäb. Dramatiker Nikodemus Frischlin (1547–90) warnt: „Hoffkatzen … grussen die Leut freundlich under Augen, Dahinter giessen sie ein Laugen". 1647 bei Joh. Gerlingius (,Sylloge adagiorum' Nr. 24): „Aceto perfundere (wörtl.: ,mit Essig übergießen'). Einen hönisch oder für einen Jecken halten". Bei Peter Rosegger heißt es 1875 im ,Waldschulmeister': „Seine Predigten sind scharf wie Lauge".

Laus. *Einem eine Laus in den Pelz setzen:* ihm Ärger, Schwierigkeiten bereiten, auch: sein Mißtrauen erregen, ihm etw. weismachen. Die Rda. ist im 19. und 20. Jh. noch ganz geläufig. Der ältere Sinn der Rda. entspricht aber keiner der heutigen Bdtgn. ,Einem Läuse in den Pelz zu setzen', das war soviel wie ,Eulen nach Athen tragen' (⁊ Eule), d.h. etw. völlig Überflüssiges tun, denn in einem Pelz waren natürlich schon vorher Läuse, und man brauchte sie nicht erst dorthin zu bringen. Das entspricht durchaus den äl-

,Laus im Pelz'

teren kulturgeschichtl. Tatsachen. In Seb. Brants ‚Narrenschiff' heißt es: „Es ist nit not, daß man Leuß in den Belz werf, sie wachsen wol on das darin". Das Bild will hier sagen: ein Übel, das ohnehin fast von selbst kommt, muß man nicht noch eigens herbeiführen. Bei Geiler von Kaysersberg heißt es 1514 im ‚Irrig Schaf' (D 1 a): „Man darf (= braucht) nit lüs in den belz setzen, sie wachsen selbs darin". Das 17. Kap. von Murners ‚Schelmenzunft' von 1512 trägt sogar die Überschrift: „Leuß in beltz setzen" und beginnt:

Es wer nit not, alß ich das schetzen,
Schiltecht leuß (= Schildläuse) in
beltz zu setzen:
Sy wachsendt selber dryn zu handt.

In der ‚Schelmenzunft' findet sich auch eine hierzu gehörige Holzschnittill., die einen Mann zeigt, der sich die Läuse vom Kopf nimmt und sie in den Pelz setzt. Abraham a Sancta Clara sagt im ‚Judas' (III, 415): „Die Laus … soll man auf kein Weiß in den Beltz setzen, dann sie kriecht selber daran". Die Rda. ist noch in anderen Variationen geläufig, z. B. ‚die Laus im Bart haben', in eine unangenehme Sache geraten sein. Els. ‚Suech mer ken Lüs am Kopf', kümmere dich nicht um meine Sachen. Bei Jer. Gotthelf findet sich die Wndg. ‚einem Läuse hinter die Ohren setzen', d. h. jem. etw. Dummes einreden (vgl. ‚einem einen ↗ Floh ins Ohr setzen'). ‚Eine Laus im Ohr haben' bedeutet dagegen auch: ein schlechtes Gewissen haben.

Häufig dient die Laus auch als Bild des Kleinen und Unbedeutenden: *nicht die (rote) Laus:* nicht die geringste Kleinigkeit (Leipzig); *das ist nicht drei Läuse wert;* ndd. ‚se hätt nich moal e Luus enm Bossem', sie ist ein sehr armes Mädchen (ohne jede Mitgift); westf. ‚du kannst mi keen Lus abstarven laten', du kannst mir nichts anhaben; schwäb. ‚bei dem hält keine Laus mehr', er ist so verkommen, daß selbst das Ungeziefer ihn flieht. Bei Luther findet sich in den ‚Tischreden' die Wndg.: ‚aus einer Laus ein Kamel machen' i. S. v. ‚aus einer Mücke einen Elefanten machen'.

Die Wndg. *die Laus nicht um einen Taler geben* ist bei J. G. Schottel 1663 in der ‚Ausführlichen Arbeit von der Teutschen

‚Einem eine Laus in den Pelz setzen'

HaubtSprache' belegt und soll urspr. den Bettlerhochmut ausdrücken; sie hat sich in den Mdaa. z. T. noch lebendig erhalten: holst. ‚de Lus nicht um en Daler gewen', sich viel einbilden; rhein. ‚dem es ken Lus für 'n Daler feil'.

Besser eine Laus im Kraut (Kohl, Pott) als gar kein Fleisch: man muß mit dem Geringsten vorliebnehmen (eigentl. ist hier die Blattlaus gemeint); vgl. engl. ‚better a louse (mouse) in the pot, than no flesh at all' u. frz. ‚Un „Tiens" vaut mieux que deux „Tu l'auras"' (wörtl.: Besser ist es, etw. in den Händen zu halten, als auf etw. Fragwürdiges zu hoffen). Die zunächst modern anmutende Wndg. findet sich in gleicher Formulierung schon in Joh. Fischarts ‚Geschichtklitterung': „Besser ein Lauß im Kraut als gar kein Fleisch". *Wie die Laus im Grind (Schorf) sitzen:* klein, aber frech und anmaßend, auch: unverdient in guten Verhältnissen leben (vgl. ‚wie die ↗ Made im Speck'). Schon bei Geiler von Kaysersberg heißt es 1510 im ‚Has im Pfeffer': „Sitz ich als ein Laus im Grind", d. h. wie ein kleiner Mann in üppigen Verhältnissen. Luther umschreibt den Stolz des Gemeinen und Minderwertigen: „Indes müssen wir leiden, daß die Laus im

Grind sich dicke weide, und im alten Pelz auf Stelzen gehet". Im Rheinl. heißt es noch: ,frech wie die Laus im Grind', und das Sprw. sagt hier: ,Die Welt ist ein Grindkopf, und wir sind die Läus druf'. Gegenüber lächerlichem und unangemessenem Großtun sagt man auch: ,Er prangt wie die Laus auf dem Samtkragen'. *Es ist ihm eine Laus über die Leber gelaufen:* er ist verärgert, erbost; sächs. ,die Laus leeft iwern Buckel'. Auch dieses Bild kennt Geiler von Kaysersberg 1510 (,Spinnerin' b 2b): „Wenn dir ein laus über die leber ist gelaufen, das du allwegen den beichtvater damit (mit dem Bücherlesen) betriebest, mach dir selbs ein buch in deinem kopf". Urspr. sagte man nur: ,Es ist mir etw. übers Leberl gekrochen' (oder: geloffen); so noch im Bair. Die Rda. beruht auf der volkstümlichen Vorstellung von der Leber als Sitz der leidenschaftlichen Empfindungen (↗ Leber). Die später geläufige Einsetzung des Wortes Laus, die hier wieder den kleinen, geringfügigen Anlaß, die Nichtigkeit meint, entspricht der Vorliebe des rdal. Ausdr. für den Stabreim.

Ein Zeichen von Kleinlichkeit und Übergenauigkeit ist es, wenn man *der Laus Stelzen macht.* Hier geht eben die Differenzierung zu weit (vgl. ,die Flöhe husten hören'). Joh. Fischart sagt im ,Bienenkorb': „Sie wollen allzeit ein Laus schinden und wissen doch nit wie viel sie Füß hat", d.h., wer schon in differenzierten Dingen mitwirken will, soll wenigstens etw. davon verstehen. Die Wndg. *die Laus um den Pelz schinden* ist ein Ausdr. besonderen Geizes, der sich darin zeigt, daß einer selbst das kleinste Tierchen wegen eines geringfügigen Gewinnes schindet. Als witzige Pointe kommt bei dieser Rda. hinzu, daß die Laus ja keinen Pelz hat. Der Geizhals wird als ,Läuseknicker' bez. Schon bei Hans Wilh. Kirchhoff findet sich 1581 im ,Wendunmuth': „(ein Geiziger), der umb den Balg ein Lauß geschindet hette"; vgl. das Grimmsche Märchen KHM. 212 (Nachlaß) ,Die Laus'. Wenn jem. für etw. ganz und gar nicht geeignet ist, sagt man: *Er paßt dazu wie die Laus zum Brieftragen,* ein rdal. Vergleich, der sich von selbst deutet. Von einem heruntergekommenen Menschen heißt es: ,Er

geht wie die Laus am Stecken'. *Er hat's im Griff wie der Bettelmann die Laus* sagt man scherzhaft von einem gewohnten, tausendmal geübten Handgriff (↗ Griff). In Wien u. im österr. Umland sagt man: ,Was größer ist als eine Laus, trägt man nach Haus'; entspr. berl.: ,Watt besser is wie 'ne Laus, det nehm ik mit nach Haus'. *Die Läuse werden sich erkälten* heißt es, wenn jem. die Kopfbedeckung nicht abnimmt. ,Ir liewe Leis (eigentl. ihr lieben Leute), wat Fleh!' ist im Rheinl. Ausdr. einer iron. Bewunderung. Die scherzhafte Wirkung beruht auf dem Wortspiel von ,Leute' und ,Läuse', die dann, die Ironie steigernd, desillusionierend von den Läusen nicht weiter als bis zu den Flöhen gelangt.

Auch als Schelte wird die Laus häufig verwendet (z. B. Lausejunge, Lausebengel, lausekalt, Lausenest = Kleinstadt, Lauserechen oder -harke = Kamm). Im Kinderreim des Nahegebietes heißt es:

Schimbe, Schimbe (Schimpfen) dout
net weh!
Wer mich schimbt hot Leis un Fleh.
Leis un Fleh gen Wanze
Solle dem domme Schimber om Kob
erom danze.

Eine rheinhess. Schelte findet sich in Carl Zuckmayers ,Schinderhannes' (3. Akt): „Läus sollste kriege unn e kurz Ärmche, daß de nit kratze kannst". Im Rheinl. sagt man den durstigen Kindern (seit dem ausgehenden 19. Jh.): ,Trink nicht soviel Wasser! Du kriegst Läus in den Bauch!'; gemeint ist wohl: davon wird der Bauch kribbeln, als wären Läuse darin. Als Ludwig Uhland mit dem Stadtbibliothekar Robert Naumann die Leipziger Biere probierte, lehnte er das eine ab mit den Worten: „Von dem Bier kriegt mr Läus", d.h., es bereitete ihm Kribbeln am Kopf. Wenn man bei Müdigkeit einen Juckreiz am Kopf verspürt, sagt man, man habe *Schlafläuse.*

Jem. zerquetschen wie eine Laus: ihn im Handumdrehen vernichten. Die Wndg. wird meist als grobe Drohung verwendet.

Eine Brust haben, daß man eine Laus darauf knacken kann: eine feste, stramme Brust haben.

,Ik denke, mir laust der Affe' ↗ Affe.

Von einer ,lausigen Kälte' ist die Rede,

wenn es bitterkalt ist. Hier wird das Adj. ‚lausig‘ zur Steigerung gebraucht. Bad. ‚I ha Lüs un du häsch Lüs‘, d. h. wir sind quitt. ‚I las mr kai Luus in de Pelz setze‘: ich lasse mir keine Schwierigkeiten machen, ich lasse mir nichts anhängen. Daneben die Schimpfwörter: ‚Lausbub‘, ‚Lauser‘ oder ‚Lausnickel‘.

Lit.: *Wander* II, Sp. 1822–1829; *Göhring,* Nr. 220, S. 124 (mit zweifellos irriger Erklärung); *O. Keller:* Die antike Tierwelt (Leipzig 1913), S. 395–398; *A. Wirth:* Art. ‚Laus‘, in: HdA. V, Sp. 933–938; *L. Röhrich:* Sprw. Rdaa. in bildl. Zeugnissen, S. 74; *L. Schmidt:* Sprw. dt. Rdaa., in: Österr. Zs. f. Vkde., N.S. 28 (1974), S. 109.

Laute. *Jem. die Laute schlagen:* jem. seine Liebe beteuern u. erweisen. Lit. bei Seb. Brant im ‚Narrenschiff‘ (62,7):
    und schlagen luten vor der tür,
    ob gucken well die mütz har für.
Übertr. erot. Bdtg. zeigt sich deutlich in dem ‚Reuterliedlein‘ Nr. 62 u. im ‚Fastnachtsspiel‘ (239,32):
    Ich hab ir auf der lauten geschlagen
    des ir die knie begunden wagen.
Einen Lautenschlager im Busen haben: innerlich froh und gelöst sein; eine heimliche Freude oder stille Liebe haben, aber auch: ein gutes Gewissen besitzen. Bei Egenolff (63ᵇ) heißt es: „Mancher hat im hertzen sitzen ein lauten schlaher mit seim kritzen, das er muss gumpen und auch blitzen on alle vernunfft mit wenig witzen“. Murner schreibt: „Sie hat mirs wol so süss geschlagen, das ich vom dantz lieff narren jagen, der hat ein lautenschlaher sitzen, wenn sie will, so muss er lauffen“ (‚Von einem verliebten Narren‘, in Kloster, IV, 835). Vgl. die schwed. Rda. ‚Han haar en lutenist i barmen‘.
Von den schlechten Lautenspielern heißt es bei Gryphius: „Wer nicht recht spielen kann, dem schlägt man die Lauten am Kopf entzwei“. Mit musikalischen Nichtskönnern geht man ins Gericht: ‚Der Esel will die Laute schlagen, weiß doch nicht zu fassen den Kragen‘. Auf die Griffe kommt es vor allem an: „Wie Luthenschlager hab ich‘s im Griff“ (Jörg Wickram), und Luther schreibt: „Nichts gewisses haben sie jr lebtag gehabt, denn solche jre eigen weissagung, sie hattens am griffe wie die fiddeler“. Als Sprw. heißt es: ‚Mancher will die Laute schlagen

und weiß kein Griff nicht‘. Häufig ist der rdal. Vergleich ‚Der paßt dazu wie der ↗ Esel zum Lautenschlagen‘, gereimt: ‚Der Esel soll nicht Lauten schlagen, er soll die Säcke zur Mühle tragen‘, es gibt nur Unheil, wenn sich ein Unberufener mit Dingen abgibt, denen er nicht gewachsen ist.

Lit.: *M. Willberg:* Die Musik im Sprachgebrauch, in Sprww., in Rdaa. …, in: Die Muttersprache (1963), S. 201 ff.; *D. Müller:* Untersuchungen zur Symbolik der Musikinstrumente im Narrenschiff des Seb. Brant (Regensburg 1982), S. 37–54.

läuten. *Er hat etw. läuten hören:* er hat davon reden hören, weiß aber nichts Genaues; er hat noch nichts Endgültiges gehört, nicht das Ganze erfaßt, sein Wissen bleibt oberflächlich. Die Rda. ist verkürzt aus einer urspr. längeren Wndg.: ‚Er hat etw. läuten hören, weiß aber nicht, wo die Glocken hängen‘; in anderen Versionen: ‚Er hat läuten hören, weiß aber nicht wo‘, ostpr. ‚Hei heft wat lüdde gehört, wêt aber nich ön welk Kärch (ön welken Derp)‘, ‚er hat läuten hören, aber nicht zusammenschlagen‘. In dieser letzten Form war die Rda. schon Luther bekannt. In Chr. Weises ‚Kleine Leute‘ findet sich die Wndg.: „Der liebe Herr Bürgermeister hat läuten hören, aber er weiß nicht in welchem Dorfe“. Mit einer anderen der schon angeführten Fortsetzungen findet sich die Rda. bei Friedrich Nicolai in den ‚Briefen, die neueste Literatur betreffend‘ (1761–67): „Wenn ein Kenner der Malerei etwas anderes davon sagen kann, als – um mit einem Gottschedischen Kern- und Sprichworte zu reden – der Verfasser habe die Glocken läuten gehört und wisse nicht, wo sie hängen“. Lessing tadelt einen Kritiker: „Wenigstens hat der, von welchem sich diese Berichtigung herschreibt … nur läuten hören, ohne im geringsten zu wissen, wo die Glocken hängen“. Goethe schreibt aus Italien: „Von dem deutschen Kunstsinn und dem dortigen Kunstleben kann man wohl sagen, man hört läuten, aber nicht zusammenklingen“. Diese Formulierung führt auch zur Erklärung der Rda.; ihr kulturgeschichtl. Hintergrund ist nämlich der alte kirchliche Brauch, nach dem zum Hauptgottesdienst zunächst zweimal mit einer einzelnen Glocke und erst beim dritten

Male mit sämtlichen Glocken zusammengeläutet wurde. Eine Art Ill. der Rda. bietet H. Chr. Andersens Märchen ‚Die Glocke‘. Die Bdtg. der verschiedenen Glockenzeichen ist nur dem Eingeweihten bekannt. Noch ohne auf unsere Rda. Bezug zu nehmen, schreibt Geiler von Kaysersberg in seinen ‚Brösamlein‘ (1,44 a): „Wenn man sunst in den Rat lütet, der ein Ratsherr ist, der verstot dabei, das er in den Rat sol gon, wer ein frembder Man, der da wißt nit, was das Lüten bedüte, er hörte die Glocken wol“. Positiv gewendet, hört man die Rda. *Davon habe ich etw. läuten hören.* Der Sinn bleibt aber der gleiche: davon weiß ich, aber nichts Genaues.

Die Bdtg. des Läutens als Zeichen zeigt auch die rhein. Rda. *Für dich hat's geläutet:* für dich ist es Zeit geworden zu verschwinden. *Die gehen für's Läuten in die Kirch* sagt man im Rheinl. von einem Brautpaar, das bereits vor der Hochzeit zusammen lebte. Von dem, der lieber ins Wirtshaus als in die Kirche geht, heißt es: ‚Er geht lieber in *die* Kirch, wo mit den Gläsern (beim Zuprosten) zusammengeläutet wird‘. Wer sich zwischen zwei Dingen nicht entscheiden kann und beide zugleich möchte, ‚will zugleich läuten und mit der Prozession gehen‘. Meist von den Spielzeugen der Kinder sagt man: ‚Sie halten von 11 bis Mittag, es muß aber gleich läuten‘, d.h. sie halten keine Stunde. Die Wndg. geht auf das im Dorf gewohnte Mittagsläuten um 11 und um 12 Uhr zurück und ist vor allem im Rheinl. und in Schwaben weit verbreitet. ‚Et laid Schoof‘ oder ‚et laid op et Schoof‘ sind rhein. mdal. Umschreibungen für das Läuten der Totenglocke; sie beziehen sich darauf, daß die Toten früher auf Stroh aufgebahrt wurden, ↗ Schoof.
Dem Esel zu Grabe läuten ↗ Esel.

Lit.: *K. Helm:* Art. ‚Läuten‘, in: HdA. V, Sp. 938–950; *M. Willberg:* Die Musik im Sprachgebrauch, in Sprww., in Rdaa. …, in: Die Muttersprache (1963), S. 201 ff.; weitere Lit. ↗ Glocke.

Lawine. *Eine Lawine ins Rollen bringen (lostreten):* eigentl. eine große Schneemasse (Geröll, Schlamm) an einem Bergabhang zu Tal stürzen lassen, die immer schneller gleitet u. erbarmungslos alles

,Eine Lawine ins Rollen bringen‘

mit sich reißt u. unter sich begräbt; in übertr. Bdtg.: Schuld an einer unheilvollen Entwicklung tragen, leichtfertig etwas in Bewegung setzen, das eine unaufhaltsame Eigendynamik entwickelt. Das Wort ‚Lawine‘ ist im 18. Jh. aus dem Schweiz. entlehnt. Es beruht auf räto-roman. ‚lavina‘, das auf mittellat. ‚labina‘ zu lat. ‚labi‘ = gleiten, rinnen zurückgeht. Die Erfahrung lehrt, daß oft eine Kleinigkeit (ein falscher Tritt, ein Ruf, ein Schuß) im Hochgebirge genügt – ‚kleine Ursache – große Wirkung‘ –, um eine Lawine auszulösen.
Von einer Lawine überrollt werden: machtlos einer plötzlich aufbrechenden Gewalt gegenüberstehen, von den Ereignissen mitgerissen werden u. sich vor dem Untergang nicht retten können, z. B. bei revolutionären Unruhen, bei kriegerischen Auseinandersetzungen, bei betrügerischem Bankrott oder Börsenkrach u. Währungsverfall.

Leben, leben. *Mit dem Leben davonkommen:* dem Tode knapp entgehen; diese Rda. ist bibl. Urspr. (2. Makk. 3,38); vgl. frz. ‚S'en tirer la vie sauve‘.
Nur das nackte Leben retten (können): nichts weiter als sich selbst unter Verlust allen Besitzes.
Sein Leben teuer verkaufen: sich heftig

wehren und dabei dem Gegner große Verluste zufügen.

Mit dem (seinem) Leben spielen, auch *sein Leben aufs Spiel setzen:* sich bewußt in Gefahr begeben, eigentl. sein Leben als höchstes Pfand bei einem Spiel zum Einsatz geben. Die Rda. erinnert an die verzweifelte Anstrengung eines Spielers, der bereits alles verloren hat, in einem letzten Einsatz, wobei er die Freiheit seiner Person aufs Spiel setzt, das Glück doch noch zu zwingen; vgl. frz. ‚mettre sa vie en jeu‘.

Sein Leben für jem. oder *etw. einsetzen:* so entschlossen kämpfen, daß man dabei auch die Gefahr für das eigene Leben in Kauf nimmt. An diese Einsatzbereitschaft knüpft auch die rdal. Beteuerungsformel ‚ich könnte mein Leben für ihn geben‘ an.

Jem. ans Leben wollen steht dagegen für jem. töten wollen. Daraus abgeleitet auch in der Bdtg. einer ernsthaft zugespitzten Lage oder als Begründung für die eigene Verteidigung: schwäb. ‚Wenn's eim an's Lebe gaht, wehrt man si‘. Auch von einer großen Anstrengung oder Anfechtung heißt es ‚'s gaht mir am Lebe 'rab‘.

Sein Leben hängt an einem (seidenen) Faden, ↗ Faden, ↗ Damoklesschwert. Schwäb. ‚um sei Lebe gib i kein' Kreuzer meh‘: es steht schlecht um ihn, er hat sein Leben verwirkt oder er ist sterbenskrank. Die Wndg. *jem. das Leben sauer machen* stammt aus der Bibel. Bei 2. Mos. 1, 13–14 heißt es: „Und die Ägypter zwangen die Kinder Israel zum Dienst mit Unbarmherzigkeit und machten ihnen ihr Leben sauer mit schwerer Arbeit …“

Schweiz. ‚eim z'Leid lebe‘: ihn beständig ärgern und schädigen. Dagegen ‚eim z' G'falle lebe‘, veraltet hd. ‚seines Gefallens leben‘: immer zu seiner Zufriedenheit handeln. *Einem zu Willen leben* hieß früher, ihm stets zu Willen zu sein.

Er lebt in einer anderen Welt: er ist der Wirklichkeit entrückt, merkt nicht, was um ihn herum vorgeht. Ähnl.: *auf dem* ↗ *Mond (in den Wolken), in einer Traumwelt leben, wie auf einem fremden Stern leben.*

Mitten (oder *mit beiden Beinen*) *im Leben stehen:* in jeder Hinsicht aufgeschlossen sein, sich keinen Träumereien und unerreichbaren Wünschen hingeben, sondern tatkräftig zupacken und nicht verzagen.

Dagegen bedeutet die ndl. Rda. ‚in het leven zijn‘ von der Unzucht leben. Rhein. ‚op grussem Fuss lewen‘, *auf großem Fuß leben* bedeutet zu großen Aufwand treiben, *über die Verhältnisse* (auch *aus dem Vollen*) *leben.*

Neuere Wndgn. sind: *etw. ins Leben rufen:* etw. gründen, den Anstoß zu einer Entwicklung geben; *jem. ins Leben einführen:* in die Welt der Erwachsenen, in die Gesellschaft einführen, jungen Menschen wichtige Bekanntschaften vermitteln, in ihrer persönlichen Entfaltung fördern; *Leben in die Bude bringen:* Langeweile und Trübsinn durch fröhliche Betriebsamkeit verdrängen, ausgelassene Stimmung in einer Gesellschaft verbreiten.

Schwäb. ‚Lebe zeige‘ bedeutet munter, lebhaft sein, insbes. beim Umgang mit dem anderen Geschlecht, auch in der verneinenden Form ‚der zeigt jetzt au kei bißle Lebe‘.

Aussehen wie das (blühende) Leben: gesund, kräftig aussehen. *Von Leben strotzen, vor Leben sprühen (bersten):* vital, tatendurstig sein. ‚Es lebt alles an ihm‘ sagt man von einem quirligen Menschen, dessen Glieder in steter Bewegung sind. ‚Ein Leben machen (haben)‘ bedeutet in Schwaben ein Getue, Aufhebens, Lärm machen, daraus ‚ein Leben mit einem haben‘: ihn zu etw. drängen. *Ein (sieben) Leben haben wie eine Katze,* schweiz. ‚zwei Lebe ha‘: ein zähes Leben haben.

Das ist zum Leben zuwenig und zum Sterben zuviel heißt es von geringen Einkünften, wenn sie gerade das Existenzminimum sichern.

Im Schatten leben müssen: in Sorge und Not. *Kaum zu leben haben, von der Hand in den Mund leben, sich mühsam durchs Leben schlagen* bezeichnen ärmliche, schwere Lebensverhältnisse. Ähnl. *nicht leben und nicht sterben können:* nur so dahinvegetieren, oft in der Bdtg. eines langen Siechtums oder permanenter Armut gebraucht.

Nicht von der Luft leben können: gewisse Einkünfte haben müssen. Die Rda. wird oft als Entschuldigung gebraucht, wenn eine Rechnung als zu hoch beanstandet wird: ‚Ich kann doch (mit meiner Familie) nicht von der Luft leben‘.

Man sagt auch als Warnung für junge

Leute: *von der Liebe allein kann man nicht leben,* man müsse sich von etw. ernähren können, d. h. einen Beruf haben. Denn es heißt auch scherzhaft von Verliebten, die in höheren Regionen zu schweben scheinen, sich für lebensnotwendige Dinge zeitweise nicht interessieren und sogar den Hunger vergessen, daß sie *von der Luft und der Liebe leben;* vgl. frz. ‚vivre d'amour et d'eau fraîche‘ (wörtl.: von der Liebe und vom frischen Wasser leben).
Jem. lebt (nur) von der Luft: er ißt sehr wenig. Früher glaubte man, daß geistig-moralisch bes. hochstehende Menschen, wie Heilige, durch Gnade von den niederen irdischen Verdauungsvorgängen frei wären und sich durch ‚geistige Nahrung‘ ernähren könnten. Später übertrug man dies auch auf bes. zarte und feine oder kränkliche Menschen. So bei Goethe: „daß sie gleichsam nur von der Luft lebte, sehr wenig aß“. Aber auch in der Naturwissenschaft hielt sich diese Meinung lange. Geradezu eine wissenschaftsgeschichtliche Köstlichkeit stellt die Entwicklung der diesbezüglichen Ansichten über das ↗Chamäleon dar: Im 1. Jh. n. Chr. berichtet Plinius d. Ä. in seiner ‚Naturgeschichte‘, daß das Chamäleon oft stundenlang mit erhobenem Kopf und offenem Maul dasitze und weder esse noch trinke, sondern ausschließlich von der Luft lebe. Und noch am Anfang des 13. Jh. hieß es in Freidanks ‚Bescheidenheit‘ schlicht aber grundsätzlich: „gamâlion des luftes lebt“.
Ende des 16. Jh. schließlich mußte Camerarius unter dem Eindruck der verfeinerten Naturbeobachtung einen Kompromiß zu der noch immer als unangreifbare Autorität geltenden Lehre des Plinius finden. So bestätigt er auch, daß das Chamäleon von der Luft lebe, gesteht ihm jedoch zu, daß es gleichsam als „Zwischenmahlzeit“ zwischen seinen luftigen Hauptmahlzeiten (!) auch Fliegen, Ameisen und andere Insekten zu sich nehme. Erst im Zedlerschen Lexikon i. d. 1. Hälfte des 18. Jh. fand die tatsächliche Ernährungsweise des Chamäleons angemessene Beachtung.
Nicht ohne jem. leben können: den Partner unbedingt brauchen; diese Wndg. ist auch als Liebesbeteuerung häufig; vgl.

frz. ‚ne pas pouvoir vivre sans quelqu'un‘.
Zu leben wissen: die Gesetze des Anstandes beobachten, es verstehen, sich das Leben angenehm zu machen; vgl. frz. ‚savoir vivre‘ sowie das frz. Substantiv ‚le savoir-vivre‘ (der Anstand); *dem Leben die besten Seiten abgewinnen. Das süße Leben lieben:* Nichtstun und Luxus; bekannt auch durch den ital. Film ‚La dolce vita‘.
Er ist ein Lebenskünstler sagt man von einem Menschen, der das Leben geschickt zu meistern versteht. Dagegen: *nicht zu leben wissen:* an den Annehmlichkeiten des Lebens vorbeigehen.
‚Bist au no bei Lebe?‘ ist eine scherzhafte Begrüßungsformel in Schwaben.
Auf die Frage nach dem Befinden hört man manchmal die neutrale Antwort: *Man lebt,* da man aus einer gewissen abergläubischen Scheu heraus vermeidet, sein Wohlergehen zu bestätigen; vgl. frz. ‚On vit‘, ebenfalls als neutrale Antwort auf die Frage nach dem Wohlergehen, allerdings als Hinweis auf schlechte Gesundheit oder Schwierigkeiten.
‚Lebe, wie me cha und mag und nüd, wie me möcht‘ ist eine schweiz. Rda. von armen Leuten.
Eine häufige Beteuerungsformel ist noch immer *So wahr ich lebe! Um's Leben nicht!* dient als Bekräftigung: unter keinen Umständen. In der Rechtssprache war auch die Wndg. ‚bei Leib und Leben‘ (vgl. ↗Leib) gebräuchlich.
Die Lebensregel *leben und leben lassen:* selbst in Frieden gelassen werden wollen und anderen auch etw. gönnen, gebraucht Schiller im 6. Auftr. von ‚Wallensteins Lager‘ lit. und läßt sie den ersten Jäger aussprechen.
Vgl. frz. ‚Vivre et laisser vivre‘.
Die Wndg. *So etw. lebt nicht mehr!:* das ist doch nicht die Möglichkeit, ein Ausdr. ungläubiger Verwunderung, erscheint auch mit iron. Erweiterungen, z. B. heißt es oft: ‚So was lebt, und Schiller mußte sterben!‘; ↗Schiller.
Leben wie Gott in Frankreich ↗Gott. Wander (II, Sp. 1861 ff.) führt noch weitere zahlreiche rdal. Vergleiche an, z. B. *leben wie ein Fürst;* vgl. frz. ‚vivre comme un prince‘; *wie eine Laus im Grind, wie im Himmel, wie die Made im Speck, wie ein Hund, wie Hund und Katze* usw.

In den Tag hinein leben: ohne Ziel, planlos leben, sorglos das Leben genießen, ohne sich um die Zukunft Gedanken zu machen. *Ein neues Leben anfangen* bez. die guten Vorsätze (meist zum neuen Jahr), seinen Lebenswandel von Grund auf zu ändern.

Die norddt. Verkleinerungsform ‚lüttj Lewen' ist eine vertrauliche Bez. der männlichen Geschlechtsorgane.

Lit.: *W. Boette:* Art. ‚Leben', in: HdA. V, Sp. 952–956; *F. v. Lipperheide:* Spruchwörterbuch (Berlin 1962), S. 496–506; *Klaus Günther Just:* „Chamaeleonte Mutabilior", in: Antaios 12 (1971), S. 381–400; *M. Lurker:* Wb. d. Symbolik (Stuttgart 1979), S. 331–332.

lebendig. *Er nimmt's von den Lebendigen:* er läßt es sich teuer bezahlen. Neben dieser weitverbreiteten Kurzfassung der Rda., durch die ein Habgieriger charakterisiert wird, steht eine weniger geläufige längere Form: ‚Er nimmt's von den Lebendigen und den Toten'; vgl. auch hess. ‚Er nimmts aach von de Leawige, weil ers von de Dute net mehr kritt'. Auch sonst herrscht in den Mdaa. die Langform vor, z. B. rhein. ;.. von den Doten is nix meh te kriegen' (vornehmlich von den Advokaten gesagt). Es fragt sich nun, welches die urspr. Fassung ist und welche Herkunft sie hat. Unter den genannten Versionen dürfte die hess. Fassung die geringste Aussicht haben, als alt zu gelten; der Kausalsatz ist zu verdächtig. Er sieht doch aus wie eine neu hinzugefügte Erklärung zu einer alten, schon nicht mehr ganz verständlichen Rda. – Die Wndg. ‚von den Lebendigen und den Toten' scheint an sich zwar einwandfrei; sie würde eben bedeuten: er nimmt's überall, wo er's nur bekommen kann, und scheut selbst vor den Toten nicht zurück. Allerdings wäre dann von hier aus die Kürzung auf die erste Fassung nicht recht zu verstehen. Man läßt doch nur dort etw. weg, wo der Rest allein zur Charakterisierung genügt. In diesem Fall wäre dann ‚er nimmt's (sogar) von den Toten' viel eher zu erwarten.

Diese Erwägungen legen den Gedanken nahe, daß die zuerst genannte Kurzform den Ausgangspunkt der Rda. darstellt. Ihr Sinn, wenn sie nicht als Kürzung einer längeren, sondern für sich bestehend ganz selbständig entstanden ist, kann dann nur der sein: Der Gierige nimmt das, was ihm

von den Toten rechtmäßig zustehen würde, bereits zu deren Lebzeiten, also von den Lebendigen. Zum Verständnis dieser Wndg. könnte dann jener alte Rechtsbrauch verhelfen, nach dem beim Tode des Hörigen, Leibeigenen oder des Vasallen aus der Hinterlassenschaft das sog. Besthaupt (das beste Rind, das beste Pferd etc.) an den Herrn oder Lehnsherrn zu leisten war. Die Rda. wäre nach dieser Erklärung also zunächst eine Charakterisierung des harten, habgierigen Herren gewesen, der den Tod des Untergebenen nicht abwartete, sondern schon zu dessen Lebzeiten nach dem wertvollen Besitz griff. Dann fand eine Übertr. auf allgemeinere Verhältnisse statt, und schließlich wurde die Rda., als ihr urspr. Sinn verschwand, in verschiedener Weise ausgefüllt. Freilich kann diese Erklärung noch nicht als völlig gesichert gelten.

Lit.: *J. Grimm:* Dt. Rechtsaltertümer II, 509–521; *K. Helm:* Er nimmts von den Lebendigen, in: Hess. Bl. f. Vkde., 27 (1928), S. 205.

Lebensfaden ↗ Faden.

Lebenslicht. *Einem das Lebenslicht ausblasen (auspusten):* einem das Leben nehmen, so auch mdal. z. B. ‚heute werd dir de Lompe ausgeblosa'. *Der Tod hat ihm das Lebenslicht ausgeblasen:* er ist gestorben. *Er ist ausgegangen wie ein Licht (Lichtlein)* sagt man von einem schmerzlos Verschiedenen. Ähnl. ‚das Leben verlischt'; ‚der Lebensfunken glüht'. Das Lebenslicht wird humorvoll zur ‚Lampe' in der berl. Rda. *einen auf die Lampe gießen:* Alkohol trinken, sozusagen um die Brenndauer des Lebenslichtes zu verlängern, ‚solange noch das Lämpchen glüht'. (Vgl. den Schlager „Freut euch des Lebens, weil noch das Lämpchen glüht!"), ↗ Lampe. Seit alten Zeiten glaubt man das Leben des Menschen an ein Licht gebunden. Zwischen beider Dauer bestehen sympathetische Beziehungen: Stirbt der Mensch, erlischt auch sein Lebenslicht und umgekehrt. In der Volksüberlieferung ist diese Vorstellung allg. bekannt, und in sprw. Rdaa. hat sie sich bis heute erhalten. Schon die Israeliten sahen das Leben als Funken und Licht (1. Kön. 11,36; 15,4), das Sterben als Erlöschen

(2. Sam. 14,7; 21,17) an. Die griech. Kunst stellte den Tod mit der umgestürzten, erloschenen Fackel dar (vgl. Lessings Abhandlung ‚Wie die Alten den Tod gebildet'). Dazu sind die sprachl. Wndgn. im Lat. heranzuziehen, die ‚lux' bzw. ‚lumen' im Sinne von Lebenslicht enthalten, z. B. ‚lucem exhalare'. In diesen Umkreis gehört auch die Sage von Meleager, dem bei der Geburt verkündet wurde, er werde so lange leben, bis das auf dem Herde soeben angezündete Holzscheit vom Feuer verzehrt sein werde. Ebenso ist in der germ. Sage das Leben des Nornagest an das Verlöschen einer an der Wiege brennenden Kerze gebunden. Im Grimmschen Märchen vom ‚Gevatter Tod' (KHM. 44) brennen in der unterirdischen Höhle des Todes tausend und aber tausend Lichter, deren Länge sich richtet nach der Lebensdauer, die dem einzelnen Menschen noch beschieden ist. Die Lebenslichtvorstellung spielt auch im brauchtümlichen Leben bis heute eine Rolle: So viele Lebensjahre das Kind zählt, so viele Kerzen werden ihm auf den Geburtstagskuchen gesteckt. Das in der Mitte stehende Lebenslicht darf nur das Geburtstagskind selbst ausblasen. In anderen Gegenden darf man die Lichter vom Geburtstagskuchen überhaupt nicht ausblasen, schon gar nicht das in der Mitte stehende Lebenslicht, sondern muß sie bis zu Ende brennen lassen. Im Rheinl. kannte man ferner den Brauch, unmittelbar vor der Geburt des Kindes eine geweihte Kerze anzuzünden, und man deutete es übel aus, wenn das Kind nicht zur Stelle war, wenn das Licht erlosch. Erlischt die Altarkerze von selbst, so stirbt der Prediger innerhalb eines Jahres. Im Erzgebirge wurden bei der Aufbahrung der Leiche so viele Lichter angebrannt, als der Verstorbene vollendete Lebensjahre hinter sich hatte; die das letzte Lebensjahr bedeutende Kerze lag unangezündet und zerbrochen daneben. In dem Kinderspiel ‚Stirbt der Fuchs, so gilt der Balg' (vgl. Goethes gleichnamiges Gedicht) muß derjenige ein Pfand geben, in dessen Hand das letzte Fünkchen eines herumgereichten glimmenden Spanes erlischt. Unsere Rdaa. vom Lebenslicht sind auch lit. reich bezeugt. Schon bei Wolfram von

Tempus erit

‚Einem das Lebenslicht ausblasen'

Eschenbach heißt es im ‚Willehalm' (416, 14) wortspielend:
… bî liehter sunnen dâ verlasch
(erlosch)
manegem Sarrazîn sîn lieht,
in der Lohengrindichtung: „… und sluoc in, daz im muoste daz lieht erlschen", wobei natürlich die Möglichkeit offenbleibt, daß ‚lieht' hier i. S. v. ‚Augenlicht' gemeint ist. Mit Sicherheit ist das Lebenslicht jedoch gemeint bei Gryphius (1698):
… doch Chach der Mörder riß
Den kurzen Faden ab und setzte Kling
und Zangen
In unser Brust, er bließ
Dies Lebenslichtlein aus, eh es die
Zeit verhangen.
Das Bild wurde von Schiller weiter ausgeführt in den Worten Franz Moors (‚Räuber' II, 1) über die geplante Ermordung seines Vaters: „Ein Licht ausgeblasen, das ohnehin nur mit den letzten Öltropfen noch wuchert – mehr ist's nicht". Wilh. Busch beschreibt den Tod des alten Kaspar Schlich in ‚Plisch und Plum' mit den Worten:
Fällt ins Wasser, daß es zischt,
Und der Lebensdocht erlischt.
Eine volkstümliche Hausschrift in Tuttlingen (Württ.) lautet:

Bläst uns, o Welt, in deinem Haus
Der Tod des Lebens Lichtlein aus,
Wird am Geruch es offenbar,
Wer Talglicht oder Wachslicht war.

Lit.: *J. Grimm:* Rechtsaltertümer I, 151; *ders.:* Mythologie, S. 496; *W. Wackernagel:* Das Lebenslicht, in: Zs. f. d. A., 6 (1848), S. 280–284; *B. Kahle:* Seele und Kerze, in: Hess. Bl. f. Vkde., 6 (1907), S. 9–24; *Lessmann,* S. 35–38; HdA. V, Sp. 967–970, Art. ,Lebenslicht' von *Boette; H. Freudenthal:* Das Feuer im dt. Glauben und Brauch (Berlin u. Leipzig 1931), S. 154–171; *K. Ranke:* Idg. Totenverehrung, FFC. 140 (Helsinki 1951), bes. S. 248 ff.; *R. W. Brednich:* Volkserzählungen u. Volksglaube von den Schicksalsfrauen, FFC. 193 (Helsinki 1964); *L. Schmidt:* Lebendiges Licht im Volksbrauch und Volksglauben Mitteleuropas, in: Volksglaube und Volksbrauch (Berlin 1966), S. 19–55; *H. Rölleke:* Rdaa. des Volks, auf die ich immer horche' (Bern u. a. 1988), S. 72.

Leberschau: Aus der Leber die Zukunft voraussagen

Leber. *Frisch (frei) von der Leber weg sprechen (reden):* freimütig, offenherzig, rückhaltlos, ohne Scheu sprechen, seinem Herzen Luft machen, seinen Ärger herauslassen. In der ma. Medizin galt, ebenso wie schon im Altertum, die Leber als Sitz der Lebenssäfte und damit auch der Temperamente, insbesondere des Zornes. Die Rda. meint also eigentl.: durch freimütiges Reden die Leber von dem angehäuften Groll und der aufgespeicherten Galle erleichtern. Diese alte Auffassung der Leber hat sich in unserer Sprache noch bis ins 17. und 18. Jh. erhalten, wofür zahlreiche lit. Belege sprechen. Paul Fleming dichtet im 17. Jh.:

Vergebens ist uns nicht die Leber
einverleibet.
Sie, sie ist unser Gott, der uns zum
Lieben treibet,
Wer gar nicht lieben kann, der wisse,
daß anstatt
Der Leber er faul Holz und einen
Bovist hat.

oder:

Vor euch (der Geliebten Augen) zeucht
Amor ein und aus
In meine Leber als ein natürlich Haus.

Auch Chr. M. Wieland weist noch auf die alte Bdtg. der Leber hin: „Die Leidenschaft, die sich in seinem Herzen oder – wie die Alten meinten – in seiner Leber zu bilden anfangen wollte …"; oder: „Gestehe, daß du um diese Zeit den unsichtbaren Pfeil schon in der Leber stecken hattest". In Schillers ,Räubern' heißt es: „Jetzt hat er einen Eid geschworen, daß es

uns eiskalt über die Leber lief". In der heutigen Umgangssprache hat sich diese alte Bdtg. der Leber ganz auf die Rda. ,frisch von der Leber weg reden' reduziert. Die Rda. ist in dieser Form seit dem 18. Jh. bezeugt, so in den Abenteurers Friedrich v. Trenck Lebensgeschichte (1787, hg. v. Gugitz, Bd. II, S. 5): „Hier sprach ich nun frei von der Leber weg". In Lessings ,Minna von Barnhelm' heißt es: „Denn einem Soldaten ist es schon recht, wenn man mit ihm von der Leber weg spricht". Und Nicolai schreibt an Lessing: „Sie müssen sie (Ihre Anmerkungen) ganz frei von der Leber weg sagen". Goethe schreibt am 8. April 1812 an Zelter: „Ich höre es gern, wenn Sie von der Leber weg referieren und urtheilen".

Die Mdaa. kennen daneben freilich noch zahlreiche andere Versionen, in denen von der Leber als dem Sitz des Gemütslebens die Rede ist, z. B. schwäb. ,e weich Leberle han', von weicher Gemütsart sein. Nach Ärger- und Zornausbrüchen sagt man im Schwäb.: ,s Leberle isch übergloffe' (vgl. auch die übergelaufene Galle). Dazu gehört auch die Rda. *Das muß herunter von der Leber:* ich will das Geheimnis nicht länger verschweigen. Von einem schlecht Gelaunten sagt man im Siebenb.-Sächs.: ,Et es em net öm de Lewer'. Die Leber kann sogar synonym mit Gewissen gebraucht werden. So besagt die Wndg. *einem auf die Leber reden;* ihm ins Gewissen reden; vgl. ,ich hab em die Lewer geschleimt (entschleimt)', ich habe ihm ,die ↗ Leviten gelesen'.

Etw. frißt ihm an der Leber: er hat Kummer u. Ärger, ist voller Neid u. Mißgunst. Ähnl.: *Er hat etw. auf der Leber:* es drückt ihn eine Schuld, er ist sich eines Unrechts bewußt, sein Gewissen ist belastet. Dann aber auch iron. weiter abgewandelt: *eine trockene Leber haben:* oft durstig sein, immer Lust auf Alkohol haben; *die Leber auf der Sonnenseite haben:* gerne viel ↗trinken.

Eine jüngere lustig-spottende Weiterbildung ist die Rda. *Er spielt die gekränkte (beleidigte) Leberwurst:* er ist gekränkt, er schmollt. Zu der bereits bestehenden Rda. wurde dann hinterher eine ätiologische Erzählung erfunden, die die angebliche Entstehung der Wndg. schildert: Die Leberwurst platzte vor Ärger über ihre Zurücksetzung vor einer Blutwurst, die vor ihr aus dem Wurstkessel herausgeholt wurde (bezeugt für Obersachsen). Die ‚Wurst‘ wurde wohl erst angehängt, als man von der alten Anschauung der Leber nichts mehr wußte; vgl. auch *Es ist ihm eine Laus über die Leber gelaufen* (↗ Laus). Die Rda. *Er hat das Leberlein gegessen:* er muß schuld sein, ihm ist die Verantwortung zuzuschieben, geht auf den schon für das 11. Jh. bezeugten Schwank ‚von dem Schwaben, der das Leberlein gegessen hat‘ zurück (vgl. KHM. 81; Bolte-Polívka II, 151 f.). Ein Beleg findet sich bereits in Seb. Brants ‚Narrenschiff‘:

Wenn Ryter, Schriber gryfen an
Ein veißten, schlechten bürschen
(bäurischen) Man
Der muß die Leber gessen han.

In Joh. Fischarts ‚Flöhhatz‘ heißt es:

Aber ich bin unschuldig dessen,
Noch mus das Leberle ich han gessen
Und mus gethan han die gröst
Schmach.

Lit.: *Bargheer:* Art. ‚Leber‘, in: HdA. V, Sp. 976–985.

lecken. *Vorne lecken, hinten kratzen* sagt man für das Verhalten des heimtückischen Schmeichlers oder des falschen Freundes. Das Bild ist von der ↗ Katze auf den Menschen übertr. worden. Schon der Prediger Geiler von Kaysersberg warnt in seinen ‚Brösamlein‘: „Darumb so hüt du dich vor den Menschen, die da einen überzwerch ansehen, und vor denen, die fornen lecken und hinten kratzen". Zur

‚Die gekränkte Leberwurst spielen‘

Beliebtheit der Rda. hat der Reim ‚Katzen – kratzen‘ wesentlich beigetragen. In Luthers Sprww.-Sammlung heißt es: „Hüt dich vor den Katzen, die vorne lecken und hinten kratzen". Das Katzengleichnis findet sich auch in Sebastian Brants ‚Narrenschiff‘. Dort heißt es im Kapitel ‚von offlichem anschlag‘:

Es will jetzt rätschen (schwatzen)
jedermann
Und treiben solche Kaufmannschaft
(Handel, Geschäft),
Die vorne leck und hinten kratz‘.

Diese Klage über die ungetreuen Freunde stellt der Petrarcameister auch bildl. dar. Sein Holzschnitt bedarf allerdings der Erläuterung: Der links stehende Mann hat sich für das hinterhältige Werk der ↗ Katze geradezu präpariert, indem er den Oberkörper entblößt hat. Nun leckt ihm die Katze das Gesicht, und das Blut läuft an dem zerkratzten Rücken herab. Auch

‚Hüte dich vor den Katzen, die vorne lecken und hinten kratzen‘

‚Hüte dich vor den Katzen, die vorne lecken und hinten kratzen'

die Darstellung rechts gehört zum Thema der falschen Freunde: Der Ritter in prächtiger Rüstung geht scheinbar eine Freundschaft mit dem Gelehrten ein, er reicht ihm die Hand und stößt ihm zugleich den Dolch in den Rücken. Das Bild rechts bestätigt also die Deutung der Katzen-Rda. links. Vgl. frz. ‚lécher les bottes' oder „...le cul de quelqu'un': einem schmeicheln. Von der Vorstellung, daß die Katze ihr Fell leckt, um sich fein und schön zu machen, stammt der rdal. Vergleich *wie geleckt* für einen geschniegelten Menschen, auch durchaus positiv für fein geputzte Gegenstände (z. B. ‚der Fußboden ist wie geleckt'), und ‚Lecker' für den Stutzer, obwohl im letzten Falle auch die abwertende Bdtg. des Speichelleckens (↗ Speichel) mitwirken kann. Luther fragt in seinen ‚Tischreden': „Du junger Lecker wilt du uns strafen?" Kaspar Stieler dichtet 1660 in der ‚Geharnischten Venus': „Die Worte blies mir Amor zu, der Lecker". Über die Malerei seiner Zeit urteilt Winckelmann im 18. Jh.: „die geleckte Manier einiger von Raffaels Landsleuten". ‚Geleckt' kann aber auch im guten Sinne gebildet, formvollendet bedeuten und steht dann in der Nähe der Tiersage, nach der die Bärin ihrem Jungen erst durch Lecken seine Form gibt, ↗ Bär. Vgl. dagegen frz. ‚un ours mal léché'

(wörtl.: ein schlecht geleckter Bär): Bez. für einen unflätigen Menschen. Wilhelm Busch benutzt dieses Motiv auch in seiner komischen Zoologie. Ein ‚ungeleckter Mensch' ist also ein ungebildeter Mensch ohne Umgangsformen. H. Heine schreibt: „Der deutsche Edelmann, dem sie (seine Form) von der bärenleckenden Lutetia mühsam eingeübt worden".
Das Maul nach etw. lecken (‚ein Leckermaul sein') oder *die Finger danach lecken* als Ausdr. der Lüsternheit ist 1691 bei Kaspar Stieler in der ‚Teutschen Sprache Stammbaum und Fortwachs' gebucht: „Das Maul lecken, gustum alicuius rei capere ... Du leckst alle deine fünf Finger danach, dulcedinis huius rei desiderio nunquam non capieris"; vgl. frz. ‚s'en lécher les doigts'. Von jem. der ein günstiges Angebot ausgeschlagen hat, sagt man: ‚Der würde noch einmal die Finger danach lecken'. Im Sprachkommentar des Joh. Mathesy findet sich die Wndg. bereits 1586: „... hernach aber, wenn sie gefreit und zu Hause sitzen, lecken sie die Finger danach" (↗ Finger). In einem Fastnachtsspiel des 16. Jh. findet sich die Version:

Ich weiß, daß sie (die Mohrrübe)
         euch wurd lieben,
das ihr die Feust danach wurd lecken.

Den eigenen Löffel lecken: seinen eigenen Haushalt haben. Die Rda. findet sich ebenfalls schon bei Joh. Mathesy: „Denn gar viel Mägde haben es weit besser, wenn sie dienen, denn wenn sie ihren eigenen Leffel lecken".

Mit der Wndg. *Es ist kein Honiglecken* umschreibt man eine unangenehme und harte Beschäftigung oder auch Lebensphase. Die Rda. ist bereits bei K. Stieler 1691 gebucht: „Es ist allhier kein Honiglecken, negotia ista molestiora sunt, quam ut inde jucunditas hauriri possit". Vgl. frz. ‚Ce n'est pas du gâteau' (wörtl.: Das ist kein Kuchen).

Von der Tatsache, daß Tiere instinktiv zur Heilung und Schmerzlinderung ihre Wunden lecken, leitet sich die Wndg. her: *daran zu lecken haben,* die oft hämisch gemeint ist i. S. v.: dieser Schaden wird ihm noch lange zu schaffen machen.

Leck mich! verkürzt aus ‚Leck mich am ↗ Arsch'.

Leder wird in mehreren Rdaa. übertr. für die menschliche Haut gebraucht, z. B.

einem das Leder gerben (versohlen): ihn heftig verprügeln, ‚durchledern'; ‚durchwalken'; vgl. frz. ‚tanner le cuir à quelqu'un'; die Rda. ist eine Parallelbildung zu ‚das ↗ Fell gerben'; westf. ‚dat Leader wasken'; *einem das Leder über die Ohren ziehen* ist eine Parallelbildung zu ‚einem das Fell über die Ohren ziehen'.

Einem ans Leder wollen: jem. etw. Unangenehmes zufügen wollen. Vgl. frz. ‚vouloir rentrer dans le lard à quelqu'un' (wörtl.: einem an den Speck wollen). In bes. eindringlicher Rede heißt es in Joh. Fischarts ‚Gargantua' (194b): „Es juckt ihn die Haut, man muß sie ihm gerben, man muß ihm mit einem eichenen Flederwisch die Leuß abstreichen, man muß ihm hinders Leder wischen". In Grimmelshausens ‚Simplicissimus' wird geschildert, wie „man einander hinters Leder kompt und die Fell zerreißt". Der Barockschriftsteller Schuppius verteidigt sich, „weil itzo so mancher grammatikalische Mußquetirer mir an das Ledr wil" (d. h. ihm am Zeug flicken will). Jean Paul ermutigt im ‚Titan': „Seien Sie doch kein Hase, und stoßen Sie ihm derb aufs Leder". In Schillers ‚Kabale und Liebe'

(II, 4) droht der Musikus Miller: „Wenn ich ihm nicht ... alle zehn Gebote und alle sieben Bitten im Vaterunser und alle Bücher Mosis und der Propheten aufs Leder schreibe, daß man die blauen Flecken bei der Auferstehung der Toten noch sehen soll".

Aus anderer (Leute) Leder Riemen schneiden: auf Kosten anderer freigebig sein.

Kein Sitzleder haben: aus Unruhe und Nervosität nicht ruhig sitzen können, kein stetiger Arbeiter sein.

Vom Leder ziehen: angreifen, scharf vorgehen, losschlagen, sich rücksichtslos äußern. In dieser Rda. ist unter Leder die lederne Schwertscheide zu verstehen; vgl. frz. ‚dégainer' (wörtl.: aus der Schwertscheide ziehen): sich duellieren. Ein altes Beispiel hierfür bietet des Meistersingers M. Behaim ‚Buch von den Wienern' (142,30):

Da zugen sy von leder,
zu der wer graiff yedweder.

Hier ist die Wndg. noch nicht in übertr. Bdtg., sondern noch ganz im realen Sinn der Waffen gebraucht. Ebenso bei Luther: „Und zeuch denn von Ledder, und schlahe drein in Gottes Namen". Der Barockdichter Weckherlin ruft auf: „Ho, Schweizer, Kotz Kreuz, zeuch von Leder". Im ‚Simplicissimus' liest man (1. Buch, Kap. 25): „Aber ich irrte, dann der Beleidigte zog von Leder, und versetzte dem Täter eine Wunde dafür an den Kopf". Das 16. und 17. Jh., dem das konkrete Bild der Rda. noch klar vor Augen stand, kennt noch viele Abwandlungen der Wndg. Deutlich in übertr. Bdtg. braucht sie dagegen Jean Paul: „Wir (Deutsche) ziehen in Büchern keck vom Leder und zeigen, wo uns das Herz sitzt".

Jem. auf dem Leder sitzen: ihn fortwährend beaufsichtigen (vgl. ‚jem. auf der ↗ Pelle sitzen'). Die Rda. stammt vielleicht aus der Bergmannssprache, hergeleitet von dem halbrund geschnittenen Leder, auf dem der Bergmann bei seiner Arbeit zu sitzen pflegt. Möglich oder sogar wahrscheinlicher ist aber auch hier die seit mhd. Zeit verbreitete derbe Bdtg. Leder = menschliche Haut. Sicherlich aus der Bergmannssprache stammt jedoch der sprw. Ausdr. ‚Viel Bergleute, viel Arschleder', d. h. viel Köpfe, viel Sinne. Die

947

Wndg. *vom Leder und (oder) von der Feder* geht gleichfalls auf die Bergmannssprache zurück. Damit wurden urspr. die beiden Arbeitnehmergruppen im Bergbau unterschieden: der mit der Hand Arbeitende und der in der Planung oder Verwaltung Tätige. Diese Unterscheidung wurde dann allg. i. S. des Unterschieds zwischen geistig und körperlich Arbeitenden gebraucht. So schreibt im 18. Jh. Justus Möser in seinen ‚Patriotischen Phantasien' (2, 261): „... daß einige Einwohner der Stadt, sie seien nun von Leder oder von der Feder, wähnen, sich zur Bühne geschickt zu machen". Am 4. Mai 1873 berichtet das ‚Frankfurter Journal' zur Weltausstellung: „Der Landwirt, der Handwerker, die Leute von der Feder wie die vom Leder, welche von allen Enden der Erde herbeikommen, sie sehen und hören jeder in seinem Fache Neues, Nachahmenswertes".

An der Mosel ist die Einladungsformel ‚Dau kimms doch of de Lederwein' gebräuchl. Der Lederwein ist der frisch abgestochene Wein, der früher durch den Lederschlauch lief, vor allem der Wein, der beim Abstich des verkauften Weines getrunken wurde; dazu fanden sich gern Nachbarn und Freunde ein.

Da muß der Hund Leder gefressen haben ↗ Hund; *ausreißen wie Schafleder* ↗ ausreißen; *darauf losarbeiten (zuschlagen), was das Leder hält* ↗ Zeug.

Lit.: *K.-A. Tiemann:* Art. ‚Leder', in: HdA. V, Sp. 996–1003; *H. Eberhardt (Hg.):* Deutsches Ledermuseum (Offenbach 1956).

Lehrgeld. *Lehrgeld geben (zahlen):* eine Erfahrung teuer erkaufen, durch Schaden klug werden. Den kulturgeschichtl. Hintergrund der Rda. bildet das Lehrgeld, das früher im Handwerk für die Ausbildung des Lehrlings von dessen Eltern an den Meister bezahlt werden mußte. Doch ist die Wndg. schon im 16. Jh. in übertr. Bdtg. bezeugt; sie ist z. B. sprw. bereits in den Sammlungen des Humanisten Joh. Agricola und bei Seb. Franck gebucht. Joh. Mathesy sagt in seinem Syrachkommentar von 1554: „Lehrgeld muß jeder geben". Bei Zincgref heißt es 1644 in seinen ‚Apophthegmata': „Wenn einer irgend betrogen ward, pflegt er zu sagen: ...

fromme Leut müssen täglich Lehrgeld geben". Joh. Balth. Schuppius bekennt in seinen ‚Lehrreichen Schriften' von 1684: „Ich kenne die Welt, ich habe aber gar zu viel Lehrgeld aus geben, bis ich die Welt hab kennen lernen". Und Chr. M. Wieland gesteht: „Wenigstens hab ich ein hübsches Lehrgeld für dieses Stück meiner Weltkenntnis gegeben". Vgl. ndl. ‚Hij heeft leergeld gegeven'.

Bekannt ist auch die Wndg. *Laß dir dein Lehrgeld (Schulgeld) zurückgeben* für den, der es nie lernt, der sich als ungeschickt erweist.

Lit.: *R. Wissell:* Des alten Handwerks Recht und Gewohnheit, 2 Bde., Bd. II (Berlin 1929); *L. Röhrich* u. *G. Meinel:* Rdaa. aus dem Bereich von Handwerk und Gewerbe, in: Alem. Jahrbuch (Bühl/Baden 1973).

Leib. Mhd. ‚lîp' bedeutet Leben. Das zeigt sich noch in der Wndg. *beileibe nicht,* die eigentl. meint: beim Leben nicht! und womit man sich vor etw. bewahren möchte. Bei Wencel Scherffer heißt es im ‚Grobianus' (139): „Du aber hütte dich, thue dieß bey leibe nicht!". Diese formelhafte Wndg. braucht auch Burkard Waldis (II, 85, 9): „Die krä allein solchs widerräth, vnd sprach: thut solches bei leibe nit!"

Die Zwillingsformel *Leib und Leben* ist wohl nur des Stabreims wegen gebildet und als Tautologie zu verstehen, da Leib auch in dieser Verbindung Leben bedeutet. In ‚Diocletians Leben' (7041 f.) heißt es mhd.: „Der keiser wart von zorne rot, by lib vnd leben er gebot". Auch die mdal. ndd. Rda. ‚Dat geht up Lîv un Leven' meint: es ist lebensgefährlich. *Leib und Leben wagen:* alles aufs Spiel setzen. *Leib und Gut verwirken:* sein Leben und den gesamten Besitz verlieren, beruht auf einem alten Rechtsbrauch, nach dem der Besitz eines Verurteilten ohne Rücksicht auf seine Erben eingezogen wurde. Vgl. frz. ‚forfaire corps et avoir' (veraltet).

Immer mehr ist bei den Rdaa. aber die heutige Bdtg. von Leib = Körper in den Vordergrund getreten, wie z. B. in der formelhaften Wndg. *Leib und Seele,* die in verschiedenem Zusammenhang auftreten kann; vgl. frz. ‚Corps et âme'. Von einer guten Mahlzeit sagt man *Das hält Leib und Seele zusammen:* es ist dafür gesorgt,

Der sterbliche Leib als Gefängnis der Seele

daß weder Körper noch Seele dabei zu kurz kommen. Schon Luther braucht eine ähnl. Wndg.: „Auf einen guten Bissen gehört ein guter Trunk, da kömpt Leib und Seele zusammen". Geiler von Kaysersberg sagt von zweien, die in ihrem Fühlen, Denken und Tun vollkommen übereinstimmen, die also echte Freunde sind: „Sie sind ein Leib und eine Seele", wofür wir heute häufiger die Rda. ,ein ↗Herz und eine Seele sein' anwenden. Daß jem. ohne Einschränkung für etw. oder jem. eintritt, besagen die Wndgn.: *mit Leib und Seele dafürsein; mit Leib und Seele an etw. (jem.) hängen* und *mit Leib und Seele jem. ergeben sein.* Die Rda. *einem zu Leibe gehen (wollen),* auch *jem. zu Leibe rücken;* ihn verfolgen, bedrängen, angreifen, stammt wohl vom Zweikampf und Fechten her, ebenso wie die Wndg. *sich jem. vom Leibe halten:* Abstand, Distanz wahren, ihm keine Angriffsmöglichkeit bieten. Dagegen meint die Rda. *einem nicht vom Leibe gehen:* ständig beobachtet oder belästigt werden, nicht allein und in Ruhe gelassen werden; vgl. frz. ,ne pas quitter quelqu'un d'une semelle' (wörtl.: von einem nicht um eine Fußsohlenbreite weichen): ihn ständig beaufsichtigen.

Etw. am eigenen Leibe erleben (erfahren, verspüren): böse Erfahrungen machen, Angst, Not, Schmerzen erleiden müssen.
Seinen Leib pflegen: sich vor Anstrengungen hüten, ein gemütliches Dasein führen, auch: faulenzen; ähnl. *seinem Leib etw. zugute tun:* tüchtig essen und trinken, aber auch: sich selbst Erholung gönnen; vgl. frz. ,bien se soigner' (wörtl.: sich wohl pflegen).
Die Wndg. *gut bei Leibe sein:* wohlgenährt sein, wird meist als euphemist. Umschreibung für Dicke und Fettleibige gebraucht, die bei ihrem ,Leib- u. Magengericht' (Lieblingsessen) oft das gesunde Maß überschreiten. Die Rda. *gesegneten Leibes sein* ist ein Euphemismus zur Bez. von Schwangerschaft, die lange Zeit als bes. Gnade Gottes empfunden wurde, während man glaubte, daß kinderlose Ehepaare unter einem Fluch Gottes stünden. Vgl. Luk. 1,25: Elisabeth freut sich ihrer Schwangerschaft, um die sie lange gebeten hatte und sagt deshalb: „Also hat mir der Herr getan in den Tagen, da er mich angesehen hat, daß er meine Schmach unter den Menschen von mir nähme"; vgl. die Wndg. ,Gott segnete sie mit Kindern'.
Noch nichts im Leibe haben: hungrig sein; vgl. frz. ,n'avoir rien dans l'estomac (nichts im Magen haben); auch mit dem scherzhaften Zusatz: *noch keinen warmen Löffelstiel im Leibe haben. Sich etw. am eigenen Leibe absparen:* selbst Mangel am Notwendigsten leiden, um etw. ersparen zu können, was ohne Entbehrungen nicht möglich wäre.
Nichts auf den (am) Leib haben: in Notdurft leben, unbekleidet sein; vgl. frz. ,n'avoir rien à se mettre' (nichts zum Anziehen haben); dagegen: *alles auf (an) den Leib hängen:* zuviel für die Kleidung ausgeben, unangemessenen Aufwand treiben, putzsüchtig sein.

Lit.: *G. Mascovii:* Programma de paroemia iur. germanici: Längst Leib, längst Gut (Gottinge 1736); *W. C. B.:* „Keep body and soul together", in: Notes & Queries, 11.1. (1910), S. 27; *H. Wiesendanger:* Mit Leib und Seele (Frankfurt/M. u. a. 1987).

Leiche bedeutet in der Volkssprache sowohl ,Leichnam' als auch ,Begräbnis'. In der großen Zahl von Rdaa. zeigt sich das stark affektive Verhältnis zum Tod, das zuweilen aber auch in zynischen oder groben Witz umschlägt. ‚De ganze Woche krank und sonntags keene Leiche' sagt man in Sachsen von eingebildeten oder wehleidigen Kranken; diese Rda. erinnert auch noch zur Steigerung der Witzwirkung an den mancherorts üblichen Brauch, daß sonntags nicht beerdigt wird. Wenn jem. bei traurigen Anlässen Witze erzählt, heißt es in Berlin (neuerdings aber auch sonst vielerorts): *Spaß muß sin bei de Leiche* und dazu oft als begründender Nachsatz: ‚sonst jeht keener mit!'

Mit zur Leiche gehen ist eine boshafte Rda. in Kaufmannskreisen, wenn man beim Konkurs eines Geschäftspartners wie viele andere seine aussichtslosen Forderungen anmeldet. In Niederoesterr. verwendet man in bezug auf die Unausrottbarkeit von lästigen Fliegen das Bild: ‚Oane daschlagt ma, neine keman auf d'Leich', d. h. eine erschlägt man, aber neun kommen zur Beerdigung (der einen). J. Maaler bucht die Wndg. ‚mit zur Leiche (oder mit der Leiche) gehen' in seiner ‚Teutsch Spraach' (Zürich 1561) noch im eigentl. Sinn: „einen zu der Begrabnuß leiten; die oder der Leich nach gon; exequias alicui ducere". ‚Eine schöne Leiche' ist die Bez. für ein prunkvolles Begräbnis mit vielen Teilnehmern.

Über Leichen gehen: rücksichtslos auf ein Ziel lossteuern. Ihren Urspr. hat die Rda. wohl in der drohenden Verteidigungsformel, daß man eher sterben wolle, als eine bestimmte Forderung zuzugestehen. So heißt es in Herders Gedicht ‚Der Gastfreund': „Nur über meinen Leichnam geht der Weg!" Dieselbe Formel findet sich in Körners ‚Hedwig' (3,10): „Nur über meine Leiche geht der Weg". In ‚Wallensteins Tod' (5,7) heißt es: „Erst über meinen Leichnam sollst du hingehen".

Nur über meine Leiche!: niemals, solange ich lebe; kurzer Ausruf heftigster Abwehr.

Eine Leiche im Keller haben: etw. Belastendes, das man verborgen glaubte u. das plötzlich zum Vorschein kommt oder aufgedeckt wird. Vgl. das Kriminalstück ‚Arsen und Spitzenhäubchen', in dem eine Leiche nach der anderen im Keller verschwindet und später entdeckt wird.

Einen *lebenden Leichnam* (frz. ‚un cadavre vivant') nennt man einen gesundheitlich stark geschädigten oder auch nur so aussehenden Menschen (vgl. den gleichlautenden Titel eines Bühnenstücks von Leo Tolstoi). Die gleiche Bdtg. hat der Ausdr. ‚wandelnde Leiche'. Der rdal. Vergleich ‚wie eine Leiche auf Urlaub' stammt aus der Soldatensprache und meint ebenfalls einen abgemagerten, geschwächten oder auch nur so aussehenden Menschen; der Gedanke des nur noch vorübergehenden Daseins wird hier (durch ‚Urlaub' pointiert) dargestellt, ebenso das Gespenstische der Erscheinung.

Mit einer wahren Leichenbittermiene. Wie den Hochzeitsbitter, so gab es im Volksbrauch auch den Leichenbitter, der mit professionell ernstem Gesicht die Trauergäste zum Leichenbegängnis einzuladen hatte. Der Leichenbitter spricht im Schwarzwald etwa folgende Einladungsformel: „Der Baschebur isch g'schtorwe un wurd übermorge früeh vergrabe. Seine Freunde lasse bitte, daß Ihr au zu dr Lich komme; sie werde dafür au Euch beistehe in Freud und in Leid". Darauf bittet er um ein Vaterunser für den Verstorbenen (Elard Hugo Meyer, Badisches Volksleben im 19. Jh., Straßburg 1900, S. 589). Seine ‚Leichenbittermiene' wurde sprw. für meist nicht ganz echtes, aber um so deutlicher zur Schau getragenes Leidwesen (vgl. die Schilderung von Ludwig Lenz und Ludwig Eichler: ‚Berlin und die Berliner', 1840–42). Schon bei Chr. M. Wieland wird im ‚Amadis' von der Stimme eines Ritters gesprochen, „die er von einem Leichenbitter geborgt zu haben schien". In Schillers ‚Fiesko' (I, 7) findet sich dann direkt die Wndg. ‚mit einer wahren Leichenbittermiene'. Das Subst. ‚Bitter' wird heute im Volksbewußtsein oft mißverstanden und als Adj. ‚bitter' = herb, sauer gedeutet.

Eine Leichenrede halten: über etw. Unabänderliches reden, jammern und sich aufregen, bes. beim Skatspiel über das vergangene Spiel reden. Wenn man in Obersachsen nach einem Begräbnis einen Umtrunk hält, heißt das ‚einen Leichenstein setzen' (vgl. ‚das ⟋ Fell versaufen'). Bismarck nennt in seinen ‚Gedanken und Erinnerungen' seine Entlassung und die damit verbundenen militärischen Ehren, die man ihm erwies, „ein Leichenbegäng-

1/2 Leichenbitter („Mit einer wahren Leichenbittermiene herumlaufen')

nis erster Klasse". Eine makabre Rda.: ‚Immer diese aufgewärmten Leichen!‘: Alte Sachen, längst begraben, wieder hervorgeholt ... in alten Wunden rühren ... auch auf geistige Dinge anzuwenden.

Lit.: *P. Geiger:* Art. ‚Leiche‘ – ‚Leichenzug‘, in: HdA. V, Sp. 1024–1167; *E. Schlee:* Die Husumer Leichenbitterin Madame Stak, in: Schlesw.-Holstein 12 (1960), S. 129–130; *H. Schmälzer:* ‚A schöne Leich‘. Der Wiener u. sein Tod (Wien 1980).

Leid, Leiden. Bereits sehr alt ist die entschuldigende und bedauernde Rda. *Es tut mir leid!* Schon bei Notker heißt es: „ze demo uns leido ist" (leido ist hier Adv.). Im Minnesang findet sich häufig die Formel: „daz tuot mir leit unde wê z'allen stunden". Diese Wndg. kann aber auch soviel bedeuten wie unser heutiges ‚ich bin es leid‘. ‚Leid tun‘ wird dann auch i. S. v. ‚jem. (ein) Leid antun‘ gebraucht. So heißt es in Luthers Katechismus, „daß wir unsern Nächsten kein Schaden noch Leid tun" sollen. *Einem das gebrannte Leid antun:* ihm ein bes. schweres Herzeleid zufügen; ‚gebrannt‘ steht hier in intransitivem Gebrauch für ‚brennend‘, Mhd. heißt es bereits: „si tuont mir gebrantiu leit". *Sich ein Leid antun* wird seit dem 17. Jh. in der Bedeutungsverengung nur noch (verhüllend) für den Selbstmord gebraucht. *Sein Leid in sich (hinein-)fressen* ist eine bibl.

Rda. nach Ps. 39,3 in Luthers Verdeutschung, ‚Leid geben‘ bedeutet oberhess.: die Trauermahlzeit für die Leichenbegleiter geben. Leid kommt darüber hinaus in zahlreichen, meist schon ma. rdal. Formeln, insbes. in alliterierenden oder endreimenden Zwillingsformeln, vor wie ‚Lust und Leid‘, ‚Leid und Freud‘, ‚Lieb und Leid‘, ‚Trost und Leid‘, ‚Leiden sind Lehren‘, ‚leiden und meiden‘, ‚Schaden und Leid‘, ‚Reu und Leid‘.

Der rdal. Vergleich *aussehen wie das Leiden Christi:* sehr elend und erbärmlich aussehen, bezieht sich auf die Passionsbilder und Pietà-Darstellungen. ‚Das Leiden Christi‘ meint als stehende Bez. in der christl. Kirche die Passion Christi, schließlich das leidende Gesicht des Erlösers (vgl. ‚aussehen wie der ↗ Tod von Ypern‘).

Lit.: *Fr. Maurer:* Leid. Studien zur Bedeutungs- und Problemgeschichte ... (Bern u., München ²1961).

Leier. *Immer die alte Leier!* wird von ewigen Wiederholungen gesagt; obersächs. auch: ‚'s is immer eene Leier‘, es ist noch derselbe leidige Zustand (z. B. bei einem Kranken, auch sonst von üblen Verhältnissen; die alte Art und Weise, dieselbe Klage). Im Rheinl. sagt man zu dem, der einem dauernd mit derselben Sache ‚in den ↗Ohren liegt': ‚Du bist ein Leierkasten!' Die Bauern- oder Kurbelleier war stets auf eine bestimmte Tonlage und Melodie abgestimmt. Die mangelnde Varriierbarkeit beim Spielen und das nachhaltige Einerlei ihrer Musik ermöglichte es, die Leier als Bild des Eintönigen, Immerwiederkehrenden, auch des Aufdringlichen rdal. zu verwenden. Vgl. dagegen frz. ‚Toujours le même refrain' oder ‚... la même rengaine' (wörtl.: immer derselbe Kehrreim). Zum Teil sind auch andere Instrumente oder Spielweisen in derselben Art rdal. geworden. So ist in der Lebensbeschreibung Wilwolts von Schaumburg (1507) von einem „ungelehrten" Spielmann die Rede, „der stet auf einer seiten glimpt" (vgl. ndd. ‚upr olden Saiden trumpeden'). In einem Bericht aus Dresden von 1615 heißt es: „Er kömpt immer mit der alten Geige". Die westf. Mda. sagt: ‚Et ist en ollen Dudelsack'. Die Formel von der ‚alten Leier' bezieht sich in den frühesten Redensartbelegen wohl auf das Instrument selbst. Grimmelshausens Simplicissimus versucht, seine alte Leier neuen Verhältnissen anzupassen, und erklärt dies gleich mit einer neuen Rda.: „... mußte aber den Mantel nach dem Wind hängen, meine Leier anders stimmen". Hier wird noch ganz deutlich an die Grundvorstellung angeknüpft; man konnte die Leier ja auf eine bestimmte Tonart und Melodie einstellen, war dann aber festgelegt. Christian Günther nimmt bereits die Rda. beim Wort und behandelt sie als konkretisierte Metapher, indem er sie mit einer inhaltlich verwandten Rda. logisch und ästhetisch verbindet: „Im ersten Jahre meiner Ehe, da hieng der Himmel voller Geigen, hernach fielen sie herunter und wurden lauter Leyern draus". Chr. O. v. Schönaich sagt in seinem ‚Neologischen Wörterbuch oder die ganze Aesthetik in einer Nuß' von 1755 (S. 242): „Ein altmodischer Schriftsteller bleibt bei seiner Leyer und Einfalt". Lessing klagt in ‚Nathan der Weise' über das Alte in der verkappten Form des Neuen: „Doch die alte Leier wieder? Mit einer neuen Saite nur bezogen, die fürcht ich, weder stimmt noch hält". Goethe läßt in den ‚Mitschuldigen' (II, 4) Söller von der „abgedroschenen Leyer" reden, und er

gebraucht auch: „Da haben wir wieder den alten Leierton". Eine Entwicklung ist darin zu sehen, daß man in späterer Zeit unter Leier nicht mehr so sehr das Instrument, sondern vielmehr die vom Instrument ausgehende Musik versteht: ‚die alte Melodie', ‚das alte Lied'. Schon Seb. Franck denkt in seiner Sprww.-Sammlung von 1541 an die Melodie, wenn er sagt (2, 7 a): „... sonst spricht man bald: es ist eine alte leier, ein versungen liedlin". Ernstlich ermahnt wurde z. B. Joh. Seb. Bach in seinem Anstellungsbescheid in Arnstadt: „Seine Kunst möglichst zu excoliren, nicht immer auf einer Leyer zu bleiben".
Jetzt gibt's eine andre Leier sagt man im Rheinl., wenn bedeutende Neuerungen eingeführt werden sollen, auch Kindern gegenüber als letzte Ermahnung, wenn sie nicht gehorchen wollen. Sprw. allg. verbreitet sind ‚Besser geleiert als gefeiert' für ‚Besser wenig getan als gar nichts' und: ‚Neue Leier, neue Dreier' für ‚Neue Methoden, neuer Gewinn'. Weitere mdal. Varianten sind ferner kärnt. leiern, nichts tun, faulenzen; thür. leiern, hinhalten (z. B. ‚der Arzt leierte den Kranken so hin'); rhein. leiern, langsam arbeiten, faule und lässige Bewegungen machen, auch: schwatzen. Im Hess. bedeutet leiern auch soviel wie trinken. Das Verb leiern im Sinne von spielen, fingern, gleichmäßig bewegen wurde im Grobianismus des 16. Jh. auch in obszöner Bdtg. verwandt; in einem Fastnachtspiel heißt es z. B.:

Heuer trug man mir eine Witwe an,
die sprach sie het vor gehabt ein Man,
der het kein Nacht an ir gefeiert.
Er het ains oder zwei rabgeleiert.

Lit.: *M. Willberg:* Die Musik im Sprachgebrauch, in Sprww., in Rdaa. ...,in: Die Muttersprache (1963), S. 201 ff.

Leikauf. „Das Haus wurde gekauft um 5000 Gulden und 1 Karolin Leikauf"; so etwa liest man in alten Kaufbriefen. Noch heute zahlt der Händler neben der eigentl. Kaufsumme zuweilen einen Leikauf. Leikauf meint urspr. leitkauf, mhd. lîtkouf, wobei leit, mhd. lît, Obst- oder Gewürzwein bedeutet. Nach abgeschlossenem Handel zahlte der Käufer den Beteiligten, dem Verkäufer und den Zeugen des Handelsgeschäftes, einen Trunk als Dank für gehabte Mühe und gleichsam auch als Besiegelung des Handels. Die Naturalleistung wurde mit der Zeit zu einer Geldleistung, die sich mehr und mehr zu immer höheren Beträgen steigerte. Der erste urkundliche Beleg für die Rechtsformel vom Leikauf stammt vom Jahre 1245. In dem Nürnberger Baumeisterbuch von Enders Tucher aus dem 15. Jh. geht es neben dem Trunk wohl auch noch um die Vertragsbekräftigung, wenn es heißt: „... nachdem die Steinmetzen und Maurergesellen also gelobt haben, so soll inen und irem Meister der Stat Paumeister zu vertrinken und Leikauf geben nach altem Herkomen vier pfund alt". Formelhaft und metaphorisch konnte Leikauf später rdal. auf jegliche Form von Abschluß übertr. werden, auch wenn der Rechtsbrauch nicht mehr gepflegt wurde. Luther sagt im übertr. Sinne in seinen ‚Tischreden': „Wir haben alle den Leikauf zum Tode getrunken". Nur noch als Vorwand zum Trinken gilt der Leikauf in einem Fastnachtsspiel:

Dann, Wirt, habt ir ein guten Wein,
So tragt nur her und schenkt fix ein
Und laßt uns bald ein Leikauf machen.

Bei Jak. Ayrer heißt es: „so soll es war und leickauf sein", oder: „So seis leickauf! Gott wolle sein walten!" Diese Zeilen besagen: So steht es ein für allemal fest; darauf können wir trinken. Leikauf wurde auch volksetymol. umgedeutet zu Leihekauf und Leichkauf. So heißt es in v. Schweinichens Tagebuch (1568–1602): „über den Trunk des Leihkaufes bekommen wir einen guten Rausch", d.h. auf Pump oder auf Kosten anderer läßt sich gut und billig trinken. – Das Lutherische Bild des Leikaufes mit dem Tode findet sich bei M. Neander im ‚Menschenspiegel' von 1587 in der falsch etymologisierenden Form: „ir wisset, daß ir Menschen und alle deß Leihekaufes zum Tode getrunken habt". Wolfhart Spangenberg läßt in seinem Drama ‚Mamons Sold' von 1614 ebenf. das memento mori anklingen und sagt: „Wohlan der Leichkauf ist gemacht". Lebendig ist das Wort Leikauf heute nur noch in den Mdaa., wie im Kärntischen und im Schwäb. ‚Den Leikaff machen' heißt kärnt.: einen Handel eingehen; Leikaff ist dann auch das Draufgeld zum Vertrinken. Im Schwäb. wird Leukauf oder Lidkauf ebenf. noch als das Draufgeld beim Vertragsabschluß angesehen, das man mit den Zeugen und denen, die sich gern dafür halten, vertrinkt; ↗ Weinkauf.

Lit.: *J. Grimm:* Dt. Rechtsaltertümer, 4. Ausg. (Leipzig 1921), I, 264f.; *Göhring,* Nr. 225, S. 126; *R. Schmidt-Wiegand:* Art. Leitkauf, in: HRG, II, Sp. 1842–1843.

Leim. *Jem. auf den Leim locken (führen):* ihn betrügerisch zu etw. verlocken, täuschen, anführen; *auf den Leim gehen (kriechen):* sich betrügen lassen, sich zu seinem Nachteil verlocken, übervorteilen, anführen lassen; *er geht nicht auf den Leim:* er läßt sich nicht täuschen; *das ist ein Leim:* das ist eine betrügerische Ver-

‚Jemandem auf den Leim gehen'

lockung. Das Bild all dieser Rdaa. ist hergenommen von dem (heute in Dtl. verbotenen) Vogelfang mit Leimruten. Das sind kleine, dünne, mit Leim bestrichene Stäbchen, die nur lose mit dem einen Ende in eine Stange gesteckt werden und herabfallen, sobald sich ein Vogel daraufsetzt. Beim Herunterfallen der Leimrute flattert der Vogel und bleibt mit den Flügeln an dem Leim kleben (vgl. auch ‚Pech haben' und ‚ins Garn gehen'). Schon bei Gottfried von Straßburg (‚Tristan' V.843 ff.) findet sich das Bild im übertr. Sinn als Gleichnis für den von der Minne gefangenen Menschen:

daz der minnende muot
reht alse der vrie vogel tuot,
der durh die vriheit, die er hat,
uf daz gelimde zwi gestat:
als er des limes danne entsebet
und er sich uf ze vlühte hebet,
so klebet er mit den vüezen an;
sus reget er vedern und wil dan;
da mite gerüeret er das zwi
an keiner stat, swie kumez si,
ezn binde in unde mach in haft;
so sleht er danne uz aller kraft
dar und dar und aber dar,
unz er ze jungeste gar
sich selben vehtend übersiget
und gelimet an dem zwige liget.

Der Volksprediger Geiler von Kaysersberg warnt um 1500 in seiner Schrift ‚Brösamlein‘ (1,33 a): „Die böse Liebe und die böse Glüst seind die Leimruten. Welcher Vogel darin kumpt, der muß verderben". Im Fastnachtsspiel der gleichen Zeit heißt es: „ob unser eines auch also wurd gefangen, das er an dem Leim mußt hangen". Der Barockdichter Martin Opitz weiß: „Ein schlauer Vogel kann des Stellers Leim entschleichen".

Mit der Leimstange laufen: den Mädchen nachlaufen, ein Narr sein. Die Rda. ist mehrf. auch bei Grimmelshausen belegt (↗Latte); vgl. ostpr. ‚he löppt bi de Limstange‘, er ist ein Narr, ein sog. ‚Leimstängler‘.

Aus dem Leim sein: entzwei, zerbrochen

‚Mit der Leimstange laufen‘

sein. ‚Aus dem Leim gehen‘ können eigentl. nur schlecht geleimte Sachen. Bildl. wird die Wndg. aber vom Lösen jeder Verbindung gesagt, z. B. ‚ihre Freundschaft ist aus dem Leim gegangen‘. In dieser Rda. schwingt meist der Verdacht mit, daß die Sache eben schon immer schlecht geleimt war. Im übertr. Sinne des inneren Zusammenhalts heißt es im 16. Jh. in Joh. Mathesy's Sprachkommentar: „Eine friedfertige Red ist wie ein Leim, der zwei Hölzer zusammenzeucht". Der Volksprediger Abraham a Sancta Clara (1644–1709) sagt: „als sei nun der Credit bei ihnen aus dem Leimb gegangen"; Jean Paul im ‚Siebenkäs‘, als Natalie ihrem Bräutigam den Laufpaß gegeben hat: „Wahrscheinlich war der Leim zwischen ihm und Natalie aufgegangen und abgelaufen". Im ‚Hesperus‘ spricht Jean Paul von der „Schönheit als Mörtel und Leim der Freundschaft". 1741 holt Joh. Leonh. Frisch in seinem ‚Teutsch-Lateinischen Wörterbuch‘ ‚aus dem Leim gehen‘ als einen Ausdr., den die Handwerker gebrauchen, wenn ein Geselle vorzeitig vom Meister weggeht.

Ein bair. Ausruf bei einer argen Enttäuschung lautet: ‚Itz geht ma's Gsicht ausm Leim!‘; vgl. die ähnl. nordd. Wndg. ‚Daß du die Näse ins Gesicht behältst!‘ (↗Nase). Die westf. Rda. ‚He löppt mit 'n Limpott‘, er ist ein Pfuscher, erklärt sich daraus, daß eine nicht ordentlich gemachte oder verdorbene Arbeit oft mit Leim notdürftig geflickt wird, eben von einem Pfuscher.

Lit.: *L. Röhrich* u. *G. Meinel:* Redensarten aus dem Bereich der Jagd und der Vogelstellerei, S. 316, 323. *R. W. Brednich:* Der Vogelherd. Flugblätter als Quellen zur Ikonographie der Jagd, in: Rhein.-Westf. Zs. f. Vkde. 24 (1978).

Leine. *Einen an der Leine haben:* ihn in seiner Gewalt haben, ihn lenken können, wie man will, ihn unter Kontrolle halten, so wie der Herr seinen Hund an der Leine hat; vgl. ndl. ‚iemand aan het lijntje hebben (krijgen)‘, engl. ‚to have a person on a string‘, frz. ‚tenir quelqu'un en laisse‘. Umgekehrt kann man einem *die lange Leine lassen,* d. h. ihm mehr oder weniger Bewegungsfreiheit zugestehen; ndd. ‚de Lîne hängen laten‘, schlaff und nachsichtig sein, eigentl.: den Pferden ihren Willen

‚Jemanden an der Leine haben‘

lassen. *An einer Leine ziehen* (vgl. ‚an einem Strick, am selben Strang ziehen‘): gemeinsam eine Arbeit oder ein Unternehmen ausführen, gleiche Interessen haben, zusammenhalten. Von denen, welchen diese Zusammenarbeit nicht gelingt, sagt man iron.: „Sie ziehen an einer Leine, aber an zwei Enden‘.

Leine ziehen: sich davonmachen, ausreißen, verschwinden, auch: klein beigeben. Diese Rda. stammt wohl nicht vom Lenkseil des Tieres, weil hier die Leine ja nicht eigentl. zum Ziehen dient, geschweige denn gezogen wird. Leine bedeutet hier vielmehr das Schiffszugseil. Die Rda. ‚Zieh Leine!‘ stellt also von Hause aus schiffahrtliches Sondergut dar. Sie entstammt der Zeit des alten Binnenschifffahrtbetriebes, wo noch die Fahrzeuge vom Ufer der Wasserstraße her (vom ‚Leinpfad‘) getreidelt wurden. ‚Leine ziehen‘ bedeutete für die Zugknechte soviel wie: dafür sorgen, daß man von der Stelle kommt. Ein Bild im Giltbuch der Passauer Schiffszieher aus dem Anfang des 15. Jh. trägt als Befehl an den Zugknecht, der vor ein ↗ Seil gespannt ist, die Worte: ‚Nu zeuch am Sail!‘ (Die Miniatur ist wiedergegeben von K. Gröber in: Alte deutsche Zunftherrlichkeit, München 1936, S. 76.) Der reine Fachausdr. hat im Laufe der Zeit seinen alten Anschauungsgehalt mehr und mehr eingebüßt und ist heute vollkommen abgeblaßt. Er begegnet nur noch in der Befehlsform und besagt jetzt nichts anderes als schlechthin: ‚Mach, daß du fortkommst!‘ Die Rda. ist erhalten geblieben und allg. verbreitet, obwohl für ihr Fortleben seit fast einem Jh. die Voraussetzungen nicht mehr bestehen. Der Ausdr. ‚Leine ziehen‘ hat in jüngerer Zeit zu einem scherzhaften Wortspiel Anlaß gegeben, in dem ebenfalls zugleich ein Deutungsversuch steckt: ‚Wenn die Weiber waschen, müssen die Männer Leine ziehen‘. Um 1846 gab es in der Berliner Dirnensprache dieselbe Wndg. ‚Leine ziehen‘ = ‚auf den Strich gehen‘, d. h. „sich behufs der Anlockung von Männern auf der Straße umhertreiben“.

In wieder andere Zusammenhänge des mehrdeutigen Wortes Leine führen einige, nur regionale und mdal. Rdaa. Im Rheinl. ist bekannt: ‚Op de Leine gohn‘, nichts zu essen haben. Hier wird die brotlose Kunst des Seiltänzers als Vergleich dienen. Ebenso heißt es von einem Stromer: ‚Der loschiert op de Lein‘. ‚Er geht über die Lein‘ heißt: er macht Bankerott, aber auch: er stirbt. ‚Einen über die Leine springen lassen‘ sagt man von dem, der an seiner Arbeitsstelle entlassen wird.

Lit.: *Kluge:* Rotw. (Straßburg 1901); *H. Becker:* Schiffervolkskunde (Halle 1937), S. 51 f.

Leisten. *Alles über einen Leisten schlagen:* alles gleichmäßig, nach demselben Schema behandeln, Unterschiede nicht berücksichtigen, ‚alles über einen ↗ Kamm scheren‘; vgl. frz. ‚mettre tout dans le même sac‘ (wörtl.: alles in denselben Sack hineintun). Daneben findet sich die Wndg. *über denselben Leisten geschlagen:* von der gleichen Sorte oder Art sein (vgl. ndl. ‚op dezelfde leest geschoeid zijn‘, frz. ‚frapper tout au même coin‘ (veraltet), engl. ‚to make one shoe for every foot‘). Der Schuster fertigt die Schuhe nicht individuell nach jedem menschlichen Fuß, sondern nach feststehenden hölzernen Modellformen, den Leisten. Das rdal. Bild stammt also von einem bequemen Schuhmacher, der nicht nach Maß arbeitet und alles ungenau nimmt. Die Rda. ist seit dem 16. Jh. belegt. H. Steinhöwel sagt in seiner Boccacciobearbeitung von 1535: „dann du als sie in der selben Sünd bist, ihr seid all über ein Leist gemacht“. Das Fastnachtsspiel des

‚Alles über einen Leisten schlagen'

16. Jh. bringt ähnl. Wndgn. ebenf. sehr häufig, z. B. Hans Sachs: „ir seit alle über ein Leist geschlagen". 1625 schreibt Joh. Höpfner im ‚Spiegel der Kleider Hoffart' (S. 27): „Sie sind alle, wie man pflegt im Sprichwort zu reden, vber eine Leiste geschlagen"; Joh. Gerlingius 1649 (‚Sylloge adagiorum' Nr. 94): „Eundem calceum omni pede inducere. Alle Schuhe über eine leist machen". Kant verurteilt es, „alles dem Leisten scholastischer unfruchtbarer Abstraktion an(zu)passen". 1889 heißt es bei J. Stinde in ‚Frau Buchholz im Orient' (S. 83): „Alle Art ihrer Musik geht nach demselben Leisten". In positiver Bdtg. verwendet Goethe den Leisten als Bild des Maßes und der maßvollen Beschränkung:

Niemand will ein Schuster sein,
Jedermann ein Dichter,
Alle kommen sie gerennt,
Möchtens gerne treiben;
Doch wer keinen Leisten kennt,
Wird ein Pfuscher bleiben.

Von dem ungewöhnlichen Menschen verlangt der Volksmund: ‚Man muß ihn über einen anderen Leisten schlagen', d. h. man darf ihn nicht mit dem gewöhnlichen Maß messen. ‚Man muß ihn auf den Leist spannen' heißt dagegen: man muß ihm einmal eine Lehre beibringen, oder: ihn in die Kur nehmen.

In der Abwandlung ‚Alles über einen Leisten zuschneiden' begegnet die Rda. in der 43. Historie des Volksbuches vom Eulenspiegel, der den Auftrag des Schuhmachermeisters wörtl. ausführt.

Schuster bleib bei deinem Leisten sagt man, wenn einer über seine Möglichkeiten und Fähigkeiten hinaus will; sprich nicht von Dingen, die du nicht verstehst. Das Sprw. hat noch bis in den Schlagertext aus den fünfziger Jahren des 20. Jh. nachgewirkt:

Schuster, bleib bei deinen Leisten,
Schöne Frauen kosten Geld.

Plinius berichtet in seiner ‚naturalis historia' (35,10) von Apelles, dem Hofmaler Alexanders des Großen, daß ein Schuster ihn anläßlich einer Ausstellung seiner Bilder getadelt habe, weil der Maler eine Sandale falsch dargestellt hatte. Apelles verbesserte daraufhin das Bild; als der Schuster nun noch weitere Einwände gegen das Gemälde vorbrachte, soll der Maler gesagt haben: „Ne sutor supra crepidam" (Schuster, nicht weiter als die Sandale). Unser Sprw. ist also keine direkte Übers. dieser Pliniusstelle. Man mag es später jedoch darauf bezogen haben. Vgl. frz. ‚Mêle-toi de tes oignons': Kümmere dich um deine eigenen Zwiebeln, ↗Schuster.

Leistung, leisten. *Sich etw. leisten* wird rdal. in zweifacher Bdtg. verwandt, einmal i. S. v. sich auch einmal etw. zugute kommen lassen, sich auch einmal etw. gönnen, dann auch entgegengesetzt: sich etw. herausnehmen, unverschämt oder unmöglich sein. Noch eine dritte, dazwischenliegende Bdtg. hat die Feststellung ‚Du hast dir da ja etw. (Schönes) geleistet' als rhet. Floskel: Das soll wohl etw. sein! Na, das ist ja schön! In dem selben Sinne kann die Wndg. *Das war (aber) eine Leistung* als iron. Euphemismus fungieren. Vgl. frz. ‚Quel exploit!' (wörtl.: Was für eine Heldentat!). Ernst gemeint ist dagegen die Wndg.: *eine schmissige Leistung!* für eine flotte, schnell entstandene, aber gelungene Leistung. Sie ist in einem Zug hingeworfen, ‚hingeschmissen'. Wer sie vollbracht hat, der hat ‚Schmiß'; ähnl. die anerkennende Bemerkung *Das war (aber) eine reife Leistung*. Die Rdaa. um Leistung und leisten sind recht jung. Ihr starker Gebrauch entspricht der anwachsenden Bdtg. des Leistungsbegriffs in der technischen Gesellschaft des 20. Jh., die diesen Begriff sprachl. über den engeren Bereich der Technik ausdehnt.

Leiter. *Auf der Leiter geschlafen haben:* mager sein; die Rippen zeichnen sich deutlich ab; in den dreißiger Jahren des 20. Jh. aufgekommen; ↗ gelehrt.

Leitfaden ↗ Faden.

Leitung. *Eine lange Leitung haben:* langsam begreifen, nur schwerfällig etw. lernen; vgl. frz. ‚avoir la comprenette un peu dure' (wörtl.: kein richtig funktionierendes Auffassungsvermögen haben). Die Wndg. ist erst im 20. Jh. in Analogie zum Telefondraht oder überhaupt zur elektrischen Leitung aufgekommen; entspr. *ihm (bei ihm) steht einer auf der Leitung:* er begreift nicht; *die Leitung funktioniert:* er faßt richtig auf. *Bei ihm schließt die Leitung kurz:* er braust leicht auf. An die Wasserleitung ist vermutl. bei folgenden, ebenfalls in der gegenwärtigen Umgangssprache aufgekommenen Wndgn. gedacht: *die Leitung aufdrehen:* zu weinen beginnen; *eine undichte Leitung haben:* das Wasser nicht halten können, auch: nicht recht bei Verstand sein.

Lektion. *Seine Lektion wissen:* seine Sache gründlich gelernt haben, Rede stehen können; vgl. frz. ‚savoir sa leçon'. Lektion meint urspr. Vorlesung einer bestimmten Stelle aus der Bibel beim Gottesdienst, dann einen Abschnitt aus der Grammatik. Goethe sagt in den ‚Zahmen Xenien' über die ‚Bürgerpflicht':

Ein jeder übe sein Lektion,
So wird es gut im Rate stohn.

Noch immer gebräuchl. ist die im 16. und 17. Jh. häufig bezeugte Rda. *einem eine Lektion lesen* (oder *geben, erteilen*): ihn ausschelten (↗ Leviten); vgl. frz. ‚donner une leçon à quelqu'un'.

Lerche. *Eine Lerche schießen:* jählings hinfallen (durch Stolpern, aber auch vom Pferde oder Fahrrad herab). Ob die nicht vor dem 19. Jh. bezeugte Rda. erst nachträglich mit dem Vogel in Zusammenhang gebracht und dann durch ‚schießen' erweitert worden ist, bleibt ungeklärt. Doch sind mdal. ähnl. Wndgn. bezeugt, z. B. ndd. ‚Koppheister scheten', einen Purzelbaum schießen, zu Heister = Elster gehörig; vgl. auch sächs. ‚hinlerchen', hinfallen; vielleicht hat das schnelle Herabschießen des Vogels mit dem Kopf voran den Anlaß zu dem Bild gegeben.
Warten, bis einem eine gebratene Lerche (Taube) in den Mund fliegt; ↗ Taube.
Ins Lerchenfeld gucken: ins Leere starren; *jem. auf das Lerchenfeld führen,* gemeint ist wohl urspr.: einen zum Lerchenfang auf ein Feld führen, auf dem, wie der Führende genau weiß, keine Lerchen zu holen sind. Daraus ergibt sich dann die allg. Bdtg.: jem. zum Narren halten, jem. düpieren; lit. z. B. in Joh. Fischarts ‚Gargantua' (S. 388): „Es ist auch einer auff dem Lerchenherd nicht sicher, wenn einer schlafft, dann die Räbhüner dörffen eim bald ohren abstoßen und abbeissen". Möglicherweise ist die Rda. aber auch auf eine eigentümliche Fangmethode zurückzuführen, die darin besteht, daß man Lerchen durch Spiegel blendet und sie so ins Garn lockt. Eine ausführliche Beschreibung des ‚Lerchenspiegels' findet sich in Naumanns ‚Naturgeschichte der Vögel Mitteleuropas'. Zum Vergleich läßt sich heranziehen die frz. Rda. ‚se laisser prendre au miroir comme l'alouette', sich wie die Lerche mit dem Spiegel fangen, d. h. sich durch Schmeicheleien betören lassen. Ein Analogon findet sich noch im ital., wo ‚specchietto delle allodole' (Lerchenspiegel) geradezu für Hinterhalt, Falle gebraucht wird.
Im Lerchenfeld sein: im Irrtum sein.

Lit.: *O. Keller:* Die antike Tierwelt (Leipzig 1913), S. 85–86; *R. Riegler:* Dt. Rdaa., in: Zs. f. d. U., 23 (1919), S. 525 f.; *A. Taylor:* Art. ‚Lerche', in: HdA. V, Sp. 1219–1221; *V. Doebele-Flügel:* Die Lerche als lit. Motiv in der dt. Dichtung (Berlin 1976); *E. u. L. Gattiker:* Die Vögel im Volksglauben (Wiesbaden 1989), S. 245–253.

Letzt. *Zu guter Letzt:* zum erfreulichen Beschluß, auch iron. gebraucht. Mit dem Superlativ ‚der letzte' hat die Wndg. urspr. nichts zu tun; vielmehr ist Letzt aus mhd. ‚letze' = Abschied (zu letzen = ein Ende mit etw. machen, Abschied feiern, dann: laben, erquicken) hervorgegangen. Die

Grundbdtg. der Wndg. ist also: als guter Abschiedstrunk oder -schmaus; in diesem Sinne in altertümelnder Sprache noch bei Wieland:

Wie sie zu guter Letze
Den goldenen Becher mir bot.

Die Rda. wird dann auch auf andere Gaben, die als Abschluß gewährt werden, übertr. In der Einleitung zu den zwölf Artikeln der oberschwäb. Bauern von 1525 wird das Liebesgebot Christi, das er bei der Abendmahlseinsetzung gegeben hat, als die ‚Letze' bez., die er uns hinterlassen habe. Bei Blumauer heißt es in der ‚Äneis' (1784, Bd. II, S. 41): „Nun begann das dritte Spiel dem Volke zu guter Letze". Als man den Urspr. der Wndg. nicht mehr verstand, wurden Form und Bdtg. an das Adj. ‚letzt' angeknüpft. Auch in der veralteten Wndg. *eine Letze lassen:* ein Abschiedsgeschenk geben, die im 16. Jh. oft, bes. auch im Volkslied, bezeugt ist, steckt das obengenannte Subst. ‚Letze'.

Letzte. Das Sprw. *Der letzte sein ist nimmer gut* verdeutlicht die allg. Anschauung des Volkes, nach der dem Menschen, der mit seiner Arbeit zuletzt fertig wird oder der als letzter bei einer Zusammenkunft erscheint, ein Makel anhaftet. Der Schnitter, der die letzte Garbe auf dem Feld abmäht, wird gehänselt; der Langschläfer erhält an bestimmten Tagen im Jahr einen Spottnamen, und bei Wettkämpfen ist nach wie vor derjenige der eigentl. Verlierer, den man im Sportjargon als ‚Schlußlicht' zu bezeichnen pflegt. Selbst beim Spiel der Kinder ist dieser Brauch als ‚letzten geben' zu beobachten. Vgl. ‚der letzte Mohikaner', ‚das letzte Gefecht', ‚letztes Aufgebot' oder ‚das ist das Letzte'. Die Sinngebung des Sprw. ‚Den Letzten beißen die Hunde' ergibt sich aus der realen Beobachtung: Das schwächste Tier bleibt auf der Flucht zurück und wird leicht eine Beute der Verfolger (Wolf, Gepard, Falke, Fuchs usw.), aller Feinde, die auf Nahrungssuche sind. Bis in die 2. Hälfte des 19. Jh. hinein – wurde genauer differenziert durch die Wndg. ‚als Letztes, aber nicht als Geringstes' (engl. ‚last, but not least'). In Dtl. geriet sie freilich in Vergessenheit. Anders in England; dort blieb sie bis in die heutige Zeit hinein eine sehr be-

liebte Formel, i. S. v.: nicht zuletzt, nicht zu vergessen.

Das Letzte versuchen (aus sich herausholen): das letzte Mittel einsetzen, noch einmal alle Kraft zusammennehmen, um ein Ziel zu erreichen.

Lit.: *C. G. Knorre:* Usum Paremiae Iuris Germanici: ‚Der Letzte thut die Türe zu', in: Successione Coniugum (Hallae 1741); *Anon.:* ‚Ein Beitrag zur Erläuterung des Sprichwortes: Den letzten beißen die Hunde' in: E. E. Klein: Merkwürdige Rechtssprüche der Hallischen Juristenfakultät (Berlin 1797), vol. II, No. 30; *C. W. v. Sydow:* Die Begriffe des Ersten und Letzten in der Volksüberlieferung mit bes. Berücksichtigung der Erntebräuche, in: Folk-Liv (1939); *A. Eskeröd:* Årets Äring. Nordiska Museets Handlingar 26 (Stockholm 1947); *D. Sauermann:* Der Letzte im Pfingstbrauch, in: Zs. f. Vkde. 64 (1968), S. 228 ff.; *W. Mieder:* Angloamerikan. u. dt. Überlieferung des Ausdrucks ‚last (but) not least', in: Der Sprachspiegel 37 (1981), S. 131–134, 162–166; *P. Portmann (Hg.):* Di letschti Chue tuet's Törli zue (Frauenfeld 1983).

Leuchte. Die Rda. *eine Leuchte der Wissenschaft sein:* ein hervorragender Gelehrter, ein erfolgreicher Forscher sein, geht bereits auf die Antike zurück. In seiner Naturgeschichte (‚Naturalis historia' XVII,5) nennt Plinius (23–79 n. Chr.) den Cicero die zweite Leuchte der Wissenschaft nach Homer: ‚Lux doctrinarum altera". Meistens begegnet die Wndg. heute in der Negation als tadelnde oder bedauernde Feststellung: *jem. ist keine große Leuchte* oder *er ist nicht gerade eine Leuchte:* er ist nicht sonderlich gescheit; obwohl er sich klug dünkt, vollbringt er keine entspr. Leistungen; er bleibt merklich hinter den allg. Erwartungen und Anforderungen zurück; vgl. frz. ‚Ce n'est pas vraiment une lumière'. Die Wndg. *jem. ist eine Leuchte* wird im gleichen Sinne auch iron. angewendet, um einen Überklugen zu bezeichnen, der alles besser wissen will. Er wird auch als ‚Leuchter' oder ‚Armleuchter' (euphemist. für ‚Arschloch') bez., ↗ Licht.

Leute. *Er ist einer von unsere Leut:* er gehört zu uns, ist mit uns verwandt, gehört zur selben Gruppe. Die jüd. Rda. ist durch eine Posse von David Kalisch (1820–72) mit dem Titel ‚Einer von unsere Leut' lit. geworden. (1870).

Das sind die besten Leute: sie sind (wieder) gut Freund miteinander, sagt man, um eine stattgefundene Versöhnung auszudrücken. *Unter den Leuten gewesen sein:* Erfahrungen gesammelt haben; Menschenkenntnis besitzen; vgl. frz. ‚avoir parcouru le monde‘ (wörtl.: durch die Welt gezogen sein).

Sich nicht unter die Leute wagen: sich seines Aussehens schämen; menschenscheu sein. *Da streiten sich die Leut’ herum* ist ein Zitat aus dem ‚Hobellied‘ aus Raimunds ‚Verschwender‘ von 1833.

Etw. unter die Leute bringen: bekanntmachen, ein Gerücht ausstreuen; ndd. ‚dat is unner de Lüde‘, so geht das Gerücht, so erzählt man sich.

In der Leute Mäuler sein: im Gerede sein; in üblem Ruf stehen. Vgl. ndl. ‚Hij is op der lieden tong‘.

Die bösen Leute sind an ihm sagt man, wenn ein Kind ständig schreit und dabei verfällt. Die Rda. bezieht sich wohl auf den Glauben an Hexen, die dem Kind etw. angetan haben.

Du willst wohl alte Leute foppen (ndd.: ‚Du wullt wol olle Lit foppen‘) sagt man zu jem., der Unglaubliches erzählt.

Geschiedene Leute sein: nichts mehr miteinander zu tun haben (wollen) – meist in Verbindung mit einer Drohung gebraucht.

Aus Kindern werden Leute: auch erwachsene, vernünftige Menschen. Im Badischen heißt es: ‚Berg und Tal komme nit zamme, aber d’Leut‘; ‚Von de reiche Leut muss mr spare lerne‘; scherz.: ‚s geht halt de Mensche wie de Leut‘. Scherzhafte Aufforderung für allzu seßhafte Gäste: ‚Mr welle ins Bedd go, daß d’ Lidd haim kenne, sunscht halde mr si noch lang uff‘.

Lit.: Hessen-Nass. Volkswb. 2,137,47 ff. – *L. Berthold:* Sprachliche Niederschläge absinkenden Hexenglaubens, in: Volkskundliche Ernte. H. Hepding dargebracht in: Gießener Beiträge zur dt. Philologie 60 (1938), S. 32–39, bes. S. 35 f.

Leutnant. *Ein Leutnant zahlt seine Schulden* ↗ Kirmes.

Leviten. *Einem die Leviten lesen,* auch *die Epistel, die Kapitel, die Lektion, den Text lesen:* ihm einen Verweis erteilen, ihn zurechtweisen. Der Urspr. dieser Wndgn. ist alt. Um das Jahr 760 stellte der Bischof Chrodegang von Metz zur Besserung der verwilderten Geistlichkeit einen Kanon nach Art der Benediktinerregel auf. Die-

ser verpflichtete die ‚Canonici‘ zu gemeinschaftlichem Speisen und Schlafen, zu gemeinsamem Gebet und Gesang, ferner zu bestimmten Versammlungen mit bes. Buß- und Andachtsübung. Da pflegte ihnen der Bischof oder dessen Stellvertreter einen Abschnitt aus der Bibel, insbes. aus dem dritten Buch Mosis (‚Leviticus‘ genannt, weil es hauptsächlich Vorschriften für Leviten, d. h. Priester enthält), ferner aus Satzungen, die in ‚Capitula‘ eingeteilt waren, vorzulesen; in der Regel knüpften sich hieran ermahnende und strafende Reden. Daher wohl die Rda., die auch durch spätere kirchliche ‚Strafpredigten‘ in wechselnder Form erneuert worden sein kann. In dem Gedicht ‚Des Teufels Netz‘ aus dem Anfang des 15. Jh., in dem die Laster aller Stände gegeißelt werden, heißt es V. 10476:

Da will ich dir denn ein letzgen
　　　　　　　　(Lektion) lesen,
Daz si niemer me mag genesen.

Eine andere Hs. hat statt ‚letzgen‘ das Wort ‚Leviten‘. In einem spätma. Schauspiel, das sich in Franz Josef Mones Sammlung ‚Schauspiele des Mittelalters“ (1846, Bd. II, S. 280) findet, wird Petrus angeredet:

Man mües dir ouch die leviten lesen,
Du bis by Jhesu von Gallile gewesen.

Hans Sachs sagt von einem Heruntergeputzten:

Im wardt der harnisch wol gefegt.
Sie las im sein legendt so kurz.

Gelegentlich tritt das Wort ‚Levit‘ auch kurzweg in der Bdtg. ‚Strafpredigt‘, ‚Verweis‘ auf, so im ‚Deutschen Grandison‘ von 1755: „Ich geb’ ihm mit meiner gewöhnlichen Sanftmut ganz gelassen einen kleinen Leviten“. Vgl. auch die Rda. ‚einen ins ↗ Gebet nehmen‘.

Lit.: *G. Fohrer:* Art. ‚Leviticus‘, in: RGG. IV, Sp. 339–340.

Licht. *Es geht ihm ein Licht auf:* es wird ihm alles klar, er hat verstanden. Die Rda. beruht auf Bibelstellen wie Hiob 25,3, Ps. 97,11 („Dem Gerechten muß das Licht immer wieder aufgehen ...“); Matth. 4,16 u. a. („Das Volk, das in Finsternis saß, hat ein großes Licht gesehen; und die da saßen am Ort und Schatten des Todes, denen ist ein Licht aufgegangen“).

‚Es geht ihm ein Licht auf‘

‚Dem Tag ein Licht anzünden‘

Obwohl schon die Bibel die Wndg. durchaus bildl. versteht und die Erhellung des menschlichen Geistes durch das Licht des Glaubens oder durch das göttliche Licht meint (z. B. Hiob 25, 3), hat die Volkssprache – nicht selten in iron. Überspitzung – das Bild immer wieder in die Realität zurückbezogen. So hat auch Moritz von Schwind (1804–71) die Rda. bildl. dargestellt. Els. wird z. B. die Rda. ‚Es geht mir ein Licht auf‘ mit dem Zusatz ‚wie e Fakkel‘ versehen. Scherzhaft sagt man auch: ‚Es geht ihm ein Dreierlicht auf‘; berl. ‚Mir jeht ’n Talchlicht (ne Latüchte, Jaslatern, Stallaterne, Kronleuchter Tranfunzel) uf‘, ich verstehe; gesteigert auch: ‚Mir jeht ne janze Jasfabrik uf‘. Vgl. frz. ‚Une lumière jaillit dans son esprit‘. In der Rda. ‚jetzt geht mir ein Seifensieder auf‘ ist statt des Lichtes sein Hersteller eingesetzt; die Rda. findet sich lit. z. B. in W. v. Kügelgens ‚Jugenderinnerungen‘ (Reclam-Ausg. S. 87): „Es mußte einem ein großer Seifensieder aufgehen“. ‚Dämmert’s?‘ fragt man scherzhaft, wenn man hofft, daß einem etw. ,einzuleuchten‘ beginnt. Ähnl. schon in Schillers ‚Kabale und Liebe‘ (I,5): „Ist Ihm das helle?“ – „Daß mich die Augen beißen“. Bair. ist volkstümlich ,einen Funken von etw. kriegen‘, anfangen, der Sache auf die Spur zu kommen.

Einem ein Licht aufstecken: ihn aufklären; dann auch: ihn zur Rede stellen, ihn zurechtweisen. Das Bild der Rda. ist vom Aufstecken des Kerzenlichtes auf einen Leuchter genommen. Bei F. Reuter findet

sich die Variante: „’ne Laterne anstikken“. 1639 führt Lehmann S. 476 (‚Lehrer‘ 24) an: „Einer, der einem von seinem Liecht ein Liecht anzünd, dem geht nichts davon ab; wer andern lehrt, der hat an seiner Geschicklichkeit keinen Verlust“.

Dem Tage ein Licht anzünden: ebenso *Licht in die Sonne bringen:* etw. Überflüssiges, Unnützes, Unsinniges tun (vgl. ‚Eulen nach Athen tragen‘, ↗ Eule); ähnl. *das Licht an beiden Enden anzünden,* zugleich auch in der Bdtg.: seine Arbeitskraft doppelt verbrauchen (vgl. engl. ‚he lights his candle at both ends‘; frz. ‚On brûle la chandelle par les deux bouts‘; ndl. ‚Dei kaars brandt aan beide einden‘, ‚hij stecht zijne kaars aan beide kanten aan‘). *Das Licht nehmen und den Leuchter damit suchen:* unüberlegt oder zerstreut handeln; ebenso *ein Licht verbrennen, um eine Nadel zu suchen* (ndl. ‚eene kaars verslinden, om eene spelt ze vinden‘).

Sein Licht unter den Scheffel stellen: allzu bescheiden sein, die vorhandenen Kräfte nicht voll, oder nicht zum allg. Besten anwenden (entspr. engl. ‚not to hide one’s light under a bushel‘; frz. ‚ne pas mettre la lampe – lumière – sous le boisseau‘; ndl. ‚zijn licht niet onder de korenmaat zet-

,Sein Licht unter den Scheffel stellen' – ,Sein Licht leuchten lassen'

ten'). Den Gegensatz bildet *sein Licht leuchten lassen:* seine Gaben zur Geltung bringen, ,mit seinem Pfunde wuchern'. Beide Rdaa. sind bibl. Herkunft und stammen aus Matth. 5,15f.: „Man zündet auch nicht ein Licht an und setzt es unter einen Scheffel, sondern auf einen Leuchter, so leuchtet es allen, die im Hause sind. Also laßt euer Licht leuchten vor den Leuten, daß sie eure guten Werke sehen ..." (vgl. Mark. 4,21; Luk. 8,16; 11,33). Das bibl. Gleichnis ist vom sog. Petrarcameister in seiner Bildwirklichkeit dargestellt worden. Dieses Bild bedarf allerdings einer kurzen Erläuterung: Der Mann im Vordergrund links führt die Rda. genau aus. Nur ist der Scheffel zu klein, um das Licht zu verbergen. Ebenso geht es dem Manne im Hintergrund, der mit einem Löschhütchen, wie es zum Löschen der Kerzen verwendet wurde, die Kirchtürme verdecken möchte. Den Gegensatz verdeutlicht ein gelehrter Magister (rechts), der verschämt sein Gesicht hinter einem Lichtschirm verbergen möchte, um nur seine Werke, nicht aber seine Person gelten zu lassen; vielleicht genießt er eher auch die eigene Weisheit unter dem Vergrößerungsglas.

Er ist kein (großes) Licht: er ist nicht gerade klug. Die Rda. wird auch verstärkt:

,Sein Licht leuchten lassen'

„Er ist kein großes Kirchenlicht', er ist geistig wenig bedeutend; älter auch: ,Er ist kein (großes) Lumen', ↗ Leuchte. Modern: ,Er ist ein Armleuchter', ,Er ist wenig belichtet', ,Er ist unterbelichtet', er taugt überhaupt nichts. Alle diese Rdaa. negativer Bdtg. beziehen sich letztlich und urspr. auf eine positive Aussage: Matth. 5,14 sagt Jesus zu den Jüngern: „Ihr seid das Licht der Welt" (Vulgata: „Vos estis lux mundi"). Bereits Cicero (,Catilina' III, 10,24) nannte berühmte Männer ,Lumina civitatis'. ,Lumen ecclesiae' wird Augustin in mehreren Quellen genannt, z. B. in Luthers ‚Tischreden‘. Als ‚Kirchenlichter‘ bez. Mathesius (‚Historien von Luthers Anfang …‘ 1570) die Wittenberger Theologen.

Dem Licht zu nahe kommen; sich am Licht verbrennen (vgl. frz. ‚Cet homme s’est venu brûler à la chandelle‘); ‚wie die ↗ Motte ums Licht‘. *Das Licht brennt ihm auf den Fingern:* ‚das Wasser steht ihm bis zum Hals‘, er braucht rasche Hilfe. Bereits 1649 bei Gerlingius ist die Wndg. verzeichnet, und 1718 überliefert sie Celander (‚Verkehrte Welt‘): „So brennet ihm das Licht, wie man im Sprichwort zu reden pflegt, recht auf den Nagel". Zu denken ist an eine Kerze, die bis auf die Finger, die sie halten, herabgebrannt ist. Man hat auch daran erinnert, daß sich die Mönche bei der Frühmesse zum Lesen im Dunkeln kleine Wachskerzen auf die Daumennägel klebten, wenn man die Rda. nicht von den Foltermethoden des MA. (Brennen der Fingernägel durch aufgelegte glühende Kohlen) herleiten will, entspr. ihrer verkürzten Form: ‚es brennt ihm etw. auf den Nägeln‘ (↗ Nagel).

Licht ziehen: den Nasenschleim hinaufziehen und einschnupfen. Wie das Talglicht früher beim Brennen oft überlief, so nennt man auch im Scherz den auslaufenden Schleim einer Kindernase Licht. ‚’s Licht brennt zu hell‘ sagt man, wenn die Anwesenheit von Kindern eine gewisse Mitteilung nicht gestattet, die für Kinderohren nicht gedacht ist, und man deshalb abbricht. In anderen Wndgn. bedeutet Licht nicht nur die erleuchtete Kerze, sondern auch das Lichte schlechthin, z. B. den erhellten Raum. Daher: *etw. ans Licht bringen (kommen):* an den Tag bringen: vgl. frz. ‚mettre quelque chose en lumière‘: eine Sache hervorheben; ferner: *einen hinter’s Licht führen:* ihn täuschen, betrügen. Der eigentl. Sinn ist: jem. ins Dunkle führen, wo er nichts sehen kann (vgl. KHM. 44 u. KHM. 61). Dazu die alten Nebenformen: ‚einen unters Licht, ums Licht führen‘. Die Wndg. *bei Lichte besehen* bedarf keiner Erklärung. Nur um ihr Alter darzutun, sei Hans Sachs (‚Der böhmisch sprechende Schwabe‘) zitiert: „und we mans pey dem liecht peschawt‘. Chr. Weise (‚Erznarr‘ I,67): „… und

wenn man hernach das Raben-aasz beim Liecht ansiehet, so verdienet es kaum die Beine …"

Die schlesw.-holst. Rda. ‚Zwee (dree) Lichter op’n Disch! Mien Ohm is kamen‘ wird nicht nur gebraucht, um diesen speziellen Fall, sondern überhaupt jedes besondere Ereignis anzukündigen; dazu die Variante: ‚Licht op’n Disch! Is Cölmar Volk‘ (= es sind Leute aus Colmar, einem Dorf bei Glückstadt), da muß etw. Besonderes geschehen.

Ich habe nicht das Licht dazu gehalten: ich bin an der Sache nicht beteiligt gewesen, ich bin unschuldig. Das Bild der Rda. ist von einem Einbruchsdiebstahl hergenommen, bei dem ein Mitschuldiger dem eigentl. Dieb das Licht hält.

Das Licht scheuen: sich verbergen müssen; heimliche und ungesetzliche Taten ausführen; ein Verbrechen im Dunkeln vorbereiten.

Sich selbst im Lichte stehen: sich selbst schaden, sich selbst das Sehen dadurch unmöglich machen, daß man zwischen die Lichtquelle und den zu beobachtenden Gegenstand tritt. Ein ndd. Sprw. lautet: ‚Et get di as en Klumpemaker (Holzschuhmacher), du stest di selwer int Licht‘. Ähnl. schon in Joh. Fischarts ‚Ehzuchtbüchlein‘ (S. 332, 13): „Stehe dir nur selbs nicht im Liecht". Anders jedoch 1639 bei Lehmann, S. 780 (‚Verachtung‘ 27): „Wer sich gering und wolfeil macht, der steht jhm selbst vorm Licht".

In Grimmelshausens ‚Simplicissimus‘ (Buch III, Kap. 21) erscheint ‚bei jem. zu Licht kommen‘: „… und gaben mir damit zu verstehen, daß ich … wohl zu ihnen zu Licht kommen dürfte", d. h. zum Abendbesuch.

Neueren Datums und von den Verkehrsampeln her übernommen ist das vielgebrauchte Schlagwort vom *grünen Licht* (frz. ‚feu vert‘), das man jem. bzw. einer Sache geben kann. Auch sagt man: ‚Das Licht steht auf Grün‘. Diese rdal. Wndgn. bezeichnen völlige Handlungsfreiheit, gleichsam das Startzeichen zu einem Vorhaben und bedeuten ‚Freie ↗ Bahn‘.

Dabei verdient man nicht das Licht: es lohnt sich nicht (vgl. frz. ‚le jeu ne vaut pas la chandelle‘). *Kein Licht brauchen:* kahlköpfig sein (etwa seit 1910 bezeugt). Ähnl.

rhein. und hess. von Rothaarigen: ‚die sporen et Licht deham‘, oder ‚bei der brauchste kein Licht‘, wenn einer.eine Rothaarige heiratet.

Das Licht im Kopf geht aus: das Erinnerungs- und Denkvermögen kommt abhanden. In der modernen Boxersprache: ‚jem. das Licht auspusten‘, ihn besinnungslos schlagen; vgl. die schwäb. Drohung: ‚Dir will i zünde ohne Licht!‘ ‚Sich das Licht auspusten‘, Selbstmord verüben. ↗Lebenslicht, ↗Schatten.

Zu Licht gehen: in die Lichtstube, Spinnstube, Kunkelstube gehen. Man traf sich dazu reihum in einem anderen Hause, um beim Spinnen Licht u. Wärme zu sparen und die Arbeit am Abend in der Geselligkeit zu verrichten.

Aus der jüngsten Zeit stammt die Rda.:

Licht am Ende des Tunnels sehen: herauskommen, nach einer finsteren Wegstrecke das Dunkel weichen sehen, in übertr. Bdtg.: einen Hoffnungsschimmer, einen Ausweg sehen; ähnl.: *Einen Lichtblick haben:* neue Hoffnung schöpfen, etw. Erfreuliches in trostloser Lage erfahren. Die Wndg. begegnet oft in der Form eines erleichterten Ausrufes: *Das ist (endlich) mal wieder ein Lichtblick!:* nun geht es wieder voran, aufwärts, die Lage bessert sich.

Beliebt sind auch Wortkombinationen, die an Stelle einer vollständigen Rda. stehen, wie z. B. ‚lichterloh‘: in hellen Flammen; ‚Lichtjahre‘ (entfernt): eine nicht nachvollziehbar lange Zeit, eine Ewigkeit weit weg.

Lit.: *H. Freudenthal:* Art. ‚Licht‘, in: HdA. V, Sp. 1240–1258; *G. J. van der Keuken:* ‚Bij dit licht‘, in: Tijdschrift voor Nederlandse Taal- en Letterkunde 53 (1934), S. 114–116; *L. Schmidt:* Volksglaube und Volksbrauch (Berlin 1966), S. 19ff. (Kap. ‚Lebendiges Licht im Volksbrauch und Volksglauben Mitteleuropas‘); *M. Lurker:* Wb. bibl. Symbole (München 1973), S. 195–197; *W. Schivelbusch:* Lichtblicke (München 1983).

Liebe. ‚Liebe‘ erscheint in Sprww. und Rdaa. zumeist in metaphorischen Umschreibungen (s. Register). Bibl. taucht ‚Liebe‘ (griech. ‚Agape‘, lat. ‚caritas‘) sowohl als Gottesliebe wie als Nächstenliebe, Gattenliebe, Kindesliebe auf. Paulus schrieb im 13. Kap. seines 1. Korintherbriefes (V. 1 u. 13): „Wenn ich mit Menschen- und mit Engelszungen redete und hätte der Liebe nicht, so wäre ich ein tönend Erz oder eine klingende Schelle …“ – „Nun aber bleibet Glaube, Hoffnung, Liebe, diese drei; aber die Liebe ist die größte unter ihnen“.

Goethe preist die sinnliche Liebe z. B. in seinem Gedicht ‚Rastlose Liebe‘:

Krone des Lebens,
Glück ohne Ruh,
Liebe bist du.

Novalis meint:

Liebe ist der Endzweck
der Weltgeschichte,
das Amen des Universums.

Heine dichtet (‚Junge Leiden‘ 8):

Die Engel, die nennen es Himmelsfreud‘,
Die Teufel, die nennen es Höllenleid,
Die Menschen, die nennen es – Liebe!

In der heutigen Umgangssprache umschließt ‚Liebe‘ eine breite Skala von Gefühlen und Bedeutungen: *Liebe zu etw. haben (zeigen):* Neigung, Begabung und Begeisterung zu einer bes. Aufgabe, zu einem bestimmten Beruf, zu künstlerischer oder wissenschaftlicher Arbeit, ähnl.: *etw. mit Lust und Liebe tun:* mit wahrer Hingabe, mit dem Einsatz aller Fähigkeiten u. Kräfte für ein hohes Ziel; lit. bei Goethe in ‚Iphigenie‘ II, 1 (Worte des Pylades).

Liebe suchen (finden): nach Zuneigung u. Verständnis verlangen (Geborgenheit u. Zärtlichkeit erhalten), oft von Kindern oder Tieren gesagt.

Jem. Liebe (einen Liebesdienst) erweisen: ihm in Nöten beistehen, ihm Treue bewahren, in bewährter Freundschaft helfen, auch i. S. v. ‚Nächstenliebe‘ gebraucht. Auf die Liebe in erot. Hinsicht spielen viele Rdaa. an, die das Gefühl treffend zu umschreiben suchen: *Vor Liebe brennen,* auch: *in Liebe entbrennen für jem.,* ↗Herz; *in Liebe erglühen (vergehen):* seine Gefühle (Leidenschaft) für jem. entdecken, bes. von noch ‚verborgener Liebe‘ gesagt, denn ‚heimliche Liebe‘ brennt wie Feuer, wie es im Volkslied heißt:

Kein Feuer, keine Kohle
kann brennen so heiß
als heimliche Liebe,
von der die niemand nichts weiß.

Vor Liebe ↗blind sein: Fehler und negative Eigenschaften des Partners nicht sehen (wollen). Dagegen heißt es im Sprichwort; ,Wo Liebe fehlt, erblickt man alle Fehler'.

,Liebe macht blind'

Von der Liebe allein nicht leben können: auch materielle Absicherung benötigen, eine Mitgift erwarten.

(Nur) von der Luft und von der Liebe leben: kaum etw. zu sich nehmen, im Wechselbad der Gefühle keinen Hunger verspüren. Die Wndg. wird mitfühlend oder iron. gebraucht, wenn jem. nichts essen möchte, weil er ,in höheren Regionen schwebt' u. an Alltägliches, Notwendiges u. Reales nicht mehr denkt.

Seine Liebe verbergen (müssen): aus bestimmten Gründen oder Rücksichten (Scham, Aussichtslosigkeit, Furcht vor Abweisung oder auch Gefahr, eine Freundschaft, eine Ehe zu zerstören) sich nicht dem Partner offenbaren, dagegen: *seine Liebe erklären (gestehen):* offen seine Neigung zu erkennen geben, auch: einen Heiratsantrag machen.

Jem. Liebe (nicht) erwidern: gleiche (keine) Zuneigung zu ihm hegen (ihn zurückweisen). Haben sich Liebende gefunden, heißt es oft: *Es war Liebe auf den ersten (zweiten) Blick:* die Erkenntnis, nicht mehr voneinander lassen zu können, füreinander geschaffen zu sein, kam plötzlich, sie ,schlug wie ein ↗ Blitz ein'.

Einen vor Liebe (fast) erdrücken: jem. fest umschlungen halten, aber auch: ihm seine Bewegungsfreiheit nehmen, ihn an seiner persönlichen Entfaltung hindern.

Jem. mit Liebe überschütten: ihn unglaublich verwöhnen, ihm ,jeden Wunsch von den ↗ Augen ablesen', oder gar: *einen (am liebsten) vor Liebe (auf)fressen (wollen),* eine schon in mhd. Zeit bekannte Wndg.

Liebe und Leid teilen (wollen): alle Freuden u. Leiden gemeinsam erleben (wollen), sich eine gemeinsame Zukunft aufbauen.

Sich gegenseitig die Liebe bewahren: sich auch bei Trennung, über einen langen Zeitraum (das ganze Leben) treu bleiben, seine Gefühle nicht erkalten lassen, so daß es bei einem Wiedersehen heißen kann: *Ihre Liebe war (ist) lebendig wie am ersten Tag.* Häufiger geschieht jedoch das Gegenteil: *jem. Liebe ist erloschen (erkaltet, erstorben).*

Bes. häufig sind die Wndgn.: *Jem. etw. zuliebe tun:* ihm eine Gefälligkeit erweisen; *Das tut (doch) der Liebe keinen Abbruch:* das ist nicht so schwerwiegend, das macht gar nichts, u. *Das macht der Liebe (noch) kein Kind:* es ist erlaubt, unschädlich, das ist doch nicht schlimm.

Viele Sprww. preisen die Liebe: ,Liebe überwindet alles' – ,Omnia vincit amor'; ,Liebe ist stärker als der Tod'; ,Liebe höret nimmer auf'; ,Liebe grünt immer'; in Schillers ,Lied von der Glocke' (V. 78–79) heißt es ähnl.:

O daß sie ewig grünen bliebe,
Die schöne Zeit der jungen Liebe!

,Alte Liebe rostet nicht'; ,Liebe ist (macht) erfinderisch'; ,Liebe bringt alles ins rechte ↗ Lot'; ,Liebe lehrt singen'; ,Liebe haßt die Angst'; ,Liebe macht Gegenliebe'.

Oft wird auch vor der Liebe gewarnt: ,Keine Liebe ohne Leid', so schon in der mhd. Dichtung: „lieb âne leit mac niht gesîn" (v. Eist); ,Kurze Liebe – langes Leid'; oder es heißt humorvoll-resignierend: ,Wider die Liebe ist kein Kraut gewachsen'; ,Der Liebe und dem Tode kann niemand entgehen'; ,Die Liebe macht kluge Leute zu Narren'; ,Die Liebe und der Husten lassen sich nicht verbergen'; „Wo die Liebe hinfällt, da bleibt sie liegen, und wär' es ein Misthaufen'.

,Liebe geht durch den ↗ Magen'. ,Ein ↗ Kind der Liebe sein'.

Lit.: *A. de Cock:* Spreekwoorden en zegswijzen over de Vrouwen, de liefde en het huwelijk (Gent 1911); *M. Bauer:* Liebesleben in dt. Vergangenheit (Berlin

‚Liebe grünt immer'

‚Liebe haßt die Angst'

1924); *L. Röhrich:* Liebesmetaphorik im Volkslied, in: Folklore International. Essays in Traditional Literature, Belief and Custom in Honor of Wayland Debs Hand (Hatboro/Pa. 1967), S. 187–200; Liebe u. Hochzeit. Aspekte des Volkslebens in Europa (Antwerpen 1975); *E. Borneman:* Lexikon der Liebe (Frankfurt/M. 1978); *L. Röhrich:* Art. ‚Ehe', in: EM. III, Sp. 1023–1042; *W. Mieder:* Moderne Varianten des Blumenorakels „Er (sie) liebt mich, er (sie) liebt mich nicht" (mit 4 Abb.), in: Jb. f. Vlf. 27/28 (1982/83) (= Fs. Röhrich), S. 335–345; *L. Röhrich:* Art. ‚Erotik, Sexualität', in: EM. IV, Sp. 234–278; *W. Mieder:* Modern Variants of the Daisy Oracle ‚He loves me, he loves me not', in: ders.: Tradition and Innovation in Folk Literature (Hannover/New York 1987), S. 84–117.

lieben. Auf das Gebot der ‚Nächstenliebe' (in der Bergpredigt) beziehen sich die Wndgn.: ‚seinen Nächsten lieben' u. ‚seine Feinde lieben'.
Jem. lieben wie (mehr als) sein Leben: bereit sein, sich für einen anderen aufzuopfern, ohne ihn nicht leben können.
Sich selbst am meisten lieben: ein großer Egoist sein, immer zuerst an die Befriedigung eigener Wünsche und Bedürfnisse denken.
Von Leuten, die sich ständig streiten, heißt es iron.: ‚Sie lieben sich wie Hund u. Katze'.
Scherzhaft meinen Beobachter eines jungen Paares, das sich selbst noch seiner Liebe kaum bewußt ist: ‚Was sich liebt, das neckt sich' oder: ‚Was sich neckt, das

liebt sich'. Gern wurde früher das ‚Liebesorakel' befragt, um Gewißheit über die Liebe des anderen zu erhalten. Man zupfte dabei die Blüten einer Margerite aus mit den Worten:
Er liebt mich –
Er liebt mich nicht –
ein wenig –
von Herzen –
mit Schmerzen –
gar nicht.
Dieses ‚Liebesorakel' befragt Gretchen in ‚Faust' I, um sich der Liebe Fausts zu vergewissern.
Eine Häufung von Metaphern, mit denen ‚lieben' in dichterischer Sprache ‚begründet' werden kann, bringt das Gedicht ‚Liebeserklärung in Redensart' v. Fritz Werf (geb. 1934):
Ich liebe dich
weil du deine Haut nicht zu Markte
trägst
weil deine Liebe nicht durch den Magen geht
weil es dich nicht kümmert ob wir alle
Tassen
im Schrank haben

Ich liebe dich
weil du mit beiden Beinen auf der Erde
stehst
wenn ich den Boden unter den Füßen
verliere

965

weil du nicht den Kopf in den Sand
steckst
wenn ich das arme Tier kriege
weil du Kinder nicht beizeiten zu Haken krümmst
weil du ihnen nichts vom Sandmann er-
zählst
Ich liebe dich
weil wir oft in die Luft gehen feder-
leicht
und kein Zeitungsblatt zwischen uns
paßt
Ich liebe dich
weil du zwischen den Zeilen liest
weil du weißt was uns die Stunde geschlagen hat
weil dir die Taube in der Hand lieber ist
als der Adler auf dem Dach
weil du glaubst daß Wasser den Stein
erweicht
weil wir zusammen gegen den Strom
schwimmen

Ich liebe dich ist keine Redensart
ist eine Kriegserklärung
du weißt genau
an wen.

(Aus: Fritz Werf, *Kopfherz, Gedichte*. An-
dernach: Atelier Verlag, 1982, S. 43)

Lit.: ↗ *Liebe*

‚Lieber ein lebendiger Hund als ein toter
Löwe'

*Sonne im Herzen als Eis am Stiel; lieber
einen guten Film als ein schlechtes Gespräch; lieber gar keine Haare als eine
Glatze; lieber ein kalter Krieger als ein warmer Bruder; besser ein kinderloses Ehepaar
als ein eheloses Kinderpaar; lieber nett im
Bett als cool auf dem Stuhl; lieber no future
als überhaupt keine Zukunft; lieber von Picasso gemalt als vom Schicksal gezeichnet;
lieber 'nen Tag in Eis und Gletscher als 'ne
Nacht mit Margret Thatcher!; lieber strahlen als zahlen (mit Bezug auf die Entschädigung der Landwirte nach dem Reaktorun-
glück in der UdSSR 1986); lieber Ostern als
Western; lieber rot als tot.*

lieber. Mit dem Komparativ ‚lieber' wird
in der heutigen Umgangssprache eine
Reihe von rdal. Vergleichen verbunden,
z. B. *lieber eine Laus im Pott als gar kein
Fleisch; lieber scheintot im Massengrab;
lieber den Spatz in der Hand als die Taube
auf dem Dach; lieber klopfe ich mir selber
Steine auf dem Arsch; lieber ein Jahr in Si-
birien ohne Hose; lieber den nackten Arsch
in Schwefelsäure hängen; lieber fünf
Minute geschämt als Geld ausgebe*
(schwäb.); *lieber e Ranze vum Esse als e
Buckel vum Schaffe; lieber krankfeiern als
gesundschuften; lieber den fleißigen Bock
zum Gärtner als den faulen zum Ehemann;
lieber durch Glück dumm als durch Schaden klug; lieber reich und glücklich als arm
und unglücklich; lieber etwas in der Birne
haben als Birne sein; lieber fernsehmüde
als radioaktiv; lieber instand setzen als ka-
puttbesitzen; lieber Gott als tot; lieber*

Lied. *Ich kann ein Lied davon singen:* ich
kann davon aus eigener (schlimmer) Erfahrung berichten; vgl. frz. ‚Je connais la
musique' oder ‚... la chanson' (wörtl.: Ich
kenne die Musik oder das Lied).
1529 erklärt Joh. Agricola (Nr. 378) „Ich
wolt einem wol eyn liedlein daruon singen" so: „Eyn liedlein singt man von einer
that vnd geschichte, das ruchtbar vnd gewiß ist, vnd wer eyn ding weyß vnd betracht es wol, der kan vil dauon singen vnd
sagen, daß ich wolt wol ein lidlein da von
singen, also vil sey, als ich weyß warheit
drumb. Zuo eynem liede gehoeren vil
wort, also wer grund kundtschafft weyß
von eynem ding, der kan es dester baß sagen, als wenn man sagt, an end leüt kindern ist das brot verloren. Antwort ich, Ja
lieben herren, ich wolt eynem wol eyn
liedlein darvon singen. Ich hab ettlich vil
weisichen (Waisenkinder) erzogen, aber

den danck vnd lon, den ich darfür ent-
pfangen hab, ist gering, ia eyn muck fueret
yhn auff dem schwantz hynweg. Item, wie
es vnderweilen zugehet ynn Kloestern,
ynn Fürstenhoefen, ynn stedten, ym Kam-
mergericht vnd Cantzleyen, da wolt ich
einem wol ein liedlin von singen, das ist,
ich wolt yhm wol souil daruon sagen, das
er genuog solt zu hoeren haben".
Joh. Agricolas Zeitgenosse, der bayr. Geschichtsschreiber Johannes Aventinus
(Thurmair), sagt, als er von altdt. Geschichten spricht: „Von diesen Dingen
und Sagen allen seind noch viel alte teutsche Reimen und Maistergesäng vorhanden in unsern Stiften und Klöstern, denn
solche Lieder allein sind die alte teutsche
Chronika, wie denn bei uns noch der
Landsknecht brauch ist, die allweg von ihren Schlachten ein Lied machen". Derartige Bericht- oder Ereignislieder gehören
zum Repertoire des älteren Berufssänger-
tums, von dem ja auch die Rda. stammt:
einem ein Lied singen: ihm zuliebe reden,
u. das alte, schon in mhd. Zeit belegte
Sprw. ,Wes Brot ich eß, des Lied ich sing',
↗ singen.

Es ist das alte Lied ↗ Leier: *das Ende vom
Lied* ↗ Ende.

liefern. *Geliefert sein.* verloren sein; eigentl.: dem Gericht, dem Scharfrichter
ausgeliefert sein; so noch in Schillers
,Räubern' (V. 2): „Man hat tausend
Louisdore geboten, wer den großen Räuber lebendig liefert", und bei Jean Paul
1798 in den ,Palingenesien' (1, XI): „So ist
man ein gelieferter Mann".

Lilie. *Dastehen wie eine geknickte Lilie:*
traurig sein, den Kopf hängen lassen, äußerst betrübt sein, keine Hoffnung mehr
besitzen. Bei den Römern war die Lilie ein
Sinnbild der Hoffnung und der Juno geweiht; bei uns und bes. im christl. Bereich
gilt sie als Zeichen der Reinheit und Unschuld, aber auch als sichtbarer Beweis
göttlicher Gnade und Vergebung, wenn
sie auf Gräbern erblüht. Die Lilie wird
deshalb auch in der christl. Kunst häufig
als Attribut der Jungfrau Maria u. vieler
Heiliger und Märtyrer dargestellt. Die ,ge-
knickte Lilie', die ihre stolze Haltung verloren hat, ist später zum Bild für die

Weiße Lilie als Attribut der Jungfrau Maria

verletzte Unschuld geworden. Die Rda.
ist wahrscheinl. eine Umbildung zu einem
oft zitierten Vers von Schiller. In seinem
Gedicht ,Die Kindsmörderin' (in der ,An-
thologie auf das Jahr 1782') lautet die
Frage der Verurteilten: „Henker, kannst
du keine Lilie knicken?" Nach Matth.
6, 28 zitiert man ,die Lilien auf dem Felde'.
Die Lilien im Garten sind verwelkt: die Unschuld ist verlorengegangen. Die Wndg.
dient als euphemist. Umschreibung für
die verlorene Ehre eines Mädchens. Die
blühende Lilie dagegen gilt auch bei
Schiller noch als Symbol der Ehrenhaftig-
keit. Seine Kindsmörderin bittet:
Weinet um mich, die ihr nie gefallen.
Denen noch der Unschuld Liljen
blühn.
Wegen ihrer Schönheit, ihres stolzen
Wuchses u. ihrer reinen weißen Farbe
wurde die Lilie neben der Rose häufig in
der Dichtung und im Volkslied besungen
und im sprachl. Vergleich verwendet.
Bereits bei Otfried von Weißenburg
(1, 16, 23) heißt es:
thaz kint uuuahs untar mannon,
sô lilia untar thornon.
Bes. die Schönheit der Frau wurde wiederholt mit der Lilie verglichen. In mhd.
Zeit war dies ein beliebtes dichterisches
Bild. So wird z.B. im ,Erec' (337) eine

schöne Frau mit folgenden Versen geschildert:

ir lîp schein durch ir salwe wat
alsam diu lilje, dâ sî stât
under swarzen dornen wîz.

Im Volkslied erscheint die Lilie als häufigste Grabesblume. Wohl am bekanntesten bis heute ist das Lied ‚Drei Lilien, die pflanzt‘ ich auf mein Grab‘. Außerdem ist die Verbindung von ‚Rosen und Lilien‘ häufig im Volkslied u. bis heute in der Dichtung üblich.

Einem die Lilie anheften (anhängen): einen Verurteilten brandmarken. Die Rda. bezieht sich auf einen Brauch in Frankreich: den Missetätern wurde eine Lilie aufgebrannt, ↗brandmarken.

Die Lilie war die Wappenblume der Bourbonen. Frankreich hieß früher ‚das Reich der Lilien‘ und der frz. König ‚Fürst der Lilien‘.

Auf den Lilien sitzen: eine Stelle in den oberen Gerichtshöfen Frankreichs haben. Die Wndg. weist auf die Sitze in den frz. Gerichtssälen, die mit Lilien ausgeschlagen waren.

Lit.: *Geiger:* Art. ‚Grabblumen‘, in: HdA. III, Sp. 1103 ff.; *H. Marzell:* Art. ‚Lilie‘, in: HdA. V, Sp. 1300 ff.; *E. K. Blümml:* Die Lilie als Grabespflanze, in: Studien zur vergleichenden Literaturgesch., Bd. 6 (1906), S. 409 ff. und Bd. 7 (1907), S. 161 ff.; *L. Weiser-Aall:* Erlebnisgrundlagen der Volksüberlieferung u. Dichtung. Der Liebestod, in: Schweiz. Archiv f. Vkde. 44 (1947). S. 117–140; *L. Vargyas:* Researches into the Mediaeval History of Folk Ballad (Budapest 1967), S. 112 ff; *W. Danckert:* Symbol, Metapher, Allegorie im Lied der Völker, III (Bonn-Bad Godesberg 1978), S. 1150–1158; *G. Meinel:* Art. ‚Grabpflanzen‘, in: EM. VI, Sp. 72–78.

links. *Die Linke kommt von Herzen* sagt man, wenn man die rechte Hand nicht frei hat, um jem. die Hand zu geben, und man statt dessen die linke Hand gibt. Die Rda. ist eigentl. ein Euphemismus, denn links ist nach dem Volksglauben die ungünstigere, unglückbringende Seite; die Wndg., daß die Linke ‚von Herzen‘ kommt, soll nur ihre urspr. Unglücksbdtg. beschönigen. Ähnl. Wndgn. sind z. T. auch in den Mdaa. geläufig, z. B. in der Uckermark ‚Linkerpoot schlag’n Dübel dot!‘

Jem. links liegen lassen: ihn vernachlässigen, ihn nicht beachten. Auch hier bezieht sich links auf die ungünstige Seite, wie sie vielen abergläubischen Regeln geläufig

ist. Ebenso: *mit dem linken Bein zuerst aufgestanden sein:* frühmorgens schlecht gelaunt sein; wer mit dem linken Bein zuerst aufsteht, hat den ganzen Tag schlechte Laune; vgl. frz. ‚s’être levé du pied gauche‘. *Zwei linke Hände haben:* ungeschickt sein; beim gewöhnlichen Rechtshänder ist die linke Hand tatsächlich ungeschickter und weniger geübt als die rechte; lit. schon 1847 bei Grillparzer; vgl. frz. ‚être gaucher des deux mains‘ (wörtl.: auf beiden Händen Linkshänder sein).

Jem. (auf) links drehen: ihn ärztlich gründlich untersuchen; das Bild ist vom Wenden eines Anzugs hergenommen, der zur gründlichen Reinigung auf links gedreht wird.

Nicht wissen, was rechts oder links ist: sich gar nicht auskennen. Nach Jona 4, 11 sprach Gott: „Und mich sollte nicht jammern Ninives, solcher großen Stadt, in welcher sind mehr denn hundertundzwanzigtausend Menschen, die nicht wissen Unterschied, was rechts oder links ist?“

Die rechte Hand nicht wissen lassen, was die linke tut ↗ Hand.

Ging einer vom Adel eine eheliche Verbindung mit einer Bürgerlichen ein, eine „Mesalliance“, so sagte man: ‚Sie ist ihm links angetraut worden‘. – Sie durfte auch nicht an seiner ‚rechten‘ Seite gehen – wie Gleichgestellte.

In Mythen, Sagen u. Märchen ist links oft die weibliche, rechts die männliche Seite. Schon im alten Ägypten galt die linke Hand (Isishand) als die mütterliche, die ‚nährende‘ Hand. Sie war als ‚manus aequitatis‘ die würdigere vor der rechten, männlichen Hand. Psycholg. wird sie auch gedeutet als die Seite des mehr Unbewußten.

Lit.: *A. Gornatowski:* Rechts und Links im antiken Aberglauben (Diss. Breslau 1936); *P. Hajdu:* Die Benennung der Begriffe rechts und links als Ausdr. der Beziehung zwischen Sprache und Denken (= Acta Linguistica I), Budapest 1951, S. 171–248; *L. Röhrich:* Art. ‚Links und rechts‘, in: RGG. ³IV, Sp. 382; *W. Danckert:* Symbol, Metapher, Allegorie im Lied der Völker, II (Bonn-Bad Godesberg 1977), S. 746–759.

Lippe. *Eine (große) Lippe riskieren,* eine Äußerung wagen, sich in ein Gespräch mischen, widersprechen; etwa in der zweiten H. des 19. Jh. aufgekommen; vgl.

‚ein ↗ Auge riskieren'. Dagegen meint die Wndg. *sich auf (in) die Lippe beißen:* eine ärgerliche oder ungehörige Antwort unterdrücken; infolge einer Beschämung schweigen, aber auch: sich das Lachen verbeißen. Vgl. ndl. ‚hij bijt op zijne lippen' u. frz. ‚s'en mordre les lèvres': eine vorschnelle, ungehörige Antwort bereuen. *An jem. Lippen hängen:* begeistert seinen Worten lauschen, sie ihm vom Munde ablesen wollen; vgl. frz. ‚être suspendu aux lèvres de quelqu'un'.

Lobby. *Eine (keine) Lobby haben:* eine (keine) mächtige Vereinigung hinter sich, (keine) einflußreichen Fürsprecher haben. Die Wndg. bezieht sich auf die im Amerikanischen als Lobby bezeichnete Empfangshalle eines Hotels.

Loch. *Ein Loch kriegen:* schadhaft werden; *ein Loch haben:* schadhaft sein; oft bildl. gesagt, z. B. ‚eine Freundschaft hat ein Loch bekommen', ähnl. wie ‚einen Riß bekommen'. Der Dramatiker Jakob Ayrer (um 1543–1605) schreibt in den Fastnachtspielen: ‚Ir brüder, der krieg hat ein loch, dem ich bei hundert meil' nachzog"; öfters bei Grimmelshausen, z. B. im ‚Simplicissimus' (II, 219): „daß der damascenische Krieg bald ein Loch gewinnen würde". H. Kurz teilt in einer Anmerkung zu dem letztgenannten Beleg mit, daß auf dem Frieden zu Ryswick 1697 eine Münze geschlagen worden sei mit der Prägung: „GOTT LOB DER KRIEG HAT NVN EIN". Zur Ergänzung des Satzes war unter den Buchstaben eine Trommel mit einem Loch dargestellt. Das Loch ging auf der Kehrseite der Münze durch einen Korb, in den das Füllhorn des Friedens seine Früchte schüttete; auf dieser Seite stand die Umschrift: „WER ABER FLICKT DEM FRIEDE SEINEN BODEN?" Dieses Bild von der durchlöcherten Pauke ist schon 100 Jahre früher rdal. gebraucht worden. In Kirchhoffs ‚Wendunmuth' von 1581 finden sich zwei Belege: „gedacht dieser pauken, daz sie den klang verlür, ein loch zu machen" (128b); „der Bayer gedachte der pauken, wie man spricht, ein loch zu machen". Später heißt es bei Lessing: „die Narrenpossen dauern zu lange. Ich muß

der Pauke ein Loch machen, damit ich doch erfahre, woran ich bin".
Die Sache hat ein Loch: es ist falsch geplant, falsch durchgeführt, man geht von einem Irrtum aus.
Da ist ein Loch in der Socke: da ist etw. höchst bedenklich, da stimmt etw. nicht.
Löcher im Heiligenschein haben: nicht untadelig sein (20. Jh.).
Ein Loch haben kann aber auch bedeuten: ‚einen Ausweg wissen', wie der Fuchs aus seiner Höhle: „Item wenn man ie mer kriegen müst, daß man vor, als feren (sofern) man möcht, ein fürsten oder zwien bestellet, wie man möcht, daß man ein loch het, daß wir net ganz umbgeben weren als in dem vergangenen kriege" (‚Dt. Städtechroniken' II,230). Schlesw.-holst. ‚He hett ümmer'n Lock apen'; ‚he süht door' keen Lock in', die Sache ist ihm zu verwickelt; ‚he weet ni mehr Lock ut un Lock in', er weiß nicht mehr ein noch aus.
Ebenf. schlesw.-holst. ‚to een Lock mutt de Voß rut', ein Ausweg muß sich finden; ‚dor kümmt de Voß to't Lock herut', die Sache kommt ans Licht (↗ Fuchs).
Ein Loch finden: eine Lücke finden, davonkommen, sich in der Not zu helfen wissen. Luther (Werke III, 447ᵇ) sagt vom Teufel, der überall einen Ausweg kennt: „er ist gleich wie der Wind, der findet, wie man sagt, gar enge Löcher". Bes. im Nordostdt. ist die mdal. Wndg. häufig: ‚Dar is keen Lock dor to finen', da ist kein Ausweg, kein Ende abzusehen.
Im Badischen sagt man, wenn einer nichts zuwege bringt: ‚Mit deam kame au mause, wemmer em d Lecher zoigt': Mit dem kann man auch Mäuse fangen, wenn man ihm die Löcher zeigt.
Mit Loch ist die Tür gemeint in der Rda. *jem. das Loch zeigen (weisen):* ihn hinauswerfen; heute meistens in der Form *einem zeigen, wo der Zimmermann das Loch gelassen hat:* ihn hinauswerfen, einem die Tür weisen; hess. auch ‚do hott de Schreiner e Loch gelosse'. Die Rda. ist auch mehrfach lit. überliefert. In ‚Jucundi Jucundissimi Wunderliche Lebensbeschreibung' von 1680 heißt es: „werdet ihr mir noch einmal eins (von den Kindern) mit finger anrühren, so will ich euch das loch weisen, welches der zimmermann im hause offen gelassen hat". Bekannter ist

das Zitat aus Schillers ‚Kabale und Liebe‘ (I,1): „Ja, ja, dem Major will ich weisen, wo Meister Zimmermann das Loch gemacht hat". In den Erlebnissen eines Schuldenbauern von Jer. Gotthelf (1854) heißt es: „Ihr habt es gehört, dort machte der Zimmermann das Loch, wenn ihr es nicht seht, und macht daß ihr draus kömmt, so kann man es euch zeigen". Eine Entsprechung findet sich im Ndl.: ‚iemand het gat van dem timmerman wijzen‘.

Einem ein Loch in den Bauch (oder *in den Kopf*) *reden:* eigentl. durch Reden jem. schadhaft machen, scherzhaft übertreibender Ausdr. für: heftig oder ausdauernd auf jem. einreden. Moderne scherzhaft-übertreibende Abwandlungen dieser Rda. sind: *jem. ein Loch in den Arsch fragen:* ihn eingehend ausfragen; ‚jem. ein zweites Loch in den Arsch fragen‘, einem Fragen über Fragen stellen; ‚jem. ein Loch in den Bauch quasseln‘, 1639 bei Lehmann, S. 356 (‚Natur‘ 63): „Wenn man ein Loch durch manchen predigt, so hilffts doch nicht". Loch in solcher bildl. Verwendung ist seit frühmhd. Zeit bezeugt. Der 2. Abschnitt von Thom. Murners ‚Schelmenzunft‘ (1512) ist überschrieben: „Eyn loch durch brieff reden" und zeigt das Bild eines Juristen mit derbem Mund, der auf einen durchlöcherten Brief in seinen Händen gerichtet ist, dazu die Verse:

Versigelt schon der babst mit bley
So kan ichs wieder sprechen frey
Ich bins der selbig dapffer man
Der sigel und brieff durch reden kan
Und thuon wenig noch rechtem synnen
Wen ich nur kan das gelt gewinnen.

Geiler von Kaysersberg sagt in seinen Predigten über das ‚Narrenschiff‘ von Seb. Brant (55a): „Es sein kein brief so gut, sie wölen ein loch dreinreden". In Paulis ‚Schimpf und Ernst‘ von 1522 heißt es: „sie wöllen gelt von einem nemen und helfen ein sach gewinnen und wöllen darnach gelt nemen von dem andern und wöllen inn ein jeglichen brief ein loch reden". Weitere Belege finden sich bei Luther: „wo ist jemals ein vertrag, recht, handel, siegel oder brieve gemacht, gestellet, oder aufgerichtet, da man nicht hat wider disputirn mügen, oder ein loch dadurch zu machen fürgenommen"; Luther

wendet diese Rda. auch auf das Deuteln an der Hl. Schrift an: „als nu die schrift also ein zerrissen netz war worden, das sich niemand damit lies halten, sondern ein jglicher boret jm loch, wo jm seine schnauze hin stund, und fuhr seinem sinn nach, deutet und drehet sie, wie es jm gefiel"; an anderer Stelle heißt es: „das ist abermal ein dürrer heller text, von der Gottheit Christi wider die Arianer, wiewol sie sich doch unterstanden haben, ein loch dadurch zu boren, mit jren glosen und deuten, aber Gottes Wort leszt sich nicht also mit drehen und deuteln umbstoszen".

Ähnl. Rdaa. sind: *Ich laß' mir lieber ein Loch ins Knie bohren:* ich tue alles andere eher; *ein Loch in die Welt laufen:* zwecklos ins Weite gehen (seit dem 17. Jh. belegt); *Löcher in den Himmel gucken* (oder *stieren*): erstaunt dreinschauen; *Löcher in die Luft* (oder *in die Natur*) *schießen* (von schlechten Schützen gesagt); *ein Loch in den Tag brennen:* das Licht bis in den hellen Tag hinein brennen lassen; *ein Loch in den Tag schlafen:* sehr lange schlafen.

Ein sehr drastischer rdal. Vergleich ist *saufen wie ein Loch:* unersättlich, denn das Loch läßt die Flüssigkeit immer wieder verlaufen; es wird nie ‚voll‘; vgl. frz. ‚boire comme un trou‘.

Auf (aus) dem letzten Loch pfeifen: schwerkrank, am Ende sein, sein Vermögen fast ganz durchgebracht haben, am Rand des Grabes stehen. Die Rda. bezieht sich

‚Ein Loch durch einen Brief reden‘

urspr. sicher auf die Löcher eines Blasin-
struments. Lit. schon bei Grimmelshausen im ‚Simplicissimus‘ (I, 283): „Er sagte,
ich werde aus dem letzten Loch pfeifen!"
und bei Goethe:
> Da lachte die Vergiftrin noch:
> Ha! sie pfeift auf dem letzten Loch.

Den Gürtel ein Loch enger schnallen: Hunger leiden müssen, wenig essen; vgl. frz.
‚resserrer sa ceinture d'un cran‘; *ein Loch
zurückstecken:* nachgeben, die Ansprüche
mindern; ebenfalls hergenommen von
dem Leibriemen, den man enger schnallt.
Das reißt ein (böses) Loch in den Beutel:
das kostet viel Geld; vgl. frz. ‚Cela fait un
trou dans le porte-monnaie‘; *ein Loch mit
dem andern zustopfen:* neue Schulden machen, um alte zu tilgen; vgl. das ‚Milliar-
denloch‘ im Staatshaushalt. Auch Kör-
peröffnungen werden Loch genannt, z. B.
der Mund. In Seb. Francks Sprww. von
1545 heißt es: „der got venter und das closter maulbronn (ich mein das loch unter
nasen) treibt und lert uns fast alle, alles
was wir thuon, reden und könden, des lied
ich sing, des brot ich esz und singt jedermann das bettelliedlein, dem loch under
nasen zu lieb". *Loch unter der Nase* ist eine
in allen Mdaa. beliebte Umschreibung für
‚Mund‘. *Zu Loch fahren:* essen, schlingen.
In Friedr. Dedekinds ‚Grobianus‘ finden
wir einen frühen Beleg dieser Rda. (1551):
> soltu der erst in d'platten greifen,
> und nemen rausz bei guter zeit
> das best, an welchem ort es leit,
> das nicht ein andrer greife dar,
> und alsobald zu loch mit fahr.

Mdal. ‚Halt's Loch!‘ oder ‚Hep's Loch
zue!‘ meint: Halte den Mund; vgl. engl.
‚He has a hole under his nose that all his
money runs into‘; belegt schon 1611.
Loch steht auch für die Afteröffnung
(↗ Arsch), z. B. obersächs. ‚Setz dich auf's
Loch‘, setz dich auf das Hinterteil; *einem
das Loch versohlen (daß das Fell raucht):*
ihn verhauen. Bei Geiler von Kaysersberg
kann man lesen: „ein muter, die irem kind
schlecht (schlägt) das Loch vol, die ist nit
sein feind, man sol kind zimlich schlagen". In Fischarts ‚Gargantua‘ von 1594
heißt es: „das hier schtegt eim fürs loch".
Aufs Loch setzen: sich hinsetzen; von
einem, der lange sitzen bleibt, sagt man
z. B. schwäb. ‚Ma meit grad, er häb Pech

am Loch‘. Das Gegenteil davon ist, wenn
jem. nicht stillsitzen kann: *keine Ruhe im
Loch haben* oder *Hummeln im Loch haben.* In allen Mdaa. ist Loch = After Anlaß zu den verschiedensten derben Rdaa.
Aber es gibt auch Unterschiede. Während
man rhein. auf das Schimpfwort ‚Arschloch‘ antwortet: ‚De brauchst nore Arsch
ze san, dann es et Loch sowieso debei‘,
wird im Elsaß Loch als anständigster
Ausdr. für diesen Körperteil bevorzugt.
Häufig sind auch obszöne Rdaa., in denen
Loch für weibl. Scham steht, z. B. ndl.
‚Lock is Lock‘, Mädchen ist Mädchen;
hess. ‚Hans vor allen Löchern‘, Schürzenjäger; hess. ‚ein schönes Loch in der
Schürze haben‘, nicht mehr Jungfrau sein;
wenn ein Geistlicher ein Mädchen ge-
schwängert hat, sagt man: ‚Er hat ein
Loch durch die Kanzel gebohrt‘.
Jem. ins Loch stecken: ihn ins Gefängnis
werfen; vgl. frz. ‚mettre au trou‘; *im Loch
sitzen:* Strafgefangener sein; vgl. frz. ‚être
au trou‘.
Loch bedeutet in diesen Wndgn. das Gefängnis oder die Gefängniszelle. Diese
Ausdrucksweise bezieht sich nicht nur auf
die Enge der Zelle, wie man nach heuti-
gem Sprachgebrauch annehmen möchte,
sondern gemeint ist urspr. das Hundeloch, wie es sich in alter Zeit am Rathaus
befand, und nicht nur unsicherem Gesindel als unfreiwillige Nachtherberge ange-
wiesen wurde, sondern vorübergehend als
Gefängnis diente. Nach ihm wurde sodann jedes Gefängnis ‚Hundeloch‘ oder
verkürzt ‚Loch‘ genannt. In Heinrich Julius' Drama von einem Wirte, der dreimal
betrogen wird, droht derselbe den drei betrügerischen Gesellen: „Ich will Euch vor
dem Richter verklagen, der soll Euch so
lange in das Hundeloch stecken, bis das
Ihr mich bezahlt habt", u. in des herzogl.
Dichters ‚Ungeratenem Sohn‘ nennt Nero
das Gefängnis das Hundeloch, sagt aber
auch in beliebter Kürzung (III,6): „man
will mich ins Loch stecken". In einem
Fastnachtspiel (Keller, 404) heißt es:
> Hör Strolntrit, was ich Dir sag!
> Gar pald verantwurt hie die clag,
> Die über dich get von uns aln
> Ee du must in richters loch vallen.

In der ‚Ehrlichen Frau Schlampampe‘ begegnet (S. 59) Hundeloch neben Loch,

wie auch in den Mdaa. beide in gleicher Bdtg. miteinander wechselten. Heute ist nur noch die Kürzung gebräuchl.

Loch bez. umg. schließlich auch die menschliche Behausung; *nicht vors Loch kommen:* zu Hause bleiben; vgl. frz. ‚ne pas sortir de son trou'. Obersächs. ‚zu Loche gehen', nach Hause gehen.

Zuweilen wird Loch auch an Stelle von Bett gebraucht; ndd. ‚to Lock kruppen', zu Bett gehen. ‚Walt Gott, in's alt Loch!' sagt man schwäb., wenn man ins ungemachte Bett steigt.

Die Volkssprache bez. die Himmelsrichtung oder Gegend, aus der gewöhnlich das Wetter aufzieht, mit ‚Wetterloch'. Wenn ein kalter Wind weht, sagt man z. B. schlesw.-holst. ‚de Wind blaast ut'n koold Lock', es ist empfindlich kalt. An diese Vorstellung knüpfen einige Rdaa. an: *Der Wind pfeift aus einem anderen Loch* und *Es pfeift aus allen Löchern:* es weht ein andrer, scharfer Wind, der Schlendrian muß aufhören. *Wissen, aus welchem Loch der Wind pfeift:* wissen, worum es geht, was dahintersteckt.

locker. *Nicht locker lassen:* nicht nachgeben. Die Rda. ist erst im 19. Jh. bezeugt: hergeleitet ist sie vom Nachlassen der Zügel beim Pferdegespann. Anders: *Geld locker machen:* flüssig machen, finanzielle Unterstützung erhalten.

Lockvogel. *Ein Lockvogel sein; als Lockvogel gelten (benutzt werden):* durch leere oder falsche Versprechungen in eine Falle, einen Hinterhalt locken, Leidenschaft und Begehrlichkeit reizen, um zu unüberlegtem Handeln zu verführen, aber auch: als bes. schöne und billige Ware im Schaufenster Käufer werben. Die Rdaa., die in übertr. Bdtg. auf Personen und Sachen angewendet werden können, sind bereits bibl. Herkunft. Bei Jer. 5,27 heißt es z. B.: „Ihre Häuser sind voller Tücke, wie ein Vogelbauer voller Lockvögel ist" und bei Sir. 11,31: „Ein falsches Herz ist wie ein Lockvogel im Korbe und lauert, wie es dich fangen möge". Das sprachl. Bild der rdal. Vergleiche wurde der Jagd entlehnt. Die Vogelsteller benutzten Lockvögel, die durch ihr Pfeifen und Singen andere Vögel herbeiriefen, die ohne Scheu geflogen kamen und dadurch leicht in die in der Nähe aufgestellten Fallen, Leimruten oder Netze gerieten. Von dieser Art des Vogelfanges berichten einige Sprww.: ‚Ein Lockvogel bringt einen andern mit lieblichem Gesang ins Garn' und ‚Lockvögel können alle Weisen".

Vgl. frz. ‚attrappe-nigaud' (von attrapper = fangen, hereinlegen und nigaud = albern).

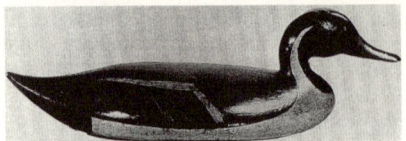

‚Lockvogel' (‚Drossel')

1/2 Lockvogel

Als Lockvogel arbeiten (eingesetzt werden): bewußt auf die Verführung ausgehen, einen ins Verderben locken. In Verbrecherkreisen werden gern Mädchen und Frauen bei einem Unternehmen beteiligt, wenn jem. der Argwohn und die übliche Vorsicht genommen werden soll. Häufig sind es auch Prostituierte (,Drosseln'), die diese Aufgabe übernehmen.

Lit.: *L. Röhrich* u. *G. Meinel:* Redensarten aus dem Bereich der Jagd und der Vogelstellerei, S. 317; *J. Lipman u. A. Winchester:* Art. ,Lockvögel-Decoys', in: Die Vkde. in Amerika. Ausstrahlung, Vorlagen, Quellen (München 1976), S. 170 f.

Lödlein. *Einem Lödlein eintragen:* ihn betrügen. Die Rda., die bes. in bergmännischen Kreisen bekannt ist, stammt aus der Webstube und bedeutet urspr.: ein Stück untaugliches Garn (,Lode' − Zotte) in Aufzug oder Kette hineinschmuggeln. „Und weil jhr sach nicht gar gut war, tregt er lödlein ein und macht weitleuftig ding" (Mathesius: ,Sarepta', 1562, 21 b). Heute ist die Rda. praktisch ausgestorben.

Löffel. *Etw. mit Löffeln gegessen* (auch *gefressen) haben:* es gründlich satt haben, zu viel von etw. haben.
Mit dem großen Löffel essen: eingeladen sein. In der seit dem 17. Jh. häufig bezeugten Wndg. *die Weisheit mit Löffeln gegessen (gefressen) haben:* sich sehr weise dünken (und dabei ein Dummkopf sein), liegt ein doppelter Spott: denn erstens wird geistige Nahrung nicht so bequem eingenommen wie leibliche, und zweitens geht es auch nicht so schnell wie beim Löffeln der Suppe. So heißt es 1663 bei Schuppius (Schriften 145): „Ihr habt Salomons Weisheit mit Löffeln gefressen", und an anderer Stelle (264): „Du wirst meynen, daß man auf Universitäten lauter Weisheit mit Löffeln fresse". Bisweilen wird die Rda. noch iron. verstärkt: ,die Weisheit mit Schaumlöffeln gefressen haben', so auch in den Mdaa., z. B. ostfries. ,De heet ett Verstand met de Schümlepel gefrette'; obersächs. ,Die haben alle Tugenden mit Rohmleffeln (Rahmlöffeln) gefressen'.
Mit einem goldenen (auch *silbernen, großen) Löffel im Mund geboren sein:* reich sein, in allen Dingen Glück haben (vgl.

engl. ,to be born with a silver spoon in his mouth').
Jem. über den Löffel barbieren: ihn betrügen. Die Rda. soll ihre Entstehung einem Verfahren verdanken, das früher weniger geübte Barbiere mit alten zahnlosen Leuten vornahmen: Anstatt die eingefallene Backe vorsichtig zu behandeln, steckten sie einen Löffel hinein, um so eine glatte Wölbung herzustellen. Der Ausdr. bedeutete also zunächst: mit jem. nicht viel Umstände machen, ihn rücksichtslos behandeln, und hat sich dann zu der heutigen Bdtg. verschlimmert. Zur Zeit Ludwigs XIV. war das ,über den Löffel barbieren' allg. bekannt. Die Galane, die zum Rendez-vous gingen, mußten scharf ausrasiert sein, durften nicht ,kratzen' beim Tête-à-tête. Vielleicht liegt hier der urspr. Real-Gehalt der Redensart, die später andere Inhalte bekam, je mehr sich das Rasieren änderte.
Doch ist auch eine andere Entwicklung denkbar. Man sagte zunächst nur ,barbieren' für betrügen (ähnl. wie ,scheren' und ,einseifen'). Nun kann Löffel (richtiger ,Läffel' zu ,Laffe') auch ,Tolpatsch, Narr, Schelm' bedeuten, und so konnte man zu ,barbieren' hinzufügen ,über den Löffel' wie in der Rda. ,einen über einen Tölpel werfen', ihn als Einfältigen behandeln. Vielleicht beruht der Witz der Rda. auf diesem Doppelsinn. Liegt der Doppelsinn des hölzernen Eßlöffels (oder des Löffelbretts) und des Schelms doch auch dem aus Sachsen bezeugten witzigen rdal. Vergleich zugrunde: ,Das Kleid hängt an ihm herum wie Löffel(holz) am Galgen', es sitzt ihm schlecht.
Als Löffel werden schon in mhd. Weidmannssprache die großen Ohren des Hasen bez.: umg. wird das auf den Menschen übertr.: *Wer die Löffel nicht (gehörig) aufsperrt* und sich eine gute Lehre nicht *hinter die Löffel schreibt, kriegt eins hinter die Löffel.* ,Er scheint die Löffel am Hintern zu haben', er hört schwer; ist aus Leipzig bezeugt.
Die Löffel spitzen: etw. erlauschen wollen, aufmerksam zuhören.
In zahlreichen mdal. Versionen wird das Sterben mit dem Bild vom Weglegen des Löffels umschrieben. *Da hat wieder einer den Löffel hingelegt (weggeworfen, fallen*

lassen) sagt man, wenn jem. gestorben ist; z. B. meckl. ‚de het den Läpel an de Wand stäken‘, ‚de lickt den Läpel ok nich wedder‘; schles. ‚se hot a Löffel ibrig gemacht‘; rhein. ‚der hät de letzten Löffel geleckt‘; schwäb. ‚den Löffel wischen (aufstecken)‘. Schon in Joh. Fischarts ‚Geschichtklitterung‘ heißt es im selben Sinn: „Es entful jhm der Löffel“. Der Löffel ist nicht nur ein sinnfälliges Bild der Vitalfunktion ‚essen‘ und auf dem Land individueller Besitz jedes Essers, der ihn nach Gebrauch ‚wischt‘ und auf das geschnitzte Löffelbrett an der Wand ‚aufsteckt‘, sondern er ist auch Rechtssymbol des Besitzers. Das Abendblatt zur Neuen Münchner Zeitung 1857, Nr. 280 bemerkt: „Hier (in München) ist ein adeliges Haus bekannt, wo jeder Dienstbote strengen Verweis erhält, wenn ein Silberlöffel auf den Boden fällt, denn dann sterbe jemand aus der Familie, heißt es“, ↗zeitlich.

Da muß man schon silberne Löffel gestohlen haben: da muß man sich etw. Schwerwiegendes, etw. Kriminelles zu Schulden haben kommen lassen, bevor man entlassen werden kann. Die Wndg. bezieht sich urspr. auf Dienstboten, die bei ihrer Herrschaft eine Vertrauensstellung besaßen, doch die Gelegenheit zum Diebstahl nutzten. Voller Empörung heißt es dagegen von jem., der sich ungerecht behandelt fühlt, der unschuldig in Verdacht geraten ist: *Ich habe ja schließlich keine silbernen Löffel gestohlen.*

Zum schmutzigen Löffel oder *Schmutziger Löffel* nennt man ein heruntergekommenes, schlampig geführtes, in schlechtem Ruf stehendes Wirtshaus.

Lit.: *E. L. Rochholz:* Dt. Glaube und Brauch im Spiegel der heidnischen Vorzeit, 2 Bde. (Berlin 1867), I, S. 142; *G. Rhyner:* ‚Über den Löffel barbieren‘, in: Schweiz. Arch. f. Vkde. 1 (1897), S. 320; *A. Haberlandt:* Art. ‚Löffel‘, in: HdA. V, Sp. 1317–1323; *A. Helfrich-Dörner:* Messer, Löffel, Gabel seit wann? (Schwäbisch Hall 1959); *G. Benker:* Alte Bestecke. Ein Beitrag zur Geschichte der Tischkultur (München 1978); *Chr. A. Douglas:* Die Konstanzer Silberschmiede von 1550 bis 1800 (Diss. Freiburg i. Br. 1984), S. 131; *Th. Gantner:* Die ausgelöffelte Suppe. Eine kleine Kulturgesch. des Löffels in Europa, in: Rund ums Essen (Mensch, Kultur. Umwelt 1) (Basel 1986), S. 55–62; *E. Gerhards (Hg.):* Löffel. Zur Kulturgeschichte eines Eßgerätes, Museum für Völkerkunde (Freiburg i. Br. 1988); *J. P. Barbier (Hg.):* Der Kongreß der Löffel (Genf 1989).

Lohgerber. *Dastehen wie ein betrübter Lohgerber,* der seine ↗Felle fortschwimmen sieht. Auch in anderen rdal. Vergleichen kommt der Lohgerber vor, z. B. *reden* (auch *spielen*) *wie ein Lohgerber:* schlecht reden. Gerberlohe ist eine sehr übelriechende Lauge. Die Rda. kann darum wohl auch meinen: ‚anrüchig‘ reden, doppelsinnig, doppeldeutig.

Lorbeer. *Lorbeeren ernten:* wegen einer ausgezeichneten Leistung gerühmt werden, vgl. frz. ‚récolter de lauriers‘. Schon im Altertum wurde aus den Zweigen des dem Apollo hl. Lorbeers der Ruhmeskranz gewunden: Mit Lorbeer bekränzt wurden die Sieger bei den Pythischen Spielen in Delphi, die römischen Feldherren, wenn sie im Triumph in die Stadt einzogen. Die Sitte, Dichter mit Lorbeeren zu schmücken (‚poeta laureatus‘), haben in der Renaissance die Kaiser aus dem Altertum übernommen; so ist Petrarca am Ostertage 1341 auf dem Kapitol gekrönt worden, so 1517 Ulrich von Hutten durch Kaiser Maximilian, so noch Martin Opitz. Seit dem 18. Jh. wird Lorbeer in übertr. Sinne für ‚Ruhm‘ oft gebraucht, obwohl schon Klopstock statt des fremden Lorbeers den heimischen Eichenkranz forderte, der dann im 19. Jh. von den Turnern als Siegeszeichen eingeführt wurde. Von einem, der nach hervorragendem Tun bequem wird, sagt man: *Er ruht auf seinen Lorbeeren aus, Er ist auf seinen Lorbeeren eingeschlafen* (beides schon bei Goethe). In einem undatierten Brief, wahrscheinl. vom April 1808, schreibt Königin Luise von Preußen (1776–1810) an ihren Vater: „Wir sind eingeschlafen auf den Lorbeeren (Friedrichs des Großen)“. Vgl. frz. ‚Il s'est endormi sur ses lauriers‘.

Von einem, der Lob erntet, ohne schon etwas geleistet zu haben, sagt man: *Er bekommt Vorschußlorbeeren,* lit. schon in Heinrich Heines ‚Romancero‘ (1846–51):

Wollten keine Ovationen
Von dem Publico auf Pump,
Keine Vorschuß-Lorbeerkronen,
Rühmten sich nicht keck und plump.

Lit.: *A. Birlinger:* Zwei Redensarten, in: Alemannia 3 (Bonn 1875), S. 132–134; *H. Marzell:* Art. ‚Lorbeer‘, in: HdA. V, Sp. 1349–1351.

Los. *Das große Los gezogen* (oder *gewonnen) haben* wird bildl. gesagt von einem, dem ein großes Glück in den Schoß gefallen ist, der einen guten Griff getan hat (so in übertr. Sinne schon bei Jean Paul). Vgl. frz. ,avoir gagné le gros lot (à la Loterie Nationale)'. Dagegen ist aus Sachsen bezeugt: ,ein Viertel in der großen Lotterie spielen', etw. geistesgestört sein; ,du spielst wohl e Achtel vom Sonnenstein?' (einer Irrenanstalt), du bist wohl verrückt?

Mit seinem Los unzufrieden sein: mit seinem Geschick hadern; vgl. frz. ,être mécontent de son sort'. Die Doppeldeutigkeit des Wortes ,Los' i. S. v. Schicksal und Lotterielos regte humoristische Rdaa.-Zeichnungen an, z. B. auch Moritz von Schwind.

Lit.: *E. Boehm:* Art. ,Los, Losen', ,Losbücher', ,Lösnächte', in: HdA. V, Sp. 1351–1425; *E. Roth:* Das grosse Los (o. O. 1965).

,Mit seinem Los unzufrieden sein'

los. *Was ist los?:* was ist geschehen? Los meint, es habe sich etw. aus der gewohnten Ordnung gelöst, es sei etw. Außergewöhnliches geschehen. Auf die Frage: ,Was ist los?' wird gern die rdal. Scherzantwort gegeben: ,Was nicht angebunden ist' oder ,was nicht fest ist'.

Mit ihm ist nicht viel los: er leistet nichts Besonderes, taugt nicht viel; *mit ihm ist heute nicht viel los:* er ist heute nicht in guter Stimmung; *was ist mit dir los?:* was fehlt dir, was hast du?

Los kommt auch sonst sehr häufig in gegenwartsprachl. Wndgn. vor: ,etw. los haben', etw. los können; ,etw. loslassen', einen Brief abschicken; ,loslegen', energisch beginnen; ,losschießen', mit der Sprache herausrücken; ,loszittern', abmarschieren, ebenso: ,lostigern'; ,losgehen', anfangen, etc.

loseisen. *Jem. loseisen:* im älteren Bair. auch ,auseisen', bedeutete urspr.: einen Angefrorenen vom Eise losmachen. In übertr. und verallgemeinertem Sinne: ihn aus einer Verlegenheit, Zwangslage befreien, ihn aus einer beruflichen oder unangenehmen gesellschaftlichen Bindung durch gewaltsames Eingreifen zu lösen wissen. Das sprachl. Bild kann sich auf das Flottmachen eines Schiffes bei Eis-

gang beziehen. Möglicherweise geht die Rda. aber auch auf den in ein Fangeisen geratenen Fuchs zurück, der verzweifelt alles zu seiner Befreiung versucht und sich gelegentlich unter Verlust des eingeklemmten Gliedes, das er selbst abbeißt, aus dem Fangeisen löst.

Etw. loseisen: Geld flüssig machen, unter großer Anstrengung etw. für sich erlangen, was zunächst fast aussichtslos schien.

Lit.: *L. Röhrich u. G. Meinel:* Redensarten aus dem Bereich der Jagd und der Vogelstellerei, S. 320.

Lot. *Im Lote sein* (landschaftlich auch: *im Blei):* in Ordnung sein; *etw. ins Lot brin-*

,Liebe bringt alles ins rechte Lot'

1/2 ‚Der Lotse geht von Bord'

löten. *Nicht zu löten an'n Holzeimer* (oder *an eine Holzkiste)!* Ausdr. der Ablehnung. Da beim Löten nur zwei Metallstücke verbunden werden können, meint der Ausdr. eigentl. eine technische Unmöglichkeit; dann verallgemeinert; etw. seit 1900 (Küpper).

lotsen. *Jem. durch etw. hindurchlotsen:* ihm über seine schlimmsten Schwierigkeiten hinweghelfen. Die Wndg. ist aus der Seemannssprache in die allg. Umgangssprache übergegangen.
‚Der Lotse geht von Bord': er verläßt das (sinkende) Schiff. Anläßlich von Bismarcks Entlassung erschien am 29. März 1890 in der englischen Satire-Zs. ‚Punch' eine Karikatur von John Tenniel. In unzähligen Variationen haben die Karikaturisten das Motiv seither zitiert u. abgewandelt.

Lit.: *Fr. Kluge:* Wb. der Seemannssprache (Halle 1911); *W. Stammler:* Seemanns Brauch und Glaube, in: Dt. Philol. im Aufriß, 29. Lieferung (1956), Sp. 1815–1880.

Löwe. *Sich in die Höhle des Löwen wagen:* mutig dem Stärkeren entgegentreten. Die Rda. bezieht sich auf die 246. Fabel (Mot. 644,I) des Aesop (um 550 v.Chr.). Der Fuchs antwortet dem in der Höhle krank liegenden Löwen auf dessen Frage, warum er nicht nähertrete: ‚Ich träte schon ein, wenn ich nicht sähe, daß so viele Spuren hinein-, keine aber herausführt'. Horaz überträgt die Antwort ins Lat.: „Quia me vestigia terrent omnia te adversum spectantia, nulla retrorsum", woraus sich das geflügelte Wort ‚Vestigia terrent' (die Spuren schrecken) entwickelt hat. Vgl. die bildl. Darstellung der Fabel in Steinhöwels ‚Aesop'. Desgl. AaTh. 50 u. 51. *Den Löwenanteil bekommen;* vgl. frz. ‚recevoir la part du lion'; bzw. *sich den Löwenanteil nehmen:* den größten Teil bekommen; vgl. frz. ‚se réserver la part du lion'. Die Rda. geht auf Aesops 260. Fabel zurück: ‚Der Löwe, der Esel und der Fuchs'. Die Fabel (AaTh. 51), die auch von Luther in seine Fabelsammlung aufgenommen wurde, berichtet, daß der Löwe bei einer gemeinsamen Jagd mit dem Esel und dem Fuchs sich die ganze Beute aneignete. Auf Grund dieser Fabel nannte der Rechtsgelehrte C. Cassius

gen: in Ordnung bringen; urspr.: genau senkrecht, wie es der Maurermeister mit dem Richtlot nachprüft. Dagegen gehen auf das Lot als Gewicht zurück die um 1700 häufige Wndg. ‚Wie viele auf ein Lot?', die als Ausdr. der Geringschätzung in das Gespräch eingeworfen wurde, und das schon mhd. bezeugte Sprw. ‚Freunde in der Not gehen hundert auf ein Lot', das sich auch in Seb. Brants ‚Narrenschiff' (10,32) findet.

1/2 ‚Sich (nicht) in die Höhle des Löwen wagen‘

Longinus (1. Jh. n. Chr.) einen Vertrag, wonach der eine Teilnehmer allen Nutzen zieht, der andere allen Nachteil trägt, eine ‚societas leonina‘ (eine Vereinbarung nach dem Muster des Löwen). Nach V. B. Dröscher ist die Realität noch eindrucksvoller: denn die oft gefährliche Aufgabe, für das Futter des Rudels zu sorgen, obliegt den Löwinnen. Die Löwen selbst schauen nur zu, bis die Beute erledigt ist, beanspruchen aber dann das Recht des Stärkeren gegenüber der abgekämpften Löwin, d. h., sie bemächtigen sich der Beute und fressen, bis sie satt sind – oft die ganze Beute.

Auch der Ausdr. *der Esel in der Löwenhaut* für einen Feigling, der den Mutigen spielt, geht auf eine Fabel zurück (↗ Esel).

Ein Löwenmaul und ein Hasenherz haben: große Worte im Munde führen, dabei aber feige sein. Seb. Franck (I, 51): „Er hat ein lewen maul vnd ein hasen hertz“. In Seb. Brants ‚Narrenschiff‘ (56, 24 ff.) heißt es von Xerxes:

Er greiff Athenas grüslich an
glich wie der löw angrifft eyn hun.
Vnd floch doch als die hasen thun.

Den Hund vor dem Löwen schlagen ↗ Hund.

Die Klaue des Löwen erkennen lassen: die Könnerschaft (des Genies) deutet sich bereits an, z. B. bei noch unbekannten Künstlern (Dichtern). Lat.: ‚ex ungue leonem‘. *Der Löwe des Tages sein:* im Mittelpunkt des Tagesinteresses stehen. Die Rda. ist gegen 1830 aufgekommen und dem Engl. nachgebildet. Engl. ‚lion of the day‘ ist zu der Bedeutung ‚(Tages-)Berühmtheit‘ dadurch gekommen, daß im Londoner Tower in früherer Zeit Löwen gehalten wurden, zu denen man Besucher als zu einer besonderen Sehenswürdigkeit führte.

Der rdal. Vergleich *umhergehen wie ein brüllender Löwe* ist eine bibl. Wndg.: 1. Petrus 5, 8 heißt es: „Der Teufel geht umher wie ein brüllender Löwe und sucht, welchen er verschlinge“; vgl. frz. ‚se promener comme un lion en cage‘ (wörtl.: umhergehen wie ein Löwe im Käfig): vor lauter Wut umhergehen.

‚Gut gebrüllt, Löwe!‘ ist ein Zitat aus Shakespeares ‚Sommernachtstraum‘, das gerne als Zustimmungsformel verwendet wird.

Lit.: *K. Gorski:* Die Fabel vom Löwenanteil in ihrer geschichtl. Entwicklung (Diss. Rostock 1892); *O. Keller:* Die antike Tierwelt, Bd. 1 (Leipzig 1909), S. 24–60; *A. Smith:* ‚Meine Truppen haben wie Löwen gefochten‘, in: Moderna Sprak 14 (1920), S. 200–203; *H. Bächtold-Stäubli:* Art. ‚Löwe‘, in: HdA. V, Sp. 1432–1436; *V. B. Dröscher:* Mich laust der Affe (1981), S. 109–112.

Luchs. *Augen haben wie ein Luchs;* vgl. frz. ‚avoir des yeux de lynx‘, ↗ Auge. *Luchsaugen haben, aufpassen wie ein Luchs:* sehr scharf sehen, sehr scharf beobachten; dazu die Wndgn. *einem etw. abluchsen, ihn beluchsen:* es ihm abspähen, ablisten. Schon Konrad von Megenberg rühmt 1350 in seinem ‚Buch der Natur‘ (146, 27) die Scharfsichtigkeit des Luchses (die nach Brehm von seinem feinen Gehör noch übertroffen wird, daher auch: ‚Ohren haben wie ein Luchs‘): „Linx haizt ain luhs. Der hat so scharpfiu augen ... daz er durch starch wend siht“. So auch bei Luther: „Man sagt viel, das adeler und luchse scharf sehen“; 1682 in dem Drama ‚Masaniello‘ Christian Weises (III, 19): „Ich bin kein Lux, der durch ein Bret sehen kann". Daher auch Luchs bildl. für einen schlauen, hinterlistigen Menschen.

Lit.: *A. Becker:* ‚Luchsen, beluchsen', in: Zs. f. d. U. 6 (1892), S. 845–846; *O. Keller:* Die antike Tierwelt, Bd. 1 (Leipzig 1909), S. 81–85; *W. E. Peuckert:* Art. ‚Luchs', in: HdA. V, Sp. 1440–1442.

Luft. *Es liegt in der Luft* wird von Ideen gesagt, die nur ausgesprochen zu werden brauchen, um sofort allg. Anklang zu finden, etwa wie man sich gewisse Krankheitsstoffe, zumal wenn eine Seuche aufgetreten ist, als in der Luft schwebend vorstellt. Vgl. frz. ‚C'est dans l'air'. Dagegen bedeutet *etw. hängt (schwebt) (noch) in der Luft,* es ist noch ganz ungewiß, unsicher, ist noch nicht entschieden, und *jem. hängt in der Luft:* er hat keine feste Existenzgrundlage, kein Auskommen. ‚En hänkt ön der Luft' sagt man in Trier auch von einem Menschen, der mit seiner Ansicht ganz allein steht. Euphemismen wie *in der Luft tanzen, jem. einen Tanzplatz in der freien Luft bauen, in den Lüften schweben* oder *mit der Luft spielen* umschrieben früher die Galgenstrafe.

Die Luft ist rein: jetzt ist nichts zu befürchten, es ist kein Verdächtiger anwesend (vgl. KHM. 60).

Die Luft ist nicht rein! dient als Warnung und Hinweis auf unerwünschte Zuhörer, z. B. wenn Kinder anwesend sind.

Dicke Luft nennt man ein drohendes Unheil. Schon ‚Die Teütsch Spraach' von Josua Maaler (1561) kennt die Bez. „dicker/schwärer oder böser lufft" in der Bedeutung krankmachender drückender Luft, und Gryphius schrieb: „die dicken Lüfte blitzen". Bei Adelung und Campe bedeutete dicke Luft staubige bzw. trübe, dunstige Luft. ‚Dicke Luft kriegen' hieß in der Soldatensprache des 1. Weltkriegs unter heftigen Artilleriebeschuß geraten. Der Frankfurter Dialekt bewahrt noch den urspr. Sinn der Rda.: ‚da drinne is e bes (böse) Luft' sagt man bei streitsüchtiger Stimmung, drohendem Unheil.

Na, gute Luft! ist eine jüngere iron. Wndg. mit der Bdtg.: Ich danke! Das kann ja gut werden. In der Schweiz bedeutete dagegen früher ‚gute Luft haben' wohlgelitten sein. *Luft haben:* Bewegungsfreiheit haben; in der techn. Sprache bedeutet die Wndg., daß die beweglichen Teile, z. B. die Zahnräder in einem Uhrwerk, nicht zu eng angeordnet sein dürfen, damit sie leichten Lauf haben. *In etw. ist noch Luft drin:* es gibt noch einen Spielraum, eine bestimmte Handlungsfreiheit. *Luft schaffen; seinem Herzen Luft machen:* bei Stieler (1699) noch in der Form „sein Herz entlüften": sich frei aussprechen; *Luft ablassen* ↗ Dampf. *Jem. geht die Luft aus,* er gerät außer Atem.

Ihm ist die Luft ausgegangen: er ist zahlungsunfähig, kampfunfähig geworden. *Aus etw. ist die Luft raus:* es hat seine Aktualität, seine Wirkung verloren, ist verpufft. Schwäb. ‚der Luft pfeift aus'm letzte Loch': es geht nicht nach Wunsch (vgl. ↗ Loch). *Nach Luft schnappen,* eigentl. rasch u. mühsam atmen, übertr. unter wirtschaftl. oder sonst. Druck stehen.

Luft bekommen (oder *kriegen):* aus einer Schwierigkeit herauskommen; auch: *wieder etw. Luft haben,* nicht mehr so unter Streß stehen.

Halt die Luft an: Sei still!, bes. berl. *Mir bleibt die Luft fort (weg):* ich bin sehr erstaunt, sprachlos, fassungslos; vgl. frz. ‚Cela me coupe le souffle'; synonym dazu ist: *etw. verschlägt jem. die Luft (Atem).* *Jem. die Luft abdrehen (abdrücken, abschnüren)* meint eigentl. ‚würgen'; übertr.: seine Handlungsfreiheit stark beschränken, ihn beruflich oder geschäftlich erledigen.

Jem. die Luft zum Atmen nehmen: ihn in seiner Handlungsfreiheit einschränken, ihn durch bloße Anwesenheit erdrücken, so daß er die Nähe als bedrohlich empfindet. ‚He hett dat Luchthalen vergeten' sagt man plattdt., wenn jem. gestorben ist. Rhein. ‚e macht e Gesech, wie us der Luft gefalle': so verdutzt (vgl. ↗ Himmel, ↗ Wolke). *In die Luft fliegen,* explodieren, schon bei Adelung (1796) aufgeführt, ebenso *etw. in die Luft sprengen* (oder jünger: *jagen),* wobei die Luft hier für ‚Höhe' steht, wie auch bei der Rda. *In die Luft gehen:* zornig werden, aufbrausen, wohl vom Bild des Explodierens hergenommen. Diese Wndg. ist schon bei Stieler verzeichnet, jedoch noch in der konkreten Bdtg. von aus dem Haus hinaus-, ins Freie gehen.

Wenn man *an die frische Luft geht,* ohne dabei einzukehren, sagt man wohl auch scherzhaft: *in die Luftschenke gehen* oder *Luft kneipen gehen.*

Das ist die Berliner Luft! Die Wndg. stammt urspr. aus Paul Linckes Operette ‚Frau Luna' (1898):

> Das macht die Berliner Luft, Luft, Luft,
> So mit ihrem holden Duft, Duft,
> Duft ...

Jem. an die Luft setzen: ihn hinauswerfen, derb zum Verlassen der Wohnung auffordern; Variante zu: ‚auf die ↗ Straße setzen'.

Die gleiche Luft atmen: ähnliche Ansichten oder gleiche Herkunft haben.

Gesiebte Luft atmen (schnappen): eine Freiheitsstrafe verbüßen (wegen der vergitterten Zellenfenster).

Die Luft verändern: einen Ortswechsel vornehmen, schon in der Zimmerischen Chronik gebraucht. Daraus *Luftveränderung brauchen* in übertragenem Sinne für Abwechslung, Situationswechsel. *Frische Luft in etw. hineinbringen:* neuen Schwung in eine Sache bringen, Anstoß geben. Schweiz. ‚es göt en andere Luft': die Sache hat eine Wendung genommen' (vgl. auch ↗ Wind).

Jem. wie Luft behandeln: ihn unbeachtet lassen; ‚er ist Luft für mich', ich beachte ihn gar nicht, eigentl.: er ist für mich gar nicht vorhanden, unsichtbar wie die Luft. Schon bei Seb. Frank steht Luft rdal. für Nichts: „ich geb nit luft umb jn" und bei Lehmann: „umbs lufts willen". Daraus *nach der Luft greifen, haschen,* nämlich nach Nichtigem, Ungreifbarem, entspr. schwäb. ‚da tust Luft greife', fehl greifen. Man sagt auch von einer grundlosen Behauptung, *sie sei aus der Luft gegriffen,* weil sie auf nichts beruht, keine feste Grundlage hat.

Der Schuß geht in die Luft: trifft nicht, verfehlt das Ziel, eine giftige Bemerkung kommt nicht an. Man sagt auch; *etw. zerfließt in der Luft, löst sich in der Luft auf,* wenn es verschwindet und so zu nichts wird. *Jem. in der Luft zerreißen* bedeutet in der lit. Sprache eine vernichtende Kritik über einen Künstler, den man gleichsam zu ‚nichts' zerfetzt. *Ich könnte dich in der Luft zerreißen* ist dagegen Ausdruck von Wut und dient auch als Drohung. *In die Luft gucken:* das Nachsehen haben, leer ausgehen (vgl. ↗ Röhre). Rhein. ‚en Loə en

de Luft kike', den Himmel anstarren, vor sich hinstieren; vgl. ‚Hans Guck in die Luft' *In die Luft reden, etw. in die Luft schlagen,* vgl. ↗ Wind. In Frankfurt sagt man ‚ich hab Luft im Leib': mir gurgelt der Leib vor Hunger. Scherzhaft heißt es auch, *es ist Luft im Glas,* wenn es leer ist, und *die Luft aus dem Glas lassen* bedeutet nachfüllen, eingießen.

‚Der hebt sei Sach z'säme wie der Luft 's Mehl' sagt man in Schwaben ironisch u. meint damit, wie der Wind das Mehl fortbläst. ‚Du schwätzst, wie der Luft geht': unbeständig wie der Wind. ‚Dés is e rèchtə Luft' sagt man in Bayern von einem leichtsinnigen, oberflächlichen, windigen Menschen. Man sagte auch ‚Lüftling', ‚Lufti' (alem.) und in der Studentensprache wurde es latinisierend ‚Lufticus'.

Von der Luft leben ↗ leben.

Luftballon. *Einen Luftballon verschluckt haben:* schwanger sein. Die scherzhafte Wndg. ist eine Anspielung auf den runden Bauch der Hochschwangeren, ↗ Kürbis.

Luftschloß. *Luftschlösser bauen:* unausführbare Pläne entwerfen, sich kühne Hoffnungen machen, die wenig Aussicht auf Erfüllung haben, sich seinen Wunschträumen und Phantasiespielen überlassen.

Luftschloß in der Bdtg. ‚Phantasiegebilde' ist seit der Mitte des 17. Jh. bezeugt und 1691 von Stieler gebucht. Voraus geht „Ein Schloß in den Lufft bawen" (1541 bei Seb. Franck). Im Engl. entspricht ‚to build castles in the air', was gleichfalls seit dem 16. Jh. bezeugt ist; ndl. ‚luchtkastelen bouwen'; auch franz. entspr. ‚bâtir en l'air'.

Schon bei dem Kirchenvater Augustin (354–430) heißt es (‚Sermones' 2, 6; 8): „Subtracto fundamento in aere aedificare" (= nachdem einem das Fundament entzogen ist, in die Luft bauen). Das Bild vom Toren, der auf ungeeignetem Boden baute, ist im christl. Abendland seit Matth. 7, 26 allg. bekannt gewesen (vgl. ‚auf ↗ Sand bauen').

Das Wort ‚Schloß', das es im Ahd. noch nicht gab, bedeutete seit dem Mhd. eine ‚feste Burg'. Erst durch spätere Bedeutungsverengung trat der Sinn ‚Befesti-

Des Praetendentens Luftgebäude
War der Rebellen Lügenwende,
Doch da fichs neiget, brieſſt, und fällt
Verſchwindt die Herrlichkeit der Welt.

,Luftschlösser' – ,Seifenblasen'

gung' zurück und wurde das Schloß zum glanzvollen Fürsten- und Herrensitz auch ohne Befestigungsanlage. Eine Festung ist aber nur fest und also sinnvoll, wenn sie selber auf festem, sicherem Grund gebaut ist. Demgegenüber steht ,Luft' in dieser Rda. für ,Ungrund' schlechthin. So gab es denn auch die Variante ,ein Schloß auf ↗ Eis bauen', holl. ,Kasteelen op het ijs bouwen', oder mhd. im gleichen Sinne: ,ûf den regenbogen bûwen', so in Freidanks Lehrgedicht ,Bescheidenheit' (I, 5):

der hât sich selber gar betrogen
und zimbert ûf den regenbogen;
swenne der regenboge zergât,
so enweiz er (weiß er nicht) wâ
                  sîn hûs stât.

In Umkehrung dieses rdal. Bildes sagt man von einem besonders zuverlässigen und soliden Menschen auch: ,man darf ein Schloß auf ihn bauen' (↗ Schloß). Volkstümlich ist die Weiterentwicklung der Rda. in der Operette ,Frau Luna' von Paul Lincke, wo eines der Couplets beginnt: „Schlösser, die im Monde liegen", d. h. unerreichbar sind (↗ Mond). Frz. sagt man: ,bâtir des châteaux en Espagne', Schlösser in Spanien bauen, so schon im

,Roman de la Rose' (,Rosenroman', 13. Jh.). Der Ausdr. stammt aus der Zeit, als die Mauren Herren von Spanien waren und deshalb Landgüter und Schlösser für einen Franzosen dort keinen Wert hatten. Die Rda. kam dann je nach politischer u. kriegerischer Lage auch als ,châteaux en Albanie' (= Albion, England) oder ,châteaux en Asie' vor. Wander vermerkt fürs Deutsche ebenfalls ,spanische Schlösser bauen'.

Auch in den Mdaa. ist die Rda. verbreitet; z. B. ndd. ,Mancher but Schlösser in de Luft, de keen Schithus upn Lanne buen künn' und schwäb. ,Der hat gut in Himmel komme, er hat scho viel Luftschlösser baut'. Im Rheinland heißt es: ,me mutt kein Luchtschlöter baue'.

Lit.: *A. Morel-Fatio:* „Châteaux en Espagne", in: Etudes sur l'Espagne, 4th ser. (Paris 1925), S. 119–130; *R. M. Smith:* ,Chaucer's ,Castles in Spain', in: MLN. 60 (1945), S. 39–40. *A. Nelso:* ,Châteaux en Espagne' dans le latin médiéval, in: Eranos 49 (1951), S. 159–169; *S. A. Gallacher:* ,Castles in Spain', in: JAF. 76 (1963), S. 324–329.

lügen. Seit alters wird lügen gern durch einen Zusatz verstärkt; so bes. in den rdal. Vergleichen *wie ein Lügenmeister, wie eine Leichenrede, wie ein Zahnreißer;* vgl. frz. ,mentir comme un arracheur de dents' (lügen wie ein Zähneausreißer), in: MLN. Am bekanntesten und verbreitetsten ist *lügen, daß sich die Balken biegen.* Häufig gehen die rdal. Vergleiche von der Vorstellung aus, daß Lügen eine Last sind, wie z. B. in der Wndg.: „Er log ihr einen ganzen Lastwagen voll" in Grimmelshausens ,Simplicissimus'. Diese Vorstellung liegt auch unserer Rda. zugrunde. Sie findet sich schon um 1500 bei dem Prediger Geiler von Kaysersberg; Thomas Murner sagt 1512 in der ,Schelmenzunft' (15, 14): „lügen, daß die Balken krachen"; vgl. auch Hans Sachsens Schwank vom ,Lügenberg' und von der ,Lügenbrücke'. Stärker noch drückt sich in der zweiten H. des 16. Jh. Joh. Fischart in ,Sankt Dominici Leben' aus: Da lügt ein Schneidergeselle, „daß die Werkstatt kracht"; die Sterndeuter in ,Aller Praktik Großmutter' lügen, „daß die Himmel krachen".

Abraham a Sancta Clara kennt außer der Form ,lügen, daß sich die Balken biegen' noch die Varianten: „Lügen, daß sich die

Bäum möchten biegen"; „Wann zu einer jeden Lug allzeit solte bey dem Verkauffen sich ein Baum Biegen, so wurde in kurtzer Zeit ein gantzer Wald bucklet"; „Lügen so sehr, daß sich der Thurn zu Cölln möcht auff die andere Seiten biegen" („Judas' I, 354); „erstlich hat er stark gelogen, daß sich fast der Himmel gebogen" („Narren-Nest' II, 39).

Einen ganzen Strauß derartiger Ausdrücke bietet die kräftige Sprache des Schweizer Reformationsdichters Nikolaus Manuel. Einem alten Kriegsmann legt er den Reim in den Mund:

Ich mag ouch wol nüt destminder kriegen
Und schweren, daß sich der himmel möcht biegen.

Ein andermal wirft er den Papisten vor:

Sie stond am kanzel ietz und liegend,
Daß sich ganze wend und bollwerk biegend.

Einen Bettler läßt er von dem Ablaßkrämer sagen:

Da treibt er wunder abentür mit liegen;
Ich dacht ein wil, der kilchturm sött sich biegen.

Als Luthers Gegenspieler Johann Eck von der Badener Disputation zurückgekehrt ist, weiß er von ihm zu dichten:

Er log, wie man für's wetter lüt,
Und schampt sich minder dann nüt.

Diese Satire schließt gar mit dem burlesken Witz:

Do Egg und sin gsell Faber log,
Daß sich der berg Runzefal bog!

In den heutigen Mdaa. haben sich derartige Nebenformen z. T. bis heute erhalten, z. B. siebenb. ‚E lecht, dat sich de Ierd (Erde) bigt'; ähnl. schon in dem Gedicht ‚Des Teufels Netz' aus dem 15. Jh.: „Der ander lügt, das sich der boden under in bügt". Auf die sich biegenden Balken spielt man schwäb. an, wenn man bei einer offenkundigen Lüge sagt: ‚Joo, i han dea Durchzugsbalka schau lang im Aug. I moa, er häb se a bisle boga'. Mit einem Blick an die Balkendecke warnt man den, der in Ggwt. Unmündiger Unpassendes sagen will: ‚Seid still, 's sind so viel Balken da'.

Verbreitet ist auch *dem Teufel ein Ohr ablügen* (↗Teufel); ferner *das Blaue vom Himmel herunterlügen* (↗blau); *einem die*

Hucke (oder *die Haut) vollügen; nach Strich und Faden lügen* (↗Strich).

Jünger ist die Rda. *wie gedruckt lügen* (z. B. bei Chamisso belegt), ein böser Vorwurf des Volksmundes gegen Bücher und Zeitungen. Schon bei Joh. Fischart (‚Aller Praktik Großmutter', 1623, S. 546) heißt es: „Die Lügen ist getruckt, darumb ist sie geschmuckt". Eine Erweiterung brachten die bekannten Worte Bismarcks aus der Sitzung des preuß. Herrenhauses vom 13. Febr. 1869: „Es wird vielleicht auch dahin kommen, zu sagen: er lügt wie telegraphiert" (‚Reden', IV. 144).

‚Dann war's gelogen' heißt es immer dann, wenn jem. vergessen hat, was er sagen wollte.

Lit.: C. *Müller-Fraureuth:* Die deutsche Lügendichtung bis auf Münchhausen (Halle 1881, Ndr. Hildesheim 1965); A. *Rüstow:* Der Lügner (Diss. Erlangen) (Leipzig 1910); P. *Sartori:* Art. ‚Lüge, lügen', in: HdA, V, Sp. 1450–1453; H. *Weinrich:* Linguistik oder Lüge (Heidelberg 1966).

Lügenbrücke. *Kommst du auch heil über die Lügenbrücke?*: Jetzt hast du bestimmt gelogen, deine Lügen und Aufschneidereien sind durchschaut. Die Frage, meist an ein Kind gerichtet, gilt als Aufforderung, bei der Wahrheit zu bleiben, und bezieht sich auf die bekannte Fabel Gellerts ‚Der Bauer und sein Sohn'. Der Bauer übertrumpft die Lügen seines von der Reise heimkehrenden Sohnes über einen Hund so groß wie ein Pferd, indem er die Lügenbrücke erfindet, auf der man sich sofort ein Bein bricht, wenn man am gleichen Tag gelogen hat. Der nun ängstlich gewordene Sohn reduziert seine Aufschneiderei stufenweise bis zur gewöhnlichen Größe des Hundes und wird durch die List des Vaters überführt. Der Stoff zu Gellerts Schwankfabel beruht auf der 88. Fabel ‚Vom lügenhafften Jüngling' im ‚Esopus' des Burkard Waldis. Der Stein auf der Brücke, an den der Lügner stößt und sich das Bein bricht, ist eine Erfindung Gellerts, er fehlt in der sonstigen Überlieferung. In der oralen Tradition wird der Stoff zum Schwankmärlein umgestaltet und souverän von den Erzählern um neue Züge bereichert.

Aus Gellerts Gedicht wird ein Vers rdal. gebraucht, wenn man jem. bei einer offensichtlichen Lüge ertappt: „Die Brücke

1/2 ‚Auf den Lukas hauen'

kömmt! Fritz, Fritz! wie wird dir's gehen!", auch abgewandelt zu: *Fritz, Fritz!
Die Brücke kömmt/* (↗ Brücke).
Ähnl. sagt man auch: *wenn das Wort eine
Brücke wäre,* zu ergänzen: ‚dann wäre es
eine Lügenbrücke', d. h., man würde sich
auf ihr ein Bein brechen, ↗ Wort.

Lit.: *Büchmann; K. Ranke:* Die Lügenbrücke, in:
Festschrift Mathias Zender – Studien zu Volkskultur,
Sprache und Landesgeschichte, hg. v. Edith Ennen u.
Günther Wiegelmann, Bd. II (Bonn 1972), S. 868–874.

Lukas. Mit Lukas bez. man den Kraftmes-
ser auf dem Jahrmarkt; mit Hilfe eines
großen Holzhammers wird ein Schlag auf
einen Holzklotz abgegeben. Durch den
damit ausgelösten Druck wird ein Metall-
stück an einer Latte hochgetrieben, das
bei ausreichender Stärke des Schlags an
der oben befindlichen Figur einen Knall
verursacht. Der Besitzer und Schausteller
des Geräts, der Lukasmann, lockt die
Jahrmarktsbesucher an mit dem Ausruf:
„Haut den Lukas!": „Wer haut ihn, den
Lukas?", schlesw.-holst. ‚Hau den Lukas
op den Knast!', auf den Holzklotz;
schwäb. ‚Haut den Lukas auf den Mokas'
(Kopf). In Schlesien (Liegnitz): ‚Hau den
Lukas! Hau druff, kriegst Blumme, hau
zweimal druff, kriegst'n Bild von Jesus!'

Von daher übertr. *auf den Lukas hauen:*
tüchtig dreinschlagen, rhein. ‚He hät den
Lukas kregen', ihm ist der Schlag gelungen, und ‚enen lukasen', ihn verprügeln.

Lit.: *F. Dering:* Volksbelustigungen (Nördlingen
1986), S. 160–162.

Lumpen, lumpen. *Einen aus den Lumpen
schütteln:* ihn auszanken, kräftig zurechtweisen; schon um 1500 bei dem Prediger
Geiler von Kaysersberg bezeugt: „Du wilt
yederman sin lumpen auswaschen", d. h.
dich in alles mischen, bes. beim Tadeln
anderer.
Sich nicht lumpen lassen: sich nicht schä-
big, nicht geizig zeigen, eigentl.: sich nicht
Lump nennen, sich nicht als verächtlichen, armseligen Menschen behandeln
lassen.
Tanzen wie der Lump am Stecken: unentwegt, flott tanzen; der vor allem in Süd-
westdtl. verbreitete rdal. Vergleich meint
eigentl. die Vogelscheuche, d. h. den im
Wind hin und her flatternden Lumpen.
‚'s Lümple kriegt's Stümple': alem. Rda.
mit der Bdtg.: derjenige, der am meisten
trinkt, bekommt den Rest. Die Wndg.
wird beim Einschenken des Weines gebraucht.
Auf ähnl. Vorstellungen beruht auch der

Ausdr. ,Lumpensammler', das ist die letzte Straßenbahn, die die späten Gäste nach Hause befördert. Im Badischen ist ein beliebtes Schimpfwort für einen Mann: ,Lumpenseckel' (Dreckskerl).

Lit.: *Anon.:* ,Sich nicht lumpen lassen', in: Sprachpflege 10 (1961), S. 153.

,Lunte anlegen'

Lunte. *Lunte riechen:* merken, daß Gefahr im Verzug ist. Die seit 1585 belegte Rda. geht auf Lunte = brennender Docht, dann Zündschnur zurück. Vor der Einführung der Steinschlösser und Zündhütchen benutzte man Lunten zum Entzünden der Geschützladungen. Der üble Geruch, der durch das Anstecken der Lunte entstand, noch bevor der Schuß losging, hat die Veranlassung zu der auch in den Mdaa. verbreiteten Rda. gegeben. Ähnl. sagt man z. B. berl. ,Hier riecht's sengerig': entspr. schwäb. ,es wird brenzlig', die Sache scheint bedenklich, es wird gefährlich. Vgl. frz. ,eventer …' oder ,découvrir la mèche': das Geheimnis eines Komplotts entdecken, sowie ,vendre la mèche' (wörtl.: die Lunte verkaufen): ein Geheimnis preisgeben.
Mit der Lunte am Pulverfaß spielen: mit der Gefahr spielen, einen Krieg vorbereiten, provozieren, auch *die Lunte anlegen.*

Lit.: *H. Rausch:* ,Lunte riechen', in: Sprachfreund 4, 1955), Nr. 3, S. 3–4 (Beil. zur Zs. Muttersprache).

Lupe. *Etw. (jem.) unter die Lupe nehmen:* es genau betrachten, ihn genau beobachten und prüfen.
,Nicht lupenrein sein': nicht in Ordnung sein, etw. zu verbergen haben. Der Ausdr. ist vor allem von der Begutachtung der Diamanten u. Brillanten her bekannt.

M

Machart. *Das ist meine Machart:* das sagt mir sehr zu; das entspricht meinen Wünschen, Vorstellungen; hergenommen vom Schneiderhandwerk: Machart ist die Art und Weise, in der ein Kleidungsstück gefertigt wird; erst in der Mitte des 20. Jh. umg. aufgekommen.

Mache. *Einen (jem.) in die Mache nehmen* (oder *kriegen*): unter die Hände bekommen, z.B. zur Erziehung; dann auch: tadeln, herunterputzen; in der Gaunersprache bedeutet diese Rda., jem. mit Gewalt einschüchtern oder umbringen.
Etw. in der Mache haben: es in Arbeit haben; seit dem 17. Jh. bezeugt, zunächst in wörtl. Bdtg.: „weil sie ihr einziges Paar (Schuhe) in die Mache gegeben", d.h. zur Reparatur (Schiller, ‚Räuber' II, 3), bald aber, so oft beim Grafen von Zinzendorf (1700–60), in übertr. Anwendung. Dabei hat Mache meist abschätzigen Sinn, so auch in der Wndg. ‚Alles Mache!' oder ‚Quatsch, det is allens Mache!', mit der der Berliner eine eingebildete Krankheit abtut.

machen. Das Verb ‚machen' ist zu einem Allerweltswort geworden und steht oft als Ersatz für ein die jeweilige Tätigkeit besser umschreibendes Verb. In einem Schulaufsatz ist das etw. farblose ‚machen' daher verpönt. Goethe gebrauchte es darum iron.:

Es meinet jedermann,
Er könn' es machen;
Und wenn er's machen soll,
Kann er's nicht machen.

(Goethe, Gedichte: Invektiven: Ultimatum 3, Schlußzeilen).
Machen, was man kann: sich mit allen Kräften für etw. (jem.) einsetzen, seinen ganzen Einfluß gebrauchen, versichern, sich um etw. (jem.) bemühen zu wollen. Die Wndg. ‚Was gemacht werden kann, wird gemacht': das Mögliche wird versucht (durchgesetzt), ist als Ausspruch von Finanzminister Joseph Graf Wallis (1767–1818) bekanntgeworden. Mit diesen Worten verteidigte er 1811 eine Verfügung in Wien im Ministerrat gegenüber Metternich. Bismarck hingegen hielt die Wndg. für eine jüd. Rda. (Briefe an Braut und Gattin, Nr. 21).
In den vielfältigen Wndgn., in denen das Wort ‚machen' erscheint, hat es mit der Zeit verschiedene Bdtgn. erhalten, die sprachlich fein differenzieren, oft nur durch die Betonung oder Stellung innerhalb der Rdaa. Bes. in den Mdaa. wird ‚machen' gern verwendet. Die im Hess. gebräuchl. Wndgn. ‚uff die Gass mache': auf die Gasse gehen, und ‚ins Bett mache': zu Bett gehen, werden oft wegen ihrer Doppeldeutigkeit im Hd. iron. zitiert.
Jem. (ruhig) machen lassen: ihn gewähren lassen, davon überzeugt sein, daß er erfolgreich sein wird. Diese Wndg. begegnet auch in der Form einer Aufforderung:
Laß mich mal machen!: laß es mich einmal versuchen, vielleicht kann ich den Schaden schnell beheben, leichter mit einer technischen Schwierigkeit fertig werden. Der ermunternde Zuruf: *Mach weiter so!* dient als Bestätigung, daß man mit einem anderen zufrieden ist, daß man ihn auf dem rechten Weg zum Erfolg weiß. Dagegen ist der nur wenig abweichende Ausruf: *Mach nur so weiter!* iron. oder gar drohend gemeint, denn er spielt auf die negativen Folgen eines bestimmten Verhaltens an.
Die Rda. *Mach, was du willst!* meint resignierend: Du hörst ja doch nicht auf andere, es interessiert mich deshalb nicht weiter, was schließlich daraus wird.
Jem. kann machen, was er will: er erfährt keinerlei Einschränkung, er besitzt ↗ Narrenfreiheit. Die gleiche Wndg. als unvollständiger Satz heißt aber auch: Jem. kann sich anstrengen, soviel er will, er hat doch keinen Erfolg (kein Glück) dabei.

Aus allem etw. zu machen wissen: sehr geschickt sein, alles, auch Reste verwenden (verwerten) können. *Es wird sich (schon) machen (lassen):* es wird sich einrichten lassen. *Jem. macht sich:* er entwickelt sich zu seinem Vorteil; oft anerkennend gesagt: *Du machst dich (wirklich);* manchmal auch mit dem Hintergedanken: Das hätte ich gerade von dir nicht so leicht erwartet. *Es (etw.) macht sich ganz gut:* es geht voran, auch: etw. sieht sehr geschmackvoll aus. *Das macht sich gut:* Das trifft sich gut, das kommt wie gelegen. *Etw. ist wie gemacht dazu:* es ist bes. gut geeignet, als wäre es extra dafür geschaffen (worden). Die Formel: *Ist gemacht!:* einverstanden, dient als Bekräftigung einer Zusage, eines Kaufvorhabens. Dagegen meint die Feststellung: *Das war nur gemacht:* das war nicht echt, das war nur vorgetäuscht, ↗Mache.

Einem nichts recht machen können: immer mit Kritik zu rechnen haben, keine Anerkennung finden. Ähnl. heißt es auch im Sprw. resignierend: ‚Wie man es macht, macht man es verkehrt (falsch)‘.

Machen, daß man davonkommt: sich schnell entfernen, sich davon- ↗scheren; oft in der Form einer Drohung gebraucht: *Mach, daß du wegkommst (Land gewinnst)!*

Etw. aus sich machen: sich bilden, entwikkeln; sich vorteilhaft kleiden; sich ins rechte ↗Licht zu setzen wissen.

Sich nichts daraus machen: sich nicht beirren lassen, einen Tadel, eine Kritik gelassen hinnehmen. *Sich nichts (wenig) aus jem. machen:* jem. nicht mögen, ihn wenig sympathisch finden, jem. nicht leiden können.

Etw. macht nichts: es schadet (stört) nicht; auch: es kostet nichts. Bes. häufig wird die Frage nach dem Preis: *Was macht das (alles zusammen)?* gestellt.

Es ist (leider) nichts zu machen: es ist vergeblich, nicht zu ändern, dagegen bedeutet: *Da ist nichts (mehr) zu machen,* oder achselzuckend: *Da kann man nichts mehr machen:* jede Hilfe kommt zu spät, da ist keine Rettung mehr zu hoffen, die Krankheit verläuft tödlich. *Nicht mehr lange machen:* bald sterben, ↗zeitlich.

Es macht es nun einmal nicht anders: das ist so seine Art, er nimmt keinen Rat, keine

Hilfe an, aber auch: er ist sehr großzügig, er verwöhnt seine Gäste, Verwandten. *Darunter macht er es nicht:* das ist das mindeste, das ist der Preis (Lohn), der nicht unterboten werden kann.

Bes. oft hört man die Frage: *Was machst du denn so?:* Wie geht es dir? Wo arbeitest (wohnst) du? Hast du inzwischen das Examen (Familie)? Bekannte und Freunde, die sich aus den Augen verloren hatten, erkundigen sich so beim Wiedersehen. Als Abschiedsformel gebraucht man auch gern: *Mach's gut!* Die scherzhafte Entgegnung heißt: *Mach's besser!* ↗Gruß, grüßen. Zur Eile treibt dagegen der Ausruf: *Mach, mach!* oder: *Mach voran!*

Machenschaften. *Dunkle Machenschaften betreiben:* undurchsichtige Geschäfte abschließen, intrigieren, geheime Abmachungen treffen.

Das Wort ‚Machenschaft‘ ist schweiz. Herkunft und bedeutet urspr.: Vergleich, Kontrakt. Die heutige Bdtg. ‚üble Praktiken‘ gewann der Begriff im 18. Jh.; er erfuhr Verbreitung durch die Schriften Lavaters (‚Herzenserleichterung‘ 1784) und im 19. Jh. durch die Dichtungen von Gottfried Keller.

machiavellistisch. *Machiavellistisch handeln:* skrupellos sein, seine Ziele rücksichtslos verfolgen. Die Wndg. bezieht sich auf die polit. Vorstellungen des ital. Staatsmannes und Schriftstellers Niccolò Machiavelli (1469–1527). In seiner polit. Lehre gibt er der Machtpolitik Vorrang vor der Moral. Da er die äußere Schwäche und den inneren Zerfall der ital. Staatenwelt erlebte, suchte er nach Wegen der Erneuerung. Der Glaube an den Kreislauf der Geschichte und ein pessimistisches Menschenbild beherrschten dabei sein Denken. In seinem 1513 entstandenen Werk ‚Il Principe‘ (‚Der Fürst‘) stellt er bis heute umstrittene Verhaltensregeln auf. Danach kann das Handeln des zur Staatsgründung und -erhaltung begabten neuen Fürsten dann im Widerspruch zur überlieferten Ethik stehen, wenn es die polit. Verhältnisse einer feindlich gesonnenen Umwelt erfordern. Machiavelli formt damit den Begriff der ‚Staatsräson‘ vor.

Das Neue seiner Lehre war die Erkenntnis, daß die Macht ein konstituierendes Element der Politik sei. Seine Gedanken von einer berechtigten Anwendung von Gewalt zur Erlangung eines Zieles wurden seit dem 19. Jh. von revolutionären Bewegungen aufgegriffen.

Macho. *Ein Macho sein,* auch: *sich wie ein Macho verhalten:* ein übersteigertes Männlichkeitsgefühl besitzen, ganz dem Männlichkeitswahn verfallen sein, seine angebliche Überlegenheit und Vitalität bewußt betonen und brutal ausleben, ohne bes. Sensibilität. Das erst in der Gegenwartssprache geläufig gewordene span. Wort ‚Macho‘ (= männl. Tier, Männchen) geht als substantiviertes Adj. auf lat. ‚masculus‘: männlich zurück. Frauen gegenüber spielt sich ein Macho gern auf, hält sich dem anderen Geschlecht gegenüber für unwiderstehlich, ist aber als krasser Egoist mit Pascha-Allüren zu Liebe und echter Partnerschaft nicht fähig.
Ein Schlager der Ggwt. (Ende der 80er Jahre) greift dieses falsche ‚Idealbild‘ eines Mannes unter dem Titel ‚Macho, Macho‘ auf und verspottet es. Im Refrain heißt es iron.:
Macho, Macho
kannst net lernen.
Macho, Macho
muß ma sei.

Macht. Das Verbalabstraktum (ahd. maht) zu ‚mögen‘: können, vermögen bezieht sich auf den privaten u. öffentl. Bereich i. S. v. Kraft, Stärke, Einfluß, Vermögen, Herrschaft u. Gewalt. *Macht ausüben:* herrschen; *Macht über jem. haben:* ihn nach seinem Willen leiten, ihn bevormunden; *jem. in seiner Macht haben:* ihn in seiner Gewalt haben, ihn unterdrücken, zwingen; *eine unwiderstehliche Macht auf jem. ausüben:* eine große Anziehungskraft, guten (schlechten) Einfluß auf jem. haben; *seine Macht gebrauchen (auskosten, ausspielen):* seinen Willen durchsetzen, sich seines Einflusses erfreuen; *andere seine Macht fühlen lassen,* auch: *seine Macht mißbrauchen:* Gewalt anwenden, andere unterdrücken; *jem. der Macht berauben:* ihn aus seiner Stellung verdrängen, ihm Wirkungsmöglichkeiten nehmen. Wie sehr machtpolit. Denken Eingang in den allg. Sprachgebrauch gefunden hat, zeigen die vielen Rdaa., die um Ausübung, Erringung u. Erhaltung von Macht kreisen, wie z. B.: *an die Macht kommen:* an die Regierung kommen; *die Macht erringen:* alle Anstrengungen aufbieten, um uneingeschränkte Regierungsgewalt, Herrschaft über ein Volk zu erhalten; *die Macht an sich reißen:* durch einen Putsch (Umsturz) alle Gegenspieler ausschalten, die Befehlsgewalt übernehmen; *die Macht ergreifen:* sich zum Führer machen, die Gunst der Stunde nutzen, um sich selbst zum Regierungschef aufzuwerfen. Diese Wndg. wurde bes. auf das Vorgehen Hitlers bezogen.
Alle Macht in einer Hand vereinigen: das Parlament weitgehend ausschalten, als Gesetzgeber selbstherrlich fungieren; ähnl.: *die Macht in Händen halten. Sich die Macht nicht entreißen lassen:* alle Kraft aufbieten, um seine bevorzugte Stellung in der Politik (in der Partei) zu halten, auch: bei einer Auseinandersetzung die Oberhand behalten; ähnl.: *sich an der Macht festklammern:* sich nicht verdrängen lassen, sein Amt nicht aufgeben wollen.
Sich mit aller Macht gegen etw. stemmen: seinen persönlichen Einfluß geltend machen, eine Entwicklung (Neuerung) zu verhindern. *Mächte der Reaktion bekämpfen:* den Weg für den Fortschritt ebnen. *Mit großer Macht anrücken:* eine große Truppenstärke aufbieten. *Sich mit einer feindlichen Macht auseinandersetzen:* seine Gegner bekämpfen.
In den Medien ist auch gern von einer ‚ausländischen‘ oder einer ‚verbündeten Macht‘ die Rede. In übertr. Bdtg. ist von der ‚Macht des Geldes‘, der ‚Macht der Gewohnheit‘, der ‚Macht der Liebe‘ zu hören. Vgl. das Lied von Gerhard Tersteegen v. 1737:
Ich bete an die Macht der Liebe,
die sich in Jesu offenbart ...
(Ev. Kirchengesangbuch 470, Str. 1).
Die Macht des Schicksals: die Unabwendbarkeit, das Vorherbestimmte, ist der Titel einer Oper v. Giuseppe Verdi, die 1862 in St. Petersburg uraufgeführt wurde und in der Neufassung 1869 an der Mailänder Scala herauskam.
Es ist die Macht der Verhältnisse: es ist un-

abänderlich, die Umstände lassen nichts anderes zu. ‚Die Macht der Verhältnisse‘ ist ursprünglich der Titel eines 1815 verfaßten Trauerspiels von Ludwig Robert (1778–1832).
‚Geistige Macht‘ u. ‚überirdische Macht‘ werden gepriesen, ‚himmlische‘, aber auch ‚höllische Mächte‘ angerufen.

Von der *Macht der Finsternis* ist bereits im Lukasevangelium bei der Gefangennahme Jesu die Rede, der zu seinen Häschern sagt: „Ich bin täglich bei euch im Tempel gewesen, und ihr habt keine Hand an mich gelegt; aber dies ist eure Stunde und die Macht der Finsternis" (Luk. 22,53). ‚Die Macht der Finsternis‘ ist außerdem der dt, Titel von L. Tolstois Tragödie ‚Vlast’ t’my‘ (1887).

Aus Luthers Trutzlied ‚Ein feste Burg ist unser Gott‘ (Ev. Kirchengesangbuch 201) stammt das sprw. gewordene Zitat: „Mit unsrer Macht ist nichts getan", das den Menschen in seiner Ohnmacht u. Gefährdung auf eine ‚höhere Macht‘, d.h. auf Gottes ‚Allmacht‘ verweist. Vgl. auch die Wndg. *nicht in jem. Macht stehen:* seine Kräfte u. Möglichkeiten übersteigen.

Kurz vor seiner Hinrichtung am 9.4.1945 im KZ Flossenbürg bezeugte Dietrich Bonhoeffer seinen festen Glauben in den Versen:

Von guten Mächten
wunderbar geborgen
erwarten wir getrost,
was kommen mag...

Dagegen meint die Wndg. *mit bösen Mächten im Bunde stehen:* nach dem Volksglauben einen Teufelspakt geschlossen haben, auf die unheilvolle Wirkung von Dämonen vertrauen. Eine neue Rda. der Jugendsprache ist: *Etw. ist eine Macht:* es ist eine Wucht.

Machtwort. *Ein Machtwort sprechen:* eine Äußerung tun, die keinen Widerspruch duldet, die respektiert und befolgt werden muß.

‚Machtwort‘ als Wort von befehlender, zwingender Gewalt ist zuerst bei Luther lit. belegt: „da er (= Gott) sprach Gen. 1. es sei Sonn und Mond, und war kein Lügenwort, so ist sein Wort freilich nicht ein Nachwort, sondern ein Machtwort, das da schaffet, was es lautet".

machule. *Etw. macht jem. machule:* eine Anstrengung oder Arbeit ermüdet jem. in starkem Maße. Ist ein Unternehmen in Konkurs gegangen, so sagt man auch: *Die Firma ist machule.* Das jidd. Wort ‚mechulle‘ bedeutet ‚krank‘.

Macke. *Eine Macke haben:* eine gestörte Persönlichkeit besitzen, absonderliche Eigenheiten pflegen, wenn die Wndg. auf den Menschen bezogen wird. Bei Gegenständen besagt die Rda., daß es sich hier um Dinge zweiter Wahl handelt; denn im Jidd. bedeutet ‚makke‘ Schlag, Streich, Hieb.

Mädchen. *Das macht dem Mädchen (der Liebe) kein Kind:* eine Sache ist nicht so schlimm, sie kann keinen großen Schaden anrichten oder nach sich ziehen. Die Rda. spiegelt moralische Vorstellungen der Gesellschaft vergangener Jhh.; denn es galt als schlimm und verwerflich, wenn eine ledige Frau (Mädchen) schwanger wurde; alles, was nicht zu dieser sog. Schande beitrug, war somit harmlos und unschädlich.

Ein Mädchen anführen: ihm unter Vorspiegelung des Eheversprechens die Jungfräulichkeit rauben. *Das Mädchen hat ein Hufeisen verloren:* sie hat ein uneheliches Kind, ↗ Eisen, ↗ Hufeisen. *Das Mädchen ist zu haben:* es ist leicht zu verführen; vgl. frz. ‚Cette fille a le bouquet sur l’oreille‘.

Ein leichtes Mädchen sein: eine leichtlebige, auch leichtsinnige Frau sein, die aus Abenteuerlust häufig Beziehungen zu verschiedenen Männern sucht und eingeht. *Ein Mädchen (eine Frau) mit Vergangenheit sein:* einen häufigen Partnerwechsel hinter sich haben.

Das Mädchen muß einen Mann haben: Rda. unter Kartenspielern, wenn die Dame vom König gestochen wird.

Das Mädchen hat mehr, als man sieht: sie hat Geld, besitzt ein großes Vermögen. *Ein Mädchen nach Maß sein:* eine Modevorführerin sein. Die nach 1945 aufgekommene Rda. bezieht sich auf die körperlichen Voraussetzungen und strengen Maßstäbe für die Wahl und den Erfolg eines Mannequins. Heute wird die Wndg. verallgemeinernd auf ein Mädchen mit idealer Figur und idealen Maßen bezogen, so auch bei Heiratsanzeigen und

Schönheitswettbewerben (Schönheitskönigin). ‚Jem. braucht ein Mädchen nach Maß': ein Mann ist bes. wählerisch, keine ist ihm gut genug.

Ein spätes Mädchen sein: ein Mädchen, das nicht rechtzeitig geheiratet worden ist. Die Rda. ist um 1900 erstmals belegt und nicht ganz so abwertend gemeint wie der Ausdr. alte ↗ Jungfer, der dasselbe besagt.

Ein Mädchen für alles sein: Umschreibung für eine Person – männlichen oder weiblichen Geschlechts –, die alle Arbeiten und Dienste erledigt. Früher bezog sich die Rda. auf Dienstmädchen; heute gilt sie auch für den außerhäuslichen Bereich, wie z.B. in einer Firma, einem Betrieb usw. Vermutl. entstand die Rda. in Berlin, wo in Zeitungsannoncen junge Frauen gesucht wurden, die sämtliche Geschäfte im Haus erledigen konnten. Die Rda. wurde auch verändert zu ‚Mädchen für alle' als Bez. für eine Prostituierte. *Ein Mädchen auf Anruf sein:* ein Callgirl sein.

Unter uns Mädchen gesagt: frei herausgesprochen, unter Gleichgesinnten, ↗ Pastorentöchter. Dasselbe besagt die Wndg. *Wir Mädchen unter uns,* die häufig von erfahrenen Frauen benutzt wird. *Für kleine Mädchen müssen (gehen):* die Damentoilette aufsuchen müssen. *Das ist nichts für kleine Mädchen:* es ist nur etw. für Erwachsene, auch für erfahrene Männer. Vgl. den Liedtext: „Hm, das schickt sich nicht für kleine Mädchen, das schickt sich nur für einen Mann".

Soll dich das Mädchen mit dem langen Arm holen? Das sagt man zur Abschreckung, um Kinder von tiefen Wassern fernzuhalten. Das ‚Mädchen mit dem langen Arm' ist eine Kinderschreckfigur und meint eine Wassernixe; in Mecklenburg heißt es mdal. ‚Shall dy de Metje mit dem langen Arm holen?'

Mädchen, die pfeifen, und Hühnern, die krähen, den' soll man beiden (beizeiten) den Hals (die Köpfe) umdrehen. Diese drastische Warnung im Sprw. begegnet auch in mdal. Versionen, wie z.B. ‚Wenn d'Maidle pfiffe un d'Hiener krahje, Sott me ne der Hals umdraihje'. „Besonders gewarnt wird das weibl. Geschlecht vor dem Pfeifen, das man als ebenso normwidrig u. unnatürlich wie eine krähende Henne ansieht. Ein solcher Normdurch-

bruch in Richtung Geschlechtertausch wird als Bedrohung, als böses Omen erfahren: krähende Hennen müssen sofort geschlachtet werden, sonst stirbt ein Familienmitglied innerhalb eines Jahres. Dergestaltige weibl. Grenzüberschreitung zeigt außerdem einen Bund mit dem Teufel an, bei dem am Ende das Mädchen der Hölle verfällt, zur Hure wird, oder doch zumindest einen untauglichen Mann erhält. Pfeifende Mädchen rufen außerdem materielle Not für sich und ihre Nächsten herbei. Der Teufel freut sich über den Normbruch, während Gottvater, die Engel und die Muttergottes dabei weinen, und die sieben Kirchen erzittern (HdA. VI, Sp. 1580–1581).

Vgl. engl.:

Whistling maids and crowing hens.
Never come to no good ends;
A whistling maid and crowing hen.
Is good to neither God nor man.

Im amer. Englischen ist dieses Sprw. aus feministischer Perspektive umfunktioniert worden:

Girls that whistle and hens that crow
Make their way wherever they go.

Lit.: *A. de Cock:* „Een spreekwoord op bijgeloof berustend: Wenn die Mädchen pfeifen und die Weiber keifen und die Hühner krähen, dann ist Zeit, ihnen den Hals umzudrehn", in: Mélanges Paul Frédéricq (Brüssel 1904). S. 151–160; *H. Lewy:* „Zum Verbot des Pfeifens: Mädchen, die pfeifen, und Hühnern, die kräh'n, soll man beizeiten den Hals (den Kopf) umdreh'n", in: Zs. f. Vkde. 41 (1931), S. 58–59; *E. Seemann:* Art. ‚Pfeife, pfeifen, Flöte, flöten', in: HdA. VI, Sp. 1577–1597, bes. Sp. 1580–1581; *G. Grober-Glück:* Motive und Motivationen in Redensarten und Meinungen. Aberglaube, Volks-Charakterologie, Umgangsformen, Berufsspott in Verbreitung und Lebensformen. Textband (Marburg 1974), § 145–152, S. 237–251; *A. Dundes:* The Crowing Hen and the Easter Bunny. Male Chauvinism in American Folklore, in: ders.: Interpreting Folklore (Bloomington – London 1980), S. 171; *U. Mittwoch:* Whistling Maids and Crowing Hens – Hermaphroditism in Folklore and Biology, in: Perspectives in Biology and Medicine 1981, pp. 595–606.

Made, madig. *Sitzen wie die Made im Speck:* genug zu essen haben, dann allg.: es sich wohl sein lassen; vgl. frz. ‚être comme un rat dans un fromage' (wörtl.: wie die Ratte im Käse sitzen).

Sich Maden in die Augen schlafen: sehr lange schlafen (↗ Auge). *Jem. madig machen:* ihn herabsetzen, schlecht machen; *jem. etw. madig machen:* jem. etw. vermiesen; *sich madig machen:* sich unbeliebt machen (bes. durch Wichtigtuerei); madig, eigentl. ‚von Maden befallen‘, hat bes. in mittel- und ostdt. Mdaa. die Bdtg. ‚wertlos, schlecht‘ angenommen, z. B. obersächs. ‚Die Geschichte ist madig‘, bedenklich, faul; so wie: ‚da ist der ↗ Wurm drin‘.

Magen. *Einen guten Magen haben:* Beleidigungen, Spott und Spaß ertragen können, ohne gekränkt zu sein. Schon in Joh. Fischarts ‚Geschichtklitterung‘: „Mein magen steht allzeit offen, wie eyns Fuersprechen Tasch“ (d. h. wie der Geldbeutel eines Advokaten). Der große oder gute Magen wird oft mit rdal. Vergleichen umschrieben, z. B. ‚ein Magen wie ein Stiefelschaft‘; ‚wie eine Strumpfkappe‘; ‚wie ein Soldatentornister‘; ‚wie eine Schublade‘; vgl. frz. ‚avoir de l'estomac‘: die anderen einschüchtern können. *Er hat 'nen pommerschen Magen, der verdaut Eisen und Kieselsteine:* er hat einen guten Magen, kann alles vertragen; vgl. frz. ‚Il a un estomac d'autruche‘ (wörtl.: Er hat den Magen eines Straußvogels).
Sein Magen ist lutherisch, aber seine Feiertage sind katholisch; er ißt gut (fastet nicht) und arbeitet nicht gern.
Dazu gehört ein guter Magen: das ist ein harter Brocken, schwer zu verdauen; pomm. ‚Dar hört 'ne goden Mage to‘.
Seinem Magen keine Stiefmutter sein: gern gut essen. Schlesw.-holst. ‚Iß, sunst löpt de Hund mit dinen Magen weg!‘; sächs. (wenn man sich genügend mit Mundvorrat eingedeckt hat) ‚Da kennen uns de Meise den Magen nich verschleppen‘. Am verbreitetsten ist, beim Anblick einer reichlichen Mahlzeit zu sagen: *Da wird dir die Katze den Magen nicht forttragen* (↗ Katze).
Seine Augen sind größer als sein Magen (oder *Mund*): er hat sich mehr auf seinen Teller genommen, als er nun aufzuessen imstande ist; vgl. frz. ‚Il a les yeux plus grands que le ventre‘ (Bauch). *Lieber den Magen verrenkt, als dem Wirt was geschenkt* sagt man, wenn man im Gasthaus die Portion bis auf den letzten Rest aufißt, auch wenn der Hunger schon gestillt ist.
Sich den Magen vollschlagen: sehr viel essen; Parallelbildung zu ‚sich den Bauch vollschlagen‘.

Ihm bellt (knurrt) der Magen: er hat Hunger, ↗ Bauch.
Den Magen in der Kniekehle hängen haben: sehr hungrig sein. Groteske Physiologie, seit etwa 1900 aufgekommen. Ähnl. *Der Magen hängt mir bis auf die Füße, der Magen hängt mir lang* (oder *schief*): ich habe großen Hunger; vgl. frz. ‚J'ai l'estomac dans les talons‘ (wörtl.: Der Magen steckt mir in den Fersen). *Man kann dir bis in den Magen sehen* sagt man zu einem, der gähnt, ohne die Hand vor den Mund zu halten; schon 1847 belegt, allerdings in anderem Zusammenhang: „Die Statistik, diese schonungslose Forscherin, die den Leuten bis in den Magen sieht“ (Br. Bauer, ‚Parteikämpfe‘ I, 47). *Einen im Magen haben:* zornig oder verdrießlich über ihn sein, als ob er einem wie eine schwerverdauliche Speise Magenbeschwerden verursachen würde; auch ‚die Geschichte liegt mir im Magen‘, sie macht mir zu schaffen, ich möchte am liebsten nichts mehr damit zu tun haben; vgl. frz. ‚avoir quelque chose sur l'estomac‘ (wörtl.: etw. auf dem Magen haben): seinen Zorn oder Ärger schwer überwinden, ↗ Blei; ähnl. ‚einen gefressen haben‘ (↗ fressen). In Hans Sachs' Schwank von einem jungen Gesellen und einer Frau, die den Buhler mit lauter Scherzen abtrumpft, heißt es:
Er sprach: „Ich wolt, daß Ihr doch
                west
mein groß hertzen, das ich tu tragen“.
Sie sprach: „'s liegt auch leicht
                im magen,
Ihr habt nechten truncken zu viel
odern grimm gwunnen ob dem spiel.
Wölt Ihr des unraths ledig sein,
so nemet ein purgatzen ein!“
Die Nachricht schlug ihm auf den Magen, der Magen drehte sich um: sie verdarb ihm die Laune.
Es kommt ja doch alles in einen Magen: die Reihenfolge der verschiedenen Speisen ist gleichgültig.
Und das auf nüchternen Magen!: Ausruf der Verwunderung, des Ärgers, i. S. v.: auch das noch, das fehlt gerade noch, der Tag fängt gut (gemeint ist: schlecht) an.
Jem. den Magen auspumpen: Jem. in brutalster Weise zusammenschlagen, ihn derart hauen und boxen, daß er sich übergeben muß (umg.).

Die europ. Literatur kennt die Fabel vom Magen und den Gliedern. Der Magen steht stellvertretend für den Obersten, den Herrn, die Glieder sind die Diener und Knechte des Magens. Die sozialkritische Komponente dieser Fabel liegt darin, daß die Glieder als Untertanen sich weigern, ihrem Herrn, dem Magen, weiterhin zu dienen (indem sie ihn nicht nähren), jedoch nicht bedenken, daß solcher Ungehorsam auch ihren Untergang bewirkt. Als Moral dieser Fabel steht in einer ma. Hagenauer Hs.:

So wenig als wir köden sein
on brot, on wasser und on wein
So wenig köden wir empern
Der König, Fürsten und der Herrn!

Lit.: *H. Gombel:* Die Fabel vom Magen und den Gliedern in der Weltliteratur, 1934 (= Beiheft z. Zs. f. roman. Phil. 80); *D. Peil:* Der Streit der Glieder mit dem Magen. Studien zur Überlieferungs- und Deutungsgeschichte der Fabel des Menenius Agrippa von der Antike bis ins 20. Jh. (= Mikrokosmos. Beiträge zur Lit. Wiss. Bedeutungsforschung 16) (Frankfurt a. M. – Bern – New York 1985).

mahlen. *Wer zuerst kommt, mahlt zuerst.* Bei der noch heute allg. geläufigen Wndg. handelt es sich primär um ein Rechtssprw. Der früheste dt. Beleg findet sich in Eike von Repkows ‚Sachsenspiegel‘ (um 1230): „Die ok irst to der molen kumt, die sal erst malen" (II, 59). Ähnl. im ‚Schwabenspie-

‚Wer zuerst kommt, mahlt zuerst‘

gel‘ (ca. 1275): „Der ouch e zer müli kumt, der sol auch e malen". In lat. Form begegnet das Sprw. schon in einer Münchener Handschrift des ausgehenden 12. Jh., in den sog. Sprüchen aus Scheftlarn: ‚Qui capit ante molam, merito molit ante farinam‘. In diesen Frühbelegen besteht eine deutliche Verbindung zwischen Mühle und mahlen, während die Mühle ja in unserem heutigen Sprw. nicht erwähnt wird. Damit scheint sich die Vermutung von Petsch und Künßberg zu bestätigen, wonach das Sprw. auf die Kundenmühle des MA. zu beziehen ist, wie sie vielfach heute noch in ländlichen Bezirken üblich ist: Derjenige, der sein Getreide zuerst in der Mühle abliefert, hat den Anspruch, daß es auch zuerst gemahlen wird (im Gegensatz zu der Bevorzugung des Herren bei einer Herrenmühle und der Zwangsgäste bei einer Bannmühle). Ähnl. äußert sich S. B. Ek, der das in Europa weitverbreitete Sprw. nach Alter u. Funktion untersuchte. Es handelt sich hier also um eine förmliche Rechtsregel, die wahrscheinl. schon als sächs. Sprw. bestand, als der Sachsenspiegel aufgezeichnet wurde. In einem ähnl. Sinn benutzen wir das Sprw. heute noch, wenn auch ohne Bezug auf die Mühle in allg. und übertr. Weise. Vom Spezialfall der Mühle erweiterte sich der Sinn des Sprw. auf andere Rechtslagen, bei denen der Zeitvorrang maßgebend ist, entspr. dem lat. ‚Prior tempore potior iure‘. Die versuchten Deutungen auf ahd. ‚mahalen‘ = feierlich reden, greifen daneben, wenn sich auch eine solche Deutung schon bei Luther zu finden scheint (Thiele, S. 161; Wander II, 1472, 166: „wer ehe kompt, der melet ehe"). Den gleichen rechtlichen Grundgedanken finden wir in ähnl. Form noch zweimal im ‚Sachsenspiegel‘ wieder: „Svelk wagen erst up di bruegen kumt, die sal erst overgan, he sie idel (leer) oder geladen" (II, 59) und „Svelkes ordeles man irst bedet, dat sal man irst vinden" (I, 62). Wieder ein anderes Bild für den Grundsatz des Zeitvorranges bei Egenolf (Bl. 217): „der erster zum herd kompt, setzet sein häflin wohin er will". Mahlsteine ↗Stein.
Im Volkslied ist mahlen als Umschreibung für koitieren gebräuchl., z. B. bei Liedern von der Müllerin.

1. „Ich weiß mir eine Müllerin,
   Ein wunderschönes Weib.
   Wollt Gott ich sollt bei ihr mahlen,
   Mein Körnlein zu ihr tragen,
   Das wär der Wille mein!
2. Der Müller aus dem Holze kam,
   Von Regen war er naß,
   ‚Steh auf, Frau Müllerin stolze,
   Mach mir ein Feuer von Holze,
   Von Regen bin ich naß!'
3. ‚Ich kann dir nicht aufstehen!'
   Sprach sich des Müllers Weib;
   ‚Ich hab die Nacht gemahlen
   Mit einem Reutersknaben,
   Daß ich so müde bin!'"
   (E. B., Nr. 156a).

Lit.: *Sachse,* in: Zs. f. d. Recht 16, S. 102 ff.; *Hillebrand:* Dt. Rechtssprww. (1858), S. 12 f.; *Günther:* Rechtsaltertümer, S. 94; *Weizsäcker,* S. 324; *S. B. Ek:* Den som kommer först till kvarns – in.Scripta Minora Regiae Societ. Human. Litter. Lundensis 1963/64: 1 (Lund 1964), S. 1–66; *L. Röhrich:* Liebesmetaphorik im Volkslied, in: Essays in Traditional Literature, Belief, and Custom in Honor of Wayland Debs Hand (1967), S. 187–200.

Mahlzeit. *Prost Mahlzeit!* sagt man umg. in dem iron. Sinne: ‚das kann ja gut werden', ‚das ist eine schöne Bescherung!'. ‚Prost' ist aus ‚Prosit' zusammengezogen; vgl. frz. ‚Bon Appétit!' in derselben iron. Bdtg. Ähnl. *Ja, Mahlzeit!* ‚Gesegnete Mahlzeit!' sagt man vor und bes. nach dem Essen als Abschiedsgruß an die Tischgenossen. Von da entwickelt zu der Bdtg.: ‚dafür bedanke ich mich!' im Sinne einer iron. Ablehnung.

Mai. *Wie einst im Mai:* wie früher, in glücklicher Zeit; gleichbleibend. Die Wndg. stammt aus dem Gedicht ‚Allerseelen' des Tiroler Dichters Hermann von Gilm (1812–1864): „Stell auf den Tisch die duftenden Reseden" (1844). In der Vertonung von Richard Strauss (‚Acht Lieder' op. 10) gehörte das Gedicht zum musikalischen Grundbestand des Bürgerhauses. Als Stütze der Wndg. kommt wahrscheinlich noch der Titel der Operetten-Posse von Walter Kollo ‚Wie einst im Mai' (uraufgeführt 1913) hinzu. *Am 17. Mai geboren sein:* homosexuell sein; verhüllend für § 175 des Strafgesetzbuches, der wie ein Datum gelesen wird; erst im 20. Jh. aufgekommen.

Im Mai seines Lebens stehen: sehr jung sein. Mit dieser Wndg. umschreibt man vor allem poetisch die Zeit der Jugend und der jungen Liebe:
Des Lebens Mai
blüht einmal
und nicht wieder
heißt es in Friedrich Schillers Gedicht ‚Resignation' (Sämtl. Werke, ⁴1965–67, Bd. 1, S. 130–133). Ebenso verwendet Schiller dieses sprachl. Bild in der ‚Elegie auf den Tod eines Jünglings': „Einen Jüngling trägt man hier heraus, einen Jüngling, noch nicht reif zum Sarge, in des Lebens Mai gepflückt."
Den Ersten Mai feiern: nicht arbeiten am sog. ‚Tag der Werktätigen'. Der Erste Mai ist seit 1890 zum Demonstrationstag der internationalen Arbeiterbewegung geworden. Schon in alter Zeit war dieser Tag ein Anlaß zu Frühlingsfesten.

Lit.: *H. Goersch:* Dâr hadde hê werf alse Meibôm tô Aken. Ein Erklärungsversuch, in: Zs. des Aachener Geschichtsvereins 2 (1880), S. 117–126; *A. Haas:* De Herthe gifft Gras un füllt Schünen un Faß, in: Blätter für pommersche Vkde. 3 (1894), S. 1–4; *D. Esser:* Das Heiraten im Mai, in: Zs. des Vereins f. rhein. und westf. Vkde. 5 (1908), S. 46–49; *A. Verwaetermeulen:* Te Meie verhuizen, in: Biekorf 38 (1932), S. 158; *U. Achten:* Illustrierte Geschichte des 1. Mai (Oberhausen 1979).

Maikäfer. *Strahlen wie ein Maikäfer:* über das ganze Gesicht strahlen; auch in den Mdaa. bekannt, z.B. schwäb. ‚dear lacht mit'm ganza Gsicht wie a Moikäfer'.
Über die Unsterblichkeit des Maikäfers nachdenken: sinnen, auch Unsinn reden; stud. Ausdr.; seit dem Ende des 19. Jh. aufgekommen.
Maikäfer numerieren: eine knifflige, aber unnötige Arbeit tun, ↗ Fliegenbeine, ↗ Käferbeine.

maikäfern. *Jem. maikäfert:* veralt. Ausdruck für jem., der sich während eines Festessens die Rede überlegt, die er anschließend zu halten hat; dieses Verhalten wird deshalb mit dem Maikäfer verglichen, da dieser schon vor dem Auffliegen die Flügel kräftig bewegt, ‚pumpt'.

Lit.: *O. Behagel:* Maikäfern, in: Zs. f. dt. Wortf. 11 (1930), S. 3.

Mailüfterl. ‚Wenn's Mailüfterl weht': es wird Frühling, stammt aus einem Gedicht

von Anton Freiherr v. Klesheim: ‚'s Mailüfterl', das in der Sammlung ‚Schwarz-
blatl aus'n Weanerwald' 1845 veröffentlicht wurde.

Main. *Wenn der Main brennt:* niemals;
mdal., bes. hess. ‚Wann de Maa brennt'
(Biebrich); ‚de Mao brennt' (Frankfurt);
vgl. auch den schwäb. Spottvers:
    Fuirio, der Necker brennt,
    Holet Straoh ond löschet gschwend!
Das Brennen des Wassers als rdal. Bild
des Unmöglichen kennen schon ma.
Dichter. In Wolframs v. Eschenbach ‚Titurel' (77, 4) versichert Sigune dem Schio-
natulander: „ez brinnent elliu wazzer, ê
diu liebe mînhalp verderbe"; vgl. ‚zu
↗Pfingsten auf dem Eise'.

Lit.: *I. Zingerle*, in: Germania VII, S. 190; *L. Berthold:* Ma. Sprww., S. 65 f.; *A. Taylor:* Locutions for
‚Never', in: Romance Philology 2, Nos. 2 and 3 (1948/
49), S. 103–134.

Majestätsbeleidigung. *Das grenzt ja an
Majestätsbeleidigung:* iron. nach Kritik an
jem., der sich schwer beleidigt fühlt. Von
‚Majestätsbeleidigung' spricht man gelegentlich, wenn einer höhergestellten Persönlichkeit nicht der von ihr erwartete
Respekt gezollt wird. In ihrem heutigen
umg. Gebrauch ist die Rda. in der Regel
somit nicht auf irgendwelche Monarchen
bezogen. Rechtshist. gesehen stellte jedoch die Majestätsbeleidigung einen
schweren Straftatbestand dar. Sie gehört
bereits zum röm. Recht: ‚Crimen laesae
maiestatis' und ist im Rom der Kaiserzeit
aufgekommen. Da der Kaiser wie ein
Gott verehrt wurde, konnte seine Schmä-
hung wie eine Gotteslästerung bestraft
werden. 397 n. Chr. erging die berüchtigte
‚Lex Arcadia', die diesen Personenschutz
bes. betonte und durch ihre Aufnahme in
die ‚Goldene Bulle' die dt. Strafrechtsge-
schichte stark beeinflußte. Die ‚Bamberg-
ische Halsgerichtsordnung' von 1507 definiert die Majestätsbeleidigung in Art. 132:
„So einer Römische Keyserliche oder Königliche maiestat lestert". In den Aufklä-
rungsgesetzen von 1787 reichte die Majestätsbeleidigung vom Attentat bis zum
Außerachtlassen der pflichtgemäßen Ehrerbietung gegenüber dem Landesfürsten.
Die die Majestätsbeleidigung betreffen-

den Paragraphen wurden durch das Ende
der Monarchie 1918 gegenstandslos.
Doch nach der Ermordung Erzbergers
und Rathenaus wurde 1922 ein entsprechender Strafschutz für den Reichspräsi-
denten und die Mitglieder der Regierung
erlassen. Das Strafgesetz von 1951 stellt
das Verunglimpfen der höchsten Staatsor-
gane unter Strafe (§ 90 StGB) und die Beleidigung eines ausländischen Staatsober-
hauptes oder seiner diplomatischen Vertreter (§ 103 StGB) und steht so sachlich in
der Tradition der früheren Majestätsbeleidigung.

Lit.: *H. Holzhauer:* Art. ‚Majestätsbeleidigung', in:
HRG. III, Sp. 177–182., *E. Schmidt:* Einführung in die
Gesch. der dt. Strafrechtspflege (Göttingen ³1965).

Makler. *Ein ehrlicher Makler sein:* ein
neutraler Vermittler sein. Dieser Ausdr.
geht auf Bismarck zurück. Dieser sagte
am 19. Februar 1878 im Dt. Reichstag:
„Die Vermittlung des Friedens denke ich
mir nicht so, daß wir nun bei divergieren-
den Ansichten den Schiedsrichter spielen
und sagen: So soll es sein, und dahinter
steht die Macht des Dt. Reiches, sondern
ich denke sie mir bescheidener, ja – ohne
Vergleich im Übrigen stehe ich nicht an,
Ihnen etwas aus dem gemeinen Leben zu
zitieren – mehr die eines ehrlichen Mak-
lers, der das Geschäft wirklich zustande
bringen will".

Makulatur. *Makulatur reden:* Unsinn reden. Makulatur sind unbrauchbare
Drucke, auch Altpapier, also Wertloses;
seit dem ausgehenden 19. Jh. in Berlin bezeugt.

malen. *Ich will dir was malen; dem werde
ich's malen!; laß dir was malen!; du kannst
dir was malen lassen* (evtl. mit dem Zusatz:
‚auf Löschpapier'). Diese Ausdrücke bedeuten eine grobe Abweisung für jem., der
einen mit irgendeinem Anliegen belästigt
(in ähnl. Sinne: ‚einem etw. ↗husten').
Vielleicht ist eigentl. gemeint: Das,
worum du bittest, kann oder will ich dir
nicht verschaffen; male es dir, dann hast
du's! Urspr. wird wohl hinter der Wndg.
eine Derbheit stecken; vgl. ostfries. ‚lat di
wat ofmalen upn Stück Klackerpapier

(up'n Buskohlblatt)'; westf. ‚Du kannst di wat op Löskpapier moalen laten'.
Er kann malen ohne Farbe: er ist ein Schlaumeier. *Dem muß man eine malen* sagt man von dem Mann, dem keine weibl. Person zusagt. *Nicht gemalt hat er's gesehen* sagt man von einem, der sich rühmt, etw. gesehen zu haben, es aber niemals gesehen hat (schon lat. ‚Ne pictum quidem videt'). *Den Teufel an die Wand malen* ↗ Teufel.

malochen. *Die ganze Woche nichts als malochen:* die ganze Woche ausgefüllt mit schwerer körperlicher Arbeit; der Ausdr. kommt aus dem jidd. ‚melocho', Arbeit.

Mammon. Aramäisch ma mon = Hinterlegtes, gelangt durch die Lutherbibel aus Matth. 6,24 und Luk. 16,9 in der Bdtg. ‚(ungerechter) Reichtum' ins Dt. und wird in den Rdaa. *dem (schnöden) Mammon dienen:* dem Geld nachjagen, eigentl: dem syrischen Gott des Reichtums dienen, *ein Knecht des Mammons sein* seit etwa 1600 geläufig (entspr. engl. ‚to serve Mammon'; frz. ‚servir le Mammon', auch: ‚un serviteur de Mammon' und ndl. ‚de Mammon dienen').

man. Viele Sprww. fangen mit einem verpflichtenden ‚Man soll', ‚Man muß', ‚Man darf' an: ‚Man soll den Tag nicht vor dem Abend loben', ‚Man soll sich nicht ausziehen, bevor man sich schlafen legt'. Man findet diese Formulierungen insb. in Anstandsregeln: ‚Man spricht nicht mit vollem Mund', ‚Man legt die Füße nicht auf den Tisch'; ähnlich in Werbeslogans: ‚Man trägt wieder Hut', ‚Man gönnt sich ja sonst nichts'. Die alltägliche Umgangssprache ist voll von solchen ‚Man-Formeln': ‚Man tut, was man kann', ‚Man dankt', ‚Man benimmt sich'. Auch in wiss. Texten sind solche Formeln gebräuchl.: ‚Man muß sich doch fragen'. Viele dieser Ausdrucksweisen sind mit dem Konjunktiv (Irrealis) verbunden: ‚Man müßte noch einmal zwanzig sein', ‚Man müßte Klavier spielen können', ‚Wenn man täte, was man müßte.'
Hinter dem ‚man' der dritten Person verbirgt sich der Allgemeingültigkeitsanspruch des Sprw.s vor allem, wenn man

von anderen etw. erwartet, was ‚man' eigentlich selber tun sollte: ‚Man sollte weniger essen', ‚Man sollte mal wieder den Rasen mähen'. Feministische Sprachforscher haben vorgeschlagen, ‚man' durch ‚frau' zu ersetzen. Es ist jedoch noch nicht in den allg. Sprachgebrauch eingegangen.

Mangel. *Jem. durch die Mangel drehen:* ihm mit Fragen zusetzen, ihn rücksichtslos behandeln. Mangel ist die Glättrolle für die Wäsche; wenn ein Mensch durch die ‚Mangel gedreht' wird, wird er also ‚gepreßt'. Ähnl. *jem. in der Mangel haben, in die Mangel kriegen* (oder *nehmen*): ihn heftig rügen; auch in den Mdaa., z. B. meckl. ‚he hätt em dägt in de Mangel nahmen', er hat ihn tüchtig zugerichtet.
Auch ein Übermüdeter fühlt sich ‚wie gemangelt'.
In der Mangel sein: gymnastische Übungen machen (Mitte 20. Jh.).

Mangelware. *Etw. ist Mangelware:* es ist schwer erhältlich, ist selten u. daher nur mühevoll oder unter hohen Kosten zu beschaffen. Urspr. bezieht sich der Ausdr. auf Probleme des Handels, der in Not-, Kriegs- oder Krisenzeiten nicht alle gewünschten Güter vorrätig haben u. überall anbieten kann. In übertr. Bdtg. dient die Rda. zur scherzhaft-euphemist. Umschreibung eines festgestellten geistigen Unvermögens beim Menschen, von dem man sagt: *Bei ihm ist etw. Mangelware*, d. h. es fehlt ihm z. B. an Einsicht, Intelligenz, Verstand oder gutem Willen.

manipulieren. *Etw. (jem.) manipulieren:* eine Sache steuern, geschickt zu Werke gehen, einen Menschen in seinem Sinne beeinflussen. *Etw. als Manipulation bezeichnen (erkennen):* gewisse Machenschaften durchschauen. Das Subst. ‚Manipulation' ist wie das Verb seit dem Ende des 18. Jh. gebräuchl. und zuerst als Terminus des magnetischen Heilverfahrens bekannt geworden, i. S. v. geschickte Handhabung, Kunstgriff. In der Rda. besitzt das Wort heute meist negative Bdtg.

Manko. *Das (etw.) ist ein schweres Manko:* es fehlt Beträchtliches, es gereicht zum Nachteil. Das ital. Wort ‚manco' bedeutet urspr. verstümmelt, unvollständig, mit einem großen Fehler oder Schaden behaftet sein. So auch: *Ein Manko haben an etw.:* einen Bedarf haben an etw. Ital. ‚a manco' gehört der Kaufmannssprache an und bedeutet ‚Fehlbetrag'; in dieser Bdtg. ist ‚manco' seit 1712 auch in der dt. Handelssprache belegt; in erweitertem, übertragenem Sinn wurde ‚Manco' ab 1869 in lit. Texte übernommen.

Lit.: *A. Schirmer:* Wb. d. dt. Kaufmannssprache (Straßburg 1911), S. 125.

Mann. *Seinen Mann stehen* (oder *stellen*): die Aufgaben und Pflichten, die einem als Mann zufallen, zu erfüllen wissen; Vollwertiges leisten; ähnl. ndd. ‚Da bin ik Mann vör', dafür bin ich Bürge.

Seinen Mann finden: einen finden, der einem gewachsen ist; so schon 1541 in Seb. Francks ‚Sprichwörtern'; auch frz. ‚trouver son homme'. Das ostfries. ‚de is sien Mann ankamen!' bedeutet auch: er ist unangenehm überrascht worden.

(Ein) Mann bei der Spritze sein: tüchtig dabeisein, auch: eine wichtige Rolle spielen; der Ausdr. hat sich vom Feuerlöschwesen aus verbreitet, wo die Männer bei der Spritze die entscheidende Tätigkeit ausüben, ↗ Spritze.

Ein gemachter Mann sein: in guter Position, vermögend sein.

Ein Mann von Welt sein: Analogiebildung zu ‚Kinder dieser Welt'; Luk. 16,8: „Die Kinder dieser Welt sind klüger denn die Kinder des Lichts". Im MA. bez. man mit ‚werltman' einen Menschen, dem irdische Güter sehr wichtig erschienen, während im 16. Jh. – wohl unter span. Einfluß – derjenige als Mann von Welt galt, der Karriere in einem weltlichen Beruf gemacht hatte, der sich in der höfischen Gesellschaft im Gegensatz zu Geistlichkeit und Kirche hervortat; in dieser Bdtg. auch bei Grimmelshausen, Simplicius Simplizissimus: „... daß sie keinen Mönch, sondern einen Weltmann aus mir machen wollten". Heute charakterisiert man mit dieser Wndg. jem., der sich weltgewandt benimmt u. mit den Umgangsformen der gehobenen Gesellschaft vertraut ist.

Ein Mann in den besten Jahren; lit. auch bei Heinrich Heine ‚Die Heimkehr' (1826), wo vom Teufel gesagt wird:

Er ist nicht häßlich und ist nicht lahm,
Er ist ein lieber, charmanter Mann.

Ein Mann in seinen besten Jahren; frz. entspr. ‚un homme dans la fleur de l'âge'.

Mann Gottes steht urspr. 5. Mos. 33, 1 und sonst noch sehr oft im A.T. Heutzutage wird die Wndg. meist als Ausdr. mißbilligender Verwunderung gebraucht; ähnl. *Mann, Mann!, Mannomann!* oder *Mannometer!* Hier ist die Anrede ‚Mann!' gedehnt durch Herbeiziehung des gleichanlautenden Fremdworts ‚Manometer', entstanden aus frz. ‚manomètre', einem Druckmesser für Gase und Flüssigkeiten. *Männeken!* ist eine verächtliche Anrede. Die stabreimende Zwillingsformel *mit Mann und Maus* (untergehen) stammt aus der Seefahrt.

„Wärn gute Leute auf dem Schiff gewesen, in Grund gesunken wär's mit Mann und Maus", heißt es bei Schiller (‚Tell', IV, 3). Vgl. auch frz. ‚périr avec armes et bagages'. Dagegen ist *mit Mann und Roß und Wagen* (hat sie Gott geschlagen) ein Zitat aus dem ‚Fluchtlied' (1813) von Max von Schenkendorf, dieses wiederum stammt aus der Bibel: 2. Mos. 15.

Mann für Mann: eine Person nach der anderen, jeder einzelne für sich.

Von Mann zu Mann sprechen: vertraulich.

Das ist gesprochen wie ein Mann kommt als Zitat aus Schillers Drama ‚Die Piccolomini' (IV, 4).

Das Sprw. ‚Ein Mann – ein Wort' soll die Einhaltung eines gegebenen Wortes garantieren. Bei Schiller heißt es im ‚Pegasus im Joche': „Der Täuscher, hoch vergnügt, die Ware loszuschlagen, schlägt hurtig ein. ‚Ein Mann, ein Wort!' und Hans trabt frisch mit seiner Beute fort". In frauenfeindl. Absicht erweitert zu: ‚Ein Mann – ein Wort. Eine Frau – ein Wörterbuch'.

Etw. an den Mann bringen: seine Ware absetzen, auch: eine Geschichte, einen Witz erzählen können; urspr. wohl eine kaufmannssprachl. Wndg.

Goethe schreibt: „Gewöhnlich haben unsere Schauspieler eine aparte Leibesbewegung einstudiert, die sie mit ... Fertigkeit an den Mann zu bringen wissen".

Jem. an den Mann bringen: verheiraten. Umg. sagt man von einer Frau, deren Ehe von Eltern, Verwandten, Freunden arrangiert wurde, sie wurde an den Mann gebracht.

Manns genug sein, etw. zu tun: die nötige Stärke, Tapferkeit und den Mut besitzen, um eine Sache zu bewältigen. Die Rda. kann sich auf beide Geschlechter beziehen. Lit. Beispiele:

„Nathan: ‚Bleibt! Wohin?‘
Tempelherr: ‚Zu ihr! Zu sehn, ob diese Mädchenseele manns genug wohl ist, den einzigen Entschluß zu fassen, der ihrer würdig wäre.‘“ (Lessing, ‚Nathan der Weise‘.)

„Wie? Sind wir beide ihm nicht manns genug, daß er, besorgt, uns den Gehilfen sendet?“ (Schiller: Fragment Macbeth).

Das ist unser Mann: das ist diejenige Person (männl. oder weibl. Geschlechts), die wir gerade suchen; man sagt auch: ‚Das ist der rechte Mann‘, jedoch bez. sich diese Wndg. nur auf Männer. Lit. z. B. bei Hans Sachs, Fastnachtsspiele:

„da kumbt der rechte Mann herzu.“
Oder bei Goethe:

„Kaum hatte er Ferdinanden gesehen, als dieser ihm sein Mann zu sein schien.“

Den wilden (starken) Mann markieren (machen), sich hemmungslos gebärden, kraftvoll dünken, als Betrunkener Streit suchen. Urspr. war der ‚Wilde Mann‘ ein riesiger Waldmensch in Volkssagen, ma. Epen und bildl. Darstellungen.

Voll wie tausend Mann: schwer bezecht.

Männchen machen wird zunächst von Tieren (Hunden, Hasen) gesagt, die sich auf den Hinterbeinen aufrichten; in der Soldatensprache bedeutet es: stramme Haltung annehmen; dann wird es übertr. zu ‚sich sträuben‘, so z. B. wien. ‚Manderln machen‘, Umstände machen, sich widersetzen. Vgl. frz. ‚faire le beau‘ (wörtl.: den Schönen machen), auch in der urspr. ersten Bdtg. der dt. Rda., dann aber i. S. v. ‚radfahren‘, sich hervortun und bei anderen beliebt machen, um einen Vorteil zu bekommen (wie der Hund sich auf den Hinterbeinen aufrichtet, um einen Leckerbissen zu bekommen), ↗ Radfahrer.

Einen kleinen Mann im Ohr haben: nicht ganz bei Verstand, verrückt sein. Die Rda. soll eine Aussage, vor allem einen Wunsch oder eine Forderung, als sinnlos abtun. Es ist, als ob der kleine Mann im Ohr das Sinnlose oder Törichte hervorge-

bracht hätte, dem Vernünftigen den Gehörgang versperrend (↗ Ohr).

Obwohl die Rda. neu erscheint, ist sie doch in Berlin mindestens schon vor dem 1. Weltkrieg bekannt gewesen. Im Grunde zeigt sich dabei ein altertümliches krankheitsdämonistisches Denken. Ähnl. kann der Berliner Arzt beim klinischen Ausspülen des Ohres und Entfernen eines Pfropfens sagen: ‚Jott sei Dank, det der kleine Kerl raus is!‘

Kleiner Mann, was nun? ist der Titel eines Romans von Hans Fallada (Berlin 1932).

Einem nackten Mann in die Tasche greifen: etw. holen wollen, wo es nichts zu holen gibt.

Man kann doch einem nackten Mann kein Bonbon ins Hemd kleben: es ist nicht möglich, man kann ihm nichts anhaben.

Einen alten Mann schlagen: eine Arbeit verrichten, die wenig einbringt, die vergebens ist. Die Wndg. stammt aus dem altsächs. Bergmannswesen; ein ‚alter Mann‘ ist die Bez. für das abgebaute Flöz, ein ‚toter Mann‘ ist ein Gang ohne Erz.

‚Wilder Mann‘

Den toten Mann machen: sich ohne Bewegung auf dem Rücken im Wasser treiben lassen.

‚Auf Männerfang ausgehen‘

Ein toter Mann sein: verloren sein, keine Überlebenschancen besitzen; oft als Drohung gegen Verräter in der Unterwelt verwendet.

Sich stellen wie der alte Mann von Wien: eine verschollene Rda., deren Sinn sich nicht mehr erklären läßt; belegt in den Ingolstädter Reimen 1562, wahrscheinl. i. S. v. Niemand:

„Spräch ich, du hetst mich gheißen,
Du laugnest hin und hin,
Und köndst dich gar wol stellen
Als der alt Mann von Wien."

Dastehen wie's Mandl beim Sterz: diese Wiener Rda. meint einen ungeschickten Menschen. Lit. belegt bei Nestroy.

Männchen auf Männchen setzen: Ausdr. aus der Druckersprache, der besagt, daß bei der Neuauflage eines schon gedruckten Buches völlige Übereinstimmung zwischen beiden besteht.

Sei ein Mann!: sei so (tapfer, furchtlos, beherzt), wie es sich für einen Mann gehört; dies sagte schon der sterbende David zu seinem Sohn Salomo (1. Könige 2,2). In Goethes ‚Faust‘ (2. Teil, 3. Akt) findet sich die Wndg. *Selbst ist der Mann:* er weiß sich selbst zu helfen. Daß sich ein Volk erhebt ‚wie ein (d. h. einziger) Mann‘ (ohne Unterschied, vollständig), ist bereits bibl. (Richter 20,1.8.11) bezeugt.

Dem Manne kann geholfen werden: hier kann Abhilfe geschaffen werden, so lauten die letzten Worte Karl Moors in Schillers ‚Räubern‘ (V, 2).

Als Schnelligkeitsprobe beim Sprechen dient der eigentl. zum Nachdenken anregende Spruch:

Wenn mancher Mann wüßte,
wer mancher Mann wär',
Gäb' mancher Mann manchem Mann
manchmal mehr Ehr'.

Auf Männerfang ausgehen (aussein): unbedingt heiraten wollen und alles daransetzen, einen Mann für sich zu gewinnen. Die Wndg. *Männerstolz vor Königsthronen* entstammt als Zitat Friedrich Schillers Gedicht ‚An die Freude‘, das er zuerst in der ‚Thalia‘ Bd. I, H. 2, S. 1–5 im Jahre 1787 veröffentlichte.

Lit.: *A. Spamer:* Wenn mancher Mann wüßte, was mancher Mann wär …, in: Zs. f. Vkde. 46 (1936/37), S. 134–149; *R. Bernheimer:* Wild Men in the Middle Ages. A Study in Art, Sentiment, and Demonology (Cambridge 1952); *F. Neumann:* Der kleine Mann im Ohr, in: Muttersprache 69 (1959), S. 129–131; *E. Meyer-Heisig:* Vom Herrn Niemand, in: Zwischen Kunstgeschichte und Volkskunde, Festschr. für Wilhelm Fraenger (Berlin 1960), S. 65 ff.; *L. Richter:* Mutter, der Mann mit dem Koks ist da; Berliner Gassenhauer (Leipzig ²1977); *D. Rünzler:* Machismo. Die Grenzen der Männlichkeit (Kulturstudien. Bibliothek der Kulturgeschichte. Bd. 16, hrsg. v. H. C. Ehalt und H. Konrad), (Köln 1988).

manoli. *Du bist wohl manoli:* du bist nicht ganz normal; die Rda. wurde einer früheren Zigarettenmarke und deren Lichtreklame nachempfunden. Die kreisende Bewegung der Reklamefigur wurde mit jener Handbewegung verglichen, die man macht, um anzudeuten, daß jem. nicht ganz normal ist.

Manschette. *Manschetten haben:* Angst, Furcht, Respekt haben; ndd. auch in der Form: ‚Manschettenſieber haben'. Die Rda. ist in der zweiten H. des 18. Jh. in student. Kreisen entstanden, als die Mode der überfallenden Manschetten den Gebrauch des Degens hinderte. Wer Manschetten trug, konnte sich nicht schlagen, sondern war ein modischer Zärtling. Völlig aus dieser Anschauung heraus schreibt Rahel Varnhagen 1814 eine zornige Charakteristik der Diplomaten, die sie mit dem heftigen Ausruf schließt: „Diese Kerle mit Manschetten!" (O. Berdrow: Rahel Varnhagen, Stuttgart 1900, S. 202). Damals war die Rda. noch ganz frisch: Am 1. Febr. 1811 schreibt Theodor Körner einen Brief an die Landsmannschaften in Jena mit einem poetischen Anhang, der zeigt, wie die Rda. ‚Manschetten haben' (die zur Tracht der Adeligen gehörten) für ‚feige sein' gebraucht wurde. Es war ja die Zeit, in der auf der Wartburg die Schnürbrust als Zeichen der Verweichlichung unter Hohnversen verbrannt wurde. Vgl. die scherzhafte Parodie auf Schillers ‚Hektors Abschied', die den Hallischen Professor Wilh. Gesenius besang, als dieser beim Anrücken der Cholera Halle verließ, um sein Leben in Nordhausen in Sicherheit zu bringen:

Wer wird künftig Exegese lehren,
Hiob lesen, Genesis erklären,
Wenn du mit Manschetten dich
                    gedrückt?

Daß man dem mit Manschetten Ausgerüsteten kein festes Zupacken, insbes. keine grobe Arbeit zutraut, zeigt auch die Bez. *Manschettenbauer.*

Dagegen *Manschetten machen:* wuchern und dafür im Gefängnis sitzen. Hier meint Manschetten gaunersprachl. die Handschellen der Gefangenen.

Lit.: *R. M. Meyer:* Schlagworte, S. 34f.

Mantel. *Den Mantel nach dem Wind kehren* (oder *hängen*): nicht nach festen Grundsätzen handeln, charakterlos, wetterwendisch sein; eigentl.: sich in die Umstände schicken wie ein Wanderer, der auf der Landstraße bei stürmischem Wetter den Mantel immer nach der Seite hängen muß, aus der der Wind kommt. Urspr. hatte die Wndg. keinen tadelnden Neben-

1/2 ‚Seinen Mantel nach dem Wind hängen'

sinn, sondern bedeutete nur: sich in die Verhältnisse schicken, ‚sich nach der ↗ Decke strecken'; so als Lebensweisheit in einem der Sprüche Spervogels (‚Minnesangs Frühling' 22,25):

Man sol den mantel kêren, als daz
                    weter gât,

oder in Gottfrieds von Straßburg ‚Tristan' (V. 10430f.):

Man sol den mantel kêren,
als ie die winde sint gewant.

Diese Frühbelege, aber auch noch spätere Zeugnisse beweisen, daß unsere Rda. sich erst aus einem vollen Sprw. verkürzt hat.

In dem satirisch-didaktischen Epos ‚Der Ring‘ des Heinrich von Wittenweiler heißt es (V. 4514 ff.):

Besich, in welhem zeit du pist,
Dar zuo, wie daz weter ist,
Daz du deinen mantel gschwind
Mugest keren gen dem wind!

In Freidanks ‚Bescheidenheit‘ (115, 2) findet sich die Variante:

Ein man den nüschel (Mantelspange)
             kêret,
Als in daz weter lêret.

Tunnicius bucht 1513 die Rda. in ndd. Form (Nr. 707): ‚Men mot de hoiken (Mantel) na dem winde hangen‘. Schon frühnhd. nimmt die Rda. den Sinn der Charakterlosigkeit an; so heißt im ‚Reinke de Vos‘ von 1498 ein Großer am päpstlichen Hofe ‚Wendhoyke‘; Luther schreibt (Erlanger Ausg. Bd. 60, S. 308): „Bauchdiener hängen den Mantel, nachdem der Wind wehet". Hans Sachs hat die Rda. ebenfalls häufig gebraucht, z. B. in den ‚drei wachsenden Dingen‘:

Wer der armut entpfind,
Der henck den mantel nach dem Wind,
Und treib allen Überfluß aus,
Halt nach seinem vermügen haus.

Und in dem Schwank ‚Der Pfennig ist der beste Freund‘:

Wer sein gelt also prauchen thut
Zur noturft aus ainfalting mut,
Dem selben gar selten zurint;
Er henckt den mantel nach dem wint,
Lest sich begnügen, was er hab,
Und dankt got deglich seiner hab.

In KHM. 83 ‚Hans im Glück‘ findet sich das Lied eines Scherenschleifers:

Ich schleife die Schere und drehe
             geschwind
Und hänge mein Mäntelchen nach dem
             Wind.

Der Reim ist alt und findet sich schon auf einem Kupferstich von Israel von Meckenem im 15. Jh., wo verschiedene Sprww. durch handwerkliche Verrichtungen veranschaulicht werden. Der Sichelschmied z. B. sagt: „Das Recht kann ich krumm machen, drum trag ich rot Scharlachen"; ein Werkzeugmacher: „Meine Dinge mach ich recht und schlecht, drum bleibe ich ein armer Knecht", und der Scherenschleifer: „Ich schleif, ich wend und kehr mein Mäntelchen nach dem Wind". In der ndl.-fläm. Rdaa.-Malerei ist unsere Rda. von Bruegel bis zu den späteren Bilderbogen immer wieder dargestellt worden. Sprw. und Rda. scheinen nur dem dt., frz. und ndl. Sprachbereich anzugehören. Zwar schreibt schon Plautus „Utcumque est ventus, exim velum vortitur", aber ma. und moderne Tradition sagen ‚Mantel‘ statt ‚Segel‘; vgl. frz. ‚retourner sa veste‘ (wörtl.: seine Jacke umkrempeln): seine Einstellung ändern.

Den Mantel auf beiden Schultern tragen: mit jedem gut auskommen, sich von vornherein auf alle Möglichkeiten gefaßt machen, sich überallhin gut zu stellen wissen, friedliche Absichten zeigen. Diese Rda. ist schon sehr alt und beruht auf der Rechtsformel ‚den Mantel schultern‘, wie sie etwa um 1220 im Sachsenspiegel auftaucht; auch ältere schwed. und fries. Rechtstermini kennen den geschulterten Mantel als Zeichen der Waffenlosigkeit. *Im Mantel den Kopf verhüllen* bedeutet jedoch das Gegenteil der vorherigen Rda.; hier wird Unheil signalisiert oder die unredliche Absicht eines Menschen beschrieben.

Etw. mit dem Mantel der (christlichen) (Nächsten-)Liebe bedecken: über einen Fehler, eine Schwäche oder eine nicht ganz saubere Sache schweigen; so tun, als ob man sie nicht bemerke; sie der Vergangenheit anheimgeben, um den, der sie verschuldet hat, nicht in Verlegenheit oder in Ungelegenheiten zu bringen. Friedrich v. Logau (1604–1655) sagt in einem Epigramm:

Nenne mir den weiten Mantel, drunter
             alles sich verstecket;
Liebe tut's, die alle Mängel gerne hüllt
             und fleißig decket,

und Samuel von Butschky 1677 im ‚Pathmos‘ (88): „Christus deckt die Sünden mit dem Mantel seiner Gerechtigkeit zu". Das Bild von dem das Unrecht verhüllenden Mantel findet sich schon in Hugos v. Trimberg Lehrgedicht ‚Der Renner‘ (V. 3307 ff.):

kappen und swestermentellîn
(Mantel einer geistlichen Frau)
bedeckent manec untaetelîn.

Im Corpus iuris canonici, Decretum Gratiani, Kap. 8, 96 wird berichtet, der röm. Kaiser Konstantin (306–337), der das

Christentum zur Staatsreligion erhob, habe gesagt: „Wahrscheinlich, wenn ich mit eigenen Augen einen Priester Gottes oder jemanden im Mönchsgewand hätte sündigen sehen, so würde ich meinen Mantel abnehmen und ihn bedecken, damit er von niemand gesehen würde". In den Sprüchen Salomonis 10,12 heißt es: „Haß erregt Hader; aber Liebe deckt zu alle Übertretungen"; ähnl. im 1. Brief Petri 4,8: „Die Liebe decket auch der Sünden Menge". In der heutigen Form stammt die Rda. jedenfalls aus geistlichem Munde, wo sie oft in salbungsvollem Ton ernst gemeint ausgesprochen worden sein wird, was den iron. Sinn, den wir heute gewöhnlich mit ihr verbinden, mit hervorgerufen haben mag.

Die nahe verwandten Ausdrücke *bemänteln, einer Sache ein Mäntelchen umhängen* in dem Sinne von ‚beschönigen' brauchen selbstverständlich weder aus dem jüd. noch dem klassischen Altertum abgeleitet zu werden; sie enthalten ein Bild, wie es jede Sprache immer wieder aus sich zu erzeugen imstande ist. So sagt Schiller in der ‚Jungfrau von Orleans' (II, 1):

Der Aberglaube ist ein schlechter Mantel
Für Eure Feigheit.

Bismarck sprach einmal (‚Reden' IX, 429) von dem „Mantel der gekränkten Unschuld, in dem man sich einhüllt, wenn man sachlich nichts zu sagen weiß", und wiederholte: „die Triftigkeit seiner sachlichen Gründe mit dem Mantel der sittlichen Entrüstung, des persönlichen Gekränktseins zudecken" (‚Reden' IX, 433). Im altdt. Rechtsleben hat der Mantel eine wichtige Rolle gespielt. Vor der Ehe geborene Kinder wurden dadurch legitimiert, daß die Frau sie bei der Trauung unter ihren Mantel nahm (‚Mantelkinder', lat. ‚filii mantellati', frz. ‚enfants mis sous le drap'). Auch als Sinnbild des Schutzes galt der Mantel; in der Wartburgsage flüchtet der Minnesänger Heinrich von Ofterdingen unter den Mantel der Landgräfin. Ebenso bedeuten die Worte Wolframs im ‚Parzival' (88,7 f.):

Dô diu botschaft was vernomn,
Kaylet, der ê was komn,
saz ter küngîn undr ir mantels ort

keine Vertraulichkeit, sondern die Bitte

‚Mantel der Nächstenliebe' – ‚Schutzmantelmadonna'

um Schutz. An die Stelle des Mantels tritt dann der Schleier, so wenn in dem mhd. Heldenepos ‚Rosengarten' erzählt wird, daß Kriemhild den Siegfried mit ihrem Schleier deckte, als er von Dietrich besiegt wurde. Erinnert sei auch an die spätma. Schutzmantelmadonnen, Darstellungen der Madonna, wie sie mit einem mächtig ausgebreiteten Mantel alle diejenigen schützt, die bei ihr Zuflucht gesucht haben. Im Zusammenhang mit unserer Rda. hat man auch an die Tracht der Femrichter erinnert: „Sie sollen Mäntelein auf ihren Schultern haben. Diese bedeuten die warme Liebe, recht zu richten, die sie haben sollen; denn so wie der Mantel alle andere Kleider oder den Leib bedecket, also soll ihre Liebe die Gerechtigkeit bedecken. Sie sollen auch darum die Mäntel auf den Schultern haben, damit sie dem Guten Liebe beweisen, wie der Vater dem Kinde" (Th. Berck: Geschichte der westf. Femgerichte, Bremen 1815, S. 32). Es fehlt bei dieser Erklärung der Rda. allerdings der Sinnbezug zur ‚Bemäntelung' begangenen Unrechts.

Den blauen Mantel umhängen ↗blau.

Im Schwäb.: ‚Der hat sein Mantel z'lang mache lasse' bedeutet, daß eine Person zu großartig aufgetreten ist, zu sehr angegeben hat.

Lit.: *A. Fink:* Mantel, in: HRG. III, Sp. 251–254; *M. de Meyer:* ,De Blauwe Huyk', in: Proverbium 16 (1971), S. 564–575; *O. Holzapfel:* Den Mantel auf beiden Schultern tragen, in: Proverbium Paratum 1 (1980), S. 45–47.

Märchen. Das Wort ,Märchen' ist eine Verkleinerungsform von ,Mär' (mhd. diu oder daz maere) und bedeutet urspr. Kunde, Bericht, Erzählung. Den Beigeschmack einer ,fabula incredibilis', d. h. einer unglaubwürdigen, rein fiktiven Erzählung oder eines bloßen Gerüchts, hat der Begriff ,Märchen' erst im Laufe seiner Entwicklung erlangt. Noch im Ahd. (Otfried v. Weißenburg) kann ,mari' die gewiß für wahr gehaltene bibl. Geschichte, das Evangelium bedeuten. Wie andere Diminutive unterlag auch das Märchen oder Märlein früh einer Bedeutungsverschlechterung, so daß damit erfundene, phantastische, unrealistische oder gar unwahre Geschichten bez. werden konnten, was bes. in Zusammensetzungen wie ,lügenmaere', ,tandmaere', ,entenmäre', ,gensmäre' deutlich wird. Charles Perrault nannte seine Märchen ,Contes de ma mère l'Oye'. Noch heute kann man mit ,Märchen' höchstes Glück umschreiben: ,Es war wie im Märchen'. In Werbetexten bez. ,märchenhaft' – ebenso wie ,sagenhaft' – ein Hochwertwort. Aber auch die Welt der Lüge kann mit demselben Wort umschrieben werden: *Erzähl mir keine Märchen!:* sag nicht die Unwahrheit. Eine Reihe von Märchenschlußformeln sind durch den großen Bekanntheitsgrad der Grimmschen Sammlung sprichwörtl. geworden, wie z. B. ,Mein Märchen ist aus, da läuft eine Maus' (so und ähnl. in KHM. 15, 108, 127 u. a.)

Lit.: *L. Röhrich:* Märchen und Wirklichkeit (Wiesbaden ⁴1979); *M. Lüthi:* Märchen (Sammlung Metzler 16) (Stuttgart ⁸1990, bearbeitet von H. Rölleke), S. 1; *B. Holbek:* Art. ,Formelhaftigkeit, Formeltheorie', in: EM. IV, Sp. 1416–1440.

Maria. *Mir ist ganz maria-magdalenisch:* ich habe ein komisches, unerklärliches Gefühl, mir ist ↗ blümerant. Die Rda. ist in Oberschwaben bekannt. Sie bezieht sich wohl auf die bibl. Maria Magdalena (Luk. 8, 2), aus der Jesus sieben Teufel ausgetrieben hat.

Marionette. *Eine Marionette (in den Händen eines anderen) sein:* ein willenloses Geschöpf sein, sich widerspruchslos lenken lassen.

Eine Marionettenregierung einsetzen: eine von einem fremden Staat bestimmte und abhängige Regierung eines Landes, eine Scheinregierung.

Der frz. Ausdr. ,Marionette' bez. eine Gliederpuppe eines Puppentheaters. Der Name taucht erst im 14. Jh. auf und wurde zuerst für hölzerne Statuetten gebraucht, die junge Mädchen bei religiösen Feiern ersetzen sollten. In Dtl. war der Name zu Beginn des 17. Jh. für eine Puppe gebräuchl., deren Glieder an Schnüren befestigt und somit beweglich sind.

Doch schon im ,Hortus deliciarum' der Äbtissin Herrad von Landsberg (12. Jh.) werden unter der Bez. ,Ludus monstrorum' zwei an Schnüren tanzende Puppen erwähnt. Die Oxforder Hs. des Alexanderromans (entstanden 1344) enthält zwei Miniaturen, die Handpuppenbühnen darstellen.

Lit.: *H. v. Kleist:* Über das Marionettentheater (1810); *Ch. Magnin:* Histoire des Marionettes en Europe (Paris ²1862); *E. Rapp:* Die Marionette in der dt. Dichtung vom Sturm und Drang bis zur Romantik (Leipzig 1924); *H. Schulz:* ,Marionette', in: Dt. Fremdwörterbuch, hg. v. O. Basler, Bd. 2 (Berlin 1942), S. 73; *A. Ch. Gervais:* Marionettes et marinettistes de France (Paris 1947); *J. Chesnais:* Histoire générale des marionettes (Paris 1947); *P. L. Mignon:* Marionettentheater (Lausanne 1963); *G. Böhmer:* Puppentheater (München 1969).

,Marionetten'

Mark (das). *Es geht* (oder *dringt) einem durch Mark und Bein;* es geht einem durch und durch; von einem heftigen Seelen- oder Nervenschmerz, bes. bei einem schrillen Klang; vgl. frz. ,Cela vous pénètre jusqu'à la moëlle des os'. Auffällig ist dabei die Reihenfolge ,Mark und Bein'; denn was von außen kommt, muß doch erst die Knochen (↗ Bein) durchdringen, ehe es ans Mark gelangen kann. Wohl nur dem Reim zuliebe ist die Formel bisweilen umgestellt, z. B. 1573 in Joh. Fischarts ‚Flöhhatz‘ (Neudruck, 1619 f.) und in einem Lied von 1657 auf den Tod von Kaiser Ferdinand III.:

Dann der Schmerz ist also stark,
Daß er dringt durch Bein und Mark.

Die formelhafte Verbindung ‚Mark und Bein‘ steht freilich seit der Lutherbibel fest; Hebr. 4, 12 steht: „Das Wort Gottes ist … schärfer denn ein zweischneidig Schwert und dringt durch, bis daß es scheidet Seele und Geist, auch Mark und Bein". In der Volkssprache z. T. in reimhafter oder liedhafter Verbindung, z. B. in dem alten Spottvers auf den sauren Wein von Grünberg (Schlesien):

O Grüneberg, mich faßt ein Schauer,
O weh, wie ist dein Wein so sauer,
Der geht durch Mark, der geht durch
Bein
Als hätte man das Zipperlein.

In älterer Sprache kommen z. T. daneben noch andere Zwillingsformeln vor, z. B. mhd. ‚marc und verch‘ (Leben), bei Goethe: ‚Mark und Seele‘. Um 1900 hat sich, von Berlin ausgehend, die Wndg. ‚Das geht mir durch Mark und Pfennig‘ ausgebildet, wobei ‚das‘ Mark scherzhaft als ‚die‘ Mark aufgefaßt wurde und ‚Pfennig‘ sinngemäß zu Mark hinzutrat.

Einen älteren (partitiven) Gen. stellt vielleicht die mdal. Form ‚Marks‘ für ‚Mark‘ dar, z. B. obersächs. ‚Ich habe gar kein Marks mehr in den Knochen‘, ich fühle mich schwach, ermüdet; vgl. frz. ‚Il n'a rien dans le ventre‘ oder ‚… dans les couilles‘ (wörtl.: Er hat nichts im Bauch oder in den Hoden): Er ist ein Schwächling. Obersächs. ‚er hat Marks im Kopf‘, er ist ein verständiger Mensch; dagegen ostpreuß. das Wortspiel ‚ik heet Markus‘, d. h. ich kann mir leicht etw. merken.

Mark in den Knochen haben: stark sein; *sich vom Marke anderer nähren:* den Ertrag der Arbeit anderer auf betrügerische Weise an sich bringen. *Jem. das Mark aus den Knochen saugen:* ihm das Lebensnotwendigste rauben, ihn bis aufs Äußerste ausbeuten, ihn zugrunde richten. *Jem. (bis) ins Mark treffen (erschüttern):* ihn tödlich verletzen (beleidigen).

Mark (die). *Die Mark dreimal umdrehen* (bevor man sie ausgibt): sehr sparsam sein, auf seine Ausgaben achten (müssen); auch Bez. für jem., der knauserig und geizig ist.

Eine schnelle Mark machen: auf schnellste Weise zu Geld kommen; ohne große Anstrengung seinen Geschäftsvorteil nutzen.

Keine müde Mark wert sein: überhaupt nichts wert sein.

Die Mark ist (dann) nur noch fünfzig Pfennig wert: man muß seinen Verdienst, sein Einkommen teilen. Die Rda. wird gern scherzhaft oder zur Warnung vor einer Heirat gebraucht. Sie umschreibt die finanzielle Situation bei Eheleuten im Unterschied zu der offenbar besseren Lage der Alleinlebenden. Die Wndg. wird in der Ggwt. aber auch auf die hohen Steuerabzüge bezogen, die 50% und mehr betragen können.

Mit fünf Mark dabeisein: etwas hat den Preis von fünf Mark, eine aus der Fernseh-Lotterie bzw. deren Werbung entstandene Rda.

Markt hat in der Volkssprache auch die allgemeinere Bdtg. ‚Geschäft, Betrieb‘, ähnl. wie ‚Handel‘. So bedeutet *seinen Markt machen:* gute Geschäfte machen; vgl. frz. ‚faire son marché‘: auf den Markt einkaufen gehen; *seinen Markt haben, einen Markt über (oder mit) etw. machen:* sich damit abgeben, sich sehr dafür erwärmen; obersächs. ‚en langen Jahrmarkt mache ich nich drum‘, viele Worte mache ich deshalb nicht; schon bei dem Prediger Geiler von Kaysersberg (1445–1510): „Macht nur nicht lang märckt mit ihm"; vgl. frz. ‚faire bon marché de quelque chose‘. Obd. ‚Der Markt hat e End‘, schwäb. ‚Der Markt ist verloffe‘, die Gelegenheit ist vorbei (z. B. von solchen, die sich nicht zur rechten Zeit zum Heiraten haben entschließen können); holst. ‚Dor bün ik schön (bös) to Markte bröcht‘, oder ‚Ik heff en schöne Markt maakt‘, ich bin übel angekommen; els. ‚einen uf der Markt führen‘, ihn zum besten halten; sächs. ‚der Markt leert sich‘, ‚der Markt wird klar‘, die Sache lichtet sich, klärt sich auf; ‚marktwischen‘, nennt man es sächs., wenn man bloß in der Mitte der Stube kehrt, ohne Möbel zu rücken und in die

Ecken zu gehen. In Leipzig sagt man von einer Putzfrau, die den Schmutz in den Winkeln liegen läßt: ‚Sie geht uf'n Marcht, aber nich in die Ecken'.

Etw. zu Markte tragen: es öffentl. mitteilen; *seine Haut zu Markte tragen ↗* Haut.

Auf einem anderen Markte einkaufen: euphemist. Umschreibung für ein Kind, das aus einer ehebrecherischen Verbindung der Frau hervorgegangen ist, die es ihrem Ehemann als sein eigenes unterschieben will. Von einem argwöhnischen Ehemann, der keine Ähnlichkeit an dem Kind entdecken kann, sagt schon Abraham a Sancta Clara: „Er glaubt stets, seine Frau habe auf einem andern Markte eingekauft".

marode. *Marode sein:* durch körperliche Strapazen geschwächt sein. Die Wndg. entstand während des 30jähr. Krieges und ist der Soldatensprache entnommen. Das aus dem Frz. entlehnte Wort (frz. ‚maraud' bedeutet Lump, Vagabund) wurde auf die Nachzügler einer Soldatentruppe (‚Marodeure') angewandt, die entweder marschunfähig waren oder plünderten. Im Oesterr. ist die Rda. noch verbreiteter als im Dt.: ‚Du bist ja ganz und gar marodi'.

Marotte. *Eine Marotte haben:* eine seltsame, schrullige Eigenart an sich haben, eine ↗ Grille haben. Das urspr. frz. Wort ‚marotte' meinte eine kleine Heiligenfigur oder Puppe; es entstand als Verkleinerungsform von Maria; später bez. man mit ‚marotte' ein Narrenzepter mit einem Puppenkopf.

Im 18. Jh. wurde es in der heutigen Bdtg. in Dtl. übernommen. 1759 schrieb Ramler an Gleim: „auf ein Spiel, auf eine Marotte, mit einem Wort, auf Proben des griechischen Sylbenmaßes" (Dt. Fremdwb. v. H. Schulz u. O. Basler, Bd. II [Berlin 1942], S. 77). Bei G. Seume findet sich die Adjektivbildung ‚marottisch' (1798). Klaus Mann schreibt im ‚Wendepunkt', S. 168: „Uns fiel auf, daß Mrs. Kahn beim Tee den Hut aufbehielt … – eine gewiß sehr elegante, aber doch nicht besonders kostspielige Marotte". Eine Anekdotensammlung mit schwankhaften Einschüben heißt: „Das kurtzweilige Leben des Clement Marott oder Allerhand lustige Materi für die kurzweillebende Jugend. Aus dem Franz. ins Niederl. und aus demselben anitzo ins Hochdt. gebracht".

Wie es dazu gekommen sein mag, daß die Hauptfigur eines Schwankbuches den Namen Marot erhalten konnte, beruht höchstwahrscheinlich darauf, daß ‚marot' von frz. ‚marotte' auch im Ndl. den Narrenkolben bez. und im übertr. Sinn dann wie im Dt. einem merkwürdigen Einfall; ↗ Steckenpferd, ↗ Hobby.

Lit.: *E. Moser-Rath:* Clément Marot als Schwankfigur, in: Fabula 20 (1979), S. 137–150; *M. Lever:* Zepter und Narrenkappe. Geschichte des Hofnarren (Titel d. frz. Ausg.: ‚Le sceptre et la marotte'), (München 1983); *W. Mezger:* Narren, Schellen und Marotten (Remscheid 1984); *E. Moser-Rath:* Lustige Gesellschaft (Stuttgart 1984), S. 74–77; *W. Mezger:* Narrenidee u. Fastnachtsbrauch. Studien zum Fortleben des Mittelalters in der europäischen Festkultur (Konstanz 1991).

quofuis. Sunt em ue
re nobiles, qui gene-
ris claritati, doctrina
moribusq; respōdet.
Sed eos, qui uita, cæ-
terisq; bonis rebus,
nihilo antecellunt in
fimā plæbem, aut qd
sæpe uidem⁹, uincūt
uitijs. Nireus) Ni-
reum pro formosissi-
mo posuit nam Ho-
merus, ut Thersitem
turpissimū Græcos,
ita hūc post Achille,
formosissimum fecit
quem tric describit Ili
ados.β Nipsυ̃ς ἀγλαϊ
κε δ᾽ υιός, χαροποιό τ
εναϰτ Θ᾽ Nipsυ̃ς, ος

Mira infamia ge-...
...nus describit, id
...singulare.

‚Eine Marotte haben'

Marsch. *Einem den Marsch blasen* (mdal. auch *machen*): ihn zurechtweisen, ausschelten, ihn zur Ordnung mahnen, auch: ihn hinauswerfen, fortjagen. Das Bild der Rda. stammt vom militärischen Trompetensignal, mit dem zum Aufbruch geblasen wird. Die Rda. ist aus der Soldatensprache in die Umgangssprache übergegangen, aber erst seit dem Anfang des 19. Jh., lit. z. B. bei Jeremias Gotthelf, belegt.

Den langen Marsch antreten (müssen): große Strapazen auf sich nehmen müssen. Der Ausdr. ‚Langer Marsch' bezieht sich auf den Rückzug der chinesischen Roten

Armee unter Mao Tse-tung, der im Oktober 1934 in der Prov. Jiangxi (SO-China) begann und Oktober 1935 in Yanan (Prov. Shenxi, NW-China) endete. Er führte durch 11 Provinzen über insgesamt 12 000 km, doch von den mehr als 80 000 Kämpfern gelangten infolge der enormen Strapazen und andauernder Kämpfe nur etwa 4000 ans Ziel.

In übertr. Bdtg. wird diese Wndg. dann gebraucht, wenn es deutlich wird, daß jem. eine schwierige Wegstrecke vor sich haben wird und große Anstrengungen unternehmen und bes. viel Geduld aufbringen muß, um schließlich doch noch erfolgreich zu sein, obwohl dies schier unmöglich erscheint. So spricht man heute auch vom ‚langen Marsch durch die Institutionen'.

Martin. *Sanct Martin (Merten) feiern (loben):* ein gutes Mahl bereiten, tüchtig essen und trinken, das Leben genießen, wie es am Martinstag üblich war. Die Rda. bezieht sich auf Martini als Freß- und Sauffest vor Beginn der Weihnachtsfastenzeit. Vgl. auch frz. ‚faire la Saint Martin' oder ‚martiner': gut essen und trinken; ‚mal de Saint Martin' bedeutet Trunkenheit und ein verdorbener Magen.

Bereits der Stricker verspottet das übermäßige ‚minnetrinken' in seiner ‚Martinsnacht': Ein reicher Bauer „tranch vil vaste uber maht; also tet daz gesinde sîn". Währenddessen steigen Diebe in seinen Stall, um das Vieh des Bauern zu stehlen: Der Bauer, durch das Brüllen der Bullen aufgeschreckt, läuft in seinen Stall, wo sich einer der Diebe als heiliger Martin ausgibt und das ganze Hab und Gut des Bauern segnet. Überglücklich trinkt der Bauer weiter die Martinsminne, bis er am nächsten Morgen seinen leeren Stall sieht: „er begunde vaste weinen".

Die Martinsgans überbringen: eine Naturalgabe entrichten. Dorfschullehrer erhielten früher am Martinstag eine solche Gabe.

Nach der Legende hat sich der hl. Martin vor seiner Wahl zum Bischof in einem Gänsestall verborgen. Durch ihr Geschnatter verrieten ihn die Tiere. Zur Strafe werden die Gänse deshalb noch immer am Martinstag geschlachtet. Die

Wndg. ‚Er hat viel Mertens Genss helffen essen', meint: Er hat lange gelebt.

Da am Martinstag ein neuer Zeitabschnitt im bäuerlichen Wirtschaftsjahr beginnt – die Dienstboten wechselten an ihm die Stellung, Zins und Pacht waren fällig (‚Martin ist ein harter Mann für den, der nicht bezahlen kann' oder ‚wart bis St. Martin!') –, wurde er wichtig für viele Weissagungen und bes. für Wetterregeln: *Der Martin kommt auf dem Schimmel geritten:* er bringt den ersten Schnee und die Kälte mit. Die Gedankenverbindung zwischen dem Schnee und dem Schimmel beruht auf der Legende, in der der wohltätige Reiter seinen Mantel mitleidig geteilt hat. Eine Bauernregel lautet:

St. Martin weiß

Nichts mehr von heiß.

Die Rda. *Martin wirft mit Nüssen* besagt, daß stürmisches Wetter herrscht (bes. in Kleve). Das Andenken an den hl. Martin als Gabenbringer kommt hier zum Ausdr. *Einem den Martinsmantel umhängen:* jem. ins Gefängnis bringen. Dies ist eine veraltete euphemistische Freiburger Rda., da das Martinstor früher als Verlies diente. Ähnl. Wndgn. gibt es auch in Berlin, wo das Schuldgefängnis ‚Möser' hieß: ‚In Mösers Ruh sein' heißt: im Schuldgefängnis sitzen; es gibt auch ein Sprw.: ‚Hüte dich vor Mösersruh', ist man drin, so ist es zu'.

Lit.: *C. Clemen:* Der Ursprung des Martinsfestes, in: Zs. f. Vkde. 28 (1918), S. 1–14; *K. Meisen:* Sankt Martin im volkstümlichen Glauben und Brauch, in: Rhein. Jb. f. Vkde. 19 (1968), S. 42–91; *W. W. Moelleken u.a.* (Hg.): Die Kleindichtung des Strickers, Bd. III 1, Gedicht Nr. 59: Die Martinsnacht (Göppingen 1975), S. 128–141; *I. Weber-Kellermann:* Saure Wochen, Frohe Feste (München u. Luzern 1985), S. 89; *M. Grätz:* Art. ‚Gans', in: EM., Bd. V, Sp. 676–683; bes. Sp. 679.

‚Die Martinsgans überbringen'

Märtyrer, Martyrium. *Jem.* oder *sich zum Märtyrer machen:* allein für alle anderen die Verantwortung übernehmen, stellvertretend für die anderen büßen müssen; jem. zum Symbol für eine Sache machen. Griech. μάρτυς bedeutet Zeuge. In christl. Zeit wurden damit zunächst die Apostel als Zeugen des Lebens und der Auferstehung Christi benannt. Dann ging der Name auch auf solche Christen über, die unter schwierigsten Umständen an ihrem Glauben festhielten; im Römerreich stand auf dem christl. Bekenntnis die Todesstrafe; daher wurde der Name Märtyrer vor allem Ehrentitel für solche, die sich durch ihre Standhaftigkeit im christl. Glauben bei ärgsten Folterungen auszeichneten.

Etw. ist für jem. ein einziges Martyrium: jem. erlebt eine Zeit voller Leid und Schmerz, erleidet große psychische Qualen.

Lit.: Art. ,Märtyrer', in: RGG. IV (³1960), Sp. 587–592; *F. W. Deichmann:* Art. ,Martyrion', in: ebd., Sp. 783–785.

Masche. Vom Stricken hergeleitet ist die Rda. *'s ist eine Masche gefallen:* die Sache ist mißlungen, eigentl.: so, wie eine von der Stricknadel fallende Masche die ganze Arbeit verdirbt. Auf das Netz des Vogelstellers oder des Fischers bezieht sich dagegen die bereits bei dem Prediger Abraham a Sancta Clara (1644–1709) vorkommende Rda. *in die Maschen geraten:* ins ↗Garn gehen, gefangen werden, in übertr. Sinn: Unglück haben; vgl. frz. ,tomber dans le filet' (ins Garn geraten). Der Gegensatz dazu ist: *durch die Maschen* (z. B. eines Gesetzes) *schlüpfen*. In der Umgangssprache der Ggwt. bedeutet Masche auch die günstige, gewinnbringende Gelegenheit; vielleicht in Verbindung mit ,Massel' = Glück, Geschäftserfolg (neuhebr. und rotw.). *Das ist die Masche!, das wäre eine Masche!:* das ist die Gelegenheit, das ist die Idee! Ausruf der Zustimmung, wenn eine blitzartig einleuchtende Lösung zu einem Problem gefunden wurde; dieses Wort Masche kommt aus der jidd. Sprache: ,mezio' heißt hier Lösung, Erfindung, Fund, Gewinn.

Eine neue Masche ausprobieren: sein Glück auf andere Art und Weise versuchen, einen anderartigen Trick anwenden. Im Obersächs. erhält das Wort ,Masche' sogar die Bdtg. von einer Lüge: ,Er sagte so, aber's war enne Masche'.

Lit.: *A. Wolf:* Das's de Masche, in: Muttersprache 66 (1956), S. 28.

Maschinengewehr. *Reden wie ein Maschinengewehr:* pausenlos reden; wahrscheinl. erst seit 1914 gebräuchl. Im Unterschied zu der Rda. ,Wie aus der ↗Pistole geschossen', die eine prompte Antwort auf eine Frage meint, wird mit dieser Rda. ein längeres, schnelles Reden beschrieben. Der Vergleich einer sprechenden Person mit einem Maschinengewehr (erstes Maschinengewehr in Dtl.: 1901) zielt auf das beim Betätigen des Abzugs einsetzende Dauerfeuer ab. In den 50er Jahren nannte man Massenprediger wie den Jesuitenpater Johannes Leppich das ,Maschinengewehr Gottes'.

Maske. *Die Maske fallen lassen (abwerfen, von sich werfen):* sein wahres Gesicht zeigen, sich zu erkennen geben. Bes. häufig ist die gleichbedeutende Wndg. ,sich (jem.) demaskieren'. Das Wort ,Maske' geht auf arab. ,maschara': Scherz, Maskerade, Spaßmacher, maskierte Person und Gesichtsmaske zurück, das früh als ,máschera' ins Ital. entlehnt wurde und bereits im 16. Jh. zu uns über die Alpen gelangte. Im Bair., Schwäb., Alem. und Schweiz. bedeutet es bis heute nur ,maskierte Person', während die Gesichtsmaske in diesen Mda.-Gebieten als ↗Larve bez. wird. Bei Maskenbällen war es üblich, um Mitternacht die Maske abzulegen. Der Tanzpartner wartete deshalb gespannt auf diesen Augenblick und pochte bei einer Weigerung auf sein Recht. Dies wird auch in Opern und Operetten geschildert, wie z. B. in Mozarts ,Don Giovanni' oder der ,Fledermaus' von Johann Strauss. Vgl. auch ndl. ,Hij ligt het masker af'. *Sich ohne Maske zeigen:* sich ganz natürlich (zwanglos) geben, seine Verstellung (bes. Freunden gegenüber) aufgeben. Das Gegenteil meint die Wndg.: *Sich hinter seiner Maske verbergen:* seine wahren Gefühle nicht verraten, unerkannt seine Absichten verfolgen. Vgl. auch ndl. ‚Hij doet het masker voor'.

Etw. im Schutz der Maske tun: eine Straftat, ein Verbrechen begehen und versuchen, unerkannt der Gerechtigkeit zu entkommen (bes. aktuell als Vermummung bei Banküberfällen, Demonstrationen, terroristischen Anschlägen und Gewaltverbrechen). Auch Giuseppe Verdi (1813–1901) läßt entsprechend der Rda. in seiner Oper ‚Ein Maskenball' einen Mord ‚im Schutz der Maske' geschehen.

Jem. die Maske herunterreißen (vom Gesicht reißen): seine Machenschaften enthüllen, ihn ‚entlarven'.

Lit.: *K. Meuli:* Art. ‚Maske, Maskereien', in: HdA. V, Sp. 1744–1852; *ders.:* Schweizer Masken (Zürich 1943); *L. Schmidt* (Hg.): Masken in Mitteleuropa: volkskundliche Beiträge zur europ. Maskenforschung (Wien 1955); Masken zwischen Spiel und Ernst. Beiträge des Tübinger Arbeitskreises für Fasnachtsforschung (= Volksleben, 18), (Tübingen 1967); *R. Wildhaber* (Hg.): Masken u. Maskenbrauchtum aus Ost- und Südosteuropa (Basel 1968); *O. Bihalji-Merin:* Masken der Welt. Verzauberung, Verhüllung, Verwandlung (Gütersloh 1970); *A. Lommel:* Masken: Gesichter der Menschheit (Zürich 1970); *I. Ebeling:* Masken u. Maskierung. Kult, Kunst u. Kosmetik (= DuMont-Taschenbücher, 153), (Köln 1984); *H. u. E. Schwedt:* Masken u. Maskenschnitzer der schwäb.-alem. Fasnacht (= Forschungen u. Berichte zur Vkde. in Baden-Württemberg, 7), (Stuttgart 1984); *D. R. Moser:* Fastnacht, Fasching, Karneval. Das Fest der ‚verkehrten Welt' (Graz 1986); *W. Mezger:* Narrenidee und Fastnachtsbrauch. Studien zum Fortleben des Mittelalters in der europ. Festkultur (Konstanz 1991).

Maß. *Ein gerüttelt Maß an (von/voll):* sehr viel von etw.; oft bezogen auf etw. Negatives, wie: ‚ein gerüttelt Maß an Frechheit besitzen'. Die Wndg. geht auf Luk. 6,38 zurück:

> Ein voll, gedrückt, gerüttelt und überfließend Maß wird man in euren Schoß geben; denn eben mit dem Maß, mit dem ihr messet, wird man euch wieder messen.

Das Maß vollmachen: die Grenze des Erträglichen überschreiten, das Unglück noch größer, noch unzumutbarer machen. Lit. belegt in Schillers ‚Jungfrau von Orleans' (1802): „Sein Maß ist voll, er ist zur Ernte reif"; holl.: ‚De maat is vol'.

Mit zweierlei Maß messen: nicht objektiv genug eine (oder mehrere) Sache(n) beurteilen, indem man unterschiedliche Maßstäbe anlegt.

Jem. Maß nehmen: oder auch: ‚jem. maß-

regeln': jem. in scharfem Ton zurechtweisen, ihm die Meinung sagen; umg. In der Gaunersprache bedeutet der dem Schneiderhandwerk entnommene Ausdr. jem. zusammenschlagen.

Weder Maß noch Ziel kennen: auch ‚ohne Maß und Ziel sein': in seinem Denken und Tun keine Grenzen mehr anerkennen, ‚maßlos sein'; die ältere Wndg. heißt ‚ohne Maß und Zahl sein', so in einem Lied von Paul Gerhardt:

> Die Wolken gießen allzumal
> die Tränen ohne Maß und Zahl.

Alles mit Maaß!
ſagte der Hanswurſt und trank einen Krug Bier nach dem andern.

‚Alles mit Maß'

Masse. *Zur großen Masse gehören:* zur (schweigenden) Mehrheit der Bevölkerung, deren Anschauungen und Ziele man sich zu eigen macht; auch: keine bes. bedeutende Persönlichkeit sein. Oft wird dabei ‚Masse' im verächtlichen Sinne gebraucht u. dient gar zur Bez. des ‚Pöbels'. Scherzhaft spricht man bei großen Menschenansammlungen auch von der *Masse Mensch.* Der Ausdr. beruht auf dem Titel eines Schauspiels von Ernst Toller (1893–1939), der in den ersten Jahren der Weimarer Republik als „der Dramatiker des dt. Proletariats" galt. Während seiner Festungshaft entstand das 1920 uraufgeführte Drama, in dessen Zentrum sein Erlebnis der Revolution und deren Scheitern steht.

Ebenso ist der Ausdr. ‚Der Aufstand der Massen' lit. Urspr.s und geht auf die Übers. des Buchtitels ‚La rebelión de las masas' (1930) des span. Kulturphilosophen José Ortega y Gasset (1883–1955) zurück.

Welches Machtpotential die ‚Masse' besitzen kann, zeigt sich bei Demonstrationen und Protestaktionen, die sogar eine Regierung oder ein ganzes diktatorisches System aus Freiheitsdrang hinwegfegen können. Man spricht deshalb auch vom ‚Gesetz (Diktat) der Masse‘, wenn bei Streiks oder ‚Massendemonstrationen‘ Hunderttausende auf die Straße gehen und ihren Willen durchsetzen.

Sich aus der Masse herausheben (von der Masse abheben): sich deutlich von den anderen (in Bildung, Einfluß, Vermögen) unterscheiden; sich durch seine Vorzüge von der Allgemeinheit positiv abheben; als Persönlichkeit herausragen; ein Individualist sein. Dagegen: *in der Masse untergehen:* keine bes. Beachtung finden, auch: sich total anpassen.

Von der Masse erdrückt werden: zugrunde gehen, sich als Individuum nicht behaupten können, aber auch: die große Menge an Stoff (Wissen) nicht bewältigen können.

Der Begriff ‚Masse‘ kann aber auch in übertr. Bdtg. Geld, Kapital und Waren meinen, wie in den folgenden Wndgn.: *Die Masse muß es bringen:* ein Profit ergibt sich bei billigen Waren nur, wenn sich möglichst viele Käufer finden; ähnl.: *Die Masse macht's;* vgl. engl. ‚It is the mass that matters‘. Etw. *mangels Masse aufgeben:* wegen fehlender finanzieller Möglichkeiten ein Geschäft schließen, ein Projekt nicht durchführen können, Pleite gehen.

Lit.: *P. R. Hofstätter:* Gruppendynamik. Kritik der Massenpsychologie (= Rowohlts dt. Enzyklopädie, 38), (Hamburg 1957); *M. Rassem:* Die Masse, in: Zs. f. Politik 33 (1986), Heft 1, S. 108–113.

Massengrab. *Lieber scheintot im Massengrab!* Ausdr. der Ablehnung, sold. seit dem 1. Weltkrieg; ↗lieber.

Matratze. *Die Matratze abhorchen* (auch *an der Matratze horchen*): schlafen; sold. seit dem 1. Weltkrieg; dazu *auf den Matratzenball gehen:* ins Bett gehen.

Matrosenkleid. *Noch im Matrosenkleid stecken:* noch Kind sein. Für Kinder eine Kleidung à la matelot (wie die Matrosen) zu wählen, ist schon ziemlich alt. 1787 schreibt F. Schiller im ‚Don Carlos‘ (I, 2):

„So tief bin ich gefallen – bin so arm geworden, daß ich an unsere frühen Kinderjahre dich mahnen muß – daß ich dich bitten muß, die lang vergessenen Schulden abzutragen, die du noch im Matrosenkleide machtest“. Schiller konnte kaum ein solches Bild für die Kindheit gewählt haben, wenn nicht sein Publikum den Knabenanzug à la matelot gekannt hätte. Ungefähr 100 Jahre später erlebte der Matrosenanzug in Dtl. ein Comeback: 1874 begann der Aufbau der kaiserlichen Flotte und erfüllte die Deutschen mit einer ungeheuren Marinebegeisterung. Die Kaiserkinder trugen vorzugsweise Matrosenanzüge, die dann auch in der bürgerlichen Mode kopiert wurden. Erst die Nationalsozialisten schätzten diese Kinderkleidung nicht mehr und verachteten sie als bürgerlich-reaktionär; so verschwand sie allmählich aus dem Klassen- und Straßenbild.

Lit.: *D. Lühr:* Matrosenanzug und Matrosenkleid. Entwicklungsgeschichte einer Kindermode von 1770–1920, in: Beitr. zur dt. Volks- und Altertumskunde 5 (1960), S. 19–42; *I. Weber-Kellermann:* Die Kindheit (Frankfurt/M. 1979), S. 126–131; *R. Kuhn* u. *B. Kreutz:* Der Matrosenanzug. Kulturgesch. eines Kleidungsstücks (Dortmund 1989).

Matte *Auf der Matte bleiben:* sich nicht aufspielen; sportsprachl. Parallelausdr. zu: ‚auf dem ↗Teppich bleiben‘. Ebenfalls die Matte des Sportbetriebes (Ringkampf) ist gemeint in den Rdaa.: *voll auf der Matte stehen:* voll einsatzbereit sein; *es haut ihn auf die Matte:* er ist erschüttert, solchen Mißerfolg hat er nicht erwartet; *jem. auf die Matte legen:* ihn besiegen, übertreffen, unschädlich machen; vgl. engl. ‚to take somebody on the mat‘, frz. ‚rester sur le tapis‘: besiegt werden; *auf der Matte liegen:* kampfunfähig sein. *Wieder auf der Matte stehen:* wieder auf dem ↗Posten sein; nach langer Krankheit wieder seinen Dienst versehen.

Von der Matte auf das Stroh kommen: von einem schlimmen Zustand in einen noch schlimmeren geraten. Eine Matte bestand früher aus einer Stoffdecke, in welche Stroh, Schilf oder ähnliches eingenäht war; so meint diese veraltete Rda. mit Matte und Stroh Dinge aus minderwertigem Material (stellvertretend für das Unglück), betont jedoch den größeren Kom-

fort der Matte gegenüber Stroh als Liege-
platz, um die Verschlimmerung der Un-
glückssituation eines Menschen zu verdeutlichen; ndl. ‚De kumt van de Matt up
dat Stro‘; vgl. ‚vom Ochs auf den Esel
kommen‘, ↗ Ochse.

Matthäus. *Bei ihm ist Matthäi (Matthäus)
am letzten:* es ist aus mit ihm, sein Geld ist
alle; *mit ihm ist Matthäi am letzten:* er wird
bald sterben. Die Rda. ist mehrfach und in
widersprechender Weise gedeutet worden. Eine zweifellos etw. zu gewagte Erklärung gibt Wackernagel, der darauf
hinweist, daß bei dem von den Persern
übernommenen Schachspiel ‚schah mate‘
bedeutet: ‚Der König ist tot‘ (↗ Schach).
Der Ausdr. sei dann in die rom. wie germ.
Sprachen übergegangen („schachmatt‘).
Wenn wir den Worten ‚Matthäi am letzten
sein‘ den Sinn unterlegen von ‚zu Ende gehen‘, so erklärt Wackernagel dies als ein
durch den Anklang des Wortes ‚Matthäi‘
an ‚matt‘ entstandenes Wortspiel. Schwerlich hat auch Wustmann recht, wenn er
den Ausdr. an den Tod Karls V. anknüpft,
der am 21. September 1558 starb, am
‚abent Mathei‘, wie eine Magdeburger
Chronik berichtet. Die Rda. ist vielmehr
der ev. Kirchensprache entnommen, wo
sie eigentl. bedeutet: im letzten Kapitel
des Matthäusevangeliums, und es ist damit auf dessen Schlußworte (Matth.
28,20) angespielt: „… bis an der Welt
Ende“. Durch Luthers Katechismus, wo
es in dem Hauptstück von der Taufe
heißt: „Da unser Herr Jesus Christus
spricht Matthäi am letzten: Gehet hin in
alle Welt …“ ist die Wndg. in weite Kreise
gedrungen (ganz ähnl. heißt es von einem
langweiligen Menschen: ‚er ist immer Johannes in eodem‘; ↗ Johannes). Im überwiegend kath. Rheinl. ist die Rda. in der
Form bezeugt: ‚He steht bi Matthäus an't
leste Kapitel!‘, mit ihm geht es zu Ende.
Lit. läßt sich die heutige Bdtg. zuerst 1626
in Friedrich Seidels ‚Türkischer Gefäng-
nuß‘ (4 a) belegen: „Der eine Koch, so anrichten sollen, ein Pollack, spricht auff
sein böse Deutsch: Nu ist mit uns der
letzte Mattheus“. Auch Abraham a Sancta
Clara gebraucht in ‚Judas‘ (III,174):
„Matthäei am letzten“. Die Wndg. wird
aber auch erklärt als Kurzform von

‚[Evangelium] Matthäi am letzten [Sonn-
tag nach Pfingsten]‘: in Matth. 24,15–35
ist die Rede von der Zerstörung Jerusa-
lems und vom Weltuntergang. Zur Volks-
tümlichkeit der Rda. hat, wie auch Wieland bezeugt, sicher G. A. Bürgers Ballade ‚Die Weiber von Weinsberg‘ (1777)
beigetragen, in der es heißt:
      Doch wann's Matthä' am letzten ist
      Trotz Raten, Tun und Beten,
      So rettet oft noch Weiberlist
      Aus Ängsten und aus Nöten.

Lit.: *G. Wackernagel:* Kleine Schriften (Leipzig 1872),
S. 112 u. 119; *A. Götze:* Alte Rdaa. neu erklärt, in: Zs. f.
dt. Wortf. 4 (1903), S. 332.

Mattscheibe. *Mattscheibe haben:* nicht
klar aus den Augen sehen, benommen
sein, leicht betrunken, oder auch leicht
verrückt sein. Der Ausdr. kommt aus der
früheren Phototechnik. Den Gegensatz
bez die Wndg.: ‚den rechten ↗ Durchblick
haben‘.

Matz, Mätzchen. Aus ‚Matthäus‘ und
Matthias‘ über ‚Mattes‘ entstanden, ist
Matz, ebenso wie ↗ Hans, zum Gattungsnamen geworden und bedeutet einen
traurigen Gesellen ohne geistige und körperliche Fähigkeiten. Außer in Zusammensetzungen wie ‚Hosenmatz‘, ‚Hemdenmatz‘, ‚Dreckmatz‘ usw. ist Matz bes.
geläufig geworden in der Rda. *Da will ich
Matz heißen!:* ich will mich einen Dummkopf schelten lassen, wenn das und das
nicht so ist, wie ich behaupte; lit. seit dem
17. Jh. bezeugt (daneben auch: ‚Da will
ich Hans heißen!‘).
Weit verbreitet, auch in der Lit. von
Zschokke bis Fritz Reuter, ist der rdal.
Vergleich *wie Matz von Dresden* (daneben
wie Matz von Zeitz), eine Anspielung auf
eine bekannte Steinfigur in Dresden, die
ein hockendes Steinmännchen an der alten Elbbrücke darstellte (Näheres bei
Müller-Fraureuth II,217); vgl. den ndd.
Spottreim:
      Hans Matz ut Dräsen
      Kann schreiben und nich lesen.
Hier geht es zu wie auf Matzens Hochzeit:
lustig und in Freuden. Neben ‚Matzens
Hochzeit‘ ist ebenso häufig und vermutl.
richtiger und urspr. ‚Metzenhochzeit‘.
‚Metze‘ ist Kurzform für Mechthild und

ein verallgemeinernd-typischer Name für die Bauernmädchen in der Lit. des späten MA. Es sind aus dieser Zeit mehrere mhd. Gedichte von der Metzenhochzeit erhalten, die allerhand Unglaubliches von der Hochzeit einer ‚Mätzli' oder ‚Metze' erzählen und berichten, wie üppig und ausgelassen es dabei herging.

Mätzchen machen: Unsinn treiben; Ausflüchte, Winkelzüge machen; sich sträuben, sich widersetzen, geht auf die Verkleinerungsform von Matz zurück, bedeutet also eigentlich: sich wie ein kleiner Matz benehmen, d.h. dumm, einfältig, possenhaft. Obersächs. ‚Mach mer keene Mätzchen vor!', mache mir nichts weis! Vor mehreren Jahrzehnten begann ein in der Mark Brandenburg viel gesungenes Lied:

Mach mir keine Mätzchen vor;
Denn ich bin vom Garde-du-Corps.

Lit.: Der Bauernhochzeitsschwank. Meier Betz und Metzen hochzit, hg. v. *E. Wiessner* (Altdt. Textbibliothek 48), Tübingen 1956.

mau. *Mir ist (so) mau:* ich fühle mich nicht ganz wohl (in meiner Haut), ich habe ein merkwürdiges Angstgefühl, eine unbestimmte, böse Vorahnung (z.B. vor einer Reise, Entscheidung, Prüfung). Diese offenbar nervöse Störung wirkt sich meist recht unangenehm auf den Magen und damit auf das Allgemeinbefinden aus. Mau ist zuerst 1878 berl. bezeugt, es gilt als halb scherzhafte lautmalende Bildung zu ‚mauen', ‚miauen', womit man das klagende Geschrei einer Katze bez. Möglicherweise hat das lautlich ähnl. Wort ‚flau' eingewirkt, oder mau ist als eine Mischbildung aus ‚matt und flau' hervorgegangen. *Etw. ist (war) mau:* es ist (war) nur dürftig, mittelmäßig, unbedeutend. Diese Wndg. ist ebenfalls von Berlin ausgegangen. In der Schülersprache hat sich daraus die Sonderbdtg. entwickelt: eine Leistung war schwach, dürftig, die Note ist nur mangelhaft, es ist ein schlechtes Ergebnis zu befürchten. Seit Anfang des 20. Jh. ist die Rda. auch im Rotw. im Sinne von bedenklich, faul und erfolglos bezeugt. Vielleicht besteht sogar ein Wortzusammenhang mit dem Glücksspiel ‚Mau-Mau', das man z.T. streng verboten hatte, weil man es wegen der möglichen hohen

Verluste für äußerst bedenklich und gefährlich hielt, da um Geld gespielt wurde.

Mauerblümchen. *Ein Mauerblümchen sein:* ein unscheinbares, wenig attraktives Mädchen sein, nicht umworben werden, einsam bleiben, kaum Heiratschancen besitzen. Auch: *Ein Mauerblümchendasein führen:* nicht beachtet werden, traurig der Fröhlichkeit anderer zusehen müssen. Oft wurde ein Mädchen, das nicht zum Tanz aufgefordert wurde, das also an der Wand ‚sitzen blieb', mit einer Blume verglichen, die an einem ungünstigen Platz an der Mauer blüht, wo man sie leicht übersehen kann; vgl. engl. ‚wallflower'.

Lit.: *R. Schmidt:* Sie war immer nur ein Mauerblümchen, in: ders.: Der Mensch im Spiegel der dt. Sprache (Gerabronn o.J.)

Maul steht in Rdaa. vielfach als derber, vom Tier auf den Menschen übertr. Ausdr. für ‚Mund'. Die meisten Rdaa. mit Maul sind Parallelbildungen zu Ausdrücken mit ↗ Mund, bes. in den obd. Mdaa.; z.B. *jem. übers Maul fahren:* ihn wegen einer Äußerung scharf zurechtweisen; *nicht aufs Maul gefallen sein:* schlagfertig, um eine Antwort nicht verlegen sein; *sich das Maul verbrennen:* sich durch Worte

‚Sein Maul aufreißen'

schaden. *Das Maul aufreißen:* übertreiben, vorlaut sein; vgl. engl. ‚gaping against an oven'; *das Maul voll nehmen:* prahlen; *ein loses (grobes) Maul(werk) haben:* freche (derbe, unsaubere) Reden füh-

ren. Allg. üblich ist *Halt's Maul!:* Sei still!
„Liebe Kinder, lernet das Maul halten;
denn wer es hält, der wird sich mit Worten
nicht vergreifen", übersetzte Luther Sir.
23,7; vgl. frz. ‚ferme ta gueule' oder ‚ta
gueule' (beides derb).
Maulen: mürrische Widerworte geben. So
schon bei Hans Sachs (‚Töchtermann'
18); als dem Ehemann anstatt des erwarteten Sohnes eine Tochter geboren wird,
heißt es:
  Darob het der jung man ein grawen
  Und meulet sich ob seiner frawen.
Ähnl. ‚sich vermaulen', ein halb mucksi-
ges, halb naseweises Dagegenreden, Sich-
verteidigen.
Ein Maul anhängen: frech widersprechen.
Das Maul hängen lassen: mürrisch, miß-
vergnügt sein; aus ‚melancholisch' hat die
Volksetymologie *maulhängolisch, maul-
henkolisch* gemacht (so schon bei Joh. Fischart). Das Bild wäre von alten Pferden
entlehnt, hat man gemeint mit Berufung
auf den Satz in Pestalozzis ‚Lienhard und
Gertrud': „Er hängt die Oberlippe wie
eine alte Stute". Aber dieser Übertr. bedarf es nicht; mürrische Menschen lassen
wirklich den Mund hängen (oder *ziehen
ein schiefes Maul*). Schon in der Namenlosen Sammlung von 1532 heißt es unter
Nr. 301: „Sihe wie henckt er das Maul.
Mault sich". Dazu die Erklärung: „Sihe
wie ist der so zornig, die da zürnen, sehen
sawr, vnd lassen das maul mit den lippen
lang heraußhangen". Ähnl. Agricola,
Nr. 323. Auch in der ‚Zimmerischen
Chronik' (IV,14): „Damit macht er das
meniglich ... das maul hanckte". In Ifflands ‚Jägern' von 1785 heißt es (I,1):
„Hängt das Maul, so tief Ihr wollt – hier
kann ich es nicht aushalten".
Maul und Nase aufsperren: dumme Verwunderung äußern. Bei höchstem Erstaunen öffnen wir unwillkürlich gleichsam
alle Sinne, als ob wir sie alle zu Hilfe nehmen wollten bei dem Erfassen eines merkwürdigen Anblicks, einer verblüffenden
Geschichte. Der offenstehende Mund erklärt sich dabei so, daß man sich äußern
möchte, aber vor Erstaunen kein Wort
hervorbringt. Schon der Prediger Geiler
von Kaysersberg (1445–1510) rechnet die
unter die Narren, „die mit dem Kopff und
Maul hören; denn es sein etlich also gear-
tet, daß sie nicht hören können, wenn sie
nicht das Maul aufsperren und gaffen,
gleichwie ein Esel, der Distel frißt"; vgl.
frz.: ‚rester bouche bée' (wörtl.: mit offenem Mund dastehen); ähnl. *die Maulsperre haben (kriegen):* vor Staunen
sprachlos sein, ↗ Maulaffe.
Ein ungewaschenes Maul nennt man einen
Mund, aus dem nur unnützes Gewäsch,
schmutzige oder freche Reden kommen.
Die Vorstellung ist sehr alt und früher offenbar weniger anstößig gewesen als jetzt,
sogar die höfische Dichtung des 13. Jh.
verschmäht sie nicht. Die rechte Wa-
schung für den Mund sind Gebete; Murner predigt in der ‚Narrenbeschwörung'
(47,12):
  Das mul solt ir mit beten weschen!

Das maul in hymmel staß'e

‚Sein Maul in den Himmel stoßen'

Von bes. frechen Schnäbeln sagt Murner
in der ‚Schelmenzunft', daß sie *das Maul
in den Himmel stoßen*, wenn sie Gottes Regiment tadeln, wobei er auf den alten
Glauben von den Schnabelmenschen anspielt:
  Man sagt myr das in alten zeyten
  Warendt der schneblechten leyten
  Ich kanß nit fur eyn wunder han
  Man findt wol ietz eyn schnebler man
  Der mit seym maul erreichen kan
  Den hymmel vnd all sternen dran.
Das Maul ausleeren nennt es der Bayer,
wenn einer alles Böse, was er über jem.
oder eine Sache zu wissen glaubt, vor-
bringt. *Das Maul nach etw. spitzen (und
doch nicht pfeifen):* auf etw. begierig sein;

nach der Mundhaltung, die man einnimmt, wenn *einem das Maul nach etw.*
wässert; Grimmelshausen sagt dafür im
‚Simplicissimus‘ (II, 102): „mir die Zähne
wässerig zu machen“.

Einem etw. ins Maul schmieren: es ihm so
leicht und angenehm wie möglich beibringen; eigentl. von einer Speise gesagt, die
der andere nicht von selber essen will, wie
der Lehrer erst ‚vorkaut‘, was die Schüler
verdauen sollen. Geläufig ist auch: *einem
das Maul schmieren, einem ums Maul gehen:* ihm schöne Worte geben, Versprechungen machen, die nicht gehalten werden; vgl. Luther (‚Tischreden‘, 1577,
Bl. 362 a): „Einem das Maul schmieren,
ohne ihm etwas zu geben“. So auch 1529
bei Joh. Agricola (Nr. 692): „Er schmirbt
yhm das Maul, und gibt yhm ein dreck
drein. Das ist, er betrügt yhn“, ↗ Honig.

Einem das Maul stopfen: ihn zum Schweigen bringen, um nicht weiter von ihm belästigt zu werden. Nach einer lat. Fabel
des Phaedrus versucht ein Dieb dem kläf-
fenden Hofhund ein Stück Brot anzubieten, um ihm das Maul zu stopfen, damit er
nicht mehr belle (vgl. Singer I, 118, II, 43).
Luther gebrauchte die kräftige Wndg. öfters in seiner Bibelübers.: z. B. Ps. 107, 42:
„Aller Bosheit wird das Maul gestopft
werden“; Ps. 63, 12 steht: „Lügenmäuler
stopfen“; Ps. 40, 10 und Luk. 11, 53: „Den
Mund stopfen“. Geiler von Kaysersberg
sagt: „Wenn du jedermanndes maul wöl-
test stopfen, würdest du fürwar nirgendt
lumpen und scher wollen gnug bekommen mögen“. In Seb. Brants ‚Narrenschiff‘ (41, 27 f.) findet sich die Rda.
angewandt auf die Klatschbasen und
schwatzhaften Narren, denen es niemand
recht machen kann:

> Der muß mäl han, vil me dann vil,
> wer yedems mul verstopfen wil.

In lat. Form auch bei Heinrich Bebel
(Nr. 340): „Multa farina opus est, si quis
omnium hominum ora occludere velit“.
1541 führt Seb. Franck an (I, 85): „Der
muß vil mel haben, der alle meuler wil ver-
kleyben“. Bei Abraham a Sancta Clara
(‚Judas‘ I, 181) heißt es: „Es gibt wohl zu
Zeiten einen schlechten Doctor, über den
kein Patient thut klagen, denn er stopffet
ihnen allen das Maul zu mit der Erden“.
‚Nur so übers Maul raschwätze‘ sagt man

im Schwäb., wenn man meint, es wird nur
so dahergeredet, das Gesagte ist nicht
allzu ernst zu nehmen.
Sehr drastisch ist die aus neuerer Umgangssprache bezeugte Rda. *Dem sein
Maul muß noch bes. totgeschlagen werden,*
wenn er mal stirbt, womit man einen bos-
haften Schwätzer brandmarkt. Ähnl. auch
in den Mdaa., z. B. schwäb. ‚Bei dear
muaß ma amaul d’Gosch oiges toat-
schlaga‘; ‚wemma dear d’Gosch zuanäha,
no tät se no zua de Nähta rausbäbbera‘;
‚dia hot a Maul wie a Scheraschleifer‘.
Das Maul geht ihm wie geschmiert, er läßt
kein Spinnweb vor seinem Maul wachsen,
sein Maul geht ihm wie ein Schlacht-
schwert, wie ein Entenarsch, er hat sein
Maul nicht in der Hosentasche stecken. So
schon bei Schuppius: „Wann Sie mich
aber mit der Feder angreifen wollen, so
will ich meine Feder und mein Maul nicht
in die Hosentasche stecken, sondern mit
Gottes Hülf sehen, daß ich Ihnen allein
Mann’s genug sei“ (vgl. frz. ‚Il ne met pas
sa langue dans sa poche‘).
Dem Schweigsamen umgekehrt *ist das*
Maul zugefroren oder er *hat es gar zu*
Hause vergessen; vgl. frz. ‚Il a oublié sa
langue‘ (wörtl.: Er hat die Zunge vergessen); oder aber er sitzt still da und *hält die*
Zunge im Maul.
Die Rda. *sich den Mund (das Maul) wi-*
schen hat mannigfachen Bedeutungswechsel erfahren. Urspr. wischt man sich
das Maul (das Wort erscheint noch im
16. Jh. in edlem Sinne), nachdem man
eine Speise verzehrt, wie die Edelfrau und
Vögtin in Hans Sachs’ ‚Edelfrau mit dem
Aal‘ 39: „wischten darnach das maul
paidsam“. Dann tut man in iron. Sinne
dasselbe, wenn man nichts davon bekommen hat, wenn man ohne Anteil geblieben
ist. Sodann wird die Geste angewandt, um
anzudeuten, daß man überhaupt keinen
Anteil an etw. hat. In dieser Anwendung
kann die Geste (und die aus ihr gewordene Rda.) auch auf Heuchelei zurückgehen. In diesem Falle stellt man sich
unbeteiligt (wischt sich das Maul), obwohl man eigentl. recht stark beteiligt sein
sollte. In älterer Zeit findet sich die Rda.
gerade in diesem Sinne recht oft. In Hans
Sachs’ ‚Krämer mit den Affen‘ (105) wischen die Spottvögel sich „den mund,

‚Maulaffen feilhalten': 1 Der brennende Kienspan kann im Notfall mit dem Mund gehalten werden; 2 Eiserne Kienspanklemme, sog. ‚Mäulåff'; 3 Stövchen, sog. ‚Malåpen'; 4 Kienspanhalter aus Ton, sog. ‚Geanmaul' oder ‚Mulaffe'

drollen davon", und in desselben Dichters ‚Zwei Gesellen mit dem Bären' (117) wischt sich der Ausreißer ebenfalls „den mund und geht darfon".

Der heutige Gebrauch der Rda. nähert sich mehr der ersten, iron. Umdeutung, insofern als sie heute fast durchgehend in der Bdtg. verwandt wird, keinen Anteil an einer Sache erhalten zu haben, auf den man doch eigentl. ein Anrecht hatte oder zu haben vermeinte.

‚Maul' als Bezeichnung für einen mißgebildeten Mund kommt in dem Sprichwort vor:

‚Familie (Maul) Schiefeschnut
kriegt de Kerz' nit ut'.

Lit.: *Anon.:* Een muilband op een lampe, in: Biekorf 39 (1933), S. 94.

Maulaffe. *Maulaffen feilhalten (feilhaben, -tragen, -bieten; verkaufen):* mit offenem Mund untätig zusehen, dumm dastehen und glotzen, ohne etw. zu tun, auf törichte Weise seine Neugier bekunden.

Die Erklärung der Rda. ist nicht einfach, weil sich offenbar ganz verschiedene Vorstellungs- und Sprachbereiche unentwirrbar vermischt haben. Man hat die Rda. früher fälschlich gedeutet als Übers. von ndd. ‚dat mul apen hollen' in hd. ‚das Maul offen halten'; in Holst. sagt man noch heute ‚he steiht mul apen'. In der Entwicklungsgeschichte unserer Rda. müßten dann aus ndd. ‚apen' = offen durch eine doppelte Volksetymologie schließlich die Affen geworden sein. Abgesehen davon, daß damit das Wort ‚feilhalten' nicht erklärt ist, spricht gegen diese Deutung, daß es auch im Ndd. zusätzlich noch die Wndgn. ‚Mulapen to kop hebben' und ‚Mulapen verköpen' gibt. Doch scheint der Rda. eine andere Realvorstellung zugrunde zu liegen: Der Kienspan, mit dem man einst das Haus

1011

notdürftig erhellte, wurde gelegentlich, wenn man die Hände nicht frei hatte, zwischen die Zähne geklemmt, wie es Olaus Magnus bereits im 16. Jh. für die nordischen Völker berichtet (‚Historia de gentibus septentrionalibus‘. Dt. Ausg. Basel 1567, Kap. 16): „Vber das braucht man auch durch alle mittnächtige Länder das Kienholtz in allerley gestalt / wie die gemeinen Haußkertzen / Nemlich also / wann einer mit beiden henden zuschaffen hat / steckt er etliche dünn geschnittne spän / so vil er will vnder die gürteln, vnd nimpt ein brennenden spon in den mundt / … geht also hin vnd wider wo er will / … vnd arbeitet was jm gefelt …“ Ähnl. im finn. ‚Kalewala-Epos‘ (23. Rune, V. 175 ff.): „In dem Mund ein Feuerhölzchen“. Es lag nahe, den Tonklotz, der dem brennenden Kienspan als Unterlage diente, in einen menschlichen Kopf umzubilden, dessen verbreiteter Mund den Span hielt. Tatsächlich sind solche Tonköpfe als Kienspanhalter seit dem 13. bis 14. Jh. nachweisbar, und sie wurden in Oesterr. als ‚Maulauf‘ oder ‚Geanmaul‘, in Süddtl. als ‚Gähnaffen‘ bez. (vgl. ‚jem. einen Gähnaffen machen‘, eine Grimasse mit offenem Mund und herausgestreckter Zunge schneiden). Später wurden diese Kienspanhalter aus Eisen hergestellt, behielten aber den alten Namen, obwohl sie nicht mehr die Form eines Kopfes mit geöffnetem Mund, sondern die Form eines in der Höhe verstellbaren zangenförmigen Gerätes bekamen. Dies entspricht durchaus Bez. bei anderen Leuchtgeräten wie ‚Leuchterweibchen‘ (Kerzenhalter), ‚Ölgötze‘ (Hängevorrichtung für die Öllampe); vgl. ‚dastehen wie ein ↗ Ölgötze‘.

Lit.: *R. E. A. Drey:* Apothekengefäße. Eine Geschichte der pharmazeutischen Keramik (München 1980).

Maulkorb. *Jem. einen Maulkorb anlegen:* jem. durch Verbot die freie Meinungsäußerung unmöglich machen. Der Maulkorb ist eigentl. eine Schutzvorrichtung, die das Beißen von Tieren verhindern soll. Sie besteht aus einem Draht- oder Lederkorb, welchen die Tiere vor das Maul gebunden bekommen. Schon Jean-Paul Friedrich Richter (1763–1825) schrieb in den ‚Teuflischen Papieren‘: „… eine Art

‚Jemandem einen Maulkorb umhängen‘

von Fatum, von Maulkorb und von Daumenschrauben für den menschlichen Verstand“. Ein Gedicht A. Glaßbrenners aus dem Jahre 1849 meint mit ‚Maulkorb‘ die politische Zensur. Der ‚dt. Michel‘ wird hier nach dem Grund seiner Trauer gefragt:

Michel, warum weinst du,
weinest du so sehr?
– Weil es mir nicht macht Behagen,
daß ich soll den Maulkorb tragen!
Darum, darum weine ich so sehr.

(U. Otto, S. 493).

In diesem Sinne spricht man heute auch von ‚Maulkorberlaß‘, ‚Maulkorbgesetz‘ oder ‚Maulkorbparagraph‘, wenn man die staatliche Unterdrückung freier Meinungsäußerung des Bürgers meint.

Lit.: *U. Otto:* Die hist.-politischen Lieder und Karikaturen des Vormärz und der Revolution von 1848/1849 (Diss. Freiburg), (Köln 1982).

Maulsperre. *Die Maulsperre kriegen;* vor Staunen sprachlos sein; von der Tierkrankheit auf den Menschen, der mit offenem Mund staunt, übertr., schon 1809 lexikographisch verzeichnet. Obersächs. braucht man die Wndg. vor allem scherzhaft dann, wenn der Kuchenteig bes. gut gegangen ist und die Kuchenstücke zu groß zum Abbeißen erscheinen.

Maulwurf. *Wie ein Maulwurf wühlen:* emsig, ohne Pause arbeiten, voller Eifer sein und nicht einmal bei der Arbeit aufschauen. Der rdal. Vergleich wird bes. auf Erdarbeiten und auf Arbeiten im Bergwerk angewandt. In der Bergmannssprache hat die Feststellung *Der Maulwurf schafft* die bes. Bdtg. angenommen, daß durch den Sohlendruck das Gestänge gehoben wird, gleichsam als ob eine unsichtbare Kraft, die man sich in Gestalt des Tieres denkt, am Werke gewesen sei.

Der alte Maulwurf wühlt fort: die geheimen Machenschaften und Feindseligkeiten werden fortgesetzt; weitere Angriffe und Schwierigkeiten werden in der Stille vorbereitet.

Blind wie ein Maulwurf sein; ↗blind; vgl. frz. ‚myope comme une taupe' (wörtl.: kurzsichtig wie ein Maulwurf).

Lit.: *O. H. Werner:* Der Saarbergmann in Sprache und Brauch (Diss. Bonn 1934), S. 49.

‚Da beißt keine Maus (k)einen Faden ab'

Maus. *Da beißt keine Maus einen Faden ab,* auch *Davon beißt die Maus keinen Faden ab:* da ist nichts mehr zu ändern; das steht unabänderlich fest; davon geht nicht das geringste ab. Die Rda. ist in der Schriftsprache und in den Mdaa. allg. bekannt. Bei Moscherosch (1650) in den ‚Gesichten Philanders von Sittewald' (Bd. 2, S. 474) heißt es: „Vnd da beißt kein Mauß kein Faden ab"; so auch noch heute in schwäb. Mda.: ‚Da beißt kei Maus kein Fade ab'. Eine rein rationalistische Erklärung möchte diese Rda. urspr. im Munde eines Schneiders vermuten, der von einem Kunden Tuch zur Bearbeitung

erhält und so versichert, daß er nicht das kleinste Stück davon veruntreuen wolle. Man könnte auch an die Schilderung einer großen Armut denken, bei der die Mäuse nicht einmal mehr einen Faden zu nagen und zu beißen haben.

Doch trifft dies weder den Wortlaut noch den Inhalt der Rda. Die Entstehung der Rda. ist vielmehr ganz anders zu erklären und steht vermutlich in Zusammenhang mit der hl. Gertrud von Nivelles, die im MA. vor allem zur Abwehr von Ratten- und Mäuseplagen angerufen wurde. Der Tag der hl. Gertrud, der 17. März, spielt im bäuerlichen Kalender eine große Rolle; es ist der Beginn des Frühlings, an dem die Winterarbeiten eingestellt werden und mit der Feldbestellung und Gartenarbeit begonnen wird. Wenn am Gertrudentag noch gesponnen wurde, so behauptete man, werde der Flachs von den Mäusen zerfressen oder der Faden abgebissen. Unter den zahlreichen Sprww., die das Ende der Winterarbeiten fordern, erscheinen in Oberdtl. und Oesterr. immer wieder die folgenden: ‚Gertrud hört mit Spinnen auf, sonst läuft die Maus den Faden auf und beißt ihn ab' oder: ‚Gertrud mit der Maus treibt die Spinnerinnen aus'. Bair. ‚Am Gertraudtag laufft die Maus am Rocken hinauf und beißt den Faden ab'. Schon Joh. Fischart (‚Geschichtklitterung') kennt den Vers:

St. Gertraut mit Mäusen
Die den Mägden das Werck abbeißen.

Diese Sprüche wollen nur in volkstümlicher Weise ausdrücken, daß mit dem 17. März das Spinnen aufzuhören habe. Heute noch findet sich die Meinung in Hunderten von Rdaa. weit über das Gebiet des eigentl. Gertrudenkultes hinaus. Auch in den Bauernkalendern wird der Gertrudentag oft durch zwei Mäuse an einer Spindel dargestellt. Die Wndg. ist von Gertrud z. T. auch auf andere Tage mit einem Spinnverbot übertr. worden. Seit etwa 1400 taucht in den Einblattdrukken, die für die volkstümliche Religiosität charakteristisch sind, Gertrud mit einer oder mehreren Mäusen auf, die an ihrem Gewand oder dem Faden zur Spindel hinauflaufen oder aber sonderbarerweise auf ihrer Schulter oder gar auf ihrem Haupte sitzen; und da die Einblattdrucke im

Grunde nur Ill. der volkstümlichen Auffassung sind, müssen die Rdaa. noch älter sein. Unsere allg. umg. Rda. hätte sich dann von der Heiligengestalt gelöst und allgemeinere Bdtg. angenommen. Eine Holzstatue des 14. Jh. im Schnütgenmuseum in Köln zeigt Gertrud mit einer Maus in ihrer Hand; und getreu jahrhundertealter Überlieferung backt in Oberdtl. die Bäuerin am Gertrudstag einen Eierteig, den sie um ein Salbeiblatt wickelt, so daß der Stiel wie ein Schwänzchen aussieht, die ‚Mäusenudel‘. Denkbar wäre allerdings auch ein Bezug zu der Fabel vom Löwen und der Maus, die aus Dankbarkeit den gefangenen Löwen befreit, indem sie mit ihren Zähnen seine Fesseln zerbeißt (AaTh. 75):

‚Da beißt die Maus den Faden ab‘

Als der Lew gieng spazieren auß
Da fing er auff dem feld ein Mauß.
Gedacht, mir wers ein grosser Spot,
Wen ich der Mauß anthet den Todt.
Ließ sie drauff loß: darnach ward er
Gefangen vnd verstricket sehr.
Alß die Mauß hoert des Lewens
                gschrey,
Kam sie vnd nagt das netz entzwey.
Vnd macht den Lewen wider frey.
Es sollt auch billich jederman
Des andren schonen wo er kan.
Vielleicht sich ein solcher findt.
Der dir auß noht auch helffen kündt.
(Aegidius Sadeler: Theatrum novum. Artliche Gespräch der Thier mit wahren historien den Menschen zur Lehr. Prag 1608, S. 194.)
Wo diese Fabel in der dt. Überlieferung vorkommt (z. B. in Steinhöwels Äsop, bei Burkard Waldis oder bei Aegidius Sadeler), ist indessen immer nur von ‚Stricken‘ oder einem ‚Netz‘, nicht von einem Faden die Rede. Auch paßt der gute Ausgang der Fabel, die den Löwen entkommen läßt, nicht zum Sinn der Rda., die die Maus den Faden eben nicht abbeißen läßt. Zu dieser Erklärung würde das engl. Sprw. passen ‚mouse in time may bite in two a cable‘. Es gibt jedoch einen Typ von Mausefallen, bei dem die Maus einen Faden abbeißen muß, um an den Köder zu gelangen (z. B. im Vogtsbauernhof-Museum Gutach/Schwarzwald). Hat die Maus den Faden abgebissen, so fällt die Falle zu.
Jem. tut wie die Maus am Faden: jem. ziert sich sehr.
Wie eine gebadete Maus sieht einer aus, der ganz durchnäßt ist, dem das Wasser am Leibe herunterläuft. Schon das klassische Altertum kennt diesen rdal. Vergleich (Petronius, ‚Cena Trimalchionis‘, Kap. 44). Er ist wohl deshalb so geläufig, weil man die in der Falle gefangenen Maus gewöhnlich ein schlimmes Bad bereitet, indem man sie durch Ersäufen tötet. In einem Soldatenlied vom Jahre 1693 jammert der Türke:
Ich gedachte das Spiel viel anders
                zu karten;
Jetzt sitz ich wie eine gebattene
                Maus.
Schwäb. auch ‚wie eine getunkte, getaufte Maus‘. Schon Hans Sachs sagt von einem Bayern, der in die Donau gefallen ist und an Land schwimmt:
Stig auch an dem gestate aus
Triff nasser wie ain taüfte maus.
Schwäb. ‚Der macht Auge wie d’Maus unterm Ziegel‘ (d. h. in der Falle).
Schles. ‚A wil andern Loiten Ratten fangen und kannem salber keene Mäuse fangen‘. Die Maus stiehlt, daher schon mhd. *mausen:* stehlen; ausführlicher in der Wndg. *nach den Mäusen werfen,* so z. B. bei Hans Sachs von einem diebischen Schneider:
Der schneider pehilt etlich stück
Tuchs, im selber zu ungelück.
Dieselben warf er in seinem haus,
Wie man saget, nach der maus.
Ein weiterer Beleg findet sich in Grimmelshausens ‚Simplicissimus‘ (V, Kap. 15): „… und die Weber bleiben aus Redlichkeit so arm, daß sich auch keine Mäus bei ihnen ernähren können, denen sie

etwa ein Knäul Garn nachwerfen müßten".

Das trägt eine Maus auf dem Schwanze fort: das ist äußerst wenig, ein lächerlich geringer Gewinn; dafür im 16. Jh. auch: ‚Das führt eine Mücke auf dem Schwanze hinweg'.

Wie die Maus im Speck sitzen: mit irdischen Gütern gesegnet sein und dieselben benutzen, um sich das Leben angenehm zu machen; ↗ Made. ‚Der spricht auch wie die Maus im Speck: Unser täglich Brot gib uns heute!' Vgl. frz. ‚être comme un rat dans un fromage' (wörtl.: wie eine Ratte im Käse sitzen). *Leben wie die Mäuse in der Speckseite:* ein behagliches Wohlleben führen. Das Gegenteil ist *arm wie eine Kirchenmaus* (↗ arm). Wolfram von Eschenbach klagt im ‚Parzival' (185, 1 ff.) über die Ärmlichkeit seines Haushaltes:

dâ heime in mîn selbes hûs,
dâ wirt gefreut vil selten mûs.
wan diu müese ir spîse steln:
die dörfte niemen vor mir heln:
ine vinde ir offenlîche niht.
alze dicke daz geschiht
mir Wolfram von Eschenbach,
daz ich dulte alsolch gemach.

Noch heute sagt man: ‚vor den Mäusen sicher sein', nichts besitzen, was zu fressen wäre, ‚kommet d'Müs d'Kellertrepp ruf', so ist das im Alem. ein Bild für unübersehbare Armut. Bei einem Geizigen ‚kriege d'Mäus Blase an d'Füß', heißt es in Schwaben.

Es ist eine Maus im Mehl: die Sache hat einen Haken, sie hat einen Fehler, ist nicht in Ordnung.

Auch als Beisp. der List wird die Maus gerne in rdal. Vergleichen gebraucht, z.B. schwäb. ‚Du bist gscheider als d'Mäus'; ‚der moint, er hör' d'Mäus pfeife'.

Das ist den Mäusen gepfiffen: das ist umsonst. Tatsächlich hat man in früheren Jhh. bei Mäuse-, Ratten- und anderen Ungezieferplagen sich durch Pfeifen zu helfen gesucht, wie auch die Sage vom Rattenfänger von Hameln und manche Parallelüberlieferung beweist; ↗ Ratte. Von einem sehr faulen Menschen sagt man els. ‚Dem könnte d'Müs Stroh ins Loch trojn'; ebenso *Dem wird keine Maus Speck aus dem Arsch fressen;* ‚Dem wird keine Maus Stroh in den Arsch tragen',

‚Wie die Maus im Speck sitzen'

schon bei Joh. Fischart heißt es in der ‚Geschichtklitterung' (S. 57): „... daß jhnen die Mäuss also Spannen tief auss dem Arss Speck nagen ..." Eine ganz nichtsnutzige Tätigkeit nennt man sächs. ‚Mäuse schwänzen'.

Es ist zum Mausemelken: es ist unerträglich, zum Verzweifeln. ‚Mäuse zu melken' gilt als große Unsinnigkeit; westf. spottet man von einem, der sich getäuscht hat: ‚du kannst Müse melken'. Etw. Unsinniges tun bedeutet auch: ‚Die Mäuse mit Speck vertreiben wollen; vgl. frz. ‚vouloir attirer les mouches avec du vinaigre' (wörtl.: die Fliegen mit Essig locken wollen).

Von einem, der Wind von einer Sache bekommen hat, sagt man ostfries. ‚de hett'n Muske davon pipen hört'; holst. ‚en Stückchen ut de Muskist singen', schlecht singen; schwäb. ‚Der singt so schö, daß d'Mäus' drvo laufe'.

Mäuse merken: Unrat wittern, hinter etw. kommen; z.B. in Jean Pauls ‚Titan': „Daß von allen bisher an die Verlagshandlungen eingeschickten mit Mutmaßungen gefüllten Brieffelleisen keines Mäuse merkte".

Wenn ein Mann seine Frau beim Ehebruch überrascht, heißt es im Ndd.: ‚Un dar is de Mann komen, de hett Müs merkt'.

Ähnl. schon bei Luther *Mäuse riechen:* „Denn er (der Papst) reuchet meuse und schmeckt den braten wol, sorget er künde damit nicht bapst bleiben". Auch westf. ‚he rüket Muse', er ahnt nichts Gutes. Dazu in allg. Gebrauch: *Mäuse (vor-)machen:* Flausen, Schwierigkeiten machen. Der Schlesier Johann Christian Günther kennt den Ausdr. (‚Gedichte' 1034): „Der

Kaiser macht uns Mäuse"; auch Hermes (‚Sophiens Reise von Memel nach Sachsen‘, Bd. 3, S. 172): „Da vergaft sich eine; machte den Eltern so viel Mäuse, daß sie sie ins Kloster sperren".

Aussehen wie ein Topf voll Mäuse sagt man von einem, der ein verdrießliches Gesicht macht, bes. auch von schmollenden Frauen. Meckl. fragt man einen Verdrießlichen: ‚Hest Müs freten?‘

Da möchte ich Mäuschen spielen (oder *sein*): das möchte ich im verborgenen mit anhören. Dazu gehört auch *mäuschenstill* und die ndd. Rda. ‚Müseken besliken‘, es sehr listig anfangen. „Es sei den Mäusen gesagt", heißt es bei Johann Fischart für: ‚Es sei leise unter uns gesagt‘. Goethe in der Ballade vom getreuen Eckart: „Schweiget und horchet wie Mäuslein". Der Vergleich ist alt und wird schon in der Dichtung des MA. zur Bez. größter Stille verwendet; vgl. z. B. Heinrichs von Freiberg ‚Tristan‘ (V. 5919 ff.):

Dô allez daz entslâfen was
in gademe und in palas
daz dâ lac in dem hûs,
und sich nindert regte ein mûs.

Maus wie Mutter: eins wie's andere; vgl. ‚Jacke wie Hose‘ (↗ Jacke), ‚gehupft wie gesprungen‘ (↗ hüpfen) und ähnliche Wndgn., schon in Luthers ‚Tischreden‘ 51,b.

Es war keine Maus da; auch *Es war keine Maus von einem Menschen da:* es war niemand da.

Schwäb. ‚Der hot seine beste Mäus schon gfange‘, seine beste Zeit ist vorbei, es geht mit ihm bergab. ‚I muß meine Mäus anderst richte‘, die Sache anders anfangen.

Mäuse im Kopf haben: verrückt sein; ähnl. wie ‚Grillen im Kopf‘ (↗ Grille); auch ‚Mäusenester im Kopf haben‘ (ndl. ‚muizennesten in het hoofd hebben‘).

Weiße Mäuse sehen: stark betrunken sein; im Volksmund wird häufig die Meinung vertreten, weiße Mäuse gäbe es nicht. Heute werden auch Verkehrspolizisten, die eine weiße Mütze tragen, scherzhaft als ‚weiße Mäuse‘ bez., die Verkehrssünder fürchten, vor allem, wenn sie sich nach Alkoholgenuß ans Steuer gesetzt haben.

Bis dahin wird noch manche Maus in ein ander Loch schlüpfen: bis dahin ist noch viel Zeit. Schwäb. ‚Do fendet siebe Meis

koi Loch‘, es hat keinen Sinn, es gibt keinen Platz mehr.

In ein Mausloch kriechen mögen: aus Angst oder Scham sich verstecken mögen. Das Mauseloch steht sinnbildl. für jeden Schlupfwinkel. Das Bild findet sich zuerst am Ende des 12. Jh. im ‚Erec‘ des Hartmann von Aue (V. 6655): „Und fluhen ze loche sam diu mûs". Schles. ‚Ich finde ihn, und wenn er im tiefsten Mauseloch steckte‘.

Mäuse haben: viel Geld besitzen (umg.). *Ein paar Mäuse springen lassen:* etw. spendieren, großspurig für etw. Geld ausgeben. Mäuse i. S. v. Geld ist nur im Plur. gebräuchlich. Es ist aus dem rotw. Wort für Geld ‚Moos‘, ‚Mous‘ entstanden, dem das jidd. Wort ‚moo‘ (Pfennig) zugrunde liegt.

Daß dich das Mäuslein beiß‘! Diese scherzhafte Verwünschung und harmlose Fluchformel, die heute bes. in den südl. Teilen Dtl.s bekannt ist, war früher gar nicht so harmlos. Das ‚Mäusle‘ ist nämlich keineswegs eine kleine Maus, sondern volksetymol. entstellt aus frühnhd. ‚Meisel‘, mhd. mîsel (gekürzt aus mîselsucht) = Aussatz. Als man ‚Meisel‘ nicht mehr verstand, wurde es zu ‚Mäusle‘ umgebildet. Noch in einem Erfurter Judeneid aus dem 12. Jh. heißt es: ‚daz dich di miselsucht bistê!‘ (‚bestehe‘, d. h. befalle). Die urspr. Bdtg. der Rda. wäre also eigentl.: Mögest du vom Aussatz befallen werden! Gegen diese Deutung spricht das Verbum ‚beißen‘. Es könnte allerdings sein, daß die Verbindung von Mäusle und beißen erst nach der Umformung von Meisel zu Mäusle entstand, mit ihr auch die Rda. in der heutigen Form. Analog gebildet erscheint ‚Daß dich der Has beiß‘!‘ (schwäb.), wobei also auch ein harmloses Tier beißt. Hier zeichnen sich allerdings auch ganz andere Zusammenhänge ab (Schwank von den sieben Schwaben, die Angst vor einem Hasen haben). ‚Das Mäusle beißt‘ nennt man in schwäb. Kindersprache auch den Schmerz am ‚Elektrisierknochen‘ des Ellbogens.

Lit.: *A. L. P.:* Een levendige muis in de hand hebben, in: Ons Volksleven 2 (1890), S. 118–119; *O. Keller:* Die antike Tierwelt 1 (Leipzig 1909), S. 193–202; *L. Kohler:* Die Fabel von der Stadt- und Feldmaus in der dt. Lit. (Programm Mährisch-Ostrau 1909); *O. Meisinger:* Da beißt keine Maus einen Faden ab, in: Zs. f. dt.

Mdaa. 4 (1909), S. 24 f.; *H. Ahrens:* Die Fabel vom Löwen und der Maus in der Weltlit. (Diss. Rostock 1920); *K. Rother:* Hund, Katze und Maus im schles. Sprw., in: Mitt. d. Schles. Ges. f. Vkde. 16 (1925); *W. Treutlein:* Das Arbeitsverbot im dt. Volksglauben (Bühl 1932), S. 63 ff.; *U. Uittien:* Een en ander over huizen en muizen in folklore in taalgrenzen, in: Eigen Volk 6 (1934), S. 243–245; *H. Carl:* Die Maus im Sprachgebrauch, in: Muttersprache (1955), S. 369–372; *M. Zender:* Die Verehrung der hl. Gertrud von Nivelles, in: Räume und Schichten ma. Heiligenverehrung (Düsseldorf 1959), S. 89–143, sowie Abb. 4–10; *J. Cornelissen:* De muizen en ratten in het volksgeloof, in: Vragen van den Dag, Jg. 35, o. J., S. 350–364 und Jg. 36, o. J., S. 267–283; *B. Beckmann:* Von Mäusen und Menschen: Die hoch- und spätmittelalterlichen Mäusesagen (Zürich 1974); *F. Otten:* Die Sage von Bischof Hatto von Mainz und dem Mäuseturm bei Bingen, in: Zs. f. Slav. Philologie Bd. 39, H. 2 (1977), S. 233–250; Münzen in Brauch und Aberglauben (Nürnberg 1982), S. 223 (Ausstellungskatalog); *J. van der Kooi:* Art. ‚Hilfe des Schwachen‘, in: EM. VI, Sp. 1023–1029.

mauscheln, Mauschelei. *(Über) etw. mauscheln:* Unterderhand, in undurchsichtiger Weise Vereinbarungen treffen; Gerüchte in die Welt setzen und weitertragen; beim Kartenspiel betrügen; undeutlich reden.
Das Wort ‚mauscheln‘ kommt von dem Namen ‚Moses‘, hebr. ‚mŏschē‘, jüd. ‚Mousche‘, der zur Schelte des Handlungsjuden geworden war. Schon im 17. Jh. bez. man abfällig einen jüd. Händler als ‚Mauschel‘.
‚Mauscheln‘, hebr. ‚mŏschel‘, bedeutete urspr.: reden wie ein Jude.
Das ist eine ungeheure Mauschelei: Das ist ein undurchsichtiges Geschäft, etw., das sich am Rande der Legalität bewegt.

Mausefalle. *In die Mausefalle geraten:* sich verraten, beim Lügen ertappt werden, generell in eine ↗ Falle geraten.
Weiter bez. Mausefalle ein anrüchiges Lokal, das vor allem der Anknüpfung von Bekanntschaften dient (vgl. E. Borneman: Sex im Volksmund, Art. 55.11). Der Schlagertext spielt direkt darauf an, in dem es heißt:
Pigalle, Pigalle,
das ist die große Mausefalle
mitten in Paris.

mausern. *Jem. mausert sich:* er verändert sich durch eigene Anstrengung (Kraft) zum Vorteil. Die Wndg. wird oft anerkennend gebraucht, z. B. wenn sich ein junges Mädchen zu einer Schönheit entwickelt, wenn sich jem. elegant kleidet oder seinen ganzen Lebensstil vervollkommnet.
Urspr. wurde die Rda. ‚sich mausern‘ nur auf Vögel bezogen, die ein schöneres Federkleid erhalten, ↗ mausig. Heute ist diese Wndg. im übertr. Sinne auch auf vieles beziehbar. Z. B. in einem Spiegel-Artikel (Nr. 51 [1974], S. 36): „Bald schon hatte sich die Ausnahme zur Regel gemausert!‟

mausig. *Sich mausig machen:* sich hervordrängen, sich durch lautes Wesen unangenehm bemerkbar machen; eine bereits im 16. Jh. bezeugte Rda., die nichts mit der ↗ Maus zu tun hat, sondern auf die Jagd mit Falken zurückgeht. Mhd. ‚mûzec‘ (zu ‚mûzen‘ = die Federn wechseln, aus lat. mutare) bez. den Jagdfalken, wenn er die (erste) Mauser überstanden hat und dadurch übermütig und zur Jagd bes. geeignet wird. Die Falkner suchten die Mauser, wenn sie sich verzögerte oder gar ausblieb, durch bes. Mittel hervorzurufen. Man nannte dies ‚mäusen‘, d. h. den Falken mausig machen. Daraus ist die Rda. entstanden, die anfänglich noch durchaus lobenden Sinn hatte: „New Besen keren wol … new Ehehalten (Dienstboten) machen sich den ersten Tag zween oder drei so maußig und rüstig, das die Hern wünschen, es solt keiner kein Ehehalten über acht Tag halten‟ (Seb. Franck, ‚Sprichwörter‘ I, 84 a). Bald aber tritt der Nebensinn des Übermütigen in den Vordergrund, so daß mausig die Bdtg. ‚vorlaut, unverschämt‘ annimmt. Heutiges Sprach-

‚Mausefalle‘

gefühl bringt mausig gelegentl. mit Maus in Zusammenhang, so in dem ndd. Sprw.: ‚De sik musik maakt, den fret de Katt'.

Lit.: *Fr. Seiler:* Deutsche Sprichwörterkunde (München 1922), S. 284; *L. Röhrich* u. *G. Meinel:* Rdaa. aus dem Bereich der Jagd und der Vogelstellerei, S. 323.

meckern. *Über alles meckern (wie eine Ziege):* überall etw. zu kritisieren haben, an allem herummäkeln. Bes. in der Propaganda während des II. Weltkriegs wurden unangenehme Kritiker als ‚Meckerer und Miesmacher' gebrandmarkt. Da ‚meckern' die Stimme der Ziege meint, spielen entsprechende Übertragungen gerne im Tierwitz eine Rolle.

Mecklenburg. *Das Mecklenburgische Wappen machen:* die Ellbogen auf den Tisch stemmen und den Kopf in die Hände stützen. Die Rda. bezieht sich auf das alte meckl. Wappen, das einen Ochsenkopf führte.

Einen Mecklenburger zu Hilfe rufen, auch: ‚nach dem Mecklenburger greifen': nach dem Prügel greifen. Die heute ausgestorbene Rda. bezieht sich auf das einstige Mecklenburger Prügelgesetz.

Medizin. *Etw. ist für jem. (wie) bittere Medizin:* jem. macht eine unangenehme, bittere Erfahrung, die er psychisch so schlecht verkraften kann wie ‚das Schlukken bitterer Medizin'. In einem Schlager der Ggwt. wird dies verharmlost: „Mit 'nem Teelöffel Zucker nimmst du jede Medizin…"

Lit.: *A. de Cock:* Spreekwoorden, Zegswijzen en Uitdrukkingen op Volksgeloof berustend: IV. Oude Ge-

neeskunde, in: Volkskunde 26 (1920), S. 26–43, 115–131, 183–199; *F. H. Garrison:* Medical Proverbs, Aphorisms and Epigrams, in: Bulletin of the New York Academy of Medicine 4 (1928), S. 979–1006; *R. A. Elmquist:* English Medical Proverbs, in: MP 32 (1934–35), S. 75–84; *R. Bouissou:* Medical Proverbs. The Common Sense of Centuries, in: World Health. The Magazine of the World Health Organization (July 1971), S. 2–26; *H. A. Seidl:* Medizinische Sprichwörter im Englischen und Deutschen (Frankfurt a. M./ Bern 1982) (= Forum Anglicum Bd. 11).

Meer. *Das Meer ausschöpfen (auch ausbrennen, austrinken, austrocknen) wollen:* Unmögliches versuchen; auch von einer langwierigen Arbeit gesagt, deren Ende man nicht absieht (frz. ‚c'est la mer à boire' wird heute eher in der negativen Form: ‚Ce n' est pas la mer à boire', i. S. v.: Das ist nicht so schwer, gebraucht); ebenso: ‚das Meer mit einem Schwamm austrocknen'; ‚das Meer in ein Krüglein schöpfen'. Der hl. Augustin erklärte das Meer auszuschöpfen für nicht unmöglicher als das Geheimnis der Dreieinigkeit zu ergründen.

Am Meer wohnen und Wasser suchen: etw. Unsinniges tun; ebenso: ‚auf dem Meer nach Wasser gucken'; ‚auf dem Meer säen'. *Ans Meer gehen, um seine Hände zu waschen:* einen großen Aufwand für eine kleine Sache betreiben (vgl. frz. ‚pour laver ses mains on ne vend pas sa terre').

In einem Meer von … versinken: eine Unzahl, Unmenge einer Sache sehen, erfahren, auch: ‚in einem Meer von Tränen ertrinken': unendlich traurig sein; lit. bei Wieland im ‚Oberon' (1,4) gebraucht: „In welches Meer von Jammer stürzt sie euch?"

Vom Meer und der Seefahrt sind zahlreiche Rdaa. u. Sprww. ausgegangen (vgl. Stammler u. Sverrisdóttir).

Lit.: *W. Stammler:* Seemanns Brauch u. Glaube, in: Dt. Philologie im Aufriß, Bd. III (1956), Sp. 1815–80; *O. G. Sverrisdóttir:* Land in Sicht (Frankfurt/M. etc. 1987).

Meerrettich. *Mach nur keinen Meerrettich!:* Sei kurz und bündig! Bes. obersächs. steht Meerrettich übertr. für: weitschweifiges Geschwätz. In gleichem Sinn sagt man auch: ‚Mach nur keen Senf her!' In Österr., wo man statt Meerrettich ‚Kren' sagt, gilt die Rda.: ‚sein Kren dazuageben', seine Ansicht äußern (↗Senf).

Mehl. *Kein Mehl im Maul behalten:* frei heraus seine Meinung äußern (so schon in Luthers ‚Tischreden') Obersächs. ‚Mehl im Munde und Holzbündel im Schlunde haben', undeutlich, unverständlich reden. *Es ist aus demselben Mehl gebacken:* die Sache hat dieselbe Herkunft. *Es geht viel Mehl in den Kasten* sagt man von jem., der für Geschenke empfänglich und bestechlich ist. *Gemahlenes Mehl mahlen:* etw. Überflüssiges tun. Els. ‚'s is bös Mehl a de Knöpfle', die Sache steht schlimm; bair. ‚Es kommt ihm alles durcheinander wie dem Bettelmann das Mehl', er bringt alles durcheinander.

Mehlspeise. *Das is a Mehlspeis' zum Umhängen* – als Antwort auf eine dumme Frage – ist eine scherzhafte Rda., die man in Wien, aber auch sonst in Oesterr. häufig hören kann. Noch gesteigert, aber dann mit anderer Bdtg., lautet sie: *A Mehlspeis' zum Umhängen mit drei Reihen Knöpf* (wenn man sehr viel Bewirtung erfahren hat). Die Rda. ist heute nur noch bildl. gemeint, muß ursprüngl. aber unmittelbar sinnfällig und verständlich gewesen sein. Die Realbeziehung geben wohl die mannigfachen Bräuche, bei denen Brot oder bestimmte Gebildbrote umgehängt werden (Mehlspeis' = Kuchen). Der Umhängebrauch eines festlichen Brotes (an Mensch und Tier) läßt sich von antiken Zeugnissen bis etwa zur umgehängten Brezel im Faschingsbrauch verfolgen. Die Rda. als sprachl. Bild für etw. Unwahrscheinliches zeigt, daß der Brauch unverständlich geworden ist oder nur noch scherzhaft geübt wird. Der Witz der Rda. liegt einmal darin, daß ‚Brot' nicht gleich ‚Mehlspeise' ist, zum anderen, daß eine Mehlspeise zum Essen und nicht zum Umhängen da ist.

Lit.: *L. Kretzenbacher:* ‚A Mehlspeis' zum Umhängen'. Kleiner Versuch über eine scherzhafte Rda., in: Blätter für Heimatkunde (Steiermark) 35, H. 2 (1961), S. 41–49; *E. Burgstaller:* Brauchtumsgebäcke und Weihnachtsspeisen (Linz 1957).

Mehrheit. *Die schweigende Mehrheit sein,* auch: *Zur schweigenden Mehrheit gehören:* zur großen Zahl der Menschen gehören, die ihre Meinung in einer Sache nicht äußern wollen oder können, z. B. zu denen, die keiner Partei oder politischen Gruppierung angehören, die für ihre Belange eintreten könnten, oder zu denen, die sich bei Wahlen fernhalten und ihr demokratisches Recht nicht nutzen. Die Rda. ist die wörtl. Übers. von ‚silent majority'. Das Wort, ‚Mehrheit' existierte bereits um 1000 im dt. Sprachschatz. Notker übers. lat. ‚maioritas' mit mêrheit; jedoch taucht es dann erst wieder im 18. Jh. auf, so als Bez. des Stimmenverhältnisses bei Abstimmungen (Möser, Klopstock, Schiller); später dann auch allg. i. S. v. Mehrzahl. *Die Mehrheit entscheiden lassen:* eine demokratische Verfahrensweise wählen bei polit. Entscheidungen. *Mit wechselnden Mehrheiten regieren müssen:* einen schwierigen Regierungskurs steuern, wenn die Partei, die die Regierung bildet, keine absolute Mehrheit besitzt. Bei jeder Entscheidung ist die Situation deshalb völlig offen. Da die Regierung keine absolute Entscheidungsfreiheit besitzt, muß sie zunächst um die Zustimmung der anderen Parteien werben, was die Verabschiedung von Gesetzen verzögert oder gar verhindert.

meien. *Meien gehen:* sich gesellig am Abend zum Spinnen u. gemütlicher Unterhaltung, zu Gesang u. Tanz reihum in einem der Häuser zusammenfinden; vgl. ‚zu ↗ Licht gehen'. Im Lothringischen gab es die Bez. ‚Meistube' für die Spinn-, später Flechtstube, von der die Wndg. abgeleitet worden ist. Angelika Merkelbach-Pinck hat in Meistuben Volkserzählungen, Rdaa. u. Sprww. gesammelt.

Lit.: *A. Merkelbach-Pinck (Hg.):* Aus der Lothringer Meistube. Sagen, Schwänke, Legenden, Bauerngeschichten, Redensarten, Sprichwörter. Bd. I (Kassel 1943).

Meile. *Drei Meilen gegen den Wind riechen (stinken):* einen starken, intensiven Geruch an sich haben, der als unangenehm oder aufdringlich empfunden wird; iron. übertreibend.

Mein. *Mein und Dein verwechseln (nicht unterscheiden können):* es mit den Besitzverhältnissen nicht so genau nehmen, sich an fremdem Eigentum vergreifen. Das

Possessivpronomen steht hier stellvertretend für den Besitz einer Person wie auch in dem Sprw. ‚Das Mein und Dein ist alles Zaubers Ursprung‘.

Scherzhaft heißt es von dem gemeinsamen Besitz der Eheleute – meist von Seite des Mannes:

Was Deine ist, ist meine,
und was meine ist,
geht Dich nichts an.

Die parodist. Anspielung bezieht sich auf die im allg. Sprachgebrauch formelhafte Beteuerung gegenseitiger Liebe u. Treue: ‚Du bist mein, und ich bin dein‘, wie sie auch im Grimmschen Märchen begegnet (KHM. 67, KHM. 94 u. KHM. 127). Der Besitzanspruch des Mannes drückt sich bereits bei der Brautwerbung aus: ‚Willst Du die Meine werden?‘ oder als Bitte des Liebenden: ‚Sei die Meine!‘

Lit.: *J. Meier:* ‚Du bist mîn, ich bin dîn‘, in: Schweiz. Arch. f. Vkde. 11 (1907), S. 269–287.

Meinung. *Jem. die Meinung sagen:* urspr. einfach sagen, was man meint; dann: es sehr nachdrücklich tun; daraus allg.: mit Worten derb anfassen. Schon in Lindeners ‚Katzipori‘ (53) sagt „die Frau dem junkern bald die meynung“. Vgl. frz. „Je vais lui dire ce que je pense‘.
Jem. die Meinung geigen: ↗ geigen.

Meise. *Da kannst du Meisen ausnehmen;* damit wirst du nichts erreichen; bes. mdt. verbreitet. Das Bild der Rda. bezieht sich auf die Wertlosigkeit eines Meisennestes, das einer ausräumt.
Eine Meise (unterm Pony) haben: nicht recht bei Verstand sein; eine vorzugsweise berl. Analogie zu ‚einen ↗ Vogel haben‘.

Lit.: *O. Keller:* Die antike Tierwelt 2 (Leipzig 1913), S. 120–121; *E. u. L. Gattiker:* Die Vögel im Volksglauben (Wiesbaden 1989), S. 192–197.

Meister. *Seinen Meister finden:* jem. begegnen, der einem in einer Fähigkeit überlegen ist, der einen in seine Schranken weist. *Seinen Meister suchen:* auf einem bestimmten Gebiet ungeschlagen sein.
Eine Sache meistern: mit einem schwierigen Problem fertig werden, eine komplizierte Sache bewältigen.

Lit.: *R. Wissell:* Des alten Handwerks Recht und Gewohnheit, 2 Bde. (Berlin 1929); *L. Röhrich* u. *G. Mei-*

nel: Rdaa. aus dem Bereich von Handwerk und Gewerbe, in: Alemannisches Jahrbuch (Bühl 1973), S. 163–198.

Mekka. *In seinem Mekka sein:* an dem Ziel seiner Wünsche angelangt sein; an dem Ort sein, der das bietet, was man als höchste Erfüllung erwartet.
Diese Rda. beruht auf einer Vorschrift der islamischen Religion: Jeder Moslem sollte wenigstens einmal in seinem Leben nach Mekka, dem religiösen Zentrum des Islam gepilgert sein, um die Große Moschee und die Ka'aba gesehen und betreten zu haben. Mekka gilt als die Geburtsstadt des Propheten Mohammed, von wo aus dieser Ende September 622 zur Hidschra nach Medina aufbrach.
In übertr. Bdtg. kann der Begriff ‚Mekka‘ auch auf profane Bereiche angewendet werden, z. B. spricht man heute von einem ‚Mekka der Technik‘, um damit eine Industrie-Ausstellung zu bez., die das Neueste auf allen Gebieten der Technik zeigt.
Etw. als das neue Mekka preisen: eine neue ↗ Masche, eine beglückende, auch: zukunftsverheißende Sache entdeckt haben und sie anderen empfehlen wollen, sie davon zu begeistern suchen.

Melaten. *Nach Melaten kommen:* sterben (köln.), begraben werden, ↗ zeitlich.
Mit dem Wort ‚Melaten‘ verbindet der Kölner die alt-ehrwürdige Friedhofsanlage der Stadt. Jahrhundertelang vorher war Melaten die Kölner Hinrichtungsstätte. Den Anstoß zur Errichtung des Melatenfriedhofs gab Napoleons Dekret über die Begräbnisse von 1804. Es schrieb die Beerdigung der Toten außerhalb der Gemeinden vor.
Der Name ‚Melaten‘ deutet auf ein ehemaliges Leprosenhaus hin. Er bez. den Ort ‚zu den Maladen‘ (= Aussätzigen). Das mnd. Wort ‚malat‘ lebt heute noch in der köln. Mda. fort. Während der Friedhof im Hd. ‚Melaten‘ heißt, wird er in der köln. Mda. ‚Malote‘ genannt. Wenn sich ein Nichtkölner ‚elend fühlt‘, ‚es et dem Kölsche janz malätzisch‘.
Beerdigungen von Köln nach Melaten endeten häufig für einen Teil der Trauernden noch vor dem Hahnentor. Sie zogen sich in das Hahnenbräuhaus zurück ‚för

ze suffe'. Man sagt darum in Köln sprw.: ,Fresse brengk mieh Lück noh Malote als Drinke' (Fressen bringt mehr Leute nach Melaten als Trinken).

Lit.: *J. Abt* u. *W. Vomm:* Der Kölner Friedhof Melaten. Begegnung mit Vergangenem und Vergessenem aus rhein. Geschichte und Kunst (Köln 1980).

Melkkuh. *Jem. ist eine (die) Melkkuh von einem anderen:* jem. wird über einen längeren Zeitraum hinweg regelmäßig finanziell ausgebeutet, als ergiebige Geldquelle angesehen, immer wieder erpreßt. Allg. heißt eine Kuh, die täglich gemolken wird, Melkkuh oder auch: eine melkende Kuh, d.h. eine Kuh, die viel Milch gibt, bes. dann, wenn sie gerade gekalbt hat. Im Schwäb. nennt man daher eine frischerschlossene Möglichkeit, finanzielle Zuwendungen zu erhalten, sogar ,eine neumelkige Kuh'. Der Begriff ,Melkkuh', der aus der Agrarsprache stammt, hat eine Bedeutungserweiterung erfahren und begegnet häufig im Zeitungsjargon. Die Feststellung: ,Der Steuerzahler ist die Melkkuh der Nation' erscheint dabei bes. oft. Die Rda. ist jedoch auch lit. bei Franz Werfel belegt: „Die unerschöpfliche Melkkuh seines Lebens ist entwichen für immer".

Memento mori. *Ein Memento mori sein:* etw., das an den Tod gemahnt.
Memento mori (lat.) ist ein Mahnruf und bedeutet: ,Denk' ans Sterben!' Im deutschsprachigen Raum ist die Wndg. mindestens seit dem 11. Jh. bekannt (Notker Balbulus schrieb um 1070/80 ein gleichnamiges Gedicht). Im 12. Jh. betitelte Heinrich von Melk sein geistliches Werk ,Von des Todes gehügede' mit ,Memento mori'. Unter dem Memento-mori-Gedanken versteht man im weitesten Sinne alles, was an den Tod erinnert und gemahnt und die Vergänglichkeit des Irdischen aufzeigt. „Schon der Anblick eines Leichnams kann für viele ein eindringliches Memento mori bedeuten". (A. Hahn: Einstellungen zum Tod und ihre soziale Bedingtheit [Stuttgart 1968], S. 57).

Lit.: *A. Freybe:* Das Memento mori in dt. Sitte, bildlicher Darstellung und Volksglauben, dt. Sprache, Dichtung und Seelsorge (Gotha 1909, Nachdr. Walluf 1972); *K. Weihrauch:* Das Memento mori auf den Ein-

blattdrucken des 15. und 16. Jhs. (Magisterarbeit Freiburg i. Br. 1982).

Menetekel. *Ein Menetekel aufrichten:* ein Warnzeichen geben, drohendes Unheil anzeigen.

,Menetekel'

Die Rda. geht auf eine Danielstelle (5, 25) des A.T. zurück. Während eines Gelages des babylonischen Königs Belsazar († 539 v. Chr.) schrieb eine geheimnisvolle Hand folgende Worte der aramäischen Sprache an die Wand des Festsaales: ,měně, měně těquel ûfarsîn'. Daniel, zur Deutung dieser Ausdrücke herbeigerufen, las den Untergang des babylonischen Reiches daraus ab: ,Er (Gott) hat (dein Reich) gezählt … gewogen … zerteilt'. Belsazar wird in derselben Nacht umgebracht und sein Reich den Medern und Persern gegeben. Mit dieser Danielstelle hängt auch die Rda.↗ ,Gewogen und zu leicht befunden' zusammen.

Lit.: *O. Eißfeldt:* Die Menetekel-Inschrift und ihre Deutung, in: Zs. für alttestamentl. Wiss. 63 (1951), S. 105–114; *A. Alt:* Zur Menetekel-Inschrift, in: Vetus Testamentum 4 (1954), S. 303–305; *K. Galling:* Die 62 Jahre des Meders Darius in Dan 6, 1, in: Zs. für alttestamentl. Wiss. 66 (1954), S. 152.

Menge. *Jede Menge:* viel, unbegrenzt viel; auch *in rauhen Mengen* (,rauh' von neuhebr. raw = viel); *die schwere Menge.* Alle diese Wndgn. sind neuere umg. Steigerungen von viel und Menge.
Ein Bad in der Menge nehmen ↗ Bad.

Menkenke. *Menkenken machen:* Schwierigkeiten machen, Vorbehalte haben, Widerstand leisten (auch: *Menkenkes machen*).
Das Wort ist entweder aus ‚mengen‘ entstanden i. S. v. Gemisch, Durcheinander oder jidd. Ursprungs: ‚mechanne sein‘ bedeutet hier: um eine Sache herumreden.
Lit.: *S. A. Wolf:* Wb. des Rotwelschen: Dt. Gaunersprache (Mannheim 1956), S. 215.

Mensch. *Einen neuen Menschen (↗Adam) anziehen:* sich (zum besseren) ändern; die Wndg. ist bibl. Herkunft und hat ihren Urspr. in Eph. 4,22.24: „Leget von euch ab den alten Menschen..., und ziehet den neuen Menschen an“ und Kol. 3,9.10: „ausgezogen den alten Menschen mit seinen Werken und angezogen den neuen“; entspr. ndl. ‚den ouden mensch afleggen‘.
Ein ganz neuer (anderer) Mensch werden: sich grundlegend ändern, wobei die Veränderung des Menschen zum Schlechteren hin nicht ausgeschlossen ist.
Etw. für seinen inneren (äußeren) Menschen tun: dem Körper oder Geist etw. Gutes, Wohltuendes zukommen lassen, indem man sich z. B. erholt, neu einkleidet, sich weiterbildet etc. Die Rda. läßt sich auf Röm. 7,22 zurückführen, wo vom Geist, der Seele des Menschen als innerem Menschen im Gegensatz zu seiner körperlichen Existenz, dem äußeren Menschen gesprochen wird.
Jem. zu einem Menschen machen: eine Person ihrer wahren menschlichen Bestimmung zuführen, ihr aus Leid oder Verfehlungen heraushelfen, sie zu einem wertvollen Mitglied der menschlichen Gemeinschaft erziehen; auch euphemist. Umschreibung für sinnlosen Kasernenhofdrill.
Kein Mensch mehr sein: weder Verstand noch Vernunft gebrauchen, alle menschlichen Gefühle vermissen lassen. In hochgradiger Erregung (Kummer, Ärger, Zorn, Verzweiflung) den Eindruck vermitteln, unvernünftige Reaktionen zu zeigen, die scheinbar denen von Tieren gleichen. Mdal. war diese Rda. bes. im 19. Jh. geläufig. Die lat. Lit. kennt dafür die Bez. ‚non homo‘ (z. B. Petronius), welche dem dt. Begriff ‚Unmensch‘ zugrunde liegt.

Wieder Mensch sein: sich nach einer Strapaze, einer körperlichen oder geistigen Anstrengung, nach einer schweren Erkrankung erholen und sich wieder wohlfühlen und seinen bisherigen Interessen leben können. *Nur ein halber Mensch sein:* körperlich oder seelisch sehr angegriffen, erschöpft sein, auch: sehr abgemagert sein, sich in einer schlechten geistigen Verfassung befinden.
Jem. wie einen Menschen zweiter Klasse behandeln: jem. sehr herablassend, von oben herab behandeln; ihm gegenüber sehr überheblich tun. *Man ist ja nur ein Mensch* oder: *Wir sind doch alle nur Menschen* heißt es zur Entschuldigung von Schwachheiten oder Vergehen. Man will damit ausdrücken, daß nicht mehr gefordert werden kann, als das, was in eines Menschen Kraft steht. In Pommern heißt es: ‚Ik bin dog man ên Mensch!‘ Die Wndg. ist bereits bei Petronius lat. belegt: ‚Homines sumus, non dei‘.
Es gibt Menschen, es gibt auch Hirsche: mit dieser Wndg. werden Handlungen eines Menschen kommentiert, die verkehrt und töricht wirken und die den handelnden Menschen als unbesonnen und unüberlegt kennzeichnen. Die Rda. stellt dem normalerweise besonnenen, vernünftigen Wesen des Menschen den ↗Hirsch als unüberlegt und kopflos gegenüber. Die Wndg. ist bes. in Rheinhessen verbr.: ‚'s gebt Mensche, 's gebt aach Hersch!‘ In dieser Form erscheint sie in dem Roman ‚Daheim‘ (1908) von W. Holzamer.
Wie der erste Mensch (auch *wie die ersten Menschen*): weltunerfahren, unwissend, unmodern, töricht, unbeholfen; sold. seit dem 1. Weltkrieg, dann in allg. Umgangssprache übergegangen.
Wie der letzte Mensch sein: vor allem äußerlich in verwahrlostem Zustand sein, ungepflegt sein. Die Wndg. ‚Die letzten Menschen‘ wird als Titel eines lit. Werkes wörtl. verstanden, so bei Fr. Jacobsen, Hans Schmidt (1887) und Wolfgang Kirchbach (1890).
Mit jem. von Mensch zu Mensch sprechen: in vertraulichem Ton, ohne konventionelle Schranken zu berücksichtigen, offen miteinander reden. *Das geht den Menschen wie den Leuten:* das geht allen so. Hier wie in den drei folgenden Rdaa. wird

der Begriff ‚Mensch' i. S. v. allen Menschen, jedermann gebraucht. *Das kann einem Menschen passieren, der Frau und Kinder hat:* das kann jedem Mann zustoßen, selbst einem, der große Lebenserfahrung besitzt.

Unter Menschen gehen: sich in Gesellschaft begeben, sich der menschlichen Gemeinschaft nicht fernhalten, seiner Trübsal und Einsamkeit entfliehen.

Mensch und Vieh verrückt machen: jedermann in Aufregung versetzen.

Das wird einem alten Menschen sauer: in der Niederlausitz sagt man das vor allem spottend zu oder von einem jungen Menschen, der schon bei kleinster Anstrengung stöhnt.

Der Mensch, das unbekannte Wesen: Rda., die die Unwissenheit des Menschen über sich selbst ausdrückt; urspr. ein Buchtitel: ‚Man – the unknown' von Alexis Carrel (1873–1945), ersch. 1935 in Amerika, dt. Übers. 1936.

Ein Mensch mit drei Buchstaben sein: ein in der Öffentlichkeit bekannter Mensch sein, dessen Name dreiteilig ist und sich so zu drei Buchstaben abkürzen läßt; z. B. Franz Josef Strauß = FJS. Die urspr. lat. Rda. ‚Homo trium litterarum' bez. zunächst einen Dieb (lat. ‚fur'), wurde später auch auf hochstehende Persönlichkeiten angewandt: L.C.S. = Lucius Cornelius Sulla; G.J.C. = Gajus Julius Caesar.

Er ist heute keines Menschen Freund: Er ist verdrießlich gestimmt, er hat schlechte Laune.

Ein Menschenfreund sein: auf Gewaltanwendung verzichten; urspr. berl. seit etwa 1900, jetzt allg. umg. geläufig.

Aus ihm wird kein Mensch klug: niemand versteht seine Handlungen, niemand durchschaut ihn. Die Negation von ‚Mensch' erhält hier die Bdtg. von ‚niemand'; so auch: ‚A ginnt kem Mensche nischt': er gönnt niemand etw.

Keine Menschenseele ↗ Niemand.

Mensch!: gemütliche oder erzürnte Anrede; vermutl. aus der Dichtersprache des 19. Jh. übernommen („O Mensch, gib acht!"). In Ostpreußen drückte man sein Erstaunen aus, wenn man ausrief: ‚O Mensch, drôchtiger'.

Mensch Meier! erstaunte Anrede; ihre Herkunft ist ungeklärt; die Wndg. ist erst im 20. Jh. aufgekommen, wahrscheinl. Erweiterung der gemütlichen Anrede ‚Mensch' oder auch ‚Menschenskind!'. Erstmals 1941 lit. vermerkt; 1978 Titel eines Volksstückes von F. X. Kroetz.

‚Mensch ärgere dich nicht'; auch rdal. gebrauchter Name eines beliebten Würfelspiels. Das Spiel wurde 1911 in Berlin von F. J. Schmidt entworfen (die Grundidee ist schon altindisch). Inzwischen hat sich das Spiel über die ganze Welt verbreitet (Gesamtauflage bisher 50 Millionen).

Das Mensch: hiermit wird eine bes. große Verachtung ausgedrückt. Im Bair. war ‚das Mensch' urspr. die nicht wertgebundene Bez. für einen weibl. Dienstboten (Magd) und hat sich bis ins 17. Jh. hinein in Dtl. als Neutrum ohne verächtlichen Nebensinn gehalten; erst im 18. Jh. wurde ‚das Mensch' zur Bez. ehrloser weiblicher Personen wie Dirnen, Schlampen usw. Die oberoesterr. Rda. ‚Dös is a Mensch, das man mit koan Prüg'l daschlaga kunt' bezieht sich auf eine wenig geachtete Frau, während sich die Rdaa. ‚Wenn 'k dat Minsch ansich, fall'n mi alle mine Sünden bî' oder ‚... fehl'n mi immer sechs Drîer' auf einen Mann oder eine Frau beziehen können.

Der Abschaum der Menschheit sein; zum Abschaum der Menschheit gehören: ein verdorbener, schlechter, ehr- und tugendloser Mensch sein. Die Rda. geht auf die griech. Textfassung von 1. Kor. 4, 13 zurück; Luther übers.: ‚ein Fluch der Welt'.

Es menschelt: ein hoher Würdenträger läßt erkennen, daß auch er mit menschlichen Schwächen behaftet ist; vor allem obd. geläufig; auch: *sich menschlich zeigen;* schwäb. ‚menschlen': nicht besser sein, als die Menschen es gewöhnlich sind: ‚Es menschelt bei ihm halt auch'; ‚es menschelt bis vor Gottes Thron', Rda. im Badischen; schweiz. ‚menschelen': allg.: menschliche Gebrechlichkeit an sich haben. In ähnl. Bdtg. wird auch gern der Ausdr. *Menschliches, Allzumenschliches* gebraucht, urspr. der Titel einer 1878 von Nietzsche erschienenen Schrift.

Einem ist nichts Menschliches fremd: man hat sehr viel Verständnis für alles. Diese Feststellung beruht auf einem lat. Zitat: ‚Homo sum; humani nil a me alienum puto': ‚Ich bin ein Mensch; nichts

Menschliches ist mir fremd' (Terenz: ‚Heautontimorumenos‘ I, 1,25). Augustus teilt in den ‚Epistolae‘ 155, IV, 14 mit, daß diese Rda. bei den Römern im Theater immer großen Beifall gefunden habe. Vgl. auch Goethes Spruch: „Denn ich bin ein Mensch gewesen …“ im ‚West-östl. Divan‘. *Es läuft immer etw. Menschliches mit unter:* jedem Erzeugnis des Menschen sieht man an, daß es menschlicher Herkunft ist; Wander erklärt: „Die Hand des Menschen blickt überall hervor“. Vgl. ndl. ‚Er loopt al tijd wat menschelijks onder‘.

Ein menschliches Rühren verspüren: seine gnadenlose Härte überwinden, durch das Beispiel treuer Freundschaft überwältigt werden, sein Herz sprechen lassen. Urspr. bezieht sich diese Rda. auf ein Zitat aus Schillers ‚Bürgschaft‘, wo es von dem Tyrannen heißt: „Der fühlt ein menschliches Rühren“. Heute wird die Rda. meist scherzhaft profaniert verwendet. Sie umschreibt den Drang des Menschen, sich zu entleeren, seine Notdurft zu verrichten, aber auch seine Hunger- und Durstgefühle.

Kein Menschenfresser sein: niemandem etw. tun, umgänglich sein; ein Mensch sein, mit dem man reden kann, vor dem man keine Angst zu haben braucht.

Jem. auf die Menschheit loslassen: eine fertig ausgebildete Person aus Schule oder Lehre entlassen; iron. angewandt.

Seit Menschengedenken: soweit die Überlieferung zurückreicht, solange man sich zurückerinnern kann; vgl. lat. ‚Post homines natos‘ (Cicero). Jean Paul schreibt: „Eine alte Sage von Wundern und Zaubereien, schreckt seit Menschengedenken die Schiffer ab, sich ihr (= der Insel) zu nähern (‚Quintus Fixlein‘). *Ist das (denn) die Menschenmöglichkeit?:* Ausruf der Verwunderung, des Erstaunens; schweiz. ‚Ist das au menschenmügli?‘. Die ältere Formel heißt: ‚menschlich und möglich‘.

Das sagt einem doch der gesunde Menschenverstand: zu diesem Ergebnis kommt man durch die natürliche Denk- und Urteilsfähigkeit; dazu braucht man keine gelehrte Auseinandersetzung, kein Bücherwissen.

Menschenfleisch. Die berühmten Worte des Riesen im Märchen: „Ich rieche, rie-che Menschenfleisch“ (z. B. KHM. 29 ‚Der Teufel mit den drei goldenen Haaren‘) (engl.: ‚I smell the blood of an Englishman‘) rührten an eines der größten Tabus, das die christl. Kultur errichtet hat, das aber in Folklore, Lit. und Kunst immer wieder durchbrochen wird: Die Menschenfresserei (Thomsen, S. 8). Die – wie Psychoanalytiker sagen würden – unterdrückte Lust am Kannibalismus äußert sich noch heutzutage in Science-Fiction, Film (z. B. ‚Das Schweigen der Lämmer‘), Karikatur und Parodie (Wedekind: ‚Der Tantenmörder‘) oder in den sog. Kannibalen-Witzen, im Kinderbuch, wie in den Bildergeschichten Wilh. Buschs (‚Max und Moritz‘, ‚Der Eispeter‘) oder in den – nicht für Kinder gedachten Märchen-Illustrationen eines G. Doré oder Pocci; aber auch in sprw. Rdaa. wie z. B. ‚jem. zum ⁊ Fressen gern haben‘ oder ‚einen ⁊ Narren an jem. gefressen haben‘. In ‚Auerbachs Keller‘ (Goethe, ‚Faust‘ I) singen die betrunkenen studentischen Saufkumpane:

Uns ist ganz kannibalisch wohl,
Als wie fünfhundert Säuen!

Unterschwellig oder ganz offen vorhanden ist Kannibalismus in Märchentraditionen wie in ‚Hänsel und Gretel‘ (KHM. 15), ‚Rotkäppchen‘ (KHM. 26), ‚Machandelboom‘ (KMH. 47), ‚Däumling‘ (Perrault: ‚Le petit poucet‘). Kannibalismus wird Hexen, ⁊ Werwölfen und Vampiren zugeschrieben. Im russ. Märchen ist die Baba-Jaga eine menschenfressende Dämonin. Der Kyklop Polyphem ist der Prototyp aller Anthropophagen der antiken Mythologie. Im Sagen-Zyklus von der ‚Wilden Jagd‘ wird ein Mensch für seine (meist unbeabsichtigte) Jagdhilfe belohnt. Aber der Dank besteht in einem ‚Aasgeschenk‘, das der Wilde Jäger zuteilt mit dem Ruf:

Hast mit helfen jagen,
kannst auch mit nagen!

In vielen Fällen wird die vom Wilden Jäger herabgeworfene Gabe als Menschenleiche, gebratener Mensch, halber Mensch, Menschenlende, Weiberschinken, Menschenbein, blutiges Frauenbein etc. bezeichnet. Die erste Erwähnung eines Fleisch- oder Aasgeschenkes findet sich bei Heinrich Bebel (‚Facetiarum libri tres', 1506, I, 36). Dabei handelt es sich um ein Stück von der nach ihrem Tode gejagten sündhaften Pfaffenkellerin, seiner Jagdbeute. In übertr. Bdtg., d. h. in nicht mehr anthropophager Absicht, werden die Worte ‚Ich rieche, rieche Menschenfleisch' heutzutage oft benutzt gegenüber jedem Fremden, der nicht dem eigenen spezifischen ‚Stallgeruch', ‚Müffel', ‚Duftmarke' etc. entspricht; vgl. ‚jem. nicht ↗riechen können'; ‚bei jem. in gutem ↗Geruch stehen', ‚mir stinkts' etc.

Lit.: *Pehl:* Art. ‚Menschenfresser, in: HdA. VI, Sp. 151–154; *W. E. Peuckert:* Art. ‚Aasgeschenk des Wilden Jägers', in: Handwb. d. Sage I, S. 10–16; *E. Volhard:* Kannibalismus (= Studien zur Kulturkunde 5) (Stuttgart 1939); *L. Röhrich:* Die Frauenjagdsage, in: Laographia XXII (1965) S. 408–423; *ders.:* Art. ‚Grausamkeit', in: EM. VI, Sp. 97–110; *Chr. W. Thomsen:* Menschenfresser in der Kunst und Literatur … (Wien 1983).

meschugge. *Meschugge sein:* verrückt sein; das Wort ‚meschugge' kommt aus dem Hebr.: ‚mĕschugga' ist die Partizipbildung zu ‚schāgag', was hin- und herwanken (herumirren) bedeutet.

Lit.: *S. A. Wolf:* Wb. des Rotwelschen; Deutsche Gaunersprache (Mannheim 1956), S. 216.

Messe bedeutet sowohl den Gottesdienst wie (urspr. mit dem kirchlichen Fest verbunden) den Jahrmarkt. Beide Bdtgn. finden sich auch in Rdaa. *Auf dem Rücken zur Messe gehen:* zu seiner eigenen Totenmesse getragen und begraben werden. *Er hört nur Messe, wenn's im Kalender rot geschrieben steht:* er geht nur selten in die Kirche. *Er hat gern kurze Messen und langes Essen:* er ißt gern gut, der sinnliche Genuß geht ihm über den geistigen. *In die jüdische Messe gehen:* gar nicht in die Kirche gehen (weil die Juden keine Messe kennen). *Sie sind vor der Mess z'Opfer gange:* sie haben sich bereits vor der Trauung als Eheleute betrachtet; die Wndg. wird schweiz. gebraucht, wenn eine Neuvermählte zu früh niederkommt. *Zur Messe kommen, wenn die Buden leer sind:* zu spät kommen, die günstige Gelegenheit versäumen. *Das dauert keine Leipziger Messe:* das geht schnell, dauert nicht lange; von den berühmten Leipziger Messen dauerten die beiden großen, die Jubilate-(Oster-)- und die Michaelis-Messe

seit alters je vierzehn Tage. *Der letzte Messeschrei sein:* die letzte Messeneuheit (↗schreien).

Messer. *Jem. das Messer an die Kehle setzen:* ihm hart, nachdrücklichst zusetzen; bezieht sich eigentl. auf die Absicht, ihm den Hals abzuschneiden; vgl. frz. ‚mettre à quelqu'un le couteau sous la gorge'; ebenso *jem. ans Messer liefern; das Messer sitzt ihm schon an der Kehle,* eigentl.: er ist in arger Geldnot.

Das Messer wetzen: Vorbereitungen treffen. Die Wndg. begegnet bereits in übertr. Bdtg. im Lied vom ‚Schnitter Tod' (Str. 1):

ES ist ein Schnitter heist der Todt,
Hat Gwalt von grossen GOtt.
Heut wetzt er das Messer,
Es geht schon viel besser,
Bald wird er drein schneiden,
Wir müssens nur leyden,
Hüt dich, schöns Blümelein!

Die ähnl. Wndg. *die Messer wetzen* meint: sich auf eine harte (verbale) Auseinandersetzung einstellen, schlagkräftige Argumente sammeln.

‚Die Messer wetzen'

Einem selbst das Messer in die Hand geben: zu seinem eigenen Schaden handeln. *Jem. ins offene Messer laufen:* sich ungeschickt verhalten, so daß man dem Gegner in die Falle gerät.

Etw. (jem.) bis aufs Messer bekämpfen: eine Sache oder Person mit allen Mitteln bis zum Äußersten bekämpfen.

Der Ausdr. ‚Krieg bis aufs Messer' beruht auf einer Antwort des span. Feldherrn José de Palafox y Melzi (1775–1847) an die Franzosen, die ihn 1808 zur Übergabe des belagerten Saragossa aufforderten.

Jem. unters Messer nehmen: jem. operieren. Ebenso wie die folgenden Rdaa. ‚Jem. unter dem Messer haben‘, ‚unters Messer müssen‘: sich operieren lassen müssen, *unter dem Messer bleiben:* während der Operation sterben; hier steht Messer stellvertretend für das Skalpell des Chirurgen. Urspr. waren alle diese Rdaa. nur auf Schlachtvieh bezogen.

Lit. bei Schiller, ‚Macbeth‘ IV, 6 (Übers. u. Bearbeitung von Shakespeares Drama): „Weißlich gibt man ein unschuldig Lamm dem Messer hin, um einen zürnenden Gott zu versöhnen".

Das Messer beim Heft haben, heute meist bloß *das Heft in der Hand haben:* die Macht, die Gewalt haben. So schon bildl. in mhd. Zeit, z. B. in Ottokars oesterr. ‚Reimchronik‘ (V. 956 ff.):

Dô wart der Franzoisaere dinc
in Cecili dester bezzer,
si heten daz mezzer
begriffen bî dem hefte.

Die Entscheidung steht auf des Messers Schneide: es geht ‚auf Biegen und Brechen‘ (↗ biegen). Schon in Homers ‚Ilias‘ (X, 173) ‚ἐπὶ ξυροῦ ἵσταται ἀκμῆς‘.

Mit dem großen Messer (auf-)schneiden: lügen, schwindeln, ↗ aufschneiden. Lit. in Grimmelshausens ‚Simplicissimus‘ (Buch II, Kap. 18): „... es werden sich etliche finden, die sagen werden, Simplicius schneide hier mit dem großen Messer auf" (gemeint ist die Brockenfahrt).

Ein Messer ohne Klinge, an dem der Stiel fehlt: ein ‚Nichts‘, scherzhafte Wndg., die G. Chr. Lichtenberg (1742–99) geprägt hat.

‚Er legt gleich das Messer bei der Käs‘ sagt man rheinhss. von einem, der entgegen bäuerlicher Gewohnheit gleich mit seiner Rede herausrückt.

Da steckt das Messer: da liegt der ↗ Hund begraben.

Das Messer im Ferkel stecken lassen: eine Arbeit unvollendet liegen lassen.

Da geht einem das Messer im Sack (oder *in der Tasche*) *auf:* man wird sehr zornig, sehr erregt; schon um 1900 in Baden bekannt. Von einem stumpfen Messer sagt man: *Auf dem Messer kann man nach Breslau* (auch *Rom, Paris, Köln*) *reiten;* schlesw.-holst. ‚Dat Meß is so stump, dor kannst mit'n bloten Ars op na'n Blocks-

barg rieden‘; ‚op sien Mess kunn en Hex ahn Ünnerbüx up na'n Blocksbarg rieden‘; von der stumpfen Sense heißt es meckl.: ‚Dor kann'n up nah'n Blocksbarg riden!‘. Der Messerritt ist unverkennbar ein Hexenritt und bezieht sich auf den Volksglauben: Man darf sein Messer nicht mit der Schneide nach oben legen, weil sonst die Hexen darauf nach dem Blocksberg reiten.

Messer gen Himmel richten: die Schneide des Messers nach oben stellen; davor wird bes. im Volksglauben gewarnt, denn man nimmt an, dadurch könnten sich die Engel ihre Füße verletzen. Im ‚Journal von und für Dtl. von 1787‘, II, Nr. 17 und 18, S. 342 ist ein Artikel aus Pforzheim abgedruckt: „Legt man ein Messer mit der Schneide aufwärts, so zerschneidet man dem lieben Gott oder den Engeln das Gesicht. Wenn man einen Rechen so trägt, daß die Zähne aufwärts stehen, oder einen Finger in die Höhe reckt, so sticht man dem lieben Gott die Augen aus; – auch vergeht der Regenbogen davon". Birlinger berichtet (in: Volksthümliches aus Schwaben 1, Nr. 701, S. 492): „Wenn man ein Messer auf den Rücken legt, schneiden sich die Engel in die Füße, weshalb man solche Messer gleich abbrechen soll; dafür bekommt man den Lohn von den Engeln".

Doch ist als Erklärung weder die pädagogische Absicht noch eine von Antonius Margaritha angenommene jüd. Herkunft dieses Aberglaubens ausreichend. 1530 erschien ‚Der gantze Jüd. Glaube‘ von Antonius Margaritha, der darin schreibt: Die Juden „lassen auch deswegen kein Messer auf dem Rücken liegen, sprechend, ein ieder Jude habe einen eigenen Engel, welcher stets bey und um ihn sey, der möchte sich vielleicht an solchem Messer versehren oder beschädigen ... Ich glaube, daß ... auch einer vielleicht, der ein liebes Kind gehabt, solche Fabel mit dem Messer erdacht habe, damit es sich nicht schnitte" (Ausg. Leipzig 1713, S. 19).

Der Volksglaube geht auf uralte Vorstellungen zurück; schon im Altertum meinte man, einen Hagelsturm abwehren zu können, indem man blutige Beile gen Himmel richtete. Herodot berichtet von dem ägyptischen König Pheron, der durch eine solche Handlung gegen die Götter blind wurde.

Lit.: *A. Jacoby:* Messer gen Himmel richten, in: Schweiz. Arch. f. Vkde. 23 (1920–21), S. 220–223; *L. Berthold:* Sprachl. Niederschläge absinkenden Hexenglaubens, in: Volkskundl. Ernte. Hugo Hepding dargebracht. Gießener Beiträge zur dt. Philologie 60 (1938), S. 32–39; *L. Röhrich:* Sprw. Rdaa. aus Volkserzählungen, S. 260.

messerscharf. *Messerscharf denken:* logische, schnelle, Schlüsse ziehen; lit. bei Christian Morgenstern (1871–1914) im Gedicht: ,Die unmögliche Tatsache':

Weil, so schließt er messerscharf,
nicht sein kann, was nicht sein darf.

Meßlatte. *Eine Meßlatte anlegen:* mit einem bestimmten Maßstab messen, auch: jem. schlagen.

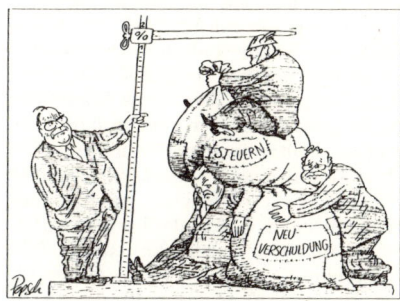

,Eine Meßlatte anlegen'

Metzgersgang. *Einen Metzgersgang getan haben* (obd.): einen vergeblichen Gang getan haben, umsonst dagewesen sein; entspr. ndd. ,eenen Slachtergang don', mdt. ,einen Fleischergang tun'. Die Rda. ist seit dem Anfang des 18. Jh. bekannt und wird damit erklärt, daß die Metzger oft manchen vergeblichen Gang über Land tun mußten, um bei den Bauern Schlachtvieh einzukaufen. Von einer solchen unnützen Reise sagt man auch, wortspielend mit dem Ortsnamen Calbe (a. d. Saale, a. d. Milde usw.): ,das war eine Reise nach Calbe'. In manchen Gegenden Dtl.s sagt man auch ,einen Fleischergang machen'. Lit. bei Lessing: „Kurz, sie machten, was man nennt einen Fleischergang" und bei Pfeffel: „das Schicksal will mich irre führen, sprach es nach manchem Fleischergang" (Dt. Wörterb. III,

Sp. 1757). Vgl. frz. ,faire un pas de clerc' (wörtl.: wie der Lehrling in einer Kanzlei, der mit seinem Beruf noch nicht vertraut ist, einen vergeblichen Gang machen). Im 16. Jh. entstanden die sog. Metzgerposten, in denen sich bes. in Schwaben und im Rhld. die Metzgerinnungen als Anstalten für das Verkehrswesen organisierten. Obwohl dieses „Nebenbotenwerk" 1614 von Kaiser Matthias verboten wurde, fand die Organisation erst in der 2. Hälfte des 17. Jh. ihr Ende. In Württemberg, der Pfalz und in Baden stand die von der Metzgerzunft betriebene Post zeitweilig unter staatlichem Schutz („Post- und Metzgerordnung" vom 26. Juni 1622) unter Herzog Friedrich von Württemberg, ganz gegen die Interessen der Thurn-und-Taxis-Betriebe. Ärger zwischen den Metzgerinnungen und der Thurn- und-Taxis-Organisation gab es auch wegen des Posthornes, das Thurn-und-Taxis für sich allein in Anspruch nahm, obwohl dieser Brauch von den Metzgern abstammt: In der Memminger Chronik von 1490 wird berichtet, daß die Metzger ihre Ankunft und ihren Aufbruch jedesmal durch Blasen auf einem kleinen Horn der Bevölkerung kundtaten. Ihr Vertreter berichtete einem Boten von Thurn-und-Taxis, „daß die Metzger auf ihre eigenen Kosten ein Pferd halten und ohne die geringste Belohnung dann und wann sich zur Verschickung der Wegweiser gebrauchen lassen". Deshalb „müßte ihnen auch erlaubt sein, ein Posthörnlein mit Livree zu führen" (O. Lauffer, S. 50).

Lit.: *Anon.:* Woher kommt die Rda. ,einen Metzgergang machen?' Schweiz. Vkde. 17 (1927), S. 21; *O. Lauffer:* Der laufende Bote, in: Beiträge zur dt. Volks- und Altertumskunde 1 (1954), S. 19–60· *E. Johann:* Das Jahr des Metzgers. Die Wurstologia anderer Band (Frankfurt/M. 1957).

mich. *Für mich und meine Erben:* diese ma. Rechtsformel regelt das Problem der Erbenhaftung bei Verschuldung des Erblassers. Steht diese Formel in einer Schulddurkunde, so haftet der Erbe nur mit dem Nachlaßvermögen für die Schulden des Verstorbenen.

In den fränk. Formelsammlungen des 8. und 9. Jh. tritt diese Formel zum ersten Mal in Erscheinung: ,pro me et heredibus meis'. Bis Ende des MA. besitzt die häufig vorkommende Formel noch keinen dekorativen Charakter. Sie wurde auch verpflichtend für die Schuldiger des Erblassers, die noch ausstehende Schuld an die Erben des Toten auszuzahlen. Der Sachsenspiegel erklärt:

Men scal ok deme erve gelden,
dat men deme doden sculdich was.

Bis ins 18. Jh. hält sich die Formel in Sachsen als Rda. ohne rechtliche Bdtg.; in anderen Gebieten Dtl. ist sie schon vorher ausgestorben. Heute ist die Formel weitgehend unbekannt.

Lit.: *W. Ebel:* Über die Formel ‚für mich und meine Erben' in ma. Schuldurkunden, in: Zs. der Savigny-Stiftung für Rechtsgeschichte; Germanistische Abteilung 84 (1967), S. 236–274.

Michel. Der *Deutsche Michel* gilt als Verkörperung des Deutschen allg.; ihm sagt man Schwerfälligkeit, Schlafmützigkeit und gutmütige Unklugheit nach. Die Wndg. ist daher im ganzen eine nicht eben schmeichelhafte Bez. für den Deutschen u. seine besonderen Eigenschaften. Diese werden in verschiedenen Rdaa. angesprochen, die Verschlafenheit in ‚Michel wach auf', die Dickfelligkeit in der ostpr. Version ‚Möchel, merkst nuscht?' oder mangelnde Einsicht in ‚Michel gib dich' (ins Unvermeidliche). In Schwaben bedeutet ‚jem. fürs Michele halten': ihn necken, ihn für dumm u. tolpatschig halten; ‚er spielt klein Mecheli'; in der Schweiz: ‚Micheli, Mächeli, mach ins Kächeli' (ähnl. in Kärnten); auch: ‚jem. zum Michel machen', jem. nicht ernst nehmen, zur Spottfigur machen. Die Herkunft der Wndg. ist nicht genau auszumachen. Eiselein meint,

der dt. Michel habe seinen Urspr. nicht in einer Begebenheit oder einer Person, sondern wäre vielmehr ein ‚Sobriquet', d. h. eine gemeinsame Benennung des dt. Volkes wie ‚John Bull' für die engl. Volk u. ‚Yankees' für die Amerikaner. Es sei auf das ahd., ‚mihhil', (mhd. ‚michel' = ‚groß') zurückzuführen, i. S. eines klobigen, unbeholfenen Menschen, der auch als ‚klotziger Deutscher' oder ‚deutscher Großhans' bez. wurde.

A. Hauffen hingegen hält einen Zusammenhang mit dem Erzengel Michael, dem Schutzpatron der Deutschen, für wahrscheinlich. Der hl. Michael – Sieger über den Satan (Offb. 12,7 ff.), Beschützer der Kirche, Patron der christl. Heere – wurde als Engel des Volkes in Dtl. besonders gefeiert. Zahlreiche Kirchen des frühen MA. wurden dem hl. Michael geweiht, viele Orte nach ihm benannt: Michelau, Micheltal, Michelstadt usw. In all diesen Orten waren dem Erzengel Kirchen oder Kapellen geweiht. Der Name Michael ist noch immer einer der beliebtesten Taufnamen. Daher auch die vielen bürgerlichen Familiennamen wie Michaelis, Michel, Michelis, Micheler, Michelmann, Kleinmichel usw. Aus der innigen Verehrung Michaels entstanden schon früh zahlreiche Lieder auf ihn, die ältesten in lat. Handschriften des 8. Jh. Im 15. Jh. tauchten vier Wallfahrtslieder auf, die nach einer Michaelslegende von Mitgliedern einer Pilgergesellschaft, den sog. ‚Michelsbrüdern' verfaßt worden waren. Darunter befand sich auch eines, das deutsche Knaben auf einem Pilgerzug zu dem berühmten Wallfahrtsort ‚Mont-St-Michel sur mer' in der Normandie sangen:

Here sante Michael, stae uns bii …
Liber here sante Michael, was dust
du in welschem lande unter den
gesnoten Walen? Si nemen uns dii
phande,
sii geben uns das kupher gelt
umbe das rode gold.

Wann u. wie aus der strahlenden Erscheinung des Erzengels der ‚deutsche Michel' entstanden ist, läßt sich nicht eindeutig klären. Von den Wallfahrtsliedern verstanden die Franzosen nur den ständig wiederkehrenden Ruf nach ‚Sankt Mi-

‚Jemand zum Michel machen'

,Der deutsche Michel'

chael'. Hauffen nimmt daher an, daß sie diese ,Michelsbrüder' als dumme deutsche Michel bez. hätten, zumal in Frankr. schon damals ein zum Schein wallfahrender Bettelbruder ,michelot' genannt wurde.

1525 soll die Wndg. ,deutscher Michel' zum ersten Mal im Elsaß vorgekommen sein. Hauffen vermutet jedoch, daß die eigentl. Umgestaltung zum geflügelten Wort in Dtl. selbst vor sich ging, zumal es am Ausgang des 15. Jh. – im Zeitalter der Satire – Brauch wurde, daß die Fehler u. die Unwissenheit der sprachunkundigen Deutschen von einheimischen Dichtern wie Brant u. Fischart belacht u. gegeißelt wurden. Zum ersten Mal belegt ist die Wndg. 1541 in Seb. Francks zweibändiger Sprww.-Sammlung. Im 1. Band stellt Franck einige frauenfeindliche Sprww. zusammen u. fügt dann sehr unhöflich hinzu, sie seien „so torecht Tier", daß etliche daran zweifeln, ob man die Weiber überhaupt unter die vernünftigen Menschen rechnen könne. In Ränken und Listen seien sie „ja eitel geschwind Doctores", hingegen „in nötigen Sachen können sie weniger dann der teutsch Michel". Im

2. Bd. führt er als Bez. für grobe und dumme Menschen an: „Ein grober Algewer Bauer, ein blinder Schwab, ein rechter dummer Jahn, der teutsch Michel, ein teutscher Baccalaureus" (damals der niedrigste akademische Grad).

Karl Meisen jedoch führt den Ausdr. auf den dt., bei Bauern bes. beliebten Vornamen Michael, Michel zurück (s. auch die Novelle von Heinrich von Kleist: ,Michael Kohlhaas' [1808]). Nach Meisen hat dieser Name nichts mit dem Hl. Michael zu tun. „Diese Ausdrucksweise muß, da sie im 16. Jh. bereits schriftl. überliefert wird, nach den angeführten Belegstellen zu urteilen, im 15. oder beginnenden 16. Jh. entstanden sein. Sie bez. ... urspr. den in gelehrten Dingen nicht bewanderten ..., grob und ungeschlacht verachteten Bauern" (Meisen S. 251).

In einer der frühesten Quellen, in Martin Schrots Spottbilddichtung vom Jahre 1546, ,Von der erschrecklichen Zerstörung und Niederlag des ganzen Papsttums', läßt der Dichter die Ritter des dt. Ordens in Preußen klagen: „Wir sein verdorben Edelleut ... Spot unser jedermann behend / Die teutschen Michel

Ewig lobwürdige Ehrengedechtnuß des recht=
Edlen thewren Teutschen Helden/ Herten Obristen
Hans Micheln von Obentraut/auß der Chur Pfalz/rc.

Schaw Teutscher Adel/ schaw/ vnd schawt jhr Herten zu gleiche/
Ja schawt jhr Teutschen all im Heilgen Römischen Reiche ;
   Schawt an/ schawe an mein Leich/ die Tilly gfangen helt/
   Vnd mich zum spectacul euch für die nasen stellt.
Tilly hat zwar mein Leich in seinem zwang vnd gwalte/
Aber der liebe Gott/ an den ich mich steiff halte/
   Der hat mein seel vnd geist/ der Leichnam ghört der Erd/
   Daß er widrumb zu staub/vnd wenig äschen werd.
Mein Naß von Obentraut/ mein Waapen vnd Kleinothe/
So ich durch göttlich Gnad erhalten biß in todte/
   Bey der posteritet bleibt ewig vnversehrt/
   Auch bey den Feinden selbs wol g'achtet vnd geehrt.
Solchs gwint ein redlich Herz/ das trew an seinem Herren/
Vnd sich von ihm nicht wolt zu jemand anders kehren.
   Der Naß eins frommen Maßs ist aller Ehren wärth.
   Ein fauler Mamaluck ist ein flüch auff der Erd.
O weh der losen Rott/ die Spannisch gelt gefressen/
Vnd seind zur Widerparth wie Judas nider gsessen.
   Die straaff kompt auch mit hin/ meyneyd hat kein bestand/
   Es sey zu welcher zeit/oder in welchem Land.
Meinn Feind hab ich verfolgt/ vnd war bey mir kein schimpffe/
Sücht weder bey klein Hans/noch auch bey groß Hans glimpffe.
   Mein König war mir lieb/vnd das ganz Vatterlandt/
   So leyder/Gott erbarms/jez steht in disem stande.
Der Spannier trotzt vnd pocht/vnd tritt Teutschland mit füssen/
Alß wann sich alle Landt ihm vnderwerffen müssen.
   Das that mir schmerzlich weh/ vnd macht mir angst vnd bang/
   Daß ich im Vatterlandt solt sehen solchen zwang.
Ach hett meins sinns gehabt die ganz Teursch Ritterschafft/
Vnd hette Gott der Herz geben sein gnad vnd krafft/
   Man hett der lieben Pfalz/vnd andrem Teutschen Lande
   Nicht anthün sollen den spott/vnd vnerhörte schande.
Nun hat vns Gott gestrafft/der wirdt sich auch erbarmen/
Vnd widrumb schaffen raht den vndertruckten Armen.
   Keiner poch auff sein glück; Gott ist im Himmel g'recht/
   Der seinem Völcklin hül.   rett sein trewen Knecht.
              : 6 2 5.

‚Der deutsche Michel‘

man uns nennt, / Ist wahr, können nit vil Latein, / Denn Fressen, Saufen, Buben sein". Seit der Reformationszeit bez. man mit diesem Spottnamen die gutmütigen, aber unbeholfenen und einfältigen Deutschen, die sich von fremden und eigenen Zwingherren alles gefallen lassen. Jakob Frey berichtet in seiner ‚Gartengesellschaft' (1556, 14) von einem beschränkten Pfarrer und deutet sein Wesen mit den Worten an: „Er wußt weniger, weder sein Pfarrkinder, ja weniger dann der teutsche Michel". Die ‚Zimmerische Chronik' bringt den Michel mit einem andern Beiwort: „Er (Schenk Albrecht) hätt ein Narrn, war ein lauters Kind, man nampt (nannte) ihn unsern Michel".

Die Wbb. des 17. Jh. nehmen den alten Gattungsnamen wieder auf. Zuerst Georg Henisch, ‚Teutsche Sprach und Weisheit' (1616): „Ein einfältiger Teutscher Michel richt kein ketzerei an". Sodann verdient ein Aufruf des „Deutschen Michels" zum Kampf gegen die Fremdländerei und Sprachvermengung des 17. Jh. hervorgehoben zu werden. Erst ging ein Gedicht im Jahre 1638 als kleine Flugschrift aus. Dann erschien es im Jahre 1642, „da die teutsche Sprache verderbt war", mit einem Spottbild auf die Modesucht der Zeit in Form eines Flugblattes: „Ein schön new Lied, genannt: der teutsche Michel etc., wider alle Sprachverderber, Concipisten und Cantzellisten, welche die alte teutsche Muttersprach mit allerlei fremden, lateinischen, wälschen, spanischen und französischen Wörtern so einfältig vermischen, verkehren und zerstören, daß sie ihr selber nicht mehr gleich siehet und kaum halber kann erkannt werden". Durch eine endlose Aufzählung gebräuchl. Fremdwörter wird das Kauderwelsch der dt. Sprache bespiegelt und lächerlich gemacht. Mit dem Seufzer: „Ich deutscher Michel / Versteh schir nichel / In meinem Vaterland, / Es ist ein Schand" beginnen und enden die Klageverse. Ähnl. und der damaligen Auffassung nahestehend heißt es in dem Roman von Hans Michael Moscherosch, ‚Gesichte Philanders von Sittewald' (1642, I, 12): „Heuchelst du nicht mit, sondern wirst als ein redlicher deutscher Michel frei durchgehen und aus guten Herzen Al-

les meinen, reden und tun wollen" und (II, 35): „Einer wollte Griechisch an mich, der Ander Spanisch, der dritt Italienisch mit mir reden, aber ich sagte ihnen allen, ich wäre ein geborner Teutscher Michel, könnte kein andere Sprach als die Deutsche".

Wahrscheinl. haben diese Vorlagen Grimmelshausen zu ‚Des Simplicianisch-teutschen Michels verstümmelten Sprach-Gepräng' und seinen fünf Büchern der Urfassung ‚Simplicissimus Teutsch' (1669, II, 17) veranlaßt, wo es heißt: „Ich wußte dermal weniger als der deutsche Michel, was ein Secret war".

Daß nicht Philander von Sittewald, sondern Simplicius eine sinnbildl. Gestalt wurde, liegt daran, daß Moscherosch kein Erzähler war wie Grimmelshausen. In der Folgezeit des Dreißigjährigen Krieges wird die Bdtg. des ‚teutschen Michel'-Namens immer pejorativer gebraucht, so daß Kaspar von Stieler in seinem ‚Teutschen Sprachschatz' (Nürnberg 1691) ‚ein deutscher Michel' geradezu mit „idiota, indoctus" wiedergibt. Der Ausspruch von Stieler zeigt, daß im 17. Jh. unter ‚deutscher Michel' Leute gemeint waren, die kein Latein verstanden, also Ungebildete.

Erhard Weigel, seit 1654 Professor in Jena, sagte in einer seiner Streitschriften: „Das Wörterwissen bläht an sich schon auf, daß auch ein Knabe, wenn der deklinieren und konjugieren kann, sich in der Schule mehr einbildet als ein guter Deutscher auf dem Rathaus. Denn diesen heißt man Idioten, Barbaren, deutschen Michel, einen gemeinen Mann, unweise, ungelehrt und ungeschickt, welchen Schimpf gedachter Knabe schon von sich ablehnet, zu geschweigen, was ein höherer Lateiner sich einbilden muß". Das kam aber der Gestalt des ‚teutschen Michel' zugute, weil er in dieser und weiteren Schriften jener Zeit als Verteidiger der Reinheit unserer Muttersprache auftritt. In Augsburg erschien 1642 das Flugblatt „Ein new Klagelied, Teutscher Michel genannt, wider alle Sprachverderber". Aber auch der tapfere Reiterführer Michael Obentraut (1574–1625), der sich als Reitergeneral im Dreißigjährigen Krieg auszeichnete, erhielt den Beinamen „der deutsche Michel". 1620 besiegte er bei

Der

Deutſche Michel

auf

breiteſter demokratiſcher Grundlage.

Almanach

für

Deutſchlands vierunddreißig Einheiten,

herausgegeben vom Reichohandwurſt.

Leipzig, 1849.   Verlag von E. O. Weller.

einem Reiterüberfall die Spanier bei Frankental, die ihm den Namen des Deutschen Michel beigelegt haben sollen. Dies ist jedoch nicht die Quelle des bis heute fortlebenden Spitznamens, sondern die schon ältere Bez. wurde nur auf ihn übertragen. Um die Mitte des 18. Jh. bez. man mit Michel einen Bauernknecht oder einen jungen Bauern mit den guten und schlechten Eigenschaften des Landvolks, der meist nicht sehr gescheit, auch verträumt ist, aber arbeitsam und bieder und auch gemütlich als ‚Vetter Michel' angesprochen wird. In jener Zeit heißt es weiter: „Ich armer Michelissimus, Weltmutter, was hatt'st du verbrochen, das dich unser lieber Herrgott ließ kommen mit mir in die Wochen? Sie (andere Völker) kräftigten zu Nationen sich, und ich – ich blieb der Michel. Ich blieb der Michel und ging nach Hause und legte mich auf den Glauben; denn weil mir die irdischen hingen zu hoch, so schielt' ich nach himmlischen Trauben. So bracht' ich das Mittelalter herum, gehörsam Gott und dem Fürsten, den einen Hang verspürend nur, nach Sauerkraut und Würsten". Zur politischen Spottfigur (mit der Zipfelmütze)

wird der deutsche Michel in der Zeit zwischen den Befreiungskriegen und der Revolution von 1848. Als volkstümliche Gestalt spielt er in witzigen Flugschriften eine Rolle, wo er zu tatkräftigem Eingreifen in das politische Geschehen wachgerüttelt und aufgerufen werden sollte.

Das Wort hat sich bis in die politische Sprache der Gegenwart erhalten: Ob neuzeitliche Versuche, den ‚teutschen Michel' ins Positive umzumünzen, auf Dauer fruchten, bleibt abzuwarten. An Versuchen fehlt es nicht: „Am vergangenen Donnerstag, gegen elf Uhr, wurde im Plenarsaal des Bundestages der neue deutsche Michel geboren. In wohlklingenden Wendungen beschrieb ihn Landesvater Willy Brandt seinem Volk: Der Bürger 73 arbeitet hart und zahlt ehrlich seine Steuern, er sorgt für Kunst am Eigenbau und ist lieb zu Kindern, er übt Barmherzigkeit am Nächsten und achtet Eltern und Großeltern, freudig trägt er Mitverantwortung am Staat und betrachtet ‚Frieden' als ‚eine Lebenshaltung'." (Der Spiegel vom 22. Januar 1973, S. 19).

Lit.: Liederbuch des deutschen Michel (Leipzig 1843); *R. Köhler:* Joh. Mich. Moscherosch u. sein Sprechverderber u. der teutsche Michel wider alle Sprechverderber, in: Archiv f. Literaturgeschichte I (1870), S. 291–295; *J. E. Heß:* Obentraut, in: Allg. Dt. Biographie, Bd. 24 (Leipzig 1887), S. 85 f.; *J. Frey:* Gartengesellschaft (Bibl. d. litter. Ver. Stuttgart, Bd. 209, S. 23, 25): *G. M. Kueffer:* Die Deutschen im Sprw. (Heidelberg 1899), S. 14 f.: *G. Hoerner:* Hans Michael Elias von Obentraut, genannt ‚Der deutsche Michel', in: Pfälz. Geschichtsblätter IV (1908), S. 17–21; *A. Hauffen:* Gesch. des dt. Michel (1918); *K. Schottenloher:* Flugblatt und Zeitung (Berlin 1922), S. 400 ff.; *K. Meisen:* St. Michael in der volkstümlichen Verehrung des Abendlandes, in: Rhein. Jb. f. Vkde. 13/14 (1962/63), S. 195–255; *U. Otto:* Die historisch-politischen Lieder und Karikaturen des Vormärz und der Revolution von 1848/1849 (Köln 1982); *Ch. Köhle-Hezinger* u. *A. Zippelius:* „Da ist der Michel aufgewacht und hat sie auf den Schub gebracht". Zu zwei Zeugnissen antisemitischer „Volkskunst", in: Zs. f. Vkde. 84 (1988), S. 58–84.

Miene. *Gute Miene zum bösen Spiel machen:* sich schweren Herzens etw. gefallen lassen, scheinbar gleichgültig über etw. hinwegsehen; die Rda. ist eine Lehnübers. des frz. ‚faire bonne mine à mauvais jeu' und bezieht sich auf das Glücksspiel (↗ Spiel).

Keine Miene verziehen: keinen Laut, keine Regung von sich geben; auch: keine Gefühle zeigen. Kant: „Es ist schwer, den Eindruck eines Affekts durch keine Miene zu verraten".

Miene machen, etw. zu tun: erkennen lassen, daß man etw. tun will, sich anschikken, etw. zu tun.
„Wer die Freiheit zu stürzen Miene macht" (Schiller: ‚Die Verschwörung des Fiesko zu Genua' III, 5).

Miese. *In den Miesen sein:* das Konto überzogen haben, Schulden haben, auch: bei bestimmten Kartenspielen Minuspunkte haben.
Das Wort ‚Miese' geht auf jidd. ‚mis' zurück, das dort urspr. schlecht, miserabel bedeutet.

Milch. *Er hat nicht viel in die Milch zu brocken* (auch gekürzt: ‚er hat nicht viel zuzubrocken'): er lebt bescheiden, kann keine ‚großen Sprünge machen' (↗ Sprung). Das Gegenteil heißt ndd. ‚He hett wat in de Melk to krömen' (krümeln); ‚he hett wat intostippen'; ebenso ndl. ‚veel in de melk te brokken hebben', viel Einfluß, viel zu sagen haben. Seb. Brant geißelt es im ‚Narrenschiff' (17, 28), daß auch ein Dummer als Schwiegersohn willkommen geheißen werde, wenn er nur Geld habe:
Man sucht eyn vß der narren zunfft,
Der jnn die mylch zu brocken hab.
Etw. mit der Muttermilch eingesogen haben: Eigenschaften und Eigenheiten als angeborene Eigentümlichkeit besitzen. So schon bei Augustinus (‚Confessiones' 3, 4): „Nomen Salvatoris in ipso adhuc lacte matris cor meum praebiberat"; entspr. frz. ‚sucer avec le lait'; engl. ‚to imbibe with one's mother's milk'; ndl. ‚iets met de moedermelk inzuigen'.
Ndd. ‚De Melk löppt mi nich mer ut dem Mund', ich bin kein Kind mehr. ‚Die Milch ist von blauen Kühen', sie ist sehr stark mit Wasser gemischt.
Milch und Honig: diese beiden Begriffe stehen für Überfluß, bes. in der Wndg. ‚Land, wo Milch und Honig fließt!' Dieser Ausdr. kommt in der Bibel häufig vor (z. B. 2. Mos. 3, 8) und ist auch in den klassischen Sprachen bekannt; gemeint ist das Paradies oder das Jenseits; heute ist diese Umschreibung für alle Gegenden, in

denen die Menschen gut und wohlversorgt leben können, gebräuchlich. Im christl. Denken gehören 12 Flüsse von Milch und Honig zum himmlischen Jerusalem; in einer apokryphen Vision umgeben vier Flüsse die Stadt: sie sind gefüllt mit Honig, Milch, Wein und Öl. Der Honigstrom ist der Ort der Propheten, der Milchfluß derjenige der unschuldigen Kinder und der reinen Seelen. Diese Vorstellungen gaben Anlaß, Milch und Honig als ‚reinigende' Elemente bei der christl. Taufe mitzuverwenden. Um 600 n. Chr. starb dieser Brauch aus. Rom hatte ihn am längsten unverändert bewahrt.
Wie Milch und Blut aussehen: weiß und rot, gesund sein; das Weiß der Milch und das Rot des Blutes zusammen im Antlitz gilt als ein Zeichen der Schönheit. „Hadd ik doch en Kind, so rood as Blood un so witt as Snee" heißt es im Grimmschen Märchen (KHM. 47) ‚Von dem Machandelboom', und ebenso wünscht sich die Mutter Schneewittchens (KHM. 53) „ein Kind so weiß wie Schnee, so rot wie Blut und so schwarz wie Ebenholz". Die Wndg. ist ein uralter poetischer Ausdr. für die Schönheit, die ängstlich vor der Sonne gehütet wurde. So steigt schon vor Parzival (Wolfram 282, 20; Chrestien, Conte del Graal V. 5550), als der Falke auf eine Wildgans stößt und drei Blutstropfen vor ihm in den Schnee fallen, das Bild der geliebten Condwiramur mit ihrer weißen Haut und ihrem rosigen Munde auf und zwingt ihn zu unwiderstehlicher Sehnsucht:
úz ir wunden ûfen snê
vieln drî bluotes zäher rôt,
die Parzivâle fuogten nôt …
Condwîr âmûrs, hie lît dîn schîn.
sît der snê dem bluote wîze bôt,
und ez den snê sus machet rôt,
Cundwîr âmûrs,
dem glîchet sich dîn bêâ curs.
Die höfische Lyrik umschreibt die weibl. Schönheit sonst meist im Bild der Rose und der Lilie, so auch Walther von der Vogelweide (53, 38):
so reine rôt, so reine wîz,
hie roeseloht, dort liljen var.
Über vergossene Milch reden: Belanglosigkeiten erörtern, längst Entschiedenes besprechen (engl. ‚crying over spilt milk').

,Über verschüttete Milch weinen', Sinnloses tun, sich über Sinnloses aufhalten. *Bei ihm ist die Milch sauer:* er verhält sich ablehnend; er ahnt Benachteiligung; man hat ihm etw. verleidet; etwa seit 1920. *Dä wird d'Milch scho no abegee:*,dem wird die Milch schon noch abgehen' sagt man in der Schweiz von einem Überheblichen, der schon nachgeben wird. *Ich verkaufe meine Milch nicht an dich:* meint, mit dir will ich nichts zu tun haben; schwäb. ,i verkauf mei Milch it a di'. *Es gibt doch keine Milch:* etw. ist vergebens. *Die Milch der frommen Denkungsart:* poetische Umschreibung für ein ehrliches, frommes und aufrichtiges Denken einer Person.

> „In gärend Drachengift hast
> du die Milch der frommen
> Denkart mir verwandelt."
> (Schiller, Tell IV, 3)

Vgl. auch Shakespeares ,Macbeth' (I, 5): „Too full of the milk of human kindness" u. die ähnl. Aussage in 1. Petr. 2, 1–2.

Lit.: *V. Loveling:* Volkstaal en volksgeloof; Melk te drinken geven, in: Vkde. 12 (1899–1900), S. 167–169; *H. Usener:* Milch und Honig, in: Rhein. Museum für Philologie 57 (1902), S. 177; *R. Foncke:* Een Mechelse verwensing: Loopt naar de melk, in: Feestbundel H.-J. van de Wijer, ed. H. Draye (1944), II, S. 335–338; *H. Braddy:* Wild mare's milk, in: American Speech 35 (1960), S. 79–80; *E. Strübin:* Zur dt.-schweiz. Umgangssprache, in: Schweiz. Arch. f. Vkde. 72 (1966), S. 116.

Milchmädchenrechnung. Die Redewndg. *eine Milchmädchenrechnung aufmachen* wird bildl. auf eine unlogische Gedankenkette angewandt, auf eine an unzureichende Bedingungen geknüpfte Erwartung. Sie dient zur Verächtlichmachung und Kritik des Gegners bes. bei Haushalts- und Finanzdebatten, wenn man die vorausberechneten Einnahmen anzweifelt. Der Ausdr. geht möglicherweise zurück auf die Fabel ,Die Milchfrau' von Joh. Wilh. Ludw. Gleim (2. Buch, Berlin 1757, S. 14) und die Fabel ,Der Milchtopf' von Joh. Benj. Michaelis (,Fabeln, Lieder und Satyren', Leipzig 1766, S. 49), die beide Bearbeitungen von La Fontaines Fabel ,La laitière et le pot au lait' sind. Lisettchen trägt in der Fabel La Fontaines die Milch in die Stadt und träumt von dem zu erwartenden Geld, das sie in die bäuerliche Wirtschaft investieren will. Voller

,Eine Milchmädchenrechnung aufmachen'

Vorfreude hüpft sie, und Topf, Milch und Pläne sind dahin. Mit dem Sprw. ,Es ist das Milchmädchen in der Fabel' meint man eine Person, die Hoffnungstürme und Luftschlösser baut.

Lit.: *P. Fendi:* Das Milchmädchen (Wien 1830); *G. Zick:* Der zerbrochene Krug als Bildmotiv des 18. Jahrhunderts, in: Wallraf-Richartz Jb. 31 (1989), S. 149–202; *U. Looft-Gaude:* Zur Geschichte des Bildmotivs ,Milchmädchen' in der Kunst, in: Meiermädchen. Arbeits- und Lebensformen im 19. Jh., Ausstellung des Schleswig-Holst. Landesmuseums Schloß Gottorf (Schleswig 1991), S. 39–45.

mild. *Um eine milde Gabe bitten:* um eine durch Barmherzigkeit bewirkte Wohltä-

,Milchmädchen'

tigkeit bitten. Hier wird das Adj. ‚mild‘ in seiner alten Bdtg. von großzügig, freigebig gebraucht. Urspr. war die ‚milte‘ eine standesmäßige Eigenschaft eines guten Fürsten oder Herren: dieser sollte sein Hausgesinde materiell gut versorgen, so wie Hartmann von Aue ihn schildert (‚Erec‘, V. 2730 ff.):

vil ritterlîchen stuont sîn muot:
an im erschein niht wan guot: ...
er was getriuwe
und milte âne riuwe,
staete unde wol gezogen.

Später bedeutet ‚mild‘ allg. großzügig im Gegensatz zu geizig, so z. B. bei Hans Sachs (Fastnachtspiele): „Epimenides sagt gar fein, das gelt dem geizigen sei ein pein, dem milden aber ist's ein zier". Eine veraltete sprw. Rda. heißt: ‚Er ist mild auf der nehmenden Seite, auf der anderen aber Gebhart‘.

Lit.: Dienstboten in Stadt und Land: Vortragsreihe zur Ausstellung ‚Dienstbare Geister – Leben und Arbeitswelt städtischer Dienstboten‘ im Museum für Dt. Vkde. Berlin. Februar bis März 1981 (Berlin 1982); *U. Ottmüller:* Die Dienstbotenfrage: Zur Sozialgeschichte der doppelten Ausnutzung von Dienstmädchen im Kaiserreich, (Zur Sozialgeschichte der Frau, Bd. 1) (Fulda 1978).

Mine. *Alle Minen springen lassen:* alle Kräfte in Bewegung setzen, alle Mittel einsetzen; urspr. ein Kriegsausdr.: Der Feldherr läßt alle Pulverminen auf einmal explodieren, um die gegnerischen Verteidigungsanlagen möglichst völlig zu zerstören. Bildl. verwendet z. B. Schiller den Ausdr. in ‚Kabale und Liebe‘ (II, 3): „Ich laß' alle Minen sprengen". Die Rda. ist wohl erst in der zweiten H. des 18. Jh. dem frz. ‚faire jouer une mine‘ nachgebildet worden (heute ungebräuchl.).
Eine Mine legen: eine Intrige spinnen.

Minna. *Jem. zur Minna machen:* ihn scharf zurechtweisen, ihn rücksichtslos behandeln, ihn einem harten Examen unterwerfen; vgl. *Ich werde zur Minna!* Ausdr. höchster Verwunderung. Minna ist die Kurzform des Namens Wilhelmine. So wurden früher viele Dienstmädchen gerufen, auch wenn sie einen anderen Taufnamen hatten. Frieda von Kronoff gibt 1910 in ihrem Buch über ‚Lebensart. Ein Wegweiser des feinen Takts‘

genaue Anweisung über das Verhalten und die Behandlung eines Dienstmädchens: „Es paßt nicht, daß Haustochter und Dienstmagd denselben Rufnamen haben. Entweder nenne man in solchem Fall das Haustöchterlein mit einem zweiten oder Kosenamen, oder man rufe das Dienstmädchen mit dem Taufnamen der Vorgängerin an" (S. 28). Der Name Minna wandelte sich so geradezu zu einer Berufsbezeichnung der Dienstmädchen, deren Arbeitsbedingungen oft sehr schlecht waren.
Die grüne Minna besteigen: als Festgenommener in das grüngestrichene Transportauto der Polizei einsteigen müssen.

Minne. *Minne trinken:* Als Zeichen des miteinander Verbundenseins wurde im MA. durch gemeinsames Trinken betont, daß man sich – bes. in Zeiten der Trennung – in liebender Erinnerung behält. Die urspr. Bdtg. des Wortes Minne ist hier erhalten als ‚sich erinnern‘, ‚jem. in Liebe gedenken‘ (lat. meminisci). Der Minnetrunk selbst ist einer älteren Kultsitte entsprungen und war von Anfang an ein Abschiedstrunk. In christl. Zeit wurde dieser Brauch auf Heilige übertragen, deren man an bestimmten Tagen bes. gedachte. Am häufigsten trank man Johannis- und Gertrudis- (Heilige Gertrudis von Nivelles, † 654, Schutzpatronin der Reisenden) Minne; z. B. im ‚Erec‘ von Hartmann von Aue (Verse 4023 ff.):

ze hant truoc er im dô
ze heiles gewinne
Sant Gêrtrûde minne
alsô reit er snâtes dan.

Die von den Bauern und ihrem Gesinde ausgiebig gefeierte ‚Martinsminne‘ wird vom Stricker in seiner Versdichtung ‚Die Martinsnacht‘ geschildert, wobei er den Brauch bereits ad absurdum führt und der Lächerlichkeit preisgibt, ↗ Martin. Dieser Brauch des Minnetrinkens wurde bald von der christl.-gelehrten Seite her bekämpft und wird heute nur noch vereinzelt praktiziert. So geht ‚das Schäppeln‘, das Trinken Jugendlicher zu Ehren verstorbener Altersgenossen (bes. im Rheinl.) auf diesen Minnetrunkbrauch zurück.

Lit.: *A. de Cock:* Hij heeft een minne drankje ingenomen, in: Vkde. 12 (1899–1900), S. 136–141; *L. Mak-*

kensen: Art. ‚Minne‘, in: HdA. VI (1934, 1935) Sp. 375–380; H. Schommer: Die Heiligenminne als kirchlicher und volkstümlicher Brauch, in: Rhein. Jb. f. Vkde. 5 (1954), S. 184–231; G. Schreiber: Dt. Weingeschichte (Köln 1980), S. 375–387.

Minnedienst. *Minnedienst haben,* auch: *Zum Minnedienst gehen (müssen):* seine Freundin (Geliebte) besuchen, ihr zur Verfügung stehen müssen. Die Rdaa. werden heute scherzhaft oder mit iron. Anspielung gesagt, wenn ein (junger) Mann eine intensive Liebesbeziehung unterhält. Im MA. gehörte der Minnedienst zur Werbung eines Ritters um eine Frau und war vorwiegend in sozial höhergestellten Schichten üblich. Z. B. konnte sich ein Ritter seiner Herzensdame verpflichten, indem er für sie auf Turnieren kämpfte, ihr den überwundenen Gegner zu ihrem Dienst übersandte und durch Siege ihre Gunst zu erlangen suchte. Lange gehörte der Minnedienst zur höfischen Kultur des MA. Wolfram von Eschenbach im ‚Parzival‘ (114, 15 ff.):

ob ich guotes wîbes minne ger,
mag ich mit schilde und ouch
　　　　　　　　　　mit sper
verdienen niht ir minne solt,
al dar nâch sî sie mir holt.

Minute *Keine Minute verlieren wollen:* sofort handeln, keine Zeit vergeuden.
In letzter Minute kommen: gerade noch rechtzeitig, z. B. zur Bahn, zum Flugzeug.
Fünf Minuten vor Zwölf sein: die letzte Gelegenheit, sich eines Besseren zu besinnen, z. B. seine Lebensgewohnheiten zu verändern; sich vor einem körperlichen oder seelischen Zusammenbruch Ruhe zu gönnen. Die Wndg. steht auch in Zusammenhang mit der Narrenzahl ‚Elf‘, die darauf hinweist, daß dem Narren, dem Sünder nur wenig Zeit für Reue, Buße u. Besserung verbleibt.
Fünf Minuten vor dem nackten Arm gibt man scherzhaft zur Antwort auf die Frage: ‚Wieviel Uhr ist es?‘, wenn man keine (Armband-)Uhr bei sich hat.

Lit.: D. R. Moser: Elf als Zahl der Narren. Zur Funktion der Zahlenallegorese im Fastnachtsbrauch, in: Jb. f. Vlf. 27/28 (1982/83), S. 346–363.

mir. *Mir nach!:* Wenn Weg oder Ziel unbekannt oder unklar sind oder wenn es gefährlich wird, lautet die Aufbruchsaufforderung des Führenden: ‚Mir nach!‘ (Heute meist: ‚Folgen Sie mir bitte!‘). Joh. Scheffler (Angelus Silesius) dichtete 1668: „Mir nach, spricht Christus, unser Held …“ (Ev. Kirchengesangbuch 256).

mir nichts, dir nichts ↗ nichts.

Mischmasch. *Ein Mischmasch sein:* abwertend über ein Gemisch aus nicht zusammengehörenden Dingen. Mischmasch ist eine lautmalende Bildung von ‚mischen‘ und erscheint im 16. Jh. als ‚mischmesch‘. Wahrscheinlich wurde diese Form von Paracelsus († 1541) gebildet; vgl. auch engl. ‚mishmash‘.

Misere. *Jem. singt das Misere:* jem. geht es vor allem finanziell sehr schlecht. In der Liturgie der kath. Kirche wird der Bußpsalm 50 (51) gesungen. Er beginnt (Vulgatatext) mit ‚Miserere mei‘ (Erbarme dich meiner). In der Rda. wird das Miserere durch lat. miseria, dt. Misere, ersetzt. Misere bedeutet Elend, Unglück.
Lit. bei Grimmelshausen im ‚Vogelnest‘: „Die Handwerks-Leute das Misere sangen und am Hungertuche nagten“.
In der Misere stecken: in schwierigen Verhältnissen leben, keinen Ausweg finden. Diese Rda. ist heute geläufiger als die vorherige, sie kann auf Einzelpersonen, Firmen, Staaten, auf die allg. Wirtschaftslage oder polit. Schwierigkeiten bezogen werden.

Missionsfest. *Es wäre mir ein inneres Missionsfest:* es würde mich sehr freuen; blasiert-burschikose Erweiterung von ‚es wäre mir ein Fest‘ unter Anspielung auf die religiöse Bewegung der Inneren Mission; um 1930 aufgekommen.

Mist. *Mist reden:* Unsinn reden; vor allem imperativisch: ‚Rede doch keinen solchen Mist!‘
Mist bauen: eine sehr schlechte Leistung vollbringen, eine schlimme Tat begehen; schülersprachl. und sold. etwa seit 1930; älter ist *Mist machen;* schon bei Joh. Fischart (‚Flöhhatz‘ 1577): „… hie machstu kain Mist“. Vgl. auch die modern umg.

Wndgn. ‚erhabener Mist‘, ‚gediegener Mist‘, völliger Unsinn; ‚schick garnierter Mist‘, Unsinn in gefälliger Form.

Faul wie Mist; der rdal. Vergleich ist schon um 1500 bei dem Prediger Geiler von Kaysersberg belegt: „es seint etlich fauler dann mist".

Das ist nicht auf seinem Mist gewachsen: es ist nicht sein geistiges Eigentum, es zeigt fremden Einfluß. Das rdal. Bild geht aus von einem Bauern, der niemals fremden Mist zu kaufen braucht, sondern alles auf eigenem Mist wachsen läßt; lit. bei Goethe in ‚Sprichwörtlich‘:

Diese Worte sind nicht alle in Sachsen
Noch auf meinem eignen Mist
gewachsen,
Doch was für Samen die Fremde
bringt,
Erzog ich im Lande gut gedüngt.

Über den Mist heiraten: in die Nachbarschaft einheiraten; in ländl. Gebieten gebräuchl., wo sich der Misthaufen vor dem Haus befindet, wie z. B. in Franken. Ein Sprw. sagt ‚Heirat über'n Mist, dann weißt, wo du bist (wer sie ist)‘.

Etw. auf den Mist werfen: etw. wegwerfen.

Auf seinem Mist scharren, sich auf seinem Miste wälzen: gierig für seinen Vorteil sorgen. Mist wird hier in der Bedeutung von Düngerhaufen gebraucht. „Laßt nur die schnöde Welt sich auf dem Miste welzen, wer in den Lastern steckt, der liebt auch Koth und Grauß" (Chr. Gryphius, Poetische Wälder).

Nicht lange Mist machen: sich nicht lange aufhalten, keine Umstände machen. Die Rda. war bes. im 16. u. 17. Jh. gebräuchl. und spielt auf die langwierige Pflege des Düngers auf dem Bauernhof an. Hans Sachs schreibt (‚Fastnachtsspiele‘): „Doch wil ich nit lang mist da machen, wann kemb der pawer zu den sachen, so schlueg er mich im Feld darnider". Im Abzählvers der Kinder lebt diese Rda. bis in die Ggwt. weiter, wenn es heißt:

Wir machen keinen großen Mist –
Und du bist!

Schreiben wie mit der Mistgabel: schlecht schreiben, gar nicht schreiben können. Der rdal. Vergleich ist bereits bei Hans Sachsens Fastnachtsspiel ‚Der schwangere Bauer‘ vorgebildet: „Er kan nur schreiben mit der Mistgabel".

Mistfink. *Ein Mistfink sein:* Schimpfname für einen Menschen mit schmutziger Gesinnung, aber auch für eine unordentliche, schlampige Person. *Einen Mistfinkendiskurs führen:* eine gemeine, schlüpfrige Unterhaltung führen.

mitspielen. *Einem böse (übel) mitspielen:* ihm Schaden zufügen, ihn schlecht behandeln. Die Rda. stammt vom ma. Kampfspiel und dem Niederstrecken des Gegners her. Schon in mhd. Zeit geläufig; so droht im ‚Tristan‘ Heinrichs von Freiberg Kandin seinem Schwager Tristan (V. 3856):

Ist, daz ich genzlich ervar,
daz du mîn swester smaehen wilt,
eins spils wirt mit dir gespilt,
daz dîne friunt beginnen klagen.

Ähnl. im 16. Jh. in Oldecops ‚Hildesheimer Chronik‘: „Dat wart den von Hildensem capitel und stat ovel gespelet". Mit dem Kartenspiel hat die Rda. nichts zu tun.

Nicht mehr (länger) mitspielen: sich nicht länger beteiligen wollen, seine Mitwirkung aufkündigen.

Mittag. *Im Mittag des Lebens stehen:* sich in der Zeit der höchsten Schaffenskraft befinden, auf dem Höhepunkt, in der Mitte seines Lebens sein. Die bildl. Rda. bezieht sich auf den Lauf der Sonne, die am Mittag am höchsten steht und ihre größte Strahlungskraft an Wärme und Helligkeit besitzt.

Am Mittag eine Laterne anzünden: etw. zu unrechter Zeit tun, etw. Überflüssiges und Verschwenderisches.

Mittel. *Sich ins Mittel legen* (älter: *schlagen*): bei schwierigen Verhandlungen zweier Gegner eine ausgleichende Lösung versuchen; zunächst von dem Dritten gesagt, der sich in die Mitte zwischen zwei Streitende wirft, um sie zu versöhnen; d. h. das Mittel ist hier rein örtlich zu verstehen als die Mitte. 1639 führt Lehmann S. 633 (‚Recht‘ 74) an: „Bey langem Rechtfertigen ist man endlich fro, daß sich Leut darein schlagen vnd Vergleichung machen". ‚Sich schlagen‘ bedeutet hier soviel wie: sich werfen, sich rasch begeben; ebenso wie in dem Schlußvers von

1037

Seumes Gedicht ‚Der Wilde'; „Und er schlug sich seitwärts in die Büsche". In wörtl. und bildl. Sinne läßt Schiller die Jungfrau sich ins Mittel schlagen bei dem Zweikampf zwischen Dunois und Burgund (‚Jungfrau von Orléans'). Vgl. frz. ‚Bons offices' als Bezeichnung für die Tätigkeit eines Vermittlers.

Nicht bei Mitteln sein: kein Vermögen besitzen, nicht bezahlen können, ‚mittellos sein'.

Mittel und Wege kennen (finden): alle Möglichkeiten nutzen, guten Rat wissen, einen Ausweg zeigen.

Mittelalter. *Das ist (ja) wie im finstern (finstersten) Mittelalter!* Dieser Ausruf bezieht sich auf die Rückständigkeit bestimmter Bräuche und Sitten der heutigen Gesellschaft. Die Rda. kann in dieser Form erst im 19. Jh. entstanden sein, da der Begriff MA. bis dahin in der dt. Sprache nicht vorhanden war. Wieland spricht noch vom mittleren Zeitalter, von der Mittelzeit oder von mittleren Zeiten. In der dt. Sprache ersch. das Wort MA. lit. 1809 im Titel eines geschichtl. Werkes: ‚Die kürzeste und bündigste Charakteristik des Mittelalters deutscher Nation' (von Campe). Goethe benutzt neben Mittelzeit auch das neugeprägte Wort ‚Mittelalter'. Jedoch ist die Zeit vom 8. bis 14. Jh. schon immer als finsteres Zeitalter bez. worden. In der Periode der Renaissance belegten die Humanisten das MA. mit allerlei Schimpfnamen, unter denen die Metapher der Finsternis an erster Stelle stand. Die Reformation sah im MA. eine Zeit der religiösen Verfinsterung, und in der Folgezeit empfand man das MA. als eine Epoche religiösen und kulturellen Verfalls. Das Jh. der Aufklärung bezog diese ‚Finsternis' des MA.s auch auf die damalige Staatsform. Die ältere Historiographie des MA.s ist von Verachtung gegenüber diesem Zeitalter geprägt. Nach Meinung des Historikers Iselin z. B. füllen Barbarei, elendes Staatsrecht, Aberglaube, Dummheit, Mangel an Sitten und Abgeschmacktheit diese Jhh. aus und erlauben ihm, von der „Finsternis der mittleren Zeiten" zu reden (‚Über die Geschichte der Menschheit', Karlsruhe 1784).

Herder (‚Auch eine Philosophie der Geschichte', Riga 1774) wendet sich erstmals gegen die bisherige Betrachtungsweise des MA.s durch die Aufklärung, kann sich jedoch in der Folgezeit selbst nicht ganz von dem althergebrachten Gemeinplatz lösen; so auch Goethe, der zwar eine anerkennende Haltung vor allem gegenüber der Baukunst des MA.s einnimmt, über eine ma. Malerei jedoch urteilt: „das Werk steht … auf dem eingeschränkten düstern Pfaffenschauplatz des medii aevi".

Wurde die Formel seit der Renaissancezeit eher als Kampfparole gebraucht, um die neuen Ideale von den alten abzugrenzen, so ist heute daraus eine Rda. entstanden, die sich generell auf alles Rückständige beziehen kann.

Wir leben doch nicht mehr im Mittelalter! in dieser Rda. steht der Begriff MA. allein für die angebliche Verfinsterung und Rückständigkeit dieser Zeit; vermutl. ist auch sie erst im 19. Jh. aufgekommen, wahrscheinl. in Anlehnung an die oben zitierte Rda. vom ‚finsteren MA.', da man mit beiden Rdaa. dieselben Umstände kritisieren will.

Dem Mittelalter den Vortritt lassen (u. ä.): der Begriff MA. dient hier zur Umschreibung von Personen mittleren Alters. In der Lit. des 17. Jh. ist in demselben Sinne ‚medium aevum' belegt; heute ist die Rda. scherzhaft gemeint.

Lit.: *L. Varga:* Das Schlagwort vom ‚finsteren Mittelalter' (Ndr. d. Ausg. Brünn 1932, Aalen 1978).

Mittelweg. *(Den (goldenen) Mittelweg gehen:* eine ausgleichende Lösung zu finden suchen. Die Rda. geht letztlich auf lat. ‚aurea mediocritas' (Horaz, Oden II, 10, 5) zurück. In Ovids ‚Metamorphosen' heißt es: „Medio tutissimus ibis" (auf dem Mittelweg gehst du am sichersten), woher die Rda. vom *sicheren Mittelweg* stammt. Dazu auch das Sprw.: ‚In der Mitte ist das Beste'. Auch in der Lyrik Mörikes spielt der Mittelweg eine Rolle, so etwa in dem ‚Gebet':

Herr! schicke was du willt.
Ein Liebes oder Leides.
Ich bin vergnügt, daß beides
Aus Deinen Händen quillt.

,Den (goldenen) Mittelweg gehen'

Wollest mit Freuden
Und wollest mit Leiden
Mich nicht überschütten!
Doch in der Mitten
Liegt holdes Bescheiden.

Von dem Maler-Dichter Mörike stammt auch eine Zeichnung zum Mittelweg. Vgl. frz. ,trouver le juste milieu' (wörtl.: die sichere Mitte finden).

In dem ,Lied vom gehorsamen Mädchen' greift Frank Wedekind die Formel vom goldenen Mittelweg auf, um die bürgerlichen Moralvorstellungen seiner Zeit zu kritisieren. Die Befolgung des unbestimmten Rates der Mutter:

Verlier dich von dem Lebenspfad
Nie seitwärts ins Geheg.
Geh immer artig kerzengrad'
Den goldenen Mittelweg

wird dem Mädchen zum Verhängnis. Wedekind parodiert hier die prüde Erbauungs- und Erziehungslit., wie sie gerade ,den höheren Töchtern' zuteil wurde. Während er zunächst die Moral des ,goldenen Mittelwegs' verulkt, indem er ihn in iron. gespielter Naivität als das leibliche Ziel der erotischen Erfüllung auffassen läßt, ahmt er dann die Form des moralischen Imperativs nach, wendet aber den Inhalt ins Gegenteil.

Lit.: *W. Freund:* Die literarische Parodie (Stuttgart 1981), S. 98.

Mittwoch. *Der krumme (schiefe) Mittwoch:* Der Mittwoch vor dem Karfreitag in der Karwoche heißt der krumme oder schiefe Mittwoch. Der Name beruht angeblich darauf, daß die Quadragesima (= 40tägige Fastenzeit) durch diesen Mittwoch 41 Tage zählt. Schon 1386 hieß dieser Mittwoch in Westfalen ,der krumme oder schiefe Guetentag' (HdA. VI, Sp. 441). Eine weniger überzeugende Erklärung für den Namen des Karmittwochs wird darin gesehen, daß an diesem Tag Jesus zum Tode verurteilt wurde, also das Recht ,gekrümmt' wurde.

Lit.: *G. Bilfinger:* Der krumme Mittwoch, in: Zs. f. dt. Wortf. 4 (1903), S. 253–256; *G. Jungbauer:* Art. ,Mittwoch', in: HdA. VI (1934/35), Sp. 440–450.

Mob. *Zum Mob gehören:* zu einer aufgewiegelten Volksmasse gehören; auch in der Bdtg. Pöbel, Gruppe heruntergekommener Leute. Aus: Claudian, ,De IV consulatu Honorii', V. 302: ,Mobile mutatur semper cum principe vulgus' (Mit seinem Fürsten verändert sich der schwankende Pöbel) ist engl. ,mob' entstanden und war bis zum 17. Jh. noch in der vollen Form ,mobile' gebräuchl. 1759 übernimmt Zinzendorf das engl. ,mob' ins Dt.; bis ins 19. Jh. bezieht sich das Wort nur auf Londoner Verhältnisse, wird dann um 1860 allg. in der heutigen Bdtg. gebraucht.

Möbel. *Jem. die Möbel geraderücken:* ihn vom falschen Standpunkt abbringen, ihm heftige Vorhaltungen machen; erweitert aus gleichbedeutendem ,richtigstellen' und ,zurechtweisen'.

Ein möblierter Herr, eine möblierte Dame sein: scherzhaft für eine Person, die ein möbliertes Zimmer gemietet hat.

Früher nannte man eine langjährige Dienerschaft eines Hauses ,altes (Haus)Möbel'.

Mode. *A la mode sein:* dem neuesten Zeitgeschmack entsprechen. Das frz. Wort ,mode' wurde nach lat. ,modus' (rechtes Maß) gebildet und bedeutete im 15. Jh. in Frankr. zeitgemäße Kleidertracht. Im 17. Jh. wurde die frz. Kleidertracht in Dtl. übernommen und ab 1628 wird ,à la mode' zum Schlagwort dafür. Seit 1629 ist ,alamodisch' belegt, das später zu ,modisch' gekürzt wird.

,Sich à la mode kleiden'

Ein Modeteufel sein: übertrieben modisch gekleidet sein. Quelle für das Wort Modeteufel ist eine Schrift des Frankfurter Pastors A. Musculus (1514–81) gegen in Mode gekommene Pluderhosen: ,Vom Hosen Teuffel'. Auf dem Titel der Neuauflage von 1629 wird der Hosenteufel als des ,jetzigen weltbeschreyten verachten und verlachten Almodo Kleyder der Teuffels Alt-Vatter' bez. Heute sagt man auch ,eine Modepuppe sein' (auf Frauen bezogen) oder ,ein lebendiges Modejournal sein', was bedeutet, daß man sich kleidet wie die Modelle in den Modezeitschriften.

Lit.: *R. König:* Kleider und Leute, Zur Soziologie der Mode (Frankfurt/M. – Hamburg 1967); *H. Kessler-Aurisch:* Mode und Malerei in Wien vom Wiener Kongreß bis zum Ersten Weltkrieg (Bonn 1983).

Modepuppe. *Eine Modepuppe sein:* sich betont modisch kleiden, herausputzen, von den Puppendamen auf Frauen übertragen.

Puppendamen aus Frankr., teuer und modisch nach neuestem Pariser Schick ausgestattet, halfen im 19. Jh. dem spielenden Mädchen das gewünschte Modebewußtsein einzuüben. Berühmt waren die frz. Modepuppen für ihre ,Trousseaux' (die beigegebenen Aussteuern). Ankleidepuppen, Puppenkleider-Schneidereivorlagen dienten alle dem gleichen Zweck: im Umgang mit Mode den Wunsch nach modischem Aussehen zu festigen und das herrschende Schönheitsideal zu verinnerlichen.

Das Mädchen sollte sich danach sehnen, als junge, heiratsfähige Dame genauso herausgeputzt und begehrenswert zu werden wie ihre Puppen. Die Modepuppe war Vorbild und schließlich eine möglichst perfekte Spiegelung des eigenen Selbstbildes.

Lit.: *K. Engels u. G. Meinel:* Leben mit Puppen (Freiburg i. Br. 1987); *K. H. Roewer:* Spielzeug als Lebensmodell. Spielzeug als Abbild gesellschaftlicher Wirklichkeit von der Mitte des 19. Jh. bis zum 1. Weltkrieg (Mag. Arbeit [masch.] Freiburg, i. Br. 1989), S. 17.

Mohikaner. *Der letzte (der) Mohikaner sein:* jem. sein, der von vielen als einziger übriggeblieben ist. Die Rda. ist nach dem 2. Bd. der Lederstrumpf-Romane des amerikan. Schriftstellers J. F. Cooper (1789–1851) ,The Last of the Mohicans' (1826), gebildet. Der hist. Stoff des Romans sind die Kämpfe zwischen Engländern und Franzosen zur Zeit des 7jährigen Krieges (1756–63). Der Freund des Helden, Lederstrumpf (= Natty Bumppo), ist nach dem Tod seines einzigen Sohnes Uncas der Letzte des Delawarenstammes der Mohikaner; sein Name ist Chingachgook, ↗ Letzte.

Mohr. *Einen Mohren weiß waschen wollen:* das Unmögliche versuchen; dazu das Sprw.: ,Wer einen Mohren wäscht, verliert Mühe und Seife'. Als Quelle für beides wird oft der Bibelvers Jer. 13,23 genannt: „Kann auch ein Mohr seine Haut wandeln oder ein Parder seine Flekken?", aber auch schon im griech.-röm. Altertum war die Rda. ,einen Äthiopier

,Einen Mohren weiß waschen'

Woher die Rdaa. *Mohr machen, es wurde schwerer Mohr:* große Erregung, *die Familie macht großen Mohr:* sie treibt großen Aufwand, stammen, ist ungeklärt; der Hinweis auf frz. Flüche wie ,mort de ma vie!', ,mort de dieu!' hilft kaum weiter. Vielleicht ist daran zu denken, daß sich früher nicht selten Neger (Mohren) unter der höfischen Dienerschaft befanden. *Mohren haben:* Angst, Furcht haben. Die Wndg. stammt aus der Studentensprache; vermutl. als scherzhafte Entstellung aus ↗ ,mores'.

Die zum geflügelten Wort gewordene Wndg. ,Der Mohr hat seine Schuldigkeit getan', aus Schillers Fiesko, III, 4 (1783) wird scherzhaft abgeändert zu: ,Der Mohr hat seine Schuldigkeit getan, der Mohr kann kaum noch gehen'.

Lit.: *J. Morawski:* A laver la tête d'un Maure on perd sa lessive, in: RSS 17, 1930, S. 138–143.

waschen' sprw. für eine mühselige und doch von vornherein aussichtslose Arbeit. Im Dt. ist die Rda. seit 1649 durch Gerlingius (Nr. 29/30) gebucht: „Aethiopem lavas … Du wäschest einen Mohren, oder thust vergebliche Arbeit", „Aethiops non albescit. Ein Mohr wird nit weiß". Mit einem anderen Bild heißt es frühnhd. (A. v. Keller: Alte gute Schwänke, 5,1):

Wer baden will ainen rappen weiß
vnd daran legt sein ganzen fleiß,
der tut, das da vnnutz ist, gar.

Ähnl. im ,Eulenspiegelvolksbuch': „das hieß wol bleichen einen Moren"; vgl. frz. ,à laver la tête d'un Maure on y perd sa lessive' (heute veraltet); engl. ,to wash a blackamoor white'; ndl. ,het is de Moriaan gewassen'.

Auf den gleichen Sachverhalt bezieht sich die Wndg. *Mohrenwäsche halten:* eine erfolglose Arbeit verrichten. Schon Äsop berichtet von einer Mohrenwäsche: „Ein Mann hatte einen Äthiopen gekauft und dachte, dieser habe eine so schwarze Hautfarbe, weil sein früherer Herr sich nicht um ihn gekümmert habe. Er nahm ihn mit nach Hause, schrubbte ihn mit allen möglichen Laugen ab und suchte ihn durch allerlei Bäder weiß zu bekommen. Doch alle Mühe war umsonst, und er erreichte nur, daß der Äthiope krank wurde von der Rumpelei". (Schöne Fabeln des Altertums ..., hg. von Horst Gasse, Leipzig o.J., S. 44).

Moll. *Auf Moll gestimmt sein:* betrübt sein. ,Moll' (von lat. mollis = weich, Gegensatz durus = hart), ist das ,andere' harmonische Tongeschlecht, dessen Grundakkord sich aus kleiner Terz über dem Grundton aufbaut. Die naive Auffassung, ,Dur' klinge fröhlich, ,Moll' traurig, ist im 16. Jh. entstanden aus der älteren musiktheoretischen Lehre über den Affektgehalt der Kirchentonarten (vgl. H. J. Moser: Musik-Lexikon, Berlin 1935, S. 515–517).

Lit.: *H. Stephani:* Der Charakter der Tonarten (Regensburg 1923); *P. Mies:* Der Charakter der Tonarten (Köln – Krefeld 1948).

Molle. *Mit Mollen gießen;* stark regnen; Berliner Rda. ,Molle' ist eine Abwandlung von Mulde; in Berlin heißt eine Molle auch ein Glas Bier, und eine ,Molle mit Schuß' ist eine durststillende Mischung aus Bier und Himbeersaft.

Molli. *(Den) Molli machen:* trunksüchtig sein, aus der Rolle fallen, ,den ↗ Bär machen'. Die rhein. und Westerwälder Rda. geht wohl auf den Grafen von Molzberg zurück, dessen Schloß bei Wallmerod im Westerwald steht. Das Dorf Möllingen, das seinen Namen trägt, war ihm lehenspflichtig. Vgl. Lothar Späth im ,Spiegel' Nr. 7, 1979, S. 24: „Ich bin wild entschlossen, mit mir überhaupt nicht den Molli machen zu lassen".

Einen Mollikopf machen: in übler Laune sein, dickköpfig sein. Im Schwäb. und in der Schweiz sagt man ‚das Molle‘ für Rindvieh; jedoch wird der Ausdr. auch auf dicke, dumme Menschen übertr.

Moloch. *Einem Moloch opfern:* einer grausamen Macht opfern, die immer wieder neue Opfer fordert; so z. B. der Moloch Krieg, der Moloch Verkehr.

‚Moloch‘

Moloch (griech. molōch, hebr. molęk) bedeutete urspr. Opfer, bes. Kinderopfer, wurde jedoch als Name eines grausamen Gottes mißdeutet und seit dem 17. Jh. appellativisch gebraucht. In 3. Mos. 18, 21 wird der furchtbare Gott der Kanaaniter Moloch genannt.

Lit.: *O. Eißfeldt:* Art. ‚Moloch‘, in: RGG. IV (³1960), Sp. 1089–1090.

Monat. *An den russischen Monat denken:* sich eine Beleidigung oder ähnliches merken, um sich dafür bei passender Gelegenheit zu rächen.

Dreizehn Monate für ein Jahr geben: einem Verhandlungspartner mit günstigen Angeboten sehr entgegenkommen.

Jem. ein 13. (14.) Monatsgehalt anbieten: ihn durch großzügige Versprechungen als Mitarbeiter zu gewinnen suchen, auch: ihn einer anderen Firma abwerben.

Mönch. *Das ist der alte Mönch mit einer neuen Kappe:* es ist die alte Geschichte, nur in etw. anderer Form; vgl. ndl. ‚Het is de oude monnik onder eene nieuwe kap‘.

Das Kleid (Kapuze) macht (noch) keinen

Mönch: man soll nicht nach Äußerlichkeiten urteilen, da die innere Haltung entscheidend ist; vgl. frz. ‚L'habit ne fait pas le moine‘.

Verzweifeln macht einen Mönch (Luther): Der Lebensuntüchtige zieht sich in die Geborgenheit zurück; er wählt nicht nur aus Glaubensgründen den geistlichen Stand.

‚Dat is Müenke Arbeit‘ sagt man im Münsterischen und am Rhein über eine vergebliche Arbeit; vgl. frz. ‚C'est un travail de bénédictin‘: eine bes. langwierige Arbeit.

Den Mönch haben: veraltete Rda. für Unglück haben. Die Wndg. kommt aus dem frz. ‚bailler le moine‘. So auch bei Fischart, in der ‚Geschichtklitterung‘ S. 486: „Da sagt ihm Grandgurgel, daß seine Feinde für gewiß den Mönch hätten. Wann sie, antwurt Grandgoschier, nach dem franz. Sprichwort den Mönch, d. i. den Hasen oder das Unglück im Busen haben, so stehn sie übel".

Mit einem Mönch gehen: Unglück haben, ähnl. ‚den Mönch im Busen haben‘. Der Angang des Mönchs galt als unglückverheißend (vgl. HdA. I, Sp. 423 ff.).

Den Mönch im Sack haben: jem. in irgendeinem Sinne überwältigt haben; ↗ Sack.

Einem den Mönch stechen bez. eine höhnische Gebärde, die urspr. unzüchtig (auch apotropäisch) dasselbe meinte wie ‚die ↗ Feige weisen‘. Man machte dabei die Hand zur Faust und steckte den Daumen zwischen Zeige- und Mittelfinger hindurch. Die unzüchtige Bdtg. ist jedoch schon früh verblaßt und wurde nur noch i. S. v. ‚jem. betrügen‘ gebraucht.

Die Rda. einen Mönch schlagen stammt aus der Druckersprache und meint: die Farbe ist nicht gleichmäßig stark aufgetragen.

Lit.: *A. Andrae:* Das Wort ‚Mönch‘ in der Bdtg. Wärmflasche, Bettwärmer, in: Zs. f. d. U. 20 (1906), S. 589–590.

Mond. *Den Mond anbellen:* auf jem. schimpfen, dem man nicht schaden kann. Auch frz. sagt man im gleichen Sinn ‚aboyer à la lune‘. Die Rda. findet sich bereits im 16. Jh. in Joh. Fischarts ‚Geschichtklitterung‘. 1639 bei Lehmann S. 409 (‚Hund‘ 27): „Der Mond fragt nichts darnach, daß ihn die Hund anbellen"; S. 723 („Sorgen' 12): „Mancher sorgt vnnützlich wie ein Hund, der bellet den Mond an, vnnd meynet, er wöll ins Haus steigen". Der Begründung, die in den letzten Worten liegt, bedarf es ebensowenig, wie der in der bekannten Fabel ‚Der Mops und der Mond' (G. Wustmann: ‚Als der Großvater die Großmutter nahm', 5. Aufl. 1922, S. 134f.): Ein dicker Mops geht beim Mondenschein spazieren und kommt an einen Graben. Er will darüberspringen, fällt aber hinein und bellt nun wütend auf den Mond, als ob der an dem unfreiwilligen Bade schuld sei.

Der Mond, nicht wahr, der schalt
           doch wieder?
O nein, sah lächelnd auf den Mops
           hernieder
Und fuhr, als ging's ihn gar nicht an,
Lustwandelnd fort auf seiner
           Himmelsbahn.

In ‚Faust II' sagt Phorkyas zum Chor der gefangenen Trojanerinnen:

Wer seid ihr denn, daß ihr des
   Hauses Schaffnerin entgegenheulet,
Wie dem Mond der Hunde Schar.

1885 schreibt Elisabeth Ebeling das Kindergedicht ‚Spitz und Mond':

1/2 ‚Den Mond anbellen'

Der Spitz bellt den Mond, den
           strahlenden an,
Den Mond, der doch nie 'was zu Leid
           ihm gethan.
„Pfui", brummt er, „ich hasse Dich
           bleichen Gesellen.
Du kannst weder knurren, noch
           beißen, noch bellen
Du hast weder Beine, noch Ohren
           noch Schwanz,
Hast nichts, als das bißchen
           erbärmlichen Glanz.
Bist häßlich, und über und über voll
           Flecken,
Wahrhaftig, Du solltest Dich lieber
           verstecken".
Der Mond, der entgegnet dem Spitzel
           kein Wort
Zieht schweigend am Himmel, dem
           nächtlichen fort,

Zu dem Bild vom bellenden Hund gehört auch die Rda. *Das hieße den Mond mit den Zähnen fassen*. Der gereizte Hund fletscht die Zähne und erweckt den Anschein, als wolle er mit ihnen den Mond fassen. Im übertr. Sinn bedeutet daher die Rda.: etw. Unmögliches tun wollen, eine unmögliche Sache verlangen, vgl. frz. ‚vouloir prendre (décrocher) la lune avec ses (les) dents'.

Den Mond am hellen Tage suchen: sich vergebliche Mühe machen. Die Rda. ist eine Lehnübers. der frz. Wndg. ‚chercher la lune en plein midi (jour)'. Die gleiche Bdtg. hat auch die Rda. ‚den Mond mit der Laterne suchen'. Dagegen rhein. ‚den Mond anhülen', einsam im stillen Kämmerlein sich seinem Seelenschmerz ergeben.

Neben dem Hund ist auch der Wolf in Verbindung mit dem Mond gebracht worden. Das bei Rabelais (I, 11 und V, 22) zu findende ‚garder la lune des loups' (heute veraltet) hat den Sinn: unnütze Sorgen haben, sich unnötige Mühe machen. Im Dt. gibt es für diese Rda. keine Entsprechung. Das Lat. kennt ‚luna tuta a lupis', was soviel bedeutet wie: es ist dafür gesorgt, daß die Bäume nicht in den Himmel wachsen.

Nach dem Volksglauben muß alles, was gedeihen soll, bei zunehmendem Mond vorgenommen werden. Entspr. schädigt, hemmt, ja vernichtet sogar abnehmender Mond. Dieselbe Analogie zeigen folgende Rdaa.:

Bei ihr ist zunehmender Mond: sie ist schwanger. Grimmelshausen: („Simplicissimus‘ 4, 70): „eine von unseren mägden wird wie der mond zunehmen". Von Dienern, Beamten usw., welche die Güter ihrer Herrschaft schmälern, sagt man: ‚da regiert der abnehmende Mond‘. Muß bei einem Unternehmen mit Sicherheit mit Verlust gerechnet werden, so ‚kommt es in den abnehmenden Mond‘.

Den Mond im Brunnen suchen, der am Himmel hängt: sich vom falschen Schein verführen lassen. Entspr. *den Mond im Brunnen suchen:* einen täuschen. *Nach dem Monde greifen:* nach Unerreichbarem streben.

Etw. liegt im Monde: es ist nur in der Phantasie oder als Wunschtraum vorhanden. So sind die ‚Schlösser, die im Monde liegen‘ dasselbe wie ‚Luftschlösser‘ (vgl. frz. ‚promettre la lune‘ [wörtl.: den Mond versprechen], i. S. v.: Unmögliches versprechen). Die Wndg. ist vor allem durch Paul Linckes (1866–1946) Operette ‚Frau Luna‘ bekanntgeworden, wo es in der Schlußszene heißt:

Schlösser, die im Monde liegen,
Bringen Kummer, lieber Schatz ...

Spottend sagt man von einem, der anspruchsvoll auftritt, aber bzgl. seiner Reichtümer verdächtig ist: ‚seine Güter liegen im Monde‘, ‚sein Geld ist im Monde‘. „Die Grafschaft des Grafen liegt im Monde, von wo er, ... wenn der Mond dieser Erde näher kommt, seine ungeheuren Revenüen beziehen kann" (H. Heine II, 279).

Ist jem. vom Glück außerordentlich begünstigt, so heißt es: *Der Mond scheint ihm die ganze Nacht.* Der früheste Beleg für diese Wndg. findet sich bei Hans Sachs („Fastnachtspiele‘ 2, 143, 58): „Jetzt scheine ihm die ganze nacht der mon".

In den Mond gucken: leer ausgehen, das Nachsehen haben (in gleicher Bdtg.: ‚in den ↗ Eimer gucken‘ oder ‚durch die ↗ Röhre gucken‘); rhein. ‚de hat de Mond gesehn‘ sagt man jedoch von einem, den man für närrisch hält; hier steckt wahrscheinl. die abergläubische Vorstellung dahinter, daß man ungeschickt und blöde wird, wenn man in den Mond schaut. Hat einer nichts zu leben, dann sagt man: ‚der Mond scheint ihm in den Topf‘. Bei Sebastian Franck (Sprww. II, 1876) ist die Rda. belegt: „Narren, die da meinen, sie haben Milch im Napf, so scheint ihn nun (d. h. nur) der mon drein"; vgl. ndl. ‚de maan schijnt in het water‘.

Die Uhr geht nach dem Mond: geht unzuverlässig, falsch, im Gegensatz zur Sonnenuhr, die die Tagesstunden zuverlässig anzeigt. Wer rückständig ist, ‚bleibt drei (sieben) Meilen hinter dem Mond zurück‘. Die Rda. *hinter dem Mond sein* (oder *leben*) bedeutet: wirklichkeitsfremd leben, über aktuelle Geschehnisse nicht unterrichtet sein; vgl. frz. ‚être dans la lune‘ (wörtl.: im Mond sein), i. S. v. verträumt sein.

Gegen den Mond pissen (spucken): sich selbst schaden (vgl. ndl. ‚hij pist tegen de maan‘, eine Rda., die den Hochmütigen lächerlich machen will). In der Gegend von Moers und Xanten sagt man für eine vergebliche Arbeit: ‚das ist tegen de Mond geseicht‘; vgl. frz. ‚il pisse sur la terre‘. Die Rda. spielt in der ndl. Rdaa.-Malerei wiederholt eine Rolle, so mehrfach bei P. Bruegel (auf dem Rdaa.-Bild), auf einer Misericordie in Champeaux sowie auf Bilderbogen.

‚Gegen den Mond pissen‘

Du kannst mir mal im Mondschein (auch: *am Abend) begegnen:* ‚du kannst mir gestohlen bleiben‘; die berl. Rda. ist eine schonende Verhüllung für das Götz-Zitat. *Der Mond geht auf:* er bekommt eine Glatze. *Den Mond putzen:* Licht anzünden. Ist man jem. leid, so möchte man *ihn auf den Mond schießen,* d. h., man wünscht ihn in weite Ferne. Vgl. die Sage vom ‚Mann im Mond', der wegen eines Sonntagsfrevels in den Mond versetzt wurde. Einer ist *voll wie der Mond* oder *Er sieht den Mond für eine Laterne an* sagt man von einem Betrunkenen, ↗trinken. *Einen ordentlichen Mond haben* (Saarland): viel Geld verdienen; wahrscheinl. steht hier Mond für ‚Monat' und bezieht sich auf den Monatslohn, wie ja auch Monat urspr. auf Mond (Mondphasen) zurückgeht.

Rdaa. bringen oft starke Übertreibungen ohne jeden Wirklichkeitsgehalt; dazu gehört *Sie wischte dem Mond die Hörner ab, wenn sie ihn erreichen könnte,* für eine Frau, die in ihren Liebesbezeigungen oder ihrer Putzwut keine Grenzen kennt. Weiterhin: ‚Wenn er so groß wäre, wie er dumm ist, könnte er den Mond auf den Knien küssen' (Süd- u. Mitteldtl.) für einen unwissenden Menschen. *Dem Mond ein Kleid machen wollen:* etw. Unmögliches schaffen wollen. In Plutarchs ‚Convivium septem sapientium' (Kap. 14) findet sich das Märlein vom Monde: Selene, die Mondgöttin, bat einst ihre Mutter, ihr ein gutpassendes Röckchen zu weben. Diese aber erwiderte: Wie soll mir das gelingen? Sehe ich dich doch bald voll, bald abnehmend, bald zunehmend. An diesen erzählenden Teil schließt das Märchen seine Nutzanwendung: der Gestaltwandel der jungen Selene wird gleichnishaft auf die unberechenbare Unbeständigkeit ‚maßloser' Menschen übertr. Fischart zieht in seiner ‚Geschichtklitterung' den Inhalt des Märchens formelhaft zusammen: „So man sonst dem vnstäten Mon, kein Kleid anmachen kann".

Als ‚proverbium germanicum' geht die Wndg. Fischarts in Janus Gruterus' ‚Florilegium ethico-politicum' über: „Dem vnstedigen Mon kann man kein Kleyd anmachen"; aus Fischarts ad-hoc-Wndg. ist also ein ‚dt. Sprichwort' geworden, das auch in späteren Ausg. in den dt. Sprww.-Schatz aufgenommen wird. In die Umgangssprache ist die Rda. kaum gedrungen, jedoch wurde sie öfter lit. variiert, so z. B. bei Lessing in seiner Schrift ‚Leibniz

‚Mann im Mond'

von den ewigen Strafen' (1773): „Wie wäre das auch möglich gewesen? Wie hätte es ihm einkommen können, mit einem alten Sprichwort zu reden, dem Mond ein Kleid zu machen?"

In Schwänken des 16. Jh. (Wickram, Westphal, Joh. Strauss aus Elsterberg) wird von einem Mann erzählt, den man auf Bildern nur nackt darstellen kann, da er seine Kleidung dauernd ändert. Im Märchen bei Plutarch kann dem Mond kein Kleid gemacht werden, weil seine Gestalt wandelt, im Schwank kann dem Menschen kein Kleid gemacht werden, weil er immer etw. Neues will; beider Verhalten wächst aus ihrer Unbeständigkeit.

Lit.: *E. Ebeling:* Vier und zwanzig Fabeln u. Gedichte für Kinder (Leipzig 1885); *A. de Cock:* Hij heeft in (tegen) de maan gepist, in: Vkde. 19 (1907/08), S. 132; *E. H. van Heurck:* Hij pist tegen de maan, in: Folklore Brambaçon 7 (1927/28), S. 195; *A. Haas:* Der Mond krangt, in: Unsere Heimet 7 (1928), Nr. 8; *W. Wolf:* Der Mond im dt. Volksglauben (Bühl 1929); *Stegmann:* Art. ‚Mond', in: HdA. VI, Sp. 477 ff.; *F. Sieber:* Dem Monde kann man kein Kleid machen, in: Dt. Jb. f. Vkde. 3 (1957), S. 366 ff.; *T. Harley:* Moon Lore (London 1885, Ndr. Detroit 1969).

Mondkalb. *Er ist ein Mondkalb:* er ist sehr dumm, einfältig. Mondkalb ist eigentl. eine Mißgeburt der Kuh; denn der Mond gilt als verantwortlich für Mißgestaltungen. Luther (Werke VII, S. 84) schreibt: „Muß also den Widertäuffern ein Kind nicht ein Kind, sondern ein Mondkalb oder Wechselbalg heißen". Dazu auch die volkstüml. Sentenz:

Dinge kommen vor im Mond,
Die das Kalb selbst nicht gewohnt.

Wie ein Mondkalb in die Gegend gucken: sehr verwundert, hilflos herumschauen.

Moneten. *Moneten haben:* Geld haben. Der Ausdr. kommt aus dem lat. ‚monetae‘, Münzen; urspr. wohl zuerst in der Studentensprache gebräuchl.

Monogramm. *Beiß dir ein Monogramm in den Bauch (Hintern):* tu, was du willst, aber laß mich ungeschoren. *Man kann sich auch ein Monogramm in den Bauch beißen* ist eine Entgegnung auf eine mit ‚man kann …‘ beginnende Äußerung, deren Verwirklichung man bezweifelt, seit etwa 1920. ‚Ich beiß‘ mir ein Monogramm in den Bauch‘ gilt auch als Ausdr. der Überraschung. *Sich vor Wut ein Monogramm in den Bauch (Arsch) beißen:* sich über alle Maßen ärgern müssen, so daß man fast die körperliche Beherrschung verliert; drastisches Sprachbild.

Monokel. *Jem. fällt das Monokel in den Kakao:* ein eingebildeter Mensch muß eine Niederlage hinnehmen. ‚Monokel‘ steht hier als Zeichen für einen aufgeblasenen Menschen, ‚Kakao‘ für Schmutz. So ist die Rda. angebracht, wenn sich ein Höhergestellter, Eingebildeter blamiert.

Monstranz. *Sie ist eine schöne Monstranz, wenn nur ein Heiligtum drin wäre,* sagt man von einer schönen Frau, die keine Tugend besitzt. Bereits Seb. Franck hat die Wndg. in seine Sprww.-Sammlung (II, 35ᵃ) aufgenommen: „Es ist eyn schön monstrantz, wen nur heyltumb drinne wer“. Sinnverwandte Wndgn., die Seb. Franck schon anführt, sind: ‚ein ↗ Bild ohne Gnade sein‘, ‚ein Haupt ohne Hirn oder Zung‘ und ‚ein ↗ Ölgötze sein‘. Vgl. lat. ‚corpus sine pectore‘ und ndl. ‚Het is eene schoone monstrantie, ware er heiligthum in‘.

Montag. *Blauen Montag machen:* nicht arbeiten; am Montag die Arbeit ruhen lassen, ihn ebenso feiernd zubringen wie den Sonntag. Gekürzt: *blau machen,* auch lit., z. B. bei G. Keller in ‚Martin Salander‘, 6. Kap.: „morgen mach‘ ich Blauen“; vgl. engl. ‚to blue‘, ‚tu keep St. Monday‘; ndl. ‚een blauwe Maandag houden‘; frz. ‚faire le lundi‘, ‚fêter saint lundi‘ (veraltet). Das Bestreben, die Arbeitszeit durch Einlegung eines ganz oder teilweise freien Tages zu kürzen, tritt schon früh hervor: Im späteren MA. und z. T. bis in die Neuzeit hinein hatten die Handwerksgesellen den Anspruch, am Montag oder wenigstens an bestimmten Montagen nicht für ihren Meister zu arbeiten, diesen Tag vielmehr für eigene Arbeit frei zu lassen; das hieß ‚Montag halten‘. Der Tag wurde als ‚guter Montag‘, seit der Mitte des 17. Jh. als ‚blauer Montag‘ bez. Dieser war bei der oft langen Arbeitszeit nicht ganz ohne Berechtigung. Er sollte es den Gesellen ermöglichen, sich zu erholen oder ein Bad zu nehmen oder die Gesellenvereinigung zu halten. Freilich wurde dieser freie Montag von den Gesellen oft als Nachfeier des Sonntags aufgefaßt; schon im 14. Jh. stoßen wir in den Handwerkssatzungen auf die Verbote des guten Montags. Sie wurden vielfach dadurch wirksam zu machen versucht, daß dem Meister die Pflicht auferlegt wurde, dem feiernden Gesellen einen Teil des Lohnes, oft den ganzen Wochenlohn einzubehalten. Der Rat Krakaus bestimmt z. B. im Verhältnis der Schneider zu ihren Knechten am 18. November 1392: ‚daz dy knechte keynen guten Montag süllen heben nach der aldin saczunge der Stat‘. Im 15. Jh. scheint sich der gute Montag doch allg. durchgesetzt zu haben. Wenigstens stoßen wir jetzt auf Bestimmungen, die den Gesellen im Prinzip den guten Montag zugestehen und nur die Zahl der Montage oder das Feiern auf einen halben Tag zu beschränken suchen. „Vortmer so heben de knechte alle maendage vry. In den vryen maendagen mögen se mâken to dem jahr veer armborste an erem egenen horne“ heißt es im der ‚Ordeninge der armborster‘, Hamburg 1458. An manchen Orten wurde der blaue Montag nicht regelmäßig erlaubt; nach der württ. Schreinerordnung (1593) höchstens alle vier oder fünf Wochen, in Frankfurt gibt es nach der Schuhknechtordnung (1589) einen halben Tag, und zwar nur in dem Fall, wenn kein Feiertag in die Woche fällt; in Nürnberg haben die Gesellen um 1550 in einer Woche ohne Feiertag erst nach der Vesperzeit frei. Der Obrigkeit war der blaue Montag von je ein Dorn im Auge. So häufig wie die den blauen Montag betr. Bestimmungen der Zunftsatzungen sind auch die Verordnungen der Obrigkeit gegen ihn, z. B. eine Nürnberger Ordnung von 1550 ‚Ordnung und verpot welcher gestalt die guten Montag von den hantwerksgesellen alhie gehalten werden sollen'. Auch Hans Sachs ist darum ein ausgesprochener Feind des guten Montags, in dessen Gefolge nach seiner Meinung Trunkenheit, Fraß und Spiel, Zorn, Hader und Schlägerei, endlich Faulheit, Armut und Krankheit einherschreiten. Wir verdanken H. Sachs zwei Gedichte (I, Nr. 124, S. 339, Bd. II, Nr. 262, S. 218), in denen er ein schreckliches Ungeheuer als Personifikation des guten Montags auftreten läßt:

Mir gueten montag, er da sprach,
Volgt stecz ein poeser samstag nach...
Ich gucter montag mach doll köpff,
Lere pewtel vnd volle kröpff ...
Mach manche werckstat ler vnd öd,
Hosen vnd rock schieter vnd plöd.

Vom Dichter heißt es zum Schluß des Traumes:

Ich erwacht vnd dem traum nach son,
Stund auf, fing zw arbeiten on,
Mit zw entgen vil vngemachs
Des gueten montags, spricht Hans
Sachs.

150 Jahre später hat sich der Wortgebrauch vom ‚blauen Montag' gegenüber dem älteren ‚guten Montag' schon ganz durchgesetzt; Abraham a Sancta Clara schreibt: „Lorenz Blaurock, Handwerks-Gesell! Euer Handwerk trägt zwar ein sehr ehrliches Geld, gleichwohl gehet Euch nichts von der Hand. Der hl. Lorenz oder Laurentius, dessen Namen Ihr führt, ist auf dem Rost gebraten worden, hat dannenhero einen schweren Rosttag gehabt; Ihr macht aber aus dem Rosttag einen Rasttag und heisst nicht umsonst Blaurock, denn ihr liebet nichts mehr als die blaue Farb, sonderbar den blauen Montag; aus dem blauen Montag aber wird ein fauler Dienstag und darauf ein durstiger Mittwoch, aus diesem entsteht ein schläfriger Pfingsttag (Donnerstag), so geht's die ganze Wochen durch"; und später: „Der heil. Crispinus und Crispinianus seynd Schuster gewest. Ich bin nicht darwider, sagt der Meister Pechpatz, ich hab zwar die ganze Wochen einen blauen Montag gemacht, nun aber kommt

mir die Arbeit auf Ein Mahl zusammen". Im 18. Jh. wurde diese alte örtliche Einrichtung von der Reichsgesetzgebung bekämpft. So schreibt J. Möser in den ‚Patriotischen Phantasien' (1774 f., Bd. 4, S. 35): „In andern Ländern, wo ... die blauen Montage eingezogen sind", 4, 47: „Wenn er gehört hätte, daß man solchen jungen Burschen ... sogar den Trost, sich alle vier Wochen einmal richtig ausdehnen zu können, oder den sogenannten blauen Montag abgeschnitten hätte".

Daß man gerade den Montag als Ruhetag gewählt hat, mag damit zusammenhängen, daß an den ‚Mondtagen', bes. bei Neu- oder Vollmond, in alter Zeit Gerichts- und Dingversammlungen stattgefunden hatten. Vielfach dehnte man auch größere Feste, die auf Sonntage fielen, auf den Montag aus, was ja auch für die zweitägigen hohen Kirchenfeste (Ostern, Pfingsten und Weihnachten) gilt. Auch die ‚Morgensprachen', d. h. die mit Gelagen und Schmäusen verbundenen regelmäßigen Zusammenkünfte der Innungen, hielt man am Montag ab. Was die Meister taten, ahmten die Gesellen nach. Vielfach galt auch, wie schon bei den Römern, der Montag als Unglückstag, an dem man lieber keine Arbeit begann. Die Bäckergilde Münster feiert noch alle 3 Jahre am ersten Montag im Juni ihren ‚Guten Montag' als Schützenfest. Dieser Brauch wird als Zunftprivileg auch in Wien und in anderen Städten erwähnt. In Münster selbst wird er mit einer Sage von der Belagerung Wiens durch die Türken in Zusammenhang gebracht, die wahrscheinl. erst sekundär mit dem schon vorher urkundlich bezeugten Brauch verbunden wurde: 1683 soll ein Bäckergeselle aus Münster in einer Backstube von Wien nachts Geräusche gehört haben. Als er es der Wache meldete, entdeckte man, daß die Türken dabei waren, einen unterirdischen Gang in die Stadt zu graben. Seine Wachsamkeit rettete die Stadt. Zur Belohnung gestattete man der Zunft der Bäcker in Münster von da an die festliche Begehung dieses denkwürdigen Tages. Eine Urkunde darüber ist aber nicht erhalten.

Problematisch ist vor allem die Frage, warum diese Montage ‚blau' benannt wurden. Dafür sind im Laufe der Zeit die verschiedensten Deutungen und Erklärungen versucht worden, von denen keine völlig bewiesen ist. Blau, so hat man argumentiert, wurden diese Montage genannt, weil an dem Fastnachtsmontag, an dem ebenf. die Arbeit ruhte und der auch ,der unsinnig Montag', ,Fraßmontag', rhein. ,Rosenmontag', d. h. eigentl. ,rasender Montag' genannt wurde, die Altarbehänge in den Kirchen von blauer Farbe waren. Diese Erklärung findet sich z. B. in Haltaus' ,Calendarium medii aevi' (1729): „In Palatinatu Bavaria etc. hunc diem appellant den blauen Montag a colore violaceo, quo omnia in templo ornantur. Et hoc die ab operis vacant otioque ac laetitiae indulgent opifices cum famulis; unde forsan in genere dies otiosi atque geniales ab iis blaue Montäge nuncupantur". Gegen diese Ableitung erheben sich aber Bedenken: Die blaue (eigentl. violette) Altarverkleidung, ein Symbol der Buße und des Fastens, beginnt mit dem Sonntag Septuagesimae als dem Anfang der siebzigtägigen Fastenzeit der älteren Kirche und dauert bis Ostern; es ist also nicht einzusehen, warum gerade der Fastnachtsmontag darnach benannt sein soll. Wenn also die Bez. tatsächlich vorkommt – ein sicherer Beleg ist dafür nicht bekannt –, so ist immer noch die Frage, ob sie nicht erst sekundär auf diesen Bummelmontag übertragen wurde.

Eine ganze andere Erklärung bringt Kluge-Götze: Solange mit Waid blau gefärbt wurde, mußte die Wolle, nachdem sie zwölf Stunden im Färbebad gelegen hatte, ebensolange an der Luft oxydieren. Sonntags ließ man sie im Bad, worauf sie den ganzen Montag an der Luft liegen mußte. Die Gesellen konnten müßig gehen, wenn in solcher Weise ,blau gemacht' wurde.

Andere Erklärungen gehen von sprachl. Erwägungen aus. Man hat z. B. an eine Übertr. aus dem engl. ,playmonday', d. h. Spiel-Montag, gedacht. Auch eine volksetymolog. Umbildung aus dem engl. ,plough-Monday', dem Montag nach Epiphanias, an dem die jungen Burschen mit einem Pflug umherzogen und unverheiratete Mädchen davorspannten, hat man erwogen. Natürlich liegt die Analogie zu Benennungen wie ,Grüner Donnerstag',

,Weißer Sonntag' u. a. nahe. Auch eine Entstellung aus ,Palm-Montag' hat man für möglich erachtet. Wer vom Sonntag her noch ,blau' ist, kann auch am Montag nicht viel leisten. Trotz dieser plausiblen Erklärung ist es unwahrscheinl., daß der blaue Montag von ,blau sein' = betrunken sein herzuleiten ist (↗blau).

Eine andere Theorie meint, der blaue Montag habe seinen Namen von der Tollheit und Ungebundenheit der Handwerksburschen an den Montagen, die häufig damit endeten, daß manche verbleut wurden und mit blauen Striemen und Flecken am Kopf und Körper nach Hause kamen. In Nürnberg seien die Drohworte: ,Wart, ich will Dir an Blöbling (Bläuling) stechen, wennst noch a Wurt redst', d. h. ich will Dir die Augen blauschlagen, üblich gewesen. – Nicht zutreffend dürfte auch die Erklärung sein, daß die Kleidung der Genossenschaften, die sich im späteren MA. unter den Handwerksgesellen bildeten, blau gefärbt gewesen sei. Doch liegt ein anderer Bezug zu Kleidersitten näher und ist wahrscheinlicher: Nach der Kleiderordnung des MA. war für jeden Stand auch die Farbe des Kleiderstoffes festgelegt. Die für Bauern und Handwerker zuständige Kleiderfarbe war grau, daneben auch braun; es sind die ,geringen Farben'. Daneben stand für den Sonn- und Feiertag die blaue Farbe. Eine ganz eindeutige Äußerung haben wir aus der Zeit um 1290 von dem oesterreich. Dichter Helbling (II, 72), der schon damals die später oft erhobene Klage anstimmt, daß die Bauern sich nicht in ihren Grenzen halten:

Dô man dem lant sin reht maz,
man urloubt im hûsloden grâ
und des virtages Blâ
von einem guoeten stampfhart.
dehein varve mêr erloubt wart
im noch sînem wibe.

Wenn die Handwerker am Montag nicht arbeiteten und statt dessen den blauen Feiertagsrock anzogen, konnten sie vom blauen Montag sprechen. Er steht damit also als Gegensatz zum ,grauen Alltag'. Eine ganz andere Erklärung für das Wort ,blau' bietet sich aus dem jidd. ,belo' i. S. v. ,ohne' an, das sich in rotw. ,blau' (sehr schlecht, böse, gar nicht, überhaupt nicht) veränderte. So wäre der ‚blaue Montag' als Tag zu erklären, an welchem die Handwerker nicht arbeiten, also als unnütz und vergeblich (S. A. Wolf: Wb. d. Rotw., S. 55, Nr. 524). Auch S. Landmann schreibt (S. 87): „Und wer gibt sich Rechenschaft, daß ein ‚blauer Montag' oder ‚blau sein' rein nichts mit der blauen Farbe zu tun haben, sondern mit einer hebr. Negation, nämlich ‚b'lo' oder ‚b'law'." Die oft schlechte handwerkliche Arbeit an Montagen prägte das Sprw. ‚Montag(sarbeit) wird nicht wochenalt'. Besitzt ein neues Auto erhebliche Mängel, die nach und nach in Erscheinung treten, so sagt man: *Ich habe mir einen Montagswagen gekauft* und meint damit, das Auto sei an einem Montag gefertigt worden, d. h. ohne große Sorgfalt.

Lit.: *Jeitteles:* Blauer Montag, in: Germania 26 (1881), S. 506–507; *Anon.:* Blauwe Maandag, in: Vkde. 1 (1888), S. 59; *E. Mummenhoff:* Der Handwerker in der dt. Vergangenheit (Leipzig 1901), S. 70 f.; 125; *E. Berend:* Der blaue Montag, in: Bayer. Hefte f. Vkde. 2 (1915), S. 180 f.; *H. F. Singer:* Der blaue Montag (1917); *Koehne:* Studien zur Gesch. des Blauen Montags, in: Zs. f. Sozialwiss. 11 (1920); HdA. VI, Sp. 554–565; *R. Wissell:* Des alten Handwerks Recht und Gewohnheit, Bd. I (Berlin 1929), S. 378–390; *R. Foncke:* Folklore van de Maanday, in: Volkskunde. Nieuwe Reeks, Jg. 3; *O. Lauffer:* Farbensymbolik im dt. Volksbrauch (Hamburg 1948), bes. S. 20 ff.; *F. C. Tubach:* Notes on the expression ‚Blauer Montag', in: MLN 74 (1959), S. 329–333; *S. Landmann:* Jiddisch, Abenteuer einer Sprache (München 1964); *R. Brockpähler:* Der ‚Gute Montag' der Bäckergilde Münster – Sage und hist. Wirklichkeit, in: Rhein.-westf. Zs. f. Vkde. 16. Jg. (1969), H. 1–4, S. 123–163.

Moos. *(Viel) Moos haben:* viel Geld haben, reich sein. Moos ist urspr. ein student. Ausdr. für ‚Geld'; er kommt über das Rotw. aus jüd. māos = hebr. mā'ōth = Pfennige, Kleingeld (vgl. ‚Most' in der Rda. ‚wissen, wo ↗Barthel den Most holt'). Die Wndg. ‚Moos haben' ist dann in der Studentensprache scherzhaft erweitert worden zu: *Moses und die Propheten haben,* mit Anlehnung an die bibl. Erzählung vom reichen Mann, der, in der Hölle schmachtend, Abraham bittet, seine noch auf Erden weilenden Brüder vor einem sündigen Leben zu warnen, worauf Abraham ihm bedeutet: „Sie haben Moses und die Propheten, laß sie dieselbigen hören" (Luk. 16,29). Th. G. v. Hippel (1741–96) verwendet die Rda. und bemerkt dazu:

„Hieß zu der Zeit (um 1757) in Kurland Geld und Gut oder, wie einige wollen, Gold- und Silbergeld, oder im Provinzialausdruck grob und fein, groß und klein Geld, das will sagen Albertstaler und Vierlings".
Ebenfalls aus der Studentenspr. stammt das Sprw. ‚Ohne Moos nix los'. Moos hat auch hier die Bdtg. von ‚Geld'.
Moos ansetzen: alt werden; studentensprachl. ‚ein bemoostes Haupt sein': ein alter, verbummelter Student sein. J. Gotthelf beschreibt die Situation der Studenten in seinem ‚Schuldenbuch': „Was unsere Väter in sechs Jahren (auf der Hochschule) lernten, so daß sie gelehrt wurden, daran lernt man jetzt zwölf Jahre und im dreizehnten ist man wohl was geworden, aber nicht geehrt, sondern ein famoser Bierrülps, ein Urbursche mit Moos auf dem Haupte und Dreck überall". Im Engl. sagt man für jem., der geistig frisch und beweglich bleibt: ‚a rolling stone gathers no moss'.
Aufs Moos kommen: eine alte Jungfer werden, ledig sterben. Die Moore (= mhd. mos: Moor, Sumpf) wurden als Aufenthalts- und Strafort für unverheiratete Mädchen und Frauen nach ihrem Tode angesehen, bes. in Bayern, Oesterr., Tirol und der Schweiz. Dort müssen sie Kiebitze hüten, Scheite sieben, Ladhölzer säen, Hosen flicken oder gar als häßliche Schnecken umherkriechen. *Das Mooslied singen:* ein Lied singen, das als Thema alte Jungfern hat.

Lit.: *F. Sarasin:* Die Anschauungen der Völker über Ehe und Junggesellentum, in: Schweiz. Arch. 33 (1934).

Mops. *Sich ärgern* (auch *sich langweilen*) *wie ein Mops.* Der rdal. Vergleich geht von dem mürrischen Gesicht des Tieres aus. Danach auch: *sich mopsen:* sich langweilen, sich ärgern; *mopsig:* langweilig. Doch gilt der rundliche Mops auch für ein zufriedenes Tier: daher *mopsfidel, ein vergnügter Mops.* Hierher gehört auch der um 1870 aufgekommene parodistische Stammbuchvers:
Lebe glücklich, lebe froh
Wie der Mops im Paletot!
und der Liedvers: „Wenn der Mops mit der Wurst über'n Spucknapf springt ..."

Wenn der Mops mit der Wurst über'n Spucknapf springt.

Eigenthum von J. E. Maier.

1.

Ein Jeder kennt gewiß das Lied,
Das froh sich auf die Wurst bezieht,
Und das den Mops dabei besingt,
Der über'n Spucknapf springt!
Gesungen ist es schon sehr viel,
Darum jetzt auch beim Orgelspiel
Ertöne laut und froh:
„Wenn der Mops mit der Wurst über'n Spucknapf springt
Und der Storch in der Luft den Frosch verschlingt!
Wenn der Mops mit dem Frosch über'n Spucknapf springt
Und der Storch in der Luft die Wurst verschlingt!"

2.

Ein Jüngling spricht zum Mägdelein:
„Dir werde ewig treu ich sein!"
Doch wenn sie ihn dann zärtlich fragt:
„Wann ihr die Hochzeit tagt?"
Dann wird er plötzlich still und stumm
Und denkt, da kümm're Dich nicht d'rum!
Ich nehme Dich zur Frau,

Das ist unterm Mops: das ist ‚unter aller Kritik'; Nebenform von ‚unter allem ↗Hund'; ↗Kanone; ↗Strich.
Altmärkisch: ‚He hett Möps in'n Kopp', er hat Launen. Dagegen meint die Wndg. *Möpse haben* heute allg. auch: viel Geld besitzen, reich sein.

Moral *Die Moral heben wollen:* das ethische Verhalten der Allgemeinheit durch Erziehung zum Guten u. Schönen verbessern wollen. Das Wort ‚Moral' ist im 16. Jh. entlehnt worden aus frz. ‚morale' zu lat. ‚moralis': die Sitten (mores) betreffend, ethisch.
Gegen die Moral verstoßen: gegen Sitten u. Anstand, gegen die verbindlichen Werte einer Gemeinschaft handeln.
Eine Moral mit doppeltem Boden: eine von Fall zu Fall verschiedene Verhaltensweise mit einer ‚strengen' oder ‚lockeren' Moral, sich nach außen hin als ‚moralisch einwandfrei' darstellen, aber strenge Grundsätze heimlich mißachten. Man spricht daher auch von einer ‚erschütterten Moral', einem Sittenverfall.

Die Moral für sich gepachtet haben: sich als Richter über das Verhalten anderer aufwerfen, sich entrüsten. Häufig besaßen früher Geschichten, Fabeln, selbst Schwänke eine Schlußmoral, auch im Bänkelsang war dies die gewöhnliche Zusammenfassung, die Warnung vor falschem Verhalten. Wilhelm Busch bringt eine solche Lehre, den ethischen Kern einer Geschichte in seinem ‚Bad am Samstag Abend' in die humoristischen Verse:
Und die Moral von der Geschicht:
Bad' zwei in einer Wanne nicht!
Bekannt ist auch der klassenkämpferische Kehrreim aus der ‚Dreigroschenoper' (2. Dreigroschen-Finale, II. Akt) von Bert Brecht (1928):
Erst kommt das Fressen,
Dann kommt die Moral!

Mord. *Es gibt Mord und Totschlag:* es gibt Zank und Streit; die übertreibend umschreibende Zwillingsformel ‚Mord und Totschlag' stammt aus dem Rechtsleben. Im Gegensatz zum offenen, im Affekt begangenen Totschlag ist Mord die heimliche, geplante Tötung. In der Rda. wird dieser Unterschied nicht berücksichtigt, sondern beide Begriffe sollen sich auf denselben Umstand, nämlich Streit, beziehen.
Etw. ist reiner Mord: eine Arbeit ist so hart, daß man sich bis zum letzten verausgabt.
Mordio schreien: ↗Zeter und Mordio.
Lit.: R. Schmidt-Wiegand: Art. ‚Mord (sprachlich)', in: HRG. III, Sp. 673–675.

Mördergrube. *Aus seinem Herzen keine Mördergrube machen* ist eine Prägung Luthers, der σπήλαιον λῃστῶν, vielleicht über ‚spelunca latronum' der Vulgata, in seiner Septemberbibel (1522) als ‚eine Mördergruben' übersetzt.
Da zur Mördergrube (ndd. ‚mortkule') das Versteckte und Heimliche gehört, gebraucht man die angeführte Rda. von einem offenherzigen Menschen.

Mores. *Jem. Mores lehren:* ihm Sitte, Lebensart beibringen; auch: ihn zurechtweisen. Die Rda. stammt wohl aus der Studentensprache und geht auf die Schulsprache der Humanistenzeit zurück. Lat. ‚mores' = Sitten ist seit dem 15. Jh. im Dt.

belegt, z. B. in der Verbindung ‚weder zuht noch mores'. Die volkstümlich gewordene Wndg. ist seit dem Reformationszeitalter oft bezeugt; sie taucht schon bei Hans Sachs in dem Fastnachtsspiel ‚Der Krämerkorb' (V. 303) auf: „Ich wolt dich gar wol mores leren"; ebenso bei Sebastian Franck 1531. ‚Den will ich emol Mures liern' (Unterwesterwald) wird oft als Drohung verstanden; umgekehrt bedeutet daher *Mores haben:* Angst, Respekt vor etw. haben. Vielleicht spielt hier das hebr. ‚mörä' Furcht, das aus der Kundensprache eingedrungen sein könnte, herein und das auch der Urspr. von ‚mauern' = zurückhaltend spielen ist.

Umg. ist die Rda. scherzhaft umgestaltet worden zu: *jem. Moritz lehren,* so z. B. 1779 bei Jung-Stilling. ‚Ech well dech Moritz kennen lärnen' sagt man in Hessen, desgleichen in Norddtl. Vgl. auch ndl. ‚Hij zal nog anders mores moeten leeren'.

Morgenluft. *Ich wittre Morgenluft* ist eine durch die Schlegel-Tiecksche Übers. aus Shakespeares ‚Hamlet' (I, 5) geläufig gewordene Rda., die auf den Ausspruch des Geistes von Hamlets Vater „But soft! Me thinks I scent the morning air" („Doch still, mich dünkt, ich wittre Morgenluft") zurückgeht. Bei Shakespeare ist der Ausdr. wörtl. gemeint, da der Geist bei Anbruch des Tages verschwinden muß. In übertr. Bdtg. wird heute damit ausgedrückt, daß man eine ‚Chance wittert', für ein Vorhaben einen günstigen Verlauf voraussieht.

Lit.: *M. Lüthi:* Lob der Autonomie und der Heteronomie, in: Röhrich Fs. (Jb. für Volksliedforschung 27/28), (Berlin 1982), S. 17–27, hier S. 22.

Morgenstunde. Das Sprw. ‚Morgenstund hat Gold im Mund' beruht – so hat man gemeint – auf der Vorstellung der personifizierten Morgenröte = Aurora, die Gold in Haar und Mund trägt. Diese Vorstellung ist schon altnordisch bezeugt, und so sagt man denn in Schweden, daß ein goldener Ring aus ihrem Munde fällt, wenn sie lacht; in Norwegen fallen Goldstücke aus ihrem Munde, wenn sie spricht, und aus den Haaren, wenn sie sich kämmt. In Dänemark fallen Edelsteine aus ihrem

‚Morgenstund hat Gold im Mund'

Munde und Silber aus ihrem Haar. Ähnl. Metaphern finden sich in vielen europ. Sprachen, so im Ungarischen; ‚wer früh aufsteht, findet ein Goldstück'; frz.: ‚a bon gain qui se lève matin; l'aurore est l'amie des Muses'; engl.: ‚the early bird catches the worm'; lat.: ‚aurora musis amica'. Man sieht indessen sofort, daß diese Beisp. zwar den gleichen Sinngehalt haben, nicht aber dasselbe Bild verwenden.

Die Frage der Herkunft des dt. Sprw.s ist seit W. Wackernagels Aufsatz von 1848 immer wieder diskutiert worden. Zuletzt hat W. Mieder eine befriedigende Antwort darauf gegeben, indem er die Ergebnisse früherer Forschungen miteinander verglich und auf ihre Wahrscheinlichkeit hin überprüfte. Für ihn ist die Erklärung Fr. Seilers (1922), das Sprw. sei eine Art Erfindung eines listigen Lateinlehrers, der seinen Schülern mit ‚aurora habet aurum in ore' gleich drei lat. Vokabeln beibringen wollte, nicht haltbar.

Demgegenüber gibt es aber ein lat. Sprw., das als rechtmäßiger Vorläufer des dt. angesehen werden kann: ‚aurora musis amica'. Dieses lat. Sprw. wurde von der älteren Forschung deshalb nicht als Quelle anerkannt, weil man es irrtümlicherweise erst um 1625 belegt glaubte, das dt. Sprw. jedoch schon 1612 in Jan Gruters Sprichwörtersammlung erschien. Doch sind beide Daten überholt: das dt. Sprw. wird von Seiler schon 1585 nachgewiesen in Michael Neanders Sprichwörtersammlung, während das lat. Vorbild 1497 von Erasmus von Rotterdam in einem Brief an Christian Northoff verwendet wurde (A. Taylor). Mieder erklärt sich vor allem mit den Ergebnissen von R. Jente einig und findet in Georg Philipp Harrsdörfers

‚Schauspiel Teutscher Sprww.' (1641) eine weitere Stütze für Jentes Argumentation.

‚Aurora Musis amica' wird hier mit ‚Morgenstund hat Brot im Mund; morgens studiert man am besten' übers. In der Lit. des 17. und 18. Jh. finden sich kaum Belege für das Sprw., was jedoch dessen Volksläufigkeit nicht ausschließt.

B. Brecht verwendet es 1930 in einem Gedicht als sozialpolitische Kritik:

Ach, des Armen Morgenstund
Hat für den Reichen Gold im Mund.
Eines hätt ich fast vergessen:
Auch wer arbeit', soll nicht essen!

(Ges. Werke, Frankfurt/M. 1977, S. 137). Das Sprw. wird auch gelegentlich durch einen Zusatz erweitert, der sich auf das Frühaufstehen bezieht, das bekanntlich den meisten Menschen recht schwerfällt. Diesem Sachverhalt wird auf drastische Weise Rechnung getragen; im Rheinl. sagt man: ‚Morgenstund hat Gold em Mond – on Blei em Arsch' (oder – ‚on Bech [Pech] em Hind'); in Schwaben heißt es: ‚Morgenstund hat Gold im Mund – und Blei im Füdle'. Vgl. frz. ‚La fortune appartient à ceux qui se lèvent tôt' (wörtl.: Das Glück gehört den Frühaufstehern). Mit Sprw.-Mischung: ‚Morgenstund ist aller Laster Anfang'.

Lit.: *W. Wackernagel:* Gold im Munde, in: Zs. f. d. A. und dt. Lit. 6 (1848), S. 290; *L. Tobler:* Morgenstunde hat Gold im Munde, in: Germania 25 (1880), S. 80–81; *R. Geete:* Morgenstunde hat Gold im Munde, in: Germania 26 (1881), S. 348–350; *R. Sprenger:* Morgenstunde hat Gold im Munde, in: Zs. des allg. dt. Sprachvereins 17 (1902), S. 321; *A. Götze:* Morgenstunde hat Gold im Munde, in: Zs. f. dt. Wortf. 13 (1911/12), S. 329–334; *E. Slijper:* Morgenstunde hat Gold im Munde, in: GRM 4 (1912), S. 607; *Fr. Seiler:* Dt. Sprichwörterkunde, S. 24 f.; *R. Jente:* Morgenstunde hat Gold im Munde, in: Publications of the Modern Language Association 42 (1927), S. 865–872; *A. Taylor:* The Proverb (Cambridge [Mass.] 1931), S. 48–49; *E. Kalinka:* Morgenstund hat Gold im Mund, in: Anzeiger der Akademie der Wissenschaften in Wien 76 (1939), S. 56–58; *L. Röhrich:* Gebärde-Metapher-Parodie. Studien zur Sprache und Volksdichtung (Düsseldorf 1967), S. 181 ff.; *W. Mieder:* Rund um das Sprichwort ‚Morgenstunde hat Gold im Mund', in: Muttersprache 88 (1978), S. 378–385.

Moritz. Jem. *Moritz lehren:* ihn scharf zurechtweisen, ↗ Mores.

Wie der kleine Moritz sich das (so) vorstellt: naiv betrachtet, aus der Perspektive eines Kindes. ‚Aus dem Skizzenbuch des klei-

‚Der kleine Moritz'

nen Moritz' veröffentlichte der populäre Münchner Zeichner A. Oberländer (1845–1923) seit 1863 eine Reihe von Karikaturen für die humoristisch-satirische Zeitschrift ‚Fliegende Blätter', die später unter dem Titel ‚Heimliche Randzeichnungen aus dem Schreibhefte des kleinen Moritz' zusammengefaßt wurden. Die Serie steht in der Tradition der seit W. Buschs ‚Max und Moritz' (1865) in Mode gekommenen Lausbuben-Bildergeschichten.

Lit.: *A. Oberländer:* Schreibheft des kleinen Moritz mit einem Nachwort versehen von H. Heißenbüttel, hg. v. K. Riha (Siegen 1985).

morixeln. Jem. *morixeln:* scherzhaft für jem. töten. Das Wort morixeln ist eine Verballhornung aus lat. ‚mori' und dt. ‚metzeln'.

Morpheus. *In Morpheus' Armen ruhen:* gut und angenehm schlafen. Morpheus als Sohn des Schlafgottes ὕπνος (lat. somnus) hat nach Ovid (‚Metamorphosen' XI 634–639) die Macht, Traumgestalten hervorzurufen. Sein Name bedeutet daher ‚der Gestaltende' nach griech. μορφή, Gestalt. Nach ihm ist auch das 1804 von W. Sertürner in Paderborn entdeckte Schlafmittel Morphium benannt, als Parallelbildung zu Opium; vgl. frz. ‚être dans les bras de Morphée' (gehobene Sprache).

Moses. Bei jem. ‚eam easchte Buch Mosis stihn' bedeutet in Hessen: viele alte Schulden haben.

Er hat das 6. und 7. Buch Mosis gepredigt bez. einen Menschen, der aus seinem Unglauben keinen Hehl macht. Mit dem Schimpfwort ‚Kalb Moses' bzw. ‚du bist e

räechts Kalb Moses' belegt man im Elsaß, aber auch im Hess. einen ungeschliffenen, flegelhaften Menschen.
Moses und die Propheten haben ↗ Moos.
Sich um Moses Grab zanken: sich nutzlos streiten. Vgl. die ähnl. Wndg. ‚sich um des Kaisers ↗ Bart streiten' und die ndl. Rda. ‚zij kijven om Mozes' graf'.
Er hat Moses Grab gesucht: er hat sich vergeblich bemüht.

Mosthannes. *Keiner hat mehr zu tun als Mosthannes* ist eine Rda., die auf die ma. Zehentwirtschaft zurückgeht. Der Mosthannes war der Fronbote des Meiers, der bei der Erhebung des Weinzehnten sehr beschäftigt war. Die Bdtg. ist jedoch früh verblaßt, und man gebraucht scherzhaft in Bernkastel-Kues die Rda. ‚dau häs me Arbet wie Misthannes am Kihdrecksdag' von einem, der über zuviel Arbeit klagt. Als ‚Mosthans' bezeichnete man auch einen, der auf Most begierig war (Seb. Franck, ‚Sprichwörter' 286), in Anlehnung an Bildungen wie ‚Prahlhans', ‚Schmalhans', ‚Hansdampf' u. a., ↗ Hans.

Mostrich, Mostert. Mostrich besteht aus zerriebenen Senfkörnern, die mit Most angesetzt sind. Goethe spricht daher von ‚Mostsenf'. Das in Nordostdtl. gebräuchl. Mostrich ist eine Eindeutschung aus dem ital. ‚mostarda' und an Namensbildungen wie Friedrich angelehnt. Ebenso wird Mostert, das von der Unterelbe bis zu Rhein und Mosel gilt, schon mhd. umgedeutet zu musthart, in Gleichsetzung zu Namen wie Gebhart (Kluge-Mitzka). Firmenich (I, 381) erwähnt die Rda. ‚wo Barthel den Mostert holt', die aber wohl urspr. heißt ‚wo Barthel den Most holt' (↗ Barthel). Im Ndd. und Ndl. sagt man für etw., das zu spät kommt und daher keinen Nutzen mehr hat, *Möstrich nach der Mahlzeit* bzw. ‚Mosterd na de maaltijd', wohl in Anlehnung an das frz. ‚servir de la moutarde après diner' (veraltet) oder engl. ‚after dinner mustard'.
Jem. mit Mostrich bestreichen: ihn übervorteilen. *Du hast ja Mostrich auf der Pupille:* du kannst wohl nicht deutlich sehen, du bist wohl nicht recht bei Verstande; *Du hast wohl Mostrich auf der Windschutz-*scheibe? fragt man einen Autofahrer, der einen Zusammenstoß verursacht hat.
Dich haben sie wohl mit Mostrich geimpft?: du bist wohl nicht recht bei Verstand? *In Mostrich treten:* Anstoß erregen. Mostrich steht in diesen Rdaa. euphemist. für ‚Scheiße'.

Motte. *Da sind die Motten hinein gekommen:* die Sache steht nicht mehr so gut wie früher, sie hat keinen glatten Fortgang genommen. Die Rda. geht wohl zurück auf Matth. 6, 19: man sollte keine Schätze auf Erden sammeln, „da sie die Motten und der Rost fressen" (vgl. auch Hiob 13, 28 und Jes. 56, 9); daher wohl auch die Verwünschung: *Daß du die Motten kriegst!* oder *Daß du die Motten in den Pelz kriegst!* Hess. ‚du sollst der die Motte krieje' (mit dem Dativus ethicus ‚dir', der, in der Umgangssprache häufig gebraucht, die innere Beteiligung ausdrückt). Vielleicht steht hier eine stärkere Verwünschung dahinter, wenn man bedenkt, daß ‚die Motten haben' im Rotw. eine Umschreibung für Lungentuberkulose ist, wobei die von der Tuberkulose infizierte Lunge mit einem von Motten zerfressenen Stoffgewebe verglichen wird.
Du kriegst die Motten! berl. Ausdr. des Erstaunens und Entsetzens.
Motten im Kopf haben: sonderbare, wunderliche Gedanken haben, ungerechtfertigte Ansprüche haben. *Dem will ich die Motten vertreiben* (oder *ausklopfen*): ich will ihn (durch Schläge) von seinen nichtsnutzigen Gedanken abbringen.
Die Motte ist Sinnbild des Vergehens und Symbol der Seele. *Wie Motten um das Licht schwärmen* drückt die Kurzlebigkeit und Vergänglichkeit einer Sache in stark negativem Sinne aus. Der Vergleich

‚Wie die Motten ums Licht'

taucht in anderem Zusammenhang schon bei Lohenstein („Sophonisbe‘ 1,1) auf: „die schuld schwermt um verderb, wie mutten um das licht“.

Lit.: *O. Keller:* Die antike Tierwelt 2 (Leipzig 1913), S. 442.

motzen. *Jem. anmotzen:* jem. ausschimpfen, unfreundlich mit ihm reden. *Dauernd motzen:* sich dauernd nicht einverstanden zeigen mit gewissen Dingen; schimpfen. *Bis in die Motzen schlafen:* berlin. Rda.; sehr lange schlafen! ‚Motzen‘ bedeutete früher: in Verwesung übergehen.

Muck. *Jem. auf der Muck haben:* ihn scharf beobachten, ihn nicht leiden können. Muck oder Mücke nennt man das Korn des Gewehrs. Parallelbildung zu: ‚auf dem ↗ Korn haben‘ und ‚im ↗ Visier haben‘; im 19. Jh. in westdt. und obd. Mdaa. verbreitet. Wien. bedeutet ‚an auf der Mucken hab‘, ihm gram sein.

Mücke. *Sich über die Mücke (Fliege) an der Wand ärgern:* sich über die geringste Kleinigkeit aufregen. Jean Paul 1795 im ‚Quintus Fixlein‘: „Wenn uns oft die Mücke an der Wand irren kann, so sollten uns auch die Mücken wie den Domitian belustigen oder wie einen noch lebenden Kurfürsten beköstigen“. Ähnl. auch in den Mdaa., z. B. rhein. ‚den hennert de Mücke an der Wand‘; hess. ‚mich ärjert heit die Mick an de Wand‘; Saarl. ‚de krakehlt met de Mükken an der Mauer‘; els. ‚die Muck(e) a dr Wand verdrießt (irrt) ne‘; schwäb. ‚er kann d'Muck an der Wand nicht leiden‘, wobei zu bedenken ist, daß Mücke in manchen Mdaa. zur Bez. der ↗ Fliege gebraucht wird. Frz. ‚il est sensible (tendre) aux mouches‘, oder ‚il se fâche pour une mouche qui lui passe devant les yeux‘ (beide Rdaa. nicht mehr gebräuchl.). *Aus einer (jeder) Mücke einen ↗ Elefanten machen:* etw. stark übertreiben, etw. Unbedeutendes über alle Maßen aufbauschen. Schon griechisch: ‚ἐλέφαντ‘ ἐκ μυίας ποιεῖν‘ (Lukian. ‚Encomium muscae‘, 12). Im Neugriechischen sagt man sowohl: ‚ἔκαμεν τὴν μυῖγαν ἐλέφαντα‘ als auch: ‚ἔκαμεν τὸν φύλλον κάμηλον‘ = er machte den Floh zum Kamel (Ström-

‚Aus der Mücke einen Elefanten machen‘

‚Aus einem Elefanten eine Mücke machen‘

berg, S. 38). In lat. Form bei dem Humanisten Erasmus von Rotterdam: „Elephantum ex musca facis“. Grimmelshausen stellt im ‚Simplicissimus‘ (III, 289) die Rda. mit einer anderen zusammen: „Woraus ich lernete, daß die Verwunderung aus der Unwissenheit entstehe und daß man aus der Muck einen Elephanten macht, ehe man weiß, daß der Berg nur eine Mauß gebären werde“. Wie dieser letzte Vergleich aus dem klassischen Altertum stammt (Horaz, ‚Ars poetica‘, V. 139), so sagten die Römer im gleichen Sinne auch: ‚arcem facere e cloaca‘ = aus einer Kloake eine Burg machen (Cicero); „e rivo flumina magna facere“ = aus einem Bach große Ströme machen (Ovid); im Dt. kommt auch vor: ‚Aus einem Maulwurfshaufen einen Berg machen‘; ‚aus einem Schnall (= Schnippen mit den Fingern) einen Donnerschlag machen‘; ‚aus einem Furz einen Donnerschlag machen‘; vgl. frz. ‚faire une montagne de tout‘ (wörtl.: aus allem einen Berg machen).

Im Schwäb. sagt man: ‚Nach der Muck schlagen und den Elefanten springen lassen‘, etw. Unwichtiges wichtig nehmen.

Diese Rda. ist schon bei Luther belegt: „das ich anzeige die verkerte meinung deren, die mucken fahen und elephanten lassen faren". Schweiz. bedeutet: ‚Er hebet d'Mugg und lod d'Märe laufe', er läßt sich einen großen Gewinn eines kleinen Vorteils wegen entgehen. ‚Mücken richten, Kamele schonen', die Kleinen hängen und die Großen laufen lassen.

Mücken seigen und Kamele verschlucken: in Kleinlichkeiten peinlich genau sein und es dabei in wichtigen Dingen nicht genau nehmen. ‚Seigen' ist die ältere Form für ‚seihen, durchseihen'. Die Rda. beruht auf Matth. 23, 24: „Ihr verblendete Leiter, die ihr Mücken seiget und Kamele verschlucket". So auch in den Mdaa., z. B. rhein.: ‚Mücken seihn on Kameel schlukken'. Von einem, der von Natur aus grob ist, sich vor anderen aber feiner Umgangsformen bedient, sagt man hess. ‚Er kann vörr'n Lüen Muggen sugen un in öwrigen kann'n Elefanten schluggen'. Bei Burkard Waldis (1495–1557) heißt es: „Man sieht jezt leider in grossen sachen durch die finger, laufft vbers grass, stosst sich ans gräger, gross kamelthier sie gantz verschlukken vnd weichen doch die kleinen mukken". Während Mücke hier überall etw. sehr Kleines meint, bedeutet es in anderen Wndgn. ‚Einfall', ‚Gedanke' (↗Grille). Doch ist dafür die unumgelautete obd. Form ‚Mucken' = Launen gebräuchlicher, die in dieser Bdtg. seit Hans Sachs belegt ist (‚Fastnachtsspiele', 38, 81):

Mein Fraw die treibt gar seltzam mukken
Vnd zepfft mich an mit diesen stucken,
Das ich sol tragen das heiss Eyssen,
Mein vnschuld hie mit zu beweisen,
Das ich nie brochen hab mein Eh.

Das hat seine Mucken: das hat seine Schwierigkeiten. Als Fortsetzung der angeführten Rda. findet man: *einem die Mucken vertreiben:* einen wieder zur Vernunft bringen. Ebenso in den Mdaa.: obersächs. ‚ich wer dr schon de(ine) Mukken austrei'm'. Els. ‚dëm hai mr d Mucke us m Chopf tribe'. *Mücke (die Mücke) machen:* flüchten, davongehen. *Zisch die Mücken!:* scher dich fort! Laß uns in Ruhe!
Der mdal. Vergleich ‚Lästig wie Clo-Mücke' (Mainz) wird oft noch durch den Zusatz verdeutlicht ‚ma wird se ach net los'.
Noch mit den Mücken fliegen: noch ungeboren sein; schwäb. ‚Er is no mit de Mucke g'floge'.
Mücken fangen: müßig sein, nichts zu tun haben.

Muckefuck, dünner, aus Gerste hergestellter Kaffee, im Volksmund scherzhaft als ‚Spitzbohne' oder ‚vorne spitz und hinten spitz' bez., Malzkaffee im Gegensatz zu Bohnenkaffee; daher heißt es im frz. ‚mocca faux', woher das Wort, das Ende des 19. Jh. in Barmen-Elberfeld belegt ist, übernommen und verballhornt wurde. Umgekehrt heißt es frz. ‚Café-Ersatz'.

Mucker. *Ein Mucker sein:* ein heimtückischer, scheinheiliger Mensch sein. Die Bez. ist der Jägersprache entnommen; sie bezieht sich auf den männlichen Hasen in der Paarungszeit; zu Beginn des 18. Jh.s wurde ‚Mucker' Spitzname der pietistischen Anhänger von Joh. Franz Budde (Professor in Jena 1705–29). Weite Verbreitung fand das Wort durch die dt. Übers. des ‚Tartuffe' von Molière: „Der Mucker oder Molièrens scheinheiliger Betrüger Tartüffe", ersch. 1748 in Breslau und Leipzig.

Muff, Muffe. *Nicht Muff sagen (können):* aus Befangenheit, Dummheit, Schuldbewußtsein oder Trägheit nichts sagen (wollen oder können), wortkarg (maulfaul) sein, sich an einer Unterhaltung nicht beteiligen.
Einem den Muff nachschlagen: jem. in seiner Abwesenheit oder wenn er gerade den Rücken wendet, lächerlich machen, verspotten.
Ihm geht die Muffe: er hat Angst; *ihm geht die Muffe eins zu tausend (hunderttausend):* er hat sehr große Angst. Muffe steht in diesen neu-umg. Wndgn. für After, eigentl. das Verschlußstück am Rohrende. Ähnl.: *Das Muffensausen bekommen:* Angst bekommen.
Mit der Muffe gepiekt sein: verrückt sein. Die berl. Rda. ‚Dir ha'm se wol mit de Muffe jeschmissen (oder: jebufft)?', Du bist wohl nicht recht gescheit? geht, ähnl. wie andere gleichbedeutende Rdaa. der

Umgangssprache (z. B. ‚Du bist wohl mit dem Klammersacke gepudert worden?'), auf die Vorstellung zurück, daß jem. einen leichten Schlag gegen das Gehirn bekommen habe.

Mufti. *Par ordre de Mufti* (frz.): auf Befehl des Mufti. Ein Mufti (arab.) ist ein Rechtsprecher und Gesetzesausleger, gegen dessen Urteile keine Berufung eingelegt werden kann. Die Rda. wird dann gebraucht, wenn eine erlassene Anordnung strengstens befolgt werden soll, oder auch im iron. Sinne, um achselzuckend und bedauernd anzudeuten, daß man gegen höheren Befehl nichts ausrichten könne.

Mühle. *Das ist Wasser auf seine Mühle:* etw. gereicht ihm zum Vorteil, ebenso *alle Wasser auf seine Mühle leiten (richten),* oder ‚uf sin Mühl huse' (Els.), auf seinen Vorteil bedacht sein; ndl. ‚Dat is koren (water) op zijn molen', frz. ‚C'est de l'eau à mon moulin'. Beide Rdaa. gehen auf die Technik des Wassermüllers zurück, wie sie schon der Holzschnitt aus Thomas Murners ‚Mühle von Schwyndelßheim' (1515) zeigt mit den Worten:

Der Müller findt man wahrlich viel,
Die alle Wasser uff ir mühl
Richten, das es rusch do here,
Ob sunst niender kein tropffe wäre.

Lit. auch bei Lohenstein (‚Arminius'): „Es ist nichts seltzames fremdes Wasser auff seine Mühle leiten"; dann auch bei Schiller in den ‚Räubern' (III, 2): „Das ist Wasser auf unsere Mühle, Hauptmann!" Goethe schreibt (Weim. Ausg. 25,1,14): „Dichter und Bildner beide beschäftigen sich an einer Quelle, und jeder sucht, das Wasser nach seiner Seite, zu seinem Vorteil hinzulenken".

Etw. ist Wind auf jem. Mühle: die Ansichten desjenigen werden bestätigt und gefördert.

Das ist noch in der Mühle: das ist noch nicht abgeschlossen, noch nicht fertig; bei Joh. Fischart im ‚Bienenkorb' (97 a) in der Form: „Darum muß folgen, ... daß etwas anders auf der mülen ist, dann man uns sagen will".

Jem. Mühle steht niemals still: jem. redet ununterbrochen. Über einen, der viel und dauernd redet, sagt man schwäb. ‚dem

geht sei Maul wie e Mühl'. Von einem Spitzbuben, der alles mitgehen heißt, heißt es rheinhess. ‚der läßt nichts liegen als Mühlsteine und glühendes Eisen'.

‚Die ok irst to der molen kumt, die sal erst malen' ist die ndd. Form des Sprw. ‚wer zuerst kommt, mahlt zuerst' (↗mahlen). Von einem, der unnötig laut spricht, sagt man in Hessen-Nassau ‚mer meent, dau (du) werst in der Meel groß worn', wegen des Lärms, der in einer Mühle herrscht. Aus dem gleichen Grunde gebraucht man auch die Rda. ‚in der Mühle sagt man's zweimal', die vor allem in Süddtl. und Vorarlberg beheimatet ist. Man hält sie demjenigen entgegen, der beim ersten Mal nicht verstanden hat oder nicht ver-

‚Alle Wasser auf seine Mühle lenken'

‚Wasser auf seine Mühle'

stehen will. Diese Rda. von der Mühle wird mit vielen Zusätzen versehen. So heißt es,

,In der Mühle sagt man's zweimal,
– den Narren dreimal'
– einem Esel dreimal'
– alten Weibern dreimal'
– das dritte Mal kostet's einen
                                    Kreuzer'
– das dritte Mal schlägt man einem
                       den Sack um die Ohren'
– und bei den Bauern, bis man's
                                    versteht'.

Von der sprw. Unehrlichkeit der Müller heißt es: ,In der Mühle ist das beste, daß die Säcke nicht reden können'. Im Volksmund werden noch verschiedene Dinge als Mühle bez. Ein altes Fahrrad nennt man, wohl weil es klappert, ,eine alte (Tret-)Mühle'- man spricht auch von der ,Tretmühle des Alltags', wobei wohl im Hintergrund die Vorstellung von den Treträdern in Arbeitshäusern des 17. und 18. Jh. steht, die von Verurteilten bedient werden mußten, ↗ Tretmühle. Eine schwere Arbeit bez. man als ,Knochenmühle'.

Jem. durch die Mühle drehen: jem. hart zusetzen.

Ein Mühlrad geht einem im Kopf herum: man ist schwerfällig im Denken, verwirrt. In Goethes Faust (1790) sagt der Schüler zu Mephisto: „Mir wird von alledem so dumm, als ging mir ein Mühlrad im Kopf herum".

Mühlstein ↗ Stein.

Lit.: *E. Handrik:* Müllersagen (Leipzig 1928); *L. de Wolf:* Een molen ist duist menschen, in: Biekorf 34 (1928), S. 11–13; *C. Ruyterman:* Hij heeft een molen met een gieuw-gauw, in: Eigen Volk 8 (1936), S. 233; *P. Boorsma:* Hij heeft een molen, met een hieuw-hauw, in: Eigen Volk 8 (1936), S. 286; *H. Gleisberg:* Beiträge zu einer Vkde. des Müllers und der Mühle, in: Dt. Jb. f. Vkde. 1 (1954), S. 157 ff.; *H. Bausinger:* Müller und Mühle im Denken des Volkes, in: Schwäb. Heimat 12 (1961), S. 73–76; *S. Grosse:* Die Mühle und der Müller im dt. Volkslied, in: Jb. d. Oesterr. Volksliedwerkes 11 (1962), S. 8–35; *W. Danckert:* Unehrliche Leute. Die verfemten Berufe (Bern – München 1963), S. 125–145; *L. Kretzenbacher:* Voraussetzungen und Erscheinungsformen von Bild- und Wortzeugnissen zum mystischen Thema der „Geistlichen Mühle", in: Bair. Jb. f. Vkde. (1983), S. 55–75.

Müll. *Sich über den Müll in der Tonne unterhalten:* über Belangloses reden.

Auf den Müllhaufen (die Müllkippe) der

,Auf die Müllkippe kommen'

Geschichte kommen: Zu der Vielzahl bedeutender und unbedeutender historischer Ereignisse gezählt werden, die bald der Vergessenheit anheimfallen.

Mulle. *Einem das Mulle streichen:* jem. schmeicheln. Eine besonders im Schwäb. verbr. Rda. ,Mulle' ist hier eine Bez. für Katze.

Müller. *Lieschen Müller heißen:* zu dem ,Kleinen Mann' auf der Straße gehören, so denken und handeln wie jedermann. Iron. spricht man sogar von ,Dr. Lieschen Müller', wenn Akademiker einen ,Klein-Leute-Geschmack' entwickeln. Bes. in den 50er Jahren war der sprw. Vergleich gebräuchl.: ,Was die „Bild-Zeitung" für Lieschen Müller, ist der „Spiegel" für Dr. Lieschen Müller'.

Müllers Sackträger sein: ein Esel sein, ↗ Esel. Um einen anderen zu verspotten und herabzusetzen, benutzen Kinder mit Vorliebe den Auszählreim:

Ich und du –
Müllers Kuh.
Bäckers Esel,
Das bist du.

mulmig. *Die Sache wird mulmig* sagt man bei einer Angelegenheit, die bedenklich wird und schlecht auszugehen droht.

Mulmig wird so im gleichen Sinn wie ‚brenzlig' gebraucht. ‚Mulm', ndd. ‚molm', ist Staub, Stauberde (auch faules Holz) und geht auf mahlen, zermalmen zurück. Die Vorstellung ist wohl, daß eine Sache undurchsichtig, faul wird.

Mulus mulum. *Das mulus mulum spielen:* loben, um wieder gelobt zu werden, eine veraltete, bes. zu Lessings Zeiten verbr. Rda. Heute bez. man diese Haltung als ‚fishing for compliments'.

Mumm. *Keinen Mumm (in den Knochen) haben:* keine Entschlußkraft haben; ziemlich tatenlos vor sich hin leben. Das dt. Wort ‚Mumm' ist ein Kürzel von lat. ‚animus', was Entschlossenheit, Tatkraft bedeutet; die Wndg. hieß urspr. ‚keinen animum haben'.

Mummenschanz. *Mummenschanz treiben:* sich maskieren und vermummt tanzen, sich amüsieren, Unsinn treiben. Das Wort ‚Mummenschanz' setzt sich zusammen aus spätmhd. ‚mumman' und ‚schanz'. Mumman war vom 14. bis zum 16. Jh. ein beliebtes Glücksspiel mit Würfeln; einen Glückswurf nannte man Schanz (fem.). Zur Fastnachtszeit gingen herumziehende maskierte Gruppen in die einzelnen Häuser, forderten die Anwesenden stumm zu einem Mummenschanzspiel auf und zogen weiter. So nahm das Wort, das zu Beginn des 18. Jh.s veraltet war und von Goethe, Campe u. a. unter Geschlechtswandel neu belebt wurde, den bloßen Sinn einer Vermummung an, ohne daß weiter an das Glücksspiel gedacht wurde.

Mumpitz. *Mach (red) keinen Mumpitz:* mach keine Dummheiten, red kein dummes Zeug. Els. ist seit Moscherosch (1643) das Wort ‚Butzemummel' (auch ‚Mummelputz'; mummen = verhüllen, Butz = Gespenst) für Vogelscheuche gebräuchl. In der Umgangssprache entwickelte sich wohl daraus das hess. ‚Mombotz', Schreckgestalt, Schreckgespenst. Später wurde das Wort zu der Bdtg. ‚leeres Geschwätz' verflacht. Als Berl. Börsenausdr. taucht es in der Bdtg. ‚Schwindel, Unsinn, leeres Gerede, mit dem man erschrecken will', um 1870 auf. Fontane belegt es 1883 für Berlin und Ostpreußen.

München. *Von München nach Frauenhofen gehen:* den geistlichen Stand mit dem weltlichen eintauschen. Die Rda. ist ein Wortspiel: München bedeutet urspr. ‚bei den Mönchen', denn ‚münch' (ahd. munich) war bis ins 17. Jh. hinein die Bez. für Mönch.

Mund. In Mdaa. und Umgangssprache steht für Mund meist ‚Maul', bes. in den obd. Mdaa. Nordd. tritt dafür oft auch der derbe Ausdr. ‚Schnauze', ndd. ‚Snuut' ein. Außer den bereits bei ↗Maul aufgeführten Rdaa. seien noch die folgenden ergänzt: *Seinen Mund nicht auftun:* schweigsam, nicht redselig sein, ‚maulfaul' sein; die Rda. beruht auf Jes. 53,7: „Er tat seinen Mund nicht auf wie ein Lamm, das zur Schlachtbank geführt wird".
Nicht auf den Mund gefallen sein: redegewandt, schlagfertig sein; oder verstärkt: *ein gutes Mundwerk haben;* ndl., hij is goed van de tongriem gesneden', 1603 belegt; frz. ‚avoir la langue bien pendue', ‚avoir le filet coupé'; engl. ‚to have the gift of the gab', ‚to have a well-oiled tongue', ‚to have one's tongue well hung'.
Wie auf den Mund geschlagen sein: vor Verblüffung kein Wort zu sagen wissen, *sich den Mund verbrennen* (bei Luther: „sich das Maul verbrennen"): unbedacht mit den Worten herausfahren, die einem dann Tadel und Unannehmlichkeiten zuziehen. Das Bild der Rda. ist vom Essen zu heißer Suppe hergeleitet, wie denen auch Lehmann S. 68 (‚Behutsamkeit' 3) erklärt: „Wer das Maul verbrennt hat, der bläst in die Supp"; dazu auch das ndd. Sprw.: ‚De kann swigen, de heet eten kann'. Das Bild des Essens steht auch hinter *den Mund vollnehmen:* übertreiben, prahlen. Leckere Speisen machen den *Mund wäßrig:* Einem, der eine wohlbesetzte Tafel sieht, *läuft das Wasser im Mund zusammen;* frz. ‚l'eau vient à la bouche'.
Sich etw. vom Mund absparen: am Essen sparen, um sich etw. kaufen zu können; daß dies nicht richtig ist, sagt ein Sprw. aus dem Westerwald: ‚Wot mer sport on

seim Mund, frißt die Katz orrer de Hund'. Diese Rda. erscheint lit. bereits in Hans Sachs' Schwank ‚Der zu karg und der zu milt' (4):

Wo er nur kund bey seinen jaren
Ein Pfenning kund am maul ersparen –

und in seinem bekannten Fastnachtsspiele, dem ‚Heiß eisen' (179):

Vier gulden zwölffer, die ich doch hart
Hab selbst an meinem maul erspart.

Einem etw. vor dem Munde wegnehmen; in älteren Belegen statt wegnehmen ‚abschneiden', so heißt es in Murners ‚Narrenbeschwörung' (59, 52):

Wer all die Buben ertränkte ...
Der thet doch gott ein dienst daran
Das sy dem armen krancken man
Syn brot abschnyden vor dem mundt;

und in Grimmelshausens ‚Simplicissimus' (I, 16) ist die Rede von Schmarotzern und Hungerleidern, die denen, „so etwas meritirt, das Brot vorm Maul abschneiden"; vgl. frz. ‚oter à quelqu'un le pain de la bouche', (wörtl.: einem das Brot vom Mund wegnehmen), i. S. v.: einem den Lebensunterhalt nicht gönnen.

Jem. die Bissen in den Mund zählen: ihm nicht gönnen, daß er sich satt ißt. *Von der Hand in den Mund leben* sagt man von einem, der nicht spart, sondern das Erworbene sogleich ausgibt; scherzhaft bezieht man es auf den Zahnarzt, der davon lebt, daß er anderen mit der Hand in den Mund fährt. *Einem den Mund sauber halten:* ihm nichts vom Essen abgeben, auch allgemeiner: jem. etw. vorenthalten; *wie aus einem Munde* wird vermerkt, wenn zwei gleichzeitig dasselbe sagen.

Die Rda. *warm und kalt aus einem Munde blasen* oder *aus einem Mund kalt und warm blasen:* zwiespältig, unaufrichtig, ‚doppelzüngig' sein, geht auf eine Fabel Äsops (Nr. 64) zurück. Ein Waldschrat schloß Freundschaft mit einem Menschen. Eines Tages sah er, wie der Mensch sich in die Hände blies, um sie zu wärmen; kurze Zeit später, als er beim Essen saß, blies der Mann in den dampfenden Teller, um das Essen abzukühlen. Als der Waldgeist sah, daß der Mann warm und kalt aus einem Munde blies, kündigte er ihm die Freundschaft. Die Rda. ist zumindest seit dem 16. Jh. bei uns bekannt. Auch in den Niederlanden ist sie verbreitet (‚heet

SPRECKT VYT TWEE MONDEN.

‚Aus zwei Mündern sprechen'

end koud uit een mond blazen'); es gibt ein Gemälde von Jordaens über diese Fabel. Ebenso: *aus zwei Mündern sprechen:* doppelzüngig sein; in der ndl. Form ‚hij spreckt uit twee monden', womit man einen Betrüger bez., ist die Rda. im 18. Jh. auch in den ndl. Bilderbogen dargestellt worden.

Sehr alt ist die in Süddtl. gebräuchl. Rda. *von Mund auf in den (gen) Himmel kommen (fahren).* In einer Predigtsammlung aus Salzburg heißt es 1705 in einer Kapitelüberschrift: „Von einem / der von Mund auf ist gen Himmel gefahren / weil er niemand frevntlich verurtheilt hat" (Heribert von Salurn, ‚Festivale' I, 126). Sofort, ohne Aufenthalt im Fegfeuer, gelangt die Seele in den Himmel; früher dachte man sich, daß die Seele eines sterbenden Menschen durch den Mund dem Körper entfloh. Die Rda. wurde parodiert zu: ‚von Mund auf gen Himmel fahren, gleich wie die Kuh ins Mauseloch'.

Der Mund der Wahrheit (ital. ‚bocca della verità') ist ein altes Sagenmotiv. In der Vorhalle der Kirche Santa Maria in Cosmedin in Rom steht eine antike kreisrunde Brunnenablaufmaske, die ein menschliches Gesicht darstellt, ‚Mund der Wahrheit' (1,7 Meter Durchmesser). Daran knüpft sich die Sage, daß jeder, der einen Eid leisten soll, seine Hand in den offenen Mund dieser Plastik legen muß; wird ein Meineid geschworen, kann der Lügner seine Hand aus dem zugeschnappten Mund nicht mehr befreien. Erstmals ist diese Art der Wahrheitsfindung in Dtl. in der ‚Kaiserchronik' bezeugt (Mitte des 12. Jh., VV 10688–10819):

‚Der Mund der Wahrheit'

Eine Witwe vertraut Julian ihren Schatz an, den dieser jedoch für sich behalten will, als sie ihn zurückfordert. Vor dem Bild des Mercurius muß Julian, die Hand im Mund der Figur, die Wahrheit schwören. Da er jedoch lügt, beißt der Mund zu und hält Julian fest, bis dieser sich zur Rückgabe des Schatzes bereit erklärt. In späterer Zeit verband man die Erschaffung des Bildes mit dem ‚Zauberer' Vergil und benutzte den ‚Mund der Wahrheit' zur Keuschheitsprobe. In der 1522 ersch. Schwanksammlung ‚Schimpf und Ernst' (Nr. 206) von J. Pauli wird das Bild allerdings durch eine des Ehebruchs angeklagte Frau überlistet: ihr Geliebter umarmt sie – als Narr verkleidet – vor dem Schwur, so daß sie in aller Öffentlichkeit behaupten kann, nur ihr Mann und der Narr hätten sie berührt. Das Bild soll daraufhin in tausend Stücke zersprungen sein.

Einem nach dem Munde reden: ihm schmeicheln; *jem. das Wort vom Munde ablesen,* im gleichen Sinne wie etwa: jeden Wunsch von den Augen ablesen und damit erfüllen; ‚enen deep in de Mund seen', ihm Glauben schenken.

Einem über den Mund fahren: ihn scharf zurechtweisen; *einem das Wort im Munde umdrehen:* seine Äußerungen entstellt weitergeben, sie absichtlich anders deuten; *das Wort aus dem Mund nehmen:* dasselbe sagen, was der andere auch gerade sagen wollte; *ein Schloß an den Mund hängen:* jem. zum Schweigen bringen; *den*

Finger auf den Mund legen ist von der Gebärde, mit der man jem. zum Schweigen auffordert, genommen; *einem die Worte in den Mund legen:* ihm zu verstehen geben, was er sagen soll; vgl. frz. ‚parler par la bouche de quelqu'un'.

Sich den Mund nicht verbieten lassen: sich von einer unerwünschten oder peinlichen Äußerung nicht abhalten lassen; *sich den Mund fusselig* oder *fransig reden:* etw. ausführlich und doch wirkungslos darlegen; obersächs. auch: ‚sich Fransen ums Maul reden, sich Troddeln schwatzen'.

In aller Leute Mund sein: ins Gerede kommen; frz. ‚être dans toutes les bouches'; engl. ‚to be in everybody's mouth'; ndl. ‚over de tong gaan'; *Mund und Nase aufsperren:* sehr erstaunt sein; *den Mund halten:* schweigen; *den Mund auftun:* etw. sagen; ‚e krumm Maul mache' (els.), Zeichen von Unlust geben; ‚wie us dem Mull gegroffe' sagt man im Siegerland über einen, der jem. sehr ähnl. sieht. *(Sich) kein Blatt vor den Mund nehmen* ↗ Blatt, ↗ Schloß.

Etw. geht von Mund zu Mund: ein Gerücht verbr. sich.

Lit.: *G. F. Deinlein:* Dissertatio de dubiis quibusquam in successione ab intestatio collateralium in capita secundum regulam, So viel Mund, so viel Pfund (Altdorfi 1743); *C. Riessner:* Art. ‚Bocca della verità', in: EM. II (1979), Sp. 543–549.

mundtot. *Jem. mundtot machen:* ihn zum Schweigen bringen, ihn ausschalten; die Rda. bezieht sich urspr. nicht auf den Mund, sondern auf ahd. und mhd. munt (f.) = Schutz, Schirm, Gewalt, Schutzgewalt und steht in Zusammenhang mit lat. ‚manus' (= Hand. In unserem Wort ‚Vormund' (der vor dem Mündel stehende, der über sein Mündel Gewalt habende) lebt die alte Bdtg. noch fort. ‚Mundtot machen' bedeutet also urspr.: entmündigen; der Ausdr. ist von Schottel um 1665 erstmals gebucht und erklärt worden. Außerhalb der Rechtssprache wurde er bald als auf den Mund bezüglich volksetymol. umgedeutet und zum Parallelausdr. von ‚den Mund (das Maul) stopfen' (↗ Maul), eine Entwicklung also, für die die Homonymie der Wörter Munt und Mund verantwortlich zu machen ist.

Lit.: *W. Ebel:* Über Redensarten und Recht, in: Moderna Språk (1960), S. 1–12.

munkeln. *Von etw. munkeln:* über eine Sache im geheimen reden. Das ndd. Wort ‚munkelen‘ gelangte im 16. Jh. in den Süden Dtl.s und wurde dort zu ‚munkeln‘. Das Sprw. ‚Im Dunkeln ist gut munkeln‘ entspricht dem lat. ‚in tenebris saltare‘.

Münze. *Etw. für bare Münze nehmen.* Diese seit dem 18. Jh. belegte, auch in den Niederlanden (‚iets voor gangbare munt aannemen‘) und Frankr. (‚prendre quelque chose pour argent comptant‘) geläufige Rda. wendet man auf jem. an, der etw. als ernst auffaßt, das nur im Scherz gesagt wurde. Über jem., den man nicht für normal hält, sagt man im Els. ‚der is nit bi barer Münz‘. *Mit gleicher (grober) Münze heimzahlen (zurückzahlen)* steht bereits bei Abraham a Sancta Clara (‚Etwas für alle‘, 163) und bedeutet: jem. in ähnl. unfreundlicher, grober Weise behandeln; vgl. frz. ‚rendre à quelqu'un la monnaie de sa pièce‘.
Da muß man Münzen haben: dazu braucht man viel Geld (Vorarlberg); ähnl. *mit klingender Münze bezahlen:* mit Bar- bzw. Hartgeld (als Grundlage einer soliden Währung, in der der Metallwert einer Münze ihrem Nennwert entspricht) bezahlen; vgl. frz. ‚payer en espèces sonnantes et trébuchantes‘.
Es auf jem. gemünzt haben bedeutet eigentl.: eine Denkmünze, die mit Anspielungen und anzüglichem Bildwerk versehen ist, auf jem. prägen. Solche Denkmünzen wurden vom Handwerker in der Münzwerkstatt hergestellt und vorzugsweise im 17. und 18. Jh. geprägt. Heute bedeutet die Rda.: etw. über jem. äußern, ohne seinen Namen zu nennen.

Lit.: Münzen in Brauch und Aberglauben, hg. German. National-Museum, Nürnberg (Mainz 1982).

Mus. Urspr. bezeichnete Mus jede Art von gekochter Speise. Im Mhd. ist ‚muoshus‘ das Speisehaus. Erst später wird die Bdtg. zu ‚(süßem) Brei‘ verengt; dazu die Ableitung Gemüse.
Jem. das Mus süß einstreichen (ums Maul streichen): einem schmeicheln, um einen Vorteil von ihm zu erlangen. *Einem das Mus versalzen;* Parallel-Rda. zu ‚einem die ↗Suppe versalzen‘. Murner schreibt: „Das muosz versalzen" (‚Schelmenzunft‘

33), ebenso Fischart: „Welche jnen das Muß versaltzen wolten" (III 259); gemeint ist: jem. einen Plan durchkreuzen, einen ‚Strich durch die Rechnung machen‘ (↗Strich).
‚Mer mot nicht alle mose smecken‘, heißt es in Bremen, um auszudrücken, daß man nicht alles ausprobieren oder erfahren muß. ‚Dat môs is vorgoten‘ (das Mus ist ausgegossen), die Sache ist zu Ende (ndd.). Im Hess. heißt es ‚Mus on (und) Saft gehn kee Kraft‘, ähnl. in der nordostd. Rda. ‚Môs maht lostig, awer schwach op de Bên‘, um auszudrücken, daß Mus bzw. Brei keine kräftigende Nahrung ist. Umgekehrt sagt man jedoch zu einem Jungen, der für eine Arbeit noch zu schwach ist, er ‚muess noch mehr Mus esse‘ (Vorarlberg).
Eine tote Fliege kann das beste Mus verderben ist ein schwäb. Sprw., das besagt, daß eine diffizile Angelegenheit durch eine Kleinigkeit wertlos bzw. verdorben werden kann.

Münzwerkstatt (‚Es auf jem. gemünzt haben‘)

‚Er het's Mus verschütt‘ sagt man im Els., wenn einer sich unbeliebt gemacht hat. In erster Linie waren damit wohl Verstöße gegen das gute Benehmen bei Tisch gemeint, in übertr. Bdtg. später dann alle Ungeschicklichkeiten, die Ärger verursachten; man sagte dann auch ‚er hat ins Mus getappt‘ oder bezeichnete einen tolpatschigen Menschen als ‚Hans-tapp-ins-Mus‘. *Jem. zu Mus hauen:* ihn heftig prügeln; Parallel-Rda. zu ‚einen zu ↗ Brei hauen‘.

Lit.: *H. J. Teuteberg* u. *G. Wiegelmann:* Unsere tägliche Kost (Münster 1986); *St. Mennell:* Die Kultivierung des Appetits. Geschichte des Essens vom Mittelalter bis heute (Frankfurt/M. 1988).

Muse. *Von der Muse geküßt sein (werden):* künstlerisch inspiriert sein (werden), auch: *Warten, daß einen die Muse küßt:* auf eine Eingebung, die zündende Idee hoffen, die das geplante Werk gelingen läßt. *Nicht von der Muse (den Musen) geküßt sein:* keine schöpferischen Anlagen besitzen, ein ganz prosaischer, phantasieloser Mensch sein.

‚Von der Muse geküßt werden‘

Jem. ist unter den Musen erzogen: er ist sehr gelehrt, den Künsten zugetan; vgl. frz. ‚Il a été nourri dans le sacre Vallon‘. *Den Musen leben:* sich nur den Künsten und Wissenschaften widmen, ohne materielle Sorgen sich mit Höherem beschäftigen können. *Die Muse von jem. sein:* ihn begeistern und beflügeln, oft scherzhaft oder iron. von der Geliebten oder Lebensgefährtin eines Künstlers gesagt. Mit ‚leichter Muse‘ meint man oberflächliche Unterhaltungsliteratur oder -musik, während die ‚zehnte Muse‘ für kabarettistische Darbietungen steht. Die gelehrte Dichtung des 17. Jh.s führte die 9 Musen in die gehobene Rede ein; erst später setzte sich die Singularform durch.

Musik, Musikant. *Musik im Blut haben:* eine angeborene Musikalität besitzen; hier kommt die alte Auffassung vom Blut als Träger der Erbfaktoren zutage. *Der kann abkommen ohne Musik* sagt man im Saarland für einen, der sich unbeliebt gemacht hat; es ist wohl an den Besuch großer und beliebter Persönlichkeiten gedacht, die mit Musik empfangen und wieder zur Stadt hinausgeleitet wurden. *Wer gern tanzt, dem tut's jede Musik* sagt man im schwäb. Sprw. und meint damit, daß einer, der etw. um jeden Preis erreichen oder haben will, nicht sehr wählerisch ist, bzw. sein kann. *Da liegt Musik(e) drin!:* Die Sache läßt sich hören; eigentl.: sie klingt erfreulich wie Musik; *das ist Musik in meinen Ohren:* eine willkommene Botschaft. Mehr als Musikalität spielt Unmusikalität in Sprww. und Rdaa. eine Rolle. ‚Ich bin auch musikalisch, ich häng' immer die Mütze an die Orgel‘; schles. ‚du bist wull au musekalsch. Dei Vater war e Leiermann, un du hust 'm de Nota gehaln‘; oder im Sagwort: ‚Ich bin auch musikalisch, sagte die Magd, ich blase – die Suppe‘; oder: ‚Es geht nichts über die Musik, sagte der Inspektor, als er die Tischglocke läutete‘. *Kein Musikgehör haben:* Bitten gegenüber ablehnend sein. Musik steht oft für Geld, indem man auf den Klang der Münzen anspielt: *Da hast du die ganze Musik* hört man wohl einmal beim Skatspiel, indem man dem Gewinner die gewonnenen Pfennige zuschiebt. Die Rda. wird aber auch allgemeiner gebraucht. Ähnl. sagt man *hier sitzen die Musikanten,* indem man auf den Geldbeutel schlägt, so daß die Münzen klimpern. Der Ausdr. soll auf den Theaterschriftsteller L. Angely (1787–1835) zurückgehen. *Da liegt ein Musikant begraben* ist der Ausruf, wenn man an einen Stein stößt oder stolpert. Die Rda. geht vielleicht auf den ma. Brauch zurück, Musikanten, Gaukler und Komödianten als ‚unehrliche Leute‘ außerhalb des Friedhofes, auf freiem Feld zu begraben. Mehr Wahrscheinlichkeit hat jedoch die Herleitung des Ausdr. aus Schatzgräbersagen (‚da liegt der Hund begraben‘; ↗ Hund) für sich, wo Musikant verhüllend für den Namen des Teufels steht. Lit. belegt ist die Rda. allerdings in ihrer älteren Form bei Hans Sachs:

> Da wird ein pfeiffer begraben sein,
> Wer drüber geht, muß stolpern dran.

(Handschin: Das Sprw. bei Hans Sachs, S. 101).

Das ist Zukunftsmusik: das liegt noch in weiter Ferne, es ist unsicher, ob es sich verwirklichen läßt. Urspr. bezog sich der Ausdr. iron. auf Richard Wagners Buch ‚Das Kunstwerk der Zukunft' (1850).

Lit.: *D. Lutsch:* Da liegt der Hund begraben, da liegt ein Musikant begraben, in: Zs. f. Deutschkunde 37 (1923), S. 211–212; *M. Willberg:* Die Musik im Sprachgebrauch, in: Muttersprache (1963), S. 201 ff.; *A. Taylor:* To face the music, in: American Notes and Queries 7 (1968/69), S. 120.

Muskatnuß. Die Muskatnuß (Myristica fragrans) war bereits Ende des 12. Jh. in Nordeuropa bekannt. Schon sehr früh holten die Araber die Droge aus Indien. Als Gewürz wird sie gegenwärtig sehr viel weniger als im MA. benutzt. Die fremdländische Herkunft der aromatischen Frucht gab wohl Anlaß zu Rdaa., wie *er versteht soviel davon wie eine Kuh (Ochse) von einer Muskatnuß,* wenn man ausdrükken wollte, daß jem. über eine Angelegenheit redete, von der er nichts verstand. Luther schreibt „was soll der Kuh Muskate? sie frißt wohl Haferstroh!", um die Unangemessenheit einer Sache aufzuzeigen. Ähnl. drückt es eine schwäb. Rda. aus: ‚Es gehört keiner Sau keine Muskatnuß, sie weiß sie nicht zu reiben'. Um die Rückständigkeit oder Weltfremdheit eines Menschen auszudrücken, sagt man in Hessen: ‚Was versteht der Bauer von Muskatnuß? er glaubt, es wär' e Setzkartoffel'. Von einem Tölpel, der einen guten Einfall oder unvermutetes Glück hat, sagt man auch ‚jetzt hat die blind' Sau e Muskatnuß gefunde' (Schwaben), wohl in Analogie zu dem Sprw. von dem blinden Huhn, das auch einmal ein Korn findet. *Der Kuh Muskaten geben* wird im gleichen Sinne gebraucht wie die Rda. ‚Perlen vor die Säue werfen' (↗ Perle).

Mut. Das Wort Mut umfaßte urspr. alle Regungen des Seelenlebens, was sich heute noch in der Wndg. ‚zumute sein' ausdrückt. *Sein Mütchen an jem. kühlen:* seine übermütige Laune an ihm auslassen. Mhd. steht im gleichen Sinne (Haß, Zorn, Ärger) das Wort muot; z. B. im ‚Nibelungenlied' (Str. 2133): „Dô kuolten mit den wunden die geste wol ir muot". Luther übersetzt 2. Mos. 15,9: „Ich will nachjagen ... und meinen Mut an ihnen kühlen;

ich will mein Schwert ausziehen, und meine Hand soll sie verderben". Seit Luther begegnet auch die Verkleinerungsform häufiger: „küle dein mütlin nicht, wenn du straffen solt" (Sirach 10,6), das Hans Sachs in freier Reimfassung gibt:
Rech nit zu gnaw all misse that,
Kül nicht dein Mütlein frü und spat.
Seit dem 17. Jh. wird die Rda. in der Schriftsprache in der uns heute geläufigen Form verwendet. Sie ist auch ndl. ‚zijn moed koelen aan iemand', frz. ‚assouvir sa vengeance, sa colère sur quelqu'un' bzw. ‚excercer sa rage contre quelqu'un' sowie engl. ‚to vent one's anger (spleen) on a person' gebräuchl.
‚Die Feststellung: *Mut zeiget auch der Mameluck* ist durch Schillers Gedicht ‚Der Kampf mit dem Drachen' (Musenalmanach 1799, S. 151 f.) zur Rda. geworden. Im Volksmund wird sie oft scherzhaft zu einem Wechselreim ‚Mut zeiget auch der lahme Muck' verdreht.
Den Mut sinken lassen: die Hoffnung aufgeben, alle Anstrengungen für vergeblich halten.
Etw. mit dem Mut der Verzweiflung tun: sich in die Gefahr stürzen, um evtl. eine Chance zu bekommen; seine Angst überwinden und etw. Schwieriges und Gefährliches in Angriff nehmen, ↗ Angst.

Lit.: *M. Wandruszka:* Angst und Mut (Stuttgart 1950), bes. Kap. ‚Der Wortschatz des Mutes', S. 81–150.

Mutter *Vorsicht ist die Mutter der Weisheit* oder in volkstümlicher Konkretisierung *Vorsicht ist die Mutter der Porzellankiste* meint, daß ↗ Vorsicht wichtiger ist als alles andere und daher noch vor der Weisheit kommt. Das Sprichwort ist wohl in Anlehnung an ähnl. aus dem Lat. wie ‚repetitio est mater studiorum' gebildet. Nach demselben Bautypus (‚X ist die Mutter von Y') verlaufen die Sprww. ‚Not ist die Mutter der Künste', ‚Überfluß ist die Mutter der Langeweile', ‚Erfahrung ist die Mutter der Wissenschaft', ‚Die Erde ist die Mutter des Reichtums', ‚Der Friede ist die Mutter des Reichtums', ‚Tyrannei ist die Mutter der Ungerechtigkeit', ‚Schwelgerei ist die Mutter der Habgier' (Cicero: ‚Luxuria avaritiae mater'), ‚Die Zeit ist die Mutter der Wahrheit'; oder auch engl. ‚Necessity is the mother of invention'; vgl. auch frz.

‚La prudence est la mère de la sagesse', sowie nach demselben Bautyp: ‚La pauvreté est la mère de tous les vices' (wörtl.: Die Armut ist die Mutter aller Laster).

Einer der ältesten dt. Belege für diesen Bautypus findet sich 1495 in den ‚Proverbia metrica et Vulgariter rytmisata' des Joh. Fabri aus Donauwörth: ‚Weyssheyt ist aller künst muter'. Im 16. Jh. geht die Beliebtheit von Neubildungen zurück; erst das 18. Jh. findet wieder neue Variationen, so: ‚Ungerechte Regierung ist die Mutter alles Ungehorsams'.

Der Ausdr. *Mutter Natur* geht auf Klopstocks Ode ‚Zürchersee' (1750) zurück. *Die Mutter Erde küssen* ist ein Euphemismus für ‚zu Boden fallen'. Der Franzose gebraucht dafür die witzige Rda. ‚prendre un billet de parterre'. Der dt. Ausdr. erinnert an die Geschichte von den Söhnen des Tarquinius Superbus, denen prophezeit worden war, nach dem Vater werde herrschen, wer zuerst die Mutter küsse; Brutus wußte das Orakel zu erfüllen, indem er absichtlich stolperte, zu Boden schlug und die Erde mit den Lippen berührte.

Bei Mutter Grün übernachten: im Freien übernachten. Die Rda. ist von Berlin ausgegangen, aber auch in die allg. Umgangssprache eingedrungen.

Der Mutter am Schoß hängen sagt man von einem Kind, das ängstlich nicht von der Mutter weicht, übertr. bezieht man es auch auf Heranwachsende; vgl. frz. ‚rester accroché aux jupons de sa mère' (wörtl.: Der Mutter am Unterrock hängen).

Eine andere Mutter hat auch ein liebes, schönes Kind oder *jede Mutter hat ein liebes Kind* sagt man im südd. Raum und den Alpen einem abgewiesenen Freier; in übertragener Bedeutung gebraucht man diesen Ausdruck resignierend, wenn man etw. nicht erhalten konnte, das man erstrebte.

Da ist's Kind vor der Mutter auf die Welt gekommen sagt man über ein vorlautes Kind, das alles besser weiß. Der Ausdr. entspricht sinngemäß der Rda. ‚da ist das ↗ Ei klüger als die Henne'.

Wenn du noch eine Mutter hast ...: Anfang eines Gedichts von Friedrich Wilhelm Kaulisch (1827–81), der oft parodiert wird, so z.B. zusammen mit Heinrich Heines Gedicht „Wenn du eine Rose schaust":

> Wenn du noch eine Tante hast,
> sag, ich laß sie grüßen.

Nach der alten Mutter Weise handeln: Mütter, die ihren Töchtern bei Liebesabenteuern nachspionieren, sind hiermit gemeint.

Ein Berliner Gassenhauer hat den Titel: ‚Mutter, der Mann mit dem Koks ist da'. Er spielt auf die nicht spurlos gebliebene Begegnung der Tochter mit dem ‚schwarzen Mann' an, die die Mutter sofort bemerkt.

,Mutter, der Mann mit dem Koks ist da ...'

Im Westerwald sagt man beim Anblick, den das Wogen des blühenden Getreidefeldes hervorruft: ‚die Mutter läuft durchs Korn'; gemeint ist damit ein mythisches Wesen, das als Kornmutter oder Kornmuhme bez. wird und auch als Kinderschreck dient.

Mutterseelenallein ist eine verstärkende Bildung für ‚ganz allein' und seit etwa 1809 (Campe) gebräuchl. Im Frühnhd. begegnet ‚mutterallein', eine ähnl. Bildung wie ‚mutternackt', und Gottfried Keller schreibt ‚seelenallein'. Über die Zusammensetzung ‚Mutterseele' (ähnl. wie: Menschenseele) kommt es dann über ‚mutterseligallein' zu dem heute noch gebräuchl. Ausdr.

Lit.: *W. D. Hand:* A Classical Proverb-Pattern in Germany: X is the mother of Y, in: JEGP 36 (1937), Heft 2, S. 224–233; *F. Ströbele:* ‚X ist die Mutter von Y', in: Proverbium 15 (1970), S. 120 f.; *L. Richter:* Mutter, der Mann mit dem Koks ist da (Leipzig 1977); *E. Badinter:* Die Mutterliebe. Geschichte eines Gefühls vom 17. Jh. bis heute (Zürich 1981).

Muttermilch ↗ Milch.

Mütze. ‚Dat es em noh der Mötz' sagt man am Niederrhein, wenn etw. im Sinne des Betreffenden geschieht; umgekehrt: *das ist ihm nicht nach der Mütze:* es paßt ihm nicht, etwa im Sinne der Rda. ‚danach steht ihm nicht der ↗ Kopf'; so heißt es 1652 bei Laurenberg „darna steit im de Kagel" (= Kapuze).

Etw. auf seine Mütze (Kappe) nehmen: die Verantwortung für etw. übernehmen (↗ Kappe); vgl. frz. ‚endosser quelque chose' (wörtl.: sich etw. aufbürden).

Etw. auf die Mütze kriegen: einen Tadel einstecken müssen; entspr. *einem etw. auf die Mütze geben:* ihn ausschelten, schlagen; rhein. ‚enen öm de Mitz haue', ihn ohrfeigen, ↗ Hut.

Den drückt die Mütze: es fehlt ihm etw., er ist durch sein Benehmen auffällig. *Die Mütze steht ihm nicht recht:* er ist nicht gut gelaunt. *Er hat heute die gute Mütze nicht auf:* er ist schlecht gelaunt. Von einem, der schlecht gelaunt ist, sagt man auch, er habe *seine Mütze schief auf(gesetzt).* Der Ausdr. geht auf das 18. Jh. zurück, als man allg. Perücken trug. Nach der Art, wie einer seine Perücke (oder Hut) trug, schloß man auf seine Stimmung; so heißt es im Holländischen ‚de pruik zit hem scheef'. Die entsprechende Redensart im Englischen heißt ‚to have one's hair combed the wrong way'.

Mit der Mütze nach etw. werfen: etw. leicht Erreichbares zu erlangen suchen; umgekehrt heißt es ‚dar is keen Smiten mit de Mütz da', wenn etw. außerhalb des Bereichs des Möglichen liegt.

Einen unter der Mütze haben: betrunken sein (nordd.), ↗ trinken.

Myrte. *Die Myrte verloren haben:* die Jungfräulichkeit verloren haben und damit das Recht, bei der Trauung einen Myrtenkranz zu tragen. Die immergrüne Pflanze war schon im alten Vorderasien ein heiliger Strauch der Frühlings- und Liebesgöttin; sie wurde als Aphrodisiakum und als Brautkraut verwendet. 1538 soll eine Tochter Jakob Fuggers in Augsburg als erste Deutsche bei ihrer Hochzeit einen Myrtenkranz getragen haben. Das Symbol des Myrten-(Jungfern-)Kranzes, der nur der reinen Jungfrau bei der Hochzeit zukommt, ist ein Motiv unzähliger Volkslieder. Geradezu von einer Art Jungfräulichkeitstest handelt das noch viel gesungene Volkslied vom Donaustrudel.

Als wir jüngst in Regensburg waren,
sind wir über den Strudel gefahren.

Unüberhörbar heißt es im Text weiter:

Wem der Myrtenkranz geblieben,
landet froh und sicher drüben;
wer ihn hat verloren,
ist dem Tod erkoren.

Der weitere Text des Liedes exemplifiziert dies an einem positiven und an einem negativen Beispiel.

Lit.: *W. Danckert:* Symbol, Metapher, Allegorie im Lied der Völker; Teil 3: Pflanzen (Orpheus-Schriftenreihe Bd. 3), (Bonn 1978), S. 1177–1178; *L. Röhrich:* Das Bild der Frau im Märchen und im Volkslied, in: H.-B. Harder u. D. Henning (Hg.): Jacob und Wilhelm Grimm zu Ehren (Marburg 1989), S. 35–61.

N

Nabel. *Sich für den Nabel der Welt halten:* sich für den Mittelpunkt halten, um den sich alles dreht.

Die griech. Mythologie hat als ‚Nabel der Welt‘ den Omphalos-Stein zu Delphi angesehen (griech: Nabel). Man nahm an, daß sich hier kosmische Bereiche des Himmels, der Erde und der Hölle berührten und die Schöpfung der Welt ihren Anfang genommen habe. Der Omphalos-Stein im Tempel Apollos wurde im 7. Jh. v. Chr. errichtet und nach zweimaliger Zerstörung durch Feuer und Erdbeben 369–323 v. Chr. wieder aufgestellt. Einen derartigen Stein gibt es auch in Rom auf dem Forum Romanum, den ‚Nabel der Stadt Rom‘, umbilicus urbis Romae. Auch der Berg Garizim (Richter 9, 37) galt als Nabel der Erde, von dem es heißt: Gaal aber setzte seine Reden fort und sprach: „Siehe doch, Krieger steigen vom Nabel des Landes herunter, und eine Gruppe kommt gar von der Wahrsager-Eiche her“.

Jem. den Nabel reindrücken: jem. demütigen, kleinkriegen wollen. Vor allem in Bayern ist als Drohung ‚Deam will i de Nabel scho 'neidrucka‘ gebräuchl.

Nabelschau betreiben: sich mit sich selbst beschäftigen, in Gedanken nur um sich selbst kreisen; etw. Unwichtigem zu große Aufmerksamkeit schenken. In der Joga-Praxis bedeutet die Nabelschau jedoch die meditative Betrachtung des eigenen Nabels.

Die Nabelschnur ist noch nicht ganz abgerissen, jem. hat sich noch nicht abgenabelt: die materielle und psychische Eigenständigkeit wird bei gewissen Erwachsenen durch ihre anormal starke Bindung an ihre Eltern erschwert. In diesem Sinne erscheint die Rda. bei Schiller, ‚Räuber‘ IV,2: „Die Nabelschnur ist nicht unterbunden worden“.

Lit.: *H. U. Ziolko* u. *V. Hückel:* Der Nabel, in: Sexualmedizin 10 (1981), S. 387–390 u. 425–429.

Nachgeburt. *Bei dir haben sie wohl das Kind fortgeworfen und die Nachgeburt aufgezogen?:* Ausdr. spöttischen Mitleids und mitleidigen Spotts auf einen dummen Menschen; wohl berl. um 1900 aufgekommen; seit dem 1. Weltkrieg auch sold. geläufig.

Nacht. *Die Nacht zum Tage machen:* die ganze Nacht durch arbeiten oder feiern und sich erst gegen Morgen schlafen legen. ähnl.: *sich die Nacht um die Ohren schlagen.* Solche Menschen nennt man auch ‚Nachtmenschen‘ oder, da die Eule ein nachtaktives Tier ist, das am Tage ruht, ‚Nachteulen‘.

Bei Nacht und Nebel kommen: heimlich und ungesehen, plötzlich kommen; so wird auch eine in aller Heimlichkeit durchgeführte (Polizei-)Aktion als ‚Nacht-und-Nebel-Aktion‘ bez. In die Geschichte ist unter dem Schlagwort ‚Nacht-und-Nebel-Erlaß‘ ein geheimer Erlaß Hitlers vom 7. 12. 1941 eingegangen: Die Staatsfeinde in besetzten Gebieten sollten heimlich nach Dtl. in Konzentrationslager gebracht werden.

Etw. passiert über Nacht: etw. ist auf einen Schlag, ganz plötzlich geschehen.

Die Nacht der langen Messer: eine Nacht, in der ein grausames Gemetzel stattfand. Die Wndg. wird heute eher iron. allg. als ‚Zeit der Rache für etw.‘ verwendet.

Na, dann gute Nacht: Wenn das so ist, dann ist alles zu spät; das klappt bestimmt nicht mehr.

Eine ital. Nacht feiern: die ewige Nacht im Totenreich feiern; gestorben sein, ↗ zeitlich.

Lit.: *E. Th. Reimbold:* Die Nacht im Mythos, Kultus und Volksglauben (Köln 1970).

Nachtigall. *Nachtijall, ick hör' dir trapsen (trampsen, loofen);* ich merke, was los ist, ich ‚rieche den ↗ Braten‘; die berl. Rda. ist zuerst 1878 in Hans Meyers ‚Richtigem

Berliner' gebucht und wird auch heute umg. allg. nur im berlin. Dialekt gebraucht. Die Rda. ist vermutl. eine Verballhornung der ersten Zeile des Liedes ‚Frau Nachtigall', einem Fliegenden Blatt, das in ‚Des Knaben Wunderhorn' abgedruckt ist:

Nachtigall, ich hör dich singen,
Das Herz möcht mir im Leib
                zerspringen;
Komme doch und sag mir bald,
Wie ich mich verhalten soll.

Nachtigall, ich seh dich laufen,
An dem Bächlein tust du saufen,
Du tunkst dein klein Schnäblein ein,
Meinst, es wär der beste Wein.

Möglicherweise liegt bei der Rda. eine Vermischung der Anfangszeile der ersten mit der der zweiten Strophe „Nachtigall, ich seh dich laufen" vor.
Die Nachtigall singen lehren: etw. Unnützes tun. Vgl. ndl. ‚Hij leert den nachtegaal zingen'.
Der Gesang der Nachtigall gilt seit der Antike als glückbringendes Omen; im Volksglauben ist sie zudem als Bringerin eines sanften Todes bekannt. Aus ‚Romeo und Julia' stammt die Wndg. „Es war die Nachtigall und nicht die Lerche" (III,5: „It was the nightingale and not the lark"). Dieser Spruch wurde von Georg Herwegh in seinem Gedicht ‚Morgenruf (1845) parodiert. Die Lerche ist hier als Verkünderin des Tages zu verstehen: „Die Lerche war's und nicht die Nachtigall".
Weiterhin wurde die Nachtigall in vielen Gedichten personifiziert, so z.B. in Goethes ‚Faust' im ‚Lied des Frosches' (1808): „Schwing dich auf, Frau Nachtigall!"
Eine Gedichtsammlung nennt H. Hoffmann von Fallersleben: ‚Die schlesische Nachtigall' (1825). ‚Die Nachtigall von Seseheim' ist der Titel einer lyrischen Erzählung von Gustav Ad. Müller (1894).

Lit.: K. Bode: Die Bearbeitung der Vorlagen in ‚Des Knaben Wunderhorn' (= Palaestra 76), Berlin 1909, S. 395; *O. Keller:* Die antike Tierwelt 2 (Leipzig 1913), S. 73–74; *E. Ingersoll:* Birds in Legend, Fable and Folklore (New York 1923), S. 48–50; *L. Röhrich* u. *R. W. Brednich:* Dt. Volkslieder, Bd. 2 (Düsseldorf 1967), S. 359 ff. ‚Nachtigall als Liebesbotin' (mit weiterführender Lit.); *E.* u. *L. Gattiker:* Die Vögel im Volksglauben (Wiesbaden 1989), S. 82–89.

Nachtmütze. *Eine Nachtmütze (Schlafmütze) sein:* ein langweiliger, schläfriger Mensch sein; vgl. frz. ‚être un bonnet de nuit'. Das Kleidungsstück, das der Mann früher anlegte, wenn er zu Bette ging, steht für negative Charaktereigenschaften. Da es bes. von älteren Männern bevorzugt wurde, die nur noch wenige Haare hatten, wird der Traum von der Nachtmütze so gedeutet, daß man einen alten Mann heiraten werde.
Die in Bremen bezeugte Rda. ‚he hett ok noch nich de leste Nachtmützen up' meint: mit ihm geht es noch nicht so bald zu Ende; sein Tod ist noch nicht zu befürchten.

Nachttopf. *Dich haben sie wohl auf den Nachttopf gesetzt und unters Bett geschoben?* Diese Frage gilt als mitleidiger Spott für einen dummen Menschen; man umschreibt mit der Rda. das deutlichere ‚einen ↗ Schlag auf den Kopf bekommen'.

Nachtwächter. *Ein Nachtwächter sein:* ein Versager, ein Mensch ohne Unternehmungsgeist, ein geistesabwesender Träumer sein. Der Ausdr. gilt als häufige Schelte für langweilige und untaugliche

Der Nachtwächter

Hört ihr Herren laßt euch sagen, wie es jez ist an der Zeit
daß die Glock hat o geschlagen; wachet, wie ist es bereit,
verwahrt Feuer u das Licht, daß dadurch kein Schad geschicht
so darf sich niemand bschweren; preißet alle Gott dem Herren.

‚Nachtwächter'

Schüler, Lehrlinge und Rekruten, wird aber auch als verächtliches Schimpfwort unter Gleichaltrigen gebraucht. Der sprachl. Vergleich beruht auf der Tatsache, daß der Nachtarbeiter am Tage den Schlaf nachholen muß und deshalb immer nur müde zu Hause anzutreffen ist. Der Traum von einem Nachtwächter bedeutet daher, daß man das Haus hüten muß.

Das ist noch unter dem Nachtwächter!: das ist dümmer als dumm, das ist unter aller Kritik, das ist das Verächtlichste, was man sich denken kann. Die Rda. spiegelt die soziale Geringschätzung dieses Berufes. Da keine Ausbildung dafür nötig war, konnte ihn der Einfältigste ausüben.

Ein Nachtwächter ohne Knochen ist die scherzhaft euphemist. Umschreibung für einen Kothaufen, der heimlich nachts auf die Straße gesetzt wurde.

Lit.: *A. Memminger:* Hört Ihr Leut' und laßt Euch sagen! Ernstes und Heiteres vom Nachtwächter (Würzburg 1922); *K. Adrian:* Von Salzburger Sitt' und Brauch (Wien 1924), S. 104 ff; *E. Bonomi:* Der Nachtwächter im Ofner Bergland, in: Südostforschungen 6 (1941), S. 273–277; *W. Danckert:* Unehrliche Leute (Bern – München 1963), S. 57 ff.

Nacken. *Einen harten (unbiegsamen) Nacken haben:* eigensinnig, ,hartnäckig' sein; nicht nachgeben wollen; ebenso in den Mdaa.: ostfries. ,he het en stiewe Nack'; rhein. ,en stive Nacke han'; vgl. frz. ,avoir la nuque raide' (gehobene Sprache). *Jem. den Nacken steifen:* ihn zum Widerstand ermuntern. Dagegen *einem den Nacken beugen:* ihn zwingen, seine Handlungsweise zu verändern; els. ,es blit im m Näcke henke', er muß die Schuld bezahlen. *Einem auf dem Nacken liegen (sitzen):* ihn ständig belästigen, ↗ Hals. *Angst sitzt jem. im Nacken:* große Angst haben, hier ist die Vorstellung des Aufhockers angesprochen, ↗ Angst. *Einem den Fuß auf den Nacken setzen:* ihn unterwerfen, aufs ärgste demütigen; urspr. nach ma. Kriegsbrauch wörtl. zu verstehen: Der Ritter setzte dem Besiegten den Fuß in den Nacken zum Zeichen der Unterwerfung, ↗ Fuß. *Einem in den Nacken schlagen:* ihn empfindlich treffen. Luther gebraucht die Wndg. i. S. v.: verleumden, übel nachre-

den (,Sprichwörter', 437). Heute ist das davon abgeleitete Subst. ,Nackenschlag' häufiger (z. B. ,geschäftliche Nackenschläge erhalten'). Bemerkt der Betroffene diese Heimtücke, so sagt man: *Er hat Augen im Nacken,* ↗ Auge. *Den Schalk im Nacken haben:* zum Scherzen, zum Possenspielen aufgelegt sein (↗ Schalk); Goethe schreibt: „doch glaubt mir, er hatte den Schelmen faustdick im Nacken"; Claudius:

Der Knabe hat blaue Augen, gelbes Haar
Und Schalk im Nacken immerdar.

nackt, Nackter. *Einem Nackten die Kleider ausziehen; einem Nackten in die Tasche greifen wollen:* sich umsonst bemühen.

Einen Nackten auf die Wache stellen: jem. mit Aufgaben betrauen, die er nicht bewältigen kann. Während in dieser Rda. die Nacktheit als Zeichen der Schutz- und Wehrlosigkeit verstanden wird, besitzt sie in abergläubischen Vorstellungen eine apotropäische Wirkung: jede Art von Unglück kann vertrieben werden, wenn sich der Mensch dem unglückbringenden Dämon nackt und bloß zeigt (HdA. VI. Sp. 841, Abs. 9). Vgl. ,Jem. mit dem nackten Arsch ins Gesicht springen', ↗ Arsch. Der Ausdr. ,die nackte Wahrheit' (↗ Wahrheit) geht auf eine Stelle im ersten Buch der Oden (24,7) von Horaz (65–8 v. Chr.) zurück: Hier heißt es ,nuda veritas'.

Lit.: *A. Kuntz:* Der bloße Leib. Bibliographie zu Nacktheit und Körperlichkeit (Frankfurt a. M. – Bern – New York 1985); *H. P. Duerr:* Nacktheit und Scham (Frankfurt/M. 1988); *M. Andritzky* u. *Th. Rautenberg (Hg.):* ,Wir sind nackt und nennen uns Du'. Eine Geschichte der Freikörperkultur (Gießen 1989).

Nadel. *Er hat bei mir noch etw. auf der Nadel:* er soll mir noch für etw. büßen. Die Rda. ist seit dem 16. Jh. bezeugt, heute aber nur noch in den Mdaa. vorhanden, z. B. schwäb. Schiller verwendet sie in folgender Form:

Manches Stück von altem Adel,
Vetter (Bacchus), hast du auf der Nadel,
Vetter, übel kommst du weg.

Man hat zur Erklärung der Rda., deren Bdtg. der von ,etw. auf dem Kerbholz haben' entspricht, an einen Schneider gedacht, der so von einem Kunden sagt, für den er beschäftigt ist und von dem er noch Geld zu erwarten hat. Mit größerem Recht wird man aber unter der Nadel die Stricknadel verstehen, wie es denn auch landschaftlich heißt: ,etw. bei einem noch auf der Nadel sitzen haben'. Der bildl. Sinn hätte sich dann ebenso eingestellt wie in den Rdaa. ,noch etw. bei einem auf der Kunkel haben', ,einen ↗ Schinken bei jem. im Salz liegen haben'.

Wie auf Nadeln sitzen: sehr ungeduldig dasitzen (↗ Kohle). Bei Chr. Fr. Henrici (Picander, 1700–64) heißt es:

Seht, wie der Bräutigam hier wie
        auf Nadeln sitzt
Und ärger als jemand das
        Leckermäulchen spitzt

(im Frz. genauso: ,être assis comme sur des épingles'). Älter ist die Form *auf Nadeln gehen* (oder *stehen*); z.B. bei Daniel Stoppe (1697 bis 1747):

Da geht man fast auf lauter Nadeln,
Denn jede findet was zu tadeln.

Ähnl. aus Breslau: ,O, macht ok furt! 's is ja, as wenn ma auf Nadle schtinde'; schweiz. ,of d'Nodle setze', jem. in die Enge treiben. Die Rda. bezieht sich wohl auf die Gottesurteile und Folterungen, wo der Angeklagte zum Beweis seiner Unschuld über ein Nagelbrett gehen mußte.

In verschiedenen Rdaa. wird Nadel auch kennzeichnend für ein sehr kleines Ding gebraucht; so sagt man von einer dichtgedrängten Menschenmenge: *Es konnte keine Nadel zur Erde (fallen).*

Etw. wie eine (Steck-)nadel suchen: eine verlorene Kleinigkeit vergeblich suchen; ähnl. *eine Nadel in einem Heuhaufen suchen,* womit man die Nutzlosigkeit eines Suchens charakterisiert (ebenso engl. ,to look for a needle in a bottle of hay'; frz. ,chercher une aiguille dans une botte de foin'; ndl. ,het is een naald in een hooiberg').

Etw. mit der heißen Nadel nähen: etw. eilig und darum schlecht und flüchtig ausführen, nicht in allen Einzelheiten durchdacht (z.B. polit. Gesetzesvorhaben). Bis heute hat sich der Volksglaube erhalten, daß es gefährlich sei, jem. spitze Gegenstände zu schenken. Man könnte sonst

verletzen oder die bestehende Freundschaft zerstören. Die Warnung der Rda. *Eine Nadel sticht die Freundschaft tot!* wird noch immer beachtet, d.h. man hütet sich, Anstecknadeln oder Broschen zu verschenken. *Jem. eine Nadel schenken* bedeutet in der Schweiz, die Freundschaft mit jem. aufkündigen (HdA. VI, Sp. 919). In Frankr. schenkt man keine Nähutensilien, da auch hier die Vorstellung verbreitet ist, diese könnten eine Freundschaft ,totschneiden'.

An der Nadel hängen: stark drogensüchtig sein; sich in regelmäßigen Abständen Heroin injizieren müssen. Ist jem. dieser Droge total verfallen, so sagt man, *er kommt nicht mehr von der Nadel los.*

Nadelgeld bekommen: von den Eltern als Tochter regelmäßige Beisteuer für den späteren Haushalt bekommen; oder auch, wie die veraltete Rda. heute noch in der Schweiz gebräuchlich ist, das Geld meinend, das der Ehemann seiner Frau zu deren freier Verfügung gibt. Der Ausdruck ,Nadelgeld' hängt damit zusammen, daß Nadeln früher sehr teuer waren. König Ludwig XI. von Frankr. z.B. schenkte seiner Tochter zur Hochzeit eine Büchse voller Nadeln.

Die (zukünftige) Hausfrau mußte in der Lage sein, ihre Kleidung und die ihrer Kinder, auch die Wäsche selbst in Ordnung zu halten, auszubessern oder gar anzufertigen, um zu sparen oder sich in Notzeiten behelfen zu können. Das Nadelgeld verhalf ihr dazu, selbständig zu wirtschaften und für das Nötigste an Textilien zu sorgen.

In dem schwäb. Volkslied: ,Sitzt e klois Vogerl im Tannenwald' heißt es in Strophe 5:

Mädle, was kriegscht für e Heiratsgut,
daß de des Köpfle so trägscht?
        La, La ...
Nadel und Faden und Fingerhut
und e verroschtete Scher.

Die schlagfertige Antwort des um seine Zukunft unbekümmerten Mädchens bedeutet, daß es von zu Hause nichts zu erwarten hat, doch sich selbst durchzubringen hofft.

Nadel und Faden werden auch als Umschreibungen der männlichen und weiblichen Genitalien gebraucht; so z.B. von

Balzac, der in seinen ‚Ergötzlichen Geschichten' die Unmöglichkeit einer Vergewaltigung behauptet und dies so begründet: „Man kann keinen Faden einfädeln, wenn die Nadel nicht stillhält."

Ein Kamel durch ein Nadelöhr treiben (wollen): etw. Schwieriges, Unmögliches versuchen; *einen mit etw. durchs Nadelöhr treiben:* ihn durch Zwang oder Drohung zu etw. fast Undurchführbarem veranlassen. Die Wndgn. beziehen sich auf Matth. 19,24: „Es ist leichter, daß ein Kamel durch ein Nadelöhr gehe, denn daß ein Reicher ins Reich Gottes komme". Mit dem Nadelöhr könnte ein sehr enges, kleines Tor in der Stadtmauer von Jerusalem gemeint sein, das nur Menschen den Durchgang gestattete und tatsächlich im Volksmund ‚Nadelöhr' genannt wurde. Wahrscheinlich beruht die Übers. jedoch auf einer falschen Lesart, so daß κάμηλον = Kamel mit καμίλιον = Schiffstau verwechselt wurde. Es müßte demnach in einem wirklich aufeinander bezogenen Vergleich richtiger heißen: „Es ist leichter, daß ein Schiffstau (dickes Seil) durch ein Nadelöhr gehe …".

‚Eher geht ein Kamel durchs Nadelöhr …'

Eine Politik der Nadelstiche betreiben: jem. durch ständiges ↗ Piesacken unaufhörlich quälen oder peinigen, ↗ Politik.

Nagel bedeutete urspr. den Finger- und Zehennagel sowie (aber im Dt. nur noch selten) die Tierkralle. Neben dieser Grundbdtg. kann mit Nagel aber auch ein hölzerner oder metallener Stift zum Festhalten von Brettern oder ähnl. Materialien gemeint sein. Dieses Überschneiden der Bdtg. macht die Erklärung von alten, oft in ihrem Sinn dunkel gewordenen Rdaa. bes. schwierig. In anderen europ.

Sprachen ist fast durchweg eine Trennung dieser beiden Hauptbdtgn. von Nagel auch in sprachl. Hinsicht eingetreten (z. B. frz. Fingernagel: l'ongle; Stift: clou). Vom Nagel als Fingernagel sind folgende Rdaa. abgeleitet: *Etw. brennt einem auf den Nägeln* (oder *auf die Nägel*) bez. die ängstliche Eile, mit der eine Arbeit in letzter Stunde fertiggemacht wird; man hat die Rda. vom Brennen der Fingerspitzen durch aufgelegte glühende Kohlen bei der Folterung hergeleitet. Die 1649 von Gerlingius unter Nr. 27 verzeichnete Form: „Die kertz ist auff den nagel gebrandt" sowie die 1718 von Celander (‚Verkehrte Welt', S. 520) gebrauchte Wndg. „So brennet ihm … das Licht, wie man im Sprichwort zu reden pflegt recht auf den Nagel" lassen eine andere Erklärungsmöglichkeit offen, nämlich die Vorstellung der bis auf die haltenden Finger herabgebrannten Kerze. Man hat daran erinnert, daß sich die Mönche bei der Frühmette zum Lesen im Dunkeln kleine Wachskerzen auf die Daumennägel klebten, so schwer dieses Bild auch einem heutigen Kirchenbesucher einleuchten dürfte. Goethe gibt der Wndg. noch etw. anderen Sinn:

Der Dichter freut sich am Talent,
An schöner Geistesgabe;
Doch wenns ihm auf die Nägel brennt,
Begehrt er irdischer Habe.
Mit Recht soll der reale Witz
Urenkeln sich erneuern;
Es ist ein irdischer Besitz –
Muß ich ihn doch versteuern!

D. h.: wenn er dichten muß, will er auch bezahlt sein, wobei unsere Rda. die Dringlichkeit unterstreicht.

Einem die Nägel stutzen: ihm die Gelegenheit zum Stehlen nehmen; ndd. ‚ik möt di de Nägel wol kort holln'.

Sich etw. unter den Nagel reißen: sich etw. zulegen (mit dem Unterton: auf nicht ganz redliche Weise).

Die Nägel (oder *an den Nägeln*) *kauen:* sich langweilen, ungeduldig, verlegen sein. Heinrich Heine dichtet: „Der Hans und die Grete sind Bräutigam und Braut … der arme Peter die Nägel kaut" (‚Buch der Lieder'); vgl. engl. ‚You had as good eat your nails'; frz. ‚se ronger (zernagen), se manger, se mordre ses ongles', höchst ungeduldig oder betrübt sein.

Sich mit stumpfen Nägeln wehren: sich nur zum Schein wehren; lit. bei Wieland (9, 86): „Die sich solang es hilft mit stumpfen Nägeln wehret"; Bismarck („Reden‘ XI,428): „Ich habe mir damals nur erlaubt, mich mit stumpfen Nägeln zu wehren".

Auf den Fingernagel bezieht sich auch die wien. Rda.: ‚er hat net, was schwarz unterm Nagel is‘, gar nichts; auch sonst: *das Schwarze unter dem Nagel:* eine Kleinigkeit, Geringfügigkeit; vgl. rhein. ‚net dat Schwatte onger dem Nagel dervan han‘, keinen Vorteil davon haben. Sebastian Franck zitiert: ‚Einem das Weisz vom Nagel geben‘, nichts; els. ‚was ufme Nagel hebt‘, sehr wenig; ‚nit was under dem Nagel geht‘, nichts. Ähnl.: ‚nicht um Nagelsbreite nachgeben‘.

Den bair. Ausdr. ‚aufs Nägel‘, aufs Haar, ganz genau, der dem lat. ‚ad unguinem‘ wörtl. entspricht (hier vom Steinmetz entlehnt, der mit dem Fingernagel die Glätte der Arbeit prüft), hat der Mda.-Forscher Andreas Schmeller (1785–1852) von den Nägeln oder Stiften herleiten wollen, die an der Innenseite von Schenkgefäßen zur Messung des Inhalts angebracht waren. Wenn man jedoch die schwäb. Varianten ‚auf's Nägele 'na‘ und ‚da muß älls uf's Nägele sei‘ berücksichtigt, scheint die Erklärung doch in dem Umkreis der zuletzt behandelten sprw. Wndgn. zu liegen, die den Nagel als etw. Bildhaftes für etw. Geringes gebrauchen. ‚Aufs Nägele‘ hieße dann also: korrekt bis zum Geringsten. Es ist erstaunlich, in wie vielen, zum Teil völlig beziehungslosen Wndgn. immer wieder die bildhafte Vorstellung des Fingernagels eine Rolle spielt. Hier seien nur die Wichtigsten mitgeteilt: rhein. ‚die Orwet (Arbeit) geht mer vum Nagel‘, geht gut voran; schweiz. ‚uf de Negel ha‘, zur Verfügung stehen. Häufiger findet sich schon: *etw. auf den Nagel können* (oder *kennen).* Joh. Fischart: „Kann er dieselbe Kunst auf ein Nägelein …" = bis aufs Äußerste, so daß nichts daran fehlt. Oder noch deutlicher ein Zitat von Luther: „Meister Klügel, der die Hl. Schrift gar auswendig und auf dem Nägelein kann". Schwäb. ‚etw. über den Nagel abbrechen‘: etw. übereilen, steht in enger Verwandtschaft zu schweiz. ‚über Nagel verreise

müsse‘, Hals über Kopf, plötzlich; (vgl. engl. ‚on the nail‘).

Nur mdal. verbreitet ist das schweiz. ‚eim of em Negli chratze‘, schmeicheln. Ebenfalls wenig verbreitet sind: schlesw.-holst. ‚he kann 'n Nagel afbieten‘, hat ein sehr gutes Gebiß. *Etw. an den Nägeln herzählen:* Analogiebildung zum Fingerzählen. *Von den Nägeln an den Zehen anfangen:* von unbedeutenden und wenig zur Sache gehörenden Dingen reden, statt von der Hauptsache. *Nägel haben wie ein Schinder:* recht lange Fingernägel haben, ähnl. schles. ‚Er hat Nägel wie die Schurschaufeln‘.

Vom Nagel als hölzernem oder metallenem Stift sind die folgenden Rdaa. abgeleitet: *etw. an den Nagel hängen:* aufhören, eine Sache zu treiben (mit einem ähnl. Bild: ‚etw. aufstecken‘; zunächst wohl von Handarbeiten gesagt, und ‚etw. aufgeben‘, eigentl.: ein Sinnbild eines zu übergebenden Lehens oder Rechtes hochhalten). In wörtl. Sinne steht die Rda. noch in einem alten Soldatenlied:

Doch heißt es an den Nagel g'hangen,
Weil's Fried, Geharnisch, Spieß und
Schwert.

Mit kühner Übertr. ist es gebraucht in den Worten eines patriotischen Mannes an den Kurfürsten Max Emanuel von Bayern (1679–1726), als dieser in dem Streit um die Erbfolge in Spanien auf Frankreichs Seite trat:

Anderst sollest dich bedenken –
Warum willst dein schönes Land
Also an den Nagel henken?
Das ist dir dein größte Schand!

In neuerer Zeit wird die Rda. vor allem bei der Aufgabe eines Berufes gebraucht: „Da er sein Studium nicht, nach Art so vieler geistlicher Herren an den Nagel hängte" (F. Ch. Laukhard, ‚Leben und Schicksale‘, 1792, hg. v. Petersen, I,8). Groß ist die Zahl der Abwandlungen der Rda.: ‚etw. an einen lockeren Nagel hängen‘, etw. Unsicheres tun; ‚etw. an einen hohen Nagel hängen‘, sich Aufschub zur Überlegung verschaffen; ‚alles an einen Nagel hängen‘, alles verwischen, alles durcheinanderwerfen, anstatt jeder besonderen Sache ihren eigentümlichen Platz anzuweisen oder auch: das ganze Vermögen an ein Unternehmen wagen;

‚nicht alles an einen Nagel henken', nicht zuviel auf einen Wurf wagen; ‚von einem Nagel an einen anderen hängen', alte Schulden durch neue bezahlen; immerfort borgen. Schwäb. ‚e Schuld von eim Nagel ab den andere henke', an's Nägele henke', ‚er hat's am Nägele', hat's ganz sicher. ‚Etw. hängt am Nagel', ist unbenutzt.

Den Nagel auf den Kopf treffen: genau das Richtige treffen; freilich wohl nicht mit dem den Nagel einschlagenden Hammer, sondern mit dem Bolzen, denn die Rda. stammt aus der Sprache der Schützen: Ein Nagel, eine Zwecke (daher ‚Zweck' = Ziel eines Tuns) bezeichnete den Mittelpunkt der Scheibe (vgl. die gleichbedeutende Rda. ‚ins ↗ Schwarze treffen'; hierzu wohl auch ‚Kernschuß' in wörtl. und übertr. Anwendung). Luther schreibt (Jenaer Ausgabe V,246a): „Es ist not, daß ein guter Schütz allwegen den Pflock oder Nagel treffe". Im Lat. entspricht ‚rem acu tangere', wörtl.: die Sache mit der Nadel berühren (Plautus: „rem acu tetigisti", ‚du hast den Nagel auf den Kopf getroffen'); in Frankr. sagt man: ‚Viser dans le mille', also: die Mitte der Zielscheibe treffen, wo die Zahl 1000 steht. Goethe verwendet die Rda. in ‚Dichtung und Wahrheit' (II,6, S. 250) in bezug auf die sprachl. Treffsicherheit: „Ich sollte vergessen (i. S. v.: sollte gezwungen werden), daß ich den Geiler von Kaysersberg gelesen hatte, und des Gebrauchs der Sprichwörter entbehren, die doch, statt vieles Hin- und Herfakkelns, den Nagel gleich auf den Kopf treffen".

Nägel mit Köpfen machen: ganze Arbeit machen, etw. zu Ende denken, konsequent sein; vor allem seit dem 19. Jh. in westdt. Mdaa. verbreitet, so rhein. ‚Nägel met Köpp make'. Als negative Personencharakteristik: ‚Däär mäcÜt lauter Nääl ohne Köpp', lauter zwecklose Arbeit. In der Diskussion um die Ausbildung Jugendlicher wurde die Rda. zur Forderung parodiert: ‚Macht Stifte mit Köpfen!'

Er hat einen (hohen, oder gewaltigen) Nagel (im Kopf): er ist sehr dünkelhaft (ähnl. wie ‚einen ↗ Sparren zuviel haben'). Diese seit dem 16. Jh. bezeugte Rda. ist noch nicht erklärt. Das Gegenteil wird ausgedrückt durch die ndd. Wndg. ‚enem den Nagel daal kloppen', einen demütigen (Brem.-niedersächs. Wb., 1768, III,212).

Jem. kann Nägel verdauen: jem. ist äußerst unempfindlich. Die Rda. ist schon im 17. Jh. bezeugt in der ‚Kriegsordnung' des Adam Junghans von der Olnitz (Köln 1611). In der Vorrede heißt es: „Wie eine Schertzrede gehet / ein Landsknecht muß Spitzen von Radenaegeln verdawen koennen". Heute sagt man noch im Kanton Bern, wenn man sich stark fühlt: ‚I kennt Neegel verdaue'.

Nägel auf sich spitzen lassen: sich alles gefallen lassen.

Er ist mir ein Nagel zum Sarge: er trägt zu meinem frühen Tode bei, er verursacht mir einen schweren Verdruß, er bereitet mir Kummer, der an meinem Leben zehrt und es verkürzt. Das rdal. Bild vom ‚Sargnagel' ist seit der zweiten H. des 18. Jh. belegt, mdal. vielfach variiert, z. B. rhein. ‚dat es inne der Näl op de Dudekess'; schlesw.-holst. ‚dat is'n Nagel to sien Sark' oder schwäb. ‚der hat ihm au en Nagel in d'Bahr g'schlage', hat ihn tödlich beleidigt; vgl. engl. ‚that is a nail in my coffin'; ndl. ‚dat is een nagel aan mijn doodkist'. ↗ Sargnagel.

Neben den Rdaa., die das Hauptwort Nagel als Kompositionsglied haben, tritt Nagel in einigen Wndgn. auch prädikativ auf. Schon Adelung hat (1777) in Sp. 714 *nagelneu sein* wohl zunächst für etw. gebraucht, in das eben frisch Nägel eingeschlagen worden waren.

Eine weitere allg. gebräuchl. Wndg. ist *vernagelt sein:* ungeschickt, begriffsstutzig, erstaunt sein; eigentl.: wie ein Pferd, dem von ungeschicktem Schmied beim

‚Vernagelt werden (sein)'

Beschlagen die Nägel ins Fleisch getrieben wurden. Für vernagelt sein kann in diesem Zusammenhang auch ‚ein Brett vor dem Kopf (angenagelt) haben‘ stehen; frz.: ‚être bouché‘. Ähnl. *vernagelt werden:* getäuscht, verdummt werden. Ebenfalls negativ ist nageln in der Wndg. ‚wo die Welt mit Brettern zugenagelt ist‘ gebraucht (↗ Brett).

Der Ausdr. kommt aus dem Schieß- und Waffenwesen vergangener Zeiten. Eroberte Kanonen wurden unbrauchbar gemacht, indem man einen Nagel in das Zündloch schlug.

Was nicht niet- und nagelfest ist: was beweglich ist, was man mitnehmen kann, fast alles. *Etw. ist niet- und nagelfest:* etw. steht unumstößlich fest. Die Rda. erwuchs aus einer Formel der Rechtssprache: mit ‚niet- und nagelfest‘ wurden die Immobilien im Gegensatz zu den Mobilien bez.. Ein alter Rechtsspruch lautet: „Zum Haus gehört, was Niet und Nagel begreift“. Das Einschlagen von Nägeln war zudem eine Art Aneignungsritus: früher schlug der Bauherr den ersten und den letzten Nagel bei einem Bau ein.

‚Nageln‘, ‚den Nagel einhauen‘ ist außerdem eine Sexualmetapher für Koitus.

Ein ‚Nagel-Auto‘ heißt ein Auto, in dem Geschlechtsverkehr stattfindet.

Lit.: *H. Schrader:* Er hat einen Nagel im Kopfe, oder kurz: er hat einen Nagel, einen hohen, einen gewaltigen Nagel, in: Zs. f. dt. Sprache (Hamburg), 4 (1890), S. 311–317; *H. Bächtold:* Wie vernagelt sein, in: Schweiz. Arch. f. Vkde. 13 (1909), S. 208–209; *G. Kessler:* Wie vernagelt sein, in: Schweiz. Arch. f. Vkde. 14 (1910), S. 305; *B. Fehr:* To pay on the nail, in: Archiv 142 (1921), S. 262–264; *P. J. J. Diermanse:* In den nagel zien, in: De Nieuwe Taalgids 23 (1929), S. 311–312; *K. Löber:* Einen Nagel im Kopf: Merkwürdige Zusammenhänge um eine Rda., in: Heimatjahrbuch für den Dillkreis 1 (1958), S. 54–57; *A. Hauser:* Vom Essen und Trinken im alten Zürich. Tafelsitten, Kochkunst und Lebenshaltung vom Mittelalter bis in die Neuzeit (Zürich 1962), S. 119; *J. R. Russ:* To blow one's nails, in: American Notes and Queries 9 (1970–71), S. 24.

Nagelprobe. *Die Nagelprobe machen:* ist ein Trinkerbrauch, der darin besteht, daß man auf das Wohl jemandes geleertes Trinkgefäß umgekehrt über den Daumennagel der linken Hand hält, zum deutlichen Beweis dafür, daß der Becher bis auf den letzten Tropfen geleert worden ist. Diese schon altskandinavisch bezeugte

Sitte wird in Dtl. 1494 von Sebastian Brant im ‚Narrenschiff‘ (110a, 109 ff.) mit anderen närrischen Trinkerbräuchen ausführlich beschrieben:

Das drinckgeschyrr heben sie entbor
Vnd bringent eym eyn früntlich drunck,
Dc mit der becher mach glunck glunck,
Vnd meynen do mit andere eren
Das sie den becher vor umb keren.
Ich darff der selben hoffzucht nit,
Das man mir vor das glaß vmb schüt
Oder man mich zu drincken bitt.

Joh. Fischart nennt in seiner ‚Geschichtklitterung‘ von 1575 die Nagelprobe ‚das Säuferisch Nägleinklopffen‘. Der Ausdr. Nagelprobe ist zuerst in einer Hoftrinkordnung des sächs. Kurfürsten Christian II. († 1611) nachgewiesen; die Rda. ist auch latinisiert worden: ‚super nagulum trinken‘, was sogar ins Engl. (dort seit 1592 belegt) und ins Frz. gedrungen ist (engl. ‚to drink super nagulum‘, auch ‚to make a pearl on your nail‘; frz. ‚boire rubis sur l'ongle‘, und im Lied: ‚Ils faisaient en les renversant / Un super nagle allemand‘; oder ‚payer rubis sur l'ongle‘ i. S. v.: seine Schuld restlos begleichen). Durch Bundeskanzler H. Kohl wurde diese Rda. wieder aktualisiert: „Machen wir doch einmal die Nagelprobe“ gebraucht i. S. v. ‚lassen wir es doch einmal darauf ankommen‘.

‚Die Nagelprobe machen‘: etw. genau prüfen, ist auch ein Ausdr. aus der Druckersprache. Mit dem Nagel prüft der Drucker die Laufrichtung des Papiers, bevor er es in die Maschine einlegt. Diese Probe ist notwendig, damit das Papier beim Binden sich nicht wellt. Die Probe ist erst mit der maschinellen Herstellung des Papiers aufgekommen; beim handgeschöpften Büttenpapier war sie nicht nötig.

nagen. *Nichts zu nagen und zu beißen haben:* nichts (nicht genug) zu essen haben. Die ältere Form dieser Wndg. ist: ‚weder zu beißen noch zu brocken‘. Unter Nr. 706 seiner Sprww.-Sammlung führt Joh. Agricola aus: „Natur mag leicht gesettigt werden, denn wer brot hatt, erhungert nit, denn der bauch würd wol satt …, darumb ist es die äusserst armuot, sich des hungers nit weren künden, vnd nicht zubeissen noch zubrocken haben. Die Ertzte sagen, daß die erste däwung des menschen geschehe im munde vnd zenen, also daß wir kewen, … Wer nun nichts zubeissen hatt, vnd die erste däwung des munds zuerfüllen, der wirt zuo der andern däwung zur stercke fleysch vnd bluots langsam kommen, sondern muß verderben. Er hatt weder zubeissen noch zubrokken, er hatt nichts des er geniessen vnd teylen mochte, das ist, er hatt nichts". Vgl. frz. ,n'avoir rien à se mettre sous la dent'.

Nähkästchen. *Aus dem Nähkästchen plaudern:* intime Geheimnisse preisgeben, private Dinge zum besten geben. Die Rda. ist eine jüngere Parallelbildung zu: ,aus der ↗ Schule plaudern'; mdal.-rhein.: ,Niehkästche'. In Fontanes ,Effi Briest' werden sechs Jahre nach ihrem Ehebruch ihre verhängnisvollen Briefe im Nähkästchen entdeckt, wo sie sie verborgen hatte.

Nährwert. *Das hat keinen (sittlichen) Nährwert:* das hat keinen Zweck; hergenommen vom Kaloriengehalt eines Nahrungsmittels; vor allem seit 1945 stark verbreitet.

Naht. In den umg. und mdal. Rdaa. bedeutet Naht nicht nur die Naht an einem Kleidungsstück, die zu platzen droht, wenn einem scharf zugesetzt wird; Naht sind auch die Prügel selber; schließlich bedeutet Naht eine große Menge, was möglicherweise von der Wundnaht hergeleitet ist: Wer ohne Narkose eine Naht vertragen kann, kann viel vertragen. Die Zuweisung der einzelnen Rdaa. zu den jeweiligen Bedeutungsfeldern ist nicht immer ganz leicht.
Eine Naht machen: etw. Gelungenes zuwege bringen; früher: *etw. zur Naht bringen:* es zustande, zu Ende bringen; *bei der Naht weg:* ohne Ausnahme, frei weg; ähnl. hess. ,eim uf der Naht weg spreche', ihm grundlegend die Meinung sagen. *Einem die Naht beschneiden:* ihn beim Handel betrügen. *Einem die Naht streichen:* ihn tüchtig verprügeln. *Eine gute Naht saufen:* tüchtig trinken. *Eine (Sau-) Naht spielen:* schlecht spielen. Obersächs. ,der schmiert enne Naht zusammen', er schreibt schlecht. *Das geht an die Nähte:* das greift durch. *Einem auf die Naht gehen* (oder *rücken, knien):* ihm scharf zusetzen. Diese Rda. führt man auch zurück auf die Wndg. ,jem. auf die Nähte schauen', einer Sache auf den Grund gehen. In Hans Sachs' ,Sieben klagenden Männern' heißt es (53):

Wenn ich ir auff die net thu schauen,
So klagt sie dann bey andern frauen.

Die Bdt. der Rdaa. ist: eine Sache nicht oberflächlich und nur ihrem Gesamteindrucke nach betrachten, sondern in ihre Einzelheiten genau hineinschauen. Daher auch häufig mit dem Beiwort ,scharf' verbunden. *Einem auf die Nähte fühlen:* prüfen, ob er Geld bei sich hat; dann auch geistig wie: ,auf den ↗ Zahn fühlen'. *Etw. auf der Naht haben:* wohlhabend sein, Geld haben. *Einem nicht von den Nähten gehen:* ihn belästigen. *Aus allen (den) Nähten gehen (platzen):* für den engen Anzug zu dick sein, dick werden, auseinanderfallen (vgl. ,aus den Schnüren gehen', ↗ Schnur).
Eine große (dolle) Naht draufhaben: eine hohe Fahrtgeschwindigkeit entwickeln. *Eine Naht reden:* viel reden. *Es brennt mir auf den Nähten* (auch *auf die Nähte):* ich verspüre starke Nötigung; bin in Drang und Zwang; in dieser Rda. scheint Naht mißverstanden für ↗ Nagel zu stehen.

Name. *Sich einen (großen) Namen machen:* bekannt werden, ans ↗ Licht der Öffentlichkeit treten. Die Rda. ist schon bei Hans Sachs lit. belegt (6, 86, 29): Der Frosch überlegt sich, ruhmsüchtig, wie er ist „wie bein thierlein allensamen bekommen möht einen groszen namen". Man sagt auch: *sich einen guten Namen machen.* Diese Rda. leitet sich ab von dem Sprw. ,Sein Name hat einen guten (schlechten) Klang': man steht in gutem (oder schlechtem) Ruf.
Friedrich von Schiller dichtete:

Von des Lebens Gütern allen
ist der Ruhm das höchste doch,
wenn der Leib in Staub zerfallen,
lebt der große Name noch.

Diese Rdaa. beruhen auf den Bibelstellen 1. Mos. 11,4 und 2. Sam. 8,13.
Schon in frühester Zeit galt der Name als Kraftträger, der seinen Besitzer mit Namenseigenschaften ausstattet oder mit

ihm wesensgleich ist. Auf Plautus geht der Spruch ‚nomen est omen‘ zurück, welcher genau diese schicksalhafte Beziehung zwischen Namen und Namensträger bezeichnet. Im babylonischen Schöpfungsmythos wurden die Dinge erst wirklich durch ihr Benanntwerden. In vielen Mythen kann daher das Aussprechen eines Namens gefährlich sein (↗ Tabu). Ein altes und weit verbr. Märchen- und Sagenmotiv ist das des ‚Namengeheimnisses‘: derjenige, der den Namen einer bösen Macht kennt, besitzt Gewalt über sie (vgl. Rumpelstilzchen, KHM. 55).

Das Gegenteil besagt: *Name ist Schall und Rauch* ↗ Schall.

Die Rechtsprechung eröffnet die Urteilsverkündung mit der Formel: „Im Namen des Volkes ergeht folgendes Urteil …“. Da nach Art. 20 II des Grundgesetzes die Rechtsprechung als Teil der Staatsgewalt beim Volk liegt, unterstützt diese Formel die Legitimation des urteilverkündenden Richters. Diese Formel war auch in der Rechtsprechung der Weimarer Republik üblich. In der Epoche der Monarchie verkündete man das Urteil im Namen des Landesherrn (Majestätsrecht), im 3. Reich „Im Namen des Deutschen Volkes“. Von 1945 bis 1950 hieß es dann „Im Namen des Rechts“.

Etw. beim rechten Namen nennen: ↗ Kind, ↗ Spaten.

Lit.: *W. Schmidt:* Die Bdtg. des Namens in Kult und Aberglaube (1912): *L. Röhrich:* Der Dämon und sein Name, in: Paul und Braunes Beiträge zur Geschichte der dt. Sprache u. Lit. 73 (1951) S. 456–468; *W. Leiser:* Im Namen des Volkes: eine Formel und ihre Geschichte, in: Vierteljahresschrift für Sozial- und Wirtschaftsgeschichte 55 (1968/69), S. 501–515.

Narr, närrisch. *Einen zum Narren haben* (oder *halten*): ihn zum besten haben, ihn aufziehen, foppen; eigentl.: ihn als Narren behandeln. Die Geschichte des Narren beginnt mit der alten Sitte, sich zur Unterhaltung bei Gastmählern Lustigmacher zu halten. Schon in dem ‚Symposion‘ des Xenophon (um 430 bis etwa 354 v. Chr.) kommt ein solcher Lustigmacher vor, und im Rom der Kaiserzeit waren die Scurrae an den Tafeln der Großen ganz gewöhnlich. In Dtl. kommen berufsmäßige Narren z. Zt. der Kreuzzüge auf. Nicht bloß an fürstlichen Höfen wurden

‚Narrensamen‘

Narren gehalten (Kunz von der Rosen bei Maximilian I., Klaus von Ranstat bei Kurfürst Friedrich dem Weisen), sondern fast von jedem adligen Herrn. Witze auszuteilen und einzustecken war ihre Aufgabe. Diese ‚Hofnarren‘ trugen eine eigentümliche Kleidung: auf dem geschorenen Kopfe saß die Narrenkappe (Gugel, latein. cucullus), eine runde Mütze mit Eselsohren und einem Hahnenkamm, einem ausgezackten Streifen roten Tuches, das von der Stirn bis zum Nacken lief. Um den Hals trugen sie einen breiten Kragen wie später noch der Hanswurst auf Messen und Jahrmärkten, und an

Jch bitt üch herren groß/vnd kleyn
Bedencken den nutz der gemeyn
Lont mir myn narrenkapp alleyn

‚Narrenkappe‘

Kappe, Gürtel, Ellenbogen, an den Knien und Schuhen waren Schellen befestigt, um die Aufmerksamkeit auf sie zu lenken. Soll nun, wie das Sprw. sagt, der Narr einem König gleich sein, so darf ihm das Zepter nicht fehlen; er führte es in der Gestalt des Narrenkolbens, anfangs nichts als ein Rohrkolben, der spöttisch auch „Narrenzepter' hieß; später brachte man oben einen Narrenkopf mit herausgestreckter Zunge als Verzierung an, ↗ Marotte. Vom 16. bis zum 18. Jh. wurden von einzelnen Herrschern sogar witzige Gelehrte anstelle der Hofnarren verwendet; so ließen sich Taubmann am sächs. Hof (mit der amtlichen Bez. als ‚kurzweiliger Rat') und Gundling unter Friedrich Wilhelm I. am preuß. Hof ‚zum Narren halten', vgl. engl. ‚to make a fool of a person': ndl. ‚jemand voor de gek houden'.

Schweiz. ‚eim de narre mache', umsonst arbeiten, von jem. sich ausnutzen lassen, entspr. rheinhess. ‚jem. den Aff' machen'. Das Gegenteil besagt die ebenf. in der Schweiz, aber auch in anderen Mdaa. übliche Rda. ‚e Narr i sin Sack sin', auf seinen eigenen Nutzen bedacht sein, trotz aller Narrheit; hd. *Er ist ein Narr in seinem Sack.*

Die Gestalt des Narren hat nicht nur der Dichtung (Brant, Murner, Hans Sachs) vielfache stoffliche Anregung geboten, sondern ist auch der Anlaß zu zahlreichen volkstümlichen Rdaa. geworden: *Der Narr muß ein Abzeichen haben* sagt man von einem, der immer etw. Absonderliches haben will; rheinhess. sprw.: ‚Jedem Narr gefällt sei Kapp', jeder hat seine Eigenheit, die er liebt.

Ein (Bücher-)Narr sein: sich nur noch mit Lesen beschäftigen. Nach diesem Muster werden mehrere Komposita gebildet, die alle die übertriebene Liebe oder Beschäftigung eines Menschen mit einer Sache bezeichnen, wie z. B. ‚Kinder-Narr' oder ‚Pferde-Narr', die noch im Sprachgebrauch sind.

Er ist ein Narr in Folio: er ist ein großer Narr, d. h. eigentl. ein Narr vom größtem Format; ‚Folio' ist ein Fachausdr. für ein großes Buchformat, bei dem die Seite von einem halben Bogen (folium) gebildet wird. Von dem Prediger Abraham a Sancta Clara haben wir ein ‚Centifolium

Stultorum in Quarto, oder hundert ausbündige Narren in Folio' (1709), in dem solche Begriffe auftauchen, denn „Alphabetisch geordnete 100 Narrenbeschreibungen vom ‚Abergläubischen Narren' bis zum ‚Zeitungs-Narren' behandeln … sünd- und lasterhafte Verhaltensweisen".

Einen Narren an jem. (oder auch *an etw.*) *gefressen haben:* in lächerlicher Weise dafür eingenommen, verliebt sein. Die alte Vorstellung, daß ein Alberner einen kleinen dämonischen Narren leibhaft in seinem Innern stecken habe, hat zunächst die Rda. geschaffen: ‚einen Narren im Leibe haben', ‚einen Narren gefressen haben'. Murners ganze ‚Narrenbeschwörung' (1512) erklärt sich ja so: Er will versuchen, „die narren von den lüten zu bringen" (1,7). Freilich weiß er, wie ihn seine Gegner deswegen verhöhnen, legt aber doch selbst einem von ihnen die Worte in den Mund (2,40):

> Darum muß ich mein buch (Bauch)
> zerlachen,
> Das er die sach wil underston,
> Und hat selbs wol zwölf legion,
> Als vil das ichs nit zelen mag,
> Und meeret sich von tag zu tag;
> Die alten machen jung in dir.

‚Einen Narren an jem. gefressen haben'

In der ‚Mühle von Schwyndelßheim' (V. 609;) erklärt Murner:

Wer hohen zorn nit kan vergessen,
Der hat auch rohe narren fressen.

Hans Sachs hat einen Schwank ‚Der Narrenfresser' und ein Fastnachtsspiel ‚Das Narrenschneiden' geschrieben; in dem Spiel schneidet der Arzt einem Kranken die Narren der Hoffart, des Geizes, des Neides, der Unkeuschheit, der Völlerei, des Zorns, des Scheltens usw. aus dem Leibe heraus. Vgl. auch im Engl. ‚he ought to be cut (oder: bored) for the simples'.

‚Narrenschneiden'

Wie Smith-Heseltine (S. 125) bemerkt, beinhaltet diese Rda. im Engl. ein Wortspiel: ‚simple' als Narr und gleichzeitig: ‚‚simples' being medicinal herbs'. Seit 1650 ist die Rda. im Engl. belegt; 1738 gebraucht sie auch Swift: „Indeed Mr. Neverout, you should be cut for the simples". Zu der jetzt geläufigen Form hat die Rda. wohl nur erweitert werden können, als man bereits an ihren eigentl. Sinn nicht mehr dachte; ‚einen Narren an jem. gefressen haben' – das ist, wörtl. genommen, Unsinn, es soll der Sinn darin liegen: ein Narr sein in Beziehung auf jem.: in ihn ‚vernarrt' sein. In der ‚Zimmerischen Chronik' (16. Jh.) steht die einfache alte Rda. noch neben der jüngeren (II, 466): „Die zeit er aldo verharret und von der schönen Rellingern gehört, da hat er ainsmals den narren gefressen und von iretwegen ain söllichs panketieren angefangen, das sich menigclichen darob verwundert hat" und (III, 581): „Der hat den narren gleichergestalt an dieser von Barr gefressen".

Mit einem Narren schwanger sein: verrückt sein; auch in derselben Bdtg.: *dem Narren*

übers Säcklein kommen; schwäb. ‚Er ist em Narre überm Säckle gwese', els. ‚em Narre üwers Säckle gerote' (geraten).

Vom Narren gestochen werden: sich von der Narrheit anstecken lassen; (bair. ‚es sticht einen der Narr', ebenso schwäb. ‚den hat der Narr gschtoche'), ist zu erklären als Vermengung von Rdaa. wie: ‚der ↗ Schalk schlägt ihm in den Nacken' und ‚ihn sticht der ↗ Hafer'.

Den Narren stechen (bohren): jem. durch eine Geste andeuten, daß man ihn für blöd hält.

Narrenfreiheit genießen: von allen Zwängen befreit sein, tun und lassen können, wozu man Lust hat; im Schwäb. auch: ‚Narrenrecht'.

Einen am Narrenseil führen: seinen Scherz mit ihm treiben, ihn mit leeren Worten hinhalten. Auf dem Holzschnitt zu Kap. 13 von Seb. Brants ‚Narrenschiff' hält Venus einen Gauch, einen Esel, einen Affen und drei Narren an Seilen. Sie sagt von sich:

An mynem seyl ich draffter (hin
            und her) yeig (jage)
Vil narren, affen, esel, geüch,
Die ich verfuer, betrueg und leych
            (täusche).

Das Narrenseil ist das Seil, woran die Narren geführt werden; urspr. sind es die

‚Einen am Narrenseil führen'

Gestalten der verschiedenen Laster und Torheiten, auch der Teufel, die die Narrenwelt am Seile hinter sich herziehen. In der ‚Zimmerischen Chronik‘ (IV, 327) klagt ein betrogener Liebhaber:

Dieweil sie mich gefiert am
narrensail,
Wie ain affen an ainer ketten.

In den ‚Räubern‘ (II, 3) kreuzt Schiller die Rda. mit der ähnl. Wndg. ‚einen an der Nase herumführen‘, indem er Spiegelberg die Worte in den Mund legt: „Wir führen sie (die Polizei) erbärmlich am Narrenseil herum". In den gleichen Zusammenhang gehört wohl die aus Zwickau bezeugte Rda.: ‚Heute hab'ch emal en Narren loofen lassen‘, ich habe mir etw. Besonderes zugute getan.

Er ist ein Narr auf eigne Hand; die Wndg. beruht auf Goethes Gedicht ‚Den Originalen‘, worin es am Schluß heißt: „Ich bin ein Narr auf eigne Hand".

Narren um Christi willen sein: asketisch lebende Menschen, die zur Besiegung ihrer Eitelkeit den Verlust ihres Verstandes vortäuschen, um sich der Vereinsamung und auch Mißhandlungen aussetzen zu können. Von der Kirche wurde diese heilige Narrheit anerkannt; urspr. ist dies eine rein morgenländische Erscheinung gewesen. In Rußland gelangte die heilige Narrheit im 16. Jh. zu höchster Blüte. Der Ausdr. *Narr in Christo* entstammt dem Titel des 1910 erschienenen Romans von Gerhart Hauptmann (1862–1946) ‚Der Narr in Christo Emanuel Quint‘; zugrunde liegt 1. Kor. 4, 10: „Wir sind Narren um Christi willen".

Da könnte man doch närrisch werden: da könnte man sich aufregen, verrückt bzw. zornig werden. ‚Närrisch sein‘ wurde in früheren Jhh. auch für jede Form von (Geistes-)Krankheit gebraucht, aber auch für Bösartigkeit; schwäb. ‚narret werden‘ meint: in Zorn geraten.

Lit.: *Flögel:* Gesch. der Hofnarren (1784); *Nick:* Die Hof- und Volksnarren (Stuttgart 1861); *Ebeling:* Zur Gesch. des Hofnarren F. Taubenborn (Leipzig 1883); *ders.:* Die Kahlenberger; zur Gesch. der Hofnarren (Berlin 1893); *Oswald:* Stultorum infinitus est numeros, in: American Notes and Queries 8, 1 (1892), S. 132; *O. Mönkemöller:* Narren und Toren in Satire. Sprw. und Humor, 2. Aufl. (Halle 1912); *M. Held:* Das Narrenthema in der Satire am Vorabend und in der Frühzeit der Reformation (Diss. Marburg 1945); *H. Hanckel:* Narrendarstellungen im Spät-MA. (Diss.

Freiburg 1952); *R. Gruenther:* Die ‚Narrheit‘ in Sebastian Brants ‚Narrenschiff‘, in: Neophilologus 43 (1959), S. 207 ff.; *P. Hauptmann:* Art. ‚Narren um Christi willen‘, in: RGG. IV (³1960), Sp. 1308; *W. Kayser:* Das Groteske in Kunst und Dichtung (Hamburg 1960); *B. Könneker:* Wesen und Wandlung der Narrenidee im Zeitalter des Humanismus. Brant – Murner – Erasmus (Wiesbaden 1966); *O. F. Best:* Über die Dummheit der Menschen (München 1979); Narrenfreiheit. Beiträge zur Fastnachtsforschung (Tübingen 1980); *S. Poley* (Hg.): Unter der Maske des Narren (Stuttgart 1981); *W. Mezger:* Hofnarren im Mittelalter (Konstanz 1981); *ders.:* Narrenidee und Fastnachtsbrauch. Studien zum Fortleben des Mittelalters in der europäischen Festkultur (= Konstanzer Bibliothek 15) (Konstanz 1991).

Nase. *Eine gute (feine) Nase für etw. haben:* etw. richtig ahnen. Die Rda. geht auf den feinen Geruchssinn eines Menschen, wahrscheinlicher aber auf den des Jagdhundes zurück, auf den sich urspr. auch das Adj. *naseweis,* eigentl. ‚mit der Nase die Spur weisend‘, bezieht, so schon bei Konrad von Würzburg: „tugende spürt er, sam daz wilt eine wîser bracke". Was beim Spürhund ein Lob war, wird beim Menschen zum Tadel (ähnl. früher auch ‚naseklug‘, z. B. im 16. Jh. bei C. Faber: „hie müssen wir auch der naseklugen nicht vergessen, die das pferdt im hindern zäumen"). Ndd. ‚ene dünne Näs hebben‘, spitzfindig sein; schweiz. ‚e gschide Nasa ha‘, etw. gleich merken, einen feinen Spürsinn haben; Rückert schreibt: „Doch daß auch Männer mit hochfeiner Nase sich täuschen lassen vom falschen Schein, das weiß ich"; vgl. frz. ‚avoir du flair‘ (wörtl.: einen feinen Geruchssinn haben) oder ‚avoir du nez‘.

Seine Nase im Wind haben: progressiv sein, einen ‚Riecher‘ für das Aktuelle besitzen.

Die Nase voll davon haben: nichts mehr davon wissen wollen (in ähnl. Sinn: ‚verschnupft sein‘); scherzhaft auch halbfrz.: *die Nase plein (pleng, pläng) haben.* In korrektem Frz. heißt die Rda.: ‚en avoir plein le dos‘ (wörtl.: den Rücken voll haben). Medizinisch gesehen ist die Ursache des Gefühls einer verstopften Nase das Aufschwellen der Nasenmuscheln in psych. Streßsituationen. Der Widerstand beim Atmen ist größer, es fällt schwerer. *Das fuhr ihm in die Nase:* es prägte sich ihm unangenehm ein, es gab ihm zu denken.

‚Ich hab' d'Nas voll'

Jem. in der Nase haben: eine Person nicht leiden können. Obersächs. ‚einem die Nase wischen', ihn tadeln; ndd. ‚wat op de Näs kreegen'. Allg. *eine Nase kriegen (bekommen):* einen Verweis erhalten; bair. ‚e Nase fangen'. Zur Erklärung wird darauf hingewiesen, daß dem, der einen Verweis bekam, ehemals eine Nase aus bunter Pappe aufgesetzt wurde. Man erinnert auch daran, daß, während sich beim Lachen das Gesicht verbreitert, es sich bei unangenehmen Empfindungen verlängert; vor allem scheint die Nase dann länger zu werden. Ebenso könnte man erklären: *mit einer langen Nase abziehen, die Nase hängen lassen.* Als der böhmische Winterkönig Friedrich V. in der Schlacht am Weißen Berge 1620 von Tilly, dem Feldherrn der Kath. Liga, besiegt worden war und Böhmen den Rücken kehren mußte, sangen die Katholiken (R. Wolkan, Deutsche Lieder auf den Winterkönig, S. 268):

Die Flucht den Böhmen allen,
Darzu der Prager Städt
Mit nichten wollt gefallen,
Daß ihre Majestät
Allein sie wollt verlassen
In Unglück und Elend,
Bekamen lange Nasen,
Doch war der Jagd kein End.

Genauso heißt es in Grimmelshausens ‚Simplicissimus' (II,191) von einem Zöllner, der auf eine naseweise Bemerkung gehörig abgetrumpft wird und einen tüchtigen Verweis bekommt: „Davon kriegte der Zöllner eine lange Nase". Eine moderne übertreibende Verstärkung ist: ‚mit (kilo-)meterlanger Nase abziehen'; schlesw. ‚he lett de Nes hangen',

er schämt sich, ist traurig; ‚he süht bi de Nese da', er blickt beschämt, traurig, befangen drein; rhein. ‚de kickt sich langs de Nas af'; schlesw. ‚wer sin Nas afsnitt der schändt sin Gesicht'; els. ‚wemer sich d'Nas üs'm Gesicht schnid't, het mer keni meh'; rhein. ‚wer sing Nas afbitt, der verschängelert sin eige Angesech' (vgl. engl. ‚don't cut your nose off to spite your face'; frz. ‚c'est couper le nez pour faire dépit à son visage' (veraltet); heute eher: ‚partir la queue basse' (wörtl.: mit eingezogenem Schwanz abziehen).

Sich selber die Nase abschneiden: seinen eigenen Verwandten oder Landsleuten etw. Schlechtes nachsagen. Das Nasenabschneiden war aber auch eine Rechtsstrafe für ein Vergehen (s. Grimm, Rechtsaltertümer II,296).

Daß du die Nase im Gesicht behältst! So ruft man ndd. einem zu, der vor Überraschung oder ähnlichem außer Fassung zu geraten droht. In der Form ‚Daß du die Nas' ins Gesicht behältst' ist diese Rda. die Lieblingswendung des Inspektors Bräsig in Fritz Reuters (1810–47) ‚Stromtid'; nach Gaedertz (Aus Fritz Reuters jungen und alten Tagen II,77) eine Lieblingswndg. des Pastors Joh. Gottfried Dittrich Augustin in Rittermannshagen.

Die Nase hoch tragen: ‚hochnäsig', hochmütig sein; vgl. engl. ‚to turn up one's nose at a person'; ndl. ‚voor iemand of iets zijn neus optrekken, ophalen'.

Über jem. die Nase rümpfen: jem. nicht (mehr) mögen, ‚nicht (mehr) riechen können'.

Sich eine goldene Nase (dabei) verdienen (verschaffen): ein lukratives Geschäft machen, sehr reich werden, unerwartet hohen Profit erzielen.

Immer der Nase nach gehen: geradeaus gehen; rheinhess. erweitert: ‚Immer der Nas' nach, geht der Arsch net irr' (vgl. engl. ‚to follow one's nose'; ndl. ‚hij volgt zijn neus').

Einen an der Nase herumführen: ihn nach eigenem Vergnügen lenken, seinen Scherz mit ihm treiben, ihm absichtlich falsche Hoffnungen machen; verkürzt *ihn nasführen.* Das Bild dieser sehr alten Rda. kommt von den Tierbändigern, die ihren Opfern Ringe durch die Nase ziehen, um sie so ganz in ihrer Gewalt zu haben. So

‚Einen nasführen' – ‚Wenn zwei sich streiten, freut sich der dritte'

‚Jemanden an der Nase herumführen'

hat sich auch Luther den Ursprung der Redensart erklärt (‚Tischreden', 1568, Bl. 414b).

Auf P. Bruegels Rdaa.-Bild führen zwei Spieler einander an der Nase herum, während der Narr sie inzwischen betrügt. In Goethes ‚Faust' ist die Rda. mehrfach verwendet. Vgl. frz. ‚mener quelqu'un par le bout du nez'.

Einem eine Nase drehen: ihn zum besten halten, ihn verspotten. Die Rda. bezieht sich auf die Gebärde der ‚langen Nase' mit ausgespreizten Fingern. Vielleicht ist die Rda. auch eine Verkürzung der älteren Rda. *eine wächserne Nase drehen.* In Seb. Brants ‚Narrenschiff' (71,11) ist bezeugt, daß die Narren eine lange Nase aus Wachs trugen. Die Gebärde der langen Nase ist eine einfache Art der Verspottung; sie ist verhältnismäßig spät, offenbar erst in der Renaissance, in Westeuropa entstanden. Am frühesten begegnet sie im 18. Kapitel des I. Buches von Rabelais' ‚Pantagruel' anläßlich des Gebärdenwettstreites von Panurg mit dem Engländer Thaumastos. Noch etw. früher liegt nur der bildl. Beleg auf einem Fastnachtsbild Pieter Bruegels von 1560. Wir kennen den Gebrauch der langen Nase dann bes. aus verschiedenen Darstellungen des Verlorenen Sohnes. Bei diesen Bildern gehört sie offenbar geradezu zum Darstellungstypus. Der Verlorene Sohn wird schließlich sogar von dem Narren verspottet, der bis dahin sein Begleiter gewesen war. Die lit. Belege reichen bis ins 19. Jh.; Gottfried Keller (‚Romeo und Julia auf dem Dorfe'): „und so, statt mit ihrem Manne zu leiden, drehte sie ihm eine Nase"; Conrad Ferd. Meyer: „Ich will euch noch von jenseits des Grabes eine Nase drehen". Man denke auch an Goethes Gedicht ‚Lilis Park', wo es heißt:

1–4 ‚Einem eine lange Nase machen‘

Ein jedes aufgestutzte Bäumchen höhnt
Mich an … Der Buchsbaum zieht mir eine Nase.

Der erst seit dem 18. Jh. sehr häufig auftretende Gebrauch der Gebärde kann darauf beruhen, daß sie nun als Parodie des militärischen Grußes aufgefaßt wurde, vergleichbar mit dem Narrhalla-Gruß der rhein. Fastnachtsnarren. Bis zur Ggwt. hat sich die lange Nase vor allem in der Kinderwelt erhalten, und zu erinnern ist, welchen Gebrauch in diesem Zusammenhang Wilhelm Busch oder auch der ‚Struwwelpeter‘ von der langen Nase machen. Vgl. frz. ‚faire un pied-de-nez à quelqu'un‘.

Einem etw. auf die Nase binden: es ihm weismachen; oder auch: jem. auf eine neugierige Frage hin scharf abweisen; oft in der negierten Form: *Jem. etw. nicht (gerade) auf die Nase binden:* es ihn nicht wissen lassen.

Einem etw. unter die Nase reiben: es ihm deutlich zu verstehen geben, es ihm derb vorhalten, so daß er ‚daran riechen‘ kann; schon um 1500 bei dem Prediger Geiler von Kaysersberg; vgl. frz. ‚mettre à quelqu'un quelque chose sous le nez‘.

Vor der Nase: ganz dicht vor einem, z. B. ‚einem etw. vor der Nase wegschnappen‘; vgl. frz. ‚sous le nez‘. *Sich etw. an der Nase vorbeigehen lassen:* etw. versäumen, verpassen; vgl. frz. ‚passer sous le nez de quelqu'un‘.

Pro Mann und Nase: pro Person, für jeden

einzelnen; die Wndg. ist eine Erweiterung von ‚pro Mann‘.

Seine Nase in alles (oder *in jeden Dreck, Quark) stecken:* sich unbefugter- oder neugierigerweise um alles bekümmern; 1541 begegnet bei Seb. Franck die ähnl. Rda.: „Sy stoßt jr mul in alle ding"; in Goethes ‚Faust‘ heißt es (I,V. 292): „In jeden Quark begräbt er seine Nase". Vgl. frz. ‚fourrer son nez partout‘.

Die Nase ins Buch stecken: fleißig lernen (weil beim Lesen die Nase dem Text am nächsten ist).

Man sieht's ihm an der Nase an sagt man oft, um ein Urteil über jem. gleichsam aus seinen Gesichtszügen zu begründen; scherzhaft auch übertreibend: *Das sieht man ihm an der Nasenspitze an.* Luther: „daß man ihnen an der Nasen habe angesehen, was sie je und je getan haben". Götz von Berlichingen erzählt in seiner Lebensbeschreibung vom Kaiser Maximilian, er sei sehr bescheiden gekleidet gewesen, „ich aber als ein junger erkant Ihn bey der Nasen, daß Er's war" (Kaiser Maximilian war allerdings leicht an der langen gebogenen Habsburger-Nase zu erkennen). Bei manchen Krankheiten läßt sich ja tatsächlich aus der Färbung der Nasenspitze auf bestimmte körperliche Gegebenheiten schließen: der Trinker hat eine rötliche oder rote Nase; der Ohnmächtige hat eine weiße Nasenspitze; vgl. frz. ‚Cela se voit sur le bout de son nez‘.

So sagen auch Eltern zu ihren Kindern: ‚Ich sehe dir an der Nase an, daß du lügst‘. Um es den Kindern glaubhaft zu machen, wird meistens noch der Zusatz angehängt: ‚denn sie wackelt‘; zuweilen befühlt man sie auch; ist sie kalt, so hat das Kind die Wahrheit gesagt, ist sie warm, so hat es gelogen.

Er sieht nicht weiter, als seine Nase reicht. Die Nase als Längenmaß bez. sprw. eine winzige Entfernung; noch heute heißt es beim Wettrennen der Pferde: ‚um eine Nasenlänge gesiegt haben‘, ‚um eine Nasenlänge voraus sein‘; daher auch: ‚alle Nas(en) lang‘, jeden Augenblick. Von einem Menschen mit beschränktem Gesichtskreis sagt Seb. Brant im ‚Narrenschiff‘ (70, 11 ff.):

Nit witer gedenkt er vff alle stundt
Dann von der nasen biß jnn mundt.

Ebenso frz. ‚Il ne voit pas plus loin que le bout de son nez‘; schweiz. ‚für d'Nas use g'seh‘, etw. weiter blicken, als die Nase reicht, nicht nur auf das Nächstliegende schauen und sorgen.

Du bist wohl auf der Nase gegangen? fragt man im Scherz einen, der sich durch einen Stoß oder Fall die Nase geschunden hat.

Einem auf der Nase herumspielen: ihn geringschätzig behandeln, sich alles mit ihm erlauben, ihn zum besten haben. Man sagt sogar: *einem auf der Nase herumtrommeln,* häufiger noch: *einem auf der Nase herumtanzen;* z. B. 1639 bei Lehmann, S. 393 (‚Heucheley‘ 27): „Das Fräwlein Adulatio (Schmeichelei) trumpelt Kaiser, Churfürsten, Grafen vnd Obrigkeiten auffm Maul". Schweiz. ‚sich nüd uf d'Nas schisse la‘, sich nicht alles gefallen lassen.

Sich die Nase begießen (oder *die Nase zu tief ins Glas stecken)* ist eine jüngere Rda. für: sich betrinken. Ringwald (1603): „... dem Saufen war er bitter feind, hielt keinen Mann für seinen Freund, der liederlich die Nasz begosz". Vgl. frz. ‚se piquer le nez‘: saufen und ‚avoir un verre dans le nez‘: betrunken sein, ↗ trinken.

Auf der Nase liegen: krank sein.

Die Nase kriegt Junge: es bilden sich auf der Nase Warzen und Auswüchse (um 1900 rhein.).

Sich eine unter die Nase stecken: sich eine Zigarre anzünden. *Verliebte Nasenlöcher machen:* jem. verliebt ansehen. *Mund und Nase aufreißen (aufsperren):* einen erstaunt anblicken. Manche Leute staunen offenen Mundes. Daß auch die Nase aufgesperrt wird, ist nur eine starke Übertreibung.

Sie haben Nas' auf Mund gelegen: sie haben Geschlechtsverkehr gehabt; rheinhess.

Unter der Nase gut zu Fuß sein: redegewandt, schlagfertig sein (20. Jh.); ‚schnell unter der Nase sein‘, viel reden; aber auch: schnell essen.

Sich einen Knopf in die Nase machen (hess.): sich etw. merken; groteske Weiterbildung vom Knopf im Taschentuch.

Von jem., der eine große, dicke oder auch lange Nase hat, sagt man scherzhaft: *Du hast dreimal hier gerufen, als die Nasen* (auch *Gurken) ausgeteilt wurden;* oder els.

‚Ihr seid tapfer gelaufen... de hat d'Scheid bekummen, wu d'r Hergott d'Nasen drin g'ha hett'.

Seine Nase gefällt mir nicht: er ist mir unsympathisch; er mißfällt mir aus mehr oder minder unerklärlichen Gründen; vgl. frz. ‚avoir quelqu'un dans le nez': unsympathisch finden, ↗schleifen.

Sich an (bei) der (eigenen) Nase fassen (nehmen, zupfen): Selbsterkenntnis üben, sich Selbstvorwürfe machen, sich seine Schuld eingestehen. Dem Tadler ruft man zu: ‚Zupf dich an deiner eigenen Nase!' Auch in den Mdaa. häufig belegt und verschieden variiert, z. B. ‚Hei sollte sik sulwest bei der Nasen kreigen, denn hedde he beede Hännen vull'; meckl. ‚jeder fat an sin Näs, dann find't hei Fleisch'; ostpr. ‚fatt dich do an die Näs, af dei nich natt ös!' Schon im 16. Jh. in der ‚Zimmerischen Chronik' (III,469) wird zu einer, die sich über andere Frauen aufhält, gesagt: „Ach fraw, zichet euch selbert bei der nase". Ähnl. dann bei Abraham a Sancta Clara sowohl in ‚Judas der Erzschelm' wie in ‚Etwas für Alle': „Nimm dich selbst bey der Nasen!" Die Rda. geht vermutl. auf eine alte Rechtsgebärde zurück. So war es normannische Rechtsgewohnheit, daß beim Widerruf von Schmähungen und Beleidigungen der Verurteilte sich selbst am Nasenzipfel zu fassen hatte: „convictus debet taliter emendare, quod nasum suum digitis per summitatem tenebit et sic dicet: ex eo, quod vocavi a te latronem, etc. mentitus fui". Wenn hier der Urspr. der Vorstellung liegt, so scheint sie doch erst viel später in der Sphäre der typisierenden Verfestigung im bildl. Gebrauch und gar zur Verbildlichung aufgestiegen zu sein. Wahrscheinl. waren es satirische Bilderbogen der Barockzeit, die das Motiv allg. geläufig machten. Seit dem letzten Drittel des 17. Jh. findet sich in der populären Graphik, in der volkstümlichen Plastik und in der Volkskunst (z. B. auf Hinterglasbildern) das Bildthema ‚Vogel Selbsterkenntnis'. Er wird als storchenartiger Vogel mit einem menschlichen Antlitz auf der Brust dargestellt, dem der Vogelschnabel in die Nase zwickt. Vgl. die sinnverwandte Wndg. vom ‚Splitter im fremden Auge', ↗Balken. Nicht selten geben die barocken Darstellungen mit

‚Vogel Selbsterkenntnis' (‚Sich an der eigenen Nase fassen')

beigegebenen Sprüchen auch Belege für die Rda., z. B.:

Wer selber weder Storch noch Strauß
Vil närrischer sieht als andre auß,
Doch jedermann weiß außzulachen
Die kleine Fehler groß zu machen
Der jedem kann die mängel sagen
Und allen Leuthen Blech anschlagen,
Der mag nur seine Federn rupfen
Und selbst sich bey der Nasen zupfen.

oder:

Ziech sich ein yezts selbst bey der nasn
Waß dich nit Prendt Thue auch nicht
Plasn.

Andere nehmen Bezug auf die Inschrift des Apollotempels in Delphi „γνῶθι σεαυτόν", die in der lat. Übers. Ciceros „Nosce te ipsum" im Dt. wieder an Nase anklingt. Auch im Volkslied wirkt die Rda. bis zur Ggwt. weiter, etwa in dem ndd. Kanon:

Dat best is ümmer
Sät Jochen Brümmer
Sich an sin eegen Naat tau faten
Un annere Lüt in Rauh tau laaten.

Zu den Rdaa. von der Nase gehört auch ein Zweizeiler, der in ganz Dtl., Oesterr. und der Schweiz, auch in Holland bekannt ist und der offenbar als eine Art negativer Schönheitsregel gilt:

Lange Nas' und spitzes Kinn,
Da sitzt der Satan leibhaft drin.

Vgl. schweiz.:

Spitznas übli Bas,
Spitzes Chinn böse Sinn.

Ndl.:

Een spitsche neus en spitsche kin:
Daar zit sinjeur de duivel d'rin.

Der früheste bekannte Beleg stammt vom Jahre 1565 aus Wien. Er bezieht sich auf ein Turnier am Hofe, zu dem die Ritter vermummt erschienen. Die Maskierungen wurden durch Reime gekennzeichnet. Von einigen Masken heißt es:

Spitzig Nasen, helle Stimmen,
Wohnt der Teufel darinnen.

Ebenso zeigen die Hexen- und Teufelsmasken der südd. Fastnacht allenthalben das spitze Kinn und die lange, gebogene Nase.

Die Nase steht des öfteren als pars pro toto für den Menschen, besonders für den Mann. So verliert z. B. in der Novelle ‚Die Nase‘ (1835) von Nikolaj Gogol (1809–52) – komponiert 1927 als Oper von Dimitri D. Schostakowitsch – der Held der Erzählung seine Nase als Zeichen für den Verlust seiner Individualität. Weiterhin meint man umschreibend mit ‚Nase des Mannes‘ den Penis: ‚Wie die Nase des Mannes, so auch sein Johannes‘. Umg. ungebräuchl. ist der poetische Ausdr. ‚die Klugheit stieß sich die Nase breit‘ i. S. v. die Klugheit hat jem. auf den falschen Weg geführt, ihm eine falsche Spur gewiesen. So z. B. bei P. Rosenwall in seinen ‚Malerische(n) Ansichten und Bemerkungen auf einer Reise durch Holland ... und Württemberg‘ (Mainz 1818), 2. Teil, S. 102.

Eine Nasenlänge voraus sein: knapp der Erste sein im sportlichen, geschäftlichen oder gesellschaftlichen Wettbewerb.

Etw. um ein Nasenwasser kaufen: eine Sache für einen geringen Betrag erwerben; schwäb. ‚Des is dem ein Nasewasser‘: diese Arbeit zählt für jem. nichts, hat keinen Wert.

Lit.: *J. Grimm:* Rechtsaltertümer I, S. 198; *W. Fraenger:* Dt. Vorlagen zu russ. Volksbilderbogen des 18. Jh., in: Jb. f. hist. Vkde., 2 (1926), S. 127 ff.; *O. Fenichel:* Die ‚lange Nase‘, in: Imago, Zs. f. Anwendung der Psychoanalyse auf die Natur- und Geisteswissenschaften, 14 (1928), S. 502 ff.; *M. H.:* Die Nase in volkstümlichen Rdaa., in: Muttersprache 57 (1942), S. 110–111; *L. Schmidt:* Der Vogel Selbsterkenntnis. Zwischen Volkskunst und Rda., in: Oesterr. Zs. f. Vkde., Kongreßheft 1952, S. 134–144; ders.: Spitze Nase, spitzes Kinn, in: Oesterr. Zs. f. Vkde. Nr. 8, Bd. VI (1952), S. 59 ff.; *L. Kretzenbacher:* Ein steirischer Beleg zum Vogel Selbsterkenntnis, in: Oesterr. Zs. f. Vkde. 7 (1953), S. 51–52; *A. Taylor:* The Shanghai Gesture, FFC. 166 (Helsinki 1956); *L. Röhrich:* Gebärdensprache und Sprachgebärde, S. 121 ff.; *L. Röhrich* u. *G. Meinel:* Rdaa. aus dem Bereich der Jagd u. der Vogelstellerei, S. 317; *W. Escher:* Wie deutet man das Jukken der Nase, in: Atlas der schweiz. Vkde. II (Basel 1971), S. 583–590; *W. Baronowsky:* Ich hab' die Neese pleng, in: Sprachdienst 18 (1974), S. 75.

naß. Naß bedeutete im Frühnhd.: liederlich, ohne Geld; ‚nasse Knaben‘, ‚nasse Brüder‘ waren Trunkenbolde. Murner überschreibt das 23. Kapitel der ‚Schelmenzunft‘ mit dem Titel ‚Der nasse Knabe‘ und setzt über das Bild die Worte:

Das sindt mir freilich nasse Knaben,
Die den schalk beschlossen haben ...
Das sindt mir freilich nasse Knaben,
die fill verzeren und wenig haben.

Hans Sachs läßt einmal den Katzenkrämer allerhand Katzen feilbieten:

Das erst das ist ein Schmeichelkatz ...
Das ander ist ein nasse Katz,
Das sie bered und überschwatz
Die Leut mit hinderlistig worten
Und hintergeh an allen orten
Mit lug und arglist alles weis.

Jörg Wickram sagt in seinem ‚Rollwagenbüchlein‘ (32): „Er war ein unnützer nasser Vogel, als man dann solchen gesellen pflegt zu heissen oder nennen, welcher zu vielmalen umb kleine diebstal in der gefenknuß gelegen war, doch sich alle mal außgeredet hatte, das er allweg darvon kam".

In den Mdaa. haben sich ähnl. Wndgn. noch erhalten: *sein Geld naß machen:* es vertrinken; schlesw.-holst. ‚'n Groschen natt maken‘, oder ‚he hett natt fodert‘; rhein. ‚de hat nasse Föt‘, er ist betrunken. Naß i. S. v. ‚schlecht‘ kommt auch in folgenden mdal. Rdaa. vor: rhein. ‚far ne nasse Dag sorge‘, etw. sparen für schlechte Zeiten; ‚sech naß mäken‘, bei einem Unternehmen umfallen; schweiz. ‚zum Nasse regne‘, übel ausschlagen; els. ‚nassa als naß kann mer nit were‘, schlechter kann es nicht mehr kommen; schwäb. ‚da geht's dir naß in d'Hose‘, dabei kommst du schlecht weg; schlesw.-holst. ‚er steit da as'n natten Sack‘, er weiß sich nicht zu helfen.

Jem. naß machen: Rda. aus dem Sportler-

jargon; sie bedeutet entweder: den Gegner hoch besiegen oder: ihn häufig ausspielen und dadurch blamieren; bes. im Fußball beliebter Zuruf: ,Mach' ihn naß'.
Noch naß hinter den Ohren sein: noch zu unreif zum Mitsprechen sein (↗ Ohr).

Nassauer, nassauern. *Ein Nassauer sein* oder *nassauern:* schmarotzen, insbes.: auf Kosten eines andern im Wirtshaus essen und trinken. Die Erklärung dieser Rda. ist mit mancherlei ätiologischen Sagen versucht worden: Für die in Göttingen studierenden Nassauer bestanden zwölf Staatsstipendien. Erschien einer der Inhaber nicht am Freitisch, so ,nassauerte' ein nicht Berechtigter. Nach einer anderen (mündl. in Wiesbaden aufgezeichneten) Variante gewährte der Landgraf von Hessen allen Studenten Gastfreiheit. Es genügte, am Portal des Schlosses die Herkunftsbez. ,Nassauer' zu nennen, um eingelassen zu werden. Da dieses Recht oft mißbraucht wurde, hat sich nassauern zu der Bdtg., ,bei andern schmarotzen' entwickelt. Alle diese Geschichten sind aber wohl erst nachträglich erfunden worden. Die Anlehnung an den Ortsnamen Nassau ist vermutl. ein Namensscherz wie ,Freiberger' für einen, der gern umsonst mitgeht, ,freibergert'; ,aus Nehmersdorf oder Nimwegen, vom Stamme Nimm ist', gern etw. umsonst nimmt. Berl. bedeutet ,per naß' oder ,für naß' umsonst. Der älteste Beleg dieses Namensscherzes findet sich bei Joh. Fischart (,Aller Praktik Großmutter'): „Spielt die Sonne der blinden Mäuß unter den Wolken, so zieht sie mit dem von Nassau ins Feld", d.h. es wird bald Regen geben.
Heute nimmt man an, daß der Ausdr. ,nassauern' von dem rotw. Verb ,nassenen' abgeleitet wurde; auch ,naß sein' wurde in dieser Bdtg. gebraucht: ↗ naß. „Schwierig ist es, die Frage zu beantworten, wie ,naß' zu dieser Verwendung gekommen sein mag. Daß es nicht aus Nassauer verstümmelt worden ist, liegt auf der Hand" (Weise, S. 275); vgl. engl. ,Free-loader'.

Lit.: *O. Weise:* Nassauern, in: Zs. f. dt. Wortf. 1 (1901), S. 273–275; *A. Richter:* Dt. Rdaa. (Leipzig ⁴1921), S. 154; *Richter-Weise,* Nr. 140, S. 154; *Schoppe* in: Mitt. d. Schles. Ges. f. Vkde., 29 (1928), S. 301; *E. Schröder* in: Hess. Bl. f. Vkde., 36 (1938), S. 167f.; *L. Pound:* Free-loader, in: American Speech 29 (1954), S. 229–300; *S. A. Wolf:* Nassauer und Usinger, verkannte „Landsleute", in: Muttersprache (1955), S. 339–340; *H. Plecher:* Nassauern, in: Geroldsecker Land (Sonderh. 1970/71), S. 148–149; *H. J. Schoeps:* Ungeflügelte Worte (Berlin 1971), S. 170.

Natur. *Das ist ihm zur zweiten Natur geworden:* er hat sich daran gewöhnt; es ist ihm zur Selbstverständlichkeit geworden. Die Rda. geht zurück auf ein Zitat aus Ciceros ,De finibus' (V, 25,74): „dicunt consuetudine quasi alteram quandam naturam effici". Aber auch schon in der ,Rhetorik' des Aristoteles (I,11) heißt es: „Die Gewohnheit wird gleichsam zur Natur" (andere Stellen bei Otto, Sprww. der Römer, S. 90f.). Entspr. auch in anderen europ. Sprachen, z. B. engl. ,it has become second nature to him'; ndl. ,dat is hem een tweede natuur'; frz. ,C'est devenu sa seconde nature'. Vgl. auch Pascal (,Pensées'): „L'habitude est une seconde nature".
Natur wird in vielen Wndgn. im Sinne von Konstitution, Gesamtorganismus, Körperkraft gebraucht, z. B. *es geht einem gegen die Natur:* es widerstrebt einem; vgl. frz. ,Cela va contre sa nature'; auch in den Mdaa., z. B. schwäb. ,die Natur ist zu kurz', die physische Kraft reicht nicht aus, man ist zu klein; schlesw.-holst. ,de Mann het en goode Natur', er ist gutmütig, gutartig; hess. ,e gut Natur (e Gaulsnatur) habe', sehr kräftig und widerstandsfähig sein.
Von der Natur stiefmütterlich bedacht sein: wenig Gesundheit, Kraft, Schönheit oder Verstand besitzen; vgl. frz. ,ne pas être gâté par la nature' (wörtl.: von der Natur nicht verwöhnt sein).
Natur kneipen gehen: spazierengehen, ohne einzukehren; ist eine jüngere umg. Rda. (↗ Luft).
Der berühmte Imperativ ,Zurück zur Natur!' (,Retour à la nature!') wird allgemein mit J. J. Rousseau (1712–78) in Verbindung gebracht, obwohl er sich in diesem Wortlaut in keiner seiner Schriften finden läßt. Das berühmte, vermeintliche ,Zitat' hat bis zur Gegenwart sprichwortbildend weitergewirkt, etwa in Versionen wie: ,Alle wollen zurück zur Natur, nur nicht (aber keiner / nur keiner) zu Fuß'. Verschiedene Persönlichkeiten werden als Urheber dieses modernen Sprw.s nachge-

wiesen, u. a. Petra Kelly, Bundestagsabge-
ordnete der Grünen, aber vor ihr schon
andere. Weitere Parodien des Spruches
sind: ‚Alle wollen zurück zur Natur. Aber
keiner zum Zahnarzt‘; in der Form des
Wellerismus: ‚Zurück zur Natur, sagte der
Fisch, schnallte die Flossen ab und ging
wieder zu Fuß‘ oder als Graffiti-Spruch:
‚Zurück zur Natur, solange sie noch da
ist‘.

Lit.: *C. B. Herrligkoffer:* Discussion of Hippocrates'
aphorism: ‚Natura sanat, medicus curat‘, in: Münch-
ner Medizinische Wochenschrift 82 (1935),
S. 1693–1697; *W. Mieder:* ‚Zurück zur Natur‘. Zum
Weiterleben eines angeblichen Rousseau-Zitats, in:
Der Sprachdienst 33 (1989), 146–150.

‚Nebel heilen‘

Neapel. *Neapel sehen und sterben:* sagt
man, wenn man etw. Schönes erblickt hat,
in heller Begeisterung. Doch ist diese
Übers. aus dem ital. Sprw.: ‚Vedi Napoli e
poi muori‘ nicht ganz korrekt. Im Ital. ist
dieses Sprw. ein Wortspiel mit dem Ortsnamen ‚Muori‘, einem kleinen Ort bei
Neapel, den man erst nach Neapel sehen
kann, und der Verbform ‚muori‘, sterben.
Doch wird die klimatisch günstig gele-
gene Stadt Neapel als ein besonderer Ort
empfunden: während der Italiener ein auf
die Erde gefallenes Stück Himmel darin
sieht, wurde es in Dtl. und Frankr. noch
bis ins 19. Jh. als Sitz der Zauberei und
Nekromantie betrachtet.

Nebel. *Das fällt aus wegen Nebel(s):* das
findet nicht statt; urspr. vielleicht auf eine
Dampferfahrt, auf ein Feuerwerk und
sonstige Veranstaltungen bezogen, die infolge Nebels undurchführbar waren.
Heute ist ‚wegen Nebel(s)‘: ein undurchsichtiger Grund; vgl. frz. ‚à cause des
mouches‘ (scherzh.: wegen der Fliegen:
aus einem Grund, den man verheimlichen
will.

Mit der Stange im Nebel herumfahren: unsicher herumraten; bes. im Schwäb. gebräuchl.

Einen kleinen Nebel haben, benebelt sein:
nicht klar im Kopf sein, keinen klaren Gedanken fassen können; meist auf Alkoholgenuß zurückzuführen.

Den Nebel heilen, kastrieren: so heißt ein
Brauch der schweiz. Hirten auf der Alm.
Wenn dichter Nebel sie am Arbeiten hin-
dert, versuchen sie, den Nebel folgender-

maßen zu vertreiben: zwischen Tür und
Pfosten wird quer ein hartes Holzstück geklemmt und mit einer Schnur umwickelt.
Durch das Hin- und Herziehen der
Schnur dreht sich das Holzstück und gerät
an beiden Enden durch die entstehende
Reibung an Pfosten und Tür in Brand.
Soll der Zauber wirken, so muß gerufen
werden: ‚Näbel, Näbel, ich heile di‘. Da
‚heilen‘ hier in der Bdtg. von ‚kastrieren‘
verwendet wird und der Nebel männlichen Geschlechts ist, flieht er schnell davon. Dieser Brauch, der in Graubünden
auch ↗ ‚Teufelheilen‘ genannt wird, ist
von einer primitiven Feuerbereitungs-
technik übernommen. Das durch Holzrei-
bung entstandene ‚Notfeuer‘ wurde in
Irland, Schottland und Dtl. als reines, heiliges Feuer aufgefaßt und zu kultischen
Zwecken, zur Dämonenvertreibung sowie
zur Bekämpfung von Viehkrankheiten
entfacht. (J. Grimm: Dt. Mythologie I
[²1844], S. 570ff.)

Lit.: *Zimmermann:* Art. ‚Nebel‘, in: HdA. VI,
Sp. 987–988, Abs. 3: Nebelheilen; *H. Freudenthal:*
Das Feuer im dt. Glauben und Brauch (Berlin / Leipzig 1931), Notfeuer, S. 189–216; *R. Weiss:* Nebelheilen, Teufelheilen: Notfeuerbereitung und Wetterzau-
ber als Hirtenbrauch, in: Schweiz. Arch. f. Vkde. 45
(1948), S. 225–267.

Neckermann. *Neckermann macht's möglich* ist ein Werbeslogan von sprichwörtl.
Prägung. Er wurde oft parodiert, so z. B.
auch in diesem Vierzeiler:

Wer einmal nur im Monat kann
und möchte gerne täglich,
der wende sich an Neckermann,
denn Neckermann macht's möglich.

Jem. hat sein Abitur (seinen Führerschein u.a.) bei Neckermann gemacht: jem. hat sich bei einer best. Prüfung nicht sehr anstrengen müssen, um ein gutes Ergebnis zu bekommen.

nehmen. *Woher nehmen und nicht stehlen?:* Äußerung, die jem. macht, der in äußerster Geldnot ist. In diesem Sinne auch bei Jeremias Gotthelf belegt in ‚Jakobs Wanderungen', S. 391: „‚Woher Geld nehmen und nicht stehlen?'"
Vom Stamme Nimm sein: sehr habgierig sein und nur nehmen, nie geben. 4. Mos. 13,9 ist vom Stamme Benjamin die Rede, wonach man vielleicht scherzhaft diese Wndg. gebildet hat.

Neid. *Das ist der blasse Neid! (der ihm da aus den Augen schaut)* sagt man von einem, der etw. neidisch betrachtet; darum auch: *blaß vor Neid sein, platzen vor Neid,* letzteres schon bei Horaz (Sat. II, 3,314) und Vergil (Ecl. 7,26). Ähnl. auch in Sprww.: ‚Wenn der Neid in den Spiegel schaut, muß er sich schämen'; ‚Der Neid ist eine Natter, ist eine Eule, die das Licht eines fremden Glückes nicht ertragen kann'. *Den wird der Neid noch selber auffressen; der Neid sieht ihm aus den Augen heraus* (ndl. ‚de nijd zieht hem oogen uit'); grotesk verstärkt: schwäb. ‚der Neid guckt ihm aus dem Arsch heraus'; ‚der Neid reitet ihn'. In allen diesen Sprww. und Rdaa. ist der Neid personifiziert gedacht. Daher kann man auch von dem ‚blassen Neid' reden; auch ‚gelb' ist die Farbe des Neides. Seb. Brant entwirft im ‚Narrenschiff' (53,10ff.). nach dem Muster von Ovids ‚Metamorphosen' (II,740ff.) folgendes Bild vom Neid; dabei denkt er ihn sich, trotz des grammatischen Geschlechts im Dt., als ein weibl. Wesen, beeinflußt durch die Vorstellung von lat. ‚invidia':
    Wann sie jr ettwas gantz setzt für
    So hat keyn ruw sy, tag noch nacht,
    Biß sie jr anschlag hat vollbracht
    So lieb is jr keyn schloff noch freyd,
    Das sie vergeß ir hertzen leyd
    Dar umb hat sie eyn bleichen mundt
    Dürr, mager, sie ist wie ein hundt
    Jr ougen rott, vnd sicht nyeman
    Mitt gantzen vollen ougen an.

Das muß ihm der Neid lassen; man muß ihm Anerkennung zollen, wenn es auch widerwillig geschieht; trotz aller möglichen Einschränkungen ist sein Geschick, seine Leistung beachtlich.
Den Neid der Götter fürchten: sich vor bösen Schicksalsschlägen fürchten; diese poet. Formel ist aus dem griech. Götterglauben entstanden, nach dem die Götter auch neidisch auf Menschen sein können (Hybris). Schiller verwendet die Rda. im ‚Ring des Polykrates' (1798): „Mir grauet vor der Götter Neide".
Ein Neidhammel sein: immerzu auf alle Leute neidisch sein. Das Wort ersch. in Texten des 16. Jh. als ‚neidhemel' und wird im 17. Jh. geläufig. Es wurde in Anlehnung an ‚Streithammel' gebildet. Die Farben des Neids sind vorwiegend Grün und Gelb; vielleicht haben die grüngelben Augen eines Hammels den Ausschlag für diese Wortbildung gegeben. Freidank schreibt:
    grünen gel und weitîn
    sol din nitvarwe sîn.
‚Neidhals' oder ‚Neidkragen' sind analoge Bildungen zu ‚Geizhals' oder ‚Geizkragen'.
Einen Neidnagel haben: einen Finger- oder Zehnagel haben, an dem ein kleines Stück an der Seite schmerzhaft abgespalten ist. Im Volksglauben gilt der Besitz eines Neidnagels als ein Hinweis auf eine neidische Person. In Anlehnung an ‚nieten' = schmerzen, drücken, heißt dieser Nagel auch ‚Nietnagel'.

Lit.: H. Schoeck: Der Neid. Eine Theorie der Gesellschaft (Freiburg – München 1966).

Nein. *Nur das Nein hören:* Nur die ablehnende Antwort, nicht aber die Gründe, die hierzu geführt haben, zur Kenntnis nehmen. Im 1. Akt, 3. Szene spricht Thoas zu Iphigenie (Goethe, 1787): „Man spricht vergebens viel, um zu versagen. Der andre hört vor allem nur das Nein". ‚Eure Rede sei ja, ja, nein, nein' ist ein Zitat aus Matth. 5,37. ↗ja.

Nerv, Nerven. *Nerven haben wie Drahtseile* (auch: *wie Dreierstricke, wie ein Batzenstrick, wie Kupferdrähte, wie breite Nudeln, wie Nylonseile):* starke Nerven haben, sich durch nichts aus der Ruhe bringen lassen, sich nicht aufregen; vgl. frz. ‚avoir des nerfs d'acier' (aus Stahl).

Knitterfreie Nerven (knitterfeste Nerven) haben: seelisch unerschütterlich sein (hergenommen aus der modernen Textiltechnik); ebenso *gußeiserne Nerven haben.*

Sonnige Nerven (einen sonnigen Nerv) haben: wunderliche Einfälle haben, beschränkt sein, wobei ‚sonniger Nerv' das sonst üblichere ‚sonnige Gemüt' umschreibt.

Jem. den letzten Nerv rauben (töten, kosten), jem. die Nerven klauen: jem. die Fassung rauben, jem. die Geduld verlieren lassen; die Rdaa. sind eine moderne Weiterbildung der Grundvorstellung *die Nerven verlieren;* vgl. frz. ‚mettre quelqu'un à bout de nerf', ähnl. ‚être à bout de nerfs': mit seiner Nervenkraft am Ende sein.

Das sägt meine Nerven an: das macht mich leicht nervös, raubt mir meine Fassung; vgl. frz. ‚Cela me tape sur les nerfs' (wörtl.: Das schlägt mir auf die Nerven).

Auf einem Nerv bohren: auf Empfindliches anspielen (wahrscheinl. aus der zahnärztlichen Praxis genommen).

Jem. die Nerven auf Zwirnsrollen drehen: ihn sehr nervös machen; die Nerven als ‚Geduldsfäden' werden wie Zwirn auf Rollen gedreht; vgl. ‚mettre à quelqu'un les nerfs en pelote'.

Jem. auf die Nerven gehen: jem. sehr ärgern, zur Last fallen; auf den ↗ Wecker gehen.

Du hast vielleicht Nerven!: Du stellst vielleicht sonderbare Forderungen!

Den Nerv haben: den Mut haben; sich etw. zutrauen, anmaßen.

Den richtigen Nerv haben: das richtige Verfahren wählen.

Sie hat 'ne Nerve: sie ist ein empfindsames Frauenzimmer; auch: ‚Dafür hab' ich ne Nerve', das kann ich nicht.

Keinen Nerv für etw. haben: keine Geduld dafür haben, an etw. Schwierigem, Mühsamem, Zeitraubendem uninteressiert sein.

Nerven behalten: Ruhe bewahren, sich nicht aus der Fassung bringen lassen, in einer schwierigen Situation überlegt handeln; vgl. frz. ‚Allons! du nerf!' (wörtl.: Wohlan, nur Nerven!), i. S. v.: Nur Mut! Nerven behalten!

Den nervus rerum treffen: die peinliche Geldfrage aufwerfen. Mit ‚nervus rerum' (lat. ‚der Nerv der Dinge') wird scherzhaft das Geld umschrieben. Nach Sextus Empiricus hat zuerst der griech. Philosoph Krantor (um 340–275 v. Chr.) das Geld ‚νεῦρα τῶν πραξέων' genannt. Die lat. Form wurde erstmals von Cicero (106–43 v. Chr.) angewandt.

Das Nervenfieber haben: volkstüml. für Typhus haben.

Nessel. *Wie auf Nesseln sitzen:* unruhig und ungeduldig sitzen. Mit ‚Nessel' ist meist die Brennessel gemeint, dann aber auch das Nesseltuch, das urspr. aus deren Fasern verfertigt wurde. Schon der Prediger Geiler von Kaysersberg (1445–1510) sagt von einer, die nicht gern spinnt, es sei ihr an der Kunkel, „als säße sie auf nasseln und ameisen"; doch sind hier mit ‚nasseln' wohl ‚Asseln' gemeint; 1698 ist dagegen belegt: „Sie säße wie auf Nässeln".

Sich (gehörig) in die Nesseln setzen: sich arg versehen, sich sehr schaden, sich Unannehmlichkeiten aussetzen. *In den Nesseln sitzen:* in arger Verlegenheit sein. Ähnl. auch in den Mdaa., z. B. hess. ‚du fällst aach noch emol ean die Neassln', du fällst auch noch einmal herein; schlesw.-holst. ‚he hett sik in'e Netteln sett mit'n barden Ors'; ‚he hett en Ei in'e Netteln leggt', er hat Mißerfolg gehabt, einen Fehler begangen; oder ‚kloke Höhner leggt ok in e Netteln', kluge Leute machen auch Fehler. Das Gegenteil drückt die Rda. aus: ‚he leggt sin Ei nit in e Netteln', er weiß für seinen Nutzen zu sorgen und dabei allen Unannehmlichkeiten aus dem Wege zu gehen; der fängt keine aussichtslose Sache an. Von einem ‚grünen Jungen' sagt man rhein.: ‚de näßt noch in de Nesseln'. Rheinhess. ‚sie hat auf eine Nessel geschissen', ‚sich in die Nesseln verkriechen', vor Scham versinken mögen, ähnl. ‚sich in ein Mauseloch verkriechen wollen'.

Nest. Das Nest des Vogels dient oft als sprachl. Bild menschlichen Wohnens, z. B. ‚jeder Vogel hat sein Nest'. Diese Wndg. hat außerdem sexuelle Bdtg.: ‚Vogel' und ‚Nest' als Metaphern für penis und vulva. *Sein Nest bauen:* sich eine ei-

Parvum parva decent: doctrinæ parta labore · Corpore in exili gratia sæpe latet.

Es ist ein Sprichwort lang gewest: | Im kleinen Körpr bißweillen Man
Ein kleiner Vogl, ein kleines Nest. | Viel herrlichr Tugent finden kan.

‚Ein kleiner Vogel, ein kleines Nest‘

gene Wohnung einrichten. Wer behaglich sitzt, *hat ein warmes Nest.* Das jüngste Kind heißt oft mit demselben Bilde ‚Nesthäkchen‘, ‚Nesthocker‘ oder ‚Nestküchlein‘, ‚Nesthopper‘, ‚Nestkegel‘, weil es noch nicht ausfliegt; schweiz. ‚Nestquak‘, ‚Nestquackelchen‘; Goethe (‚Dichtung und Wahrheit‘ I,4): „Der jüngste, eine Art von naseweisem Nestquackelchen". *Sich ins warme* (oder *gemachte*) *Nest setzen:* günstig einheiraten; rhein. ‚He hät sech en wärm Nest gesuck‘; dagegen schwäb. ‚sich jem. ins Nest hocken‘, jem. seine Geliebte wegnehmen. *Das Nest ist ausgeflogen:* die Familie ist auf und davon. *Den hat der Teufel im Nest vergessen:* er ist sehr böse. Hinzuzufügen ist eine Reihe mdal. Wndgn.: hess. ‚des Näast richtig voll hoo‘, betrunken sein; schlesw.-holst. ‚De keen Eier hett, mutt Nester bröden‘, man muß mit dem vorliebnehmen, was man hat; schwäb. ‚ins Nest stieren‘, eine längst vergessene unangenehme Sache wieder aufrühren; rhein. ‚jem. e Nest in de Kopp baue‘, ihm Sparren, dumme Einfälle in den Kopf setzen; ‚mit jem. in de Nester hange‘, Streit mit ihm haben; ‚jem. en Ei in et Nest legge‘, ihm schmeicheln. Von einem ‚grünen Jungen‘ sagt man, ‚er habe die Nestschalen noch am Kopf hänge‘.

Weniger anheimelnde Ausdrücke sind: ‚Diebsnest‘, ‚Raubnest‘, ‚Rattennest‘. Auch die Wndg. ‚sich einnisten‘ hat einen schlechten Klang, weil sie sich eigentl. auf das Eindringen von fremden Vögeln in ein Nest bezieht.
Nest bedeutet aber auch das Bett. *Ins Nest gehen:* zu Bett gehen. Sächs. ‚das Nest nicht finden können‘, ewig nicht ins Bett gehen, durchfeiern.
In der Schweiz wird Nest auch i. S. v. ‚Gesäß‘ scherzhaft gebraucht, z. B. ‚chast dis Nest niene still ha?‘, kannst du nicht ruhig sitzen bleiben?
Er tut es nicht um den Vogel, er tut es um das Nest sagt man von einer Einheirat, vor allem im Handwerk; im 18. Jh. war an vielen Orten die Meisterzahl beschränkt. War kein Sohn da, um die Werkstatt nach dem Tode des Vaters weiterzuführen, konnte ein tüchtiger oder strebsamer Geselle Witwe oder Tochter heiraten (Mecklenburg, Bützower Stadtakten).
Das eigene Nest beschmutzen: Schlechtes über die eigene Familie sagen, die eigene Verwandtschaft in Mißkredit bringen. Der urspr. Realbereich der Rda. liegt in der Vogelwelt und bezieht sich speziell auf den Wiedehopf, dem nach der Zoologie des MA. diese Eigenschaft in bes. Maß

1089

zugeschrieben wurde und der damit schon früh in rdal. Gebrauch kam. So schreibt der spätmhd. Dichter Muskatblüt (74,60ff.):

> Duostu selbe in din eigen nest
> Du glichest wol dem wedehoppen,
> Wa du dan sitzest oder stest,
> Darin so muostu knoppen.

In Joh. Fischarts ‚Ehzuchtbüchlein‘ heißt es: „Dan was ist dieses für ein Viehische Widhopfenart, sein eygen Nest bescheyssen?" Und ebenso bucht Seb. Franck in seinen ‚Sprichwörtern‘: „in sein eygen nest hofieren wie ein widhopff". Zu Anfang des 16. Jh. ist die Rda., allg. auf den ‚Unnutzvogel‘ übertr., auch bildl. dargestellt worden; so in Thom. Murners ‚Schelmenzunft‘. Darunter stehen die Worte:

> Der Vogel hatt eyn bose art
> Der seym eigen nest nit spart
> Sunder selber scheisset dreyn
> Den gschmack doch selber nymmet eyn …
> Der Vogel kan nit sein der best,
> Der scheisset in sein eigen nest.

In seiner ‚Außlegung gemeyner deutscher Sprichwörtter‘ schreibt Joh. Agricola im Kap. 665: „Wer in sein eygen nest scheißt, der ligt vnsannft, und ist nit ehren werdt … Man sagt, daß vnder allen fögeln keyner in sein nest thuo denn der Widhopff, darumb er auch eyn verachter vogel ist, wiewol er eyn kron vnd kamp tregt, vnd hatt hübsche federn, denn er ist nit ehren werdt".

‚Das eigene Nest beschmutzen‘

Vermutl. war das Sprw. ‚Es ist ein schlechter Vogel, der sein eigenes Nest beschmutzt‘ schon vor 1000 n. Chr. geläufig. Doch kann die Frage der Herkunft nicht geklärt werden: entweder ist es eine Prägung der gelehrten theologischen Lit., der klassischen Antike oder des frühen europ. MAs.

Die Vorstellung vom Wiedehopf als schmutzigem Vogel erscheint schon in Aristophanes' ‚Vögel‘. Als Ursprungsland dieser Vorstellung gilt der Orient.

In Schwaben sagt man: ‚’s ist e schlechter Vogel, der’s eige Nest verscheißt; wenn er aber de Hintere net ’nausbringt, hat er kei andere Wahl‘.

Das Gegenteil drückt die Rda. *das (eigene) Nest rein halten* aus: keine unsauberen Handlungen im eigenen Haus, in der eigenen Familie begehen, sich mit seiner Verwandtschaft solidarisch fühlen.

Lit.: *J. G. Kunstmann:* The Bird that fouls its Nest, in: Southern Folklore Quarterly 3 (1939), S. 75–91; wieder in: W. Mieder / A. Dundes (Hg.): The Wisdom of Many, S. 190–210; *K. Boström:* Das Sprw. vom Vogelnest, in: Konsthistorisk Tidskrift 18 (1949), S. 77–89.

Nestor. *Der Nestor seines Faches sein:* der älteste (und weiseste) einer bestimmten Gruppe sein. Nestor ist eine Figur in Homers ‚Ilias‘ und ‚Odyssee‘. Er verkörpert immer den ältesten und weisesten Griechen.

Lit.: *R. Cantieni:* Die Nestorerzählungen im 11. Gesang der Ilias. Diss. (Zürich 1942).

Nestwärme. *Nestwärme bekommen:* Geborgenheit und Liebe im familiären Milieu erleben, treu umsorgt werden bis zur eigenen Selbständigkeit.

Häufiger hört man umg. die Rda. in der Negation: *keine (zu wenig) Nestwärme erfahren haben,* auch: *Nestwärme (schmerzlich) vermissen müssen:* in der Kindheit und Jugend als Heranwachsender keine (geringe) liebevolle Zuwendung durch Eltern und Geschwister erhalten haben, Gefühlskälte begegnet sein, keine Zuflucht im Schoß der eigenen Familie gefunden haben. Die Wndg. wird oft entschuldigend für eine charakterliche Fehlentwicklung eines jungen Menschen herangezogen, für die man gern frühkindliche schlechte Erfahrungen verantwortlich zu machen sucht.

‚Ins Netz gehen'

‚Jem. ins Netz gehen' – ‚Mädchen fangen'

‚Jem. ins Netz gehen' – ‚Buben fangen'

Netz. In vielen Rdaa., denen Bilder aus der Jagd und dem Fischfang zugrunde liegen, wird Netz im übertr. Sinne gebraucht (schon im Mhd. ist der übertr. Gebrauch des Wortes Netz häufig). *Jem. ins Netz lokken:* ihn mit falschen Versprechungen locken; *jem. ins Netz gehen:* sich von falschen Versprechungen überreden lassen; *sich im eigenen Netz verstricken:* selbst in die Falle

gehen, die man jem. anderem gestellt hat; Burk. Waldis: „Die sich mit Lügen dekken wöllen, werden in einem Strick gefangen und in ihrem eigenen Netz behangen". Vgl. frz. ‚être pris à son propre piège' (wörtl.: in die eigene Schlinge gehen). *Mit goldenen Netzen fischen:* mehr zusetzen als gewinnen; Luther: „Das heiszt die verkehrte Welt, die mit güldenen Netzen

‚Ins Netz gehen'

fischet, da die Kost gröszer ist, denn der Gewinn". *Mit trockenen Netzen fischen:* aus der Arbeit anderer Gewinn ziehen. Ndd. ‚achter't Nett fisken', vergeblich fischen, wo andere schon ihre Netze ausgeworfen haben (diese Rda. ist auch in P. Bruegels Rdaa.-Bild dargestellt). *Das Netz fängt ihm Fische, während er schläft:* er hat einen Gewinn ohne sein Zutun, ohne bes. Anstrengung, ↗ Strick.
Ohne Netz (und doppelten Boden) arbeiten: ohne Sicherheitsvorkehrungen getroffen zu haben, etw. unternehmen; urspr. stammt die Rda. aus der Sprache der Zirkus-Artisten, wird heute im übertr. Sinne gebraucht.

Lit.: *L. Röhrich* u. *G. Meinel:* Rdaa. aus dem Bereich der Jagd und der Vogelstellerei, S. 321; *O. G. Sverrisdóttir:* Land in Sicht (Frankfurt a. M. 1987), S. 144–145.

neu, Neues. ‚Es gibt nichts Neues unter der Sonne' sagt man, wenn nichts passiert ist, wenn alles seinen alten Gang geht; die Wndg. ist der Bibel entnommen: Pred. I, 9: „und es geschieht nichts Neues unter der Sonne".
Auf ein Neues! ist ein ermunternder Aufruf, wenn man eine begonnene Arbeit nach einer Pause fortsetzt oder auch, wenn man sich erneut ein Bier o. ä. bestellt hat.
Alles neu macht der Mai: alles scheint sich zu verjüngen wie im Frühling, schöner und bunter zu werden. Die Wndg. wird auf Kleidung, Mode, aber auch auf eine neue Liebe bezogen. Sie stammt urspr. als Zitat aus einem Gedicht von Hermann Adam von Kamp ‚Der Mai' von 1829.

Neujahr. *Jem. das Neue Jahr abgewinnen:* jem. mit den Neujahrsglückwünschen zu-

vorkommen. Die im 19. Jh. mdal. bezeugte Rda. scheint eine alte abergläubische Vorstellung am Leben zu erhalten: am 1. Januar soll man der erste beim Glückwunsch sein, denn das bringt einem selbst Glück oder sichert sogar ein Geschenk, das ebenfalls als gutes Omen für den Verlauf des neuen Jahres gilt.
Im Böhmerwald (v. Reinsberg-Düringsfeld, Fest-Kalender aus Böhmen, Prag o. J., S. 3 f.) ist am Neujahrsmorgen jeder ängstlich bemüht, dem anderen mit seiner Gratulation zuvorzukommen; so wünscht etwa ein Knecht seinem Mitknecht:

Brüaderl! Nuis Johr! Nuis Johr!
's Kristkin'l liegt im Kröstnhoor
(im krausen Haar);
Longs Lö'm (Leben), longs Lö'm,
Und an Badl (Beutel) völl Gald
(Geld) danö'm (daneben)!

Einem Mädchen wünscht man:

Longs Lö'm, longs Lö'm
Und an schei'n (schönen) Mo (Mann)
danö'm!

Einem Burschen:

Longs Lö'm, longs Lö'm
Und a schei's Wa (Weib) danö'm!

Oder die Schwester neckt ihren Bruder:

Longs Lö'm, longs Lö'm
Und hüsch (hübsch) viel Schlö
(Schläge) danö'm!

Auch in Westf. sucht jeder dem anderen ‚das Neujahr abzugewinnen', um danach eine kleine Gabe (Kuchen, Äpfel, Nüsse usw.) zu erhalten; in einem Schaltjahr jedoch muß der Gewinnende das Neujahr geben. Die Rda. ist jedoch im allg. Sprachgebrauch wenig geläufig.

Lit.: *P. Heitz:* Neujahrswünsche des 15. Jh. (Straßburg ²1900); *J. Künzig:* Neujahrslieder in Baden, in: Mein Heimatland 7/8 (1928), S. 235–347; *W. Escher:* Dorfgemeinschaft u. Silvestersingen in St. Antönien (Basel 1947); *K. M. Klier:* Das Neujahrssingen im Burgenland (Burgenländische Forschungen 11) (Eisenstadt 1950); *H. Siuts:* Die Ansingelieder zu den Kalenderfesten (Göttingen 1968), S. 26 ff.

Neuland. *Neuland betreten:* in ein bisher unbekanntes Gebiet vordringen, urspr. in Bezug auf die Entdeckungsreisen mit ihren vielfältigen Möglichkeiten, Überraschungen, aber auch Gefahren gesagt, ähnl.: *In Neuland vordringen (vorstoßen):* gegen alle Widerstände seine Kenntnisse erweitern, heute bes. im Hinblick auf wissenschaftliche Forschungen gebraucht, die ganz neue Wege beschreiten.

Neumann. *Ein dreifach Hoch dem Sanitätsgefreiten Neumann* sagt man gelegentlich iron., wenn man zum Ausdr. bringen will, daß Person u. Anlaß einer Gratulation überbewertet werden. Es handelt sich um die Anfangszeile eines verbreiteten erot. Soldatenliedes, das schon im Ersten Weltkrieg aufkam:

Ein Hoch, ein dreifach Hoch dem Sanitätsgefreiten Neumann,
der die graue Salbe hat erfunden.
Früher mußte man sich plagen,
jede Filzlaus selbst erjagen.
Heute wendet jedermann
Neumanns graue Salbe an.

Der Allerweltsname Neumann ebenso wie der Dienstgrad dieser fiktiven Person des erot. Volkswitzes stehen für einen ‚Jedermann‘, dem alle möglichen ‚Erfindungen‘, vorzugsweise auf dem Gebiet der Sexualhygiene, zugeschrieben werden, u. a. die Erfindung des Präservativs, der Pille, des Bordells, des Schlüpfers, des Büstenhalters etc.

Lit.: *P. Schalk (Hg.):* Sanitätsgefreiter Neumann und andere ergötzlich unanständige Verse (München ⁸1972).

neun. *Ach du grüne Neune!:* Ausruf der Verwunderung oder des Erschreckens. Die Erklärung dieser Rda. ist nicht sicher. Die ‚grüne Neun‘ im Kartenspiel ergibt keine Deutung; man hat sodann unter Hinweis auf schlesisch ‚krumme Neune‘ = gebückt gehender Mensch, daran gedacht, daß die Wndg. eine verhüllende Form für ‚krumme Not‘ = Epilepsie sei. Mehr Wahrscheinlichkeit hat die Erklärung mit dem Berl. Vergnügungslokal ‚Conventgarten‘ in der Blumenstraße 9 mit dem Haupteingang am Grünen Weg. ‚Die Grüne Neune‘ wäre dann im Volksmund die Ersatzbez. für das unvolkstümliche ‚Conventgarten‘. Nach 1852 wurde das Lokal ein billiges Tanzcafé und Stätte mancher Handgreiflichkeiten. Die Zahl Neun spielt in volkstüml. Wndgn. auch sonst eine wichtige Rolle, z. B. ‚neunmalgescheit(-klug)‘, ↗sieben. Das Gegenteil ist ‚eine dumme Neune‘, ein albernes Frauenzimmer. Ein ‚neun-

häutiger Kerl‘ ist ein durchtriebener Bursche; H. J. Ch. Grimmelshausen schreibt im ‚Simplicissimus‘ (I, 47): „ein viel erfahrener und durchtriebener neunhäutiger schlauer poeticus und kluger Weltmann“. Hess. ‚ein neun mal Aas‘, eine bösartige Frau.
Schweiz. ‚e sechsi für nes nüni aluege‘, Wucherzinsen nehmen; rhein. ‚mit fünf e neun betale‘, auf eine alte Schuld hin und wieder etw. abzahlen. *Alle neun werfen* (nämlich alle neun Kegel), auch: *alle neun neigen:* ganze Sache machen. Die christl. Zahlensymbolik betrachtet die Neun, die durch die Dreimaligkeit der heiligen Zahl drei entsteht, als Zahl der Vollendung (z. B. die neun Chöre der Engel). So versprach man sich im Volksglauben eine apotropäische Wirkung von Speisen oder Gegenständen, die aus neun verschiedenen Bestandteilen zusammengesetzt waren.
Neunerlei Kräuter müssen im Kräuterbüschel enthalten sein, das noch immer an Mariä Himmelfahrt (15.8.) in den Kirchen (Süddeutschland) geweiht wird. Sie bilden auch den Hauptbestandteil der ‚Neunstärke‘, wie das Gründonnerstagsgericht in Norddtl. hieß; die Volksmedizin benutzte Abkochungen von neunerlei Kräutern sowie Räucherungen aus neunerlei Holz, das von neun verschiedenen Bäumen stammte, deren Namen nicht auf -baum enden. Hexen konnte man erkennen, indem man sich während der Christmette in der Kirche auf einen Schemel aus neunerlei Holz setzte. Man sah dann ‚richtige‘ Hexen mit dem Rücken zum Altar sitzen. Notfeuer zur Vertreibung von Katastrophen konnte nur wirken, wenn es aus neunerlei Holz entzündet wurde. Ein gewisser Frater Rudolfus schreibt um 1250, daß man frisch getauften Kindern neunerlei Kräuter ins Bad legte.
‚Verrückt und drei macht neun‘ ist ein Berliner Ausspruch für verrückte, unverständliche Erscheinungen und Personen. Lit. belegt ist er öfters bei Heinrich Zille.

Lit.: *K. Weinhold:* Die mystische Neunzahl bei den Deutschen; 1897; *Marzell:* Art. Neunerlei Holz, Körner, Kräuter, in: HdA. VI, S. 1057–1066; *L. Kretzenbacher:* Die hl. Rundzahl 72. Zur Zahlenmystik in Legende und Sakralbau, in Volksglaube und Rda., in: Blätter für Heimatkunde, hg. v. Hist. Verein für Steiermark 26 (Graz 1952), S. 11–18.

neunundneunzig ist eine scherzhaft-summarische Bez. für: sehr viel, wobei man doch irgendwelche Kritik einfließen lassen will, weshalb man nicht ‚hundert‘ sagt. *Alle neunundneunzig treiben:* allerlei Liederlichkeiten treiben. *Auf neunundneunzig sein:* sehr erregt sein, seinen Zorn nur mühsam bändigen können. *Neunundneunziger* ist eine alte Schelte für den Apotheker, wenn man ihm vorwarf, daß er mit 99 Prozent Verdienst arbeite.

Im Schneiderspottlied heißt es von den wegen ihres geringen Körpergewichts verlachten Schneidern:

In Regensburg auf der Kirchturmspitz,
da saßen die Schneider zusamm’.
Da saßen ihrer neunzig,
ja neun mal neunundneunzig
auf einem Wetterhahn.

Neunundneunzig als besondere Zahl findet sich im religiös-magischen Bereich (Zahlenmystik), z. B. die neunundneunzig schönsten Gottesnamen im Islam, und im Rechtsbereich, z. B. Erbpachtverträge, Dauerleihgaben.

neunundzwanzig. *Hoch in den neunundzwanzig sein:* im mittleren Lebensalter stehen; scherzhaft-galante Bez. für das Alter der Frauen, die nur ungern angeben, daß sie das dreißigste Lebensjahr bereits überschritten haben (20. Jh.).

Nibelungentreue. *Jem.* Nibelungentreue *halten:* starkes Vertrauen in jem. setzen und ihm so in jeder Situation zur Seite stehen; der Begriff der ‚Nibelungentreue‘ wurde von Reichskanzler Bernhard von Bülow (1849–1929) für die Bündnistreue zwischen dem Dt. Reich und Österreich-Ungarn während der Bosnienkrise 1908/09 geprägt; heute wird der Begriff eher abwertend gebraucht, i. S. v. bedingungslose, kritiklose Treue; hündische Anhängerschaft. Von Bülow bezog sich in seiner Rede vom 29. März 1909 auf das Nibelungenlied, das Anfang des 13. Jh.s niedergeschrieben worden ist: „Meine Herren, ich habe irgendwo ein böhmisches Wort gelesen über unsere Vasallenschaft gegenüber Österreich-Ungarn. Das Wort ist einfältig! Es gibt hier keinen Streit um den Vortritt wie zwischen den beiden Königinnen im Nibelungenlied; aber die Nibelungen-

treue wollen wir aus unserem Verhältnis zu Österreich-Ungarn nicht ausschalten, die wollen wir gegenseitig wahren“ (Fürst von Bülows Reden, hrsg. v. O. Hötzsch, Bd. 3 [1909], S. 187).

nichts. *Mir nichts, dir nichts:* ohne Rücksicht auf mich und dich, ohne weiteres, ohne alle Umstände, ist wohl eine Verkürzung aus ‚ohne mir und dir zu schaden‘. Joh. Joach. Schwabe alias Vit. Blauroekkelius schreibt 1745 in seinem ‚Volleingeschanckten Tintenfäßl eines allezeit parat-seyenden Brieff Secretary‘ (S. 38): „Bei den Zeitungsschreibern haißts mir ninx, dir ninx: die tractiret mer (= man) wie seins gleiches“. In der Bdtg. von ‚ohne weiteres‘, ‚im Nu‘ verwendet bereits Lessing die Rda. im ‚Nathan‘ (3,2):

Der (Wassereimer) ließ sich füllen,
ließ sich leeren mir nichts,
               dir nichts … ;

ähnl. auch in Schillers ‚Wallenstein‘ (‚Wallensteins Lager‘ 7).

Nichts wie raus!: schnell hinaus!

Nichtsdestotrotz: trotzdem, gleichwohl; scherzhaft dem ‚nichtsdestoweniger‘ nachgebildet, dessen Etymologie dem Gefühl des Laien unzugänglich ist.

Mit *nichts für ungut!* entschuldigt man sich bei einem Versehen bei dem Betroffenen (↗ ungut).

Ein ndd. Schwankspruch verwendet die Formel als Ausdr. der Heuchelei:

‚Niks vör unguud!‘
Segg de Foß,
do bäät he den
Haan den Kopp af.

Vor dem Nichts stehen: plötzlich mittellos sein; den Besitz verloren haben.

Überaus häufig hört man das Sprw.: ‚Wo nichts ist, hat der ↗ Kaiser sein Recht verloren‘.

Nichts ist gut für die Augen (aber nicht für den Magen): dies wird im südlichen dt.-sprachigen Raum als Erwiderung gegeben, wenn man auf eine Frage die Antwort ‚nichts‘ erhält. Die Wndg. beruht auf einem volkstüml. Übersetzungsfehler für lat. ‚Nix alba‘ (oxydiertes Zink). ‚Nix‘ wurde nun nicht mit ‚Schnee‘ übers., sondern mit dt. ‚nichts‘ gleichgesetzt. Die Apotheker ihrerseits übersetzten das volkstüml. ‚nichts, nix‘ wieder ins Lat., und so gelangte das weiße, pulvrige Zinkoxyd zu dem lat. Namen ‚nihilum album‘. Als Salbe verarbeitet (unguentum nihili) wurde Zinkoxyd gegen Augenflüsse und hitzige Blattern der Augen erfolgreich angewandt. Schon Luther war diese Rda. 1535 geläufig. Er schreibt im 2. Kommentar zum Galaterbrief: „Minutissima festuca in oculo, offendit visum. Hinc Germani dicunt de remediis oculorum, Nichts ist inn die augen gut“.

Das *angenehme (süße) Nichtstun* wird im allg. in der ital. Form ‚il dolce far niente‘ gebraucht, ohne daß man den Urspr. dieser Wndg. genau nachweisen könnte. Carlo Goldoni (1707–93) nimmt wohl schon auf eine zu seiner Zeit geläufige Rda. Bezug, wenn er in ‚Metempsicosi‘ (II,3) sagen läßt: „Quel dolce mestier di non far niente“ (welch süßes Handwerk, dieses Nichtstun!). In der komischen Oper ‚Galathée‘ von Jules Barbier und Michel Carré, komponiert von Victor Massé, die 1852 erstaufgeführt wurde, lautet ein Kehrreim (II,1): „Ah! qu'il est doux / De ne rien faire, / Quand tout s'agite autour de nous!“ (Büchmann), ↗ Deut, ↗ Pfingsten.

Lit.: *J. N. Hertius:* Observatio juris germ. in par. „Da nichts ist het der Kaiser sein Recht verloren“ (no place, no date); *J. Zinck:* Disputatio inauguralis Juridica ... Wo nichts ist ... (Rostocki 1686); *J. Festing:* De Germanorum proverbio: Wo nichts ist, da hat der Kaiser sein Recht verloren (Jenae 1745); *H. Schrader:* Nichts ist gut für die Augen, in: Zs. f. dt. Sprache (Hamburg) 9 (1895–1896), S. 173–177; *Olbrich:* Art. ‚Nicht, Nichts‘, in: HdA. VI, Sp. 1069–1070; *P. J. Diermanse:* Niks hor, in: Eigen Volk 6 (1934), S. 88; *H. Vittien:* Nix is goed voor de ogen, in: Eigen Volk 7 (1935), S. 71; *H. B.:* Waar niets is, verliest de Keizer zijn recht, in: Biekorf 60 (1959), S. 288; *E. Grabner:* Nix is gut für die Augen; Heilchemie, Volksmedizin und Rda. um das Augennix, in: Carinthia 152 (1962), S. 316–321.

Nichtschen. *Ein goldenes Nichtschen in einem silbernen Büchschen!* sagt man rdal. den Kindern auf die neugierige Frage, was man ihnen wohl mitgebracht habe. Die Wndg., eine kindertümlich-poetische Umschreibung für das absolute Nichts, ist in zahlreichen volkstümlichen Variationen bekannt (z. B. wien. ‚a goldenes Nixerl in an' sülbernen Bixerl!‘; hannoveranisch ‚ein silbernes Nichtschen und ein goldenes Warteinweilchen!‘). Das Alter der Rda. läßt sich bisher nicht festlegen, da unsere Zeugnisse keine besondere zeitliche Tiefe erreichen. Dagegen scheint die Verbreitung einigermaßen deutlich: das ‚goldene Nixerl im silbernen Büxerl‘ ist südd., bes. in den Alpen- und Donauländern wie im Sudetenland beheimatet. Für den Böhmerwald bezeugt es etwa Hans Watzlik in der kleinen Erzählung ‚Einöde im Schnee‘; dort ist der Vater am Weihnachtsabend gezwungen, seinen Kindern zu sagen: „Ach, diesmal kriegt ihr wirklich nur ein silbernes Nichtslein in einem goldenen Büchslein“. In dieser einfachen, durch den Reim gebundenen Form wird immer das ‚Nichts‘ als ein ‚Etwas‘ aufgefaßt und dementsprechend sogar ein Behälter dazu erfunden. Den gleichen Weg geht die Rda. in der Schweiz, wenn man in Kerenz (Kanton Glarus) den Kindern verspricht: ‚ä golldis niänäwägäli und ä sillberis nütali‘, d. h. ein goldenes Nirgendswägelchen und ein silbernes Nichtschen. Im Westen und Nordwesten ist die andere Fassung der Rda. beheimatet. In Westf. sagt man ähnl. wie in Hannover: ‚En golden Niksken un en sülwern Wacht en Bietken‘. Nicht nur das ‚Nichts‘ ist hier zum ‚Etwas‘ erhoben, sondern auch eine Wortformel, das vertröstende ‚Wart ein Weilchen‘, zum Gegenstand gemacht. Dies ist die Fassung, die Clemens Bretano von Kindheit an gefesselt haben muß. Aus der Kinderzeit nimmt er sie in seinen persönlichen Sprachgebrauch herüber und schreibt z. B. am 1. Jan. 1802 an seinen Schwager Savigny aus Weimar: „Die Brüder von Terenz, die ich hier nach Einsiedels Übersetzung mit Masken gesehen habe, machen ganz den Eindruck einer Scheibe Lachs mit Essig und Pfeffer für einen Satten. Wallensteins Lager kam hinterher, und die beiden Stücke waren wie ein silbernes Nichtschen und ein goldenes Warteweilchen“. In ‚Des Knaben Wunderhorn‘ hat er dann die Rda. als Sprüchlein übernommen und erweitert:

> Ich schenk dir was,
> Was ist denn das?
> Ein silbernes Warteinweilchen
> Und ein goldnes Nixchen
> In einem niemalenen Büchschen.

Lit.: *L. Schmidt:* Wiener Rdaa. 9. Das goldene Nichtschen, in: Das dt. Volkslied 46 (1944), S. 77 f.; *R. Ludwig:* Das silberne ‚Wart ein Weilchen‘, in: Die Frau. Blätter der Frankfurter Zeitung, 28. 12. 1942.

niederlegen. ‚Do legst di nider (und stehst
nimmer auf)‘: bair. Ausdr. der Verwunderung.

nie, niemals ↗ Pfingsten.

Niemand. Die Figur eines personifizierten
‚Herrn Niemand‘ taucht in der Massen-
kunst des bebilderten Flugblatts im 16.
und 17. Jh. mehrfach auf. Ein ähnl. Na-
menspiel kennt ja bereits die Polyphem-
Episode aus Homers Odyssee, wo Odysseus dem Zyklopen gegenüber seinen
Namen als Οὖτις, d. h. als Niemand, Keiner angibt. Er erreicht damit, daß später
die übrigen Zyklopen die Hilferufe des
Geblendeten nicht verstehen und daher
nicht eingreifen. So kann er mit seinen
restlichen Gefährten entkommen. Im
Zeitalter des Humanismus wird der Outis
oder Nemo zum anonymen Prügelknaben, zum Pseudonym und Stellvertreter.
So etwa bei U. v. Hutten in seinem 1515 an
den Freund Crotus Rubeanus gerichteten
Schreiben, dem er den Titel ‚Outis et
Nemo‘ gab. In ihm geißelt er Einrichtungen und Zustände seiner Zeit für die im
einzelnen ‚niemand‘ die Verantwortung
auf sich nehme. Sie sind eben das Werk
des ‚Niemand‘. Diesen Niemand läßt
Hutten in einem Gedicht selbst zu Wort
kommen.
Zuvor aber war der zur Person gewordene
Niemand literarischer Gegenstand und
ironischerweise sogar schon zur Heilig-
sprechung vorgeschlagen worden, indem
man Bibelstellen mit dem Wort und Begriff ‚nemo‘ in Form einer Predigtparodie
zusammenstellte und daraus die Existenz
eines Heiligen namens Nemo beweisen
wollte. Hieraus erklärt sich auch die Rda.
vom St. Nimmerlein und dem St.-Nim-
merleins-Tag als Ausrede und faules Versprechen.
Der Straßburger Jörg Schan verfaßte um
1500 ein Gedicht vom Niemand, der von
Mägden und Knechten angerufen wird.
Er erscheint – auch in bildl. Darstellungen
– als Schutzpatron des um faule Ausreden
bemühten Gesindes. Auf den Flugblättern stellt er sich selbst in diesem Sinne
vor:

> Der Niemandts so bin ich genand
> Mägden vnd Knechten wol bekandt.

‚Herr Niemand‘

Oder auch:

> Niemant hais ich
> was ieder man tut
> das zucht man mich.

Bildlich wurde er oft auch als Mann mit
einem Schloß vor dem Mund dargestellt
und von zerbrochenem Hausrat umgeben.
Die Figur des Niemand ist nicht auf
Deutschland beschränkt geblieben.
Frankreich kennt ihn ebenfalls schon
früh, wie die 1525 gedruckten ‚Les grands
et merveilleux faictz du seigneur Nemo‘
zeigen; in England entsteht gegen das
Jahrhundertende die Ballade vom armen
‚John Nobody‘. Dieser Herr Niemand ist
ein Gegenbild zum Jedermann. Im
17. Jahrh. werden Jedermann und Niemand sogar gemeinsam dargestellt und
auch mit entsprechenden Texten versehen:

> Hie Ihmand und der Niemand stehen,
> wie nasse Katzen sich ansehen.
> Was Ihmand tut, hat Niemand getan,
> drumb ist niemand ein frommer Mann.
> Ihmandt ist arm, niemand ist reich,
> drumb seyn die betler alle gleich.

Lit.: *E. Meyer-Heisig:* Vom „Herrn Niemand“, in:
Zwischen Kunstgeschichte und Vkde., Fs. f. W. Fraenger, hg. v. R. Peesch (Berlin 1960), S. 65–76; *L. Röhrich:* Die mittelalterlichen Redaktionen des Poly-
phem-Märchens und ihr Verhältnis zur außerhomeri-
schen Tradition, in: Fabula 5 (1969), S. 48–71.

Niemandsland. *Niemandsland betreten:*
sich auf unerlaubtem, unerforschtem Ge-
lände bewegen, sich mutig vorwagen.
Als ‚Niemandsland‘ wird das Gebiet bez.,
dessen Besitz rechtlich noch ungeklärt ist
oder das noch nicht besiedelt und von der

Zivilisation berührt wurde. Im Krieg wird das Gebiet zwischen den Fronten so benannt.

Der Grenzstreifen zwischen Staaten verschiedener politischer Systeme wurde ebenfalls so genannt. Zur besseren Übersicht für die Bewacher mußte er unbewohnt und land- und forstwirtschaftlich ungenutzt bleiben. Um Spuren Flüchtender sofort bemerken zu können, wurde das Land sogar des öfteren neu geeggt! *Im Niemandsland (der Träume) sein:* sich in einer (Gedanken-)welt befinden, die dem Menschen noch völlig fremd ist, die er noch nicht erforscht, über die er keine Macht hat.

Niere. *Das geht mir an die Nieren:* das trifft mich empfindlich, es kommt mich hart an. *Das geht mir noch lange nicht an die Nieren:* das trifft mich nicht hart, das geht nicht tief. Die Nieren galten im MA. als Sitz der Gemütsbewegungen, insbes. aber des Geschlechtstriebes, und wurden ertappten Ehebrechern bisweilen ausgeschnitten. Doch bez. Niere oft auch wie Herz allg. das Innere des Menschen, den Sitz der Lebenskraft; daher die auf Ps. 7,10 beruhende Rda. *jem. auf Herz und Nieren prüfen* (vgl. auch Jer. 11,20 u. ö. sowie Offenb. 2,23). Luther: „Meyne Nieren sind fro"; rhein. ‚he hät de Niere warm ligge', er ist zum Scherzen aufgelegt, er lacht gern. *Jem. die Nieren quetschen* od. ‚jem. op de Niere setzen', ihm hart zusetzen. *Dem will ich auf die Nieren treten* ist eine bekannte Drohung. Von einer einfältigen Person sagt man schweiz. ‚e dummi Niere', ↗Herz.

Nierenstück. *Jem. ist nicht sauber übers Nierenstück:* schweiz. Rda. für jem., der einen dubiosen, zweifelhaften Eindruck macht. Gebraucht z. B. von Johann Georg Kohl: Alpenreisen, 2. Teil (Dresden – Leipzig 1849), S. 456: „Dieser Oberst, dessen Namen ich vergessen, pflegte z. B. von einem Manne, den er nicht für einen vollkommenen guten Radicalen hielt, zu sagen, ‚er sei nicht sauber überm Nierenstück'."

Nimmerleinstag. ↗Pfingsten.

Nimmersatt. *Ein Nimmersatt sein:* unersättlich sein. Der Ausdr. beruht auf der Bibelstelle Pred. 1,8: „Das Auge sieht sich nimmer satt, und das Ohr hört sich nimmer satt".

Das Subst., das ähnl. wie ‚Gernegroß' gebildet wurde, ist seit Ende des 17. Jh. geläufig, das Adj. jedoch erst seit dem 18. Jh.

Nimrod. *Ein wahrer Nimrod sein:* ein leidenschaftlicher Jäger oder auch Kegler sein. Nimrod, eine Figur aus dem A. T. (1. Mos. 10,8–12) war der Sohn des Kusch, Gewaltherrscher auf Erden und ein gewaltiger Jäger vor dem Herrn. Sein Reich soll sich von Babel bis nach Assyrien erstreckt haben; er war König von Babylon und wird als Gründer der Stadt Ninive angesehen. Sein Name wird auf denjenigen des babylonischen Kriegs- und Jagdgottes Ninurta von Nippur zurückgeführt.

Vor allem in Fabel und Sage ist ‚Nimrod' zu einem Übernamen für einen gewaltigen Jäger geworden. Eine oberhess. Sage berichtet von einem König Nimrod, der um Weihnachten das wütende Heer anführt und niemals zur Ruhe gelangen kann, da er für seine Jagdleidenschaft die Seligkeit geopfert hat.

Lit.: *T. Bindewald:* Oberhess. Sagenbuch (Frankfurt/ M. 1873), S. 32 ff.; *W. v. Soden:* Art. ‚Nimrod' in: RGG.IV (³1960), Sp. 1496-1497.

Nirwana. *Ins Nirwana eingehen:* sterben (↗zeitlich). Im Sankskrit heißt nirwāna: das Erlöschen, das Vergehen; im Buddhismus bedeutet das Nirwana das Endziel des Lebens als Zustand völliger Ruhe und Aufgabe des individuellen Bewußtseins. Der Begriff wurde durch A. v. Humboldt und A. Schopenhauer ins Dt. vermittelt.

Lit.: *H. v. Glasenapp:* Art. ‚Nirvâna', in: RGG. IV (³1960), Sp. 1498 f.

Noah. *Aus Noahs Kasten sein:* schon sehr alt sein.

Die Geschichte Noahs wird in Gen. 6,9–27 erzählt; zwei Überlieferungen sind hier vereint worden: Noah als erster Weinbauer und Noah als Ahne von Sem, Ham und Japhet und erster Bauer. Mit dem ‚Kasten' ist in der Rda. die Arche

Noahs gemeint, in der er je zwei Exemplare der Tiere und sich mit seiner Familie rettete, als Gott beschloß, die Welt wegen ihrer Sündhaftigkeit durch eine gewaltige Überschwemmung zu vernichten. ↗ Olim.

Lit.: *L. Röhrich:* Noah und die Arche in der Volkskunst, in: Vkde., Fakten und Analysen (= Fs. f. L. Schmidt), (Wien 1972), S. 433–442.

Nobiskrug. *In den Nobiskrug einkehren, fahren:* zum Teufel, in die Hölle fahren. „Nobishaus ist die eigentümliche, ihrer Etymologie nach noch unerklärte Bez. der Hölle oder der alten Unterwelt, deren Wirt der Teufel ist". 1938 erschien der Roman ‚Der Gang zum Nobiskrug' von Walter Vollmer. Hier antwortet eine Greisin auf die Frage nach der Bdtg. des Wortes ‚Nobiskrug': „Niemand weiß genau, was er (= der Ausdr.) bedeutet. Er ist da, und damit genug". Trotz verschiedener Erklärungsversuche kann die eigentliche Entstehung des Namens nicht mehr ausfindig gemacht werden. Belegt ist Nobiskrug auch als Wirtshausname vom Niederrhein bis Danzig, am frühesten 1526 in Hamburg.

Eine Sage aus Niedersachsen enthält verschiedene Volksglaubensvorstellungen vom Nobiskrug: „Im Nobiskrug, heißt's in der Altmark, kommen wir alle einmal nach dem Tode zusammen; da wird Karten gespielt, und die, welche das im Leben nicht gelernt haben, müssen dort Fidi-

busse machen. Wer bei Lebzeiten nichts getaugt hat, muß Schafböcke hüten. Andere aber sagen, im Nobiskrug erhalte man den Paß zum Himmel, und wieder andere meinen, der Nobiskrug sei der Himmel selber".

(G. Kahlo: Niedersächsische Sagen I [Leipzig 1923], S. 112, Nr. 177, II).

Lit.: *L. O. G.:* Hij is naar nobis, in: Rond den Heerd 16 (1881), S. 54; *L. Laistner:* Nobishaus und Verwandtes, in: Germania 26 (1881), S. 65 ff. und 176 ff.; *H. Tardel:* Moderne Nobiskrug-Dichtungen, in: Nddt., Zs. f. Vkde. 3 (1925), S. 31 ff.; *J. Bolte:* Eine alte Abb. des Nobiskruges, in: Zs. des Vereins für Vkde. 37/38 (1927–28), S. 250 ff.; *E. Grohne:* Nobiskrug, in: Nddt. Zs. f. Vkde. 6 (1928); *H. Zimmermann:* Ein niederländischer Nobiskrug-Holzschnitt, in: Nddt. Zs. f. Vkde. 10 (1932), S. 70 ff.; *W. Krogmann:* Beitr. z. ndd. Wortforschung, in: Jb. des Vereins f. ndd. Sprachforschung 55/56 (1941), S. 55–77; *W. Hartnacke:* Nobiskrug, in: Muttersprache 58 (1943), S. 22 f.; *J. Knobloch:* Nobiskrug, in: Mnemes charin (Gedenkschrift für Paul Kretschmer 1), (Wien 1956); *G. Kahlo:* Frau Holle und der Nobiskrug, in: Wiss. Zs. d. Universität Jena 7 (1957/58).

Noblesse. *Noblesse oblige* (frz.): Adel verpflichtet; die Wndg. wird oft im scherzhaften oder iron. Sinn gebraucht; sie bedeutet urspr., daß eine höhere gesellschaftliche Stellung zu Verhaltensweisen verpflichtet, die von anderen nicht unbedingt erwartet werden. Sie erschien erstmals als Vorschrift des frz. Didaktikers Duc de Lévis in seinen ‚Maximes et réflexions' (1808).

nolens. *Nolens volens* (lat.; eigentl.: wollend – nicht wollend): ‚wohl oder übel', man mag wollen oder nicht. In seinem Werk ‚Retractationes' (I, 13, 5) sagt Augustinus: „Ille qui concupiscente adversus spiritum carne non ea quae vult facit, concupiscit quidem nolens et in eo non facit quod vult; sed si vincitur, concupiscentiae consentit volens et in eo non facit nisi quod vult. – Der Mensch, der dem Verlangen des Fleisches nicht nachgibt, wenn es wider den Geist aufbegehrt, hat wohl ein Verlangen, aber er will ihm nicht folgen, und in diesem Entschluß unterdrückt er seine Wünsche. Unterliegt er aber, so widerstrebt er seiner Begierde nicht und will auch nicht widerstreben; in dieser Schwäche tut er nur das, was er will". Der Sinn der Worte ist: Für die Begehrlichkeit des Fleisches ist man nicht verantwortlich,

‚Im Nobiskrug einkehren'

wohl aber dafür, daß man ihr nachgibt. Aus dieser Stelle scheint sich die Rda. ‚nolens volens' entwickelt zu haben. Das antik-klassische Vorbild für unsere Wndg. ist „velim nolim" (mag ich wollen oder nicht) in Ciceros ‚De natura deorum' (I, 7,17); „velis nolis" bei Martial (VIII, 44,16). Der lat. Verbindung entspr. bildet Shakespeare im ‚Hamlet' (V, 1): „will he nill he" und in ‚Der Widerspenstigen Zähmung' (II, 1): „will you nill you". In der dt. Umgangssprache ist die Wndg. seit der Mitte des 17. Jh. oft belegt; z. B. 1665 in ‚Gepflückte Finken' (S. 117): „Drauff giengen sie den andern Gang zusammen, in demselben wurde der Frantzoß durch den Arm gestoßen, daß er also aus Unkräfften nolens volens den Degen fallen lassen mußte". Die unverstandenen lat. Worte sind in der volkstümlichen Umgangssprache scherzhaft zu ‚nolenz – bohlenz', bes. aber zu ‚Nolenz – Koblenz' verdreht worden.

Lit.: *A. Otto:* Sprww. d. Römer, S. 362.

Nonplusultra. *Das Nonplusultra sein:* (lat.) etw. Unübertreffliches, nicht Verbesserbares sein; non plus ultra bedeutet: nicht noch weiter, nicht darüber hinaus. Die Wndg. beruht wahrscheinl. auf Hiob 38, 11: „Bis hierher sollst du kommen, und nicht weiter".

Nordlicht. *Ein Nordlicht sein:* in nördlichen Gegenden geboren sein. Im dt. Volksglauben ist das Nordlicht eine nicht alltägliche Himmelserscheinung: dessen blutig rote Farbe wurde Omen für Krieg und Blutvergießen. Die Bez. wurde in Bayern im letzten Jh. geprägt: die bair. klerikale Partei nannte Männer, die aus Preußen oder anderen norddt. Staaten nach Bayern in amtliche Stellungen berufen wurden, Nordlichter. Noch heute spielt die Wndg. bei Politikern und in den Medien eine Rolle. Sie drückt eine gewisse Distanzierung oder sogar Geringschätzung aus.

Not, nötig. *Aus der Not eine Tugend machen:* eine schlimme Lage geschickt ausnutzen. Am frühesten bezeugt ist die Rda. in lat. Form bei dem Kirchenvater Hieronymus (etwa 331–420). Er sagt in seiner Schrift ‚Adversus libros Rufini' (III, 2): „Facis de necessitate virtutem", und in ‚Epistolae' (54,6): „Fac de necessitate virtutem". Aus der Not einen Trost („de necessitate solatium") zu machen, ermahnt schon M. Fabius Quintilianus in den ‚Declamationes' (4,10). Entspr. findet sich die Wndg. auch in den anderen europ. Sprachen; frz. ‚faire de nécessité vertu'; engl. ‚to make a virtue of necessity'. Im 16. Jh. heißt es in der ‚Zimmerischen Chronik' (III, 230): „Darumb mußten sie aber der not eine tugent machen". Fritz v. Stolberg schreibt an den Philosophen F. H. Jacobi (Jacobis Briefwechsel II, 151): „Sie hatten aus der Noth Tugend gemacht, bürgerliche Tugend, deren sie bedurften, weil der gesittete Mensch ohne sie nicht bestehen kann!" Das Wort ‚Not' erscheint in auffallend vielen Anti-Sprichwörtern, wie z. B. ‚Aus der Not eine Untugend machen'; ‚Kosmetik ist die Kunst, aus der Not eine Jugend zu machen'.

Es geht (oder *ist) Not an (den) Mann:* die Gefahr wird dringend, eigentl.: die Kampfes-Not geht an den Mann, Kampf steht ihm bevor; später nicht mehr verstanden, wurde diese Rda. auf jede Zwangslage umgedeutet und bezogen; z. B. bei Bismarck: „Zeit, wo in der Landwirtschaft Not an Mann ist"; heute erscheint sie fast nur noch in der Form ‚wenn Not am Mann ist', so bei M. Hausmann (‚Abel mit der Mundharmonika', 1932, S. 166): „Wenn Not am Mann ist, dann wählt man seine Worte doch nicht so genau".

Die *schwere Not* ist eigentl. die Epilepsie; sie liegt der Verwünschung *Daß dich die schwere Not!* zugrunde, ferner dem Ausdr. ‚Schwerenöter' (18. Jh.), d. i. eigentl. einer, dem man die schwere Not anwünscht oder der sie verdiente.

Seine liebe Not mit etw. haben: viel Mühe und Sorge mit etw. (jem.) haben; Goethe (‚Faust' I): „ich hatte mit dem Kind wohl meine liebe Not, doch übernähm ich gern noch einmal alle Plage".

Auch in vielen mdal. Rdaa. steht Not als Sammelbegriff für die verschiedensten Bdtgn. wie Mühe, Mangel, Entbehrung, Krankheit, Zwang; ‚Notlager' = Krankenbett; ‚es hat keine Not', es eilt nicht, es ist nichts zu befürchten; ‚es tut not', es eilt,

es wird dringend gebraucht; schweiz. ‚es wird Not ha‘, es wird schwerhalten, Kraft kosten; tir. ‚in oaner Noat‘, eilig, hastig; ‚zur Not etw. geltenlassen‘, gegebenenfalls, wenn nichts anderes da ist; ‚notgedrungen‘, gezwungenermaßen. Für die veraltete Rda. des 13. Jh. ‚mir gêt nôt eines dinges‘, ich bin gezwungen, ich muß, steht seit dem 16. Jh. ‚mich geht Not an‘; Luther (Briefe IV, 186): „Was ginge mich Noth an, in eines anderen Sachen, mir oder anderen Verlust zu schaffen". ‚Etw. ohne Not tun‘, es freiwillig, ohne Zwang tun, obwohl es nicht hätte sein müssen; ‚etw. über Not tun‘, etw. über Erfordernis und Bedürfnis hinaus tun; schweiz. ‚sich nit ze Not tue‘, sich nicht überanstrengen; ‚einem ze Not tue‘, ihn scharf züchtigen.
Der Not gehorchend (nicht dem eignen Triebe) ist eigentl. ein Zitat und der Anfangsvers von Schillers ‚Braut von Messina‘. Vielleicht hat Schiller die Worte aus Shakespeares ‚Romeo und Julia‘ (V,1) entlehnt: „My poverty, but not my will, consents".

Wer seinen Kindern gibt das Brot
Und leidet nachmals selber Not,
Den soll man schlagen mit der Keule
tot.

Dieser Spruch findet sich an den Stadttoren verschiedener Städte Norddtls. neben

‚Not leiden durch eigene Schuld‘

einer dabei aufgehängten Keule. Der Spruch ist zuerst in der Erzählung ‚Der Schlägel‘ des mhd. Dichters Rüdiger von Hünchhoven erwähnt (Ende des 13. Jh.). Die Dichtung erzählt, wie ein alter Mann sein ganzes Vermögen seinen Kindern überlassen hat, die ihn nun schlecht behandeln. Als er in ihnen den Glauben zu erwecken weiß, daß er noch einen Schatz zurückbehalten habe, halten sie ihn wieder in Ehren. Nach seinem Tode finden aber die Kinder in der vermeintlichen Schatzkiste nichts als einen Schlägel mit der Beischrift, man solle jedem, der seine ganze Habe seinen Kindern gibt und infolgedessen in Not und Elend lebt, mit diesem Schlägel das Gehirn einschlagen (v. d. Hagen; Gesamtabenteuer, Nr. 49). In Dänemark wird diese Geschichte von Oluf Bagger in Odense unter Friedrich II. erzählt, es handelt sich also um eine Wandersage. Der Spruch ist auch Seb. Brant bekannt gewesen, der sich im ‚Narrenschiff‘ milder ausdrückt:

Der ist eyn narr der kynden gytt
Do er syn zyt solt leben mytt,
Verlossend sich uff guoten won,
Das jnn syn kynd nit sollen lon.
Und jm ouch helffen jnn der not,
Dem wünscht man allen tag den dot
Und wurt gar bald eyn überlast
Den kynden syn, eyn unwert gast.

Im zugehörigen Holzschnitt dringen die Kinder mit Keulen auf den alten Vater ein.

Nötig ist in vielen Rdaa. in der Bdtg. von ‚Mangel haben an‘, ‚arm sein‘ belegt, z. B. bair. ‚Er isch e nötige Ma‘; schweiz. ‚nötig sin an öppis‘, Mangel haben an, ‚genot leben‘, sich kümmerlich durchschlagen; els. ‚Es hat mich nötlich‘, es befremdet, beunruhigt mich.

Es wäre nicht nötig gewesen: Verlegenheitsformel; wenn z. B. einem Gast etwas angeboten wird, sagt er im Schwäb.: ‚Es wär‘ nedd needich gwä‘.

Der Notanker sein: für jem. in höchster Not Zuflucht sein. Der Notanker ist der Anker, den man auf dem Verdeck bereithält, um ihn erst in der äußersten Not zu gebrauchen.

Seine Notdurft verrichten: Umschreibung für den Drang des menschlichen Körpers, sich zu entleeren.

*Einen Notnagel suchen, er ist sein letzter
Notnagel:* seine letzte Rettung.

Lit.: *J. Hoops:* By the skin of one's teeth (= mit knapper Not), in: Englische Studien 74 (1940/41), S. 392.

Note. *Nach Noten:* gründlich; *es geht (wie)
nach Noten:* abgemessen und geläufig,
schnell und ohne Unterbrechung. Wahrscheinl. geht die Rda. auf die Musiknoten
zurück: Während das Volk seine Lieder
nach musikalischem Gehör singt, scheint
das Singen nach Noten als Zeichen eines
besseren, höheren, des wahren Gesanges
gegolten zu haben. So war es z. B. in der
Schweiz ein bes. Vorrecht, die Totenmesse nach Noten mitsingen zu dürfen. In
einer spätma. Predigt auf das Fest Allerheiligen heißt es an einer Stelle, wo „die
lobeliche stadt des herrn" gepriesen wird,
von den musizierenden Engeln: „Sie singen noch (= nach) den noten vor gottes
throne den lobesang alleluia". Was sich
nach Noten richtet, folgt einer bestimmten Regel, einer bestimmten Vorschrift, ist
also regelrecht, seinem anerkannten Vorbild ebenbürtig. Die Bedeutungsentwicklung ist hier ähnl. wie bei ‚gehörig',
eigentl.: ‚wie es sich gehört', heute jedoch:
tüchtig, sehr. Da die Rda. häufig in
Wndgn. gebraucht wird, wie ‚nach Noten
essen, trinken, lügen, prügeln, einem die
Meinung sagen' usw., wäre auch eine andere Erklärung möglich: die Entstehung
aus ahd. ‚mit nôti', ‚bî nôti' = sehr, heftig,
gewaltig; mhd. ‚genôte' = eifrig, sehr, in
hohem Grade; vgl. noch schweiz. ‚das god
de genote Weg', das geht sehr schnell und
gründlich.
Eine persönliche Note besitzen, auch:
Seine persönliche Note bewahren: einen
besonderen Lebensstil, eine charakteristische Eigenart beibehalten, sich nicht davon abbringen lassen.
Noten austauschen: zwischen Diplomaten
Nachrichten, Briefe, Grundsatzerklärungen austauschen; oft iron. gebraucht,
wenn nichts weiteres geschieht.
Schlechte Noten erhalten: als Politiker bei
demoskopischen Umfragen schlecht abschneiden.

Nücke. *Seine Nücken und Tücken haben:*
unangenehme Eigenschaften besitzen;
eine Nücke (ndd. ‚Nucke') ist im Norddt.

eine versteckte Bosheit oder eine unfreundliche Laune.

Nudel. *Das geht (ja) wie genudelt:* das läuft
glatt, das geht ‚wie geschmiert'; *er sieht
aus wie genudelt:* er ist dick; ‚wie genudelt'
fühlt man sich nach einer reichlichen
Mahlzeit, d. h. sehr satt. Der Ausdr.
kommt von der Gänse- und Hühnermast,
bei der man den Tieren Mehl- oder Kartoffelnudeln in den Schnabel schiebt, um
sie fett zu machen. Neuerdings auch als
Merkmal einer (meist weibl.) Person: ‚Sie
ist eine putzige, freche, komische, tolle,
versoffene Nudel'.

null. Das Adj. null, aus lat. ‚nullus' = keiner, für die arabische Ziffer 0 gebraucht,
ist in vielen Rdaa. zu finden; seit dem
16. Jh. ist es in der dt. Rechtssprache belegt. Sehr bekannt ist heute noch die stabreimende Formel *null und nichtig:* völlig
ungültig, außer Kraft; vgl. ‚Lehens- und
Besitzurkunden Schlesiens" (1883, II,
365, vom Jahre 1522): „wofern einige brief
und privilegien weren auszbracht und ertheilt worden, so thuen wir dieses alles …
für null und nichtig erklären". Kant
(V, 90): „Ein Vertrag, der in sich selbst null
und nichtig ist"; Schiller (‚Wallensteins
Tod' V, 2): „Das Jurament ist Null"; vgl.
frz. ‚C'est nul et d'aucune valeur'; auch:
‚Nul et non avenu'; engl. ‚that is null and
void'. *Zu null werden:* zu nichts werden,
aufhören zu existieren; Goethe in der
‚Farbenlehre': „Ein brechend Mittel, in
welchem die Farberscheinungen … völlig
zu null werden könnten". *Null Komma
nischt:* gar nichts, ist eine junge, wohl vom
Berl. ausgegangene Rda., die von der
Schreibung 0,0 für ‚nichts' abgeleitet worden ist. *In Zeit von null Komma nichts:* in
sehr kurzer Zeit. *Null für Null aufgehen:*
genau aufgehen, so daß nichts übrigbleibt. Ein unbedeutender Mensch ist
‚eine Null', ein Nichts; rhein. ‚He ös de
Null fier de Ziffer'.
Von lauter Nullen regiert werden: von inkompetenten Leuten, auch: *Da oben sitzen doch nur lauter Nullen,* heißt es heute
kritisch oder resignierend von Politikern
und Managern, wenn Mißstände offenbar werden, wenn keine Abhilfe geschaffen wird, die dringend nötig erscheint.

In einem Kirchenlied von E. Neumeister (1671–1756) heißt es, jedoch in anderer, nicht übertr. Bdtg.: „Mein Jesus kann addieren und kann multiplizieren, auch da, wo lauter Nullen sind".

Rhein. ‚nulle maken', aufschneiden, ‚Wind machen'; ‚sin Alter nullt' sagt man, wenn jem. glatte 20, 30, 40 usw. Jahre alt wird; ‚dat nollt sich' (bei einer Rechnung), das summiert sich; auch viele kleine Beträge können eine große Rechnung ergeben.

Null-acht-fuffzehn: üblicher Verlauf, veralteter Gegenstand. Bezieht sich urspr. sold. auf die Bez. des Maschinengewehrs, das im Jahre 1908 eingeführt und 1915 verbessert wurde. Im 2. Weltkrieg gab es den Namen her für veraltete, in Massen und Serien hergestellte Gegenstände, überhaupt für alles bis zum Überdruß Wiederholte.

‚Null-Null': bedeutet die Toilette (als Raum, der im Hotel nicht als Zimmer gilt, daher keine Nummer hat, sondern ‚00').

Null Bock auf etw. haben: absolut kein Bedürfnis, kein Verlangen, keine Lust nach etw. haben. Die Rda. ist eine Prägung der ‚No-future'-Generation der 80er Jahre. ‚Null Bock auf nichts' diente sogar der Jungen Union zum Wahlslogan (Spiegel), ↗ Bock.

Eine Null-Nummer herausgeben: den Prototyp einer neuen Zeitung oder Zeitschrift; gilt als erstes Versuchsexemplar und wird meist kostenlos abgegeben.

Eine Null-Serie auflegen: eine Probeserie in der industriellen Fertigung herstellen.

Die Augen auf Null stellen: schlafen, auch: sterben; ↗ zeitlich.

Nulltarif. *Zum Nulltarif fahren:* nichts bezahlen, schwarz fahren, ↗ schwarz. In öffentl. Verkehrsmitteln werden Alte u. Behinderte gelegentlich ‚zum Nulltarif', d.h. ohne Fahrtausweis mitgenommen; manchmal dient der ‚Nulltarif' auch zur Werbung für eine neueröffnete Linie (Bus, Straßenbahn).

Sich zum Nulltarif bedienen: Waren entwenden. Die Wndg. gilt als euphemist. Umschreibung für stehlen.

Nichts zum Nulltarif bekommen: nichts kostenlos, nichts ohne größere finanzielle Aufwendungen erhalten können. Diese Wndg. ist in der polit. Diskussion heute bes. aktuell in Hinblick auf höhere Ausgaben im Staatshaushalt und die damit verbundenen Erwägungen, die Steuern zu erhöhen.

Nummer. *Eine gute Nummer bei jem. haben:* gut bei ihm angeschrieben sein, viel gelten. Die Rda. geht auf die Nummern zurück, d.h. auf die Zensuren, die in der Schule erteilt werden.

Nummer steht oft auch für eine Person; die Übertr. stammt wohl aus dem Geschäftsleben, wo die Güte der einzelnen Waren mit Nummern bez. wird (ähnl. wie ‚Marke', ‚Sorte' u.a.). Einen seltsamen Menschen nennt man ‚eine putzige Nummer', ‚eine wunderliche Nummer' etc., rhein. ‚e dolle Nummer', ein Spaßmacher: vgl. frz. ‚un numéro', i.S.v.: ein Sonderling, ein komischer Kauz, auch ein Spaßmacher.

Nur noch wie eine Nummer behandelt werden: im Verwaltungsapparat eines Betriebes oder Staates ohne Rücksicht auf persönliche Umstände behandelt werden; es heißt auch: *Zu einer Nummer werden:* als Mensch nicht mehr beachtet werden; auch: herabgewürdigt werden, z.B. bei der Behandlung im Krankenhaus, als Zahl in der Unfallstatistik usw. Der Mensch fühlt sich angesichts der üblichen Praxis, seine persönlichen Daten mit Hilfe eines Nummernsystems zu erfassen, irgendwie gedemütigt. Sein Name, sein Schicksal zählen nichts mehr. Ins Positive gewendet heißt es aber im Frz.: ‚tirer le bon numéro': eine tüchtige Frau geheiratet haben (das große Los gezogen haben), ↗ Los.

Schwäb. ‚des isch e böse Nummer', ein böser Mensch, auch: eine üble Sache. *Nummer eins sein:* Hauptperson sein; J. J. W. Heinse (‚Ardinghello' I,286): „Der schöne Mensch im bloßen Gefühl seiner Existenz ohne Leidenschaft, in Ruhe, ist der eigentliche Gegenstand der Nachahmung des bildenden Künstlers und seine Nummer eins". Vgl. frz. ‚... numéro un' als Bez. für ein Thema (‚sujet numéro un'), ↗ Thema.

Schwäb. ‚etw. hat koi Nummer', ist unbedeutend, nicht gut, sieht nach nichts aus.

Eine große Nummer sein: sehr leistungsfä-

hig sein; aus der Artistensprache hergenommen: die einzelnen Darbietungen im
Zirkus, Kabarett usw. werden Nummern
genannt.

*Eine Nummer machen (abziehen, bauen,
drehen, schieben):* koitieren; die Wndg.
aus der Dirnensprache bezieht sich vielleicht auf die Entgeltsberechnung im Bordell; dagegen: *eine ruhige Nummer schieben:* nur bequemen Dienst tun (sold.,
2. Weltkrieg).

,Auf Nummer Sicher sein', im Gefängnis,
Arrestlokal. Bezieht sich einerseits auf die
fortlaufende Numerierung der Gefäng-
niszellen, andererseits darauf, daß der In-
sasse ,sicher' sitzt. Davon abgeleitet: *auf
Nummer sicher gehen:* alle Vorsichtsmaß-
nahmen treffen.

Nurmi. *Ik bin doch keen Nurmi* sagt der
Berliner, wenn er das Gefühl hat, man verlange doch etw. zu viel von ihm; die Redewndg. wiederholt sich in vielen Sprachen der Welt und bezieht sich auf den
finn. Sportler Paavo Nurmi, den lange
Zeit erfolgreichsten Läufer in der Gesch.
der Olympischen Spiele, der von 1920 bis
1928 in Antwerpen, Paris und Amsterdam
insgesamt neun olympische Goldmedail-
len erhielt und dem schon zu Lebzeiten in
Helsinki vor dem Stadion ein Denkmal errichtet wurde.

Nürnberg. Die alte blühende Reichsstadt
mit ihrer Weltgeltung vor allem im 15. und
16. Jh. wird in vielen Rdaa. genannt, wenn
auch meist nicht ohne Spott. Von allem
möglichen, was schlecht und unerlaubt
war, hieß es schon im 16. Jh.: ,Ich gloub,
daß mans zuo Nürnberg thuot' oder ,Zuo
Nürnberg latt man solche wal' (= läßt
man solche Wahl). Vermutl. liegt hier der
Gedanke an die freiheitliche Verfassung
der Stadt zugrunde, die nun der Neid der
weniger glücklichen Orte mit dieser abwertenden Bemerkung gern zu einer Stadt
der ,unbegrenzten Möglichkeiten' ab-
stempeln wollte. Barack handelt über die
Wndg. (Abh. d. lit. Ver. in Nürnberg, 1875,
S. 76–80) und erinnert zur Erklärung an
die Sage von einem in Nürnberg zum Tod
verurteilten Verbrecher, der auf die Frage,
welche Todesart er sich wünsche, den Tod
durch Alter angab und daraufhin freige-

lassen werden mußte. Darauf bezieht sich
auch eine Stelle in Murners ,Narrenbe-
schwörung' (33,25), wo es heißt:

Im todt wendt sy ouch hon den fal!
Zuo Nuernberg liesz man in die wal.
Hie liesz man sy den ritten hon
Ee das man geb den val darvon.

Von einem Menschen, der sich um Dinge
kümmert, die ihn nichts angehen, sagt
man westf. ,Hei bekümmert sik umme
Nürnberg un hett kein Hius inne'. Die
Hamburger erkennen die Nürnberger
scherzhaft als kluge Leute an, wenn sie
beim Regen sagen: ,Ik mak es as de Nürnberger, ik ga darünner weg'. Zu einem
sehr neugierigen Menschen sagt man
schwäb. ,In Nürnberg isch au no e Ma, hat
nit alles gsehe'. ,Einen Nürnberger' macht
der Drechsler, wenn er danebendreht.
Rhein. sagt man spöttisch für ein nicht
dauerhaftes Gerät: ,Das ist Nürnberger
War, dreimal gebacke un net gar!' Auf die
Nürnberger Spielzeugindustrie spielt das
Sprw. an: ,Nürnberger Tand geht durch
alle Land', das meist nicht mehr in seinem
urspr. Sinn verstanden wird, weil ,Tand'
die Bdtg. von ,Wertlosem' angenommen
hat. *Die Nürnberger hängen keinen, sie
hätten ihn denn (zuvor)* sagt man, um eine
Warnung in den Wind zu schlagen, in der
Hoffnung, der angedrohten Strafe zu entgehen. Die Wndg. hat voneinander abweichende Erklärungen gefunden. Wahrscheinl. gehört diese Rda. zur Sage von
dem Raubritter Eppelin von Gailingen
(DS. 130) und entstammt einem Spottvers, der seinerseits aus einem Volkslied
des 16. Jh. hervorgegangen ist. Weniger
wahrscheinl. ist die Herleitung aus der
32. Historie des Eulenspiegelvolksbuches. Dort läßt Eulenspiegel die ver-
folgenden Nürnberger Stadtwächter von
einer Brücke, an der er vorher einige Boh-
len gelockert hatte, in die Pegnitz stürzen.
Mit dem Nürnberger Trichter eingießen:
einem etw. auf eine grobe Lehrweise beibringen; in älterer Form: ,mit einem
Trichter eingießen (oder: einziehen)'; so
am frühesten in der Sprww.-Sammlung
von Seb. Franck 1541 belegt, ↗ Trichter.
Die Rda. ist zunächst wohl deshalb auf
Nürnberg bezogen worden, weil sich der
nach dem Dreißigjährigen Krieg zurückgehende Handel der einst so reichen

1/2 ‚Mit dem Nürnberger Trichter eingießen'

Nürnberger Kaufleute fast nur noch auf Metallkleinwaren erstreckte. Wirklich geläufig geworden aber ist die Rda. erst seit dem Jahre 1647, wo der Nürnberger Dichter Harsdörffer eine Poetik veröffentlichte, der er den Titel gab: ‚Poetischer Trichter, die Teutsche Dicht- und Reimkunst, ohne Behuf der lateinischen Sprache, in VI Stunden einzugießen'. Das Bild vom Trichter ist freilich nicht Harsdörffers Erfindung, da er sich in der Vorrede auf H. Schickards ‚Hebreischen Trichter' (Tübingen 1627) bezieht und ein solcher Trichter schon in der lat. Komödie ‚Almansor, sive ludus litterarius' des Mart. Hayneccius (Leipzig 1578) genannt wird. Franz Trautmann gab 1849f. in Nürnberg ein humoristisches Blatt ‚Der Nürnberger Trichter' heraus.

Lit.: *G. A. Will:* Über das Sprw. ‚Nur ein Nürnberg', in: Historisch-diplomatisches Magazin 2 (1781), S. 415–422; *Joh. Priem:* Nürnberger Sagen und Geschichten (Nürnberg 1872), S. 64–74; *F. Reicke:* Gesch. der Reichsstadt Nürnberg (Nürnberg 1896), S. 314ff; *F. Bauer:* Alt-Nürnberg. Sagen, Legenden und Geschichten (3. Aufl. München 1955), S. 25ff., 208ff.; *L. Röhrich:* Sprw. Rdaa. aus Volkserzählungen, S. 256f.

Nuß. *Einem eine harte Nuß zu knacken geben:* ihm eine schwere Aufgabe stellen; auch schweres Geschick kann eine *harte Nuß* genannt werden; rhein. ‚de hett noch

en hart Nüßje zu knacke', er hat noch viel Schwierigkeiten zu überwinden; vgl. frz. ‚donner à quelqu'un du fil à retordre' (wörtl.: einem Draht geben, den er zurechtbiegen soll). ‚Muß ist eine harte Nuß' lautet ein Sprw. Ein altes Lied läßt die böhmischen Jesuiten 1622 über ihre schwierige Lage klagen:

Die Nuß ist hart, stumpf sind die Zähn,
Drum ist sie bös zu beißen.

Nach der Eroberung Sigeths 1686 spottete man in Dtl.:

Sigeth ist zwar eine harte Nuß,
Die Deutschen seynd Nußbeißer!

1514 vermerkt Tunnicus unter Nr. 152: „De de kerne wil eten, de mot de not upbreken"; ähnl. schon bei Plautus (gest. 184 v.Chr.): „Qui e nuce nucleum esse vult, frangit nucem" (d.h.: Wer den Vorteil will, darf die Anstrengungen nicht scheuen); vgl. das Sprw. ,Gott gibt die Nüsse, aber er knackt sie nicht auf'; im gleichen Sinne auch: ,Er will die Nüsse nicht knacken, aber den Kern will er essen', engl. ,to eat the kernel one must crack the nut'. Ebenso werden auch Rätsel oft bildl. *(Knack-)Nüsse* genannt, so z. B. bei G. A. Bürger in seiner Ballade ,Der Kaiser und der Abt':

So geb ich denn Euren zwei
    tüchtigen Backen
Zur Kurzweil drei artige Nüsse zu
    knacken.

Vgl. engl. ,that is a hard (tough) nut to crack'.

Ein Nüßchen mit jem. zu knacken haben: mit jem. über eine Angelegenheit abzurechnen haben, mit ihm ,ein Hühnchen zu rupfen' haben. Von einem sehr bösen Menschen sagt Joh. Fischart: „er war so bös, er hätte eine Nuß mit dem Arsch aufgebissen"; heute wird damit mehr auf die Gerissenheit und Klugheit eines Menschen angespielt.

Auch *taube Nuß* für etw. Wertloses oder auch als Schimpfwort ist sprw.; *er tut es nicht um taube Nüsse:* er versichert sich eines ordentlichen Gewinnes für seine Arbeit. So heißt es bei Kotzebue: „Mein Leben ist eine taube Nuß"; bei Wieland (X, 250): „So wollt ich keine Nuß um eine Tugend geben"; rhein. ,do gef ich ken Nöss for', das ist so wertlos, daß man nicht einmal Nüsse dafür gibt; ebenfalls rhein. ,de hot ken Noss', er besitzt nichts; hess. ,Klä-Nissje' ist ein Kosewort für ein kleines Kind; ostfries. ,um dofe Nöten deit he't nêt'; ndl. ,niet voor doove neuten'; engl. ,not worth a nutshell'. Ähnl. ,es ist keine gelöcherte Haselnuß wert'. Rhein. ,Nöss met Löcher', faule Ausreden; schweiz. ,e Nuss mit em Löchli'. Hess. ,große Nüsse im Sack haben', große Ansprüche stellen; ,dasitze wie fimf Niss', ängstlich, verschüchtert dasitzen; rhein. ,e micht e Gsicht wie elf Ness', ein griesgrämiges Gesicht machen; hess. ,wie auf fünf Nüssen sitzen', unruhig, ängstlich dasitzen; schweiz. ,zur dritte Nuß cho', zu spät kommen, wenn der Markt schon ausverkauft ist; ,die Nuß vom Baume schwätzen', sehr viel, schnell und ausdauernd reden.

Nuß wird sprw. auch gebraucht für einen kleinen Raum, etw. sehr Kleines: *in einer Nuß:* ganz zusammengedrängt; Lessing: „Der Leser erwartet etwas ganz anderes, als die Geschichte der Weltweisheit in einer Nuß"; eine Schrift J. G. Hamanns heißt ,Aesthetica in nuce'. *Aus der Nuß sein:* außer sich sein vor Zorn, seiner nicht mehr mächtig sein; dazu *jem. wieder in die Nuß bringen:* ihn besänftigen. *Nicht lang in der Nuß liegen:* schnell von Entschluß sein, eine Sache schnell angreifen, erinnert an die Rätsel, die die Nuß als Kammer bezeichnen, und an das sächs. ,jem. aus der Nuß heben', ihm aus der Klemme helfen, ihn aus bedenklicher Lage befreien, heute aber meist: ihm Vorwürfe machen, ihn ausschelten; vgl. rhein. ,enem de Nöt aufhaue', ihm aufs Dach steigen, ihn ausschelten. Von einem Knirps sagt man: ,der kann in einer Haselnuß hüpfen'.

Umg. bedeutet Nuß auch ,Kopf': *einem eins auf die Nuß geben.* Seit dem 16. Jh. ist Nuß auch in der Bdtg. ,Schlag', ,Stoß' bezeugt; heute vor allem in der Zusammensetzung ,Kopfnuß'; Hans Sachs (5,64,29): „Schlag zu, schlag zu, gib ir die Nüsz". Eine kleine, fest eingewachsene Nuß heißt obd. ,Grübelnuß'; diesen Ausdr. gebraucht Hugo von Trimberg im ,Renner' bildl., indem er von den religiösen Grüblern sagt:

wir lazzen die der grübelnüsse walten,
den sanft nit grübelnüssen sei,

wobei ein Wortspiel zwischen ,Grübelnuß' und ,Grübelnis' vorliegt.

Bair. ,is alls denußt (d. h. die Nüsse sind schon alle herabgeschlagen), hat der Teufel gsagt, is um Weihnachten ei d'Nuss gang', da ist nichts mehr zu bekommen, es ist schon alles ausverkauft.

In die Nüsse gehen kann, wie die aus dem 16. Jh. bezeugte Rda. ,in die ↗ Haseln gehen', die erotische Bdtg. haben: sein Liebchen aufsuchen; es bedeutet aber auch: sterben, vgl. ,in die ↗ Binsen gehen'. In einem Stammbuch des 16. Jh. steht:

Dum nux virescit et virgo crine
    pubescit:
Tum nux vult frangi et virgo stipite
    tangi.

Der Zusammenhang mit Sexuellem wird auch in den alten Versen deutlich:

Nus durch eyn sack beysse

‚Nüsse durch einen Sack beißen'

Ein harte Nuß, ein stumper Zahn,
Ein junges Weib, ein alter Mann
Zusammen sich nicht reimen wol,
Seinsgleichen ein jeder nemen sol.

Die Nüsse gelten auch als Fruchtbarkeitssymbol, daher war es ein alter, weitverbreiteter Brauch, bei Hochzeiten Nüsse zu verschenken. Schon Festus versichert, daß während der Hochzeit Nüsse zum Zeichen guter Vorbedeutung für die Neuvermählten geworfen worden seien.

Das Wachstum vieler Nüsse in einem Jahr gilt als eine Art Orakel für reichen Kindersegen. Auch in Frankr. heißt es: ‚année de noisettes, année d'enfants'.

Von einem Menschen, der den Höhepunkt seines Lebens bereits überschritten hat, sagt man hess. ‚Der hat die beste Nüss gekloppt', der hat nicht mehr viel zu erwarten; rhein. ‚dem sin die Niss gekracht'. In Thüringen spottet man über ein uneheliches Kind: ‚Si Vader es ofn Nesbaum drsofn'.

Schwäb. ‚einem d'Nuss auftue', ihn aufklären, aber auch: ihn verprügeln; schweiz. ‚eim a d'Nuss cho', ihm seine Braut ausspannen.

Nüsse durch einen Sack beißen war eine im 16. Jh. allgemeinverständliche Rda., mit der die verbotene Liebschaft zu einer Nonne im Kloster bildl. umschrieben wurde. In Murners ‚Schelmenzunft' heißt es unter der Überschrift ‚Nus durch eyn sack beyßen':

Wer do buolt eyn closter frouwen,
Die er mit ougen nit kan schouwen
zuo sehen im nit werden magk,
Der beyßt die nuß do durch eyn sagk.
Der schaum im maul der kern ist deyn
Und ist daß kuwen nur seyn gwyn.

Heute wird mit dieser Rda. derjenige getadelt, der sich nicht die Mühe macht, die Wahrheit einer Sache festzustellen.

Einen wie einen Nußsack prügeln: ihn tüchtig schlagen; obersächs. ‚Dresche kriegen wie ein Nußsack'; die Rda. stammt von dem Brauch, die geernteten Nüsse in einem Sack zu schlagen, bis die grünen Schalen alle abgesprungen sind; man vermeidet so, daß die Finger von dem Saft der grünen Schalen gebräunt werden.

Nutzen. *Mit allerslahte Nut:* veraltete Rechtsformel, die in den Niederlanden und in Norddtl. bei Eigentumsübergaben gebräuchl. war und die Nutznießung des neuen Besitzes der Immobilie garantierte. ‚Allerslahte Nut' waren die mit dem Gut verknüpften Rechte und auch das Zubehör; dieser Gesamtnutzen konnte auch bei Lehensverhältnissen garantiert werden. Gegen Ende des 15. Jh. kommt diese Rechtsformel außer Gebrauch, da das Vokabular des römischen Rechts immer mehr Einfluß gewinnt: die Wndg. ‚mit allerslahte Nut' wurde durch den lat. Begriff ‚redintegranda' ersetzt.

↗ Mit Torf und Zweig.

Lit.: *W. van Iterson:* Der Ausdruck ‚mit allerslahte Nut' und sein Zusammenhang mit der Gewere, in: Zs. der Savigny-Stiftung für Rechtsgeschichte, Germanist. Abt. 84 (1967), S. 310–329.

O

oben. *Etw. kommt von oben:* umg., vor allem im Berufsleben, für den Vorgesetzten. Z. B.: eine Anordnung kommt von oben, von höherer Stelle. Ein Kollege, der seinem Chef gegenüber freundlich oder schön tut, um befördert zu werden, seinen Mitarbeitern aber das Leben schwermacht, ist *einer, der nach oben buckelt, nach unten tritt.*
Hierher gehört auch das – oft zum parodistischen Widerspruch reizende – Sprw.: ‚Alles Gute kommt von oben‘. Meist wird es scherzhaft angewandt, z. B. wenn ein Vorhaben durch einen starken Regen unmöglich gemacht wird oder ein Vogel seine Exkremente fallen läßt.
Jem. ist oben hui und unten pfui (vgl. ‚außen hui und innen pfui‘): jem. macht auf den ersten Blick einen ordentlichen Eindruck, der sich jedoch bei näherem Hinsehen in sein Gegenteil verkehrt; früher sagte man auch: ‚oben fix un’ unnen nix‘.

Oberförster. *Ja, ja, sagte der alte Oberförster und seine Frau, die Grete, saß am Fenster und nähte:* Nonsens-Wellerismus.
Eine Variante lautet:
„Ach ja, sagte der alte Oberförster, Hugo war sein Name, und der Schalk blitzte ihm aus den Augenwinkeln. Und seine Tochter Grete saß am Fenster und nähte. Und da stach sie sich in den Finger, und da floß das rote, rote Blut. Ach ja, sagte der Oberförster“. Prototyp einer endlosen Geschichte. Rdal. wird oft nur die erste Zeile zitiert, wenn jemand eine altbekannte Geschichte wieder und wieder auftischt.

Oberhand. *Die Oberhand gewinnen:* sich als der Stärkere erweisen, den Sieg davontragen (ebenso engl. ‚to have, to get the upper hand‘; ndl. ‚de bovenhand krijgen, nemen, hebben‘; frz. ‚avoir le dessus‘, auch: ‚garder la haute main‘; die Oberhand behalten; ↗ Hand.
Die Rda. begegnet bereits im ‚Talmud‘,

Baba Mezia IV, 2. Sie stammt aus der Sprache der Ringer: wer die Hand über seinen Gegner bringen und ihn mit der Hand niederhalten kann, ist Sieger. Schon im ‚Iwein‘ Hartmanns von Aue (V. 1537) wird die Wndg. bildl. verstanden: „vrou Minne nam die obern hant“. Vgl. *obenauf sein:* gesund, vergnügt, erfolgreich, Herr der Lage sein.

Oberkante. *Jem. steht mir bis (zur) Oberkante Unterlippe:* jem. ist mir unangenehm, zuwider; ↗ Hals.

Oberste. *Das Oberste zuunterst kehren:* ein großes Durcheinander anrichten, die Ordnung zerstören, auch: alles durchsuchen. Lit. bei Schiller: „Glaubt ihr wohl, Gott werde zugeben, daß ein einziger Mensch in seiner Welt wie ein Wüterich hause und das Oberste zuunterst kehre?“ (Räuber V, 1).

Oberstübchen. *Nicht recht im Oberstübchen sein:* nicht ganz bei Verstand sein, verdreht, verrückt, auch: betrunken sein. Ebenso: *Es ist bei ihm im Oberstübchen nicht richtig* (auch: ‚bei dem fehlt’s im oberen Stübchen‘ oder ‚der hat’s im oberen Stockwerk nicht recht‘; ‚er hat im Oberstübchen [zu stark] eingeheizt‘; ‚es rappelt bei ihm im Oberstübchen‘): er ist etw. verdreht im Kopf, wobei Oberstübchen scherzhaft für ‚Kopf‘ steht; lit. gebraucht seit 1741 bei norddt. Schriftstellern. Das Werk ‚Hartensteins Reise‘ (1780) von C. W. Kindleben machte die Umschreibung populär: „im Oberstübchen nicht richtig“ (S. 161). In Österreich sagt man: ‚Dir fehlt’s im oberen Stock‘; vgl. die landschaftlich gebrauchten Wndgn.: ‚Es wird hell im Oberstübchen‘, es geht ihm ein Licht auf; ‚einem das Oberstübchen fegen‘, ihm Klarheit schaffen. Auch der thür. Ausdr. ‚Kröpelstöcken‘, d. i. ein halbes Stockwerk als Aufbau zum unteren, wird scherzhaft für ‚Gehirnkasten' gebraucht (↗ Dach); beruht auf der Gleichsetzung von Mensch und Haus.

Oberwasser. *Oberwasser haben (bekommen):* im Vorteil sein, in Vorteil kommen. Mit Oberwasser bez. man das oberhalb der Mühle durch das Wehr gestaute Wasser, das das Mühlrad antreibt, im Gegensatz zum ‚Unterwasser', das unterhalb der Mühle wegfließt. Die aus dem Mühlenbetrieb stammende Rda. ist vor allem mdt. und ndd. sehr verbreitet. Im 19. Jh. drang sie in die Schriftsprache vor: „Das gab Reichardten Oberwasser" schreibt der Berliner Musiker Karl Friedrich Zelter 1831 an Goethe. Vgl. ‚Wasser auf seine Mühle' (↗ Wasser).
Man spricht von ‚oberschlächtigen Mühlrädern', wenn herabfallendes Wasser das Mühlrad antreibt.

Obligo. *Jem. hat sich ins Obligo begeben:* jem. hat sich für etw. verpflichtet, hat fest versprochen, daß er etw. tun wird. *Jem. ins Obligo nehmen:* ihn verpflichten.
Der Begriff ‚Obligo' (lat. obligare) kommt aus dem Ital. und ist der Handels- und Wirtschaftssprache entnommen; auch hier bedeutet er: ‚Verpflichtung übernehmen'. Ist jem. der Verantwortung enthoben, so sagt man: *Er ist außer Obligo.* Seit Anfang der 80er Jahre bes. häufig in der Sprache der Politik.

Obolus. *Seinen Obolus entrichten:* einen kleinen Beitrag zahlen, eine erwartete Opfergabe darbringen, etw. spenden, heute auch scherzhaft für: Eintritt zahlen, oft in der Form: *seinen Obolus bereits entrichtet haben.*
Das seit dem 18./19. Jh. im Dt. gebräuchl. Fremdwort beruht auf dem griech. Münznamen ‚obolós' (etwa 12 Pfennige), der seinerseits eine Dialektform von griech. ‚obelós' ist in der Bdtg. von Bratspieß (vgl. ‚Obelisk'). Die Bez. der kleinen griech. Münze gelangte über das gleichbedeutende lat. ‚obolus' nach Dtl., wo es in der Rda. tradiert wird.
Die Wndg. geht auf die umfangreiche Hadesschilderung in einem der frühen griech. Epen zurück, der nur fragmentarisch überlieferten ‚Minyas' (7./6. Jh.

v. Chr.), die von Prodikos von Phokis stammen soll. Darin wird berichtet, daß die Toten, denen man einen Obolos, die kleinste griech. Münze, als Fährlohn in den Mund legte, vom Fährmann Charon mit seinem Kahn über den Unterweltsstrom Acheron gebracht wurden.

Obst. *Danke für Obst (Backobst) und (andere) Südfrüchte!:* Ausdr. der Abweisung und Ablehnung; bezieht sich urspr. auf die Äußerung eines Gesättigten, der auf den Nachtisch dankend verzichtet; ↗ Birne. Im Riesengebirge bedeutet die Wndg. ‚Wir danken für Obst und sonstige Früchte' einen verhüllten Glückwunsch, wenn man eine Schwangerschaft vermutet.
Obst in fremden Gärten lesen: euphemist. Umschreibung für verbotene sexuelle Beziehungen zu einem verheirateten Partner. Ähnl. Bdtg. hat die Rda. *verboten(es) Obst gegessen haben,* bei der eine gedankliche Verbindung zum Sündenfall besteht; vgl. frz. ‚avoir mangé du fruit défendu'.

Lit.: *Marotzke:* Das Obst im Volksmunde, in: Monatsbl. d. Kolberger Ver. f. Heimatkunde, 6 (1929), Nr. 10.

Obstbaum. *Pflanz dir Obstbäume, dann kannst du heiraten!* sagte man früher in Tarnowitz. Dazu berichtet die mdl. Volksüberlieferung: „Wenn ein junges Paar früher heiraten wollte, dann mußten sie erst sechs Obstbäume pflanzen, die auch angehen. Dann durften sie erst heiraten und zum Standesamt gehen. Das wollte der Alte Fritz so. Das war Zwang. Das war so toll, daß die Leute heute noch sagen: Pflanz dir Obstbäume, dann kannst du heiraten!" (ZA. 118331.)
Dieser Brauch ist auch anderwärtig bezeugt. Die Äbtissin Josephe Zandt von Merle hat am 6. Hornung (Februar) 1787 in einer Verordnung für die Gemeinde Geislar folgenden Paragraphen erlassen: „7tens. Solle künftig jedes Ehepaar, welches im Dorf gebürtig ist, für Nachbargeld 1 rthlr. spc. an den Baumeister zahlen und zwey gute täugliche Obstbäume auf anweisung des Baumeisters auf den gemeinen grund pflanzen und selbige zwey jahr auf seine gefahr dergestalt pflegen,

daß, falls sie in dieser Zeit abhängig werden, von ihnen zwei neue Obstbäume auf die nemliche art gepflanztet und unterhalten werden sollen". (Abgedruckt in: G. H. Chr. Maaßen: Geschichte der Pfarreien des Dekanats Königswinter [Köln 1890]), ↗ Baum.

Lit.: L. *Röhrich:* Der Baum in der Volksliteratur, in: Märchen, Mythen und Riten, in: Germanistik aus interkultureller Perspektive ... Hommage à G.-L. Fink (Strasbourg 1988), S. 9–26.

Ochse. *Die Ochsen hinter den Pflug spannen,* auch in der Form: *den Pflug vor die Ochsen spannen:* eine Sache verkehrt anfangen; gleichbedeutend ist frz. ‚mettre la charrue devant les bœufs'.

Er steht da wie der Ochse am Berg (ebenso: ‚wie die ↗ Kuh vor dem neuen Scheunentor'): er steht ratlos vor einer Schwierigkeit; schon von Luther öfters gebraucht. Ähnl. sagt man obersächs. ‚Der versteht von der Sache soviel wie der Ochse vom Sonntag'. *Vom Ochsen auf den Esel kommen:* rückwärts, von einem höheren sozialen Ansehen absinken (ebenso ndl. ‚hij springt van den os op den ezel'), auch in der Bdtg.: ‚vom Hundertsten ins Tausendste', ‚vom Hölzchen aufs Stöckchen kommen', Die ndl. Rdaa.-Bilderbogen haben diese Rda. festgehalten, sie findet als Detail auch auf Bruegels Rdaa.-Bild.

‚Vom Ochsen auf den Esel kommen'

Einen Ochsen melken wollen: etw. Vergebliches tun; ebenso: ‚einen Ochsen in die Apotheke schicken'.

Dem Ochsen ins Horn pfetzen: jem. etw. erklären wollen, obwohl dieser unfähig ist, den Sachverhalt zu verstehen; so sagen manche Lehrer zu ihren Schülern: ‚Bei euch ist es so, als ob man einem Ochsen ins Horn pfetzt', ↗ Horn.

Einen Ochsen auf der Zunge haben: Hemmungen haben, etw. zu sagen.

Die Ochsen kälbern ihm: er hat unwahrscheinliches Glück; so auch in Thomas Manns ‚Buddenbrooks' (II. Teil, Kap. 5): „Großvater sagte von Heinrich Hagenström: ‚Dem kalbt der Ochse', das waren seine Worte ..."

Ostfries. ‚De swarte Oss het er al up den Fôt treten', sie ist ein Pechvogel; ↗ Kuh.

Die Ochsentour machen (reisen): einen beschwerlichen Weg einschlagen, mühevolle Arbeit leisten, die übliche Reiseroute absolvieren, übertr.: die Beamtenlaufbahn, Offizierslaufbahn einschlagen, den vorgeschriebenen Dienstweg einhalten. Vgl. frz. ‚travailler comme un bœuf'.

‚Die Ochsentour machen'

‚Paß auf, daß dich nicht der Ochse stößt' sagt man in Westf., wenn jem. die Butter zu dick aufs Brot streicht.

Schwarzer Ochse ↗ Kuh.

Im süddt. Raum sagt man, um auszudrükken, daß man zufrieden sein soll mit dem, was man hat, oder mit dem, was einer leistet, was seinen (geringen) Fähigkeiten und Begabungen entspricht: ‚Von e'me Ochse ka ma net meh verlange als e gut's Stück Rindfleisch'.

Von einem dummen jungen Menschen heißt es: ‚Was en Ochs were will, hört sich bald'.

Aus der Schüler- und Studentensprache kommt der Ausdr. *ochsen müssen* für: schwer begreifbare Dinge lernen, mechanisch lernen; er ist dem älteren ‚büffeln' nachgebildet und wird von Kluge-Götze seit 1813 in der Studentensprache nachgewiesen.

Jem. ochseln ist heute nicht mehr gebräuchl. und bedeutete früher: jem. zum Narren halten.

Lit.: *A. Beets:* Van den os op den ezel dalen, in: Tijdschrift voor Nederlands Taal- en Letterkunde 13 (1894), S. 72; *A. de Laborde:* Origine de la mort chevauchant un bœuf, in: Comptes rendus des sécauses de l'académie des inscriptions et belles lettres (Paris 1923), S. 100–113; *J. Cornelissen:* Den os is vet, in: Eigen Volk 1 (1929), S. 322; *J. N. Tidwell:* Adam's off ox: A study in the exactness of the inexact, in: Journal of American Folklore 66 (1953), S. 291–294; *C. Kruyskamp:* Van den os op den ezel, in: Tijdschrift voor Nederlands Taal- en Letterkunde 81 (1965), S. 85–93; *A. B. Rooth:* Döden och den svarta oxen. Symbolsprak och värderingar (= studia ethnologica upsaliensia, Bd. 15) (Stockholm 1985).

Oder. Die Oder spielt in verschiedenen älteren schles. Rdaa. eine Rolle. Mit der rdal. Frage ,Kimmste meite aibr de Audr?' forderte man urspr. auf, zu einem Tanzvergnügen mitzugehen, später auch in dem Sinne: Wollen wir nicht mal leichtsinnig sein, mal einen Streich spielen, ,über den ↗Zapfen hauen', irgendeine Dummheit anstellen? Nach dem Verblassen dieser Bdtgn. wird die Rda. nur noch aufgesagt, um jem. wegen seiner Mda. zu necken, weil in der genannten rdal. Formulierung der gesamte Vokalismus von der Hochsprache abweicht.

Das ist zum Oder zuschütten sagt man schles., wenn man das Vorhandensein eines großen Vorrates von irgendeiner Sache bezeichnen will; auch in der Form einer Aufforderung: *Schütt's in die alte Oder!* Die Rda. dürfte wohl aus der Mitte des 19. Jh. stammen, als mit zunehmender Bevölkerungszahl und entspr. Bauplatzmangel alte Oderarme zugeschüttet werden mußten, um Land zu gewinnen.

Die Oder ist nicht weit wird gesagt, wenn man in einem Gasthaus sehr dünnes Bier findet.

Lit.: *K. Rother:* Die schles. Sprww. und Rdaa. (Breslau 1928, Ndr., Darmstadt o.J.).

Ofen. *Der Ofen will einfallen:* die Schwangere wird bald gebären; *der Ofen ist eingefallen:* die Frau hat entbunden. Man hat hier wohl an den ↗Backofen zu denken, dessen älteste Form ein mit einem runden oder ovalen tönernen Gewölbe umspannter Herd war. Diese alte Rda. ist mdal. weit verbreitet. Unklar ist, ob und wie damit die z. B. aus dem Erzgebirge und aus

Bayern bezeugte Rda. zusammenhängt: ,Da möchte man ja gleich den Ofen einschmeißen!', die man vor Erstaunen über einen unerwarteten Besuch anwendet; vgl. auch sächs. ,aus der hintersten Ofenkachel stammen', weitläufig verwandt sein.

In Nachbars Ofen backen: sexuelle Beziehungen zur Nachbarin haben.

In einem Ofen gebacken sein: vom selben Schlag, Stamm sein; vgl. frz. ,être de la même fournée". In Schillers ,Räubern' heißt es: „Das ist dein Bruder! Das ist verdolmetscht: Er ist eben aus dem Ofen geschossen worden, aus dem du geschossen bist" (II, 26).

In einen kalten Ofen blasen: unnützes Zeug treiben, etw. an der falschen Stelle versuchen, sich erfolglos bemühen, auch: Kinder mit einer frigiden, unfruchtbaren Frau zeugen wollen.

Jetzt ist der Ofen heiß: die Gelegenheit ist günstig.

Der Ofen ist nicht für ihn geheizt: es geschieht nicht seinetwegen.

Geht es einem Unternehmen finanziell gut, so *raucht der Ofen;* ↗Schornstein.

Ist eine Person anwesend, die das gerade geführte Gespräch nicht hören soll, so sagt man zur Information der anderen: *Es ist ein Ofen im Zimmer.*

Er hat erst aus einem Ofen Brot gegessen: er ist noch nicht von zu Hause fortgekommen.

Von einem Harmlosen sagt man rheinhess. ,Er beißt keine Ofenschrauben ab'.

Dem Ofen sein Leid klagen, ,etw. Geheimes dem Ofen sagen', ,den Ofen um etw. bitten', ndd. ,dem Ofen vertellen'. Diese Wndgn. beziehen sich auf den Brauch der Ofenbeichte; sie sind darüber hinaus im Märchen (z. B. KHM. 89 u. 91) konkretisiert. Nach einer Luzerner Sage (DS. 519) rettet ein durch einen Schwur gebundener Junge die Stadt vor den verschworenen oesterr. Gesinnten, indem er den Ofen in der Metzgerstube anredete:

O Ofen, Ofen, ich muß dir klagen,
Ich darf es keinem Menschen sagen …

W. Baumgartner sieht den ältesten Beleg für die Ofenbeichte in der 11. Tafel des Gilgamesch-Epos, wo ein Geheimnis, das niemand erzählt werden darf, einer Wand anvertraut wird; der Plauderer durchkreuzt so bewußt einen geheimen Plan der Götter, denn er weiß, daß hinter der Rohrstockwand sein Schützling liegt und den Hinweis versteht. (Vgl. Ungnad-Graßmann: Das Gilgameschepos, 1911, S. 53 und S. 192).

Den Ofen anbeten: noch um 1860 betete man bei Sonnenfinsternis in der Oberpfalz und in Böhmen dem Ofen zugewandt und warf Tannenzweige und Brosamen ins Feuer (HdA. VI, Sp. 1192). Das scherzhaft gemeinte Gebet einer Heiratslustigen lautet: ‚Lieber Ofen, i bet di a, du brauchst Holz und i en Ma'. In Sachsen heißt der Spruch: ‚Lieber Ofen, ich bet' dich an, du hast keine Frau und ich kein'n Mann'.
Eine Shakespearesche Redewndg. ist bei Annette von Droste-Hülshoff in ‚Bei uns zu Lande auf dem Lande' (Sämtl. Werke, hg. von E. Arens, Leipzig o.J., 5, S. 77) zu finden: „Diese junge Rheinländerin stiftet überhaupt einen greulichen Brand im Schlosse an: die westfälischen Herzen seufzen ihretwegen wie Öfen".
Denn in Shakespeares ‚As you like it', Akt II, 7, beinhaltet der berühmte Monolog „All the world's a stage, And all the men and women merely playes" dieselbe Rda.: „And then the lover, sighing like furnace ..." To ‚sigh' bedeutet seufzen, einen langgezogenen Ton von sich geben und wird auch für das Geräusch angewandt, das grüne Scheiter im glühenden Ofen verursachen. Im Dt. steht dafür jedoch ‚singen'.
Damit lockt man keinen Hund vom Ofen ↗ Hund.
Gegen den Ofen gähnen ↗ Backofen.
Der Ofen ist aus: die Geduld ist zu Ende; die Lage ist nicht mehr zu retten; Ausdr. der Ablehnung (sold. seit 1939).
Umg. heißt ein leistungsstarkes Motorrad ‚heißer Ofen'.

Lit.: *R. Sprenger:* Eine Shakespearesche Redewndg. bei Annette von Droste-Hülshoff: Seufzen wie Öfen, in: Archiv für das Studium der neueren Sprachen und Lit. 115 (1905), S. 176–177; *W. Baumgartner:* Antworten und Nachträge: Ofenbeichte, in: Schweiz. Vkde. 15 (1925), S. 38; *V. v. Geramb:* Art. ‚Ofen', in: HdA. VI, Sp. 1186–1199; *C. I. Onions:* Gaping against an oven, in: Medium Aevum 9 (1940), S. 86–87.

Offenbarungseid. *Den Offenbarungseid leisten (müssen):* seine katastrophale Finanzlage offenlegen und bestätigen, daß keinerlei Rücklagen und Vermögenswerte mehr vorhanden sind, um die Schulden zu tilgen; seine Zahlungsunfähigkeit zugeben.
Der ‚Offenbarungseid' ist im juristischen Sinne ein Eid, mit dem der Schuldner (auf Verlangen des Gläubigers) vor Gericht erklärt, seine Vermögensverhältnisse wahrheitsgemäß dargelegt zu haben und nicht in der Lage zu sein, seiner Zahlungspflicht nachzukommen.
Jem. zum Offenbarungseid zwingen: ihn dazu bringen, seine aussichtslose Lage darzulegen und sein Unvermögen einzugestehen.
Einem Offenbarungseid gleichkommen: seine Schuld und Unfähigkeit auch ohne Einschaltung des offiziellen Gerichts bekennen. Alle Wndgn. werden auch in übertr. Bdtg. gebraucht und auch auf den geistigen Bereich bezogen, z.B. i.S.v.: sein Unvermögen bekennen (müssen); eine bestimmte Aufgabe (ein Forschungsvorhaben) nicht erfüllen können, gescheitert sein.
Die Rdaa. werden heute auch gern auf die Politik bezogen, wenn z.B. eine Regierung (Partei) zugeben muß, mit ihrer Politik am Ende zu sein, und dies nur unter dem Druck der Öffentlichkeit oder der Opposition.

Ohmfaß. *Ins Ohmfaß fallen:* in Ohnmacht fallen. Von Studenten und Schülern seit etwa der Mitte des 19. Jh. wortspielerisch, wohl auch beschönigend aus ‚Ohnmacht' entstellt, wobei zugleich an ‚Ohm' als Hohl- und Flüssigkeitsmaß gedacht ist.

ohne. *Das ist nicht (ganz) ohne:* das ist nicht übel, es ist etw. daran. In dieser elliptischen Rda. ist das von der Präposition ohne abhängige Subst. (‚Grund', ‚Nutzen', ‚Zweck', ‚ein Körnchen Wahrheit', ‚ein Schein von Recht', oder was sonst zu ergänzen sein könnte) eingespart. Die Wndg. findet sich seit frühnhd. Zeit. Im ältesten bis jetzt bekannten Beleg aus dem Jahre 1603 in den ‚Ordnungen und Lectiones in den Stadtschulen 1603' (hg. v. Philipp Keiper als Gymn.-Programm Zweibrücken 1902) wird über die Fabeln Äsops u.a. gesagt: „... Fürs Ander unndt obschon nit ohn, dass darin viell herrliche Lehren begriffen, so ist doch am Tag, dass es allegoriae unndt lauter verblumte reden seindt…" ‚Nicht ohne' also hier i. S. v. ‚obschon es nicht grundlos ist' oder ‚obschon nicht zu leugnen ist', ‚obschon etw. daran ist'. Die Rda. wurde also schon im Anfang des 17. Jh. ganz in demselben Sinne gebraucht wie heutzutage. In Seb. Francks Sprww.-Sammlung: „Es is nit gar on, was sagt herr iederman"; bei Grimmelshausen heißt es im ‚Simplicissimus' (IV, 39): „Es ist nicht ohn, daß kein Mensch glauben kann, wie jämmerlich einen die Liebe peinigt, der es selbt noch nicht erfahren"; später z. B. bei Ludwig Tieck in der Erzählung ‚Vittoria Accorombona' (1840, Buch 2, Kap. 5): „Die Sache, wie Ihr sie da vorstellt, ist nicht ohne". *Jem. ist ganz oben ohne:* ohne Verstand, ohne Gehirn, dumm, eine Rda. neuesten Datums, die in Anlehnung an die busenfreie Badekleidung geprägt wurde, die man als ‚Oben-ohne-Mode' bez.

Lit.: *P. Keiper:* ‚Es ist nicht ohne', in: Zs. f. d. U. 17 (1903), S. 655 f.

Ohnmacht. *Seine eigene Ohnmacht fühlen:* sich hilflos ausgeliefert sehen, nicht rettend eingreifen können, eine höhere Macht spüren, auch: dem Schicksal nicht entgehen können. Ähnl.: *ohnmächtig zusehen müssen,* z. B. bei Unfällen, tödlich verlaufenden Krankheiten, Naturgewalten, Katastrophen, Krieg und Gefahr. *Beinahe in Ohnmacht fallen (vor Schreck, Scham):* einer Aufregung kaum gewachsen sein. Bes. Damen aus der besseren Gesellschaft fielen früher (18./19. Jh.) häufiger in Ohnmacht, um von einer Peinlichkeit, einer für sie höchst unangenehmen Situation abzulenken, aber auch, um die Ritterlichkeit des Mannes (des Liebhabers, Partners), um Teilnahme und liebevolle Besorgnis durch gespielte Schwäche herauszufordern (vgl. ‚schwaches Geschlecht'). Andererseits lag das damalige Schwinden der Sinne auch an der Blutarmut der jungen Mädchen und Frauen, vor allem aber an der Mode mit ihren Schnürmiedern, die den Leib und den Brustkorb unnatürlich einengten und die Atmungsorgane sogar regelrecht verkümmern ließen, da auch Heranwachsende diese den Körper verändernde Kleidung ertragen mußten, ↗ Wespentaille. Dies führte zu akutem Sauerstoffmangel und hatte manchmal eine Ohnmacht zur Folge. *Eine Ohnmacht nahen fühlen:* noch rechtzeitig den Schwächeanfall spüren und sich dagegen zu schützen suchen. Das Schwinden der Sinne konnte auch ein Zeichen einer beginnenden Schwangerschaft sein. Goethe gestaltet bes. eindringlich die Gedanken Gretchens vor ihrer Ohnmacht im Dom über ihre Sünde und Schuld und die damit verbundenen Beklemmungsgefühle (Faust I, Dom):

Wär ich hier weg!
Mir ist, als ob die Orgel mir
Den Atem versetzte,
Gesang mein Herz
Im Tiefsten löste …
Mir wird so eng!
Die Mauerpfeiler
Befangen mich!
Das Gewölbe
Drängt mich! – Luft! –
„Nachbarin! Euer Fläschchen!"
(Sie fällt in Ohnmacht)

Der Hilferuf Gretchens weist auf den Brauch der Frauen hin, immer für Notfälle ein Fläschchen mit ätherischem Öl, meist von Rosmarin, bei sich zu tragen, um bei einer Ohnmacht durch den starken

‚In Ohnmacht fallen'

Geruch der Kräuter wieder zu sich zu kommen.

Von einer Ohnmacht in die andere (nächste) fallen: sich ständig neu aufregen müssen, immer neue Schreckensnachrichten erhalten.

Ohr. Das Ohr spielt in Sprww. und Rdaa. eine größere Rolle als das ↗ Auge.

Bis über die (oder beide) Ohren: ganz und gar. In Wirklichkeit kann man bis über die Ohren etwa im Bett stecken; im rdal. Gebrauch der Wndg. kann man aber auch ‚bis über die Ohren in Schulden stecken‘, auch ‚bis über die Ohren in Arbeit stecken‘, mit Arbeit überhäuft sein, oder – noch komischer – ‚bis über beide Ohren verliebt sein‘, was vor allem durch das Schlagerlied ‚Ich hab' mein Herz in Heidelberg verloren‘ allg. verbreitet worden ist. Der urspr. Realbereich der Rda. geht wahrscheinl. von einem Ertrinkenden oder im Sumpf Versinkenden aus. Die Rda. findet sich schon um 1500 bei dem Prediger Geiler von Kaysersberg: „Er aber in sünde, schand und laster steckt bis über die ohren". Im Elsaß wird die Frage ‚Wo ist er?‘ scherzhaft beantwortet: ‚in der Hut bis üwr d'Ohrn, wenn er nit dort is, is er verlorn‘. Vgl. engl. ‚over head and ears‘.

Einen übers Ohr hauen: ihn arg übervorteilen; eigentl. bloß: ihm einen derben Streich versetzen; die Wndg. stammt aus der Fechtersprache. Die Abb. aus einem Fechtbuch verdeutlicht dies: Vorn greift der linke Fechter mit einem ‚Oberhau‘ an, indes der rechte nach links ‚austritt‘ und mit der Fläche gegen seines Widerparts rechtes Ohr schlägt.

Jem. etw. um die Ohren hauen (wollen): eine schlechte Arbeit tadeln; urspr. wörtlich zu nehmen.

Er ist noch nicht trocken (er ist noch naß) hinter den Ohren: er ist ein naseweiser Bursche, der noch gar nicht mitreden kann; eigentl.: ein neugeborenes Kind. Die Rda. ist über ganz Dtl. verbreitet, auch mdal., z. B. ostfries. ‚bist ja noch heel neet drög achter de Ohren!‘ Lit. bei Schiller (‚Räuber‘ I, 2), wo Karl Moor ergrimmt ruft: „Feuchtohrige Buben fischen Phrases aus der Schlacht bei Cannä".

Es (faustdick) hinter den Ohren haben: verschmitzt, durchtrieben sein und doch gar nicht danach aussehen. Die Rda. ist eine Kurzform aus der älteren Vollform: ‚den ↗ Schalk hinter den Ohren haben‘. Thomas Murner schreibt 1512 in der ‚Narrenbeschwörung‘:

Das hat er kündt in jungen joren,
Wie ein schalck sy hindern oren.

Barth. Ringwaldt schreibt 1588 in dem Lehrgedicht ‚Christliche Warnung‘ (K 8b): „und hat den jecken (Narren) hinderm ohr"; 1639 heißt es bei Lehmann (‚Gleißnerey‘ 37, S. 334): „Der Schalck schläft offt hinter den Ohren, wenn er erwacht, so läst er sich erst sehen". Dann spielt aber eine Art volkstümlicher Schädellehre herein, wonach der Sinn der Verschlagenheit hinter den Ohren liegt und dort desto größere Wülste hervorbringt, je stärker er entwickelt ist. Daher: *es dick, faustdick, knüppeldick hinter den Ohren haben.* Andere Varianten z. T. in den Mdaa., z. B. els. ‚er het Knepf hänger de Ohre‘; obersächs. ‚der hat's hintern Ohren wie die Ziege den Speck, wie die Schweine die Leise‘.

Jem. an den Ohren erkennen: jem. trotz angeberischen Wesens erkennen, durchschauen: die Eselsohren verraten den Esel in der Löwenhaut. Ovid erzählt in den ‚Metamorphosen‘ (11) die Geschichte

‚Übers Ohr hauen‘

des Königs Midas von Lydien. Dieser widerspricht dem Urteil eines Richters, welches Apollo zum Sieger eines musikalischen Wettstreites gegen Pan erklärt. Apollo bestraft Midas für seinen Ungehorsam nun gerade an den Ohren, indem er ihm Eselsohren wachsen läßt. Obwohl Midas diesen Makel mit Hilfe einer Kopfbedeckung zu verbergen sucht, bemerkt ein Diener beim Haareschneiden die langen Ohren. Der Diener ist unfähig, das

Geheimnis für sich zu behalten und vertraut es der Erde an. An derselben Stelle wächst nach einem Jahr ein Gebüsch von Schilfrohr, das durch sein Geflüster das Geheimnis von den Ohren des Königs Midas verrät.

Lange Ohren machen: schnell davonlaufen, wie ein Angsthase, aber auch: etw. erlauschen wollen.

Einen bei den Ohren nehmen: ihn tüchtig vornehmen, hart tadeln. 1639 bei Lehmann (,Beschwerden' 24, S. 81): „Wer mit Beschwernüssen geplagt wird, von dem wird gesagt: man hat jhn beym Ohr".

Sich etw. hinter die Ohren schreiben: sich etw. merken. 1649 bucht Gerlingius (Nr. 142): „Manet alta mente repostum. Ich wil mirs wol hinter ein Oehrigen schreiben". Lit. u. a. auch in Schillers ‚Räubern' (II, 3): „Ich will mir diese Lektion mit goldnen Ziffern auf meine Hirn-

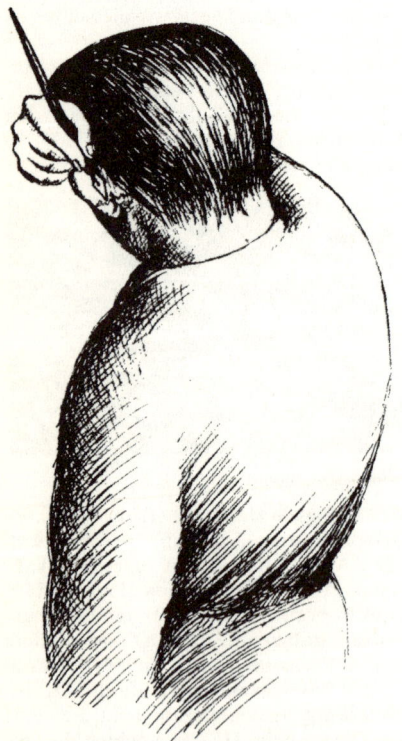

‚Sich etwas hinter die Ohren schreiben'

tafel schreiben". Die Rda. erinnert an einen alten Rechtsbrauch. Die Zeugen werden, wie man umg. sagt, ‚zugezogen'. Das muß man für die Frühzeit ziemlich wörtl. nehmen. Man pflegte beim Abschluß eines Vertrages, bei der Festsetzung von Grenzzeichen u. dgl., Knaben als Zeugen zuzuziehen, sie zur Erinnerung in die Ohren zu kneifen bzw. am Ohr zu ziehen und ihnen das Bedeutsame der Handlung überdies noch durch Ohrfeigen bemerkbar zu machen. Schon in den Gesetzen der ripuarischen Franken ist dieser Rechtsbrauch belegt, und er soll in Bayern noch bis ins 18. Jh. hinein ausgeübt worden sein. Auch das alem. Volksrecht des 7. bis 8. Jh. spricht von den „testes per aures tracti", d. h. von den an den Ohren gezupften Zeugen. Noch im 19. Jh. nahm man in Schwaben bei der alljährlich stattfindenden dörflichen Feldbegehung zur Feststellung der Gemeindegrenzen Knaben mit, denen man an den wichtigen Grenzpunkten Ohrfeigen verabreichte, damit sie sich noch im Alter des Ortes entsännen. Dermaßen wurde es ihnen hinter die Ohren geschrieben; schwäb. als Drohung: ‚Dem sollte man's hinter die Ohren schreiben'.

Eine andere Erklärung für diese Rda. gibt Christian Thomasius 1690 in den ‚Freimüthigen, lustigen und Ernsthafften, jedoch Vernunfft- und Gesetz-Mässigen Gedanken oder Monats-Gespräche über allerhand, fürnehmlich aber Neue Bücher durch alle zwölff Monate des 1688 und 1689 Jahres' (S. 633 ff.): er habe bei einem ‚Anatomico' gelesen, „daß der Ohrläpgen mit einer subtilen Narwe an das Hertze, oder vielmehr das Hertze dadurch an die Ohrläpgen befestigt sey. Zu geschweigen, daß der ehrliche Altvater Hippocrates und der Experientissimus Avicenna der beständigen Meinung sind, daß wenn man einem hinter den Ohren zur Ader liesse, er sey männlichen oder weiblichen Geschlechts, so würde er unfruchtbar, weil zwey Adern von den Ohren noch weiter herunter über das Hertze giengen, die dieses verursachten. Und daher ist das teutsche Sprichwort kommen: sich etwas hinter die Ohren schreiben, weil die Leute, denen man hinter denen Ohren zur Ader gelassen, solches die Zeit ihres Lebens nicht vergessen, indem sie dadurch ihrer Ehre gleichsam beraubt werden".

Jem. eine Ohrfeige geben: jem. einen Schlag auf die Wange geben; in übertr. Bdtg.: ihn demütigen, empfindlich strafen. Solche Schläge galten jedoch im Volksglauben früher auch als übelabwehrend und heilkräftig. Man sprach ihnen erlösende und krankheitsbannende Wirkung zu, bes. dann, wenn sie ein mit göttlicher Gnade und Kraft erfüllter Herrscher einem Kranken verabfolgte, der darum gebeten hatte.

Die ,Ohrfeige' hat mit der Feigenfrucht nichts zu tun. Früher hieß das Wort: Ohrfeg, Ohrfeeg und kam von ,Veeg': Streich, Hieb, das auch in dem Wort ,Fegfeuer', ,fegen' noch nachklingt.

Die Ohren spitzen: genau auf etw. horchen, achtgeben. Schon bei Thomas Murner findet sich ein Frühbeleg dieser Rda., ähnl. *die Ohren steif halten:* wach sein; vgl. frz. ,dresser l'oreille'; vom Tier, bes. von Pferd und Hund, auf den Menschen übertr., der freilich seine Ohren nicht spitz in die Höhe richten kann. Ja sogar auf Wesen, die überhaupt nicht mit leiblichen Ohren zu denken sind, wird die Rda. angewendet; so beginnt ein Klagelied auf die schlechte Zeit aus dem Jahre 1649:

Merk auf, du Gotts vergeßne Welt,
Hör zu und spitz dein Ohren!

Das steife Ohr ist der Gegensatz zum ,geneigten Ohr' und ,geneigten Gehör'.

,Die Ohren steifhalten'

Einem sein Ohr leihen: einer Bitte, einem Anliegen zuhören und sich der Sache annehmen. *Ein offenes Ohr finden:* Aufmerksamkeit finden. *Ganz Ohr sein:* sehr aufmerksam zuhören.

Etw. mit eigenen Ohren gehört haben ist eine Bestätigungsformel und will eine Aussage glaubhafter machen.

Die Ohren aufsperren, scherzhaft: *aufknöpfen,* vom Auge auf das Ohr übertr. *Dünne Ohren haben:* ein feines Gehör haben. Das Gegenteil ist: *dicke (harte) Ohren haben:* nicht hören wollen (z. B. bei Luther); auch *auf den Ohren sitzen;* derb: *Dreck in den Ohren haben.*

Etw. zu einem Ohr herein- und zum andern hinauslassen: sofort wieder vergessen, was einem soeben gesagt worden ist. Schon in mhd. Zeit üblich; Wolfram von Eschenbach erklärt in seinem ,Parzival' (241, 21 ff.), ,sîn maere" vom Parzival nicht für Leute gesungen zu haben, für die es eine Qual wäre, es aufmerksam zu fassen:

wan daz hât dâ ninder stat
und vil gerûmeclîchen pfat,
zeinem ôren în, zem andern für.

Ähnl. heißt es in dem Artusroman ,Wigalois' des Wirnt von Grafenberg (8, 12 f.):

er lât ez durch diu ôren gar
zem einen în, zem andern ûz.

1529 bei Joh. Agricola (Nr. 152): „Es gehet dir zu einem ohr eyn, zum andern widder aus". Vgl. frz. ,rentrer par une oreille et sortir par l'autre'.

Die Ohren auf Durchfahrt stellen: eine Mahnung nicht beherzigen; vom Eisenbahnwesen hergenommen (seit 1930); rheinisch. auch: ,die Ohren auf Durchzug stellen'.

Tauben Ohren predigen: vergeblich mahnen; früher häufiger: *tauben Ohren singen.* Noch anders in der ,Zimmerischen Chronik' (III, 141): „Aber er sagt hiemit aim dauben ain merlin, wie man sprücht". Schon lat. ist sprw.: „ad surdas aures canere" (tauben Ohren singen) bei Ovid, „surdo asello narrare fabulam" (einem tauben Esel eine Geschichte erzählen) bei Horaz, „surdis auribus dicere" bei Livius III, 70, 7 u. ö. Diese lat. Frühfassungen haben sicher auf die Ausformung unserer Rda. mit eingewirkt; vgl. frz. ,prêcher à des sourds'.

Einem die Ohren kitzeln: ihm eine Schmeichelei sagen; älter: *jem. die Ohren melken:* schmeicheln; meist passivisch gewendet: *sich die Ohren melken lassen:* zum Opfer der Schmeichler werden. Unverhohlen wird hier durch das ,Melken' gleich der für den Schmeichler herausspringende Gewinn gekennzeichnet. Die Wndg.

Die oren laſſen mellʒẽ

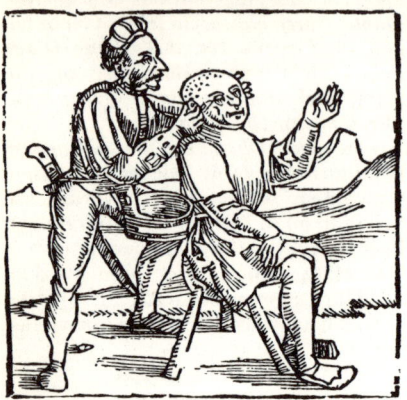

,Die Ohren melken'

stammt aus lat. ,aures mulcere'; die dt. Übers. ,melken' beruht auf Verwechslung mit ,mulgere'. Thomas Murner überschreibt das 12. Kap. seiner ,Schelmenzunft' mit den Worten „Die oren lassen melken" und führt dazu aus:

Wer myr frindtlich melkt eyn or
Und sagt myr das ich hab schon hor
Und sagt myr alß das ich gern her,
Der kan der oren melker ler.
So brist im nuet den nur der lon
Von dem rad zum galgen gon.

Obersächs. ist bezeugt: *einem das Ohr pinseln:* ihm schmeicheln.
Einem in die Ohren blasen ist ebenfalls ein rdal. Ausdr. für den Schmeichler, der einem beständig mit etw. ,in den Ohren liegt', wie man heute eher sagen würde. Hans Weiditz hat diese Rda. ins Bild gesetzt: Rechts von der Hauptfigur stehen zwei ,Ohrenbläser', deren einer mit einem großen Blasebalg hantiert (vgl. ,Narrenschiff' Kap. 100). Links fauchen ihm zwei andere Schmeichler Dampfwolken entgegen. Dieses Gebläse der Schmarotzer hängt jedenfalls mit jener im ,Narrenschiff' gebrauchten Rda. zusammen:

Wer tuon will das eym yeden gfalt
der muoß han ottem warm und kalt.

Die Ohrenbläserei war indes urspr. keine Metapher, sondern hängt aufs engste mit altem Volksglauben und Brauch zusammen. Durch das Hineinsprechen ins Ohr will man die größtmögliche Sicherheit haben, daß die gesprochenen Worte den Ge-

meinten auch wirklich treffen und wunschgemäß beeinflussen. „Wer blies dir das Wort ein?" ruft Karl Moor seinem Kumpanen Schwarz in Schillers ,Räubern' (I, 2) zu. In diesem Ausdr. wird nicht nur ein bloßes Sprechen, sondern eine vollkommene Gedanken- und Wesensübertr. gekennzeichnet. ,Das hat ihm der Teufel eingeblasen' sagt man auch, wenn man eine teuflische Eingebung schildern will. Dämonische Wesen, die im menschlichen oder tierischen Körper hausen, werden durch das ins Ohr gesagte Beschwörungen vertrieben. Heute bedeutet *einem etw. (in die Ohren) einblasen* nur noch: ihm etw. vorsagen (in der Schule); vgl. frz. ,souffler quelque chose à (l'oreille de) quelqu'un'.
Jem. mit etw. die Ohren vollblasen: jem. eindringlich zu etw. zureden, ihn überreden wollen, immer von derselben Sache sprechen (16. Jh.); gleichbedeutend: ,jem. in den Ohren liegen'; vgl. frz. ,rebattre les oreilles de quelqu'un de quelque chose' (wörtl.: jem. mit etw. die Ohren vollschlagen).

Von oren bloſen.

Der iſt eyn narr / der vaſſt inns houbt
Vnd liechtlich yedes ſchwäßen gloubt
Das iſt eyn anʒeig ʒů eym toren
Wann eyner dünn / vnd witt / hat oren

,Ohrenbläser'

‚In die Ohren blasen'

Jem. etw. ins Ohr sagen: ganz leise jem. etw. zuflüstern.

Die Ohren klingen mir sagt man bei plötzlichem leisen inneren Ertönen der Ohren und glaubt dabei wohl, daß Abwesende von einem reden. Hinterher sagt man auch: *Die Ohren hätten dir davon klingen müssen* (weil wir von dir geredet haben). Dabei gilt auch hier der alte Glaube an die günstige Bdtg. alles dessen, was rechts, an die ungünstige dessen, was links von einem geschieht: Klingt das rechte Ohr, so wird Gutes von einem gesprochen, klingt das linke, glaubt man an üble Nachrede. Man sagt aber auch: ‚Links klingt's, rechts was Schlecht's' oder ‚Recht Ohr – schlecht Ohr'; ‚link' Ohr – Klingohr'; vgl. engl. ‚my ears tingle with it', ndl. ‚zijn oren zullen tuiten', frz. ‚les oreilles me cornent'.

Die Ohren jucken einem: er ist neugierig; so schon bei Luther (Jenaer Ausg. V, 326 a): „Es jucken inen die ohren so fast und sind so lüstern zu hören", ↗ Fell.

Jem. die Ohren vom Kopf essen: sehr viel essen.

Sich aufs Ohr hauen: sich schlafen legen; vergröberte Parallelbildung zu: ‚sich aufs Ohr legen'.

Mit den Ohren schlackern: etw. erstaunlich finden, auch ängstlich sein, ‚schlakkern' gehört zu ‚schlagen' und meint das Hinundherschlagen, das Baumeln; denn der Mutlose läßt ‚die Ohren hängen'. *Sich die Zeit um die Ohren schlagen:* die Zeit (nutzlos) verbringen; Parallelbildung zu: ‚die Zeit totschlagen'.

Sich ins Ohrläppchen beißen können: scherzhaft übertreibende Wndg. für: einen sehr breiten Mund haben. ‚Beiß dir nicht die Ohren ab!' sagt man im Schwäb. zu einem, der breit lacht.

Die Ohren bekommen Besuch: jem. lacht so stark, daß die Mundwinkel fast die Ohren erreichen.

Er hat einen im (am) Ohr: er ist betrunken; *einen kleinen Mann im Ohr haben:* verrückt sein (↗ Mann).

Jem. einen Floh ins Ohr setzen ↗ Floh. ‚Ohren des Herzens' ist eine altchristl. Metapher und eine Analogiebildung zu ‚Augen des Herzens'. Dem äußeren Menschen des Leibes wird der innere Mensch der Seele zugesellt; beide zusammen ergeben den ganzen Menschen.

Lit.: *J. Grimm:* Dt. Rechtsaltertümer I, S. 198 f.; *H. Schrader:* Das Ohr in sprachlichen Bildern und Gleichnissen, in: Zs. f. dt. Sprache 7 (Hamburg 1893/ 94), S. 401–408, 441–450; *J. Schmied-Kowarzik* u. *H. Kufahl:* Fechtbüchlein (Leipzig o.J. 2 [1894]); *D. C. Hesseling:* Iemand de oren wassen, in: Tijdschrift voor Nederlandse Taal- en Letterkunde 26 (1907), S. 66–69; *K. Windel:* Zur Erklärung der Rda. ‚sich etw. hinter die Ohren schreiben', in: Zs. f. d. U. 24 (1910), S. 330; *R. Lehmann-Nitsche:* König Midas hat Eselsohren, in:

Zs. f. Ethnologie 68 (1936), S. 281 ff.; *H. Bächtold-Stäubli:* Art. ‚Ohr‘, in: HdA. VI, Sp. 1204–1217; *A. Otto:* Die Sprww. der Römer, S. 47, Nr. 212; HdA. VI, 1204 ff.; *L. Schmidt:* Der Männerohrring im Volksschmuck und Volksglauben (Wien 1947); *Ö. Beke:* Füle botját se moz dîtja (l'expression: il ne montre pas le bout de l'oreille), in: Magyar Nyelv 57 (1961), S. 215–216; *M. Bambeck:* Zur altchristl. Vorgeschichte der Metapher ‚Ohren des Herzens‘ im Margues de Rome und in der Sainte L'Eocade des Gautier de Coincy, in: Zs. f. franz. Sprache und Lit. 77 (1967), S. 23–29; *M. Bošković-Stulli:* Zusammenfassung: König Midas hat Eselsohren, in: dies.: Narodna Predaja o vladarevoj Tajni (Zagreb 1967), S. 301–341; *M. Bambeck:* Das Sprichwort im Bild ‚Der Wald hat Ohren, das Feld hat Augen‘. In einer Zeichnung von Hieronymus Bosch (o. O. 1987).

Ohrwurm. *Ein (richtiger) Ohrwurm:* eine eingängige, beliebte Melodie, die man zwar immer wieder gern hört, die einem aber mitunter den ganzen Tag nicht mehr aus dem Kopf geht, was die Konzentration bei der Arbeit stören und wie ein lästiges Insekt geradezu quälen kann.

Urspr. gab es einen Zusammenhang mit antiken und volkstümlichen Krankheitsvorstellungen. Die frühesten dt. Belege für den ‚Ohrwurm‘ (Forficula auricularis) stammen aus dem 14. Jh., altengl. Quellen gehen bis ins 8. Jh. zurück; vgl. neuengl. ‚earwig‘ u. frz. ‚perce-oreille‘.

In der Spätantike wurde der ‚Ohrwurm‘ getrocknet und zerstoßen als Heilmittel gegen Ohrenerkrankungen verwendet. Die Bez. wurde später nicht mehr verstanden und deshalb mit den angeblich krankheitsverursachenden Ohrwürmern der antiken Medizin identifiziert. Daraus entstand der Volksglaube, der ‚Ohrwurm‘, auch ‚Ohrenkriecher‘, ‚Ohrmützel‘ u. ‚Ohrling‘ genannt, solle im Ohre verschiedene Krankheiten, besonders bohrende und stechende Schmerzen verursachen und manchmal sogar bis in das Gehirn kriechen.

Das Ohrenweh wurde bes. Kindern gegenüber mit dem vermeintlichen Hineinkriechen des Ohrwurms erklärt, vor dem man die Ohren schützen müsse, vor allem, wenn man im Grase schlafe. Der Ohrwurm suche nämlich das Ohr als dunkles Versteck u. zerkneife dann das Trommelfell.

Der ‚Ohrwurm‘ dient sogar als Bild für menschl. Verhalten. Im Ndd. heißt es: ‚He krümt sik as ên Ôrworm‘: er weiß sich mit viel Freundlichkeit oder Unterwürfigkeit einzuschleichen.

Lit.: *O. v. Hovorka* u. *A. Kronfeld:* Vergleichende Volksmedizin, Bd. II (Stuttgart 1909), S. 811 u. 817; *F. Kluge:* Etymol. Wb. d. dt. Sprache (Berlin, New York ²²1989), S. 515; *R. Riegeler:* Art. ‚Ohrwurm‘, in: HdA. VI, Sp. 1219–1223; *E. Werz:* Der Ohrwurm (Diss. Marburg).

Okay. *Etw. ist okay:* eine Sache ist in Ordnung, findet Zustimmung, auch: etw. ist zur Zufriedenheit erledigt worden, ist erfolgreich beendet. Der Ausruf: *Alles okay!* dient der Bestätigung und meint: Alles ist bereit; es kann losgehen! *Sein Okay für (zu) etw. geben:* in etw. einwilligen, die Erlaubnis u. sein Einverständnis, sein ‚placet‘ zu etw. geben.

Jem. ist okay: er ist vertrauenswürdig, zuverlässig, integer, aber auch: er ist unverletzt geblieben, er ist (wieder) gesund. Die Wndg. begegnet oft in der besorgten Frage: ‚Bist du auch wirklich (wieder) okay?‘ Dagegen meint die Rda. *noch nicht ganz okay sein:* noch krank, noch nicht wieder im Vollbesitz seiner Kraft (Lebensfreude) sein, sich noch ‚angeschlagen‘ fühlen, seinen Kummer (Schmerz) nicht völlig überwunden haben. Bei Okay, international abgekürzt auch als o. k., handelt es sich „um den erfolgreichsten aller Amerikanismen" (Mieder). Die Erklärungen für die Entstehung sind ebenso zahlreich wie spekulativ. Über 30 Möglichkeiten der Herkunft sind mittlerweile schon benannt worden. Für die Verstümmelung der Kürzel a. c. für all correct in o. k. sind schon verantwortlich gemacht worden: General von Steuben, ein ehem. preußischer Offizier des Unabhängigkeitskrieges; Präsident A. Jackson (1829–37), der, da er in der amerikanischen Orthographie ziemlich unsicher war, alles mit ‚oll korrekt‘ statt mit ‚all correct‘ abgezeichnet haben soll. Weiterhin soll okay von dem 1840 in New York gegründeten Okay-Club herstammen, welcher die Wiederwahl des demokratischen Präsidenten Martin van Buren (1782–1862) propagierte, dessen Spitzname nach seinem Geburtsort ‚Old Kinderhook‘ war. Auch andere Sprachen sind für die Entstehung von ‚okay‘ verantwortlich gemacht worden: so das Französische ‚aux quais‘, das Finnische ‚oikea‘ oder das Schottische

‚och aye'. Am wahrscheinlichsten klingt folgende Erklärung: die Mandingosprache kennt das Wort ‚o ke' für ‚in Ordnung': durch Negersklaven Westafrikas kann dieses Wort nach Amerika gekommen sein.

Mehrere Forscher glauben jedoch, daß ‚okay' griech. Ursprungs ist und schon in der Antike gebräuchl. war. Griech. Lehrer sollen Schularbeiten mit o. (= ὃλα [ola]: alles) k. (= καλά [kalla]: gut) bewertet haben (Weber, Pound, Rife). Dt. Erklärungen gibt es allerdings auch: o. k. soll für ‚ohne Korrektur' stehen, oder ein deutschstämmiger amer. Fabrikant namens Otto Kaiser soll alle seine Produkte mit seinen Initialen O. K. signiert haben.

Keine der Erklärungen überzeugt. Die tatsächliche Etymologie des Wortes ‚okay' wäre noch zu entdecken.

Lit.: *W. S. Wyman:* O. K., in: Magazine of American History 14 (1885); *W. B. Wait:* Richardsons's O. K. of 1815, in: American Speech 16 (1941), S. 85–88; *R. Weber:* A. Greek O. K., in: American Speech 17 (1942), S. 127–128; *L. Pound:* O. K. Redivivus, in: American Speech 17 (1942), S. 249–250; *A. W. Read:* The First Stage in History of O. K., in: American Speech 38 (1963), S. 5–27; *A. W. Read:* The Second Stage in History of O. K., in: American Speech 38 (1963), S. 83–102; *H. van Hoof:* Une abréviation universelle: O. K., in: Lebende Sprachen, Zs. f. fremde Sprachen in Wissenschaft und Praxis 9 (Heft 3) (1964), S. 65–66; *J. M. Rife:* The Early Spread of O. K. to Greek Schools, in: American Speech 41 (1966), S. 238; *W. Mieder:* Eine bibliographische Skizze zum Ursprung von O. K. (okay), in: Der Sprachspiegel 5 (1975); dort auch weiterführende Lit.; *W. Mieder:* Sprichwort, Redensart, Zitat. Tradierte Formelsprache in der Moderne (Bern – Frankfurt/M. 1985), S. 109ff.

Öl. *Öl ins Feuer* (oder *in die Flammen*) *gießen:* das Übel ärger machen, die flammenden Leidenschaften noch mehr anfachen. In der ‚Namenlosen Sammlung' von 1532 steht der Rat: „Laß den Hund schlaffen, schüt nit öhl ins fewr, richt keinen hader an, erzürne keinen bösen". Auch bei Horaz (gest. 8. v. Chr.) findet sich schon das gleiche Bild (‚Satiren' Liber 2, Satira 3, V. 321): „Oleum addere camino"; vgl. engl. ‚to add fuel to the fire'; ndl. ‚Olie in het vuur gieten' u. frz. ‚jeter de l'huile sur le feu'.

Bismarck sagte einmal iron. mildernd von Windthorst (‚Reden' XI, 311): „Ich bin überzeugt, daß der Herr Vorredner mit der Absicht, aus dieser Flasche wieder Öl auf die Lampe des Kulturkampfes zu gie-

ßen, bei unsrer öffentlichen Meinung doch nicht durchkommen wird".

Öl auf die Wogen gießen: die Leidenschaften besänftigen. Die Tatsache, daß die Oberfläche der See durch Daraufgießen von Öl geglättet wird, war schon im Altertum bekannt. Plinius schreibt in seiner Naturgeschichte: „Quem fallit omne mare oleo tranquillari, et ob id urinantes ore spargere quoniam mitiget naturam asperam lucemque deportet?"

Nach Luk. 10,34 wird rdal. gebraucht: *Öl in die Wunden gießen;* vgl. frz. ‚un baume (Balsam) pour les blessures'.

Es rinnt ihm wie Öl durch die Kehle: es geht ihm leicht ein, er hört es gerne; auch: *Es geht (jem.) hinunter wie Öl:* ein Lob, ein Kompliment wird (von jedem) gerne gehört.

Öl auf die Lampe gießen: einen Schnaps trinken, zechen; 19. Jh.; in der Form ‚Öl auf die Ampel gießen' schon 1812/13 für Berlin gebucht. Vgl. engl. ‚He is oiled'; ndl. ‚in de olie zijn'.

Die Rda. *Öl am Hut haben:* zuviel getrunken haben, bes. im Alem. gebräuchl., ist die binnenländische Umformung von ‚einen Aal haben', ↗ Aal.

Kein Öl und kein Docht haben: gar nichts besitzen; ‚er hat nicht mehr viel Öl in der Lampe', es geht mit seinen Kräften zu Ende; ‚er hat wenig Öl im Kopf', es fehlt ihm an Ausdauer; vgl. ndl. ‚et is geen olie

‚Öl ins Feuer gießen'

meer in de lamp'; frz. ,il n'y a plus d'huile dans la lampe'; engl. ,the light is out'.

Els. ,bi einem 's Öl verschütt han', bei ihm in Ungnade gefallen sein; umg. in gekürzter Form: *es bei* (oder *mit*) *ihm verschüttet haben:* seine Gunst verloren haben; ↗ Fettnäpfchen.

Rheinhess. sagt man bei großer Anstrengung: ,Ich bin so müde, als ob ich den Ölberg abgetragen hätte'.

Lit.: *Anon.:* To pour oil on the troubled waters, in: Classical Review 1 (1887), S. 245; *Zepf:* Art., ,Öl', in: HdA. VI, Sp. 1238–1245; *J. Stave:* Öl in die Wogen, in: Wörter und Leute (Mannheim 1968), S. 168–169; *E. Lasky:* To pour oil on fire, in: Classical Philology 68 (1973), S. 219.

Ölgötze. *Dastehen* (oder *dasitzen*) *wie ein Ölgötze:* steif und stumm dastehen, sich regungslos verhalten. Der noch heute ganz geläufige rdal. Vergleich begegnet zuerst 1520 bei Luther: „wen wyr ynn der kirchen seyn unter der meß, da stehn wir wie die öl götzen, wissen nichts auff zcu bringenn" (Weimarer Ausg. IX, 266). Urspr. sollen mit den ,Öl(berg)götzen' die während Christi Gebet im Garten Gethsemani am Ölberg schlafenden Jünger gemeint sein (Matth. 26,43), eine Szene, die seit dem 15. Jh in Baldachinhäuschen an oder neben Kirchen (z. B. an der Sebalduskirche in Nürnberg) gern im Bilde dargestellt wurde. Allein die Herleitung des Ausdr. Ölgötze von Öl(berg)götze ist ziemlich fraglich; während das Dt. Wb. und das HdA. den Urspr. des Ausdr. in Frage stellen, gibt allein das Schwäb. Wb. von 1920 diese fragwürdige Erklärung. Vor dem 16. Jh. ist diese Bez. nicht nachweisbar, sondern wird erst in der Reformationszeit als Spottwort gegen die Holzbilder der Katholiken oder auch gegen die mit Öl gesalbten Priester gebraucht (bes. von Zwingli). Im August 1520 wendet Luther den Spottausdr. auf die mit heiligem Öl gesalbten röm. Priester an: „das aber der Bapst odder Bischoff salbet ... mag eynen gleysner und ölgötzen machen" (Weimarer Ausg. VI, 407). In den Kämpfen der Reformationszeit wird das Schlagwort häufig gebraucht. So ist 1522 aus Augsburg bezeugt: „Dann es stat manicher ölgötz auff die Cantzel vnd wil den Luther mit seinen guten buchern außrichten". Thomas Murner sagt im gleichen

Jahr in seinem Streitgedicht ,Vom großen Lutherischen Narren':

Sein es bischöff vnd prelaten,
So nennen sie's Apostaten,
Die priester esel vnd ölgötzen.

1529 in Joh. Agricolas ,Sprichwörtern' (Nr. 186) ist der Urspr. des Ausdr. bereits nicht mehr verstanden: „Ein stock vnd ein holtz, das geferbet ist, vnd ölgetrencket, auff daz die farbe bleibe vnd vom regen nicht abgewaschen werd, ist ein ölgötze. Götze kompt von Gott, vnd ist etwas das ein bildtnis hat on leben, on seele, darumb ist ein ölgötze ein mensch, der nyrgent zu nütze ist, da wedder verstandt noch witze bey ist". Seb. Franck (,Sprichwörter' II, 51) schreibt 1541: „ut Bagas stas, du stehst wie ein Klotz, Ölgötze, Tielmann (Dillemann, Mann mit einer Dille), Leuchter".

Hans Sachs meint mit ,den Ölgötzen tragen': demütigende Dienste (im Hause) verrichten müssen. Ihm ist die Herkunft des Wortes noch bewußt, wenn er (z. B. 1533 in einem Fastnachtsspiel IV, 477) sagt:

Hewer will ich unverheyrat bleyben,
Das ich mich nit thu vberweyben,
Müst auch den ölgötzen tragen,

denn bei Prozessionen wurden mit den Kirchenheiligen auch die Gestalten der Apostel vom Ölberg im Zug mitgeführt. Diese Ölgötzen, die wohl keine bes. klugen oder willensstarken Gesichter aufwiesen (denn sie waren ja schlafend dargestellt!), waren auch als Laternen- oder Lichterträger dargestellt. Daher dürfte es kommen, wenn für Ölgötz in den Mdaa. z. T. die Bdtg. ,hölzerner Pfosten, an dem die Öllampe hängt' erscheint; ebenso ,Paule' (= Paulus) im Kärntnischen: Leuchterknecht, Leuchteruntersatz. Im Niederdtl. sagt man dafür auch: ,Hei steit as en Lüchterpiep', ,as en Pickpahl (Pechpfahl)', ,as en Trangötze'; vgl. auch Stieler, Sprachschatz, S. 687: „Ölgötze statua ex ligno, lapide vel aere facta, qualis est Petri, Johannis in monte olivarum dormientis"; ↗ Maulaffe.

Einen ähnl. Bedeutungswandel wie das heutige ,Öl(berg)götze' machte die schwäb. Rda. ,dastehen wie ein Bildstock' (bei Gottfr. Keller: ,wie ein Opferstock') durch sowie siebenb. ,et es en hölzera Johannes', er ist steif und plump. In anderer

Kürzung ist vom Ölberg auch der in älterer Studentensprache bezeugte Scheltname ,Ölberger' für ,Häscher', ,Stadtsoldat' abgeleitet.

Lit.: *Webinger:* Art. ,Ölgötz', in: HdA. VI., Sp. 1247–1249; *K. Baumann:* Art. ,Götzenbild', in: EM. VI., Sp. 37–42.

Olim. *Zu Olims Zeiten:* vor langer Zeit; ein Scherzausdr. des gelehrten Schulunterrichts, der weithin in die Volkssprache gedrungen ist: Aus lat. ,olim' (einst, vor alters) hat man den erfundenen Eigennamen Olim zurechtgestutzt. Die Wndg. ist zum erstenmal 1618 in Martin Rinckarts ,Jubelkomödie' (169) belegt, dann öfters, z. B. 1738 bei J. Chr. Günther (,Curieuse Lebensbeschreibung' 165, 24): „Du weißt, ich bin dein Freund aus alter Olims-Zeit"; ähnl. sagt Chr. F. Henrici (Picander) einmal zu einem alten Studienfreund von vor zwanzig Jahren:

Freund von denselben alten Tagen,
Da Olim uns studieren ließ.

Die seit 1691 von Stieler in ,der Teutschen Sprache Stammbaum' (S. 37) vorgebrachte Deutung aus ndd. ,öling' (Ableitung von ,alt') ist irrig; vgl. die sprw. Wndg. ,zu Noahs Zeiten', in uralten Zeiten, die gleichfalls einen Eigennamen verwendet (vgl. auch ↗ Anno).

Ölsardine. *Wie die Ölsardinen:* sehr beengt in einem kleinen Raum; vgl. frz. ,dans une boite de sardine' (umg.), ↗ wie.

Olymp. *Auf dem (hohen) Olymp sitzen:* eine zu hohe Meinung von sich haben; durch die eigene Überschätzung sehr arrogant und herablassend anderen gegenüber sein; niemanden an sich herankommen lassen.
Der Olymp (griech. ,Ὄλυμπος' = Berg) ist der Name für die Wohnung der Götter in der griech. Mythologie. Man ernannte den höchsten Berg Griechenlands, der durch seine überragende Höhe von 2900 Metern einen gewaltigen Eindruck macht, schon früh zum Göttersitz; das Gebirgsmassiv aus Marmor und Schiefer liegt im Norden Thessaliens. Bei den späteren Dichtern (z. B. Aristophanes und Vergil) heißt dann auch das Himmelsgewölbe, auf dem die Götter wohnen, ,Olymp'.
Heute meint man damit scherzhaft die obersten Sitzreihen eines Theaters.
Bis heute unvergessen geblieben ist der 1943/45 gedrehte frz. Film ,Kinder des Olymp', dessen Titel an die antike Vorstellung erinnert.
Nicht zuletzt wegen seiner Ruhe, Ausgeglichenheit und zurückgezogenen Lebensweise im Alter, heißt J. W. v. Goethe ,der Olympier'.

Lit.: Art. ,Olympos', in: Der kleine Pauly IV (1972), Sp. 291–295

Onkel. *Über den (großen) Onkel laufen (gehen):* mit einwärts gerichteten Füßen gehen. Die berl. und sächs. Rda. beruht wohl auf einer Mißdeutung von frz. ,ongle' = Fußnagel; entspr. ,onkeln', mit einwärts gerichteten Füßen gehen, über die große Zehe gehen.
Eine Onkelehe führen meint die Hausgemeinschaft eines Mannes mit einer Witwe, die ihn nicht heiratet, um ihren Pensionsanspruch nicht zu verlieren; der Mann wird von der Witwe als Onkel ausgegeben; auf dem Katholikentag 1954 als ,Rentenkonkubinat' bez.

Oper. *Eine Oper reden (quatschen):* umständlich, überflüssig, wortreich sprechen; auch: *Opern erzählen:* sich weitschweifig über uninteressante oder unsinnige Dinge auslassen. Das Wort ,Oper' kam mit der Sache im 17. Jh. aus Italien. Die Rda. bezieht sich auf die darin üblichen ,Da capo-Arien', die die Aufführungen bes. in die Länge zogen.
Als grobe Aufforderung, sich kurz zu fassen oder keinen Unsinn zu erzählen, heißt es umg., meist negativ imperativisch: ,Quatsch keine Oper!' Die erst im 20. Jh. aufgekommene Rda. bezieht sich auf die Spieldauer von Opern; überhaupt gilt die Oper in volkstümlicher Auffassung sinnbildl. für Unnatürlichkeit.

Opfer, opfern. *Ein Opfer bringen:* etw. darbringen, spenden, schenken, das man selbst entbehren, schmerzlich vermissen muß, wobei man auch bereit ist, eigene Bedürfnisse einzuschränken. Bei einem echten Opfer handelt es sich also nicht nur um einen unbedeutenden Teil eines Überflusses, den man bereitwillig hingibt. Urspr. wurden einer Gottheit aus Dank oder der Hoffnung auf Hilfe und Gnade Opfer dargebracht. Dies konnten Menschen, Tiere, Früchte und andere kostbare Gaben sein. Auch den Elementen, bes. dem Wasser, oder Dämonen wie den ↗ Drachen mußten zu bestimmten Zeiten Opfer gebracht werden, um sie zu besänftigen.

Ein Opfer sein (für jem.): gequält, ausgenutzt werden, auch zur Zielscheibe des Spottes dienen, in jem. Gewalt geraten, hilflos leiden müssen, gefoltert, ermordet werden.

Etw. zum Opfer fallen: dahingerafft werden, sterben müssen, z. B. durch Hungersnöte, Kriege, Seuchen, heute auch durch den Verkehr, durch Drogen.

Viele Opfer zu beklagen haben: viele Tote betrauern müssen, vor allem bei Katastrophen, Überfällen und Unfällen.

Ein Opfer seiner Begierden werden: sich nicht mehr in der Gewalt haben.

Ein Opfer der Justiz sein: einem Fehlurteil unterliegen, unschuldig büßen müssen.

Ein Opfer der Politik werden: aus Staatsoder Parteiinteressen zum Rücktritt bewegt werden, seine wichtige Position aufgeben müssen, stellvertretend für einen Mächtigeren zum ↗ Sündenbock abgestempelt werden.

Ein Opfer der Wissenschaft werden: sein Leben ganz in ihren Dienst stellen, sich ihr voll und ganz verschreiben, auch: sich durch Experimente und Selbstversuche gefährden wie namhafte Ärzte und Naturwissenschaftler der Vergangenheit, wie Astronauten, aber auch wie falsch behandelte Patienten oder gar Tiere in heutigen Versuchslabors. Bereits 1863 nannte Siegmund Schlesinger ein Lustspiel: ‚Ein Opfer der Wissenschaft‘ – ein Hinweis auf die Beliebtheit dieser Wndg.

Ein Opferlamm sein: sich klaglos in sein Geschick fügen, sich willig töten lassen. Die Rda. bezieht sich auf den Opfertod Christi am Kreuz, der deshalb auch als ‚Lamm Gottes‘ (vgl. Joh. 1,29) bez. wird. Einen prophetischen Hinweis auf den Tod Jesu gab schon Jesajas: „Da er gestraft und gemartert ward, tat er seinen Mund nicht auf wie ein Lamm, das zur Schlachtbank geführt wird" (Jes. 53,7).

Sich opfern lassen: sich nicht zur Wehr setzen, auch: für andere einstehen.

Sein Leben für andere (fürs Vaterland) opfern: unter Einsatz seines Lebens andere um jeden Preis retten wollen (im Kampf um seine Heimat sein Blut vergießen).

Etw. für einen guten Zweck opfern: einer guten Sache dienen, Bedürftigen etw. zukommen lassen.

Zeit und Geld für etw. (jem.) opfern: unter Hintanstellung eigener Interessen mit Rat und Tat Hilfe leisten.

Scherzhaft übertr. Bdtg. besitzen die Rdaa: *Dem Bacchus opfern:* viel Wein trinken und: *Dem Neptun opfern:* seekrank werden und sich an der Reling erbrechen müssen.

Lit.: *B. Götz:* Die Bedeutung des Opfers bei den Völkern (Leipzig 1933); *E. O. James:* Origins of Sacrifice (London 1937); *K. Beth:* Art. ‚Opfer‘, in: HDA. IX (Nachträge), Sp. 19–54; *R. Rendtorff:* Studien zur Geschichte des Opfers im alten Israel (Göttingen 1953); *A. Vorbichler:* Das Opfer auf den uns heute noch erreichbaren ältesten Stufen der Menschheitsgeschichte (Mödling bei Wien 1956); *G. Schmitt:* Das Menschenopfer in der Spätüberlieferung der dt. Volksdichtung (Diss. Mainz 1959); *A. Schimmel u. a.:* Art. ‚Opfer‘, in: RGG. IV (³1960), Sp. 1637–1658.

Opium. *Etw. ist Opium für das Volk:* gemeint ist hier eine Ideologie o. ä., die dafür sorgt, daß die Bevölkerung zwar nicht die Wahrheit erkennt, aber ruhig verhält und sich dabei wohl fühlt. Der Ausdr. geht auf Karl Marx zurück. In dem Aufsatz ‚Zur Kritik der Hegelschen Rechtsphilosophie‘ (ersch. in den Dt.-franz. Jbb., Paris 1844) schreibt er: „Die Religion ist der Seufzer der bedrängten Kreatur, das Gemüt einer herzlosen Welt, wie sie der Geist geistloser Zustände ist. Sie ist das Opium des Volkes". Schon vor Marx wird Opium in poetischen Bildern verwendet, aber i. S. v. einem gefühlsverstärkenden Mittel: „Sie stehen auf dem Verdeck und schaun; und jede neue Scene ist Opium für ihren Liebesdrang" (Wieland: ‚Oberon‘ 6,13).

Optik. *Einen Knick in der Optik haben:* leicht geistesgestört sein, auch: schielen, ↗dumm, ↗verrückt.

Ora et labora (lat.). Diese alte christl. Maxime heißt ‚bete und arbeite‘ und wurde vor allem von den Benediktinermönchen betont.

In heutiger Jugendsprache und bes. sold. wird sie abgewandelt zu ‚ora et deflora‘.

Orakel. *Wie ein Orakel reden:* dunkle, rätselhafte Vermutungen und Andeutungen von Zukünftigem machen; auch: *orakeln.* Es gibt im Volksglauben höchst unterschiedliche Arten von Orakeln, wie z. B. die Zukunftserforschung durch Andreas- oder Barbarazweige, das Apfelorakel; ferner magische Praktiken wie Schuhwerfen, Zettelgreifen, Lichterschwemmen, Bleigießen, Wachsgießen, Kranzwerfen, Halmmessen, Kugelwerfen, Federblasen, Topfraten, Baumklopfen, Ofenschauen, Kartenschlagen, Bettstatt-Treten, Bachschauen, Brunnenhorchen, Münzwerfen, Pantoffelwerfen. Manche Orakelhandlungen werden auch rdal. erwähnt, wie z. B. das Knopfzählen: ‚Sich etw. an den Knöpfen abzählen‘, ↗ Knopf.

Lit.: *L. Herold:* Art. ‚Orakel‘, in: HdA. VI, Sp. 1255–1294; *E. Stemplinger:* Antiker Volksglaube (Stuttgart 1948); *A. Dihle:* Art. ‚Orakel‘, in: RGG. IV (³1960), Sp. 1664–1666; Art. ‚Orakel‘, in: Der Kleine Pauly 4 (1972), Sp. 323–328.

organisieren. *Etw. organisieren:* etw. planmäßig ordnen, gut vorbereiten, leiten, sich um eine Angelegenheit kümmern, für einen reibungslosen Ablauf sorgen. Das seit dem 18. Jh. belegte Fremdwort ist von frz. ‚organiser‘: einrichten, anordnen, gestalten entlehnt, das auch ‚etw. zu einem lebensfähigen Ganzen zusammenfügen‘ bedeuten kann. Die Rda. ‚etw. organisieren‘ dient auch als verhüllende Umschreibung für: sich etw. (auf nicht ganz rechtmäßige Weise) beschaffen, besorgen, auch: stehlen. In der Soldatensprache ist damit gemeint: etw. Eßbares (Wertvolles) aufstöbern, Beschlagnahmen von lebensnotwendigen Dingen. *Sich organisieren:* sich zu Verbänden zusammenschließen, gemeinsame Ziele verfolgen.

Orgel. Vorehelicher Geschlechtsverkehr wird rdal. umschrieben und verhüllt: *er hat die Orgel vor der Messe gespielt.* Vgl. ndl. ‚het orgel spelen voor de mis‘. In Norddtl. heißt es: ‚Solange die Orgel noch speelt, solang is de Kark noch nich

ut‘.; d. h. in übertr. Bdtg.: eine Schwangerschaft ist immer noch möglich.

Auch das Verb ‚orgeln‘ hat eine sexuelle Bdtg.: es wird als Umschreibung für ‚Koitieren‘ gebraucht (Borneman 24.1, 25.1, 26.25, 54.8); z. B. in der Rda. *Er hat georgelt, bevor die Kirche angegangen ist.* Wenn jem. auf alles eine Antwort weiß, so sagt man im Schwäb.: ‚ein Kerl wie e Orgel sein, er pfeift, wo ma ’natupft‘; wobei sich die Wndg. direkt auf die leichte Spielbarkeit dieses Instruments bezieht.

Orgelpfeife. *Dastehen wie die Orgelpfeifen:* nach der Größe aufgestellt sein. Man sagt so z. B. von einer Reihe von Geschwistern, wenn sie, der Größe nach abgestuft, nebeneinanderstehen. Das Bild ist schon 1575 Joh. Fischart geläufig (‚Geschichtklitterung‘ 68 a): „Da stellen sie (nämlich die Weiber) jre zucht vmb den Tisch staffelsweis wie die Orgelpfeyffen, die kan der Vatter mit den Ruten pfeiffen machen, wann er will on blaßbälg tretten“.

orientieren, Orientierung. *Sich (erst einmal) orientieren:* sich in einer neuen Umgebung zurechtfinden, sich einen Überblick verschaffen, die Richtung bestimmen. ‚Orientieren‘ ist entlehnt aus dem gleichbedeutenden frz. ‚orienter‘ bzw. ‚s’orienter‘: sich zurechtfinden. *Sich nicht (mehr) orientieren können:* die Richtung verloren haben (auch in weltanschaulicher Hinsicht), sich nicht mehr auskennen. Ähnl.: *Völlig die Orientierung verlieren:* nicht wissen, welchen Weg man einschlagen soll, in übertr. Bdtg. auch: den geistigen Überblick, den moralischen Halt verlieren, ziellos werden. *Sich neu orientieren müssen:* eine neue Richtung einschlagen, sich den Gegebenheiten anpassen müssen, z. B. im Beruf, in der Politik, in der Wissenschaft und Forschung; sich in einem neuen Beruf (Betrieb) erst einmal umsehen, um das am besten geeignete Arbeitsgebiet u. Aufstiegschancen für sich ausfindig zu machen. Eigentl. meint das Wort ‚orientieren‘ sich nach Osten, nach Sonnenaufgang, auch: nach Jerusalem richten, da von dort das Heil erwartet wurde und die Klarheit des Lichtes, ↗ Licht.

Orkus. *Jem. in den Orkus schicken (stoßen, befördern):* jem. umbringen. Orkus hieß in der röm. Mythologie der Gott des Todes; sein Name übertrug sich dann auch auf das Reich der Toten, die Unterwelt. Die Schlußworte von Schillers Gedicht ‚Nänie‘(1799): „Klanglos zum Orkus hinab“, sind zum geflügelten Wort geworden; es bez. sich auf die Situation des Dahinschwindens, z. B. wenn ein ehemals bekanntes Werk in Vergessenheit gerät, fährt es klanglos zum Orkus hinab.
Etw. im Orkus verschwinden lassen, scherzhaft für: etw. im WC hinunterspülen.

Ort. *Den gewissen Ort aufsuchen:* auf die Toilette gehen; auch: *das gewisse (stille, verschwiegene) Örtchen aufsuchen.*
Neben ‚Ort‘ ist auch die lat. Übers. ‚Locus‘ eine verhüllende Umschreibung für die Toilette; sie dient als Wortspielerei in dem folgenden Wellerismus: ‚Alles an seinen Ort, sagte Jerns, das Aug’ ins Fenster, den Arsch in die Brill‘. Weitere Umschreibungen sind: ‚in die heiligen ↗ Hallen gehen‘, ‚die keramischen ↗ Anstalten besuchen‘, ‚um die große (kleine) ↗ Ecke gehen‘ und ‚dahin müssen, wo auch der ↗ Kaiser zu Fuß geht‘; vgl. auch engl. ‚powder-room‘ und ‚mens-restroom‘ und die allg. übliche Abkürzung: W. C. oder 00.
Vor Ort sein: an vorderster Front sein, dort sein, wo sich das entscheidende Geschehen abspielt. Diese Rda., die heute häufig in der Journalistensprache anzutreffen ist, stammt urspr. aus dem Fachwortschatz der Bergleute. Und zwar bedeutet hier ‚der Ort‘ das Ende eines Stollens, die Stelle, an der weitergegraben werden muß. Leibniz schreibt in seinen Werken (Bd. I, S. 468): „... man sagt Ort und Ende ... die Ursache wissen wenig, allein man verstehet es aus der Sprache der Bergleute; bei denen ist Ort so viel als Ende, so weit nemlich der Stollen, der Schacht oder die Grube getrieben“.

Lit.: *H. Wolf:* Studien zur dt. Bergmannssprache des 16.–20. Jh. (Tübingen 1958).

Orwell. *Im Orwell-Jahr leben:* Im Jahr 1984 leben. George Orwell ist der Schriftstellername des Engländers Eric Blair (1903–50); sein Roman ‚Nineteen-eighty-four‘ (1949) (dt.: 1984) ist eine Zukunftsvision, in der er die Freiheit der Menschen bedroht und verloren sieht durch eine totalitäre Staatsform; der einzelne wird beobachtet, verwaltet und beherrscht von einer ihm unerreichbaren Macht.

Lit.: *B.-P. Lange:* George Orwell „1984“ (München 1982); *W. Erzgräber u. a.:* Plus Minus 1984: George Orwells Vision in heutiger Sicht (Freiburg 1983).

Oskar. *So frech wie Oskar* ↗ frech.

Osterhase. *Der (Oster-) Has(e) hat g(e)legt.* Mit diesen Worten wird am Ostermorgen den Kindern die Suche nach den versteckten Ostergeschenken und insbes. nach den bunt bemalten Ostereiern freigegeben. Die Kinderfabel von dem Eier legenden Osterhasen schaltet – ähnl. wie bei anderen Brauchfiguren (Nikolaus, Christkind, Julklapp, Knecht Ruprecht) – zwischen dem Beschenkten und dem Geber noch eine Mittelsperson ein, die unerkannt bleibt. Es handelt sich um eine Scherzfiktion, um einen ‚Brauch ohne Glaube‘, denn natürlich glaubt kein Kind im Ernst, daß ein Hase Eier legen könne. Der Osterhase hat sich erst in der 2. Hälfte des 19. Jh. durchgesetzt, obwohl die Frühbelege weiter zurückreichen. Das erste lit. Zeugnis für den Eier legenden Hasen findet sich in einer Schrift des Heidelberger Arztes Georg Frank von 1682, worin er sich über die häufigen Erkrankungen nach dem reichlichen Genuß von ‚Haseneiern‘ äußert. Sein Anliegen ist ein medizinisches. So berichtet Frank von verschiedenen Fällen, in denen der übermäßige Genuß hartgekochter Ostereier bei Jung und Alt schwere Magen- und Darmstörungen hervorrief: Da büßte ein Franzis-

‚Ostereier suchen‘

2

1/2 ‚Osterhase'

kaner auf Ostern an den von ihm gesammelten Ostereiern das Leben ein. Ein anderer hatte „zur österlichen Zeit ein rothes Ey gantz wollen hineinschlucken, es ist aber das Ey zu gross und sein Halß zu klein gewesen, dass er alsobald daran ersticket". Und in diesem Zusammenhang kommt der Arzt auch auf den Osterhasen zu sprechen. Er schreibt u. a.: „Man macht dabei einfältigen Leuten und kleinen Kindern weis, daß der Osterhase diese Eier ausbrüte und sie im Garten verstecke".

Wenn auch heute der Osterhase in Dtl. allg. bekannt ist, so ist das nicht immer so gewesen. In Tirol spricht man daneben von der Ostereier legenden ‚Osterhenne'. In Oberbayern, Österreich, Thüringen und Schleswig-Holstein war es der Hahn, in Hannover der Fuchs, an der holländischen Grenze der Ostervogel oder Kranich. Daneben heißt es in Thüringen auch, der Storch sei es gewesen. In manchen Gegenden der Schweiz bringt der Kuckuck die Ostereier. In Oberbayern wurde auch vereinzelt das Osterlamm als Eierbringer bezeichnet. In den Vogesen wie auch in Kärnten sagt man: Wenn die Glocken am Gründonnerstag verstummen, sie seien nach Rom geflogen, um die Ostereier zu holen. Wenn sie dann am Karsamstag zurückkehren, werfen sie die Eier beim Vorüberfliegen ins Gras, wo die Kinder sie suchen müssen. Interessanterweise findet man in Italien keinen Osterhasen.

Auch dort, wo zu Ostern bestimmte Gebäcke hergestellt werden, ist der Osterhase ungemein beliebt: Brote und Kuchen in Gestalt eines Hasen, wobei dem Hasen häufig ein Osterei in das Hinterteil eingebacken wird. Ebenso häufig ist daneben das Osterlamm als geformtes Backwerk. Und vielleicht ist der Osterhase überhaupt erst als ein Mißverständnis aus der Osterlammdarstellung hervorgegangen. Dies läßt sich allerdings nicht mit Sicherheit beweisen. Vielleicht sind mit Osterhase und Osterei auch unbewußt einfach zwei Fruchtbarkeitssymbole – Ei und ↗ Hase – zusammengebracht worden. Mythische Vorbilder des Osterhasen sind jedenfalls nicht anzunehmen. Dagegen beziehen viele Witze, Karikaturen, insbes. aber auch Ostergruß-Bild-Postkarten ihre Komik aus dem fiktiven Dreiecksverhältnis Hahn – Huhn – Hase, wobei der Henne aufgrund der bemalten oder gefärbten Eier ein ehebrecherisches Verhältnis zum Osterhasen unterstellt wird. So gewinnen die Erwachsenen der scheinbar eher harmlosen Kinderfabel noch eine erotische, manchmal auch skatologische Perspektive ab. Erwähnt sei etwa der Freiburger Maler und Illustrator Wilhelm Wohlgemut (1870–1942), der zeigt, wie Menschen in Hasengestalt sich verhalten müßten, wenn sie Eier legen wollten. Schon ein launiges Gedicht von Eduard Mörike beschreibt das Verhältnis von Osterei und Osterhase:

> Die Sophisten und die Pfaffen
> Stritten sich mit viel Geschrei:
> Was hat Gott zuerst erschaffen,
> Wohl die Henne? Wohl das Ei?
>
> Wäre das so schwer zu lösen?
> Erstlich ward ein Ei erdacht:
> Doch weil noch kein Huhn gewesen,
> Schatz, so hat's der Has' gebracht.

Lit.: *H. Hepding:* Ostereier und Osterhase, in: Hess. Bl. f. Vkde. 26 (1927), S. 127–147; *A. Becker:* Osterei und Osterhase (Jena 1937); *V. Newall:* An Egg at Easter. A Folklore Study (London 1971); *A. Dundes:* The Crowing Hen and the Easter Bunny. Male Chauvinism in American Folklore, in: Interpreting Folklore (Bloomington/Ind. 1980), S. 160–175; *K. Göbel:* Das Summenformel-Spiel. Zur Stellung eines Wettspiels zwischen Osterbrauch und Rechenbuchillustration (Kulturhistorische Forschungen 8) (München 1987).

Ostern. Ein Sprichwort der Sammlung von Sebastian Franck (2,124) lautet: „Zwischen Ostern und Pfingsten heiraten die Unseligen", ↗ Pfingsten (Niemalsformeln).

Ein Osterbad nehmen: schön werden wollen; zugrunde liegt aber auch ein abergläubischer Brauch zum Schutz gegen Otterbisse: Man muß bei Sonnenaufgang am Ostermorgen in das Bad gehen und dabei dreimal wiederholen: „Wurm, Wurm, geh' in dein Nest, ich bin im Osterbad gewest". Dann bleibt man im folgenden Jahr von dem Biß der Otter verschont. *Ein Osterfeuer abbrennen:* einen Holzstoß am Vorabend des Osterfestes oder in der Nacht zwischen den Feiertagen abbrennen. Die Praxis des Osterfeuers ist schon 751 in einem Brief des Papstes Zacharias an Bonifatius bezeugt; aus dem 8. Jh. stammt auch die in der kath. Liturgie der Osternacht bis heute geübte Weihe des Osterfeuers. Im 15. Jh. wurde das Osterfeuer zur festen Tradition, verlor jedoch an Bedeutung zugunsten des Fastenfeuers.

Der Osterhase hat gelegt, sagt man zu Kindern am Ostersonntag, wenn man (Schokoladen-)Eier für sie im Freien versteckt hat, die die Kinder nun suchen sollen; schwäbisch: ‚Gag gag, gag gag, der Has' hat glegt'. Daß der Osterhase die Eier legt, ist erstmals im Saarland und im Neckargebiet im 17. Jahrhundert bezeugt. Aus dem 12. Jahrhundert gibt es Quellen für den Ostereierbrauch; zum Beispiel ist ein Beleg für das schwäb. Gebiet in Freidanks ‚Bescheidenheit'. Da der Genuß von Eiern in der Fastenzeit verboten war, hat die Kirche im 12. Jahrhundert die ‚geweihten Eier' eingeführt und ihren Verzehr auf den Tag der Auferstehung Jesu festgelegt. Das Ei gilt seither als Symbol der Auferstehung; ↗ Ei.

Wenn Weihnachten und Ostern auf einen Tag fällt ↗ Weihnachten.

Lit.: *H. Hepding:* Ostereier und Osterhase, in: Hess. Bl. f. Vkde. 26 (1927), S. 127–141; *H. Freudenthal:* Das Feuer im dt. Glauben und Brauch (Berlin – Leipzig 1931), S. 248–266; *P. Sartori:* Art. ‚Osterfeuer', ‚Ostern', in: HdA. VI, Sp. 1333–1336 u. 1341–1352; *A. Becker:* Osterei und Osterhase (Jena 1937); *R. Wildhaber:* Ostereier und Ostergebäck in Europa (Basel 1957); *H. Moser:* Ostereier und Ostergebäck, in: Bayer. Jb. f. Vkde. (1957), S. 67–89; *V. Newall:* An Egg at easter: A Folklore Study (London 1971); *R. Wolfram:* Das Jahresfeuer (Wien 1972), S. 14–20; *A. Dundes:* The Crowing Hen and the Easter Bunny, in: Interpreting Folklore (Bloomington 1980), S. 160–175; *K. Göbel:* Der Osterbrauch als Rechenexempel. Zur Stellung eines Wettspieles zwischen Brauchtermin und Rechenbuchillustration (Diss. Freiburg i. Br. 1986).

Otto. Der früher sehr häufige, jetzt aber wesentlich seltener gewordene Vorname Otto gilt, wohl gerade wegen seiner Häufigkeit, als rdl. Bez. eines Durchschnittsmannes, z. B. ‚Otto Normalverbraucher', der nur die einfache, ‚normale' Lebensmittelkarte bekam; Durchschnittsverbraucher von Nahrungsmitteln; Durchschnittsgenießer von Kunst- und Literaturwerken; männliches Gegenstück zu ‚Lieschen Müller'; in dem um 1947 spielenden Film ‚Berliner Ballade' dargestellt von Gerd Froebe. ‚Gruß an Onkel Otto', Winken von Leuten aus der Menge zur Fernsehkamera (seit 1958). ‚Jem. zum Otto machen', ihn heftig ausschimpfen (etwa seit 1930). ‚Von wegen Otto!',

Ausdr. der Verneinung; vielleicht weil man einen Menschen mit dem Allerweltsnamen Otto anredet, der einen ganz anderen Vornamen hat. ‚Otto' (oder: ‚Otto-Otto'), irgendeine, nicht näher bezeichnete Sache. ‚Otto-Otto!' aber auch anspornender Zuruf; Ausdr. höchsten Lobes. Die Wndg. soll von dem Filmschauspieler Hans Albers stammen: mit ‚Otto, Otto!' spornte er den volkstümlichsten Jockei Otto Schmidt im Hoppegarten an (1920 ff.).

Die ndd. Wndg. *Der soll Otto heißen* kennzeichnet einen tüchtigen Kerl, übertr. auch auf Sachen angewendet: z. B. ‚Ik will Füer anboten, dat schall Otto heten'.

Einen flotten Otto haben: Durchfall haben, seit dem Anfang des 20. Jh. gebraucht.

Otto Bellmann ↗ Bellmann.

P

P. *Da will ich ein (großes) P vorschreiben:*
das will ich verhindern. ,Vorschreiben'
meint hier: vor die betreffende Sache
schreiben, die einer angreifen will, aber
nicht soll. Die Wndg. stammt aus der Zeit
der Pest oder der nicht minder gefährli-
chen schwarzen Pocken und bezieht sich
darauf, daß an das verseuchte Haus ein P
geschrieben wurde. Schon 1541 steht bei
Seb. Franck: „Ich will ein P für das hauß
schreiben". Ein alter Haussspruch lautet:
Ich schrieb ein P vor mein Haus:
Bleib du da drauß!

Paar. *Zu Paaren treiben:* in die Flucht
schlagen, in die Enge treiben, zum Gehorsam zwingen, auch: zur Ruhe bringen.
Die urspr. Form dieser Rda. ist: ,zum
bar(e)n bringen'. Hans Sach schreibt 1535
in einem Fastnachtsspiel (9, 53 Ndr.):
„Darmit ich Pawren bracht zum paren".
Man hat dieses Wort ,bar(e)n' aus mhd.
,barn' = Futterkrippe herleiten wollen;
die richtige Deutung gibt aber schon 1539
Tappius in seinen ,Adagia' (207 b): „zum
baren bringen, in casses inducere, est arte
sic concludere quemquam, ut iam nullum
sit effugium" = ins Jagdnetz treiben, d. h.
jem. geschickt so einschließen, daß keine
Flucht mehr möglich ist. Auch Gerlingius
erklärt 1649 (Nr. 123): „In laqueum (Fall-
strick, Schlinge) inducere. Zum barren
bringen". Danach läge mhd. ,bêr(e)'
= sackförmiges Fischnetz zugrunde, das
seinerseits aus lat. ,pera' = Beutel entlehnt ist. In solche Netze wurden die auf-
gestörten Fische mit Stangen hineingetrie-
ben. Im 18. Jh., als das alte Wort nicht
mehr lebendig war und die Wndg. in ihrem urspr. Sinn nicht mehr verstanden
wurde, gestaltete man sie unter Anlehnung an Paar = Zweizahl um zu der Form
,zu Paaren treiben'. So bucht sie 1734 der
Schlesier Steinbach in seinem ,Vollständi-
gen deutschen Wörterbuch': „zu Paaren
treiben, in ordinem cogere". Erst im
18. Jh. setzt sich also die falsche, mißver-
ständliche Schreibung durch. Hippel bildet die neue Form einmal weiter: „Nachdem sie ihre zu Paaren getriebenen Ideen
wieder zu Hauff gebracht hatte, entwarf
sie einen neuen Operationsplan". Die Anlehnung an Paar bewirkte, daß seit dem
19. Jh. die Rda. nur noch von einer Vielheit gebraucht wird: „Die Mordbauern
sind zu Paaren getrieben" (C. F. Meyer,
,Die Versuchung des Pescara', 1889).
Das sind zwei Paar Stiefel, sagt man, um
einen Unterschied zwischen zwei Dingen
zu betonen. Die Wndg. spielt mit den
Wörtern ein ,paar' (mehrere, ungleiche
Stiefel) und ein ,Paar' Stiefel (zwei gleich-
beschaffene, für den rechten und linken
Fuß geschaffene Stiefel). Überhaupt wird
die Fußbekleidung auch in anderen rdal.
Vergleichen für das Bild des Doppelten,
Zweifachen, verwendet: z. B. ,Paarweis
kommen wie die Strümpf'; ↗ Schuh.

Lit.: *L. Röhrich* u. *G. Meinel:* Rdaa. aus dem Bereich
der Jagd u. der Vogelstellerei, S. 315.

Päckchen. *Sein Päckchen zu tragen haben:*
kein leichtes Schicksal, viele Sorgen haben. Entspr. der hochsprachl. Vorstellung
sieht auch die Umgangssprache Leid und
Sorge unter dem naheliegenden Bild einer
Last; vgl. frz. ,porter son fardeau'.

Palaver. *Ein Palaver abhalten, palavern:*
lange sinnloses Zeug reden; Gerede. Der
Ausdr. entstand nach griech.-lat. ,para-
bola' (Bericht) im Portugiesischen. Portu-
giesisch ,palavra' bedeutet urspr. Verhandlung mit Eingeborenen; das Wort,
das portugiesische Händler an die afrika-
nische Küste brachten, führten engl. Seeleute 1771 ihrer Sprache zu. Über das
Engl. gelangte der Ausdr. ins Deutsche.

Palletti. *Alles palletti:* es ist alles in Ordnung; etw. ist erledigt, u. zwar mit Erfolg.
Die Herkunft des ital. klingenden Wortes

‚palletti' ist, ähnl. wie bei ↗okay noch nicht endgültig geklärt. Obwohl lautgeschichtlich das Wort ‚Palette' (auch ‚Pallette' geschrieben) naheliegt, führt eine neuere Spur auf eine hebr. Wurzel: hebr. plt soll der Wortstamm sein; die Grundbdtg. von plṭ ist: ‚in Sicherheit bringen, davonbringen, retten'. Im 2. Jh. n. Chr. wurde im Hebr. pallet i. S. v. ‚gerettet, bewahrt' für Personen und Sachen verwendet. Auch im modernen Hebr. wird ‚pallet' i. S. v. ‚Rettung' benutzt. Jüd. Kaufleute sollen dieses gebraucht haben, wenn sie bei einer ↗Pleite (auch dieses Wort ist dem Wortstamm plṭ zuzuordnen) ihr Gut noch haben retten können. Umg. wurde später die Bdtg. von ‚Alles palletti' verallgemeinert und ausgedehnt in Richtung auf ‚in Ordnung, o. k!' ↗Okay.

Lit.: *L. Koehler, W. Baumgartner:* Hebr. und aramäisches Lexikon zum Alten Testament (Leiden ³1983). *H. Stegemann:* Alles palletti – hebräisch?, in: Der Sprachdienst 28 (1984), S. 143–144; *W. Magaß:* Alles palletti – hebräisch?, in: Der Sprachdienst 28 (1984), S. 144–145.

Palme. *Jem. auf die Palme bringen:* ihn erbosen, erzürnen; *auf der Palme sein:* erzürnt, zornig sein. Die Rda. beruht auf der Grundvorstellung des ‚Hochgehens' des Zornigen, die hier nur konkretisiert und bildl. weiter ausgeschmückt erscheint.

Noch mehr erweitert: ‚Das treibt den stärksten Neger auf die Palme' (20. Jh.). *Von der Palme wieder herunterkommen:* sich langsam wieder beruhigen.

Anders dagegen: *die Palme erringen:* den Sieg davontragen, wobei auf die Siegespalme, den Lorbeerkranz des Siegers angespielt wird (entspr. engl. ‚to bear, to win the palm'; frz. ‚remporter la palme', ndl. ‚de palm wegdragen').

Nicht ungestraft unter Palmen wandeln: nicht ungestraft in der Region der Ideale leben. Die Wndg. ist urspr. ein Zitat aus Goethes ‚Wahlverwandtschaften' (2, 7) und steht dort in Ottiliens Tagebuch. Später wurde die Wndg. auf die Politik übertragen, wie z. B. eine Karikatur auf den militärischen Schutz des dt. Kolonialbesitzes in Afrika zeigt.

Palmesel. *Er ist aufgeputzt wie ein Palmesel* sagt man von einem, der sich allzuviel auf seine Schönheit einbildet und sich schmückt und ziert. Der rdal. Vergleich geht zurück auf den religiösen Volksbrauch, in der Palmsonntagsprozession den Einzug Jesu in Jerusalem, wie er Matth. 21 geschildert wird, zu spielen, indem man einen Esel, geschmückt mit Grün und den frühen Blumen dieser Jah-

‚Man wandelt nicht ungestraft unter Palmen'

‚Aufgeputzt wie ein Palmesel'

‚Palmesel'

reszeit, mitführte. Auf dem Palmesel mußte dabei ein junger Kleriker oder Pilger als Darsteller Jesu reiten und ‚in Jerusalem einziehen'. Den Beteiligten kam es immer mehr auf den weltlichen Prunk eines echten Barockschauspiels und die eigene Zurschaustellung als auf eine demütige Nachfolge Jesu in der Prozession an, wie der rdal. Vergleich zeigt, der übertriebenen Schmuck verurteilt. Der lebendige Esel wurde schon früh durch einen holzgeschnitzten ersetzt, wie er noch in verschiedenen Museen zu sehen ist. Palmesel als Liturgierequisiten sind schon seit dem 10. Jh. bezeugt.

Jedoch wurden wahrscheinl. zuerst Reliefdarstellungen von Jesus auf dem Esel bei Prozessionen mitgeführt; der Gebrauch von Plastiken wird frühestens um 1200 vermutet. Der Ausdruck der Christusfigur schwankt bei den ältesten Plastiken zwischen herrschaftlicher Kaiserdarstellung (München) – was der Rda. am ehesten entspricht – und leidvollem Aussehen (Zürich, Berlin).

Bei den acht aus dem 14. Jh. erhaltenen Skulpturen herrscht der königliche Typus vor. In den folgenden Jhh. werden berühmte Künstler mit Schnitzarbeiten beauftragt, um die Figur so prunkvoll wie möglich zu gestalten. Im 19. Jh. wurden wenige, fast nur die historisch überlieferten Modelle wiederholende Palmesel verfertigt.

Mißbräuche mit dieser Figur führten seit der Reformation und noch mehr in der Zeit der Aufklärung zu scharfer Kritik. Der Schriftsteller Johann Georg Jacobi (1740–1814) beschrieb den Brauch der Ministranten in Baden, an einer bestimm-

ten Stelle der feierlichen Prozession ihre Meßgewänder über den Kopf zu ziehen und sie auf den Weg des Palmesels zu legen. Derjenige, der zuletzt damit fertig wurde, wurde ein ganzes Jahr lang ‚Palmesel' genannt.

In der Ggwt. ist der Palmesel fast völlig aus dem Kirchenbrauch verschwunden, nur die Rda. erinnert noch an den vergessenen alten Sinnbezug.

Ein rechter Palmesel sein: ein tölpischer Mensch sein, der sich wie der hölzerne Palmesel – bildlich gesprochen – überall herumziehen läßt und nicht bemerkt um ihn herum passiert (Wander III, Sp. 1169). Ein Palmesel ist aber auch derjenige, der am Palmsonntag zu spät kommt, der verschlafen hat oder der zuletzt mit seinen Palmen zur Weihe kommt.

Lit.: *A. Mitterwieser:* Der Palmesel und die Palmprozession in Bayern, in: Bair. Heimatschutz 30 (1934), S. 67–69; *L. Kretzenbacher:* ‚Aufputzt wie ein Palmesel...', in: Heimat im Volksbarock (Klagenfurt 1961), S. 81–84; *J. A. v. Adelmann:* Christus auf dem Palmesel, in: Zs. f. dt. Vkde. 63 (1967), S. 182–200; *E. Lipsmeyer:* Jahreslaufbrauchtum. Palmsonntag – Christus und Palmesel, in: Volkskunst 12 (1989) Heft 1, S. 50–58.

Pan. *Es (jetzt) ist die Stunde des (großen) Pan:* es herrscht lautlose Mittagsstille. Diese poetische Umschreibung, die lit. und umg. bezeugt ist, beruht auf der antiken Vorstellung von einem arkadischen Gott der Hirten und Beschützer der Herden. Er durchstreift am Tage mit den Nymphen Berg und Tal, pflegt jedoch in der ihm heiligen Mittagsstunde zu schlafen. Diese Zeit, die ‚Stunde des Pan', in der auch Mensch und Tier ruhen sollen, darf durch keine Geräusche mutwillig gestört werden, deshalb kann die Wndg. außer der bloßen Feststellung auch eine Mahnung enthalten, die Mittagsruhe zu achten.

Der große Pan ist tot: ein bedeutender Mensch ist gestorben, ein großer Geist hat die Erde verlassen. Heinrich Heine gebrauchte die Wndg. in diesem heutigen Sinne 1840 lit. in seiner Schrift ‚Über Ludwig Börne'. Das sprachl. Bild ist jedoch viel älter. Es steht mit dem antiken Bericht vom Tod des Gottes Pan in Zusammenhang, den Plutarch († um 120 n.Chr.) überliefert hat. Mit ihm stimmen auch die späteren Sagen von der Todesbotschaft eines übernatürlichen Wesens überein, von denen es zahlreiche Varianten in Dtl., Engl. und Skandinavien gibt: Ein Wanderer hört unterwegs eine Todesnachricht, und es wird ihm von einem Unsichtbaren aufgetragen, diese Botschaft an jem. weiterzugeben, dessen Namen er aber noch nie gehört hat. Als er ratlos zu Hause davon erzählt, beginnt plötzlich eine Magd um den Verlust ihres Verwandten zu klagen und eilt für immer davon. Erst dadurch wird offenbar, daß sie ebenfalls elbischen Charakter besessen hat. Die Wndg. ist bereits 1581 in Joh. Fischarts ‚Dämonomania' (51) bezeugt: „solt er zu wissen thun, das der Grose Pan gestorben sei ... darum deiten den Pan vil auff Christum" (157). Auch in diesem Beleg bei Fischart ist noch der urspr. wichtige Zug erhalten, daß ein unsichtbares Naturwesen einem Menschen aufträgt, die Todesbotschaft zu überbringen, obwohl hier schon eine Umdeutung ins Christliche anklingt. Christoph Martin Wieland hat in seinem ‚Oberon' (2, 18) die beiden antiken Vorstellungen von der Stunde und dem Tod des großen Pan vermischt, denn er schreibt: „Es ist so stille hier, als sei der große Pan gestorben".

Eine Zeitschrift der Jahrhundertwende, deren bedeutendster Redakteur Richard Dehmel war, hieß ‚Pan'. Das Titelblatt entwarf Franz Stuck.

Lit.: *G. A. Gerhard:* Der Tod des großen Pan (1915; *A. Taylor:* Northern Parallels to the Death of Pan (Washington 1922); *Inger M. Boberg:* Sägnet om de Store Pans Død (Diss. Kopenhagen 1934); *H. Schulz* u. *O. Basler:* Dt. Fremdwb. II (Berlin 1942), S. 298 f.; *R. Herbig:* Pan, der griech. Bocksgott (1949); *D. Grau:* Das Mittagsgespenst (Quellen und Studien zur Vkde. 9) Siegburg 1966; *P. Merivale:* Pan the Goat-God; his Myth in modern times (Cambridge [Mass.] 1969); *L. Röhrich:* Sage (Stuttgart ²1971), S. 43.

Panier. *Etw. auf sein Panier schreiben:* ein Ziel unbeirrt verfolgen, gemäß dem Wahlspruch oder Motto, dem man sich verpflichtet hat.

Im Kriegswesen des MA.s wurden auf die ‚baniere' (von frz. ‚bannière') die Zeichen aufgesetzt, die diejenige Sache verbildlichen sollten, für die man kämpfte; so trugen die Kreuzritter auf ihrem Panier das Kreuz als Zeichen.

Panik, panisch. *In Panik geraten:* durch grundlose Angst, Verwirrung und Entsetzen plötzlich unüberlegt handeln und schwerwiegende Fehler begehen (vgl. Torschlußpanik, ↗ Tor), kopflos fliehen. Das Subst. Panik ist erst um die Mitte des 19. Jh. von der ebenfalls jungen frz. Bildung ‚panique' entlehnt, das auf lat. ‚panicus' und griech. πανικός = dem Pan eigen, von Pan ausgehend beruht. Es bez.

‚Pan'

vor allem die plötzlich auftretende grundlose Furcht, die die Masse bei einem Kurssturz oder Konkurs ergreifen kann, und hat sich durch die Kaufmannssprache verbreitet. Von daher erklären sich auch unsere Rdaa. *jem. in Panik versetzen* und *Panik erzeugen (hervorrufen):* anderen bewußt Furcht einjagen und sie zu kopflosem Verhalten bringen, um selbst Vorteile daraus zu ziehen. Der Begriff der modernen Massenpsychologie kann jedoch ebenfalls auf die Antike zurückgeführt werden. Der von den Griechen verehrte Gott Pan, ein Sohn des Hermes, wurde als Walddämon mit struppigem Haar, Hörnern und Bocksfüßen dargestellt und hat unsere Teufelsvorstellung weitgehend bis heute beeinflußt. Seine plötzliche und unsichtbare Nähe hielt man für die Ursache des bei Mensch und Tier zu beobachtenden Fluchtverhaltens, das rücksichtslos alles mitriß, obwohl es aus einer nur unerklärlichen Furcht entsprang. Außerdem galt Pan als Erfinder der Syrinx, einer Hirtenflöte aus 7 oder 9 Rohrpfeifen, die er abends vor seiner Grotte spielte. Ihr plötzliches Ertönen wurde auch als ein Anlaß für den *panischen Schrecken* angegeben. Auch als Traumgott war Pan bekannt, er konnte die menschliche Seele mit wunderbaren Bildern erfüllen, aber auch mit Entsetzen. So erklärten Griechen und Römer sich die nächtlichen heillosen Verwirrungen in den Heerlagern durch blinden Alarm und die wie ansteckend wirkende Massenangst vor einer nur eingebildeten Gefahr. So heißt es z. B. in der 11. orphischen Hymne von Pan in V.7:

Bringer der Schreckphantasien,
Erreger der menschlichen Ängste,

und in V.23:

Bis zu den Grenzen der Erd'
entsendend das panische Rasen.

Auch die antiken Geschichtsschreiber berichten davon, z. B. schreibt Xenophon darüber, und bei Pausanias (X,23) heißt es über die von den Mazedoniern geschlagenen Gallier: „In der Nacht befiel sie ein panischer Schrecken (φόβος Πανικός)..., sie glaubten Pferdegetrappel zu hören und den Feind zu sehen und huben an, sich in ihrer Verblendung untereinander anzugreifen und zu töten". Cicero verwendet den Ausdr. nur in der griech.

Form und versteht darunter die Schreckensgerüchte wie auch die Kriegsschrecken selbst. Im Dt. begegnet das Adj. in der Verbindung ‚panischer Schrecken' als Übers. des lat. ‚panicus terror', das das griech. πανικὸν δεῖμα, πανικὸς φόβος wiedergibt, bereits seit dem 16. Jh. Auch andere bis heute gültige Fügungen, wie *panische Angst, panisches Entsetzen,* sind bereits damals entstanden. Für die Rda. *(nur) ein panischer Schrecken sein* gibt Joh. Fischart 1575 im ‚Gargantua' (409) einen lit. Erstbeleg: „Also flohen diese Leut, als ob sie vnsinnig weren, vnnd nichts von sich selbs wüssten, noch wer sie jaget, dann es nichts als ein Panischer Laubplattrauschender schrecken war, den sie jhnen so steif einbildeten, als ob jhnen der Hencker auff dem Rucken wer". Im 18. Jh. wird die Wndg. bes. häufig in der Lit. gebraucht, z. B. auch von Schiller in seinen ‚Räubern' (II,3): „Ein panischer Schreck schmeißt alle zu Boden". Böcklin hat den panischen Schrecken sogar bildl. dargestellt.

Lit.: *H. Schulz* u. *O. Basler: Dt. Fremdwb.* II (Berlin 1942), S. 298 f.; *Kluge-Götze* (Berlin ¹⁶1953), S. 544; *Büchmann;* weitere Lit. ↗ Pan.

Panne. *Eine Panne haben:* wegen eines unvorhersehbaren Zwischenfalls in irgendeiner Weise nicht mehr weiterkönnen; vgl. frz. ‚tomber en panne'. *Eine Panne befürchten (erleben):* mit einem möglichen Mißgeschick rechnen, nicht weiter wissen, z. B. bei einem öffentlichen Auftritt, bei einer Rede. *Eine Panne beheben:* etw. in Ordnung bringen, reparieren.

Pant, lat. pannus = Lappen; Schimmelbelag auf Wein, namentlich in nicht vollgefüllten Weinfässern. Die Rda. *Der Wein zieht Pant* wird an der Mosel scherzhaft auch von Trinkern gesagt, die plötzlich das Trinken einstellen und dadurch krank werden.

Pantinen. *Das haut einen aus den Pantinen:* etw. bringt einen außer Fassung. Obgleich die Pantine, ein grober Schuh aus Leder mit einer Holzsohle schon seit 1400 in Gebrauch ist, ist die Rda. erst seit 1900 nachgewiesen; entspr. ndd. ‚Das haut einen aus den Puschen'.

Aus den Pantinen kippen: ohnmächtig werden, tot umfallen, ↗ zeitlich.

Pantoffel. *Unter dem Pantoffel stehen, ein Pantoffelheld sein, unter den Pantoffel kommen, jem. unter den Pantoffel bringen, den Pantoffel schwingen:* Diese Rdaa. bezeichnen die Abhängigkeit des Ehemanns von seiner herrschsüchtigen Ehefrau. Pantoffeln sind ein häusliches Kleidungsstück; man trägt sie bequemlichkeitshalber zu Hause. Deshalb gilt der Pantoffel als ein Zeichen der Hausfrau u. ist vorzugsweise auch ein weibliches Kleidungsstück. Die Frau hat den Pantoffel wohl auch des öfteren als Waffe benutzt (zumal eine Frau sonst keine Waffen trug) wie später das Nudelholz. Wenn es sich um einen Holzpantoffel handelte, wie das die ndl. Malerei gelegentlich darstellt, war das auch eine Schmerzen verursachende Waffe. So gilt der Pantoffel als Symbol der Frauenherrschaft.

‚Ein Pantoffelheld sein'

Daß eine Frau ihren Mann schlug, galt als Inbegriff einer männlichen Unterlassungssünde, weil dieses Recht innerhalb der Ehe nur einem Mann zustand. Das hängt mit dem traditionellen Geschlechterrollen-Verständnis zusammen (wie beim Streit um die ↗ Hose). Es gab zahlreiche Ehrenstrafen für den ‚Pantoffelhelden' (wie Dachabdecken, Charivari). Nach älterer, gelehrter Deutung (seit Grimm) sollen die Rdaa. von dem Brauch stammen, daß der Sieger dem Besiegten zum Ausdr. völliger Niederwerfung den beschuhten Fuß auf den Nacken setzte. Bei der Eheschließung wurde dieser

‚Unter dem Pantoffel stehen'

Brauch in der Form nachgeahmt, daß es für jeden der beiden Gatten galt, dem anderen womöglich zuerst auf den Fuß zu treten; welchem Teil das gelang, dem, so glaubte man, sei die Herrschaft in der Ehe zeit seines Lebens gesichert. Man pflegt in diesem Zusammenhang auf die Dichtung ‚Meier Helmbrecht' von Wernher dem Gartenaere (um 1270) zu verweisen, wo es am Schluß einer Trauung heißt (V. 1534):

si sungen alle an der stat,
ûf den fuoz er ir trat.

Der in der älteren Lit. und auch sonst bezeugte Rechtsbrauch des Besitzergreifens durch das Treten auf den Fuß gilt vielfach bis in die Ggwt. 1865 wird aus dem gleichen Innviertel, aus dem die Dichtung vom ‚Meier Helmbrecht' stammt, berichtet: „Es ist hier noch jetzt eine allgemeine Unsitte, daß die am Altar stehenden Brautleute, sowie der Priester den ehelichen Bund eingesegnet hat, einander auf den Fuß oder ein Kleidungsstück zu treten suchen. Sie verbinden damit die abergläubische Meinung, daß der zuerst getretene Teil zeitlebens unter dem Pantoffel stehen werde". Hier ist dann auch an die zweite Str. des Volksliedes ‚Wenn alle Brünnlein fließen' zu denken (E. B. II, 247 ff., Nr. 429):

Ja winken mit den Äugelein
Und treten auf den Fuß:
's ist eine in der Stube drin,
Die meine werden muß.

Diese Deutung der Rda. ‚unter dem Pantoffel stehen' und der von dieser abgeleiteten übrigen Redewendungen ist weit verbreitet. Sie setzt jedoch nicht nur ein hohes Maß an Abstraktion für ihre Entstehung voraus, sondern gibt auch keine un-

‚Pantoffelherrschaft‘

mittelbare Erklärung für den Begriff des ‚Pantoffelhelden‘, der mit der Rda. in Zusammenhang steht. Eine neue Erklärung versucht D. R. Moser (‚Schwänke um Pantoffelhelden‘) aus folgendem Sachverhalt abzuleiten:

An den Stadttoren der meisten dt. Städte hing seit dem MA., z. T. bis in das 19. Jh. hinein, eine Keule als sichtbares Zeichen der Gerichtsbarkeit. Belege dafür sind aus Wien, Müncheberg, Jüterbog, Woldenberg, Sternberg, Treuenbrietzen, Krossen, Königswusterhausen, Guben, Wendisch-Buchholtz, Stargard, Sorau und Frankfurt a. d. O. bekannt. Als der Sinn dieser Keule im Bewußtsein der städtischen Bevölkerung unklar geworden war, fing man an, eine Erklärung für den merkwürdigen Gegenstand zu suchen, und fand sie in einem alten Schwankmotiv. Man sagte, es sei ein Schinken, ein Pachen, als Preis für den Mann ausgesetzt, der sagen könne, daß er der Herr in seinem Haus sei und von seiner Ehefrau nicht beherrscht werde. So erzählt man sich heute noch in Wien die Sage vom Schinken am Rotenturm-Tor, einem der vielen Stadttore, das Ende des 18. Jh. abgerissen wurde. An diesem Tor hingen nach dem Zeugnis Jacob Sturms (1659) „die Nachbildung eines Schinkens" und zwei Tafeln mit Inschriften. Die erste lautete:

Befind sich irgendhir ein Mann,
Der mit der Wahrheit sprechen kann:
Daß ihm sein Heirat nicht geräen
(= gereue),
Und fürcht sich nicht für seiner
ehrlichen (= ehelichen) Frauen,
Der mag diesen Pachen herunder
hauen.

Die andere fuhr fort:

Welche Frau ihren Mann oft reuft
und schlägt,
Und ihm mit solcher kalten Laugen
zweckt,
Der soll den Pachen lassen henckhen.
Ihr ist ein ander Kirchtag an
schencken.

Hieran knüpft sich nun die Erzählung, daß mehr als hundert Jahre vorübergehen mußten, ehe es ein Mann wagte, seine Ansprüche auf den Schinken geltend zu machen. Wie diesem aber eine Leiter an das Stadttor gelehnt wurde, damit er sich die Trophäe herabholen könnte, trat er ängstlich zurück, um seine Kleidung nicht zu verderben. Unter dem Gelächter der Zuschauer mußte er wieder abziehen.

Die Erzählung, daß sich erst nach hundert Jahren ein Mann als der Held angegeben habe, der nicht von seiner Frau beherrscht werde, dann aber beschämt abziehen mußte, gehört zu dem Schwanktyp ‚Search for Husband in command' (AaTh. 1366 A*). Er findet sich in drei Ausprägungen, von denen mindestens eine in jeder der bekannten Schwank- und Facetiae-Sammlungen vertreten ist. Die erste Version ist die vom Schinken am Stadttor, die zweite, eine Übertr. eines orientalischen Schwankes, lautet so:

Ein großer Bauer, dem es eines Tages zuviel wird, immer von seiner Frau beherrscht zu werden, schickt seinen Knecht mit hundert Hühnern und zwei Pferden auf die Suche nach dem Mann, der zu Hause das Regiment führt. Dort, wo die Frau alles bestimmt, soll er ein Huhn hingeben, ein Pferd aber da, wo der Mann Herr im Haus ist. Der Knecht fährt von Dorf zu Dorf, findet jedoch überall nur herrschsüchtige Frauen. Schließlich kommt er mit den beiden Pferden und dem letzten ihm verbliebenen Huhn zu einem Wirt, der vorgibt, Herr in seinem Haus zu sein. Als dieser sich nun eines der Pferde auswählen soll, redet ihm seine Frau dazwischen, und so geht er des Preises verlustig. Diese Fassung ist auch auf einem Bilderbogen des 17. Jh. überliefert; sie war offenbar sehr verbreitet.

Die dritte, in mehr als zwei Dutzend Aufzeichnungen überlieferte Fassung führt zur Deutung der in Frage stehenden Rdaa. In ihr geht es um die Stiefel, die als Preis für den Herrn im Haus ausgesetzt werden (vgl. z.B. Joh. Pauli, Schimpf und Ernst, 1545, Bl. 24a, Nr. 753). Hier heißt es, daß die Stiefel lange vergeblich feilgeboten werden, bis schließlich ein Mann kommt, der seine Frau nicht zu fürchten meint, und den Preis für sich fordert. Als er aber die Stiefel einstecken soll, fürchtet er sich, seine Kleidung zu beschmutzen, und erweist damit die Unglaubwürdigkeit seines Heldentums. Er erhält die Stiefel nicht.

Die Ähnlichkeit dieses Motivs mit dem als Preis ausgesetzten ‚Schinken' am Stadttor ließ beide Schwänke miteinander verschmelzen. In Julius Wilhelm Zincgrefs und Joh. Leonh. Weidners ‚Deutschen Apophthegmata', Amsterdam 1653 (III, S. 317c), wird gesagt, daß die Stiefel neben „der seiten Speck" am Stadttor als Preis für den Helden hängen, der von seiner Frau nicht beherrscht wird:

„Einmal ward gefragt, welches die älteste Monarchia oder Regierung were. Nach vielen reden sagt ein lustige Fraw: Der Weiber Regiment. Dann die hat ihren anfang im Paradeiß bekommen, da Eva gesagt Adam, dahero biß auff diese stund der Mann aus Holland mit den sechs Kutschpferden herumb fehrt, vnd nirgend ein Mann finden kan, der in seinem Hauß Meister, dem er dieselbige verehren möchte, wiewol er etliche grosse Schiff mit Eyern geladen, von deren er jedem ein par gibt, der nicht absolut Meister in seinem Hauß, ausgeladen, vnd die Eyer verschluckt, vnd bleiben die Stiffel mit der seiten Speck zu N. vor der Pfordten noch hangen, weil niemand zu finden, der mit guten gewissen sagen könte, daß er Meister in seinem Hauß". Der ‚Pantoffelheld' war also jener Angeber, der sich am Stadttor um die neben der Keule hängenden Stiefel bewarb, der sich als Held antrug, obwohl er in Wahrheit von seiner Frau beherrscht wurde. Moser folgert nun daraus, daß dieser Mann ‚unter den Stiefeln' oder, mit einem nach 1500 eingebürgerten Modewort, ‚unter den Pantoffeln', jenen Fußbekleidungsstücken aus Kork (vgl. griechisch παντόφελλος), die heute noch als Symbol der Frauenherrschaft gelten, gestanden habe, geht also von dem realen Vorgang aus. Er verweist auf die frz. umg. Bez. ‚pantouflard' und das engl. Wort ‚hen-pecked husband' für den Pantoffelhelden, das sich offenbar auf die 2. Version des Schwankes bezieht.

Die Gleichsetzung von Stiefeln und Pantoffeln, die Moser im Zusammenhang mit dem dargestellten Schwankmotiv von den Stiefeln am Stadttor vornimmt, um damit die Entstehung der Rda. zu erklären, ist aus mehreren Gründen nicht ganz überzeugend, vor allem werden ‚Pantoffeln' in keinem seiner Belege genannt. Bei einem Vergleich der Schwankvarianten wird deutlich, daß der ausgesetzte Preis für den Helden, der sich nicht von seiner Frau beherrschen läßt, als Siegestrophäe gedacht ist. Stiefel oder Pferd gehören zur Ausrüstung des Mannes und sind daher als Symbole echter Kraft und Männlichkeit zu verstehen. Wären nun Stiefel und Pantoffeln austauschbare Ausdrücke, würde der Schwank seines Hauptmotives beraubt. Der unterjochte Ehemann erhält nämlich gerade wegen seines feigen und weibischen Verhaltens ein Huhn oder Eier, d. h. solche Dinge, die normalerweise der Hausfrau unterstehen. Das Geschenk, das ihm zuteil wird, ist daher das sichtbare Zeichen für den Rollentausch der Geschlechter, der verächtlich gemacht und verspottet werden soll. Pantoffeln statt der Stiefel am Stadttor, die als Lohn ausgesetzt waren, sind in diesem Zusammenhang undenkbar, denn sie bedeuten ja gerade das Gegenteil. Bereits 1494 wurden sie von Seb. Brant im ‚Narrenschiff' (4, 18) als Modetorheit des aufgeputzten weibischen Mannes u. a. verspottet. Nach 1500 verschwanden sie wieder aus der Männertracht und wurden zu einem Charakteristikum der modischen Frauenkleidung.

Weiterhin ist zu beachten, daß bei allen in Frage kommenden Rdaa. der Pantoffel nur im Singular benutzt wird, so daß auch von diesem sprachl. Befund her eine Ableitung von dem Schwank kaum möglich erscheint, in dem es um ein Paar Stiefel geht. Vermutlich beruhen diese Rdaa. daher nur auf dem auch sonst üblichen Sprachgebrauch, ein wichtiges und kennzeichnendes Kleidungsstück mit seinem Träger gleichzusetzen. Ähnl. wie die Schürze galt der Pantoffel pars pro toto als Bez. der weibl. Person. Die Ausdrücke ‚Schürzenjäger' und ‚Pantoffelheld' sind deshalb ihrer Bildung nach durchaus vergleichbar, außerdem sind beide iron.-scherzhaft gemeint.

Der Pantoffel spielt auch in manchen Volksbräuchen eine Rolle (Pantoffelbälle, Pantoffelwerfen als Heiratsorakel u. Pantoffelverstecken im Hochzeitsbrauch).

Darüber hinaus erhielt der Pantoffel wie Schuh und Strumpf spezifisch erotische Bdtg. und diente zur verhüllenden Bez. der weibl. Genitalien. Aigremont (Fuß- und Schuhsymbolik und -Erotik) verweist zur Erklärung auf alte Volksrätsel und -lieder: diese Fußbekleidungen haben eine Öffnung für den Fuß, die oft mit Pelz umsäumt ist. Das Hineinstecken des Fußes in seine Bekleidung erinnert an den Geschlechtsakt. Um erotische Anspielungen handelt es sich auch in dem bekannten Lied ‚Zu Lauterbach' (E. B. Nr. 1009) und in dem ‚Pantoffellied' (E. B. 120^d), das eine Umbildung des Liedes von dem verlorenen Schuh ist. In seiner 6. Strophe, die den Verlust der Jungfräulichkeit umschreibt, heißt es:

Es hat ein schwarzbraun Mägdelein
Pantöffelein verlorn,
Sie kanns nicht wiederum finden.

Vgl. auch das Wunderhornlied vom ‚Straßburger Mädchen', in dem es heißt:

Bald hat das schwarzbraun Mädelein
Verloren ihr Pantöffelein,
Sie kanns nicht wiederfinden.
Sie suchet hin, sie suchet her,
Verliere nicht den andern mehr,
noch unter dieser Linde!

‚Den Pantoffel verlieren'

Die Beschäftigung des Handwerkers mit dem Schuh oder dem Pantoffel und die entsprechende Berufsbez. wird im erotischen Lied gern verwendet, wobei mit der Zweideutigkeit bewußt gespielt wird. Der ‚Pantoffelflicker' als Bez. des Liebhabers ist dem ‚Pfannenflicker' durchaus vergleichbar. Lit. ist dieser Ausdr. sogar früher als der ‚Pantoffelheld' belegt. Friedrich Müller gebraucht ihn 1778 in ‚Fausts Leben dramatisiert' (109,21, Ndr.): „Der Königin von Arragonien Pantoffelflicker möcht er gerne sein!"

Neben der Gleichsetzung des Pantoffels mit den weiblichen Genitalien, der Jungfräulichkeit und der Frau selbst erfolgte seine Erhebung zum Herrschaftssymbol der Frau in Liebe und Ehe. Die Ursprünge dafür lassen sich bis zur Antike zurückführen, in der die weibl. Sandale die entspr. Rolle spielte. Lucian berichtet z. B. in seinen ‚Göttergesprächen' (13), daß die lydische Königin Omphale eine Sandale als Zeichen ihrer Macht über Herakles führte und den Heroen sogar damit geschlagen habe. Eine Statue der Venus mit dem aufgehobenen Schuh bezieht sich wohl auf das gleiche Herrschaftsmotiv. Die Rda. ist übrigens nicht auf das Wei-

berregiment in der Ehe beschränkt; vgl. Schillers ‚Räuber' (I, 1): „In der Tat, sehr lobenswürdige Anstalten, die Narren im Respekt und den Pöbel unter dem Pantoffel zu halten".

Zu erwähnen ist auch die Traumdeutung *vom Pantoffel träumen:* einen gutmütigen Mann bekommen. Als Zeichen äußerster Unterwerfung war auch der ‚Pantoffelkuß' üblich, der den Fußkuß ablöste. Griechen und Römer ehrten damit die Götterstatuen, nach Luk. 7,38 küßte eine Sünderin die Füße Christi, der Papst ließ sich ebenfalls die mit einem Kreuz bestickten Pantoffeln küssen. Von daher übertrug sich der Fußkuß in den weltlichen Bereich als Zeichen höchster Dankbarkeit und Bewunderung der Geliebten, der sich der Mann zu eigen gab. Um 1210 bereits heißt es im ‚Wigalois' (V, 4228) des Wirnt von Grafenberg:

Der meide kußte er an den fuoz
Vor freuden und ergab sich ir.

Die Rda. *jem. den Pantoffel küssen:* ihm unterwürfig sein, wird auch heute noch gern verwendet, wenn man in übertr. Sinne ein Eheverhältnis charakterisieren möchte, in dem der Mann sich sogar erniedrigen würde, um seiner Frau zu gefallen.

‚Unter dem Pantoffel stehen'

Daß die Frau den Pantoffel offenbar tatsächlich auch zum Schlagen des Ehemanns benutzt hat, zeigen unsere Rdaa. *den Pantoffel schwingen* und *jem. pantoffeln* in der doppelten Bdtg.: den Ehemann mit dem Pantoffel bearbeiten und das Regiment im Hause führen, nachdem der Streit, wer die Hosen anhat, bereits zugunsten der Frau entschieden worden ist. Bei Siegfried von Lindenberg findet sich 1782, (3, 131) dafür auch ein lit. Beleg: „'s kam mir auch spansch vor, dasz 'n Mann kurasig genug hat 'n Bullen zu Leibe zu gehen, und läszt sich von 'n Frauensmensch seine drei Buchstaben pantoffeln".

Wolf berichtet eine hess. Sage. Ein Arbeitsmann wurde jede Nacht von einem Alb heimgesucht. Endlich war er es leid und versuchte mutig, den Alb während einer Erscheinung zu packen. Er hatte schließlich einen Pantoffel in der Hand. „Gut", sprach er, ‚du sollst mich nicht wieder pantoffeln', nahm Hammer und Nägel und nagelte den Pantoffel an die Thür und als er morgens aufstand, was fand er? – Seine Frau, die mit einem Ohr an der Thür festgenagelt hing. Da wuszt er, wo der Has im Pfeffer lag" (S. 58, Nr. 91).

Von der Unterordnung des Mannes, der es auf eine Auseinandersetzung nicht ankommen lassen will, berichtet auch der Dichter Christian Friedrich Daniel Schubart (Briefe 2, 392), wenn er einen Bekannten wie folgt charakterisiert: „Ihr Mann ist duldsam, den Winken des Pantöffeleins gehorsam".

Die Begriffe ‚Pantoffelherrschaft', ‚Pantoffelregiment' und ‚Pantoffelheld' sind erst seit dem 18. Jh. bezeugt und besitzen alle abwertende Bdtg. Die allzu offensichtliche Herrschaft der Hausfrau, die dem Ansehen ihres Mannes schadet, wird dadurch verurteilt. Holtei erwähnt 1853 lobend in ‚Christian Lammfell' (1, 191) das Verhalten der Frau: „Sie machte so mäßigen Gebrauch von der Pantoffelherrschaft". Offenbar war also der ‚Pantoffelheld' eine alltägliche Erscheinung. Bei der Deutung dieses Wortes ist zu beachten, daß der Ausdr. ‚Held' keine Steigerung mehr erfahren kann und daß deshalb fast alle Zusammensetzungen einen abwertenden oder völlig negativen Sinn erhalten, wenn man z. B. die Begriffe ‚Messerheld', ‚Weiberheld' und ‚Pantoffelheld' zum Vergleich nebeneinanderstellt. Es ergeben sich die Abstufungen von widerwilliger Anerkennung, moralischer Verurtei-

lung und Verkehrung des Grundwortes Held ins Gegenteil durch das beigefügte Bestimmungswort. Dieser Vorgang ist rdal. ebenfalls durch ein hinzugesetztes Adj. möglich, denn wenn jem. sagt: ‚Du bist mir der rechte Held' oder ‚Das ist ein wahrer Held', kann er durchaus den Untauglichen, den Feigling damit meinen.

Ins Pantoffelkino gehen: zu Hause bleiben und fernsehen.

Lit.: *Anon.:* Das Pantoffelregiment oder gründliche Anweisung, wie Mädchen und Frauen sich der Herrschaft des Pantoffels versichern und das häusliche Scepter mit Kraft und Anstand führen sollen, Auf Erfahrung gegründet und hg. von einer Hausregentin 1829 (Neudr. Zürich 1979); *J. W. Wolf:* Hess. Sagen (Leipzig 1853); *J. Crombie:* Shoe-throwing at weddings, in: Folk-lore 6, 7 (1895, 1896); *J. Bolte:* Setz deinen Fuß auf meinen, in: Zs. f. Vkde. 6 (1896), S. 204–208; *A. Bock:* Hochzeitsbräuche in Hessen und Nassau, in: Zs. f. Vkde. 13 (1903), S. 287–294; *Aigremont:* Fuß- und Schuh-Symbolik und -Erotik (Darmstadt o.J.); *W. Wöhrle:* Der Schuh, das Symbol der Untertänigkeit, in: Heimat und Volkstum 10 (1932), S. 46–59; *A. v. Avanzin:* Treten auf den linken Fuß, in: Der Schlern 35 (1961), S. 45–46; *D. R. Moser:* Schwänke um Pantoffelhelden oder die Suche nach dem Herrn im Haus, in: Fabula 13, H. 3 (1972), S. 205–292.

Panzer. *Stur wie ein Panzer sein:* unerbittlich, unnachgiebig sein; immer seinen eigenen Willen durchsetzen. Die Rda. übernimmt die Vorstellung vom Panzerwagen, der alles überwalzt. Früher bezog sich das Wort Panzer auf die Rüstung; zunächst auf diejenige der Brust, dann verallgemeinert auf die ganze Rüstung. In poet. Bildern spielt der Panzer eine Rolle als Metapher der Härte und Stärke: A. W. v. Schlegel übers. in Shakespeares ‚Romeo und Julia' (I,1): „Umsonst hat ihren Panzer keuscher Sitten der Liebe kindisches Geschoß bestritten".

Papier. *Etw. zu Papier bringen:* etw. niederschreiben, ein Protokoll führen, einen Vertrag, ein Testament aufsetzen, aber auch: einen Brief, ein Gedicht, einen Aufsatz, ein Manuskript vollenden und sich mit der entsprechenden Formulierung bes. abmühen. Dagegen: *Etw. aufs Papier werfen:* etw. schnell zeichnen, nur flüchtig skizzieren, seinen Eindruck, einen Sachverhalt schriftlich festhalten, sich Notizen machen.

Papier ist geduldig (und errötet nicht) heißt es beruhigend: man kann dem Papier al-

‚Papiertiger‘

les anvertrauen, selbst das, was man sich auszusprechen scheuen würde, aber auch: es wird viel geschrieben, was nicht stimmt, ↗ Lüge. Ähnl. heißt es schon in Ciceros Briefen, ‚Ad familiares‘ (V,12,1): „Epistola non erubescit" (Ein Brief errötet nicht).

Nur auf dem Papier stehen: nur in der Planung existieren, ein Vorhaben sein, das zwar schriftlich fixiert ist, von dem aber anzunehmen ist, daß es nie in die Realität umgesetzt wird (werden kann), auch: Maßnahmen ankündigen, die keinerlei Wirkung zeigen.

Das Papier nicht wert sein, auf dem etw. steht: hinfällig, völlig sinnlos sein, Makulatur werden.

Seine Papiere bekommen (kriegen): entlassen werden; dagegen: *seine Papiere einreichen:* sich mit allen erforderlichen Unterlagen bewerben.

Papieren sein: dem Ausdr. nach der gehobenen, oft geschraubten Schriftsprache zugehören, dem Stil nach dem Deutsch alter Chroniken entsprechen, Natürlichkeit und Lebendigkeit der Sprache vermissen lassen.

Ein Papierheiliger sein: ein Heiliger, den es so nie gegeben hat. Durch die Kombination verschiedener Legendenversionen und der Lebensgeschichten von Personen gleichen Namens entstanden durch das Schrifttum neue Heilige, die verehrt wurden, obwohl ihre Vita Züge enthält, die von anderen Heiligen auf sie übertragen wurden. Gute Beispiele für solche ‚Papierheilige‘ sind Felix, Fidelis oder auch Valentin, u.a., so daß sogar von einem ganzen „Chor der Heiligen auf dem Papier" gesprochen werden kann.

Einen (unnötigen) Papierkrieg betreiben (führen): viele Formulare, Gesuche, Verfügungen für nötig erachten, ausgedehnten Briefwechsel führen, bürokratische Maßnahmen verlangen, die unsinnig, langwierig und zwecklos erscheinen, wie z. B. das Ausfüllen von ausführlichen Fragebögen und das wiederholte Vorlegen von immer anderen Bescheinigungen.

Ein Papiertiger (-drache) sein: nur den Anschein erwecken wollen, bes. gefährlich zu sein, eine Abschreckung, Verunsicherung versuchen, sich jedoch als völlig harmlos erweisen (vgl. ‚Gummilöwe‘), ↗ Drache.

Etw. auf dem Papierwege verbreiten, auch: *auf dem Papierwege kommen:* Anordnungen, wichtige Hinweise, Akten, Nachrichten zusenden oder in den Umlauf geben.

Lit.: *Chr. Pieske:* Das ABC des Luxuspapiers. Herstellung, Verarbeitung und Gebrauch 1860–1930. Unter Mitarbeit von K. Vanja u.a. (Berlin 1983); *G. Bayerl* u. *K. Pichol:* Papier. Produkt aus Lumpen, Holz und Wasser (rororo Sachbuch 7727), Dt. Museum (Reinbek bei Hamburg 1986); *H. Kühn* u. *I. Michel:* Papier. Katalog der Ausstellung. Dt. Museum (München 1986); *K. Kunze:* Papierheilige. Zum Verhältnis von Heiligenkult und Legendenüberlieferung um 1400, in: Jb. d. Oswald von Wolkenstein Gesellschaft, hg. v. H.-D. Mück u. U. Müller, Bd. 4 (1986/87), S. 53–65.

Papierkragen. *Ihm platzt der Papierkragen:* er braust auf; moderne scherzhaft-verstärkende Parallelbildung zu ‚ihm platzt der ↗ Kragen‘.

Wirf (schon) mal den Papierkragen herunter: mach dich auf das Schlimmste gefaßt! Diese scherzhafte Aufforderung erhält die Frau in Sachsen, wenn der Mann kurz heimkehrt, um sich mit dem Nötigsten zu versorgen, weil ihm eine Verhaftung droht, oft wegen Zahlungsunfähigkeit. Der Papierkragen – einen besseren kann er sich nicht leisten – dient dazu, vor Gericht ordentlich gekleidet zu erscheinen.

Pappe, pappen. Pappe bedeutet urspr. ‚Kinderbrei‘ und ist ein Lallwort, das in den Formen ‚Papp‘ oder ‚Papps‘ mdal. weit verbreitet ist; die Bdtg. ‚dickes Papier‘, ‚Karton‘ ist erst später entstanden und stammt von den dicken Kleisterschichten her, die die einzelnen Papierlagen der anfangs im Handbetrieb hergestellten Pappe miteinander verbanden. In diesem Sinne heißt es auch: *pappen bleiben:* klebenbleiben. Auf die ältere Bdtg. ‚Brei‘ gehen zurück die Rdaa.: *etw. satt haben wie kalten Papps:* einer Sache überdrüssig sein; *nicht mehr papp sagen kön-*

nen: völlig gesättigt sein. *Der Junge, das Mädel ist nicht von Pappe:* kernig, kräftig; eigentl.: nicht mit Kinderbrei genährt, auch auf Sachen u. Situationen übertr.: *Das ist nicht von Pappe:* ordentlich, solid; sogar: ‚Die Hitze, der Stoß war nicht von Pappe'; kräftig, stark; dagegen frz. ‚... en cartonpâte': aus Pappe, i. S. v.: künstlich, unecht. ferner: *einem Pappe ums Maul schmieren:* ihm zureden, schmeicheln (↗Brei); obersächs. ‚Er redet, als hätte er Pappe im Maule', schwerfällig, mit ungelenker Zunge.

Pappenheimer. Wallensteins anerkennende Worte an die Kürassierabordnung des Pappenheimschen Regiments (Schiller ‚Wallensteins Tod' III, 15): „Daran erkenn' ich meine Pappenheimer", sind volkstümlich geworden in der entstellten Form: *Ich kenne meine Pappenheimer:* ich weiß genau, mit wem ich es zu tun habe, ich habe dich durchschaut, ich weiß besser Bescheid als du, z. T. bis in die Mdaa. vorgedrungen. Die Wndg. wird im Gegensatz zu ihrem Zitaturspr. heute meist in abschätzigem Sinne gebraucht.

Den hist. Hintergrund für das Zitat aus Schillers ‚Wallenstein' bilden die Kämpfe um die Stadt Magdeburg. Der kaiserliche Feldherr Tilly besetzte im April 1631 die äußeren Befestigungsmauern der Stadt; er forderte die Stadt auf, sich zu ergeben, was jedoch immer wieder hinausgezögert wurde. Der ungestüme Gottfried Heinrich Graf von Pappenheim drängte seinen Feldherrn zur Erstürmung Magdeburgs; schweren Herzens gab Tilly den Befehl zum Angriff. Am 19. Mai um 7 Uhr morgens drangen die Pappenheimer in die Stadt ein und wüteten grausam. (G. Mann: Wallenstein [Frankfurt/M. 1971] S. 862 ff.)

Als Appellativ ist ‚Pappenheimer' in Nürnberg schon seit dem 14. Jh. gebräuchl. *Jem. schläft stehend wie ein Pappenheimersgaul* ist ein veralteter Nürnberger rdal. Vergleich.

Pappenstiel. *Das ist doch kein Pappenstiel:* das ist keine Kleinigkeit; vgl. frz. ‚Une paille' (Strohhalm).

Etw. für einen Pappenstiel kaufen (hergeben): sehr billig u. dgl. ‚Pappenstiel' hat in

diesen Rdaa. nichts mit ‚Pappe' zu tun, sondern ist eine Klammerform für ‚Pappenblumenstiel' d. i. der Stiel des Löwenzahns (ndd. ‚Pâpenblôme', obd. Pfaffenröhrlein, aus griech.-lat. ‚pappus' = ‚Samen-, Federkrone' umgedeutet). Der Pappenblumenstiel, den die Kinder zu allerlei Spielereien verwenden können, wurde zum Sinnbild des Wertlosen und hat sich in einen ‚Pappenstiel' verwandelt. Dieser Sinn des Wortes ist seit 1691 durch K. Stieler in ‚Der Teutschen Sprache Stammbaum' (2163) bezeugt: „Nicht ein Pappenstiel / ne hilum quidem". Auch aus älterem ‚Pappelstiel' (Malvenstiel) ist die Rda. erklärt worden, ‚Pappelstiel' heißt es z. B. in Hans Kirchhoffs ‚Wendunmuth' (194 b); in einem hist. Volkslied aus dem Jahre 1502 (Liliencron 2, 480) steht dafür ‚Pfifferstiel', d. h. Stiel des Pfifferlings. Der Sinn ist derselbe.

Hans Dittrich (‚Pappenstiel', in: Zs. Muttersprache, Jg. 62, 1. Heft, S. 25) lehnt die bisherigen Deutungen ab und verweist auf die Dissimilation, einen häufiger zu beobachtenden lautlichen Wechsel, in der Wortnaht von l zu n. Er setzt deshalb als Ausgangsform ‚Pappelstiel' an. Dabei stützt er sich auf die Stelle im ‚Wendunmuth' von 1503 und auf eine Angabe im Dt. Wb., Bd. VII, Sp. 1447, wo es unter dem Stichwort ‚Pappenstiel' heißt: „im Sinne des älteren pappelstiel und vielleicht daraus verderbt". Dittrich deutet nun aber den ‚Pappelstiel' nicht wie Weigand (Dt. Wb. 6. Aufl.) als Stiel der Malve, sondern, von praktischen Überlegungen ausgehend, überzeugender als ‚Stiel aus Pappelholz'. Bei Handwerkern und Bauern, die Werkzeuge benutzen, ist allg. bekannt, daß sich ein Stiel aus Pappelholz wenig eignet. Das Pappelholz ist zu weich und deshalb brüchig. Eschen- oder Akazienholz werden für Stiele verwendet. Ist ein Werkzeug nur mit einem Pappelholzstiel versehen, ist es also wertlos und darum sehr billig. Zu dieser Erklärung kann man auch noch die Rdaa. *(Nur) einen Pappenstiel kosten:* fast nichts, nur so wenig wie ein Stiel aus Pappelholz kosten, und *keinen Pappenstiel wert sein:* unbrauchbar, nichts wert sein, heranziehen.

Lit.: *H. Dittrich:* Pappenstiel, in: Muttersprache 62, 1, S. 25.

Pappkamerad. *Auf Pappkameraden schie-*
ßen: auf eine der menschl. Figur nachgebildete Attrappe schießen; bes. bei Militär und Polizei zu Übungszwecken; der
Ausdruck meint auch allgem. einen unzuverlässigen, untreuen Kameraden.

Papst. *Den Papst nach Rom führen:* jem.
dahin bringen, wo er hingehört und un-
umstrittener Herrscher ist.
In einem ital. Schwank des 15. Jh. wird
diese Wndg. als Metapher für sexuelle
Handlungen gebraucht: „Der Pfarrer antwortete nicht und warf die Frau des Zim-
mermanns ohne ein weiteres Wort auf die
Wandbank. Dann legte er die Hand an
seine Lanze und rief: ‚Der Papst zieht in
Rom ein!‘ worauf er sie kunstgerecht in
das für sie geschaffene Ziel versenkte".
‚Habemus papam‘ sind die Worte bei der
Verkündung der Papstwahl (‚Wir haben
einen Papst‘); übertr. sagt man dies auch,
wenn der rechte Mann für eine Aufgabe
gefunden wurde. *Den*
Papst zum Vetter haben: die Unterstützung einer einflußreichen Person genießen.
Päpstlicher als der Papst sein: übertrieben
unerbittlich sein, eine bestimmte Richtung mehr als notwendig vertreten. Die
Wndg. steht wohl in Zusammenhang mit
der heftig angefeindeten Unfehlbarkeits-
erklärung des Papstes (1870) und ist vermutl. durch eine Äußerung Bismarcks beeinflußt worden, der am 21. April 1887
in seiner Antwort auf den Freisinnigen
Eugen Richter sagte: „Katholischer als
der Papst?" (Bismarck, Ges. W., 2. Aufl.,
Bd. XIII, S. 293). Das Vorbild der Bis-
marckschen Wndg. seinerseits ist vermutl.
das Wort „Il ne faut pas être plus royaliste
que le roi" (Man muß nicht königstreuer
gesinnt sein als der König). Nach Cha-
teaubriand (‚La monarchie selon la
Charte‘, Paris 1816, S. 94) wurde unter
Ludwig XVI. (regierte 1774–93) dieses
Wort geprägt. Ein Witz nimmt diese Rda.
wörtlich (L. Röhrich: Der Witz [München
1980], S. 207).

‚Der Papst lebt herrlich auf der Welt‘ ist
der Anfang eines früher oft gesungenen
Studentenliedes von Ch. L. Noack
(1789); heute will man damit auf das gute
Leben, das jem. führt, anspielen.

Parabel bedeutet in der Studentensprache
des 18. Jh. scherzhaft die Perücke; daher
obersächs.-thür. gelegentl. in der Bdtg.
,Kopf‘, ,Gesicht‘, z. B. *einen bei der Para-*
bel kriegen; ihn beim Schopfe packen; *die*
Parabel voll haben; schlechte Laune haben.

Parade bez. in der Fechtersprache die ab-
wehrende Stellung oder Deckung, vgl.
den ebenfalls bildl. Ausdr. ,einen Hieb pa-
rieren‘, einen Hieb abwehren, ihn zurückweisen. Daher die Rda. *einem in die*
Parade fahren; ihm ,einen ↗ Strich durch
die Rechnung machen‘, ihn treffend zurückweisen, eigentl.: seine Abwehr durchbrechen und einen erfolgreichen Stoß
gegen ihn führen.

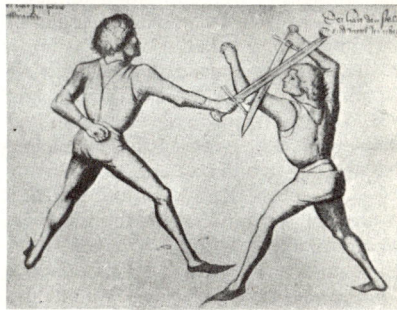

‚In die Parade fahren‘

Mit etw. Parade machen: mit einer Sache
Aufsehen erregen, angeben. Gegen Ende
des 17. Jh. kam das Wort aus frz. ,la parade‘ (Schau, Prunk). In vielen Komposita, wie ,Paradebett‘, ,Paradepferd‘ u. ä.
bez. ,Parade‘ das Ausstellungswürdige
des Gegenstandes. Gerade Paradebetten
als Repräsentationsmöbel waren seit dem
ausgehenden MA. bei fürstlichen Hochzeiten sehr beliebt; diese Betten dienten
mehr der Zurschaustellung als dem Gebrauch.

Paradies. *Das Paradies auf Erden haben;*
sehr gut leben können. Eigentl. wird das
bibl. Paradies auch als Gebiet auf der
Erde angesehen; vornehmlich gilt das
Quellgebiet von Euphrat und Tigris als
ehemaliges Paradies. ,Paradies‘ ist ein
Lehnwort aus dem Altiranischen (pairi-
daēza: Umwallung, umzäumter Park);

griech. παράδεισος meint zunächst die Parks der persischen Könige (Xenophon); im N.T. bedeutet das Paradies schon den himmlischen Sitz Verstorbener, bes. Seliger. In 1. Mos. 2–3 wird von den ersten Menschen Adam und Eva die Geschichte erzählt, wie sie aus dem Paradies vertrieben wurden. Sie verloren mit dieser Vertreibung, die die Folge des Ungehorsams der Menschen gegenüber ihrem Schöpfer war, neben dem unbeschwerten, glücklichen Leben auch ihre leibliche Unsterblichkeit.

‚Das verlorene Paradies‘ ist der dt. Titel des Epos, ‚The paradise lost‘ von J. Milton (1667). In seinem Roman ‚Die unsichtbare Loge‘ (1793) schreibt Jean Paul: „Die Erinnerung ist das einzige Paradies, woraus wir nicht vertrieben werden können". In Märchen und Schwänken (↗ Schlaraffenland) spielt das Paradies als Ort ungestörten Glücks eine große Rolle. Die Möglichkeit, in diese Gegend zu gelangen, wird demjenigen zuteil, der ein bes. Geheimnis löst, oder auch demjenigen, der wie der ‚Bruder Lustig‘ der Grimmschen Märchen (KHM. 81) mit List und Tücke sich Eingang in das Paradies verschaffen kann.

‚Ein Leben wie im Paradies‘ ist die erste Zeile eines 1775 verfaßten Trinkliedes von L. H. Ch. Hölty.

Lit.: *Winkler*; Art. ‚Paradies‘, in: HdA. VI, Sp. 1400–1458. *L. Röhrich:* Adam und Eva. Das erste Menschenpaar in Volkskunst und Volksdichtung (Stuttgart 1968).

Paragraph. *Im Gestrüpp der Paragraphen ertrinken, sich im Paragraphengestrüpp verirren:* durch die Vielzahl der Gesetzesparagraphen derart verwirrt werden, daß man die gültige Rechtsauffassung nicht finden kann. Das aus dem Griech. stammende Wort bedeutet eigentl. ‚Randzeichen‘ und kommt aus der altgriech. Theatertradition: mit dem Zeichen Π, Paragraph genannt, wurden die verschiedenen Dramenrollen gekennzeichnet.

Mit ‚Paragraphenhengst‘ meint man einen pedantischen Rechtsgelehrten, der – ohne menschl. Mitgefühl – nur nach Paragraphen die einzelnen Fälle beurteilt.

Pardon. *Kein Pardon geben:* nichts entschuldigen, keine Gnade walten lassen.

Wilhelm II. prägte das harte Wort: ‚Pardon wird nicht gegeben‘. ‚Pardon‘ kommt aus dem Frz. und bedeutete – bes. im Kriegswesen – Gnade walten lassen. Heute ist es eine allg. Entschuldigungsfloskel.

Parfüm. *Bei mir Parfüm!:* ich gehe fort, fliehe. Der Sinn der Rda. hängt mit ‚verduften‘ zusammen (20. Jh.). *Da hört das Parfüm auf zu riechen!:* Ausdr. starker Verwunderung, Mitte des 20. Jh.

Lit.: *A. Corbin:* Pesthauch und Blütenduft. Eine Geschichte des Geruchs (Berlin 1984).

Parkinsonsches Gesetz. *Nach dem Parkinsonschen Gesetz die Arbeit verteilen:* die bürokratische Arbeit in Behörden und Unternehmen so lange ausdehnen, bis sie die zur Verfügung stehende Zeit ausfüllt; unrationell arbeiten. Dieses iron. gemeinte ‚Gesetz‘ des engl. Historikers und Journalisten Cyril Northcote Parkinson (geb. 1909) ist eine Kritik an der Arbeitsorganisation bürokratischer Einrichtungen, wo manche Verordnungen den Eindruck erwecken können, sie seien nur zur Arbeitsbeschaffung erlassen.

Lit.: *C. N. Parkinson:* Parkinsons Gesetz und andere Untersuchungen über die Verwaltung (Düsseldorf 1958).

Paroli. *Einem (ein) Paroli bieten* (auch *biegen*): ihm in überbietender Weise entgegentreten, es ihm mit derber stärker Münze heimzahlen (↗ heim), ihm ‚die ↗ Spitze bieten‘. Paroli, über das Frz. im 18. Jh. aus dem Ital. entlehnt, ist urspr. ein Fachausdr. des Pharospiels, eines Kartenglücksspieles; es bez. eine Verdoppelung des ersten Einsatzes, wobei ein Ohr in die betreffende Karte geknifft wurde (deshalb die Nebenform ‚biegen‘). Die Rda. ist in übertr. Anwendung seit dem Anfang des 19. Jh. bezeugt.

Partie. *Eine gute (schlechte) Partie machen (sein):* sich – vom materiellen Aspekt her – gut verheiraten (oder schlecht); (k)einen finanziellen Anreiz bieten, um geheiratet zu werden.

Mit von der Partie sein: bei einer geselligen Veranstaltung mitmachen, dabeisein.

Paß, über das Frz. aus lat. passus
= Schritt, Gang entlehnt, bedeutet
‚Durchgang(sweg)‘; daher die aus der Soldatensprache stammende Wndg.: *einem
den Paß verlegen:* ihm den Durchgang ver-
wehren, in übertr. Sinne: ihn an etw. hindern. So in Grimmelshausens ‚Simplicissimus‘ (I, 365): „daß das Weinen dem
Singen den Paß verlegen wollte“. Vgl. frz.
‚barrer le passage à quelqu'un‘. *Den Paß
unter die Füße nehmen:* fliehen, sich
schnell davonmachen.
Der Paß als Ausweis, Reisepapier für die
Grenze ist in den folgenden Rdaa. gemeint: *einem den Paß geben:* ihn entlassen
(vgl. Laufpaß); *doppelte Pässe führen:*
Freibriefe für beide Seiten führen, meist
von einem gesagt, dem man nicht traut;
seinen Paß zerreißen: sich die Mittel zum
Fortkommen selbst nehmen; *jem. die
Pässe zustellen:* Diplomaten zur Abreise
veranlassen; *einen Paß für die Ewigkeit gekauft haben:* euphemist. Umschreibung
für gestorben sein, ↗ zeitlich.
Vom Mndl. (‚te pas zijn‘) über das Mnd.
(‚to passe sîn‘) gehen die im Hd. seit dem
16. Jh. bezeugten Wndgn. *zu passe sein, zu
passe kommen:* recht sein, gelegen kommen, aus, denen Paß in der Bdtg. ‚(rechtes) Maß‘, ‚Angemessenheit‘ zugrunde
liegt; 1618 ist belegt „ubel zu paß oder
krank“, neundl. ‚goed van pas‘, ‚ferner
nhd., ‚unpaß‘, ‚unpäßlich‘.

Passau. *Er versteht die Passauer Kunst:* er
vermag sich hieb-, stich- und kugelfest zu
machen; er ist gegen jedes Unglück gefeit.
Die Rda. war früher sehr verbreitet, ist
aber heute weithin verschollen. In übertr.
Anwendung findet sie sich noch 1802 bei
Jean Paul im ‚Titan‘ (90. Zykel): „Schöne
Kunst und nichts als Kunst war für die
Fürstin die Passauer-Kunst gegen Hof-
und Lebenswunden“.
‚Passauer Kunst‘ ist das im Dreißigjährigen Krieg sehr verbreitete Verfahren, sich
durch Zettel, die auf dem Leibe getragen
wurden, gegen Verwundung ‚fest‘ zu machen. Zur Erklärung des Namens wird gesagt: Die Soldaten wandten sich an
Zauberkundige, die sich bes. unter fah-
rendem Volk fanden. Solche professio-
nelle Zauberkundige hießen in der Studentensprache ‚Pessulanten‘. Das Wort

wäre dann in die Soldatensprache übergegangen und zu ‚Passauer‘ entstellt worden. Die ‚Passauer Kunst‘ galt als teuf-
lisch. Grimmelshausen erwähnt dies im
‚Simplicissimus‘ (IV, 186): „Mußte es
auch, wie sehr und eygentlich du dich
dem Teufel obligiret hattest, ordentlicher
Weis verbriefft seyn, welches durch die
Zettel geschehen, die du vor die Festigkeit
bey dir getragen oder gar in Leib gefressen, maßen die Zettel der Passauer Kunst
(welche den Namen darvon hat, daß sie
ein Student zu Passau erfunden) keinen
andern Inhalt haben, die viele darbey stehende Creutz-Zeichen ohnangesehen, als
diesen erschröcklichen, den nimmermehr
kein Christ wegen seiner Greulichkeit vor
sein Maul, geschweige auff das Papier
kommen lassen solte:

Teuffel hilff mir,

Leib und Seele gib ich dir“.
Eine andere Erklärung besagt, daß der
Name ‚Passauer Kunst‘ einen geschichtl.
Urspr. habe. Als der spätere Kaiser Matthias 1611 bei Passau ein Heer sammelte,
benutzte der Henker Caspar Neithardt
aus Passau die Gelegenheit, um den Soldaten mit Figuren und anderen Zeichen
bemalte Zettel als Schutzmittel zu verkaufen (so Anhorn, ‚Magio logia‘ 837 f.).
Nach dem ‚Simplizianischen Vogelnest‘
(II, 25) war ein Student Christian Eisen-
reiter aus Passau der Erfinder. Die Zettel
wurden als Amulette von den Soldaten getragen, nach Anhorn auch gegessen
(‚Schluckzettel‘).
Der Zettel machte gegen Schuß, Hieb und
Stich fest. Der Glaube an ihre Wirkungs-
kraft wurde dadurch befestigt, daß die unzufriedenen Soldaten Rudolfs II. den
Truppen des Erzherzogs Matthias keinen
Widerstand leisteten (HdA. VI, Sp.
1460 f.). Mit geringerer Wahrscheinlichkeit hat man auch an den Ausdr. ‚passen‘,
nicht mittun beim Kartenspiel, nicht drankommen beim Stechen, gedacht.

Lit.: *A. Spamer:* Romanusbüchlein (Veröffentlichun-
gen des Instituts für dt. Vkde. 17), (Berlin 1958);
L. Röhrich: Art. ‚Zauberbücher‘ und ‚Zaubersprüche‘,
in: RGG. VI (³1962), Sp. 1869–1871 und
Sp. 1873–1875.

passen. Als Vergleich für Nicht-Zusam-
menpassendes hat die Volkssprache eine
Fülle von Sprachbildern parat, wie z. B.:

Das paßt nicht in seinen Kram; das paßt
‚wie das fünfte Rad am Wagen‘,
‚wie der Kirchturm zum Mantel‘,
‚wie der Mönch zur Nonne‘,
‚wie ein Deckel auf eine Kanne‘,
‚wie ein Strumpf zu einer Gewürzbüchse‘,
‚wie eine Maus auf einen Elefanten‘,
‚wie eine Sonnenuhr in einen Sarg‘,
‚wie Honig auf Neujahrsabend‘,
‚wie Tag und Nacht‘,
‚wie der Geier ins Taubenhaus‘,
‚wie die Katze auf die Maus‘,
‚wie der Esel zum Lautenschlagen‘
(↗ Esel),
‚wie dem Ochsen ein Sattel‘,
‚wie ein alt Weib zur Hasenjagd‘,
‚wie ein schwarzer Wolf zur weißen
Ziege‘,
‚wie Haare in die Suppe‘,
‚wie „Heil dir im Siegerkranz“ zu einer
Leichenpredigt‘,
‚wie Rotz auf den Ärmel‘.
Es paßt ihm wie einem Esel die Stiefeln. Im
Ndd. sagt man mdal.:
‚Dat paßt as en dänsk Uniform‘,
‚as Knüppl op‘n Kopp‘,
‚as Snodder (Rotz) up de Mau (Hemdär-
mel)‘,
‚wie Pint op Gret‘.
Vgl. frz. z. B. ‚Cela lui va comme un man-
teau à la lune‘; dieser Vergleich geht zurück auf eine von Plutarch überlieferte
Geschichte: Der Mond bat seine Mutter,
ihm einen passenden Mantel anzufertigen. Doch die Mutter ruft aus: ‚Wie
könnte ich das, da du jede Woche deine
Gestalt änderst?“ (W. Gottschalk, S. 4),
↗ Mond.
Etw. paßt nicht in die Landschaft: etw. ist
unzeitgemäß, eine lokale Metapher für
einen zeitlichen Vorgang.
Passen wie die Faust aufs Auge ↗ Faust.
Passen müssen: nicht mithalten können,
etw. nicht wissen, keine Auskunft geben
können. Die Wndg. meint urspr.: bei
einem Spiel eine Runde aussetzen müssen, wenn die Karten oder die gewürfelte
Zahl nicht entsprechen.

Lit.: *Wander* III, Sp. 1188–1191; *A. de Cock:* Overeen-
komen lijk Manten en Kalle, in: Vkde. 8 (1895–96),
S. 140.

Pastete wird ähnl. scherzhaft gebraucht
wie ↗ Bescherung: *Da haben wir die Pastete! Da liegt die ganze Pastete:* das Unangenehme ist, wie erwartet, eingetroffen.
Schon 1783 bei J. T. Plant (‚Akademische
Liebe‘ S. 162). „Das wär‘ ’ne schöne Pastete“, das wäre eine schöne Geschichte;
Schiller in ‚Kabale und Liebe‘ (I, 1):
„Gleich muß die Pastete auf den Herd“,
sofort muß die Sache abgemacht werden;
wien. ‚a schöne Pasteten‘, eine nette Bescherung; tir. ‚einem Pasteten versprechen‘, leere Versprechungen machen.

Pastorentöchter. *(Wir sind ja) unter uns
Pastorentöchtern* (oder *Pastorstöchtern,
Pfarrerstöchtern*): unter uns gesagt, nur
nicht zimperlich, von gleich zu gleich, unter Eingeweihten. Die Rda. ist am Ausgang des 19. Jh. aufgekommen; sie ist eine
umg., leicht iron. Rda., mit der man eine
freie Aussprache oder einen derben
Ausdr. entschuldigt. Zuweilen wird die
Rda. noch parodistisch erweitert: ‚unter
uns kath. Pfarrerstöchtern‘.

Pate. Obersächs.-thür. *einem die Paten sagen:* ihm die Wahrheit sagen, ihn ausschelten; ähnl. wie: ‚ihm die ↗ Leviten
lesen‘. Die Herleitung von Pate = Tauf-
zeuge ist unsicher, denn seine Paten sollte
eigentl. jedermann kennen, so daß er sie
nicht gesagt zu kriegen brauchte; Müller-
Fraureuth (Wb. der obersächs. Mdaa.
I, 69) vermutet unter Hinweis auf die
Form ‚einem die Paten stecken‘ einen Zusammenhang mit Pate = Setzling, Pflänz-
ling, Pfropfreis (aus mittellat. inpotus).
*Bei einer Sache Pate gestanden haben
(nicht Pate stehen wollen).* am Anfang mit-
gewirkt haben (mit etw. nichts zu tun haben wollen).

Lit.: *Anon.:* Jem. die Paten stecken, in: Muttersprache
40 (1925) Sp. 61.

Pater peccavi (lat.). *Das Pater peccavi sagen:* flehentlich um Verzeihung bitten;
wörtl. übers., ‚Vater, ich habe gesündigt‘.
Das Schuldbekenntnis (nach Luk. 15, 18
und 15, 21) ist als Entschuldigungsfloskel
oft eine scherzhafte Übertreibung.

Patsche, üble, bedrängte Lage, Verlegenheit, kommt vor in den Wndgn. *jem. in die
Patsche bringen:* ihn in eine üble Lage ver-

setzen; vgl. frz. ‚mettre quelqu'un dans le pétrin‘ (Hefeteig).

Patsche in der Bdtg. von ‚Verlegenheit‘ ist seit dem 17. Jh. lit. belegt. Das Wort ist aus der lautmalenden Interjektion ‚patsch‘ abgeleitet.

Jem. aus der Patsche helfen: ihm aus der Verlegenheit helfen; auch ‚jem. aus der Patsche ziehen‘; vgl. frz. ‚sortir quelqu'un du pétrin‘; *in die Patsche kommen:* in eine üble Lage geraten; *in der Patsche sitzen:* in übler Lage sein, ↗ Tinte; vgl. frz. ‚être dans le pétrin‘.

Patt. *Im Patt:* unentschieden. Der Ausdr. stammt aus der Fachsprache der Schachspieler und geht auf das Ital. zurück; entspr. ist auch von einer ‚Patt-Situation‘ die Rede.

Pauke, pauken. *Auf die Pauke hauen:* sich gewaltsam Gehör verschaffen, prahlerisch erzählen. Die Rda. beruht auf der Vorstellung, daß der Paukenschläger in der Militärkapelle nicht zu überhören ist; er gibt den Takt des Marschierens an.

Aus einem eine Pauke machen: ihn ständig mißhandeln.

Der Pauke ein Loch machen: eine Sache vereiteln, zum Aufhören bringen. So Lessing: „Ich muß der Pauke nur ein Loch machen, damit ich weiß, woran ich bin".

Er steht bei der Wahrheit wie der Has' bei der Pauke: er muß die Wahrheit fürchten und fliehen.

Das Alter der Zwillingsformel *mit Pauken und Trompeten* zeigt sich daran, daß die Prägung nicht umgestellt werden kann. Bes. gebräuchl. ist die Rda. bei einer ergebnislosen Prüfung: ‚Er ist durchgefallen mit Pauken und Trompeten‘, er hat völlig versagt. In dieser Rda. wird der negative Ausgang einer Prüfung euphemist. umschrieben, da ‚Pauken und Trompeten‘ eigentl. einen festlichen Anlaß kennzeichnen (lit. 1853 bei Kügelgen). Gemünzt auf heuchlerisches, scheinheiliges Gehabe sind die Verse:

Mit Pauken und Trompeten,
Das ist die Art, wie sie beten.

Einem etw. einpauken: einem etw. durch ständige Wiederholung eintrichtern.

Einen herauspauken: einem aus einer Verlegenheit heraushelfen. Pauken kommt von mhd. ‚puken‘, was darauf lostrommeln bedeutet. In der Sprache der Studentenverbindungen heißt ‚pauken‘ = fechten.

Lit.: *E. Seemann:* Art. ‚Pauke, pauken‘, in: HdA. VI, Sp. 1462–1463; *M. Willberg:* Die Musik im Sprachgebrauch …, in: Muttersprache (1963), S. 201 ff.; *Anon.:* Mit Pauken und Trompeten, in: Sprachpflege 18 (1969), S. 90.

Paulus. *Darauf losgehen wie Paulus auf die Korinther* ist ein bes. in ndd. Mdaa. bezeugter rdal. Vergleich, der wohl darauf zurückgeht, daß der Apostel Paulus in seinen beiden Briefen an die Korinther, namentlich im ersten, diesen strafende Vorhaltungen macht; ostfries. ‚He geit drup los as Paulus up de Korinther‘; rhein. ‚Du schlehs (häus) dren wie Paulus en de Korenther‘, du übertreibst.

Davon hat Paulus nichts geschrieben: dafür gibt es keine Vorschrift, davon ist keine Rede, ↗ Saulus.

Pech, Pechvogel. *Pech haben:* Unglück haben. Die Wndg. stammt von der Vogelstellerei: Der an der Leimrute klebende Vogel hat Pech (an den Federn) und geht daran zugrunde (↗ Leim). In einer Hs. aus dem Jahre 1479 schreibt ein vom Unglück verfolgter schles. Edelmann: „Ich bin so weit in das pech gesaczt, das ichsz nyme achte". Auch Mäuse müssen früher mit Pech gefangen worden sein; vgl. 1541 Seb. Franck: „Die maus hat das bech, der vogel den leim versucht. Die maus weiß nit was bech, noch der Vogel was leim ist, bis sies versuchen, etwa drob gefangen werden und schwerlich davon kommen". Die Wndg. ist bes. durch die Studentensprache weiterverbreitet worden, wo sie seit 1795 nachweisbar ist. Vgl. frz. ‚avoir de la déveine‘ oder: ‚… de la malchance‘.

Doch hat man, freilich mit geringer Wahrscheinlichkeit, zur Erklärung auch an andere Rdaa. gedacht, z. B. *Pech an den Hosen haben:* sich nicht entschließen können, aufzustehen und zu gehen, was bereits im 17. Jh. geläufig ist; daraus könnte ‚Pech haben‘ gekürzt sein. Obd. ‚Pech kaufen‘ (auch ‚Pech geben‘), fliehen, erinnert an ‚Fersengeld geben‘. An die Herkunft vom Vogelfang klingt auch der Ausdr. ‚Pechvogel‘, vom Unglück verfolgter

Mensch, an, der gleichfalls zufrühst in student. Kreisen bezeugt ist.

Die Vorstellung der Hölle wird immer mit Pech, Schwefel und Feuer in Verbindung gebracht. Pech ist das Böse, Schwarze. Im Märchen fällt Pech von den Bäumen auf den Bösen herab; der ‚Pechvogel‘ heißt hier ‚Vogel Kleban‘. Vgl. auch die faule ‚Pechmarie‘ in KHM. 24 (‚Frau Holle‘).

Pech und Schwefel (eigentl. ‚Feuer und Schwefel‘) ist in dieser Verbindung geläufig aus 1. Mos. 19,24: „Da ließ der Herr Schwefel und Feuer regnen von dem Herrn vom Himmel herab auf Sodom und Gomorra …“

Sir. 13,1 steht: „Wer Pech angreift, besudelt sich“. Das Sprw. läßt verschiedene Deutungsmöglichkeiten zu: einmal kann es heißen, daß der Umgang mit schlechten Menschen schädlich ist, dann trifft es zu, wenn sich jem. durch Beteiligung an Verbrechen selbst strafbar macht und drittens kann es auf Menschen bezogen sein, die gerne von schmutzigen, gemeinen Dingen erzählen und so Rückschlüsse auf ihr Wesen zulassen (Fr. Seiler; Dt. Sprww.kunde, S. 309).

Im Volksglauben ist das ‚Pechmännlein‘ der Sandmann, der den Kindern Sand in die Augen streut und sie gut schlafen läßt. *Bis in die Pechhütte sitzen* ist wohl eine Entstellung aus ‚Pechhitze‘; in der Umgebung von Braunschweig sagt man zu heißem Sommerwetter ‚Pechhitze‘, ↗ aschgrau.

Pechsträhne ↗ Scheiße, *Pechvogel* ↗ Rabe. Von einem Dieb heißt es, er habe *Pech an den Fingern.*

Lit.: *O. Schütte:* Bis in die Pechhütte, in: Zs. f. d. U. 14 (1900), S. 730; *Webinger:* Art. ‚Pech‘, in: HdA. VI, Sp. 1466–1468; *W. Lehnemann:* Standessprache und Gemeinschaftssprache, in: Deutschunterricht Jg. 15, H. 1. Febr. 1963, S. 51 ff.; *L. Röhrich* u. *G. Meinel:* Rdaa. aus dem Bereich der Jagd u. der Vogelstellerei, S. 316 f.

Pechstiefel. Nach einer wohl mehr scherzhaften als ernsten naturgeschichtl. Überlieferung fängt man gewisse Affenarten, indem man ihnen innen mit Pech angestrichene Stiefel hinsetzt. Daher ist wohl die Rda. entstanden, es lasse sich *jem. in Pechstiefeln fangen,* d. h. er sei so dumm wie ein Affe und lasse sich aufs ärgste täuschen. In der Mitte des 19. Jh. ist es eine durch-

aus geläufige Rda.: ‚jenseits der Oder, wo se de Bauern mit Pechstiebeln fangen‘ (Uckermark, jetzt nicht mehr gebräuchl.). Vaerst erzählt (1836) von einem Pariser Abenteurer, der sich nach vielem Herumstreichen als angeblicher Waldmensch in Südamerika habe einfangen lassen, um dann in Paris als eine Art Wundertier Geld zu verdienen: „Lässt sich der Kerl, der sich in seinen Urwäldern nicht mehr nähren kann, pfiffigerweise in Pechstiefeln einfangen, nach Paris schleppen, um hier rohe Hühner, wahrscheinlich seine Lieblingsspeise, gegen Entree zu fressen“. Wander (III, Sp. 1202) führt aus der Breslauer Zeitung vom 31. März 1864 (S. 841) an: „Wenn dem so wäre, so hätte Preussen sich im eigenen Pechstiefel gefangen“.

Pedal. *In die Pedale treten, sich in die Pedale werfen:* sich körperlich oder geistig sehr anstrengen. Die Rda. kommt aus dem Radrennsport.

Pegasus. *Den Pegasus besteigen:* dichten. Der Pegasus ist nach der griech. Sage das Musenroß; vgl. Hesiod (‚Theogonie‘ 284): Πήγασος ἵππος (das Pferd Pegasus) und Ovid (‚Metamorphosen‘ V, 257): „Dura Medusaei quem praepetis ungula rupit“ (Die Quelle, der harte Huf des geflügelten Medusenrosses erschloß). Das aus dem Rumpf der Medusa entsprungene Flügelroß wurde von Bellerophon gezähmt. Als er sich auf ihm zum Himmel schwingen wollte, warf es ihn ab, stieg selbst zum Himmel auf und wurde ein Sternbild. Auf dem Helikon soll sein Hufschlag die den Musen geweihte Quelle ‚Hippokrene‘ hervorgebracht ha-

‚Pegasus‘

ben. Wer aus dem Wasser dieses ‚Roß-
quells‘. trank, wurde ein Dichter. Vgl.
Persius (‚Satiren‘, Prolog): „Nec fonte la-
bra prolui caballino" (und ich benetzte
die Lippen nicht mit dem Roßquell). Die
Pegasus-Vorstellung geht auf alexandrinische Dichter zurück.

Joh. Fischart läßt Eulenspiegel in dem
Prolog zu ‚Eulenspiegel reimensweiß‘
(1572) sagen:

Nun hab ich guter Eulenspiegel
Bekommen auch poetisch Flügel,
Wie Pegasus, welchs war ein Pferd,
Soviel ist auch mein Esel wert.
So wag ichs nun, ich Eulenspiegel.
Flieg zu, Esel, ohn' Zaum und Zügel!

Vom *Pegasus im Joche* sprechen wir, wenn
ein Dichter durch Brotsorgen genötigt
wird, irgendeiner ihm nicht gemäßen Er-
werbsarbeit nachzugehen, oder wenn die
Dichtkunst dazu mißbraucht wird, einem
unkünstlerischen, politischen und allzu
profanen Zweck zu dienen. Im ‚Musenalmanach für das Jahr 1796‘ war das Schil-
ler-Gedicht, aus dem dieses Zitat stammt,
noch mit ‚Pegasus in der Dienstbarkeit‘
überschrieben (Büchmann).

Lit.: *F. Hannig:* De Pegaso (Diss. Breslau 1902);
L. Malten in: Jb. des Dt. Archäolog. Instituts 40
(1925); *ders.* in: Hermes 79, 1/2 (1944); *P. Kretschmer*
in: Glotta 31 (1951); *F. Schachermeyr:* Poseidon und
die Entstehung des griech. Götterglaubens (1950).

Pelle, lat. pellis = Haut, meint dt. eigentl.:
die dünne Haut oder die Schale, auch: die
Kleidung. Im 12. Jh. wurde dieses Wort
von ndl. Siedlern nach Norddtl. getragen.
Dem entsprechen die Rdaa.: *aus der Pelle
fahren* als Parallelbildung zu: ‚aus der
↗ Haut fahren‘; *jem. nicht von der Pelle gehen, jem. auf der Pelle sitzen:* ihn ständig
begleiten, ihn durch ständiges Begleiten
belästigen (‚das Kind geht der Mutter
nicht von der Pelle‘); vgl. frz. ‚ne pas quitter les jupes de sa mère‘: seiner Mutter
nicht vom Rock gehen; *jem. auf die Pelle
rücken:* ihm energisch zusetzen, als Parallelbildung zu: ‚zu Leibe rücken‘.

Pelz wird ähnlich wie ↗ Fell und ↗ Pelle
gern für die menschliche Haut gebraucht:
sich die Sonne auf den Pelz scheinen lassen:
sich sonnen (19. Jh.); *einem auf den Pelz
kommen* (oder *rücken*): dringlich mit
einer Angelegenheit an ihn herantreten,

jem. bedrängen; *jem. eins auf den Pelz geben:* ihn prügeln; *jem. eins auf den Pelz
brennen:* auf ihn schießen, der Jägersprache entlehnt; aber auch bildl. auf den
Menschen übertr.: *einem auf den Pelz
schießen:* seine Fehler und schwachen
Seiten angreifen. Abraham a Sancta Clara
berichtet eine Anekdote (‚Abrahamisches
Bescheidessen‘ 282): „Ein Fürst sagte zu
seinem Hofprediger, der durch Gleich-
nisse die Fehler und Laster desselben ge-
rügt hatte, über Tische: ‚Ihr habt mich
heut' ziemlich auf den Pelz geschossen,
Herr Hofprediger‘; worauf dieser erwiderte: ‚Das thut mir leid, ich hatte aufs
Herz gezielt‘." *Einem den Pelz waschen:*
ihm derb zusetzen (schon um 1500 bei
dem Prediger Geiler von Kaysersberg). In
Thomas Murners ‚Schelmenzunft‘ findet
sich die Sentenz:

Ye me man wescht ein beltz fürwar,
Ye mer vnd mer bschyst er das har.

‚Wasch mir den Pelz, aber mach ihn mir
nicht naß!‘ sagt man, wenn man bei Tadel
doch sanft behandelt werden möchte oder
wenn jem. ein Vorhaben ankündigt, aber
viel zu schwache Mittel anwendet.
Vgl. dazu die 30. Historie des Eulenspiegelvolksbuches, wo Eulenspiegel in Thüringen den leichtgläubigen Frauen die
Pelze neu waschen wollte: Von seiner
neuen Wirtin nach seinem Handwerk befragt, antwortet Eulenspiegel: „Ich bin
kein Handwerksgesell, sondern ich pflege
die Wahrheit zu sagen ...", was er auch sogleich tut, indem er die schielende Wirtin
zweimal mit „schielende Frau‘ anredet.
Die Frau ist darüber entsetzt: „Ach, daß
dir nimmer Gutes geschehe. All mein Lebtag hat mir niemand vorgeworfen, daß ich
schiele." Doch als Eulenspiegel ihr von
seiner Fähigkeit erzählt, alte Pelze neu
waschen zu können, vertraut sie (und etliche andere Frauen) ihm alte Pelze an, die
er in warmer Milch kocht; während die
Frauen im Wald junges Lindenholz auf
Eulenspiegels Geheiß suchen, macht er
sich auf und davon. (H. Bote: Till Eulenspiegel [Frankfurt/M. 1978], S. 92–94).
Einem eine Laus in den Pelz setzen ↗ Laus;
einem den Pelz lausen: einen heimsuchen;
die Rda. spielt eine Rolle in der 30. Historie des Eulenspiegelvolksbuches, wo Eulenspiegel den Frauen ‚die Pelze waschen‘

will; wie häufig in den Eulenspiegelschwänken gibt es dabei eine Verknüpfung von Metapher und wörtl. Auslegung.
Der Pelz ist ihm zu enge: er ängstigt sich,
hat Furcht vor Strafe; lit. schon bei
A. Gryphius (,Geliebte Dornrose'): „O
wie enge war mir der Pelz!"
*Man hat etw. zu Freiburg im faulen Pelz er-
lernt:* man hat etw. im Wirtshaus ,gelernt'.
„So z. B. sagte man, daß Murner seine
Kunst zu Freiburg im faulen Pelz er-
schnappt habe, d. h. in einer Kneipe; wie
denn auch heutzutage noch in Heidelberg
eine Brauerei zum faulen Pelze ist, wo
man allerlei profane Kunst erlernen mag"
(Eiselein, Sprww. und Sinnreden der
Deutschen, S. 182).

Perle *(Die) Perlen vor die Säue werfen:* Edles, Gutes und Schönes dem bieten, der es
nicht zu würdigen versteht. Die Rda. ist
bibl. Urspr.: „Ihr sollt das Heiligtum nicht
den Hunden geben, und eure Perlen sollt
ihr nicht vor die Säue werfen, auf daß sie
dieselbigen nicht zertreten mit ihren Füßen und sich wenden und euch zerreißen"
(Matth. 7,6; Vulgata: „Neque mittatis
margaritas vestras ante porcos, ne forte
conculcent pedibus suis").
Bei ihrer Interpretation der Bibelstelle
fragen H. und R. Kahane nach der Bdtg.
der Perlen in diesem Zusammenhang und
verweisen auf eine Tradition der byzanti-
nischen Kirche, wo das geheiligte Brot, als
kleine Brocken zerkrümelt, μαργαριτας
(griech.) genannt wurde und das Neu-
griech. Perlen und Brotkrümel immer
noch mit demselben Begriff bez. So wäre
die Bibelstelle sinngemäß zu übertr.:

STROYT ROSEN VOOR D VERCKENS

,Perlen (Rosen) vor die Säue streuen'

,Wirf nicht den Hunden das geheiligte
Fleisch und den Schweinen das geheiligte
Brot vor'. Besonderes Gewicht gewinnt
diese Interpretation, wenn man bedenkt,
daß im jüd. Glauben die Tiere Symbole
der Unreinheit sind, während Heiligem
die absolute Reinheit anhaftet.
Das rdal. Bild ist schon vor der Lutherischen Bibelübers. im Dt. geläufig. Es findet sich z. B. in der altbair. Predigtsammlung ,Speculum ecclesiae' aus dem
12. Jh.: „man sol diu mergriezer (Perlen)
vur diu swîn niht giezzen"; die Wndg. erscheint ferner um 1230 in Freidanks Lehrgedicht ,Bescheidenheit' (123, 6):
Swer berlîn schüttet für die swîn,
Diu mugen niht langer reine sîn.
Vollkommen frei schaltet Hugo von Trimberg in seinem Lehrgedicht ,Renner'
(V. 6302 ff.) mit der überlieferten Formel;
er klagt:
daz zuht, scham, kunst und witze
fleischlichem gelust entwîchen müezen
und under der gîtekeit (Gier) füezen
ligen als vor swînen edel gesteine.
In ndd. Form bucht 1513 Tunnicius die
sprw. Rda.: „Men sal de perlen nicht vor
die swyne werpen". Auch dem Engl. und
dem Frz. ist sie geläufig (,to throw pearls
before swine'; ,donner des perles aux
porcs' u. ,jeter ses perles aux pourceaux').
Ndl. heißt es außer ,paarlen voor de zwij-
nen werpen' auch synonym: ,rozen voor
de varkens strooien'. Die Szene ist auch
oft von den ndl. Bildschnitzern dargestellt
worden, z. B. in Aerschot, Hoogstraeten,
Dordrecht und anderorts. Auf allen ndl.-
fläm. Skulpturen dieser Rda. und ebenso
auf dem späteren Bilderbogen werden
nicht Perlen, sondern Blumen den
Schweinen vorgeworfen, wobei wahrscheinl. eine Verwechslung von lat. ,mar-
garita' = Perle und frz. ,marguérite'
= Gänseblümchen, die Margarite, vorliegt. Hier zeigt sich ein deutlicher Über-
setzungsunterschied zwischen ndl. und
dt. Tradition aufgrund derselben bibl.-lat.
Quelle. Wo die Szene mit Blumen auf dt.
Chorgestühlen vorkommt, wie z. B. in
Kempen am Niederrh., da ist die Mitarbeit oder das unmittelbare Vorbild fläm.
Künstler anzunehmen. – Parodistisch:
,falsche Perlen vor echte Säue werfen'.
Er sitzt drin wie die Perle im Golde sagt

1–3 ‚Perlen (Rosen) vor die Säue werfen‘

man scherzhaft von einem Herrn, der zwischen mehreren Damen sitzt. *Ihm fällt eine Perle aus der Krone:* er vergibt sich etw.; Parallelbildung zu ‚ihm fällt ein Stein aus der ↗ Krone‘.

Das dt. Wort ‚Perle‘ leitet sich von lat. ‚pirula‘ ab, was ‚kleine Birne‘ bedeutet. Als ‚Perle‘ wird auch die Zugehfrau, die Hausdame oder manchmal auch die Hausfrau bez., wie z. B. in einem Sprw.: ‚Ein kluges Weib ist eine Perl‘ im Hause‘. Ein verbr. Aberglaube sieht in den Perlen, von denen man träumt, Vorboten kommenden Leids: ‚Perlen bedeuten Tränen‘. Lit. zuerst bei Lessing, ‚Emilia Galotti‘ (1772) (II, 7, 8).

Es ist nicht so wie Perlen anfädeln: die Sache ist schwerer, als sie anfänglich erscheint. Den entspr. rdal. Vergleich gibt es auch frz.: ‚Ce n'est pas pour enfiler des perles‘.

Dagegen meint die Rda.: *Etw. ist doch kein Perlenstück:* eine Sache ist nicht so schwierig, wie sie zu sein scheint. Diese Rda. wird gesagt, um einen Unentschlossenen oder Unmutigen zu ermuntern; sie entstand in Anlehnung an ‚Meisterstück‘, ‚Heldenstück‘, hat jedoch mit dem Wort ‚Stück‘ urspr. nichts zu tun, sondern kommt von der heute ausgestorbenen Handarbeitskunst des Perlenstickens. Im Laufe der Zeit ist der Bezug zum Ursprung nicht mehr nachvollziehbar gewesen. Die Rda. wurde – um wieder sinnvoll zu erscheinen – einer anderen lautlich angeglichen. 1611 sagt ein Prediger in den

‚acta colloquiorum reverendi ministerii Brunsvicensis' (Stadtbibliothek in Braunschweig) zu einem Mädchen: „Was sie nicht wüßte, könnte sie lernen, es wäre ja kein Perlensticken".

Lit.: *V. Loveling:* Eene parel op het oog, in: Vkde. 13 (1900/01), S. 14–19; *O. Schütte:* Das ist doch kein Perlenstück, in: Zs. f. d. U. 18 (1904), S. 65; *D. McGillivray:* Pearls before swine (Matthew VII, 6), in: Expository Times 27 (1915/16), S. 46; *A. M. Perry:* Pearls before swine, in: Expository Times 46 (1934/35), S. 381–382; *Singer* III, 83; *G. Castellini:* Struttura letteraria di Mt. 7,6, in: Rivista biblica 2 (1954), S. 310–317; *T. F. Glasson:* Chiasmus in St. Matthew VII. 6, in: Expository Times 68 (1956/57), S. 302; *L. Röhrich:* Sprw. Rdaa. in bild. Zeugnissen; *H. u. R. Kahane:* Pearls before swine? A reinterpretation of Matthew 7, 6, in: Traditio 13 (1957), S. 421–424.

Perlicka, Perlacka. So lautet eine verstümmelte Zauberformel aus dem Bereich der Hamburgischen Handpuppen- und Kasperlespiele; nicht nur hier, sondern auch im Volksschauspiel vom Doktor Faust, erscheint der Teufel bei dem Ruf ‚Perlicka', bei ‚Perlocka' (oder: ‚Perlacka') verschwindet er wieder. Die Herkunft der ‚Per-lac'-Formel wird in einem ma. Segen gesehen: „Conjuro te per lac genitricis dei, beatae virginis Sanctae Mariae" (Ich beschwöre dich bei der Milch der Gottesgebärerin, der seligen Jungfrau, der Heiligen Maria). Der Schwur ‚per lac' – auf die Milch der Mutter Gottes – oder auch die Beschwörung gehören zur Gattung der vulgären Beschwörungsworte, wie auch ↗ Hokuspokus (aus: Hoc est corpus meum).

Lit.: *E. Grohne:* Perlicka, Perlacka!, in: Zs. f. Vkde. 54 (1958), S. 117–120.

perplex. *Perplex sein:* sprachlos, verwirrt sein. Das Wort ist ein Lehnwort aus mlat. ‚perplexus': verlegen, verwirrt, verblüfft.

Persilschein. *Den Persilschein geschickt kriegen:* den Gestellungsbefehl erhalten; während des 2. Weltkriegs aufgekommen. Die Rda. knüpft an die Gepflogenheit der Wehrpflichtigen an, beim Einrücken in die Kasernen ihre Wäsche in Kartons mitzubringen, in denen die Einzelhändler das Waschmittel Persil bezogen hatten. Nach 1945 gebrauchte man den Ausdr. Persilschein im Zusammenhang mit der Entnazifizierung für die schriftliche Bestätigung einer makellosen politischen Vergangenheit; wie durch ein Waschmittel wurde der tatsächlich oder vermeintlich Belastete gewissermaßen weiß gewaschen, deshalb die Wndgn.: *einen Persilschein erhalten* und *jem. einen Persilschein ausstellen.* Wer einen Persilschein hatte, der hatte wieder eine ‚weiße ↗ Weste'.

Auch heute wird die Floskel im politischen Fachjargon verwendet, vor allem als Umschreibung für Vetterleswirtschaft oder auch Heuchelei (↗ Vetter).

Der Name ‚Persil' setzt sich aus den Anfangssilben der beiden Hauptbestandteile des Waschpulvers, nämlich aus *Per*borat und *Sil*ikat, zusammen.

Der sprw. gewordene Werbeslogan ‚Persil bleibt Persil' stammt von Elli Heuss-Knapp, der Gattin des ersten Bundespräsidenten.

Persona. *In Persona erscheinen:* selbst erscheinen. Die Etymologie des Wortes Persona ist umstritten. Naheliegend ist es, lat. ‚per' und ‚sonare' in der Bdtg. ‚hindurchklingen', anzunehmen, denn Persona hatte zuerst die Bdtg. ‚Theatermaske'. Doch ist der Quantitätsunterschied des ‚o' von personare und persōna ein Grund, diese Erklärung zu bezweifeln. Heute spricht man von jem. abwertend, wenn man ihn als eine ‚Person' bez.

Eine ‚Persona ingrata' ist ein nicht gern gesehener, unwillkommener Mensch, im Gegensatz zur ‚Persona grata'. Diese Begriffe gehören urspr. zum Bischofswahlrecht und entstanden im 19. Jh. Heute werden auch politische Vertreter und Diplomaten als Persona grata oder ingrata bez.

Lit.: Art. ‚Persona', in: Pauly, Sp. 657; *H. Rheinfelder:* Das Wort ‚Persona': Geschichte seiner Bdtgn. mit bes. Berücksichtigung des frz. und ital. MA. (Beih. zur Zs. für roman. Philologie, 77), (Halle 1928).

Perücke wird in ndd. und mdt. Rdaa. bildl. gebraucht und steht dann für den Begriff der Unechtheit, der Unnatürlichkeit und des Scheins von Ansehen, das sich einer gibt: *einem in die Perücke fahren:* seine Überheblichkeit, Heuchelei aufdecken; ndd. ‚Ik fohr em in'e P(a)rück', ich fuhr ihn an; rhein. ‚He het de P(e)rück verkeahrt stohn', er ist schlecht gelaunt.

Lit.: *M. Jedding-Gesterling (u. a. Hg.):* Die Frisur. Eine Kulturgeschichte der Haarmode von der Antike bis zur Gegenwart (Hamburg 1990).

Pest. Der noch heute ganz geläufige rdal. Vergleich *einen fürchten wie die Pest* ist lit. schon u. a. bei Grimmelshausen im ‚Simplicissimus' (II. Kap. 30, S. 195) belegt: „davon wurde ich gefürchtet wie die pest"; vgl. frz. ‚craindre quelqu'un comme la peste'; daneben ist *stinken wie die Pest* geläufig. Das Ndl. kennt darüber hinaus ‚gierig als de pest' insofern, als die Pest viele Opfer verlangt. Der alte Fluch ‚Daß du die Pest kriegst!' ist heute ausgestorben.

Jem. die Pest an den Hals wünschen: jem. Unglück wünschen. Als erstes sichtbares Symptom der Pestkrankheit galten die Pestbeulen am Hals; obwohl sich die Drüsen am ganzen Körper entzündeten, sagte man gewöhnlich über einen von der Pest Befallenen: ‚Er hat die Pest am Halse'. Der Volksmund bez. jede andere, sich rasch ausbreitende, ansteckende und bösartig verlaufende Seuche als Pest (lat. ‚pestis': Seuche). Im Volksglauben entsteht die Pest durch böse Leute, die mit dem Teufel im Bunde stehen oder aber die Pest geht in Tiergestalt umher. (Die wahre Ur-

sache der Pestübertragung, nämlich der Rattenfloh, wurde erst 1894 entdeckt.) Auch dachte man sich die Pest als blaues Flämmchen mit übelriechendem ↗ Dunst, das bald hier, bald da in Erscheinung trat. Viele Bräuche beruhen auf Praktiken der Pestbekämpfung: so z. B. die Oberammergauer Passionsspiele, die auf ein Gelübde von 1633/34 zurückgehen, welches die Oberammergauer vor der Pest bewahren sollte; auch die Totentänze, die Pestaltäre, Pestsäulen und -kapellen entstanden zur Zeit der grausamen Epidemien, die vor allem vom 15. bis zum 18. Jh. viele Opfer forderten, ja ganze Landstriche entvölkerten.

Die Pestilenz mit Franzosen heilen wollen: meint, genau den falschen Weg beschreiten, um etw. zu verbessern; den ↗ Bock zum Gärtner machen.

Das Gedicht von Hermann Lingg: ‚Der schwarze Tod' (1854) beginnt mit der Zeile: „Erzittre Welt, ich bin die Pest".

Lit.: *W. Wehle.* Punisches Sprw. bei Augustin: ‚unum nummum quaerit pestilentia', in: Rhein. Museum f. Philologie 17 (1862), S. 638; *P. Heitz:* Pestblätter des 15. Jahrhunderts (Straßburg 1918); *J. Nohl:* Der schwarze Tod. Eine Chronik der Pest 1348–1720 (Potsdam 1924); *P. Sartori:* Art. ‚Pest', in: HdA. VI, Sp. 1497–1522; *L. Honko:* Krankheitsprojektile (FFC. 178), (Helsinki 1959); *A. Corbin:* Pesthauch u. Blütenduft (Berlin 1984); *W. Hartinger* u. *W. Helm:* Die laidige Sucht der Pestilentz. Kleine Kulturgeschichte der Pest in Europa. Begleitheft zu den Ausstellungen in Dingolfing (Stadthalle, 23.6. – 4.7.1986) u. Passau (Sparkasse, 7.7. – 25.7.1986).

Peter, Petrus. *Dem Peter nehmen und dem Paul geben:* es dem einen nehmen und dem andern geben; von dem einen etw. leihen, um den andern damit zu bezahlen. Diese ältere Rda. ist heute kaum noch üblich (vgl. engl. ‚to rob Peter to pay Paul'; frz. ‚dépouiller saint Pierre pour habiller saint Paul' oder: ‚découvrir Pierre pour recouvrir Paul'). Die Zusammenstellung der beiden stabreimenden Hauptapostelnamen ist sehr gebräuchl.; heißt doch auch ein Kalendertag, der 29. Juni, nach ihnen gemeinsam. Die Rda. erklärt sich aus dem einst nicht seltenen Vorkommnis, daß aus einer Kirche Gegenstände der Verehrung und des Schmuckes, die dort reichlich vorhanden waren, genommen wurden, um sie an neue Kirchen zu geben, denen diese Dinge noch fehlten. Handelte

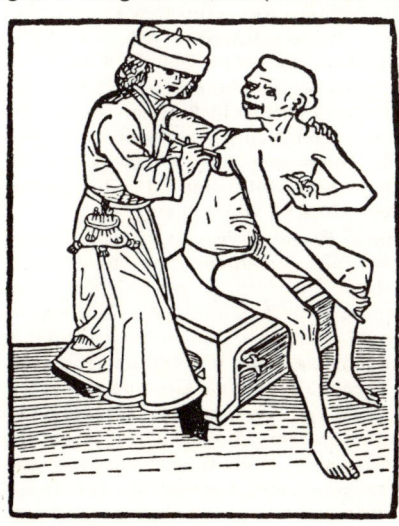

‚Eine Pestbeule aufschneiden'

man doch dabei sogar in Übereinstimmung mit Paulus, der 2. Kor. 11,8 schreibt: „... und habe andere Gemeinden beraubt und Sold von ihnen genommen, daß ich euch predigte". So mag es denn vorgekommen sein, daß man dem heiligen Petrus den Rock nahm, um ihn dem heiligen Paul anzuziehen (vgl. die oben erwähnte frz. Rda.); denn es war da durchaus üblich, den Statuen der Heiligen wirkliche Gewänder anzulegen. Nach Quittard (‚Études littéraires et morales sur les proverbes français', 1860, S. 305) findet sich die Rda. lit. schon zur Zeit des Frankenkönigs Dagobert, der zur Gründung der Abtei Saint-Denis verschiedene Kirchen zu den erwähnten Schenkungen nötigte. So mußte unter anderen die Martinskirche in Tours ihre eisernen Türen an die Dionysius-Abtei abtreten; schon damals wurde sprw. geklagt: ‚Non est spoliandus Petrus, ut vestiatur Paulus'. Friedrich der Große am 1. August 1786: „Man mus nicht Petern ausziehen, vmb Paulen zu bekleiden" (Stadelmann, Aus der Regierungszeit Friedrichs des Großen, Halle 1890, S. 95).

Petrus gilt als Wetterregent. Bei schönem Wetter sagt man: ‚Petrus meint es gut mit uns'. Wenn weiße Wölkchen am Himmel stehen, sagt man: ‚Der heilige Petrus weidet Schäfchen oder Lämmel' oder ‚backt Brot'; wenn es regnet, sagt man: ‚Petrus schließt den Himmel auf'; wenn es schneit: ‚Petrus hat ein Loch aufgemacht und kann es nicht wieder zustopfen'. Bei Gewitter ‚fährt Petrus Unsere Liebe Frau in einem Wagen spazieren' (vgl. HdA. VI, Sp. 1536 ff.); weitere Wetter-Rdaa. mit Petrus: ‚Petrus blinzelt', es wetterleuchtet; ‚jetzt ist Petrus der Sack geplatzt', Blitz, Donnerschlag und Wolkenbruch ereignen sich gleichzeitig: ‚Petrus kegelt', es donnert; ‚Petrus läßt Wasser', es regnet: ‚Petrus rückt Schränke', es donnert verhalten in der Ferne; ‚Petrus hat gefurzt (geschissen)', es donnert heftig; ‚Petrus schifft', es regnet heftig; ‚Petrus zieht um', es donnert heftig.

Auf Petrus als Himmelspförtner beziehen sich sold.-euphemist.-verhüllende Rdaa. für ‚sterben', wie z. B. ‚bei Petrus anklopfen'; ‚sich mit Petrus bekannt machen'; ‚gen Petrus fliegen', bei einer Explosion in die Luft fliegen. ‚Sei bloß ruhig, oder hast du eine Verabredung mit Petrus?' ist eine hamb. Drohung. ‚Mit Petrus Sechsundsechzig spielen', ↗zeitlich.

Jem. den Peter Puff singen: jem. schlagen (heute veraltet); z. B. in den Fastnachtsspielen von Hans Sachs (4,3,19): „ich wil ir (der Frau) den Peter Puff singen, thu ich sie heim zu Hause bringen".

Peter friß, 's sind Linsen: tu es nur, die Folgen werden schon nicht so schlimm sein; heiße das Unangenehme gut; pomm. ‚frett Peter, 't sünd Lünsen', das stecke ein, es ist auf dich gemünzt. Die Rda. hat ihren Ursprungsbereich in der Sprache der Kartenspieler; sie ist durch ihre Verwendung in Fritz Reuters ‚Stromtid' (II, Kap. 22) lit. geflügelt geworden.

Peterle auf allen Suppen sein ↗ Petersilie.

Eine Zigarre, 1945–48 eine Zigarette aus selbstgezogenem Tabak (‚Eigenbau') ‚Marke Petrus', ist minderwertig mit Anspielung auf Luk. 22,62: „Er ging hinaus und weinte bitterlich".

Den schwarzen Peter in der Tasche haben: der Schuldige, der Letztverantwortliche sein. Die Rda. leitet sich von dem Kinderkartenspiel her, bei dem der Besitz des ‚Schwarzen Peters' Unterlegenheit bedeutet und andererseits die Gewinner zu vorher vereinbartem Mutwillen berechtigt; ebenso: *den schwarzen Peter zurückgeben:* die Verantwortung auf den eigentl. Verantwortlichen abwälzen; *jem. den schwarzen Peter zuschieben:* jem. die Schuld, die Verantwortung aufbürden, ↗ schwarz.

Der Scharfrichter hieß früher – neben vielen anderen Namen – euphemist. oft ‚Meister Peter'. ‚Petrus ins Credo' kommt in Hugo von Hofmannsthals ‚Rosenkavalier' (III. Akt) vor, ↗ Pilatus.

Einen Peterskopf haben: eigensinnig sein. Die bibl. Erzählung von der Fußwaschung, wo Petrus erst nicht dulden wollte, daß Christus ihm die Füße wusch, dann aber, von seinem Herrn belehrt, auch noch Haupt und Hände gewaschen haben wollte, gilt als Grundlage der Bez. Peterskopf. Nigrinus sagt: „als wolte vnd musst es nirgends machen, nach des Herrn sinn, sondern nach seinem eygensinnigen kopff, darauß ein sprichwort entstanden ist in der Welt, das man ein eygensinnigen ein Peterskopff nennet"; so auch bei Luther, Thom. Murner, Joh. Fischart.

Neben der Fußwaschungsszene rechtfertigt auch die jähzornige Art, mit der Petrus bei der Gefangennahme Jesu dem Malchus ein Ohr abschlägt, den Hintergrund der Rda.: ‚einen Peterskopf haben'. Sie ist bes. im 16. Jh. sehr gebräuchl.; schon in den Mysterienspielen des MA.s tritt Petrus als komischer Held auf. Joh. Fischart spielt in seiner ‚Flöhhatz' (V. 344 ff.) auf den Peterskopf im Sinne der wunderlichen, hitzigen Art von Petrus an:

> Gleich wie man von Sant Peter saget,
> Der, als er Herr Gott war ein Tag
> Und Garn sah stehlen eine Magd,
> Warf er ihr gleich ein Stuhl zum Schopf,
> Erwies also sein Peterskopf.
> Hätts solcher Gstalt er lang getrieben,
> Es wär kein Stuhl im Himmel blieben.

Im 15. bis 17. Jh. galt die Regel, daß alle Männer, die Petrus heißen, wunderlich seien: ‚omnes petri sunt mirabiles'. In Erfurt durfte im 15. Jh. kein Mann namens Petrus zum Bürgermeister gewählt werden. In Nürnberg und Umgebung werden Glatzenträger als Peter(s)köpfe bez. 1612 schrieb der Nürnberger Patrizier Behaim an seine Braut: „Zu wünschen wäre, daß Ihr Eure schöne Haar auf meinen platteten Peterkopf hättet setzen und machen können".

In der dt. Kunst wird seit der 1. H. d. 15. Jh. Petrus mit Glatze und Stirnlocke (Rest der Kranztonsur) dargestellt, bes. bei Dürer. Hans Sachs gibt in einem Meistergesang von 1551 dafür eine Erklärung. Eine Bäuerin rauft Petrus die Haare aus, weil er verschlafen hat:

> Darumb malt man noch ueberal
> Sant Petter gar glaczet vnd kal,
> Seit die pewrin in also ruepft.

In einer ndl. Erzählung (Mont en Cock, Vlaamsche Vertelsels, S. 129) dagegen soll Petrus vor dem Herrn unter seinem Hut einen heißen Kuchen verborgen haben, der ihm die Haare wegbrannte.

Lit.: *R. Köhler:* Aufsätze über Märchen und Volkslieder (Berlin 1894), S. 67–69; *J. van Vlierberghe:* Ons Heer wilt door St.-Pieter niet uit 't water gehaald worden. St.-Pieter op ons Heer leggen, in: Vlaamsche Zanten 2 (1900), S. 15; *O. Dähnhardt:* Natursagen I (Leipzig–Berlin 1907), S. 172 f.; *Bolte-Polívka* I, S. 344 f.; Mot. 774 J.; *T. Zwölfer:* Sankt Peter, Apostelfürst und Himmelspförtner (Stuttgart 1929); *Werkbie:* Pietjes, pierkes en pieters; De naam Pieter in Spreekwoorden en volksuitdrukkingen, in: Biekorf 36 (1930), S. 270–273; *H. Brinkmann:* Die Darstellung des Apostels Petrus (Diss. Erlangen 1936); Schwänke aus mündl. Überlieferung: authentische Tonaufzeichnungen 1952–1970 v. J. Künzig u. W. Werner, Kommentare *H. Lixfeld* (Freiburg 1973), S. 75–76.

Petersilie. *Petersilie auf allen Suppen sein:* überall dabeisein müssen, bei allen Gelegenheiten obenauf und vorne dran sein wollen; vorwiegend südwestdt., in schwäb. und alem. Mda. in der Form *Peterling* (oder *Peterle*) *auf allen Suppen.* Die Rda. ist schon bei dem Prediger Geiler von Kaysersberg (1445–1510) bezeugt. Bei Jakob Heerbrand (‚Ausklopfung', 1588, S. 2) heißt es: „Der überall vornen daran, Hans in allen Gassen, Peterling auf allen Suppen sein will".

Einem die Petersilie verhageln: iron. moderne Verstärkung für: ‚ihm die ↗ Suppe versalzen'; *ihm ist die Petersilie verhagelt:* er ist niedergeschlagen, blickt mißmutig drein. Auch regional begrenzte mdal. Wndgn. sind bezeugt, z. B. sagt man im Bergischen ‚de Peterzellich kriegen', wenn man sich langweilt (vielleicht weil das Kraut lange zum Aufgehen braucht). *Petersilie pflücken:* als Mädchen bei einer Tanzveranstaltung keinen Tänzer finden, lange auf eine Aufforderung warten müs-

‚Einen Peterskopf haben'

sen, bes. in Mecklenburg geläufige Wndg. Wahrscheinl. hängt diese Rda. mit dem Volksglauben zusammen, Petersilie sei wegen ihres starken Aromas als Aphrodisiakum zu verwenden. Bis heute genießt sie diesen Ruf, worauf auch der Spruch anspielt:

Petersilie hilft dem Mann aufs Pferd,
der Frau aber unter die Erd'.

Aus der röm. Gartenkultur kam sie als Arzneipflanze in den Norden.
In einem alten Bauerntanzlied steht sie verhüllend für den Penis: ‚Nachbar Brosius' (um 1600):

Die Petersilie die ist gut,
Brosius steckts auf seinen Hut.
Da wackelt ihm sein Federbusch,
es daucht ihm leiden gut.

(Aus: Danckert, S. 1223).

Lit.: *W. Danckert:* Symbol, Metapher, Allegorie im Lied der Völker. Teil 3: Pflanzen (Bonn 1978), S. 1223–1226.

Petitesse. *Sich mit Petitessen aufhalten:* seine Zeit mit Nebensächlichkeiten verbringen. Nach der Bundestagswahl von 1976 antwortete Willy Brandt auf die Frage eines Reporters, wie sich die SPD der Probleme Jugendlicher annehmen wolle, man solle sich doch jetzt nicht ‚mit solchen Petitessen' aufhalten. Von den Medien wurde Brandt daraufhin als Schöpfer eines neuen Wortes gefeiert; doch er ist nicht der Erfinder von ‚Petitesse'. Im Frz. heißt ‚la petitesse': Kleinigkeit, Geringfügigkeit und existierte in dieser Bdtg. schon im 18. Jh. in der dt. Sprache. So in Speranders (= F. Gladow) Werk: ‚A la Mode-Sprach der Teutschen' (1727) oder bei Moses Mendelssohn (Briefe, die Neueste Lit. betreffend, vom 1. Mai 1760): „Unsere Petitessen mochten noch so tief unter ihrer Majestät sein ..." über die norwegische Sprache ist dann das ausgestorbene Wort wieder ins Dt. gelangt.

Lit.: *H. Walther:* Kein brand(t)neues Wort: Petitesse, in: Der Sprachdienst 20 (1976), S. 188–190.

petto. *Etw. in petto haben:* etw. vorhaben, im Sinn, in Bereitschaft, zur Verfügung haben. Die Rda. entspricht einer im 18. Jh. aus dem Ital. übernommenen Wndg., die bis in die südd. Mdaa. vorgedrungen ist; ital. ‚in petto' = in der Brust, verschlossen, unerörtert; nur gedacht (lat. ‚in pectore'). Was man ‚in petto' hat, verwahrt man als Geheimnis noch in der Brust.
Wenn der Papst jem. zum Kardinal ‚in petto' erhebt, wird sein Name nicht genannt; wirklich Kardinal wird er erst mit dessen Veröff., die Kardinalatsjahre aber zählen dann von der Kreierung an.
Das Herz und im übertr. Sinn der Thorax gelten als pars pro toto für das Wesen des Menschen überhaupt, für sein Denken und Fühlen, für sein Trachten und für sein Gewissen. Diese Vorstellung beruht noch auf dem ma. Glauben, wo man das Herz als Sitz der Gedanken ansah.

Lit.: *R. Schenda:* Art. ‚Brust', in: EM. II (1979), Sp. 957–963.

petzen. *Jem. (ver-)petzen:* jem. verraten, verpfeifen, denunzieren. Das Wort ‚Petze' (Verräter) gelangte im 18. Jh. durch die Theologiestudenten des Hallischen Waisenhauses in die Studentensprache, bleibt jedoch bis ins 19. Jh. auf Halle beschränkt und ersch. erst ab 1825 in anderen dt. Städten; der Ausdr. ist wohl aus rotw./hebr. ‚pāzāh (den Mund aufreißen) herzuleiten (Kluge-Götze, S. 555).
Für ein Kind gibt es kaum etw. Schlimmeres, als als ‚Petze' erkannt und bez. zu werden. Es wird damit gleichsam ins Abseits gestellt und von den Spielgefährten oder Mitschülern gemieden. Oft geben auch die Erwachsenen nicht viel auf die ‚Petzerei' und weisen das Kind damit ab. Ein Kinderspottvers aus Sachsen spielt darauf an:

Petze, Petze ging in'n Laden,
kauft für'n Dreier Käsemaden.
Käsemaden gibt es nicht,
Petze, Petze ärgert sich.

Pfad. *Auf krummen Pfaden wandeln:* etw. Unrechtes tun, ↗ Weg.
Die ausgetretenen Pfade verlassen: neue Einfälle und Ideen haben, im Denken und Handeln vom alten Schema abweichen.
Auf den steilen Pfad der Tugend zurückkehren: eine sorglose, verantwortungslose Lebensführung eintauschen gegen ein arbeitsvolles, moralisch einwandfreies Leben. Die Vorstellung vom ehrlichen Leben als beschwerlich zu gehenden Weg ist

wohl an Hesiods (700 v. Chr.) Lehrgedicht ‚Werke und Tage‘, V. 289 angelehnt: „Tugend kennt erst den Schweiß, so wollen's die unsterblichen Götter, lang ist und steil der Weg hinan bis zum Gipfel".

Pfaffe. Pfarrer. ‚Pfaffe‘ (lat. Papa; vgl. Pope) war urspr. der Ehrenname jedes Geistlichen (‚Pfaffe Lambrecht‘, ‚Pfaffe Âmîs‘ usw.). Erst seit dem ausgehenden MA. und der Reformationszeit bekommt ‚Pfaffe‘ einen negativen Beigeschmack: ‚Pfaffengezänk‘, ‚Pfaffenschwank‘ usw. In vielen Sprww. wird der Pfaffe verhöhnt als selbstsüchtiger und gieriger Mensch. „Er rafft zusammen, was er kriegen kann, preist deswegen sein Heiligthum als bes. segensvoll und gibt sowenig wie der Wolf wieder heraus, was er hat; ‚Pfaffen‘ segnen sich zuerst" (Fr. Seiler, S. 342). Nach den Zeugnissen der Goethezeit ist der Pfarrer im Ansehen tief gesunken, z. T. hat hier Lessings Kampf gegen Pastor Goeze nachhaltig gewirkt. Wagner sagt in der ersten Studierzimmerszene im Faust I: „Ich hab' es öfters rühmen hören: ein Komödiant könnt einen Pfarrer lehren".

Das schwäb. Sprichwort ‚In jedem Pfäffle steckt a Päpstle‘ kritisiert die überbliche und rechthaberische Art eines Menschen allg. Die Schwankliteratur bes. hat das Pfaffentum hart kritisiert; z. T. lag die Feindseligkeit gegenüber dem Pfarrer in dessen Privilegien begründet: er war von Abgaben und Diensten befreit.

Lit.: *P. Drews:* Der evangelische Geistliche (Leipzig 1905); *H. Werdermann:* Der evangelische Pfarrer in Geschichte und Gegenwart (Leipzig 1925); *J. H. V.:* De duiven van de paster van Lombartsijde, in: Biekorf 59 (1958), S. 126; *G. Laukens:* Als de pastoor (van Wenduine) zijn duiven loslaat, in: Biekorf 59 (1958), S. 146; *G. Holtz:* Art. ‚Pfarrer‘, in: RGG. V (³1961), Sp. 273–280.

Pfahl. *In seinen vier Pfählen:* innerhalb des Hauses, in der eigenen Wohnung. Die Rda. ist eigentl. eine alte Rechtsformel, die sich wohl weniger auf die Eckpfosten des Hauses, als auf die Eckpfähle der Hofumfriedung bezieht. Im ‚Sachsenspiegel‘ wenigstens ist mit der Wndg. ‚Haus und Hof‘ gemeint: „binnen sînem hûse unde hove, dat is binnen sînen veer pâlen" (Glosse zu 2,66). Hans Pfriem, der Held von Hayneccius' gleichnamiger Komödie aus dem Jahre 1582, klagt (V. 1586):

Ist dan heut aller fried dahin,
Das ich kein stund nicht sicher bin
In meinen vier pfelen, erbarm es Gott.

Auf seinem Kopf kann man Pfähle anspitzen: er ist unempfindlich, er ist dumm; die Rda. greift einen bes. harten Fall von Dickschädeligkeit heraus.

Ein Pfahl im Fleisch: ein peinigendes körperliches oder seelisches Leiden, eine Wunde am eigenen Leib. Die Wndg. ist bibl. Urspr.: „Auf daß ich mich nicht der hohen Offenbarung überhebe, ist mir gegeben ein Pfahl ins Fleisch, nämlich des Satans Engel, der mich mit Fäusten schlage, auf daß ich mich nicht überhebe" (2. Kor. 12,7): entspr. auch in anderen Sprachen (frz. ‚c'est une épine au pied‘; engl. ‚a thorn in the flesh‘; ndl. ‚een doorn in het vlees zijn‘), ↗ Dorn.

Pfandhaus. *Die Uhr geht nach dem Pfandhaus:* die Uhr geht falsch. Wahrscheinl. ist sie so lange im Pfandhaus gewesen, daß sie abgelaufen und beim Abholen lediglich aufgezogen, aber nicht gestellt worden ist; die Rda. ist ungefähr seit 1900 geläufig.

Pfanne. *Einen in die Pfanne hauen:* ihn gänzlich vernichten; auch: ihn im Wortgefecht gründlich besiegen. Pfanne ist hier die Koch- oder Bratpfanne, auf der man ein Ei zerschlägt oder in die man ein Stück Fleisch zerkleinert hineinwirft; vgl. auch ‚einen zur ↗ Bank hauen‘ und die im 18. Jh. häufige Rda. ‚einen in Kochstücke zerhauen‘, ihn jämmerlich verprügeln. Als bloße Drohung ist ‚in die Pfanne hauen‘ auch 1687 in einem Lied auf die Schlacht bei Patras von den Türken gesagt:

Also er zweimal stürmet an,
Uns in die Pfann zu hauen.

Sämmtliche Feinde werden in die Pfanne gehauen.

‚Jem. in die Pfanne hauen‘

Lit. noch bei Thomas Mann (‚Tristan‘, Reclam-Ausg. S. 55): „... und ich würde Sie in die Pfanne hauen ..., wenn das nicht verboten wäre" (vgl. engl. ‚to cut to pieces‘; ndl. ‚in de pan hakken‘; frz. ‚tailler des croupières à l'ennemi en taillant l'armée en pièces‘).

Einen vor die Pfanne kriegen: Prügel beziehen, ins Gesicht geschlagen werden.

In die Pfanne treten: einen Fehltritt begehen; vgl. ‚ins ↗ Fettnäpfchen treten‘; lit. bei Grimmelshausen im ‚Simplicissimus‘ (IV, Kap. 18, S. 360): „... und verließ seine alte Wittib samt deren einziger Tochter, die kürzlich in ein Pfann getreten" (d. h. ihre Jungfernschaft verloren hatte); vgl. els. ‚sie het eins uf dr Pann‘, sie ist schwanger (Pfanne hier im Sinne von vagina).

Gut in der Pfanne liegen: in jem. Gunst stehen; etwa seit 1910 üblich.

Etw. einmal über die Pfanne rollen: es schnell, oberflächlich erledigen. Auch bei dieser Rda. ist an die Koch- und Bratpfanne gedacht: das gebratene Stück Fleisch, nur einmal kurz über die Pfanne gerollt, erhält äußerlich eine leichte Kruste, bleibt aber im Innern blutig-roh (seit Anfang des 20. Jh. bezeugt).

Etw. auf der Pfanne haben: Besonderes leisten können, in Bereitschaft oder in Arbeit haben, vorhaben. Hier bedeutet Pfanne die kleine Mulde, in die man bei den alten Lunten- und Steinschloßgewehren das Zündpulver schüttete. Die Rda. bedeutet also urspr.: gleich losschießen können (↗ abblitzen). Übertr. meint ‚einen auf der Pfanne haben‘ auch: betrunken sein, sich einen schlimmen Plan ausgedacht haben; sold. auch: einen Darmwind zurückhalten. *Nicht auf die Pfanne kommen:* nicht berücksichtigt werden; *keinen Ton auf der Pfanne haben:* unmusikalisch singen.

Die ‚Pfanne‘ ist auch Umschreibung für die weiblichen Geschlechtsteile. So z. B. in dem weitverbr. Lied vom ‚Pfannenflikker‘. Mit ‚Pfannenflicken‘ wird Koitieren umschrieben. In dem Lied zeigt eine Jungfrau dem Pfannenflicker

ein Pfännlein klein,
das war bedeckt mit Ruß.
Darinnen war ein Löchlein klein
wie eine Haselnuß.

„Ach Pfannenflicker, nimm dich in acht,
daß du das Löchlein klein
nicht größer machst!"
Und als der Pfannenflicker fertig war,
die Pfanne war geflickt,
da hat sie ihm ein Silberstück
wohl in die Hand gedrückt.
Der Pfannenflicker schwingt seinen Hut.
„Leb wohl, mein lieber Gesell,
der Flick war gut."

Die letzte Str. wird nur manchmal gesungen:

Und als dreiviertel Jahr um warn,
die Pfanne war zerplatzt,
der Pfannen Pfannenflicker war
schon lange ausgekratzt.
Der Pfannenflick flick flick war nicht mehr da,
er war schon lang, lang, lang
in Amerika.

In Schwaben sagt man über eine Frau, die kurz vor der Niederkunft steht: ‚Da wird mer bald's Pfännle schärre müsse‘. Veraltete Rdaa. sind weiter: ‚Jem. etw. an der Pfanne kleben lassen‘: jem. etw. schenken. (So bei Murner: „Ich will euch nichtz an der Pfannen kleben lassen". ‚Luth. Narr‘ 3574); und: ‚die Kelle nicht an der Pfanne kleben lassen‘ i. S. v. schnell arbeiten (lit. belegt z. B. bei J. Gotthelf: ‚Der Schuldenbauer‘, 1852, S. 82).

Lit.: *H. Rausch:* Etw. auf der Pfanne haben, in: Sprachfreund 4, Heft 7 (1955), S. 2–3; *R. W. Brednich:* Erotische Lieder aus 500 Jahren (Frankfurt 1979), S. 116–117.

Pfannkuchen. Der Pfannkuchen (i. S. v. Omelett) spielt in einigen rdal. Vergleichen eine Rolle: *ein Gesicht wie ein Pfannkuchen:* plattes, rundes, ausdrucksloses Gesicht; *platt wie ein Pfannkuchen:* sehr überrascht (↗ platt); *aufgehen wie ein Pfannkuchen:* dick werden. Rdal. ist ferner: *Pfannkuchen machen:* mit dem Flugzeug abstürzen und auf dem Erdboden aufprallen (sold. seit dem 2. Weltkrieg); *aus jem. Pfannkuchen machen:* ihn platt schlagen, ihn niederwalzen. Als rdal. Ausdr. für ‚niemals‘ kennt man in Hessen die Wndg. ‚wenn's Pfannkuche schneit und Buttermilch regnet‘.

In Holst. sagt der Pechvogel resignierend:

‚Wenn 't Pankoken regnet, so is min Vatt umstülpt', selbst wenn das Glück vom Himmel fiele, ich ginge leer aus.
Mit Pfannkuchen eingedeckt sein: ein auskömmliches Leben führen.
Fast alle Rdaa. und Sprww., in denen der Pfannkuchen eine Rolle spielt, kommen aus Norddtl. Hier einige Beispiele: ‚Ik wull, ik leeg in 't Bett un weer mit Pannkoken todeckt'. Kindern gegenüber droht man scherzhaft: ‚Du schaßt barfoot to Bett un mit Pannkoken todeckt warrn'. Ein ndd. Wellerismus lautet: ‚Man mut allens eten lihren, sä de Jung, do smeer he sick Botter op den Pannkoken'. Ein ndd. Sprw.: ‚Noot lett beden – un Hunger Pannkoken eten'.
Das dt. Sprw. Lexikon von Wander (III, Sp. 1249, Nr. 7) weiß bereits: ‚Wer Pfannkuchen essen will, muß Eier schlagen'.
In Sachsen heißt eine kleine, dicke Frau ‚Pfannkuchen mit Been'; hier werden aber die Berliner [Ballen] als Pfannkuchen bez.

Lit.: *F. Eckstein:* Art. ‚Pfannkuchen', in: HdA. VI, Sp. 1552–1565.

Pfau. *Etw. ist wie ein Pfau ohne Schwanz:* etw. ist nichts wert.
Dem Schwanz der Pfauen galt schon in frühester Zeit das Interesse der Völker: in seinem Herkunftsland Indien sieht man im radschlagenden Pfau ein Abbild des gestirnten Firmaments. In Griechenland war der durch sein Federkrönchen ausgezeichnete königliche Pfau als ein dem Luftraum zugehöriges Tier der Himmelskönigin Hera heilig. Die ersten Christen nahmen sich die Pfauenvorstellungen der Römer zum Vorbild, die Jenseitsvorstellungen vom Paradies entsprachen den Luxusgärten der dekorativen römischen Wandmalerei mit Pfauen und Brunnen. Der Pfau wurde zum Sinnbild des ewigen Lebens, der erlösten Seele und der Wiedergeburt. Letztere Vorstellung beruht vor allem auf einem Bericht des Plinius (‚Naturgeschichte' Bd. 20, Kap. 20): im Frühling gewinne der Pfau sein Gefieder und die Schwanzfedern wieder.
War der Pfau in der frühchristl. Zeit ein positives Symbol der Reinheit (Augustinus berichtet, Pfauenfleisch sei unverweslich. ‚De Civitate Dei' XXI, 4) und Erlö-

sung, so wurde er in späterer Zeit ein Sinnbild des Hochmuts und der Eitelkeit. In der christl. Symbolik war der Pfau vor allem ein Bild für die ‚superbia' und hatte deshalb in den bildl. Darstellungen der Todsünden eine ikonographisch festgelegte Bdtg.
Ganz anders bei Walther von der Vogelweide (19,32): „dô gienc ich slîchent als ein pfâwe". Hier ist der Pfau nach alter kirchlicher Überlieferung das Bild der Demut.
Der rdal. Vergleich *sich spreizen wie ein Pfau* ist höchst anschaulich und ohne weiteres verständlich: ‚sie gênt als die pfawen' heißt es schon im späten MA. von solchen, die sich prunksüchtig zeigen.
Hugo von Trimberg führt im Lehrgedicht ‚Der Renner' (V. 1733 ff.) den Vergleich an einem stolzen Krähenmännchen näher aus:

er gienc stolzieren hin und her
rechte als er ein phâwe wêr;
er nam im mangen tummen ganc
und tet ouch mangen ümmeswanc
mit den vedern swâ er gienc.

Bei Hans Sachs bieten sich dem Fuchs, der auf die Wallfahrt gehen will, allerlei Tiere zu Gefährten an, auch der Pfau:

Der fuechs sprach: ‚Ich nem dich
nit on,
Weil du durch dein vergülten schwanz
Dich heltst rumreich und prechtig ganz,
Hoffart und Hochmut stecz nachtracht,
Alle ander neben dir verachst'.

‚Stolz wie ein Pfau'

1/2 ‚Stolz wie ein Pfau‘

Vgl. auch die Wndg. *stolz wie ein Pfau sein;* schon Ovid bestätigte dem Pfau die ‚superbia‘ in den ‚Metamorphosen‘ (XIII, 802), wo er die spröde Galathea ‚superbior pavone‘ (stolzer als ein Pfau) nennt. Das ‚Pfauenauge‘, das mit dem bösen Blick in Verbindung gebracht wurde, diente u. a. im kirchlichen und liturgischen Dienst als magisches Schutzmittel, ↗ Argusaugen.

Der ‚Pavane‘ (Pfauentanz) der höfischen Kultur war ein Prachttanz, langsam und zierlich, bei dem man sich in prunkenden Gewändern zeigte. In Bayern sagt man noch heute über jem., der großtuerisch auftritt und einen schlechten Charakter besitzt: ‚Außen wie a Pfau, innen wia a Sau‘.

Der berühmte ‚Pfauenthron‘ des ehemaligen persischen Monarchen stammt aus Indien; bis 1739 stand er in Delhi. Er wurde aus 27 000 Smaragden, Diamanten und Rubinen gefertigt und seine Rückenlehne dem Pfauenrad nachgebildet.

Lit.: *Anon.:* De Pauwen komen in het Land met de Waels, op Thorouts feeste, in: Vlaamsch Museum 1 (1855), S. 214; *O. Keller:* Antike Tierwelt 2 (Leipzig 1913), S. 148; *E. Ingersoll:* Birds in Legend, Fable and Folklore (New York 1923), S. 141–147; *H. Lother:* Der Pfau in der altchristl. Kunst (Leipzig 1929); *Schneeweis:* Art. ‚Pfau‘, in: HdA. VI, Sp. 1568–1770; *Th. W. Danzel:* Symbole, Dämonen und heilige Tiere (Hamburg 1950) *E. Th. Reimbold:* Der Vogel, ein Bild der Seele in Mythen und Märchen, in: Miszellen (1977), S. 153; *E. Th. Reimbold:* Der Pfau, Mythologie und Symbolik (München 1983); *J. Leibbrand:* Speculum Bestialitatis. Die Tiergestalten der Fastnacht u. des Karnevals im Kontext christl. Allegorese (Diss. Freiburg i. Br. 1986), S. 126 ff.; *E. u. L. Gattiker:* Die Vögel im Volksglauben (Wiesbaden 1989), S. 553–559.

Pfeffer. Zum erstenmal wird der Pfeffer in Europa, und zwar als Heilmittel, bei Hippokrates (‚Morb. mulier‘. 1,81) erwähnt, und sogar noch in moderner Zeit wird er als Mittel der Volksmedizin gebraucht (vgl. HdA. VI, Sp. 1570), wie auch einige Sprww. zeigen, z. B. ‚Der Pfeffer hilft dem Mann aufs Roß, dem Weib ins Grab‘ (schwäb.); ‚peper helpt de mannen te paard, en de vrouwen onder de aarde‘ (ndl.). Im MA. war Pfeffer dann das Hauptgewürz, so daß die Gewürze allg. Pfeffer und die Gewürzhändler ‚piperarii‘ genannt wurden. Von hier aus erklärt sich der Schimpfname ‚Pfeffersack‘ für den Kaufmann (insbes. für den holl. Kaufmann oder überhaupt für den Holländer, aber auch für den Nürnberger Kaufmann) sowie der dän. Spitzname ‚Pebersvend‘, der seit dem 16. Jh. die allg. Bdtg. ‚Junggeselle‘ bekommen hat.

Schon früh kommt der Pfeffer in sprw. Rdaa. vor. Das älteste Beisp. dafür bietet Petronius 44 (‚Safinius‘): „piper non homo. Is quacumque ibat, terram adurebat. Sed rectus, sed certus, amicus amico … nec schemas loquebatur sed directum“. Im Alexanderroman (hg. v. F. Pfister, Heidelberg 1913, 1,41) fragt Darius seine Gesandten, was Alexander mit den ihm zugeschickten Mohnkörnern getan habe, und sie erzählen: „apprehendit et memordit et despiciendo dixit: ‚multi sunt, sed molles‘. Accepto itaque Dario piper mittens in os suum mandens atque dixit cum lacrimis: ‚pauci sunt, sed duriores‘.“ Im

Dt. wird genau derselbe Gedanke durch das Sprw. ‚Ein Pfefferkorn überbeißt hundert Mohnkörner‘ ausgedrückt. Ähnl. Bdtg. hat auch die von beißender Rede und Witz gebrauchte Verbindung *Pfeffer und Salz* (vgl. ital. ‚è tutto pepe e sale, tutta pepe e sale‘; dän. ‚peber og salt‘; ndl. ‚peper en zout‘; schwed. ‚peppar och salt‘). – ‚Pfeffer und Salz‘ (frz. ‚poivre et sel‘) nennt man auch eine aus Schwarz und Weiß gemischte Farbe von Kleiderstoffen, einen grauen Schnauzer dementspr. einen ‚Pfeffer-und-Salz-Schnauzer‘.

Nach der beißenden Wirkung des Pfeffers spricht man von ‚pfeffern‘ (‚hineinpfeffern‘, ‚draufpfeffern‘), heftig auf etw. einwirken, durch Schlagen, Schießen u. ä. Von der starken Wirkung des Gewürzes übertr. sind auch folgende Rdaa.: *Das ist starker Pfeffer:* das ist ein starkes Stück, eine unverfrorene Rede; *einen gepfefferten Brief schreiben;* vgl. frz. ‚écrire une lettre salée‘ (einen gesalzenen Brief) ↗ Salz.

Mit Pfeffer wird auch der Ärger des Menschen bildhaft bez., z. B. ‚Mein Pfeffer ist so gut wie dein Safran‘, meine derbe Rede macht soviel Eindruck wie deine glatte; engl. ‚grow pepper‘, span. ‚comer pimienta‘, dän. ‚vaere (blive) saa ond som peber‘.

Im Pfeffer sitzen: in Verlegenheit sein; *in den Pfeffer geraten:* in Unannehmlichkeiten kommen (ähnl. ‚in die Brühe‘, ‚in die ↗ Patsche geraten‘).

Wegen seines kräftigen, beißenden Geschmackes und seines teuren Preises ist das winzige, schwarze Pfefferkorn ein Sinnbild dafür, daß man die Dinge nicht nach ihrem Aussehen beurteilen darf. Rückert sagt in ‚Die Weisheit des Brahmanen‘:

Das kleine Pfefferkorn sieh für
gering nicht an.
Versuch es nur und sieh, wie
scharf es beißen kann.

Dieser Gedanke begegnet auch in den Sprww. verschiedener Sprachen, z. B. ‚Der Pfeffer ist schwarz, und doch will jeder davon haben‘; engl. ‚though pepper be blek yt hath a gode smeck‘ (vom Jahre 1530); frz. ‚le poivre est noir et si chacun en veut avoir‘.

Andere Rdaa. beziehen sich auf den hohen Wert und Preis dieses weither importierten Gewürzes. Schon Plinius (‚Nat. hist.‘ 12,7,28) schreibt von den hohen Preisen des Pfeffers: „emitur ut aurum vel argentum". *Eine gepfefferte Rechnung* ist eine bes. hohe Rechnung; vgl. span. ‚tiene mucha pimienta‘; frz. ‚cela est cher comme poivre‘, ‚rendre bon poivre‘ = bezahlen; auch: ‚une note salée‘ (eine gesalzene Rechnung); dän. ‚det koster peber‘. Viel Pfeffer zu haben ist ein sicheres Zeichen des Reichtums: lat. ‚qui piperi abundat, oleribus miscet piper‘; ital. ‚chi ha molto pepe ne concisce anche gli erbaggi‘; engl. ‚who has plenty of pepper, will pepper his cabbage‘; so auch Seb. Franck in seinen Sprww. vom Jahre 1565 (98): ‚Wer Pfeffer genug hat, der pfeffert auch seinen Brei‘; im heutigen Sprw.: ‚Wo Geld genug ist, tut man den Pfeffer an die Suppe‘; ndl. ‚wie pepers te veel heeft, die pepert sijne boonen‘.

Als Gegenstück des teuren Peffers wird in einigen dt. Rdaa. der Dreck genannt, z. B. bei Fischart: ‚Was er scheißt, sieht man gleich für Pfeffer an‘. Bes. werden die Streber und Emporkömmlinge gegeißelt: *Er will immer unter dem Pfeffer sein;* ‚er ist Pfeffer uff allen Suppe‘ (els.); ‚der ist wütig, wenn der Dreck zu Pfeffer wird‘ (schwäb.); ‚Gott tröst, wenn Kohschiet Peper ward‘ (schlesw.-holst.); ‚der Müsdreck möcht gern Pfeffer sin‘ (schweiz.). In den germ. Sprachen begegnet eine Rda., die sich auf die Heimat des Pfeffers bezieht: *jem. ins Pfefferland wünschen* oder *jem. hinschicken (hinwünschen), wo der Pfeffer wächst:* weit fort. ‚Ich wollte, er wäre, wo der Pfeffer wächst!‘; schweizerdt. ‚ich wett du wärist, wo der Pfeffer wachst!‘; bzw. ‚wenn d‘ nur im Pfefferland wärist!‘; ndl. ‚iemand naar het Peperland wenschen‘. Das ‚Pfefferland‘ ist aber nicht, wie viele Autoren behauptet haben, Guayana, die Heimat des Cayenne-Pfeffers, das ein für den Europäer mörderisches Klima hat und früher von der frz. Regierung als Verbannungsort verwendet wurde. Diese Erklärung ist sicher nicht richtig. Die Rda. kommt nämlich schon im Jahre 1512 in der ‚Narrenbeschwörung‘ von Thomas Murner vor (Ndr. 77,64):

Ach, werents an derselben statt,
Do der pfeffer gewachsen hat!

Und im selben Werk (55,21):

Ach gott wer der in pfefferland
Der das spil zum ersten erfand.

Ungefähr gleichzeitig (1515) begegnet die Rda. in lat. Form in den ‚Epistolae obscurorum virorum' (1,25,55): „utinam omnes poetae essent ubi piper crescit". Tatsächlich wurde Guayana im Jahre 1500 von Spaniern entdeckt und erst 1581 von Holländern und 1604 von Franzosen kolonisiert. Es ist aber ausgeschlossen, daß sein gefährliches Klima schon in zwölf Jahren unter den Dt. sprw. geworden wäre. Andererseits hat man von jeher gewußt, daß der Pfeffer in Indien wächst; so schon in dem ersten Beleg bei Hippokrates (s. o.). In Grimmelshausens ‚Simplicissimus' (III, Kap. 20, S. 282) heißt es: „Bis du mit deinen Beweistümern fertig bist, so bin ich vielleicht wo der Pfeffer wächst".

Von dem ägyptischen Kaufmann und Seefahrer Kosmas Indikopleustes (um 525) wurde zuerst von der Westküste Südindiens als von einem Land gesprochen, ‚wo der Pfeffer wächst', eine Beschreibung, die ganz real gemeint ist. Indien als Heimat des Pfeffers wird auch von den Persern gemeint, wenn sie das sprw. ‚Pfeffer nach Hindustan tragen', im selben Sinne anwenden, wie wenn Europäer sagen: ‚Eulen nach Athen tragen' bzw. ‚coals to Newcastle'. Daß die traditionelle Auffassung von der indischen Heimat des Pfeffers diese in das äußerste Ende der bekannten Welt verlegte, wird auch durch den Plan von Kolumbus, westwärts zu fahren, um in das gewürzreiche Indien zu kommen, bestätigt. Wenn man also eine unangenehme Person dahin wünscht, wo der Pfeffer wächst, will man sie nach dem entlegensten Ort in der Welt schicken (vgl. frz. „Je voudrais que cet homme fût aux antipodes', auch ‚envoyer au Mississippi'; engl. ‚go to Jericho!', ‚to wish somebody at Jericho!'). Die Wndg. kommt, auf Indien gemünzt, ma. auch ohne Pfeffer vor. In Ottokars oesterr. ‚Reimchronik' heißt es V. 54 279 ff. von einem Bischof, den die Salzburger nicht leiden mögen:

Des wunschten im die Salzpurgaere
Daz er bî priester Johan waere
Datz sant Thomas in India
Unde daz er waer aldâ
Primas oder patriarch.

Da liegt der Hase im Pfeffer ↗ Hase.

Jem. *Pfeffer in den Arsch blasen* (oder *streuen*): ihn antreiben, ermuntern, streng behandeln. Die Rda. ist möglicherweise der Pferdehändlerpraxis entnommen: zum Verkauf vorgeführte Pferde werden vorübergehend feurig, wenn man ihnen Pfeffer in den After gibt; entspr. *Pfeffer im Arsch haben:* ungeduldig stehen, temperamentvoll sein; abgewandelt: *jem. Pfeffer unter das Hemd blasen:* ihn antreiben. *Pfeffer reiben:* beim Radfahren wegen Kurzbeinigkeit auf dem Sattel hin- und herrutschen.

Der hat seinen Pfeffer: dem hat es viel gekostet. Die Rda. aus Rottenburg (Schwaben) bezieht sich auf den Hochzeitsschmaus, der nach einem Einzelgericht als Pfeffer bez. wurde. Den Sängern, die das Hochzeitspaar ehrten, wurde immer der ‚Pfeffer', eine Speise aus Schweineblut und schwarzem Pfeffer, aufgetischt, wenn sie das ‚Pfefferlied' vortrugen. Bereits Fischart erwähnte im 16. Jh. in ‚Aller Praktik Großmutter' (578) diese Speise:

so kompt ihr gnug auf die hochzeit
früe,
Daß man euch schenk die pfeffer
brüe.

‚Des wird sein Pfeffer koschte!' Das wird teuer werden! Diese Pforzheimer Rda. hängt wohl auch mit dem Pfeffer als dem teuren Hochzeitsschmaus zusammen.

Der Name des beliebten Gerichtes ‚Pfeffer' (auch: ‚Hasenpfeffer') gilt aber im Obd. gleichzeitig auch als scherzhaft makabre Bez. für ein Kruzifix, dessen Korpus nur andeutungsweise aus Herz, Händen und Füßen des Gekreuzigten besteht. Die Rdaa. *etw. auf die Pfefferwaage legen* und ‚etw. auf die Goldwaage legen' sind gleichbedeutend: etw. sehr genau nehmen, prüfen, ↗ Goldwaage.

Jem. eine pfeffern: jem. kräftig ohrfeigen.

Lit.: *J. Künzig:* „Der Pfeffer", ein Hochzeitslied im Fränkischen, in: Obd. Zs. f. Vkde., I (1927), S. 20–23; *P. Aalto:* ‚Wo der Pfeffer wächst', in: Neuphilolog. Mitteilungen. Bulletin de la société néophilologique de Helsinki, 50 (1949), S. 13–23; *H. Küster:* Wo der Pfeffer wächst. Ein Lexikon zur Kulturgeschichte der Gewürze (München 1987).

Pfeife. *Sein Pfeifchen schneiden* (oder *schnitzen*). die Gelegenheit ausnützen, seinen Vorteil wahrnehmen. Die günstige Gelegenheit besteht im Bilde darin, daß der Pfeifenschneider mitten im Rohr sitzt und hier bei der reichen Auswahl bequemes Arbeiten hat. Luther verzeichnet die Rda. in seiner Sprww.-Sammlung. Eine Erklärung findet sie erstmals bei Gerlingius (Nr. 102): „Wer in den roren sitzet, der mag jhm pfeiffen schneiden, wo er will"; lit. z. B. in Rückerts Lehrgedicht ‚Die Weisheit des Brahmanen' (11. Buch, 17): „Das Sprichwort auch ist wahr: Wer sitzet in dem Röhricht und keine Pfeife sich da schneidet, der ist töricht".

Die Pfeife im Sack halten: schweigen, kleinlaut sein; *die Pfeife in den Sack stekken, die Pfeife einziehen:* kleinlaut werden, das Spiel aufgeben. Die Rda. ist von der Sackpfeife, dem Dudelsack, genommen. In einem Volkslied des Dreißigjährigen Krieges (J. W. v. Ditfurth, Nr. 62, Str. 72) heißt es:

Der Hans hat es gemerket wol,
Die Pfeif' hübsch eingezogen.

Bei Grimmelshausen im ‚Simplicissimus' (I, S. 239): „So hätte ich die Pfeiffe wol im Sacke müssen stecken lassen"; ähnl. im 2. Bd. (S. 35): „Die Pfeiffe fiel mir bald in Dreck", es ging mir schlecht.

Nach jem. Pfeife tanzen müssen: sich nach ihm richten, ihm gehorchen müssen (vgl. Geige). Die Rda. geht auf die Äsopsche Fabel vom flöteblasenden Fischer zurück: Ein Fischer versucht, zunächst vergeblich, durch Flötenspiel die Fische an sich zu locken. Schließlich greift er zum Netz und sagt dann zu den gefangenen und vor ihm auf dem Strand zappelnden Fischen: „O ihr schlechtes Getier, als ich flötete, wolltet ihr nicht tanzen, nun ich aber aufgehört habe, tut ihr's". Die Nutzanwendung dieser Fabel durch Cyrus berichtet Herodot I, 141 (Büchmann). Es wurde allerdings beobachtet, daß die äsopische Geschichte kaum das in der Bibel bei Matth. (11, 17) stehende Gleichnis beeinflußt haben kann (D. Zeller, S. 253). Denn die Aussagen sind jeweils grundverschieden: Durch das Verhalten der Fische bei Äsop wird folgende Weisheit vermittelt: was man nicht freiwillig tut, kann, in einer Zwangslage getan, wertlos werden. Die Bibelstelle lautet (Matth. 11, 16–17): „Wem soll ich aber dies Geschlecht ver-

gleichen? Es ist den Kindlein gleich, die an dem Markte sitzen und rufen gegen ihre Gesellen und sprechen: Wir haben euch gepfiffen, und ihr wolltet nicht tanzen; wir haben euch geklagt und ihr wolltet nicht weinen". Das bibl. Gleichnis steht für die Verstocktheit der Menschen, ähnl. dem Sprw. ‚Pfeife oder weine, so wird doch nichts daraus' (Wander III, Sp. 1261, Nr. 15). Als Quelle für Matth. 11, 16 f. wird ein rabbinischer Text herangezogen (D. Zeller, S. 256): „Welchen Gesang auch immer einer singt, er geht nicht ein in die Ohren der Tanzenden, welchen Gesang auch immer einer singt, der verstockte Sohn hört es nicht".

Abraham a Sancta Clara verwendet die Rda. in seinem 1721–23 in Wien u. Nürnberg gedruckten Werk ‚Abrahamische Lauberhütt' (Bd. III, S. 280): ‚Tantze, wie dir Gott pfeift' (aus: Fr. Lauchert: Sprww. u. sprw. Rdaa. bei Abraham a Sancta Clara, S. 27), ↗ Friedenspfeife.

‚Nach jem. Pfeife tanzen müssen'

Das reichste Leben entfaltet diese Rda. in den Totentänzen seit dem Ende des 15. Jh. Sie stellen in Bildern und Versen dar, wie der Tod als Musikant die Menschen zu seinem Tanze abholt und jedem Stand mit einem besonderen Instrument aufspielt. Bei dem Maler und Dichter Nikolaus Manuel (1484–1530) z. B. schlägt er dem Bischof die Laute, vor dem Priester bläst er in ein Horn, dem Bettler flötet er, die Königin folgt seinem Fiedelbogen, der Dirne bläst er auf der Sackpfeife vor, und die Witwe führt er mit Pfeife und Trommel. Ein ndd. Sprw., 1768 im ‚Bremisch-niedersächs. Wb.‘ (III, 320) gebucht, lautet: ‚Fleuten sunt holle Pipen‘, leere Versprechungen; darauf geht wohl die nordd. Wndg. *Det is mir pipe:* gleichgültig, zurück. Eine ähnl. Wndg. muß einst freilich auch obd. bekannt gewesen sein, denn schon bei dem Prediger Geiler von Kaysersberg heißt es: „... gaben ein Edelgestein, das viel Königreich wert ist, umb ein Pfeiffen"; auch ‚ein Roß um ein Sackpfeifen geben‘. Gerade die Sackpfeife muß schon um 1500 als bes. minderwertig gegolten haben. Auf dem Holzschnitt zum 54. Kapitel von Seb. Brants ‚Narrenschiff‘ bläst ein Narr wohlgefällig auf einem Dudelsack, während Harfe und Gitarre zu seinen Füßen liegen. Darüber stehen die Verse:

Wem sackpfiffen freüd, kurtzwil gytt
Vnd acht der harpff vnd luten nytt,
Der gehört wol vff den narren schlytt.

Die Pfeife galt früher als Rauchgerät der armen Leute. Bismarck hat am 21. Mai 1869 in einer Rede die Wndg. vom ‚Pfeifchen des armen Mannes‘ geprägt: „Und wenn ich mich darauf einlassen wollte, davon zu reden, wie grausam es wäre, dem armen Mann sein Pfeifchen Tabak oder den stärkenden Trank zu verkümmern..." (Büchmann). ‚Ja, Pfeifendeckel!‘ sagt man im Schwäb., um seine große Ablehnung einer Sache gegenüber deutlich zu machen, oder auch bei einer Enttäuschung, ähnl. wie rhein. ↗ Pustekuchen, ↗ Flötekies. Neben diesen älteren Rdaa. sind im 20. Jh. mehrere neue Rdaa. aufgekommen, die Pfeife im Sinne von Raucherpfeife oder bildl. für ‚Versager‘, verhüllend für ‚penis‘ gebrauchen; z. B. ‚dein Kopf auf einer Pfeife, und man kann vor Lachen nicht ziehen‘ (zur Bez. eines Dummen); ‚dabei kann einem die Pfeife ausgehen‘, das dauert mir zu lange; ‚ihm geht die Pfeife aus‘, er bekommt keine Atemluft mehr, er ist impotent geworden, er liegt im Sterben; ‚die Pfeife ausklopfen‘, coire; ‚sich die Pfeife verbrennen‘, sich

eine Geschlechtskrankheit zuziehen; ‚halt die Pfeife!‘, schweige!; ‚das haut einem die Pfeife aus der Schnauze‘, Ausdr. großer Erschütterung (Küpper; Bornemann, Sex im Volksmund).

Lit.: *D. Zeller:* Die Bildlogik des Gleichnisses Matth. 11, 16 f. / Luk. 7, 31 f., in: Zs. für neutestamentliche Wissenschaft 68 (1977), S. 252–257.

pfeifen. *Der pfeift nicht mehr lange:* der lebt nicht mehr lang; in verwandtem Sinne: *er pfeift auf dem letzten Loch* (↗ Loch).
Einen pfeifen: einen Branntwein trinken. Die Wndg. ist vorwiegend in niederen gesellschaftlichen Kreisen üblich und rührt von dem alten Brauch her, daß man, wie es noch heute ab und zu geschieht, am Rande der Flasche mit dem Mund einen pfeifenden Ton hervorbringt, ehe man aus ihr trinkt. In Thomas Murners ‚Narrenbeschwörung‘ (18,57) heißt es: „Noch wendt sy uß der fleschen pfyffen". Das Pfeifen hatte auch einen praktischen Zweck: wenn die Flasche aus undurchsichtigem Material bestand, konnte man aus der Höhe des Pfeiftons schließen, wie weit die Flasche noch gefüllt war. Da der, der pfiff, auch trank, ist der Begriff pfeifen in den des Trinkens selbst übergegangen.
Neben dieser Umschreibung für Trinken, Saufen sind auch fast alle anderen Wndgn. aus dem Musikbereich genommen: z. B. sagt man auch: ‚einen blasen‘, ‚einen schmettern‘, oder ndd. ‚tüten‘, was auch: ‚ins Horn blasen‘ heißt; vgl. engl. ‚to wet one’s whistle‘: einen heben.
Einem etw. pfeifen: nicht tun, was er wünscht; dazu: *auf jem. (auf etw.) pfeifen:* darauf verzichten; lit. z. B. in Freys ‚Gartengesellschaft‘ (46): „ein pfeiff geb ich euch, lieben Herrn, umb alle eure gedult und geistlichkeit". Aus dieser Stelle läßt sich schließen, daß die Grundbdtg. der Rda. ist: eine ↗ Pfeife, d. h. etw. Wertloses, für eine Sache geben.
In einem obd. Volkslied heißt es:

I pfeif‘ auf mei Jungfernschaft,
i pfeif auf mei Leb’n,
Der Bu’, der mir’s g’nomme hat,
der kann mir ’s nimmer geb’n.

Sich eins pfeifen: den Gleichgültigen spielen.

Da hilft kein Maulspitzen, es muß gepfiffen werden: hier muß gehandelt werden.

Dieser Satz ist die Pointe einer weitverbreiteten, in vielen Varianten auftretenden Sage, in der der Gehenkte beim Anziehen des Stricks durch Pfeifen auf seinen Schmerz aufmerksam machen soll, es aber nur noch bis zum Mundspitzen schafft. Es handelt sich um die Sage von den Knaben, die Hängens spielen. Als sie statt des verabredeten Zeichens nur ein Mundzucken bei dem (im Spiel) Gehenkten sehen – ohne zu begreifen, daß es sich um die letzten Zuckungen des Erwürgten handelt – rufen sie ihm zu: „Maulspitzen gilt nicht, es muß gepfiffen sein!" Später verselbständigt sich diese Mahnung u. kehrt mit verändertem Sinn, nämlich als Schlußfolgerung daraus, im Sprw. wieder in der Bdtg.: ‚Jetzt muß etw. geschehen'.

Wenn in dieser Rda. das Pfeifen als selbstverständliches Mittel der Kommunikation begegnet, dann nur, weil es sich hier um spielende Jungen handelt. Bei Mädchen hingegen galt das Pfeifen von jeher als Einbruch in die männliche Domäne, den es mit abschreckender Härte zu bekämpfen galt; daher heißt es warnend: ‚Mädchen, die pfeifen, und Hühnern, die krähn, soll man beizeiten die Hälse umdrehn', ↗Mädchen.

Jem. zurückpfeifen: einen mit einer Sache Beauftragten wiederum zu sich rufen, um ihm neue Anweisungen zu geben.

Nord- und mitteldt. *Bei dir piept's wohl?:* Du bist wohl nicht recht bei Verstand?, auch: *er hat einen Piepmatz, einen Vogel (im Kopfe).*

Lit.: *J. Grimm:* Hängens Spielen, in: Kleinere Schriften (Berlin 1871, Nachdr. Darmstadt 1965) VII, S. 259; *O. Glöde:* Einen pfeifen, in: Zs. f. d. U. 5 (1891), S. 776; *R. Becker:* Einen pfeifen, in: Zs. f. d. U. 5 (1891), S. 645; 7 (1893), S. 137; *M. Willberg:* Die Musik im Sprachgebrauch …, in: Muttersprache (1963), S. 201 ff.; *St. Odlivak:* Whistling in the dark, in: American Notes and Queries 9 (1970–71), S. 24; *M. E. Barrick:* Whistling in the dark, in: American Notes and Queries 9 (1970–71), S. 89; *A. Dundes:* The Crowing Hen and the Easter Bunny, in: A. Dundes: Interpreting Folklore (Bloomington/Indiana 1980), S. 160–175; *L. Röhrich:* Die Welt der alemann. Sprww., in: Einheit in der Vielfalt, FS f. P. Lang (Bern 1988 u. a.), S. 447; *R. W. Brednich:* Hängen spielen, in: EM. VI, Sp. 481–485.

Pfeifer. *Wie ein Pfeifer dastehen:* kläglich, wie ein begossener ↗Pudel dastehen. Dieser rdal. Vergleich ist heute nicht mehr gebräuchl., war aber im 16. Jh. ganz geläufig. Dürer stellt z.B. im Bilde einen hilflosen Pfeifer dar, dem eine Bremse um die Nase schwirrt, der aber die Musik trotzdem nicht unterbrechen darf. Eine Steigerung der Rda. ist: ‚dastehen wie ein Pfeifer, der den Tanz verdorben hat', d. h. der falsch geblasen, die Tänzer in Verwirrung gebracht hat und nun allg. Schelten über sich ergehen lassen muß. Beide Formen der Rda. finden sich bei Hans Sachs, als Eulenspiegel einen Pfaffen verführt hat, in Kot zu greifen:

Der pfaff sich segent unde
Recht wie ein pfeuffer stunde;

und als die als Apostel verkleideten Spitzbuben den Müller um sein Erspartes gebracht haben:

Der miller verdattert halb dot,
Stünd als ein pfeiffer an der stet,
Der einen dancz verderbet hat.

Wegen ihres erbärmlichen, ohrenzerreißenden Spiels wurden ungeübte Musikanten sogar an den Pranger gestellt und der öffentlichen Verspottung preisgegeben. Dabei wurde ihnen eine ‚Schandflöte' mit einem eisernen Band um den Hals gebunden, wie sie das Kriminalmuseum in Rothenburg o. d. T. zeigt.

Pfeil. *Einen Pfeil nach dem anderen senden:* mit unzulänglichen Mitteln eine Sache betreiben, etw. Unsinniges tun (vgl. ndl. ‚den een pijl na den anderen schieten'). Die Rda. hat P. Bruegel nicht nur in seinem großen Rdaa.-Bild, sondern auch

‚Einen Pfeil nach dem anderen senden'

in einem selbständigen Rundbild dargestellt. Zum selben Rdaa.-Feld gehören:
‚Er hat mehr Pfeile in seinem Köcher‘
(ndl. ‚hij heeft meer pijlen in zijn koker), er
hat noch nicht alle seine Argumente dargelegt; ‚er hat seine Pfeile verschossen‘, er
hat alle Möglichkeiten genutzt, er ist am
Ende seiner Kraft und Möglichkeiten.
Jem. den Pfeil fi(e)dern heißt wörtl.: Jem.
den Pfeil mit Federn versehen. Die heute
veraltete Rda. hatte jedoch eine übertr.
Bdtg., denn ‚fidern‘ hieß auch: erdich-
ten, lügen. Die Rda. war also eine Umschreibung für ‚jem. etw. vormachen‘,
‚jem. anlügen‘. Bei Joh. Agricola steht das
Sprw.: ‚Der eine fidert die Pfeile, und der
andere verschießt sie‘ (in: J. Eiselein: Die
Sprww. und Sinnreden des dt. Volkes
[Freiburg 1840, Nachdr. Leipzig 1980],
S. 509).

Pfennig steht in der Volkssprache oft
für ‚Geld‘ schlechthin (↗ Heller, ↗ Mark).
Pfennige haben: vermögend sein, Geld haben; *auf die Pfennige sein:* geldgierig, geizig, sparsam sein; *den Pfennig ansehen:*
geizig sein; derber: *den Pfennig dreimal
umwenden (ehe man ihn ausgibt):* sehr geizig sein; frz. ‚Etre près de ses sous‘.
Nicht für fünf Pfennige: überhaupt nicht.
*Einen Pfennig ausgeben, um einen Gro-
schen zu ersparen:* ‚mit der ↗ Wurst nach
der Speckseite werfen‘; *er hat drei Pfennige in der Tasche und für einen Taler
Durst:* er hat nicht das Nötigste zum Leben; *er hat keinen Pfennig* (auch: *keinen
Hosenknopf, keinen roten Heller*); vgl. frz.
‚C'est un sans-le-sou‘ oder: ‚Il n'a pas le
sou‘; ähnl. Wndgn.: ‚den letzten Pfennig
mit jem. teilen‘; ‚niemand einen Pfennig
schuldig bleiben‘; ‚den letzten Pfennig an
eine Sache wagen‘. Von einem Geizigen
sagt man gelegentlich: ‚Der läßt sich für
einen Pfennig einen rostigen Nagel durch
die Kniescheibe schlagen (treiben)‘. Ein
‚Pfennigfuchser‘ ist ein geiziger, bes. in
finanziellen Angelegenheiten kleinlicher
Mensch.
Etw. für keinen Pfennig weniger verkaufen:
eine Preisgrenze setzen, die den Verhand-
lungsspielraum eingrenzt.
Mit dem Pfennig rechnen müssen arme
Leute. Das Wort ‚Pfennig‘ hat sich höchstwahrscheinl. aus ahd. pfanting entwik-

kelt, welches wiederum mit Pfand i.S.v.
‚zum Pfand gehörig‘ zusammenhängt.
Nach dem Zusammenbruch der röm.
Währung in den germ. Landesteilen war
das Wiegen der umlaufenden Münzen
wegen Fälschung nötig. Eine geeichte
Münze war das Pfand, das zu wiegende
Geldstück der phanting. Unter Pippin
und Karl dem Großen wurde das fränki-
sche Münzwesen neu geordnet; einzige
Münze war der phanting. Kupferpfennige
gab es erstmals im 16. Jh. in Westfalen.
(Kluge-Mitzka, S. 542; dort auch andere,
jedoch unwahrscheinl. etymolog. Erklärungen für ‚Pfennig‘).
Auch Sprww. haben oft vernünftiges Handeln in Geldangelegenheiten zum Thema.
Wohl am bekanntesten ist:
> Wer den Pfennig nicht ehrt,
> ist des Thalers nicht wert.

Ähnl. heißt es schon in Agricolas Sprww.-
Sammlung (Nr. 70): ‚Wer keinen Pfennig
achtet, der wirt nimmer eins Gulden
Herr!‘ (Eiselein, Sprww. und Sinnreden,
S. 509), ↗ Geld.

Lit.: *S. Lyer:* N'avoir pas un sou vaillant, in: Zs. f. frz.
Sprache und Lit. 58 (1934), S. 22–27.

Pferd. *Das Pferd beim Schwanze aufzäumen:* eine Sache verkehrt anfangen (vgl.
frz. ‚brider son cheval par la queue‘ (heute
veraltet); ndl. ‚hij toomt het paard an den
staart‘). Mdal. Varianten sind: ndd. ‚he
töümt 't Piäd am Mäse op‘, und ‚he tömt
sien Perd bi'n Stert op‘; vgl. das ndd.

‚Das Pferd beim Schwanz aufzäumen‘

‚Das Pferd beim Schwanz aufzäumen'

Scherzwort ‚Practica est multiplex – sä de Bur, do bünd he sin Pärd mitn Steert ann Ploog'; ↗ Esel. In einem Schreiben Luthers an die Stadt „Frankfurt am Meyen" heißt es:

Das heißt der rechte Meister Klügle: Der das Roß am Hintern zäumen kann Und reitet rücklings seine Bahn.

Ähnl. im ‚Sendbrief vom Dolmetschen' (Weimarer Ausg., 30. Bd., 2. Halbbd., S. 634): „denn die wellt wil meister klüglin bleiben, vnd mus ymer das Ros vnter dem schwantz zeumen, alles meistern, vnnd selbs nichts können". Im ‚Simplicissimus' von Grimmelshausen (I, 76) steht: „Manche zäumen das Pferd (so zu reden) von hinten auf und nehmen allerlei mit der Jugend für, auszer keine Gottesfurcht".

Vom Pferd auf den Esel kommen: herunterkommen, aus leidlichem Wohlstand in armselige Verhältnisse geraten (vgl. frz. ‚monter l'âne' und ‚le temps bien employé fait monter à cheval' – beides veraltet). Diese Rda. ist bereits in einer äsopischen Fabel belegt. Plautus verwendet das gleiche Bild, aber gewissermaßen in umgekehrter Richtung: „Ab asinis ad boves transvendere", was einen Aufstieg bezeichnet; bei Bruegel in der Variante mit dem Ochsen.

Erasmus erklärt die entspr. lat. Wndg. ‚ab equis ad asinos' (‚Adagia' I, 282) mit den Worten: „Ubi quis a studiis honestioribus ad parum honesta deflectit, veluti si quis e philosopho cantor, e theologo grammaticus, e mercatore caupo, ex oeconomo coquus, e fabro fierit histrio" (d. h.: von ehrenvolleren Studien zu wenig ehrenvollen absinken, z. B. vom Philosophen zum Küster, vom Theologen zum Schullehrer, vom Kaufmann zum Krämer, vom Gutsverwalter zum Koch, vom Handwerker zum Spielmann). Die lat. Form scheint im 16. Jh. ziemlich gebräuchl. gewesen zu sein; z. B. findet sie sich in der ‚Zimmerischen Chronik' (II, 326): „Sie kamen, wie man sprücht, ab equis ad asinos". Aber schon um 1300 ist die Rda. dt. bezeugt; Hugo von Trimberg klagt in seinem Lehrgedicht ‚Der Renner' (V. 8420 ff.) die Richter an, man sähe oft,

wie jener des sache, dirre jens klage
sô lange verziehen, bis daz sîn habe
kume von dem rosse zu dem stabe.

Grimmelshausen im ‚Simplicissimus' (IV, Kap. 9, S. 330): „Also kam ich vom Pferd auf den Esel, und mußte ein Musketier werden wider meinen Willen". Noch in neuerer Zeit in siebenb. Mda.: ‚vum Roß af de Kea (Kuh), von der Kea aft Schweng (Schwein), vum Schweng af den Heangd (Hund) kum', wozu sich trefflich die Geschichte von ‚Hans im Glück' (AaTh. 1415, KHM. 83) fügt, und ndl.: ‚van den os (für ors, hros = Ross) op de ezel' (↗ Ochse). Der Name des Kardinals Klesl in Wien forderte die spottlustige Zeit um die Wende des 16. zum 17. Jh. zu einem Reim auf die Rda. heraus, und so sangen ihm denn die protestantischen Böhmen 1618 nach:

Ach Clesel, lieber Clesel,
Dein höllische Praktik
Bringt dich vom Pferd aufn Esel,
Bis kommt der Galgenstrick.

Mit dem kann man Pferde stehlen (oder *ein Pferd mausen*): mit ihm kann man schwierige Vorhaben ausführen, er ist zu allem brauchbar, er ist im guten Sinne unternehmungslustig und kein Spaßverderber, er ist ‚zu jeder Schandtat bereit'. Die Rda. bezieht sich auf die Tatsache, daß der Pferdedieb schlau, umsichtig und vielerfahren sein muß. Schon Theobald schreibt 1621 in den ‚Hussittenkriegen' (II, 162): „Sie waren die besten Freunde und wie man im sprüchwort sagt, hätten sie miteinander dörffen Pferd wegreiten"; E. Meisner 1705 in ‚133 Sprichwörter' (S. 119): „Wären sie nicht gute Freunde, sie hätten Pferde miteinander stehlen können – eine treffliche Freundschaft, die sich mit solchen losen Stücken zusammenkoppelt". Henrici (Picander) dichtet 1737:

> Hauptsächlich sag ich unverhohlen,
> Daß noch, wie man bei Leuten sieht,
> Die Pferd in Compagnie gestohlen,
> Die alte lustige Freundschaft blüht.

Auf einem fahlen Pferde reiten: lügen, sich irren; auch: *einen auf einem fahlen Pferde ertappen* (oder *finden, treffen*): ihn bei einer Lüge, bei einem Irrtum, auf falscher Fährte treffen; volkstümlich entstellt in der Form: ‚einen auf einem faulen Pferde ertappen‘. *Einen aufs fahle Pferd setzen:* ihn bloßstellen; *auf einem fahlen Pferde gesehen werden:* über einer bösen Geschichte ertappt werden, eine Schwäche verraten, so z. B. Bismarck (‚Reden‘ XI, 312): „Ich freue mich, die Herren auf demselben fahlen Pferde im preußischen Landtage wiederzusehen". Die Deutung dieser Rda. ist schwierig. Als unwahrscheinl. abzulehnen sind die Erklärungen, das ‚fahle Pferd‘ stamme aus Offenb. 6, 8: „Siehe, ein fahles Pferd, und der darauf saß, des Name hieß Tod, und die Hölle folgte ihm nach", oder es sei der Grauschimmel Wotans in der Wilden Jagd. Eine andere Erklärung sieht in dem Wort ‚fahl‘ kein Eigenschaftswort, sondern einen Eigennamen, und zwar ‚Voland‘ oder ‚Valant‘, d. i. ist der Name des Teufels in der Volkssage, der auch in der verkürzten Form ‚Fahl‘ vorkommt. Die Volkssprache habe also einem groben Schwindler oder Bösewicht angedichtet, er reite auf ‚des Fahles Pferd‘, d. h. dem Pferde des Teufels, des Vaters der Lüge. Richtiger ist wohl, daß Pferde von fahler Farbe selten waren und deshalb auffielen, daher die Rda. des Predigers Geiler von Kaysersberg (1445–1510) unter ‚Adulatores‘ (Schmeichler): „den falwen hengst streichen", d. h. wohl eigentl., den Hengst jemandes um seiner seltenen Farbe willen streicheln und loben. Möglicherweise ist aber schon hier als Ursinn anzusetzen: den mit der ungewöhnlichen fahlen Farbe behafteten Hengst doch streicheln, um seinem Besitzer zu schmeicheln. So würde denn auch die Rda. ‚auf einem fahlen Pferde gesehen werden‘ einfach bedeutet haben: einen unangenehmen Anblick gewähren, mit einer zweifelhaften Sache verbunden erscheinen. Die Rda. ‚Er reitet

ein fahl Pferd‘ ist seit 1691 durch Stieler in ‚Der Teutschen Sprache Stammbaum‘ (S. 425) lexikalisch gebucht; dieser hat daneben auch: „Man hat ihn auf einer fahlen Ziege ertappt" (= beim Lügen erwischt); lit. belegt ist die Rda. seit 1677 bei Butschky (‚Pathmos‘ 612): „Wer einmal auf einem fahlen Pferde ertappet wird, dem glaubt man nicht leichte mehr"; heute ist sie nur noch selten gebraucht. Eine sprachgeschichtl. Spur führt nach Frankreich: in der altfranz. Lit. ist das falbe Pferd als Sinnbild für Lüge und Falschheit ungemein häufig: „sowohl Fauvel, abgeleitet von fauve: gelb, als auch Fauvain … (begegnen) als Nomina propria für Pferde" (Bambeck. S. 242); dazu gehört die franz. Rda. ‚chevauchier Fauvain‘: den Falben reiten i. S. v. Falschheit üben; auch, in derselben Bedeutung: ‚estriller Fauvain‘: den Falben striegeln. Diese Rdaa. sind schon für das 13. Jh. belegt (Thiele, S. 116–117). In anderer Form erscheint die Rda. schon 1170 in der Reimchronik der normannischen Herzöge von Benoît de Sainte-More: „Bien conoissom la fauve asnele", sagt jem., als er ein hinterlistiges Ansinnen zurückweist (Gaston Paris, Histoire Littérature de la France, 1898, Bd. 32, S. 110). Weiterhin gibt es einen ma. ‚Roman de Fauvel‘ (von 1310 und 1314) von Gervais du Bus, in welchem in einer satirischen Allegorie das Pferd Fauvel als Symbol der Falschheit dargestellt wird, dem aber alle Stände, geistlich wie weltlich, schmeicheln. Der Name des Pferdes besteht aus den Anfangsbuchstaben der Laster: Flatterie, Averice, Vilenie, Variété, Envie und Lâchete‘ (vgl. Becker). Bei Sebastian Brant erscheint dann frz. ‚étriller le cheval fauve‘ als frühe dt. Übersetzung: ‚den falben Hengst streichen‘ (1494). Da die frz. Belege früher einsetzen als die dt., spricht vieles für eine Entlehnung. Es kommt nicht von ungefähr, daß sowohl Geiler von Kaysersberg als auch Sebastian Brant diese Rda. kennen, denn sie kommen aus dem Elsaß, einer Vermittlungszone zwischen beiden Sprachen (vgl. Bambeck, S. 247). Für eine weitere Verbreitung sorgte dann die Predigt. Als Ausgangspunkt der Rda. überhaupt wird der Psalm 32,17 angesehen, wo vom „fallax equus" die Rede ist.

Sich aufs hohe Pferd (Roß) setzen: sich hochmütig spreizen, stolz tun; vgl. frz. ‚monter sur ses grands chevaux'. Unwillkürlich gibt das Gefühl, hoch zu Roß zu sitzen, dem Reiter einen gewissen Stolz; so sagt der erste Kürassier in ‚Wallensteins Lager' (11. Auftr.):

Frei will ich leben und also sterben,
Niemand berauben und niemand
              beerben
Und auf das Gehudel unter mir
Leicht wegschauen von meinem Tier.

In übertr. Bdtg. findet sich die Rda. seit dem 16. Jh.: „Das exempel dient vff böse exempel geben, als ordenszlüt thuon, die etwan hohe rosz reiten, dadurch die edlen etwan geergert werden" (Joh. Pauli, Schimpf und Ernst, 1522, hg. v. Österley, S. 50); hierher gehört auch der seit dem 17. Jh. in übertr. Bdtg. bezeugte Ausdr. ‚hochtrabend'. Berl. ‚er is uf sein Ferd', in gehobener Stimmung; schwäb. ‚auf den höchsten Gaul 'nauf sitzen', seine Forderungen aufs höchste spannen; ‚einem auf den Gaul helfen', ‚ihn auf Trab bringen'.

Heinrich von Freiberg im ‚Tristan' (V. 2195): „Er rîtet der zwelf boten pfert", geht zu Fuß, ↗ Apostel.

Immer sachte (oder *nicht so hitzig*) *mit den jungen Pferden!* ist eine Mahnung, nicht überstürzt zu handeln.

Die Pferde hinter den Wagen spannen: etw. Unsinniges, Verrücktes tun. Die sprw. Rda. ist in allen rom. und germ. Sprachen verbreitet, wobei für das Pferd auch oft das Rind oder der Ochse steht. So etwa bei Freidank: „Der gebûr dâ nicht glückes hât, da der wagen für diu rinder gât". Das Bild stammt aus der verkehrten Welt. Vgl. engl. ‚to set the cart before the horse'; frz. ‚mettre la charrue avant les bœufs; ndl. ‚he spant de paarden achter den wagen'; ital. ‚metter il carro inanzi ai buoi', aber schon die Römer sagten: ‚Currus bovem trahit'.

Die Pferde stehen: die Sache geht nicht vorwärts.

Das beste Pferd im Stall sein: der leistungsfähigste Mitarbeiter sein.

Wer die tüchtigste, schönste Tochter bekommen hat, von dem sagt man rhein. ‚der het et beste Perd us dem Stall kriegen', und zur Bekräftigung der guten Wahl: ‚de best Perd sökt (fend) mer em (op de) Stall, de schlechten övverall'.

Das hält kein Pferd aus: das hält niemand aus, selbst der Stärkste nicht.

Von hier bringen mich keine zehn Pferde fort: hier bleibe ich unter allen Umständen; vgl. das rhein. Volksrätsel: ‚Et läft in de Keller, un zehn Geil ziehen et nit ruf?' (Antwort: der Garnknäuel).

Das Pferd suchen und darauf sitzen (reiten): sich unnütze Mühe machen, gedankenlos sein. Schlesw.-holst. sagt man entspr.: ‚He söcht dat Perd und sitt dorop'. Bei Moritz August v. Thümmel schließlich erscheint die Rda. in seiner ‚Reise in die mittäglichen Provinzen von Frankreich' (1784, S. 163): „… Es ist nichts natürlicher als die Natur, die immer da liegt, wo wir hinsehen, man sucht das Pferd, worauf man reitet".

Die Pferde scheu machen: die Leute einschüchtern, verängstigen.

Es wird ein Pferd begraben: es ertönt schwere, ernste Musik (Mitte 20. Jh.).

Überlaß das Denken den Pferden, oft mit dem Zusatz: *die haben einen größeren Schädel* oder *den größeren Kopf:* du kannst nicht denken.

Ihm gehen die Pferde durch: er verliert leicht die Beherrschung.

Emanuel Geibel prägte die Verse:

Was rühmst du deinen raschen Ritt –
Dein Pferd ging durch und nahm dich
              mit

(Jähns 1, S. 227). Vgl. frz. ‚Il a mangé du cheval': Er ist eine dynamische Persönlichkeit; ↗ Roß.

Pferde im Hintern haben: ein Auto mit Heckmotor fahren; die Pferdestärken (PS) sitzen dann hinten.

Man hat schon Pferde kotzen sehn (oft mit dem Zusatz: ‚direkt vor der Apotheke'): man hat schon anderlei Unglaubliches erlebt, daher Vorsicht, etwa seit 1900 (Küpper).

Mit jem. eine Pferdekur (Roßkur, Gaulskur) vornehmen: die stärksten Mittel anwenden, die eigentl. nur für Pferde berechnet sind, vgl. frz. ‚une médecine de cheval', heute besser: ‚un remède de cheval', ital. ‚una medicina da cavallo'. In früheren Zeiten galten die Schmiede als Sachverständige für Pferdekrankheiten und wirkten daher als Roßärzte. Noch heute pfuschen sie manchmal auf dem Land dem Veterinär ins Handwerk. Die Behandlung der Tiere war, wie die alten ‚Doktorsbüchlein‘ bezeugen, gewaltsam und geradezu grausam. Der Schmied operierte mit glühendem Eisen, mit Zange und Hammer und kurierte mit den fürchterlichsten inneren Mitteln. Es gehörte wirklich eine ‚Gaulsnatur‘ dazu, diese Heilmethoden zu überstehen. Die Wndg. ‚Er besitzt eine Gaulsnatur (Roßnatur)‘ ist heute noch volkssprachl. gebräuchlich.

Um eine Pferdelänge voraus sein: knapp im Vorsprung sein; diese Rda. ist vom Pferderennen hergenommen, desgleichen die folgende: *aufs richtige (falsche) Pferd setzen:* Recht oder Glück haben (Pech haben).

Vom Pferd getreten werden: sehr verwundert, überrascht sein (werden); der Ausdr. ist bes. häufig bei Jugendlichen. Diese Wndg. ist bes. verbreitet seit Ulrich Plenzdorfs Stück ‚Die neuen Leiden des jungen W‘; so sagt der Held Edgar Thibaut S. 92: „Ich dachte, mich tritt ein Pferd und streift ein Bus und alles zusammen“ (ed. Suhrkamp). ‚Ich denk‘, mich tritt ein Pferd‘ ist auch als Lieblingsspruch des ehemaligen Ministers Hans Apel bekannt geworden.

‚Vom Pferd getreten‘

Jem. ist schon auf dem trojanischen Pferd geritten: jem. hat ein hohes Alter. (Wander III, Sp. 1316, Nr. 852). Das ↗ Trojanische Pferd war von den Griechen vor Troja gebautes riesiges Holzpferd, in dessen Bauch sie die Krieger verstecken und in die Stadt Troja schmuggeln konnten,

‚Das Trojanische Pferd‘

↗ Danaergeschenk. Diese List hatte sich Odysseus ausgedacht. Das Pferd war eines der Lieblingstiere der griech. Götter. So dachte man sich das erste Pferd ‚Arion‘ aus der Vereinigung Poseidons mit Demeter entstanden. In der weißen Gischt des Meeres sah man die Pferde Poseidons. Auch die Indogermanen brachten Pferde mit Gottheiten in Zusammenhang, indem sie sie als deren Verkörperung verehrten. Dem schnellen, klugen Tier wird Weissagekraft, Segenswirkung und Heilkraft zugeschrieben. Im Engl. gibt es die Rda.: ‚I heard it out of the horse’s mouth‘: ich weiß es aus erster Hand, aus sicherer Quelle.

Im Volksmund ist das Pferd oft eine Umschreibung für ‚Penis‘. So sagt man, wenn ein Mann die Hose offen hat: ‚Das Pferd ist durch die Stalltüre zu sehen‘. Überhaupt sind Begriffe wie ‚reiten‘, ‚aufsitzen‘, ‚mit der Stute gen Acker fahren‘, ‚einer Frau den Hengst machen‘ Bez. für Beischlaf. Sebastian Frank schreibt 1541: „Der Wein macht das adamisch Rößlein laufen“. W. Danckert (Sp. 1419) teilt einen erot. Zweizeiler aus Polen mit:

> Erbarm dich, lege dich hin, denn drei
> Tage steht mir schon
> mein Pferdchen im Ställchen, wer wird
> es mir tränken?

In vielen Volksliedern bedeutet die Aufforderung eines Mädchens an einen Mann, er solle doch sein Pferd an einen Baum anbinden, daß er seine Leidenschaft zügeln solle. Nach einem arab. Sprw. liegt das Paradies auf dem Rücken der Pferde. Friedrich von Bodenstedt (1819–1892) führt es im 34. Spruch seiner ‚Lieder des Mirza-Schaffy‘ (1851) in die dt. Lit. ein:

Das Paradies der Erde
liegt auf dem Rücken der Pferde,
In der Gesundheit des Leibes
und am Herzen des Weibes ...
*Jem. gut zureden wie einem kranken Pferd
(Gaul):* jem. Mut zusprechen. Unter Pferdehaltern gilt, daß sich ein krankes Pferd
nicht hinlegen darf, sonst stirbt es. Damit
es auf den Beinen bleibt, redet man ihm
u. a. auch gut zu.

Lit.: *M. Jähns:* Roß und Reiter in Leben und Sprache, Glauben und Geschichte der Deutschen. Eine kulturhist. Monographie, Bd. 1 (Leipzig 1872); *A. Tobler:* Verblümter Ausdr. und Wortspiel in altfranz. Rede, in: Sitzungsberichte der Preuß. Akademie der Wissenschaften 1882; *A. de Cock:* Het Paard in de spreekwoordentaal, in: Vkde. 9 (1896–1897), S. 89–90; *J. v. Negelein:* Das Pferd im Seelenglauben und Totenkult, in: Zs. d. V. f. Vkde. 11 (1901); *R. Schönbeck:* Das Pferd und seine Darstellung in der bildenden Kunst (1908), *L. Malten:* Das Pferd im Totenglauben, in: Jb. des dt. archäolog. Instituts 29 (1914), S. 174 ff.; *J. Muller:* Das Pferd im Volksmund, in: Niedersachsen 25 (1919), S. 208; *M. O. Howey:* The Horse in Magic and Myth (London 1923); *O. Lutsch:* Auf einem faulen Pferde ertappt werden, in: Zs. für Deutschkunde 37 (1923), S. 76–77; *A. Wesselski:* Hüte dich, mein Pferd schlägt dich!, in: ders.: Erlesenes (Prag 1928), S. 120–125; *K. de Flou:* Het peerd van de molenaar laat zijn oren hangen, in: Biekorf 36 (1930), S. 128; *W. Koppers:* Pferdeopfer und Pferdekult der Indogermanen, in: Wiener Beiträge zur Kulturgeschichte und Linguistik 4 (1936), S. 279–411; *P. A. Becker:* Fauvel und Fauvelliana, in: Berichte über die Verhandlungen der Sächs. Akademie der Wissenschaften, Phil.-hist. Klasse 88 (1936); *Fr. Thiele:* Kulturkunde bei der Darbietung idiomatischer Ausdrücke, in: German Quarterly 14 (1941), bes. S. 115–118; *R. de Roeck:* Het paard in de Volksgeneeskunde en de Folklore, in: Brabant 11 (1959), 3, S. 15–16; *A. Taylor:* Out of the horse's mouth, in: American Notes and Queries 10 (1972), S. 72; *W. Danckert:* Symbol, Metapher, Allegorie im Lied der Völker, Bd. IV (Tiere) (Bonn 1978), S. 1404–1430; *W. Gobracht:* Wer Glück hat, dem fohlt sogar der Wallach. Sprichwörter und Redensarten vom Pferd (Bad Homburg 1978); *M. Bambeck:* Auf einem fahlen Pferde reiten. Ursprung und Sinn einer alten Rda., in: Archiv für das Studium der neueren Sprachen und Literaturen 217 (1980), S. 241–258; *E. Rosenberger:* Das Pferd in deutschen Sprichwörtern und Redensarten (Lizentiatsarbeit (masch.) Basel 1989).

Pferdearbeit. *Das ist eine rechte Pferdearbeit (Roßarbeit):* das ist eine äußerst schwere, harte Arbeit. 1529 sagt Joh. Agricola unter Nr. 690 zur Erklärung des Ausdr.: „Ein pferd vnd ein maul (Maultier) thun grosse arbeyt, darumb wenn man von grosser arbeyt sagt, die schier vber eines menschen kreffte ist, so spricht man es sey roß arbeyt". Die ‚Namenlose Sammlung' von 1532 führt unter Nr. 397

an: „Es ist roßarbeit", und gibt dazu die Erklärung: „Die eym menschen zuuil, vnd zuhart ist, würt auch zum innerlichen gebraucht", vgl. frz. ‚un travail de Romain' (eine Römerarbeit). Auf die Arbeitsleistung des Pferdes spielen auch an die Wndgn.: ‚arbeiten wie ein Pferd', vgl. frz. ‚travailler comme un bœuf' (wie ein Ochse), ↗ Ochse; ‚das bringen keine zehn Pferde fertig', ‚keine zehn Pferde bringen mich dazu', ‚Pferdearbeit und Spatzenfutter', viel Arbeit und wenig Essen.

Pferdefuß. *Da schaut der Pferdefuß raus:* da wird plötzlich eine bisher verborgene Hinterlist oder Unannehmlichkeit offenbar; im 17. Jh. in der Form ‚der schwarze Fuß sieht hervor' geläufig. Träger eines Pferdefußes ist nach dem Volksglauben der ↗ Teufel, ↗ Roß.

Urspr. hatte der Teufel in bildl. Darstellungen Vogel- oder Bocksfüße. Den Pferdefuß, der relativ spät erscheint, versucht Moser wie folgt zu erklären: „Auf der Gleichsetzung von Roß, Reiter, Tod und Teufel, die sich aus dem Zusammenhang mit dem vierten Pferd der apokalyptischen Reiter ergibt, beruht letztlich auch die Figur des Teufels mit dem Pferdefuß". In der Volksballade vom Teufelsroß begegnet einer ungehorsamen Tochter ein schöner Kavalier, der sich durch seinen Pferdefuß als Teufel entpuppt:

Da kam ein Monsieur daher
Sie meint es wär ein grosser Herr
Thät Stiefel und Sporn antragen
Er sprach: ‚mein liebe Jungfraw hört
Einen Freyer habet jhr begehrt
Drumb thu ich zu euch kommen ...'
Darüber sie erschrocken ist
Vnd sah jhm bald auff seine Füß
Ein Pferde Fuß thet er haben.

Lit.: *L. Röhrich:* Die Ballade vom Teufelsroß, in: Der Deutschunterricht 15, 2 (1963), S. 73–89; *D.-R. Moser:* Verkündigung durch Volksgesang (Berlin 1982), bes. S. 554.

Pferdekauf. Die Imponderabilien und Risiken bei Brautwerbung und Heirat umschreibt das Sprw. ‚Freien ist kein Pferdekauf'. Die Wndg. kommt als Leitmotiv und Refrain mehrfach in Volksliedern vor und ist primär ein Zitat aus dem Singspiel ‚Die Glückselige Verbindung Des Zephyrs mit der Flora' (Weißenfels 1688), wo es im 6. Auftr. der 2. Handlung heißt:

Freyen ist kein Pferde-Kauff.
Wer sich hier nicht will bedencken,
Der wird sich vergeblich kräncken
Durch den gantzen Lebens-Lauff.
Freyen ist kein Pferde-Kauff.
...
Freyen ist kein Pferde-Kauff,
Will sich einer ja verneuen
Und ein liebes Mädgen freyen,
O der thu die Augen auff.
Freyen ist kein Pferde-Kauff.

Bis heute verbreitet ist der Reimspruch:

Freyen ist kein Pferdekauf,
Jungfer, thu die Augen auf.

Ebenso in dem Lied ‚Meine Red ist abschiedsvoll' (bei Mündel, Elsässische Volkslieder, S. 123, Schlußstrophe):

Heirathen ist kein Pferdverkauf,
Mädchen thu deine Äuglein auf,
Thu sie auf und schau ihn recht an,
Daß du auch bekommst ein braven
Mann.

Ans andre Geschlecht wendet sich (bei O. Böckel [Hg.], Dt. Volkslieder aus Oberhessen [Marburg 1885, Nachdr. Vaduz 1985], S. 59) im Liede ‚Meine Rede ist abschiedsvoll' die Schlußstrophe:

Freien ist kein Pferdekauf,
Bürschchen thu' die Augen auf,
Es freit so mancher gar umsonst,
Thaler geben und Thaler geben ist gar
keine Kunst.

Lit.: *A. Kopp:* ‚Freien ist kein Pferdekauf', in: Euphorion 10 (1903), S. 256–257; *A. de Cock:* ‚Spreekwoorden en Zegswijzen, afkomstig van oude gebruiken en volkszeden: N. Vrijen en Trouwen, Kinderen en begraven', in: Volkskunde 13 (1900–1901), S. 151–160, 183–186, 231–237. *W. Linder-Beroud:* Von der Mündlichkeit zur Schriftlichkeit? Untersuchungen zur Interdependenz von Individualdichtung und Kollektivlied (= Artes populares 18) (Frankfurt a. M.. 1989), S. 146–151.

Pferdekopf. *Er hängt den Pferdekopf heraus:* er (der Händler) hat nichts mehr zu verkaufen; thür. und obersächs. bezeugt: ‚Nu da hängt nor glei 'ne Pfärdekopp naus, ihr habt doch gar nischt mehr zu verkoofen!', vom Kunden gesagt, wenn mehrere gewünschte Waren ausgegangen sind. Der Urspr. der Rda. ist unbekannt. Vielleicht soll auf den Pferdekopf als Zeichen einer Pferdeschlächterei hingewiesen werden, deren Fleisch- und Wurstan-

gebot z. T. verachtet und als minderwertig angesehen wurde und im Unterschied zu Schweine- und Rindfleisch sehr viel weniger kostete. Wenn der Metzger also nichts Rechtes mehr in seinem Laden anzubieten hatte, wurde ihm verächtlich der Rat gegeben, sich auf die Pferdeschlächterei umzustellen.

Pfiff. *Den Pfiff kennen* (auch *verstehen, heraushaben); sich auf den Pfiff verstehen:* wissen, wie man am vorteilhaftesten seinen Zweck erreicht; sich darauf verstehen, wie man andere auf feine Weise täuscht und betrügt. Der Ausdr. Pfiff i. S. v. ‚List', ‚Trick', ‚listige Absicht' könnte aus der Jägersprache entlehnt sein: Die Jäger und Vogelfänger müssen die Stimmen der Vögel nachzuahmen, nachzupfeifen verstehen, vor allen Dingen aber an dem Pfiff den Vogel selbst erkennen. Andere Erklärungen knüpfen an den Pfiff des Taschenspielers an, der die Aufmerksamkeit der Zuschauer ablenken will. Doch denkt man wohl besser an den Pfiff des Gauners, urspr. ‚geheimes gepfiffenes Signal', dann auch ‚listiger Streich' (oft reimend gepaart mit ‚Kniff', d. h. eigentl.: betrügerisches Kennzeichen an Spielkarten, zu ‚kneifen' gehörig). Pfiff in der Bdtg. ‚Kunstgriff', ‚listiger Streich' lit. erst im letzten Drittel des 18. Jh.: „Ihr Pfiff, lieber Nachbar, hilft Ihnen nichts, daß Sie eine solche Antwort nicht selbst geben, sondern nur geben lassen" (Lessing, ‚Duplik', 8. Widerspruch); „Der Pfiff ist gar nicht übel! Die Einfalt vor der Schurkerei vorauszuschicken" (Lessing, ‚Nathan' V, 5); öfters bei Schiller, z. B. im ‚Fiesko' (I, 3; III, 7). Die gleichzeitigen Ableitungen ‚pfiffig' und ‚Pfiffigkeit' sind sicher älter, da das in der Studentensprache danach gebildete Wort ‚Pfiffikus' schon gegen 1700 bezeugt ist. Wahrscheinl. im Anschluß an ↗ Pfifferling bedeutet Pfiff auch eine geringfügige, nichtige Sache; daher: *ein Streit um einen Pfiff,* ferner landschaftlich, so in Bayern und Sachsen: ein kleines Glas Bier oder Branntwein. Obersächs. ‚den Hut auf dem Pfiffe sitzen haben' meint: ihn weit hinausgeschoben, schief aufgesetzt haben. *Eine Sache hat Pfiff:* etw. findet großen Anklang wegen Originalität.

Im Berl. und Obersächs. meint die Feststellung: ‚Das is 'n Ding mit 'm Pfiff' (oft mit einem anerkennenden Pfiff verbunden): Das ist modern, schick, hat das gewisse Etwas, auch: Das ist die Idee, die durchschlagende Erfindung.

Lit.: *L. Röhrich* u. *G. Meinel:* Rdaa. aus dem Bereich der Jagd u. der Vogelstellerei, S. 317. *E. Strübin:* Zur dt.-schweiz. Umgangssprache, in: Schweiz. Arch. f. Vkde. 72 (1976), S. 121.

Pfifferling. *Keinen Pfifferling wert sein:* nichts wert sein; *keinen Pfifferling für etw. geben:* nichts dafür geben; *sich keinen Pfifferling um etw. kümmern* (oder *scheren):* sich auf keinen Fall darum kümmern. Der Name des oft in Massen auftretenden Pilzes Pfifferling (heute allerdings eine teure Delikatesse) wird schon im 16. Jh. von etw. Wertlosem oder Belanglosem bildl. gebraucht: „Wie Pfifferling wachsen die Flecken (‚Kaldaunen‘)“, sagt Hans Sachs vom Schlaraffenland; Luther (Jenaer Ausgabe III, 285 b): „das im Sacrament ... eitel Pfifferling und Morchen (‚Morcheln‘) weren“. Lit. noch in Karl Immermanns ‚Münchhausen‘ (Buch VI, Kap. 4): „Von deinen Ziegen und deinen Holländern und deinen Poltergeistern habe ich den Pfifferling gehabt“ (= nichts). Auch ‚Pfifferstiel‘, eine Klammerform aus ‚Pfifferlingsstiel‘ kommt ebenso wie ↗ Pappenstiel frühnhd. in gleichem Sinne vor.

Lit.: *O. Weise:* In die Wicken gehen, flöten gehen und Verwandtes, in: Zs. f. hd. Mdaa., 3 (1902), S. 211–217.

Pfingsten. *Zu Pfingsten auf dem Eise:* nie und nimmermehr, niemals. Die Rda. kommt in dieser Form schon in Luthers Sprww.-Sammlung vor. In den volkstümlichen Lügenliedern (z. B. E. B. III, 36 ff.) begegnet die Rda. öfters neben anderen Unmöglichkeiten als Zeitbestimmung zu der Begebenheit, daß ein Amboß oder ein Mühlstein über den Rhein geschwommen sei und ein Frosch sie beide verschlungen habe oder ähnl. Die mdt. und nordd. verbreitete Wndg. *zu Pflaumenpfingsten* meint: wenn es zu Pfingsten reife Pflaumen gibt, d. h. ebenfalls: niemals; vgl. westf. ‚up Ulepinxte (Eulenpfingsten), wann de Kräjjen op'm Ise danset‘ (oder auch: ‚zu Pfingsten, wenn die Esel auf dem Eis tanzen‘); els. ‚zwischen Pfingsten

und Straßburg (Hagenau, Basel)‘, nie und nirgends. Zu derartigen rdal. Zeitbestimmungen für ‚niemals‘ wird vorwiegend eines der drei großen Feste des Jahres, Ostern, Pfingsten oder Weihnachten, benutzt und der Begriff so getroffen, daß damit etw. Unvereinbares zusammengebracht wird, z. B. auch: ‚auf Maienostern‘ (Ostern fällt niemals in den Monat Mai); ‚auf Weihnachten in der Ernte‘; ‚zu Martini, wenn die Störche (und Schwalben) kommen‘ (am 11. Nov. sind die Störche längst weggezogen). Am verbreitetsten ist: *wenn Ostern und Pfingsten auf einen Tag fallen;* sächs. ‚da kriegste e paar Backpfeifen, daß de denkst, Ostern und Pfingsten fällt of een Tag‘. Anlaß zu diesen Rdaa. hat vielleicht die Beweglichkeit der Termine der beiden Feiertage gegeben, daneben die Erfahrung, daß zu Pfingsten im allg. mit günstigem Frühlingswetter zu rechnen und daher mit diesem Zeitbegriff weniger Zweifelhaftes verbunden ist als bei den anderen Festen, denn ‚weiße Ostern‘ gehören ebenso wie ‚grüne Weihnachten‘ nicht zu den meteorologischen Unmöglichkeiten. In Holst. sagt man auch: ‚He fiert Pingsten vör Paschen‘ (Ostern), er handelt verkehrt; in Oldenburg: ‚Dat sleit in as Pingsten upn Sonndag‘.

Ebenso wie das einfache ‚nichts‘ in unzähligen Wndgn. eine bildhafte Erweiterung erfährt (↗ Deut), hat die Volkssprache auch für die Zeitbestimmung ‚niemals‘ eine Fülle von rdal. Umschreibungen geprägt. Bes. gern sind sie mit fiktiven Heiligentagen oder durch die Perversion von Heiligentagen gebildet worden. Am bekanntesten ist: ‚am St. Nimmerleinstag‘ (auch: ‚auf Sankt Nimmers‘ oder ‚Nimmermehrs Tag‘), ferner: ‚uf St. Zilorgentag‘, ‚am Fest der Beschneidung Mariä‘ (nach einem obszönen Schwank), ‚auf Teufels Himmelfahrtstag‘ (Luther). In einem schweiz. hist. Volkslied von 1335 findet sich die Formel:

Ich wil uf sant Jüten tag
Sicher varen von hus.

Dieses Zeugnis ist das älteste Beisp. für eine Rda., die sonst nur aus Nordwestdtl. und den Niederlanden seit der Mitte des 16. Jh. bekannt ist und bedeutet: ‚am Tage der Päpstin Johanna‘. Andere fiktive Daten, die rdal. für ‚niemals‘ stehen, sind: ‚am zweiten Sonntag vor dem ersten Schnee‘ (dessen Eintreten natürlich nicht vorherberechnet werden kann), ‚auf den Sommer über drei Wochen‘, ‚auf den Sommer über acht Tage‘, ‚auf den Mittwoch um drei‘, ‚von zwölf bis Mittag‘, ‚am 32. des Monats‘, ‚auf den 30. Februar‘ (vgl. Erich Kästners Buchtitel: ‚Der 35. Mai‘), ‚zehn Jahre hinter dem Jüngsten Tag‘, ‚tausend Jahre (drei Tage) nach der Ewigkeit‘, ‚fünf Minuten vor der Erschaffung der Welt‘, vgl. engl. ‚at four o'clock next summer (week, month)‘, ‚the first Sunday in the middle of the week‘, ‚next moon's day after the week of eternity‘; frz. ‚trois jours après jamais‘ (heute veraltet).

Nicht selten wird das rdal. Bild in die Form eines Bedingungssatzes gekleidet: ‚wenn zwei Sonntage in eine Woche kommen‘, vgl. frz. ‚la semaine des quatre jeudis‘ (wörtl.: in der Woche, die vier Donnerstage hat); ‚wenn die Sonne stillsteht‘, ‚wenn die Sonne in die Hölle scheint‘, ‚wenn der Teufel gen Himmel fährt‘, ‚wenn es Gulden regnet‘, ‚wenn es Katzen hagelt‘, ‚wenn die Katz kräht‘, ‚wenn die Hunde mit dem Schwanz bellen‘, ‚wenn die Böcke lammen‘, ‚wenn die Hennen für sich scharren‘, ‚wenn die Schnecken werden biesen‘ (mhd. bîsen = rennen, wie von Bremsen geplagtes Vieh); vgl. auch frz. ‚quand les poules auront des dents‘ (wörtl.: wenn die Hühner Zähne bekommen); ‚wenn die Weiden werden Pflaumen tragen‘, ‚wenn der Main (die Elbe usw.) brennt‘; im Westerwald: ‚wenn't Wasser brennt‘, ‚wenn de Rhein de Berg roffleift‘, ‚wenn die Woch elf Dach' hot‘, ‚wenn de Oos (Ochs) Kälwer macht‘; westf. ‚wann de swarte Snee fällt un de Lus en Daler gelt‘; hess. ‚wenns Pfannkuche schneit und Buttermilch regnet‘. Die Mdaa. kennen manchmal ganze sprw. Sätze für ‚niemals‘, z. B. schles. ‚aale Liewe rost nee, on wenn se siewa Joahr hinderm Zaune leit‘, ‚... on wenn se aach schon zahn Joahr onderm Miste liecht‘, ‚... und wenn der Deifel mit seiner Großmutter uf'm Seile tanzt‘.

Eine große Rolle spielen solche Umschreibungen im Volkslied (das bloße Wörtchen ‚niemals‘ erscheint hier zu ein-

drucklos, zu prosaisch, und es umschreibt darum die Negation in poesievoller Weise), bes. beim Abschied der Liebenden, bei der Versicherung der Treue, den Befürchtungen der Untreue und den Hoffnungen auf ein Wiedersehen, z. B.:

Wenn es schneit rote Rosen
Und regnet kühlen Wein ...

Wenn's Kirschkuchen regnet
und Bratwürstl schneit ...

Bis der Birnbaum wird Äpfel tragen,
Dann soll mein Trauern ein Ende
haben.

Mein Schätzlein, mein Kätzlein,
O warte nur ein Jahr,
Und wann die Weiden Kirschen tragen,
So nehm ich dich fürwahr.

Wenn das Feuer den Schnee entzündt,
Wenn der Krebs Baumwolle spinnt,
Wenn alles Wasser wird zu Wein
Und Berg und Tal zu Edelstein
Und ich darüber Herr werd sein,
Wirst du, fein's Mädle, mein eigen
sein.

Viele der älteren Rdaa. für ‚niemals‘ sind heute in Vergessenheit geraten und nur noch aus lit. Quellen erschließbar. So verzeichnet Joh. Agricola in seiner Sprww.-Sammlung z. B.: ‚Das wirt geschehen, wenn der Teuffel von Ach kumpt‘, und erklärt: „Das ist: es wirt nymmermer geschehen. Zu Ach ist ein grosser thurn in der Statmauren, genent Ponellen thurn, darinne sich der Teuffel mit vil wunders, geschrey glocken klingen, vnnd anderm vnfug offtmals sehen vnd horen lest, vnnd ist die sage, er sey hinein verbannet, vnd da muß er bleiben biß an den jungsten tag. Darumb wenn man daselbs von unmöglichen Dingen redet, so sagt man, Ja es wirt geschehen, wenn der Teuffel von Ach kumpt, das ist nymmer mehr".

Zahlreiche individuelle, heute oft kaum noch verständliche Varianten bringt Joh. Fischart in seinen Dichtungen, z. B.: „An Cuntz Schlauraffen hochzeit, zu nacht bey dem Kälber dantz auff dem Nollsack", „Auff des karnöffels tag des spielers", „Auff Lutz Schwolnars tag, der den schlegel frass sechs hasensprung hinder dem Kalkofen", „An dem tag des würdigen latzenbessers", „Am tag Heintz lapp den Bapp, des würdigen Würstbuben, zwo stund zwischen Loch und Bruchhausen, in dem Eulenflug". – Nach der Eroberung von Ofen 1686 wurde Graf Tököly, der nach der ungarischen Krone unter türkischer Oberhoheit gestrebt hatte, aus dem kaiserlichen Lager verspottet:

Wann fünf König hat einmal
Die französisch Karten,
Wärst der nächste in der Wahl,
Wannst es kannst erwarten.

Schiller benutzt die volkstümliche Verhüllung des ‚niemals' in den ‚Räubern' (II, 3), wo der Pater beteuert: „So gewiss Kirschen auf diesen Eichen wachsen und diese Tannen Pfirsiche tragen, so gewiss werdet ihr unversehrt diesen Eichen und diesen Tannen den Rücken kehren"; und in der ‚Jungfrau von Orleans', wo Johanna auf des Dauphins Frage „Und Orleans, sagst du, wird nicht übergeben?" erwidert: „Eh'r siehst du die Loire zurückfließen!". – Der röm. Geschichtsschreiber Sueton (‚Augustus' 87) erzählt, daß Kaiser Augustus im täglichen Leben gewisse Worte oft wiederholt, z. B. von faulen Schuldnern häufig gesagt habe, sie würden ‚ad Calendas Graecas' (an den griech. Kalenden) zahlen. ‚Calendae' sind im röm. Kalender der erste Tag jeden Monats, ein Zahlungstermin der Römer. Da nun der Grieche diesen Termin nicht kennt und im griech. Kalender überhaupt keine Kalenden vorhanden sind, so bedeutet ‚ad Calendas Graecas': ‚bis zu einer Zeit, die nie kommen wird', auf niemals. Auch diese Wndg. ist zweifellos anschaulicher und kräftiger als das einfache lat. ‚numquam'.

Lit.: *Ed.:* Ein Pfingsten auf dem Eise, in: American Notes and Queries 5, 1 (1874), S. 402; *O. Weise:* Ad calendas Graecas und Verwandtes, in: Zs. f. hd. Mdaa. 3 (1902), S. 47–51; *S. Freud:* Die Verneinung, in: Ges. Werke Bd. 14, S. 9 ff.; *A. Wallner:* Zwischen Pfingsten und Straßburg, in: Z. f. d. A. 64 (1927), S. 95–96; *P. Sartori:* Art. ‚Pfingsten', in HdA. VI, Sp. 1684–1694; *A. Taylor:* On Tib's Eve, never before nor after Christmas, in: Studia germanica tillägnade Ernst Allan Kock (Lund 1934), S. 385–386; *ders.:* ‚Niemals' in einem hist. Schweizer Volkslied, in: Volkskundl. Gaben, John Meier zum 70. Geburtstag dargebracht (Berlin – Leipzig 1934), S. 280 f.; *ders.:* ‚Zwischen Pfingsten und Straßburg', in: Studies in Honor of John Albrecht Walz (Lancaster [Pa] 1941), S. 21–30; *ders.:* Locutions for ‚Never', in: Romance Philology, Nos. 2 and 3 (1948–49), S. 103–134; *O. Mensing:* Zur Gesch. der volkstümlichen Verneinung, in: Zs. f. d. Ph. 61 (1936), S. 343–380; *L. Berthold:* Wenn die Katz kräht, in: Nassauische Bl., Bd. V, S. 132 f. und 199 f.; *J. Szöverffy:* Irisches Erzählgut im Abendland (Berlin 1957), S. 16 ff.; *J. Arndt:* ‚Nichts' und ‚Niemals', in: Rhein.-Westf. Zs. f. Vkde. 8 (1961), S. 118 f.; *L. Röhrich:* Gebärde – Metapher – Parodie (Düsseldorf 1967), S. 77 ff.; *E. Weiher:* Der negative Vergleich in der russischen Volkspoesie (München 1972); *W. Kürschner:* Studien zur Negation im Deutschen (Tübingen 1983); *A. Nozsicska:* Die Grammatik der Negation (= Oesterr. Akademie d. Wiss. 506) (Wien 1988).

Pfingstochse. *Aufgeputzt* (oder auch *geschmückt*) *wie ein Pfingstochse:* übertrieben (und zugleich geschmacklos) gekleidet, ‚aufgedonnert'. Der weitverbreitete rdal. Vergleich hängt mit einem Brauch der Vieh- und Weidewirtschaft zusammen: Zu Pfingsten wird in vielen Landschaften das Vieh zum erstenmal auf die Weide getrieben, oder der erste Austrieb wird mit festlichem Brauch wiederholt. Bis Pfingsten wird zuweilen ein besonderes Wiesenstück unbenützt gelassen (‚Pfingsthege', ‚Pfingstweide'). Unter lautem Jubel, mit Grün bekränzt und ge-

‚Aufgeputzt wie ein Pfingstochse'

schmückt zieht das Vieh auf die Weide. Das erste (oder letzte) Tier heißt ‚Pfingstochse' (oder ‚Pfingstkuh'). Als Pfingstochse wird da mancherorts, z. B. in Mecklenburg, auch der zum Pfingstbraten bestimmte fette Ochse bez., der am Donnerstag oder Freitag vor dem Fest von den Schlächtern feierlich, mit einem Blumenkranz um den Kopf, die Hörner mit Gold- oder Silberfiligran belegt und mit einer Zitrone auf der Hornspitze, endlich auch den Schwanz mit Blumen und bunten Bändern geschmückt, herumgeführt wird. Der festliche Schmuck deutet möglicherweise darauf hin, daß die Schlachtung ehedem als eine Art Opferhandlung aufgefaßt wurde. Doch mag auch der oben angeführte Brauch aus der Weidewirtschaft auf den zu Pfingsten gebratenen Ochsen eingewirkt haben (vgl. HdA. VI, 695 ff.). Auf einen ähnl. Brauch geht in Frankr. der ‚bœuf gras', der Fastnachtsochse, zurück, ein aufgeputzter Mastochse, der von den Metzgergesellen in den letzten Fastnachtstagen durch die Straßen geführt wird. In Marseille ging der Prachtochse, mit Teppichen behangen und mit Blumen bekränzt, sogar an der Spitze der Fronleichnamsprozession; vgl. die frz. Rda. ‚promener comme le bœuf gras'. Vgl. ‚aufgeputzt wie ein ↗ Palmesel'.

Lit.: *P. Sartori*: Art. ‚Pfingstochse', in: HdA. VI, Sp. 1695–1697.

Pfingstrose. *Aussehen wie eine Pfingstrose:* runde, rote Backen haben wie die Blüte der Päonie; vgl. frz. ‚rouge comme une pivoine'; ↗ aussehen; ↗ rot.

Pflaster. *Ein Pflaster* (oder *ein Pflästerchen) kriegen* (oder *auf die Wunde bekommen*): zum Entgelt für eine Zurücksetzung, sozusagen als ‚Schmerzensgeld' (Trostpflaster) eine kleine Entschädigung erhalten; eine Auszeichnung oder Anerkennung, die auf eine Herabsetzung erfolgt, gleichsam zur Heilung der frisch geschlagenen Wunde. Auch sagt man im Scherz zu einem Kind, dem man zum Trost für eine Verletzung eine Süßigkeit schenkt: ‚Ich will dir ein Pflaster drauflegen', wie man auch einen guten Bissen ein ‚Magenpflaster' nennt. Dagegen bedeutet ‚ein Pflaster auf den Buckel kriegen' Prügel beziehen; ähnl.: ‚einem eine pflastern', ihn ohrfeigen.

Als ein Pflaster wird pars pro toto auch eine Stadt bez., z. B. in Wndgn. wie ‚ein teueres Pflaster', eine Stadt mit teueren Lebensverhältnissen; ‚das ist kein Pflaster für ihn', diese Stadt paßt nicht zu ihm, diese Stadt wird seine Moral gefährden. *Pflaster treten:* nichts zu tun haben. Vgl. frz. ‚battre le pavé', auch: ‚être sur le pavé' (wörtl.: auf der Straße liegen), i. S. v.: arbeitslos sein; und ‚mettre sur le pavé': auf die Straße (das Pflaster) setzen, i. S. v.: vor die Tür setzen.

Mit etw. die Straße pflastern können: an etw. Überfluß haben.

Pflaume. *Eine Pflaume sein:* ein nichtsnutziger Mensch sein.

Jem. anpflaumen meint: jem. necken, verspotten, veräppeln. *Sich nicht (von jedem) anpflaumen lassen:* anzügliche, spöttische Bemerkungen, provozierende Anrede energisch zurückweisen.

Lit.: *W. Danckert:* Symbol, Metapher, Allegorie … III, S. 1047 ff.

Pflicht. *Seine verdammte* (oder *verfluchte*) *Pflicht und Schuldigkeit tun.* Die Rda. gilt als ein angebliches Zitat Friedrichs des Großen, was aber nicht sicher verbürgt ist. In dem Aufsatz ‚Die Tänzerin Barberina' erzählt Louis Schneider (‚Der Bär', Berlin 1880, S. 25), Graf Dohna habe für seinen Haushofmeister C. L. Mayer, der sich darum bemüht hatte, die Tänzerin 1744 für Berlin zu gewinnen, eine besondere Belohnung beim König beantragt. Dieser aber habe geantwortet: „Kriegt nichts! hat nur seine verfluchte Schuldigkeit getan". Nach anderen Überlieferungen soll ein württembergischer Soldat diese Worte zu Napoleon gesagt haben; ↗ Röhrle. Diese voneinander abweichenden ätiologischen Anekdoten machen keinen urspr. Eindruck und wecken den Verdacht, daß das vermeintliche Zitat doch als Rda. im Volksmund entstanden ist. *Jem. in die Pflicht nehmen:* dafür sorgen, daß jem. gewisse Aufgaben übernimmt und die Verantwortung dafür trägt. Lit. z. B. belegt in ‚Wallensteins Tod' (V, 2) von Schiller: „Nun ja, du nahmst uns ja

für ihn [= für Wallenstein] in Pflicht".
‚Eheliche Pflicht' ↗ Ehe; ↗ Obligo.

Ein Couplet des Bergdirektors Zwack aus
der Operette von Karl Zeller ‚Der Ober-
steiger' (1893 Uraufführung in Wien) hat
den Kehrreim: „Der Bureaukrat tut seine
Pflicht, von neun bis eins! Mehr tut er
nicht" (II. Akt).

Pflock. *Einen Pflock davorstecken:* einen
Riegel vorschieben, einer Sache Einhalt
gebieten, bis hierher und nicht weiter! Der
Pflock ist in dieser Rda. der Vorstecker,
der in die Öse am Türriegel gesteckt wird,
damit die Tür nicht von außen geöffnet
werden kann. Luther führt die Rda. „ein
pflocklin dafur stecken" 1530 in seiner
Sprww.-Sammlung an und gebraucht sie
in übertr. Sinne von der menschlichen
Zunge: „So ist auch hie nicht not eilens,
und sollen Gottes Weise lernen, der nicht
eilet, sondern mit Geduld herauslocket,
bis er ein Pflöcklin fur die Zunge stecket,
daß sie die nicht können wieder ins Maul
ziehen" (Briefe, hg. v. de Wette, Bd. V,
S. 54). Ebenfalls im 16. Jh. bei Oldecop
(S. 406): „De toch (Zug) des graven von
Mansfelde in dat brunswicksche lant mit
Clawes Barner was mest des fursten clage
anfank und orsake. Aver dar wart beide
ein plock vorgeslagen".
Einen Pflock zurückstecken: Forderungen,
Ansprüche reduzieren; kürzer treten; es
einmal nicht so genau nehmen, milde ur-
teilen, Nachsicht üben. Das Bild der Rda.
kann vom Pflugkeil oder Stellpflock des
Pfluges genommen sein: Steckt man den
Pflock mit der Kette zurück, so geht der
Pflug weniger tief und auch leichter. Vielleicht steht die Rda. aber auch in Zusammenhang mit der Zähl- oder Markiermet-
hode, wie sie in England z. B. beim
Aufrechnen der gewonnenen Punkte beim
Bagatellespiel noch üblich ist: zu beiden
Seiten des Spielbrettes befinden sich besondere Zählleisten, eine für jede Partei.
Diese Leisten sind mit Löchern in regelmäßigen Abständen versehen, in die ein
Pflock (‚peg') paßt: der um so weiter her-
aufgesteckt wird, je mehr Punkte eine Partei gewonnen hat. Wenn nun ein Spieler
irrtümlich oder fälschlich sich zu viele
Punkte gutgeschrieben hat, so wird er veranlaßt, ‚seinen Pflock zurückzustecken',

‚he is taken down a peg or two'. Die engl.
Rda. hat denselben Sinn wie die dt. und
wäre dann wohl ebenso zu erklären.
Wahrscheinl. hatte das Zählbrett mit dem
Pflock früher eine weitere Verbreitung.

Lit.: *O. Hauschild:* Einen Pflock zurückstecken, in:
Zs. f. d. U. 20 (1906), S. 591–592; *V. Dörr:* ‚Einen
Pflock zurückstecken', in: Zs. f. d. U. 21 (1907),
S. 795 f.; *L. Verlende:* ‚De stake uittrekken', in: Bickorf
38 (1932), S. 63.

Pflug dient bildl. zur Bez. jeder Arbeit, so
in der Wndg. *die Hand an den Pflug legen:*
eine Arbeit aufnehmen; so z. B. Luk. 9, 62:
„Wer seine Hand an den Pflug legt und
sieht zurück, der ist nicht geschickt zum
Reich Gottes"; auch schon in Seb. Brants
‚Narrenschiff' (84, 1): „vil legen ir hant an
den pflug"; vgl. frz. ‚mettre la main à la
charrue'; *mit jem. an einem Pfluge ziehen:*
die gleiche Arbeit tun, das gleiche Interesse haben; *die Feder ist sein Pflug:* er verdient sein Brot mit Schreiben; so schon
mhd. bei Wolfram von Eschenbach im
‚Parzival' (544, 15): „Von anders nihtiu
gienc sîn phluoc" = von nichts anderem
gewann er seinen Lebensunterhalt; und
um 1400 im ‚Ackermann aus Böhmen'
(Kap. 3): „Von vogelwât (Vogelkleid, d. i.
Schreibfeder) ist mein pflug".
Eine Umschreibung für Stand und Beruf
ist die Wndg. ‚Wagen und Pflug'. Auch
Grimmelshausen gebraucht ‚Pflug' i. S. v.
Beruf: „Du sollst nicht mehr verzehren,
als dein Pflug mag ernähren". Hans Sachs
verwendet dieses Sprw. in einem Vierzeiler bzw. Fünfzeiler:

Ein iegliches nach seinem standt
Halt innen beide, mundt und handt
Das er nit mehr hie tu verzeren
Dan im sein pflug mag erneren
Nach der alten spruchsag.

Im ‚Meier Helmbrecht' von Wernher dem
Gartenaere wird der an den Hof stre-
bende Sohn vom Vater gewarnt und in
seine Standesgrenzen gewiesen (V. 91):
„dîn ordenunge ist der phluoc".
In einer Hs. des ehemaligen Breslauer
Stadtarchives vom Jahre 1571 sagt einer
vor Gericht aus, daß „das Spiel sein Pflug
und Eiden (Egge)" sei.
Meckl. sagt man: ‚Da wert de Plog den
Sten wol finden', der Aufwand wird seine
Grenzen finden; els. ‚Er geht de Pflüng
hünten', er wird wohl bald sterben.

‚Mein pflueg get uneben' gebraucht Oswald von Wolkenstein (Ausg. v. Schatz 1904, 104, 10) in der Bdtg.: es geht mir schlecht.

Das ‚Pflugziehen' ist ein heute ausgestorbener Brauch. Ledige Mädchen mußten in der Fastnachtszeit einen Pflug durch die Ortschaft ziehen. Das erste Zeugnis

‚Pflugziehen'

davon steht in dem Rechnungsbuch des Sigismund des Münzreichen, Herzog von Tirol (1460): „Frauen der Vorstadt von Innsbruck, die am Aschermittwoch einen Baumstamm durch die Straßen gezogen" hatten, bekamen „zwei rheinische Gulden" (H. Moser, S. 184). In einem vor 1494 verfaßten Fastnachtspiel ‚Die Egen' heißt es:

Was heur von meiden ist überblieben
und verlegen,
Die sein gespant in den Pflug und in die
Egen.
Das sie drinnen ziehen mußen
Und darinnen offentlich bueßen,
Das sie sein kumen zu iren tagen,
Fut, ars, tutten vergebens tragen.

(H. Moser, S. 186). 1532 schrieb Hans Sachs den Schwank ‚Die Hausmaid im Pflug'.

Lit.: M. Lenschau: Grimmelshausens Sprww. u. Rdaa. (Frankfurt/M. 1924); Heckscher: Art. ‚Pflugziehen', in: HdA. VII, Sp. 6–9; H. J. Endepols: Een konter als breekijzer, in: De Nieuwe Taalgids 34 (1940), S. 173–174; J. Bergmann: Der Pflug im Sprw., in: Unser Egerland, 8, S. 25 ff.; H. Koren: Pflug und Arl. Ein Beitrag zur Volkskunde der Ackergeräte. Veröffentlichung d. Inst. f. Vkde. Salzburg, Bd. 3 (Salzburg 1950); K. M. Klier: Das Blochziehen: ein Faschingsbrauch von der Südostgrenze Österreichs (Burgenländische Forschungen, H. 22) (Eisenstadt 1953); H. Moser: Städtische Fastnacht des MAs. in: Volksleben 18 (1967), S. 184–202.

Pforte. *Die Pforten schließen:* als Institution, Firma usw. zu existieren aufhören. Die Rda. spielt auf die (Fabrik-)Tore (Pforte von lat. porta: Tor) an. Die ‚Hohe Pforte' war die Bez. des Hofes des osmanischen Sultans in Istanbul; diese Umschreibung der ehemaligen türkischen Regierung entstand nach der hohen Pforte am Eingang des Großwesirats, die noch heute zu sehen ist. Die Stadt Jerusalem wird oft als ‚Pforte der Völker' bez.

Pfosten. In einer Reihe von ndd. Rdaa. steht der Ständerpfosten des ndd. Hausgerüstes als pars pro toto für das ganze Hauswesen, z. B. ‚Dat Hus steiht up papierne Pöste', das Anwesen ist verschuldet; ‚dat sitt dao in de Pöste', das liegt da in der Familie.

Neuere Rdaa. beziehen sich auf das Tor beim Fußballspiel: *Zwischen den Pfosten stehen:* Torwart sein; *an den Pfosten spielen:* den Sieg nur knapp verfehlen, indem det; ‚dat sitt dao in de Pöste', das liegt da in der Familie.

Lit.: J. Schepers: Das Bauernhaus in Nordwestdeutschland (Münster/Westf. o. J.), S. 54.

Pfote. Die Rda. *sich etw. aus den Pfoten saugen* ist bedeutungsgleich mit ‚sich etw. aus den ⁊ Fingern saugen' und geht vielleicht auf diese zurück, möglicherweise fußt sie aber auch auf einer recht alten, allg. verbreiteten Anschauung von den Bären. In Joh. Stumpfs ‚Gemeiner loblicher Eydgnoschafft ... beschreybung' (Zürich 1548, Bd. II, S. 286) heißt es unter der Überschrift ‚Von allerley thieren im Alpgebirg': „In den ersten 14 tagen schlaffend die jungen Bären also hart ... Nach 14 tagen erwachend sy/und saugend jre tapen: davon läbend sy/und gebrauchend sich keiner anderen narung biß sy fruehlings zeyt herfür gand ..." Ähnl. vermerkt Conrad Gesner in ‚De quadrupedibus viviparis' (1551) unter ‚Proverbia' (S. 1080): „Germani si quem de paupertate, aut avaritia et parcitate notaverint, manum ab eo sugi dicunt sicut ab urso: Er sugt den taapen wie ein baer". Und entspr. lautet die Stelle in der Übers. von Gesners ‚De quadrupedibus', dem ‚Thierbuoch'. Das ist ein kurtze beschreybung aller vierfüessigen thieren ... durch D. Cuonrat Forer ... in das teütsch gebracht. Zürich 1563 (Überschrift: ‚Etlich lustig Historien und Sprüchwörter von dem Bären haerruerend'): „Item so einer arm/dannocht stoltz/scheyn der reychthumm fueren wil/spricht man: Er saugt an den dappen wie ein Baer".

Auch in zahlreichen Sagen wird das Saugen des Bären an den Hungerpfoten erwähnt. In den meisten Fällen gelangt ein verirrter Jäger an eine Bärenhöhle und wird von dem Bären vor dem Hungertod gerettet, indem ihm das Tier seine Tatzen zu saugen gibt; ↗ Hungerpfote. *Sich die Pfoten verbrennen* ↗ Kastanie.

Lit.: *W. Beinhauer:* A la pata la llana, in: Romanische Forschungen 56 (1942), S. 178–180; 57 (1943), S. 105–107; *H.-J. Paproth:* Art. ‚Bär', in: EM. I, Sp. 1194–1203; *ders.:* Studien über das Bärenzeremoniell (Uppsala 1976).

Pfropfen. *Auf dem Pfropfen sitzen:* in größter Verlegenheit sein. Mit Pfropfen ist hier wahrscheinl. nicht der Flaschenkork gemeint, sondern der Verschluß des Pulverfasses oder auch der auf die Pulverladung gepreßte Stöpsel: wer auf ihm sitzt, kann jeden Augenblick in die Luft fliegen (vgl. ‚auf dem Pulverfaß sitzen', ↗ Pulver). Der Flaschenkork dagegen ist gemeint bei den Rdaa.: *jem. am Pfropfen riechen lassen:* ihn an etwas Angenehmem nicht beteiligen; *am Pfropfen riechen müssen:* bei einer Verteilung leer ausgehen; *am Pfropfen gerochen haben:* betrunken sein; obersächs. ‚en ufn Froppen setzen', ihn abführen, abfallen lassen, des Unsinns überführen; der geringe Platz, den ein Pfropfen bietet, ist der Anlaß des Vergleichs.

Pfui. Pfui! ist ein Ausruf des Abscheues, der lautmalend das Geräusch des Ausspeiens wiedergibt. *Pfu dich!* ist die ältere Form, die dann zu ‚pfui' kontrahiert wurde. Das Mißfallen oder der Ekel wird verstärkt durch *Pfui Teufel!* u. ä. ausgedrückt: *Da kann man nur pfui sagen!* oder *Pfui über dich!*

Etw. ist pfui ist eine aus der Kindersprache entnommene Wndg. Sie meint: Etw. ist verboten. ‚Pfui' ist auch lit. belegt, so z. B. bei J. W. v. Goethe und J. Gotthelf: Brander sagt in Auerbachs Keller in Leipzig (Faust I): „Ein garstig Lied! Pfui! Ein politisch Lied!" ↗ Politik. In Gotthelfs Roman fragt sich Uli der Knecht: „Soll ich meineidig werden? Pfy! pfi tusig!" In Heinrichs v. Freiberg mhd. Schwanksage ‚Schrätel und Wasserbär' (13. Jh.) heißt es

(V. 338): „Pfî dich! sprach daz schretel, pfî!" (L. Röhrich: Erzählungen des späten MA.s I, S. 15).

Pfund. *Mit seinem Pfund(e) wuchern:* seine Begabung, Mittel klug anwenden. Die Rda. ist bibl. Urspr. und beruht auf dem Gleichnis von den ‚anvertrauten Pfunden' (Luk. 19, 11–28), obwohl die zur Rda. gewordene Wndg. im bibl. Text nicht unmittelbar enthalten ist. Das ‚anvertraute Pfund' wird in der Regel für ‚Geistesgaben' bildl. angewandt. Den Gegensatz bez. die aus demselben Gleichnis stammende Rda. *sein Pfund vergraben;* Matth. 25, 18: „Und machte eine Grube in die Erde und verbarg seines Herrn Geld" (vgl. V. 25: „ … und verbarg deinen Zentner in die Erde"); vgl. Luk. 19, 20: „Hier ist dein Pfund, welches ich habe im Schweißtuch behalten". Lit. z. B. bei Joh. Fischart im ‚Ehzuchtbüchlein' (S. 244): „Er vergrabet sein pfündlin". Noch Schiller gebraucht die Wndg. in den ‚Räubern' (I, 2), wo Spiegelberg zu Karl Moor sagt: „Und du willst also deine Gaben in dir verwittern lassen? Dein Pfund vergraben?"

Pfunde geben: einem Jäger, der gegen eine Waidmannsregel verstoßen hat, drei Schläge mit dem flachen Waidmesser auf das Gesäß geben; der Brauch ist seit dem Ende des 16. Jh. bezeugt. Die nur in Jägerkreisen bekannte Rda. geht darauf zurück, daß Pfund im späteren MA. die Bdtg. ‚Strafe' angenommen hatte, weil Geldstrafen häufig nach Pfunden festgesetzt wurden.

Um einige Pfunde leichter sein: von einer großen, bedrückenden Sorge oder von einem Kummer befreit sein: eine ↗ Last fällt von einem.

Mit ‚Pfundskerl' ist nicht etwa ein dicker Mensch gemeint, sondern ein bes. guter Freund, mit dem man ↗ Pferde stehlen kann. In der Pfalz sagt man: ‚Er esch e Kerl wie a Pfund Wurscht'. In den 30er Jahren war ‚pfundig' ein allg. Ausdr. für etw. Gutes, entspr. dem heutigen ‚Klasse' oder ‚Spitze'.

Lit.: Münzen in Brauch und Aberglauben (Mainz 1982), S. 233; *H. Lixfeld:* Art. ‚Fleischpfand', in: EM. IV, Sp. 1256–1262; *E. Schamschula:* A pound of flesh. A Study of Motif J 1161, 2 in Folklore and Literature (Mag. Berkeley 1981).

pfuschen, Pfuscher. *Bei etw. (bei der Arbeit) pfuschen,* auch *Pfuscharbeit leisten (liefern):* rasch, liederlich, ohne die nötige Sorgfalt, nicht zunftgerecht arbeiten, nichts Wertbeständiges und Haltbares schaffen. Das Verb ist zuerst 1572 für Breslau bezeugt. Es gilt als Bildung zu der Interjektion ‚pfu(t)sch‘, die lautmalend das Aufzischen von Raketen oder das Reißen von Zeug bei schlechter Arbeit nachahmt. Mit dem ostmdt. Anlaut f ist der Ausdr. auch ins Westmdt. gewandert und am Rhein, in Lothringen und Luxemburg als ‚fuschen‘ neben ‚puschen‘ bezeugt. Das Wort stammt urspr. aus der Handwerkssprache. Bes. deutlich wird der urspr. Zusammenhang bei der Rda. *jem. ins Handwerk pfuschen:* mit ungeschickter (ungelernter) und oberflächlicher Arbeit in ein bestimmtes Fachgebiet eindringen, sich die gleichen Rechte wie ein zünftiger Handwerker anmaßen, ein zwar verachteter, doch gefährlicher Konkurrent sein, der durch billigere Arbeit Kunden abwirbt und den Gewinn anderer schmälert (↗ Handwerk). Die Wndg. ist heute in übertr. Bdtg. allg. verbreitet i. S. v. stümperhaft eingreifen, sich unbefugt einmischen, auf einem Gebiete etw. zu leisten suchen, das man nicht völlig beherrscht. In dieser allgemeineren Bdtg. ist die Rda. auch häufig in der Lit. zu finden, z. B. bei Lessing, Wieland und Goethe. Wieland charakterisiert damit die Arbeiten Platos (Werke 36, 242): „Plato ist immer nur halb, was er sein möchte. Wo er scharf räsonnieren sollte, macht er den Dichter; will er dichten, so pfuscht ihm der grübelnde Sofist in die Arbeit". Auch beim versuchten Eingreifen in die Natur, die Schöpfung ist vom Pfuschen die Rede; z. B. heißt es, daß jem. *Gott (der Natur) hineinpfuschen* wolle oder *in ihren Werken herumpfusche.* In der Gegenwartssprache besitzt der Ausdr. pfuschen noch einige Sonderbdtgn. Der entrüstete Ausruf *Das war aber gepfuscht!* oder *Das ist (doch) Pfusch!* meint, daß bei einem Spiel die Regeln nicht beachtet werden, daß betrogen wird, daß sich die Beteiligten nicht wie ehrliche Kartenspieler verhalten. Dieser Spielerausdr. ist in die Schülersprache übernommen worden in der Nebenbdtg. in der Schule unerlaubte Hilfsmittel benutzen, bei einer Arbeit, Prüfung zu täuschen versuchen.

Ein Pfuscher sein, als Pfuscher gelten: ohne Erlaubnis oder gründliche Kenntnisse eine Arbeit ausführen, aber auch: für seine oberflächliche, schlechte Leistung bekannt sein. Der Ausdr. Pfuscher galt zur Zeit des strengen Zunftwesens als Schimpfwort und verächtliche Bez. desjenigen, der heimlich, ohne die Erlaubnis des Handwerksmeisters, für sich und andere kleinere Arbeiten verrichtete. Der zunftmäßige Meister legte Wert darauf, sich deutlich von ihm zu differenzieren und seine Rechte zu wahren. Das Ergebnis der heimlich und deshalb in Hast und Eile hergestellten Waren des Pfuschers entsprach vielfach nicht den strengen Anforderungen der Zunft, der bearbeitete Gegenstand erschien den kritischen Prüfern als verdorben, also ‚verpfuscht‘. Den raschen Arbeitsvorgang, aus dem nichts Solides hervorgehen kann, veranschaulicht treffend die sprw. Feststellung: ‚Pfuscher sind Huscher‘. Die alten Zunftordnungen bekämpften die Böhnhasen, Pfuscher und Stümper, zu ihnen zählten Gesellen, die heimlich etw. herstellten, aber auch die zünftigen Meister selbst, wenn sie in einem Bereich tätig waren, für den ihre Zunft nicht zuständig war, oder etw. anfertigten, was einer anderen Berufsgruppe zustand, z. B. wenn der Schmied Schlosserarbeiten durchführte. Dieser Übergriff in andere Erwerbszweige wurde nicht geduldet, vor allem wegen der materiellen Interessen der Zunftmitglieder. Die negative Einstellung zum Pfuscher spiegelt auch das Sprw., z. B. heißt es in Luzern: ‚Der Pfuscher hed Brod und der Meister hed Noth‘. Ein wichtiger Grund für die Verfolgung der Pfuscher war jedoch auch die Wahrung der Handwerksehre und des Ansehens der Zunft, die darüber wachte, daß ihre Mitglieder sorgfältige Arbeit verrichteten, die überall hochgeschätzt wurde. ‚Ein Kurpfuscher sein‘ ↗ Kurpfuscher.

Lit.: *R. Wissell:* Des alten Handwerks Recht und Gewohnheit (Berlin 1929), S. 337–338; *Kluge-Götze,* S. 563; *Küpper* I, S. 248; *L. Röhrich* u. *G. Meinel:* Rdaa. aus dem Bereich von Handwerk und Gewerbe, in: Alem. Jb. (Bühl/Baden 1973).

Pharisäer. *Heuchlerisch wie ein Pharisäer sein:* Die Pharisäer waren z. Zt. Jesu eine jüdische, religiös-politische Partei. Ihr Name (griech. 'Ασιδαῖοι) bedeutet urspr. ‚die Frommen'. Die Rda. geht auf die Bibelstelle (Luk. 18,11) zurück, die ein Gebet eines Pharisäers mitteilt: „Ich danke dir, Gott, daß ich nicht bin wie die anderen Leute". Auch in der Bergpredigt wird den Pharisäern Heuchelei vorgeworfen. Tatsächlich trugen sie ihr religiöses Bekenntnis zur Schau und betonten die Trennung von ‚Ungebildeten' und Sündern. Jedoch bemühten sie sich auch hart um Gehorsamkeit gegenüber Gott.

Lit.: *E. L. Dietrich:* Art. ‚Pharisäer', in: RGG. V (³1961), Sp. 326–328; *L. Finkelstein:* The Pharisees (Philadelphia ³1962).

Philipp. *Zu Vater Philipp gehen:* in das Gefängnis müssen. Diese euphemist. Umschreibung für die Strafanstalt stammt aus Berlin; und zwar hieß so das frühere Militärgefängnis Berlins in der Lindenstraße. Angeblich soll ein Unteroffizier namens Johann Philipp, der seit 1818 Arrestaufseher der Potsdamer Garnison war, Anlaß zu dieser Namensgebung gewesen sein.

Lit.: *H. Meyer:* Der richtige Berliner in Wörtern und Rdaa. (Berlin 1904).

Philippi. *Bei Philippi sehen wir uns wieder* droht man und meint damit, daß man sich bei geeigneter Gelegenheit für etw. an jem. rächen will. Philippi ist eine antike Stadt in Makedonien. Im Jahre 42 v. Chr. besiegten dort Oktavian und Antonius Caesars Mörder Brutus und Cassius. Die Wndg. geht zurück auf eine Stelle in Shakespeares Tragödie ‚Julius Caesar' (1599). Dort (IV,3) fragt Brutus den Geist Caesars: „Weswegen kommst du?" Dieser antwortet: „Um dir zu sagen, daß du zu Philippi mich sehen sollst". Shakespeare benutzte hier Plutarchs ‚Caesar', wo es heißt: „Bei Philippi wirst du mich sehen".

Philister. *Philister über dir, Simson!* Im Gespräch warnt diese Bemerkung den Angesprochenen vor dem dritten Gesprächspartner. Der Spruch geht zurück auf das Buch der Richter 16,9. Der griech. Kirchenschriftsteller Origines (um 185 n. Chr.) hat schon in der 12. und 13. Homilie über die Genesis, die die Ver-

schüttung der Brunnen Isaaks durch die Philister behandelt (1. Mos. 26,15), diesem Tun der Philister symbolische Deutung gegeben: die Philister hätten nicht nur die Brunnen zugeschüttet, sondern sich selbst den Weg zur geistigen Erkenntnis verschlossen (Büchmann). Die Söldnertruppe Davids (2. Sam. 8,18), Philister genannt, gehörte urspr. zu den sogenannten Seevölkern, die seit dem 14. Jh. v. Chr. zu Wasser über das Mittelmeer und zu Land über Kleinasien in den alten Vorderen Orient einströmten. Ihre Herkunft ist dunkel. Das A.T. bringt sie mit Kreta in Verbindung: ↗ Krethi und Plethi.

Ebenfalls auf Richter 16,9 bezog sich die Predigt, die anläßlich der Ermordung eines Jenaer Studenten durch aufgebrachte Bürger der Stadt 1693 von Generalsuperintendent Georg Goetze gehalten wurde. „Dieses Wort ertönte bald in allen Gassen Jenas, und von Stund' an hießen die Bürger daselbst Philister. Der Ausdr. gefiel und ward von den Studenten auch anderwärts auf Nichtstudenten angewandt" (Eiselein: Sprww. u. Sinnreden, S. 512).

So sagt man auch: *über jem. her sein wie die Philister über Simson* und meint damit eine Gruppe von Menschen, die einen einzelnen in schwere Bedrängnis bringen.

Das (Schimpf-)Wort ‚Philister' für einen Bürger ist innerhalb der Studentensprache entstanden und seit 1697 schriftlich belegt: so lautet die Grabinschrift eines am 16.11.1697 erschossenen Bürgers, die von Studenten verfaßt wurde:

Hier liegt ein Goliath von der Philister
Schaar,
der dem Apollo zwar mit trotze hohn
gesprochen,
doch weil ihm Davids Schuß den
schnellen Todt gebahr,
so ist nun dieser Hohn mit Renommee
gerochen.
Philister, nemt darbei die teure Warnung ab,
daß ihr der Musen Zeug bey seiner
Freyheit laßt
sonst schicken wir euch all ins finstre
Todten Grab.
Wo Pluto euren leib in pech und schwefel faßt

(Fr. Kluge, S. 54).

Vorher war der Begriff gebräuchl. für die Wächter und Stadtsoldaten in Jena. Da die Bürgerschaft sich den Studenten gegenüber ähnl. verhielt wie die Ordnungshüter, lag die Bedeutungserweiterung von ‚Philister‘ nahe. Ein schlesisches Studentenlied verdeutlicht das wachsame Verhalten der Bürger:

> Will man inter pocula
> lustig sein und singen,
> sind alsbald Philister da,
> wollen uns verdringen

(Fr. Kluge, S. 56).
Über den engherzigen Spießbürger schreibt Goethe:

> Was ist ein Philister?
> Ein hohler Darm,
> mit Furcht und Hoffnung ausgefüllt,
> daß Gott erbarm!

(Weimarer Ausg. 56, S. 104).
Die Bez. ‚Bildungsphilister‘ wird vielfach Fr. Nietzsche zugeschrieben: gegen David Strauß gerichtet, schreibt Nietzsche (1873; Werke, Bd. 10, S. 475, Ausg. Leipzig 1903): „Der Bildungsphilister aber unterscheidet sich von der allgemeinen Idee der Gattung ‚Philister‘ durch einen Aberglauben: er wähnt selber Musensohn und Kulturmensch zu sein". Doch bestand dieses Schlagwort schon um 1850 (Büchmann).

Lit.: *H. Donner:* Art. ‚Philister‘, in: RGG. V, Sp. 339–341; *Fr. Kluge:* Die ältesten Belege für ‚Philister‘, in: Zs. f. dt. Wortf. 1 (1901), S. 50–57; *G. Krüger:* Philister, in: Germ.-rom. Monatsschrift (1911), S. 116; *M. und H. Erlenmeyer:* Über Philister und Kreter, in: Orientalia 29 (1960), S. 121–150.

Phoenix. *Sich wie ein Phoenix aus der Asche erheben:* nach scheinbar völliger Vernichtung, nach schwerem Zusammenbruch wieder frisch erstehen. Der Phoenix ist ein mythischer Vogel, dessen Sage im Orient entstanden ist. Er soll eine außerordentlich lange Lebensdauer, die ‚Phoenixperiode‘, haben und sich dann im Feuer verbrennen lassen, um verjüngt ins Leben zurückzukehren. Bei Hesiod (um 700 v. Chr.) hat der Phoenix eine Lebensdauer von 97 200 Jahren; oft wurde die Dauer eines Phoenixlebens mit dem Sonnenjahr in Verbindung gebracht.
Überhaupt wird der Phantasievogel Phoenix als der Sonne heilig angesehen, er entsteht durch ihre Strahlen und ist oft ihr

‚Wie ein Phönix aus der Asche‘

Abbild in der Kunst. Er ist mit der ägyptischen Stadt Heliopolis (Sonnenstadt) in Verbindung gebracht worden. Ebenso ist die amerikan. Stadt Phoenix [Arizona] nach ihm benannt.
In einfacher Form, d. h. ohne Verbrennung und Wiederbelebung, führt Herodot (2, 73) die Phoenix-Sage in die Weltlit. ein. Erst Plinius (10.2.3) kennt die Verjüngungsgeschichte, die im MA. in erster Linie durch den ‚Physiologus‘ verbreitet wurde. Nach Lactantius (1. Drittel des 4. Jh.) ‚De ave Phoenice‘ lebt der wunderbare Vogel als Begleiter des Phoebus in einem glücklichen Lande im fernen Osten ein paradiesisches Leben. Wenn 1000 (nach anderen 500) Jahre seines Daseins vergangen sind, verläßt er seine Heimat und sucht die Welt auf, wo der Tod herrscht. Er begibt sich nach Syrien, setzt sich auf eine hohe Palme, wo er vor wilden Tieren, Schlangen und Raubvögeln geschützt ist. Auf dem Baume baut er sich ein Nest, das zugleich sein Grab wird. Mit Wohlgerüchen besprengt er seine Glieder und sein Lager und erwartet den Tod. Die Sonnenstrahlen entzünden ihn, so daß er zu Asche verbrennt. Aus der Asche entsteht nach Lactantius ein Wurm, der bei zunehmendem Wachstum sich in ein Ei verwandelt. Aus diesem kriecht nun der junge Phoenix aus. Nach Claudian (etwa 370–404) entsteht während des Verbren-

nungsprozesses in den aufgelösten Gliedern neues Leben, neues Blut durchströmt die Adern, und verjüngt erhebt sich der Phoenix aus der Asche. Der Gebrauch des Phoenix in der christl. Symbolik bot sich von selbst an. Auch in Volksmärchen kommt der Phoenix vor (vgl. Bolte-Polívka I, 153). Im ‚Millstädter Reimphysiologus‘ aus dem 12. Jh. tritt neben die Beschreibung des Vogels bereits seine Deutung als Symbol Christi und seiner Auferstehung. Die Str. 177–180 lauten: „Fenix ein vogil heizzet, got selbe sich dem gelichet, wan er sprichet so in dem ewangelio: ‚ich han gewalt, minen lip ze lazzene unde widir ze nemene. andir nieman hat ubir mich gewalt‘: die Juden waren im erbolgen umbe disiu wort.

Von disem vogil sprichet sus der meister Phisiologus: der vogil hat gewont ubir ein lant, India ist ez genant, so er funfhundirt jar alt wirt, in einen walt, heizzet Libanus, er vert unde fullet sine fedrach beidiu mit der bimentoniu, diu in dem walde ist, er machet im von der bimenton ein nest. ein michil teil holzes er samenet, daz er dar undir leget. er vert an den stunden, uf zuo der sunnen. er nimit daz holz, daz viur in danne brennet, in sin nest er danne sliuffet, dar inne verbrinnet er mit smerzen, daz gesicht in dem merzen.

Darnach, wirt er ze ascen, in dem tage ersten wirt er ze einem wurme, des anderen tages ze einer stunde wirt er zeinem vogele, des dritten tages wirt er, als er e was ze lobene.

Dirre vogil bezeichint Christ, des vedrach sint vol mit suozzem smache, von niwer unde alter e gemachet. wol gelert ist er, in dem himilriche ein meister. niwe unde alten e er uobet, vaterlichen er unsir houtet. des si geseit lop und genade unserem herren got! Amen. Amen“.

(Fr. Maurer: Die religiösen Dichtungen des 11. u. 12. Jh., Bd. I [Tübingen 1964], S. 243 u. 245).

Das Bild vom Phoenix lebt in bildender Kunst und Lit. bis zur Ggwt. fort. Schiller gebraucht es lit. in seinem Drama ‚Die Jungfrau von Orleans‘ (III, 3): „Frankreich steigt, ein neu verjüngter Phoenix, aus der Asche“. Vgl. frz. ‚être comme le phénix qui renaît de ses cendres“. In den Varianten zu KHM. 29 (‚Der Teufel mit

den drei goldenen Haaren‘) taucht wiederholt der Vogel Phoenix auf; vgl. Bolte-Polívka I, 276.

Die Rda. ‚Wie ein Phoenix aus der Asche‘ ist auch parodiert worden zu: ‚Wie ein Phoenix aus der Patsche‘.

Lit.: *W. Roscher:* Lexikon der griech. Mythologie III, 2, Sp. 3450 ff.; *W. Spiegelberg:* Der Name des Phönix, in: Festschrift zur 46. Versammlung dt. Philologen 1901, S. 163 ff.; *Bolte-Polívka* I, 513; *O. Keller:* Die antike Tierwelt 2 (Leipzig 1913), S. 147; *E. Ingersoll:* Birds in Legend, Fable and Folklore (New York 1923), S. 191–211; *A. Taylor:* Art. ‚Phoenix‘, in: HdA. VII, Sp. 18; *J. Hubaux, M. Leroy:* Le mythe du Phénix dans les littératures grecques et latins (Lüttich, Paris 1939); *R. van den Broek:* The Myth of the Phoenix according to classical and early christian traditions (Leiden 1972); *S. L. Cranston, J. Dead:* Reincarnation, The Phoenix Fire Mystery (New York 1977).

Phrase. *(Leere) Phrasen dreschen:* bloßes Gerede von sich geben, hohle Rdaa. machen. Bei der seit Beginn des 19. Jh. bezeugten Rda. liegt vermutl. eine Übertr. der Wndg. ‚leeres ↗ Stroh dreschen‘ vor.

Pi. *Pi mal Daumen, Pi mal (x mal) Schnauze* sind Wndgn., die ‚ungefähr, nach Gutdünken‘ wiedergeben. Die Ludolfsche Zahl Pi π (griech. Buchstabe) ist mathemat. Bez. geprägt von L. Euler [Schweizer Mathematiker, 1707–1783] gibt das Verhältnis von Kreisumfang zu Kreisdurchmesser an und hat den numerischen Wert 3,1415 …

Picasso-Euter. *Aus dem Picasso-Euter trinken:* Milch aus einer Milchtüte trinken. Der um 1960 aufgekommene Spottname für die dreieckige Milchtüte erklärt sich aus der kubistischen Phase des spanischen Malers Pablo Ruiz y Picasso (1881–1973).

picheln. *Mit jem. einen picheln:* mit jem. gemütlich Alkohol trinken. Das Wort geht zurück auf Pegel und bedeutet eigentl., nach Eichzeichen trinken. Ein Pichler ist jem., der häufig ‚pichelt‘, ↗ trinken.

Pickelhering. *Lustig wie ein Pickelhering:* außerordentlich fröhlich sein, erheiternd auf andere wirkend. Der Pickelhering war eine lustige Person auf der Bühne, bes. in Theaterstücken des 17. und 18. Jh. Er wurde von dem Schauspieler R. Reynold

‚Pickelhering‘

geschaffen und hat seinen Namen – wie auch Hans Wurst oder Jean Potage – nach dem Lieblingsgericht des Volkes (bes. Norddtl.). Seit 1648 ist der Name bekannt; er bedeutet ‚eingepökelter Hering‘ (J. Eiselein: Sprww. und Sinnreden..., S. 512).
Lit.: ↗ Hans.

Piep. *Nicht ‚piep‘ sagen:* Kein Wort reden. *Keinen Piep mehr sagen:* tot sein, ↗ zeitlich.
Etw. ist zum Piepen: Etw. ist unwahrscheinlich komisch und belustigend.
Einen Pieps haben: Nicht mehr ganz bei Verstand sein; einen ↗ Vogel haben.

piesacken. *Jem. piesacken:* jem. sehr quälen, ärgern, nicht in Ruhe lassen. Der Ausdr. kommt aus dem ndd. ‚ossenpesek‘, was nhd. ‚Ochsenziemer‘ heißt. Der Ausdr. bedeutet so eigentl.: Jem. mit dem Ochsenziemer schlagen. Die Herleitung aus dem Litauischen oder Polnischen ist abwegig.

Pike. *Von der Pike auf dienen:* von der untersten Stufe an dienen. Die Rda. ist seit der 2. H. des 17. Jh. bezeugt; lit. z. B. in den ‚Teutschen Gedichten‘ von

H. Mühlpfordt, 1686 (S. 227): „Bist von der Picken auf zum Hauptmanns-Stand gestiegen“. Die Wndg. bezieht sich in wörtl. Gebrauch zunächst nur auf die militärische Karriere, d. h. auf den hohen Offizier, der in seiner Jugend wie die gemeinen Soldaten mit der Pike, d. h. dem Spieß, gedient und sich dann Stufe um Stufe emporgearbeitet hat. Heute wird die Rda. auf jeden Beruf angewandt; vgl. auch die frz. Rda. ‚sortir du rang‘: aus der Reihe der Lanzenträger hervortreten, die ebenfalls ihren Urspr. im Militärwesen hat.
Eine Pike (moderner heute meist *einen Pick*) *auf jem. haben:* einen heimlichen Groll gegen ihn hegen, ihn ‚auf dem ↗ Strich‘ haben. Die Rda. ist im 17. Jh. über das Ndd. aus dem Ndl. (‚eenen pick hebben teghen iemanden‘) ins Hd. gedrungen. In den obd. Mdaa. ist auch mit einer Entlehnung unmittelbar aus dem Rom. zu rechnen, insbes. von frz. ‚pique‘, das sich, wie ital. ‚picca‘, von der Bdtg. ‚Spieß‘ zu ‚Groll‘ entwickelt hatte. Gebucht ist die Wndg. zufrühst 1691 bei K. Stieler in ‚Der Teutschen Sprache Stammbaum‘ (S. 117): „Er hat einen Pik auf mich/indignatur mihi“, vgl. frz. ‚avoir une dent (Zahn) contre quelqu’un‘.

Pik-Sieben. *Dastehen (dasitzen, aussehen) wie Pik-Sieben:* sich in Verlegenheit befinden, verblüfft, dumm dastehen; der Nichtbeachtete, Übertölpelte sein; entspr.: ‚gucken wie Pik-Sieben‘; ‚die Pik-Sieben ziehen‘, die geringste Erfolgsaussicht wählen. Diese Rdaa. beruhen auf der Geringwertigkeit der Pik-Sieben im Kartenspiel. Die Wndg. ist ungefähr um 1900 aufgekommen und hat sich seitdem weit verbreitet, vor allem in Norddtl.

Pilatus. *Man gedenkt seiner wie des Pilatus im Credo:* er steht in keinem guten Andenken. Die heute nicht mehr gebräuchl. Wndg. ist für das 16. Jh. mehrfach bezeugt. Joh. Agricola erklärt sie in seiner Sprww.-Sammlung: „Wenn man den Catechismum lehret die jungen Kinder, so sagt man ynen im glauben: Ich glaube an Jhesum Christ etc., der da gelitten hatt vnder Pontio Pilato, gecreutziget, gestorben vnd begraben etc. Des Pilati wirt hie gedacht, aber in keynem guetten, denn man sagt, er habe Jhesum Christum zum tode des Creutzes geurteylt, vnd sey schuldig am sterben des sons Gottes. Des Herostrati, da jetzt von gesagt ist, gedenckt man auch, aber eben wie Pilatus im Credo, das ist, daß er hatt vbel gethan". Diese Deutung hat Seb. Franck wörtl. in seine Sammlung übernommen. Im 34. Abschnitt von Thomas Murners ‚Schelmenzunft' heißt es (V. 15 ff.):

Wen man dyn gedenckt also,
Wie pilatus im credo,
So soltstu selten werden fro.

Das ist pilatus testament,
Wen einer nach sym letsten endt
Vff erden laßt ein bösen namen,
Des all syn kindt sich miessent
schamen.

Verwandt ist die noch heute gelegentlich gehörte sprw. Scherzfrage: ‚Wie kommt Pilatus ins Credo?' Schon die Sammlung der ‚Proverbia Communia' verzeichnet: „Wo quam pilatus in den creden/Intrat quomodo Pilatus nescio credo". In der Form ‚Er ist dazu gekommen wie Pilatus ins Credo' kommt die Wndg. als rdal. Vergleich in den Mdaa. noch vor, z. B. rhein. ‚He es do eren kumme we Pilatus en et Credo' (Köln) oder schwäb. ‚an einen denken wie ein Pilatus im Credo'.

Einen von Pontius zu Pilatus schicken: ihn von einem zum andern schicken, ihn zwecklos hin und her schicken; ebenso *von Pontius zu Pilatus laufen;* erfolglos von einem zum andern laufen. Die Rda. ist sehr weit verbreitet, nicht nur in Dtl., sondern auch in Frankr. (‚envoyer quelqu'un de Ponce à Pilate'; heute jedoch veraltet) und in den Niederlanden (‚iemand van Pontius naar Pilatus sturen'). Diese Rda. ist schon 1704 lit. belegt bei dem steirischen Prediger P. Amandus von Graz in seinem: ‚Fasten-Bancket der Christlichen Seelen: die dritte Speisen-Auftracht von der menschlichen Seelen'. Auch bei Friedr. Spielhagen (‚Hammer und Amboß' IV, 107): „Da läuft er von Pontius zu Pilatus"; Heinrich Heine (XII, 119): „Von Pontio nach Pilato rennen"; und im III. Akt von Hofmannsthals ‚Rosenkavalier' wird die Rda. verwendet. Auf den ersten Blick scheint die Rda. barer Unsinn zu sein: Pontius und Pilatus ist

doch derselbe Mann. Christus wurde von dem röm. Statthalter Pontius Pilatus zum König Herodes geschickt, und von diesem zurück zu Pontius Pilatus; die Rda. ist also ein volkstümliches Witzwort. Den Anlaß dazu werden wohl Aufführungen von Passionsspielen zur Osterzeit gegeben haben: auf der einen Seite der unter freiem Himmel errichteten Bühne wurde das Haus des Pilatus, auf der anderen der Palast des Herodes gedacht, so daß das Hin und Her zu deutlichster Anschauung kam. Landschaftlich heißt es übrigens auch: ‚einen von Herodes zu Pilatus schikken', und auch das Umgekehrte kommt vor (vgl. dän. ‚fra Pilatus til Herodes'). Wie anrüchig der Name des Pilatus einst war, geht daraus hervor, daß der Abtritt gelegentlich ‚des Pilati heimliche Kanzlei' genannt wird, so z. B. in der Einleitung zum zweiten Teil des ‚Wunderbarlichen Vogelnestes'. Da sagt Grimmelshausen, wer sein Buch satt habe, könne es seinetwegen „kühnlich in das Wasser, in das Feuer oder wol gar in deß Pilati heimliche Cantzley werffen". Schon in einer ahd. Glosse steht für lat. ‚latrina' die Übers. ‚sprâchhûs', womit der Benediktinermönch Otfrid von Weißenburg (4,23,30) das lat. ‚praetorium' (= Amtshaus des Statthalters) wiedergegeben hatte. Dieser Witz des Glossators, der dem Pilatus ansinnt, er habe zwischen den Worten Joh. 18,33 und 38 den Abort aufgesucht – und nicht sein Amtshaus, um Jesus zu befragen, ob er der Juden König sei – hat früh Anklang gefunden: ‚Sprachhaus' bez. mhd. und frühnhd. allg. den Abort.

Das sinnlose Hin und Her, das Nicht-zur-Ruhe-kommen-Können, das Jesus vor seiner Kreuzigung durch die Unentschlossenheit des Pilatus erfuhr, wurde auf diesen selbst übertragen. Seit dem MA. war Pontius Pilatus eine beliebte Sagenfigur, die eine spiegelnde Bestrafung zu erleiden hatte. Auf dem Pilatusberg bei Luzern muß er noch immer ruhelos umherwandern und zeigt sich dabei in verschiedenen Gestalten. Er heißt durch sein vergleichbares Geschick auch ‚der ewige Jude' und gilt in der Schweiz als Wetterprophet.

Lit.: *Th. Distel:* Von Pontio nach Pilato rennen, in: Zs. f. d. U. 15 (1901), S. 604; *Linde:* Zur Rda. ‚von Pontius zu Pilatus', in: Zs. f. d. U. 17 (1903), S. 368 f.; *E. Meyer:* ,Von Pontius zu Pilatus schicken', in: Zs. f. d. U. 17 (1903), S. 796 ff.; *R. Vogt:* Von Pontius zu Pilatus laufen, in: Zs. f. d. U. 20 (1906), S. 520; *H. Schulz:* Pilatus, in: Zs. f. dt. Wortf. 10 (1908/09), S. 163–165; *Fr. Seiler:* Dt. Sprwwkde., S. 277; *H. Mandos:* Van Pontius naar Pilatus, in: Onze Taaltuin 4 (1935–36), S. 275–277; *Sartori:* Art. ,Pilatus', in: HdA. VII, Sp. 25–28.

Pilgerfahrt. *Eine Pilgerfahrt antreten müssen:* eine beschwerliche Reise unternehmen. Die Rda. erinnert an die bes. im MA. mit vielerlei Gefahren verbundenen Besuche im ,gelobten Land' und an die großen Pilgerströme zu beliebten, aber entfernten Wallfahrtsorten, wobei viele Teilnehmer den Strapazen erlagen, wie ihre Grabstätten an den Pilgerstraßen erweisen.
In vielen Metaphern gilt ,Pilgerfahrt' für das menschl. Leben ganz allgemein, das auch als ,Reise' bez. wird. Lit. bei Klopstock (7,302):

> Pilger sind wir, wallen hier,
> Gottes Stadt, nach dir gen Himmel.

Schon Geiler von Kaysersberg schreibt im ,Narrenschiff' (1520, 84): „unser leben ist ein bilgerfahrt". Vgl. das engl. Sprw.: ,Life is a pilgrimage'.

,Den Pilgerstab nehmen'

An einen bestimmten Ort (zu einem Grab, zu einer Veranstaltung) *pilgern:* sich in großen Scharen aufmachen, um ein bestimmtes Ziel zu erreichen.

Lit.: *R. M. Smith:* Life is a pilgrimage, in: Modern Language Notes 65 (1950), S. 443–447; *J. Parr:* Life is a pilgrimage, in: Modern Language Notes 67 (1952), S. 340–341; *I. Baumer:* Wallfahrt als Metapher, in: Wallfahrt kennt keine Grenzen, hg. v. L. Kriss-Rettenbeck u. a. (München 1984), S. 55–64.

Pille. *Einem eine bittere Pille zu schlucken geben:* ihm eine unvermeidliche Unannehmlichkeit bereiten; *eine bittere Pille hinunterschlucken müssen:* etw. Unangenehmes über sich ergehen lassen müssen. Diese aus der Medizin stammenden Rdaa. sind wohl im 17. Jh. aufgekommen; 1639 gibt Lehmann S. 84 (,Beschwerden' 73) einen guten Rat für solche Fälle: „Pillen muß man schlucken, nicht käuwen"; vgl. frz. ,devoir avaler la pilule'.
Eine bittere Pille versüßen (oder *vergolden, versilbern):* eine peinliche Mitteilung oder dergleichen in gemilderter Form anbringen (vgl. frz. ,dorer la pilule à quelqu'un'; engl. ,to gild the pill'; ndl. ,hij krijgt eene vergulde pil'; span. ,dorar la pildora'). 1740 heißt es in der ,Kritischen Dichtkunst' (Abschnitt 1) des Schweizers J. J. Breitinger: „Ein kluger Arzt, der sich die Gesundheit seiner Kranken angelegen sein läßt, vergüldet oder verzuckert die bittern Pillen". Die Wndg. ,die Pille versüßen' hat in der modernen Sprache der Erotik noch die spezielle Bdtg.: die Kosten der Antikonzeptionsmittel der Freundin übernehmen (Borneman, Sex im Volksmund).
Da helfen keine Pillen: er bleibt unbelehrbar; gegen seine Dummheit ,ist kein Kraut gewachsen' (20. Jh.); in Kürzeln häufig unter Kindern gebräuchl.: ,D-b-d-d-h-k-P' (für: doof bleibt doof, da helfen keine Pillen), gelegentl. noch mit dem Zusatz: u-k-M (= und keine Medizin) oder: s-A-v (= selbst Aspirin versagt).

Pilz. *In die Pilze gehen:* verlorengehen, abhanden kommen (wie sich Pilzsucher im Wald verirren). Wer neugierig fragt, wo jem. steckt, wird mit der Antwort abgefertigt: ,Er ist in die Pilze gegangen'. Die Rda. stammt aus dem 17. Jh., wird aber erst im 18. Jh. gebräuchlicher; lit. schon

1663: „die Weisheit würde darüber in die Piltze nach Schwammen gehen"; heute bedeutet ‚der ist in die Pilze gegangen und sucht Schwämme' im Altenburgischen: er ist unter Hinterlassung von Schulden durchgebrannt. Ähnl. Wndgn. sind: ‚in die ↗ Binsen, in die Nüsse, in die Wicken gehen'. Anders ostfries. ‚he geit in de Röwen (Rüben)', er macht es nicht mehr lange; ‚he kummt dermit in de Röwen', er bringt sich damit in die Patsche.

Die Rda. ‚in die Pilze gehen' spielt in einem Gedicht- und Zeichenbuch von G. Grass eine Rolle. Unverschlüsselt betont der Autor dabei den phallischen Charakter der Pilze (G. Grass: Mit Sophie in die Pilze gegangen [Göttingen 1987]).

Wachsen wie die Pilze gilt sprw. von schnellem, üppigem Emporschießen; aber nicht nur von Organischem, auch Fabriken oder ganze Städte können ‚wie Pilze aus dem Boden schießen'. Ähnliches besagt die Wndg. in Bocks ‚Kräuterbuch' vom Jahre 1560 (Germania 16, 86): „Gemelte schwemme (die genannten Pilze) verwelken und verdorren im meyen, werden affter der zeit im ganzen jar nit mer gesehen. Dannenher ein sprichwort auffkommen: du wechst und nimmest zu wie die morchel im meyen"; vgl. frz. ‚pousser comme des champignons'. *Aufschießen wie die Pilze (Schwammerl) nach dem Regen* sagt man auch, wenn etw. plötzlich und in großer Menge erscheint. In der Antike hielt man die Pilze für ein Gärungsprodukt der Erde nach starken Regengüssen. Im Volksglauben gelten Pilze als Fruchtbarkeitssymbol, da sie oft innerhalb kurzer Zeit aus dem Boden schießen. Auch im Wetter- und Ernteorakel treten Pilze häufig auf: Wenn es am 4. Juli oder an Peter und Paul (29. Juni) viel regnet, regnet es Schwämme, ↗ Binsen.

Lit.: *P. Hoffmann:* In die Pilze gehen, in: Zs. f. d. U. 6 (1892), S. 495–496; *R. Sprenger:* In die Pilze gehen, in: Zs. f. d. U. 7 (1893), S. 492; *F. Kuntze:* In die Pilze gehen, in: Zs. f. d. U. 7 (1893), S. 573–574; *A. Englert:* Zu den Ausdrücken ‚in die Binsen gehen', ‚in die Pilze gehen', in: Zs. f. d. U. 7 (1893), S. 626; *O. Rößner:* Zur Rda. ‚in die Pilze gehen', in: Zs. f. d. U. 8 (1894), S. 198; *M. Busse:* In die Pilze gehen, in: Zs. f. d. U. 10 (1896), S. 446; *H. Marzell:* Art. ‚Pilze', in: HdA. VII, Sp. 28–33.

pingelig. *Pingelig sein:* überaus korrekt und sorgfältig sein, anderen mit seiner Kleinlichkeit auf die Nerven gehen. Die aus der Fachsprache der Färber stammende Rda. kommt urspr. aus dem Rheinland. Der Blaufärber, der die früher bes. begehrten Blaudrucke herstellte, benutzte zum Bereiten der Farbe einen ‚Pingelpott'. Dieser Eisentopf enthielt drei Eisenkugeln, die ständig darin bewegt werden mußten, um die Indigoklumpen zu zerreiben. Da sich die Farbe am Innenrand des großen Topfes gern absetzte, klopfte der Färber sie mit einem Knochen ab. Er ‚pingelte' also von außen gegen den Topf, um ja keinen Rest der teuren Farbe zu verlieren. Daher auch die Feststellung: ‚Du bist 'nen alen Pingelpott': Du bist übergenau, pedantisch, auch: empfindlich, ein Nörgler.

Das Westfälische Freilichtmuseum Hagen zeigt in seiner ‚Blaudruckerei' außer den Druckmodeln auch einen solchen Pingelpott.

Pinie. *Jem. auf die Pinie bringen:* ihn erbosen; Analogiebildung zu: ‚jem. auf die ↗ Palme bringen'; entspr.: ‚auf die Pinie klettern', sich aufregen, aufbrausen; ‚auf der Pinie sein', sehr zornig sein.

pinkeln. *Den Kleinen mal pinkeln lassen:* heißt es im Rheinl., wenn der Vater anläßlich der Geburt eines Sohnes eine Flasche Sekt spendiert. Seit dem 16. Jh. ist nordd. ‚pinkeln' belegt; niederländ. pink heißt eigentl. ‚Kleiner Finger', woraus ostfries. die Bdtg. ‚Penis' abgeleitet wurde.

Pinkepinke. *Pinkepinke haben:* viel Geld besitzen. Das lautmalerische, dem Klang der Münzen nachgebildete Wort kommt wohl aus griech. πίναξ ‚Schüssel', was entlehnt wird zu aramäisch, neuhebräisch ‚pinka', das über ‚Geldbüchse' zu ‚Geld' wird; über rotw. ‚Penunge' ist das Wort ins Dt. eingedrungen (A. Wolf, Wb. des Rotw., Sp. 4120).

In einem beliebten rhein. Karnevals-Schlager (Text: Kurt Feltz [Pseud. für Walter Stein], Melodie: Jupp Schmitz, 1949) erscheint die Wndg. im Refrain:

Wer soll das bezahlen?
Wer hat das bestellt?
Wer hat soviel Pinkepinke?
Wer hat soviel Geld?

Pinsel. *Einen großen Pinsel führen:* sehr angeben; aus der Malerei kommt diese Rda. und spielt auf das dicke, starke Auftragen der Farbe mit großem Pinsel an.
Mit trockenem Pinsel malen heißt sich und andere täuschen, (sich) etw. vormachen.
Auf den Pinsel drücken: beim Autofahren Gas geben; Pinsel ist hier eine Umschreibung für das Gaspedal.
Ein alberner Pinsel ist ein dummer und eingebildeter Mensch; ein einfältiger Mensch wird oft ‚Einfaltspinsel‘ genannt. ‚Pinsel‘ dient auch zur Umschreibung von Penis. Lat. ‚peniculus‘ heißt Schwänzchen; über mlat. ‚pinsellus‘ kam diese Umschreibung zustande.

pipe. *Etw. ist jem. pipe:* eine Sache ist einem egal, man interessiert sich nicht dafür. Pipe ist die ndd. Form von ‚Pfeife‘ i. S. v. Flöte. Indem man nun auf eine Sache pfeift, drückt man seine Mißachtung ihr gegenüber aus: man sagt auch: *Das ist mir pip(en)-schnurz-egal.*
↗ Wurst, ↗ Pfeife, ↗ Flötekies.

Lit.: O. Behagel: Das ist mir Wurst, das ist mir pipe, in: Zs. f. dt. Wortf. 1 (1901), S. 279–280.

Pisse, pissen Die vulgärsprachl. Bez. für ‚Harn‘ wird rdal. gebraucht in Wndgn. wie: *die kalte Pisse kriegen:* lange, vergeblich warten; *mir läuft die Pisse weg!:* Ausruf des Erstaunens; vgl. frz. ‚Il y a de quoi pisser de rire‘ (umg.): Das ist zum Pissen vor Lachen! Wartet man den Verlauf der Dinge ruhig ab, so sagt man in Frankr.: ‚laisser pisser le mérinos‘ (wörtl.: das Merinoschaf pissen lassen), eine derbe umg. Rda. Sold. ist Pisse auch das Meer; *jem. in die Pisse jagen:* ihn ins Meer treiben.
Alle pissen in einen Topf: alle verfolgen dasselbe Ziel. *Sich verpissen:* sich wegschleichen. Wie alle Rdaa., die mit ‚pissen‘ gebildet werden, ist auch diese sehr derb. *Verpiß dich!:* Hau ab! *Krumm pissen,* auch: *einen Bogen pissen:* Umwege machen.
Im 12. Jh. tritt altfrz. ‚pissier‘ auf, das auf ein lautmalendes Wort aus der Ammensprache zurückgeht. ‚Pißnelke‘ ist eine berl. iron. Bez. für eine abgetakelte Frau.

Lit.: J. H. Brunvand: Piss in Boots, in: Northwest Folklore 1 (1965), S. 21; V. Randolph: Pissing in the snow and other Ozark Folktales (Urbana – Chicago – London ⁴1979).

Pistole. *Wie aus der Pistole geschossen:* umgehend (bes. gern von schneller, schlagfertiger Entgegnung gesagt). Die Rda. umschreibt aber auch bisweilen das Exakte und Runde einer Leistung (vgl. ‚wie aus dem ↗ Ei gepellt‘). Ähnl. 1793 in Hippels Roman ‚Kreuz- und Querzüge des Ritters A–Z‘ (II, 21): „als folgendes Gespräch wie aus der Pistole fiel"; 1852 in Robert Prutz’ Wochenschrift ‚Deutsches Museum‘ (I, 141): „während ein armer deutscher Schauspieler nach zwei oder drei Proben ins Feuer geht, seine Rolle aus der Pistole schießt"; vgl. frz. ‚comme un coup de pistolet‘.
Einem die Pistole auf die Brust setzen: ihm energisch zusetzen, ihm keine Wahl mehr (zwischen Nachgeben und Erschossenwerden) lassen. Die Rda. ist in übertr. Sinne seit der Mitte des 19. Jh. belegt.

Pitt. *Ein unmöglicher (Herr) Pitt:* Abenteuer-Film; Kassenschlager der 30er Jahre.
Im Niederrhein. steht der Vorname ‚Pitt‘ (= Peter) als Bez. für Jedermann.

Placebo singen. Zweimal erscheint im ‚Lübecker Totentanz‘ (V. 445 u. 958, ed. Baethke 1876) die Rda. *placebo seggen* in der Bdtg.: schmeicheln, nach dem Munde reden. Nach dem ‚Breviarium Romanum‘ beginnt das ‚Officium defunctorum‘ mit dem 114. Ps.: „Dilexi, quoniam exaudit Dominus vocem orationis meae". V. 9 lautet: „Placebo Domino in regione vivorum". Die Ableitung aus diesem Text wird deutlich in einem satirischen Dialog von 1525: „Euer vicarius und der beichtvater sind schmeichler, streichen den falben hengst, singen euch (spricht mein Kuonz) ein placebo sive dilexi". Hier sind der Anfang des Psalms und die Antiphona zusammengestellt.
Die allg. Verbreitung der Rda. beweisen die zahlreichen lit. Belege, z. B.: ‚Boek der profecien‘, Lübeck 1488; ‚Reineke Voss‘ von 1539; ‚Niederdt. Reimbüchlein‘ (ed. Seelmann, 1885, V. 1373): „Und spreckt Placebo, dat itzlick gern hört", Joh. Römolt in ‚Laster der Hoffart‘ 1563 (V. 469): „Wiltu hier zu Hoffe sein, So mustu auch thun den willen mein Vnd mir jetzt das Placebo singen"; Barth. Krüger im ‚Spiel

von den bäurischen Richtern' 1580
(V.2562): „Gehn gern zu Hoff die teller
lecken, Vnd lassen jn die Hoffsup schmek-
ken. Auch helffen das Placebo singen";
Aegidius Albertinus in ‚Lucifers Königreich und Seelengejaidt' 1616 (S. 18):
„welche bissweilen vbel rahten, jhren
Herrn das placebo oder wolgefallen singen"; Moscherosch 1652 (S. 83): „Solche
Tisch- vnd Seckel-Freund … loben offter-
mals der Herren offentliche Laster, nicht
daß sie vermeynen es sey lobenswerth,
sondern allein daß sie ihnen das placebo
singen, Färbelstreichen usw."
Auf den Urspr. der Rda. aber werden wir
hingewiesen durch einen Satz aus Chau-
cers ‚Canterbury Tales' (3,317). In der Erzählung des Pfarrers nämlich werden die
Schmeichler beschrieben: „Flaterers ben
the develes norices, that norisshen his
children with mylk of losingerie … Flaterers ben the develes chapeleyns, that singen ay Placebo". Dieser Passus ist direkt
oder indirekt entlehnt aus der ‚Somme de
Vices et de Vertus', die im Jahre 1279 der
Dominikaner Frère Lorens dem frz. König Philipp III. widmete; es heißt da: „Lo-
senges dist pechies se devise en V fuel-
les: … quant il chantent touz jors Placebo,
c'est a dire …"
Die iron. Verwendung jenes Wortes der
Totenmesse stammt also offenbar aus der
lat. Predigtlit. des MA.; einem Laien
mußte sie überhaupt zunächst fernliegen.
Placebo singen ist das Ursprüngliche,
nicht das ‚sagen' des Lübecker Totentan-
zes. Joh. Pauli gebraucht die Wndg. „Placebo spielen" dafür (‚Postilla' 44ᵃ). Man
vergleiche ähnl. gebildete Ausdrücke, wie
z. B. das ‚Gaudeamus bzw. das Benedicimus singen', die aber seltener bezeugt
sind, z. B. heißt es bei Römolt in ‚Laster
der Hoffart' 1563 (V.1152):
Er wird gesellschaft finden gering,
Mit dem ers Gaudeamus sing.
Und in V.1179:
Sing hin der Narren Gaudeamus,
So sing ich der Thoren Benedicimus.
‚Einem das Placebo singen' kennt auch
Abraham a Sancta Clara (in ‚Judas' u. ö.),
Eiselein (Sprww. und Sinnreden, S. 513)
teilt ein älteres Sprw. mit: ‚Wer das Pla-
cebo domino nicht wol singen kann, der
bleibe vom Hof'. Placebo kommt aus dem

Lateinischen und heißt: ‚Ich werde gefallen'.
In der Medizin werden als Test ‚Placebo'
genannte Präparate verwendet, die in
Farbe und Geschmack einem Arzneimit-
tel nachgebildet sind, jedoch keine medizinisch wirksamen Stoffe enthalten.

Lit.: *Joh. Bolte:* Placebo singen, in: Korrespondenzblatt d. Ver. f. ndd. Sprachforschung 10 (1885), S. 19 f.

Placet. *Sein Placet geben:* seine Zustimmung geben (lat. ‚placet': es wird geneh-
migt). Die Rda. ist im Spät-MA. entstanden: vom 15. Jh. bis Ende des 19. Jh. stand
das Placet im Mittelpunkt der Auseinandersetzungen zwischen der weltlichen Gewalt und dem Papsttum. Heute ist diese
Rda. an keinerlei Rechtsvorschriften gebunden, sondern allg. gebräuchl., ↗ Okay.

Lit.: *W. Weber:* Art. ‚Plazet', in. RGG. V (³1961),
Sp. 416–417.

Plan. *Jem. (etw.) auf den Plan rufen:* eine
Person oder eine Sache vorzeigen, zum
Erscheinen bringen. Genauso auch: *auf
den Plan treten:* erscheinen. Plan bedeutet
hier Fläche; mlat. ‚planum', adj. ‚planus'
heißt ‚eben'. Im altfranz. (plain) und mhd.
(plan) bedeutete dieses Wort vorwiegend
‚Kampfplatz'. Wolfram von Eschenbach
schreibt im ‚Parzival' (Verse 173,27–28):
„sus kom der fürste ûf den plân: dô wart
mit rîten kunst getân".
Pläne schmieden: Zukünftiges (z. B. Hochzeit, Reise) gezielt vorbereiten oder sich
auch nur in der Phantasie ausmalen. Das
Verb ‚schmieden' kann aus der Rda. ‚sein
Glück schmieden' eine neue rdal. Verbindung eingegangen sein.
Die Rda. ‚Pläne schmieden' kann sowohl
positive wie auch negative Bdtg. durch ein
zusätzliches Adj. erhalten: *neue Pläne
schmieden:* voller Hoffnung etw. anderes
versuchen, aber auch: *finstere Pläne
schmieden (machen):* Böses, Schädliches,
gar Kriminelles planen.
Jem. Pläne durchkreuzen: sein Vorhaben
vereiteln.

Planet. *Einem die Planeten lesen:* kann in
zwei Bdtgn. vorkommen: erstens dem
Wortsinn getreu: jem. wahrsagen, zum anderen auch: ihm einen Verweis geben,
‚ihm die ↗ Leviten lesen', ihm den Stand-

punkt klarmachen. Es wird vermutet, daß ‚Planeten' hier ein scherzhafter Ersatz für ‚Propheten' ist.
Die Rda. erscheint lit. u.a. mehrfach bei Abraham a Sancta Clara (z.B. ‚Judas' III,488): „Sein Weib, die ihme stäts die Planeten gelesen". Zur Erklärung der Rda. wird an die Bdtg. der Planeten als Schicksalssterne anzuknüpfen sein, ebenso wie in der Rda. *unter einem bösen* (oder *unglücklichen) Planeten zur Welt gekommen sein;* vgl. frz. ‚être né sous une bonne étoile', ↗Stern.
Er ist allein unter dem richtigen Planeten geboren: er will alle Weisheit für sich in Anspruch nehmen, alles am besten wissen. Vgl. ndl. ‚Hij is alleen onder da regte planeet geboren'.

Lit.: *A. de Cock:* Spreekworden, Zegswijzen en Uitdrukkingen op Volksgeloof berustend: I. De Planeten in het volksgeloof, in: Vkde. 19 (1907–08), S. 214–222; 20 (1909), S. 22–30, 45–54, 102–109, 168–178, 214–225; 21 (1910), S. 31–37, 70–76, 96–101, 143–149, 186–193; *A. de Cock:* Jem. zijn planeet lezen, in: Vkde. 19 (1907–08), S. 133; *V. Stegemann:* Art. ‚Planeten', in: HdA. VII, Sp. 36–294; *K. Helm:* Einem die Planeten lesen, in: Hess. Bl. f. Vkde. 37 (1938), S. 191.

platonisch. *Jem. platonisch lieben:* Jem. lieben, ohne die Erfüllung in der sinnlichen Liebe finden zu wollen. Der Ausdr. bezieht sich auf den griech. Philosophen Platon (427–348/47 v.Chr.), der in seinem Werk ‚Symposion' dem Eros eine metaphysische Deutung gibt.

Lit.: *R. Lagerborg:* Platonische Liebe (Leipzig 1926); *K. Ritter:* Platonische Liebe. Dargest. durch die Übersetzung und Erläuterung des ‚Symposions' (Tübingen 1931).

platt ist häufig in rdal. Vergleichen, wie: *platt wie eine Briefmarke:* sehr verblüfft, sprachlos; *platt wie ein Bügelbrett:* flachbusig; vgl. frz. ‚plat comme une planche à repasser'; *platt wie eine Flunder (Scholle):* flachbusig, hager; *platt wie ein ↗ Pfannkuchen.*
Platt sein: erstaunt, sprachlos sein. Der Ausdr. kommt von ‚plätten' (bügeln), welcher zurückgeht auf franz. ‚plat', das im 16. Jh. aus dem Ndd. in das Hochdt. gekommen ist. Ähnl.: *platt wie Zeitungspapier:* sehr überrascht; *sich platt wie eine Briefmarke machen:* sich eng an den Boden schmiegen, volle Deckung nehmen.

Platte. *Die Platte putzen:* sich davonmachen, Schluß machen, verschwinden. Obwohl die Rda. neuerdings auch gelegentlich i.S.v. ‚alles aufessen' gebraucht wird, hat sie vermutl. nichts mit der Servierplatte zu tun; sie stammt vielmehr über das Rotw. aus talmudisch ‚p'lat' = Flucht (↗ Pleite) und ‚puz' = sich zerstreuen. Auf die fotografische Platte beziehen sich die Rdaa.: *jem. auf die Platte bannen:* ihn fotografieren; *das kommt nicht auf die Platte:* das kommt nicht in Betracht, ‚das kommt nicht in die ↗ Tüte'.
Die Schallplatte ist in folgenden Rdaa. gemeint: *die alte Platte laufen lassen:* sich ständig wiederholen, die gewohnten Rdaa. wieder auftischen; vgl. frz. ‚remettre le disque'; *die Platte ist abgespielt:* die Sache ist veraltet, unwirksam; vgl. frz. ‚Le disque est usé'; *etw. auf der Platte haben:* etw. gerade erörtern, etw. routinemäßig beherrschen; *die Platte hat einen Kratzer bekommen:* die oftmals wiederholte Behauptung hat inzwischen ihre Berechtigung eingebüßt; *die Platte kennen:* die übliche Entwicklung, den üblichen Gedankengang kennen; vgl. frz. ‚connaître la musique'; *eine neue Platte auflegen:* den Gesprächsstoff wechseln.
Platte ist auch ein rdal. Bild für die Glatze; *jem. die Platte polieren:* ihn auf den Kopf, ins Gesicht schlagen.
Platte schieben: im Freien übernachten; verkürzt aus dem handwerksburschensprachl. und gaunersprachl. ‚eine platte Penne machen', flach auf dem Erdboden schlafen.

Lit.: *S. A. Wolf:* Die Platte putzen, in: Muttersprache 64 (1954), S. 364.

Platz. *Auf dem Platz bleiben:* im Kampf fallen; ein schonend-verhüllender Ausdr., wobei Platz für Kampfplatz steht. Die Wndg. kommt schon in einem hist. Volkslied aus dem Jahre 1446 vor: „Leib und blut auf dem platze blieb" (Liliencron 78,11). ‚Auf dem Platz bleiben' bedeutet aber auch: Sieger in einem Zweikampf sein, das Feld behaupten; lit. bereits in übertr. Sinne, z.B. in den Worten der Lady Milford in Schillers ‚Kabale und Liebe' (II,3): „Wir wollen sehen, ob die Mode oder die Menschheit auf dem Platze bleiben wird".

Jem. auf die Plätze verweisen: siegen; den Gegner auf die niedrigeren Plätze zwingen, ihn im sportlichen Wettkampf überflügeln, ihm überlegen sein.

Das war hier nicht am Platze: eine Bemerkung war nicht angebracht; dies ist die Übers. der lat. Wndg. von Horaz (65–8 v. Chr.): ‚non erat his locus‘. „Platz, Platz dem Landvogt" stammt aus Schillers ‚Tell‘ (1804) (III, 3); heute ist es eine iron. Bitte, einem Schwerbeladenen Platz zu machen. In der Schleswigschen Geest sagt man auf plattdän.: ‚Enva aa sit Plads aa ä Mjelkkmand ve ä Pomp‘ (jeder an seinem Platz und der Milchmann bei seiner Pumpe).

‚Am rechten Platz der rechte Mann‘ ist eine Formulierung von Austen H. Layard, gemacht im engl. Unterhaus 1855: ‚The right man in the right place‘. Das engl. Sprw. ‚A place for everything and everything in its place‘ ersch. ebenfalls erstmals 1855 und ist eine Variation des antiken Spruches: ‚Omnia tempus habent et suis spatiis transeunt universa sub cælo‘ (A. Taylor, S. 238). Ein ‚Platzhirsch‘ ist derjenige, dem alle Frauen am Ort nachlaufen; der Ausdr. wurde urspr. nur auf den Hirsch angewandt, der sich als der Stärkste während der Brunftzeit erwiesen hat.

Mit der Wndg. *mehr Platz als Kuchen* bez. man rheinhess. einen Projektemacher (‚Platz‘ ist hier aber Name eines einfachen Gebäcks).

Den Platz an der Sonne nicht gönnen: eifersüchtig, neidisch sein. In der Reichstagssitzung vom 6. 12. 1897 sagte Fürst Bülow (1849–1929) mit Bezug auf die Inbesitznahme von Kiautschou: „Wir sind gern bereit, in Ostasien den Interessen anderer Großmächte Rechnung zu tragen in der sicheren Voraussicht, daß unsere eigenen Interessen gleichfalls die ihnen gebührende Würdigung finden. Mit einem Worte: Wir wollen niemand in den Schatten stellen, aber wir verlangen auch unseren Platz an der Sonne". Als ältester Beleg der Wndg. gelten Pascals ‚Pensées‘ (1670), wo es heißt: „Ce chien est à moi, disaient les pauvres enfants, c'est là ma place au soleil: voilà le commencement et l'image de l'usurpation de toute la terre" (Büchmann). ‚Der Platz an der Sonne‘ spielt

auch in der Ggwt. als Schlagwort eine Rolle, ebenso die Wndg. ‚kein Platz für wilde Tiere‘, die durch die Fernsehsendungen Prof. Grzimeks allg. bekannt geworden ist.

Lit.: *A. Taylor:* Method in the history and interpretation of a proverb: A place for everything and everything in its place, in: Proverbium 10 (1968), S. 235–238; *B. Ketelsen:* Rdaa von Mensch- und Menschenleben, in: Jb. f. Schleswigsche Geest 19 (1971), S. 165.

Plebs. *Zum Plebs gehören:* einer niederen Volksschicht angehören. Plebs heißt lat. ‚Menge‘; so hießen im röm. Staat nichtadelige Familien, also die mittleren und unteren Schichten. Im 18. Jh. wurde aus lat. ‚plebeius‘ der Plebejer gebildet und bedeutet: einer aus dem gemeinen Volk. Nach antiker Vorstellung hatten die Plebejer nach Meinung der Patrizier keine Verbindung mit göttlichen Ahnherren und konnten deshalb auch kein Imperium erhalten. (Vgl. Art. ‚Plebs‘, in: Pauly, Sp. 919–922).

‚Pleitegeier‘

Pleite. *Pleite gehen:* Bankrott machen; Pleite aus hebr. ‚pelētā‘ = Entrinnen, Rettung; in der Bdtg. ‚Bankrott‘ ist urspr. die Flucht vor der Schuldhaft gemeint, die dem Zahlungsunfähigen droht. Das Wort erscheint zuerst in der Mitte des 19. Jh. in der Berliner Verbrechersprache und ist dann in die allg. Umgangssprache übergegangen.

Eine Pleite erleben (oder *schieben): nichts verkaufen.* Wer ‚pleite geht‘, ist ein ‚Pleitegeier‘ (zunächst ein ‚Pleite-Geher‘); daß man dabei an den Vogel denkt, ist offenbar eine jüngere Erscheinung. *Der Pleitegeier sitzt auf dem Dach:* der Bankrott steht bevor. Als ‚Pleitegeier‘ wird auch oft der Adler des Reichs- bzw. Bundeswappens bez.

plemplem. *Plemplem sein:* nicht ganz bei Verstand sein. Die Herkunft des Ausdr. ist nicht geklärt. Vielleicht hängt er mit obd. ‚Plempel‘; mdt. ‚Plempe‘ zusammen. Der Plempel bez. ein hin- und herschwappendes, schlechtes, schales Getränk. Vermutl. liegt aber nur ein lautmalendes Wort zugrunde, das Nonsens zum Ausdr. bringt, den ein Irrer ausspricht.

Pol. *Ein ruhender Pol sein:* immer gleichbleibend ruhig sein. Die Bez. stammt aus Schillers Elegie ‚Der Spaziergang‘ (1795), 134. Vers: „Der Weise sucht den ruhenden Pol in der Erscheinungen Flucht“.

Polen, polnisch. *Noch ist Polen nicht verloren:* noch gibt es Rettung, noch ist eine Möglichkeit vorhanden. Mit diesen Worten (poln. „Jeszcze Polska nie zginęła ...“) beginnt der von Joseph Wybicki 1797 gedichtete ‚Dombrowski-Marsch‘, mit dem die Polen auf den „Finis Poloniae“ (Das Ende Polens) antworteten, das ihr Führer Thaddäus Kościuszko am 10. Oktober 1794 nach der verlorenen Schlacht bei Maciejowice ausgesprochen haben soll. Er selbst bestreitet dies in einem Brief an den Grafen Louis Philippe de Ségur vom 12. November 1806.

Jetzt ist Polen offen: die Aufregung ist groß; man befindet sich in einer Situation, in der alles möglich, alles erlaubt zu sein scheint. In Schlesien sagt man: ‚Dö is Polen uffe un Frankreich zu‘.

Eine polnische Wirtschaft nennt man eine große (finanzielle, materielle usw.) Unordnung. So heißt auch eine Operette von Jean Gilbert (1910). Die Wndg. ist ebenso als Titel verschiedener Dichtungen verwendet worden, so z. B. als Gedichttitel von Ernst Ortlepp (1831), Friedrich Heb-

bel (1853) und als Romantitel von Marie von Roskowska (1863).

Sich polnisch verabschieden: sich heimlich davonmachen, bes. aus einer Gesellschaft; ‚sich ↗ französisch empfehlen‘ (vgl. engl. ‚to take French leave‘); *sich polnisch verheiraten:* in wilder Ehe leben. Von einem Betrunkenen heißt es in Frankreich: ‚Il est soûl comme un polonais‘.

Lit.: *K. Rother:* Die schlesischen Sprww. und Rdaa. (Breslau 1927, Nachdr. Darmstadt o. J.); *B. Stasiewski:* ‚Polnische Wirtschaft‘ und Johann Georg Forster, eine wortgeschichtliche Studie, in: Dt. wissenschaftliche Zeitschrift im Wartheland 2 (1941), S. 207–216.

Politik. Der Volksmund sieht politisches Handeln als ‚ein schmutziges Geschäft‘ an und meint: ‚Politik verdirbt den Charakter‘. Diese stehende Wndg. geht zurück auf einen Prospekt, der dem ‚Blatt für die Gebildeten aller Stände‘ an Neujahr 1882 beigelegt war: „Diesen zwar paradox klingenden, aber ein Körnchen Wahrheit in sich tragenden Ausspruch eines berühmten Staatsmannes hat man noch niemals zuvor so oft wiederholen gehört.“ Man vermutete hinter diesem Staatsmann einen bekannten Diplomaten des Wiener Kongresses, z. B. Talleyrand, Metternich, Gentz u. a., doch ist er bis heute unerkannt geblieben.

Die Feststellung: ‚Politisch Lied – ein garstig Lied‘ enthält einen ähnl. Gedanken. Sie geht zurück auf Goethes ‚Faust‘ I, in dem in der Szene ‚Auerbachs Keller in Leipzig‘ Brander ausruft: „Ein garstig Lied! Pfui! Ein politisch Lied!“, ↗ Lied. Im 20. Jh. sah Max Weber politisches Handeln vor allem als Streben nach Macht an, während es im 17. Jh. noch als ‚Regier- oder Weltkunst‘ verstanden wurde.

Polizei. *Für jem. die Polizei spielen:* auf jem. aufpassen. Nach dem Polizeirecht greift die Polizei dann ein, wenn eine Gefahr für den einzelnen oder für die Allgemeinheit besteht. Spätmhd. ‚polizî‘ bedeutet die Aufrechterhaltung der öffentl. Sicherheit.

Dümmer sein, als die Polizei erlaubt heißt, so dumm sein, daß diese Dummheit als ‚Gefährdung‘ angesehen werden muß; ↗ dumm.

Ein Werbeslogan der Polizei, der später

iron. aufgefaßt wurde, lautet: ‚Die Polizei, dein Freund und Helfer‘.

Polster. *Sich ein gutes Polster schaffen:* sich finanziell gut absichern. So heißt auch ‚gut gepolstert sein‘ einmal: dick sein oder: viel Geld haben.
Auf einem weichen Polster sitzen: gute Tage erleben. Goethe schreibt im ‚Tasso‘ (8, 1): „Sein launisch Mißbehagen ruht auf dem breiten Polster seines Glücks“. Zum Schlagwort wurde: ‚Der Glaube ist ein gutes Polster‘. Es kritisiert das allzu rasche Übernehmen von Glaubensvorstellungen religiöser Art, die Probleme der Menschheit, wie z. B. die Todesangst, irrational erklären und somit verniedlichen. Vgl. das Sprw. ‚Ein gutes Gewissen ist ein sanftes Ruhekissen‘.

pomade. *Das ist mir pomade:* das ist mir gleichgültig. Die Rda. ist bes. in den ostmdt. Mdaa. verbreitet, aber in der Form ‚das ist mir pomadig‘ auch schwäb. und schweiz. bekannt; sie hat nichts mit Pomade = Haarsalbe zu tun, sondern geht auf poln. ‚po malu‘ = allmählich (zu po = nach, mały = ein wenig) zurück. Die Wndg. ist dt. seit dem 16. Jh. bezeugt und in der Volkssprache irrigerweise mit dem Subst. Pomade zusammengebracht worden, so obersächs. ‚hat die aber eene Pomade‘, ‚die hat die Ruhe weg‘. Im alten Berlin hieß die Kreuzung der Jäger- und Oberwallstraße die ‚jleichjültje Ecke‘, denn dort war bei einem Fleischer ‚alles Wurst‘, bei einem Kleiderhändler ‚alles Jacke wie Hose‘, in einem Kerzenladen ‚alles schnuppe‘ und in einem Parfümeriegeschäft ‚alles Pomade‘. Dem Gedicht ‚Mir und mich‘ des Berliner Hofschauspielers Joh. Ferd. Rüthling (1793–1849) entstammen die Verse:
Ich liebe dir, ich liebe dich!
Wie's richtig is, ich weeß es nich
Un's is mich ooch Pomade.
‚Ich bin gerührt wie Apfelmus und flüssig wie Pomade‘ ist ein iron. Spruch, der gerade die Ungerührtheit des Sprechers betont.

Pommern. In sprw. Rdaa. ist Pommern vor allem für reichliches Trinken und Essen gebräuchlich: ‚ein pommerscher Trunk‘, ein bes. tiefer Zug aus dem Glas; ähnl.: ‚ein pommerscher Schluck‘, und ‚er hat einen pommerischen Magen‘, ‚er kann Kieselsteine vertragen‘.
In verschiedenen Landschaften ist ‚Pommer‘ soviel wie Dummkopf oder auch: kleiner, dicker Mensch.
Eine ‚Landpomeranze‘ ist mit etw. Wortwitz ein ‚pommersches Fräulein‘; ähnl. der ‚pommersche Junker‘. Öfters begegnet auch der rdal. Vergleich ‚grob wie ein Pommer‘.
‚Pommerland ist abgebrannt‘ ist der – auch sprw. zitierte – am häufigsten gesungene Refrain des im ganzen dt. Sprachgebiet bekannten Kinderliedes:
Maikäfer flieg,
dein Vater ist im Krieg,
deine Mutter ist in Pommerland,
Pommerland ist abgebrannt.
Dieses Lied wurde in Frage 59/60 des Atlasses der Dt. Volkskunde (ADV) erfragt und verkartet.
Danach heißt es an der betr. Stelle in anderen Varianten: Sachsen, Polenland, Holland, Hessenland, Schwabenland, Bayerland, Oberland etc. Oder es wird gelegentlich ein imaginäres ‚Pulverland‘ genannt. Manchmal wird der Reim fortgesetzt:
Pommerland ist zugeschlossen
und der Schlüssel abgebrochen.
Das ‚abgebrannte Pommerland‘ kann sich auf kriegerische Ereignisse während des Dreißigjährigen Krieges beziehen, oder auch auf andere Kriegs- und Notzeiten. Von solchen handeln ja auch die anderen Zeilen des Liedes. Pommern wurde im Laufe seiner Geschichte häufig durch Kriege zerstört.

Lit.: *G. M. Kueffner:* Die Dt. im Sprw. (Heidelberg 1899), S. 65; *H. Benzmann:* Pommern im deutschen Liede (Leipzig 1924); *G. Grober-Glück:* Volkslied und Kartographie am Beispiel der Lieder an den Marienkäfer, in: Rhein. Jb. f. Vkde. 20 (1969), S. 176–207 (daraus auch die Karte Abb. 7).

Pomuchelskopf. *Einen Pomuchelskopf haben (aufsetzen):* einen Dickkopf haben, eigenwillig, launisch sein. Die Bez. erscheint abwertend, in verschiedenen Wndgn. auch bei Fritz Reuter. ‚Pumuckl‘ aus der Kinderlit. und dem Fernsehen bekannt, ist etymol. verwandt, ja sogar identisch.

Pontius ↗ Pilatus.

ponzen ↗ Eselsbrücke.

Popanz. *Der Popanz für jem. sein:* Jem. sein, der alles mitmacht. ‚Ich bin doch nicht dein Popanz!' sagt man und meint, daß man doch nicht alles mit sich machen läßt. *Einen Popanz aufbauen:* zweckbestimmt etw. aufbauschen. Das Wort kommt aus tschech. ‚bukák' und bedeutet urspr. eine künstlich hergestellte Schreckgestalt, insbes. eine ausgestopfte Puppe, die als Kinderschreck verwendet wurde. Seit dem 16. Jh. ist das Wort in Dtl. gebräuchl. für Popelmann, Poppelhans (entstanden aus Puppe und Hans).

Lit.: *W. Brückner:* Bildnis und Brauch. Studien zur Bildfunktion der Effigies (Berlin 1966).

Portepee. *Jem. beim Portepee fassen:* jem. dahingehend beeinflussen, daß er dasjenige tut, was Ehr- und Verantwortungsgefühl verlangen. Eigentl. ‚jem. bei seiner Offiziersehre packen'. *Jem. fühlt sich aufs Portepee getreten:* jem. fühlt sich in seiner Ehre verletzt. Frz. ‚la porte-épée' meinte einstmals das Degengehenk der Offiziere und wurde in Dtl. die Bez. für die silberne oder goldene Quaste am Degen als Abzeichen des Offiziers (bis 1945).

Portion. *Eine halbe Portion sein:* ein magerer, unscheinbarer, auch hilfloser Mensch sein; oft sagt man dies auch scherzhaft von einem jungen Mädchen oder einer zerbrechlich wirkenden Frau, der man keine Kraft zutraut, auch in einer nochmaligen Steigerung: *ein Portiönchen sein.* Die Bez. als ‚halbe Portion' kann aber auch in beleidigender, herabsetzender Absicht erfolgen: ‚Was willst du denn, du halbe Portion?': Was kannst du schon ausrichten? *Jem. hat seine Portion:* er hat genug Alkohol zu sich genommen, er ist angetrunken, ↗ trinken.

Porzellan. *Porzellan zerschlagen:* eine behutsam eingeleitete Entwicklung zum Besseren plump zerstören; schwierige geistig-seelische Vorgänge roh stören. *Sich benehmen wie der Elefant im Porzellanladen:* sich ungeschickt, tölpelhaft, seelisch undifferenziert verhalten, ↗ Elefant. *Vorsicht ist die Mutter der Porzellankiste* ↗ Vorsicht. *Nicht aus der Porzellanbranche sein:* nicht empfindlich sein.

Posaune. Die Posaune, deren Name um 1200 über das Altfrz. aus lat. ‚būcina' (zu bos = Rind, canere = singen) ins Dt. gedrungen ist, wurde durch Luthers Bibelübers. auch in der Volkssprache bekannt (‚Die Posaunen von Jericho', ‚die Posaunen des Jüngsten Gerichts'). In rdal. Vergleichen wirken diese Wndgn. nach; z. B. *Lärm machen wie die Posaunen von Jericho; etw. ausposaunen* oder *die große Posaune blasen:* prahlerisch verkünden, über eine vorerst noch geheime Sache schon öffentl. reden.

Posaunenengel. Den Posaunenengel verdanken wir Matth. 24,31: „Und er wird senden seine Engel mit hellen Posaunen"; vgl. Offenb. 8,2. Seit der Barockzeit waren posauneblasende Engel ein beliebter Schmuck der Kirchenorgel. Von diesen Gestalten stammt der rdal. Vergleich *wie ein Posaunenengel aussehen:* ein gesundes, rosiges, pausbäckiges Gesicht haben; lit. z. B. bei Gustav Freytag (‚Graf Waldemar', 1850, III,1): „Die Welt sieht mir rosa und goldgelb aus, und alle Menschen wie liebenswürdige Posaunenengel auf einer Dorfkanzel, die Backen vorn und hinten gleich rund und gleich wohlwollend".

Lit.: *M. Willberg:* Die Musik im Sprachgebrauch, in: Muttersprache (1963), S. 201 ff.

Posemuckel. *Aus Posemuckel kommen:* aus der hintersten Provinz, aus einer weit abgelegenen Gegend kommen. *(Noch) bis nach Posemuckel (fahren) müssen:* noch sehr lange. Posemuckel gilt als Bez. eines abgelegenen ärmlichen Dorfes oder einer unbedeutenden Kleinstadt, gelegentlich noch gesteigert zu ‚Hinterposemuckel'. Es soll urspr. der Name eines bei Bomst gelegenen Dorfes gewesen sein und kennzeichnet die fremden Ortsnamen im Gebiet um Posen ironisierend. Der Ortsname könnte jedoch auch das jidd. Wort für Posen selbst gewesen sein oder nur eine fingierte Bez. für ein elendes Nest.

Positur. *Sich in Positur setzen (stellen):* eine bewußt repräsentative Haltung seines Körpers einnehmen, um sich am besten zur Geltung zu bringen oder um in einer bestimmten Situation entsprechende Beachtung zu finden. Umg. erhält die Wndg. manchmal einen leicht spöttischen Unterton.
In Positur gehen: eine zweckmäßige Kampfstellung im Sport einnehmen, bes. von Fechtern und Ringern gesagt.
In der Berliner Lokalposse ‚Das Fest der Handwerker‘ (1828) von Louis Angely (1788–1835) sagt Maurerpolier Kluck: „Positus, ich setz’ den Fall“. Doch betont Büchmann, daß diese Wndg. schon älter ist und in einem vielgelesenen Roman Joh. Gottwerth Müllers (‚Die Herren von Waldheim‘, 1784) in der Form: „Posito, ich setz den Fall“ vorkommt.

Posse(n), frühnhd. ‚bosse, posse‘ = Figur, Zierat, Beiwerk an Kunstdenkmälern, bes. Scherzfigur an öffentl. Brunnen. *Possen reißen* (später *Possen treiben*) ist urspr. das Entwerfen solcher Scherzfiguren auf dem Reißbrett; seit dem 16. Jh. bedeutet die Wndg. soviel wie: Scherz, Unfug trei-

Possenreißer

ben; „einen kurzweiligen Menschen, der vil weidelicher Bossen gerissen hat“ (J. Aurifaber, Luthers Tischreden, 1571, 339 b). Dazu *Possenreißer:* derber Spaßmacher, seit 1563 bezeugt. Bald geht die Wndg. in die Bdtg. ‚Torheiten begehen‘ über; so schon 1536 in Paul Rebhuns Drama ‚Susanna‘ (V.247).

Das müst yhr selbs am besten wissen,
Was yhr fur bossen habt gerissen.

Heute ist der Ausdr. in Rdaa. wie *jem. einen Possen spielen, ihm etw. zum Possen tun:* ihm einen Streich spielen, *ach Possen:* Unsinn, noch weiterhin üblich.

Post. *Die Post geht ab:* (oder auch *ab geht die Post):* man fährt ab, die Sache ist erledigt; bekräftigende Schlußformel einer Handlung; *jetzt geht die Post ab:* jetzt ist die Zeit, oder: jetzt ist die Zeit vorbei.

‚Ab geht die Post‘

Das Postwesen mit Relaisstationen ist bei den Persern aufgekommen, wurde in der röm. Kaiserzeit weiterentwickelt (hier sogar mit Wagen zur Personenbeförderung) und gelangte im 15. Jh. aus Italien nach Frankr. und Dtl. Es diente zunächst den Zwecken der Staatsverwaltung. 1451 errichtete der Oberjägermeister Roger de Tassis Stationen der Briefbeförderung in Tirol. Die berittenen Eilkuriere der Regensburger Fürsten Thurn und Taxis wurden zum Symbol der Schnelligkeit. Das Wort Post selbst ist eine Abkürzung von lat. ‚a positis equis‘: Standort der Pferde. *Einen Posttag zu spät kommen:* mit einer Sache etw. zu spät kommen; die Rda. stammt aus der Zeit, als der Postwagen noch nicht alle Tage fuhr und, wer die

Post benutzen wollte, achtgeben mußte, daß er den Abfahrtstag nicht versäumte. Eine sehr langsame Beförderung von Personen, Gütern und Nachrichten nennt man ↗*Schneckenpost,* lit. bei Ludwig Börne in der ‚Monographie der deutschen Postschnecke‘.

‚Wenn du oben bist, schreibst du mir 'ne Postkarte‘ sagt man scherzhaft zu einem, der mit Ausdauer in der Nase bohrt.

Das Berufsbeamtentum im Bereich der Post wird off geringschätzig beurteilt, wie in dem Sprw. ‚Wer nichts ist und wer nichts kann, geht zu Post und Eisenbahn‘. Post kann auch i. S. v. ‚Nachricht‘, ‚Botschaft‘ (↗Hiob) rdal. verwendet werden. Als in Hans Sachs’ Schwank vom Mönch mit dem gestohlenen Huhn der Mönch von seinem Gesellen die Aufforderung des Priors erhält, in der Kirche seines Amtes zu walten, heißt es: „Der münich dieser post erschrack“. Aber noch in neuerer Zeit wird Post in diesem Sinne verwendet, z. B. bei Schiller:

Eiskalte Angst durchlief die
                          zitternden Gebeine.
Als in dem Lager diese Post erklang.

Lit.: *Anon.:* Die Post geht ab, in: Sprachpflege 10 (1962), S. 222; *H. Glaser* u. *Th. Werner:* Die Post in ihrer Zeit. Eine Kulturgeschichte menschlicher Kommunikation (Heidelberg 1990).

Posto, Posten. *Posto fassen* ist urspr. ein militärischer Ausdr. für: sich aufstellen; er ist wie so viele militärische Ausdrücke im 17. Jh. aus dem Ital. entlehnt (‚prendere il posto‘ = seinen Standort einnehmen); vgl. frz. ‚se poster‘. In seinem urspr.

Der Hauptmann läßt einen Poften vorfchieben.

‚Einen Posten vorschieben‘

Lebenskreis wird das Wort z. B. auf den Prinzen Eugen in einem alten Lied auf die Schlacht bei Peterwardein von 1716 angewendet: „Thät in guten Posto stehen“,

d. h. in einer militärisch günstigen Stellung. Seit dem 18. Jh. wird die Wndg. in der Bdtg. ‚Fuß fassen‘, ‚sich aufstellen‘, auch: eine günstige Gelegenheit wahrnehmen, auf nicht militärische Anwendungsgebiete verallgemeinert. Gleichen Urspr. ist ‚Posten‘; dazu die Rda. *auf dem Posten sein,* eigentl. ‚Wache stehen‘, dann: wohlauf sein. *Immer auf dem Posten* geht auf einen Ausspruch Friedrichs des Großen („toujours en vedette“) zurück.

Auf verlorenem Posten kämpfen: einen aussichtslosen, vergeblichen Kampf führen.

Einen sicheren Posten erstreben (erhalten): eine gute berufliche Stellung wünschen (bekommen). *Seinen Posten verlieren:* entlassen werden.

Posten tragen, auch: *ein Postenträger sein:* eigentl. nur Nachrichten überbringen, dann mit üblem Nebensinn: Zwischenträgereien machen.

Potemkinsches Dorf ↗Dorf.

Pott. *Zu Potte kommen:* mit einer Aufgabe fertig werden, etw. Schwieriges bewältigen, auch: sein Ziel erreichen, z. B. eine Wohnung, den erwünschten Partner, eine ersehnte Stellung erhalten, Erfolg haben. Vgl. das Sprw. ‚Jeder Pott kriegt seinen Deckel‘: für jeden gibt es einen passenden Partner.

Etw. ist Pott wie Deckel: etw. ist sich gleich. Pott ist das ndd. Wort für Topf. In Mecklenburg und Dänemark war Pott ein altes Flüssigkeitsmaß.

Potz ist als erster Bestandteil von Flüchen und Verwünschungen aus ‚Gottes‘ entstellt (z. B. ‚Potz Sakrament‘, ‚Potz Blitz‘). ‚Potz Tausend‘ als Ausruf des Erstaunens ist verkürzt aus ‚potztausendsackerment‘. Seit dem 15. Jh. kommen Flüche auf wie ‚Potz Angst‘, ‚Potz Jammer‘, ‚Potz Marter‘, die sich auf Christi Passion beziehen; ↗Bockshorn; ↗Kotz.

Powidl. *Jem. Powidl sein:* Jem. gleichgültig sein. Dieser Ausdr. ist nur in Österreich verbreitet. Powidl (von tschech. povidla = Mus) heißt eigentl. Pflaumenmus.

Lit.: *P. Kretschmer:* Powidl, in: Wortgeographie in der dt. Umgangssprache (Göttingen 1918), S. 367–368.

Prä. *Das Prä haben* (zu ergänzen ist: vor anderen): den Vorrang haben, mdal. auch: ‚Er will immer das Pree haben‘, er drängt sich an die erste Stelle vor, er will immer ‚die erste ↗ Geige spielen‘; zu lat. ‚prae‘ = vor. Die Rda. ist ein alter Kartenspielerausdr., der seit dem Ausgang des 16. Jh. sehr häufig belegt ist, auch in der Verbindung ‚das Prä und den Vorzug haben‘, was wohl dem heutigen Ausdr. ‚in der Vorhand sein‘ entspricht. Über die Studentensprache ist die Rda. bis in die Umgangssprache und die Mdaa. vorgedrungen; seltenere Fügungen sind: ‚das Prä behalten, erhalten‘, ‚einem das Prä lassen‘. In übertr. Bdtg. begegnet die Wndg. seit dem 17. Jh., z. B. in einem Volkslied von 1631 (bei F. W. v. Ditfurth, Die historisch-politischen Lieder des Dreißigjährigen Krieges, Nr. 56):

Gott Mahumet, ich hätt’ gemeint,
Daß, wo ja je auf Erden
Ein Potentat von Grausamkeit
Crudel (grausam) genannt soll werden,
Du hättest nur allein das Prae
Von allen Völkern geben.

Einen weiteren Beleg bietet der Anfang eines allegorischen Liedes vom Jahre 1656 auf den Sieg der Luzerner:

Ein reine Magd
Ihrn Kranz noch tragt
Und prangt trutz allen Damen;
Sie hat das prae
Am Zürcher See
Und gar ein großen Namen.

In Grimmelshausens ‚Simplicissimus‘ (I, 425): „Ein jeder hoffte, seiner Gattung Soldaten das prae zu erhalten“.

Pracht. *Kalte Pracht:* unbewohntes, ungeheiztes Zimmer; ungemütliche Wohnungseinrichtung; das Gesellschaftszimmer, der Salon der bürgerlichen Wohnung. Er wurde nur an Feiertagen oder für hohen Besuch benützt und blieb sonst ungeheizt, dem Wohnen entzogen; Kinder hatten keinen Zugang zur ‚kalten Pracht‘. Die Wndg. bezieht sich urspr. wohl auf die unheizbare gute Stube des ndd. Bauernhauses, dessen einzige Feuerstelle primär das offene Herdfeuer des Fletts war. *Es ist eine wahre Pracht:* es ist eine treffliche Leistung, es verdient volles Lob; *daß es eine Pracht ist:* tüchtig, heftig, völlig (z. B. ‚unser Kind gedeiht, daß es eine Pracht ist‘).

Lit.: *J. Schepers:* Das Bauernhaus in Nordwestdtl., in: Schriften der Volkskundlichen Kommission im Provinzialinstitut für westf. Landes- und Volkskunde, H. 7 (Münster/Westf. o. J.); *B. Schier:* Hauslandschaften und Kulturbewegungen im östl. Mitteleuropa (Göttingen ²1966).

Münzwerkstatt (‚prägen‘)

prägen, Prägung. *Sich tief ins Gedächtnis prägen:* einen unauslöschlichen Eindruck hervorrufen, als unvergeßliches, starkes Erlebnis ständig in Erinnerung bleiben. Vgl. die ähnl. Wndg. *sich etw. einprägen:* es sich gut merken, unter Willensanstrengung etw. bewußt lernen, sich ins Gedächtnis schreiben. Der Ausdr. prägen, der bereits im Ahd. als (gi)prähhan = gravieren bezeugt ist, steht in deutlichem Zusammenhang mit der Münzherstellung, denn er bedeutete urspr. Münzen schlagen, sie mit einem Prägestempel kennzeichnen. Vom Einpressen eines Bildes, vom Formen und Bilden eines Gegenstandes erfolgte die Übertr. auch auf Abstrakta. So spricht man heute z. B. vom Prägen neuer Ausdrücke, Begriffe, Namen und Wörter. Der übertr. Gebrauch erstreckt sich auch auf die zusammenge-

setzten Verben ,ausprägen' = deutlich gestalten und ,einprägen'.
Von etw. geprägt sein: entscheidend geformt, beeinflußt sein. *Eine eigene Prägung besitzen:* von bes. Eigenart sein, als starke Persönlichkeit gelten, die charakteristische Züge besitzt und sich von anderen abhebt, aber auch: absonderliche Eigenheiten haben. Ähnl. *ein bes. Gepräge haben, einer Sache ein bes. Gepräge geben:* entscheidend geformt sein, etw. mit bes. Kennzeichen versehen, vgl. ,einer Sache seinen ↗ Stempel aufdrücken'.

Lit.: Münzen in Brauch und Aberglauben (Mainz 1982), S. 220–221.

Pranger. *Jem. an den Pranger stellen:* ihn bloßstellen, ihn der öffentl. Verachtung preisgeben; vgl. frz. ,mettre quelqu'un au pilori'.
Der Pranger war im MA. und darüber hinaus ein steinerner Pfeiler oder hölzerner Pfahl, an dem Verbrecher, durch ein Halseisen festgehalten, vor aller Welt zur Schande ausgestellt wurden. Noch 1781 wurde in Rottweil a.N. eine Frau aus Dunningen auf dem Wochenmarkt eine Stunde lang am Pranger ausgestellt. Auf der Schandtafel, die man ihr umgehängt hatte, stand ihr Name und darunter „Strafe der betrügerischen Scheinheiligkeit" (Oberamtsbeschreibung Rottweil, S. 398).
Der regelmäßige Standort des Prangers

Pranger (Schandsäule)

1/2 ,An den Pranger stellen', ,anprangern'

war in der Nähe der Kirche oder auf dem Marktplatz. Entwickelt hat sich diese Art der Bestrafung aus einer einfachen Form: Reste von Schließwerkzeugen an Bäumen weisen auf sie hin, nämlich Verbrecher an den nächsten Baum (Kräxbaum) anzubinden. Der Schandpfahl, eine Säule aus Holz oder Stein, trat erst im MA. in Erscheinung. Er hieß auch: Käks, Kax und geht auf idg. *Kak = Stamm, Strunk, Stumpf zurück. So sagte man auch: ‚jem. up den Katz setzen‘.
Das Wort Pranger ist urspr. ndd. und hängt mit mnd. ‚prangen‘ = drücken, klemmen, beklemmen und ‚prange‘ = Schranke, Maulkorb zusammen; mit ‚prangen‘ = prunken, prahlen hat es nichts zu tun. Das Strafgerät Pranger ist also nach dem drückenden Halseisen benannt.
An den Pranger kommen: sich bloßgestellt sehen, sein Ansehen, seine Ehre einbüßen, auch: *am Pranger stehen.*
In übertr. Sinn gebraucht z. B. Schiller die Wndg. im ‚Tell‘ (III, 3):
Höre, Gesell, es fängt mir an zu
                                    däuchten,
Wir stehen hier am Pranger vor dem
                                    Hut.
Häufig ist heute auch die Übertr. *angeprangert werden:* der öffentl. Verachtung preisgegeben werden. Noch 1836 heißt es im gleichen Sinn: ‚geprangert werden‘.

Lit.: *J. Grimm:* Dt. Rechtsaltertümer, Bd. II (Göttingen 1828); *G. Bader-Weiß* u. *K. S. Bader:* Der Pranger, ein Strafwerkzeug und Rechtswahrzeichen des MA. (Freiburg 1935); *Chr. Helfer:* Denkmäler des Vollzugs von Ehrenstrafen am unteren Mittelrhein, in: Rhein. Jb. f. Vkde. 15/16 (1964/65), S. 56–75; *R. Horna:* Der Pranger in der Tschechoslowakei, in: Grazer rechtsund staatswissenschaftliche Studien 16 (Graz 1965); *A. Thomson:* I stocken. Studier i stockstraffets historia (Am Pranger, Studien zur Geschichte der Stockstrafe) (= Acta Reg. societas humanorum literarum Lundensis 68) (Lund 1972).

Präsentierteller. *Wie auf dem Präsentierteller sitzen:* allen Blicken ausgesetzt sein, in einer großen Versammlung weithin sichtbar sitzen (mit dem Beiklang, daß man sich auf einem solchen Platz unbehaglich fühlt). Der witzige Vergleich des auffallenden Platzes mit dem Präsentierteller, auf dem die Speisen herumgereicht werden, ist auch den Mdaa. geläufig; so nennt der Leipziger Volksmund scherz-haft den ersten Rang im Theater Präsentierteller. Goethe sagt zu Eckermann am 2. Jan. 1824: „Unsere jetzigen Talente liegen alle auf dem Präsentierteller der Gegenwart". Umg. ist auch die Wndg. üblich: *einem etw. auf dem Präsentierteller bringen:* es ihm möglichst bequem entgegenbringen.

precken. ‚Jod Preck!‘, eigentl. u. wörtl.: gutes Werfen (des Lazarus), ist der Gruß der Karnevalsgesellschaft in Jülich, ↗prellen.

Prediger, Predigt. *Ein Prediger in der Wüste sein:* keine Aufmerksamkeit finden. Die Wndg. bezieht sich auf Jes. 40,3: „Es ist eine Stimme eines Predigers in der Wüste" (Vulgata: „Vox clamantis in deserto"), was, gedeutet auf Johannes den Täufer, Matth. 3,3 und öfter wiederholt wird; vgl. frz. ‚prêcher dans le désert‘.
Das bekannte Sprw. ‚Kurze Predigten, lange Bratwürste‘ ist schon in Thomas Murner ‚Lutherischem Narren‘ vorgebildet:
Es hat doch Christus selbs der hort
Uff erd gemacht ein kurtzes wort
Lange bratwürst und senff darzu.
Das Sprw. zeigt schon im MA. Verbindung mit der Fastnacht. So schreibt der ma. Wappendichter des Wiener Hofes, Peter Suchenwirth (zwischen 1356 und 1395): „Kurtz predig vnd lang praten gehören zu der vasnacht". Auch Geiler von Kaysersberg schreibt 1515 in seinem Evangelienbuch über die Faschingszeit: „Wan zu dieser Zeit sprechen die groben Knollen, wir hen nit gern lang predigen, vil lieber lange bratwürst". In Kärnten wurde mit diesem Spruch jeweils zur Hochzeit auf den Faschingssonntag oder -montag eingeladen.
In Seb. Francks Sprww.-Sammlung heißt es dann: „Kurtze predigt vnd lang bratwürst haben die bawren gern"; so auch noch in den Mdaa., z. B. schweiz. ‚Churzi Predigt, langi Brotwürst‘, ↗Gardinenpredigt.

Lit.: *O. Moser:* Kurze Predigt, lange Bratwürst. Ein Sprw. auf die Faschingszeit, in: Die Kärntner Landsmannschaft 2 (1965), S. 7.

Preis. *Um keinen Preis (der Welt):* niemals einer Sache zustimmen, etw. zu tun; *etw.*

in dieser Preislage: etw. Ähnliches, ein ungefähr gleicher Sachverhalt.

‚Alles hat seinen Preis' hat dieselbe Bdtg. wie ‚nichts ist umsonst': ‚selbst der Tod nicht, denn der kostet das Leben'.

prellen. *Jem. prellen (wollen):* ihn übervorteilen, betrügen, seine Einfalt mißbrauchen (wollen), ihn zu täuschen suchen. Durch die Bedeutungsentwicklung des Verbs, das als Kausativum zu ‚prallen' gebildet worden ist und urspr. nur ‚jem. aufprallen lassen' hieß, ist der einst vorhandene Realbezug der Rda. in Vergessenheit geraten. Sie stammt vermutl. aus dem jägersprachl. Bereich und bezieht sich auf das ‚Fuchsprellen'. Die bei der Jagd lebendig gefangenen Tiere wurden dabei grausam zu Tode gequält: auf einem straff gespannten Netz, dem Prellgarn oder Prelltuch, wippte man die Füchse, schleuderte sie in die Luft und ließ sie auf den

‚Prellen': 1 Fuchsprellen 2 Wolfprellen 3 Schnell- oder Wippgalgen

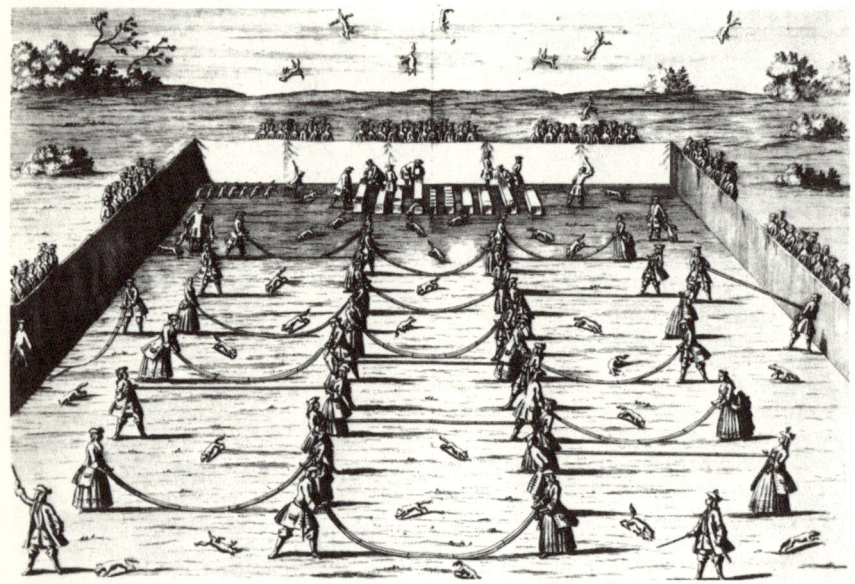

1

2

3

Boden aufschlagen. Wenn die Tiere verzweifelt Freiheit zu erlangen suchten und davonliefen, gerieten sie unversehens auf das nächste, noch am Boden liegende Netz. Es wurde sofort aufgenommen, und die Quälerei begann erneut. An den Verrenkungen beim Schleudern und Fallen und den zwecklosen Anstrengungen der Tiere zu entkommen, belustigte man sich. Daher galt das Fuchsprellen früher als eines der beliebtesten höfischen Vergnügen, an dem viele geladene Gäste teilnahmen. Das Fuchs- und Hundeprellen ist ein urspr. spanischer Brauch und kam erst im 17. Jh. an deutsche Höfe.

Bei der Übertr. der Rda. auf den Menschen spielte die Doppelbdtg. von ‚Fuchs‘ eine wichtige Rolle. Auch junge Studenten nannte man Füchse. Sie wurden von den älteren gern um Geld angegangen, dessen Rückzahlung meist ‚vergessen‘ wurde. Dies nannte man scherzhaft ebenfalls ‚Füchse prellen‘. Da das zum Spaß betriebene Ausnützen und Mißbrauchen der Unerfahrenheit und Gutgläubigkeit anderer bis zum Betrug führen konnte, erhielt das Verb prellen die zusätzlichen Bdtgn. von nicht bezahlen, täuschen, hintergehen und betrügen, die im rdal. Gebrauch heute vorherrschend sind, vgl. ‚die Zeche prellen‘ und ‚jem. um etw. prellen‘, ihn um seinen Gewinn, Vorteil bringen. Den urspr. Zusammenhang zwischen ‚Fuchs‘ und ‚prellen‘ weist noch eine lit. Textstelle bei Hagedorn (3, 22) auf, in der beide Ausdrücke bereits übertr. Bdtg. besitzen:

Ein Schulfuchs hofft mit dürren
Gründen
Den Beifall aller Welt zu finden:
Allein er wird geprellt.

Auch Wölfe wurden geprellt. Man band sie an einem Ziehbrunnen fest und ließ sie immer wieder auf den Boden aufprallen, um ihre Todesqual zu verlängern.

Die Beteuerungsformeln *Ich will geprellt werden, wenn ...* und *Ich will mich prellen lassen* weisen noch auf einen anderen interessanten kulturhist. Zusammenhang: Auch im Strafvollzug wurde geprellt, z. B. wurden Diebe durch den Schnell- oder Wippgalgen hingerichtet, indem man sie so lange am Galgen emporzog und wieder fallen ließ, bis ihre Knochen zerschmettert waren, ↗Schippe. Bereits Luther (Werke V, 141[a]) gebraucht die Wndg.: „und ist einer unter ihnen, der ein Capitel im Aristotele recht verstehet, so will ich mich prellen lassen". Bei dieser Textstelle ist offensichtlich die Bestrafung gemeint, die man auf sich nehmen will, falls etw. ganz Unvorhergesehenes eintreten sollte, was man aber für absolut ausgeschlossen hält. Diese Rda. ist auch lit. belegt in Wielands ‚Don Sylvio‘ (1764), S. 102: „Ich will mich prellen lassen, wenn ich meiner leiblichen Mutter auf ihr bloßes Wort glaubte, daß ich meines Vaters Sohn sei". Schon um 80 n. Chr. wird von dem Satiriker Martial in einem Epigramm das Prellen als volkstümliche Strafe erwähnt. Als studentischer Schabernack erscheint das Prellen in der späteren Antike: Libianus zu Antiochien tadelte seine Schüler Ende des 4. Jh.s, da diese einen mißliebigen Lehrer auf einem Teppich schlimm geprellt hätten. Kaiser Justinian verbot 533 n. Chr. in seiner Studienordnung den Studenten das Prellen.

Als kultischer Brauch erscheint das Prellen bei Herodot (Historien, Bd. 4, S. 94 f.): Bei den Thrakern wurde alle fünf Jahre dem Gott Zalmoxis ein ‚Bote‘ geschickt: Man prellte den ‚Boten‘ in die Höhe u. spießte ihn beim Herunterfallen mit Lanzen auf. Starb er, war er gottbegnadet, blieb er am Leben, so war er böse, und ein anderer mußte an seiner Stelle ‚geschickt‘ werden.

Dieser, an ein Gottesurteil erinnernde Brauch, sowie auch ma. Belege für prellen stehen alle der Sphäre der Rechtsbräuche sehr nahe. In der ‚Weltchronik‘ des Wieners Jans Enekel (nach 1250 verfaßt) liest man Vers 17270–17275:

swer in swacher waet
kom und het sich niht genaet
an sînem brîs den ermel zuo,
des spottet man spât und fruo.
man hiez in ûf einer rinderhût
werfen ûf, daz er schrê lût.

Das Prellen des Menschen diente in harmloserer Form der Volksbelustigung und galt als Mutprobe bei jungen Burschen und Soldaten, die in die Gemeinschaft aufgenommen werden wollten. Prellen als Hänselbrauch ist heute noch beliebt und spielt im Fastnachtsbrauch-

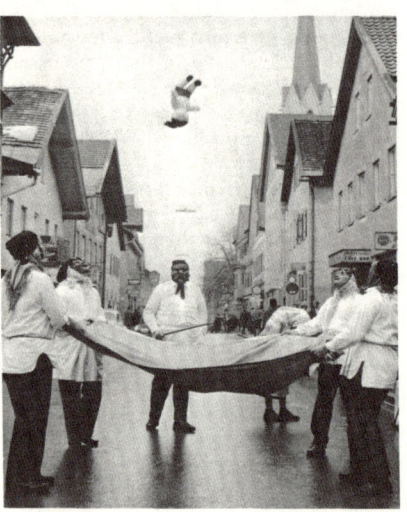

1–4 ‚Prellen' von Personen und menschlichen Puppen in hist. und gegenwärtigen Bräuchen

tum eine Rolle, wobei stellvertretend für den Menschen auch eine Puppe verwendet werden kann.

Bereits Seb. Franck bringt das Prellen (einer Puppe) in Verbindung mit Fastnachtsbräuchen: (‚Weltbuch', ersch. Tübingen 1539): „Halten auch ir vier eyn leylach bey den vier zipfeln und einen strönen angemachten butzen in hosen und wammes mit einer larven, wie einen toten man, schwingen si ihn mit den vier zipfeln auf in die höhe und entfahen ihn wider in das leylach. Das treiben sie durch die ganze Stadt".

Als Strafe für Zechprellerei begegnet das Prellen in dem Roman von Cervantes ‚Don Quijote de la Mancha' (Lübeck-Leipzig 1939), S. 88 (übers. nach L. Braunfels): „... hier legten sie Sancho mitten auf die Bettdecke und begannen, ihn in die Höhe zu schnellen, und hatten ihren Spaß mit ihm wie mit einem Hunde auf der Fastnacht". Denn Sancho Pansa kann die verlangte Rechnung für die Beherbergung in dem Wirtshaus, das Don Quichote für eine Burg gehalten und erstürmt hatte, nicht begleichen. Im 19. Jh. nehmen die Belege für das Prellen ab; heute gilt es als Relikt aus alter Zeit; 1950 wurde in Paris ein Theaterstück des franz. Flamen Michel de Ghelderode aufgeführt, das das Prellen zum Inhalt hat: ,Hop, Signor'.

Die Erinnerung an den ma. Strafvollzug scheint dagegen im Brauchtum des „Todaustragens" erhalten geblieben zu sein: Eine Strohpuppe wird symbolisch getötet, indem sie durch ein aufgespanntes Tuch in die Luft emporgeschnellt, wiederaufgefangen und geprellt wird.

Lit.: R. Köhler: Up der Hut werpen, in: Korrespondenzblatt des Vereins für ndd. Sprachforschung 6 (1881), S. 36; ergänzt in: ders.: Kleinere Schriften zur Neueren Literaturgeschichte, Vkde. und Wortf., hg. v. J. Bolte (= Kleinere Schriften, Bd. 3), (Berlin 1900), S. 606–607; W. Mannhardt: Wald- und Feldkulte, Bd. 1 (Berlin ²1904), bes. S. 612; Tiemann: Art. ,prellen, schnellen', in: HdA. VII. Sp. 306 f.; E. Hoffmann-Krayer: Fruchtbarkeitsriten im schweiz. Volksbrauch, in: Schweiz. Arch. f. Vkde. S. 239; wieder in: ders.: Feste und Bräuche des schweiz. Volkes (Zürich 1940), S. 122; J. de Schuyter: Op, Signorken, Zijn Legenden en zijn Oorsprong (1944); L. Schmidt: Jagglschutzen und Fuchsprellen, in: Österr. Zs. f. Vkde. 71 (1968), S. 1–31; L. Röhrich u. G. Meinel: Rdaa. aus dem Bereich der Jagd u. der Vogelstellerei, S. 321 f.; A. Wacke: Nachlese zum Volksbrauch, in: Österr. Zs. f. Vkde. 82 (1979), S. 151–166; D. R. Moser: Lazarus Strohmanus Jülich (Jülich ²1980); ders.: Fastnacht – Fasching – Karneval (Graz – Wien – Köln 1986), S. 282–285.

Prellbock. Als Prellbock dienen: derjenige sein, bei dem alle anderen ihre Sorgen lassen können, der für alles einstehen muß; der den ersten heftigen Ausbruch von Wut abbekommt.

Der Ausdr. kommt aus der Sprache der Technik; ein Prellbock ist ein stabiler, aber elastischer Stoßdämpfer als Bremse am Ende eines Eisenbahngleises: er fängt die heranrollenden Fahrzeuge auf.

Auch in übertr. Bdtg. muß ein ,Prellbock' einen Stoß abfangen oder mildern, der sonst voll einen anderen treffen würde; vgl. ↗ Sündenbock.

Preußen, preußisch. So schnell schießen die Preußen nicht: die Sache geht nicht so schnell wie erwartet, nur keine Aufregung und Übereilung! Die Wndg. wird zur Beruhigung gebraucht, wenn man das rasche Vorgehen eines anderen fürchtet oder wenn man glaubt, durch Zögern und überlegtes Abwarten dem Gegner Vorteile einzuräumen. Ein zur Eile Angetriebener kann die Wndg. aber auch zu seiner Entschuldigung gebrauchen, wenn es anderen nicht schnell genug geht.

Die Rda. hat zweifellos einen bestimmten, aber bisher noch nicht gefundenen lit. Urspr. (vgl. Büchmann). Trotzdem seien hier einige Erklärungsversuche aufgeführt: Der neuesten Datums stammt von A. Meder. Doch er wiederholt nur eine der ältesten Versuche, diese Rda. zu erklären: „Hier könnte man die recht einleuchtende Erklärung anbieten, die Franz Schnabel in seinen Vorlesungen gab: Diese Rda. sei aufgekommen, nachdem in der preuß. Armee das Zündnadelgewehr eingeführt worden sei, das sehr viel schneller schoß als die bisherigen Gewehre und zu einem guten Teil auch den Ausgang des Krieges von 1866 entschied: „So schnell schießen nicht einmal die Preußen". (Dieser Meinung ist auch Karl M. Klier, S. 88). Nach Fr. Seiler dagegen stammt die Rda. „aus der Zeit der preuß. Zauderpolitik vor Bismarcks Auftreten" (Dt. Sprwwkde., S. 35). Als 1875 die frz. Zeitungen zur Revanche gegen Dtl. aufriefen und Frankr. stark aufrüstete, schrieben auch dt. Zeitungen über eine drohende Kriegsgefahr. Bismarck wurde deshalb auch von einem engl. Journalisten befragt, ob die dt. Eroberungspläne etwa die Ursache der frz. Nervosität seien. Er antwortete darauf beruhigend: „So schnell schießen die Preußen nicht!"

Eine südbad. Sentenz beschreibt anschaulich die Schnelligkeit der Preußen: „Bis mir Wurscht g'sait han, het se der Preuß schu g'fresse".

Will man in Süddtl. und in der Schweiz aber auch in Sachsen und in Holst. sagen: ,Werden Sie nur nicht grob', so heißt es: ,Werden Sie nur nicht preußisch'. Auch ein Hochmütiger wird mit ,er ist preußisch' abgetan.

Nicht preußisch miteinander sein: kein gutes Verhältnis haben (Schoeps, S. 168). ,Das ist zum Preußisch werden' ist in Sachsen ein Ausruf der Verzweiflung (Schoeps, S. 168).

Preußischer als die Preußen sein: päpstlicher als der ↗ Papst sein.

„Ich bin ein Preuße, kennt ihr meine Farben" dichtete Joh. Bernhard Thiersch (1794–1855) zu Ehren des Geburtstags Wilhelms III. am 3. August 1830 (Büchmann).

„Ich wollte es wäre Nacht und die Preußen kämen", soll Sir Arthur Wellesley, Herzog von Wellington (1769–1852) in der Schlacht bei ↗ Waterloo am 18. Juni 1815 ausgerufen haben.

Die frz. Rda. ‚travailler pour le roi de Prusse' soll ihren Urspr. davon haben, daß zur Zeit Friedrich Wilhelms I. im preuß. Heer am 31. des Monats kein Sold ausbezahlt worden sei, man also an diesem Tage dem König umsonst dienen mußte. Deshalb soll ‚pour le roi de Prusse' den Sinn von ‚pour rien' bekommen haben. Wenn ein Sachse einen anderen mit den Worten warnt: ‚Du kriegst was aus der preuß. Kriegskasse', so droht er mit einer Ohrfeige.

Lit.: *K. Hirsch:* De spreekwijze: voor den koning van Pruisen arbeiden, in: De Toekomst 15 (1871), S. 127; *G. M. Kueffner:* Die Dt. im Sprw. (Heidelberg 1899), S. 66 ff.; *R. M. Klier:* Eine Rda. aus den Kriegszeiten (so schnell schießen die Preußen nicht), in: Das dt. Volkslied 44 (1942), S. 88; *A. Meder:* So schnell schießen die Preußen nicht, in: Blätter für Deutschlehrer (1979), S. 89.

Primel. *Eingehen wie eine Primel* (auch: *wie ein Primelpott):* seelisch wie körperlich zusammenfallen, untergehen.

Die Wndg. beruht auf der Beobachtung, daß Primeln in der Vase rasch verwelken und sich auch als Topfpflanzen, wenn sie im Zimmer stehen, nicht lange halten.

In der Symbolik bez. die Schlüsselblume die verschmähte oder unglückliche Liebe.

Strahlen wie eine Primel: über das ganze Gesicht lachen, sich sehr freuen. Die Primel (von lat. prima bzw. primula veris: die Erste) ist eine der ersten Blumen des Frühlings.

Lit.: *W. Danckert:* Symbol, Metapher, Allegorie im Lied der Völker, hg. von H. Vogel, Bd. 3 (Bonn-Bad Godesberg 1978), S. 1206–1207.

Prinzip. *Ein Prinzip (zu Tode) reiten; auf einem Prinzip herumreiten:* auf einer Sache stur beharren, sie über einen längeren Zeitraum hinweg immerzu betonen. Die Wndg. ist dem frz. Ausdr. ‚être à cheval sur un principe' nachgebildet, genauso auch das Subst. ‚Prinzipienreiter'. Der Schulmeister Baculus sagt in Lortzings ‚Wildschütz' (1842) (III, 9): „Der Herr Stallmeister reitet jetzt ein anderes Prinzip".

Bekannt geworden ist auch die Verordnung des Fürsten Reuß zu Lobenstein und Ebersdorf († 1853), die in der Vossischen Zeitung (18.9.1845) abgedruckt wurde: „Ich befehle hiermit Folgendes ins Ordrebuch und in die Spezialordrebücher zu bringen. Seit 20 Jahren reite Ich auf einem Prinzip herum, d.h. Ich verlange, daß ein jeglicher bei seinem Titel genannt wird. Das geschieht stets nicht. Ich will also hiermit ausnahmsweise eine Geldstrafe von 1 Thlr. festsetzen, der in Meinem Dienste ist, und einen Andern, der in meinem Dienste ist, nicht bei seinem Titel oder Charge nennt. 12. Oktober 1844" (Büchmann).

Pritsche. *Einem die Pritsche schlagen:* Jem. verhauen (veraltet). Eine Abb. zeigt die kath. Soldaten als unmündige Pfaffenknechte, die ihrer Untaten wegen Strafe verdient haben. Die kaiserlichen Soldaten werden so blamiert und dem Spott der Öffentlichkeit preisgegeben.

Auf die Pritsche kommen, auch: *auf der Pritsche schlafen:* ins Gefängnis eingeliefert werden, in Haft sein und allen Komfort zurücklassen müssen.

‚Pritsche' gilt auch als verächtliche Bez. einer Prostituierten, bes. in der Soldatensprache.

Probe. *Die Probe aufs Exempel machen:* die Gültigkeit einer Aussage oder eines Ergebnisses anhand eines Beispiels überprüfen.

Jem. auf die Probe stellen: ihn genau prüfen, seine Fähigkeiten, seine Ehrlichkeit durch eine bewußt herbeigeführte Entscheidungssituation erkunden wollen; vgl. frz. ‚mettre quelqu'un à l'épreuve'.

Die Probe bestehen: allen Anforderungen gerecht werden.

In vielen Märchen ist die Bewährungsprobe, die der Held bestehen muß, ein wichtiger Bestandteil des Handlungsverlaufs. Die Art dieser Proben ist unterschiedlich; geprüft werden damit Eigenschaften des Helden; so sind Tugenden wie Furchtlosigkeit oder Hilfsbereitschaft für die Bewährung des Helden am ausschlaggebendsten; oft wird der Einsatz des ganzen Lebens gefordert; um einen höheren Lebensabschnitt erreichen zu können, muß der Held mittels der Probe seine Fähigkeiten beweisen.

Auf Probe arbeiten: versuchsweise arbeiten, innerhalb der Probezeit arbeiten. Rhein. ,ä hot en goud Prov', er hat eine gute Probe, d. h. Zungenprobe, von einem Weinfachmann oder Winzer gesagt, der den Wein proben, d. h. auf seine Beschaffenheit prüfen kann. Rhein. ,de Prowen eraus gen' (herausgeben), Weinproben in einem Probefläschchen an den Weinhändler oder Weinkommissionär abgeben.

Lit.: *L. Röhrich:* Art. ,Bewährungsprobe', in: EM. II, Sp. 274–279; *E. Moser-Rath:* Art. ,Brautproben', in: EM. II, Sp. 746–753; *K. Ranke:* Art. ,Charaktereigenschaften und -proben', in: EM. II, Sp. 1240–1248; *E. Blum:* Art. ,Geschicklichkeitsproben', in: EM. II, Sp. 1131–1134; *A. Bihari-Andersson:* Art. ,Geschlechtsproben', in: EM. II, Sp. 1134–1138. Außerdem sei im voraus verwiesen auf die in der EM. geplanten Artikel ,Kraftproben', ,Mutproben', ,Scharfsinnsproben' und ,Testerzählungen'.

Probelauf. *Einen Probelauf machen:* etw. auf seine Funktionstüchtigkeit hin prüfen, etw. testen. Die Rda. stammt urspr. vom Sport her. Sie bezog sich auf die Läufer, die vor einem entscheidenden Wettkampf noch einmal trainierten, die Strecke abliefen, um sie genau kennenzulernen und ihre körperlichen Kräfte richtig einsetzen zu können. Heute ist die Wndg. auch auf das Gebiet der Technik übertr. worden. So macht man bei Maschinen, Motoren, Autos einen Probelauf, um ihre Eignung, aber auch evtl. Mängel festzustellen.

Professor. *Ein zerstreuter Professor sein:* unaufmerksam, seinen Gedanken und Träumen nachhängend, nicht auf seine Umgebung achtend, von lächerlicher Vergeßlichkeit sein. Die Rda. enthält einen leichten Tadel oder gutmütige Verspottung. Eine frühe ill. Ausg. von Äsops Fabelbuch zeigt einen Astrologen als ,zerstreuten Gelehrten': Dieser schaut mit einem Fernrohr in den Himmel und stürzt dabei in eine Grube. Nach Diogenes Laertios wird diese Episode dem griech. Weisen Thales von Milet zugeschrieben. Eine andere Ill. des 16. Jh. zeigt einen sich in ein Buch vertiefenden Gelehrten, der sich durch den Unfug seiner spielenden Kinder nicht stören läßt und es auch nicht

,Ein zerstreuter Professor'

bemerkt, daß im selben Raum seine Frau ihn mit einem anderen betrügt.
Noch Wilhelm Busch verwendet das Motiv in einer Bildergeschichte vom reisenden Engländer.
Das Wort ‚zerstreut' hatte früher die negativere Bdtg. von albern, verwirrt und sogar geistesgestört. So verwendet es schon Hans Sachs (Werke 9, 365):
Der stelt sich einfeltig und schlecht,
Gleichsam halb alber und zerstreut.
Erst seit dem Beginn des 18. Jh. besitzt das Wort durch den Einfluß des frz. ‚distrait' die moderne Bdtg. von abgelenkt, träumerisch, unaufmerksam und wird häufig lit. verwendet, z. B. von Lessing, Herder, Goethe und Schiller.
Der Standesspott richtete sich im 19. Jh. gern gegen den weltfremden Stubengelehrten. Er erscheint zerstreut, weil er sich so von seinen Problemen fesseln läßt, daß er die Vorgänge in seiner Umwelt nicht beachtet. Bes. in Flugblättern wurde der ‚zerstreute Professor' lächerlich gemacht, der noch heute Gegenstand zahlloser Witze ist.

Lit.: *E. Reicke:* Der Gelehrte in der dt. Vergangenheit. Monographien zur dt. Kulturgesch. VII (Jena ²1924); *E. Moser-Rath:* Art. ‚Astrologe', in: EM. I, Sp. 928–931.

Profil. *Jem. hat Profil:* Jem. ist unverwechselbar, eine starke Persönlichkeit. Eigentl. bedeutet Profil (aus ital. *profilo*): Seitenansicht, bes. des (menschlichen) Kopfes.
Eine Profilneurose bekommen: sich durch überzogenen Ehrgeiz selbst schaden, über seine Kräfte gehen bis zur totalen körperlichen und geistigen Erschöpfung. Ähnl. die Feststellung: *Unter einer Profilneurose leiden.*

profilieren. *Sich zu profilieren suchen:* sich durch seine Fähigkeiten, sein Geschick, seine hervorragende Leistung vor anderen auszeichnen, sich zu einer unverwechselbaren Persönlichkeit entwickeln wollen. Die Rda. wird heute vor allem auf junge Manager, Wissenschaftler und Politiker angewandt, die durch ihre Einsatzbereitschaft, ihren Erfolg, ihr Werk, ihre Überzeugungskraft imponieren und für sich einnehmen.

Sich erst noch profilieren müssen: sich vor einem Aufstieg erst bewähren müssen; oft warnend von oder zu einem allzu stürmisch nach höheren Positionen Strebenden gesagt.

Prokrustes. *Jem. auf das Prokrustesbett spannen* oder: *in ein Prokrustesbett zwängen:* jem. Gewalt antun; auch: jem. in ein Schema hineinzwängen.
Prokrustes ist eine Gestalt der griech. Sage. Diodor (um die Mitte des 1. Jh. v. Chr.) berichtet, daß der Riese Prokrustes (wörtl. ‚Strecker') nahe Athen in der Enge von Salamis hauste und alle Vorbeikommenden zu Tode marterte, indem er – falls sie zu kurz waren – ihre Glieder dehnte und streckte, bis sie in sein Riesenbett paßten; zu Großen schnitt er die über das Bett hinausragenden Füße ab. Der Unhold wurde von Theseus erschlagen.

Lit.: *L. Radermacher:* Mythos und Sage bei den Griechen (Wien ²1942); *J. Granlund:* ‚Zwei gleich groß machen'. Eine nordische Prokrustessage, in: Å. Hultkrantz (Hg.): The supernatural Owners of Nature (Stockholm 1961), S. 38–52.

Propeller. *Etw. am Propeller haben:* nicht recht bei Verstand sein; *einen Propeller im Arsch haben:* es stets sehr eilig haben; *jem. an die Propeller kriegen* (auch *bei den Propellern packen):* ihn zur Rechenschaft ziehen, zurechtweisen; ‚bei dir hat sich wohl ein Propeller gelöst?', du bist wohl nicht recht bei Verstand.

Prophet. *Ein falscher Prophet sein:* jem. sein, der falsche Behauptungen aufstellt, der die Menge zu verführen sucht.
Diese Rda. hat bibl. Urspr. Matth. 7, 15 spricht Jesus: „Sehet euch vor vor den falschen Propheten, die in Schafskleidern zu euch kommen, inwendig aber sind sie reißende Wölfe". Auch der Spruch: ‚Der Prophet gilt nichts in seinem Vaterlande' ist an Matth. 13, 57 angelehnt: ‚Nullus propheta in patria'. Heute bedeutet dies: die nähere Umgebung erkennt oft nicht die Genialität oder Weisheit einer Person. Das Prophetentum gab es schon seit frühester Zeit; alle Propheten haben einen Namen, sind der Volksmasse entwachsen und entschleiern oft die undurchsichtige Zukunft. Eine göttliche Stimme spricht aus ihnen; so bedeutet der urspr. Wort-

sinn: jem., der an Gottes Stelle zu den Menschen spricht; er gilt als allwissend. So sagt man auch, wenn man die Entwicklung einer Sache nicht voraussehen kann: *Ich bin doch kein Prophet!*
Aus der Literatur sind zwei geflügelte Worte bekannt geworden, die den Propheten erwähnen: Goethe erinnert sich in ‚Dichtung und Wahrheit' (14. Buch) an den 14. Juli 1774. Er ißt mit Lavater und Basedow in Koblenz; Lavater spricht mit einem Geistlichen über die Offenbarung, Basedow sagt zu einem Tanzmeister, die Taufe sei ein veralteter Brauch. Goethe, zwischen beiden, widmet sich der Mahlzeit und dichtet: „Prophete rechts, Prophete links, das Weltkind in der Mitten". Aus orientalischen Quellen dagegen stammt die Wndg. ‚Wenn der Berg nicht zum Propheten kommen will, muß der Prophet vom Berge gehen', ↗ Berg. ‚Wie kommt (der) Saul unter die Propheten?' ↗ Saul.

Lit.: *W. E. Peuckert:* Art. ‚Prophet, Prophetie', in: HdA. VII, Sp. 338–366; *M. Buber:* Der Glaube der Propheten (Zürich 1950); RGG. V (³1961), Sp. 608–638 (mehrere Autoren; reiche weiterführende Lit.).

Proselyten. *Proselyten machen,* auch: *Ein Proselytenmacher sein:* andere für den eigenen Glauben oder eine Sache gewinnen wollen. ‚Proselytenmacherei' ist ein verächtliches Wort für unlauteres Werben um Anhängerschaft. Es geht auf Matth. 23,15 zurück und kommt aus dem griech. προσήλυτος (Ankömmling).

Lit.: *A. F. Carrillo de Albornoz:* Art. ‚Proselytismus', in: RGG. V (³1961), Sp. 640; *N. Levison:* The proselyte in biblical and post-early biblical times, in: The Scottish Journal of Theology 10 (1957).

Prost. *Na, dann prost!* ist ein Ausruf, der die Befürchtung zum Ausdr. bringt, daß eine Sache eine schlimme Entwicklung nehmen könne oder ähnliches. Prost (aus lat. ‚prosit' = es möge nützen) ist eine Wunschformel beim Zutrinken; seit dem 18. Jh. ist sie weit verbreitet. Ihren Urspr. hat sie in der Studentensprache. ‚Prost, Gemeinde' war – nach einem Schwank – der Abschluß einer Predigt eines Pfarramtsanwärters, der die Gemeinde statt mit ‚Amen' damit entließ. Die Entstehung der Formel innerhalb studentischen Le-

bens wird von G. Schreiber folgendermaßen erklärt: Wein und Konfekt gehörten (nach alten Urkunden z. B. aus Rostock oder Ingolstadt) schon im 15. Jh. zu dem sog. Doktorschmaus. Der Prüfling hatte vor der Prüfung seinen Examinatoren Wein mitzubringen, der während des Rigorosums getrunken wurde. Die Annalen der Universität Ingolstadt berichten (21. April 1665, Theologische Fakultät): „Etwas nach zwei Uhr begann die Disputation, wobei der Kandidat durch seinen Geist glänzte, die anderen aber, bes. die Perillustres und Illustres (die Adligen) um die Wette tranken. Spanischer Wein wurde nicht gegeben, weil dieser für den Nachmittag nicht paßt, deshalb reichte man einen anderen süßen Rotwein, und zwar denselben während der ganzen Disputation, was allgemeine Zustimmung fand" (G. Schreiber, S. 226). Die Prüfer nun wünschten dem Kandidaten ein ‚Prosit', indem sie die Gläser hoben.'

Lit.: *G. Schreiber:* Dt. Weingeschichte (Köln 1980), S. 225–226: Der Wein im akademischen Brauchtum.

Protokoll. *Ein Protokoll bekommen,* rhein. auch ‚ein Knöllchen bekommen', einen Strafbefehl bekommen. Protokoll ist eigentl. die Niederschrift des wesentlichen Tatbestandes, hier aber die Strafverfügung (bei einem fahrlässigen Verkehrsverhalten) selbst.

Provinz. *Aus der tiefsten (hintersten) Provinz kommen:* aus einer rückständigen Umgebung kommen, im Vergleich zum Wesen der Hauptstadt. Eine Provinz war urspr. ein den Römern unterworfenes Land außerhalb Italiens, das von einem römischen Statthalter verwaltet wurde.

Prozeß. *Kurzen Prozeß machen:* kurz entscheiden; ohne Rücksicht auf Widerspruch handeln. Prozesse dauern nach der volkstümlichen Meinung im allg. übermäßig lange; ein ‚kurzer Prozeß' ist also ein abrupt abgebrochenes, gewaltsam verkürztes Verfahren; lit. schon bei Grimmelshausen im ‚Simplicissimus' (II, Kap. 29, S. 188): „sie machte ihnen (den Läusen) den Prozeß kurz und gut ..."
Dem Prozeß ein Loch machen: ihm einen Ausgang verschaffen; *einen Prozeß ma-*

chen, wenn der Esel einen Hund gebissen hat: sich wegen der geringfügigsten Kleinigkeit gerichtlich streiten.

Prüfstein. *Ein Prüfstein für etw. sein:* ein Maßstab, ein Kriterium sein, eigentl. ein Probierstein zur Ermittlung des Feingehaltes von Gold- u. Silberlegierungen, seit dem 16. Jh., ↗ Stein. In übertr. Bdtg. auf den Menschen bezogen: *Für jem. ein Prüfstein (der Geduld) sein:* eine Art Orakel bilden. Vielleicht bezieht sich die Wndg. auf eine frühere Art, um Gesundheit oder Krankheit öffentl. festzustellen, wie z. B. in Lübeck: in vergangener Zeit mußten sich ankommende Fremde ,auf den Prüfstein setzen'; begann der Stein zu schwitzen, so galten sie als nicht aussätzig (vgl. HdA. VIII, Sp. 390).

Prügel. *Jem. Prügel zwischen die Beine werfen:* jem. ↗ Knüppel zwischen die Beine werfen. Bei Abraham a Sancta Clara erscheint die Rda. in ,Judas, der Ertzschelm' (1710) und im ,Geistlichen Kramerladen' (1725) in der Form: ,Jem. Prügel unter die Füß werffen', ↗ schlagen.

Prügelknabe. *Als Prügelknabe dienen:* statt eines anderen leiden. Wanders Sprww.-Lexikon gibt als einzigen Beleg eine Stelle aus der Breslauer Zeitung von 1864: „England dient der französischen Presse als Prügelknabe", und das Grimmsche Wb. führt aus Gustav Freytags ,Bildern aus der dt. Vergangenheit' (1867, Ges. W. XIX, 298) den Junker Hans von Schweinichen an, der als Knabe Page des eingesperrten Herzogs Friedrich des Vaters und Prügeljunge Friedrichs des Sohns gewesen wäre. Schweinichen selber erzählt jedoch nichts dergleichen, im Gegenteil: er war zwar mit einem andern Knaben Erziehungsgenosse des Herzogs Friedrich (IV. von Liegnitz), und der Präzeptor Hans Pfitzner hielt die drei sehr streng, aber Hans hatte, da er ihn schmierte, einen Vorteil vor den andern und wurde in der ganzen Zeit nicht öfter als zweimal gestrichen, „welches ich doch wohl verdienet gehabt und er (der Präzeptor) es ehrenhalber nicht hat umgehen mögen" (Denkwürdigkeiten von Hans

von Schweinichen, hg. von H. Oesterley, Breslau 1878, S. 15). Hat also Freytag sachlich unrecht, so hat er doch wohl viel zur Popularisierung des Wortes – nicht auch des Begriffes – beigetragen. Das Wort aber scheint nur eine Übers. des engl. ,Whipping-boy' zu sein, das schon im Jahre 1647 belegt ist. Das Oxford English Dictionary bringt z. B. (X, 57) Hinweise auf William Murray und Mungo Malogrowther, die Prügelknaben der Könige Charles I. und James VI. In Frankr. kam dafür nach dem kleinen Husaren, der für Louis XV. die Streiche in Empfang zu nehmen hatte, das Wort ,Hussard' auf (heute jedoch nur noch in der Bdtg. von ,Husar' gebräuchl.), während es in Spanien, wo die Sitte noch im 19. Jh. im Schwange war, keine eigene Bez. für ihre Opfer gegeben zu haben scheint. Ebenso verhält es sich bei dem einzigen Beisp., das einen dt. König betrifft, nämlich Konrad IV. (1228–54), den Vater Konradins, des letzten Hohenstaufen. Von ihm berichtet eine der ,Novelle antiche': „Von König Konrad liest man, er habe als Knabe zwölf gleichaltrige Knaben zur Gesellschaft gehabt, und wenn er in etwas fehlte, so schlugen die Meister, die ihm zur Aufsicht gegeben waren, nicht ihn, sondern diese Knaben, seine Kameraden. Und er sagte: ,Warum schlagt ihr sie?' Antworteten die Meister: ,Wegen deiner Verfehlungen'. Und er sagte: ,Warum schlagt ihr dann nicht mich, der ich die Schuld trage?' Und die Meister antworteten: ,Weil du unser Herr bist; diese aber schlagen wir an deiner Statt. Darum muß es dich, wenn du ein edels Herz hast, sehr betrüben, daß ein anderer für deine Schuld leidet'. Darum, heißt es, hat sich König Konrad aus Mitleid mit ihnen wohl gehütet, etwas Unrechtes zu tun" (F. Zambrini, Libro di novelle antiche, Bologna 1868, 78); vgl. die ähnl. pädagogische Methode: ,den ↗ Hund vor dem Löwen schlagen'.

Lit.: *A. Wesselski:* Der Prügelknabe, in: Erlesenes (Prag 1928), S. 126–128; *W. Hävernick:* „Schläge" als Strafe (Hamburg ⁴1970).

Pudding. *Pudding in den Armen (Beinen) haben:* schwache Arme (Beine) haben; vgl. frz. ,avoir les jambes (Wolle) de laine'.

Pudding unter der Glatze haben: dumm sein (Anspielung auf Gehirnerweichung); *auf den Pudding hauen:* ausgelassen sein, prahlen; *das ist Pudding:* das gefällt mir sehr; *auf Pudding treten:* keine feste Zusage erhalten. Alle diese Rdaa., in denen Pudding wegen seines geringen Festigkeitsgrades bildl. für eine weiche Sache steht, sind erst neuerdings aufgekommene Wndgn.

Puddingabitur. *Ein Puddingabitur machen:* (nur) eine Abschlußprüfung am hauswirtschaftlichen Zweig einer höheren Schule ablegen, d. h. an einem Gymnasium, das nicht den höchsten Anforderungen entspricht, z. B. geringere Fremdsprachenkenntnisse verlangt. Diese Art Abitur berechtigt deshalb auch nicht zum Besuch der Universität oder sieht nur das Studium bestimmter Fächer vor. Die zunächst ganz lustig oder scherzhaft klingende Wndg. wird häufig auf junge Mädchen (oft aus gutem Hause) bezogen, die weniger wissenschaftlich-theoretische Begabung zeigen, die ganz andere Interessen besitzen oder denen das Lernen grundsätzlich schwerfällt. Sie ziehen den leichteren Weg in ihrer Schulbildung vor, die man andererseits von ihnen erwartet. Auch der Hintergedanke kann dabei mitspielen, ja bald zu heiraten und dann das mühsam Gelernte doch nicht mehr anwenden zu können. Bes. Hauswirtschaftslehrerinnen trifft der Vorwurf, nur ein ‚Puddingabitur‘ zu besitzen, da sie tatsächlich nur dieses bei ihrer weiteren Ausbildung als Voraussetzung vorlegen müssen. Ihnen wird außerdem böswilligerweise unterstellt, weniger Wissen als andere Lehrer zu brauchen, da es bei ihnen ohnehin nur bis zum ‚Pudding-Kochen‘ reichen müßte.

Pudel. *Einen Pudel machen (schießen):* beim Kegeln einen Fehlwurf tun; sodann allg.: einen Fehler machen: zuerst 1754 in Hamburg bezeugt; daneben seit dem Anfang des 18. Jh. ‚pudeln‘, Fehler machen. Auch lat. ‚canis‘ hatte schon die Bdtg. ‚schlechtester Wurf im Spiel‘; vgl. die ähnl. geringschätzige Bdtg. von ↗ Bock. *Wie ein begossener Pudel dastehen* (oder *abziehen):* sehr kleinlaut, beschämt daste-

hen; das komische Aussehen des sich vor Nässe schüttelnden Tieres hat den Anlaß zur Rda. gegeben, wie auch zu dem Ausdr. ‚pudelnaß‘. Schon 1618 heißt es im Volkslied von den zum Prager Rathausfenster hinuntergeworfenen Herren, sie hätten sich davongeschlichen „alsam begoßne Hund“. In Schillers ‚Räubern‘ (II, 3) vergleicht Spiegelberg einen, der Angst kriegt: „Tausend Sakerment! da hättest du den Kerl sehen sollen die Augen aufreißen und anfangen zu zappeln wie ein nasser Pudel“; vgl. auch die Ausdrücke ‚pudelnackt‘, völlig nackt (wie ein geschorener Pudel) und ‚pudelnärrisch‘, närrisch, mutwillig, übermütig (wie ein ausgelassener Pudel). *Es ist einem pudelwohl:* man fühlt sich rundherum glücklich und gesund. Der Name Pudel wurde im 18. Jh. aus ‚Pudelhund‘ gekürzt. Ndd. ‚pudel‘ heißt eigentl. Pfütze, ‚pudeln‘ im Wasser plätschern. Danach ist der auf Wasserjagd abgerichtete Pudel benannt. Die Wndgn. „Knurre nicht, Pudel!“ und „Das also war des Pudels Kern!“ sind Zitate aus Goethes ‚Faust‘ I (Studierzimmer). In den Volkssagen spielt der Pudel oft eine Rolle als Geistertier und Spukerscheinung.

Der Pudel lernt tanzen.

‚Den Pudel das Tanzen lehren‘

Den Pudel das Tanzen lehren: einen zwingen, das zu tun, was man befiehlt, auch: jem. zu niederträchtigen Streichen anstiften. Die Rda. beruht auf der Beobachtung, daß sich Pudel gelehrig erweisen und sich daher leicht abrichten lassen. Bei der Übertr. auf den Menschen erhält die Wndg. negative Bdtg., denn sie charakterisiert den Willensschwachen, der zu leicht zu beeinflussen ist.

Lit.: *Güntert:* Art. ‚Pudel‘, in: HdA. VII, Sp. 381–382; *B. A. Woods:* The Devil in Dog Form (= Folklore Studies 11), (Berkeley – Los Angeles 1959).

Puff. *Einige Püffe vertragen können:* nicht empfindlich, nicht wehleidig sein. Das Wort ‚Puff‘ ist abgeleitet von ital. ‚buffo‘: Windstoß. ‚Puff‘ ist auch seit ca. 1900 die Bez. für ein Bordell. Dieser Name jedoch stammt aus dem Brettspiel, wie ältere Zeugnisse beweisen. Der Schall der aufgeschlagenen Würfel auf das Brett wurde als Symbol für Geschlechtsverkehr angesehen. So gab es Wndgn. wie ‚mit ir anfahen im pret zu spilen‘. (H. Fischer, Schwäb. Wb. I (1904), S. 1409).

Lit.: *E. Borneman:* Sex im Volksmund (Reinbek bei Hamburg 1971).

Pulle. *Etw. volle Pulle machen:* eine Sache ganz intensiv, mit größtem Einsatz erledigen.
Volle Pulle geben (fahren): Das Gaspedal im Auto durchtreten, mit höchster Kraft und Geschwindigkeit vorankommen wollen und dazu alle Möglichkeiten einsetzen.

Puls. *Einem den Puls fühlen:* ihn ausforschen, seine Gesinnung oder auch sein Denkvermögen prüfen; von der ärztlichen Feststellung des Pulsschlages auf die Feststellung der Gesinnung und des Denkens übertr. (19. Jh.).

Pulver. *Das Pulver nicht erfunden haben:* beschränkt, dumm, einfältig sein; vgl. frz. ‚n'avoir pas inventé la poudre‘.
Jobst Sackmann, Pfarrer zu Limmern bei Hannover (um die Zeit 1686–1720), sagt in einer plattdt. Predigt über die Erfindung des Schießpulvers: „Is dat ene Kunst, dat men enen dot schütt? Jo, ick kant nig gnog seggen, dat so en Stück Schelms, so en liederlick Mönk dat Pulver het utdacht, wenn et noch en Soldat odder dapper Kriegsmann dan hadde, so wull ick daer noch nich van seggen". Diese Schelte bezieht sich auf Berthold Schwarz, der in Freiburg, wo sein Denkmal steht, das Schießpulver bei alchimistischen Versuchen hergestellt haben soll.

‚Das Pulver (nicht) erfunden haben‘

Bertholdus Niger muß – nach neueren Forschungen – als historische Person betrachtet werden, die die erste Hochdruckwaffe herstellte. Vor 1370 hatte es nur Niederdruckwaffen gegeben. Bertholds Erkenntnis lag darin, daß er beobachtete, welch ungeheuren Druck hocherhitzte, eingeschlossene Gase entwickeln können. Berthold selbst stammte aus der Stadt Konstanz, lebte in der ersten Hälfte des 14. Jh. als Magister artium an der Universität Paris. Er beschäftigte sich mit der alchimistischen Kunst und entdeckte die Sprengwirkung eines Pulvergemischs aus Schwefel, Salpeter und Holzkohle. Das ‚Große vollständige Universal-Lexikon‘ (Leipzig – Halle 1732–54) schreibt 1741 über Berthold: „Schwartz ... hieß sonst Constantin Angklitzen, war zu Freyburg in Dtl. um die Mitte des 14. Jh. geboren, und seiner Profeßion nach zu Mayntz ein Münch, und hat die Erfindung des Schießpulvers und der Büchsen 1330 wider sein Vermuthen zu Stande gebracht ... Im übrigen haben einige vorgegeben, daß endlich Kayser Wentzel den Schwartz wegen dieser seiner Erfindung 1388 lebendig habe verbrennen lassen".
In Ifflands ‚Jägern‘ von 1785 (II, 5) sagt Anton zu Friederike: „Ich habe wenig, vornehm bin ich nicht, es kann auch sein, daß ich das Pulver nicht erfände – aber soviel gesunden Sinn, als man fürs Haus braucht, traue ich mir zu". Karl Gutzkow hat die Rda. zu einem Haupttreffer in der Szene des Tabakskollegiums in seinem Lustspiel ‚Zopf und Schwert‘ (1844) benutzt. Da entgegnet der Erbprinz von Bayreuth auf die Frage, was der Alte Dessauer erfunden habe: „Das Pulver kann's nicht sein, denn das hat schon Herr von Secken-

dorf erfunden". Scherzhaft wird der durch die Rda. ausgedrückte Tadel auch in gemilderter Form geäußert: ‚Er hat bei der Erfindung des Pulvers im Nebenzimmer gesessen'.

Sein Pulver verschossen haben: nichts mehr leisten können, am Ende der Kräfte angelangt sein, auch: sich sexuell verausgabt haben, impotent sein.

Ein Beispiel für die erotische Bdtg. dieser Rda. ist die zweite Strophe eines Jägerliedes aus Unterfranken: ‚Ich bin ein lust'ger Jägersknecht':

> Was ein Jäger haben soll,
> hab' ich wohl;
> all' mein' Taschen, die sein voll.
> Schönes Pulver, Blei und Kugel
> schieß ich so fix
> aus meiner Büchs
> nach diesem Vogel.

(*R. W.* Brednich: Erotische Lieder [Frankfurt/M. 1979], S. 84–85).

Sein Pulver trocken halten: seine Reserven zurückhalten, auf der Hut sein, seine Kräfte nicht vorzeitig vergeuden. Im Kriegsbuch von Margret Mead steht der Aufruf: ‚Haltet Euer Pulver trocken'. Die Rda. kann auch erot. Bdtg. erhalten: mit seiner Potenz sparsam umgehen (Borneman: Sex im Volksmund).

Kein Pulver riechen können: feige sein.

Keinen Schuß Pulver wert sein: nicht das geringste wert sein; bezieht sich auf den Tod durch Erschießen, der als weniger schimpflich und entehrend gilt als der Tod durch Erhängen etc. *Auf dem Pulverfaß sitzen:* in gefährlicher Lage sein; vgl. frz. ‚tonneau de poudre'.

Auf das Arzneipulver bezieht sich die obersächs. Rda. ‚dummes Pulver (ein)-nehmen', sich dumm stellen, Verständnislosigkeit heucheln.

Jem. Maschinenpulver verabreichen: meint salopp, jem. vergiften. Im Volksglauben gibt es die Vorstellung, daß, Pulver ins Essen und Trinken gemischt, mutig mache (HdA. VII, Sp. 382–383).

Lit.: *H. Hansjakob:* Der schwarze Berthold (Freiburg 1891); *F. M. Feldhaus:* Was wissen wir von Berthold Schwarz?, in: Zs. f. hist. Waffenkunde 4 (1906/08), S. 66 und 113 f.; *H. J. Rieckenberg:* Berthold Schwarz, in: Neue dt. Biographie 2 (1955); *H. Biedermann:* Handlexikon der magischen Künste (München-Zürich 1973), S. 60–61; *W. Gerd Kramer:* Berthold Schwarz: Erfindung, Lebenszeit und Bdtg., in: Schauins-Land 93 (1975), S. 63–82.

Pump. *Auf Pump leben:* mit geliehenem Geld leben. ‚Auf Pump' heißt: auf Vorschuß, urspr. wurde pumpen nur auf das Wasserschöpfen bezogen; seit 1687 wurde es zu rotw. ‚pompen' = borgen, gewendet.

Auf Pump kaufen: auf Ratenzahlung bzw. auf Kredit kaufen. Es handelt sich um eine saloppe Rda. für die veraltete, nur noch im Sprw. erhaltene Wndg. ‚auf Borg kaufen', d. h. mit gestundetem oder geliehenem (geborgtem, gepumptem) Geld.

Jem. anpumpen: ihn um eine Anleihe (einen Pump) bitten. Meist ist das Versprechen der Rückgabe damit verknüpft, oft aber auch die Hoffnung, die Anleihe vergessen zu können, z. B. wenn der Vater ‚angepumpt' wird, ↗ anzapfen, ↗ borgen.

‚Jemanden anpumpen'

Pumpernickel. *Den Pumpernickel singen:* Schläge austeilen.

‚Wo s dr Brauch ist, singt mr de Pumpernickel in dr Kirch.' Der Bumbernickel war wie das ↗ Bohnenlied ein derbes Lied. Man verstand unter ‚de Bumbernickel singe' auch Prügeleien zwischen Eheleuten.

Lit.: *K. Ranke:* Pompa diaboli. Etymologisches und Volkskundliches zur Wortfamilie Pumper, in: Beiträge zur deutschen Volks- und Altertumskunde 1 (1954), S. 79 ff.; *H. Moser:* Die Pumpermetten, in: Volksbräuche im geschichtlichen Wandel (München 1985), S. 141–167.

Punkt. *Das ist der springende Punkt:* das ist der Kernpunkt einer Sache, das, worauf es ankommt (gelegentlich auch in lat. Form: ‚das ist das punctum saliens'). Die Rda. ist gelehrten Urspr. Der griech. Naturforscher Aristoteles (384–322 v. Chr.)

spricht in der ‚Historia animalium‘ (6. Buch, 3. Kap.) davon, daß sich im Weißen des Eies das Herz des werdenden Vogels „als ein Blutfleck" anzeige; „dieses Zeichen (σημεῖον) hüpfe und springe wie ein Lebewesen". Theodorus Gaza († 1478) übertrug die letzten Worte so: „quod punctum salit iam et movetur ut animal", und so wurde allg. in der Sprache der Humanisten der Ausdr. mit ‚punctum saliens‘ wiedergegeben und von hier aus in der Bdtg. ‚Kernpunkt des Lebens‘, ‚Punkt, in dem die spätere Entwicklung des Wesens beschlossen liegt‘, übertr. als ‚Punkt, auf den alles ankommt‘, weiterverbreitet. Im urspr. Sinn gebraucht Schiller noch die Wndg. in dem Gedicht ‚Der Genius‘ (1795):

Da noch das große Gesetz, das oben
im Sonnenlauf waltet
Und verborgen im Ei reget den
hüpfenden Punkt,
Noch der Notwendigkeit stilles Gesetz,
das stetige, gleiche,
Auch der menschlichen Brust
freiere Wellen bewegt.

Jean Paul schreibt 1807 in ‚Levana oder Erziehungslehre‘: „Jede Erfindung ist anfangs ein Einfall; aus diesen hüpfenden Punkten entwickelt sich eine schreitende Lebensgestalt". Goethe spricht gern vom ‚Lebenspunkt‘ oder ‚Quellpunkt‘. Wilh. Raabe sagt 1875 im 2. Kap. seiner Erzählung ‚Vom alten Proteus‘: „So wollen wir nun dem Hüpf-, Brüt- und Lebenspunkt im Ei dieser Historie näher gehen".

Der Punkt des Archimedes ist sprw. geworden: ‚Wenn er den Punkt fände, er brächte die Erde aus der Bahn‘ (Wander III, Sp. 1425, Nr. 19).

Etw. hängt vom Punctum puncti ab: etw. richtet sich nach dem ‚Punkt des Punktes‘, d. h. nach der finanziellen Situation.

Ein dunkler Punkt im Leben einer Person: eine unklare, moralisch nicht ganz einwandfreie Geschichte, die nie aufgehellt wird. Ein Sprw. heißt: ‚Ein Pünktlein macht die ganze Ehre schwarz‘. ‚Es gibt schwarze Punkte am Himmel‘ ist durch Napoleon III. sprw. geworden: am 26. August 1867 sagte dieser zum Bürgermeister von Lille: „Seit vierzehn Jahren sind viele meiner Hoffnungen in Erfüllung gegangen und große Fortschritte gemacht worden, es haben aber auch dunkle Punkte (‚points noirs‘) unsern Horizont umwölkt".

Auch von einem *wunden Punkt* reden wir bildl. zur Bez. einer Schwierigkeit, einer dunklen Stelle, eines faulen Flecks, der wie eine Wunde geheilt sein möchte und doch behutsam angefaßt sein will; vgl. frz. ‚le hic‘. Bismarck zu den Freisinnigen: „Da haben die Herren gefunden: Aha, da hat die Regierung einen wunden Punkt, da wollen wir darauf reiben".

Auf den toten Punkt gelangen: mit einer Sache nicht weiterkommen. Die Wndg. ist im 19. Jh. aufgekommen und stammt aus der Sprache der Technik: Auf dem ‚toten Punkt‘ befindet sich eine Dampfmaschine, wenn Kurbel und Pleuelstange eine gerade Linie bilden. So schreibt der Dichter-Ingenieur Max Eyth 1899 in ‚Hinter Pflug und Schraubstock‘ (II, 263): „Dank dem nicht zu bändigenden Willen meines unglaublichen Schwiegervaters ist der tote Punkt überwunden". Vgl. frz. ‚en être au point mort‘.

Der Punkt auf dem i bez. sprw. das, was eine Sache erst zum vollen Abschluß bringt, so klein es auch sein mag (vgl. auch das Tüpfelchen auf dem ↗ I). *Den Punkt aufs i setzen:* peinlich genau sein; ndl. ‚De punten op de i zetten‘; Bismarck: „Daß wir noch nicht in der Lage sind, in allen diesen Fragen die Punkte so genau über das I zu setzen, wie sie vielleicht in zwei oder drei Jahren von selbst auch dem ersten Herrn Redner ins Auge springen werden" (‚Reden‘ VIII, 187; vgl. XII, 198).

Keinen Punkt übers i setzen können: zu nichts taugen. *Einem den Punkt über das i machen:* etw. verständlich machen, was sich von selbst versteht; vgl. frz. ‚mettre à quelqu'un les points sur les i‘.

Nun mach aber einen Punkt!: nun hör aber auf (mit deinen Klagen, Fragen oder dergleichen); die Rda. bezieht sich auf den Punkt als Satzschlußzeichen; in ähnl. Sinne die ältere Rda. *Punktum, Streusand drauf!* die Sache ist entschieden; Widerrede gibt's nicht! (mit Streusand löschte man früher nach Fertigstellung eines Briefes oder Schriftstückes die Tinte ab).

Ohne Punkt und Komma reden: immerzu, ohne Unterbrechung, unentwegt, ohne Atem zu holen reden.

pünktlich. *Pünktlich wie die Maurer:* sehr pünktlich; dem rdal. Vergleich liegt die weitverbreitete Ansicht zugrunde, daß die Maurer auf die Minute genau die Kelle aus der Hand legen, um Feierabend zu machen. Diese Berufsneckerei ist auch in die Form von Witzen gefaßt worden; so wird z. B. erzählt, daß ein Maurer, der in den Rhein gefallen war, zu schwimmen aufhörte und ertrank, als die Glocke vom Kirchturm den Feierabend einläutete. Die Wndg. ‚Pünktlichkeit ist die Höflichkeit der Könige' wird gern gebraucht, wenn es zu den Vorzügen eines Vorgesetzten gehört, auch Untergebene nicht warten zu lassen. Sie bezieht sich urspr. auf einen Ausspruch Ludwigs XVIII., der von 1814 bis 1824 regierte: ‚L'exactitude est la politesse des rois'.

Pupille. *Die Pupille auf null drehen:* sich zum Schlafen legen, geistig ‚abschalten'; sold. seit dem 2. Weltkrieg; *die Pupille bibbert:* man wagt einen Blick auf Aufreizendes; *er kriegt es in die falsche Pupille:* er sieht es falsch; *jem. in der Pupille haben:* sich ihn genau merken, ihn sofort wiedererkennen; *eine Pupille hinschmeißen:* auf etw. ein Auge werfen, etw. beobachten; *eine Pupille riskieren:* einen Blick wagen; vgl. frz. ‚risquer un œil' ↗ Auge; *sich die Pupille verstauchen:* schlecht Entzifferbares zu lesen versuchen; *ich rotze dir auf die Pupille, dann siehst du drei Tage Farbfilm:* Drohung unter Berliner Jugendlichen; Mitte 20. Jh.

Puppe. *Die Puppen tanzen:* eine heftige Auseinandersetzung findet statt; *jetzt kommen die Puppen ans Tanzen:* jetzt kommt der Stein ins Rollen; der urspr. Realbereich dieser Rdaa. ist wohl das Puppentheater (19. Jh., mdal. u. lit.). *Bis in die Puppen (gehen):* sehr weit. Als in der Mitte des 18. Jh. der Große Stern im Berliner Tiergarten, der damals von der Stadt weit entfernt war, nach frz. Geschmack der Gartenkunst mit Statuen aus der antiken Götterwelt geschmückt wurde, nannten die Berliner diese Standbilder ‚Puppen' und den Großen Stern den ‚Puppenplatz'. ‚Bis in die Puppen gehen' war ein verhältnismäßig weiter Spaziergang. Die Wndg. wurde von der räumlichen auf die zeitliche Ausdehnung übertr., so daß ‚bis in die Puppen' soviel wie ‚immerfort, sehr lange' bedeutete (z. B. auch ‚bis in die Puppen schlafen, arbeiten, ausbleiben'); dann auch allg.: z. B. ‚Das geht mir doch über die Puppen!', das übersteigt alles Maß. Diese Erklärung ist übrigens angezweifelt worden; man hat die Rda. – aber wohl kaum mit Recht – zu deuten gesucht aus einer auf dem Lande gebrauchten Wndg. ‚es regnet bis in die Puppen', d. i. bis in die zu Haufen gesetzten Getreidegarben, die durch eine Deckgarbe vor wäßrigem Regen geschützt sind.

Lit.: *H. Krügler:* ‚Bis in die Puppen', in: Mitt. d. Ver. f. d. Gesch. Berlins 49, Nr. 4; *H. Meyer:* Der richtige Berliner in Wörtern u. Rdaa.; *A. Lasch:* ‚Berlinisch'. Eine berl. Sprachgesch. (Berlin o.J. [1928]), S. 186; *O. N. Heinertz:* Bis in die Puppen, in: Moderna Språk 36 (1942), S. 189–190.

Puste, pusten, Pustekuchen. Puste = Atem gehört zu pusten = blasen, schnauben; rdal. z. B. in der Drohung: ‚Ich knall dir die Puste aus dem Ranzen!' Ähnl. die berl. Drohung: ‚Ich puste dich pfundweise aus dem Trauring!' *Ihm geht die Puste aus:* er atmet schwer, er gibt auf, er kann nicht weiter, er stirbt. *Da bleibt einem ja die Puste weg!* ruft man, wenn man sehr erstaunt oder körperlich erschöpft ist. *Ja Pustekuchen:* ist eine starke rdal. Verneinung, Ausruf der Ablehnung; zusammengezogen aus: ‚Ich puste auf Kuchen' (zu: ‚jem. etw. pusten', eine Sache abschlagen); auch: *Ja, Pusteblume! Hohe Noten pusten:* hohe Töne blasen.

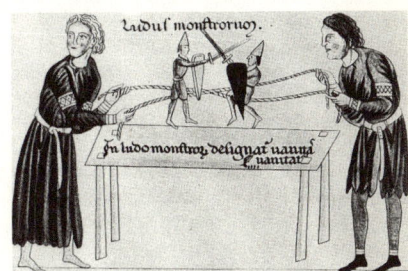

‚Die Puppen tanzen lassen'

Putz. *Auf den Putz hauen:* sehr schimpfen, sich beschweren, auch: viel Geld schnell ausgeben. *Putz machen* bedeutet: Streit anfangen oder sich sehr über etw. aufregen.

Ist jem. beruflich erfolgreich und hat keine finanziellen Sorgen, so ist er bei den Schwaben ,putzt und g'strählt'.

Putzmunter ist jem., der überquillt vor Lebensfreude, dem es sehr gut geht.

Puzzlearbeit. *Eine Puzzlearbeit verrichten:* eine bes. mühevolle, viel Geduld erfordernde Aufgabe durchführen; aus vielen kleinen Einzelteilen das Ganze zusammensetzen.

Die Wndg. bezieht sich auf das vor allem bei Kindern beliebte Puzzlespiel, das sie lange Zeit beschäftigen kann, aber auch ihre Kombinationsgabe und Geduld auf die Probe stellt, ↗ Geduld.

Pyrrhussieg. *Sich einen Pyrrhussieg erkämpft haben:* einen Scheinsieg errungen haben, der mit empfindlich hohem Einsatz, mit großen Opfern erreicht wurde und eher einem Fehlschlag gleichkommt. König Pyrrhus von Epirus (319–272) besiegte 280 bei Herakleia den Konsul P. Valerius Laevinus unter solch hohen Verlusten, daß er erklärt haben soll: „Noch einen solchen Sieg über die Römer, und wir sind verloren!" In übertr. Bdtg. meint die Wndg. heute: einen Erfolg zu teuer erkaufen.

Q

Quacksalber. *Ein Quacksalber sein,* auch *Quacksalbereien treiben:* ein schlechter Arzt und Pfuscher sein, der seine Wunderkuren, Salben und Hausmittel anpreist und mit seinen angeblichen Heilerfolgen prahlt; ohne fundierte medizinische Kenntnisse mit untauglichen Mitteln Kranke behandeln und oft ‚zu Tode kurieren‘. Das Subst. ist aus dem gleichbedeutenden ndl. ‚kwakzalver‘ entlehnt, das zu ‚kwakken‘ = schwatzen, prahlen und ‚zalf‘ = Salbe gebildet ist. Für Dtl. ist der Ausdruck seit 1570 durch Fischart bezeugt (‚Barf. Sekten- und Kuttenstreit‘, 465). Vgl. frz. ‚être un charlatan‘, ↗ Scharlatan. Die Bez. ‚Quacksalber‘ könnte auch mit ‚Quecksilber‘ in Zusammenhang stehen, denn Quecksilbersalben u. -pflaster oder ‚Merkurienpflaster‘, eine Verreibung von zwei Teilen Quecksilber in zehn Teilen Bleipflastermasse, dienten zur örtlichen Behandlung syphilitischer Geschwüre. Weiße, gelbe u. graue Salben mit Quecksilber dienten zur angeblichen Heilung.

Lit.: *T. Hampe:* Die fahrenden Leute in der dt. Vergangenheit. Monographien zur dt. Kulturgeschichte X (Leipzig 1902).

Quadrat. *Ums Quadrat gehen:* um einen Häuserblock herumgehen.
Pech (Glück) im Quadrat haben: mehrfaches Glück oder Pech haben; der eigentl. mathematische Begriff ‚(im) Quadrat‘ hat hier steigernde Bdtg., so auch bei: *Quadratschädel* (ein sturer Mensch) oder *Quadratlatschen* (große, klobige Füße oder ausgeleierte Schuhe).
Die Quadratur des Kreises suchen: eine Aufgabe lösen wollen, die eigentl. unlösbar ist. Das mathematische Problem, von dem sich die Rda. ableitet, besteht darin, einen vorgegebenen Kreis nur mit Hilfe von Zirkel und Lineal in ein flächengleiches Quadrat zu überführen. Den Beweis für die Unlösbarkeit dieser Aufgabe brachte F. Lindemann 1882, indem er die Transzendenz der Zahl π nachwies.
Als Ausdr. der Harmonie galten in der Renaissance die sog. magischen Quadrate. Die schachbrettartigen Felder dieser Tafeln waren mit Zahlen besetzt, deren Summe, von oben nach unten, von rechts nach links, diagonal und jeweils in ande-

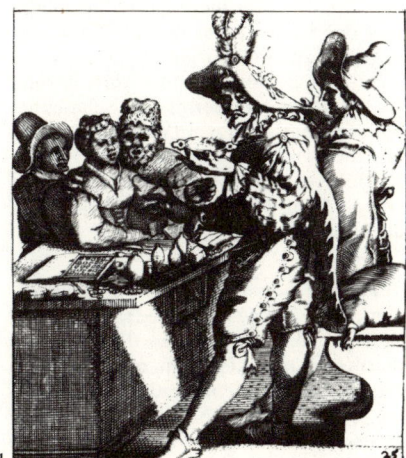

1/2 ‚Quacksalber‘

rer Richtung gelesen, immer die gleiche Zahl ergibt.

Lit.: *H. Biedermann:* Handlexikon der magischen Künste (München – Zürich 1968), S. 205–206.

Qual. *Die Qual der Wahl haben:* bei großer Auswahlmöglichkeit Schwierigkeiten haben, sich für eines der Dinge entscheiden zu können. Zu dieser Rda. gibt es auch zwei alte Sprww.: ,Wahl macht Qual' und: ,Wer die Wahl hat, hat die Qual'.

Qualm. *Großen Qualm machen:* viele überflüssige Umstände machen; viel Wertloses sprechen; vor allem aber: mehr scheinen wollen als sein. Der Realbereich der Rda. ist ein Feuer, das sehr viel Qualm entwickelt, aber nicht recht brennen will. *Es ist Qualm in der Küche (Waschküche):* im Hause herrscht Unfrieden, Streit; ähnl. wie ,dicke Luft'; vgl. frz. ,Le torchon brûle' (wörtl.: Das Küchentuch brennt): es gibt Streit; mhd. ,qualm' bedeutet eigentl. Plage, Beklemmung, Bedrängung, Qual.
Jem. einen Qualm vormachen: jem. täuschen, ↗ Rauch.

Quark. Schon seit dem 16. Jh. bez. Quark bildl. etw. völlig Wertloses, eine Nichtigkeit; daher Rdaa. wie: *Kümmere (oder mische) dich nicht um (in) jeden Quark!* (lit. in Goethes ,Faust' I, ,Prolog im Himmel': „In jeden Quark begräbt er seine Nase"); *davon verstehst du einen Quark* (ähnl. wie Dreck, Pappenstiel, Pfifferling); ndd. ,dat geit di 'n Quark an'; ,davon versteihst du Quark'.
Eine veraltete Rda. heißt: *mit einem Quark versiegelt sein* und meint, um etw. gebracht worden sein, betrogen sein. Bei Gottfried Keller (,Die Leute von Seldwyla') steht die sprw. Wndg.: „Der gibt dem Quark eine Ohrfeige und meint, er sei der Fechtmeister", ↗ Käse.
Er hat Quark in den Händen: er läßt fallen, was er in der Hand hat. Vgl. frz. ,Il a des mains de beurre' (veraltet).
„Getrubter Quark wird breit, nicht stark" sagt Goethe im ,Buch der Sprüche' des ,Westöstlichen Divans'.
Im Quarksack wird der Quark durch Pressen von der Molke befreit; daher der

schles. rdal. Vergleich: ,schwitzen wie ein Quarksack'; obersächs. ,naß wie ein Quarksack'.
Eine vor allem in Norddtl. verbreitete sprw. Gesundheitsregel lautet: ,Quark macht stark'.
Im westdt. und obd. Raum ist dieselbe Sache unter anderen Bez. geläufig, wie z. B. rhein. ↗,Flötekies', schwäb. ,Lukeles-' oder ,Bibbeleskäs'.

Quarre. *Erst die Pfarre, dann die Quarre!* Dieser Rat besagt, daß man sich zuerst eine gesicherte Existenzgrundlage schaffen soll, bevor man eine Familie gründet. Zu dieser seit der Mitte des 17. Jh. bezeugten Rda. hat die Quarre, ein schnarrendes Musikinstrument, den Anlaß gegeben. Der Name des Musikinstruments sowie die ,Quarre' in der Bdtg. ,Frau' gehen zurück auf das ahd. Verb queran, quarren, was schreien, knurren oder weinen bedeutet. Da das weinende Kind die Quarre zur Ablenkung und Beruhigung erhielt, wurde das Wort auch auf das schreiende Kind übertr. In dieser Bdtg. steht es in der Rda.

Quartalssäufer. *Ein Quartalssäufer sein:* nur selten, aber dann sehr viel Alkohol trinken. Urspr. wurde damit wohl derjenige Handwerksgeselle bez., der im allg. solide lebte, es aber wahrnahm, wenn es beim Quartal, der vierteljährl. Versammlung der Handwerker bei der Lade, aus Strafgeldern Freibier gab.
Wenn einer vor Freude fortwährend pfeift, fragt man in Berlin: ,De Schefer haben wol Quartal?' Damit meint man ebenfalls die Versammlung zu jedem Quartal. Schäfer war die alte Bezeichnung für einen ständig Pfeifenden (Schulz-Basler: Dt. Fremdwb. III, 1, S. 34f.).

Quatsch. *Quatsch verzapfen:* Unsinn machen; blödsinniges Zeug reden. Um seine große Ablehnung einer Sache gegenüber deutlich zu machen, sagt man: *Quatsch mit Soße.* Ermahnend heißt es: *Mach keinen Quatsch!,* sei vorsichtig, besonnen. Quatsch kommt aus dem Ndd. quat: schlecht, böse. So hieß auch ,quatschen' früher: über etw. (jem.) böse reden.

Quecksilber. *Quecksilber im Hintern haben:* unruhig, äußerst lebhaft sein; holst. ‚He hett quicksülber im steert'.

Quelle. *An der Quelle sitzen (sein):* sich gut mit dem Nötigsten versorgen können, Waren direkt vom Hersteller beziehen, auch: Nachrichten aus erster Hand bekommen; vgl. frz. ‚être à la source'. Urspr. ist mit Quell oder Quelle nur das frisch aus dem Boden hervorsprudelnde Wasser gemeint. Von hier aus erfolgte eine Übertr. auf andere Lebensbereiche, indem Quelle die Bdtg. von ‚Ursprung' erhielt. So sprechen wir heute von einer *Quelle des Lebens* (vgl. frz. ‚Fontaine de vie': Brunnen des Lebens ↗Brunnen), *der Freude* (frz. ‚Source de joie') und *der Weisheit* (frz. ‚Fontaine de la sagesse'). Das Wort Quelle wurde erst durch Luther in der nhd. Schriftsprache geläufig, da er es über 20mal in seiner Bibelübers. verwendete, z.B. heißt es bei 1. Mos. 47,22: „Er wird wachsen wie an einer Quelle", in den Sprüchen Salomos (13,14): „Die Lehre der Weisen ist eine lebendige Quelle", und in Ps. 36,10: „Denn bei Gott ist die lebendige Quelle". Das Subst. ‚Quelle' ist eine Bildung zum Verb ‚quellen', die vom mdt. Osten ausgeht, jedoch in den anderen Mdaa. völlig fehlt, wo dafür Ausdrücke wie ‚Brunn', ‚Born' oder ‚Spring' bevorzugt werden, so daß auch mdal. Rdaa. zu Quelle nicht entstehen konnten. Lit. verwendeten Schiller und Goethe das Wort häufig. So heißt z.B. der 1. Vers aus Schillers Romanze ‚Der Jüngling am Bache', die in das 1803 in Weimar uraufgeführte Lustspiel ‚Der Parasit' oder die Kunst, sein Glück zu machen' eingeflochten ist: „An der Quelle saß der Knabe", was häufig zitiert wird i.S.v.: an der richtigen Stelle sitzen, um sich Vorteile zu sichern. Oder in Schillers Drama ‚Wallensteins Tod' (II, 3) steht:

Und was uns blindes Ohngefähr nur
dünkt,
Gerade das steigt aus den tiefsten
Quellen.

Eine gute Quelle haben (kennen): wissen, wo man etw. direkt und ohne fremde Vermittlung erhalten kann, eine Ware auch in Notzeiten regelmäßig bekommen, gute Verbindungen haben und dadurch billig kaufen können oder wichtige Neuigkeiten als erster erfahren; vgl. frz. ‚avoir ...' oder ‚connaître une bonne source'. Ähnl. heißt es dafür: *Etw. frisch von der Quelle weg erhalten:* etw. aus erster Hand, unverdorben und unverfälscht bekommen. *Etw. aus sicherer (guter, zuverlässiger) Quelle erfahren (wissen):* seine Nachricht oder Kenntnis von einem guten Gewährsmann haben oder aus einem guten, wissenschaftlichen Werk schöpfen und damit die Garantie für die Wahrheit der Information besitzen. Vgl. lat. ‚A sexaginta viris nobis venit'; ndl. ‚Hij heeft het uit een goed kanaal' und frz. ‚connaître de source sûre'.

Aus trüben Quellen schöpfen: seine Informationen von unzuverlässigen oder gar böswilligen Personen bekommen oder aus unwissenschaftlichen und sogar gefälschten Schriften nehmen.

Die Quelle aufsuchen: einer Sache auf den Grund gehen, ähnl. *etw. von der Quelle herleiten:* zu den Ursprüngen, den ersten Nachrichten zurückgehen. Vgl. lat. ‚a fonte ducere' und frz. ‚remonter à la source'.

Bei der Quelle stehen und vom Flusse reden: die naheliegende Hauptsache übersehen und von fernen Dingen reden. Vgl. lat. ‚omissis fontibus consectari rivulos'.

Die (lebendige) Quelle verlassen und Brunnen graben: etw. Überflüssiges oder sogar Schädliches tun, sich das Naturgegebene nicht zunutze machen. Die Wndg. bezieht sich auf eine Bibelstelle. Bei Jer. 2,13 heißt es: „Denn mein Volk tut eine zwiefache Sünde: mich, die lebendige Quelle, verlassen sie und machen sich hie und da ausgehauene Brunnen, die noch löcherig sind und kein Wasser geben", d.h. die Weltmenschen verlassen Gott, die Quelle des Lebens und ihres Heiles, und hängen dem Götzendienst an.

Aus solchen Quellen kommen solche Wasser: die Handlungen können gar keine anderen (besseren) Folgen haben.

Die Quelle ist versiegt (erschöpft): es wird nichts mehr hervorgebracht, es ist nichts mehr zu erhalten, eine geistige Leistung ist nicht mehr möglich oder zu erwarten, die Lebenskraft eines Menschen ist geschwunden. Vgl. lat. ‚Baccae egent oleo' und frz. ‚La source est tarie'.

quer, Quere. *Jem. quer ansehen:* jem. mißtrauisch, feindselig ansehen; quer ist abgeleitet von dem Wort twern: drehen, umdrehen, rühren, mischen.
Ein *Quertreiber,* der *anderen in die Quere kommt,* ist eigentl. ein Schiffer, der sein Fahrzeug überzwerch treibt; das Wort, das aus ndd. ‚dwarsdryver‘ kommt, ist seit 1681 bezeugt. Veraltet ist: *Jem. geht alles in der Quere:* jem. gelingt nichts, es geht ihm alles verquer.
Ein sprw. gewordener Protest-Slogan lautet: ‚Leg dich quer, dann bist du wer‘.
‚Querbeet‘: durch alles hindurchgehend, z. B. ein Eintopf aus allem, was der Garten bietet, vgl. ‚durch die ↗ Bank‘. In übertr. Bdtg.: ‚querbeet lesen‘: diagonal lesen.

Quinte heißt in der Fechtersprache ein verschmitzter Schlag neben der einfachen Prime, Sekunde usw.; darauf beziehen sich die Rdaa.: *Quinten machen* (oder *gebrauchen*): lächerliche, unnatürliche, wilde Gebärden machen, auch: arglistige Streiche spielen; *einem die Quinten austreiben:* einen zur Räson bringen; ‚er hat seine Quinten‘, er hat seine Tücken; ndd. ‚he hett Quinten im Kopp‘, er hat Grillen, verdrießliche Gedanken, aber auch: listige Anschläge, feine Ränke; ähnl.: ‚Quinten und ↗ Flausen im Kopf haben‘.
Auf Quinte als musikalischen Begriff beziehen sich die ndd. Rdaa. ‚de Quint platzt di‘, deine Stimme schlägt über; hamb. ‚up dr letzten Quinte fiddeln‘, ‚auf dem letzten Loch pfeifen‘, am letzten Rest des Vermögens oder Lebens zehren. Mit der Quinte wurde die oberste Saite bei der Geige bez. Diese springt am leichtesten, wodurch die obersten Töne ausfallen müssen. Noch heute gebraucht man die Wndg. *Mir ist die Quint gesprungen:* ich habe die Geduld verloren, ich wurde wütend.

Lit.: *J. Schmied-Kowarzik* u. *H. Kufahl:* Fechtbüchlein, 2. Aufl. (Leipzig o.J. [1894]); *M. Willberg:* Die Musik im Sprachgebrauch, in Sprww., in Rdaa., im Schrifttum, in: Die Muttersprache (1963), S. 201–221.

Quintessenz. *Die Quintessenz von etw. sein:* der wesentliche Hauptinhalt von etw. sein. Die ‚Quinta Essentia‘ war ein Ausdr. der Spätantike und des MA. Urspr. bez. die ‚quinta essentia‘ den von Aristoteles zu den vier Elementen hinzugefügten Äther. Wieland schreibt: „Das Element der Himmelskörper ist der ewige, unveränderliche Äther, das unvergängliche Licht und Feuer, welches aber nicht wie das irdische verlöschen kann. Es gehört darum nicht zu den Elementen unserer Erde, sondern ist ein fünftes Element, die quinta essentia, woher noch unser Ausdruck Quintessenz stammt, womit wir das Allerfeinste bezeichnen“.

quitt. *Etw. quitt sein:* etw. verloren haben; sich von etw. befreit haben. Aus lat. ‚quietus‘ = ruhig über altfrz. ‚quite‘ = los, frei schon in mhd. Zeit übernommen in der Bdtg.: aller Verbindlichkeiten ledig. *Mit jem. quitt sein:* mit einem alle ungeklärten Angelegenheiten bereinigt haben (vgl. ‚quittieren‘); in neuerer Bedeutungswandlung auch: mit jem. gebrochen haben, sich mit ihm verfeindet haben, mit ihm nichts mehr zu tun haben wollen; vgl. frz. ‚en être quitte avec quelqu'un‘.

Quittung. *Die Quittung erhalten:* die Folgen tragen müssen für ein bestimmtes Verhalten. ‚Da hast du nun die Quittung!‘ sagt man und meint, daß das Ergebnis einer Sache schlecht ausgefallen ist.

Quivive. *Auf dem Quivive (stehen) sein:* auf der Hut sein, auf dem Posten sein, sich gegenseitig beargwöhnen; *einen auf dem Quivive haben:* es auf einen abgesehen haben (mit für den Betreffenden unangenehmen Folgen). Die Rda. ist von dem frz. Postenruf ‚Qui vive?‘, dt. ‚Wer da?‘, abgeleitet und erst Ende des 18. Jh. ins Schrifttum eingedrungen. Die Wndg. ist auch in Frankr. rdal. geworden (‚être sur le qui vive‘; ebenso engl. ‚to be on the quivive‘ und ndl. ‚op zijn quivive zijn‘) (Schulz-Basler: Dt. Fremdwb. III, 1, S. 99 f.).

‚Auf dem Quivive sein‘

R

Rabatte. *Etw. an die Rabatten bekommen:* geschlagen werden. Die in früherer Zeit geläufige Androhung, bes. gegenüber Kindern: ‚Gleich kriegst du welche an die Rabatten!‘ ist heute nicht mehr gebräuchlich. Das Wort Rabatte kam schon im 17. Jh. über ndl. ‚rabat‘ i.S.v. Randbeet aus dem frz. ‚rabattre‘ (zurückschlagen) nach Dtl. Einerseits bedeutete es in der Gärtnersprache einen schmalen Streifen Land, andererseits aber auch Aufschlag am Rock, an der Jacke; bes. der andersfarbige Umschlag an Uniformen wurde Rabatte genannt. Die Rda. umschreibt so mit Hilfe von ‚Rabatte‘ (Kragen), daß jem. Ohrfeigen bekommen wird.

Rabe. *Ein weißer Rabe:* eine große Seltenheit, die große Ausnahme, ein Individualist; ndl. ‚een witte raaf‘; engl. ‚a white crow‘, ‚a black swan‘; frz. ‚un merle blanc‘. Schon bei dem röm. Dichter Juvenal (‚Sat.‘ VII, 202) ist überliefert „Corvus albus" als Bez. für einen Menschen, der unter seinesgleichen eine Ausnahmestellung einnimmt und zu der allg. Meinung abweichende Ansichten äußert. Mhd. in Hugo von Trimbergs Lehrgedicht ‚Der Renner‘ (V. 8426):

Selten wir gesehen haben
swarze swanen und wîze raben.

In der ‚Zimmerischen Chronik‘ (II, 172): „Wie ein seltzammer Vogel ist es umb ein weissen Rappen oder umb ain schwarzen Schwanen". Ähnl. bei Burkard Waldis (ca. 1490–1557): „Ein weisser rappen vnd schwartzen schwan, wer mag den je gesehen han".
Ein griech. Mythos erzählt von einem urspr. weißen Raben, der erst schwarz wurde, nachdem er die Untreue der Koronis Apollo verraten hatte. In der Realität kommen weiße Raben (Albinos) sehr selten vor, während schwarze Schwäne nicht als große Seltenheit gelten. In diesem Zusammenhang ist auch das slaw. Sprw. zu erwähnen: ‚Ein Rabe, den man eine Taube nennt, wird dadurch nicht weiß‘. *Einen Raben waschen (baden):* unnütze Arbeit verrichten, etw. Törichtes tun. Mlat.: ‚albior estne quidem cornix studiosa lavandi?‘ In Freidanks ‚Bescheidenheit‘ (142, 15) heißt es:

Sich badet diu krâ in allem flîz
Und wirt durch daz doch niemer wîz.

Freidank geht wohl indirekt auf Boëthius zurück (‚In Porphyrium‘ II, 56): „Verum est quoniam Aethiopem aut corvum color niger numquam deserit". Ähnl. in der ‚Colmarer Hs.‘ (144, 42): „Ein swarziu krâ, swer sie gebât, sô wirt sie doch niht wîze". 1513 heißt es bei Tunnicius (530): „Den raven kan men nicht wyt waschen". Auch Abraham a Sancta Clara bringt (‚Judas‘ IV, 215): „Einen raben waschen". Zwei weitere Sprww. gebrauchen die Metapher von der Rabenwäsche: ‚Wer sich entschuldigt, dem geht's oft wie einem Raben, je mehr er sich wäscht, bleibt er doch schwarz‘. Simrock notiert in seiner Sprww.-Sammlung: ‚Der Raben Bad und der Huren Beichte sind unnütz‘ (Nr. 436); ↗Mohrenwäsche.
In Konrad von Megenbergs ‚Buch der Natur‘ (176, 31) heißt es um 1350: „die raben werfent etleicheu kint auz dem nest, wenn si der arbait verdreuzt mit in, daz si in nicht genuog speis pringen mügent". Seit dem 16. Jh. kommen dann – zuerst in erbaulichen Texten – die Begriffe ‚Rabenvater‘, ‚Rabenmutter‘, ‚Rabeneltern‘ vor und werden rdal. gebraucht.
Schon in der Bibel werden hungrige, von ihren Eltern verstoßene Rabenjunge erwähnt, so in Ps. 147,9: Der Herr gibt dem Vieh Futter, wie „den jungen Raben, die ihn anrufen" und irre fliegen, „weil sie nicht zu essen haben" (Hiob 38,41). Diese Vorstellung vom hungrigen Rabenjungen beruht auf der Tatsache, daß die Rabeneltern ihre Jungen aus dem Nest vertreiben, sobald diese allein leben können. Dieses

berichtet auch Plinius in seiner Naturgeschichte. Konrad von Megenberg jedoch
zitiert die irrige Auffassung Augustinus'
„Die früheste Nachricht vom Volksglauben an die Lieblosigkeit der Rabenmutter
steht wohl im Talmud, der überhaupt an
unkritischen zoologischen Nachrichten
reich ist" (O. Keller, Bd. 2, S. 94).
Wie den ↗ Elstern wird auch den Raben
nachgesagt, daß sie diebisch seien; daher
stehlen wie die Raben. Der rdal. Vergleich
ist schon bei Niklaus Manuel (1484–1530)
belegt: „Ir diebsböswicht stelend wie die
rappen"; im 16. Jh. bei Oldecop in der
‚Hildesheimer Chronik' (S. 297): „und nemen alse raven und vosse (Füchse)", und
1691 bei Stieler in ‚Der Teutschen Sprache
Stammbaum'; „Er stielet wie ein Rabe";
vgl. frz. ‚voler comme une pie' (stehlen wie
eine Elster).
Die Raben um ihr Mahl bringen: dem Galgen auf eine schlaue Weise entgehen.
Der Fluch *Daß dich die Raben fressen!*
(ndl. ‚dat u de raven picken, schenden,
vreten'; lat. ‚ad corvos') ist schon in Joh.
Agricolas Sprww.-Sammlung (Nr. 55) belegt und erläutert: „Das ist eyn Deutscher
fluch, also daß wir wunschen dem wir fluchen, daß er nicht alleyn sterbe, sonder
daß er eyns schendtlichen todes sterben
soll an galgen, da von der raben yhre
speise haben …"
Etwas abgewandelt ist der Fluch in einem
schwäb. Volksmärchen. Die Verwünschung einer Mutter: „o wollt' ich doch,
daß die Pastetenfresser zu Raben werden!" verwirklicht sich: ihre drei Söhne,
die die Fleischpastete heimlich gegessen
hatten, fliegen daraufhin als Raben zum
Stubenfenster hinaus. Doch werden ‚die
drei Raben' (so auch der Titel dieses Märchens) von ihrer standhaften Schwester
nach 7 Jahren erlöst (E. Meier, S. 174–
179). Ähnl. aufgebaut sind auch das
Grimmsche Märchen von den ‚Sieben Raben' (KHM. 25) und ‚Die Rabe' (KHM.
93).
Edgar Allan Poe hat das Unheimliche in
seiner Erzählung ‚The Raven' durch dieses Tier dargestellt.
In antiker und germ. Mythologie wurde
der Rabe als Seelen- und Totenvogel angesehen; der germ. Gott Odin besaß das
Rabenpaar Hugin und Munin, welches

Gedanke und Erinnerung verkörperte.
Erst im christl. MA. wurde der Rabe zum
Galgen- und Höllentier, vor allem wegen
seiner sprw. gewordenen schwarzen
Farbe (kohlrabenschwarz, ↗ Pechvogel),
seines unheimlichen Krächzens (‚Kräch-
zen wie ein Rabe') und wegen seiner Eigenschaft als Aas- und Leichenfresser.
Der Rabe ist der Galgenvogel, so wie auch
der gemauerte Richtplatz unter dem Galgen ‚Rabenstein' genannt wurde. Doch
wurde mit dem Wort auch der Galgen
selbst umschrieben: „Hetten uns die Statt-
söldner erdappet, der Rabenstein het
nach uns geschnappet", schreibt Hans
Sachs in einem seiner Fastnachtspiele.
Ähnl. erläutert Joh. Agricola (Nr. 51)
auch das Sprw. ‚Was den Raben gehört,
ertrinkt nicht': „Wer an galgen soll, der
kan yhm nicht entlauffen, er muoß hyn
an; das meer vnd wasser muoß yhn auch
nicht hieran hyndern. Es ist geschehen
bey vnsern zeitten, daß eyner von guttem
geschlecht vnd gantz ehrlichen freunden
auff dem Rhein in wassers not ist kommen
vnd endtlich biß vndter die muelen zu Op-
penheym halb todt geschwimmet. Die
müller vnd fischer seind zu gefaren vnd
haben yhn also, wie wol schwerlich, erret-
tet, erwermet, vnd bey dem leben erhalten.
Diser hatt gesagt, was den raben gehoert,
ertrinckt nicht. Also ist nun dises sprich-
worts brauch dem gleich, wie eynem yegli-
chen sein todt bescheret ist, also muß er
sterben, eyner im fewer, der ander im wasser, der dritt eynes anderen todes, wie wir
denn das selbig auß teglicher erfarung erlernen, vnd vor augen sehen".
Rabenaas ↗ Aas.
Das Sprw. ‚Ein Rabe hackt dem anderen
kein Auge aus' stimmt nicht mit dem na-
türl. Verhalten der Vögel Rabe und
↗ Krähe überein. Denn generell haben
diese die Angewohnheit, bei Tieren, die
sie verzehren wollen, zuerst die Augen
auszuhacken, auch bei Artgenossen.

Lit.: E. Meier: Dt. Volksmärchen aus Schwaben
(Stuttgart 1852, Nachdr. Hildesheim – New York
1971); O. Keller: Die antike Tierwelt, Bd. 2 (Leipzig
1913), S. 92–109; E. Ingersoll: Birds in Legend, Fable
and Folklore (New York 1923, Ndr. Detroit [Mich.]
1968), bes. S. 228–234; Singer I., S. 109f., III, S. 104;
C. H. Tillhagen: Fåglarna i folktron (Vögel im Volksglauben) (Stockholm 1978), S. 43–61; J. Leibbrand:
Speculum Bestialitatis. Die Tiergestalten der Fast-

nacht und des Karnevals im Kontext christlicher Allegorese (Kulturgesch. Forschungen, 11), (Diss. Freiburg i. Br. 1986) (München 1989), S. 131 ff. *E. u. L. Gattiker:* Die Vögel im Volksglauben (Wiesbaden 1989).

Rache. *Rache des kleinen Mannes:* Rache, die sich nicht offen vorwagt und sich kleinlicher Mittel bedient; etwa seit 1910 aufgekommen.
Rache ist Blutwurst (und Leberwurst ist Zeuge): scherzhafte Racheandrohung, schülersprachl. Entstellung aus ,Rache ist süß', ↗ Revanche.
Auf die Bibelstelle 5. Mos. 32, 35 geht der Spruch zurück: ,,,Die Rache ist mein, ich will vergelten!', spricht der Herr".
Bedeutet Rache heute eine sozusagen persönl. ,Bestrafung', so verstand man unter ahd. ,rahha' eine förmliche Strafe; störte jem. den Landfrieden, so wurde er aus dem Land vertrieben; dies war im Vergleich zum ↗ vogelfrei erklärt werden noch die mildere Strafe.

Rachen. *Den Rachen weit aufreißen:* das große Wort führen, prahlen, laut reden, zanken (analog zu: ,das Maul aufreißen'). *Alles in seinen Rachen haben wollen:* gierig sein; entspr. *den Rachen nicht voll (genug) kriegen:* unersättlich, gefräßig, habgierig sein; *jem. etw. in den Rachen schmeißen (werfen):* einem Vermögenden noch mehr Geld geben: *jem. den Rachen stopfen:* etw. ihm eilig überlassen, um ihn zu befriedigen, um ihn zum Schweigen zu bringen.
Etw. in den falschen Rachen kriegen: etw. falsch auffassen; gleichbedeutend mit: ,etw. in den falschen Hals (in die falsche Kehle) bekommen'.
Einem etw. aus dem Rachen reißen: einem Habgierigen etw. entwinden. Ähnl. Bdtg., aber eine Steigerung enthält die Rda. *etw. aus dem Rachen des Wolfs erhalten:* schon Verlorengeglaubtes zurückgewinnen.

Rad. *Das fünfte Rad am Wagen* nennt man einen, der bei einer Sache überflüssig, vielleicht sogar ein lästiges Zuviel ist, für den kein Platz und keine Verwendung ist. Den ältesten Beleg für diese Rda. finden wir in der ,Fecunda ratis' des Egbert von Lüttich, einer lat. Sprww.-Sammlung des 11. Jh. (,Germania' 18, 315): ,,Quem

fastidimus, quinta est nobis rota plaustri" (Wer uns lästig ist, der ist uns das fünfte Rad am Wagen).
Der Verfasser benutzte dabei eine dt. Rda., die volkssprachl. erst aus dem Anfang des 13. Jh. überliefert ist, und zwar im Prolog des ,Trojanerkrieges' des Herbort von Fritzlar (83): ,,So zele man mich zu dem funften rade, Und frume ich niht, ich bin nicht schade". Die Rda. findet sich dann wieder in Freidanks Lehrgedicht ,Bescheidenheit' (127, 13):
> Der wagen hât deheine stat,
> dâ wol stê das fünfte rat.
Ulrich Boner, der Verfasser der ältesten gereimten Fabelsammlung in dt. Sprache, des ,Edelsteins' von etwa 1350, meint (84, 33):
> Ein klôsterlugner boeser ist
> und arger denn des tiuvels list:
> er verirt daz klôster, hoer ich sagen,
> recht als daz vünfte rat den wagen.
Luther gebraucht das Bild gerne: ,,Eben so nutz alß dz funfft rad dem wagen" (Werke, hg. v. Clemen II, 113, 25); ,,Welche wol so not ist zur sachen als das funfft rad zum wagen" (ebd. III, 421, 28). Altes und neues Bild verquickend, sagt Bismarck: ,,Nur den Zusammenhang sehe ich nicht, wie alle diese Übelstände dadurch beseitigt werden sollen, daß man dem vielfachen Räderwerk, welches unsere Maschine bewegt, noch ein fünftes Rad am Wagen hinzufügt, in Gestalt eines verantwortlichen kollegialischen Bundesministeriums" (,Reden' III, 121); frz. ,être la cinquième roue du carosse'.
Ein Gegenstück zur Rda. vom fünften Rad am Wagen ist: *bei ihm fehlt ein Rad* oder *bei ihm ist (im Oberstübchen) ein Rad los (locker):* er ist nicht ganz bei Verstand; vgl. westf. ,Dem es en gued Rad vam Wagen flogen'; schlesw.-holst. ,He hett'n Rad los', er ist verrückt; els. ,'s is 'm 'n Rad ab', er ist erzürnt; obersächs. ,Er hat e Rädel zuviel', er ist nicht ganz bei Verstand. Diese Rdaa. beruhen auf der Vorstellung vom Verstand als einer vielgliedrigen Maschine. Geistesgestörtheit setzt – technisch gesehen – einen Schaden an der Maschine voraus.
In Ostfriesland sagt man: ,Dat lüttje Rad geit vör in de Wagen', wenn ein Kind vor den Eltern hergehen soll; in Westf. ,He

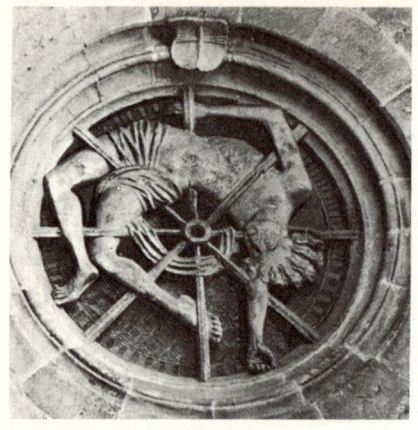

1/2 ‚Jem. aufs Rad flechten‘

heäd op een Rad lann‘, d. h. ‚schief geladen‘; in Sachsen: ‚Bei dem gehen die Räder rückwärts‘, seine Verhältnisse verschlechtern sich; allg. bekannt ist: *unter die Räder kommen:* sittlich verkommen. Moralisches Absinken erscheint hier unter dem Bild eines Überfahrenwerdens, eines Verunglückens (etwa seit 1850 belegt), ↗ Moral.

Auch das Rad, mit dem dem früher dem verurteilten Verbrecher die Glieder gebrochen wurden, damit er ‚aufs Rad geflochten‘ werden konnte (mhd. radebrechen), lebt in bildl. Verwendung weiter: *eine Sprache radebrechen:* sie stümperhaft anwenden, verstümmeln, mißhandeln (seit dem Ausgang des 16. Jh. bezeugt); ebenso in dem rdal. Vergleich *sich wie gerädert fühlen:*

‚Radebrechen‘

sich durch große Anstrengungen ermattet und ‚wie zerschlagen‘ fühlen. Ebenso ndl. ‚geradbraakt zijn‘, ‚zich als geradbraakt voelen‘; frz. ‚être comme roué de coups‘; auch *auf dem Rade sein:* große Angst ausstehen und Marter erdulden.

Bei den Römern und im Spätmittelalter war das Rädern die gebräuchl. Art der Todesstrafe für Staatsverbrecher und Räuber. Der noch Lebende wurde oft zur Schau gestellt, wenn er mit gebrochenen Gliedern im Rad eingeflochten war. Im 18. Jh. kam diese Art der Folter außer Gebrauch, 1811 wurde sie in Preußen abgeschafft.

Das Volksbuch von Georgs Martyrium berichtet von der Folterung des hl. Georg. Die ältesten Texte stammen aus dem griech. Sprachbereich, der erste aus dem späten 5. Jh. Eine dieser Folterqualen, nämlich die Räderung Georgs, wird einem Maßwerkfenster der Tübinger Stiftskirche St. Georg dargestellt. Der Legende nach widersetzte sich der junge Georg dem Edikt des Perserkönigs Dadianos gegen die Christen, indem Georg sich zu christl. Tugenden öffentlich bekannte. Daraufhin wurde seine Folterung beschlossen. „Alles Schreckliche, was je Menschen einander antaten, wie sie an Qualen und grausamen Straftaten für andere Menschen erdachten, hat die Legende im Folgenden auf ihren Helden gehäuft" (S. Braunfels-Esche, S. 14).

Auf das Mühlrad bezieht sich wohl westf.

‚Et löpt em e Rad im Koppe rüm'; vgl. Goethes ‚Faust' (I, V. 1946 f.):

Mir wird von alledem so dumm,
Als ging mir ein Mühlrad im Kopf
herum

Gewandte Jungen *schlagen ein Rad,* indem sie sich vom Fuß auf die nächste Hand, die andere Hand und den andern Fuß rundum werfen, so daß Arme und Beine wie Speichen eines Rades sind (bes. bekannt die ‚Düsseldorfer Radschläger'); daher in Sachsen: ‚Da mechte mer doch glei e Rad schlan', sich vor Überraschung, Zorn überstürzen; und meckl. ‚Dat wir'n Rad slagen', ein heftiges Benehmen; frz. ‚faire la roue', auch i. S. v.: kokettieren, flirten. Im MA. hieß ‚an das Rad kommen', auch: Erfolg haben, maßgebend mitwirken.

Ein einzelnes Rad wird getrieben, geführt, auch als Kinderspiel; dazu die ältere Rda. *sein* (oder *das*) *Rädlein treiben:* die Angelegenheit in Gang bringen. Sie findet sich 1639 bei Lehmann S. 930 (‚Zeit' 11): „Wann etliche in Sachen vnnd Geschäfften gar eyffrig vnnd hitzig seyn, das Rädlein starck treiben, so vergehts doch mit der Zeit, vnd was zuvor war nichts, das wird zunicht". Luther schreibt in der ‚Treuen Vermahnung an alle Christen'; „Es ist nicht unser Werk, das jetzt geht in die Welt ... Ein anderer Mann ist's, der das Rädlein treibt"; dazu schweiz. das Subst. ‚Rädlitriber' in Hans Rudolf Manuels Fastnachtsspiel ‚Vom edlen Wein' von 1548:

Ich wil ufwiglen unsre wiber,
Das sind die rechten rädlitriber.

In einem schweiz. Spottlied vom Jahre 1656 heißt es:

Weil er Schabab,
Drum zieht er ab,
Heimwärts sein Rad zu trüllen.

↗ Schabab.

Frühnhd. bedeutet ‚Rädlein' eine Zusammenrottung, eine Schar; *das Rädlein führen* ist ein Fachausdr. der Landsknechte. Der Führer eines solchen Rädleins wurde ‚Rädleinführer' genannt, woraus dann der Ausdr. *Rädelsführer* (vgl. engl. ‚ringleader', ndl. ‚raddraaier') entstanden ist (die Herleitung von einem Rad in der Fahne des ‚Armen Konrad', des Bauernbundes von 1514, oder von einem Pflugrad in

einer Fahne des Bauernkrieges von 1525 ist spätere Volksdeutung).

Das Rad ist in fast allen Kulturen ein Bewegungs- und Sonnenzeichen. Die älteste Darstellung des Rades findet sich auf einer sumerischen Kalksteinplatte: es ist ein elliptisches, aus drei Stücken zusammengefügtes und durch Stricke zusammengebundenes Scheibenrad. Die Entstehung des Speichenrades ist unbekannt. Die Rda. *Man muß das Rädlein laufen lassen:* dem Geschick seinen Lauf lassen, geht auf das Glücksrad der Göttin Fortuna zurück. Die Metapher vom Glücksrad entstand bei den Griechen. Schon bei den Dichtern des Altertums findet sich die Vorstellung, daß Fortuna die Menschen auf ihr Rad setze und sie mit dessen Umschwung auf und nieder steigen lasse. Pindar und Sophokles sprechen beide vom Glück, das sich dreht wie ein Rad (D. M. Robinson, S. 208), ↗ Glück.

Auch in die ma. Welt ist die Vorstellung von einem Glücksrad übergegangen. Die ma. Dichter sprechen oft von ‚des glückes rat' und benutzen mit Vorliebe das Bild

Von gluckes fall
Der ist eyn narr der stiget hoch
So mitt man säch syn schand vnd schmoch
Vnd suchet stäts eyn höhern grad
Vnd gdencket nit an glückes rad

‚Auf dem Glücksrad sitzen'

von den auf das Glücksrad gesetzten und mit ihm auf und ab geführten Menschen. Stellen wie „Fortûna brâht in zem hôhsten sitze ûf glückes rat" oder

Er ist komen ûf gelückes rat,
Daz muoz im iemer stille stên

oder:

Got werfe in von gelückes rat,
Der sich bôsheit understât

begegnen bei diesen Dichtern außerordentlich häufig. Zum sprw. Ausdr. hat diese Vorstellung ebenfalls schon zeitig geführt. Bereits im ‚Titurel' findet sich der Ausdr. „waz danne? es muoz nu walzen!" ganz in dem Sinne gebraucht wie die heutige Rda. ‚Man muß das Rädlein laufen lassen', d. h. man muß es gehen lassen, wie es will; man muß es, unbekümmert um die Folgen, auf gut Glück geschehen lassen. ‚Der sauft und spielt drauflos und laßt halt's Radl laufe' sagt man in Süddtl.

Nur Gottes wundervolle Hand
    Kann unser Glücksrad drehen

heißt es in einem frommen Liede, und dieser Vorstellung entspr. findet sich unter den alten Holzschnitten zu Seb. Brants ‚Narrenschiff' einer, auf dem eine aus den Wolken ragende Hand mit einem Seile ein Glücksrad in Bewegung setzt. Auch in einer beim Brand der Straßburger Bibliothek vernichteten Hs. des 12. Jh., dem ‚Hortus deliciarum' der els. Nonne Herrad von Landsberg, fand sich als Ill. zu Versen, die von der Eitelkeit alles Irdischen handeln, das Bild einer Fortuna, die auf ihrem Rade Könige auf und ab wälzt. Zum selben Vorstellungsbereich gehören die Rdaa. *das Rad wird sich wenden:* das Schicksal wird sich ändern; *bis dahin wird noch manches Rad umgehen.* So heißt es *das Rad der Geschichte anhalten (zurückdrehen) wollen:* eine unaufhörliche Entwicklung unterbrechen wollen, Geschehenes rückgängig machen wollen; frz. ‚arrêter le cours de l'histoire'.

Das Zitat ‚Alle Räder stehen still' i. S. v. nichts arbeitet, bewegt sich mehr, stammt aus dem 1863 gedichteten Bundeslied für den Allgemeinen Deutschen Arbeiterverein von Georg Herwegh (1817–75):

Mann der Arbeit, aufgewacht!
Und erkenne deine Macht!
Alle Räder stehen still,
    wenn dein starker Arm es will.

Auf die moderne Technik bezieht sich die Rda. *nur ein Rädchen im Getriebe sein:* eine untergeordnete Rolle spielen. Zugrunde liegt die Vorstellung vom Ineinandergreifen von Zahnrädern, die nur innerhalb eines größeren Zusammenhangs eine Funktion haben.

Eine dicke (oder ‚schwangere') Frau wird boshaft umschrieben mit: ‚Hätte sie Räder, wäre sie ein Omnibus'.

Die Wndgn. *Er fährt ganz schön Rad* und *jem. ist ein Radfahrer,* aber auch die entrüstete Ablehnung: *Ich bin doch kein Radfahrer!* sind zweideutig. Vom Bild des Radfahrers, der nach oben seinen Rücken krümmen muß und nach unten tritt, erfolgte die verallgemeinernde Übertr. auf einen Menschen, der seinen Vorgesetzten schmeichelt und seine Untergebenen schikaniert.

Lit.: *F. M. Feldhaus:* Fünftes Rad am Wagen, in: Zs. des allg. dt. Sprachvereins 24 (1909), S. 371; *A. Doren:* Fortuna im MA. und in der Renaissance, in: Vorträge der Bibliothek Warburg, Bd. 2 (1922/23), S. 71–144; *Richter-Weise,* Nr. 157, S. 171 f. *H. Vermeulen:* Het rad van fortuin, in: Ons Eigen Volk 1 (1940), S. 243-249; *Singer I.,* S. 90, II, S. 104, III, S. 88; *D. M. Robinson:* The Wheel of Fortune, in: Classical Philology 41 (1946), S. 207–216; *H. v. Hentig:* Die Strafe 1 (1954), *J. Hempel:* Art. ‚Rad', in: RGG. V (³1961), Sp. 761–762; *W. Treue:* Achse, Rad und Wagen (München 1965); *S. Braunfels-Esche:* Sankt Georg: Legende, Verehrung, Symbol (München 1976); *N.-A. Bringéus:* Das Lebensrad, in: Rhein.-westf. Zs. f. Vkde. 32/33 (1987/88), S. 13–37; *N. A. Bringéus:* Pictures of the Life Cycle, in: Ethnologia Scandinavica 1988, S. 5–33; *B. A. Schüle, D. Studer, Ch. Oechslin* (Hg.): Das Rad in der Schweiz vom 3. Jt. vor Chr. bis um 1850. Katalog zur Sonderausstellung des Schweiz. Landesmuseums (Zürich 1989).

Radfahrer ↗ Rad.

Radieschen. *Sich die Radieschen von unten anschauen* (berl.: ‚bekieken'): euphemist. Umschreibung für tot, begraben sein, ↗ zeitlich.

Radikalkur. *Jem. eine Radikalkur verordnen:* jem. derart behandeln, daß dessen körperliche und seelische Leiden in kürzester Zeit verschwinden sollen. Dabei wird auf eventuelle Verschlimmerung oder Verlagerung des Leidens keine Rücksicht genommen. Oberstes Ziel ist es, das vorhandene Übel im Ursprung (lat. radix: Wurzel) zu ersticken.

Rage. *Jem. in Rage bringen:* jem. wütend machen; genauso; *in Rage geraten (sein):* wütend sein. das Wort ‚Rage‘ wurde aus frz. ‚la rage‘ (die Wut) entlehnt.

Rahm. *Den Rahm abschöpfen:* das Beste vorweg für sich nehmen (ähnl.: ‚das Fett abschöpfen‘, eigentl. von einer fetten Fleischbrühe gesagt); vgl. ndl. ‚zijn melk obtrekken‘. Bei Teilungen hört man oft: ‚Der erste hat den Rahm abgeschöpft, der andere kriegt die Sauermilch‘ (ähnl.: ‚Der schöpft den Rahm von der Milch, und mir bleiben die Molken‘; ndl. ‚Hij heeft den room weg en laat de melk voor anderen‘). Die übertr. Bdtg. der Rda. kennt bereits Grimmelshausen („Simplicissimus‘, Bd. II, S. 83): „Als ward meiner jungen Frau ihr Mann ein Cornet, vielleicht deswegen, weil ihm ein anderer das Raum (ältere Form für Rahm) abgehoben und Hörner aufgesetzt hatte“, ↗ Hahnrei, ↗ Horn.

Rahmen. *Aus dem Rahmen fallen:* nicht mehr im Bereich des Normalen, Alltäglichen sein, positiv oder negativ auffallen. *Den Rahmen sprengen:* über die Norm hinausgehen, außergewöhnlich sein. *Sich im Rahmen des Möglichen bewegen:* möglich sein, durchführbar sein.

Rampe, Rampenlicht. *Im (öffentlichen) Rampenlicht stehen:* in der Öffentlichkeit, im Blickfeld stehen, eine bekannte Persönlichkeit sein, deren Handeln genauestens beobachtet wird, aber auch Bewunderung findet wie ein vom Publikum gefeierter Schauspieler oder Künstler auf der hell beleuchteten Bühne; jeder Kritik ausgesetzt sein. Die Rda. ist vom Theater auf die allg. ‚Bühne des Lebens‘ übertragen worden. Auch: *im Rampenlicht der Öffentlichkeit stehen.* Das Rampenlicht ist eine jetzt kaum mehr verwendete Beleuchtungsart. Am Ende der Rampe befanden sich die Beleuchtungskörper. ↗ Lampenfieber.

Auch die Rda. *nicht über die Rampe kommen* ist der Theatersprache entlehnt und bedeutet urspr. ‚beim Publikum keine Zustimmung, keinen Beifall finden.‘ Heute sagt man vereinfachend ‚nicht ‚rüber kommen‘.

ran. *Jem. geht ran wie Blücher:* jem. versucht, mit viel Energie schnell an sein Ziel zu gelangen. Am Niederrhein sagt man auch: ‚Ran wie Ferkes Jan‘. Dieser rdal. Vergleich meint oft einen Draufgänger, auch dessen stürmisches Verhalten gegenüber Frauen.

Rand. *Mit einer Sache zu Rande kommen:* damit zu Ende kommen; eine Wndg., in der uns das Bildliche fühlbarer geblieben ist als in andern gleichbedeutenden Ausdr.; z. B. bei Lessing im ‚Nathan‘ (III, 7): „Du bist zu Rande mit deiner Überlegung“. Früher verband man gern mit ‚Rand‘ noch ‚Land‘; dies deutet darauf hin, daß in der Rda. Rand verstanden wurde als das erhöhte Ufer des Meeres oder Flusses. Von hier aus erklären sich auch die Wndgn. *am Rande des Abgrundes (des Unterganges, des Verderbens) stehen* und *völlig am Rande (der Verzweiflung) sein:* kurz vor der Vernichtung, dem völligen Ruin stehen, seine Kraft und Mittel endgültig erschöpft haben. In diesem Sinne verwendet Wolzogen in seiner ‚Ballade vom verkauften Assessor‘ den Begriff, wenn er schreibt:

Welch’ Ausweg steht dem Manne offen,
Der pekuniär am Rande ist?
Nur von der Eh’ ist was zu hoffen,
Zumal, wenn er von Stande ist.

Ganz deutlich ist die Vorstellung des Randes als Ufer noch im ndl. Sprachgebrauch: ‚Hij is aan den oever van’t verderf‘, vgl. frz. ‚être au bord du précipice‘.

Auch die Rda. *am Rande des Grabes stehen:* todkrank sein (frz. ‚être au bord de la tombe‘) bewahrt noch die alte Bdtg. eines erhöhten Grubenrandes, dagegen hat die Wndg. *mit jem. zu Rande kommen:* mit ihm fertigwerden und mit ihm auskommen, nur noch übertr. Bdtg.

Das versteht sich am Rande: ohne weiteres, ohne tieferes Eingehen, Eindringen in die Sache. Die Wndg. ist wohl kaum von der ‚Randbemerkung‘ zu einem Schriftstück abzuleiten, vielmehr steht wohl nahe braunschweigisch: ‚Et finnt sich an’n Ranne, wat in de Schetel (Schüssel) is‘; westf. ‚Dat de Pankauken (Pfannkuchen) rund is, süt me am Rande‘.

Etw. nur am Rande miterleben: nicht selbst davon betroffen werden.

Den Rand halten: sich in seinen Grenzen halten, bes. den Mund halten, schweigen, wie in dem Zuruf: ,Halt den Rand!'

Außer Rand und Band sein: sich nicht in Ordnung befinden, von Kindern: ausgelassen sein; eigentl. von Fässern gesagt, die ,aus Rand und Band' geraten. Die Rda. stammt aus der Fachsprache des Böttchergewerbes: ein Faß, das aus Rand und Band ist, fällt auseinander. Die gereimte Häufung des Begriffes der Schranken, die übertreten worden sind, verstärkt den Begriff der Übertretung. Die Rda. ist erst seit der Mitte des 19. Jh. lit. belegt. Vgl. ndl. ,Het is met hem te randen en te panden gemaakt'.

Rang. *Einem den Rang ablaufen:* ihm zuvorkommen, ihn überflügeln. Der eigentl. Sinn der Rda. ist: einem Läufer, der einem ein Stück voraus ist, dadurch zuvorkommen, daß man die Krümmung, die er macht (den ,Rank', verwandt mit ,renken', vgl. ,Ranke'), vermeidet, sie auf einem geraden Wege abschneidet; wie man heute von ,krummen Wegen' oder von ,krummen Touren' redet, auf denen man erschleicht, was auf geraden nicht zu erreichen ist; vgl. auch unser modernes: ,die Kurve schneiden' in übertr. Bdtg. Im eigentl. Sinne begegnet nicht nur das Wort, sondern die ganze Rda. in Hadamar von Lebers ,Jagd', einem allegorischen Gedicht des 14. Jh. Der Dichter behandelt unter der Form einer Jagdallegorie das ritterliche Liebeswerben: Um einem edlen Wilde nachzujagen, reitet der Minnejäger aus, an der Hand das Herz führend, das ihn auf die rechte Fährte bringen soll. Ihn begleiten Hunde mit Namen wie Treue, Glück, Lust, staete (Beständigkeit) usw. Auch die Blicke werden als schnelle Windhunde dargestellt. Da wird nun u. a. erzählt, wie er ,Blicke' auf das edle Wild gehetzt habe, und es heißt an der betr. Stelle:

> Der snelle wint (Windhund) mit
> schricken (Sprüngen)
> hât im vil mangen ranc doch ab
> genomen;

d. h. durch Sprünge geradeaus ist der Hund dem Wilde, das in Bogen läuft,

nahe gekommen. So noch Grimmelshausen im ,Simplicissimus' (Bd. I, S. 207): „Weil sie mich noch endlich zu überwinden verhoffte, verlegte sie ihm alle Pässe und lieffe ihm alle Räncke ab". Die Form Rang, die in dieser Rda. mit dem militärischen Fachausdr. Rang (s. u.) nichts zu tun hat, findet sich auch 1542 bei O. Schade in ,Satiren und Pasquille aus der Reformationszeit' (1856–58, I, S. 57):

> Sint dem fromen man zu frü auf die
> kerwei kumen.

Haben jm also einen rang abgelaufen. Die Abweichung des Weges von der geraden Richtung heißt in südd. Mdaa. auch ,die Reib' oder ,die Reiben'. ,Die Reib zu kurz nehmen' bedeutet: mit dem Wagen eine zu schnelle Wendung machen. Auch ,Rib' kommt vor. Alliterierend verbindet man nun ,Rib und Renke' und meint damit listige Anschläge, Kniffe, und während man in Norddtl. sagt: ,den Rank ablaufen', heißt es in Süddtl. nicht selten: ,die Reib (oder: die Rib) ablaufen'.

Auch die Wndg. *Ränke schmieden:* Listen aussinnen, weist auf die urspr. Bdtg. von ,Rank' = Wendung, Krümmung hin. In der nhd. Schriftsprache ist nur die Mehrzahl ,Ränke' in diesem Sinne noch gebräuchl., während in südd. Mdaa. noch Ausdrücke begegnen wie: ,Was habt's denn wieder für'n Rank angefangt?' ,Mit Ränken und Schwänken', mit List und Tücke; z. B. in dem rdal. Vergleich: ,Er ist so voller Ränke und Schwänke als ein Ei voll Dotter'.

Das mit ,Ring' verwandte ,Rinken' in der gleichbedeutenden Rda. *Rinken gießen* wird von Joh. Agricola (Nr. 35 a) folgendermaßen erklärt: „Rinken seind krum, vnnd man bleibt offt drinnen behangen. Also gießen Rincken, die mit allerley büberey vmbgehen, andere leut damit zu betriegen, vmb jres genieß willen". Im ,Narrenschiff' von Seb. Brant (19,68) heißt es:

> Wer wol redt, der redt dick zu vil
> Vnd musz auch schiessen zu dem zil,
> Werfen den schlegel verr vnd wit
> Vnd rincken giessen zu widerstrit.

Rang und Namen haben: eine hohe Stellung im bürgerlichen Leben innehaben und innerhalb eines Kreises bekannt sein. So sagt man z. B. bei größeren Festen: al-

K

les, was Rang und Namen hatte, wurde eingeladen. Das Wort ‚Rang' ersch. hier in seiner zweiten Bdtg., nämlich i. S. v. Reihenfolge, Stufe in allg. anerkannter Ordnung. Es ersch. zunächst als frz. Lehnwort in der Soldatensprache des 30jährigen Krieges und bedeutete Reihe, Ordnung. *Jem. den Rang streitig machen:* jem. von seiner Position verdrängen wollen.
Den Rang nicht kriegen, aufzustehen: der Lust nachgeben, liegenbleiben; nicht die nötige Motivation zum Aufstehen besitzen.

Lit.: *E. Thiele:* Luthers Sprww.-Sammlung, Nr. 129, S. 141 ff.; *Richter-Weise,* Nr. 158, S. 173 ff.; *Anon:* Ränke schmieden, in: Sprachdienst 3 (1959), S. 107–109; *L. Röhrich* u. *G. Meinel:* Rdaa. aus dem Bereich der Jagd u. der Vogelstellerei, S. 317 f.

Ranzen. *Sich den Ranzen vollhauen:* derb für: essen, bis man nicht mehr kann. Überhaupt wird der Bauch (Magen), wenn er voll ist, gerne als Ranzen bez. Doch kann auch der Rücken damit gemeint sein, z. B. in der Rda. *jem. etw. auf den Ranzen geben:* jem. verprügeln.
Der Ranzen ist eigentl. ein lederner Tragsack, den man auf den Rücken schnallt. Eine veraltete Wndg. heißt: *sich das Ränzlein umhängen* und meint: sich auf Wanderschaft begeben (wie z. B. die früher auf Wanderschaft ausgezogenen Handwerksgesellen). Ähnl.: *Sein Ränzel schnüren:* sich auf die Reise vorbereiten, sein Gepäck für die Wanderschaft (heute: Wanderung) richten, so wie es in dem beliebten Wanderlied ‚Heute wollen wir das Ränzlein schnüren' heißt.

Rappe. *Den Rappen laufen lassen:* sich auch etw. gönnen. Der Rappe ist ein schwarzes Pferd, aber auch der Name einer Münze.
Der Adler auf einer zufrühst im Elsaß geschlagenen, erst silbernen, später kupfernen Münze wurde als ‚Rabe' verhöhnt, danach entstand die Bez. ‚Kolmar-Rappen' seit dem Ende d. 14. Jh. Der ‚Rappenmünzbund' zwischen Freiburg i. Br., Kolmar, Basel usw. (1403–1584) baute seine Währung auf dieser Pfennigmünze auf und hielt das Spottwort bei Leben, so daß ‚Rappe' in der Schweiz amtlich noch heute für ‚Centime' gilt (Schweiz. Id. VI, S. 1173 ff).

Nicht einen Rappen wert sein: gar nichts wert sein. ↗ Heller, ↗ berappen.

Rappel. *Einen Rappel haben:* nicht recht bei Verstand, töricht sein; *bei ihm rappelt es:* er ist nicht ganz bei Verstand. Seit dem ausgehenden 18. Jh. belegt, hat das Zeitwort ‚rappeln', urspr.: lärmen, klappern, schelten, die Bdtg. nicht recht bei Verstand sein angenommen. Dazu auch *Rappelkopf:* aufgeregter, verwirrter Mensch; frz. ‚Il a un grain' (wörtl.: Er hat ein Korn, d. h. wahrscheinl. ein Sandkorn im Getriebe).

Rapus(ch)e. *In die Rapus(ch)e kommen:* in der Unordnung verlorengehen. Spätmhd. ‚rabusch' = Kerbholz, entlehnt aus gleichbedeutendem tschech. ‚rabuše', ist seit dem 15. Jh. bezeugt und lebt in südostdt. Mdaa. fort. Bisher wurde die Rda. deshalb von ‚rabusch' mit der Grundbdtg.: etw. gegen Kerbholzeintragung abgeben, d. h. so gut wie verloren geben, abgeleitet (befremdlich wäre freilich die völlig andere Bedeutungsentwicklung als bei ↗ Kerbholz). Da das tschech. Wort ‚Rapuge' nicht nur Kerbholz, sondern auch Plünderung, Raub, Wirrwarr, aber auch Rumpelkammer, Verlust, Preisgabe und Beute bedeuten kann, was dem heutigen Sinn der Rda. auch viel besser entspricht, ist ‚rabusch' = Kerbholz als Ausgangspunkt für diese Wndg. auszuschließen, obwohl das entlehnte tschech. Wort auch weiterhin als Grundlage, nur in anderer Übers. gelten muß. Zu Beginn des 16. Jh. erscheinen im Ostmdt. Wndgn. wie ‚in dy rapuß werfen', ‚yn die rappuse gehen', zur Plünderung, zum Raube preisgeben; so auch mehrf. in Luthers Bibelübers. Luther übersetzt z. B. Jer. 15,13: „Ich will euer Gut und Schätze in die Rappuse geben", und in ähnl. Zusammenhang gebraucht er das Wort ‚Rapuse' auch Jer. 17,3 und Hes. 23,46. Dasselbe wird auch von Münzen gesagt, die große Herren bei Festen unters Volk werfen. Früh spielen im Volksmund Anklänge an dt. Wörter mit, etwa an ‚rapsen', ‚rapschen' = eilig erraffen; eigentümlich 1623 in Theobalds ‚Hussitenkrieg' (Bd. III, S. 14): „Ihre Güter wurden in den Rappbusen des gemeinen Pöbels geworfen". Vielleicht ist auch das Wort ‚Rabatz‘ = Getümmel, Eile, Unordnung eine Nebenform von ‚Rapuse‘, das in der Wndg. *Rabatz machen* verbreitet ist. ‚Rabuschen‘ bedeutet aber auch stehlen, etw. in der allg. Aufregung, dem Durcheinander unauffällig verschwinden lassen. Die Rda. *Er ist ein Rabuscher* heißt demnach: er ist ein Dieb, der sich billige Beute verschafft, indem er aus dem Wirrwarr Nutzen zieht.

Die Rda. *in die Rapuse gehen:* verlorengehen, ist seit dem Ausgang des 17. Jh. öfters bezeugt.

In einer gereimten ‚Zeitung‘ von 1740 heißt es:

In Welschland geht es närrisch her,
Da werden auch gewiß nunmehr
Des Reiches alte Lehen,
Die man mit harter Noth behaupt’t
Und die schon der und der beraubt,
In die Rapuse gehen.

Leibniz schreibt in seinen ‚Unvorgreiflichen Gedanken, betreffend die Ausübung und Verbesserung der deutschen Sprache‘ von den Verwüstungen des Dreißigjährigen Krieges in Deutschland: „und ist nicht weniger unsre Sprache als unser Gut in die Rappuse gegangen".

Auch ein vom Südosten ausgehendes Kartenspiel heißt Rapuse, das in Frankr. auch als ‚Rabus(ch)e‘ bekannt ist. Bei diesem Spiel werden die Karten durcheinandergeworfen.

Vgl. auch Goethes Gedicht ‚Die Lustigen von Weimar‘ (1812):

Montag reizet uns die Bühne;
Dienstag schleicht dann auch herbei,
Doch er bringt zu stiller Sühne
Ein Rapuschchen frank und frei.

Diese Bez. kann freilich auch auf frz. ‚grabuge‘, ital. ‚garbuclio‘ = Unordnung zurückgehen oder damit gekreuzt sein.

Lit.: *Richter-Weise,* Nr. 159, S. 175 f.

rar. *Rar wie Maurerschweiß:* sehr selten, kostbar; beruht auf der volkstümlichen Ansicht, wonach die Maurer langsame und faule Handwerker sind. Im 19. Jh. sagte man ihnen nach, ein Tropfen Schweiß koste bei ihnen einen Taler. Abraham a Sancta Clara gebraucht im ‚Judas der Erzschelm‘ II folgenden Vergleich: „Vorhin war bei diesem Herrn das Beichten so rar, wie Speck in einer Judenküche".

Sich rar machen: selten kommen. Urspr. ist mit der Rda. gemeint, es wolle einer durch seine Abwesenheit sein Fehlen bes. fühlbar machen; vgl. ‚durch ↗ Abwesenheit glänzen‘; vgl. frz. ‚se faire rare‘.

Rasen. *Jem. unter den Rasen bringen,* euphem. für ‚töten‘. Gräber waren häufig mit Rasen bewachsen; ↗ zeitlich. *In den Rasen beißen,* ähnl. wie ins Gras beißen, ↗ Gras.

Mit dem Rasenmäher über etw. hinweggehen: eine Sache grob, schnell, radikal, aber nur oberflächlich erledigen.

rasieren. *Jem. kalt rasieren:* ihn heftig zurechtweisen: *jem. scharf rasieren:* ihm die Gurgel durchschneiden. *Du mußt dich mal von einem alten Mann rasieren lassen* ist ein scherzhafter Rat an einen naiven Fragesteller, in der Sprache der Hamburger Jugendlichen bezeugt. *Jem. ist an der falschen Stelle rasiert:* umg. jem. hat sich über etw. grob getäuscht.

Das ‚Rasiermesser‘ steht wegen seiner Schärfe im rdal. Vergleich: *scharf wie ein Rasiermesser* wird einerseits wörtl. verstanden, andererseits auch als Bild für die Geilheit gebraucht; auf jem. scharf sein, ↗ scharf.

Rasmus. ‚Den hett Rasmus fatt‘ (= den hat Rasmus gefaßt) heißt es in der Seemannssprache, wenn ein Matrose vom Wellengang erfaßt und über Bord geworfen wird; ebenso: ‚Rasmus hett nix mihr to fräten‘ oder ‚Rasmus will sick hüt mal ornlich upspeelen‘. ‚Wohr di, Rasmus kommt!‘ ist ein Warnruf bei schwerem Seegang. Rasmus stellt die stürmische, tobende See dar, die mit gierigen Armen nach dem Menschen faßt. Eigentl. ist damit der heilige Erasmus gemeint. Er ist einer der 14 Nothelfer und bes. auch Schutzpatron der Seeleute. Den Namen dieses Schutzpatrons übertrugen sie nun auf ihren grimmigsten Feind, vor dem er sie schützen sollte. Es ist also ein magischer Name apotropäischer Natur; spricht man ihn aus, so ruft man damit zugleich den Heiligen zu Hilfe. Die Rasmus-Personifikation ist bis in den hd. Reporterstil eingedrungen: „Ab und zu gab es auch hier wieder kleine Unterbrechungen, indem Rasmus mit frechem Gesicht über die Reeling glotzte und mit Donnergepolter auf Deck heruntertapste" ('Hamburger Correspondent', 22. Jan. 1910).

Lit.: *W. Stammler:*Seemanns Brauch und Glaube, in: Dt. Philologie im Aufriß (1956), Sp. 1875f.

Rat. *Mit Rat und Tat helfen:* mit allen, einem zur Verfügung stehenden Mitteln helfen. Die Zwillingsformel ‚Rat und Tat' meint eigentl., mit materiellen und immateriellen Gütern zu Hilfe kommen. Denn ‚Rat' war früher alles, was dem leiblichen Leben diente: Hausrat, Vorrat, Geräte, im Gegensatz zu ‚Unrat' i. S. v. Schaden, Verlust.

Aus der älteren Rechtssprache stammt die Wndg. *Rat suchen:* Rechtsbelehrung, Hilfe, Ratschläge suchen. Weiß man sich keinen Rat und befindet sich in großer Verlegenheit, dann ist ‚guter Rat teuer'.

Rate. *In Raten sprechen:* stottern, seit 1930 belegt. *Auf Raten schlafen:* mit Unterbrechung schlafen. *Ehe auf Raten:* Ehe, in der der Ehemann aus beruflichen Gründen nur zum Wochenende daheim ist. Alle diese Wndgn. sind modern umg.

Ratte. *Auf die Ratte spannen:* scharf aufpassen; eigentl.: wie der Hund (die Katze) vorm Loch auf die zu fangende Ratte.

Das ist für die Ratte: das ist umsonst, nichts wert. Anders: *Die haben für die Ratten:* sie haben mehr, als sie selbst aufessen können, sind wohlhabend.

Eine Ratte im Kopfe haben: einen tollen Gedanken haben, etw. närrisch sein; ndd. ‚däm löpet en Ratt im Koppe herüm'.

Von einem Menschen ohne allen Verstand sagt man: ‚Man wird tote Ratten mit ihm fangen'.

*Wie eine Ratte schlafen:*sehr fest schlafen; eigentl.: *schlafen* (auch *schnarchen*) *wie ein Ratz.* ‚Ratz' ist die obd. Form von Ratte, dann auch Bez. für verwandte Tiere wie Iltis, Murmeltier, Siebenschläfer usw. Das Murmeltier ist als Langschläfer bekannt (vgl. frz. ‚dormir comme une marmotte' (auch: ‚dormir comme un loir', wie ein ↗ Siebenschläfer schlafen), während die Ratte weder in Winterschlaf verfällt

noch sich durch tiefen Schlaf auszeichnet, im Gegenteil nachts sehr munter herumrennt. Bereits Johann Fischart (1546 bis 1590) kennt die Rda. Eine moderne Bildung hieraus ist ‚ratzen', tief schlafen.

Eine Ratte (auch *Ratze*) *schieben:* beim Kegeln nichts treffen: Die Kugel geht wie eine Ratte zwischen Eckkegel und Bande hindurch (↗ Pudel).

Von einem, der anderen Rat erteilt, sich selbst aber nicht helfen kann, sagt man: ‚Andern will er Ratten fangen, und ihn selbst fressen die Mäuse'. Schles. ist bezeugt: ‚A wil andern Ratten fangen und konem (kann ihm) salber kene Moise fangen'; auch rheinhess. für einen Projektemacher: ‚Er fängt gar anderen Leut die Ratten und sich selbst kei Mäus'.

Die Ratten verlassen das sinkende Schiff – ein alter Seemannsglaube – wird in übertr. Bdtg. gesagt, wenn Schmeichler und Schmarotzer sich zurückziehen, sobald die Glücksumstände sich ändern: vgl. den Holzschnitt von 1533: Ratten und Schmeichler verlassen das einstürzende Haus. Der Seemann weiß, daß die Ratte nicht erst das sinkende Schiff verläßt, sondern daß sie oft schon Tage vorher ins Meer springt, wenn sie Anzeichen einer Katastrophe (Untergang, Explosion, Vergiftung) spürt. Die Ratten ertrinken lieber auf offener See, als daß sie mit dem Schiff

‚Die Ratten (und Schmeichler) verlassen das einstürzende Haus (das sinkende Schiff)'

,Die Ratten verlassen das sinkende Schiff'

untergehen. Daher ist ihre Flucht für die Besatzung eine große Warnung, denn sie hat einen handfesten Grund: da das eindringende Salzwasser in die unteren Schiffsräume das Leben den Ratten unmöglich macht, gehen sie eben von Bord. Für den Seemann ist dies ein Zeichen, daß Wasser in den Schiffsrumpf eindringt. Vgl. lat. ,Cum ruinae imminent, mures migrant', s. Abb.

Rattenkönig heißt eigentl. die Erscheinung, wenn mehrere Ratten, mit den Schwänzen verfilzt, aneinanderhängen; bildl.: eine ganze Menge von Fehlern, Mißverständnissen und dgl., die sonst nur vereinzelt auftreten.

Im Tierbuch von Gesner (1563) bez. ,Rattenkönig' noch eine große Ratte, die sich vom Raub anderer Ratten nährt; später heißt so die Gruppe alter Ratten, die sich mit den Schwänzen verwirrt hat und von den Jungen verpflegt wird.

Die Wndg. gilt heute als veraltet und wird meist ersetzt durch die Wndg. *Rattenschwanz von ...*: eine große Folge von zusammenhängenden Fragen und Problemen usw.

,Einen ganzen Rattenschwanz hinter sich herziehen'

Weitere, mit ,Ratte' gebildete Komposita haben mit dem Tier nichts mehr gemein. So sagt man zu einem ,Bücherwurm' auch ,Leseratte'. ,Landratten' sind in der Sprache der Seeleute die Landbewohner, sie selbst sind ,Wasserratten', d. h. Seefahrer, Schiffer, begeisterte Schwimmer.

Wahrscheinlich ist der Begriff ,Landratte' eine Lehnübers. aus dem engl. ,landrat', welches schon 1596 bezeugt ist. Im Engl. werden überhaupt – viel früher als im Dt. – Menschen mit ,rat' bez.

Eine Stelle in Shakespeares ,Kaufmann von Venedig', die das Wort ,landrat' beinhaltet (I, 3), wurde wörtl. ins Dt. übers. Vielleicht ist dies der Urspr. der Namen ,Wasserratte' (für eifrige Schwimmer), ,Leseratte' usw. Sie lautet: „... but ships are but boards, sailors but men, there be land-rats, and water-rats, water-thieves, and land-thieves, (I mean pirats)".

Lit.: *A. Gittée:* Ratten, in: Vkde. 2 (1889), S. 175; *O. Keller:* Die antike Tierwelt, Bd. 1 (Leipzig 1909), S. 203–207; *R. Riegler:* Dt. Rdaa., in: Zs. f. d. U. 23 (1909), S. 526; *K. Becker* u. *H. Kemper:* Der Rattenkönig (= Beihefte der Zs. f. angew. Zoologie 2) (Berlin 1964); *S. Krüger:* Die Figur der Ratte in literarischen Texten. Eine Motivstudie (Frankfurt/M., Bern, New York, Paris 1989).

Rattenfänger. In Anlehnung an die weltweit bekannte Sage vom ,Rattenfänger zu Hameln' wird ein Verführer (bes. in politischer oder auch kommerzieller Hinsicht) oft als ,Rattenfänger' bez.

Eine ,Rattenfängerei' bedeutet, daß mit unlauteren, unseriösen oder zweideutigen Versprechungen für eine Sache lautstark geworben wird.

Die Rattenfängersage stellt Historikern wie Volkskundlern noch immer viele ungelöste Fragen. Sicherlich bilden wirtschafts- und sozialhistorische Hintergründe die reale Basis der Sage: In einer Stadt, die jahrhundertelang vom Handel und Getreideexport lebte, konnte eine Rattenplage ein wirkliches Problem sein. Die früheste Erwähnung des Hamelner Pfeifers von 1284 weiß jedoch noch nichts von den Ratten und dem Magistrat, der dem Rattenfänger den Lohn nicht zahlte. Es wird nur von 130 Kindern berichtet, die von dem ,Piper' vors ,Oisterdor' gelockt wurden und seitdem verschwunden sind. Aber wohin sind die Kinder gezogen? Nach Siebenbürgen, nach Pommern, nach Mähren oder Masuren? Sind sie getötet worden, einer Katastrophe zum Opfer gefallen, ein Opfer der Pest geworden oder sind sie nur ausgesiedelt worden? Unter den mannigfachen Erklärungsmodellen ist die Rattenfängersage in den letzten Jahrzehnten am häufigsten und auch am meisten kontrovers mit Hilfe

der Ostkolonisation erklärt worden: Der Rattenfänger sei in Wirklichkeit ein Werber gewesen, der im Auftrag eines Adeligen Kolonisten für den Osten suchte. Die Kolonistenauszugsthesen sind freilich nicht so durchschlagend und widerspruchsfrei, daß sie alle anderen Thesen hätten völlig verdrängen können: Unglück durch Bergsturz, Tanzwut, Kinderkreuzzug etc. Nicht befriedigend beantwortet ist damit auch die Frage: Wer sind die Hämelschen Kinder? Wirklich Kinder, junge Leute, oder Unfreie, Leibeigene, Arbeitslose? Sind ,Ratten', ,Mäuse' etc. gar Metaphern für unliebsame Menschen? Gerade die Ungelöstheit des Falles hielt bis zum heutigen Tag die Phantasie wacher als ein gelöster Fall.

1–3 ,Rattenfänger'

Auch die Figur des Entführers und Verführers bleibt im Dunkel. Er erscheint in den historischen Quellen als Landfahrer, Abenteurer, Pfeifer, Trommler, Spielmann, Lumpensammler oder gar dämonisiert als Zauberer oder Teufel. Er ist Spielmann, aber auch Tierbanner, Unge-

Der
Politische
Ratten und Mäuse
Fänger/
Männiglich zu Verkürtzung der Melancholischen Stunden / und zu Nug / auch Besserung aller Außschneider / Großsbuer / Lügner / Land und Leut betriger / und andern dessen Gesellschafftern / durch die Feder vorgestellet
von
LORINDO.
Im Jahr 1682.

,Rattenfänger'

zieververnichter oder ,Kammerjäger', wie man dies heute nennen würde. In der Sage geht es sozialgeschichtlich auch um Standeshaß und um Vorurteile gegenüber den sog. unehrlichen, nicht zunftfähigen Berufen. Ein zeitloses Thema ist aber auch das Motiv der Kinderent- und -verführung, der Verlust des Liebsten und Wertvollsten.
Die literar. Auswirkungen und Transformationen der Rattenfängersage reichen von Goethe, Cl. Brentano und Wilh. Raabe zum ,Pied Piper of Hamelin' von Rob. Browning bis zu Bert Brecht und Carl Zuckmayer.

Lit.: *H. Dobbertin:* Quellensammlung zur Hameler Rattenfängersage (Göttingen 1970); *N. Humburg* (Hg.): Der Rattenfänger von Hameln (Hameln 1984); *N. Humburg* (Hg.): Geschichten und Geschichte. Erzählforschertagung in Hameln 1984 (Hildesheim 1985).

Ratz ↗ Ratte.

Raub. *Den Raub unter sich teilen* beruht auf Jos. 22,8.
Etw. nicht für Raub achten: etw. für nicht unter seiner Würde halten; sich nicht der Mühe entziehen, etw. zu tun. Eine Erklärung der Rda. gibt das Wörterbuch der Schwedischen Akademie (Svenska Akademiens Ordbok I, Sp. 857): Bei unge-

nauer Erinnerung an die Bibelstelle („Ein jeglicher sei gesinnt, wie Jesus Christus auch war; welcher, ob er wohl in göttlicher Gestalt war, hielt er's nicht für einen Raub, Gott gleich zu sein, sondern entäußerte sich selbst und nahm Knechtsgestalt an …" (Phil. 2,5–7) habe man die Worte „Gott gleich zu sein" übersprungen, und so wurde der Sinngehalt von Raub ein ganz anderer als der bibl., nämlich: Beraubung seiner selbst. Während die Rda. in Dänemark und Schweden sehr verbreitet ist (Belege bei E. Låftman, in: Nysvenska Studier 1944, S. 190 ff.), ist sie im Dt. nur lit. belegt; so z. B. bei Goethe: Mephistopheles sagt im ,Faust' I, Vers 258 f.: „Leb' mit dem Vieh und acht es nicht für Raub, den Acker, den du erntest, selbst zu düngen".
In einem Brief an Lavater vom 24. November 1783 schreibt Goethe: „Du erfahrener Arzt, der es nicht für einen Raub hält, zu quacksalbern …".
Weiterhin erscheint sie in Thomas Manns Roman ,Joseph und seine Brüder' (Berlin 1934), Bd. 1, S. 378: Jaakob sagt: „Jetzt hör mich an. Es ist gut, daß du da bist und hast's nicht für Raub gehalten, hinter mir drein zu ziehen so viele Tage um dieser Sache willen".
Positiv gebraucht erscheint diese Rda. bei Jeremias Gotthelf in seiner Novelle ,Bartheli der Korber' von 1852 (1927, S. 188), jedoch in einem anderen Sinn. Hier bedeutet Raub ,Unrecht, frecher Eingriff': „Für ein Gläschen Schnaps jagten sie (= die Eltern verwahrloster Kinder) dieselben dem Teufel barfuß zu, und will sie wer anders zum Guten halten, so brüllt ihr, als ob man sie ans Messer stecken wollte, und achtet es einem Raube gleich, wenn man für ihre Seelen sorgen will".
Etw. auf den Raub machen: in aller Eile, nebenher, flüchtig. ,Auf den Raub' baut der Bergmann, wenn es ihm nur auf augenblickliche, schnelle Gewinnung von Metallen ankommt; dann verwendet er auf die Anlegung der Stollen wenig Sorgfalt und denkt nicht an Erhaltung oder spätere gründliche Ausbeutung der Grube. Daher: *Raubbau treiben,* d. h. eine Wirtschaftsführung bevorzugen, die für den Augenblick einen möglichst hohen Ertrag anstrebt, ohne auf die dauernde Er-

haltung der Erzeugungsgrundlagen Rücksicht zu nehmen, z. B. beim Ackerbau, beim Abholzen; übertr.: *Raubbau mit seinen Kräften* (oder *mit seiner Gesundheit*) *treiben.* Von solchem Raubbau stammt auch der übertr. Sinn von Wndgn. wie: ‚jem. auf den Raub sprechen‘, ‚etw. auf den Raub abzeichnen‘; wien. ‚I kumm nur auf an Raub‘, nur auf einen Augenblick.

Lit.: *A. Fridrichsen:* Nicht für Raub achten, in: Theologische Zs. 2 (1946), S. 395–396; *H. Bruppacher:* Zur Redewndg. ‚nicht für Raub achten‘, in: Theologische Zs. 3 (1947), S. 234; *H. Wolf:* Studien zur dt. Bergmannssprache (Mdt. Forschungen 11) (Tübingen 1958).

Räuber. Die Rda. *unter die Räuber fallen* geht auf das Gleichnis vom barmherzigen Samariter (Luk. 10, 30–37) zurück, wo es im revidierten Text in V. 30 heißt: „Es war ein Mensch, der ging von Jerusalem hinab gen Jericho und fiel unter die Räuber“. Urspr. stand an dieser Stelle: „unter die Mörder“, aber im allg. wurde schon immer sinngemäß richtiger zitiert: *Er ist unter die Räuber gefallen:* er ist zu Menschen gekommen, die ihn schamlos ausnützen.

Denn (und) im Wald, da sind die Räuber,
halli, hallo, die Räuber,
die machen alles tot.

So oder ähnlich lautet ein Refrain, der als sog. ‚Draufstrophe‘ an unterschiedliche Lieder in scherzhafter Weise angehängt wurde, wie z. B.

Wenn du eine Schwiegermutter hast,
dann schick sie in den Wald;
denn im Wald, da sind die Räuber …
die machen alle kalt.

Rauch. *Den Rauch sehen und nicht wissen, wo das Feuer brennt:* die (negativen) Wirkungen einer Sache bemerken, doch nicht ihren Ursprung kennen. Die Rda. gehört in die Nähe des Sprw. ‚Wo Rauch ist, ist auch Feuer‘.
Jem. einen Rauch machen: jem. Leid, Verdruß bereiten.
Es ist Rauch in der Küche: es gibt Zank und Streit.
Sich aus dem Rauche machen: vor Lästigem weichen (auch ↗ Staub). Diese Rda. wird an das Ausräuchern von Tierställen angelehnt sein, obwohl auch eine Beziehung zum früheren Kriegswesen möglich

ist: Konnte ein belagerter Ort von den Einwohnern nicht mehr gehalten werden, so zündeten sie ihn an und machten sich im Schutz des Brandrauches davon.
Jem. Rauch verkaufen: jem. schmeicheln, durch leeres Geschwätz gefallen. Diese Rda. ist heute so nicht mehr gebräuchlich (statt von ‚Rauch‘ ist von ‚heißer ↗ Luft‘ die Rede), sie beruht auf einer wörtl. Übers. von Martials ‚fumum vendere‘. Martin Opitz verwendet sie: „Ich bin kein Hofemann, ich kan nicht Rauch verkaufen, nicht küssen fremde Knie“.
Etw. in den Rauch hängen: eine Sache beiseite legen für spätere Benutzung. Rauch ist hier eine Kürzung für Rauchfang ↗ Esse.
Jem. einen bösen Rauch machen: Jem. in Verruf bringen. Diese veraltete Rda. benutzt Rauch i. S. v. böser Krankheit.
Den Rauch fliehen und ins Feuer fallen: von einer schlechten Situation in eine noch schlechtere geraten.
Die Sprww., die mit Rauch zusammenhängen, sind sehr zahlreich; ‚Wo Rauch ist, ist auch Feuer‘; ‚Rauch ist beschwerlich, frißt aber niemand‘; ‚Wo Rauch aufgeht, da ist das Feuer nicht weit‘; ‚Je mehr Rauch aufsteigt, je mehr verfliegt er‘, ↗ Feuer, ↗ Qualm.

rauchen. *Das raucht:* das ist geprahlt; vermutlich eine Erweiterung der Rda. ‚einem blauen Dunst vormachen‘; seit 1861 für Berlin belegt. Entspr.: *Ich glaube, du rauchst:* das kommt mir sehr verdächtig, unglaubwürdig vor, ↗ Tabak.
Etw. tun, daß es nur so raucht: etw. sehr schnell, mit aller Kraft tun. Erinnert diese Rda. an den Mechanismus einer Dampfmaschine, so wird in folgender, heute veralteter Rda. ‚rauchen‘ in den Bdtgn. von ‚dampfen‘, ‚schwitzen‘ gebraucht: ‚arbeiten, daß einem die Haut raucht‘. Aus der Schüler- und Studentensprache kommt: ‚Lernen, daß einem der Kopf raucht‘.
Etw. raucht einem: man hat die ↗ Nase voll, man hat etw. satt; diese Rda. ist vor allem im ostmd. Sprachraum verbreitet (E. Strübin, S. 122).
Die Friedenspfeife rauchen ↗ Friedenspfeife.
Rauchen wie ein Schlot (Schornstein): sehr viel, ununterbrochen rauchen. Schlot ist

das ostfränk. Wort für Kamin; vgl. frz. ‚Il fume comme un sapeur' (Er raucht wie ein Soldat der Pioniereinheiten).

Es raucht (im Hause) in der Küche: es herrscht Streit, die Frau schilt mit dem Mann, mit dem Gesinde, ↗ Rauch.

Lit.: *E. Strübin:*Zur dt.-schweiz. Umgangssprache, in: Schweiz. Arch. f. Vkde. 72 (1976); *M. W. Rien* u. *G. N. Dorén:* Das neue Tabago-Buch. Ein Buch vom Tabak und der Kulturgeschichte des Rauchens (Hamburg 1985); Der blaue Dunst. Eine Kulturgeschichte des Rauchens. Hg. v. Niederrhein. Museum für Vkde. u. Kulturgeschichte Kevelaer (Kevelaer 1987).

Raum. *Etw. im Raum stehen lassen:* ein Problem zunächst ungelöst lassen.
Einer Sache Raum geben: etw. wohlwollend aufnehmen; zu seiner Entfaltung beitragen. Die Rda. steht in der Bibel, Röm. 12, 19: „Rächet euch selber nicht, meine Liebsten, sondern gebet Raum dem Zorn Gottes".
Das geflügelte Wort ‚Raum ist in der kleinsten Hütte' ist lit. belegbar schon in Wielands ‚Musarion' (1768). Tanias sagt hier zu einer Schönen: „Allein, mein Haus ist klein", worauf sie antwortet: „Und wenn es kleiner wäre, für eine Freundin hat die kleinste Hütte Raum" (Sämtl. Werke, Bd. 9 [1795], S. 25). Dann erscheint sie wieder in Schillers ‚Parasit oder die Kunst, sein Glück zu machen' (1806). Der Schluß des Stückes lautet nämlich: „Raum ist in der kleinsten Hütte für ein glücklich liebend Paar".
Aus Schillers Ballade ‚Der Alpenjäger' stammt das Zitat:
Raum für alle hat die Erde.
Was verfolgst du meine Herde?

Raupe. *Raupen (dafür auch: Graupen) im Kopf haben:* absonderliche Gedanken, auch: komische Einfälle haben; *jem. Raupen in den Kopf setzen:*ihn auf törichte Gedanken bringen; lit. bei Fritz Reuter (‚Schurr-Murr' 218): „Der Ratsherr setzt den Schlingels blos Raupen in den Kopf". Obersächs. ‚enne Raupe loslassen', Unsinn begehen; ‚enne Raupe machen', einen lustigen Streich spielen. Raupen sind auch ein sprachl. Bild für unruhige Gedanken, Schrullen, Schnurren; ähnl. wie Würmer (↗ Wurm) oder ↗ Grillen. Die aufgeführten Rdaa. stammen größtenteils aus der Studentensprache und treten seit

dem Ende des 17. Jahrhunderts in Erscheinung.
*Sich wie eine Raupe einspinnen:*die völlige Einsamkeit suchen. Vgl. frz. ‚s'enfermer dans son cocon'.
Wie eine neunköpfige Raupe fressen: sehr viel essen, unersättlich sein.
Das fehlt mir noch in meiner Raupensammlung: das hat mir gerade noch gefehlt; auch: das besäße ich gern, seit etwa 1910 bes. sold. geläufig.

Rechnung. *Die Rechnung ohne den Wirt machen:* sich zu seinen Ungunsten verrechnen, falsch schätzen, sich täuschen (immer in Beziehung auf etw. Zukünftiges gesagt). Ähnl. schon bei Joh. Fischart (‚Bienenkorb' 221 a): „Wie der Papst on seinen Wirt gerechnet gehabt". Auch 1639 bei Lehmann S. 936 (‚Zehrung' 20): „Wer die Zech ohn den Wirth macht, muß zweymahl rechnen"; vgl. ndl. ‚zonder de waard rekenen'; engl. ‚to reckon without one's host'; frz. ‚compter sans son hôte' (heute fast nicht mehr gebräuchl.); auch ital. ‚chi fa il conto senza l'oste, lo fa due volte'.
Jemandes Rechnung geht nicht auf: Jem. hat sich getäuscht, in einer Sache ‚verrechnet'.
Die Wndgn. *seine Rechnung bei etw. finden* (wohl eine Lehnübers. von frz. ‚trouver son compte'), *auf seine Rechnung kommen* erklären sich so, daß bei einem gemeinsamen Unternehmen ein Teilhaber zum Schluß das gewinnt, was er vorher für sich ausgerechnet hat.
Das Schlagwort *einer Sache Rechnung tragen:* sie berücksichtigen, sich ihr anpassen, ist wohl eine Lehnübers. der ital. Kaufmannsausdrücke ‚portare conto', ‚rendere conto' = Rechnung ablegen, woher auch frz. ‚tenir compte de quelque chose' stammt. Belegen läßt sich der Ausdr. seit der Mitte des 16. Jh., recht in Gang gekommen ist er aber erst in der Mitte des 19. Jh., insbes. in der offiziellen Sprache von 1848. Aus der Kaufmannssprache (oder aus der Rechenlehre?) stammen wohl auch die Wndgn. *etw. in Rechnung ziehen:* erwägen, *etw. außer Rechnung lassen:* außer acht lassen, nicht damit rechnen. *Eine alte Rechnung begleichen:* an jem. Rache nehmen, frz. ‚régler un compte avec quelqu'un'.

Einen Strich durch die Rechnung machen
↗ Strich.
Er hat seine Rechnung abgeschlossen: er ist
gestorben.
Seine Rechnung mit dem Himmel machen:
seine Sünden bereuen. Schiller verwendet
die Rda. im ‚Tell‘ (IV, 3):
Mach deine Rechnung mit dem
Himmel, Vogt!
und in ‚Maria Stuart‘ (I, 2):
Schließt eure Rechnung mit dem
Himmel ab.

Lit.: Zs. f. dt. Wortf. 2 (1902), S. 270; *G. Schoppe*, in: Mitt. d. schles. Ges. f. Vkde. 19 (1917), S. 139; *O. Ebner v. Eschenbach:* Rechnung tragen, in: Muttersprache 40 (1925), S. 328-331; *O. Hauschild:* Rechnung tragen, in: Muttersprache 41 (1926), S. 220–221; *J. Langhe* u. *L. de Wolf:* Een – z'n rekening te gare tellen met'n, ‚fersette‘ (vork), in: Biekorf 34 (1928), S 223.

Recht, recht. *Dem Recht den Rücken geben:* nicht vor Gericht erscheinen.
Scherzhaft: *nach dem kanonischen Recht:*
nach dem Recht des Stärkeren, nämlich
dem ‚Recht der Kanonen‘.
Das Recht der ersten Nacht (‚Jus primae noctis‘) beanspruchen: sich vorbehalten,
die Hochzeitsnacht mit der Braut zu verbringen. Es handelt sich um ein angebliches Privileg des Grundherrn auf Beiwohnung in der Brautnacht einer Grundhörigen. Dieses Recht hat die Phantasie
bes. in der Zeit antifeudaler Bestrebungen
beschäftigt u. ist vor allem durch das Libretto von Mozarts ‚Figaro‘ bekannt geworden.
In Frankr. soll es unter der Bez. ‚droit de
culage‘, ‚droit de prélibation‘ bestanden
haben. In zwei schweiz. Weistümern
(‚Öffnung von Muri‘, 1543 u. im ‚Weistum
vom Hirslanden‘, 1538) wird es dem Herren (seinem Beamten) zuerkannt; doch
wird dem hörigen Bräutigam das Recht
zugestanden, die erste Nacht durch eine
geringe Abgabe zu erkaufen. Vermutl.
hängt es damit zusammen, daß Hörige vor
einer Eheschließung die Erlaubnis ihres
Grundherren einholen u. eine Gebühr dafür entrichten mußten.
Aus 2. Mos. 23,6 und anderen Bibelstellen entnehmen wir *das Recht beugen* nach
Luther, der so übersetzt, gleichviel, ob in
der Vulgata ‚declinare‘, ‚opprimere‘, ‚subvertere‘ oder ‚pervertere‘ steht. Aber unabhängig von ihm entstand aus den

Vulgataworten (5. Mos. 27,19; vgl. dazu
24,17 und Hiob 34,12: „maledictus, qui
pervertit iudicium") die Wndg. *das Recht
verdrehen.*
Das Recht mit Füßen treten: das Recht
schwer verletzen. Nach einem ma. Strafbrauch mußten Wucherer und Ehebrecher an drei Sonntagen hintereinander
barfuß um die Kirche gehen, sich dann
hinlegen und die Leute über sich treten
lassen, damit symbolisch das getretene
Recht durch die gleiche Vergeltung wiederhergestellt wurde.
Das ist der Rechte! Die Rda. ist ein Beweis,
welche Rolle die Ironie bei dem Bedeutungswechsel unserer Rdaa. gespielt hat.
Dieser urspr. ‚Rechte‘ ist völlig in sein Gegenteil umgeschlagen. „Es ist gar die
rechte, die Camille" heißt es schon in
‚Schlampampes Tod‘ (111). *Er ist an den
Rechten gekommen* ist ebenfalls iron. gemeint, denn es heißt: an den, der bestimmt
mit ihm fertig wird, der ihm eine gehörige
Abfuhr erteilen wird.
Nach dem Rechten sehen: nachprüfen, ob
alles in Ordnung ist.
Mit dem Adv. ‚recht‘ gibt es eine große
Zahl rdal. Wortspielereien, meist iron.
Art, z. B. ‚Du hast recht, und dir gehört
auch recht, aber mit einem dicken Prügel‘;
‚Du hast recht, du kommst neben die Mutter Maria in den Himmel‘; ‚gerade recht
wie der Bock zum Feste‘. ‚Hast recht,
sollst gehängt werden‘; *Schlecht und recht*
↗ schlecht.
Das Kind beim rechten Namen nennen
↗ Kind.
Es nicht jedem recht machen können: Trotz
aller Bemühung nicht alle befriedigen
können; vgl. das Sprw.:
Allen Leuten recht getan,
ist eine Kunst, die niemand kann.
Etw. ist recht und billig: es entspricht den
allg. Rechtsgrundsätzen, es erscheint angemessen. Die Bdtg. von ‚billig‘ = wohlfeil ist erst im 18. Jh. aufgekommen. Bis
dahin war ‚billig‘ synonym mit ‚recht‘. Allerdings bez. recht, was den Satzungen gemäß ist, und billig, was dem natürlichen
Rechtsempfinden entspricht. In dieser
Bdtg. steht ‚billig‘ schon im 11. Jh. und
ist für alle Jhh. reichlich belegt. Aus der
Bdtg. ein billiger = angemessener Preis
wurde im 18. Jh. ein niederer Preis. So

kam das Wort billig zu der Bdtg. wohlfeil. Inzwischen hat es sich weiter gewandelt und bez. vielfach etw. Minderwertiges, z. B. ein ‚billiger Witz‘. Die alte Bdtg. hat sich fast nur noch in der Rda. ‚recht und billig‘ gehalten.

Etw. steht im alten Recht: ein alter Streit geht weiter, wird fortgesetzt.

Eine veraltete Wndg. ist auch: *Recht halten* i. S. v. Gerichtssitzung halten.

Mit jem. um etw. rechten: gegen jem. in einem Streitfall vor Gericht gehen.

Lit.: *J. G. Fichtner:* Dissertatio Juridica de Cereo Juris Naso, seu Vulgari Dicterio Jus habere Cereum Nasum, Das Recht habe eine wächserne Nase; respondente J. F. Puchelbergero (Altdorfii 1724); *A. C. Dorn:* Programma in quo veritatem paroemia: Stadtrecht bricht Landrecht, Landrecht bricht gemeines Recht inquirit (Kiel 1748) *A. L. Reyscher:* Die Überlieferung der Rechte durch Rechtssprww., in: Zs. für dt. Recht und dt. Rechtswiss. 5 (1841), S. 189–209; *G. Lohn:* Deutsches Recht im Munde des Volkes, in: ders.: Drei rechtswissenschaftliche Vorträge (Heidelberg 1888), S. 1–43; *A. de Cock:* Spreekwoorden en zegswijzen, afkomstig van oude gebruiken en volkszeden, in: Vkde. 10 (1897/98), S. 67-223; *C. Koehne:* Handwerkerrecht in Rechtssprww., in: VSW 15 (1919), S. 64–71; *W. Schmidt:* Rdaa. des dt. Rechtslebens, in: Zs. des allg. dt. Sprachvereins 34 (1919), S. 199–263; *D. E. Bond:* The Law and Lawyers in English Proverbs, in: American Bar Association Journal 21 (1935), S. 724–727; *D. E. Bond:* Englisch legal Proverbs, in: Publications of the Modern Language Association 51 (1936), S. 921-935; *O. Urbach:* Dt. Recht im dt. Sprw., in: Muttersprache 52 (1937), S. 230–234; *F. Beyerle:* Sinnbild und Bildgewalt im älteren dt. Recht, in: Zs. der Savigny-Stiftung für Rechtsgeschichte (germanist. Abt.) 58 (1938), S. 788–807; *K. Spiro:* Alte Rechtssprww. und modernes Privatrecht, in: Zs. für Schweiz. Recht 69 (1950), S. 121–142; *W. Weizsäcker:* Volk und Staat im dt. Rechtssprw., in: Aus Verfassungs- und Landesgeschichte. Festschrift zum 70. Geburtstag von Th. Mayer (Lindau 1954/55), Bd. I, S. 305–329; *J. W. Hedemann:* Aus der Welt der Rechtssprww., in: Das dt. Privatrecht in der Mitte des 20. Jh., in: Festschrift für Heinrich Lehmann (Berlin 1956), Bd. 2, S. 131–142; *W. Ebel:* Über Rdaa. und Recht, in: Moderna Språk 56 (1962), S. 21–32; *A. Erler:* Art. ‚Jus primae noctis‘, in HRG. II, Sp. 498.

rechts. *Weder rechts noch links schauen:* stur seinen Weg verfolgen, ↗ Scheuklappen aufhaben.

Nicht mehr wissen, wo rechts und wo links ist: geistig etw. verwirrt sein, aufgeregt sein; schon in der Bibel ist diese Rda. vorhanden: „Der Herr spricht: ‚Und mich sollte nicht jammern Ninive, eine so große Stadt, in der mehr als hundertundzwanzigtausend Menschen sind, die nicht wissen, was rechts oder links ist, dazu auch viele Tiere?‘ “ (Jona 4, 11).

Rede, reden. *Jem. Rede und Antwort stehen:* zur Rechenschaft verpflichtet sein, Auskunft geben müssen, oder *jem. zur Rede stellen:* Rechenschaft von ihm fordern. Rede ist in diesen Wndgn. nicht das einfache Gespräch oder die Äußerung, sondern die vor Gericht gehaltene Rede, die zu den wichtigsten Teilen des altdt. Gerichtsverfahrens gehörte. Der ‚Redner‘ war der Fürsprecher der Parteien, die ‚Einrede‘ (heute: ‚Gegenrede‘) war der Widerspruch.

Eine Rede schwingen: eine Rede halten. ‚Schwingen‘ bezieht sich auf das leidenschaftliche, wirkungsvolle Gebärdenspiel, mit dem der Redner seine Worte begleitet (erst im 20. Jh. aufgekommen). Das Zitat aus Schillers ‚Wallenstein‘ (‚Piccolomini‘ I, 2) „Was ist der langen Rede kurzer Sinn“ ist auch im Volksmund sprw. und rdal. geworden. Ähnl. auch volkstümlich und sprw.: ‚Lange Rede – kurzer Sinn‘ oder ‚Kurze Reden – lange Bratwürste‘ u. a.

Das Sprw. ‚Reden ist Silber, Schweigen ist Gold‘ ist in seinem Ursprung noch nicht restlos geklärt. Wahrscheinl. stammt es, wie G. Freytag schon 1843 vermutete, aus dem Orient. In einer Berliner und Pariser Handschrift aus dem 16. Jh. begegnet es in lat. Form: ‚Narratio argentea, silentium vero aureum est‘. Die Weisheit, daß Schweigen mehr wert sei als Reden, erscheint auch im Talmud: „Ist ein Wort ein Sela wert, ist Schweigen zwei Sela wert“ (Jente, S. 33), ↗ Sela.

Büchmann weist auf den Psalm 12, 7 und auf die Sprüche Salomos 10, 20 hin: „Die Rede des Herrn ist lauter wie durchläutert Silber“ und: „Des Gerechten Zunge ist köstliches Silber“.

Herder führte das Sprw. in den ‚Zerstreuten Blättern‘ (1792) ins Dt. ein: „Lerne schweigen, o Freund. Dem Silber gleichet die Rede, aber zu rechter Zeit schweigen ist lauteres Gold“. – Ins Engl. wird das Sprw. 1837 von Thomas Carlyle übersetzt: ‚Speech is silvern, silence is golden‘. Im Holl. wird es 1858 nachweisbar: ‚Spreken is zilver, zwijgen is goud‘.

Von etw. kann keine Rede mehr sein: eine Sache ist abgetan, erledigt.

Etw. ist nicht der Rede wert: man läßt eine Sache wegen ihrer Unbedeutenheit eher unerwähnt; als Floskel oft gebraucht als Antwort auf ein ‚Dankeschön': ‚Es ist nicht der Rede wert'.

Jem. hat gut reden: jem. steckt nicht in denselben Schwierigkeiten wie ein anderer und sieht so dessen Probleme oft zu einfach. ‚Reden, daß die Milch zu Butter wird', i. S. v. zuviel reden, erwähnt S. Lenz im ‚Geist der Mirabelle' (S. 115). Das Zeitwort ‚reden' kommt häufig in Verbindung mit sprw. Vergleichen vor, z. B. ‚reden wie ein Buch', ‚reden wie ein Wasserfall' (vgl. schwäb. ‚der kann schwätze als wie 'n Amtmann'): schon in Johann Fischarts ‚Geschichtklitterung' (S. 335) heißt es im rdal. Vergleich: „Er redet wie ein cometischer Gesandter vom Himmel mit jhm selber". ‚Er redet davon wie der Blinde von der Farbe', er versteht überhaupt nichts davon; schon in Luthers ‚Tischreden' (213 a) gebraucht und in vielen europ. Sprachen üblich (vgl. Wander III, Sp. 1568).

In den Wind reden (nach 1. Kor. 14,9) ↗ Wind.

Mit sich reden lassen: zum Verhandeln bereit sein, Zugeständnisse machen.

Viel von sich reden machen: berühmt werden; frz. ‚faire beaucoup parler de soi'.

Jem. nach dem Munde reden: so sprechen, daß es ihm zusagt, wie er es hören will.

Lit. R. Jente: Reden ist Silber, Schweigen ist Gold, in: Publications of the Modern Language Association 48 (1933), S. 33-37; L. Röhrich: Gebärdensprache und Sprachgebärde, in: Humaniora. Essays in Literature, Folklore ... honoring Archer Taylor (New York 1960), S. 121–149; V. Roloff: Reden und Schweigen (München 1973); K. Knüsel: Reden und Schweigen in Märchen und Sagen (Diss. Zürich 1980); H. Kolb: Rede und Antwort stehen: Zur Semasiologie einer sprachlichen Formel, in: Sprachwissenschaft 6 (1981), S. 142–148.

Regel. *Nach allen Regeln der Kunst.* Gemeint ist urspr. die alte Tabulatur der Meistersinger, eine Art Gesetzbuch, in dem die Regeln der Kunst des Gesanges von Meistersingern zusammengestellt waren. Diese Tabulatur oder ‚die Kunst' erscheint sodann i. S. v. strenger Ordnung und Konvenienz, bes. hinsichtlich gesellschaftlicher Veranstaltungen und gesellschaftlichen Umganges, schließlich als Inbegriff der Regeln vom feinen Ton. Alles mußte nach der ↗ Tabulatur geschehen:

Es wird dazu geschnürt nach bester
                              Tabeltur
Das Müder und der Latz mit einer
                              Silberschnur

sagt Rachel in seinen satirischen Gedichten (IX, 103), und in der ‚Ehrlichen Frau Schlampampe' wird (S. 65) natürlich auch nach der ‚Tablatur' getanzt. Daß in diesem Sinne Tabulatur und ‚Kunst' völlig füreinander eintraten, zeigt eine ganze Reihe von Stellen. In Heinrich Julius' Komödie von ‚Vincentius Ladislaus' tut (I, 5) der miles gloriosus „alle Tritte nach der Tabeltur", und in V, 1 setzt derselbe, als er zum Herzog berufen ist, „die Füße nach der kunst". Wer nach allen Regeln dieser Kunst sein Benehmen einzurichten verstand, war natürlich die Krone der Gesellschaft. Heute wird der Ausdr. auch vielfach in iron. Sinne gebraucht, und schon in ‚Vincentius Ladislaus' erscheint etw. von dieser Färbung (Söhns S. 697). Am Abend vor der Schlacht bei Leuthen, also am 4. Dez. 1757, hielt Friedrich II. von Preußen an seine Generale und Stabsoffiziere eine Ansprache. Darin begründete er seinen wagemutigen Angriffsplan: „Lassen Sie es sich also gesagt sein, ich werde gegen alle Regeln der Kunst die beinahe dreimal stärkere Armee des Prinzen Karl angreifen, wo ich sie finde" (‚Der König Friedrich der Große in seinen Briefen und Erlassen sowie in zeitgenöss. Briefen, Berichten und Anekdoten', hg. von G. Mendelssohn-Bartholdy, Ebenhausen 1912, S. 321); frz. ‚selon les régles de l'art'.

Lit. B. Nagel: Meistersang (Stuttgart 1962).

Regen, regnen. *Vom (aus dem) Regen in die Traufe kommen:* ein Übel vermeiden und dafür einem schlimmeren verfallen, urspr. von einem gesagt, der sich bei Regenwetter an die Häuser unter den überspringenden Rand der Dächer flüchtet, aber dabei unter die Traufe gerät, aus der das gesammelte Dachregenwasser herunterschießt, so daß er erst recht naß wird. Die sprw. Rda. ist in Dtl. in dieser Form nicht älter als drei Jhh. Sie ist vermutlich orientalischer Herkunft. Die früheste Form, die Wander zitiert, ist ein Beleg vom Jahr 1627: „Auss dem Regen in die Dachtrauff gerathen" (aus Konrad Dietrich, Buch der Weisheit [Ulm 1627], II,

525). Die Rda. kommt dann des öfteren vor, z. B.:

Wer dem Regen wil entlauffen
Kömmet offtmals in die Trauffen
(J. Simon, Gnomologia [Leipzig 1683], S. 211);

Er kommt vom Regen in die Traufe
(Ms. Breslau 1722, zitiert nach K. Rother, Die schles. Sprww. u. Rdaa. [Breslau 1928], S. 17);

,Wer dem Regen entlauffen will, kömmt gemeiniglich in die Trauffe' (O. W. Schonheim, Proverbia illustrata [Leipzig 1728], S. 51);

Es regnet, spricht der Thor, und
        eilt mit vollem Laufe;
Wohin? das siehst du: er stellt
                sich in die Traufe
(C. C. G. Fischer, Sprww. und sittliche Denksprüche zum Gebrauch der Schulen [Halle 1793], S. 96, Nr. 95). Das Dt. Wb. der Brüder Grimm zitiert verschiedene lit. Belege, bes. aus Gryphius' ,Horribilicribrifax' (II. Akt), aus Christian Weise, Lessing, Goethe, Wieland. An früheren Belegen gibt es zwar Sprww. in ähnl. Form und mit ähnl. Inhalt, die aber doch nicht identisch sind. So heißt es z. B. im ,Esopus' des Burkard Waldis (1527):

(Mancher) Dem regen offt entlauffen
                                thut
Vnd senckt sich in wassers flut.
Wer offt dem regen will entlauffen,
Im grossen wasser thut ersauffen.

Luther und seine Zeitgenossen benutzen gewöhnlich: ,Er entläuft dem Regen und fällt ins Wasser' (vgl. Luthers Sprww.-Sammlung, hg. v. E. Thiele [Weimar 1900], S. 410 f.). Eine andere Formulierung des 16. Jh. heißt: ,Vom Regen in den Bach kommen'. Noch bei Goethe heißt es in ,Sprichwörtlich': „Er springt in den Teich, dem Regen zu entfliehen".
Aber in arabischen Sammlungen finden wir Formulierungen wie: ,Wir flohen vor dem Regen, da geriethen wir unter die Dachrinne'; ,von der Dachtraufe unter die Dachrinne', „he fled from the rain, and sat down under the waterspout" (J. L. Burckhardt, Arabic Proverbs [London 1875], S. 167; A. Socin, Arabische Sprww. u. Rdaa. [Tübingen 1878], S. 11, Nr. 148). Der frühe und allg. Gebrauch bei den Arabern läßt keinen Zweifel an der orientali-

,Vom Regen in die Traufe kommen'

schen Herkunft dieser Rda. aufkommen. Die Franzosen sagen hier: ,tomber de Charybde en Scylla' und parodieren, ,tomber de canif en syllabe' (wörtl. ,vom Taschenmesser in die Silbe fallen'), ↗Scylla. Früher dafür auch: *vom Galgen auf das Rad kommen*. 1646 bei Gerlingius (Nr. 94): „Incidit in Scyllam cupiens vitare Charybdim. Der der Troffen entlauffen will, der kömpt mit all in den Platzregen. Ich wil den Rauch umbgehen, und komme gar ins fewr". Seit dem 1. Weltkrieg wird die Rda. sold. auch parodiert: ,vom Regen unter Umgehung der Traufe in die Scheiße kommen', beim Stellungswechsel sich verschlechtern. Weitere Varianten sind: ,aus einem kleinen Regen laufen und gar in den Teich fallen'; ,sich wegen des Regens ins Wasser verstecken' (vgl. auch Wilhelm Busch, Aus dem Regen in die Traufe, 1861. Beiträge zu den ,Fliegenden Blättern'). Ebenso ndl. ,van de regen in de drop komen'; frz. ,tomber de la poêle dans la braise', ,de fièvre en chaud mal'; engl. ,to fall out of the frying pan into the fire', ,from the smoke into the smother' (Shakespeare, As you like it I, 2).
Diese Rda. wird heute auch parodiert zu ,Vom Regen in die Jauche kommen'. (So z. B. Wolf Biermann nach seiner zwangsweisen Übersiedlung von der damaligen DDR in die Bundesrepublik; vgl. ,Die Zeit' vom 27. 1. 1978).
Jem. im Regen stehenlassen: jem. in einer

kritischen Situation im Stich lassen, ihm seine Hilfe versagen. Scherzhaft: *jem. im Regen ohne Schirm stehen lassen.*

Etw. ist *ein warmer Regen;* eine Hilfe kommt zur rechten Zeit, vor allem: eine finanzielle Zuwendung. Der Ausdr. stammt aus der Sprache des Films: Szenen, die trotz Regens im Freien gedreht werden, werden höher honoriert.

Der Regen als Naturerscheinung spielt in allen Kulturen eine große Rolle; vor allem gehört er zu den großen Fruchtbarkeitsmythen. Über den Regen bei Sonnenschein hat der Volksglaube verschiedene Vorstellungen entwickelt. Eine davon findet ihren Niederschlag in einem Kinderlied aus dem Münstertal (Graubünden):

I plova a solai,
Nos Segner va a chavai,
Col anguel sün bratsch,
Con flütta e butatsch'

(Decurtis, Rätoroman. Chrest. 10, 1107). Übers. heißt dies: ‚Es regnet bei Sonnenschein, unser Herrgott reitet mit dem Engel auf dem Arm, mit Flöte und Trommel', ↗ Strippe, ↗ Bindfaden, ↗ Engel, ↗ Kirmes. Wenn es während einer Beerdigung regnet, sagt man mancherorts (z. B. in der Pfalz): ‚Dem Glücklichen regnet es ins Grab' (Mitt. d. hist. Ver. d. Pfalz 20, 241). Dieses Sprw. hängt wohl zusammen mit der Vorstellung von den dürstenden Seelen, zu deren Erquickung Wasser ausgegossen werden muß. Der Regen, der auf ein Grab fällt, hat lustrative Kraft, er reinigt den Toten von seinen Sünden. Darum wünscht der Araber dem Toten ‚die Regengüsse der Sündenvergebung in sein Grab' (Arch. f. Rel. Wiss. XIII, 26). Deshalb beerdigt man auch in Oberhessen noch vielfach die ungetauft gestorbenen Kinder unter der Dachtraufe der Kirche, und auf der Südseite der alten Christenberger Kirche im Burgwald steht noch unter der Dachtraufe ein kleiner steinerner Sarkophag für Kinder. Auf den Kirchhöfen der kath. Dörfer zwischen Karlsruhe und Rastatt fand man ausgeblasene und mit Weihwasser gefüllte Hühnereier an den Grabkreuzen befestigt. Aus einem Löchlein tropft das Wasser ganz langsam auf das Grab, um dem Toten das Fegfeuer zu löschen (Kolbe, Hess. Volkssitten).

Ähnl. Vorstellungen gibt es noch heute im Morgenland: Wem es tüchtig auf sein Grab regnet, der wird selig. Allah wird also bes. auf die regnen lassen, die er liebt, also auf die Heiligen. Deckt man daher ein Heiligengrab auf, zeigt man dem Himmel das Grab, so wird er regnen auf das dürstende Land.

Lit.: *G. Gesemann:* Regenzauber in Dtl. (Diss. Kiel 1913), S. 60f.; *R. Jente:* German Proverbs from the Orient, in: Publications of Modern Language Association 48 (1933), S. 30–33. *M. Kuusi:* Regen bei Sonnenschein: zur Weltgeschichte einer Rda., in: FFC. 171 (Helsinki 1957); *W. D. Hand:* „The Devil is beating his wife" and other folk beliefs about the sun's shining while it rains, in: Kentucky folklore record 3 (1957), S. 139–143; *W. Danckert:* Symbol, Metapher, Allegorie im Lied der Völker, Bd. 1: Natursymbole (Bonn-Bad Godesberg 1976), S. 118–135.

Regenbogenpresse. *In die Regenbogenpresse kommen:* als Sensationsnachricht einem breiten Publikum zur Kenntnis gebracht werden; auch: für so prominent gelten, daß über die Lebensverhältnisse und Schicksale, über Glück und Unglück, über Denken und Tun desjenigen ausführlich berichtet wird. Dies gilt vielen Emporkömmlingen als erstrebenswertes Ziel, um bekannt zu werden und als Bestätigung ‚dazuzugehören', andererseits empfinden es die bereits im Licht der Öffentlichkeit Stehenden manchmal als lästig, da sie von den Reportern auf Schritt und Tritt beobachtet werden.

(Morgen schon) in der Regenbogenpresse stehen: allg. bekannt werden, meist auf Enthüllungen bezogen und auch als Warnung gebraucht, sich mehr vorzusehen, wenn man Aufsehen und Peinlichkeiten vermeiden möchte.

Als ‚Regenbogenpresse' bez. man beliebte Wochenendzeitschriften, die in buntfarbigem Rotationsdruck erscheinen und stark leserorientiert bevorzugt Themen aus Adel und Gesellschaft mit vielen Abbildungen bringen, um dadurch Einblick in die sonst unzugängliche und der Allgemeinheit verschlossene Lebenswelt der Reichen und Berühmten zu gestatten. Darüber hinaus sorgen Serien, triviale Beratung und Horoskope für einen ständigen und interessierten Leserkreis, der ‚leichte Kost' bevorzugt.

Lit.: *W. Nutz:* Die Regenbogenpresse: Eine Analyse der dt. bunten Wochenblätter (Opladen 1971).

Regenschirm. *Gespannt wie ein (alter) Regenschirm:* sehr begierig, neugierig. Der scherzhaft-groteske rdal. Vergleich ist etwa seit 1900 aufgekommen.
Den Regenschirm zumachen: Umschreibung für sterben, bes. im alem. Sprachgebiet, ↗zeitlich.

Regiment. *Auf Regiments Unkosten leben:* auf Rechnung anderer. Mit dem Regiment ist entweder die Heeresabteilung oder die Regierung gemeint. Da es von einer großen Menge Geld, von einer gemeinsamen Kasse abgeht, leistet man sich etw., ohne auf Sparsamkeit zu achten. Auch mdal. ist die Rda. gebräuchl., z. B. in der Steiermark: ‚Dos ged af Regiments Unkeste‘.
Sie führt das Regiment im Hause wird von der herrschsüchtigen Frau gesagt, die allein bestimmen will.

‚Sie führt das Regiment‘

Register. *Ins alte Register kommen:* alt werden, zu den Alten gehören; seit der Mitte des 17. Jh. lit. bezeugt; eigentl.: in das Register kommen, wo die Alten verzeichnet sind; *ins alte Register gehören:* nichts mehr gelten, aus der Mode gekommen sein; schlesw.-holst. ‚Se hört (geit öwer, kummt) all in’t ole Register‘, sie ist (wird) alt; danach mdal. ‚ein altes Register‘, eine alte Jungfer; lit. bei Christian Weise: ‚ins fromme Register kommen‘. Entspr. *ins schwarze Register kommen:* eigentl. in das Sündenregister eingetragen werden, schlecht angeschrieben sein; vgl. ndl. ‚Hij staat op het zwarte register‘ und frz. ‚Il est écrit sur le livre rouge‘ (heute veraltet).
‚Sein Register hat ein Loch‘, seine Sachen sind nicht ganz in Ordnung, ↗schwarz.
Ein großer, langaufgeschossener Mensch wird auch ein ‚langes Register‘ genannt, in Analogie der Länge vieler Verzeichnisse, etwa der Urkundenregister.

Alle Register ziehen: alle verfügbaren Mittel anwenden, alle Kräfte aufwenden beim Zureden, etw. mit aller Kraft betreiben. Das Bild der Rda. kommt von der Orgel: Register heißen hier bestimmte Pfeifengruppen, die mit Hilfe von Zugvorrichtungen eingestellt werden. *Andere Register ziehen:* andere Saiten aufziehen.

Reibach. *Den Reibach machen:* einen Gewinn machen; öfter in der Form ‚seinen/ihren Reibach machen‘. Etymol. kommt der Begriff aus jidd. ‚Rebbach‘, ‚Rebbes‘ (hebr. ribiyt: Zinsen). Auch in der Form ‚Reiwach‘ ist er in den dt. Mundarten nachgewiesen, bes. im Berl.; rotw. seit dem 18. Jh. vorhanden.

Lit.: *S. A. Wolf:* Wb. des Rotw. (Mannheim 1956), S. 264, Nr. 4520.

reiben. *Sich an jem. reiben:* Streit mit ihm suchen, beleidigende Bemerkungen fallen lassen. Im ‚Theuerdank‘, einem allegorischen Gedicht von 1517, das die Lebensgeschichte Kaiser Maximilians I. schildert, heißt es:

Ich wil all seinem rath absagen
Und mich für seiner list und wüten
Mit Gottes hilff wissen zu hüten,
Wo er sich weitter an mich reibt.

Während das urspr. wörtl. im Sinne einer feindlichen Berührung zu verstehende Wort ‚reiben‘ so in die Bildlichkeit hinaufgerückt ist, ist von unten für das eigentl. Reiben in diesem Sinne ‚rempeln‘ (eingetreten. Eine zänkische, ungesellige und widerspenstige Person wird auch als ‚Reibeisen‘ bez., was schon 1839 in einer Schimpfwörtersammlung bezeugt ist. Ähnl. frz. ‚se heurter à quelqu’un‘ (sich gegen jem. stoßen) oder auch ‚se frotter à quelqu’un‘ (sich im Umgang mit einem anderen abhärten).

Reichartshausen, Reichenbach. *Er ist von Reichartshausen:* er sucht schnell reich zu werden. So sagt man im Rheinfränk., indem man mit dem Namen des Weinortes Reichartshausen im Rheingau spielt; ähnl. im Obersächs. bisweilen nach dem Namen der Stadt Reichenbach: ‚Der Kuchen (Braten oder dgl.) ist von Reichenbach‘, d.h. bes. gut, wie für reiche Leute zubereitet.

Reif. *Einen Reif anstecken* (auch *ausstekken*). Die im 16. Jh. ganz geläufige Rda. ist heute ausgestorben. Einen Reif, d. h. eigentl. einen Kranz, an einer Stange befestigte der Weinhändler an seinem Haus entspr. dem noch heute in Weingegenden geläufigen Zeichen einer ‚Besen‘- oder ‚Kranzwirtschaft‘. Da beim Weinkauf zu allen Zeiten immer auch mit Betrug zu rechnen ist, meint die Wndg. in übertr. Bdtg. soviel wie: einen bösen oder falschen Anschein erwecken. Thomas Murner nennt es in der ‚Schelmenzunft‘ so, wenn Frauen mit ihren Reizen locken, ohne sich etw. vergeben zu wollen.

Der steckt den reiff vergebens auß
Der keyn weyn hat in seym hauß
Es wurdt fill mancher schelm veracht
Der im daß wort doch selber macht
Wiltu han eyn erbren schein
So zühe den schelmen reiff doch eyn.

‚Einen Reif ausstecken‘

Die ‚Zimmerische Chronik‘ berichtet (II, 312): „und gieng eben hiemit zu wie man sprücht, das kein wurt von ains gasts wegen ain raif ußsteckt“.

Els. ‚durch den Reif gehen‘ sagt man, wenn Mensch oder Tier durchbrennen. ‚Der ist auch der Reif g‘sprungen‘ heißt es in Schwaben von einem Mädchen, das ledig geboren hat.

Der fallende Reif als Bild der Vernichtung des Glücks, des Abschieds, des Verlustes von Liebe und Treue begegnet bereits im 16. Jh. in Volksliedern. Am bekanntesten ist:

Es fiel ein Reif in der Frühlingsnacht.
Er fiel auf die kleinen Blaublümelein.
Sie sind verwelket, verdorret …
(E.-B. I, S. 589).

Reifenschaden. *Einen Reifenschaden im Gehirn haben:* nicht recht bei Verstand sein; seit dem 2. Weltkrieg.

Reihe. *Bunte Reihe machen* sagt man, wenn Damen und Herren bei Tisch abwechselnd nebeneinandersitzen. Nachweisbar ist die Rda. erst seit dem 17. Jh., doch ist der Brauch schon in dem ältesten Abenteuer- und Ritterroman Dtls., dem lat. geschriebenen ‚Ruodlieb‘ (um 1050), und ähnl. auch im ‚Biterolf‘ (V. 7399 f.) geschildert. Auch sonst in der mhd. Dichtung wird ähnl. bezeugt, z. B. in Heinrichs von Freiberg ‚Tristan‘ (V. 893 ff.):

her Tristan saz zu tische hin,
man sazte Isoten neben in,
und ie zwischen zwein vrouwen guot
saz ein ritter hochgemuot,
eine vrouwe zwischen rittern zwein.

1728 gibt J. B. v. Rohr in seiner ‚Ceremoniel-Wissenschaft‘ (S. 377) folgende Erklärung: „Bisweilen werden bei Hofe und in andern Gesellschaften sog. bunte Reihen angestellt, da einem ein Frauenzimmer auf einige Stunden durch das Looß zu theil wird … Hat man seine sog. Frau bei der bunten Reihe zur Tafel geführt, so muß man sich alle Mühwaltung geben, sie auf das beste zu bedienen, zu unterhalten usw.“ Goethe beginnt seine venezianischen Epigramme:

Sarkophagen und Urnen verzierte
          der Heide mit Leben:
Faunen tanzen umher, mit der
          Bacchantinnen Chor
Machen sie bunte Reihe.

In einer Reihe mit jem. stehen: ihm ebenbürtig sein, gleiche Ziele verfolgen. *In Reih' und Glied stehen:* eine Gruppe steht in einer Linie, einer neben dem anderen. Bes. in der Soldatensprache geläufig. ‚In Reih und Glied‘ ist auch der Romantitel eines Werkes von Friedrich Spielhagen (1866).

Aus der Reihe tanzen: eigene Wege gehen. Das Bild der Rda. ist von der älteren Form des Reigentanzes her genommen, wie er sich etwa beim Volkstanz erhalten hat.

Nicht alle in der Reihe haben, nicht alle der Reihe nach gebrauchen: nicht ganz bei Verstand sein, gemeint sind hier die fünf Sinne; *nicht ganz in der Reihe sein:* nicht ganz gesund sein. *In die Reihe bringen:* in Ordnung bringen, reparieren. *Etw. auf(in) die Reihe kriegen:* etw. zustande bringen (neuere Wndg.).

Reiher. *Kotzen wie ein Reiher:* sich heftig erbrechen müssen. Der rdal. Vergleich bezieht sich wohl auf den heiseren Schrei des Reihers, der den Würgelauten beim Erbrechen ähnl. klingt. Die Rda. ist seit Ende des 19. Jh. gebräuchl. Möglicherweise ist auch an die Art gedacht worden, in der Raubvögel ihre Jungen füttern: sie verschlingen zunächst ihre Beute und würgen sie im Nest wieder hervor, um sie den Jungen schon halb verdaut in den Schnabel zu stopfen. Doch schon Aristoteles berichtet vom weißen Löffelreiher, der in Europa und Afrika lebt; auf diesen Vogel geht das zurück, was wir vom Erwärmen der Muscheln im Magen und Wiederausspeien, Aussuchen und Fressen bei Pseudoaristoteles und Cicero lesen.

Lit.: *O. Keller:* Die antike Tierwelt, Bd. 2 (Leipzig 1913), S. 202–207; *E. Ingersoll:* Birds in Legend, Fable and Folklore (Ndr. Detroit [Mich.] 1968); *C. H. Tillhagen:* Fåglarna i folktron (Stockholm 1978); *E. u. L. Gattiker:* Die Vögel im Volksglauben (Wiesbaden 1989), S. 548–550.

Reim, reimen. *Wie reimt sich das (zusammen)?* fragt man rdal. bei einer Nebeneinanderstellung von zwei Tatsachen, die scheinbar nichts miteinander zu tun haben. Derb verspottet Burkard Waldis (gest. um 1556) einmal in einem Streitgedicht den Herzog Heinrich den Jüngeren von Braunschweig: Er habe sich einen Wahlspruch angemaßt,
    Der sich zu jm reimbt gleich so vil
    Wie der esel zum seytenspil.
Eine Fülle von Vergleichen für schlechte Reime findet sich in z. T. rdal., teils individuellen Prägungen bei Johann Fischart: „Diß reimt sich fein, wie eyn faust inns Aug" (,Bienenkorb' 5 a): „das reimt wie eyn zang auff eyn Sau" (,Bienenkorb' 72 b); „das reimt vnd schickt sich wie eyn Haspel auff eyn Topff' (,Bienenkorb' 143 a). Viele dieser rdal. Vergleiche sind durchaus volkstümlich: ,Es reimt sich wie weiß und schwarz', ,wie Hans und Friedrich', ,wie Arsch und Friedrich'; ,wie Sauerkraut und Hobelspäne', ,wie Glauben und Fühlen', ,wie ein Igelshaut zum Kissen', ,wie ein Kälbermagen zu einer Messe', ,wie Fastnacht und Karfreitag', ,wie Honig und Galle', ,wie Speck zu Buttermilch', ,wie ein Pflug zum Fischergarn'. „Wie soll ich das wieder reimen?" fragt der alte Daniel, als ihn Franz Moor nach einem Beichtvater schickt (Schiller, ,Räuber', V, 1). Ein törichtes, sich widersprechendes Geschwätz nennt man ,ungereimtes Zeug'. In Frankreich sagt man dazu: ,A quoi cela rime-t-il?' und man antwortet: ,Cela ne rime à rien' (Wozu hilft das? – Zu nichts).

Wenn man einem mehrere sich scheinbar widersprechende Dinge mitgeteilt hat, fügt man wohl auch hinzu: ,Nun mach dir selber einen Vers daraus!' Andererseits sagt man von Dingen, die gut zueinander passen, daß sie ,sich reimen', so Uhland im ,Metzelsuppenlied':
    Es reimt sich trefflich: Wein und
                    Schwein,
    Und paßt sich köstlich: Wurst und
                    Durst,
    Bei Würsten gilt's zu bürsten.
Wenn wir uns über stümperhafte Reimereien lustig machen, gebrauchen wir das Wort ,Reim' dich, oder ich freß' dich!'; aber auch übertr. gebraucht i. S. v.: geht es nicht gütlich, so geht es mit Gewalt. ,Reime dich, oder ich fresse dich' heißt eine in Nordhausen 1673 ersch. Satire. Unter dem Pseudonym Hartmann Reinhold verbirgt sich der Verfasser Gottfried Wilhelm Sacer (1635–99). In der Schrift verspottet der Verfasser die Unsitten der damaligen Poeterei. Anfangs auf ungeschicktes Reimen gemünzt, drückt die Rda. heute aus, daß bei Erledigung einer Angelegenheit äußere Schönheit und Sauberkeit nicht berücksichtigt werden können (vgl. Goedeke, Grundriß, 2. Aufl. 3, 239; Büchmann, Küpper). Bei Joh. Fischart (,Aller Praktik Großmutter', 1623, S. 591) findet sich: „Reim dich oder du must die Stieg hinein"; bei Abraham a Sancta Clara: „Reim dich Bundschuh" (,Judas' I, 10) sowie „Reim dich oder ich iß dich".

Sich keinen Reim auf etw. machen können, keinen Reim auf etw. finden: sich etw. nicht erklären können, mit etw. nichts anfangen können. Die Rda. erklärt sich aus der Schwierigkeit, auf manche Wörter (wie z. B. Mensch) ein Reimwort zu finden.

Sich seinen eigenen Reim auf etw. machen: sich sein(en) Teil denken (↗ denken).

Lit.: E. B. III, S. 535, Nr. 1749; *Brüder Grimm:* Volkslieder I (Marburg 1985), S. 544.

rein. *Mit etw. (jem.) im reinen sein:* sich mit etw. (jem.) ausgesöhnt haben; sich damit abgefunden haben. Man sagt auch: ‚man muß mit sich selbst ins reine kommen‘ und meint, man muß zuerst seine eigenen Probleme lösen.

Als bes. rein oder überhaupt mit der Reinheit gleichgesetzt, galt früher das Wasser. So fußte die Wasserprobe auf dem Grundgedanken, daß das reine, heilige Wasser nichts Sündhaftes in sich dulde und eine als Hexe angesehene Frau oben schwimmen ließ. War sie schuldlos, ging sie unter; vgl. Max Bauer, S. 23. Als unrein wurden Krankheiten, Tiere oder auch das Geschlechtsleben angesehen.

Der Slogan ‚Dem Reinen ist alles rein‘ beruht auf einer Briefstelle des Paulus (Titus 1, 15). Nietzsche hat diese Stelle in ‚Also sprach Zarathustra‘ parodiert: „Dem Reinen ist alles rein – so spricht das Volk. Ich aber sage euch: den Schweinen wird alles Schwein!“

Lit.: M. Bauer: Das Geschlechtsleben in der dt. Vergangenheit (Leipzig ²1902); O. Gaupp: Zur Geschichte des Wortes ‚rein‘ (Diss. Tübingen 1920); F. Nietzsche: Sämtliche Werke (München 1955), Bd. 2, 3. Teil, Kap. 14, S. 451.

Reise, reisen. *Reisende Leute nicht aufhalten:* jem., der gehen will, gehen lassen, einen in Gang gekommenen Prozeß nicht vorzeitig stoppen.

In Voss' ‚Musenalmanach auf das Jahr 1786‘ wurde das Lied ‚Urians Reise um die Welt‘ abgedruckt, dessen Anfangsverse heute noch zitiert werden: „Wenn jemand eine Reise tut, so kann er was erzählen“, ↗ Pilgerfahrt.

Aus der Oper ‚Der Waffenschmied‘ von A. Lortzing stammt: „Das kommt davon, das kommt davon, wenn man auf Reisen geht“.

Die letzte Reise antreten oder *die große Reise machen* sind Umschreibungen für Sterben, ↗ zeitlich.

In der Drogenszene gebraucht man das sprachl. Bild der Reise für ‚Rausch, Trip‘; *auf Reise gehen:* Drogen einnehmen.

Lit.: J. Strooman: 't zit al reis om reis, in: Rond den Heerd 5 (1870), S. 39; H. Jehle: Ida Pfeiffer. Weltreisende im 19. Jh. Zur Kulturgeschichte reisender Frauen (Diss. Freiburg i. Br. 1988) (Internat. Hochschulschriften 13) (Münster–New York 1989).

reißen. *Er läßt sich einen reißen* (zu ergänzen: einen Krankenschein): krank sein oder krank werden. Die Krankenzettel waren zu einem Block zusammengeheftet, und jedesmal, wenn sich jem. krank meldete, wurde einer abgerissen.

Sich kein Bein ausreißen: gemächlich arbeiten, ↗ Bein.

Vulgär-umg. *sich einen abreißen:* masturbieren.

Etw. reißen: etw. verdienen, erfolgreich verkaufen.

Sich etw. reißen: sich etw. widerrechtlich aneignen, entstand als Verkürzung von *sich etw. unter den Nagel reißen* (↗ Nagel).

Sich um jem. (etw.) reißen: sich heftig um etw. bemühen. Ein ‚Reißer‘, d. h. ein Verkaufsschlager, wird dem Händler förmlich ‚aus der Hand gerissen‘; vgl. frz. ‚s'arracher quelque chose‘.

Spöttisch sagt schon Seb. Franck von einem, der nicht gern gesehen ist: ‚Man reisst sich vmb jhn wie vmb die marterwochen‘ (Franck I, 117 b).

Innerlich hin und hergerissen werden: schwankend sein, charakterlich nicht gefestigt sein; vgl. frz. ‚être déchiré intérieurement‘. Ein rdal. Vergleich lautet: ‚hin und hergerissen werden wie eine Decke zwischen zwei Eheleuten‘.

Sich am Riemen reißen ↗ Riemen.

Reißaus nehmen: fliehen, ausreißen, spurlos verschwinden.

Reißnagel. *Mit Reißnägeln gegurgelt haben:* heiser sein; seit etwa 1910 bezeugt.

reiten, Reiter, Ritt. *Sich fühlen wie der Reiter auf dem Bodensee;* sich einer überstandenen Gefahr erst im nachhinein bewußt werden und darüber erschrecken. Der Vergleich beruht auf einer schwäb. Sage, die Gustav Schwab nach mündl. Überlieferung zu einer Ballade mit dem Titel ‚Der Reiter und der Bodensee‘ gestaltete (1826). Die Sage berichtet, daß ein Reiter ahnungslos über den zugefrorenen und zugeschneiten Bodensee reitet. Als er – glücklich angekommen – hört, welcher Gefahr er entronnen ist, stürzt er vor Schreck tot vom Pferd (G. Schwab: Gedichte, Bd. 1 [Stuttgart 1928], S. 364–366).

Etw. zu Tode reiten: überstrapazieren, ein Thema so oft wiederholen, bis es niemand mehr hören will, urspr. vom Pferd gesagt, das man immer wieder anspornt, ohne ihm Ruhe zu gönnen, bis es vor Erschöpfung zusammenbricht.

‚Reiten‘ wird in der volkstümlichen Umgangssprache oder auch in Liedern nicht selten als Sexualmetapher für Koitieren gebraucht. So z. B. in der ‚Teufelsroßballade‘, wonach die Pfaffenkonkubine zum Leibroß des Teufels wird.

Jem. reitet der Teufel ↗ Teufel. Zum selben Vorstellungskreis gehört auch die auf dem Besen oder Gabelstiel reitende Hexe.

Auf einen Ritt: etw. auf einmal, ohne Unterbrechung erledigen, ↗ Sitz, ↗ Wind, ↗ Roß.

Lit.: *O. Glöde:* Auf einen Ritt, in: Zs. f. d. U. 6 (1892), S. 498.

Rennen. *Sich ein totes Rennen liefern:* einen Wettkampf (und ähnl.) unentschieden austragen; leitet sich vom Wettrennen ab, das nicht zur Entscheidung gelangt und somit für die Buchmacher und Wetter „tot“, d. h. gleichsam ungelaufen ist.

Nicht mehr im Rennen sein: ausgeschieden sein, wurde vom sportl. Wettkampf auf den Beruf übertr.; vgl. frz. ‚n’être plus dans la course‘ heißt dagegen: ‚nicht mehr auf dem laufenden sein‘.

Das Rennen machen: als einziger erfolgreich sein.

Etw. ist ein echter Renner: eine Sache verkauft sich gut, wird gerne gehört, ist beliebt.

Rest. *Jem. den Rest geben:* ihn vollends zugrunde richten, ihn seelisch erschüttern, ihn ins Grab bringen. Bezieht sich wohl urspr. auf den letzten Schlag, mit dem man ein Schlachttier tödlich trifft. Dieselbe Wndg. ist aber auch schon früh als Zecherausdr. belegt und bedeutet

dann: einen völlig betrunken machen; entspr. *seinen Rest weghaben,* auch *seinen Rest empfangen:* völlig betrunken sein. *Sich den Rest holen:* sich eine schwere Krankheit holen.

Der Rest ist für die Gottlosen: geht zurück auf Ps. 75,9, ↗ gottlos.

‚Der Rest ist Schweigen‘ sagt man, wenn jem. plötzlich verstummt oder seinen Gedankengang verliert und nicht mehr weiter weiß. Die Worte sind eine Übers. von Hamlets letztem Satz in William Shakespeares (1564–1616) Drama: „The rest is silence“.

Der Rest vom Schützenfest: das Übriggebliebene, der Rest vom Ganzen; seit dem frühen 19. Jh. belegt.

Retorte. *Etw. aus der Retorte:* eine künstlich hergestellte Sache. Eine Retorte (frz.) ist eigentl. ein Glas- und Metallkolben mit sich verjüngendem, langem Ende, welches nur noch bei speziellen Destillationen verwendet wird.

Ein Baby, das künstlicher Befruchtung entsprang, heißt ‚Retortenbaby‘.

retten. *Nicht mehr zu retten sein:* scherzhaft zu jem., dem man zu verstehen geben will, daß man seine Taten und Pläne für verrückt hält: ‚Bist du noch zu retten?‘

Sich vor etw. (jem.) kaum noch retten können: von einer Sache oder Person verfolgt werden, ihr immer wieder mit Unwillen begegnen; auch: sehr viel von etw. bekommen: z. B. ‚sich vor Geld kaum retten können‘, wenn man einen großen Gewinn gezogen hat.

Rettich. *Ein Augenmaß haben wie ein Rettich:* sehr gut sehen können. Für jem., der schlecht sieht, sagt man: ‚Er hat ein Augenmaß wie ein Rettich, nur nicht so scharf‘, ↗ Auge.

Revanche. *Revanche für Speierbach!* als Androhung von ↗ Rache und Vergeltung hört man noch heute in Hessen und Westfalen, im übrigen Dtl. ist es unbekannt. M. v. Ditfurth berichtet über den Urspr. der Rda. im 3. Kap. seiner ‚Erzählungen aus der hess. Kriegsgeschichte‘ (Span. Erbfolgekrieg):

„Am 14. Nov. 1703 wurden die dt. Trup-

pen, unter ihnen ein von seinem Erbprinzen geführtes hess. Korps, am Speierbach vollständig geschlagen. Als sich nun im folgenden Jahr, am 13. August, die französisch-bayerischen Truppen gegen Marlborough bei Höchstädt zum entscheidenden Kampfe stellten, erhielt der hess. Erbprinz die Aufgabe, mit seinen Schwadronen die Reiterei der Franzosen zu werfen. Ehe er jedoch das Zeichen zum Angriff gab, soll er im Vorbeireiten den hess. Dragonerregimentern zugerufen haben: Heute, Dragoner, nehmt Rache für Speierbach! In der Tat wurden die Franzosen geschlagen, ihr Feldherr, der Marschall Tallard, gefangen und vor den Erbprinzen geführt, der ihn mit den Worten empfing: Ah, Monsieur le maréchal, vous êtes le très bien venu; voilà la revanche pour Speierbach!"
Bekannter sind folgende Wndgn.: *Revanche für Sadowa!* – ein 1866 in Frankreich geprägtes Schlagwort – und *Revanche für Sedan! Revanche für Pavia!* stammt vom Nebentitel ‚La Revanche de Pavie' des 1850 entstandenen Lustspiels von Scribe und Ernest Legouvé: ‚Die Erzählungen der Königin von Navarra'.
Im 18. Jh. wurde das frz. Verb ‚se revancher' entlehnt und zu ‚revanchieren' umgebildet. Unsere Rda. *sich für etw. revanchieren* hat heute häufig den positiven Sinn: sich für etw. erkenntlich zeigen, neben dem urspr. rächen, es jem. heimzahlen.

Reverenz. *Jem. seine Reverenz erweisen:* jem. sehr höflich und zuvorkommend begrüßen. Die heute veraltete Wndg. benutzt den lat. Begriff ‚Reverenz' für ‚Ehrerbietung'.
In Schillers Schauspiel verweigert Wilhelm Tell (III, 3) den Ehrengruß dem vom Landvogt Gessler zur Prüfung des Untertanengehorsams aufgehängten Hut und wird darum angeklagt: „Er hat dem Hut nicht Reverenz bewiesen".
↗ Aufwartung.

Revue. *Etw. Revue passieren lassen:* sich ein Ereignis in Erinnerung rufen; es an seinem geistigen Auge vorüberziehen lassen.
Frz. ‚revue' als ‚Übersicht über die Ereignisse des Jahres' gab es in Frankreich bereits am Ende des MA. ,Revue' i. S. v. Schau, Übersicht, Zusammenstellung wurde später Titel oder Titelbestandteil frz.-sprachiger Zeitschriften, entspr. dann auch dt. ‚Rundschau', ebenso einer dt. Illustrierten, gegr. 1948 in München. ‚Revue' wurde schließlich auch zum Fachausdruck für Bühnenschau, das Revue-Theater (Ausstattungsrevue, Eisrevue, Revuefilm etc.). Seit dem 2. Weltkrieg sind die Revue-Theater fast ganz verschwunden und wurden abgelöst durch die ‚Show'.

Lit.: *R. Mander* u. *J. Mitchenson:* Revue. A story in pictures (London 1971); *P. Kaupp:* Die schlimmen Illustrierten. Leserschaft, Inhalt und Wirkung der ,Neuen Revue' (Düsseldorf 1971).

Rhabarber. Mit den sich wiederholenden Worten, Rhabarber ,Rhabarber' wird auf dem Theater das Volksgemurmel gemacht; aus der Theatersprache ist es schon seit der Mitte des 19. Jh. auch in Rdaa. übergegangen, wie *Rhabarber machen:* in der Masse laut protestieren; *quatsch keinen Rhabarber!:* rede keinen Unsinn.

Rheumatismus. *Rheumatismus zwischen Daumen und Zeigefinger haben:* kein Geld haben, denn mit Daumen und Zeigefinger wird Geld aufgezählt.
Anhänglich wie Rheumatismus: treu ergeben, dienstbeflissen, aufdringlich, nicht loszuwerden.
Volksetymol.-spielerisch wird das Fremdwort unter dem Einfluß von ‚Reißen in den Gliedern' oft auch zu ‚Reißmatismus', ‚Reißmichtüchtig' und berl. ‚Reißmirtüchtig' scherzhaft umgeprägt.

richtig. *Mit jem. ist nicht alles richtig* und *Mit einer Sache ist nicht alles richtig:* der Mensch ist unheimlich, er verfügt über übernatürliche Kräfte, und: mit einer Sache, an einem Ort geht es nicht mit rechten Dingen zu, es spukt. Urspr. besagten die Rdaa., daß Magie im Spiele sein müsse, heute bedeuten die allg. gebräuchl. Ausdrücke, daß jem. oder etw. außerhalb der gesellschaftlichen, sittlichen oder rechtlichen Norm steht.
Die Feststellung *Bei ihm ist es (im Ober-*

stübchen) nicht ganz richtig meint: er ist nicht bei Verstand, es spukt bei ihm im Kopf.

Doppeldeutig ist die pomm. Rda. ‚He is richtig, hett Stroh in d' Stebel', denn es heißt entweder: er ist schlau, er hat seinen Vorteil berechnet, oder iron. ins Gegenteil verkehrt: er ist ein Dummkopf. Ebenfalls iron. zu verstehen ist der Ausruf *Du bist mir der Richtige!:* gerade der, der am wenigsten zu gebrauchen ist, vgl. frz. ‚Tu es celui qu'il me faut!'

Zur euphemist. Umschreibung, daß eine Frau wieder schwanger ist, gebraucht man in der Altmark: ‚Mit är is't wedd'r richtig'.

Die Rda. *etw. richtig machen:* einen Vertrag, ein Verlöbnis schließen, weist auf den urspr. Zusammenhang von richtig und Recht.

Eine moderne Wndg. ist: *richtigliegen mit etw.:* das der Situation Entsprechende tun, mit seinen Plänen und Vorhaben genau der allg. Erwartung vieler entgegenkommen.

riechen, Riecher. *Jem. (sich selbst) nicht riechen können:* ihn nicht leiden, nicht ausstehen können; vgl. frz. ‚ne pas pouvoir sentir quelqu'un'.

Etw. nicht riechen können: etw. ohne ausdrücklichen Hinweis nicht wissen, nicht ahnen können. Dagegen beinhaltet die Wndg. *Er muß das direkt gerochen haben:* es geahnt, vorhergesehen haben, Erstaunen und Bewunderung für das richtige Verhalten im Hinblick auf das Zukünftige; vgl. frz. ‚Il faut qu'il l'ait senti'.

Einen guten Riecher haben: eine gute Nase für eine geschickte Gelegenheit haben (1846 bei Willibald Alexis lit. belegt). Das Bild dieser Rdaa. ist von der feinen Witterung des Tieres hergenommen, ↗ Nase.

Nach dem Grabscheit riechen: am Rande des Grabes stehen, auch: *Er riecht nach Tannenholz;* vgl. frz. ‚Cela sent le sapin': Die ersten Todesanzeichen werden bemerkbar. Diese Redewndg. wird spöttisch beim leisesten Husten eines Gesunden gebraucht.

Den Braten riechen ↗ Braten.
Lunte riechen ↗ Lunte.

Lit.: A. Hagen: Die sexuelle Osphresiologie. Die Beziehungen des Geruchsinnes und der Gerüche zur menschlichen Geschlechtstätigkeit (Berlin 1905). A. Corbin: Pesthauch und Blütenduft. Eine Geschichte des Geruchs (Berlin 1984); U. Jeggle: Der Kopf des Körpers (Weinheim-Berlin 1986), bes. S. 134ff., Funktionen des Riechens!

Riegel. *Einer Sache (endgültig) einen Riegel vorschieben:* sie (für immer) verhindern, ↗ Pflock.

Riemen. *Sich am Riemen reißen:* sich zusammennehmen, sich ermannen, sich ermutigen. Die im 1. Weltkrieg aufgekommene Wndg. bezieht sich auf den Riemen, d. h. Gürtel des Soldaten: der Soldat reißt am Riemen, wenn er ihm den vorgeschriebenen Sitz gibt. *Den Riemen enger schnallen:* sich einschränken, hungern müssen; vgl. frz. ‚serrer sa ceinture d'un cran', ↗ Flasche.

Die Rdaa. *Es geht ihm an die Riemen* und *Es geht um seine Riemen:* auf seine Gefahr oder Kosten, bewahren die Erinnerung an eine ma. Strafe: dem Verurteilten wurden schmale Streifen (Riemen) aus der Haut geschnitten, ↗ schinden.

Riemen schneiden bedeutete: Vorteil aus etw. ziehen, zweifaches Riemenschneiden galt als strafbar. Bei Waldis (IV, 13, 55) heißt es: „Die gselln, die so jrn datum setzen vnd all morgen jr messer wetzen, damit sie zwifach riemen schneiden, ob sie denn auch an galgen leiden, des soll man kein mitleiden hon".

Sich in die Riemen legen: sich sehr anstrengen, für etw. einsetzen. In dieser Rda. steht Riemen für Ruder; vgl. frz. ‚s'atteler (à la tâche)': wörtl. sich an (die Arbeit) spannen.

Riemenstecher. Die Feststellung *Er ist ein (alter) Riemenstecher* bedeutet: er ist ein bes. schlauer, gerissener Kerl, der alle Vorteile wahrnimmt. ‚Riemenstecher' galt auch als Schimpfwort und bezeichnete urspr. den betrügerischen Landstreicher, der auf Jahrmärkten in einen zusammengerollten Riemen stechen ließ. Er konnte es immer so einrichten, daß der Stich der anderen an dem Riemen vorbeiging. Bereits im 13. Jh. erschien die Bez. Riemenstecher im Stadtbuch von Augsburg. Noch ein Edikt Friedrich Wilhelms I. von Preußen vom 28. Jan. 1716 richtet sich gegen sie und stellt sie auf eine Stufe mit

Marktschreiern und Komödianten: „Marktschreier, Comödianten, Gaukler, Seiltänzer, Riemenstecher, Glückstöpfer, Puppenspieler u. dgl. Gesindel". Außerdem galt das Riemenstechen als beliebtes Kinderspiel, das besondere Geschicklichkeit erforderte, weil dabei mit dem Griffel in die Schlingen des Riemens gestochen werden mußte, der die Schulbücher zusammenhielt (Wander, Bd. III, Sp. 1684).

Riese. *Nach Adam Riese.* Diese Rda., mit der man die Richtigkeit einer Rechnung zu bekräftigen pflegt, geht zurück auf die verbreitetsten und volkstümlichsten Rechenbücher des 16. Jh.: Adam Rieses (auch Ries, Rys und Ryse geschrieben) ‚Rechenung auff der linihen' (zuerst 1518 o. O.) und ‚Rechenung auf der linihen und federn' (zuerst 1522 in Erfurt erschienen).

‚Nach Adam Riese'

Im Gegensatz zu den meisten Rechenbüchern des 16. Jh. waren sie alle in dt. Sprache abgefaßt. Der Verfasser, geboren 1492 in Staffelstein bei Bamberg, starb 1559 in Annaberg im Erzgeb., wo er Bergschreiber war. Seine beiden Söhne Abraham und Jakob Riese hatten ebenfalls einen Ruf als Rechenmeister. Namentlich stand der erstere in großem Ansehen, und auch

dessen Söhne, Heinrich und Karl Riese, erhielten den Ruf ihres Großvaters aufrecht. Seine Rechenbücher aber waren bis in die Mitte des 18. Jh. weit verbreitet.

Ein abgebrochener Riese sein: scherzhafte Umschreibung für klein gewachsene Leute. Ein ‚halber Riese' ist auch der saloppe Name für einen 500-DM-Schein, 1000 DM sind ‚ein Riese'.

Etw. kommt mit Riesenschritten auf einen zu: ein Ereignis nähert sich in unheimlicher Schnelle.

Lit.: *B. Berlet:* Zur Feier des 400. Geburtsjahres von Adam Riese (Frankfurt/M. 1892); *K. Vogel:* Adam Riese, der dt. Rechenmeister (München 1959); *F. Deubner,* in: Zs. f. Gesch. der Naturwissenschaften, Technik und Medizin 1 (1960), 7 (1970), 8 (1971).

rin. *(Immer) rin in die gute Stube!:* tritt ein! „Kommen Sie 'rein in die gute Stube" soll während der Kaisermanöver im September 1876 eine Leipzigerin zu Prinz Friedrich Carl von Preußen gesagt haben, als er ihr als Einquartierung zugewiesen wurde; 1880 bei Stinde belegt. Eine verwandte rdal. Aufforderung einzutreten ist: *Rin ins Vergnügen!* und *Immer rin in die Kartoffeln!*

Rin in die Kartoffeln, raus aus die Kartoffeln! ist ein Ausruf der Verärgerung über Entschlußlosigkeit oder sich widersprechende Anordnungen. Die Wndg. stammt aus dem militär. Scherz ‚Vom Manöver'. Friedrich Wülfing veröffentlichte ihn in Nr. 1885 der ‚Fliegenden Blätter' im Nov. 1881.

Rindermist. *Um Rindermistes willen etw. erdulden müssen:* wegen einer Bagatelle Strafe erleiden müssen. Das Stehlen von Rindermist wurde freilich in der Antike mit scharfer Buße belegt, da Mist als wertvoller Dünger hoch geschätzt war.

Lit.: *O. Keller:* Die antike Tierwelt, Bd. 2 (Leipzig 1909), S. 329–371, bes. S. 351.

Ring. *Ringe tauschen (wechseln):* heiraten. Fessel und Ring binden ihren Träger in irgendeiner Form nach alter Vorstellung. Ein früher Nachweis dieser Traditionskette, die den Ring als äußeres Zeichen eines Gelübdes interpretiert, ist der Bericht von Tacitus in der ‚Germania' über die Chatten (Kap. 31): „Die Tapfersten trugen außerdem einen eisernen Ring wie eine Fessel, bis sie sich durch Tötung eines Feindes davon freimachen konnten".

Auf den Ehering beziehen sich folgende Rdaa.: *einen Ring darauf geben:* ein Eheversprechen eingehen; *einen zu engen Ring an den Finger gesteckt haben:* eine Mißheirat eingegangen sein.

*Biß dieser ring zerbricht
Läst keins vom andern nicht.*

,Einen Ring darauf geben'

Du kannst mich um den Ring pfeifen! ist die verächtliche Abfertigung eines Menschen, der einem lästig oder gleichgültig ist, wobei Ring wohl verhüllend für einen derberen Ausdr. steht. Joh. Fischart (,Ehezuchtbüchlein' S. 247) gebraucht „durch den Ring schlagen". Doch kann Ring sich auch auf eine Runde beim Tanz beziehen; so 1668 bei Christian Weise in den ,Überflüssigen Gedanken der grünenden Jugend' (S. 204): „Wer ein Narr wäre, ließe sich um den Ring fiedeln", so daß die Rda. also auf eine ähnl. Vorstellung zurückginge wie: ,nach jem. ↗ Pfeife tanzen'. *Jem. einen Ring durch die Nase ziehen:* ihn als einfältig und dumm behandeln. Der Ring durch die Nase bezieht sich wohl auf den an einem Nasenring herumgeführten Tanzbären der Schausteller. Häufig in imperativischer Form: ,Laß dir einen Ring durch die Nase ziehen!' Wem man diesen Rat erteilt, den hält man für unselbständig und einfältig wie einen Tanzbären; vgl. ndl. ,Iemand een' ring door de neus steken'. *Ein goldener Ring in die Nase eines Schweines* (schon lat. ,annulus aureus in

naribus suis') i. S. v.: ,Perlen vor die Säue werfen'.

Lit.: *Jungwirth:* Art. ,Ring', in: HdA. VII, Sp. 702–724; *H. Battke:* Geschichte des Ringes (Baden-Baden 1953); *O. Holzapfel:* Zur Phänomenologie des Ringbrauchtums, in: Zs. f. Vkd. 64 (1968), S. 32–51; *G. Hempel:* Fingerringe. Eine Sonderausstellung aus den Beständen des Österr. Museums f. Vkde. (Wien 1985); *A. Ward, J. Cherry u. a.:* Der Ring im Wandel der Zeit (Fribourg 1987).

Ringelpietz. *Ringelpietz mit Anfassen machen:* auf einer Gesellschaft sehr lustig und ausgelassen sein.

Slaw. ,pieć' (singen) steckt in dem zweiten Teil des Wortes, welches vor allem in Berlin sehr gebräuchl. war.

Ringeltaube. *Das sind Ringeltauben* sagt man, wenn man etw. Seltenes sieht. So auch in einem ndd. Wellerismus: „,Dat sünd Ringelduwen!" sagg de Buur, do hadde he teggen nen rieken Kerl ne Prozeß wunnen" (H. Büld: Ndd. Schwanksprüche …, S. 45).

Die Ringeltaube begegnet in den Mdaa. häufig als rdal. Bild für etw. Seltenes; z. B. ndd. ,dat sind Rengeldüvcher', das sind Seltenheiten; ,dat send Ringeldouwen, dei schütt me nit alle Dage'; auch rheinhess. ,du bist en Ringeltäubche', d. h. was du sagst, ist so gut wie ausgeschlossen, weil die Ringeltauben so selten sind.

Die Ringeltauben unterscheiden sich von ihren Artgenossen durch ihre ungewöhnliche Größe; außerdem haben sie auf blau-grauem Federkleid weiße Halsflecken, die mitunter zu einem Ring (obd. ,Ringel') zusammenlaufen.

Lit.: *O. Keller:* Die antike Tierwelt, Bd. 2 (Leipzig 1913), S. 127; *E. Ingersoll:* Birds in Legend, Fable and Folklore (New York 1923, Ndr. Detroit [Mich.] 1968); *C. H. Tillhagen:* Fåglarna i folktron (Vögel im Volksglauben) (Stockholm 1978); *E. u. L. Gattiker:* Die Vögel im Volksglauben (Wiesbaden 1989), S. 379–384.

Rinke(n) ↗ Rang.

Rippe. *Das kann ich mir nicht aus den Rippen schneiden* (auch *durch die Rippen schwitzen*): etw. Unmögliches kann ich nicht schaffen; ich weiß nicht, wo ich das Geld dazu hernehmen soll. Die Rda. ist wohl eine Weiterbildung der aus der Bibel bekannten Vorstellung, daß Gott aus Adams Rippe Eva geschaffen hat. Ähnl.

ostfries. ‚Ik kann mi doch keen Geld ut de Beenen snieden‘. In etw. abweichendem Sinne schwäb. ‚Des kann mr net durch die Rippe schwitze‘, es will seinen natürlichen Ausgang.
Von einem Faulpelz sagt man meckl. ‚De hett ne ful Ribb‘, von einem Dicken in Ostfriesland ‚De hett wat up de Ribben‘, übertr.: er hat Vermögen, stellt sich gut. *Nichts in den Rippen haben:* hungrig, mager sein. *Bei ihm kann man alle Rippen zählen:* er ist sehr mager, schlecht ernährt (schon im 16. Jh. bei Hans Sachs). Vgl. frz. ‚On peut lui compter les côtes‘.
Etw. in (hinter) die Rippen kriegen: nach Hungerzeit zu essen bekommen.
Ndd. ‚Dat steit bi de Ribben‘, das setzt den Rippen Fleisch an (z. B. von Kohlsuppe mit Speck gesagt).
Einen hinter die Rippen plätschern: Alkohol trinken.
Jem. etw. in die Rippen stoßen (schmeißen): ihn bestechen.
Durch die Rippen stinken: sehr übel ausdünsten.

Riß. *Vor dem Riß stehen, vor den Riß treten:* für einen entstandenen Schaden die Verantwortung tragen, dafür aufkommen, eigentl.: wie tapfere Männer vor den Riß traten, den der Feind in die Stadtmauer geschlagen hatte, und, sich für andere bloßstellend, den entstandenen Schaden wiedergutzumachen und weiteren Gefahren vorzubeugen suchten. Das Bild findet sich öfters in Luthers Bibelübers., z. B. Hes. 22, 30: „Ich suchte unter ihnen, ob jemand sich eine Mauer machte und wider den Riß stünde gegen mir für das Land, daß ich's nicht verderbete; aber ich fand keinen"; ebd. 13, 5 heißt es von den falschen Propheten: „Sie treten nicht vor die Lücken und stehen nicht im Streit am Tage des Herrn"; ferner Ps. 106, 23: „Und er sprach, er wollte sie vertilgen, wo nicht Mose, sein Auserwählter, den Riß aufgehalten hätte". Im 18. Jh. tritt dafür die Wndg. ‚in die ↗ Bresche treten‘ ein; doch findet sich ‚für den Riß stehen‘, für den Schaden aufkommen, Hilfe bringen, noch in den Mdaa., z. B. obersächsisch.
Es gibt mir einen Riß: ich erschrecke, von dem reißenden Gefühl der Nervenerregung abgeleitet; bes. oesterr. üblich.

Einen Riß im Kopf haben: nicht recht bei Verstand sein; ‚hirnrissig‘; vgl. frz. ‚avoir le timbre fêlé‘ (einen Riß in der Glocke haben); vgl. auch das frz. Sprw. ‚Un pot fêlé dure plus qu'un neuf‘: einen Topf mit einem Sprung ist dauerhafter als ein neuer.

Ritten. *Daß dich der Ritten schütt!* ist ein alter rdal. Fluch. Ritten ist das altdt. Wort für Fieber, von diesem Lehnwort erst im 17. Jh. verdrängt. Mit Ritten bezeichnete man vom 14. bis 16. Jh. vor allem ein sehr verbreitetes pestartiges Fieber, das die Leute jäh ergriff und dahinraffte. Lit. bei dem Prediger Geiler von Kaysersberg (‚Sünden des Mundes‘ 39): „Das dich der rit schit!" oder „Das im got den ritten geb"; bei Joh. Pauli (‚Schimpf und Ernst‘): „Das Gott dem kargen schelmen den ritten gebe". Bei Thomas Murner in der ‚Schelmenzunft‘ findet sich die Rda. sehr häufig: „Ich zitter als mich der ritten schit", „Wolt Got, das sie der ritte schit"; ebenso bei Hans Sachs (IV, 44): „Geht hin, dass euch der Riet schüttelt". Weitere lit. Belege bei Wander III, Sp. 1695 f.

Lit.: *O. v. Hovorka* u. *A. Kronfeld:* Vergleichende Volksmedizin, 2 Bde. (Stuttgart 1908–09), Bd. I, S. 135 ff.

Ritter. *Jem. ist ein Ritter von der traurigen Gestalt:* jem. der groß gewachsen, lang und hager ist, eine schlechte Haltung hat und wirtschaftlich heruntergekommen ist. Der Titelheld des Romans ‚Don Quijote‘ von Miguel de Cervantes Saavedra (1547–1616) trägt diesen Beinamen (span. ‚el caballero de la triste figura‘). Schon im 18. Jh. war diese Bez. für einen lächerlichen Helden in der dt. Dichtung üblich. Kortum erzählt 1784 in seiner Jobsiade: „So nahm dann dies Abenteuer behende für unseren Helden ein erwünschtes Ende. Und gleich dem Ritter von der traurigen Gestalt fuhr er mit der Kutsche alsbald". H. Heine schreibt in einem Brief vom 4. 5. 1823: „Ich Ritter von der traurigen Gestalt werde nie eines solchen (Weibes) teilhaftig werden können, und, wie die Weiber im Koran, muß ich mich mit dem Anblick des Paradieses begnügen". Schon die ma. Abenteuer- und Ritterromane gaben ihren Helden entspr. deren

Wappenbild (↗ Schild) Beinamen wie ‚Löwenritter‘, ‚Ritter mit dem Rade‘ u.a. Heute werden manche Berufsgruppen scherzhaft damit umschrieben. So sind die ‚Ritter von der Feder‘ die Schriftsteller; ein ‚Ritter des Pedals‘ ist ein Radrennfahrer, ein ‚Ritter der Landstraße‘ ein LKW-Fahrer. Ein ‚Ritter‘ ist die Bez. eines Mannes, der Frauen gegenüber sehr höflich und zuvorkommend ist; ein Kavalier (aus frz. chevalier: Ritter), ein ritterlicher Mann.

‚Ein irrender Ritter‘ ist jem., der nur kurze Zeit an einem Ort bleibt, da er immer wieder auf der Suche nach neuen Abenteuern ist. Dieser Ausdr. ist die wörtl. Übers. von ‚chevalier errant‘, einem Beinamen eines Ritters aus der Artusrunde.

Auch *ein Ritter ohne Furcht und Tadel sein* geht auf einen frz. Ausdr. zurück: ‚Chevalier sans peur et sans reproche‘ war der Beiname des Ritters Bayard (1476–1524) und bedeutet: ein mutiger, sich vorbildlich benehmender Mann sein (vgl. Dürers Darstellung ‚Ritter, Tod und Teufel‘).

Arme Ritter backen: arm sein, in dürftigen Verhältnissen leben; diese Rda. ist heute veraltet, da die ‚armen Ritter‘ heute nicht mehr als ‚Arme-Leute-Essen‘ angesehen werden: es sind in Milch eingelegte Weißbrotscheiben, die paniert und mit einem Ei überschlagen in Fett gebacken werden. Sie sind als Speise seit dem 14. Jh. bekannt.

Lit.: *A. de Cock:* Ridder of meersman, in: Vkde, 7 (1894), S. 49–53; *A. de Cock:* Spreekwoorden en Zegswijzen, afkomstig van oude gebruiken en volkszeden: A. Uit het Ridderwesen, in: Vkde. 9 (1896/97), S. 207–217; 16 (1904), S. 82–89.

Ritze, ritzen. *Auf die Ritze hauen:* beim Kartenspiel Glück haben. Dahinter steht die Vorstellung, daß der zu gewinnen pflegt, der mit der Fuge der Holztischplatte in einer Richtung sitzt und so beim Ausspielen ‚auf die Ritze haut‘. Diese Wndg. war bes. in Preußen bekannt. Von da stammt ebenfalls die Rda. *In die Ritze schnorren:* spurlos verschwinden.

Allg. in Dtl. verbr. ist die Rda. *Längs der Ritze gehen können:* noch nicht betrunken sein, ↗ trinken.

Auf die Ritze müssen: im Ehebett in der Mitte unbequem schlafen müssen. Die Rda. begegnet auch scherzhaft, wenn Besuch kommt u. man befürchtet, daß eine weitere Schlafgelegenheit fehlt; oft auch in Form einer Frage: ‚Da muß ich wohl auf die Ritze?‘

Etw. ist geritzt: etw. ist vorbereitet, in die Wege geleitet worden, geht in Ordnung. Der Ausdr. kommt wahrscheinl. von der Sprache der Bergleute her. Hier bedeutet die ‚Ritze‘ eine Vertiefung, die in die Felswand gehauen wird, um Keile zum Sprengen eintreiben zu können. ‚Es ist geritzt‘ bedeutet hier, daß die nötigen Vorbereitungen für eine Aktion getroffen wurden.

Rochus. *Einen Rochus auf jem. haben:* Aggressionsgefühle gegen jem. hegen, einen Groll, Zorn haben; auch: *etw. aus Rochus tun:* etw. in Wut, Zorn tun. Das Wort ‚Rochus‘ kommt aus jidd. ‚rochus‘, ‚rauches‘ (Ärger, Zorn). Es ist in den dt. Mdaa., bes. im Rhein., sehr verbr., im Rotw. konnte es seit dem 19. Jh. nachgewiesen werden.

Rock. *Rock wie Hose:* eines wie's andere, gleichgültig; veraltet, heute gewöhnlich: ‚Jacke wie Hose‘ (↗ Jacke); vgl. frz. ‚C'est bonnet blanc ou blanc bonnet‘.

Den bunten (moderner: *grauen) Rock anziehen:* Soldat werden. Früher galt der ‚graue Rock‘ als Zeichen des geistlichen Standes, während das Militär den blauen Rock trug. Ähnl. auch in den Mdaa., z. B. schlesw.-holst. ‚im kommenden Johr schall mien Jung den bunten Rock anhebben‘. Die Redewndg. vom ‚bunten Rock‘ ist bibl. Urspr. und findet sich zuerst 1. Mos. 37,3.

Die rote Farbe war sonst die Kleiderfarbe der Hoftracht; daher sagte man auch für ‚sich in Gunst setzen‘: *sich einen roten Rock verdienen. ‚Sich e rots Reckel verdiene‘* heißt im Elsaß: sich durch Verleumdung eines Dritten einschmeicheln wollen.

Einen grauen Rock verdienen wollen sagt man von uneinigen und schwatzhaften Dienstboten und Ohrenbläsern. Schon Murner gebraucht diese Wndg. in seiner ‚Schelmenzunft‘ (10): „Ich heiss knecht heintz, vnd hab mer gsellen, die alzeit mehr aussrichten wöllen, dann man jn beuolhen hat, doch selten mit einer guten that. Nur mit falschen Schelmenstücken, das wir all Ding zu Vnfal schicken, vnd

vnserm Herrn zu ohren tragen, was wir wissen, jnen sagen. Was wir nit wissen, liegen wir; bist du weise, hüt dich vor mir. Wer mich dingt, fart an ein stock, vnd muss mir geben ein grawen Rock".
Im Schwäb. heißt ‚solang der Rock noch nicht am Bett hängt': es geht alles noch, solange man nicht bettlägrig ist.
In Ostfriesland hört man: ‚Se hett'n grönen Rock an', sie ist längst gestorben, auf ihrem Grab wächst Gras.
Das Hemd ist (mir) näher als der Rock ↗ Hemd.
Einen steinernen Rock anziehen: ins Gefängnis kommen.
Sich den Rock nicht zerreißen lassen: sich nicht nötigen lassen; die Rda. geht zurück auf die Verführungsszene 1. Mos. 39, 12. Lit. in Grimmelshausens ‚Simplicissimus' (I. Buch, Kap. 29): „Ich ließ mir nicht lange den Rock zerreißen, sondern folgte meinen Begierden".
Im Lauf der Zeit wurde der Rock zur typischen Kleidung des weibl. Geschlechts und steht als pars pro toto in der Rda. *hinter jedem Rock hersein:* jeder Frau nachlaufen, ein ↗ Schürzenjäger sein.
Aus älterer Zeit stammen die Rdaa. *jem. gerade noch beim Rock erwischen können:* jem. in letzter Sekunde erreichen.
Sich an jem.s Rockschöße hängen: sich aus großer Unselbständigkeit an andere anklammern. *Am Rockzipfel hängen:* sich an die Mutter anklammern, Nähe und Schutz durch engen Kontakt suchen, sich noch nicht lösen können, unselbständig sein. Die Rda. wird oft mißbilligend gebraucht, wenn dieses Verhalten aus der Kleinkindphase auch noch bei Heranwachsenden anhält.

Roggenwolf. *Brüllen (fressen, heulen) wie ein Roggenwolf:* etw. sehr heftig, laut tun, ndd.: ‚He frett' as'n Roggenwulf': er ist gierig. Roggenwolf ist der Name für eine gespenstische Erscheinung im Roggenfeld, auch derjenige der letzten Garbe und der daraus verfertigten Puppe. Im Ndd. heute Schimpfwort für einen faulen Menschen: ‚He ligt dar as en Roggenwulf.'
Lit.: *W. Mannhardt:* Roggenwulf und Roggenhund (Danzig 1865); *A. Haas:* Rügensche Sagen und Märchen (Stettin ⁴1912), S. 93, Nr. 103: ‚Der Roggenwulf'; *R. Beitl:* Art. ‚Korndämonen', in: HdA. V, Sp. 249–314.

Rohr, Röhre. *Etw. auf dem Rohre haben:* es darauf abgesehen haben, seine Aufmerksamkeit darauf gerichtet haben; hergeleitet von dem Rohr des Gewehrs, über das hinweg der Schütze das Ziel ins Auge faßt (in gleichem Sinn: ‚aufs Korn nehmen', ↗ Korn; ‚auf der Muck haben', ↗ Mücke, vgl. ‚auf dem Kieker haben', ‚auf dem Visier haben'). Christian Felix Weiße schreibt in seinen ‚Lustspielen' (1783, Bd. III, S. 101): „Er hat gewiß wieder etwas auf dem Rohre".
Vom Gewehr her genommen ist auch *Das Rohr ist geladen:* ich bin zum Kampf bereit.
Volles Rohr bringen: etw. mit äußerster Kraftaufwendung tun; bes. beim Autofahren Vollgas geben. Urspr. kommt der Ausdr. aus der Soldatensprache von einem Geschützrohr, das mit größtmöglicher Ladung schießt.
Etw. ist im Rohr: etw. Schlimmes ist zu befürchten.
Vom Schilfrohr: *Er weiß sich aus jedem Rohr eine Pfeife zu schneiden:* er findet sich in allen Lebenslagen zurecht; vgl. frz. ‚Il fait feu de tout bois' (wörtl.: Aus jedem Holz macht er Feuer). *Im Rohr sitzen und sich Pfeifen schneiden:* die günstige Gelegenheit nutzen.
Lit. Belege für diese Rda. sind schon aus dem 17. Jh. vorhanden. Ein Pater namens Florentius Schilling predigte am 18. Mai 1660 in der Michaelerkirche in Wien: „Rohr wäre auch eine Feder und die im Rohr sitzen schneiden sich die besten Pfeifen, daraus könnte hernach allerley geschnitten werden". Abraham a Sancta Clara schreibt in der ‚Toten-Capelle': „Er sitzt in Röhren und kann Pfeifen schneiden, wie er will" (Lauchert, S. 13).
Er hat im Rohr gesessen, ohne sich Pfeifen zu schneiden: er hat eine günstige Gelegenheit nicht ausgenutzt.
Der rdal. Vergleich *wie ein schwankendes Rohr (im Wind)* für einen charakterschwachen oder unschlüssigen Menschen ist bibl. Urspr.; Luk. 7, 24 heißt es: „Wolltet ihr ein Rohr sehen, das vom Winde bewegt wird?" Rohr meint in der gegenwärtigen Umgangssprache auch eine Flasche Alkohol, vor allem Bier; daher: *ein Rohr anbrechen:* eine Flasche öffnen, *ein Rohr brechen:* eine Flasche trinken.

In (oder *durch*) *die Röhre gucken:* leer ausgehen, das Nachsehen haben; vor allem auch berl. ‚in die Röhre kieken‘; bair. erweitert: ‚mit’m Ofenrohr ins Gebirg’ schaug‘. Das Bild der Rda. ist entweder vom Fernrohr genommen, mit dem man in den Mond guckt (was ja dieselbe Bdtg. hat), oder von der Abtrittsröhre, wodurch Verwandtschaft mit dem gleichbedeutenden ‚in den ↗ Eimer sehen‘ besteht. Dazu auch das Scherzwort: ‚Das Leben ist eine Klosettröhre: man macht viel durch‘. Auch eine eng anliegende Hose wird als Röhre bez. Heute meint man damit auch die Bildröhre beim Fernsehen.

Ein Rohr verlegen bedeutet auch: Geschlechtsverkehr haben.

Lit.: *E. Grawi:* Die Fabel vom Baum und dem Schilfrohr in der Weltliteratur (Diss. Rostock 1911); *H. Stein:* Art. ‚Baum und Rohr‘, in: EM. I, Sp. 1386–1389.

Röhrle. *Jem. ist ein Röhrle:* heißt schwäb.: ‚ein pfiffiger Schwabe‘; auch: ein ‚blitzgescheiter‘, heller, fleißiger und wacher Mensch. Unter Napoleon diente ein Soldat namens Gottlieb Röhrle aus Häfner-Neuhausen, der sich einer Auszeichnung mit der Antwort, er habe nur seine Schuldigkeit getan, entziehen wollte. Seither erscheint er auf Bilderbogen als wackerer, pfiffiger Schwabe, als militärisches Vorbild, ↗ Schuldigkeit.

‚Röhrle‘

Rohrspatz. *Schimpfen wie ein Rohrspatz* (auch *wie ein Rohrsperling;* ostfries. ‚he schellt as’n Reitlünink‘). Alwin Voigt (Programm der 1. Realschule zu Leipzig [Leipzig 1892]) sagt über diesen Vogel (Acrocephalus turdoides): „aus den Schilffeldern, welche die Ufer umsäumen, ruft ein Vogel ohne Unterlaß karra, kara, karrn – kint, kint, kint, weshalb man ihn in Holland Karrakind nennt. Das Karra-Karrn macht ganz den Eindruck, als sei es dem Froschkonzert entlehnt; das Kint-Kint klingt mehr rufend oder schreiend als pfeifend und liegt mindestens eine Quinte höher als das Schnarren und Karren“. Der rdal. Vergleich selbst ist aus dem 18. Jh. belegt, z. B. bei G. A. Bürger:

Sie schimpfte wie ein Rohrsperling,
Wenn man sie wollte necken,

bei Wieland (‚Pervonte‘, 2. Teil, V. 56): „und wie ein Rohrspatz auf mich schimpfet“.

Zelter an Goethe (6.–9. Nov. 1830): „Alle (Personen in Grillparzers ‚Medea‘) quälen sich und schimpfen wie die Rohrsperling“.

Rohrspatz ist der volkstümliche Name des Drosselrohrsängers, Acrocephalus arundinaceus, auch Rohrschliefer, Rohrsperling, Flußnachtigall, großer Spitzkopf u. a. genannt. Der Ornithologe Naumann schreibt über diesen Vogel: „Seine Lockstimme ist ein schnalzendes tiefes Tack oder Zatsch und ein knarrender Ton, dumpfer und gröber als das Knarren der Nachtigall. Dies tiefe schnarchende Karr oder Scharr hört man bes., wenn etwas Auffallendes in seiner Nähe bemerkt. In der Angst stößt er harte schäkernde Töne aus, die der Stimme eines Würgers ähneln, und die Jungen haben, solange sie der elterlichen Pflege bedürfen, eine quäkende Stimme, die dem Lockton des Bergfinken gleicht. – Das Männchen läßt seinen sehr lauten und nicht unangenehmen Gesang hören, sobald es im Frühjahr bei uns ankommt. Es gibt Liebhaber, die ihn schön finden und sehr gern hören, er klingt auch, bes. des Nachts oder in der Dämmerung, höchst angenehm, zumal weil er auf dem Wasser so widerhallt und der Ton dadurch verstärkt wird; allein es gibt auch viele Menschen, welche ihn schlecht finden und die Töne mit dem Quaken der Laubfrösche vergleichen. Ganz unrecht haben denn nun diese auch nicht; denn das Kärr kärr kärr – Dore dore dore – karre karre karre – kai kei ki – karra karrakied und andere ähnliche Strophen haben wirklich viel Ähnlichkeit mit Froschmusik …

Ihre Unruhe und Zanksucht treibt sie bald

hier-, bald dahin, und wo mehrere Pärchen beisammen nisten, nimmt der Hader kein Ende ... Ihre Zanksucht ist indessen meist nur gegen ihresgleichen gerichtet; mit anderen befiederten Bewohnern des Rohres leben sie häufig in friedlicher Nachbarschaft beisammen".

Rohrspatz („Schimpfen wie ein Rohrspatz')

In Mecklenburg hat das Volk der sonderbaren Melodie einen entspr. Text unterlegt: ,Korl, Korl, Korl, Korl? Kikik! Kikik! – Wecker, wecker, wecker, wecker? – De Dick, de Dick, de Dick!' (Karl, Karl, guck, guck! – Welcher, welcher? – Den Dicken, den Dicken!).

Lit.: Brehms Tierleben, hg. v. O. zur Strassen, Vögel, Bd. IV (Leipzig–Wien ⁴1913), S. 82 ff.; Naumann: Naturgesch. der Vögel Mitteleuropas (Gera o. J.), II, 52; E. Ingersoll: Birds in Legend, Fable and Folklore (Ndr. Detroit [Mich.] (1968); C. H. Tillhagen: Fåglarna i folktron (Stockholm 1978); E. u. L. Gattiker: Die Vögel im Volksglauben (Wiesbaden 1989), S. 69–70.

Röhrwasser. *Ausbleiben* (oder *wegbleiben*) *wie Röhrwasser:* unvermutet auf einmal wegbleiben, auch: stumm bleiben. Noch heute kommt es vor, daß das Wasser aus einer Rohrleitung aus irgendeinem Grunde plötzlich nicht mehr zum Hahn heraustritt, wenn man ihn aufdreht; viel öfter geschah dies bei den unvollkommenen technischen Einrichtungen älterer Zeiten. Die Rda. findet sich schon 1673 bei Christian Weise in dem Roman ,Die drei klügsten Leue' (S. 195) „Die Autorität und Geschicklichkeit bleiben unter-

weilen außen wie das Röhrwasser"; bei Goethe im ,Faust' (II, V. 4832 f.):
  Subsidien, die man uns versprochen,
  Wie Röhrenwasser bleiben aus.
In Ifflands „Jägern' (I, 5) sagt der Oberförster von Kordelchen: „Es geht ihr mit ihren Liebhabern wie uns mit Röhrwasser – sie bleiben aus".

Rolle, rollen. *Eine große Rolle spielen:* wichtig sein, von Ansehen und Bedeutung sein; wohl erst aus dem 18. Jh. nachzuweisen. Ebenso: *keine Rolle spielen:* nicht viel zu sagen haben; auch von Dingen gesagt, z. B. ,Geld spielt bei ihm keine (große) Rolle', scherzhaft erweitert zu: ,Geld spielt keine Rolle, da nicht vorhanden'. Die Rdaa. sind von der Schauspielkunst entlehnt, wo unter der Rolle eines Schauspielers die ihm zufallenden Worte verstanden werden. Der Text des Schauspielers wurde seit Ende des 16. Jh. auf einen Papierstreifen geschrieben, von dem er auf den Proben die eben gebrauchte Stelle sichtbar hielt, während er das übrige aufrollte. Daher auch: *aus der Rolle fallen:* sich unpassend benehmen (scherzhaft verdreht zu: ,aus der Falle rollen'), wie ein Schauspieler, der statt des darzustellenden Charakters sich selbst spielt. Ferner: *sich in die Rolle eines anderen versetzen:* einfühlend sein; *einem durch die Rolle fahren:* seine Absichten durchkreuzen, ihn mißhandeln; *mit seiner Rolle zu Ende sein:* nicht mehr wissen, was man tun oder sagen soll; frz. ,être au bout de son rouleau' (Pergamentrolle). *Er hat seine Rolle ausgespielt:* er ist gestorben. *Die Rollen vertauschen:* Aufgaben, Posten, auch Ansichten tauschen, wie ausgewechselt sein; frz. ,intervertir les rôles'. *Jem. auf die Rolle schieben:* jem. zum Schein wütend machen, ihn auf den ↗ Arm nehmen; vor allem alem. ,jem. uf d' Rolle schiebe'. Die Wndg. bezieht sich auf das Glätten großer Wäschestücke mit Hilfe einer Rolle, ↗ Mangel. Daher auch das bekannte Berliner Lied:
  Hilf mir mal die Rolle drehn,
  Du bist so dick und stramm.
  G(sch)enier dich nicht
  Und zier dich nicht!
  Wir dreh'n das Ding zusamm',
das auch eine erotische Bdtg. besitzt.

Etw. ins Rollen bringen: den Anstoß zu einer Entwicklung geben; auch: ‚Der ↗Stein kommt ins Rollen'.

Rom. *Er ist in Rom gewesen und hat den Papst nicht gesehen* (ital. ‚essere stato a Roma senza aver veduto il Papa') wird auf jem. angewendet, der sich eine berühmte Sehenswürdigkeit hat entgehen lassen, obwohl er an Ort und Stelle war, also gute Gelegenheit gehabt hätte. Schon in einem Fastnachtsspiel von 1457 gebraucht: „Als sei er zu Rom gewesen und hab den babst nit gesehen".

Er will nach Rom und fährt den Rhein hinab: er schlägt einen Weg ein, auf dem man nicht ans Ziel gelangen kann.

Es ist mir eben, als wenns zu Rom donnert: es ist mir sehr gleichgültig; so schon bei Burkard Waldis: „Welches den kauffman so wundern that, als obs zu Rom gedonnert het".

Die Beteuerungsformel *Ich wollte lieber rücklings nach Rom wallen* (mit der Ergänzung: ‚wenn es nicht wahr ist') hat sich heute nur noch in den Mdaa. erhalten, z. B. schweiz. ‚i will hindersi ge Rom laufe'.

Man könnte nach Rom gehen und wieder kommen sagt man, wenn etw. ungewöhnlich lange dauert (auch ndl. ‚men zoude eerder naar Rom gaan en wederkomen').

Rom (der Papst) hat gesprochen (‚Roma locuta – causa finita'): die Sache ist nun endgültig entschieden.

Sie ist nach Rom gereist verhüllend für: sie ist in die Wochen gekommen.

Von einem stumpfen Messer sagt man: *Darauf kann man (bis) nach Rom reiten* (↗Messer).

Zustände (Sitten) wie im alten Rom ↗Zustand.

Mit der Rda. ‚Los von Rom' wird zum Aufbruch gedrängt. Es handelt sich dabei urspr. um die Losung der Ende des 19. Jh. in Österreich entstandenen ‚Los-von-Rom-Bewegung'. Doch berichtet der österr. Dichter Robert Hamerling (1830–89) in ‚Stationen meiner Lebenspilgerschaft', er habe 1848 in Wien an einer dt.-kath. Versammlung teilgenommen, bei der der ehemalige kath. Priester Hermann Pauli jeden Abschnitt seiner Rede mit „Los von Rom!" abschloß.

Will man sich rechtfertigen, wenn eine Arbeit länger dauert als erwartet, so sagt man: ‚Auch Rom ist nicht an einem Tag erbaut worden'. Dieses Sprw. ist, wie die Angaben bei Wander (III, 1716, Nr. 52) beweisen, recht alt und in allen europäischen Sprachen vorhanden; vgl. engl. ‚Rome was not built in a day'. Auch das Sprw. ‚Alle Wege führen nach Rom' ist international bekannt. Es besagt, daß es oft mehrere Lösungsmöglichkeiten für ein Problem gibt.

Das in Senecas ‚Apocolocyntosis' im 8. Kap. überlieferte Sprw. ‚In Rom lecken die Mäuse die Mühlsteine' ist in seiner Bdtg. nicht restlos geklärt. F. Dornseiff zählt etliche Deutungsversuche auf: Die Römer sind Feinschmecker. In Rom stimmt etwas nicht. In Rom ist man dreist. In Rom ist alles ordentlich und sauber, selbst die Mühlsteine werden von den Mäusen saubergeleckt. In Rom nähren sich die Mäuse gottselig vom Opferschrot. Auch in Rom wird nur mit Wasser gekocht. In Rom geht es streng zu, da fällt nichts für die Mäuse ab.

Betrachtet man jedoch den Kontext, in dem das Sprw. ‚Quia Romae, inquis, mures molas lingunt' steht, so bekommt es ohne Zweifel eine erotische Bedeutung: Der Kaiser Claudius ist gestorben. Nun bittet sein Schatten, zusammen mit Herkules, ihn in den Kreis der Götter aufzunehmen. Ein Zwiegespräch beginnt zwischen den Göttern und Herkules, der Claudius' Sache vertritt. Herkules greift die Götter an, indem er Jupiter vorwirft, er sei mit seiner eigenen Schwester Juno vermählt. Jupiter rechtfertigt sich damit, daß in Alexandria die Ehe zwischen Geschwistern erlaubt sei, in Athen die Ehe zwischen Halbgeschwistern. Dann kommt die Rede auf Rom, und Herkules betont verhüllend durch das Sprw. „„daß in Rom die Lüstlinge (Mäuse) die cunnas (Mühlsteine) ihrer Schwestern nur zu lecken pflegen".

Lit.: *R. Hamerling:* Stationen meiner Lebenspilgerschaft (Hamburg 1889), S. 155; *J. Diefenbach:* Die Wahrheit über die Los von Rom Bewegung in Österreich (Frankfurt/M. 1900); *Th. Hopfner:* In Rom lecken die Mäuse Mühlsteine, in: Wiener Studien 44 (1925), S. 117–120; *H. Lackenbacher:* In Rom lecken die Mäuse die Mühlsteine, in: Wiener Studien 45 (1926), S. 126–129; *F. Dornseiff:* In Rom lecken die

Mäuse die Mühlsteine, in: Rhein. Museum für Philologie 77 (1928), S. 221–224; *M. Ruhlen:* When in Rome, do as the Romanians do, in: American Speech (1970), S. 154–155; *M. Besso:* Roma e il Papa nei proverbi e nei modi di dire (Rom 1971).

röntgen, Röntgenaugen. Die durchdringenden Röntgenstrahlen sind rdal. auch auf den menschlichen Blick übertr. worden: *röntgen:* jem. scharf beobachten; *Röntgenaugen machen:* durchdringend blicken, durch dünne Bekleidung hindurch blicken wollen.

Rose. *Auf Rosen gebettet sein, auf Rosen gehen, auf lauter Rosen sitzen* usw. sind Rdaa. zur bild. Umschreibung eines sehr glücklichen Zustandes; ebenso ndl. ‚op rozen gaan‘; frz. ‚être (couché) sur des roses‘, ‚son chemin est jonché de roses‘; engl. ‚their path is strewn with roses‘.

‚Auf Rosen gebettet sein‘

Entspr. das Gegenteil: *nicht auf Rosen gebettet sein:* Not, Leid, Sorgen zu ertragen haben. Die Rose ist die Blume der Freude und diente z. B. bei den Gastmählern im alten Rom zum Schmuck auf dem Haupt der Trinkenden; mit Rosen bestreut man noch heute bei festlichen Anlässen (z. B. bei der Fronleichnamsprozession oder vor einem Brautpaar) den Boden. Die Spätkultur des Altertums hat es fertiggebracht, sich buchstäblich auf Rosen zu betten; das lat. ‚iacere in rosa‘, in stetem Vergnügen schwelgen‘, ist zunächst ganz wörtl. zu verstehen: Der Tyrann Dionys ließ sich zu seinen Ausschweifungen Lagerstätten von Rosen bereiten. Nero ließ bei seinen Schwelgmählern durch Öffnungen in der Decke des Saales Rosen auf die Gäste herabregnen. Verres reiste in einer Sänfte, auf einer mit Rosen ausgestopften Matratze lagernd; dabei hatte er einen Kranz von Rosen auf dem Kopf und einen um den Hals. Kleopatra ließ zu einem Gastmahl den Fußboden des Speiseraumes eine Elle hoch mit Rosen bedekken. Auch von den Sybariten, den im Altertum wegen ihrer Schwelgereien berüchtigten Bewohnern der unterital. Stadt Sybaris, wird erzählt, daß sie auf Betten geschlafen hätten, die mit Rosenblättern gefüllt gewesen seien. Wir haben die Wndg. aus dem Altertum übernommen; sie wird aber im Dt., soweit sie sich zurückverfolgen läßt, immer nur bildl. und in übertr. Bdtg. gebraucht, wie z. B. in Luthers Spruch:

Des Christen Herz auf Rosen geht,
Wenn's mitten unterm Kreuze steht.

Ebenfalls nur in übertr. Bdtg. gemeint ist das Rosenstreuen in Höltys 1776 gedichtetem Lied ‚Lebenspflichten‘, wo es heißt:

Rosen auf den Weg gestreut
Und des Harms vergessen!

Das alte Sprw. ‚Es ist nicht auf Rosenblätter zu bauen‘, das sich z. B. 1541 bei Seb. Franck findet, erklärt sich so: Wem Rosenblätter gestreut werden, der soll darin nicht mehr als eine für den Augenblick gespendete Artigkeit sehen.

Da blüht ihm keine Rose: davon hat er nichts, er erlebt dort keine Freude; *das wird ihm keine Rosen tragen:* es wird ihm keinen Segen bringen; vgl. frz. ‚Il ne l'emportera pas en paradis‘ ↗ Paradies.

Der rdal. Vergleich einer ‚Rose unter den Dornen‘ kommt zuerst im Hohenlied vor, wo es 2, 1 heißt: „Wie eine Rose unter den Dornen, so ist meine Freundin unter den Töchtern“.

In manchen sprw. Rdaa. steht die Rose bildl. für die Jungfräulichkeit eines Mädchens (vgl. Goethes ‚Heideröslein‘). In bezug auf ein gefallenes Mädchen wird z. B. gesagt: ‚Die Rose ist zu früh gepflückt‘ (ebenso ndl. ‚Het roosje is te vroeg geplukt‘).

Pflücket die Rose,
Eh' sie verblüht!

heißt es in dem zum Volkslied gewordenen Gedicht ‚Freut euch des Lebens‘, das Joh. Martin Usteri 1793 in Zürich verfaßt hat.

Rosen brechen: das Abbrechen roter Rosen ist nicht nur im Volkslied stets ein erotisches Symbol; Wander (III, 1728) zählt zahlreiche Sprww. auf, die dieses verhüllende Bild benutzen, so z. B. ‚Wer Rosen da will brechen, der scheu die Dornen nicht'. Im Volkslied heißt es:

Als ich im Gärtlein war,
Nahm ich der Blümlein wahr,
Brach mir ein Röselein,
Das sollt mein eigen sein.

‚Wenn's schneiet rote Rosen' ist eine volkstümliche Formel für ‚niemals', die im Volkslied gern als Umschreibung gebraucht wird, ↗Pfingsten. Auch ein Gedicht von E. Geibel trägt den Titel: ‚Wenn es rote Rosen schneit'.

Friedrich Rückert dichtete:

Hatt' ich wirklich dem Wunsche
                                          geglaubt
Daß ihm genüg' am Rosenblatte!
Wie die Ros' ihm ein Blatt erlaubt,
Ruht' er nicht, bis die Ros' er hatte.

Auch der ‚Rosengarten' spielt im Volkslied eine Rolle, er ist ‚locus amoenus', ein lieblicher Ort der Begegnung der Liebenden, aber auch die euphemistische Umschreibung für den Friedhof, wenn es im Lied heißt:

Im Rosengarten
will deiner warten,
im weißen Schnee,
im grünen Klee.

Der ‚Rosengarten' ist, wie K. Ranke nachgewiesen hat, urspr. ein altgerm. Kultplatz gewesen, wo die Toten bestattet waren und wo Recht gesprochen wurde.

Sie ist einmal bei einer Rose vorbeigegangen: sie bildet sich nur ein, jung und blühend zu sein.

Von denen, die bei der Heirat auf die Schönheit des Gesichts und nicht auf die Güte des Charakters sehen, sagt Joh. Fischart in seinem ‚Ehezuchtbüchlein', daß sie „die Rose küssen und nicht daran riechen".

Unter der Rose reden, etw. sub rosa sagen: unter dem Siegel der Verschwiegenheit; ‚durch die Blume', ‚verblümt' (↗Blume); schon um 1500 bei dem Prediger Geiler von Kaysersberg: „unter den rosn". In der Antike war die Rose ein Sinnbild der Verschwiegenheit und der Liebe. Daher schenkt auch das Venuskind Cupido dem Gotte des Schweigens eine Rose, da

mit dieser über das Treiben seiner Mutter Stillschweigen bewahre. In Klöstern war über dem Tisch eine Rose aufgehängt oder gemalt, ebenso in einem Sitzungszimmer des Bremer Rathauses, als Mahnung, das, was bei Tische gesprochen wurde, zu verschweigen; daher die lat. Wndg. ‚sub rosa', die seit der Zeit des Humanismus bei uns, wie auch in England, bezeugt und dann mit ‚unter der Rose' übersetzt worden ist. Von einem Tegernseer Mönch des 15. Jh. stammen die Verse:

Quidquid sub rosa fatur
repetitio nulla sequatur.
Sint vera vel ficta,
sub rosa tacita dicta.
Si quid foris faris
haud probitate probaris.

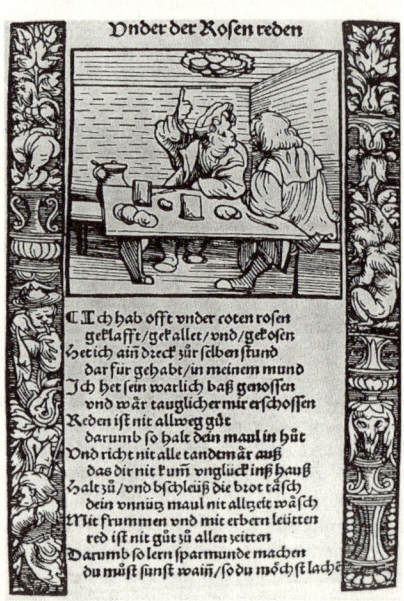

,Unter der Rose reden'

In Joh. Fischarts ‚Bienenkorb' von 1579 heißt es: „Sie mögn darvon, wann sie unter den Rosen sitzen mit etlichen Kannen Rheinischen Weins magistralisch disputieren"; 1649 bei Gerlingius (Nr. 176): „Odi memorem compotorem. Was wir hier kosen oder bedryven, dat soll under diser Rosen blyven. Alhie unter der Rosen gesagt". Ebenso ndl. ‚onder de roos', engl. ‚under the rose'.

Lit.: *M. J. Schleiden:* Die Rose, Geschichte und Symbolik (Leipzig 1873); *R. Hildebrand:* Materialien zur Gesch. d. dt. Volkslieds (Leipzig 1900), S. 113 ff.; *M. Tantau* u. *K. Weinhausen:* Die Rose, ihre Kultur und Verwendung (Stuttgart 1950); *K. Ranke:* Rosengarten, Recht und Totenkult (Hamburg 1951); *R. E. Shepard:* History of the Rose (New York 1954); *E. Sitte:* Vom Röslein auf der Heiden, in: Der Deutschunterricht 11 (1959), S. 96-111; *L. Röhrich* u. *R. W. Brednich:* Dt. Volkslieder II, S. 394 ff.; *L. Röhrich:* Liebesmetaphorik im Volkslied, in: Folklore international … in honor of W. D. Hand (Hatboro 1967), S. 187-200; *ders.:* Gebärde – Metapher – Parodie (Düsseldorf 1967), S. 70-72; *W. Danckert:* Symbol, Metapher, Allegorie … III, S. 1109; *W. Mieder:* Sprww. im Volkslied, in: Jb. des Österr. Volksliedwerkes 27 (1978), S. 44-71, bes. S. 66-67; *G. Meinel:* Pflanzenmetaphorik im Volkslied, in: Jb. f. Volksliedforschung 27./28. Jg. 1982/83 (= Festschrift L. Röhrich z. 60. Geburtstag), (Berlin 1982), S. 162-174. *P. Coats:* Rosen (Essen 1987); *G. Heinz-Mohr* u. *V. Sommer:* Die Rose. Entfaltung eines Symbols (München 1988).

Rosette. Die Bez. für das Rundfenster ist sold. seit dem 1. Weltkrieg als rdal. Bild für den After gebraucht worden; so erklären sich Rdaa. wie *ein komisches Gefühl um die Rosette haben:* böse Ahnungen, Angst haben; *Sausen in der Rosette haben:* mutlos sein, Angst haben; *es ist ihm flau (mulmig) um die Rosette:* er hat Angst.

Rosine. *Große Rosinen im Sacke haben.* Urspr. hat der reiche Kaufmann große Rosinen im Sacke, in übertr. Sinne: große Pläne hegen, hoch hinauswollen. Dann sagt man: *große Rosinen im Kopfe haben* (↗ Graupen): überstiegene Pläne hegen, sehr eingebildet sein. Erzgeb. kommt vor: ‚Dar huut gruß Rusinken in Kupp, zletzt war'n Pfafferkerner (= Pfefferkörner) draus'.
Sich die Rosinen aus dem Kuchen klauben: sich das Beste vorwegnehmen; so auch in den Mdaa., z. B. niederrhein. ‚die Rosinen aus dem Kuchen plucken', jem. das Beste vor der Nase wegschnappen.
Er glaubt, die Rosinen im Kuchen gefunden zu haben: er glaubt (irrtümlich), einen guten Fund (oder Kauf) gemacht zu haben.

Roß. Das alte Wort ‚Roß' ist vor allem in den obd. Mdaa. gegenüber dem jüngeren ‚Pferd' erhalten geblieben, z. B. ‚Den bringt' man nicht mit sechs Rossen fort', ‚das Roß hinter den Wagen spannen', ‚zwischen Roß und Wagen stehen'. In den sprw. Rdaa. sind Roß und Pferd meist auswechselbar. Die älteren lit. Belege sagen meist Roß.
Roß und Reiter nennen: klare Angaben machen, wer oder was hinter einer Anspielung steckt; Namen nennen, nichts verborgen halten, deutlich sagen, wovon die Rede ist, auch: wer die wahren Schuldigen und ihre Hintermänner sind. Diese Rda. bezieht sich auf einen ma. Brauch: Bei den Turnieren war es üblich, den hinter seiner Rüstung verborgenen Ritter, den nur Eingeweihte an seinen Farben und Wappen erkennen konnten, bei seiner Ankunft oder seinem Eintritt zum Kampf laut mit seinem Namen und dem seines edlen Pferdes auszurufen, um ‚Roß und Reiter' der Öffentlichkeit zu präsentieren.
Diese alte stabreimende Zwillingsformel ist auch durch ein geflügeltes Wort aus Schillers ‚Wallenstein' (‚Wallensteins Tod', II, 3) bekannt: „Und Roß und Reiter sah ich niemals wieder". Dieses Zitat ist sprw. geworden.
Auch die ‚Pferdearbeit' ist in den älteren Zeugnissen eine ‚Roßarbeit'. So schreibt Joh. Agricola in seinen ‚Sprichwörtern' (Nr. 690): „Eyn pferd vnd ein maul thun grosse arbeit, wie droben gesagt ist, darumb wenn man von grosser arbeyt sagt, die schier vber eyns menschen krefftte ist, so spricht man, es sey roßarbeyt". Christoph Lehmann (817, 12) sagt für heutiges ‚das Pferd beim Schwanz aufzäumen': „Das Ross beim hindern auffzeumen" = etw. durchaus verkehrt anfangen (↗ Pferd).
Das Roß galt früher als der teuerste Besitz eines hochgestellten Herrn und wurde deshalb oft neben ihm bestattet, was archäologische Funde erweisen. Als Relikt eines alten Rechtsbrauches kann auch angesehen werden, wenn noch heute ein gesatteltes, aber reiterloses Roß dem Leichenkondukt eines Herrschers oder Staatsmannes folgt. Es sollte urspr. die große Trauer verkörpern, die beim Verlust des Verstorbenen dem ganzen Land zugefügt wurde.
Hoch zu Roß sein: hochmütig, stolz, eingebildet sein. Urspr. wurde die Wndg. nur

auf vornehme Herren und Damen, vorwiegend aus dem Adel, bezogen, denn nur sie ritten zu Pferde und ließen die Untergebenen ihre Macht spüren, gaben ihren Launen nach und ließen Willkür walten. Einfache Leute hingegen besaßen, wenn überhaupt, nur einen Esel als Last- oder Reittier (vgl. auch Jesu Einzug in Jerusalem auf einer Eselin) oder nahmen nur einen Hund als Zugtier für ihren Karren.

Sich aufs hohe Roß setzen ↗ Pferd. Vergleiche englisch ‚to get upon one's high horse‘.

‚Auf dem hohen Roß sitzen‘

Ein Roß um ein Pfeifen geben: etw. überaus Wertvolles für ein Nichts eintauschen. Vgl. das Märchen von ‚Hans im Glück‘ (KHM. 83), in dem Hans seinen ganzen Verdienst nach und nach hingibt, indem er unvorteilhaft tauscht, weil er das Geringere begehrt. Diese Rda. wurde in der Barockzeit manchmal gebraucht, so von Hieremias Drexel (‚Himmel, die ewig Bleibstatt‘ [München 1667]) u. bei Abraham a Sancta Clara.

Lit.: *M. Jähns:* Roß und Reiter in Leben und Sprache, Glauben u. Geschichte der Deutschen (Leipzig 1872); *W. Brückner:* Roß und Reiter im Leichenzeremoniell: Deutungsversuch eines historischen Rechtsbrauchs, in: Rhein. Jb. für Vkde. 15/16 (1964/65), S. 144–209.

Roßkur: *Eine Roßkur durchmachen (müssen),* auch: *sich einer Roßkur unterziehen:* eine für den Patienten überaus anstrengende Behandlung, eine grobe, strapaziöse Heilmethode, eine Gewaltkur über sich ergehen lassen, die aber doch den gewünschten Heilerfolg bringt, wenn man sie überhaupt überlebt (weil man eine ‚Roßnatur‘ hat). Die ‚Roßkur‘ spielt auf die drastischen Behandlungsmethoden der Volksmedizin an, die bes. bei Pferden angewandt wurden, für den Menschen aber ungeeignet erscheinen.

Lit.: *H. Zengeler:* Roßkuren. Brachiale Heilmethoden für den Alltag (Weingarten 1986); *R. Plötz* (Hg.): Der Schmied als Roßarzt. Ausstellungskatalog Niederrhein. Museum f. Vkde. u. Kulturgeschichte (Kevelaer 1990).

Rost. *Jem. den Rost runtermachen:* jem. gehörig die Meinung sagen, ihm die ↗ Leviten lesen; eigentl.: Jem. so grob behandeln, als ob er aus Eisen sei und man ihm mit einer Drahtbürste den darauf angesetzten Rost herunterkratzen und abfegen könnte. Diese Rda. ist bes. im südwestdt. Raum verbr., z.B. schwäb.; ‚Dem wer i scho no de Roscht runner mache (ronderdo)‘.

rot. *Einen Tag im Kalender rot anstreichen:* ihn bes. hervorheben, ihn (als einen Freudentag) bes. gut im Gedächtnis bewahren; nach dem seit jeher üblichen Brauch, die Sonn- und Festtage im Kalender mit roter Farbe zu drucken. Daher auch der alte sprw. Vers:

Dem Glauben ist man bald geneigt,
Der viel Rot im Kalender zeigt.

In Frankreich: ‚marquer en rouge un jour au calendrier‘.

Den roten Faden verlieren ↗ Faden.

Rot (vor allem das ‚Rotwerden‘) wird in der volkstümlichen Umgangssprache und in den Mdaa. mit zahlreichen sprw. Vergleichen erläutert: ‚bis hinter die Ohren rot werden‘; frz. ‚rougir jusqu'aux oreilles‘; ‚rot wie eine Rose‘; ‚feuerrot werden‘; ‚so rot wie glühend Eisen‘; ‚er wird rot wie ein Zinshahn‘; schles. ‚er wird su rut wie enne tudte Lêche‘; ‚rot wie ein gestochener Bock‘; ‚rot wie Zunder‘; ‚wie ein Puter‘; ‚er wird so rot wie ein gesottener Krebs‘; ‚rot wie ein gefüllter Schröpfkopf‘.

Rot als Farbe des Blutes ist auch die Farbe der Liebe, des Feuers und der Sonne. Außerdem wird dem weibl. Geschlecht die rote Farbe zugeordnet, während das männl. mit blau gekennzeichnet wird.
Nur noch rot sehen: sehr wütend werden; vgl. frz. ‚voir tout rouge'. Die rote Farbe ist die häufigste Reizfarbe im Tierreich und oft Zornauslöser. So nimmt man auch an, der Stier in der Arena werde erst richtig wütend, sobald er das rote Tuch sieht; jedoch reagiert dieser nur auf die Bewegung des Tuches, da er farbenblind ist. Trotzdem hat diese Rda. ihren Ursprung im Stierkampf.
Das rote Tuch für jem. sein ↗Tuch. Vgl. auch die sprw.-iron. Gästebucheintragung:

Was für den Stier das rote Tuch,
ist für den Gast das Gästebuch!

Einer Sache (jem.) rotes Licht geben: etw. verhindern, die Handlungsfreiheit einschränken.
Roter Teppich ↗Teppich; *rote Zahlen* ↗Zahl.
Den Rotstift ansetzen: geplante Ausgaben einsparen, streichen. Der Rotstift ist der Korrekturstift, vor allem in der Schule. Wird eine Stelle o. ähnl. wegen Sparmaßnahmen gestrichen, so sagt man: *Sie ist dem Rotstift zum Opfer gefallen.*

Lit.: *E. Wunderlich:* Die Bdtg. der roten Farbe im Kultus der Griechen und Römer (Gießen 1925); *W. Widmer:* Volkstüml. Vergleiche im Französischen nach dem Typus: „Rouge comme un coq" Diss. (Basel 1929); *H. Meyer:* Rot, in: Zs. d. Savigny-Stiftung für Rechtsgeschichte (germanist. Abteilung) 50 (1930); *O. Lauffer:* Farbsymbolik im dt. Volksbrauch (Hamburg 1948); *H. Fischer:* Rot und Weiß als Fahnenfarben, in: Antaios 4 (1962), S. 136–153; *L. Schmidt:* Rot und Blau; Zur Symbolik eines Farbenpaares, in: Antaios 4 (1962), S. 168–177; *W. Danckert:* Symbol, Metapher, Allegorie … I, S. 417–421.

Rothschild: *Wir zwei (ich und du) und Rothschilds Geld:* wir schaffen es schon, uns kann nichts passieren, hätten wir nur Rothschilds Vermögen.
Bin ich denn Rothschild? fragt man erbost, wenn man immer nur zur Kasse gebeten wird.
Der frz. König Louis-Philippe soll einmal gestöhnt haben: ‚So reich wie Rothschild müßte man sein!' Tatsächlich spielen alle Wndgn. auf den unermeßlichen Reichtum der Familie Rothschild an. 1766 gründete Meyer Amschel Rothschild ein Bankhaus in Frankfurt. Nach Gründung weiterer Banken in London, Paris, Wien und Neapel gewann die Familie Rothschild zusehends auch an politischem Gewicht. Sie trat in der napoleonischen Zeit zu Dalberg in Finanzbeziehungen und erlangte von ihm das Bürgerrecht für Juden in Frankfurt. Nathan Rothschild finanzierte die gegen Napoleon gerichteten Operationen Wellingtons und wertete Napoleons Niederlage bei Waterloo an der Londoner Börse spekulativ aus, da er frühzeitig genug davon unterrichtet war. Seit dem Wiener Kongreß (1815) waren die Rothschilds führend im Anleihegeschäft und finanzierten maßgeblich die ersten Eisenbahnen, bes. in Österreich und Frankreich. Mit dem Aufblühen der Großindustrie und der Großbanken verlor das Haus Rothschild zusehends an Bdtg. Doch noch 1875 finanzierten sie den Kauf der Suezkanalaktien.

Lit.: *E. C. Conte Corti:* Das Haus Rothschild. 2 Bde. (Leipzig 1927–28; Neudr. Frankfurt/M. 1971)

Rotkehlchen. *Mich rammt ein Rotkehlchen* ist ein Ausdr. des Erstaunens und vor allem in der Jugendsprache in der ehem. DDR belegt. Ähnl. Ausdr. sind: ‚Ich glaub', mich streift ein Bus'; ‚Ich glaub', ich steh' im Wald'; ‚… mich küßt (knutscht) ein ↗Elch'; ‚Ich glaub', mein Hamster bohnert' ↗Schwein.

Lit.: *H. Henne* u. *G. Objartel* (Hg.): Bibliothek zur hist. dt. Studenten- und Schülersprache (Berlin 1984).

Rotz. Das der niederen Umgangssprache zugehörige Wort Rotz = Nasenschleim dient in vulgären Rdaa. und Vergleichen als negatives Steigerungsmittel, z. B. *Rotz und Wasser heulen:* so heftig weinen, daß auch die Nase mitbetroffen ist; *frech wie Rotz am Ärmel.* Der drastische rdal. Vergleich bezieht sich auf einen Menschen, der den Rockärmel als Taschentuch benutzt hat; ↗frech.
Sich wie Rotz am Ärmel benehmen: sich sehr ungesittet benehmen. Dazu Schimpfworte wie ‚Graf Rotz von der Backe', ‚Baron Rotz auf Arschlochhausen', Vornehmtuer; ↗angeben.
Jem. behandeln wie einen Rotzbuben: ihn sehr schlecht, unfreundlich, wegwerfend

behandeln, seine Meinungen oder Wünsche wie die eines Kindes ignorieren, mdal. bes. im Schwäb.: ‚Jem. behandeln wie a Rotzbue‘.

Eine kleine Rotznase sein: ein vorlautes, freches Kind sein, das sich noch nicht einmal recht die Nase zu putzen versteht und deshalb nicht ernst genommen wird.

Rübe. Die Rübe ist nach der Volksmeinung keine geachtete Feldfrucht; daher ostfries. ‚He kriggt Röwen‘, er wird gescholten; ‚he kummt damit in de Röwen‘, in eine schlechte Lage; sogar: ‚'s geit in de Röwen‘, es geht verloren (↗ Pilz); westf. ‚dör de Reiwen gehen‘, sterben. Statt ‚fünf gerade sein lassen‘ heißt es ndd. auch: ‚Röwen Beeren (Birnen) sin laten‘; vgl. auch ‚Kraut und Rüben‘ (↗ Kraut).

Nicht wissen, was die Rüben gelten: die Wahrheit nicht kennen, wie es um eine Sache steht, keine Ahnung von etw. haben. Murner gebraucht diese Rda. öfter, z. B. in der ‚Schelmenzunft‘ (24) heißt es:

Sie lassen sich fürsichtig schelten
vnd wissen nit, was die rüben gelten.

Landschaftlich wird Rübe auch für ‚Kopf‘ gebraucht, z. B. obersächs. in dem rdal. Ausruf: ‚O Rübe!‘, o je!, auch: ‚eins auf die Rübe kriegen‘, einen Schlag auf den Kopf bekommen.

Rübchen schaben: Schäm dich, oft auch verbunden mit ‚ätsch‘, eine Bewegungsgebärde, bes. unter Kindern als Spottgebärde üblich, ↗ Schabab.

Mit jem. eine Rübe zu schaben haben: mit jem. ein Hühnchen zu rupfen haben (↗ Huhn); vgl. frz. ‚avoir des petits pois à écosser ensemble‘ (mit jem. Erbsen auszuschoten haben).

Rubel. *Der Rubel rollt:* es wird viel Geld ausgegeben, viel gekauft, auch: der Handel floriert, die Geschäfte gehen gut.

Den Rubel rollen lassen: verschwenderisch leben, leichtsinnig Geld ausgeben und sich alle Wünsche erfüllen. Die Wndgn. sind in Rußland selbst ungebräuchl. gewesen. Sie beziehen sich vermutl. auf das viele Geld, das russische Aristokraten auf ihren Reisen in Westeuropa ausgeben konnten oder in Spielbanken wie z. B. in Monte Carlo, Nizza oder Baden-Baden verloren. Der ehemalige Wert der russischen Währung spielt auch in dem Scherzlied: ‚In einen Harung, jung und schlank‘ noch eine Rolle, in dem die urspr. verschmähte Flunder durch den Besitz eines Rubels für die Ehe in Betracht kommt: denn der Text lautet:

Da stieß die Flunder auf den Grund,
Wo sie 'nen goldnen Rubel fund.
Ein Goldstück von zehn Rubel,
Ja, welch ein Jubel, ja, welch ein
Jubel!
Da war die alte Flunder reich, 2, 3, 4,
Da nahm der Harung sie sogleich.
Denn so ein alter Harung,
Der hat Erfahrung, der hat
Erfahrung ...

In der Ggwt. wird die Wndg. ‚Der Rubel rollt‘ noch immer häufig gebr., auch in bezug auf die zunehmenden wirtschaftlichen Beziehungen zur Sowjetunion.

Eine in der ehem. DDR entstandene Wndg. für das (illegale) Umtauschen von Ost- in Westmark heißt ‚umrubeln‘.

Rübezahl. ‚Das ist auch des Ruebzagels seiner Arbeiter ainer gewesen‘ sagen die Bergleute, „wann sie ain Khnappen sehen, der da hinkht, oder nur ainen fuess hat“. So schreibt Math. Burgklechner von Thierburg, Kanzler der Regierung zu Innsbruck 1619. Die Rda. bezieht sich auf eine von Burgklechner mitgeteilte Sage, daß Rübezahl, der am Rammelsberg ein Bergwerk besessen habe, der Urheber einer Bergwerkskatastrophe gewesen sei.

‚Rübezahl‘

Noch in unserem Jh. hat sich die Kunde von einem Bergsturz erhalten, dem vor Jahrhunderten eine große Zahl von Bergarbeitern zum Opfer fiel. Auch die Rda. scheint sich in leicht veränderter Form erhalten zu haben. Die oberschles. Bergleute haben eine ganz entspr. Rda.: Wenn ein Bergmann infolge einer Schlägerei oder eines Falles ein geschwollenes oder zerschundenes Gesicht hat, sagt man scherzhaft: ‚Den hat der Berggeist hübsch gezeichnet'. Auch hier liegt wohl die Erinnerung an einen bestimmten Vorfall zugrunde, und die Rda. will urspr. nichts sagen als: dem ist es so ergangen wie damals den Leuten bei dem Bergunfall.

‚Das ist ein rechter Rübezahl': er ist auffallend kräftig, gesund und widerstandsfähig (eigentl. rot wie eine Rübe), aber auch: ein verwilderter, bärtiger, alter Mann. Die heute veraltete Wndg. ist bes. in Ost- und Nordböhmen verbreitet gewesen.

Lit.: *Th. Siebs:* Rübezahl, in: Mitteilungen der Schles. Gesellschaft für Vkde. 20 (1908), S. 127–132; *K. de Wyl:* Rübezahl-Forschungen (= Wort und Brauch 5) (Breslau 1909); *J. Praetorius:* Bekannte u. unbekannte Historien von Rübezahl (Leipzig 1920, Nachdr. Frankfurt/M. 1966); *W.-E. Peuckert* (Hg.): Die Sagen vom Berggeist Rübezahl (Jena 1926); *A. Moepert:* Die Anfänge der Rübezahlsage. (= Form und Geist 6), (Leipzig 1928); *E. Schwarz:* „Das ist ein rechter Rübezahl", in: Sudd. Zs. f. Vkde. 2 (1929), S. 229–235; *G. Heilfurth:* Bergbau und Bergmann in der deutschsprachigen Sagenüberlieferung Mitteleuropas, Bd. I (Marburg 1966).

Rubikon. *Den Rubikon überschreiten:* einen (strategischen) entscheidenden Schritt tun, der nicht mehr korrigierbar ist oder rückgängig gemacht werden kann. Die Rda. hat die Rubikonüberschreitung Gaius Julius Caesars (100–44 v. Chr.) als historischen Hintergrund (49 v. Chr.). Der Grenzfluß Rubikon trennte Italien von der Provinz Gallia cisalpina. Caesar, der mit dieser Entscheidung den Bürgerkrieg entfesselte, zitierte Menander: ‚Alea iacta est', ↗ Würfel. Die Wndg. besitzt häufig auch eine erotische Metaphorik und bedeutet dann: die Reizschwelle überschreiten, nach der es kein Zurück mehr gibt; auch: die Jungfräulichkeit verlieren.

Ruck. *Sich (innerlich) einen Ruck geben:* sich zu etw. entschließen, etw. überwinden.

Rücken. *Einen breiten Rücken haben:* viel aushalten, vertragen können; sich um die nachteiligen Folgen einer Handlung nicht kümmern. Ähnl. auch ndl. ‚een brede rug

hebben'; engl. ‚to have a broad back', ‚to have broad shoulders'; frz. ‚avoir bon dos'.
Schon Thomas Murner sagt in der ‚Schelmenzunft' (97):
So ich eyn bryten rucken hab,
Erschrick ich dester minder drab.
Die erste Erklärung der Rda. findet sich bei Joh. Agricola in seiner Sprww.-Sammlung (Nr. 170): „Ist nun yemand so redlichs gemuets, vnd weiß daß man yhm vnrecht thut, wie vil man yn auch beschuldigt, der sagt menlich, er könne es alles wol tragen, er hab eynen breyten rucken, er sey des geschreyß gewonet, er achte es nicht, er könne es wol tragen. Eyn breyter rucke ist geschickter zum tragen, denn ein buckel rucke, oder der schmal ist".
Einen steifen Rücken haben: hochmütig sein; vgl. frz. ‚avoir la nuque raide', ↗ Nakken.
Jem. mit dem Rücken ansehen: ihn absichtlich nicht beachten; gilt ebenso wie *einem den Rücken kehren* als Gebärde der Verachtung; vgl. frz. ‚tourner le dos à quelqu'un'.
Von einem Faulen sagt man: ‚Der Rücken tut ihm weh, er kann sich nicht bücken'. Die Rda. ist zuerst bei Agricola in seiner Sprww.-Sammlung erläutert (Nr. 169).
Den Rücken wenden (kehren): sich für kurze Zeit entfernen.
Nicht den Rücken wenden können (ohne daß etw. geschieht): unabkömmlich sein; vgl. frz. ‚ne pas pouvoir tourner le dos'.
Einem den Rücken bleuen steht erstmalig Sir. 30, 12: „Bleue ihm den Rücken, weil er noch klein ist, auf daß er nicht halsstarrig und ihr ungehorsam werde".
Jem. in den Rücken fallen: ihn unerwartet, heimtückisch angreifen; vgl. frz. ‚frapper quelqu'un dans le dos'.
Sich den Rücken decken: für den Fall, daß die Sache mißlingt, einen Weg zum Rückzug freilassen, auch: ‚sich den Rücken freihalten'; vgl. frz. ‚protéger ses arrières' (wörtl.: für Rückzugsmöglichkeiten sorgen).
Mit dem Rücken an die Wand zu kommen suchen: eine günstige Position einnehmen; Schutz, Deckung suchen, vgl. ‚Rückendeckung'.
Jem. den Rücken stärken (steifen); auch: einem den Rücken halten: ihm beistehen,

ihn unterstützen (meist dort gebraucht, wo der Betreffende die Unterstützung nicht verdient hat). *Jem. im Rücken haben:* Hilfe zu erwarten haben. *Etw. im Rücken haben:* Vermögen besitzen.

Hinter dem Rücken eines anderen: heimlich, ohne daß er es merkt; vgl. frz. ‚derrière le dos de quelqu'un'.

Auf dem Rücken zur Kirche gehen: eine umschreibend-verhüllende Ausdrucksweise für ‚sterben, tot sein'.

Ndd. ‚Em jökt de Rügge', er verhält sich so ungezogen, daß er Prügel provoziert.

Auf den Rücken fallen: sich erschrecken, entsetzen.

Auf den Rücken fallen und die Nase brechen: sich sehr ungeschickt verhalten, Pech, Unglück haben; vgl. frz. ‚se casser le nez' (wörtl.: sich die Nase brechen), ↗ Nase.

Jem. läuft es heiß und kalt den Rücken herunter: Jem. hat große Angst, fürchtet sich sehr.

↗ Buckel, ↗ Schelmenbein.

Viele Jahre auf dem Rücken haben: sehr alt sein, große Erfahrung besitzen.

... Wo der Rücken seinen ehrlichen Namen verliert, die Verlängerung des Rückens: umständliche, weitschweifige Umschreibung für das Gesäß; bes. beliebt in der speziell berl. Aufforderung: ‚Küß mir den Rücken, wo er seinen ehrlichen Namen verloren hat!' ↗ Arsch.

Rückwärts frühstücken (essen): sich erbrechen; seit etwa 1900 bezeugt.

Rückenwind. *Rückenwind haben:* vom Glück begünstigt sein, die besseren Chancen besitzen.

Die Wndg. stammt aus der Sprache des Sports. Bei Wettkämpfen spielen die Windverhältnisse eine große Rolle und sind manchmal für den Sieg entscheidend. Dies gilt bes. für Läufer, Radfahrer, Segler und Skifahrer.

Ohne Rückenwind vorwärtskommen: nicht dem Zufall sein Weiterkommen verdanken, sondern eigener Anstrengung.

Rückgrat. *Kein Rückgrat haben:* nicht den Mut haben, für persönliche Fehler oder Überzeugungen öffentlich geradezustehen.

Jem. das Rückgrat brechen: jem. derart

schädigen, ihn demütigen oder tödlich beleidigen, daß er sein Selbstbewußtsein verliert, daß sein Lebensmut erheblich geschwächt wird.

Im Gegenteil meint: *Jem. das Rückgrat (den Rücken) stärken:* ihn zum Widerstand ermuntern, ihm Mut machen, durchzuhalten; ↗ Kreuz.

Rücksicht. *Rücksicht üben,* auch: *Rücksicht auf etw. (jem.) nehmen:* den jeweiligen Gegebenheiten Rechnung tragen, jem. schonen, seine Bedürfnisse respektieren.

Etw. Rücksicht verlangen (erwarten) können (dürfen): wegen Gebrechlichkeit, Krankheit, Alter bevorzugt behandelt werden wollen, größere Aufmerksamkeit oder Hilfsbereitschaft wünschen. Diese Wndg. wird oft in vorwurfsvollem Ton von Verwandten, Nachbarn, Kollegen gesagt, wenn sie das Verhalten anderer stört.

Rücksichten zu wahren haben: keine freien Entscheidungen treffen können, sich gesellschaftlichen Regeln unterwerfen, seine eigentl. Gefühle unterdrücken müssen; oft als Entschuldigung gebraucht.

Ohne Rücksicht auf andere vorgehen, auch: *keinerlei Rücksichten kennen:* seine Ziele unbedingt, auch auf Kosten anderer durchsetzen wollen, die Wünsche seiner Mitmenschen ignorieren, keine Skrupel kennen und nur seinen eigenen Vorteil im Auge haben, d. h. ein krasser Egoist sein.

Ohne Rücksicht auf Verluste (handeln): alles riskieren, ‚rücksichtslos vorgehen', um ein Ziel, einen Sieg zu erreichen. Die Wndg. stammt urspr. aus der Soldatensprache und bezieht sich auf den Angriffsbefehl um jeden Preis, auf einen riskanten militärischen Einsatz, bei dem nicht nur beim Gegner viele Verwundete und Tote zu erwarten sind, sondern große Opfer auch in den eigenen Reihen in Kauf genommen werden.

In übertr. Bdtg. ist diese Wndg. heute auch auf den Handel und den Sport bezogen worden. Wenn es darum geht, die Konkurrenz aus dem Felde zu schlagen, wird viel gewagt, ein Risiko ganz bewußt eingegangen. So wird z. B. bei einem Ausverkauf oder einem Schlußverkauf die Ware unter Preis angeboten, um die Kunden anzulocken. Auch bei sportlichen

Wettkämpfen wird für den Sieg alles eingesetzt, selbst wenn es die Kräfte übersteigt, der Gesundheit schadet, mit Unfällen, Verletzungen und gar mit dem Verlust des Lebens zu rechnen ist.

Theodor Storm gibt in seinem Gedicht von 1854 ‚Für meine Söhne' den etw. zweifelhaften Rat in Str. 2:

Blüte edelsten Gemütes
Ist die Rücksicht; doch zu Zeiten
Sind erfrischend wie Gewitter
Goldne Rücksichtslosigkeiten.

Oft empören sich Ältere über die angeblich *zunehmende Rücksichtslosigkeit* der Jugend, die jedoch nicht immer böse Absicht ist, sondern auf einer gewissen Unbekümmertheit und Gedankenlosigkeit beruhen kann, die sogar ‚golden' sein kann, wie es der Dichter positiv formuliert hat.

Ein Schlager von Hofmann und Hofmann trägt den Titel ‚Rücksicht'. In ihm heißt es: „Rücksicht ist Vorsicht, daß man den andern nicht verletzt".

Rückzieher: *Einen Rückzieher machen:* seine Forderungen zurückschrauben, merken, daß man zu weit gegangen ist, auch: etw. eingestehen, zugeben, eine Beschuldigung, eine Beleidigung zurücknehmen.

Die Wndg. wird oft auf Kinder bezogen, deren Wünsche zurückgewiesen werden u. die sich daraufhin mit weniger begnügen oder sich beschämt entfernen, oder auch auf Parlamentarier und Politiker, die Kompromisse eingehen müssen.

In übertr. sexueller Bdtg. dient die Rda. auch als Umschreibung für den ‚Coitus interruptus'. (E. Borneman: Sex im Volksmund 16.3)

Rückzug. *Zum Rückzug blasen:* den Kampf aufgeben, auch: die Jagd beenden; urspr. durch ein Signal die versprengten Soldaten sammeln, um weitere Verluste zu vermeiden. Die Wndg. wird heute in übertr. Sinne auch auf andere Lebensbereiche angewendet u. z. B. auf die Politik bezogen.

Die folgenden Rdaa. stammen ebenfalls aus dem militärischen Sprachgebrauch: *Den (geordneten) Rückzug antreten (müssen):* dem Feind weichen und eroberte Gebiete aufgeben, sich planmäßig in sicherere Stellungen begeben; *den Rückzug sichern (decken):* den Gegner ablenken und von Angriffen abhalten; jem. *den Rückzug abschneiden:* ihm zuvorkommen, seine Flucht vereiteln und: *Den Rückzug des Gegners erzwingen:* ihn zur Umkehr bewegen. Alle diese Wndgn. aus der Soldatensprache können heute in übertr. Bdtg. auf das Verhalten einzelner, ganzer Gruppen, Parteien, Völker, auf Wirtschaft u. Politik bezogen werden.

Ruder. *Am Ruder sitzen, das Ruder in den Händen haben, ans Ruder kommen;* so auch in den Mdaa.; z. B. ndd. ‚de sitt bi'm Roder', er hat das meiste zu sagen. Ruder ist in diesen seit dem Anfang des 18. Jh. bezeugten Wndgn. in der seemännischen Bdtg. als ‚Steuerruder' zu verstehen, in übertr. Sinne: ‚Leitung'; z. B. eine Partei, ein Politiker ‚kommt ans Ruder'; vgl. frz. ‚être à la barre'.

Ebenso: *ohne Ruder schiffen:* sich der Leitung des Zufalls überlassen, ↗ Steuer. In den gleichen Zusammenhang gehört die Narrenschiff-Symbolik. Auch das Narrenschiff treibt ziellos ohne Steuerruder. *Die Ruder einziehen:* ein Vorhaben aufgeben.

Aus dem Ruder laufen: außer Kontrolle geraten, von der Norm abweichen. Auch diese Rda. stammt aus der Sprache der Schiffahrt, genauso wie: *Sich in die Ruder legen:* sich mächtig anstrengen, etw. energisch durchführen, ↗ Riemen.

Er hat seine Zeit am Ruder gestanden: er hat seine Pflicht getan; ostpreuß. ‚mit diesem Ruder wird er nicht übers Haff fahren', mit diesen Mitteln wird er den Zweck nicht erreichen, die Aufgaben nicht lösen.

Das Ruder nach dem Winde wenden: den Mantel nach dem Wind hängen (↗ Mantel).

Das Ruder herumwerfen: seinen Kurs ändern; dieser Vergleich erscheint vor allem in der Politikersprache.

Lit.: *O. G. Sverrisdóttir:* Land in Sicht (Frankfurt/M. etc. 1987), S. 109–112, 114, 116–117; *W. Mezger:* Narrenidee und Fastnachtsbrauch (Konstanz 1991), S. 309 ff. (‚Narrenschiff und Schiff des Heils').

Rüffel. *Einen Rüffel kriegen:* einen Verweis bekommen, getadelt werden. Die

Rda. stammt wohl erst aus dem 17. Jh. Rüffel ist eine Rückbildung aus dem Verb ‚rüffeln‘ = derb tadeln, das seinerseits auf ndd. Ruffel = Rauhhobel beruht; vgl. Henricis (Picanders) ‚Ernst-Schertzhafte Gedichte‘ aus dem Jahre 1727 (I, 413):

Darum besucht das Frauenzimmer,
Wer da des Hobelns noch bedarff,
Den riefeln sie gewißlich scharff.

Doch mag auch mhd. riffeln = durch die ‚Riffel‘, d. h. den Kamm zur Flachsbearbeitung, ziehen, durchhecheln, eingewirkt haben (↗ Hechel).

Ruhe. *Ruhe bewahren!:* besonnen bleiben, sich nicht von der allg. Aufregung mitreißen lassen, bei vermeintlicher oder wirklicher Gefahr nicht in Panik geraten (↗ Panik). Die Befolgung dieses Rates hat schon oft Katastrophen verhindert oder die Gefahr für die Beteiligten an einem Unglück herabgesetzt; vgl. frz. ‚garder son calme‘ oder, Gardons notre calme!‘ Eine Mahnung zu überlegtem Handeln kann auch durch die Wndg. *Ruhe ist die erste Bürgerpflicht!* erfolgen, die eine größere Volksmenge vor öffentl. Aufruhr gegen den Staat in Zeiten der Gefahr warnt. Der Minister Friedrich Wilhelm Graf von der Schulenburg-Kehnert richtete diese sprw. gewordene Aufforderung in einem Anschlagzettel vom 17. 10. 1806 nach der schweren Niederlage bei Jena an die Berliner: „Der König hat eine Bataille verlohren. Jetzt ist Ruhe die erste Bürgerpflicht. Ich fordere die Einwohner Berlins dazu auf‘‘. Willibald Alexis gab 1852 seinem Roman ebenfalls den Titel: ‚Ruhe ist die erste Bürgerpflicht‘. Die Wndg. kann rdal. auch scherzhaft zur Verteidigung des Müßiggangs gebraucht werden. *Die Ruhe selbst sein:* sich ganz in der Gewalt haben, eine bewundernswerte Gelassenheit zeigen, sich keine Erregung anmerken lassen; vgl. frz. ‚ne pas se départir de son calme‘ (sich nicht der Ruhe begeben). Dagegen beinhalten die Rdaa. *sich nicht aus der Ruhe bringen lassen* und *die Ruhe weg haben* eine gewisse Kritik an Gleichmut und Trägheit oder gar Stumpfsinn eines anderen. *Nur seine Ruhe haben wollen:* sich außer um sein eigenes Wohlergehen um nichts kümmern.

Etw. in Ruhe tun: sich für etw. genügend Zeit nehmen, sich einer Sache ungestört widmen zu können.
Wer sich zu etw. gedrängt fühlt, aber keine Übereilung wünscht, sagt entweder: *Nur die Ruhe kann es machen (bringen),* oder häufiger: *Immer mit der Ruhe!* Diese Wndg. erhält manchmal noch scherzhafte Zusätze wie: *und dann mit 'nem Ruck* oder *fährt Großvater in die Schuhe.*
Sich Ruhe verschaffen: einer erregten Menge Stille gebieten, um zu ihr sprechen zu können. Manchmal geschieht dies durch die folgenden Zurufe: *Ruhe im Unterhaus (Kuhstall)! Ruhe auf den billigen Plätzen da hinten!* oder berl. ‚Ruhe im Saal! Jroßmutter will danzen!‘
Keine Ruhe finden; nicht zur Ruhe kommen: sich mit Sorgen quälen, überlastet sein, aus den Aufregungen nicht herauskommen, von seinem Gewissen geplagt werden. So klagt z. B. Gretchen am Spinnrad (‚Faust‘ I):

Meine Ruh' ist hin,
Mein Herz ist schwer.
Ich finde sie nimmer
Und nimmermehr.

Die ähnl. Wndg. *keine Ruh' bei Tag und Nacht* beruht auf der dt. Übers. einer Stelle des ‚Don Juan‘ durch Joh. Friedrich Rochlitz von 1801. Doch bereits in der Offenb. 14, 11 heißt es von der ewigen Qual der Verdammten: „und hatten keine Ruhe Tag und Nacht‘‘. Shakespeare übers. die Bibelworte in seine Sprache und schreibt im ‚Wintermärchen‘ (II, 3): „Nor night nor day no rest‘‘.
Von einem, der rastlos tätig ist, der etw. nicht lassen kann, heißt es mdal. in Köln: ‚Hä hätt gein Rauh bes em de Fingere gliche lang sind‘, d. h.: bis er tot ist.
Als formelhafte Wndgn. werden gern *Ruhe und Rast* und *Ruhe und Frieden* verwendet. Schon in der ‚Zimmerischen Chronik‘ (4, 399, 18) heißt es:

Ir kainer hat nit überlast,
mit wollust hand sie ruw und rast.

Die heutige Form der Rda. *weder Rast noch Ruhe haben* ist lit. früh bezeugt, zeigt aber eine Umstellung der Substantiva, z. B. bei Geiler von Kaysersberg im ‚Seelen-Paradies‘ (LX[b], 1): „Weder ru noch rast gewinnen‘‘, oder in einem Fastnachtspiel (1, 2, 40 Ndr.) von Hans Sachs:

Das krencket meinen Son so fast,
Het darnach weder Ruh noch Rast.
Vgl. frz. ‚sans relâche‘.

Einem keine Ruhe lassen: ihn ständig beunruhigen, ihm Gewissensbisse bereiten, auch: seine Aufmerksamkeit, Neugierde erregen. Hölty meint das lastende Bewußtsein, Böses getan zu haben, das oft neue Schuld hervorbringt, um die Spuren zu verwischen, wenn er dichtet (Werke, 186):

Dem Bösewicht wird alles schwer,
Er thue was er thu!
Der Teufel treibt ihn hin und her
Und läßt ihm keine Ruh.

In Bayern sagt man, wenn man nicht belästigt werden will: ‚Laßt mir mei königlich bairische Ruah!‘

Keine Ruhe vor jem. haben: ständig gedrängt, belästigt, gestört, gequält werden.
Jem. die Ruhe mitnehmen: sich bei einem kurzen Besuch nicht einmal hinsetzen. Man nötigt deshalb auch einen eiligen Besucher dazu, damit Ruhe und Frieden im Hause bleiben, in der Altmark mit den Worten: ‚Nimm mi de Rau nich mit!‘ Von dieser allg. verbreiteten Vorstellung zeugen auch die Verse Rückerts (Werke, 318):

Geh lieber Gast, nicht von diesem
Haus,
Ohne dich auszuruhn,
Daß du uns nicht tragst die Ruhe
hinaus
Mit deinen staubigen Schuhn.

Die Wndg. *Das ist Ruhe auf der Flucht:* das ist nur eine kurze Rast (Atempause), ist eine Anspielung auf die in der christl. Kunst beliebte Darstellung ‚Ruhe auf der Flucht‘, einer Station bei der Flucht der Heiligen Familie nach Ägypten.
Der Ausdr. *Ruhe vor dem Sturm* beruht auf guter Beobachtung der Gewitterstille vor dem Ausbruch des Unwetters. In übertr. Bdtg. ist das lastende Schweigen vor einer drohenden Auseinandersetzung gemeint und überaus gut charakterisiert; vgl. frz. ‚le calme avant la tempête‘.
Die Feststellung *Es ist die Ruhe eines Kirchhofs (des Grabes)* dagegen ist ein sprw. gewordenes Zitat aus Schillers ‚Don Carlos‘ (III, 10), womit Marquis Posa den unnatürlich starren, leblosen Zustand umschreibt, der ihn schaudern läßt.
Die Rda. *endlich Ruhe geben:* von etw. ablassen, nicht weiter drängen und fordern, mit einem lästigen Lärm aufhören, ist häufig auf unleidliche Kinder gemünzt, die die Erwachsenen fortgesetzt stören, vor allem dann, wenn sie sich unterhalten wollen. Sie ist oft in der Form ‚Willst du nun endlich Ruhe geben!‘ zu hören oder als Tadel: ‚Du kannst wieder mal keine Ruhe geben!‘ Die Feststellung *Nun hat die arme (liebe) Seele Ruh!:* jetzt bist du ja endlich befriedigt, nun ist dein heftigem Drängen der Wunsch erfüllt, ist meist scherzhaft gemeint mit dem Hintergedanken: jetzt ist alles aufgegessen, zerbrochen, verdorben, ein weiteres Drängen danach verbietet sich von selbst. Die meist in diesem Sinne zu Kindern gesprochene Rda. weist urspr. auf die ewige Ruhe, den Frieden Gottes hin, den die Seele sucht.
Sich keine Ruhe gönnen: rastlos tätig sein, sich keine Erholung, keinen Urlaub leisten; vgl. frz. ‚ne pas s'accorder de repos‘.
Sich zur Ruhe setzen: seine Arbeit, sein Handwerk im Alter aufgeben, seinen Platz jüngeren Kräften frei machen.
Die schweiz. Rda. ‚Er isch i d'Rue g'stellt‘ hat ganz andere Bdtg. Sie meint nämlich: er hat sich verheiratet, sein Umherschwärmen hat nun ein Ende.
Als euphemist. Umschreibungen für sterben (↗zeitlich) und beerdigen dienen die Wndgn. *Er ist zur Ruhe gegangen* (vgl. ndl. ‚Hij is reeds in de rust‘) und *jem. zur letzten Ruhe bringen,* ↗ ruhen.
Ruhe finden: innere Ausgeglichenheit, Erlösung von Mühe, Sorge und Leid durch den Glauben finden. Die Wndg. bezieht sich auf den Rat Jesu (Matth. 11,29):
„Nehmet auf euch mein Joch und lernet von mir; denn ich bin sanftmütig und von Herzen demütig; so werdet ihr Ruhe finden für eure Seelen".

ruhen. *Etw. ruht:* es wird zeitweise nicht weitergeführt, bleibt jedoch bestehen, z.B. ein Betrieb, eine Verhandlung, eine Versicherung.
Etw. ruhen lassen: nicht mehr daran denken, eine Sache (einen Prozeß, einen Streit) nicht weiter verfolgen, ähnl.: *Etw. auf sich beruhen lassen.*
Dagegen: *Nicht eher ruhen, bis etw. geschieht:* unerbittlich sein, seine Bemühungen unentwegt fortsetzen bis zum Erfolg.

Auf jem. ruht etw. (alles): er trägt die ganze Verantwortung, auch: der Verdacht liegt nur auf ihm.

Das Verb ‚ruhen‘ dient auch zur poetischen Umschreibung von Nacht, Schlaf und Tod. So war die Formel: *Wünsche, wohl zu ruhen!* früher als Gute-Nacht-Wunsch für den Gast üblich. Am Morgen konnte er auch mit: *Wünsche, wohl geruht zu haben!* begrüßt werden.

Lit. verwendet Paul Gerhardt (1606–76) ‚ruhen‘ in dieser Bdtg. in seinem bekannten Abendlied ‚Nun ruhen alle Wälder‘ (Ev. Kirchen-Gesangbuch, 361).

Die Schlußverse des von Goethe 1780 an die Innenwand des 1870 abgebrannten Jagdhäuschens auf dem Gickelhahn bei Ilmenau geschriebenen Gedichtes ‚Über allen Gipfeln ist Ruh‘‘ lauten:

> Warte nur, balde
> Ruhest du auch.

Sie deuten sowohl auf die Ruhe der Nacht als auch auf die des Grabes hin. Die formelhafte, euphemistische Grabinschrift: *Hier ruht . . .,* die auf den Schlaf des Toten anspielt, lautet ähnl. im Frz.: ‚Ici repose . . .‘

Bei Beerdigungen begegnet häufig die Formel: *Ruhe sanft!,* die auch als Schrift auf Kranzschleifen, Trauerkarten, Grabkreuzen und Grabsteinen erscheint. Ein weiterer Wunsch für den Verstorbenen ist: *Ruhe in Frieden!* oder: *Er ruhe in Frieden,* die Übers. von ‚Requiescat in pace!‘, das auf Ps. 4,9 zurückgeht, obwohl dort nicht vom Tod die Rede ist.

Die Totenmessen der kath. Kirche schließen seit dem 12. Jh. mit der Pluralform ‚Requiescant in pace‘.

Ruhm ↗ bekleckern.

Rühren. *Ein menschliches Rühren fühlen (verspüren):* Hunger verspüren, Stuhldrang haben. Die Wndg. beruht urspr. auf einem Zitat aus Schillers ‚Bürgschaft‘ („Der fühlt ein menschliches Rühren‘‘) und meint das echte Mitleid. Das ‚menschliche‘ hat für die volkstümliche Umgangssprache nichts mit Humanität zu tun, sondern meint das Allzumenschliche und Grobmenschliche in Form von Hungergefühl und Stuhldrang.

Jem. rühren: ihn innerlich bewegen.

An etw. rühren: eine unangenehme (peinliche) Sache erwähnen.

Sich rühren: sich bemerkbar machen, sich um etw. kümmern, nicht alles geduldig hinnehmen. *Sich etw. mehr rühren müssen:* tätiger, fleißiger sein müssen, oft in der Form einer Aufforderung oder Mißbilligung gesagt.

Der Befehl: *Rührt euch!* gilt einer Gruppe angetretener Soldaten. Das militärische Kommando erlaubt eine bequemere Stellung.

Sich nicht rühren: sich still verhalten, sich in seinem Versteck nicht verraten.

Die Feststellung: *Jem. rührt sich nicht mehr* meint hingegen: er ist bewußtlos oder tot.

Sich nicht mehr rühren können: wie gelähmt sein (vor Schreck): auch: sich in finanzieller Bedrängnis befinden.

Rummel. *Den Rummel kennen* (oder *verstehen*): eine Sache gründlich kennen; wissen, wie ein Geschäft zu betreiben ist, wie die Leute zu behandeln sind; meist in etw. verächtlichem Sinn: allerlei Kniffe wissen; seinen Vorteil im Auge haben; lit. häufig bei Lessing, z. B. in der ‚Minna von Barnhelm‘ (III,2): „Mein Herr versteht den Rummel; er weiß, daß der Weg zu den Fräuleins durch die Kammermädchens geht‘‘, und im 40. Stück der ‚Hamburgischen Dramaturgie‘: „Leser, die den Rummel einer Tragödie nicht wohl gut verstehen, können leicht darüber irre werden‘‘. Rummel in den Bdtgn. ‚Lärm‘ und ‚ungeordneter Haufe‘ ist eine erst nhd. bezeugte Rückbildung von dem lautmalenden Verb rummeln = lärmen, durcheinanderwerfen; vgl. frz. ‚connaître la musique‘ ↗ Musik.

Jem. geht auf den Rummel: auf den Jahrmarkt (die Messe o. ä.); wo die Lärm verursachenden Fahr- und Schaugeschäfte aufgebaut sind, ist der ‚Rummelplatz‘. Davon abgeleitet meint ‚viel Rummel‘ auch einfach das Gedränge vieler Menschen.

Mit Rummel oder ‚Rommel‘ bez. man seit dem 17. Jh. auch die gleichfarbigen Karten, auf die im Pikettspiel alles ankommt (eingedeutscht aus frz. ‚ronfle‘); das Spiel ist heute ungebräuchl. geworden. Der gründlich erfahrene Pikettspieler ‚kennt den Rummel'. Der Ausdr. tritt auch in den Rdaa. auf: *Ich habe den (ganzen) Rummel satt, ich mache den Rummel nicht mehr mit, ich kaufe den ganzen Rummel,* in denen Rummel etwa die gleiche Bdtg. wie ‚Kram' hat.

rund. *Es geht rund:* es herrscht Hochbetrieb; Rücksicht wird nicht genommen; man zankt heftig; auch soviel wie ‚strafexerzieren' und andere Kasernenhofschikanen, bei der der Bestrafte rund um den Kasernenhof zu laufen hat; etwa seit 1920 aufgekommen. Der Ausdr. wurde erweitert zu dem Wellerismus: ‚„Jetzt geht's rund", sagte der Wellensittich, da flog er in den Ventilator', ↗ Kreis, ↗ laufen.
Das ist mir zu rund: das kann ich nicht begreifen, nicht fassen. In Pommern hat diese Rda. noch einen Zusatz: ‚Dat is mi to rund in minen verkant'gen Kopp'.
Ein schwäb. Spruch lautet: ‚I nem älles, was rund isch' und meint: Geld ist mir immer willkommen. ↗ Ball.

Runde ist das Teilstück eines Wettkampfes (z. B. beim Boxkampf, beim Autorennen usw.); in rdal. Übertr.: *etw. über die Runde bringen:* einer Sache zu befriedigendem Ausgang verhelfen; *noch eine (Ehren-)Runde drehen:* in der Schule nicht versetzt werden; *jem. über die Runden helfen:* ihm seinen Weg erleichtern; *über die Runden kommen:* die Schwierigkeiten meistern.
Die Rda. stammt aus der Sprache der Boxsportler. Eine Runde dauert in einem Boxkampf, der aus bis zu 15 Runden bestehen kann, drei Minuten. Anschließend gibt es eine einminütige Pause.
Eine Runde ausgeben: für alle Anwesenden Getränke spendieren; vgl. frz. ‚payer une tournée'.
Die Runde machen: überall schnell bekannt werden, von Hand zu Hand gehen.

Ruß. *Mach keinen Ruß!:* Mach keine Geschichten, keine Redereien! *Da wird nicht viel Ruß gemacht:* da werden nicht viele Umstände gemacht, da wird nicht lange gefackelt; bes. obersächs.; eigentl. vom Rauch und Qualm in der Küche. Westf. ‚et is Raut in der Küeke', der Herr oder die Frau des Hauses ist übel gelaunt.

Er färbt den Ruß und verkauft ihn für Weizenmehl: er lügt.
Ruß mit Kohlen waschen: Böses mit Bösem vergelten.

Russe. *Jem. einen Russen aufbinden:* ihm Unwahres als glaubhaft ausgeben. Nach 1945 in Leipzig aufgekommen in Abwandlung von ‚einem einen Bären aufbinden', denn der ↗ Bär ist das Symboltier Rußlands.
Russisches Roulette spielen: die Trommel eines Revolvers mit nur einer Patrone laden, drehen und dann abdrücken. Vor allem Lebensmüde, die mit dem Gedanken an Selbstmord spielen, benutzen diese Art von ‚Schicksalsbefragung'.

Rute. *Sich selbst eine Rute (auf)binden:* eine lästige Verpflichtung eingehen, sich selbst etw. Unangenehmes aufhalsen.
Sich die Rute selber flechten: eine Last selbst verschulden. Die Rda. entsprach in Zeiten der Leibeigenschaft durchaus der Wirklichkeit: der zu Züchtigende mußte sich tatsächlich zuweilen die Rute, mit der er geschlagen wurde, selbst binden. Hinterher hatte er noch zu seinem Herrn zu sagen: ‚Ich danke für gnädige Strafe', eine Rda., die heute noch im Kartenspiel von dem gebraucht wird, der verloren hat. Erasmus von Rotterdam führt 1528 in den ‚Adagia' (1, 1, 86) die Rda. in lat. Form an: „Flagellum ipse paravit, quo vapularet" (er hat die Peitsche selbst bereitet, mit der er Prügel erhalten soll). 1513 verzeichnet Tunnicius (Nr. 712): „Mannich maket eyne rode tot synen egen sterte"; ähnl. in den zahlreichen Sprww.-Sammlungen des 16. Jh. Sinnverwandte Wndgn. sind: „Im selbs ein galgen aufrichten" (1561 bei Maaler); „Mancher schnitzt jhm selbst ein Creutz" (1639 bei Lehmann, S. 83). Lit. noch im 19. Jh., z. B. bei Immermann (‚Münchhausen' IV, Kap. VII): „Ist's aber der letztere, dann haben sich die Herren eine Rute gebunden, des sie mich ins Haus nahmen!" Frz. lautet dieselbe Rda.: ‚Se donner des verges pour se fouetter'; engl. ‚You gather a rod for your own breech' (du pflückst die Rute für deinen eigenen Hintern).
Mit eiserner Rute regieren: mit großer Strenge, geht zurück auf Offenb. 2,27.

Sich unter jem. Rute beugen: sich seiner Herrschaft unterwerfen; vgl. frz. ,se plier sous le fouet de quelqu'un'.

Früher spielte die Rute in der Kindererziehung eine wichtige Rolle, als Relikt erscheint sie noch heute im Nikolausbrauch.

Die Rute küssen (müssen): verdiente Strafen demütig, sogar dankbar hinnehmen (müssen).

Die Rda. entsprach tatsächlichem Brauch: Kinder, die straffällig wurden, mußten die Rute, mit der sie geschlagen wurden, küssen, zum Zeichen der Erkenntnis, die Züchtigung ,verdient' zu haben und sie zur ,Besserung' zu benötigen.

Ähnl.: *die Rute nicht scheuen:* sich willig der Strafe beugen, die zum Besten des Kindes ausgegeben wurde.

Im Sprw. spielt die Rute als Züchtigungsinstrument eine verhältnismäßig große Rolle: ,Die liebe Rute tut alles Gute'; oder es heißt in Formeln repressiver Erziehung: ,Pferde ohne Zaum – Kinder ohne Rut' tun nimmer gut' und ,Strafe muß sein'. Geiler von Kaysersberg schrieb in seinem ,Christlichen Pilger':

Liebe Ruot, traute Ruot,
waerest du nit,
ich thet nimmer guot.

Ein dt. Gedicht aus dem 16. Jh. lautet:
Grüß dich, du edles Reise,
dein Frucht ist Goldes werth,
der jungen Kinder Weise,
du machst sie fromm und gelehrt.
Beugst ihren stolzen, wilden Mut,
nicht besser Holz wird funden,
Erfahrung bringen tut.

Lit.: *Anon.:* Unterricht in Sprichwörtern durch passende Erzählungen, Fabeln u. Erklärungen für Lehrende und Lernende, Schule u. Haus, Jugend u. spätere Lebensjahre (Duisburg 1838); *A. David, S. J.:* Die Erziehung nach dem Sprichwort. Winke u. Fingerzeige zur Erziehung der Kinder (Paderborn 1889); *W. Hävernick:* „Schläge" als Strafe (Hamburg [4]1970); *W. Mieder:* International Proverb Scholarship. An Annotated Bibliography (New York u. London 1982), S. 556: Stichworte „education" und „educational"; *V. J. Brøndegaard:* Birken som ,Visdommens Trae', in: Tradisjon 13 (1983) S. 93–99.

Rutsch. *Etw. auf einen Rutsch erledigen:* eine Sache schnell, in einem ↗ Zug hinter sich bringen.

Einen Rutsch (Rutscher) machen: eine kleine Reise machen, mdal. seit 1850 für Sachsen, Thür. und Berlin bezeugt.

Einen guten Rutsch ins neue Jahr! wünscht man sich an Silvester; zugrunde liegt die Vorstellung des langsamen, fast unmerklichen Hinübergleitens (seit 1900). Verkürzend sagt man auch: ,Komm gut rüber!'

S

Saat, säen. *Etw. ist dünn gesät:* eine Sache ist selten, vereinzelt zu finden; in geringer Zahl vorhanden; schweiz.: ,nitt dik g'sait si'. Bes. bibl. Sprww. arbeiten mit den sprachl. Bildern des Säens und Erntens: sie alle haben die Bdtg., daß auf böse Taten Strafen folgen oder daß gute Taten belohnt werden: z. B. ,Wer Wind säet, wird Sturm ernten' (Hosea 8,7). ,Saat geht auf', ,sein Weizen blüht'. Schiller verwendet in Anlehnung an die Bibel eine ähnl. Wndg. in ,Wallensteins Tod' (V, 11): „Ihr sätet Blut und seht bestürzt, das Blut ist aufgegangen."

Lit.: *E. Lohmeyer:* Das Gleichnis von der Saat, in: Deutsche Theologie (1943), S. 20–39; *W. G. E. Watson:* Antecedents of a New Testament proverb (Joh. 4,37). One sows and another reaps, in: Vetus Testamentum 20 (1970), S. 368–370; *D. R. Moser:* Art. ,Brot' in: EM. II, Sp. 805–813.

Säbel. *Mit dem Säbel rasseln;* mit prahlerischem Gerede drohen; Zeichen geben, daß man angriffslustig ist. Die Drohung wird meistens nicht ernst genommen und man sagt: ,Spar' dir dein Säbelgerassel'.
Mit bleiernem Säbel kämpfen: sehr ungeschickt, einfältig und schwerfällig argumentieren.
,... und wenn der Säbel bricht' ist gleichbedeutend mit der Formel ,und wenn es zum Äußersten kommt'. Sie will die große Entschlossenheit ausdrücken, mit der jem. an eine Sache herangeht. Für 1590 ist ndl. belegt: ,He hett en groten sabel': er hat viele Trümpfe in der Hand. Der Säbel kam erst im 15. Jh. aus dem Orient mit den Türken nach Osteuropa und setzte sich im 16. und 17. Jh. neben dem Degen durch; insofern ist die ndl. Rda. als einer der frühesten Belege anzusehen, in denen das Wort ,Säbel' bildl. gebraucht wurde.

Sache. *Eine Sache drehen, wie man will.* Die Rda. ist bibl. Urspr. und geht auf Sir. 19,22 zurück. Dort heißt es vom ,Schalk':

er „kann die Sache drehen, wie er's haben will".
Die älteste Bdtg. des Wortes Sache (ahd. sahha: Streit, Krieg, Prozeß) ist noch in der Rda. aus dem Rechtsleben spürbar: *eine Sache ist anhängig* heißt, ein Verfahren schwebt vor Gericht.
Im Zusammenhang mit der Sache als Rechtsfall stehen die Wndgn.: *einer Sache auf den Grund gehen:* etw. genau untersuchen; vgl. frz. ,aller au fond des choses'.
Der Sache näher kommen: in einer Diskussion sich dem Punkt nähern, wo Verständigung oder (und) Kompromisse möglich sind.
Seiner Sache sicher sein: wissen, daß man im Recht ist, daß man Gewißheit über etw. besitzt und durch vernünftige Gründe überzeugen wird; vgl. frz. ,être sûr de son affaire'.
Hart in der Sache sein: unerbittlich nach eigenen Grundsätzen handeln; auf keine Kompromisse eingehen. Der Ausdr. geht zurück auf den Jesuitengeneral Claudio Aquaviva (1543–1615), der in seiner Schrift ,Industriae ad curandos animae morbos' (1606) eine starke und zugleich milde Regierung für einen Staat gefordert hatte: „Stark ... in der Erreichung des Ziels und milde in der Art, es zu erreichen" (Kap 2,1). Der schon in der Bibel (Weisheit 8,1) vorhandene Gedanke wurde zu einem lat. Spruch verdichtet: ,Fortiter in re, Suaviter in modo' (Hart in der Sache, milde in der Form).
Das tut nichts zur Sache: das ist unwesentlich, bringt keine entscheidend neuen Gesichtspunkte zu einer umstrittenen Angelegenheit; vgl. frz. ,Cela ne fait rien à l'affaire' oder ,Cela n'a rien à voir'.
Mit jem. gemeinsame Sache machen: sich mit ihm verbinden. vgl. frz. ,faire cause commune avec quelqu'un'.
Etw. ist jem. Sache: etw. ist eine ganz persönliche Angelegenheit. Um Einmischun-

gen zu unterbinden, sagt man: ‚Das ist meine Sache‘, ↗ Bier.

Seine Sache auf Gott stellen: sein ganzes Vertrauen auf Gott richten. In einem Kirchenlied des Joh. Pappus (1549–1610) heißt es schon ganz ähnl.:

> Ich hab' mein' Sach'
> Gott heimgestellt.

Seine Sache auf etw. stellen: seine Hoffnung auf etw. gründen, sich eine Basis errichten, auf der man aufbauen kann, bes. in materieller Hinsicht, kann als Übertr. der vorherigen Wndg. auf den profanen Bereich verstanden werden. Als Formel ist sie bes. durch Goethe bekannt geworden:

> Ich stellt' mein Sach'
> auf Geld und Gut!

(Goethe, Weimarer Ausg. I, S. 145). Im Gegensatz dazu schreibt Goethe aber auch 1806 in seinem Gedicht ‚Vanitas! Vanitatum vanitas!‘: „Ich hab' mein' Sach' auf nichts gestellt“, wohl eine bewußte Negierung des bekannten Kirchenliedes.

Das ist (vielleicht eine) Sache!: das ist großartig, hervorragend, ausgezeichnet; verkürzt aus: ‚das ist eine große, bedeutende, ausgezeichnete Sache‘ o. ä.

Das ist Sache mit Ei: das ist ganz hervorragend. *Etw. ist eine runde Sache:* jedermann ist mit einem Plan, einer Angelegenheit zufrieden.

Das ist so 'ne Sache: das ist schwer zu entscheiden. Ähnl. Wndgn. auch in den Mdaa., z. B. im Anhaltischen: ‚Dat heest mer ene Sache‘, da gibt es nichts zu verwundern, dabei ist nichts Außerordentliches. *Das sind keine Sachen:* so etw. gehört sich nicht.

Sache!: einverstanden! selbstverständlich! Wohl verkürzt aus: ‚das ist eine abgemachte Sache‘.

Mach keine Sachen! Ausruf des Erstaunens; wohl verkürzt aus: ‚mach keine unglaubwürdigen Sachen!‘; auch: Tu nichts Unerlaubtes, Ungehöriges!

Nicht bei der Sache bleiben können: ständig abschweifen, unaufmerksam sein; vgl. frz. ‚Ne pas s'en tenir au fait‘. Bei einer Verhandlung, die durch Nebensächliches verzögert wird, ist die Aufforderung *Zur Sache, bitte!* oft nötig; vgl. frz. ‚(Venons-en) au fait, s'il vous plaît!‘

Als neue Prägung entstand nach einem Filmtitel die Wndg. *Zur Sache, Schätzchen!:* keine Umschweife, kommen wir direkt zum Geschäftlichen, zum Sex.

Mit -zig Sachen: mit größter Geschwindigkeit; eigentl.: mit soundso viel (‚achtzig‘ oder ‚neunzig‘) Kilometern Geschwindigkeit beim Auto- oder Motorradfahren; aus der Kraftfahrersprache.

Sieben Sachen ↗ sieben, ↗ Siebensachen. Die formelhafte Wndg. ‚in Sachen XY‘ ersetzt oft das sinngleiche Wort ‚betreffend‘, ‚betrifft‘: so z. B. ‚Mexiko will sich in Sachen Erdöl von niemandem beeinflussen lassen‘.

‚Sache‘ wird auch verhüllend für Menstruation gebraucht; südbad. ‚Hasch dei Sach?‘

Lit.: *H. G. Reichert:* Urban und human: Gedanken über lat. Sprww. (Hamburg ²1956), S. 280–281; *J. T. Kieran:* It's in the bag (dt.: die Sache ist geritzt), in: Saturday Review of Literature 10 (1973), S. 1–3, S. 64.

Sachsen. Wird das Gebiet Sachsen erwähnt, so fügt man oft hinzu: ‚Ja, ja in Sachsen, wo die (schönen) Mädchen auf den Bäumen wachsen‘. Über die Herkunft dieser Floskel ist schon oft gerätselt worden, eine eindeutige Erklärung blieb jedoch bis heute aus. 1893 wurde ein Kinderreim aus Quedlinburg veröffentlicht (Zs. f. d. U. 7 [1893], S. 426) und seither erscheint der Zweizeiler öfter: „Ich bin der Herr von Sixen-Saxen, wo die schönen Mädchen wachsen. Hätt' ich daran gedacht, Hätt' ich N. N. eine mitgebracht“. Man dachte, daß vielleicht die Vorstellung vom Ursprung der Menschen aus Steinen und Bäumen eine Rolle bei der Entstehung des Spruches gespielt haben könnte und nimmt an, daß ‚Sachsen‘ nur des Reimes wegen (Reimzwang) erwähnt wird (R. Sprenger). „Denn von einer überragenden, gar sprichwörtlichen Schönheit der sächsischen Mädchen besteht keine Überlieferung, und auch die vielen einschlägigen neulateinischen Traktate des 17. Jh.s (De virginibus; De linea amoris usw.) melden nichts davon“ (L. Fränkel [1894], S. 544).

Auch das Märchen vom Schlaraffenland, wo bekanntlich alles auf den Bäumen wächst (R. Flygare), sowie die Etymologie des Wortes Germanien, wie sie in Turmaiers Bayrischer Chronik gegeben wird, werden zu einer Herleitung herangezogen: „Reußen, Winden, welche völcker kommen sein auß Germanien als auß ainer werckstat, da man die leut inn schmidt, und auf den päumen wachsen und herab fallen nach sag der alten, die's darumb also nennen, Germaniam' von dem lat. Wort ‚germinare', so wachsen, außfallen und herfürschießen haist" (Thurmaier, Bayr. Chronik 1, 1, 83).

Lit.: *R. Sprenger:* In Sachsen, wo die Mädchen auf den Bäumen wachsen, in: Zs. f. d. U. 7 (1893), S. 426–427; *L. Fränkel:* In Sachsen, wo die schönen Mädchen auf den Bäumen wachsen und Verwandtes, in: Zs. f. d. U. 8 (1894), S. 543–544; *R. Flygare:* Zum Spruche: In Sachsen, wo die Mädchen auf den Bäumen wachsen, in: Zs. f. d. U. 8 (1894), S. 703–704; *L. Fränkel:* Weiteres zu ‚Aus Sachsen, wo die (schönen) Mädchen (auf den Bäumen) wachsen', in: Zs. f. d. U. 13 (1899), S. 130–139; *C. Müller:* Das Wachsen der Mädchen auf Bäumen, in: Zs. f. d. U. 14 (1900), S. 214; *L. Fränkel:* Nochmals die schönen Mädchen aus Sachsen, die auf Bäumen wachsen, in: Zs. f. d. U. 14 (1900), S. 735–739.

Sachsenspiegel. ‚Ik warr dî den Sassenspêgel noaschloân (ûtlegen, revendêren)', ich werde dir den Sachsenspiegel nachschlagen, auch vollschlagen, wobei ‚Sassenspêgel' euphemist. für ‚Hintern' steht, wie auch in den weiteren derben ndd. Rdaa.: ‚den Sassenspêgel wîsen', einem den Rücken zukehren, den Hintern weisen, urspr. eine wirksame Abwehrgeste, und in der Aufforderung: ‚Sett di up dînen Sassenspêgel!', setz dich auf deine vier Buchstaben!
Diese Wndgn. erinnern an das alte Rechtsbuch der Sachsen, das um 1222 von Eike von Repkow aufgezeichnet wurde und dessen Prolog beginnt:
Spigel der Saxen
sal diz buch sin genant,
wende Saxen recht ist hir an bekant,
als an einem spiegele de vrouwen
ire antlize beschouwen.
Luther gebrauchte das Wort ‚Sachsenspiegel' noch in seiner urspr. Bdtg. als festgelegtes Recht, wenn er schreibt: „die heiden sind dem Mose nicht schüldig gehorsam zu sein. Mose ist der Juden Sachsenspiegel" (Werke 3, 167ᵇ). Die besonders in Pommern gebrauchten Redensarten bewahren zwar das Wort, doch dessen alter Sinn scheint nach der humoristischen Umdeutung nicht mehr bewußt zu werden.

Sack. *Einen in den Sack stecken:* ihm an Kräften überlegen sein; so auch in den Mdaa., z. B. thür. von einem argen Schwätzer: ‚he schwatzt en in Sack un us de Sacke'; els. von einem Schlauen: ‚der ist in ken Sack zu bringe'. Seb. Brant im ‚Narrenschiff' (83, 29): „Allayn der arm (Arme) muß jnn den sack". Auch ‚stoßen' statt ‚stecken' findet sich, z. B. im ‚Narrenschiff' (69, 7 f.):
Wer andern stoßen wil jnn sack,
Der wart auch selbst des backenschlag.

‚Jem. in den Sack stecken'

Die Rda. hat ihren Urspr. vermutl. in einer bes. Art von Ringkämpfen, wobei der Besiegte vom Sieger wirklich in einen Sack gestoßen oder gesteckt wurde. In einem alten Lügenmärchen heißt es:
Er liuget, er saehe ûf einer wise,
daz ein getwerc (Zwerg) unde ein rise
die rungen einen halben tac.
Do nam daz getwerc einen sac,
da stiez ez den risen in.
In einem hist. Volkslied von 1400 (Liliencron I, 192) heißt es:
Und wer den andern übermag,
Der schieb in fürbaß in den Sack.
Dies war also nicht bloß eine bildl. Rda., wie Grimms Dt. Wb. (8, 1611) meint, sondern wurde noch im 16. Jh. bei öffentl. Zweikämpfen ausgeführt. In dieser Weise spielt das ‚In-den-Sack-Stecken' auch in vielen Volkserzählungen, insbes. Mär-

chen, eine Rolle: so steckt der Geisterbanner den Geist in einen Sack; so zeigt der Meisterdieb seine Geschicklichkeit, indem er Pfarrer und Küster in seinen Sack lockte; ebenso das Bürle (KHM.61) seine List, indem es sich durch einen leichtgläubigen Wanderer aus dem Sack befreien läßt. Das gleiche gilt für den Bruder Lustig (KHM.81), der alles in seinen Sack springen läßt (Bolte-Polívka II,157f., III,379). Einen Nachhall dieser Vorgänge könnte man auch in dem schweiz. Familiennamen des 15. Jh. ‚Springinsack‘ vermuten. Die Wndg. ist jedenfalls noch lange in volkstümlicher Sprache üblich gewesen; 1639 führt sie Lehmann S. 304 (‚Gewalt‘ 10) an: „Wer den andern vermag, der steckt jhn in Sack". Constant von Wurzbach (1818–93) berichtet von einem Ringkampf um die natürliche Tochter Kaiser Maximilians II. (1564–66). Die beiden Kämpfer waren des Kaisers Kriegsrat, ein wegen seiner Größe und Leibesstärke berühmter Ritter, und ein vornehmer Spanier. Da der Vater keinen von beiden verletzen wollte, so kam er auf den lustigen Einfall, die Herren miteinander um den Besitz ringen zu lassen, und zwar sollte Sieger sein, wer den andern in einen Sack zu stecken vermöchte. Der Kriegsrat steckte nun wirklich zum großen Gelächter des Hofes den Spanier in den Sack und hatte damit auch gewissermaßen den Kaiser, die schöne Braut und die reiche Mitgift ‚im Sacke‘ (Sack bedeutet obd. ja auch ↗ Tasche).

Bereits bei Joh. Agricola (1528) findet sich die Wndg. in bildl. Gebrauch: „Wer Meister wird, steckt den andern in den Sack"; ebenfalls bei Agricola anläßlich der Erklärung des Sprw. ‚Gott hilft dem sterckisten‘ heißt es: „Gross Gewalt kan Gott nicht erleiden, dass sie lang stehen solle. Die Welt aber sagt also: Gott hyn, Gott her, ich sihe wol, wer den andern vermag, der steckt den andern ynn Sack";vgl. frz. ‚mettre quelqu'un dans sa poche‘.

Den Mönch im Sack haben: ihn überwältigt haben.

Jem. in den Sack hauen: jem. übervorteilen.

In den Sack hauen: aufgeben, abdanken. Die Rda. ist in der Liedparodie auf die Abdankung des dt. Kaisers bezogen:

O Tannenbaum, o Tannenbaum!
Der Kaiser hat in'n Sack gehaun.

Jem. auf den Sack niesen, husten, treten: jem. grob zurechtweisen, jem. drillen.

Schlafen wie ein Sack: sehr fest schlafen; vgl. frz. ‚dormir comme une souche‘.

Er ist voll wie ein Sack: er ist schwer betrunken; rhein. ‚de löt sech hange wie ne Sack‘; oder auch: ‚he hängt ennen an den Ärm wie ennen Sack‘; vgl. frz. ‚Il est plein comme une outre‘.

Der Sack ist noch nicht zugebunden: die Sache ist noch nicht zu Ende. *Sack und Bändel* ist sprw. für eine Hauptsache mit den dazugehörigen kleinen Nebensachen: *Da ist der Sack 's Bändel nicht wert:* das ganze Ding taugt nichts; rhein. ‚Wenn der Sack des Bängels (Bändels) wert ös, dann wierd e zogebonge‘; ‚do wird och der Bändel dürer als der Sack‘, mehr Umstände machen als die Sache wert ist.

Er ist wie ein umgekehrter Sack: er hat sich ganz verändert. Schweiz. ‚d'Lüt chönnid si mengsmol ommcehre wie en Sack‘, ihre Gesinnung völlig ändern.

Sich fühlen wie ein nasser Sack: sich sehr matt, kraftlos fühlen. Überhaupt wird der menschliche Körper öfter mit ‚Sack‘ umschrieben; so schon bei Luther: „Unser eigen Fleisch, der alte faule Sack" (Werke 5, 436). Heute ist ‚fauler Sack‘ eine Beschimpfung.

Sack und Pack, dabei meint Sack das Große und Pack das Kleine; der westf. Müller tröstet sich: ‚Brenget se nit Säcke, brenget se doch Päcke‘.

Einen ganzen Sack voll: sehr viel. „Ein gantzen Sack voll eifers" findet sich schon bei Seb. Franck. Im Rhein. findet sich eine humorvolle Anwendung: ‚Wasste wat ich wollt; eich hätt en Sack voll Gold‘. Sack steht auch bildl. für: Gabe, Vermögen; auch geistig; sämtliche Absichten und Pläne; Bismarck (‚Reden‘ VII, 430): „Ich habe da nach einer vulgären Redensart einen Sack vollständig vor Ihnen ausgeschüttet von all dem, was ich bisher darin hatte".

Jeder hat seinen Sack zur Mühle zu tragen: durch etw. zu leiden, eine Last auf sich zu nehmen.

An den Sack müssen; sich stark anstrengen müssen, ans Werk gehen. Diese Rda. kommt aus der schweiz. Soldatensprache, wo der Tornister mit ‚Sack‘ umschrieben wird.

Sackzement (Sack Zement): Fluchwort; entstellt aus ‚Sakrament‘. Schwäb. steht die Verbindung ‚Sack am Bändel‘ euphem. für den Fluch Sackerment.

‚Versacken‘ meint, aus der Ordnung geraten, den Anforderungen des Lebens nicht mehr gewachsen sein, größtenteils aus eigenem Versagen. Oft wird das Verb irrigerweise mit ‚Sack‘ in Verbindung gebracht, es kommt jedoch aus der Seemannssprache und heißt ‚sinken‘.

Den Sack schlägt man, den Esel meint man ↗ Esel.

In Sack und Asche trauern ↗ Asche.

Die Katze im Sack kaufen ↗ Katze.

Nüsse durch einen Sack beißen ↗ Nuß.

Die Hand im Sack erwischen ↗ Hand.

Den Knüppel aus dem Sack lassen ↗ Knüppel.

Lit.: *H. Stubbe:* Formen der Trauer (Berlin 1985).

Sackgasse. *In eine Sackgasse geraten;* keinen Ausweg finden, weil das Ende einer Sackgasse geschlossen ist; bei einem angefangenen Werk nicht weiterkönnen. Im 17. Jh. hieß die Sackgasse auch ‚blinde Gasse‘, ‚Strumpfgasse‘, seit 1797 auch bei Serz in den ‚Teutschen Idiotismen‘, S. 48 mit ‚das Gäßchen kehr um‘ belegt. In übertr. Sinne z. B. bei Goethe. Vgl. frz. ‚aboutir à une impasse‘ oder ‚tomber dans un cul-de-sac‘.

Jem. in eine Sackgasse führen: ihn irreleiten, in eine ausweglose Situation bringen.

Saft. *Saft und Kraft haben;* eine große Wirkung haben, sehr stark sein. Dagegen: *ohne Saft und Kraft sein:* müde, erschöpft sein, nicht überzeugen können. Die Rda. ist bei Luther belegt: „ Christus gebe solchem seinem Wort Safft und Krafft in eurer Hertzen“ (Werke 6, 1ᵇ).

Jem. im eigenen Saft schmoren lassen; jem. aus einer selbstverschuldeten Schwierigkeit nicht heraushelfen.

‚Das ist ein Saftladen!‘ sagt man, um seine Enttäuschung über einen Betrieb, eine Firma oder eine andere Einrichtung auszudrücken.

Sage. *Jem. in Sage bringen:* jem. verleumden; seinem guten Ruf schaden, indem man jem. ins Gerede bringt. Diese heute veraltete Rda. kennt noch nicht den heutigen Begriff ‚Sage‘ der Erzählforschung. Sage bedeutet hier, wie schon für 1646 belegt: Aussage, Bericht, verbunden mit der Vorstellung des Unsicheren, Unzuverlässigen; Gerücht, „gemeine Sag‘ und Red!“ (Grimm Dt. Wb. 8, 1645). In diesem Sinne ist auch das Sprw. zu verstehen: ‚Wer jeder Sage Glauben schenkt, dessen Scheitel ist verrenkt‘. Eine weitere Redewndg. ist die Formel: ‚Es geht die Sage, daß …‘: man erzählt sich; man weiß nicht genau, ob; es geht ein Gerücht; nach lat. ‚fama est‘. ‚Sage‘ wurde erst in der Romantik zu einem Sammelbegriff für sehr verschiedene Gruppen von Volkserzählungen.

Etw. ist sagenhaft (oder auch ‚märchenhaft‘): es ist großartig, unvorstellbar, auch: unglaublich.

Lit.: *L. Röhrich:* Sage (Stuttgart ²1971); *L. Petzoldt:* Dämonenfurcht und Gottvertrauen. Zur Geschichte und Erforschung unserer Volkssagen (Darmstadt 1989).

Sägebock. *Dem kälbert der Sägbock auf der Bühne* sagt man von einem, der stets unverdientes Glück hat, ohne daß er viel dazu tut, also von einem Glückspilz. Der drastische Vergleich enthält eine mehrfache Hyperbolik: Der Sägebock kann aus mehreren Gründen nicht kälbern: 1. ist er ein Ding aus Holz, und 2. würde es sich um einen lebendigen Bock handeln, könnte das männliche Tier, der Bock, ohnehin keine Jungen zur Welt bringen, und 3. ein Ziegenbock auch keine Kälber. Dazu steht 4. das Ding noch auf der ‚Bühne‘, d. h. auf dem Dachboden, den man normalerweise gar nicht im Blick hat. (Varianten: ‚De richa Litt kélbret d’Holzschlägl hinderm Ofe‘. ‚Wem’s Glück will, dem kälwert d’r Holzschläjel (Dreschflegel) uf d’r Biehn!‘ ‚Wears Glück håt, dem kälbert am End’n der Ochs‘. ‚Be de Richa kélbret de Misthufe, be de Noatega [Notleidenden] verrécket d’Kélber‘).

Lit.: *L. Röhrich:* Alemannische Sprichwörter. Form und Funktion, in: G. Gréciano (Hg.), Europhras 88 (Straßburg 1989), S. 357–370.

Sägemehl. *Sägemehl knüpfen:* eine unnütze und vergebliche Arbeit verrichten. Man glaubte, daß bes. die alten Jungfern oder Junggesellen solche Arbeiten nach ihrem

Tode leisten müßten (vgl. Schneesieber). In der Schweiz bez. man auch einen Geizhals als ‚Sagmelchnüpfer'. Daneben bestand die Vorstellung, daß ein bes. Pfiffiger sogar Seile aus Spreu herstellen konnte, so in KHM.112: ‚Der Dreschflegel vom Himmel'. Von dem Bauern, der auf einem Baum bis in den Himmel gestiegen war, heißt es: „Und in der Not wußt er sich nicht besser zu helfen, als daß er die Spreu vom Hafer nahm, die haufenweis dalag, und daraus einen Strick drehte".

Häufiger und älter ist die Behauptung, daß aus Sand Seile geflochten werden. Aus dem Griech. übersetzt, entstanden lat. Rdaa.: ‚ex arena funem nectere' und ‚de harena resticulas nectentes'. In der Edda spricht Odin im ‚Hârbardslied' (18) von überaus klugen Frauen, die sogar aus Sand Stricke drehen konnten.

Joh. Fischart schreibt diese bes. Fähigkeit in seinem ‚Bienenkorb' sogar den Ketzern zu und berichtet „vom sand, darauß die alten Ketzer jhre schnür und seyler pflegten zu winden und zu flechten".

Auch das Frz. kennt diese Wndg. für Unmögliches tun: ‚tresser des cordes de sable' (heute veraltet). *Sägmehl im Kopf haben:* dumm sein. Die Rda. ist in Südtirol besonders häufig, im Deutschen ist dafür ‚Häcksel (Stroh) im Kopf haben' geläufiger.

Lit.: *J. Bolte* u. *G. Polívka:* Anmerk. zu den KHM. der Brüder Grimm, Bd. II (Leipzig 1915), S. 513: *W. Gottschalk:* Die sprw. Rdaa. der frz. Sprache (Heidelberg 1930), S. 252; *Niedner,* in: Zs. f. d. A. 31,254; *A. Otto:* Die Sprww. d. Römer (Hildesheim 1965), S. 160; *S. Singer:* Sprww. d. MA., Bd. I (Bern 1944), S. 172; *L. Tobler:* Kleine Schriften, S. 147; *Zachariae,* in: Zs. d. Verf. f. Vkde, 17, 186; *F. Sarasin:* Die Anschauungen der Völker über Ehe und Junggesellentum, in: Schweiz. Arch. f. Vkde. 33 (1934).

sagen. *Nichts zu sagen haben:* unbedeutend sein. Andere Formeln, die mit ‚sagen' gebildet werden, sind z. B. ‚Sagen wir mal …'; ‚Ich muß schon sagen!'; *sich nichts mehr zu sagen haben:* nebeneinander herleben; *etw. ist nicht gesagt:* eine Sache ist nicht sicher, noch nicht entschieden; *sich nichts sagen lassen:* keinen Rat annehmen; *Das Sagen haben:* der Chef sein, das Regiment führen; Zwillingsformeln mit ‚sagen' sind oft alt und einer bestimmten Tradition entsprungen. So auch ‚singen und sagen', eine Alliteration, die

die zweifache Tätigkeit des Dichters zusammenfaßt, ↗ singen.

Etw. vom Hören-Sagen kennen: etw. nicht aus eigener Anschauung, sondern von Erzählungen kennen, ↗ hören.

Die Formel ‚sage und schreibe' betont die Glaubwürdigkeit des erzählten Sachverhalts. (Sie könnte eine Rechtsformel auf Urkunden gewesen sein, die die Vertragspartner aufforderte, schriftlich und mündlich ihre Abmachung zu bekräftigen.)

Partizipialbildungen sind: *sich etw. gesagt sein lassen:* eine Rüge, Kritik hinnehmen müssen; ‚gesagt, getan'; ‚wie gesagt, so geschehen'; ‚gerade heraus gesagt'.

‚Sägen'

sägen. Mit dem Wort ‚Sägen' werden metaphorisch zwei Vorgänge umschrieben: schnarchen und ein Streichinstrument schlecht spielen. Das Tertium comparationis liegt in beiden Fällen in dem von einer Säge verursachten Geräusch. Die Zeichnung von G. Haitzinger anläßlich des Rücktritts von Lothar de Maizière realisiert außerdem noch drei weitere Sprachbilder: Wer ‚die erste Geige spielen' will, darf nicht sägen. Und schon gar nicht hält dies ein ‚zart-besaiteter' Politmusiker aus. Er wird ‚abgesägt', und es wird ihm gezeigt, wer die erste Geige spielt und daß schlecht gespielt wird, wenn dies der Bundeskanzler Kohl tut.

Saite. *Andere* (häufig *mildere) Saiten aufziehen:* einen anderen Verkehrston anschlagen, eine andere Behandlungsweise versuchen: „worauf er denn gelindere Saiten aufzog" (Melissus, Die galante und liebenswürdige Salinde, 1713, S. 243); vgl. frz. ‚baisser le ton'.

Das Gegenteil ist: *Die Saiten etw. straffer anziehen:* strenger vorgehen; im 16. Jh. in der ‚Zimmerischen Chronik‘ (Bd. II, S. 187): „Und wurden dem pfaffen die Saiten wol gespannen".

Jem. die Saiten spannen: jem. scharf zurechtweisen, ↗ Ton.

Schon früh im MA. waren Saiteninstrumente wie die ↗ Harfe und ↗ Laute Gegenstand allegorischer Betrachtung. Seit der Mitte des 18. Jh.s wird der Barde, der ‚in die Harfe singt‘, als Zeuge einer fernen, glücklichen Vergangenheit umschwärmt. Adolph Menzel gestaltete 1836 zur Ausg. der ‚Sämtlichen Werke‘ des poln. Dichters Adam Mickiewicz eine Lithographie mit dem ‚Barden‘ als Kind der Vorzeit.

Verwandte rdal. Bilder sind: *die Saiten zu hoch spannen:* eine Sache zu weit treiben. so schon lit. bei Joh. Fischart (‚Aller Praktik Großmutter‘ S. 642): „Dann wer die Saiten vberspannet ..."

Auf der gleichen Saite geigen: derselben Meinung sein, ‚in dieselbe Kerbe hauen‘.

Alle Saiten anspannen: alle Mittel einsetzen, um seinen Zweck zu erreichen.

Er kann bloß auf einer Saite geigen: er ist einseitig, er kann nicht so viel, wie er eigentl. können müßte.

Eine Saite berühren (anschlagen). Lessing liebte dieses Bild: im ‚Nathan‘ (III, 10), als Daja den Tempelherrn fragt, ob er Nathan seine Liebe offenbart habe: „Doch, Daja, wenn ich Euch nun sage, daß ich selber die Sait’ ihm anzuschlagen bereits versucht?" Daja darauf: „Was? Und er fiel nicht ein?" – „Er fiel mit einem Mißlaut ein, der mich – beleidigte". Und als Daja den Weisen zum wiederholten Male bittet, Recha dem Tempelherrn zur Frau zu geben, sagt Nathan: „Doch die alte Leier wieder? Mit einer neuen Saite nur bezogen, die, fürcht ich, weder stimmt noch hält."

Die Saite darf man nicht anschlagen: diese Angelegenheit darf man nicht berühren, erörtern. vgl. frz. ‚la corde sensible‘.

Die Saiten herunterstimmen: in seinen Anforderungen nachlassen. In Schillers ‚Kabale und Liebe‘ heißt es, als Wurm seinen schurkischen Plan entwickelt, Luise die Liebe des Majors und den Ruf ihrer Tugend verlieren zu lassen: „Vater und Mutter ziehen gelindere Saiten auf".

Auf der letzten Saite spielen: mit letzter Anstrengung, Kraft etw. tun.

Lit.: *M. Willberg:* Die Musik im Sprachgebrauch, in: Die Muttersprache (1963), S. 201 ff.